编 委 会

国际儒学论坛 · 2016

亚洲价值 东方智慧

亚洲文明交流互鉴北京国际学术研讨会论文集

ASIAN VALUES　ORIENTAL WISDOM

Proceedings of Exchanges and Mutual Learning among Asian
Civilizations: Beijing International Symposium

国际儒学联合会　编

滕文生　主编

人民出版社

目　录

｜ 贺信和致辞 ｜

｜ 综　论 ｜

| 东亚文化研究 |

| 中华文明研究 |

| 韩国儒学研究 |

| 文明交流互鉴研究（上） |

| 文明交流互鉴研究（下） |

| 比较研究 |

贺信和致辞

己所不欲　勿施于人 [*]

——全球公共伦理的"黄金定律"

［日本］福田康夫

尊敬的亚洲文明对话北京国际学术研讨会主办单位，
尊敬的来自世界各国的与会者同仁们：

　　日本人都知道，"智者不惑"、"一日之长"、"四海兄弟"等四字成语源出《论语》，因为这些充满智慧的表达自古以来就连同其他中国古典为日本人所接受和认可，演变成日语词汇中的一员。对于汉字文化圈以外的地域来讲，仅以《论语》为例，大概广为人知的首推"己所不欲，勿施于人"了。因为在其他文化圈的经典中也有类似说法。也就是说，"己所不欲，勿施于人"所蕴含的意义和价值远远跨越地域和人种，被广泛共知、共有。

　　因此，日本前首相福田赳夫创建了国际行动理事会（Inter Action Council，简称 OB 首脑峰会），并亲自出任委员长直到其 1995 年过世。OB 首脑峰会一致通过了 1997 年发表的《人类责任宣言》，旨在归纳整理遍布全球的具有普遍意义和价值的伦理规范。而全球伦理规范的核心关键词就选用了"己所不欲　勿施于人"。鉴于这一睿智历尽数千年的验证，无声地润泽着地球连绵的生态，《人类责任宣言》把它誉为"黄金定律"。

　　催生"己所不欲　勿施于人"黄金定律的时代背景是冷战格局断裂的 20世纪 80 年代。日本前首相福田赳夫与德国前总理赫尔穆特·施密特以两国惨

＊　本文由日本法政大学教授王敏译。

重的历史代价为鉴，挺身而出，引领一些国家前政要于 1983 年组建了国际行动理事会，旨在促进和平对话，以推动健全的国际关系和社会发展。

OB 首脑峰会创立三十多年来，每年都定期在五大洲的重要城市召开会议，三十余名各国前政要共聚共议，探讨如何解决政治与地缘政治学、经济与金融、环境与开发等全球性公共课题中的棘手问题。

在全球通商与政治国际化飞速发展的过程中，人类伦理这一指标却往往被忽略。我们认为世界主要宗教间相通的共识性伦理内容，能够为全球公共伦理的确立提供有力的理论支撑，并势必对包括经济在内的各个领域和人类活动产生影响，为世界和平作出贡献。而《人类责任宣言》所树立的伦理价值将成为导航，因为其核心价值——"黄金定律"势必融汇东西各方。我们认为，人类的责任与人类的权利没有表里之分，在享受人权的同时必须付诸负有责任的行为，而不负责任的行为必将泯灭人权。

21 世纪的到来，让世界从未像今天这样寄希望于全球公共伦理的力量来解决多种现实问题。遗憾的是，眼下难以从政府主导制定的政策决策中读出伦理规范的概念。因之，接受共同价值规范的约束，守住最基本的道德底线，是时代精神所致。

2014 年 3 月，我们在 OB 首脑峰会的诞生地维也纳举办了以"政策决定中的全球公共伦理"为主题的会议。我们反复着重探讨了道德的价值与自身利益之关系、基于伦理的人类智慧是否能够真正应用于和平公正的世界建设、经济和科学技术的发展走向与伦理观念的作用，等等。

我们清醒地看到，很多问题仅仅靠会议并不能得出明确的答案。但是，会议期间所发表的诸多论文以及热烈的讨论具有极高的学术价值和参考意义，因此我们决定将维也纳会议的内容《伦理与决断》用英文定稿，并由此翻译成日文、印尼文、印度文等八国文字。其中，《伦理与决断》中文版的即将出版发行尤其令我们感慨不已。因为，全力支持并协助中文版出版的正是本次盛会的主办和承办单位——国际儒联！

对话推动了文明的进化，真挚的努力促进了不同文化间的相互理解。对于习近平主席在联合国教科文组织总部的演讲——"多彩、平等、包容、互鉴"之实践，我诚挚地希望并予以期待。

同时，寄希望于本次会议，寄希望于中国，为亚洲和世界作出更大贡献。

让我们共勉："己所不欲　勿施于人。"

让我们互动：温故创新！

感谢主办单位与各位同仁，祝愿本次会议圆满成功。

2016 年 7 月 1 日于东京

（日本前首相、OB 首脑峰会理事长）

加强不同文明交流交融　推进人类文明发展与进步

叶选平

各位与会的专家学者和所有朋友们：

值此"国际儒学论坛——亚洲文明交流互鉴北京国际学术研讨会"举行之际，我谨表示衷心的祝贺，并预祝会议取得圆满成功！

在 2014 年 9 月召开的国际儒学联合会第五届会员大会上，中国国家主席习近平先生发表了重要讲话。他在讲话中着重提出了"推进人类各种文明交流交融、互学互鉴"的重要课题，并就解决这一课题提出了维护世界文明多样性、尊重各国各民族文明、正确进行文明学习借鉴、科学对待文化传统四项原则，这对加强不同文明的交流互鉴是一个重要指南。加强不同文明的交流交融、互学互鉴，不断推进人类文明的发展和进步，乃是济世之大业、不朽之盛事。一切有志者都应为此而共同努力。

从远古时期的两河文明、中华文明、印度文明产生以来，亚洲人民祖祖辈辈就以自己的勤劳和智慧，为世界文明和人类社会发展作出了不胜枚举的历史贡献。今日亚洲正处在快速发展之中，其发展之势可谓生机勃勃、魅力四射。随着中国提出"一带一路"倡议，亚洲这块神奇土地的历史辉煌和未来前景，更是举世瞩目。习近平主席提出加强对亚洲价值和东方智慧的研究与运用，这一倡议是意存高远的。亚洲价值、东方智慧无疑是一座丰饶的精神宝藏，值得我们去深深挖掘、广为利用，以造福于"一带一路"建设，造福于全球治理，造福于促进各国各地区的共同发展、共同繁荣，造福于建立合作共赢的人类命运共同体。

　　作为曾经做过国际儒学工作的一名老兵，我衷心希望和祝愿我们的专家学者通过这次研讨会并在以后的工作中，致力于亚洲文明的交流互鉴，致力于亚洲价值和东方智慧的研究与运用，不断竿头更进，再立新功！

2016 年 7 月

（国际儒学联合会荣誉会长）

在平等对话中互学互鉴　在互学互鉴中共同发展

戴秉国

尊敬的诸位专家学者：

　　欣闻"国际儒学论坛——亚洲文明交流互鉴北京国际学术研讨会"召开，我谨表示热烈的祝贺！我为因故不能到会而甚为遗憾。

　　由国际儒学联合会、中国社会科学院学部、中国人民外交学会和北京外国语大学共同发起举办的这次会议，邀请亚洲各国各地区的专家学者以及世界其他地区的一些学者汇聚北京，就"加强亚洲文明交流互鉴"这一主题展开讨论，是一件很有意义的文化盛事。

　　亚洲在世界文明史上占有非常重要的地位，对人类社会发展与进步作出了不可磨灭的贡献。亚洲是人类文明的摇篮，是人类早期文明最为聚集也最为灿烂的地区。世界上最著名的七大古文明中有三大文明即两河文明、中华文明、印度文明，就产生于西亚、东亚和南亚地区。而且，亚洲文明一直影响着世界近现代文明的形成与发展。古往今来，无论是在东亚、南亚还是在西亚、中亚即亚洲的区际文明之间，相互交流、互学互鉴早已成为一种光荣的历史传统，同时亚洲与欧洲、非洲及其他洲的洲际文明之间，相互交流、互学互鉴也已持续了数千年。正是通过这种区际、洲际之间文明的互学互鉴而交相辉映、相得益彰，人类文明发展史上的辉煌篇章才得以不断谱写。

　　"物之不齐，物之情也。"文明形态的多样性，是一种客观存在。正因为如此，不同文明间的交流互鉴才有必要和价值。文明因交流而多彩，因互鉴而丰富。任何一种文明，不管它产生于哪个国家、哪个民族的社会土壤之中，都是流动的、开放的。这是文明传播和发展的客观规律。世界上不存在十全十美的文明，也不存在一无是处的文明，不同文明之间是平等的，只有姹紫嫣红之别，没有高低优劣之分。在平等对话中互学互鉴，在互学互鉴中取长补短，这是实现各种文明共同发展、共同进步的基本途径。

今天的亚洲，在世界经济文化全局中依然占有重要地位。亚洲不仅人口最多、地域最大，经济总量也占了世界三分之一，是当今世界最具发展活力和潜力的洲区之一。今天的亚洲，各国各地区虽然民族聚居不同、社会制度不同、发展水平不同、宗教信仰不同，但总的来说，都在一如既往地恪守和而不同、求同存异原则，都在致力和平相处、平等交往，都在期待共同发展、共同繁荣，都在向往建立互惠互利、合作共赢的利益共同体和命运共同体。中国提出"一带一路"倡议，之所以首先得到亚洲各国各地区人民的积极响应和广泛支持，就是因为它集中体现了亚洲各国各地区人民的这种共同意愿。而这种共同意愿，也正在成为当今世界的历史潮流，"一带一路"倡议同时得到了沿途的非洲、欧洲各国各地区人民的普遍欢迎和支持，这也是最好的证明。今天亚洲充满生机、活力与魅力的发展和进步，必将为推进世界发展和全球治理，为建立公正合理的世界多极秩序，为开创人类文明发展的新境界，贡献更多的力量、经验与智慧。

衷心希望与会的专家学者为推进亚洲文明和世界文明的互学互鉴及共同发展而不懈努力。

最后，预祝研讨会取得圆满成功！

（中国原国务委员）

在"国际儒学论坛——亚洲文明交流互鉴北京国际学术研讨会"开幕式上的致辞

滕文生

尊敬的各位使节、各位专家学者、

与会的所有朋友们：

首先，请允许我引用中国历史典籍中的三句诗文，代表会议的主办方国际儒学联合会、中国社会科学院学部、中国人民外交学会、北京外国语大学，向与会的所有专家学者和朋友们表示热忱的欢迎和衷心的感谢！这三句诗文就是儒家学说的主要创始人孔子的"有朋自远方来，不亦乐乎"；孔子的嫡传弟子曾子的"以文会友，以友辅仁"；唐朝著名诗人张九龄的"相知无远近，万里尚为邻"。许多专家学者都是不远万里千程相知而来，都是带着可谓"高文典册"的研究文章，前来交朋会友、谈文论道的。因此，这是可喜、可嘉、可贺的文化盛事！

接着，我要隆重介绍各位专家学者所来自的国家。参加这次研讨会的一百余位专家学者，分别来自中亚的哈萨克斯坦；来自西亚的阿联酋、阿曼、约旦、以色列、黎巴嫩、伊朗、土耳其；来自南亚的印度、阿富汗、孟加拉国、斯里兰卡；来自东南亚的印度尼西亚、马来西亚、新加坡、泰国、缅甸、越南；来自东亚的日本、韩国、蒙古、中国，总共来自二十多个亚洲国家。这次研讨会还邀请了欧洲、非洲、大洋洲、美洲的一些专家学者，他们分别来自俄罗斯、英国、法国、意大利、葡萄牙、西班牙、埃及、澳大利亚、美国。这次研讨会的举办还得到了许多国家驻中国使节的支持和襄助，巴基斯坦、伊朗、越南、新加坡、葡萄牙、印度、斯里兰卡等国的驻华使节还亲临会议的开幕式。在此，让我们以热烈的掌声再次欢迎和感谢各位使节和专家学者的光临！这么多学术英才、文坛俊彦齐聚北京，共同围绕亚洲文明、亚洲价值和东方智慧进行研究探讨、交流互鉴，堪称亚洲学术论坛上的一次壮举，其意义和影响是可以期待的。

在 2014 年 9 月召开的国际儒学联合会第五届会员大会上，中国国家主席习近平先生在讲话中对开展世界不同文明的交流互鉴问题进行了深刻的阐述，并提出了四点重要意见：一是每一个国家和民族的文明特别是思想文化，是该国该民族的灵魂，要始终加以珍惜。如果不珍惜自己的思想文化，丢掉了思想文化这个灵魂，这个国家和民族是立不起来的。二是每一个国家和民族的文明，都有自己的本色、长处、优点，应该维护各国各民族文明的多样性，应该加强相互交流、相互学习、相互借鉴，而不应该相互隔膜、相互排斥、相互取代。只有这样，世界文明之园才能万紫千红、生机益然。三是每一个国家和民族的文明，都有自己产生和存在的根据，都是世界文明大家庭的一员，都应与别国、别民族的文明享有平等的地位，彼此之间只有姹紫嫣红之别，没有高低优劣之分。要坚持求同存异、相互取长补短，而不能孤芳自赏，更不能搞"只此一家、别无分店"的文化霸权。四是进行不同文明的互学互鉴，必须坚持从本国本民族实际出发，坚持择善而从，讲求兼收并蓄。但这种兼收并蓄不是囫囵吞枣，而是建立在去粗取精、去伪存真的基础之上的。我想，按照习近平主席的这些意见来开展不同文明的交流互鉴，就一定会呈现出生动活泼、丰富多彩的交融会通局面，一定能达到相互取长补短、共同提高的目的。

历史上的亚洲各个地区，无论是在东亚、东南亚还是在南亚、西亚和中亚居住的人民，经过千百年的长期社会实践，都形成和发展了具有本地区特色和优势的文化与文明，分别形成了东亚文化、文明圈，东南亚文化、文明圈，南亚文化、文明圈，西亚文化、文明圈和中亚文化、文明圈。但这些地区文化、文明圈，从来都不是相互分割而孤立存在的，始终都是相互交流、相互学习、相互会通、相互借鉴、相互影响的，始终都是"你中有我、我中有你"，求同存异、相辅相成的。而且这些地区文化、文明圈的交流互鉴，早已成为世代相承的历史传统。正因为这样，亚洲各个地区的文化、文明，为整个亚洲文明、亚洲价值和东方智慧的形成和发展，都作出了各自的重要贡献。

　　历史的经验说明，不同国家和地区的文化、文明之间进行交流互鉴，是一件常做常新的事，开展这种交流互鉴的动力与活力是永远不会枯竭的。因为历史总在发展、时代总在前进，永远需要通过这种交流互鉴来提供经验、智慧与力量支持。因此，它总是处在"古已有之，于今为甚"的历史进程之中。在中国提出"一带一路"倡议以后，习近平主席又发出了关于召开亚洲文明对话大会的倡议和加强对亚洲价值、东方智慧的研究与运用的呼吁。我衷心希望，通过我们这次研讨会以及今后的研究，能够不仅在对亚洲各国各地区文化、文明的研究上，而且在对整个亚洲文明、亚洲价值和东方智慧的研究上，不断地结出丰硕的学术成果，以利于更好地为促进"一带一路"建设服务，为促进亚洲和全球治理的改善服务，为促进各国各地区的共同发展、共同繁荣服务，为促进建立以合作共赢为核心的利益共同体和命运共同体服务。

　　最后预祝研讨会取得圆满成功！

2016 年 7 月 9 日

（国际儒学联合会会长）

在"国际儒学论坛——亚洲文明交流互鉴北京国际学术研讨会"开幕式上的致辞

杜　越

尊敬的滕会长，

尊敬的李院长、彭校长，

各位国内外专家，

女士们、先生们：

很高兴来参加今天的会议。近年来，文明对话相关议题在国内外获得较大关注，相继组织有关研讨活动，之前看了会议日程和发言学者名单，都是相关领域的知名学者，我相信通过研讨，大家会碰撞出思想的火花、推进文明交流互鉴。

2014年3月27日，习近平主席在联合国教科文组织总部发表重要演讲时指出："文明因交流而多彩，文明因互鉴而丰富。文明交流互鉴，是推动人类文明进步和世界和平发展的重要动力。"2015年3月，习近平主席在博鳌亚洲论坛2015年年会上发表主旨演讲时倡议召开亚洲文明对话大会。教科文组织高度重视习近平主席上述讲话传递的重要信息，总干事博科娃女士专门致函习近平主席，表达了与中方合作举办亚洲文明对话大会的意愿；社会科学助理总干事专程来华与中方有关部门协商大会筹备事宜。

联合国教科文组织素有"联合国的灵魂"、"人类思想库"之称，很早就开始关注文化多样性和文明间对话。从20世纪60年代中期开始，教科文组织内部反对文化殖民主义、坚持文化主权的呼声越来越强烈，文化多样性成为教科文组织的一个新目标。教科文组织逐渐更多地在肯定文化多样性的基础上推动文明对话、促进不同文明之间的和谐与共同繁荣。

1998 年，联合国大会通过决议，确定 2001 年为"各种文明间对话年"。教科文组织在同一年发布的《世界文化报告》重申了坚持文化多样性的基本立场。1999 年，教科文组织开始不定期举行国际文化部长圆桌会议。从 2000 年开始，教科文组织开始举办"国际母语日"活动（每年的 2 月 21 日），以促进语言和文化多样性。2001 年 11 月，教科文组织第三十一届大会通过《世界文化多样性宣言》。2005 年 10 月，教科文组织第三十三届大会通过《保护和促进文化表现形式多样性公约》，要求缔约方采取具体措施保护文化多样性，并以适当方式促进向世界其他国家开放文化，为各国在文化多样性保护方面开展合作提供了必要的法律框架。

2013 年 5 月，中国与教科文组织在杭州共同举办的"文化：可持续发展的关键"国际会议是一个重要里程碑。此外，教科文组织还与其他会员国合作举办相关论坛，如，与阿塞拜疆合作在其首都巴库先后举办了三届"世界跨文化对话论坛"。

各位专家，女士们、先生们：

习近平主席在联合国教科文组织总部发表演讲时指出："我们应该推动不同文明相互尊重、和谐共处，让文明交流互鉴成为增进各国人民友谊的桥梁、推动人类社会进步的动力、维护世界和平的纽带。我们应该从不同文明中寻求智慧、汲取营养，为人们提供精神支撑和心灵慰藉，携手解决人类共同面临的各种挑战"。

中国联合国教科文组织全国委员会是教育部牵头归口负责协调我国与联合国教科文组织合作的政府机构。近年来，在中国领导人的关心和支持下，尤其是习近平主席 2014 年 3 月历史性访问教科文组织总部后，中国与教科文组织的合作进入历史最好时期。教科文组织是我们贡献中国智慧、参与全球治理的实践平台。今天的研讨会是一次很好的尝试，中国联合国教科文组织全国委员会愿意继续支持有关机构举办此类活动。

最后，预祝本次研讨会圆满成功！

谢谢大家！

（中国联合国教科文组织全委会秘书长）

真诚对话、互学互鉴、合作共赢，让世界和世界各国人民都好

——在"国际儒学论坛——亚洲文明交流互鉴北京国际学术研讨会"上的发言

李慎明

早在 1920 年 11 月，毛泽东就指出："世界主义，愿自己好，也愿别人好，质言之，即愿大家好的主义。殖民政策，只愿自己好，不愿别人好，质言之，即损人利己的政策。"①1954 年 4 月，毛泽东主席又明确表示："中国愿意同一切国家包括美国在内和平共处"，"一切问题应通过谈判来解决，打仗的办法不好"。②

邓小平、江泽民、胡锦涛与习近平继承和发扬了中国共产党人的优良传统。习近平主席在多个场合多次论述了世界各国要加强真诚对话、互学互鉴、合作共赢，让世界和世界各国人民都好的相关精神与要旨。在庆祝中国共产党成立 95 周年的大会上，习近平总书记又明确指出："今天的人类比以往任何时候都更有条件共同朝着和平与发展的目标迈进。中国主张各国人民同心协力，变压力为动力，化危机为生机，以合作取代对抗，以共赢取代独占。什么样的国际秩序和全球治理体系对世界好、对世界各国人民好，要由各国人民商量，

---

① 中共中央文献研究室、中共湖南省委《毛泽东早期文稿》编辑组编：《毛泽东早期文稿（一九一二年六月——一九二〇年十一月）》，湖南人民出版社 2008 年版，第 560 页。

② 中华人民共和国外交部、中共中央文献研究室：《毛泽东外交文选》，中央文献出版社、世界知识出版社 1994 年版，第 204 页。

不能由一家说了算，不能由少数人说了算。"①

我个人认为，我们常谈的中国儒学，常指广义上的儒学，就是中华传统文化甚至是中华优秀传统文化的代称。这就如同中国在海外设立的"孔子学院"，其实这早已是"中华传统文化学院"的代称了。

世界各国要加强真诚对话、互学互鉴、合作共赢，让世界和世界各国人民都好的思想，既来源于马克思主义和《联合国宪章》的宗旨，孕育于中国共产党领导人民翻身求解放的革命文化和中国特色社会主义文化，同时也深深植根于五千多年来文明发展中孕育的其中包括儒学在内的中华优秀传统文化，进而积淀着中华民族最深层的精神追求，代表着中华民族独特的精神标识。

如何建立"真诚对话、互学互鉴、合作共赢，让世界和世界各国人民都好"的国际秩序和全球治理体系呢？

第一，必须承认世界文化和文明的多样性。在浩瀚无比的宇宙，在我们这个小小的星球上，有幸具备各种纷繁复杂之条件并诞生了万物之灵——人类。在特定的地质、地理、种族、经济、政治、文化等诸多条件下，又产生了各种不同的文化和文明。世界上各种不同的文化和文明，是世界各国和各国人民以及不同民族世世代代、辛辛苦苦建立并传承下来的，这是全人类所共有的不可多得的财富，我们都应该十分珍惜才是。应该说，在当今世界，文化和文明的多样性已经受到严峻的挑战。大家都知道，语言是文化的家园，语言在文化中的地位与作用自不待言。按目前消失的速度，在未来的一百年间，世界上现存的 6700 多种语言将会消失一半，另外还有 2000 多种语言也将面临极其严重的威胁。应该说，这是一组令人触目惊心的数据。

20 世纪 90 年代，在我们人类历史上出现了少有的"一国独大"的格局。以这个"独大"的强国为主导、与新科技革命相伴随的经济全球化，极大地推动着国际垄断资本在全球的迅猛扩张，从而使我们这个星球上越来越多的国家、民族、地区和人口被吸纳到以这个独大的强国为中心的世界经济体系中。当今世界的经济全球化绝非是一个纯粹的经济过程。它同时又是一个通过经济扩张而推行霸权强国文化价值观念和政治理念的过程。经济是基础，它决定政治并派生文化等各种现象；政治制度、思想文化等各种现象，也极大地反作用

---

① 习近平：《在庆祝中国共产党成立 95 周年大会上的讲话》，人民出版社 2016 年版。

于经济基础。以国际垄断资本为主导的经济全球化，其本质是经济上的单边主义；与此相匹配，他们也在竭力推动其主导的政治全球化和文化全球化，亦即政治上和文化上的单边主义。文化单边主义的突出代表就是所谓的"文明冲突论"和"历史终结论"。"文明冲突论"为人类未来勾勒了一幅充满冲突、争斗乃至战争的动荡不安的图景。其潜在逻辑是，世界文化和文明多样性所需要的和平共存的土壤并不存在，弱势文化和文明只能接受被淘汰的命运。"历史终结论"则说得更为直接：世界文化和文明的多样性是一个完全不需要讨论的问题，帝国即单边主义的文化和文明已经一统天下，历史到此终结。

我们提倡尊重和维护不同的文化和文明，也就绝不能回避在这方面的不平等甚至是极其严重不平等的现状。经济全球化使各个国家、各个民族接触、了解世界上各种不同的优秀文化，这对经济全球化的健康发展无疑具有十分积极的意义。但是，极少数西方强国，或以追求商业利益为目的，或以征服世界为目的，大搞"文化霸权主义"，造成各个国家、各个民族与少数西方强国的文化交流的严重失衡，从而严重地侵蚀着世界文化和文明的多样性。比如在当今世界上的全球信息流动中，90%以上的新闻是由以美国为首的西方控制的；美国的电影、电视生产仅占世界总量的6.7%左右，但电影市场却占了世界市场的50%以上，电视市场占了70%以上。美国的影视和音像产品等所谓文化产品的产值已经超过航天航空业，成为第一大出口产品。在全世界的互联网服务器的内存中，最强的美国提供的一般信息占80%，服务信息占95%，而中文信息只有4%，这4%还包括了新加坡和中国的台湾地区等。作为世界上最大的发展中大国，中国尚且如此，其他弱小国家也就可想而知。这就是世界不同文化、文明对话和交流的严重不对称性。这种状况，造成全球文化产品的标准化和单一化，同时也导致西方文化中颓废、肮脏的东西在一些第三世界国家泛滥，使其本土优秀文化传统和"文化基因"出现萎缩消亡。这便如同物种基因单一化造成整个物种的退化一样，从而会带来全人类文化和文明创造力的逐渐衰竭。

但是，我们仍然深信，世界各国人民是历史发展的决定性力量，历史绝没有终结。以个别强国为主导的国际垄断资本主义的生产关系在全球范围内的扩张，必然也已经在全球范围内产生和加剧这样一个基本的经济现象：富国、富人愈来愈富，穷国、穷人愈来愈穷，乃至部分发达国家和部分富人也开始变穷。这也就使得不仅穷国、穷人，而且使得部分发达国家和部分富人在经济权益上受到侵害，在政治、文化等诸多权益上也遭到渐进的剥削。有作用力，就必然有反作用力；作用力越大，反作用力也就越大。这既是一个最基本的物理现象和规律，同时也是一个最基本的社会现象和规律。就连欧洲的许多政治家和学者，对个别超级大国强行推行自己的文化和价值观念也极为不满。法国、德国和加拿大等国舆论界兴起抵制个别超级大国"文化入侵"的浪潮，应该说是顺理成章之事。2005 年 10 月，第三十三届联合国教科文组织以压倒性多数通过由法国和加拿大倡议的《保护和促进文化表现形式多样性公约》，应是反作用于文化单边主义的一个很好的例证。

第二，必须坚持尊重和维护各国自主选择社会制度和发展道路的权利。社会制度和发展道路是一个国家文化、文明的核心和本质所在，是这个国家其他文化和文明形式所依附的本体和灵魂所系。一种文化和文明一旦失去了作为其母体所系的生产和生活方式，失去其适合本国国情的基本经济制度和政治制度，那么，无论对其文化和文明怎样提倡甚至斥巨资去保护，都会从根本上失去其蓬勃的生机与活力。这种文化和文明在本质上也只能成为人类历史博物馆中展示的标本，或者成为受资本逻辑支配的现代旅游业、娱乐业的景点，成为聊供强国和富人奢侈消遣的后花园。这就需要在尊重和维护文化和文明多样性的同时，必须尊重和维护基本经济制度与发展道路的多样性和政治的多极化，从而反对世界经济上的单边主义和政治上的单边主义。国际垄断资本和单边主义政治无视世界各国的历史传统、民族关系和社会环境的多样性及复杂性，肆意扩张，粗暴干涉别国内政，甚至为自身的战略利益任意发动战争，文化和文明的多样性也就根本无从谈起。仅靠文化和文明的多样性不可能改变经济和政治上的单边主义的威胁；缺少了经济多样性和政治多样性，文化和文明的多样性也就根本无法存在。世界文化和文明的多样性最终要依赖于世界经济和政治的多样性。

第三，必须坚持和维护不同文化和文明间的平等对话。世界是丰富多彩的。每个国家和民族都有自己的文化传统和发展模式。世界上各个国家、各个民族都为共同构建几千年的人类文明的历史大厦作出了自己的贡献。各个国家、各个民族的优秀文化传统都是全人类、全世界的精神遗产的瑰宝。承载文化和文明的国家与民族有大有小，各种不同文化和文明的发展有先有后，但绝无优劣高下之别，这就如同联合国每一个成员国都有平等一票的投票表决权一样，都应获得平等的尊重和人类共同的保护。坚持和维护不同文化和文明间的平等对话权利，不仅从根本上否定了各文化和文明间的冲突是不可避免的观点，而且也是维护世界和平发展的根本途径之一。要加强不同文明的对话和交流，在竞争比较中取长补短，在求同存异中共同发展，努力消除相互的疑虑和隔阂，使人类更加和睦，让世界更加丰富多彩。要真正做到平等对话，关键是强国、大国的态度。两千多年前，中国的哲人老子说："大者宜为下"，"大国者下流，天下之交，天下之牝。"这就是说大国尤其应谦下，大国像居于江河的下流那样谦下、开阔、平和，天下就很容易交融、和谐，人类就容易和平相处。老子的这一思想，可能是中国最早反对大国霸权主义的思想胚芽。能否善待他国，不仅是衡量一个国家和民族文化与文明的标尺，而且是一个国家文化和文明能否长盛不衰的决定性条件之一。历览人类历史文明的兴衰更替，可以清楚地看到，一种文明在兴起之后，若对其他文化和文明平等相待，并能积极学习借鉴，这种文化和文明则常常是不断得到发扬光大并如日中天。若企图侵蚀甚至用强力铲除其他国家和民族的文化和文明，则必然会使自己的文化和文明产生异化，并逐步走向衰落直至最终毁灭。这一现象，在人类历史的长河里，绝不鲜见。环视当今世界，个别超级大国所奉行的"文明逻辑"不正在造成更多的流血、苦难和冲突，导致更多的恐怖主义或所谓的恐怖主义的发生吗？世界上任何国家和任何民族的文化传统和特性，都积淀在这些国家和民族的骨骼里，奔腾在这些国家和民族的血液中。这些传统和特性，并不是外来文化能够随意更改替代的。所有国家和民族，都应尊重其他国家和民族不同特色和风格的文化、文明的传统。国际社会对于地区文化、少数民族文化特别是第三世界国家的优秀传统文化应给予更多的尊重、理解和支持。可以说，随着全球生产力的高度发展和全人类思想文化水平的极大提高，全球的生产方式、经济体制、政治体制最终会实现"大同"，但人类文化和文明的多元性将不会随之消失。经济全球化的发展使人类面临的经济和社会问题更加复杂。各国都应以开放和平等的精神，承认世界的多样性，加强不同文化和文明间的对话与交流，以和平方式处理国际和地区争端，促进国际关系民主化，协力构建各种文明兼收并蓄的和谐世界。

第四，必须坚持各种不同文化、文明之间的相互学习和借鉴。世界上不同文化和文明不仅需要各个国家与各个民族的代代相传，需要相互平等地交流，而且需要相互学习和借鉴，进而通过糅合而产生自己新的文化和文明，从而为全人类的共同繁荣与发展提供和平的国际环境和智慧保证。不同文化和文明之间的相互学习和借鉴，是平等对话和交流的深化，不仅是对世界上其他文化、文明与传统的鉴赏，更是对世界上其他文化和文明之精华的汲取。这就需要世界上不同文化和文明都应具有海纳百川的胸怀和勇气。同样，任何一种文化与文明，也不应凭借自己经济、政治和科技的优势，封锁其他人类文明精华的传播。相互借鉴而不是刻意排斥，取长补短而不是定于一尊，这是推动各国根据本国国情实现世界各种不同文化和文明振兴与发展的重要途径。迄今为止，没有一种文明是在完全封闭的环境中发展起来的，文明的产生和发展过程就是一部与其他文明碰撞、交流、融合的过程。可以想象，如果没有来自东方的四大发明的传播，近代西方文明赖以自豪的地理大发现和工业化进程将根本无从说起；资本主义文明没有过去奴隶制文明及封建制文明的传承和积累，同样只能是一个空中楼阁；而自第二次世界大战结束以来西方资本主义文明在制度、文化方面所取得的进步，也有不少是在与社会主义文明的竞争、学习、借鉴中得来的。当然，新中国成立六十多年特别是改革开放以来所取得的巨大成就，同样是学习借鉴全世界各种文明其中包括资本主义特别是各主要资本主义国家有关文明在内的结果。在高新技术飞速发展的今天，我们更不能夜郎自大，闭关锁国，否则就必然落后甚至挨打；但在学习的过程中，又必须结合各自国家和民族的特点，坚持趋利避害的原则，有所取舍，而绝不能照抄照搬，否则同样会从根本上最终危及自己的生存。

第五，必须对本土文化和文明坚持自尊、自爱、自信、自立，做到固本守源。霸权主义文化，过去、现在有，将来在世界上相当长的一个历史阶段中仍会有，甚至在特定的一段时日内还可能发展。因此，所有国家和民族，尤其是处于弱势的国家和人民，必须首先对本国的文化和文明做到自尊、自爱、自信、自立，应维护和弘扬本民族的优秀文化和文明。文化和文明，有着十分丰富而深刻的内涵。绝不能仅仅把科技和物质发展水平作为衡量文化"先进"与"落后"、文明高下与优劣的尺度。否则，便可能把西方个别超级大国所特意构建的意识形态作为普世的文化和文明去顶礼膜拜，也会把西方个别超级大国向全世界进行的文化扩张，视作向"未开化"国家和民族传播"文明"。其实，当今世界那些所谓的普世文明，说到底，是西方霸权主义国家对全世界实施文化侵蚀和统治的工具，并确实已转化成为发展中国家一些政治和文化界代表人物的思维定势。这种观念的侵蚀，也使得发展中国家的一些人产生一种"文化自卑感"，有意无意地对西方中心文化如痴如醉，而对本土文化却苛求甚至鄙视有加。越是民族的，便越是世界的。我们所有的中国人，应该倍加珍惜我国科学的、民族的、大众的文化，并使之发扬光大、生生不息。我们中华民族历来平等对待一切平等待我之民族，十分注意学习借鉴其他国家和民族的文化与文明。同时，对那些怀有敌意甚至妄图摧毁我们国家和民族的文化和文明的人，我们历来的态度是——"威武不能屈"。

中华民族悠悠五千年的文化和文明波澜壮阔，也曾跌宕起伏，甚至几度危难当头，但始终得以传承并正在展现新的风采。这也是我们为尊重和维护多姿多彩的世界文化和文明的多样性所作出的独特贡献。

（中国全国人大内务司法委员会
副主任委员、中国社会科学院原副院长）

在"国际儒学论坛——亚洲文明交流互鉴北京国际学术研讨会"上的讲话

彭 龙

尊敬的各位嘉宾、

各位专家学者、海内外宾朋：

大家好！今天，我们同来自三十多个国家的嘉宾和学者齐聚一堂，共同举行"亚洲文明交流互鉴北京国际学术研讨会"，北京外国语大学作为协办单位出席本次盛会，感到非常荣幸！首先，我谨代表北京外国语大学向出席大会的各位领导、专家和国内外嘉宾、友人表示诚挚的欢迎，向大会的召开表示热烈的祝贺！

此次会议是国际儒联和北京外国语大学密切合作，再次共同举办的大会，是双方深化友谊、务实合作的重要成果。在此，我向国际儒联组织这次意义不凡的大会表示衷心的祝贺和深深的敬意！

近年来，北京外国语大学与国际儒联合作建设"中国文化'走出去'协同创新中心"，组织"中华文明与世界文明的交流互鉴"大会，在意大利威尼斯、罗马尼亚布加勒斯特等世界各地举办"国际儒学论坛"，共同推进中外人文交流事业，合作前景越发广阔。特别是 2014 年成功合作举办"纪念孔子诞辰 2565 周年国际学术研讨会"，受到国家领导人的高度重视。习近平主席亲临开幕现场，并做了 50 分钟的重要讲话。就是在这次讲话中，习近平主席提出了维护世界文明多样性、尊重各国各民族文明、正确进行文明学习借鉴、科学对待文化传统的原则，为进一步深入开展各国文明对话奠定了基调，也为此次大会的举办揭开了序幕。

亚洲，是太阳升起的地方，是世界文明的故土。亚洲文明曾经长期走在世界前列，为推进人类文明进程作出了卓越贡献。在亚洲各国人民的共同努力下，多彩而和谐的亚洲文化逐渐成形，并为人类文明发展谱写过壮美篇章。文明古国的肇始、两希文明的发端，在数万年人类文明进程中，始终涌动着浓浓的亚洲乡愁。在文明辉煌灿烂、异彩纷呈的亚洲大地上，不同文化、国家、民族间有过和合相守、休戚与共，也有过纷乱不解、别恨离仇。走过近代以来深重的苦难创伤，新的时代已经来临，亚细亚的太阳又在升起。

时至今日，全球化的浪潮不可阻挡。亚洲在世界格局中的重要性早已不容忽视。亚洲拥有全世界 67% 的人口，1/3 的经济总量，是全球最为活跃、最具潜力的经济板块。然而，由于国家间发展的不平衡，历史、文化和区域形态的差异，随着交流交往的深入，亚洲历史的遗留与现实的矛盾正在不断地交织叠加；处于世界整体发展格局中的亚洲，承受的内外部压力也在不断升级。种种因素对迈向和谐稳定发展的新亚洲形成阻碍。面对新形势，如何应对机遇与挑战，如何打破隔阂、扫除阴霾，需要亚洲人民的共同智慧，也需要国际上一切真正热爱亚洲、真心增进亚洲福祉者的共同智慧。正是着眼这些现实关切，习近平主席多次倡导召开"亚洲文明对话大会"，协商"亚洲命运共同体"建设，推动和平、谅解、合作、进步，让亚洲人民享受更富有内涵的生活、让地区发展合作更加活力四射，携手解决共同面临的各种挑战。今天，"亚洲文明交流互鉴北京国际学术研讨会"的召开，正是这个属于我们共同的"亚洲理想"召唤着我们走到一起。所以，在迈向理想的行程里，没有踽踽独行，也没有大漠孤舟，必须通过真诚对话的展开，为我们的共同理想营造与拓展空间。对话越深入、共识越广泛，理想的天地就越为开阔。打破沉默的螺旋、走出不和的陷阱，亚洲天空上，飘扬的将不是独自凭栏的低吟浅唱，而是众声高亢的世纪交响！

在此，北京外国语大学作为外国语高校的代表，作为有着悠久历史、国内教授外国语种最多的高等学府，有着更为独特的责任与使命，并将更加积极地投入到实现"亚洲理想"的事业之中，做亚洲文明对话的使者、桥梁和纽带。我们郑重承诺，为深入开展亚洲文明对话、为亚洲命运共同体建设不遗余力，在人才培养、学术研究、人文交流等各个方面作出贡献。

　　增进亚洲文明国际对话，亟须培养高素质的亚洲语种人才。我们认为，语言是文化互动和文明对话的基础，投入亚洲区域语种人才建设，就是投入亚洲文明对话的未来。我们尤其需要具有国际视野、跨文化交往能力、外语水平出众、通晓国际事务规则的高层次、复合型语言人才。为此，北京外国语大学在行动。学校在 75 年的办学过程中，坚持外语为本、博雅教育、精品培养，为中国外交、经贸、新闻、教育等各个领域培育了 2 万余名优秀专业人才，并享有"共和国外交官摇篮"的美誉。学校目前讲授 72 种外国语言，其中亚洲语言 30 种，是国内教授亚洲语种最多的高校；未来 5 年内，学校将开齐所有与中国建交国家语言，教授语言超过 100 种，届时我们将是全亚洲教授外国语种最多的高校。因此，亚洲语种建设与人才培养，是学校未来发展的重中之重。在国家大力资助与支持下，学校通过与亚洲各对象国高校之间、与伦敦大学亚非学院、法国巴黎东方语言文化学院等国际名校之间开展联合培养；与此同时，根据亚洲相关国家的实际需要，提供奖学金和培训项目，帮助亚洲各国培养更多专业人才。学校与亚洲各国高校间的双向交流培养，正在紧锣密鼓展开。

　　增进亚洲文明国际对话，亟须深化对彼此文化交流的规律性认识。北京外国语大学在亚洲文明研究方面有着长年积累和丰硕成果。学校亚非学院已经有 55 年的建设历史，是国家优势学科创新平台、非通用语种群建设基地；学校承建北京日本学研究中心，是教育部区域和国别研究培育基地；扎耶德阿拉伯语与伊斯兰研究中心、哈萨克斯坦研究中心、斯里兰卡研究中心、世界亚洲研究信息中心等一大批亚洲区域国别中心，已具有开展亚洲区域研究合作的雄厚实力。学校积极搭建比较文明研究平台，对校内外比较文明研究、跨文化研究、中国文化海外传播研究优势、研究领域进行整合，做整体学术规划和设计，推动成立比较文明研究院。该研究院将与我校已经成立和筹备成立的许国璋语言高等研究院、王佐良外国文学高等研究院以及区域与国别高等研究院一起，形成完整的学术布局。今后将更好地面向亚洲、发挥协同优势，突破语言藩篱，让中国了解亚洲、让亚洲了解亚洲、让世界了解亚洲、让全球发展收获亚洲资源、让亚洲发展受到全球文化的滋养，为推进文明对话、文化互识、互信与互惠，培育丰饶的土壤。

增进亚洲文明国际对话,亟须展开切实有效的人文交流。近年来,我国把握亚洲发展时代脉搏,适时提出打造"丝绸之路经济带"和"21世纪海上丝绸之路"、中巴经济走廊、孟中印缅经济走廊、中国与东盟"2+7合作框架"、亚洲基础设施投资银行等一系列重要倡议。这些合作框架的达成,都是建立在亚洲国家间良好的人文交流基础之上的。高校在深化人文交流机制、沟通民心、增进理解方面有着得天独厚的优势和义不容辞的责任。北京外国语大学与世界上88个国家和地区的400所大学和科研机构建立了校际交流关系,与国际知名的"21世纪大学联盟"建有战略合作关系;学校目前承办海外孔子学院22所,是在国外开设孔子学院最多的高校;学校也是国内对外交流交往最为频繁的高校之一,年均接待境外团组来访百余个,其中不乏元首、大使、议长级的政府官员,学校外事相当于我国一个中等省份的接待规模。学校还通过倡导成立"外国语大学校长联盟"、丝绸之路研究院建设、"亚洲校园"建设、东盟"10+3"培训项目、中国—印尼高校智库联盟等一系列实质性工作,开展了亚洲各国从政府到高校、企业事业单位直至各国普通民众的多层次人文交流。可以想见,随着与亚洲各国交往的不断深入,学校将更加成为我国推进亚洲人文交流与公共外交的重要平台。

大厦之成,非一木之材;大海之阔,非一流之归。我们深知,做好这项工作,绝非凭一己之力可以成就。必须会同海内外各方力量,共同努力,协同创新。因此,我希望与会领导、专家学者、兄弟高校代表,在今后的工作中,继续关心北京外国语大学的发展建设,给予支持和力量。另外,本次大会盛邀世界各国知名学者,其中包括我校推荐的多名专家,借大会开幕之机,我也以校长的身份,向你们发出诚挚的邀请:北京外国语大学欢迎你们来校讲学、任教、指导,共同开展亚洲研究、讲述亚洲故事、发出亚洲强音!

各位嘉宾、朋友们:

亚洲文明对话契合亚洲发展大趋势和时代需要。"大风泱泱,大潮滂滂",今天我们共聚一堂,是习近平主席要倡导召开"亚洲文明对话大会"以来,更高坐标、更高层次的一次盛会,必将为未来深入开展亚洲国家间交流合作、增进亚洲人民团结友谊写下新的篇章。

"无穷花开,蝴蝶自来。"在亲、诚、惠、容的交流交往中,我们的对话即将展开真、善、美的愿景，取得丰硕的成果！愿我们真挚地展开面向友谊的对话，互惠互信、守望相助；愿我们坦诚地展开面向世界的对话，不卑不亢、自信自强；愿我们信心满满地展开面向未来的对话，共同迈向我们的"亚洲理想"，共同见证一个新亚洲文明时代的到来！

　　祝大会取得圆满成功！

　　谢谢大家！

（北京外国语大学校长）

综 论

关于亚洲文明的历史贡献和亚洲价值、东方智慧的研究

滕文生

关于亚洲文明的历史贡献、加强对亚洲价值和东方智慧的研究，这两个问题，谈一些个人认识。

一、关于亚洲文明的历史贡献

亚洲作为世界的一个大洲，占全球陆地总面积的 29.4%，占世界总人口的 60%，现已超过 40 亿人。古往今来，无论是东亚、东南亚，还是南亚、西亚、中亚地区的文明形成和发展的历程，尽管不尽相同，各有特点和优势，但都为亚洲文明的形成和发展作出了各自的贡献，也都为世界文明的形成和发展发挥了各自的作用。

亚洲是人类最早的定居地，也是人类文明的重要发祥地。亚洲最先产生了著名的两河文明、中华文明、印度文明等几大古文明，而且它们对欧洲古代的希腊文明、罗马文明的形成也产生了重要影响。美国历史学者威尔·杜兰特曾指出：希腊文明，世所称羡，然究其实际，其文明之绝大部分皆系来自近东各城市，近东才真正是西方文明的创造者。

亚洲不仅对古代世界文明贡献巨大，而且从公元前后至 19 世纪中叶的将近两千年间，亚洲尤其是中国、印度的经济总量在世界经济总量中一直占绝大部分，在经济上和科学技术上一直是推动世界发展的最重要力量。据统计，到 1750 年，在当时世界经济总量中，中国占到 32%，印度占到 24%，而欧洲的

英国、法国、普鲁士、俄国、意大利五国总共才占到17%。亚洲尤其是中国、印度、阿拉伯—伊斯兰国家的经济文化与科学技术的发展长期处于世界领先地位，曾经对欧洲文艺复兴运动的发生和欧洲资产阶级革命、工业革命的兴起，提供了重要条件，甚至产生了奠基性的影响。当欧洲还处在中世纪的黑暗状态，阿拉伯地区的阿巴斯王朝，却在830年至930年的一百年间，开展了著名的"百年翻译运动"，为欧洲文艺复兴提供了指路明灯。美国前总统尼克松就说过："当欧洲文艺复兴时期的伟人们把知识的边界往前开拓的时候，他们所以能眼光看得更远，是因为他们站在穆斯林巨人的肩膀上。"关于中国文明对欧洲近代文明形成的贡献,17世纪末到18世纪末在欧洲曾经出现的一百年"中国文化热"，可以说是一个标志性的说明。法国学者莫里斯·罗班说："在启蒙时代的西方，中国简直是无所不在。"马克思曾经把中国的造纸术、印刷术、火药、指南针这四大发明在欧洲的传播和应用，称为"资产阶级社会到来"的"预兆"。

经过欧洲文艺复兴运动和宗教改革运动，随着欧洲资产阶级革命和工业革命取得成功，资本主义文明陆续在欧洲各国建立起来并迅速发展。这标志着欧洲建立在社会化大生产基础上的工业文明代替了以往建立在小生产基础上的农业文明，标志着先进的资本主义社会文明代替了落后的封建主义社会文明。这也标志着整个人类文明从此开始进入一个新的发展阶段，标志着欧洲文明和西方文明在文明形态与发展方式上开始超越亚洲文明和东方文明而走在世界文明的前列。关于欧洲和西方率先建立的资本主义文明对世界的发展与进步所作出的贡献，马克思、恩格斯曾经给予了充分肯定。他们在《共产党宣言》中指出资产阶级争得自己的阶级统治地位还不到一百年，它所造成的生产力却比过去世世代代总共造成的生产力还要大、还要多。然而，资本主义的本质决定了它要无限度地追求资本的增值，无限度地追求商品市场、资本市场和资源产地的扩大，因而必然会不断地向全球进行扩张。从16世纪末到20世纪中叶的三百多年间，亚洲就遭到了西方列强的殖民掠夺。据统计，按现在亚洲的48个民族独立国家计算，有超出40个国家先后遭到了西方列强的武力侵略，沦为它们的殖民地或半殖民地。但是亚洲人民不甘列强的蹂躏，发扬爱国主义的团结奋斗精神，同殖民者进行了不屈不挠的斗争，终于在第二次世界大战后陆续取得了国家独立和民族解放的胜利。而这种民族解放运动以及1955年在万隆会议上亚非国家共同提出的和平共处五项原则等正义举措，为战后争取一个长时期的和平国际环境，作出了重大的历史贡献。

当今世界已进入经济全球化的发展阶段。这种由西方发达国家主导的经济全球化，一方面推动了世界经济和科学技术实现了前所未有的发展，人类文明无论是在物质方面还是精神方面都取得了巨大的进步；另一方面，经济全球化也带来了种种问题和不少弊端。在世界的发展格局中，广大发展中国家与发达国家在发展差距上的悬殊状态仍未得到根本改变；公正合理的世界政治经济秩序仍未建立，国际关系的民主化仍未实现，霸权主义、强权政治和新干涉主义依然存在；西方经济危机不时发生，世界不少地区仍处于动荡之中，军备竞争、恐怖主义、网络乱象等安全威胁相互交织，不少发展中国家的独立、主权和发展还面临这样那样的危机。因此，坚持和平、发展、合作、共赢，成为世界各国人民的共同呼声，成为当今时代的历史潮流。中国提出"一带一路"倡议所以得到沿线国家以及世界其他地区的广泛关注和支持，就充分说明了这一战略反映了国际社会的普遍要求。许多有识之士已经指出：中国提出的"一带一路"倡议的实施，将会为建立公正合理的国际新秩序，为形成共同发展、共同繁荣的世界经济文化新局面，为缔造合作共赢的人类命运共同体提供新的方案和经验。

我们加强亚洲文明的交流互鉴，加强对亚洲价值、东方智慧的研究，就是要致力于将亚洲价值、东方智慧更好地运用于"一带一路"建设，运用于改进全球治理，为促进世界各国的共同发展、共同繁荣、共同进步作出更多的贡献。

二、关于加强对亚洲价值和东方智慧的研究

亚洲各国各地区人民，经过几千年的社会实践，在认识和处理人与自然、人与社会、主观与客观、认识与实践、生产与生活、物质与精神、个体与集体、自主与他助、民族与民族、国家与国家、现实与未来等的关系中，创造和积累了许多蕴含宝贵价值与智慧的思想理念。这些蕴含宝贵价值与智慧的思想理念，在亚洲各国各地区虽然在语言概念表述上各有不同，但在基本道理上却往往是相同、相通或者相近的。因此可以把它们称为亚洲各国各地区人民所共

有的亚洲价值、东方智慧。这些价值与智慧具有鲜明的亚洲和东方的特色与风格。它们是亚洲人民共同的思想财富，也是世界价值、世界智慧大花园中的绚丽奇葩。

在我们这次研讨会上，有不少专家学者，对什么是亚洲价值、东方智慧，已进行了有益的探讨。根据大家的探讨意见，结合个人的一些理解，我想对亚洲价值和东方智慧的丰富内涵，择其要者提出以下几个方面，请大家继续探讨。

一是和而不同、和合一体。这是关于认识和处理事物之间的异同关系，处理人与自然、人与社会关系的一种思想智慧。在中国历史上，和而不同、和合一体的思想是源远流长、深入人心的。它包括"和实生物，同则不继"、"多元一体，主辅相成"、"天人合一，知行统一"、"中庸中和，不走极端"、"协商对话，求同存异"等理念。在历史上的朝鲜半岛和日本，他们的思想家提出的"非同非异"的"和净"之说、"人与自然亲和"之说，也阐述了"求同存异"、"天人合一"思想。在南亚和东南亚，从印度《奥义书》中的"梵我同一"和胜论学派的"和合是一种关系"，到苏加诺将"潘查希拉"作为哲学思想基础统筹印度尼西亚的多元文化，再到东盟共同体将协商、和谐、合作作为核心价值以形成"不同国家的和谐体"，也都体现了"天人合一"、"和合一体"思想。而阿拉伯哲学家安萨里提出的"万事中为上"之说，则阐述了不走极端的"中道"、"中和"思想，它至今仍是阿拉伯人民恪守的做人做事的基本信条。

二是实事求是、与时俱进。这是关于认识和处理主观与客观、认识与实践的关系，主张主观与客观、认识与实践必须相符合、相统一的一种思想智慧。历代中国学者所倡导的"事务而成，事求而得"、"求真务实，不尚空谈"、"言行一致，躬行实践"、"因时达变，与时偕行"、"推陈出新，革故鼎新"等，都体现了实事求是、与时俱进的思想。朝鲜半岛的集实学思想之大成的丁茶山，也曾鲜明地提出"贵在务实，不在虚文"。阿拉伯谚语倡导的必须求得真实知识的"正知"之说，也是与实事求是的思想相通的。印度哲学家拉达克里希南提出的"变化是存在的本质"的观点，则是同与时俱进的思想相通的，都是强调人们的认识要随着事物的变化而变化，随着实践的发展而发展。

三是克勤克俭、自立自强。这是关于认识和处理生产与生活、积累与消费以及自主与他助关系的一种思想智慧。中国文化典籍中的"民生在勤，勤则不匮"、"成由勤俭败由奢"、"俭财禁侈，为国之急"、"天行健，君子以自强不息"等语，激励着人们和当政者勤俭持家、勤俭立国、独立自主、奋斗不息。而这种思想在亚洲的其他国家和地区，古往今来也是受到推崇的。越南原国家主席胡志明先生在青年时期就倡导人们要勤俭、忍耐，富有自强和牺牲精神。印度的大乘佛教用"精进"思想教育人们要为大众造福而勤奋工作。近代以来，亚洲各国人民争取国家独立和民族解放的斗争以及胜利后建设国家的艰苦奋斗历程，也生动地说明克勤克俭、自立自强是亚洲人民的宝贵精神品格。

四是重视集体、克己奉公。这是关于认识和处理个人与家庭、社会、国家关系的一种思想智慧。从远古时期起，亚洲各国各地区的先人们从农业生产实践中，很早就认识到集体力量的巨大，形成了重视集体的观念。在中国的历史典籍中所阐述的"民齐者强"、"人心齐，泰山移"、"集众思，广忠益"、"以民为本，天下为公"、"治国之道，必先富民"、"当政者应以安民富民乐民为功"，中世纪的阿拉伯思想家伊本·赫勒敦所指出的"人们必须群体生活与合作，才能生存和自卫"，哈萨克斯坦的民谚"一片土地的历史，就是在她之上的人民的历史"，印度的《奥义书》所劝诫人们的"抛弃各种私欲，跳出个人利益小圈子"，都是倡导人们要树立重视集体、克己奉公的集体主义思想。英国学者马丁·雅克说："个人主义是欧洲价值观的核心。而在亚洲特别是东亚文化中，集体认同比个人认同更重要。"总之，重视集体并把集体主义思想作为价值观的一个核心理念，是亚洲文明的一个突出特点和鲜明优势。

五是德法并用、标本兼治。这是关于认识和处理治国理政手段中的德治与法治以及治本与治标关系的一种思想智慧。德治与法治是不可分割的，德治是法治的基础，法治是德治的保障；法治是治标之举，德治是治本之策，二者相辅相成。这样的观点在亚洲国家中是一种比较普遍的认识。中国在国家和社会治理中一直强调"德法并治，德主刑辅"、"德礼为政教之本，刑罚为政教之用"的原则。在西亚文明古国巴比伦制定的《汉谟拉比法典》中，一方面规定了详细的法律条文；另一方面又强调要"确立仁政于国内"，可见也是主张法治与德治相结合的。

六是亲仁善邻、和平相处。这是认识和处理国家与国家关系的一种思想智慧。几千年来，亚洲各国各地区虽然也发生过不同范围、不同情况、不同性质的冲突和战争，但是广大亚洲国家和人民对"亲仁善邻、和平相处"这一处国家关系的原则，一直是向往和珍视的，而且这也是历史上亚洲国家关系发展的主流。中国在远古时期就有了"协和万邦"、"合和万国"的理念。当然那时的所谓"万邦"、"万国"，都是中国境内的诸侯方国。到了秦汉以后的历代当政者，将"亲仁善邻，国之宝也"奉为指南，将"国虽大、好战必亡"引为鉴戒，主张按照"以德为邻"、"以和为贵"的原则，来处理中国与周边国家的关系。历史上中国与周边国家曾长期实行的所谓"朝贡体系"，即"进贡"、"回贡"与贸易相结合的政治、经济、文化往来方式，实际上在很大程度上体现的是一种"互惠互利、和平合作"的国家关系。日本历史上的圣德太子在制定《十七条宪法》时将"和为贵"列为第一条，朝鲜半岛学者提出"义命相敬"，阿拉伯学者主张"城邦（国家）合作"，以及乌兹别克斯坦诗人纳沃伊宣示的"没有比生活在友谊之中更美好的事情"，这些都体现了和平外交的思想。20世纪50年代亚洲国家能够率先提出并践行和平共处五项原则，将其作为处理世界各国相互关系的准则，这绝不是偶然的。

七是诚敬为本、互尊互信。这是关于认识和处理人与人之间的道德行为关系的一种思想智慧。中国社会很早就将诚敬与互信作为基本的道德原则，来规范人们的行为。中国古语中的"敬天法祖，敬重百姓"、"诚实守信，互谅互让"、"己所不欲，勿施于人"、"言必信，行必果"等，都体现着这一道德原则。诚敬与互信，在亚洲其他国家和地区也是普遍倡导的。印度人吟诵千年的史诗《摩诃婆罗多》，就是教导人们要尊敬师长、尊敬他人，自己则要自制诚正。伊斯兰教教义也把诚信作为衡量每一个穆斯林行为是否道德、信仰是否真诚的重要标准。亚洲各国各地区的人民深知，诚敬为本、互尊互信不仅应成为个人交往的重要规范，还应成为民族之间、国家之间交往的重要原则。

八是义利结合、互惠互赢。这是关于认识和处理个人之间、社会之间、国家之间不同利益的道义原则与物质利益关系的一种思想智慧。反对唯利是图、见利忘义，主张明义正利、义利兼顾，倡导互利互助、合作共赢，自古至今都是亚洲许多国家和地区在个人交往、社会交往、国家交往中所践行的基本原则，也是亚洲价值与东方智慧中富有特色的一个重要内容。中国古语中所宣传的"不义而富且贵，于我如浮云"的格言，印度《摩诃婆罗多》史诗中所高扬的利他主义思想旗帜，就是亚洲人民倡导义利结合、互惠互赢的一个鲜明写照。

九是开放包容、互学互鉴。这是关于认识和处理不同民族、国家、地区的不同文明之间关系的一种思想智慧。任何一种文明，不管它产生于哪个国家、哪个民族的社会土壤之中，都是流动开放的，这是文明传播和发展的客观规律。坚持互学互鉴、取长补短，这是不同文明共同提高、共同进步的必由之路。亚洲人民历来主张不同民族、国家、地区的文明应该相互融通、互学互鉴，所以亚洲文明才能成其不断进步的历史局面。中国典籍中阐述的"海纳百川，有容乃大"、"以文会友，以友辅仁"，伊斯兰教创始人穆罕默德倡导的"学问虽远在中国，亦当求之"，伊斯兰教教义中主张的"阿拉伯人不优于非阿拉伯人，非阿拉伯人也不优于阿拉伯人"，都闪烁着开放包容、互学互鉴的思想智慧之光。而阿拉伯历史上著名的"百年翻译运动"，就是不同国家、不同地区之间文明的互学互鉴的一次集中体现和杰出产物。

最后，我想还需要加以说明和强调的是，以上所列举的九个方面的思想智慧，一是由于掌握的资料有限，有些亚洲国家和地区的有特色的思想智慧可能还没有涵盖在内，即使已经提及的其中所引用的论述也可能不是最具代表性的；二是把这九个方面作为亚洲价值和东方智慧的基本内涵，并不是说这些价值和智慧都是亚洲文明所独有的，欧洲、美洲、非洲、大洋洲等世界其他地区的文明就没有这些价值和智慧，而只是相比较而言，只是表明它们在亚洲文明中表现得更为突出，更富有自己的特色；三是对亚洲价值和东方智慧作以上这样的概括，仅仅是我个人的粗浅认识，也只是一种初步尝试，算是"抛砖之语"。今日"抛砖"，希望来日能收"引玉之效"。

（国际儒学联合会会长）

亚洲宗教多样性及其文明对话

卓新平

亚洲文明最为典型的特点就体现在亚洲是世界宗教的摇篮，以亚洲宗教原创性和多样性为代表的宗教精神探求是亚洲价值之源，亦是东方智慧的奥妙之所在。从精神意义上探索，亚洲宗教理解乃上接"天道"；从自然意义上体悟，亚洲宗教流传则下连"水源"；其世界观念且以人为本，相信上下打通、神人感应。在亚洲各种宗教中，虽然大多涉及对"天"之仰望和对"天道"的思索，如中国儒教"敬天"所论之"上天"、"皇天上帝"，道教所言"天之神道"，印度教所信奉的宇宙本原及最高主宰"梵天"，佛教所向往的"西天净土"等，形成"民所瞻仰"之"天"，却没有西方形上思维那种绝对的"二元分殊"、天人隔绝，而是主张"究天人之际"，相信有"通贯天人"之道。因此，亚洲没有朝西方宗教哲学那种逻辑性、思辨性之"形而上学"的方向发展，但展示出其"天人合一"、"梵我同一"的模糊性、神秘性的"整体哲学"，以这种独特思维风格而与西方思想形成鲜明对照，各有春秋。亚洲宗教虽然意识到了终极实在"道可道，非常道"的绝对另一体之彼岸性，却坚持"问天"、"言道"，不可为而为之、不能言而试之，于是就形成了与西方思维迥异的"人道"与"天道"、"人文"与"天文"、"人学"与"天学"的呼应及联结。这种东方思想传统的开拓及发展，遂使亚洲虽然呈现出世界其他地区无法比拟的宗教多样性，却仍能多元求同，保持一种难以言尽却可心悟的和合、统一、整体之状。由此观之，亚洲宗教思想的对话和沟通比其他任何地方都要积极活跃，也都更有成效。各教之间甚至你中有我、我中有你，其复杂关联不能截然分离和撇清。

在古希腊罗马传统中，其哲学思维讲究一种"物性"，追求其"固体"之本原，凸显为"物之哲学"，故其形成的思维逻辑颇有"阳刚"之气，原则性强，但应变能力不够，因此训练出其逻辑、思辨的方法以供实用。与之对比，亚洲思想在其自然关联上则主张一种"水流"，突出其变化、发展，且任运而行、随遇而安，显露为"水之哲学"的意境，其思考方式体现"阴柔"之美。老子说"上善若水"，而水乃生命之源，人类许多文明来源都有"母亲河"之说，这在亚洲最为典型。对比东西方，亚洲思想之源有着更多的宗教情怀，更加突出其灵性特色。

正是这种亚洲宗教传统，对人类宗教发展起了决定性影响。在思考这种对水与文明、与宗教的关联时，西方思想家孔汉思（Hans Küng）曾与中国哲学家秦家懿对话，由此提出了"三大宗教河系"理论，他看到了人类主要宗教的起源与流传都与一些大河流域有着直接的关系，并从中得以体悟人类生命及灵性的意义。

按照孔汉思的描述，第一大宗教河系为底格里斯河、幼发拉底河，即古代两河流域产生了被称为"亚伯拉罕传统"的三大宗教犹太教、基督教和伊斯兰教，由犹太教最初之源的游牧部落的雨神崇拜演进为绝对一神的信仰，形成与当地多种宗教的碰撞或融合。犹太教既是迄今犹存的最古老的绝对一神教，也是为人类奉献了"立约"文化精神的宗教。基督教虽然强调神圣与世俗的绝对分离，却发展出"父"、"子"、"灵"神圣"三位一体"和"知"、"信"、"行"实践"三位一体"的整体观，从而在实际上乃以其亚洲渊源根本动摇了希罗精神传统所主张的"二元分殊"。伊斯兰教则以其抽象、无形的神圣观和洁净、神秘的灵修观而独步世界，提供了与众不同的"福乐智慧"。其实在两河流域相关地区还产生了主张二元神教的琐罗亚斯德教及其后的摩尼教，以善恶二元对立来倡导用"光明"所象征的"善思"、"善言"和"善行"。而基督教的东传也曾深受这种波斯古教的影响，最早来华的基督教史称景教即与此相关。第二大宗教河系即恒河流域，早期也包括今在巴基斯坦境内的印度河，产生了吠陀宗教、古婆罗门教、印度教、佛教和耆那教等，这些代表印度文明的神秘型宗教本身也是一种多元共构的存在，各教之间多有关联，教内各派更是很难加以清楚区分，其神秘主义在理论和实践上都有明显展示，尤其是有着印度文化极为独特的沉思默想，并且发展出动静紧密结合的修行实践，其"思"有空无、因明等论，其"修"则有瑜伽、禅修等为，以此形成了印度文明的"奥义"及其典型特色。而且，印度教也与前述宗教有着异曲同工之妙的整体观，包括"梵天"、"湿婆"、"毗湿奴"之"三神一体"以及"天界"、"空界"、"地界"之"三界一体"。佛教则是以其革新之态应运而生，在"观"中达"觉"，于"思"中领"悟"，所强调的是洞观人生的"觉悟"，追求的是超越生死的"涅槃"，告诫人会以其业报而对应其往世、今生与来世，决定其在世界命运迥异之"轮回"，故需"悟"透苦、集、灭、道而"觉"。若往更深层次挖掘，则可发现印度宗教的意义还在于它很早就有着沟通亚洲与欧洲文明的作用，雅利安人的迁徙，印欧文化的交织，在哲学和宗教上早就有了东西方的神秘对话及有机融合。此后，伊斯兰教进入印度，又与印度教融合而形成了锡克教；其宗教多样性在对话、交流中的汇聚融合，彰显了聚多为一、合而为一的亚洲思维特征。第三大宗教河系即黄河、长江流域，诞生了儒教、道教及各种民间宗教，日本受儒道影响进而又发展出神道教。这些中国宗教讲究贤者智慧、人格修行，注重心性，追求的是精神修养和灵性升华，主要以"道法自然"、修行养性来独善其身或以其社会责任感和使命感来兼济天下，不强调宗教礼仪规矩，重实践以彰显人格魅力，所以有着"敬神明却远之，成圣人而躬行"的特点。中国宗教中的神学底蕴并不突出，但其修行养性的人学意向则极为明显，而且人可与神相通，"士"可由贤至圣，并得以神化，其神圣并联而不绝对区分，君子既有积极作为亦可逍遥洒脱。此外，其属世而实用、模糊而神秘的信仰特色曾使基督教传统百思而不得其解，对之虽有贬损却又不得不敬佩。

如前所述，亚洲宗教的多样性得以充分体现，其个性的张扬、特色的宣示可以表现得淋漓尽致。在此，第一大宗教河系注重的主要是人—神关系，但其绝对一神观最终导致了神—人分隔的彼岸意识，尤其是基督教结合古希腊思辨传统而另辟蹊径，与其本源的亚洲传统故而渐行渐远，以致其成熟之体重返亚洲时被视为"西洋之教"；第二大宗教河系突出的主要是人—灵关系，大千世界乃其升华或堕落的轮回，灵与肉的纠结缠绵有其前因后果，人生故有其特殊缘起和缘分，以此则可解读人世的阴晴圆缺、潮起潮落，其时空的整体观念通过强调这种"永恒的轮回"而得以充分表达；第三大宗教河系则主要突出人—心关系，"头上的星空"逐渐淡去，"心中的道德律"却得以强化，其结果是追求神秘"天道"的"形上"之学逐渐转为突出人格"修炼"的"心性"之学；

在其尘世交往中，儒、释、道得以通融而有"三教合一"之果，与之相关的民间信仰也是模糊其多样性而能够如鱼得水、逢凶化吉。这种东方神秘主义与中国人道主义的奇特结合，使刻意于体系建设的黑格尔等认为中国无哲学，而只有一种理性不足的神秘感悟；利玛窦等以基督教为圭臬则认为中国无宗教，儒家思想因在世俗社会的沉淀而未有旨在超越的宗教那种完美；西方汉学家理雅各（James Legge）全力翻译了"四书五经"，却认为孔子儒家重人间之"诚"，而轻超然之"信"。这样，亚洲的精神世界对西方思想家而言似隔了一层而看不透、说不明，文化差异在哲学、宗教的理解上显露出来。

总之，这三大宗教河系产生了世界的主要宗教，提供了人类灵性精神的基本范畴和思维特征；而非常有意思的是，这三大河系都在亚洲，亚洲故而为人类文明宗教之源，此地产生了多种宗教，是世界宗教之源，而且为宗教多样性之集大成。今天世界留存的文明宗教基本上源自这三大宗教河系，所谓"西方宗教"主要也不过是作为源自亚洲的基督教在罗马帝国的后期发展使然。从这一意义上可以说，亚洲宗教的多样性有其辐射性，实际上已经扩大为全球影响。但其多元有合、多样共聚仍主要在亚洲文化传统中保留下来，从而达致亚洲宗教的整体圆融精神，形成亚洲宗教价值观与众不同之处。从文明类型的宗教来看，古希腊罗马曾有其悠久的宗教传统，其内容丰富、特色突出给人留下了深刻印象，但这一可以代表欧洲文明的宗教体系并没有流传下来，其思想内容及某些信仰特点则被来自亚洲的基督教所涵容。同样，古埃及的宗教亦曾达到鼎盛，形成过以尼罗河三角洲为核心的非洲宗教文明，其关于死后生活的生动描述极有特色，但它仍然没有逃掉夭折的命运。值得玩味的是，这三大河系之外的古代文明宗教都未流传下来，欧洲、非洲发源的宗教发展都在历史的进程中被中止，而与它们在历史长河的流失相对比，亚洲三大河系的诸种宗教却奇迹般地得以留存，而且迄今仍有着旺盛的生命力。这就是我们所面对的历史真实，尽管其缘由、因果可以得到各种解释，而事实就是这样的鲜明。人类的这一文明传统及其精神传承在亚洲的凸显，使我们有充分的理由来高度评价亚洲文明对话及其价值体系的意义。

除了原住民宗教和部分新兴宗教之外，当前世界上非常活跃的主要宗教基本上都诞生于亚洲，它们首先铸就了亚洲文明模式及其传统延续的格局，此后才形成了世界范围的复杂发展，并且有了东方、西方宗教之别，其间亦有了不同政治及意识形态体系的复杂交织。但基于其发展根源，亚洲宗教文明可以在当今文明对话中超越东西方，起到避免或减少文明冲突的积极作用，这就需要主动沟通、建设性对话，以共建亚洲命运共同体的努力来化解矛盾、求得共存。中国作为亚洲人口最多、面积最大的国家，以其绵延五千多年而未中断的文明积淀，而理应在这种亚洲宗教理解、文明对话中发挥积极甚至引领的作用。这当然需要今日中国本身练好内功，厘清其认知思路，正视其宗教存在及其悠久文明传统，承认其积极价值和重要社会作用；如果否认中国古今的宗教存在及其历史作用，以历史虚无主义的态度对待中国自身的宗教，那么就会在找寻中华文化自知、自觉时失去自我，也就失去了在亚洲乃至全球范围内开展宗教文明对话的前提及可能。实际上，亚洲文明对话中有很大比重乃宗教文明对话，亚洲各国各族大都以宗教文明为其主要文明和其文明的标志，因此，没有对宗教文化的考量，我们的文明对话则无从开展，相应的文化战略也会空洞软弱。对文明多样性的体认，在很大程度上就是对宗教多样性的认知，如果没有以正常的眼光来看待宗教，在亚洲文明乃至全球文明对话中就会失语，其回避宗教的文明讨论也只会被边缘化。同理，我们的文明对话旨在各文明之间相互学习、取长补短，由此而达文明和谐；但如果没有对宗教的和谐相待，文明和谐则是一句空话，而我们的社会和谐也不可能真正实现。在有宗教误解、宗教冲突的社会，其和谐只能是一种奢望。

今天，我们人类有着更大的志向，正以"全球化"的共在而争取人类命运共同体的共建，而这种共建恰恰就应该是多元文化的共处。高科技处境中的"地球村"让世界各国人民前所未有地"亲近"，多元文明频频相遇，各种文化密切交往，不同宗教亦无法回避。但这种"亲近"并不必然带来"亲密"，相反，由于曾有的距离感已不再存在，这种"亲近"会使人油然而生出"拥挤感"，近距离的"交往"也容易变为"交锋"，其结果可能会是"拥挤的地球村"让人感到"恐惧"。当代政治、经济层面的竞争与博弈，使文明对话的环境更趋复杂，但这种对话、沟通、达成和解、求得共存也更为必要。人类的共存需要我们必须具有共处的智慧，而亚洲多元共处则可先行，以此来解决当下迫切需要了断的问题，为人类的对话共存提供成功经验、避免文明冲突两败俱伤的教训。在此，我们应积极推动亚洲文明对话，号召亚洲各国各族人民共同努力，以实现亚洲的和谐及和平。

反思亚洲宗教交往与文明对话，我们有着很多的经验教训。基督教、伊斯兰教和佛教以其广泛传播而发展为世界性宗教，在文化交流、文明对话中起过关键性作用。亚洲诸多宗教并不是完全孤立、封闭的发展，而是处于不断的相遇、碰撞、摩擦、交流、互渗之中，有着"门外青山如屋里，东家流水入西邻"的景观。如基督教、伊斯兰教和佛教这三大宗教在中国社会所经历的"中国化"发展既推动了中国文明的进步，又充实了这些宗教自身。其实，这种"中国化"代表着双重审视，从这些世界宗教的视角乃其本土化、本色化、在地化、处境化的选择，从中国社会的视角则是这些世界宗教融入中国、成为中国宗教一员的标志，是其中国特色的彰显。此外，在今天许多亚洲国家中也都留下了这些宗教的文化印痕、信仰足迹。佛教从尼泊尔、印度传往亚洲各国，形成其南传、北传、藏传等模式；在中国兴起的佛教各派则传往日本、越南、朝鲜半岛等地，成为这些宗派的祖庭之所在。基督教在亚洲各地则导致其天主教、东正教和新教各派的分殊，有着其地域化、本土化、处境化的风采。伊斯兰教则在其东传中铸就了许多亚洲国家及地域的民俗民风，形成对许多民族传统及其文化意识的熏染，使今天亚洲伊斯兰文化绚丽多姿。即使是作为民族信仰的犹太教、印度教、儒教和道教等亦超出了其本民族之限，而将其精神要素广为传播，如犹太文化的全球影响，印度教文化对中国的感染以及儒教、道教给世界带来的惊讶和吸引人的魅力，甚至古代波斯宗教的深层次影响也在许多地区今日犹存。我们今天所讨论的海上、陆上丝绸之路文化，正是对这段文明传播历史的回顾、总结与弘扬。

不可否认，各宗教对抗、文明冲突也给亚洲带来了巨大灾祸。因为不同意文化的多样性并尝试用武力消除其差异性，相关民族之间、宗教之间、教派之间也出现了尖锐冲突和残酷战争，由此带来的痛苦和创伤造成了难以目睹的惨象，酿成了种种人间悲剧。今天在亚洲许多地区，这种局势仍未根本改变，原教旨主义、极端思潮此起彼伏，连续不断，民族和宗教冲突及相关纷争并没有消停，甚至还在升级、在不断恶化，由此使相关地区的人们从失望转为绝望，国家之间的关系也更为复杂。其结果，国际政治因为民族宗教因素而更为敏感，人类共在秩序因各持己见而更加难建。当对话变成独白、当相互尊重变为各执己见、当善意倾听转向颐指气使，共在对话的讲台就会失去平衡，而与之相呼应的将是社会动荡再起，民众陷入水深火热之中。所以，这种"对抗"的结局或是弱肉强食，或是两败俱伤，人民失去尊严，人类走向倒退。今天，我们依旧面对着这一严峻形势，宗教之间的贬低、竞争，宗教内外的偏见、冲突，使亚洲成为危险的火药桶，让人们感到"地上无平安"。而要减少战争威胁，需要全世界爱好和平的人们共同努力，尤其是亚洲人民首当其冲，不可推责。我们已经意识到，沿"相互冲突"之路走下去，其实只有彻底毁灭一个结局。为了拯救人类、拯救地球，我们必须回到"对话"之路，必须以这种"全球化"的人类命运共同体之关联来提倡对话、促成沟通、达到和解。为此，处在冲突旋涡之中的亚洲人民乃义不容辞，因首当其冲故需挺身而出，做化解矛盾、消除危机的筑桥者和修路者。

在政治目的和经济利益的驱使下，在民族生存与国家发展的要求下，亚洲已经有过各种谈判与合作，政治家及外交家们穿梭而行、纵横捭阖，取得了相应的成果。但如果这种合作与联盟仅为权宜之计，只是功利需求，那么其根基就不会稳固，其合作也难以持久。所以，这种对话与合作有必要往深层面发展，即在精神、信仰、意识、价值层面寻求理解、沟通与合作、共处。如果能减少这些文化深处的矛盾与冲突，寻得相对共识或共同之点，或许亚洲共在会更为和谐，世界局势亦会更加稳定。

不言而喻，在对精神文化的深层次理解上，亚洲文明及整个人类文明发展尚不可能形成统一整体，故此还必须保持其多样多元之现状，而这与东方智慧所倡导的整体观并不矛盾。亚洲文化从来没有主张消灭特殊性、去除差异性的绝对整合，而是倡导文化多样性及社会多元存在之共聚，彼此力争相互尊重、相安无事。东方文化的辩证法是有机整合、张弛有度、充满弹性的整体辩证法，其整体的内涵不是绝对"一"之空洞，而是无限"多"之共构，因而是丰富的而不是空白的、是共融的而不是对立的。这种亚洲文化共同体即允许"各美其美"，进而争取"美美与共"。对此，亚洲各种文明特别是其宗教文明都可提供其丰富的智慧和资源。

寻求亚洲文明的共享和共构，求同存异或和而不同，都要求我们尽量找出不同文明的可能共同性，即发现大家所能公认的共同点和不同文化得以汇聚的契合点，为此还需要回避矛盾、协调分歧、防止冲突的共在之智慧。对此，根深蒂固、历史悠久的中国儒家传统能够提供一定的启迪或解决问题的正确思路。中国儒家文明实质上是主张有机共构、形成和谐整体的和合文明。其"天容万物"、"海纳百川"之境界源自阴阳共处的"太极"理念及其合二为一的"和合"哲学，这使中华文明从一开始就追求"一体而多元"的"中和之道"，形成了源远流长的"和合智慧"、"太极文明"。这种观念被视为顺"天道"、有"天理"之神圣思想，而其对"多样性中的统一"之凸显亦为今天"全球化文明"的理念奠定了社会学、政治学和国际关系学上"世界大同"、"协和万邦"之理论基础和历史根据。这种体现中华文明之本真的精神元素在儒家发展中得以系统化、体系化，成为中国社会维系其长久整合之普遍共识的文化基因。所以说，中华文明的发展与亚洲文明有机共构，乃其重要代表和体现。以这种儒家理念作为中华传统核心价值观之支撑，中华民族虽然历经坎坷、命运多舛、有过复杂的风云变幻、社会变迁，却始终保持了这种多元通和、多元一统的精神传统，坚持其"整体性"、"内涵式"和"共构型"的文化发展，倡导并高扬这种和谐共融之文明。儒家的经学是中华古代文献之整合，儒家的礼学是中国古代社会秩序及其规范之整合，而儒家的仁学则是其思想、道德及人伦理想之整合。代表中华民族"和合"文化的儒家以这种允许不同、包容差异、承认多样的圆融、共构、整体之思想精神一以贯之，在宗教境界上主张"天人合一"，在哲学追求上主张"知行合一"，在人格升华上主张"心性合一"，相信在这种整体、整合之中天人感应、神俗互动、"上承天之所为"、"下以正其所为"，故而在宗教、哲学、政治、法律上并无截然之分，而有复杂串联。其对"天"乃"信"，对"人"则"诚"，二者共构的"诚信"哲学提供了政治上必被"恭敬"或"敬畏"的"王者之道"，旨在达到"圣人致诚心以顺天理，而天下自服"的理想效果。由此而论，儒家的"天学"与"心学"乃有机共构，以此双翼而翱翔在天上、人间，其超越境界乃宗教意蕴的，而其现实关怀又不离世俗政治。儒家作为古代中国社会的"国教"而为儒教，也正是中华整体文化中非常典型的"政教共同体"。仅此意义而言，区分儒学是宗教还是政治，并无绝对的必要。在现实社会生活中，宗教既为教亦为政，彼此可分亦可合，其辩证意义即在于儒家乃追求超越自我的精神现象和献身社会治理的政治现象之共构。而这在其他亚洲宗教中也可找到许多相似之处。

多元求同、多样致和的理想境界是"人类一家"、"世界大同"，这在近现代同样是诞生在亚洲的巴哈伊教中进而得到了集中体现。本来，巴哈伊教在中国社会处境中曾被译为"大同教"，但因其信者发现当时许多宗教也有"大同教"之称，如佛教、儒教甚至相关民间宗教等，故而不得不放弃其意译而保留其音译。或许，这就是亚洲宗教及亚洲文明所共有的"人同此心"、"心同此理"。当然，多元中的真正之"同"在绝对意义上可能仅为一种理想境界，让人永远向往和梦寻，具有其精神动力的价值。但"和"则是可以做到的，值得去努力争取的。因此，我们应该把"同"的理想化为"和"的现实，形成理想与现实之间的沟通和关联。亚洲宗教文化在"多元化"、"多样性"中对话交流，在其存在意义上争取聚同共构，这正是人类未来共存的智慧之思、可为之举。为此，儒家文明可以借鉴和提供参考、对照。儒家思想奠定了中国人的"和合"哲学传统及思维定势，在传统中华思想的整合中曾起到引领作用，具有标杆意义。中华文明参与当今亚洲文明的对话，完全可以基于这种儒家思想宝库而充实自我、厚积薄发。所以，中华民族在共建亚洲命运共同体的努力中，在推动多宗教、多文明积极对话的实践中，应该奉献并发挥这种以儒家传统为主来实现其"和谐社会"之奥秘的"和合文化"。

（中国社会科学院世界宗教研究所所长）

东方文化与现代生活

楼宇烈

一

近年来，探讨东方文化在现代生活中的价值和意义，引起了越来越多的人的浓厚兴趣，成为世界学术界、思想界、宗教界的一个热门研究课题。

近几百年来，西方一直处于世界的领先地位，西方文化因而也就在世界上发生着广泛而深刻的影响，这是一个无可否认的历史事实。19 世纪以来，由于当时的东方国家大多处于落后、贫弱的地位，而西方资本主义国家则是先进、富强的现成榜样，于是人们很自然地把先进、富强与西方文化联系在一起。因此，近一百多年来，所有的东方国家在为摆脱落后、贫弱和走向现代化的奋斗进程中，无不积极地、大量地学习和吸收西方文化。从历史的、发展的观点来说，这种学习和吸收是完全必要的、合理的和进步的。但是，与此同时也明显地存在着一种文化论上的片面和失衡，即对西方文化的盲目推崇和对东方文化的妄自菲薄。长期以来，人们一味赞扬西方文化的优点而看不到它的短处，严厉批评东方文化的缺点而看不到它的长处，以至直至今天，在相当多的人的头脑中仍然潜伏着一种唯西方文化为是、为优的思维模式。尤其是在自然科学理论、生产工艺技术等方面，人们更是奉西方文化为圭臬。

无可否认，如果仅从文化角度来说，当今世界物质生产的迅速增长，科学技术的高度发展，是与西方文化中重视自然科学理论、重视改造自然环境等传统有一定的关系的。由于丰富的物质生产和高度的科学技术，给一些发达国家中的部分人，提供了相当富裕的现代化生活，当前它正在成为其他不发达国家、人们所羡慕和追求的目标。因此，在世界现代生活中，人们追求西方（文化）化的倾向，比之于以往诚可谓有过之而无不及。

然而，人们是否冷静地思考过，如此迅速增长的物质生产和高度发展的科学技术，在给社会和人类造福的同时也会给社会和人类带来负面的影响呢？目前的事实是，当人们（一部分人）在享受富裕的物质和由先进科技提供的高度方便的现代生活的同时，却正在精神上和肉体上不同程度地经受着由这种现代生活给人类带来的种种病变的煎熬。

从现象上来说，现代生活中的种种病变有相当一部分与当今高科技的迅速发展有一定的联系。诸如现代生活加剧了人与自然的对立。人们为满足自身的欲求，利用现代高科技为人类提供的有力手段，无限度地向自然界索取各种资源，进行掠夺性的开发，从而严重地破坏了地球的生态平衡。而现代高科技提供的方便生活，也在很大程度上鼓励和养成一种浪费性的消费习惯。这种生活消费习惯，不仅浪费了大量宝贵的资源和财富，而且制造了大量的生产和生活的废弃物，从而严重地污染了人类生存的自然环境。自然环境的污染，生态平衡的破坏，造成了全球性的气候反常，旱涝风雹灾害的频发，怪病恶疾的滋生蔓延，它给人类的生存带来了严重的威胁和烦恼。人类倚仗着高科技，加速了对自然的征服、控制和支配，同时也正在更快速地受到自然的强烈反抗和报复。

无可怀疑，由于现代科技的发展，人们的生活和医疗条件等都得到了极大的改善，因而现代人的平均寿命也大大地提高了。然而，如果人们不能有效地解决生态平衡和环境污染的问题，那么不仅能否长期保持现代人的健康长寿将是个问题，进而更为严重的是必将贻害子孙后代，大大缩短整个人类在地球上生存的历史。这也是今天摆在我们面前非常迫切、应当认真思考的问题。

现代生活使得人与人之间的关系越来越疏远。随着现代通信手段的发达，缩小了地球世界，许多人与人之间的交涉或交往被电话、手机、电脑、网络所替代，因而也间隔了社会中人际间的直接感情交流。同时，在现代高科技提供的各种现代化生活手段的环境中，通过自动化设置乃至电脑程序控制，完全有可能为一个人的生活安排得十分周到舒适，因而也为个人封闭式（孤独）的生活方式提供了方便的条件。如此种种，进一步加深了现代社会生活中孤寂症的蔓延。

现代生活对于高科技和人为环境、手段的过分依赖，造成了一种人们始料不及的现实矛盾，即人类征服自然的力量越来越强大，而适应自然的能力却越来越减弱。因此，只要人为环境中的任何一个环节出一点点小问题，都将使整个社会和个人生活陷于瘫痪。人们在现代生活中时刻处于一种极大的不稳定和不安全感之中。

现代生活的紧张节奏，造成人们生理上、心理上的严重失衡。这也是人们始料不及的：人类自己创造的现代高科技的广泛开发和应用，不单纯是一种征服自然的力量，反过来也成了控制和支配人类自身的一种强大力量。在精密、自动、高速的强制下，人只能听从机器或自动程序的安排，成为机器或程序的奴隶，生活变得紧张、机械和被动、单调乏味。这种人类创造力的自我"异化"，使人们失去了越来越多的个体自我本有的种种主动和自由，由此生发了严重的自我失落感和对生活意义的种种迷惘。

如果从文化根源上来分析，人们在现代生活中所经受的种种病变和煎熬，则是与现代人的价值取向有着不可分割的联系。而其中，以无限度地追求物质增长和一切以自我为中心二者联系最为密切，影响最为深远。

追求物质增长和生活享受已是现代人的主要人生目标，在一些人那里甚至是唯一的目标。在这样的价值观念支配下，一切都只是为了功利，为了纵情享乐。因此，自然和科技只不过是达到人们某种功利和享受的环境、资源、工具和手段，可以不顾一切后果地去利用它、掘取它。甚至于连他人也和物一样，只不过是一种资源或手段，是一种相互利用的关系而已。于是，人与自然的关系，人与人的关系，都被严重地扭曲了。这才是上述人与自然的对立和人与人关系疏远（或对立）急剧加深的深层根源之所在。

这里所说的以自我为中心包含着两个不同方面的意义。一个是指与上述追求物质增长和生活享受联系在一起的，即一般伦理意义上所谓的个人主义或利己主义。它的膨胀将导致社会上的严重的人格危机。而且这种（外在的）以自我为中心，其结果却往往是落得个（内在的）自我失落。另一个是指与自然相对的人类自我中心。它的膨胀则以为人类可以任意地控制和支配自然万物。其结果则如上所述，不断地、越来越迅速地遭受到自然的强烈反抗和严厉报复。又，诚如一些学者所指出的，在人与自然关系中的以人（我）为中心（人类中心主义），从某种意义上，也可以说是人的一种利己主义的自我陶醉。

必须指出，现代生活中的种种病变首先与社会的经济、政治制度有着根本的联系，而同时也与一定的文化价值取向有着密切的关系。因此，同样无可讳言的是，上述的种种社会病变，大都是与西方文化的某些基本观念、思维方法和价值取向等有着直接的关系，而至少也可以说，它与盲目地、片面地理解和接受西方文化有关。

二

东方文化（尤其是中国文化中的儒、释、道）对防止和医治现代生活中的种种病变，大有启发和可借鉴之处。诸如中国的儒释道三家，都十分强调人与自然和谐一体的思想。他们认为，人与天地万物同为一气所生，互相依存，具有同根性、整体性和平等性。如《庄子·齐物论》中说："天地与我并生，而万物与我为一。"儒家因此而倡导"仁民爱物"，如宋代著名哲学家张载说："民吾同胞，物吾与也"（《西铭》），着意强调万物与人为同类（"与"），应当推己及物。理学的创始者之一程颢也说："人与天地一物也。"[1] 而其弟程颐更反复声称："仁者以天地万物为一体"，"仁者浑然与物同体"[2] 等等。汉儒以阴阳五行说大讲天人感应，其间附会于社会历史、政治、人事等方面者多有可探讨之处，东汉著名思想家王充也曾尖锐地批判过[3]。然其被吸收于医学中者，则成了中医重视自然环境对于人的健康和疾病密切相关的重要基础理论。中医认为，人与自然的和谐状态的破坏或失调，可以说是人得病的最主要的原因之一。反之，保持人与自然的和谐，也就是保证人的健康的最重要的因素之一。体现于中医的治疗中，则无论是诊断还是处方，都首先参之以时令节气，乃至于严格到选择药材之产地产时。这种把人类健康与自然环境联系起来的观念，是完全符合事实的科学的理论。同时，这种观念也告诉人们，为了人类自身的健康，必须要全力保护人类赖以生存的地球自然环境。这在当今世界具有十分重要和积极的意义。此外，儒家还有许多关于合理利用自然资源和节约消费的

---

[1] 《河南程氏遗书》卷第十一，商务印书馆 1935 年版。
[2] 《河南程氏遗书》卷第二上，商务印书馆 1935 年版。
[3] 《论衡》，上海人民出版社 1974 年版。

思想，也是值得我们今天借鉴的。例如，荀况把"节用"与"御欲"联系起来，提出人们在生活消费中必须要有"长虑顾后"的观念，而不应当任人之欲。那种"不顾其后"，随意奢侈浪费的人，乃是一些"偷生浅知"之徒 ①。这是很有深远意义的见地。

佛教提倡"护生"，道家主张自然无为，在人与自然的关系上，他们都强调为而不恃，因任自然。这种对自然的态度，就其消极一面讲，诚如荀子所批评的，是为"蔽于天而不知人"（《荀子·解蔽》），即忽视乃至放弃人的主观能动性。不过，"因"的思想中并不完全只是消极的，它至少包含着这样两方面的合理因素：一是不以主观的好恶或意愿，随意地去违反或破坏自然及其规律，而遭自然界的报复；二是主动地去适应不断变化了的环境。"因"中其实包含着某种"权变"、"因时而变"的思想，所以一些思想家就强调说："人各以其所知，去其所害，就其所利"，"故忤而后合者，谓之知权；合而后忤者，谓之不知权。不知权者，善反丑矣。"（《淮南子·汜论训》）这句话的意思是说，看起来与原来的环境不合，然却与变化了的环境相合，这叫作懂得权变；相反，就是不知权变。不知权变者，好事也会变成坏事。

以上只是列举了很小一部分中国传统文化中关于保持人与自然和谐关系的思想，然如能灵活地吸取其精神，反思我们今日对待自然的态度，那么对于缓解当前人与自然的紧张对立状态，亦未尝不无裨益。

儒家的修身养性理论中的一个重要目标，就是要培养一种与他人和社会群体和谐、协调的道德品格。儒家提倡"己欲立而立人，己欲达而达人"（《论语·雍也》）以及"老吾老以及人之老，幼吾幼以及人之幼"（《孟子·梁惠王上》）等推己及人的精神，至今也还是值得倡导的一种个人品德和社会风尚。

不少人认为，东方传统文化（特别是儒家）忽视（或压制）个性和个人（自我）的权利、价值。这是有一定的历史根据和道理的。但问题亦并非如此简

① "人之情，食欲有刍豢，衣欲有文绣，行欲有舆马，又欲夫余财蓄积之富也，然而穷年累世不知足，是人之情也。今人之生也，方知畜鸡狗猪彘，又畜牛羊，然而食不敢有酒肉；余刀布，有囷窌，然而衣不敢有丝帛；约者有筐箧之藏，然而行不敢有舆马。是何也？非不欲也，几不长虑顾后而恐无以继之故也。于是又节用御欲，收敛蓄藏以继之也，是于己长虑顾后，几不甚善矣哉！今夫偷生浅知之属，曾此而不知也，粮食大侈，不顾其后，俄则屈安穷矣，是其所以不免于冻饿，操瓢囊为沟壑中瘠者也。"（《荀子·荣辱》）

单。当我们冷静地、深入地思考一下时就会发现，在人类社会中，任何一个个人都是不可能离开他人和群体而存在的，自我只有在为他我、群体的奉献中，只有在得到他我和社会群体的认可时，才会凸显出个人（自我）的存在和价值。因此，儒家强调的献身群体和社会，并非只是消极地否定自我，相反，如果我们能从积极方面去理解其精神，那么个人对他人和社会群体的奉献，正是实现自我价值、养成完美人格的正确途径。人们以崇敬仰慕之意，千年不绝地传颂着宋代名臣范仲淹的不朽名句："先天下之忧而忧，后天下之乐而乐"（《范文正公集·岳阳楼记》），这里不正反映了人们对于那些能够把自己献身给社会群体利益的个人的价值的高度肯定吗？不正反映了人们殷切期望社会涌现出更多的具有这种品德的人的心愿吗？

目前，不仅在东方，而且在西方，尤其是在那些经济发达的国家，一股学习佛教的热潮正在升起。许多西方的禅学者，已不再像过去那样把禅看作什么"东方神秘主义"了，他们开始注意和研究禅的各种教理与禅的根本精神之所在。学禅打坐不仅能治病健身，调解人体生理上的失衡（这只是禅的低层次上的作用）；更重要的是，对于那些信禅学禅的人来说，它能在相当的范围和程度上调解人们心理上的失衡。禅学从一个方面揭示了自我的本性，着重揭示了造成人生痛苦、烦恼的主观自我方面的原因，并且探求了如何让自我从怨天尤人、授命于环境的被动中摆脱出来，而通过自我主动的努力去解除种种的痛苦和烦恼，做自我的主人翁，等等。如上所分析的，禅学的这些探求正是现代人精神上最渴求得到的东西。加之佛教不离人伦日用的世间性格、坚韧不拔的实践精神、自我去缚的解脱主权和当下顿悟的超越喜悦等，禅佛教的世界性热潮正处于方兴未艾之时。

俗话说："人贵有自知之明。"此语源于《老子》第三十三章："知人者智，自知者明。"以"知人"与"自知"相比较，何者更为困难呢？先秦法家代表韩非认为："故知之难，不在见人，在自见。故曰：'自见之谓明'。"（《韩非子·喻老》）著名玄学家王弼也说："知人者，智而已矣，未若自知者，超智之上也。"（《老子道德经注》）由此看来，他们都认为，一个人要认识自己，比之于认识别人要困难得多。我完全同意他们的见解。在大多数人中，在大多数情况下，往往就是如此，亦正所谓"旁观者清，当局者迷"。推之于人类自身和客观自然之间，我们可以看到，情况与此相类。也就是说，相对而言，人类对于自身的认识要比对客观自然的认识困难得多。我在一篇短文中曾经发表过这样一番感慨：人作为万物之灵，对于客观物质世界的认识，大而至于外空星系的宇观，小而至于量子真空的微观，在今天都已达到了相当的深度，并且对于进一步地去认识它和把握它充满了信心。而与此相比，人对自我的认识，特别是对自我精神世界的认识，则还相当肤浅，愚暗不明。至于通过对自我的认识，来自觉地把握自我的精神世界，这对于多数人来说，更是难之又难了。另外，我还提到，人类在认识自然、改造自然的同时，也有一个自我认识的问题。特别是当人类征服自然的力量越来越强大的时候，人类更需要对自我有一个清醒的、正确的认识。然而，同样地这也是比之于认识自然更为困难的事情，或许还可以这么说，人类至今在自知方面尚不是很明的。如上所说，人类倚仗着高科技，加速了对自然的征服、控制和支配，同时也正在更快速地受到自然的强烈反抗和报复。在这种紧张的关系中，难道人类不应当认真地自我反思一下吗？我认为，在人与自然的关系中，人是主动的、能动的一方，因此也是关键的一方。换言之，其关键在于人类要对自我有一个恰如其分的认识，并由此而进行自觉的自我节制。

人们都知道，一个人的言行是受他的"心"（头脑、思想）支配的，一个人心念的变化就会影响到他言行的变化。荀子常说："天有其时，地有其财，人有其治，夫是之谓能参。"（《荀子·天论》）这是告诉我们：人是参与到天地生养万物的进程中的。而人的这种参与还不是一般的参与，在《礼记·礼运》篇中有这样一句话："人者，天地之心也。"这是告诉我们，人在天地万物中的地位，就像心在人体中的地位。如果说人心一动，人的言行就会发生变化，以此推论，那么人的心念、行为的变化，也就一定会引发天地万物进程的变化。正因为如此，人类更应当对自我有一个充分的认识，并由此而进行更自觉的自我节制。

《老子》第三十四章说："大道氾兮，其可左右。万物恃之而生而不辞，功成不名有。衣养万物而不为主，常无欲，可名于小；万物归焉而不为主，可名为大。以其终不自为大，故能成其大。"这段话是很值得细细体会的。我们对于人类的力量和个人能力的认识，是否也应抱这样的态度？人和个人既要能认识自己的大，也要能认识自己的小，要能不以大自居，不以小自卑。然而，这并不是一件容易做到的事。人的自我失落，大都来自于自然和他我的不融洽、不协调，而其根子则还是在于自我本身，即不是由于只见自我之小而妄自菲薄，就是由于只见自我之大而盲目尊大，也就是说，不能恰如其分地认识自我，缺乏自知之明。

《金刚经》说："是法平等，无有高下，是名阿耨多罗三藐三菩提（意谓无上正等觉）。"这句话也是可以借用的。如果能以平等心去认识自我、认识他我、认识自然万物，破除各种偏见和执着，这将有助于克服自我与他我、个人与群体、人类与自然之间的分离和对立，融自我于他我、群体和自然之中，得自我之"大解脱"。

随着东方世界走向现代化，应当引起我们对于东方文化的历史反思；通过历史的反思，应建立起我们对于东方文化的自觉、自尊和自信。我相信，随着人们对东方文化了解的不断深入，东方文化将在人们的现代生活中产生越来越广泛和深远的影响。让我们团结合作，共同努力，积极开发东方文化这座宝库，务使东方智慧日进日新，在显示其古老光辉的同时，展现出它崭新的现代风采，为人类更美好的未来作出它应有的贡献。

（北京大学教授）

谈亚洲价值观的构建

韩　震

　　亚洲首先是一个地理概念，同时也是一个文化概念。但这种文化概念往往是相对于其他文化而言的，如欧洲文化、非洲文化、北美文化、拉美文化，如此等等。实际上，正像欧美文化是一个复数文化的集合体，亚洲文化也不是单一的文化，而是复数的。在亚洲历史演进的时空体系之中，人类因为应对不同的自然环境的挑战而形成了不同的生产方式和生活样式，在这种生产方式和生活样式基础上，经过历史的积累和沉淀就形成不同的文化。例如，在冲积平原往往就形成农耕文化，在高原地带往往就形成游牧文化，在滨海或湖泊地区就容易出现与捕鱼相关的文化……

　　大体上，亚洲可以分为三个大的文化圈。一是汉字—佛教文化圈，大致包括中国、日本、韩国和东南亚部分国家；二是印度文化圈，其影响大致在南亚和东南亚部分国家；三是西亚伊斯兰文化圈。除此之外还有中亚文化，尽管有其自身特点，但更多地受其他文化的影响，如靠近西亚的就接受了伊斯兰文化，而靠近东亚的则接受了佛教文化。即使在同一个文化圈——汉字—佛教文化圈——中，也有复杂的差异，如中国文化与日本文化就有很多差异。显然，在这样一个文化复数的形态上谈亚洲价值观是非常困难的。我们很难在如此复杂的多样文化中抽象出一个大家都能够认可或接受的文化符号，来标识所有亚洲国家和民族都认同的基本的价值取向。但是，我们可以借助亚洲文化历史上的交流互鉴的交叠共识，基于当前亚洲各国人民追求社会发展与生活幸福的趋势，构建引领亚洲文明进一步升华的共同价值观。我的观点是，亚洲各国人民肯定有"交叠共识"（overlapping consensus）或"家族类似"（family resem-blances）形态的共同价值观，但是只是其表达形式和概念符号很难取得一致，但是我们可以基于这些共识构建引领社会发展、文明进步的共同价值观。

实际上，西方所谓自由、民主、人权的价值观也不是古代欧洲普遍的共识，而是随着资本主义生产方式和现代化进程被逐渐构建的。另外一个事实是，"亚洲价值观"连同亚洲概念本身早已经被构建了，只是我们一直不是自觉自主的构建者，而是被他者所构建。欧洲把亚洲或西方把东方作为参照来构建自己的价值观时，顺便构建了亚洲的价值观和形象。借用爱德华·W.萨义德的话说，亚洲"是欧洲文化的竞争者，是欧洲最深奥、最常出现的他者（the Other）形象之一"。此外，作为东方的亚洲，"有助于欧洲（或西方）将自己界定为与东方相对照的形象、观念、人性和经验"①。当欧洲开始从中世纪走出来时，它不仅将自己的理性启蒙与过去对立起来，而且也顺便把理性启蒙与仍然未发展的亚洲对立起来，而且把亚洲的阶段性特征固化为地域性、民族性特征。欧洲忘记了自己粗俗的"黑暗"过去，以自己文化的阶段性兴起作为自己价值观优越的根据，把亚洲处在阶段性衰落作为价值观低劣的依据。从此，在欧美学术界和文献之中就出现这样的对照：欧洲是科学的，亚洲是不科学的；欧洲是理性的，亚洲是不理性的；欧洲是自由的，亚洲是专制的；欧洲是先进的，亚洲是落后的；甚至欧洲是正常的，亚洲是匪夷所思的，如此等等，不一而足。欧洲或西方人从这种价值观对照之中，不仅获得了优越感，而且还把历史性的价值特征扣在了作为绝对"他者"的亚洲身上，这种话语方式又作为文化的力量打击和压制着亚洲人的自信心。西方人的这种构建显然是不符合人类文明发展的规律的。想象一下，如果将巴比伦文明鼎盛时期，或者埃及的法老，或者古代中国周朝的周公，对照当时处于非常蒙昧状态的欧洲人来进行文化上的构建，结果会是什么样子的呢？

对于人类历史而言，欧洲崛起的几百年，仅仅是历史的瞬间，但欧洲人忘记了自己的过去，也忘记了他们从东方的文化中获得的前提性资源。很有历史感的黑格尔，在文化演进的历史哲学表达中就变得一点没有历史感了。他说，人类文明就像太阳一样从东方升起，逐渐经过波斯、埃及等进入欧洲，最后在

---

① ［美］爱德华·W.萨义德：《东方学》，王宇根译，三联书店2007年版，第2页。

日耳曼文化中达到鼎盛，但是来到此地——黑格尔生于斯长于斯的地方——文明的太阳就要永远普照在普鲁士王国的大地上了。这显然是西方人把自己的价值观作为普世价值观的黑格尔式的表达。

好在历史的兴衰实际进程并不是以某些欧洲人的意志为转移的。欧洲人通过血与火的殖民统治，扩张着自己的势力范围，但同时也耗散着自己的文化力量，腐蚀着自己自由、个性价值观的道德品质。先是美洲殖民地人民的独立，后是某些东方民族按照西方的样子追求自己的利益，这其中有日本军国主义对西方殖民侵略的直接学习，但更多的是殖民地半殖民地人民的独立与解放。最后才是亚洲人按照自己的价值观和生活逻辑的重新崛起，"亚洲四小龙"的快速发展，东盟的聚合与发展，最激动人心的还是作为文明古国和占世界五分之一人口的大国——中国——的崛起，当然近年来世界也看到同样是文明古国的印度加快了复兴的步伐。

我认为，抽象某种完全一致的亚洲价值观也许是困难的，但是构建一种引领亚洲发展的共同价值观却是有可能的。当然，这种构建不是凭空而来的，其构建本身有历史传统的根基、有类似的发展经历。首先，这种构建有历史上文化交流的共同经验。由于地缘关系，亚洲各文明体之间的交流互鉴是非常频繁的，如丝绸之路、日本遣唐使、佛教的传播、郑和的远洋等，交流必然增进交叠共识的共识度。其次，亚洲各国几乎都有被侵略、被殖民的遭遇，这种苦难的经历也成为一种共同的或感同身受的体验，构成共同的文化经历和价值体验。最后，当下亚洲新兴市场经济体和奋起直追的发展的经验，也构成了共同的发展经验和近似的文化体验。另外，欧美的相对衰落——2008年的金融危机、欧元危机以及英国的脱欧公投等都是征兆——也给亚洲人民重拾文化自信心提供了契机。再加上亚洲社会的迅猛发展，亚洲人民普遍意识到自己的力量。正如秘鲁前总统阿兰·加西亚·佩雷斯所说：人们意识到，"西方不是'世界的全部'，也不是'世界未来'理所当然的范式"①。随着亚洲的崛起，亚洲人的自信心也随之觉醒了。亚洲也不再满足于被别人构建，而越来越趋向自我自主的构建。不仅中国一直强调走独立自主的发展道路，而且成功地走出一条中国特色社会主义道路，而且李光耀等人也明确提出亚洲价值观的命题。亚洲

---

① [秘鲁] 阿兰·加西亚·佩雷斯：《儒学与全球化》，沈庆译，人民出版社2014年版，第6页。

人民开始相信，每个国家和区域，都可以根据不同时空体系下的社会发展进程及其文化传统的生成与积淀，提供自己的发展方案。按照习近平主席的说法就是，亚洲人民自己可以为"人类对更好制度的探索"，提供亚洲方案。

应该构建什么样的亚洲价值观呢？为今天只是尝试性地提出某种设想，求教于各位专家。就为当下的认识，我认为作为有类似历史经验和共同发展体验以及作为构建目标的亚洲价值观，可以有以下几个方面的内容。

一是社会秩序的优先性。人类的历史都证明，坏的秩序也比没有秩序好，甚至不好的政府也比无政府好，这就是霍布斯《利维坦》一书的结论，如果没有秩序就会陷入人人自危的普遍战争状态。现在西方人为了自己的利益、根据自己的理解，经常指责亚洲缺乏充分的自由，但实际上许多亚洲国家是缺乏必要的合理的秩序。更可怕的是，也许本来有秩序，却在西方国家的干涉下反而失去了秩序，陷入了更大的困境。伊拉克、叙利亚、也门等国的情况就是如此。没有了秩序，别说自由，连基本的民生甚至生命安全都会成为问题。欧美干预了伊拉克、叙利亚，并没有使其状态向好的方向发展，反而引出更多的混乱，人民处在颠沛流离、生灵涂炭、朝不保夕的境地。在这个问题上，中国的邓小平先生、新加坡的李光耀先生的确有先见之明。邓小平告诫我们，稳定压倒一切，只有安定团结的环境，才能保证国家的发展与繁荣。李光耀在《观天下》的"序"中明确说："就新加坡而言，我们的成功故事取决于三大特性：确保这是个让人们生活与工作的最安全国家，平等对待每一个公民，以及确保每一代新加坡人能持续成功。"[①] 李光耀坚持符合新加坡历史发展阶段和文化传统的基本价值观，维护了社会的安定和谐，把一个城市国家变成世界上最富裕的经济体之一。中国的发展和新加坡的经验告诉我们，没有社会秩序，就没有个人的自由，就没有人民的安定富裕生活。只有在秩序的基础上，人民才能追求更多的自由权利、民主参与和民生福祉。

二是整体利益的优先性。西方自由主义的意识形态，特别强调个人自由权利的至上性。这在反对封建主义等级制，鼓励个人首创精神的发挥和自主性方面的确有积极的作用。但在更大的历史进程中，当从更广的视角考虑人民的根本利益的时候，单纯地局限于偏狭的个人利益是有局限性的。对于促进一个经

---

① ［新加坡］李光耀：《观天下》"序"，Straits Times 出版社 2014 年版。

济体摆脱不发展的依附状态，应该把全社会的利益放在更重要的位置上思考。例如，新加坡官方版本的价值观是"国家至上，社会为先；家庭为根，社会为本；社会关怀，尊重个人；协商共识，避免冲突；种族宽容，宗教和谐"，其中就可以看到其整体优先于部分的价值取向。中国社会实际上也一直强调集体利益高于个人利益。亚洲的崛起与这种价值取向肯定也有内在的关联。我们应当倡导社会整体利益优先于个人权利的生活价值观。强调整体利益不是不要个人权利，而是从所有人的根本利益出发，不能忘记社会的整体利益。每个人要跳出自己有限的利益视角，才能思考更加广阔和长远的目标。

三是社会和谐的优先性。中国人一直主张"和"、"合"。早在《尚书·尧典》中就有这样的说法："克明俊德，以亲九族。九族既睦，平章百姓。"《左传·襄公十一年》也记载：作为霸主晋侯"八年之中，九合诸侯。如乐之和，无所不谐。"可见，在中国人的日常生活语言中，经常听到"和为贵"、"和气生财"、"家和万事兴"，等等；在政治话语中，我们也常常说"将相和"、"和衷共济"、"政通人和"，等等。另外，亚洲各国都比较重视和谐，如日本甚至自称"大和民族"，这不仅是一个名称，也是一种价值追求。新加坡所倡导的价值观中，也非常突出和谐共生的意义，如"协商共识，避免冲突；种族宽容，宗教和谐"的价值观，都是推崇协和共生的理念。当然，亚洲也有利益冲突，也有矛盾和争端，但在如何解决矛盾与冲突时，亚洲人似乎更青睐和谐优先于冲突的社会价值观。就此，秘鲁前总统阿兰·加西亚·佩雷斯指出："希腊思维引向矛盾性，中国思维引向一致性。"[①]作为其他文化的人，阿兰·加西亚·佩雷斯对亚洲的思考显然具有对照的意义。

四是和平解决国际冲突的优先性，也就是协和万邦的国际价值观。与注重和谐的价值观相一致，在协调国际关系的过程中，亚洲也更加重视和谐的力量。1954年5月，新中国成立不久，周恩来在访问印度和缅甸时，就分别与印度、缅甸两个总理会谈，共同倡导互相尊重主权和领土完整、互不侵犯、互不干涉内政、平等互利和和平共处五项原则，随后为1955年4月召开的亚非万隆会议所接受，并希望各国将五项原则作为处理国家关系的准则。可以说，万隆会议精神就是亚洲价值观的明确宣示。就协和万邦的价值观而言，处理

---

① ［秘鲁］阿兰·加西亚·佩雷斯：《儒学与全球化》，沈庆译，人民出版社2014年版，第57页。

国际关系应该遵循和而不同、和平共处的原则。在现实世界中，由于每个民族、每个国家都生存在不同的时空系统之中，这就有着不同的利益和认识，矛盾是普遍存在的。如何解决不同民族国家之间的矛盾呢？是"仇必和而解"即仇是通过对话、协商、妥协加以化解，还是通过消灭对方的方式加以解决，这是有明显不同的价值取向的。在某种意义上，西方国家往往采取仇必仇到底的方式，把自己的价值视为绝对的、普世的，把其他文化传统视为异端，力图以彻底消灭对方而后快；而中国和亚洲的和谐价值观更强调仇必和而解，通过对话、协商、妥协达成共享共赢的状态，实现"美美与共"的境界。

总之，亚洲的崛起必然伴随着亚洲新价值观的崛起，即使过去我们没有相同表达的价值观，但我们却可以构建面向未来发展的亚洲价值观。

（北京外国语大学党委书记、教授）

在全球化历史进程中的亚洲

张西平

全球化（Globalization）是我们今天理解世界的发展趋势、理解文明的发展的一个根本出发点，在全球化的今天我们已经不可能仅仅从一个国家或一个地区来思考经济、政治和文化问题。地缘文明的价值只有在全球化背景下才给予清晰的说明，本文正是从这样的角度来说明亚洲的价值，从亚洲在全球化历史进程中的命运，来揭示今天亚洲在全球化中的地位。

一、中国与印度在早期全球化中的作用

西方的历史学家一般认为今天的全球化是从哥伦布（Christopher Columbus,1451—1506）1492 年横渡大西洋，发现北美洲和 1498 年达·伽马（Vasco da Gama ，约 1469—1524）绕过好望角进入印度洋作为全球化的起点，进而说明工业化出现在欧洲，以此证明欧洲文明的优越性。

实际上，全球化的时间要早于这个时期。蒙古铁骑所建立的草原帝国，开始使东西方的交流更为便利了。从 1405 年到 1433 年中国明朝的郑和船队已经进入印度洋，并到达东非海岸，实际上早在唐朝和宋朝时就有大量的阿拉伯商人住在中国南部的泉州等地从事贸易。

从公元 1000 年到 1500 年印度洋一直是全球贸易的中心，阿拉伯商人掌握着从东非到红海口、波斯湾以及印度西海岸的贸易，印度商人控制着从锡兰到孟加拉湾再到东南亚的贸易，而中国人控制着从中国到印度尼西亚和马六甲海

峡的南中国海贸易。美国学者罗伯特·B.马克斯（Robert B.Mark）认为"四个大的文明和经济实力中心为印度洋贸易提供了原动力：伊斯兰教的中近东、印度教的印度、中国、印度尼西亚或香料群岛。中国人把制造品——其中特别是丝绸、瓷器、铁器、铜器——运到马六甲，换取香料、新异食品、珍珠、棉织品及白银带回中国。印度人带来棉织品换回香料。印度出口棉纺织品和其他制造品到中东和非洲东部，其中有一些纺织品还远达非洲西部。从非洲和阿拉伯人那里，印度人得到棕榈油、可可、花生和贵金属……这种巨大的全球贸易的引擎主要是中国和印度"①。

中国和印度在早期的全球化中有两个重要的贡献，正是中国和印度的这两个贡献，才推动了近代西方的兴起。

首先，中国对白银的需求直接推动了全球贸易的发展。中国在 1750 年以前有着世界上最完备的交通系统和农业社会时期最好的商品，这就是丝绸、茶叶和瓷器。正如一位历史学家所说，在 15 世纪"中国仍然是世界上最大的经济强国。它拥有可能超过 1 亿人口、生产能力巨大的农业部门、庞大而且复杂的贸易网络、有在生产手段和产品质量上几乎每一方面都超过欧亚大陆其他地区的手工业"②。中国从明代开始已经使用白银作为金属货币，它将丝绸、茶叶和瓷器卖给欧洲，然后从欧洲换回白银。由于当时中国的银价同世界其他地区相比较高，因此，在全球的贸易中加速了白银向中国的流通。中国经济史家全汉昇在论述美洲的白银流入中国时指出："从 1592 年到 17 世纪初，在广州用黄金兑换白银的比价是 1∶5.5 到 1∶7，而西班牙的兑换比价是 1∶12.5 到 1∶14。由此表明，中国的银价是西班牙银价的两倍。"③因此，当时荷兰东印度公司和英国的东印度公司都把黄金—白银—铜之间的套利活动作为他们在世界范围进行贸易的主要内容之一。这点，西方经济学的奠基人亚当·斯密（Adam Smith，1723—1790）也是这样说的："自发现美洲以来，其银矿出产物的市场就在逐渐扩大……欧洲大部分都有很大进步……东印度是美洲银矿产物

---

① [美] 罗伯特·B.马克斯：《现代世界的起源——全球的、生态的述说》，夏继果译，商务印书馆 2006 年版，第 70 页。

② The Cambridge History of China, Vol.8, part2, p.378.

③ [德] 贡德·弗兰克：《白银资本：重视经济全球化中的东方》，刘北成译，中央编译出版社 2005 年版，第 192 页。

的另一市场……该市场所吸收的银量日有增加……尤其在中国和印度斯坦，贵金属的价值……比欧洲高得多，迄今仍是如此……综合这些理由，贵金属由欧洲运往印度，以前一直极为有利，现今仍极为有利。"①

根据经济学家的估计，从 1500 年到 1800 年，当时世界生产了大约 38000 吨白银，流入中国的大约有 7000—10000 吨，占据了世界白银产量的四分之一到三分之一，"从 16—18 世纪，来自新大陆的四分之三的白银全部流入了中国，这一方面是中国高品质的丝绸、瓷器、茶叶等出口商品的功劳，另一方面也与中国对白银的大量需求有关，这里白银的价格涨到了世界其他地方的 2 倍"②。用一位历史学家的话说就是：白银围绕世界运转，并促使世界运转。

其次，印度的棉纺品贸易直接推动了英国的发展。在当时的世界经济中，中国和印度是两个最重要的地区。"在印度，这些制造业主要是称雄世界市场的棉纺织业，其次是丝织业，尤其是印度生产最发达地区孟加拉的丝织业。当然，制造业的这种竞争力也依赖于农业、运输和商业的生产力。它们提供了工业所需要的原料、工人的食品，以及二者的运输和贸易，进出口的运输和贸易。"③ 在 17 世纪后期印度的印花棉布大量地进入英国，有人抱怨说："它悄悄走进我们的房间、我们的衣橱和卧室，窗帘、坐垫、椅子和桌子上，除了印花棉布或印度其他纺织品外几乎没有别的，至少床上是这样。总之，那些曾经以羊毛和蚕丝为原料的纺织品，不论是用于缝制女性的服装还是家庭的用具，几乎全部来自印度的贸易。"④ 英国所以要进口印度的棉布，这是因为印度生产的棉布要比英国本国生产的棉布还便宜得多，这样"1700 年印度是世界上最大的棉纺品出口国，其纺织品不仅是为了满足英国的需要，而且也是为了全世界的需要。除印度广大的国内市场外，东南亚、东非和西非、中东和欧洲是其主

---

① ［德］贡德·弗兰克：《白银资本：重视经济全球化中的东方》，刘北成译，中央编译出版社 2005 年版，第 187 页。

② ［美］乔万尼·阿里吉等主编：《东亚的复兴：以 500 年、150 年和 50 年为视角》，马援译，社会科学文献出版社 2006 年版，第 350 页。

③ ［德］贡德·弗兰克：《白银资本：重视经济全球化中的东方》，刘北成译，中央编译出版社 2005 年版，第 182 页。

④ Prasannan Parthasaranthi, *Rethinking Wages and Competitivenessin the Eighteenth Century: Britain and South India,* Past and Present 158, p.79.

要的出口市场……1750年印度的纺织品生产量足有世界的四分之一"①。

这样我们看到在早期的全球化历史中亚洲起着重要的作用，中国和印度是当时世界经济的中心，正如《泰晤士插图世界史》中所说的："虽然人们很难，准确地估量，近代早期亚洲的经济总产量……但是人们所能见到的各种资料都证明，东方的经济规模和利润比欧洲要大得多……南亚和东亚之间的情况也是如此：欧洲人……及其商船仅为中国人及其船只的1/10；而且欧洲人的货物主要不是欧洲产品，而是中国的瓷器和丝绸。这两种商品的产量令人瞠目结舌。仅南京一地，众多的陶瓷工厂每年出产100万件精美的瓷器。其中许多是专门为出口而设计的——出口欧洲的瓷器绘有宫廷图案，出口伊斯兰国家的瓷器则绘有雅致的抽象图案……在印度，17世纪80年代，仅孟加拉的卡辛巴扎尔城每年就生产200万磅生丝，仅西部古吉拉特一地的棉纺织工人每年就生产出口300万匹布……在整个近代早期，世界工业的中心是亚洲，而不是欧洲。亚洲也是最强大的国家的所在地。当时最强大的君主不是路易十四或彼得大帝，而是满清皇帝康熙和'莫卧儿'的奥朗则布（1658—1707）"。② 这样的观点是被许多经济史学家所认可的，Chaudhuri认为："即便是在前机器时代，对工业产品的需求也表明一个社会在专业化和劳动分工方面所达到的程度。毫无疑问，从这个角度看，在1500年到1750年这个期间，印度次大陆和中国拥有亚洲最先进和最复杂的经济。"③亚洲在当时世界经济中的地位完全不像欧洲中心主义者所给我们讲述的那样，在当时的全球化历史中，亚洲处在中心的地位，从1500年到1750年亚洲在全球的人口数量从60%上升到66%，到1800年时上升到67%，也就说在1800年时，世界上2/3的人口是在亚洲，主要是中国和印度。而且此时不仅亚洲的人口占有世界的主体，其经济也同样具有重要的作用"亚洲经济的增长可能始自1500年到1775年，亚洲生产着世界上约80%的产品，换句话说，占世界人口总数2/3的人（亚洲人），生产着世界上4/5的

---

① [美] 乔万尼·阿里吉等主编：《东亚的复兴：以500年、150年和50年为视角》，马援译，社会科学文献出版社2006年版，第133页。

② [德] 贡德·弗兰克：《白银资本：重视经济全球化中的东方》，刘北成译，中央编译出版社2005年版，第230—231页。

③ Chaudhuri, K.-N. *The Trading World of Asia and East India Company 1660—1760*, pp.204-205. Cambridge: Cambridge University Press, 1978, pp.204-205.

产品。换一个角度来看，1775年，占世界人口总数1/5的欧洲人与非洲人和美洲人一起生产着世界上1/5的产品。所以，在1500年之后的三个世纪，亚洲人拥有生产力最发达的经济"①。

亚洲的经济发展揭示了16—18世纪的全球化早期的实际发展。Klein教授也认为："16世纪和17世纪，欧洲人之所以能够对中国附近海域渗透，完全是由于该地区内部和地区间权力关系本身发生特殊变化。欧洲对该地区经济的影响始终是边缘性的。欧洲在世界经济的商业活动仅仅是暂时性的，局限于欧洲人在亚洲的极其脆弱而有限的贸易网。在1680年前后，该地区重新建立了权力的均势，此后，该地区内的海上贸易进入了一个在传统机制的完整架构内的兴旺发展的时期。18世纪后半期，这种贸易及其机制逐渐损坏……（而且也包括）欧洲的商业活动……也濒临瓦解。19世纪的欧洲霸权根本不是建立在前工业时代历史发展的基础上……（而是建立在）全新的条件和环境上。"②

Klein教授的这个结论打破了我们长期以来的一个习惯性认识，认为西方的现代经济的发展是建立在近代以来，也就是早期全球化时期的工业化基础上的，正因为那时西方的经济比东方要繁荣和强大才造成在19世纪西方经济的强大。实际的经济史证明在全球化的初期，在1500—1750年世界的经济中心在亚洲，那时的欧洲和亚洲的经济是无法相比的。那么，我们就会产生一个问题：既然19世纪的欧洲霸权不是建立在前工业时代历史发展的基础上，而是建立在"全新的条件和环境上"，那么，在19世纪发生了什么样的条件和环境使欧洲人超过了亚洲人呢？

二、历史逆转的19世纪：亚洲的衰落

19世纪欧洲人赶了上来，亚洲开始衰落了，是什么原因造成了这种历史性的逆转和分流呢？马克斯·韦伯（Max Weber，1864—1920）认为是新教伦

---

① ［美］罗伯特·B.马克斯：《现代世界的起源——全球的、生态的述说》，夏继果译，商务印书馆2006年版，第112页。

② Klein, Peter W. 1989 ."The China Seas and the World Economy between the Sixteenth and Nineteenth Centuries: The Changing Structures of World Trade ", In *Interaction in Word Economy Prespectives* Holtferich London: Harvester, pp.61-89 .

理，正是基督教的改革给欧洲提供了思想的源泉，进而欧洲中心主义者认为，这是由于他们希腊文化的原因，西方的科学精神来源于希腊文化。这样的逻辑就是现代化起源于欧洲，从根本上说是文化的原因。于是，在中国从五四以来就形成了"现代与传统，西方和东方"的双重对立。如果走现代化之路就必须批判中国的传统，就必须完全地学习西方，东方是无价值的，东方传统是有碍于现代化的。

很长时间以来，我们中国的绝大多数知识分子是相信这样一种解释的，但近五百年的经济史研究证明，这样一套说法是值得怀疑的，从历史上来看是违背历史真相的。

学术界对五百年来的全球经济史和政治史研究使我们得出这样的结论：欧洲早于亚洲走向现代化的道路是由三个基本的原因造成的：一是新大陆的发现；二是欧洲对东方特别是对中国和印度的殖民政策；三是英国的工业革命。我们下面分别将这三个问题逐一展开论述。

（一）新大陆的发现对欧洲近代发展的价值

彭慕兰（Kenneth Pomeranz，1958—　）在其著名的《大分流：欧洲、中国及现代世界经济的发展》[①]中认为，欧洲和中国、印度的分流，在19世纪一枝独秀地走向现代化最重要的原因是新大陆的发现。因为，当时的中国和西欧同样面临着社会经济的发展和生态环境之间的尖锐矛盾，而新大陆的发现从根本上缓解了欧洲发展的矛盾，从而使其开始胜出。他说："新大陆却有更大的潜力，大部分是由于全球性关联的影响。首先，严重的传染病削弱了对欧洲人占领这些土地的抵抗。其次，随着征服和人口的减少而来的大西洋两岸的关系——重商主义以及特别是非洲的奴隶贸易——使所需资源向欧洲的流动自我促进，这是旧大陆区域间双方自愿贸易做不到的；这种关系甚至在工业化之前就预期初级产品输出地和制造业发达地区之间的分工能使自身永存于现代社会中。因而这个世界的第一个'现代'核心及其第一个'现代'外围一前一后地产生——这一全球性关联具有重要意义，它使西欧在一种其主

[①]　[美] 彭慕兰：《大分流：欧洲、中国及现代世界经济的发展》，史建云译，江苏人民出版社2008年版。

要特征并非自己独有的先进的市场经济的基础上，确立了某种真正独有的东西。"①

这说明，新大陆的发现缓解了在中国和欧洲同样出现的任何自然的矛盾，广阔的北美平原为欧洲的发展提供了大量的自然资源如木材、棉花等，同时为生产率提高后的欧洲提供了难得的劳动力的新市场。同时，从非洲贩卖奴隶运往美洲的种植园，这是新大陆发现后欧洲同时展开的贸易。"输往新大陆种植园进行劳动的非洲奴隶数量之多令人瞠目，至19世纪奴隶贸易结束时为止，被贩卖的奴隶总人数超过900万。"②这些被贩卖的奴隶不仅仅成为廉价的劳动力，也成为新的消费者，他们总是需要衣被维持基本的生活，而这种需要又直接拉动了英国的纺织业，这样在英国本土以外就有了一个新的市场，它和英国本土实现了经济的互动，在非洲—英国—美洲的每一个环节上，商人们都赚够了利润。美洲土著人群的疾病死亡和非洲黑人输入一起构成了新大陆的特殊人口特点，"因此，人口下降和奴隶造成的人口恢复结合在一起，使环加勒比海地区成为一个异常巨大的紧扣市场和土地密集型产品的输出源泉。事实上，它成为第一个呈现出人们现在熟悉的'第三世界'轮廓的外围地区：既是生产资料（在这里有会走路说话和被诱骗绑架来的工具）又是日用工业品的巨大的输入地"③。

新大陆的发现，奴隶的贩运成为英国经济的增长点，新大陆广阔的土地既缓解了英国日益严重的环境问题，又为其开辟了新的市场。

（二）英国的东方殖民政策是其发展的基本原因

在18世纪印度盛极一时的莫卧儿帝国（Mughal Empire，1526—1857）已经开始衰败，在其最后一个杰出的领袖奥朗则布（Aurangaeb）1707年去世后，莫卧儿帝国就江河日下。英国人和法国人在印度海岸各自集结了绝大多数是

---

① ［美］彭慕兰：《大分流：欧洲、中国及现代世界经济的发展》，史建云译，江苏人民出版社2008年版，第28页。

② ［美］罗伯特·B.马克斯：《现代世界的起源——全球的、生态的述说》，夏继果译，商务印书馆2006年版，第115页。

③ ［美］彭慕兰：《大分流：欧洲、中国及现代世界经济的发展》，史建云译，江苏人民出版社2008年版，第327页。

由印度人组成的军队，在七年战争中，英国人彻底打败了法国人，"这是在印度的英帝国的开端，在此后的 50 年中，英国控制的范围日益扩大，1857 年整个次大陆成为其正式的殖民地。"① 这只是印度开始衰退的第一步，长期以来英国是印度的棉纺织品的出口国，但从把印度变为殖民地开始，角色的更换就开始了。18 世纪时英国曾提高关税限制印度棉纺织品在英国的出口，但现在他们成了印度次大陆的主人，英国棉纺织品进口印度的关税完全被取消了，由于价格低廉，很快印度本土的纺织品就开始败下阵来，从英国进口的棉纺织品越来越多，印度的棉纺织厂破产的也越来越多，到 1820 年时已经有数以百万计的印度纺织品工人失业，"到 1833 年，孟加拉……的'逆工业化'已经相当严重。印度失去了一种伟大的艺术，而艺术家也失去了他们的职业。现在家庭妇女的纺锤已很少在纺棉场上快速转动了"②。印度一度发达的棉纺织品业就是在这种殖民政策和"自由贸易"政策下被英国击垮的，表面上亚当·斯密，主张政府对贸易的不干涉，使贸易自由地发展，实际上英国是在精心的策划下击垮了印度的棉纺织业，将印度从棉纺织品的出口国变成进口国，正如罗伯特·B. 马克斯所说的："自由贸易以及政府对经济活动的最少干涉理论与大卫·李嘉图（David Ricardo，1772—1823）的相对优势相结合，其宗旨是把印度变成以出口为目的的粮食和原料生产国。关税被取消，殖民政府显然不会提议保护棉纺织工人，也不会推动工业化的政策（因为那样将会有'过多的产品'与英国国内工业竞争），而'自由'市场又将确保印度的食物和原料运到英国，并确保印度人购买英国的工业品。事实上，19 世纪中叶以来，印度确实消费了英国出口的产品的 25%—35%。殖民政府强行推行的这种'自由贸易'原则把印度推上了沦为第三世界国家的道路。"③

印度对英国的价值还不仅仅在繁荣其国内经济上，它实际上是英国全球化

---

① ［美］罗伯特·B. 马克斯：《现代世界的起源——全球的、生态的述说》，夏继果译，商务印书馆 2006 年版，第 136—137 页。

② Debendra Bijoy Mitra, *The Cotton Weavers of Bengal 1757-1833*, Calcutta Temple Press 1978, p.98.

③ ［美］罗伯特·B. 马克斯：《现代世界的起源——全球的、生态的述说》，夏继果译，商务印书馆 2006 年版，第 176 页；参见 S.Ambriajian, *Classical Political Economy and British Policy in India*, Cambridge: Cambridge Unversity Press, 1987, pp.54-55.

战略的一个重要部分。从军事上来说，"印度实际上成了英国在东方海洋上的一座兵营，我们无须支付分文，就可以从那里征集到大量的军队"①。根据学者的统计，从 1837 年到 1900 年，这支由印度纳税人供养的欧洲式殖民军队共为英国的殖民战争打了 72 场不同的战争，这支殖民化的军队被称为"维多利亚扩张主义者的天鹅绒手套中的一双铁拳，是工业资本主义全球化所依赖的一支主要的战斗力量"②。

印度对英帝国的贡献还不仅仅如此，它还成为英国财政的主要进贡国。由于英国完全垄断了印度的外贸储备，印度对其他国家的外贸盈余全部转给了英国，而印度对英国的贸易赤字正好是它对其他国家贸易的盈余，英国通过印度将赤字转嫁给了其他国家。"总而言之，19 世纪以英国为中心的全球资本主义体系从始至终都离不开印度的进贡。由于印度的付出，英国才能在 1792—1815 年间将公共开支扩大了 6 倍，这一支出的规模为随后半个世纪英国在资本商品工业中的龙头地位打下了基础。同样，由于印度的进贡，才可以使英国在其工业霸权已经动摇的情况下，不断巩固它在全球范围内进行资本积累的核心地位。"③

如果说对印度的殖民是英国成为 19 世纪世界霸主的原因之一的话，那么，对中国的鸦片贸易则成为它的全球化战略的另一个重要的方面。

中国的丝绸、茶叶、瓷器成为欧洲人最喜欢的商品，喝茶已经开始成为英国人日常生活的必需，大量地购买中国的茶叶，白银便开始流入中国。必须找到一种商品让中国人购买，以解决中国和英国之间的贸易顺差。在中国的传统医学中鸦片是作为医用的，英国人看到这一点，从 1773 年开始，英国获取了在孟加拉国生产鸦片毒品的垄断权，通过各种途径将鸦片运往中国，开始了对中国的鸦片贸易。在 19 世纪 30 年代每年达到 3400 万盎司的鸦片运进中国，同时白银开始向英国回流。为了在中国获取巨大的商业利益，当中国政府开始

① Tomlinson, B .R .1975 ."India and the British Empire, 1880—1935", *The Indian Economic and Social History Review XII*（4）, pp. 337-80.

② Washbrook, David .1990 ."South Asia, the World System, and World Capitalism", *The Journal od Asian Studies XLIX*（3）, pp. 479-508.

③ [美] 乔万尼·阿里吉等主编：《东亚的复兴：以 500 年、150 年和 50 年为视角》，马援译，社会科学文献出版社 2006 年版，第 372 页。

抵制鸦片贸易时，两个帝国的冲突就不可避免了。第一次鸦片战争，以中国失败而结束，《南京条约》的签署，使英国人获得了 2100 万两的白银赔偿和香港割让给英国，由此拉开了西方列强对中国近一百年的侵略和掠夺。

如果说，从 15 世纪开始的全球化初期以中国对白银的需求拉动了最初的世界经济发展，那时的中国是当时世界经济的中心，正像一些学者所指出的："正是由于中国的白银需求和新大陆的白银供给，才使欧洲人凭借获取亚洲商品和进入亚洲贸易网方式使自己富裕起来。"①

当时中国成为全球白银的吸纳国，白银大量地流入中国，中国和英国之间有了大量的贸易顺差后，英国用鸦片作为平衡自己和中国贸易的重要商品，并且使用武力的手段达到了自己的目的。在第一次鸦片战争后香港成为英国向中国进行鸦片贸易的中转站，英国各贸易公司每年从印度进口 5 万箱鸦片（650 万磅）卖给中国。19 世纪后期大约有 5000 万中国人吸食鸦片，中国消费着世界鸦片产量的 95%。此时的英国通过鸦片贸易不仅仅在摧毁一个民族，而同时在获取巨大的经济利益，换回了英国人渴望的白银。鸦片成为 19 世纪世界经济发展的重要因素。

英国对中国的鸦片贸易是和它对印度的剥削与榨取联系在一起的。"英国人从印度攫取的人力和物力资源对印度造成了沉重的税收负担，而这一负担对英国保持其全球资本主义体系中的领导地位却又必不可少。为了确保和加强这种地位，使印度能够源源不断地提供进贡物资就成为英国面临的一项紧迫任务。正是在这种压力下，英国才在 19 世纪中期向中国发动了两次鸦片战争。"②这样，印度—英国—中国成为英国全球贸易体系的一个完整的环节，印度向英国进贡，为保证印度能长期向英国进贡，英国用战争打开中国的鸦片贸易大门，而鸦片是在印度种植，从印度运进中国，印度通过出口鸦片换回中国茶叶，再将茶叶卖给英国。东印度公司的官员对当时中国—印度—英国的关系做过明确的表述，"印度通过出口鸦片，为英国换回茶叶。中国通过消费鸦片，保证了印度和英国之间的收入交换。英国通过消费茶叶，促进了中国对印度

---

① ［美］罗伯特·B.马克斯：《现代世界的起源——全球的、生态的述说》，夏继果译，商务印书馆 2006 年版，第 172 页。

② ［美］乔万尼·阿里吉等主编：《东亚的复兴：以 500 年、150 年和 50 年为视角》，马援译，社会科学文献出版社 2006 年版，第 373 页。

鸦片的需求。"① 通过对中国的鸦片战争，英国将鸦片的贸易由地下转为公开，由走私转变为合法贸易，正是通过鸦片贸易，英国维持了它的霸权地位，从东方获取了巨大的利益。当时从事鸦片贸易的英国光荣公司（The Honourable Company）获得了巨大的收益。"通过它，英国政府、国民也获得了难以计量的政治和经济利益。英中贸易天平朝有利于英国的方向倾斜，不但使得印度对英国产品的消费额增加了 10 倍，也为英国在东方的庞大统治机构提供了直接帮助，弥补了它在印度统治的开支。同时，通过茶叶贸易中的交换和汇兑，极大地充实了英国国库，为其国民每年带来了 600 万英镑的收入。"②

通过以上对英国在东方的经济和政治活动，我们看到在全球化的初期，英国所以获得霸权地位，在和东方的竞争中由落后者转变为世界体系的主导者，这是和英国对印度与中国的殖民统治和鸦片贸易分不开的，它是以中国和印度的国家利益的牺牲为代价的。

（三）英国的科学技术所引起的工业革命是其发展的"历史耦合"

英国在其现代化发展中煤炭的使用和蒸汽机的发明也起到了重要的作用。到 1800 年，英国的煤炭产量已达 0.1 亿吨，占世界总产量的 90%。蒸汽机发明后，被广泛地运用到煤矿的抽水之中，以后，蒸汽机又被广泛地运用到工业的其他部门。1830—1850 年，英国铁的产量从 68 万吨增长到 225 万吨，煤的产量增加了两倍，从 1500 万吨增长到 4500 万吨。③

我们当然承认这些新的技术在工业革命中发挥了重要的作用，但不能认为这些科学技术独一无二地属于欧洲。彭慕兰认为，中国人早于欧洲使用了煤，因为中国的产煤地区和当时的江南地区——中国经济最发达的地区距离比较远，从而没有将煤运用到生产中，而英国的煤矿水多，为了抽出矿井中的水，由此发明了蒸汽机，而中国的煤矿瓦斯多，由此而没有发明蒸汽机。他认为这些发明具有历史的偶然性，并不能因这些技术的发明就从而证明欧洲文化比其

---

①　Thornton, Edward, *India, its State and Prospects*, London: parbury, Allen & co, p.89.

②　Greenberg, Michael, *British Trade and the Opening of China 1800-1842*, Cambridge: Cambridge University Press, 1951, pp.106-107.

③　E.J .Hobsbawm, *The Age of Revolvtion, 1789-1848*, New York: New American Library, 1964, pp.63-65.

他地区先进。

他认真研究对比了欧洲和印度、中国在 1750 年时双方各自在科学技术上的特点，他认为，"总的说来，认为 1750 年的欧洲已经拥有独一无二的综合科技水平的观点需要给以相当大的限制。""尽管最近两百年的工业化总的来说是劳动的节约和对资本的需求，假定这始终是重大的发明创造的理由仍是一个时代的错误。"① 彭慕兰想要表达的是，在 1750 年时，欧洲在科技上并未完全地超过东方，将欧洲在现代化的胜出归结为科技是没有太多的根据的。在他看来，欧洲和亚洲在 1750 年后的分流主要是新大陆的发现和英国在东方的殖民活动，通过新大陆的发现，英国解决了人与自然的矛盾，走上了效率性的发展道路，而中国走上了劳动密集型的道路。

所以，用在全球化的一个阶段欧洲人的领先来证明欧洲文化比其他文化更优秀，是完全没有道理的，无论是马克思还是马克斯·韦伯等都用欧洲提前的现代化，用 19 世纪欧洲人的强大来证明欧洲文化的优越性，这是一种社会达尔文主义。许多欧洲人由此主张"西方中心主义"，认为，没有基督教文化，没有希腊文化是无法实现现代化的。正如罗伯特·B. 马克斯所说的，这些"西方中心主义"的说法，"与其说是历史的真实还不如说是一种意识形态。因为西方兴起的故事主要是：一些国家和民族从一些偶然历史事件和地理环境中受益，在某一时间（历史的耦合点）得以主宰他人并积累财富和实力。除此之外没有更多的秘密。了解到西方财富、权利和特权的偶然性，那些已从中受益的人们应当为他们的好运的真实来源而感到惭愧，而那些没有得到好处的人应振作起来，相信未来的新机会会垂青他们。"②

三、新时期亚洲的兴起

近三十年来亚洲的崛起，特别是中国和印度的崛起成为世界经济发展的一个重要现象。

---

① ［美］彭慕兰：《大分流：欧洲、中国及现代世界经济的发展》，史建云译，江苏人民出版社 2008 年版，第 61 页。

② ［美］罗伯特·B. 马克斯：《现代世界的起源——全球的、生态的述说》，夏继果译，商务印书馆 2006 年版，第 203 页。

我们先说中国，由于 1978 年后中国实行了改革开放的治国方针，从而打开了国门，开始与外部世界发生了经济和文化的各种联系，由于中国大陆庞大的高素质的劳动大军和世界上最庞大的消费市场，中国很快成为投资的热土。加之，政府灵活的开放政策，中国成为全球投资的重点国家。"海外投资者纷纷把钱投向中国大陆，主要是看中其低成本劳动力优势及拥有世界五分之一的人口，不断扩大着的潜在市场。这些海外投资者的 80% 来自华人。那些从前躲避贫穷、战乱而逃至海外的人们如今成为北京最青睐的投资者和现代化的榜样，这是时代最大的讽刺。即便日本人也往往要依靠海外华人才能打开中国之门。"① 与 30 年前相比，中国的经济总量增加了 10 倍；贸易总量增加了 68 倍；外汇储备增加了 900 多倍。中国的这些变化正如一位美国作家所写的，中国"史无前例的经济增长引发了前所未有的社会变革。中国把西方长达 200 年的工业化进程，压缩在 30 年里就完成了。在中国，每天都有成千上万的人从农村涌入城市，从农田走向工厂，从西部来到东部。他们不仅在地理上迁往异地，而且还告别了往日的家庭、阶层和历史。中国政府能够跟上如此剧烈的社会变革，这本身就足以令人刮目相看"②。

1991 年以来，印度年均经济增长率达 6.1%，2004 年达 6.9%。一些国际权威机构甚至预测今后若干年，印度经济将保持 8% 以上的高增长率，在一代人的时间内，印度将崛起成为世界上仅次于美国、中国的第三大经济体。

中国和印度的崛起是 21 世纪以来全球化历史上最重要的事件。

面对亚洲的兴起仍有部分西方学者站在"西方中心主义"的立场上，认为在世界各地的现代化道路只能走欧洲式的现代道路和美国式的现代化道路，不承认世界各国的现代化有着不同的现代道路。中国和印度的现代化是后发性的现代化，因此，他们不可能和西方的现代化道路一样。中国的现代道路，或者说中国模式是：有特色的社会主义模式，在权威政府主导下的市场经济的模式；印度的现代化和中国一样是属于后发现代化的道路，在体制上是西方民主制度和市场经济相结合的模式。

亚洲的面积占全球陆地的 30%，人口占世界人口的 59%。1980—2005 年，

---

① Kraar, Louis, "The New Power in Asia", Fortune, (October 1993), pp.38-44.
② [美] 法里德·扎卡利亚:《后美国世界：大国崛起的经济新秩序时代》，赵广成、林民旺译，中信出版社 2009 年版，第 107 页。

亚洲经济年均增长 6.6%，其经济总量占世界的比重已由 16.8% 上升到 22%；同期亚洲贸易的年均增幅高达 8.8%，占世界的比重由 16% 提高到 28%。亚洲在世界经济中的占比显然大增。 在亚洲振兴的过程中，中印两国无疑将起到重要作用。印度有 10.6 亿人口，中国有 13 亿多人口，加起来占了世界总人口的近 40%。中印双边贸易 5 年间增长了 6 倍。中国对印度的进口 2000 年是 13 亿美元，2005 年已达 97 亿美元，年均增长 48%，是中国主要贸易伙伴中增长最快的。

中印两国都是文明古国，两国有着悠久的友谊。印度的辛格总理曾说：印中两国的合作将改变历史，改变我们所在大陆的未来。中国改革开放的奠基人邓小平说：只有中国和印度发展起来，才会有真正的亚洲世纪。印度圣雄甘地（Mohandas Karamchand Gandhi, 1869—1948）曾说过：中国和印度是同舟共济、患难与共的同路人。

在人类的全球化历史上有两个谜团：第一个是西方崛起的原因，第二个是近三十年来亚洲崛起的原因。本文的分析说明，在西方崛起中，中国和印度曾作出过重大的牺牲。第二个谜团我们并未给出答案，因为历史正在行进中，但亚洲再次兴起将说明世界的多元性，说明中国和印度，我们正在共同创造着历史，我们将用亚洲重新崛起告诉世界走向现代化之路的多样性和丰富性。

（北京外国语大学教授）

亚洲文明对话：历史经验与时代反思

[新加坡] 李焯然

一、儒家思想与亚洲文化传统

文化是一个民族发展和壮大的重要资源，文化越是深厚的民族，它的民族性越强；相反的，缺乏文化资源的民族，亦缺乏民族的自信。通过了解我们自己的文化传统，可以弄清楚文化的根脉，激发我们发奋向上的信心。众所周知，文化是人类历史发展过程中所创造的成果，涵盖一个民族生活的各个方面，如政治制度、社会组织、文学艺术、宗教思想、民生习尚等，要了解一个民族的文化特色，是不容易的一件事情。以中国文化为例，中华民族作为一个优秀的民族，在几千年漫长的发展中，创造了丰富、灿烂、以儒家思想为主导的文化传统，而这个文化传统又通过不断吸收外来的养分，进一步壮大，并形成了具有地域色彩的文化体系，造就了亚洲文明。

国学大师钱穆先生在他的名著《民族与文化》中曾说：世界上曾经有许多优秀民族，创造出许多优秀的文化，但此等民族忽然中途夭折，他们所创造的文化，仅供历史上继起民族的追慕效法，袭取利用，如巴比伦、埃及便是。这是因为他们仅完成了第一步骤，即由民族来创造文化，而没有完成第二步骤，即由文化来融凝民族。世界上亦有某等民族，他们不仅能创造出一套优秀的文化，又能以所创造的文化来融凝此民族，使民族逐步绵延扩展，日益壮大。[①]

---

① 参见钱穆：《民族与文化》，（台湾）三民书局 1960 年版，第 1 页。

虽然钱穆所指的是中华民族和中国文化，但亚洲许多国家分享着共同的文化传统，他的观点，用来剖释亚洲民族和文化亦无不可。

从认识的角度来看，我们可以根据文化特征在空间上的分布，把亚洲作为一个文化区域的地理范围①。因为文化的范围广泛，文化区域可以是一种或多种相互联系的文化特征所形成的"形式文化区"（Formal Culture Region），或不受政治、经济或社会因素影响而形成的"功能文化区"（Functional Culture Region）。② 过去学术界有把亚洲文化区根据其不同特色加以界定，如以使用汉字的国家为范围的"汉字文化圈"③、以深受儒家思想影响的地区为范围的"儒家文化圈"、以使用筷子的民族为范围的"筷子文化圈"，甚至以妈祖信仰流播地区为范围的"妈祖文化圈"④。比较普遍及广泛使用的是"汉文化圈"或"儒家文化圈"的划分。"文化圈"所指的文化地域，也有称作文化带的。它实际可以看作人类生活环境、生活样式的共同场合、地带、区域。文化圈的形成同时又表示着一个历史的过程，表示着人与环境的交互作用的持续过程。⑤北京大学陈玉龙等在分析"汉文化圈"的观念时指出，汉文化以汉字为载体、以汉族为主体，至于成为文化圈，他说：如果以语言来划分，古代亚洲曾经存在着三大文化圈，即：以阿拉伯文为中心的西亚文化圈；以梵文为中心的南亚文化圈；以汉文为中心的东亚及东北亚文化圈，亦即"汉文化圈"。"汉文化圈"的形成有其独特的历史和地理条件。中国东临沧海，北连大漠，西为喜马拉雅山、帕米尔高原所阻，这就很自然地促成其文化走向为向东、向东北、向东南。文化交流的走向往往是由高处向低处流，由实处向虚处流，其势有如水之就下，沛然莫之能御。有人把汉文化的传播比作"水银泻地"，倒是很确切的比喻，也可以说汉文化就像磁石那样对远近各国具有强大的吸引力。⑥因为汉

① Terry Jordon, *The Human Mosaic—A Thematic Introduction to Cultural Geography*, Harper & Row, 1990.

② 参见张晓虹：《文化区域的分异与整合》，上海书店出版社 2004 年版，第 4 页。

③ ［日］沟口雄三、富永健一等编：《汉字文化圈の历史と未来》，大修馆书店 1992 年版。

④ 李焯然：《妈祖文化圈与海外华人的社会和信仰》，《妈祖研究学报》（吉隆坡）2004 年第 1 辑，第 26—32 页。

⑤ 参见陈玉龙、杨通方、夏应元、范毓周：《汉文化论纲：兼述中朝中日中越文化交流》，北京大学出版社 1993 年版，第 28 页。

⑥ 参见陈玉龙、杨通方、夏应元、范毓周：《汉文化论纲：兼述中朝中日中越文化交流》，北京大学出版社 1993 年版，第 29 页。

字是汉文化的载体，也是传播儒家文化的重要媒介，所以儒家文化和汉字文化是分不开的。在亚洲，汉字文化圈是世界上最古老而历史又绵延不断的文化圈。在这个文化圈内，以华夏文化为中心，创造了亚洲地区辉煌的文明。由于历史和地理的条件，汉字随着汉文化东传朝鲜、日本，南被越南、东南亚，形成汉字文化圈，亦即广义的汉文化圈。东亚国家如韩国、日本、越南，虽然现在都有自己的文字，但不难看出，三国的文字都来自同一个渊源——汉字。而且，地理上的位置、水陆交通的便利，造就了这几国民族的紧密接触和文化交流。东亚文化圈的形成，是经历了悠久的历史和迂回的发展脉络，代表了世界上延续最久、影响最大、覆盖面最广的文化区域。

二、历史经验：文明的接触与对话

没有年代久远的文化传统是由单一性文化所形成的。以中国文化为例，儒家文化也不断在面对外来文化冲击的过程中吸收外来养分，已不能说中国文化只有儒家文化或儒家文化就代表中国文化。[①] 从中国历史的发展来看，外来文化曾经在不同时期传入中国，并且在中国传播。最早传入中国的外来文化是公元 1 世纪后传入的印度文化，以佛教为主，对中国文化影响深远。其次是公元 6 世纪期间源自阿拉伯、波斯的伊斯兰文化的传入，以伊斯兰教为主。西方文明的传入，则是 17 世纪末的事情。当时西方传教士如耶稣会的利玛窦等，通过天主教的传播带来了西方的文明。近代的东西文化接触是五四运动前后新思潮的传播，包括马克思主义传入中国。所以，从中国的历史经验来看，文明的接触与交流，促进了文明的对话，也促成了文明的融合。

但在不同文明接触与融合的过程中，文化自信是一个重要的因素。余英时先生曾经指出文化的整体性是包含在文化的本质中的。他说："由于文化是整体性的，所以一个文化接受另一个文化时便不能不采取使外来的因素与自己的传统相结合的途径，如果撇开自己的文化传统不顾，一味地两眼向外面祈求，则结果一定是失败的。"[②] 所以鲁凡之在分析 20 世纪 80 年代日本及"亚洲

---

① 参见李甦平：《中日传统文化与现代化之比较》，载张立文、町田三郎主编：《传统文化与东亚社会》，中国人民大学出版社 1992 年版，第 82 页。

② 余英时：《论文化整体》，载余英时：《文明论衡》，九思出版有限公司 1979 年版，第 118 页。

四小龙"的经济起飞时说："日本及'亚洲四小龙'，包括高速经济成长在内的现代化成功，既需要本土文化传统结构及意识形态的支持，也需要对这些本土传统进行批判改造，既需要推动较大幅度的'西化'，也需要对某些西方文化因子作出过滤扬弃。总言之，既非单纯的'西化'可以造成日本及'亚洲四小龙'的高水平现代化，也非单纯的本土传统文化可以造成日本及'亚洲四小龙'的高水平现代化，而是二者的综合，既有本土传统文化的因素，也有较大幅度'西化'的因素。"①就当年日本和"亚洲四小龙"的发展而论，各地区的情况亦有很大的差别。日本、韩国、中国台湾的本土文化传统较为浓厚，中国香港、新加坡则"西化"程度较深。新加坡的情况与中国香港颇为类似，两地均是东西方文化汇聚的地方，而且有健全的政治体系，教育方式和生活方式都深受西方文化的影响和支配，传统帝制时代的儒家思想或"官方儒学"已不可能再在高度现代化的环境中落地生根。但仍然为人民所普遍接受和保留的是儒家思想中个人道德操守和人际关系的基本准则。这些不是来自经典传统，而主要是来自家庭环境熏陶和潜移默化的道德价值观，有些人称之为"世俗儒学"、"通俗儒学"，有些人则认为已经混合了佛、道价值观而不可再笼统称之为"儒学"。虽然有本土的差异，但我们仍可以从异中见同。例如在亚洲国家，受到儒家思想的影响，对家庭特别重视，是亚洲社会最重要的组成结构，同时也是其他制度的基础。从历史来看，儒学是一个传承知识的传统，致力于人与人之间的规范，其中以"五伦"关系为最重要的架构。五伦之所涉及的是人与人之间的关系，尤其是以家庭内的关系为主，这些关系有优先次序，同时这些关系又是有相互性的关系存在。可以说儒家提供给亚洲人民参考的是具有礼仪传统的群体主义，而不是强调法律制裁、权威性的群体主义。

我们必须了解，没有一个民族、一个文化的价值观是一成不变的，尤其当文化是不断互相影响、互相吸收的。东亚社会在现代化的过程中关于"亚洲价值观"的争论，实际上也是不同的价值标准冲突互动的体现。因而，文化价值观不是静止的，而是随着经济、政治和社会的变化而变化的。儒家价值观的发展，从纵向的历史发展来说，有一个不断变化的过程，或者说有一个不断"现代化"的过程；从横向上来说，则有一个世俗化的过程。当然这一过程与其历

---

① 鲁凡之：《论四小龙》，广角镜出版有限公司1988年版，第70—71页。

史发展在一定程度上是重叠的，所以必须从纵向、横向两个方面入手分析儒家价值观。王赓武教授就曾明确地指出，到东南亚来的华人大部分都来自同一个社会阶层，他们都不太可能接触到中国士人阶层的"高层"儒家文化，而一般的"低层"儒家文化其实融合了道教和佛教的教义与习俗。① 这更加体现了亚洲文明的互动和融合。

三、时代反思：亚洲文明的多元与共存

文明之间的对话与交流，难免会受到本土文化的阻碍，在相互认识、了解、冲突、吸收后，接受者所接受的大多是综合后的产物。以中国文化为例，中国文化作为一种"接受文化"（Receiving Culture），它是开放和包容的，有很强的吸收能力和消化能力，但一种文化传统要吸收和融合另一种外来文化，绝不是一朝一夕可以完成的，它需要一定的时间和条件，黎锦熙就曾经以吃饭来比喻中国文化消化印度佛教的情况："这餐饭整整吃了千年。"这凸显了文化交流与吸收过程的艰巨和漫长。

文化上出现分歧似乎是难以避免的，但因为儒家文化的包容性，在过去两千多年的历史中经历了多次与外来文明接触和融合的机会。其中的关键，与儒家文化的本质有密切关系。儒家文化中的"和而不同"，存在差异却不失其整体性，甚至使彼此间能够互补，从而消融了冲突，达致儒家理想的和谐社会。

全球经济的动荡与不稳，使亚洲地区成为最引人瞩目的区域。近代以来，亚洲的文化受到的批判较多，以文化激进主义占据主导，即使是文化保守主义，也是从东西方文化的差异来肯定东方文化的价值。"东亚经济的成功已经导致产生了更强的文化自信心，无论是否存在差异，东亚及东南亚各国日益意识到他们本身的文明，并且倾向于将他们的经济成功归因于他们本身独特的传统和制度。"② 随着世界经济网络化以及地区经济一体化的发展，各种文明之间的相互了解显得尤为重要，这也是经济一体化的内在基础和纽带。东西方文明之间有着完全不同的文化体系，且在近代历史中，二者处于不平等的地位，西

---

① Wang Gungwu, *Community and Nation: China, Southeast Asia and Australia,* Spore: Heinemann, 1992.

② 袁正清：《亚洲价值与国际政治的转型》，《世界经济与政治》1997 年第 2 期。

方是主导，东方则处于劣势地位，西方形成了强烈的文化优越感。但东西方的合作，要真正实现，必须尊重和承认对方的文化价值。

北京大学汤一介先生曾经质疑："文明难道只能在冲突中，以实现一统天下的新帝国的理论图景吗？在不同文明之间难道不可以共存吗？"[①] 他认为在人类以往的历史上并不缺乏由于文明（例如宗教）的原因引起的国家与国家、民族与民族、地域与地域之间的冲突。但是，我们从历史发展的总体上看，在不同文化之间由于差异的原因引起的冲突是暂时的；在不同国家、民族和地域之间的文明发展应该是以相互吸收与融合为主导的。所以，他提出了"文明的共存"的看法。诚然，在现今文化多元的世界里，文明与文明之间，应该有更多的对话，加深谅解，以达到文明共存的理想。而对亚洲文明而言，来自东亚、南亚、西亚的三大文化传统，过去已经有沟通和融合的历史经验，我们更加应该秉承前人的辛劳成果，为亚洲文明的和谐共存，尽一份力量。

（新加坡国立大学云茂潮中华文化研究中心主任）

---

① 汤一介：《文明的冲突与文明的共存》，载《聆听智者》，北京大学出版社 2012 年版，第 22—38 页。

寻找亚洲原理

孙　歌

在 2015 年博鳌亚洲论坛上，中国又一次明确地强调了通过"一带一路"建设广泛联结亚洲区域乃至欧洲和环太平洋区域，并在此基础上形成"东亚经济共同体"的构想。中国主导的亚洲基础设施投资银行，也从资金融通的层面上强化了亚洲作为世界经济支点之一的现实性。亚洲继第二次世界大战之后在政治主权独立层面对世界发声之后，终于在经贸自主的意义上面对世界宣言。

中国在这一迈向经济、金融贸易自主的历史过程中扮演着重要的角色，这一点毋需论证。需要关注的仅仅是，无论中国在亚洲争取自主的过程中起到多么重要的作用，中国都不能取代亚洲。亚洲论述，不能被置换为中国论述或者以中国为中心的论述，这是一个基本的前提。在政治家那里，这个前提被表述为例如习近平主席在博鳌亚洲论坛上提到的"合作共赢"的理念；在现实的国际关系里，亚洲作为一个世界性的博弈空间，也包含了多重、立体的政治力学关系，中国不能不在其中审时度势，慎重地履行大国的责任。中国不代表亚洲，这是中国政府使自己区别于昔日日本的重要姿态。日本在历史上模仿西欧的帝国主义霸权模式，试图以武力征服亚洲邻国，推行以自己为霸主的"大东亚共荣圈"，最终使自己成为"亚细亚的孤儿"。在冷战结构瓦解、资本日益跨越国界的新的历史阶段，两次世界大战的模式已经无法直接死灰复燃，今天的国际政治格局，包括今天的战争威胁，都发生了表象层面的巨大变化。面对潜在的霸权与武力威胁，"和平发展"与"双赢"，成为需要摸索与扶持的新的国际关系格局。正是在此意义上，对亚洲和世界履行大国责任，同时并不代表亚洲，成为一个极富分寸感的现实政治课题。

与此相应，现实中东亚乃至亚洲的一体化迅速推进，要求在认识上与知识上的迅速更新。人们该如何认识亚洲这个范畴？它是否仅仅是政治家和资本集团为了操作方便而使用的工具？如果亚洲作为一个知识与思想的范畴可以确立，那么它与目前的现实之间是否应该是直接的对应关系？今天的亚洲论述，是否应该把追认现实作为己任，去论述亚洲兴起的重要性与正当性？

由于现实走在了理论前面，亚洲论述的必要性与重要性已经不再是需要讨论的问题；然而这并不意味着亚洲论述就此可以确立。虽然我们可以断言，这个由欧洲命名并在几个世纪里一直充当欧洲"他者"的范畴，在经过 20 世纪两次世界大战特别是第二次世界大战之后的去殖民化运动之后，已经完成了从被动到主动的转化过程，"亚洲"被转变成为这个区域建立主体性的范畴；然而即使如此，我们仍然必须追问：与现时中日渐增加存在感的这个地区相比，亚洲作为思想与文明的载体，它是否真的成立、它在何种意义上成立、它能够为这个世界提供什么样的认识论、它能够生产什么样的原理？

这一切都是需要甄别乃至争论的问题。可以说，亚洲这个范畴，在今天拥有了越来越重要的"问题性"，它能够催生的思考，或许比它本身的含义更为重要。通过亚洲这个范畴，我们可以进入我们的历史，重新审视那些被既定的视角所忽略的问题，把握那些难以被既定的知识框架所诠释的结构关系。正是在此意义上，亚洲不是一个已经"在那里"的实体，而是一个需要寻找、探索与建构的原理。

一、讨论亚洲范畴所面临的现实与理论困境

尽管"亚洲"在国际关系格局中早已经被认知为一个相对自足的政治地理概念，但是人们远未形成把它作为独立概念加以使用的共识。即使是在现实中被使用的情况下，它也经常是一个边界含混、轮廓模糊的所指。在人们的意识中，亚洲并不需要进行严格的界定，地理学所划定的亚洲区域就等于"亚洲"；但是，即使是在现实的国际关系层面，亚洲作为概念使用的时候，也从来未与地理学意义上的"亚洲版图"在覆盖面上完全对等。我们常见的说法，基本上是在论述亚洲地区某一部分的时候，把它的问题作为"亚洲问题"加以定性，

其中最为典型的，恐怕要数东亚了。早年东北亚（其实基本上只是中、日、韩，朝鲜基本不进入这个地域论述）笼统地把自己称为"东亚"，近年来随着东盟的日益发展和影响力的扩大，人们才开始在意识里和表述上把东亚理解为东北亚与东南亚的组合体；与此类似，"东亚"这一地域概念曾经在很长一段时期内与"亚洲"互换使用，直到近年，伊斯兰世界与印度的崛起才使得东亚逐渐地告别了"代表亚洲"的含糊感觉，使东亚开始成为亚洲的一个区域，而不是可以与亚洲互换的同义语。

从上述事实中可以至少看到两个相辅相成的特征：就一方面而言，主体性地把亚洲作为认同表述这一现象，并非同时性地和均等性地发生在整个亚洲地区；最早发生这种认同的区域，往往"以偏概全"地把自己等同于亚洲（这种倾向在特定的社会历史条件和国际关系背景下，还产生过日本昭和时期带有侵略与霸权内涵的"大亚细亚主义"）；同时就另一方面而言，主体性地把亚洲作为自我认同的方式，是一个历史地发展起来的过程，这就意味着它必须经历不断地调整与变化。在这个过程的早期，只有部分地区试图建立区域性的认同，只有当这个过程到达一定阶段时，亚洲内部的相互确认与认同共享，才有可能逐渐成为事实。于是，作为一个不断推移的历史现象，我们可以确认：由于国际关系乃至历史地理的种种原因，导致部分亚洲地区并未把亚洲作为认同单位，即使在那些把亚洲作为认同单位的地区，这种认同也多发生在某些历史时刻，并非如同国家或民族认同那样相对稳定；更多的情况下，我们可以观察到的亚洲范畴，并非是一个认同单位，而是某种潜在的原理性要素。所以迄今为止，仍然很难把亚洲这个范畴在各个层面上的使用全部与地理空间对应。但是，比较一下19世纪末以来亚洲局势的变化，我们可以清楚地看到，从当年日本打出亚洲主义的旗号到今天，历史以曲折的方式确立了亚洲的自我认知。具有讽刺意味的是，最早试图以武力把自己打造为代表亚洲对抗欧美的日本，付出了巨大的代价：它一度被亚洲唾弃，在第二次世界大战之后需要为"重返亚洲"而努力。

在认识的起点上，亚洲这一范畴本来是欧洲为了自我认同而命名的"他者"，并不是亚洲自我建构的认知概念；而且，在亚洲被确定为政治地理范畴这一历史沿革的过程中，它的边界不断地发生变化，从地中海东部的"小亚细亚"发展为包括东亚、南亚在内的广大区域，同时也经历着亚欧、亚非边界的不断重新界定；但是，对于亚洲范畴的界定与使用，在漫长的历史中一直是欧洲人的"专利"。即使在君士坦丁堡陷落、奥斯曼帝国崛起之后，这种认知格局也并未改变，随着历史的变化，随着传教士对东方的深入，前近代时期东方社会逐渐接受了亚洲与五大洲观念，虽然接受的方式各有不同，但是这为亚洲范畴在观念世界的翻转提供了基础。进入19世纪后期，特别是经历了以两次世界大战为顶点的殖民与反殖民的战争过程，亚洲真正开始了"觉醒"的历程，在这个过程中，几乎大部分受到西方列强宰割与掠夺的亚洲国家都获得了关于"亚洲认同"的自觉①。亚洲概念的内涵发生了变化，从为了证明欧洲的先进而被迫成为他者的被动状态，转化为在争取独立自主和民族尊严的斗争中自我确认的主体性符号。与亚洲有着相似遭遇的非洲与拉丁美洲，也同样经历了这个过程。

但也正是由于这一历史沿革的特性，使得我们不得不面对一个最基本的认识论难题：亚洲这一概念不仅从诞生之日起就不是一个自足的概念，而且即使在亚洲开始觉醒并获得自我意识的20世纪，它也无法排除作为他者的欧美——随着20世纪之前亚洲大部分区域的被殖民化过程，欧洲已经内在于亚洲；而随着第二次世界大战之后美国对亚洲的渗透，它不仅内在于亚洲大部分地区的政治和经济，在军事上直接掌控、影响日本与韩国，而且在文化上也完成了这一内化过程。那么，这一并不能自足成立的区域范畴，是否可以作为一个论述单位加以确立呢？

然而问题还不仅仅止于亚洲范畴的非排他性与非自足性。更为棘手的问题是，亚洲内部存在着多个文明，例如中华文明、印度文明、伊斯兰文明以及无法归入这三大文明中的其他文明等。即使没有受到来自西方世界的外部侵略与殖民，亚洲内部的几大文明也很难如欧洲那样统合为一个有机体，虽然它们相互发生着融合与渗透，但作为不能用地域范围充分界定的文明构成，它们之间仍保持着平行的相对独立性。或许简单地考察一下欧洲的状况有助于理解这一

---

① 　一个例子是孙中山在日俄战争之后从欧洲回国时的经验。他被阿拉伯人误认为是日本人，从而得到对方的感谢与敬意，因为日本代表亚洲的有色人种打败了代表欧洲白人的俄国。另一个例子是一向不使用亚洲概念的印度，在第二次世界大战结束之后也一度使用亚洲概念自指，1950年尼赫鲁谈到了"亚洲的苦恼"，即被侵略被殖民的屈辱感使得亚洲能够结为一体。至于1955年的万隆会议，更是一个重要标志，它标志着亚非的弱小国家自觉地把地区认同与抵抗帝国主义强权政治结合起来，亚洲范畴在这个时期被转化为民族独立的代名词。

点。人们很少质疑欧洲的一体性，这一事实很难仅仅归因于欧盟使得欧洲成为一个共同体，这个晚近的状况并不能充分地解释欧洲一体性的内在机制；虽然如果从地域上看，欧洲内部不仅分为地理意义上的几大部分，例如欧洲大陆与英伦群岛，东欧、西欧，意大利、希腊与北欧等，这些区域之间在文化上存在着相当大的差异，而且如果以国别为单位考察的话，即使在被视为关系最为紧密的西欧内部，也同样存在着很大的差异。然而，把欧洲视为一个整体，即使在拒绝把自己的认同从民族国家转向地域的欧洲人那里，也没有受到真正的抵抗。假如向一个德国人或法国人或比利时人、荷兰人询问："你们欧洲人……"多半得到的回答会是："你说的是哪国人？"然而，作为知识分子，他们大概不会拒绝欧洲哲学史、欧洲思想史、欧洲文学史这样的范畴，也大概不会乐于在谈到希腊、罗马以及文艺复兴的时候让自己全然置身于这个传统之外。

是的，无论是事后制造出来的说法还是历史演进的结果，无论其内部如何千差万别、张力十足，欧洲人仍然基本上共享了一个传统；关于这个传统有很多种论述，但是在方向上，欧洲知识分子共享了从希腊哲学到意大利文艺复兴再到近代启蒙运动的思路，在这个思路上，他们可以串联起跨越民族国家也跨越语言感觉的"欧洲叙事"。① 即使欧洲这个范畴与亚洲一样，也并不是均衡地覆盖了整个欧洲地区——特别是俄罗斯，由于特定的近现代历史状况，人们几乎把这个横跨了欧亚的国家置于五大洲的划分序列之外——但是仍然存在着一种大致的论述方式，使得欧洲各个社会之间在宗教、文化等精神领域里，制造出可以分享的认同与历史感觉，而欧盟坎坷的发展与壮大，又强化了这一认同的实体性。

---

① 一个稍嫌简化却对本文这个论点提供了合适依据的例子是最近在中文世界成为畅销书的《你一定爱读的极简欧洲史》（[澳] 约翰·赫斯特，广西师范大学出版社 2015 年版）。这部著作作为大学教材，高度概括了欧洲的一体性，它认为欧洲文明是希腊罗马学术、基督教教义和日耳曼蛮族精神的混合体，显然，这属于三个不同层面的要素可以相互结合而不会造成并存关系；在时间顺序上，罗马帝国的灭亡开启了欧洲的历史，依次可以排列出文艺复兴、宗教改革、科学革命、启蒙运动，欧洲历史的中心也逐渐从希腊罗马移向了西欧与英国。在这部欧洲史的叙述里，欧洲虽然被整合为一个有机体，但是也不过基本限于希腊、罗马、英国、法国和德国而已，东欧显然是隐形存在，北欧也极少被提及。值得注意的是，书中把"亚洲和中东"相提并论（参见 [澳] 约翰·赫斯特：《你一定爱读的极简欧洲史》，广西师范大学出版社 2015 年版，第 223 页），显然，作者的"欧洲"与"亚洲"概念与地理学意义上的区分并不重合。

然而亚洲的状况却相当不同。尽管事实上由于人口混居状态，亚洲的几大宗教之间并非在地域上完全隔绝，例如印度、中国、马来西亚、印度尼西亚等国家，内部都同时存在着伊斯兰教、佛教等宗教以及儒家文化，但是它们的共存并没有产生深度的融合。作为亚洲重要的文明古国，中国的思想文化基因则更为特别，维持这个多元文化共同体的纽带，并不是哪一种宗教，而是儒学这种具有包容性却又个性鲜明的思想传统。即使在中国历史上发生王朝更迭、笃信其他宗教的王朝统治的时期，这个儒学传统也不曾在社会生活中真正断裂，甚至还反过来为汉族以外的王朝提供了统治的依据。与此同时，儒学也为中国周边的一些王朝提供了强大的精神能源，日本至今依然沿用"儒教"的说法，把儒学视为一种准宗教，而且，日语里存在着"儒教文化圈"的指称。

不同的宗教文明在亚洲的共存，使得亚洲这个地域范畴呈现了无法简单整合为一的多样性。这种多样性，至今仍然使得西亚、中亚甚至南亚地区很少把"亚洲"作为认同单位加以自我指称，是自不待言的。

除了亚洲内部文明的多样性之外，还有另外一个历史的要素也对于亚洲范畴的成立构成了麻烦，这就是地中海文明的一体性。曾经被拜占庭帝国控制的小亚细亚半岛，深深浸淫于希腊化时代的文化风土；在君士坦丁堡陷落于土耳其攻势之后，小亚细亚也仍然是欧亚融合的重要舞台；阿拉伯对伊比利亚半岛的扩张与十字军东征的数次战役，使得地中海沿岸在动荡中成为一个有机的整体，很难用欧洲、亚洲、非洲这三个地域单位对它的整体性进行肢解；而《出埃及记》向我们展示的犹太人的宗教性地理移动以及耶路撒冷动荡的三千年历史，则把亚洲西部地带并不在地理上自足的模糊性格充分地展示了出来。地中海文明，让我们在遥远的历史中感知早期人类在血火中形成的一体性，或许希腊时代的神话最为具体地演绎了这种一体性：欧洲的名字"欧罗巴"，来自腓尼基（即今天的黎巴嫩一带）公主，从今天的地理感觉出发，完全可以说这个美丽的西亚公主被宙斯劫掠到另一个大陆，由此孕育了欧洲。在很长一段历史时期内，亚洲西部的地中海东岸，作为东西方文明与物产的融合交汇地区，很难简单地用五大洲的划分方式切割。或许正是出于这样的原因，直至今日，与欧洲和北非共享着深厚历史文化渊源的中东地区，并没有强调"亚洲"作为独立认知范畴的重要性。

　　然而尽管如此，亚洲作为一个相对自足的范畴，却越来越频繁地出现在现实操作与知识论述当中。亚洲之外的地区，特别是欧美知识界，在使用这个范畴的时候，至今仍然没有完全摆脱"亚细亚"这个地理概念在诞生伊始即被赋予的"非我族类"的语感。换言之，亚洲这个范畴之所以存在，在很长一段时间是因为西方世界需要满足"东方主义"的需求，它需要通过确认与自己完全不同的他者来反衬自己的先进与优越，这构成了西方的东方主义具有强烈的猎奇特征。这一点，不需要引证赛义德就可以了解。很多东方知识分子之所以否定亚洲作为独立思想范畴的合法性，恐怕主要的原因也在这里。当然，这种情况由于近年来国际关系的变化以及西方进步知识分子的努力，在内容上发生了很大的改变：历史上作为"非我族类"的他者，亚细亚是非理性的、落后的、停滞的象征符号，而在当今世界，尽管优越感残存，但是西方知识界已经开始利用"亚洲"这个符号把自己相对化了。亦即，通过对于"亚洲"这个范畴的确认，西方世界的知识生产开始趋向于把自己的定位从涵盖全球的人类导师逐渐转移向作为世界一部分的位置。虽然这个转移尚未完成，但是毕竟在今天，曾经盛行于西方知识界的对于文化本质主义的攻击，已经不再如同当年那样不可一世，少数西方知识分子也开始思考自己文化的特殊性问题。不过，值得指出的是，尽管"亚洲"作为他者，开始在西方的语义学里拥有了某种可以与西方世界对话的"类平等"状态，但是平等远未实现。不言而喻，亚洲各国的精英只有把自己的历史"翻译"成发达国家精英可以听得懂的解释，亦即使用产自欧美的概念与理论框架，才能顺利地与"世界"对话；甚至亚洲内部或者第三世界的知识精英彼此的对话，在今天也部分地需要经由欧美的理论渠道来完成。

　　非洲的泛非主义与拉丁美洲的一体化，在某种程度上也反衬了亚洲一体化的困难。在今天，即使积极地使用亚洲这一范畴的东亚，也远未完成现实中的一体化，更何况整合在文化上存在着差异的东亚与西亚、南亚呢？泛亚主义难以形成，使得亚洲论述的正当性受到了质疑——一个不能被作为有机整体加以整体认识的对象，怎么能作为论述范畴加以使用呢？于是，关于亚洲的讨论不得不语焉不详地避开一些关键的环节，在模棱两可的知识氛围中，亚洲这个地理范畴面对着重重质疑：亚洲究竟是一个地缘政治的概念还是一个文化认同的概念？它是否可以在价值层面乃至原理层面承担独立的功能？内在地拥有多个文明的亚洲，是否有一个可以整合起来的有机框架，作为论述的单位，亚洲是否可以作为整体发挥作用？

　　上述种种认知的困境，与特定的历史原因和认识论基础相关。就历史原因而言，五大洲的区分起源于欧洲人的世界认识，亚洲范畴作为欧洲人确认自己优越地位的概念，曾一度使亚洲人蒙受屈辱；而亚洲内在的多样性以及中东地区与欧洲、北非的历史渊源，都使得它在论述上难以回避以偏概全的麻烦；就约定俗成的认识论基础而言，一个地区的成立，需要整合为一的抽象过程，事实上，欧洲史的写作就是基于这种抽象的思路。多样化的欧洲在经历了宗教、思想、现实社会发展等各个层面的抽象之后，被成功地整合为一个整体；而亚洲史的写作，无论如何都只能是一个拼盘。假如亚洲被作为一个单位讨论的话，那么它必须跨越"无法整合"的鸿沟，这就意味着世界史的认识论原理不得不经受挑战：无论是地区的历史还是人类的历史，迄今为止都墨守着一个潜在的约定俗成，这就是向着同一个方向发展的多样化历史，可以抽象为一元的多元化图景。在这样一种认识论的前提下，知识人共享了关于普遍性的理解方式：从多种具体的个别性中抽象出来的同一性，具有高于个别性的价值，因此，普遍性高于个别性，而拒绝被抽象的特殊性，由于不能整合进普遍性，则在价值天平上贬值。

　　与西方世界的亚洲研究不同，亚洲人的亚洲论述，一直处在尴尬的位置。它有时介于国别论述与全球论述之间，构成某种中介环节，有时又似乎找不到定位因而模糊不清；有时当国别论述无法处理那些跨文化状况的时候，亚洲论述可以登台救场，有时为了批判来自美国的霸权政治或者来自发达国家的知识谱系，亚洲论述可以提供立场……不过更多的情况下，亚洲学者中的主流认识多倾向于认为亚洲范畴在学理上并不成立，它不过是政治家们为了解决当下的现实课题而使用的工具而已。

　　或许正因为如此，并不现成的"亚洲"是一个需要讨论乃至争论的对象，它甚至并不是"就在那里"的现成实体，它需要寻找自己存在的理由。

二、通向"亚洲"的理论路径一：空间与人类社会的关系

　　在考虑亚洲这一范畴能否成立时，首先需要思考的问题是：社会的存在方

式、思想和知识的生产是否与特定的空间有关？

思想和知识的生产与传承，首先是历史的产物，因此，通常被认为与"时间"密切相关；这意味着我们无法把思想与知识产品单独从它所由产生的那个历史阶段抽离出来，随意在另一个时间阶段中解释，意味着思想与知识在第一义上必须活在它所在的那个时代的问题群里，而那些拥有超越时代能量的思想产品，则必须经历必要的转换，才能在后来的时代所产生的问题群里被激活，且往往会因此而焕发出不同的色彩与意味；关于这一点，历史哲学与史学理论已经有了充分的积累，无须在此赘言；然而思想和知识的生产是否与空间有关，亦即它们是否与地理环境和人文环境直接相关，或者换言之，它们是否受制于人文地理条件？对这个问题，学界的认识并不像历史时间与精神产品关系的讨论那么充分。亚洲范畴能否成立的问题之所以依然成为问题，部分地与这种认识论积累的薄弱情况相关。

我们先来看看历史政治地理学的讨论。周振鹤的《中国历史政治地理十六讲》简明扼要地整理了中国历史地理学作为学科的历史沿革与研究现状，并进一步讨论了在历史地理学的基础上如何转化出历史政治地理学的范式。这部著作涉及了一些相当重要的问题。

《中国历史政治地理十六讲》主要讨论历代行政区划的沿革与政治和地理这两大要素的动态关系。作者的学术兴趣所在，是如何把记录性和描述性的国家疆域以及行政区划研究提升为探讨其中规律的历史政治地理学，因此侧重点在于行政区划的制度安排本身。这并非本文关心的问题，此书给我的启发在于：对于历史和政治过程的研究，不能仅仅设定在人与人的关系这一个方面，同时还必须兼顾到人与自然的关系。在讨论政区设计原则的时候，作者强调指出了一个有趣的现象，即为了行政管理的方便，政治区域在选择地点和划分边界时，往往照顾到了山川形势的地形地貌特征。例如首都设在易守难攻并且离强敌不远的地区，以便于指挥作战并在各方面统领调度全国，这就是长安与北京定都时的基本原则；同时在另一方面，行政区划最终还是要服从于政治治理的需要，因此绝非任何时代的行政区划都与地理意义上的自然地形地貌相吻合。最为突出的是元朝，在元初建立的行中书省作为临时的军事政治区，在地理区位上采取南北狭长形布置，与山川多东西走向的地理环境相冲突；但是在政权稳定下来之后，为了适应对农耕民族的管理，行政区划又顺应了地理环境与经济区，从纵向变为横向了。①

在周振鹤讨论的诸多问题中，最吸引我的是下面两个问题：首先，政治地理和人文地理，都要考虑到地理因素在人类社会生活特别是政权运作方面的功能。山川形势对于政治、军事、经济生产的意义自不待言，对于社会生活的形态也有着潜在的影响。因此，位于高山或大河两侧的居民，有可能形成各自不同的社会风俗和秩序感觉；而一定规模的封闭地域，由于自然环境产生的天然障碍，也最有利于造成政治经济上的割据局面。因此，历代政权操控者都很重视地理环境对于政治经济格局的影响，在政区设计上考虑到自然地理条件这一要素。周振鹤因此总结出：在中国历史上划分行政区划的时候，基本上采用山川形便原则（即利用山川的自然区隔形态建立行政区划，政区边界与自然地理区域的边界完全一致）和犬牙相入原则（即刻意违背山川地理的自然走势，破坏自然地理边界的自足性，使割据局面难以出现）这两种相互矛盾的划分形态。这些例子都充分说明了自然地理条件在政治与人文、经济与社会方面所具有的功能。

其次，对于自然地理条件的认知，是人类划分不同政治群体的必要条件，人们不仅要适应自然地理环境，而且力图不断地对环境进行改造与干预。因此，这种人与自然的关系并非是单向度的自然决定论，而是一种双向度的"客观的主体性"命题。即主体性的认知受制于客观自然地理条件，但是只有透过主体的认知与介入，这种客观自然地理条件才能具有人文意义。没有哪一种历史可以离开它所由产生的那个具体的地理空间而天马行空。周振鹤援引德国政治地理学创始人拉采尔在19世纪末创立该学科时的名言，论证了地理区域与政治过程相互作用的实质："每一个国家都是部分人类与部分地域用政治思想结合在一起的。"②显然，政治、人文与地理因素的结合，为透视每一个共同体政治文化特征提供了立体的角度，而这中间地理条件的应用，则取决于人的主观能动性。周振鹤认为："政治区域的地理分异是与地理区位及政治形势密切相关的，所以这种分异不能不是一种客观存在，另一方面这种分异又因人的主观意图而更加显著，这些意图有时是正式见诸文献的，有时却有点隐晦，这就

---

① 参见周振鹤：《中国历史政治地理十六讲》，中华书局2013年版，第21、56页。

② 参见周振鹤：《中国历史政治地理十六讲》，中华书局2013年版，第17页。

需要我们予以分析诠释。"①显然，把人与地理结合起来的认知方式，很容易遇到的一个陷阱，就是所谓的地理（自然条件）决定论。为了避免过分夸大地理因素对于人的塑造功能，需要建立有效融合所谓主观性与客观性的视野，避免机械化的二元对立。

借助于历史政治地理学的视野，我们可以考察一个重要的现象，即作为实体的自然地理环境的相对固定性与作为动态存在的人类个体的相对流动性，在这种主体与客体的结合过程中，获得了相对稳定却不断变动的特质。相对稳定，意味着山川地貌、植被生物、温度湿度、日照条件等一系列特定地域的特定环境因素，虽然也会随着时间推移和人类的影响发生变化，但是这种所谓"沧海桑田"之变毕竟需要相当长的时间，与人类的寿命相比，显然具有相对的稳定性；这种稳定性，为人类的社会与历史流转提供了某种制约性格，特别是对于社会习俗与文化氛围的形成，提供了某些潜在的根据。人类正是在适应与改造不同的自然地理环境并在此基础上建立政治共同体的漫长过程中，形成了各个共同体特有的生活方式和社会关系，并在传统的不断积累和不断变化中形成了各自的文化逻辑。所谓文化特质（在区别于将其绝对化和固化的意义上，我们不妨把这种特质视为不同文化所具有的特殊性），正是一种相对稳定却不断变化的事物。它的相对稳定性并不能直观地归结为自然地理的实体性所造成的制约，而需要归因于更复杂、更不可视的人与自然以及人与人之间的相互关系。假如没有这种稳定性，各种意义上的"传统"将不复存在。而这种相对稳定性，由于人的流动性与人群的相互融合、不断重组，会在历史脉络里发生或急或缓的变化，在极端状态下，当然也会出现文明或文化的灭亡。在人类历史早期的剧烈战乱中，这种灭亡更为显著，但是随着人类历史的演进，更多的变化则是外来因素对于既有结构提供了刺激，促使原有的结构方式发生变化，在这一过程中，最重要的变化不一定是外来的要素直接进入本土，而往往是本土原有的要素在重组中获得了新的意义和定位，并由此而部分地改变既有的文化与社会结构方式。由于个体或群体在不同地理空间之间流动，使得原来相对隔离的地理空间在人文意义上开放；这也即是说，流动的人群在相对不流动的地理空间中，会促使长期形成的人文地理关系发生各种变化。相对稳定的人与人

① 周振鹤：《中国历史政治地理十六讲》，中华书局 2013 年版，第 45 页。

的关系以及人与自然的关系，在新的刺激之下，往往会重新安排和定义已然形成的各种秩序，以打造新的平衡局面。

在各种各样的流动中，最为极端的流动当然是战争。古代的战争对于地理环境的依赖远远高于现代战争，反过来看，其打破人文地理空间自足性的功能也远远大于现代社会。亚洲这个概念的起源，与古代地中海地区的战争所导致的流动性有着密切关系，它的含义具有动态的内容：在阿拉伯人向西班牙扩张与十字军东征的过程中，小亚细亚或者"东方"一度作为敌对的人文地理空间被识别，但是与此同时，它也因为战争所带来的接触和冲突产生了融合：奥斯曼帝国曾以正统罗马帝国自居，印证了"亚细亚"这一称呼在最初时期只不过是区别于西罗马帝国的、具有泛希腊化特征的地域而已。而亚细亚作为一个独立的地域，在欧洲眼里也并不是一成不变的。对于中世纪结束之前的欧洲而言，亚洲或者东方仅仅是伊斯兰文明的代名词，它与欧洲的基督教文明在历史上形成的恩怨，使得它成为"东方的他者"；但是随着欧洲耶稣会士逐渐进入明清时期的中国，在传教的同时也向欧洲介绍中国的风土人情与物华天宝、东印度公司深入印度和其他远东地区、英国殖民印度以及向亚洲东部进一步深入、鸦片战争前后欧洲势力入侵中国……一系列历史过程，使得欧洲人意识到，不仅伊斯兰文明是他们难以理解的东方文明，而且还有更多更复杂多样的文明存在于他们的世界之外。在所谓现代化向外扩张的历史时期，亚洲这个称呼随着欧洲人对远东的地理发现，逐渐扩展为今天的"亚洲"版图。正是由于欧洲发生工业革命，并把工业革命建立在殖民掠夺基础之上，在这个时期，亚洲才真正成为问题：它意味着欧洲在军事与经济上对外扩张的时候，需要以他者的落后证明自己的优越。产自欧洲的所谓"亚细亚生产方式"说，源自黑格尔的亚洲历史停滞论，都暗含了通过证明亚洲的停滞落后而反证欧洲优越的思考方式。原本多样的历史进程，在近代以来的欧洲对外入侵并把自己的社会模式输入到欧洲以外地区的时期里，被整合为单一的进步—落后的时间序列，这就是进化史观曾辉煌一时的历史基础。

政治、人文与自然地理的结合，让我们得以认知特定文化与具体时空的结合形态，从而帮助我们了解，即使在高度流动的状态之下，每个社会也依然具有它自己的特点。从来不曾存在一个普遍性的社会模式，因而也不曾存在过可以放之四海而皆准的判断标准。每个社会都有自己的内在机理和错综复杂的人间秩序，这些政治历史地理特征，并不会因为欧洲的入侵而简单地欧化。它的变动，是在传统的基体之中发生的，正如同一个人可以从孩童状态长大、衰老，身体外观会呈现不同的外貌，感觉方式也会发生很多变化，但是却不会变成另外一个人一样。

同时，恰恰是因为人类社会随着欧洲式"近代"而产生的日益加剧的流动状态，反倒使得无法封闭的世界产生了划分为区域的需求。除了上述西欧对于后发地区的优越感这一理由之外，不同区域之间的巨大差异，也使得人类无法把世界简单地视为一体加以认识。尽管欧洲殖民者"发现"世界的努力伴随着高度自我中心的霸权本能，但是人类生活的多样性，也正是在这个西欧试图征服世界的过程中被揭示出来，而"亚洲"，也在这个流动着的状态中越来越获得了存在感。

一个简单的例子或许是《利玛窦中国札记》。这部西方传教士的著作虽然把对他们而言非常陌生的政治与文化系统用他们自己的术语翻译成了为欧洲人所熟悉的社会风景，例如把中国的科举制解释为具有学士、硕士、博士三级学位的考试，把孔子定位为哲学家，等等，但是，这种套用无法有效地解释内在于明清之际中华帝国的历史逻辑。在融入中国社会这一点上，利玛窦可算是高度敬业的典范；然而即使利玛窦身着中华服饰，使用流利的汉语，最后长眠于中国，他也依然无法理解中国历史的内在逻辑。这部著作里利玛窦的记录，是准确的细节与事件过程在传教这一线索上组合而成的，前近代中国的物产富饶与蛮荒的民生、技术的进步与科学的落后、发达的文人文化与野蛮的社会乃至法律习俗等，这些对立的要素均被不加过渡地组合为一个整体，使得遥远的东方帝国成为在细节上与欧洲相通、在整体上却难以理解的奇异国度。① 正是这部不朽的传教士著作，间接地向我们揭示了亚洲的存在理由：利玛窦与金尼阁，虽然没有使用"亚洲"这一概念讨论前近代中国的空间位置，但是他们设定的读者对象并不是意大利人或者比利时人，而是"欧洲"。作为明清之际中国的价值参照系，"欧洲"一直隐藏在这部著作的字里行间，它使得中国处在

---

① ［意］利玛窦、［比］金尼阁：《利玛窦中国札记》，中华书局 2012 年版。这部著作充满了引人入胜的各种细节描述，它体现了利玛窦生活经验中的矛盾感觉：中华帝国的文明与野蛮似乎是糅合在一起的，正如中国人的自大与自卑是同一种态度的两面。利玛窦和金尼阁显然希望以欧洲的逻辑去解释中华文明，但是他们最终依然把中国描述为充满异域风情的陌生文明。

一个可以部分地被理解的位置上；而利玛窦传教的使命感，使得他更关注中国作为一个政治文化体的独特性，并试图以此找到传教的突破口；他利用欧洲的语汇让中国转化为欧洲人可以理解的对象，同时十分注意呈现中国不可理解的部分；这种并不简单回收中国的努力，反倒向我们展示了难得的客观态度，从而建立了"欧洲与东方"这样一种双重的视野。

来自欧洲的这类双重视野有多种版本。比起利玛窦温和的双重视野，还有更为激烈的双重视野：例如英国地理学家麦金德提出的"欧洲文明是反对亚洲人入侵的长期斗争的结果"。麦金德认为欧亚大陆是一体的，且欧洲对于世界的探索和发现已经完成，但是这与他区隔欧亚历史并强调二者的对立并不矛盾。他认为来自亚洲腹地、欧亚大陆中心的游牧民族，在历史上对欧洲几次入侵，导致了欧洲与亚洲的对立并使欧洲在对抗来自亚洲的压力时创造了自己的文明，他甚至因此而强调欧洲和欧洲的历史隶属于亚洲和亚洲的历史。麦金德在日俄战争爆发前夕发表的著名讲演《历史的地理枢纽》，强调了15世纪蒙古人的入侵对于欧洲的意义。[1] 麦金德的时代局限使得他过于强调人种的对立并把它与欧亚关系对应；但是在认识论意义上，他提供了一个把亚洲和欧洲置于欧亚大陆历史动态中认识的思路：欧亚大陆是一个舞台，而亚洲与欧洲，则是这个舞台上的两大角色。当然，它们可以在不同的历史脉络里变身为更多的角色，然而却不会因此而被取代。

麦金德的这个讲演影响很大，日本著名伦理学家和辻哲郎写作于20世纪20年代的《风土：人间学的考察》，里面也依稀可以辨认出它的一点影子。但是，和辻哲郎关注的问题与麦金德并不一致，他更关注的是人类精神的风土特征。

"风土"这一概念并不是历史政治地理学意义上的"自然"。在后者的现代学科领域里，自然环境基本上被视为外在于人的主观世界的客观条件，人与自然的关系被视为通过人类社会在自然条件制约下反过来利用后者的过程。因此，在这样一个视野里，人的精神活动被作为"客观存在"加以对待，所以研究重点偏向于典章制度和历史事件，而不擅长于处理特定历史空间中人的精神

---

[1]　参见［英］哈·麦金德：《历史的地理枢纽》，林尔蔚、陈江译，商务印书馆2010年版，第52页。

特征乃至认知方式等课题。和辻哲郎为《风土：人间学的考察》一书确定的副标题是"人间学的考察"，这使他的风土学区别于历史政治地理考察。在序言开篇处，和辻哲郎写道："本书的目标在于揭示风土作为人间存在结构性契机的性格。因此，自然环境如何制约了人间生活这样的问题，并不成为讨论的对象。一般而论，被视为自然环境的部分，是把人们的风土性作为具体的基础，从中分解并对象化出来的东西。在思考这种自然与人们的生活之间的关系时，人们的生活本身业已被对象化了。因此，它是考察对象与对象关系的立场，而不是关于主体性人间存在的立场。我们的问题在于后者。即使在这里风土的形象不断地被作为问题讨论，那也被视为主体的人间存在的表现，而不是所谓自然环境。"①

和辻哲郎使用的"人间"概念，强调了人的社会属性，亦即强调了人的"关系性"。这个词翻译成中文比较接近于"社会人"，但是本文希望直接使用"人间"一词，是因为中文的"人间"一词直接就是空间概念，日语的这个语汇可以为中文的"人间"注入"个体"的含义，它比"社会人"更具有空间的语感。和辻哲郎使用"人间"，意在纠正海德格尔以个体的"人"作为主体的视角，《风土：人间学的考察》写作的初衷，是和辻哲郎为了弥补海德格尔《存在与时间》在存在论意义上把空间视为第二义的缺憾，他认为对于空间感觉的强调，有助于把人在具体社会关系中的经验状态作为主体性的重要基础加以认知，而海德格尔忽视空间的意义，仅仅从时间的角度定位人的存在，将使他的论述流于抽象，难以获得历史感。

和辻哲郎这种对于人间风土的考察视野，使他的论述区别于主体与自然环境二分法的研究立场，也使他不需要如同历史地理学那样去论证人的主体与自然这双重要素的客观性和对象化问题。人间本身就是风土性的存在，和辻哲郎的研究把问题引向了人间风土的精神特质。空间在这里并不是一个容器，而是渗透到人类社会生活本身的构成要素。和辻哲郎关注空间特质对于特定区域人间精神活动方式所具有的意义，他由此把地区上不同的区域划分为季风、沙漠、牧场三种风土，认为亚洲的东亚与南亚属于季风风土，阿拉伯地区属于沙漠风土，欧洲大部分地区属于牧场风土，在对这些不同文明进行分析的时候，

---

① ［日］和辻哲郎：《风土：人间学的考察》，岩波书店 1975 年版，第 1 页。

和辻哲郎尝试着把不同的气候植被等自然条件与人类精神世界和生活方式的结合，作为自己的课题。例如季风地区的气候多变和雨水分布，使得人们不能不勤于耕作，勉力除草，同时也养成了包容与耐受的温和性格；沙漠的残酷生存条件导致人们的刚烈与战斗性格；牧草风土对草场与农业的有利条件，使得人们免去了除草等繁杂的劳作，可以有更多时间享受生活，等等。和辻哲郎在这样的分类中又发展出更为精细的交叉型风土，把问题推进到了利用风土的视角讨论所谓"国民性"的程度。

今天看来，和辻哲郎关于三种风土及其延伸类型的分析缺少说服力，甚至其中有些分析显得牵强附会。但是这部名著的真正意义或许并不在于对三种风土类型的具体文化分析，而在于它提供了一个至今仍然发人深省的视角：把人的社会文化属性置于空间里加以认知，提供了从特殊性入手理解历史的有效途径。

《风土：人间学的考察》最后一章在原理上对于"风土学"在欧洲的发展进行了整理。风土学并不是一个明确的学科，至多是个潜在的问题领域；和辻哲郎调动了欧洲哲学与思想领域中相关的部分，使其可以形成相关的问题场域。在此意义上，他把赫尔德、康德、黑格尔、费希特、谢林、马克思以及拉采尔等作为风土学的思想家，但是其中，他尤其重视赫尔德①的风土观念在这个问题域里所起的里程碑作用。他花费大量篇幅详尽地介绍了赫尔德对于风土的看法，认为他把风土与人的精神结合起来考察是非常重要的。他把赫尔德的精神风土学归纳为以下五点：第一，人的感觉是风土性的；第二，人的想象力是风土性的；第三，人的实践性理解是风土性的；第四，人的情感与冲动是风土性的；第五，人的幸福感是风土性的。这五项内容结合，勾勒了一个考察不同民族的人们建立不同精神世界与生活方式的基本视野，而其中幸福感的风土性占有特别的位置："幸福对于赫尔德来说，是特别重要的概念。对他而言，文明或者文化未必意味着幸福。只有朴素的、健康的生之欢乐，才是真正

---

① 赫尔德（Johann Gottfried von Herder，1744—1803），德国狂飙突进运动的先驱性人物，曾受业于康德，并在后来与康德围绕着纯粹理性发生过一场著名的争执。赫尔德译成中文的著作主要有《反纯粹理性——论宗教、语言和历史文选》（商务印书馆 2010 年版）、《论语言的起源》（商务印书馆 2014 年版）等。与本文论题直接相关的著作可参照前者。赫尔德在历史哲学与文学精神等领域作出的独特贡献，对欧洲民俗学与民族文学运动的兴起提供了重要的思想资源。

的幸福。……这里体现了赫尔德独特的人道观念。人只有在不支配任何人，同时也不受任何人的支配，把这种状态视为幸福的时候，才是人道的。……从这样的立场出发，赫尔德对于搅乱了全世界的欧洲人发出了警告。欧洲人不可以用自己的'幸福'观来衡量其他国土上居民的幸福。欧洲人在幸福感这一点上决不可以自视为最进步的，或者是模范的。它不过显示了欧洲特有的一种类型而已。在世界各地，从人道的见地出发来看，绝不逊色于欧洲的幸福，就存在于不同土地所具有的各自不同的形态之中。幸福是风土性的。"① 和辻哲郎对于赫尔德的重视，显然在于他建立了"精神风土学"这样一种视野，并且以此把问题推进到了平等地尊重各个民族的个性这一重要的到达点。赫尔德的诗人气质，使得他无法在哲学上建立关于风土的历史哲学体系，和辻哲郎认为这个工作直到黑格尔那里才完成；但是，和辻哲郎并未因此低估赫尔德执着于个别性的意义。他认为，在对立于德意志观念论的意义上，赫尔德具有特殊的意义，因为他提供了被康德所忽略、也是康德哲学无法处理的具有个别性特征的历史世界。同时，他出于自己定义的人道意义而表达的对个体多样性的尊重，也使得他打破了把人类发展秩序仅仅视为前后继起过程的思维，试图建立同时并存的世界史秩序。这种因为缺乏概念准确性而受到康德诟病的"历史哲学"，体现了这位诗人哲学家宏大的"整体性直观"。②

与赫尔德相比，和辻哲郎对于在哲学上完成了体系化的黑格尔历史哲学给予了保留性的评价。这首先是由于黑格尔把欧洲人尤其是日耳曼人视为上帝选民的优越意识使然。当然，也因为随着黑格尔之后世界历史研究的长足进展，反衬出黑格尔时代欧洲对于东方世界的无知。然而黑格尔的"风土哲学"仍然具有意义。和辻哲郎指出黑格尔"一边立足于把欧洲文化的历史视为世界史的立场，却一边不得不放眼于欧洲之外，考察欧洲以外的自然类型，这一点可以让我们充分地找到它具有的意义。"③

当然，风土作为人类在不同空间里不同精神的呈现方式，当它被与民族精神结合起来强调的时候，始终伴随着走向极端的危险——拉采尔的政治地理学强调国家作为有机体的生存机理，因此为对外扩张提供了理论依据；这一有机

---

① ［日］和辻哲郎：《风土：人间学的考察》，岩波书店 1975 年版，第 218—219 页。
② ［日］和辻哲郎：《风土：人间学的考察》，岩波书店 1975 年版，第 220—221 页。
③ ［日］和辻哲郎：《风土：人间学的考察》，岩波书店 1975 年版，第 232 页。

体说在其后又被瑞典的国家学倡导者鲁道夫·契伦①进一步发展为地缘政治学或曰国家学。契伦写于20世纪初期的代表作《作为有机体的国家》，强调国家作为有机的生活体，是一种以民族与国土构成的特定实体性存在，当空间有限实力强大的时候，则利用殖民扩张国家有机体就是正当的。和辻哲郎在对黑格尔之后的风土学进行梳理的时候，明确指出了契伦的地政学在强调国土作为国家的人格时，最后导致了现实中支持殖民政策的国土学运动是不可取的。②

　　不过在当下的历史政治地理学对20世纪初期的地缘政治学保持高度警惕的时候，或许仅仅独善其身地面对地政学的危险性提供自己的"不在场证据"是远远不够的。问题恐怕在于，赫尔德的"精神风土"学说在提出之际就强调了各个民族要在平等前提下相互尊重各自的风土独特性，这种开放的政治地理态度为什么没有成为其后地政学的主流？强调人类精神的风土性格，强调精神风土只能存在于具体的个别性当中，这些认知并不必然地通向法西斯的种族主义和殖民者的领土扩张。赫尔德的理论曾经唤起了中欧与东欧地区弱小民族发展民族文化的思潮，也在历史实践层面证实了这一点。事实上，精神风土学没有发展成为赫尔德意义上的"人道"之学，而更多地导向了以种族和国家有机体论为基础的地政学和国土学，除了具体的欧洲历史发展脉络之外，还与另外一个历史形成的欧洲式认识论有密切关系，这就是以欧洲优越感为基础的一元论普遍主义哲学。在直观意义上，似乎只要超越了地理空间的特殊性，进行所谓全球性论述，就可以克服地缘政治学的种族主义或排他性的潜在危险，但是这种想法是思维怠惰的产物。事实上，"超越地缘"恰恰是地缘政治中危险部分的同谋，因为它的理论前提是一元化的普遍性预设。当普遍性被高度抽空的时候，它并无任何分析功能；当一元化的普遍性模式在进入论述的时候，必定暗含了下一步的偷换——把某一种特定的类型"提升"为普遍的模式。无须举例就可以明白，这种赫尔德曾经以幸福为例批评欧洲人的"普遍性"感觉，在历史上被不断地以各种形态再生产，至今仍然还没有消失。所以，在思考精神风土的个别性特征时，对于普遍性的重新思考必须提到日程上来。

---

① 鲁道夫·契伦（Rudolf Kjellen, 1864—1922），瑞典地政学家。他发展了拉采尔的政治地理概念，首创"地政学"这一名称。由于其国家学视角把地理意义上的空间转换为国土，通向殖民政策与领土政策的阐释，被第二次世界大战之后的政治地理学所批判。
② ［日］和辻哲郎：《风土：人间学的考察》，岩波书店1975年版，第238—239页。

三、通向"亚洲"的理论路径二：个殊性与相对性的意义以及普遍性的重新定义

亚洲论述遇到的最大困境，在于它构成的多样性。它无法被整合为一个单一整体，这一点已在本文第一部分进行了讨论；很多反对亚洲作为范畴可以成立的观点认为，假如一个范畴并不能独立于其他范畴，那么它就无法成立；而不能独立的原因，则在于它既不自足，又不能被抽象为一体。

假如亚洲并不是一个历史范畴，并不伴随着如此复杂的沿革过程，那么，仅仅从逻辑学出发，我们可以同意上述否认亚洲范畴的看法。然而棘手的问题有两个，一个是亚洲这个无法整合的范畴在今天越来越多地作为一个单位在国际舞台上亮相；另一个是否认亚洲范畴存在理由的人，却往往承认欧洲范畴有理由存在。尽管他们的欧洲想象多半是西欧，也并不覆盖整个欧洲。

如果说，第一个棘手的问题显示了认识与现实之间的错位，那么，第二个棘手的问题则暗示了存在着一个既定的认识论标准。由于后者的干扰，使得我们对于前者，即亚洲范畴的现实功能熟视无睹。因此，稍微对认识论的原理问题做些检讨，对于推进对于亚洲原理的思考或许不无裨益。

让我们还是先回到政治历史地理学。在这个领域里，对于特殊性的关注是推动研究者进行考察的动力。研究人与地理空间的关系，目的在于对那些特定的问题有所理解，而不是以此论证可以反复呈现的规律。地理因素的千差万别，致使研究者的关注重点自然而然地从共同性转向特殊性，历史政治地理的问题多数涉及共时性中的特殊状态，这种视角上的特点显然与其研究对象的特质有关。关于这一点，20 世纪 50 年代末西方地理学界的讨论可以提供更为直接的启示：当时西方地理学家争论不休的棘手问题，在于如何把地理学确立为一门科学；然而科学所要求的反复出现的"普遍"现象，在地理学内部很少能够找到；不得已求其次，地理学家尝试用"近似性"代替重复出现的一般性规律，用"关联性"代替统一性，但是他们发现，即使如此，这种种寻找规律的努力最终导致的结果，却凸显了特殊性的不可舍弃。恰恰是特殊性的不可重复，赋予了地理学以发现的魅力，并且使得地理学家可以准确地进行工作。在此意义上，普遍规律的阐释，并不是最后达到的目标，而是出发点上的基础工作，终极性的学术产品，则是无法回收到普遍性中去的个别区域研究："任何

普遍原理对一个特殊事例的应用，依赖于一般概念，后者只近似地符合特殊事例。最大限度的正确性之达到，需要决定特殊情况偏离于每个一般概念所代表的'标准'之程度以及在过程关联中那些次要差异性所产生的结果。"①

地理学界的这些争论，旨在摆平共性与个性之间的关系，在科学至上的年代，对于个别性事物的轻视与对于规律即一般性抽象命题的重视，作为同一个认识论模式的两面，打造了人们对于普遍性的感知方式：不可重复的一次性事物，价值远逊于可以重复论证的一般性概念，对于规律的崇拜，扩展到了全球知识界。在这样的知识氛围里，个别性的经验，似乎主要的功能仅在于证明普遍规律的存在。因此，对规律形成干扰的差异，总是被合法地忽略。

但是地理学家注意到了一个基本的事实：地理学的基础是人类对于自己视野以外世界的好奇心，即对于陌生和差异的好奇心。假如地理学仅仅研究那些可以排除差异的相同因素，那么，将导致它论述那些在世界各地重复出现的综合体，这将致使地理学成为一个索然寡味且发展缓慢的综合性学科。

每一个地方都是独特的。当然，独特性之间存在着相似，这使得不同地域可以归类认知，而且通过对相似性的研究，可以建立关联性。然而地理学里并不能建立完全的相似，即没有如同一个豌豆荚中的两粒豌豆那样的相似情况。绝对的相似并不存在，差异使得相似难免似是而非。地理学家于是面对了一个难题：为了寻找相似性，他们必须要么把自己的研究设定在较低水准上，要么就必须严格限制研究对象："当我们在较低级水平上对待部分统一体时，我们可以找到许多几乎相同的事例。……然而，当我们研究地理学中比较复杂的统一体时，我们所找到的基本相似标本数目远较微少。同其他科学一样，我们把相似性大于变异性的事例划分为项目或类型，借以克服这个困难，但在这样划分的物体或现象中，每一个都包括许多独立的或半独立的因子，我们并没有在所有基因因子上形似的标本。它们只在我们所选择的特殊项目上相似，在其他方面可以显然差异，而研究结果可能表明后者并不是次要的。……所以我们面对着一个进退两难之境：为了研究足够数量的相似地区，就必须这样泛泛地划分类型，以至所包括的个别变异性超过了假定的同一性；如果为了避免这个危

---

① ［美］R.哈特向：《地理学性质的透视》，黎樵译，商务印书馆 2012 年版，第 155 页。

险，把类型足够地加以限制，又可能在每一个类型中只拥有一个标本。"①

即使在推崇普遍规律、力图把寻找规律作为学科之本的年代里，即使极力强调普通地理学有不可取代的功能时，哈特向也敏锐地注意到了地理学对于个别事例的巨大关心并不能被宏观的综合研究所取代；他甚至断言："（认为一般研究即探讨普遍原理比个别地区分析和解释更具科学水平的地理学家洪堡）他的一般研究在当时虽然重要，到今天却很少价值，他企图作为自己学术峰顶的普通地理学（作为宇宙学的一部分）《宇宙》一书，甚至在当时亦较少贡献；另一方面，他对自己考察过的特殊地区所做的研究，却具有不朽的价值。"②

宏观的综合性论述固然涵盖面很广，但是对于解释具体的问题却几乎不提供帮助，人类并不生活在一般性观念里，可以说，所谓标准状态其实并不存在，现实世界的大事小情，总是在这里那里偏离标准状态。标准状态，即普遍性，其实仅仅是从无数个别性中抽象出来的一般性观念，由于舍弃了个别性中无法简单复制的特殊状态，它往往变得语焉不详。

醉心于普通地理学的地理学家寻求规律性解释，他们因此试图把研究重点设定在不同个别对象之间的关联性方面，亦即寻找不同对象之间的相似性，如上所述，在处理复杂问题时，这种努力很容易导致研究的虚假性。但是只关注个别对象的地理学家，则会冒另外一种风险，那就是过分沉溺于对象的特殊性，以至于自己的研究远离人类的基本问题，因此失掉与现实和思想的关联性。

哈特向致力于在二者之间建立真正的联系。他的观点大致有以下几点：第一，普遍性探讨与个别性研究，并无孰高孰低之分，也不是对立关系——前者为后者提供基础，后者则处理不能直接进行比较的复杂性问题。而为了寻找最接近真理的阐释，地理学发展了部分统一体相互关联性的假设，其中包括不能比较的相互关联性原理。这意味着，对个别性事例复杂性的描述，是一般性原理超过某一点之外所永远不能达到的。第二，相似与差异并不是一对对立的范畴，因为在地理学里，相似并不意味着相同。当不同的对象被置于相似性中加以处理的时候，这仅仅意味着概括，也就是说，去掉那些次要的差异，更突出

---

① ［美］R.哈特向：《地理学性质的透视》，黎樵译，商务印书馆 2012 年版，第 147—148 页。
② ［美］R.哈特向：《地理学性质的透视》，黎樵译，商务印书馆 2012 年版，第 144 页。

地强调主要的差异。所以，差异这个词也许改为变异性（variation）更为准确。第三，为了用一个有限范围的地区变异性来分析复杂统一体，必须把大地区划分为较小单位；区域概念的形成，并不是由于把世界视为许多区域的镶嵌图，而是为了在有限的区域内建立精确的描述与分析；在区域研究中，重点在于讨论关联性与关系性，而一些地理学家把区域研究进一步划分为作用区域与形式区域，它们不同于区域地理，带有非常明显的方法论特征，故可以从简单到复杂地应用在每一级地理研究中。①

作为以自然和人文地理为研究对象的学科，地理学一方面面对着大量不可重复的多样复杂现象，另一方面又要以建立规则或者至少是寻找规律为己任，因此，这个学科得以最有效地表述了人类在主客观二元论中的认识困境：所谓普遍性（一般性）论述的覆盖面越大，就越是模棱两可地缺少解释力；因此，宏大叙述的共同特点在于，由于它希望尽可能广泛地总结规律性的命题，故不得不牺牲具体的情境所包含的那些特殊性要素；而一个对象越是复杂，它的特殊性（即不可在其他场合简单复制的）要素就越是重要，这也就是地理学讨论的"变异"（差异）之所以成为重要的研究对象的原因所在。值得注意的是，哈特向使用"变异"替代"差异"时，希望强调的是特殊性之间的潜在关联，而非它们的排他封闭性。他认为相似与差异并不对立，强调了差异，就等于强调了在关系网之中的特殊性，这个思路曾经是结构主义理论非常重要的贡献，可惜的是除了结构人类学和上述地理学的讨论之外，它似乎并未在更广泛的知识领域里被共享。

普遍性的不断抽空使得它产生越来越广的覆盖面，同时也使它越来越失掉具体性与精确性而变得似是而非；但具体的个案研究也面对一个困境，即它可能因为追求对有限对象复杂性的把握而失掉与其他个殊性的联系。每一个个殊性都是一个整体，复数的个殊性之间，需要建立某种联系，才能帮助每个独特性获得它自身以外的意义。地理学提供的关于相似性的解释，在这一点上是耐人寻味的：相似这一范畴的功能不是求同存异，也不仅仅是归类，它是把每个独特的个别性之间的主要差异作为不可相互取代的变异特征加以联结的努力。地理学在 20 世纪 50 年代到达的这一思维成果，在今天是否有了新的发展我不

① 上述三点，可以分别参见《地理学性质的透视》第十章、第二章、第九章。

得而知，但是对本文而言，这个到达点已经弥足珍贵，因为它提示了另外一种"普遍性"思考进路的可能。

不需太多论证就可以想象，今天亚洲论述受到的挑战，正如本部分开头指出的那样，恰恰是认识论上对普遍性的想象尚处于单一化状态所致。今天学界理解的所谓普遍性，是从无数个个殊性中抽象出来的可以直接覆盖全体的命题。不能依靠抽象进行整合的对象，通常会被认为不能成立。抽象的普遍性本身当然有不可取代的价值，但是把它置于个殊性之上，赋予其高位价值，却正是地理学家们早在20世纪50年代就已经质疑的问题。地理学的研究事实证明，如果说抽象的普遍性论述高于个别性论述，它只是在个别性研究处于直观和粗浅的状态时才能成立；换言之，抽象的普遍性只有在学术含量较低的层面上，才具有优势；当个别性研究致力于建立关于变异的讨论，即在关联性中讨论个殊性的特性时，普遍性不仅不具有优势，而且需要借助于个殊性研究才能够成立。不过关于这一点，地理学能够提供的启示不多，因为它最终还是设定了一个普遍性与特殊性的二元思路，因而不得不在变异是否就意味着普遍的问题上含糊其辞。为此，我们需要转向哲学家寻求支援。

近年来一直致力于讨论"多种普遍性"的哲学家陈嘉映，在讨论普遍性与个殊性关系上进行了卓有成效的工作。本文使用的"个殊性"一词，就得自他的用法。当人们习惯于把具体的经验用"特殊性"和"个别性"加以区分，以强调那些不能被抽象的特殊性处于次要位置的时候，陈嘉映使用"个殊性"的意义是不可小觑的。在他对于普遍性的思考中，包含着一个重要的价值颠覆工作：普遍性并不是处于高位的价值，"上升到普遍性"是认识论比较简单的形态，而最重要的价值恰恰存在于"个殊性"之中，亦即存在于不可简单挪用的个别经验之中。

在通行的认识论中，人们已经习惯于使用"从个别经验中提取普遍性"的思维方式，把各种具体的经验视为初级的精神活动，而致力于从这些具体经验中提取那些一般性命题，亦即可以直接应用于不同具体经验的抽象概念；因此具有共通性的命题，一向被视为最重要的精神产品，这与学界的理论崇拜不无关系。通常，论述从具体的个案出发，最后到达一个抽象的命题，会让人们获取"找到了规律"的安心感，只是，人们对于"找到了规律"的盲信，使得他们不能不忽略一个基本的事实：在人文与社会科学领域里，这种以"规律"自居的普遍性论述，通常是过于宽泛的宏大叙事，这些普遍性"规律"基本上没有解释能力，它们太像一个个空篮子，意义仅仅在于可以装进去各种不同的东西；虽然在多数情况下，人类对于篮子的兴趣，总是远远不及他们对放入其中的物品的兴趣。

陈嘉映试图正面对这个思维定势进行挑战。他说："这些思考依托于一个巨大的传统：普遍者高于个殊者。我们各自处在一种特殊的位置上，要理解其他个殊者，需要先'上升'到普遍性。特殊利益、立场之间发生分歧和冲突，要通过'上升'到'基于人性的普遍伦理标准'来裁定和解决。"①

陈嘉映从哲学认识论的角度揭示了这个"巨大的传统"的破绽之处：首先，他指出对立于特殊性的所谓普遍性严格说来是不能成立的。因为每个被定义为普遍性的语词，说到底仍然是特殊的名称。上帝也好，释迦牟尼也好，天也好，都是在特定历史文化脉络中才具有意义，因此它们仍然在全人类的范围内属于特殊性；而假如想要在更高层面设定一个普遍的价值，那就只能是"无名可名者"。其次，问题一旦进入了无名可名的层面，那么普遍性的功能也就很有限了。当普遍性被理解为超越一切的最高价值时，它就被抽空为没有内容的静态存在，没有具体内容的价值无法提供对复杂事物的有效分析，不能帮助人类思考；而当它有所指有所说的时候，它就不得不进入具体的语境，也就无法处于更高层次了。最后，抽象的普遍性也有它的价值，但是从个别存在中抽象出的同质性命题仅仅是普遍性中的一种，而且是比较简单的一种。陈嘉映问道："为什么是'上升'而不是'平移'到普遍性，或者'降低'到普遍性？"②所谓"上升到普遍性"不是生活和思想的归宿，伦理思考中出现的普遍性环节应该为切身思考服务，而不是凌驾于其上。"'无名可名者'之所以不可名，并非因为它是比语词所能够到的所有普遍者更加普遍——它根本不是殊相之上的普遍者，而是殊相之间的翻译与会通。"③

陈嘉映最可贵的贡献还不止上述这些认识论批判。他从人类生活的伦理意义上，积极地建构了有别于这种"巨大的传统"的普遍性思考。他认为，把个殊性与普遍性对立起来的思维必须打破，在新的关系里，普遍性成为个殊性的

①　陈嘉映：《何为良好生活——行之于途而应于心》，上海文艺出版社 2015 年版，第 278 页。
②　陈嘉映主编：《普遍性种种》（修订版），华夏出版社 2013 年版，第 11 页。
③　陈嘉映：《何为良好生活——行之于途而应于心》，上海文艺出版社 2015 年版，第 285 页。

注脚；对整体的认知，依靠的不是从无数个殊性中进行抽象，而是把每个个殊性视为一个整体；普遍性并非凌驾于个殊性之上，而是作为各种标准与原则，在个殊性的内部获得有机的结合。同时，这也并不意味着各种标准是外在的统一的，它们需要在个殊性中结合后，转化为个殊性本身。

在这个新的视野里，陈嘉映需要面对另一个同样巨大的传统，即对于相对主义的批判与否定。在以往的研究中，普遍主义的对立物不仅仅是特殊主义，还有相对主义。相对主义因为拒绝所谓普适性价值，会在知识上引起一些直观的困扰：它会被理解为失去统一判断标准而造成对所有既成存在的无原则认可，理解为搁置判断标准从而冒犯了世界秩序；在现实认知上，它有可能被具体化为文化保守主义、民族主义或者其他的排他立场。有趣的是，相对主义受到诟病，而近年来发展起来的多元主义论述却是正当的。这也是陈嘉映的疑问：为什么多元价值观体现的是宽容开放，相对主义就是一片泥淖？

粗略地说，相对主义与多元主义在历史脉络里是貌合神离的。前者搁置了多元存在之上的那个高于它们的价值前提，因而不仅构成了历史主义的理论基础，也为各种情况下的平等诉求提供了根据。前面提到的赫尔德，体现了相对主义最积极的一面；而多元主义更多的是自由主义政治理论的自我表达，它对于多元的强调并不是相对主义的，因为它有一个潜在的"普适性"法则，即人在政治社会中的自由。正是在这个意义上，被视为多元主义理论代表人物的柏林并不是个相对主义者。① 多元主义被运用于民主政治论述，而相对主义提供的更多的是思维方式。随着冷战意识形态的渗透，多元主义本身变成了一个一元的论述前提，这个基本事实恐怕不需要更多的论证。

或许正因为如此，相对主义的麻烦远远大于多元主义。它虽然比多元主义更深刻地面对了不同价值之间的平等问题，却也同时面对了"相对主义绝对化"的危险。假如相对主义被绝对化，人们除了虚无主义之外没有可以选择的判断机制。因此，几乎所有主张在历史和经验中理解事物意义的思想家，都要对相

---

① 迈克尔·H.莱斯诺夫的《二十世纪的政治哲学家》（商务印书馆2001年版）谈到了这个有点棘手的问题。他认为柏林对于作为一元论的普遍原则的敌视态度是自相矛盾的。在他主张多元论的时候，力图把多元论与相对主义区分开来，是由于他仍然坚持要在多元理解中坚持人类的共同价值。参见［英］迈克尔·H.莱斯诺夫：《二十世纪的政治哲学家》，冯克利译，商务印书馆2001年版，第270—291页。

对主义作出界定。卡尔·曼海姆的策略是用"相关主义"来避免相对主义的绝对化。他的《意识形态与乌托邦》和知识社会学充满了相对化的视野，但是却时时警惕着价值虚无主义的威胁。曼海姆的相关论强调了不同客体的差异性如何通过把一种视角转变为另一种视角的方式来呈现，对他而言，知识的整体性体现为对于各种关系的有效程度与范围进行边界分析，体现为对于片面性的自觉认知。不过，即使是曼海姆这样有效转化了相对主义中积极要素的思想家，在挑战压抑差异的所谓普遍性的同时，也仍然不免求助于普遍性价值。只是，曼海姆对于普遍性认知的讨论，已经被转化为差异当中的具体要素，因而，即使是抽象这一认知行为，在曼海姆那里都获得了历史性与社会性，因而拥有了具体的意义①。

陈嘉映试图走得更远些。他在相对主义问题上延续了他关于普遍性与个殊性关系的基本思路，试图为一向被人诟病的相对主义争取历史存在的正当性："文化特殊论这类相对主义本来差不多都是防卫性的。百多年来，西方文明带着一套普遍主义标准压顶而来，用这套标准衡量，咱们古国处处不如人，国人难免生出几分自卑，如果文化各殊，西洋文化中国文化无所谓优劣，文化人心里会好过一点儿。从自我保护的角度看，文化特殊主义情有可原，然而，这里也有值得警惕之处。"②所谓值得警惕之处，就在于起源于文化自我保护的相对主义，未能从根本上摆脱普遍主义的一元价值观，它的自卑很容易转变为自大，因而难以贯彻相对主义的平等精神。所以，根本的问题或许在于如何在普遍性与个殊性之间建立新的关系，以改变既有的普遍性与特殊性"共谋"的结构。

陈嘉映的设想是，以翻译为参考模式，让普遍性承担连接不同个殊者的功能。在这种情况下，"个殊性不是普遍性的实现，个殊者通过相互理解和相互支持实现自身。"③普遍性作为个殊者相交集的中间地带，构成了殊相之间翻译

---

① 卡尔·曼海姆的《意识形态与乌托邦》（九州出版社 2007 年版）是一个知识相对化的典范，它在具体的社会与历史状态中讨论整体性价值，转化了那些因为抽象而被静态化的概念。不过，在曼海姆那里，相对主义与多元主义的关系并未构成突出的问题，所以他在这方面并无深入探讨的兴趣。

② 陈嘉映：《何为良好生活——行之于途而应于心》，上海文艺出版社 2015 年版，第 266—267 页。

③ 陈嘉映：《何为良好生活——行之于途而应于心》，上海文艺出版社 2015 年版，第 296 页。

与会通的地带，而不是高高在上的共相。换言之，普遍性绝非是从殊相中抽离出来的同质性共相，而是使殊相得以相通的媒介。它不但需要存在于殊相之间交叠的部分（这是相互理解的起点，而不是终点），而且因为自身"无名"，须借助于殊相才能获得意义。这是一个思维方式的革命性翻转：普遍性存在于两种或更多殊相交叠的部分，然而它自身的意义并不完整；只依靠殊相的交叠部分提炼共相，将会造成当年地理学家感到困扰的局面——只有把研究设定在较低水准上才能找到反复出现的共相，这意味着普遍性将无法处理那些复杂对象而变得索然寡味。因此，试图以复杂对象为解释目标的普遍性论述，只能借助于殊相的个别性语境才能使自己获得意义；也就是说，它只能进入殊相的内在结构，并通过这个结构为交叠的部分赋予意义，其结果，普遍性将会成为对于差异（或者是地理学家所说的"变异"）的探究与表达。如果说普遍性可以消除相对主义造成的价值虚无状态，那么，这意味着它通过促使殊相之间发生相通与交会，打破殊相的隔绝状态，使个殊者之间发生对于他者的理解与尊重。普遍性不是静态的外在标准，而是动态的交会过程；只不过，这个过程达到的目标并非是价值与标准的同一化，而是多样性个殊者的开放式自我完成。

陈嘉映对于普遍性的这些讨论，为亚洲原理的讨论提供了有力的支持。不过，我们无法在此止步，为了推进讨论，我们需要转向历史。

四、亚洲原理的历史内涵

基于上述相关的理论探讨，我希望可以整理出以下基本思路：

首先，人的物质生活和精神生活，存在于特定的风土（而不是"自然"）状态之中。这种人间风土化的状态，是决定一个社会独特文化逻辑的重要基础，虽然并非是唯一的基础；而所谓开放和流动，并不会消解这种独特性，换言之，即使人类世界完成了信息化的高度覆盖和消费方式的高度趋同，每个社会仍然还会存在它自己的历史纹理。

其次，人们的精神活动具有历时性的地域性格。历史在与空间结合的意义上，才能构成传统。对于时空结合的强调，并不意味着两个抽象概念的结合，而是意味着作为历史主体的人，只有在时间与空间的结合之中才能构成"人间"。当我们说每个社会都有关于人的自由和平等的独特理解的时候，当我们说没有任何一种特殊的社会模型可以提升为普遍性模式的时候，我们所说的社会和人，并不是漂浮在半空中的，它只能是风土性的存在。

再次，当我们把上述两个思考基点落实为自己的知识感觉之后，就完成了一个关于普遍性理解的转换。强调人类精神的风土性，丝毫不意味着以特殊性对抗普遍性，相反，真正的普遍性精神，需要伴随着对于多种个殊性的平等尊重，而不是利用霸权思维与抽象程序把它们硬性地塞进一个原本个别的价值框架；普遍精神只能存在于每个个殊性内部，通过个殊性的自我实现完成它自身的价值；比如，当我们把普遍性确认为人类应有的美好生活和善的状态时，它的抽象形态没有意义；这种可以为人类共享的普遍价值，其功能在于引导我们进入每一个个殊性对象之中，谨慎地探寻和理解它的内在逻辑；于是我们最终会发现，正如赫尔德所断言的那样，幸福是风土性的，它在每个个殊性中具有不同的含义。

最后，我们需要重新思考相对主义的积极面向。假如我们解构了一元化的普遍性理解，假如我们如同地理学家那样承认特殊性在揭示人类复杂生活意义上不可或缺的价值，那么，从相对主义中解救出积极的面向就是一个刻不容缓的课题。从历史上看，相对主义不具备直接的攻击性，倒是普遍主义的攻击性更强；当然，不具备平等精神的"相对主义"确实可以转化为具有攻击性的意识形态，地政学早期的危险性证实了这一点；但是赫尔德与曼海姆的思路也同时证实，把危险栽赃给相对主义是思维的怠惰，真正的相对主义没有危险，危险的是以相对主义之名推行的绝对主义。如同陈嘉映论述的那样，为了从相对主义获得积极的认识论资源，需要的不是所谓上升为普遍主义，而是打开封闭的个殊状态，建立个殊者之间的关联。

那么，上述思路与亚洲论述有什么关系呢？

亚洲论述由于本文第一部分所勾勒的那些困难，一直局促于亚洲的非一体性和非自足性。就前者而言，比照欧洲范畴被建构起来的一体性叙述，亚洲的非一体性尤其显著。至少，欧洲范畴虽然并不真的覆盖欧洲的所有国家，特别是它无法有效地处理在地理学意义上属于欧洲的俄罗斯；但是，它却没有遇到亚洲内部多个文明共存的难题，在认识论上很少受到非一体化的质疑；至于非自足性，欧洲虽然同样存在，但含义却是相反的：欧洲的非自足性表现为它对外扩张的殖民过程，是"进入他者"并融合他者的强权过程，而亚洲的非自足性则表现为殖民者内在于自身的过程，伴随着屈辱与忍从。由于这种位置的差异，欧洲在非自足的现实状态下，依然可以用"非我族类"的思维拒斥已经构成其一部分的他者而建构自足性，但是亚洲似乎被剥夺了这个权利。

为什么"亚洲"不能如同欧洲那样被整合为一就没有存在价值？为什么欧洲可以在非自足的状态下论述自足，而亚洲却无法使用同样的思路呢？显然，有些理由是历史的，并不能仅仅用知识的方式解释。侵略战争与殖民、来自欧洲的进步史观和现代性理论，不仅在现实中制造了世界霸权的阶序，而且也在精神上造成了通行于全球的思维定势——这就是产生抽象一元普遍性论述的基础。使用"去殖民"一类的概念来讨论这类问题基本上没有实际功能，因为问题不在于确认霸权形态，而在于更微妙的知识感觉。或许该追问的是，当我们质疑亚洲的一体性时，我们在要求什么？当我们试图取消亚洲范畴正当性时，我们在警惕什么？

回到本文的脉络中来，或许我们可以换一个角度审视这个问题。在现实当中，亚洲（或者东亚）一体化的口号正在成为亚洲区域谋求共识的媒介，然而在认识论层面，亚洲一体化并不具有原理意义。它不可能如同欧洲那样制造一个共享的精神史陈述，相反，借助于亚洲的多样性风土特征，它提供了最好的重构普遍性原理的时空基础：在亚洲不同的宗教、文明、历史形态之间，建立不以追求共相为目标的个殊者连带关系，从而在保障个殊者实现自身的同时，建立多样平等的相互理解。借助于亚洲特有的几大宗教并存、几大文明共处的历史风土，我们可以完成不仅在欧洲和北美无法完成，拉丁美洲甚至在非洲和拉美也无法完成的原理思考，这意味着舍弃共相而追求个殊性理解的新的普遍性的诞生。亚洲范畴之所以能够成立，恰恰因为它不是个殊者，而是多个个殊者共处的现实与思想场域；而只有亚洲的历史，提供了个殊者们尊重彼此差异的独特风土。亚洲并不是单一的认同对象：在历史上亚洲成为认同对象的历史瞬间，基本上仅限于日俄战争前后和第二次世界大战之后亚非独立运动的短暂时期。亚洲的功能并非在于给我们提供一个可以投射情感建立认同的媒介，而在于它提供讨论新的原理、重新思考普遍性的空间——因为它的空间性格，亚洲原理具备再造普遍性的"风土"特征。

当然，上述的论述仅仅是理论上的一厢情愿。历史现实要严峻得多：亚洲历史同样充斥着血腥暴力。提起亚洲论述，东亚的人们首先想到的不是相互理解，而是日本的大亚细亚主义和大东亚共荣圈。由于它与侵略战争直接结合，致使中国人对于东亚或亚洲范畴持有反感；这种情感的强烈程度妨碍了人们历史性地对待亚洲主义的初衷：人们忘记了，不仅日本早期的亚细亚主义绝非简单的侵略意识形态，而是包含了连带感觉，中国的孙中山也曾提倡过"大亚洲主义"，试图以此制约日本的扩张态势。日本的大亚洲主义与孙中山的大亚洲主义，一个走向霸道，一个提倡王道，二者都认为地域性的跨国连带是抵制西方入侵的途径，也都认为需要有个中心，只是在如何连带、如何设定中心的问题上针锋相对。这段历史留给今天的我们一个课题：它是否意味着亚洲作为一个论述范畴真的不具有意义？

竹内好在 20 世纪 60 年代从事了一项艰难的工作，就是把"亚洲"原理化。他试图从两个方面推进这个工作。第一个方面是哲学伦理性的，他写作了《作为方法的亚细亚》。这篇讲演稿的主旨，在于讨论亚洲究竟应该以何种方式进入现代化进程，是否只有按照西方的方式推行现代化才是唯一可取的？他把日本与中国的"现代化模式"进行了对照，指出前者是"外发式"的，即追随欧美的模式，后者是"内发式"的，即进行内部革命之后自发产生的模式。他认为，中国的模式（印度也被归入这一类型）代表了民众的意愿，比日本更为深刻。竹内好的这个讲演，针对的是当时日本社会占据主流的崇拜美国和西方、歧视中国和亚洲后发国家的风潮。他强调中国与印度的现代化是更彻底的现代化，呼吁日本社会建立平等对待亚洲国家的习惯。

这篇讲演稿最值得注意也最难理解的是最后部分。当有听众提出日本应该摆脱美国式教育强加给日本的个人主义式民主主义，建立以亚洲原理为基础的现代制度时，竹内好这样回答：

"我与您的意见有所不同。我不承认人的类型存在区别。……我愿意认为，人的内容是共通的，就历史性而言，人是等质的。这样一来，我们不得不承认，近代社会这一存在在世界上是共通的，它催生了等质的人间类型，同时，文化价值也是等质的。只是，文化价值并非浮游在半空中，而是通过渗透到人群之中获得现实性。不过，自由啦平等啦这些文化价值，在从西欧渗透进来的过程中，如同泰戈尔所言，伴随了武力——用马克思主义的说法就是帝国主义；由于这种殖民地侵略在后面支撑着，使得价值本身贬值了，这才是问题所在。……西洋侵略了东洋，对此产生了抵抗，这种关系使得世界均质化了；这就是现在流行的汤因比等人的想法，这里面终究存在着西洋式的局限。现代亚洲人的想法不是这样的。为了在更大规模上实现西欧优秀的文化价值，东洋要重新把西洋加以打造，反过来对西洋本身进行变革；依靠这种文化性的翻转，或者说是价值上的翻转，创造出普遍性。……在进行这种翻转的时候，自己内部必须要具有独特性的东西。这种独特性是什么呢？恐怕不是实体性的。我觉得它可以作为方法，即作为主体形成的过程而存在。因此我为本文确定了《作为方法的亚细亚》这一标题，不过我没有能力对它进行明确的界定。"①

这段引文值得细读。竹内好是在回答提问者看似正确的"去殖民"问题时讲这番话的，因此它的前提是反对把亚洲和西方视为实体性的存在物，这是他扣题的含义：主体的独特性不可以视为实体，它是一个"过程"，所以可以称之为"方法"。当然，这里说的方法绝非方法论，而是历史逻辑，或曰原理。在认识论层面上，现代亚洲人需要创造出新的普遍性，而这种普遍性，是通过在文化与价值上的翻转，通过对提供了优秀价值又因殖民历史和霸权地位使其贬值的西洋进行"重构"，才能打破世界的均质化而产生。竹内好认为亚洲人创造的普遍性应该是非均质化的，这是他区别于欧美思想家的重要特征；为什么普遍性不能是均质化的呢？因为它无法浮游在半空中，它需要渗透到人群中获得现实性。因此，它必然体现为个殊者；但同时，竹内好强调了人类在价值上等质。这种等质价值意味着普遍性的实现有一个平等的前提，换言之，当个殊者之间共享了这个前提之后，相互理解与相互融合才可能发生；但是，平等的前提并不是普遍性本身，它为普遍性提供了契机。

竹内好对亚洲的讨论，对中国、印度现代化模式的讨论（显然，他对于现代化的理解更多地限制在精神层面，即人的解放）不免大而无当，会引起很多人在具体观点上的质疑。但是考虑到这篇思想文本的哲学伦理性格，或许我们应该注意的是另外的问题：竹内好花费大量篇幅讲述五四运动具有的现代特征时，强调需要透过现代中国的混乱把握它远胜于日本的现代特性，这些分析并非出于他对中国的美化，而是准确地表述了他在上述引文中所谈到的"价值翻转"的含义。无论是当时还是现在，日本社会的主流一直认为混乱不堪的中国在现代化程度上落后于日本，而竹内好则是在日本最早质疑这种价值观的人。

---

① 《竹内好全集》第五卷，筑摩书房 1981 年版，第 114—115 页。

他敏锐地看出，日本人对中国的傲慢态度，其价值基础恰恰是西方式的；这种单一的自我中心价值观，导致日本社会的歧视感，构成了动员侵略战争的土壤。在文化上与价值上颠覆"西洋式的局限"，并不意味着抵制来自西方的所有价值，对西方的打造与变革，意味着首先改造内在于亚洲的西方想象与价值序列。所以，来自西方的美好价值，注定要被受到西方侵略的亚洲人所实现，因为亚洲（或许应该说亚非拉）饱受殖民创伤的历史，才有可能把西方人不平等的等质性改造为真正平等的多样普遍性。就竹内好而言，他所表现出的普遍性精神，绝不是在中国确认"现代性"，而是对于中国在近代追求人的解放过程中内在变革精神的尊重——尽管在表象上，这种变革精神并不符合西欧的标准；他透过现代中国社会的混乱与落后状况，认知了中国在历史转变时期的巨大能量与巨大代价，他呼吁日本社会要努力理解这种陌生的"现代性"，因为它无法套用到任何西方论述中去；虽然竹内好使用了"现代性"这样的词汇，但显然，这只是一个"无名者"而已，它不是出发点也不是到达点，而只是进入中国这一个殊者的媒介。

竹内好一直致力于反对日本社会的各种歧视与傲慢。他把这种社会风潮视为现代战争的民众基础。当他进行这样的思想工作时，亚洲始终是他的视角，是他建立主体性的依据；竹内好激活了他的战争体验，致力于建立不畏强权扶助弱小的精神文化，他鄙视恃强凌弱的"优等生文化"，痛切地感到"日本"的风土缺少他所追求的亚洲性。他甚至以此把亚洲作为一种新的理念，认为只有那些具备了反抗帝国主义、具有内在革命性动力的社会才具有"亚洲性"，因此，他甚至认为以色列虽然位于亚洲，却不属于亚洲，而古巴却更像"亚洲"。①

竹内好这篇名作产生了很大影响。"作为方法"后来被思想者们在各种意义上转用；或许这篇名作的精髓并不在于这个说法，而在于上文所引那段左右出击的论述。竹内好不但打破了个殊者的本质主义立场，即打破了被绝对化了的相对主义立场，也打破了同质化的普遍性想象；他不但揭示了亚洲作为理念能够提升由于欧洲的侵略而贬值的人类价值，而且揭示了亚洲在形成了自己的

①　参见竹内好等：《在状况中》，载《竹内好对谈集》，合同出版 1970 年版，第 146 页。关于这部分讨论，参见孙歌《主体弥散的空间——亚洲论述之两难》（江西教育出版社 2002 年版）中的《亚洲意味着什么》一文，在此从略。

多样性主体之后才能完成这个欧洲无法完成的任务；他不但强调对抗西方中心的必要，而且点明了西方中心的思维方式并不仅仅存在于亚洲外部，它更是亚洲精英们共谋的产物……

配合上述第一个面向，竹内好进行的另一方面工作是历史性的。他着手"抢救"日本历史上被裹挟进侵略意识形态中去的亚洲情怀，在早期亚细亚主义者那里寻找被欺凌的弱小民族形成连带的思想资源，并且着重讨论这样的早期资源为什么在后来会发生变质，它在历史的哪个阶段被转化为右翼的意识形态。[①] 从日后臭名昭著的军国主义意识形态中反溯早期思想的另类可能性，对于思想者来说是个严峻的考验，竹内好的孤独和被误解可想而知。而本文试图指出的是，亚洲论述恰恰是这样一个需要谨慎地追本溯源的范畴，它所蕴含的健康要素，始终与它所包含的危险性互为表里。这一点，正如上文涉及的赫尔德的精神风土学说并不必然造成国家有机体论乃至殖民主义的正当性一样，我们也需要谨慎地对待亚洲主义理念发生变质的历史过程。

朝鲜半岛在1910年被日本侵占之后，曾经一度存在的"东洋三国连带"想象受到了冲击，但是这并未妨碍朝鲜的义士们为东亚的和平履行自己的"天职"。从孤胆英雄安重根到活跃在中国大陆各地的朝鲜义勇军，朝鲜战士们把东洋连带的理想转化为具体的大陆雄飞。直到第二次世界大战结束，东亚对于朝鲜半岛的志士而言，意味着抗击日欧殖民者的共同空间，而并非是由几个国家组合而成的国际地域。在朝鲜战争之后，冷战结构以朝鲜半岛为中心内化于东亚，半岛不得已分断为两个"半国"；即使在半岛内部的民族独立与统一成为首要课题的情况下，世界大战期间形成的这种朝鲜志士对于东亚的空间感觉也并没有消失，只是后来的韩国思想家们尝试着把它转化为新的国际视野。白乐晴的第三世界文学论强调，世界只有一个，它并不是由三个部分组合而成的；这个论断意在摆脱围绕三个世界如何划分产生的纠缠，它的课题意识却在实质上继承了当年朝鲜义士们转战大陆时期的世界感觉：相对于拥有强权的资

① 1963年，筑摩书房出版的《现代日本思想大系》收入竹内好编选的文集《亚细亚主义》，该书收录了冈仓天心、宫崎滔天、内田良平、大川周明等左、右翼思想家的代表性文本以及日本战后对亚洲主义的讨论；限于篇幅，本文不拟涉及本书详细内容，留待其他机会再行讨论。

本世界体系，第三世界是一种自下而上来自民众的"全球化"，它使世界成为一个整体。白乐晴的第三世界文学论，似乎否定了第三世界的空间特性，把它基本变成了思考世界的视角；但如果结合他对于分断体制的论述来理解，则这种机能性视角就会显示它的空间含义：困扰着这位韩国思想家的基本问题，不仅是朝鲜和韩国的分断现实，更是隐藏在这个现实背后的分断体制。分断体制的要害在于区隔，换言之，是通过对立的不断再生产阻断个殊者之间重合与连带的可能。① 白乐晴在南北问题上明确反对脱离民众需求的单向统一，认为重要的问题不是统一，而是超克分断体制，亦即打破南北各自作为个殊者的隔绝状态，体现的正是尊重个殊者差异的平移的普遍性。以这样的视野理解他关于第三世界使世界成为一体的论述，我们很容易辨认其区别于单一普遍性论述的特征：白乐晴认为包括第一世界内部的第三世界要素都能够通过个殊者之间的连带建立起全球性联系，这显然是他超越分断体制的全球版构想，它的目标并非是使世界统一到"一个标准"上去，而是打破资本打造的区隔与分断状态，建立平等而多样的连带。

白永瑞和崔元植各自以东亚作为命题推进了白乐晴的论述。他们都共享了白乐晴开放的相对主义视野，在朝鲜半岛特有的精神风土中为东亚赋予了具体含义。白永瑞强调了两个看似对立的视角之间的互补关系：朝鲜战争后的半岛成为东亚冷战的"核心现场"视角，与基于东亚在世界体系中和半岛在东亚秩序中所处的"双重周边视角"② ；这对范畴的同时使用，暗含了类似于竹内好上述价值翻转的可能性，白永瑞提供的理论前景在于，把克服南北分断体制的运动作为周边视角的载体，从民众的角度重新思考如何对抗资本主义等问题。崔元植称自己的东亚论为"第三世界的东亚论"，尝试着通过第三世界这一限定，把他的东亚视域与日本所代表的霸权性东亚论述加以区别；在第三世界的视野里，崔元植敏锐地指出："如果意识到资本的运动是消除浸润着民众呼吸的独特场所，让一切附属于时间，那么，与场所之魂的沟通就永远是最核心的

---

① 关于白乐晴分断体制的讨论，请参见孙歌《我们为什么要谈东亚——状况中的政治与历史》（三联书店 2011 年版）中的《横向思考的东亚图景》一文。

② 参见白永瑞：《思想东亚：朝鲜半岛视角的历史与实践》，三联书店 2011 年版。由于此书已经有大陆版中文译本，故其中一些重要的看法限于篇幅在此不得不割爱，请有兴趣的读者直接参阅该译本。

工作。"① 第三世界并不仅仅是争取民族自决的理念，它需要成为"场所之魂"：只有当"场所"拥有了灵魂时，它才能有效地抗争"时间"序列所带来的关于现代化的单一想象，亦即截断资本全球化所造成的以第一世界幻象为模本的同质化趋势。这个场所就是"东亚"，它必然地反对"让一切附属于时间"的整齐划一，强调"一即多"。在此意义上，崔元植与白永瑞相互呼应，深化了边缘视角的意义：边缘视角不是泛泛的反中心论述，而是从民众出发的新的世界形成原理。崔元植基于这一思考，对日本的冈仓天心"亚洲是一体"的论述提出了警惕性质疑："亚洲怎么可能是一体呢？让我们承认亚洲本身所具有的丰富多样性吧。只有这样，不忘记大框架的同时又能建立亚洲各地区之间小连带的事业才能够得到具体的进展。"②

　　韩国思想家的东亚论述，给我们提供的并不仅仅是地域共同体的诉求。借助于朝鲜半岛特有的精神风土，我们得以清楚地感受到，亚洲原理为什么需要存在，为什么无法以若干大国"代表亚洲"。③ 韩国的"双重周边"位置，提示了亚洲原理的灵魂——只有在处于相对周边位置的空间里，才有可能明确地产生这样的命题：差异才是普遍的。

　　与朝鲜半岛近现代难以形成亚洲主义的历史原因类似，亚洲论述在中国近现代史上也缺少可以形成思想传统的土壤。虽然我们可以找到相对有质量的亚洲论述，但它们基本上是以"反命题"的方式被一时性地提出的。典型的代表是孙中山的"大亚洲主义"和李大钊的"新亚细亚主义"，他们均针对日本日益升级的侵略态势，提出建立另类的亚洲观念。当然，在共同对立于日本的"大亚细亚主义"的前提下，它们相互之间也有对立之处。最重要的对立在于如何设定取代日本"霸道"的新亚洲理念——是激活中国传统的华夷秩序，重组现代版的中华文化圈，还是引进国际共运的理念，建立大小国家一律平等的现代共识？

―――――――

① 崔元植：《作为天下三分之计的东亚论》，《人间思想》第六期，2014年春季号，第30页。

② 崔元植：《非西欧殖民地经历与亚洲主义的幽灵》，《人间思想》第六期，第62页。

③ 这几位韩国代表性知识分子，都在讨论亚洲原理的时候明确反对包括韩国中心论在内的大国中心主义。例如白永瑞在强调中韩之间的"错位"关系时，不仅对中国可能出现的新的中华中心态势表示警惕，同时也反对韩国社会潜在的韩国中心主义；崔元植则直接呼吁要重视东亚处于大国周边的地区，建立边缘视角以遏制大国中心主义的蔓延；他们显然认为，大国中心的"博弈论"，是缺少亚洲情怀的西方强国逻辑，不是亚洲应有的选择。

孙中山认为，20 世纪 20 年代的中国并没有脱离传统社会。当他进行三民主义演讲的时候，他所预设的中国现代制度是以他想象的传统生民社会为基点的。正是在此想法的延长线上，他显然认为中国在创造与日本的霸道具有不同性质的"大亚洲主义"的时候，唯一的选择就是传统的"王道"。但是，假如我们以现代的眼光直接简化孙中山的"王道"思想，把它简单地等同于现代国家关系中的"中国中心主义"，恐怕与历史的纹理相去甚远。细读孙中山的《对神户商业会议所等团体的演说》，可以发现，孙中山对于中国传统意义上的"王道"的定义是"仁义道德"，而他强调王道的用意，在于反对欧洲以坚船利炮的功利主义征服世界的"霸道"，在于警示已经显示了步西欧后尘态势的日本，呼吁日本回到"仁义道德"的正轨上来。

孙中山的大亚洲主义，核心观点有以下几个方面：第一，欧洲的文化是科学的文化，导致物质文明的发达；但是这种文化又是武力的文化，它以飞机炸弹洋枪大炮压迫亚洲，使后者无法发展同样的物质文明，因而这是霸道的文化。第二，亚洲的文化是仁义道德的文化，本质在感化人，而非压迫人；这就是王道的文化，有益于正义和人道。中国在昔日强盛的时候，弱小民族与国家均以中国为上国，以前来朝贡为荣，证实了这种王道文化的感化能力。第三，亚洲各国面临的问题主要是主权独立的问题，然而依靠感化从欧洲殖民者那里获取独立是与虎谋皮，因此只能诉诸武力。不过武力的使用，在于为被压迫民族打抱不平，大亚洲主义提倡以仁义道德作为基础，联合包括欧洲内部受压迫民族，一起追求一切民众平等解放的文化。[①]

孙中山的视角中包含的一些重要历史因素，使这篇演讲具备了重要的历史功能：他讨论的是亚洲如何谋求从西方支配下独立，并在独立后不再重蹈西方覆辙这一历史课题。演讲在开篇即提到了日俄战争给西亚的阿拉伯人带来的"有色人种"战胜白人的鼓舞，在结尾处却强调十月革命后的苏联"最近的新文化便极合我们东方的旧文化，所以他便要来和东方携手，要和西方分家"[②]，这个表述包含了一段厚重的历史。从 1904 年到孙中山演讲的 1924

---

① 孙中山：《对神户商业会议所等团体的演说》，《孙中山全集》第十一卷，中华书局 1986 年版，第 401—409 页。

② 孙中山：《对神户商业会议所等团体的演说》，《孙中山全集》第十一卷，中华书局 1986 年版，第 409 页。

年，俄国在这二十年里完成了从沙皇俄国向苏维埃俄国的转变，在孙中山看来，这正是它与欧洲决裂与亚洲为伍的过程。孙中山在这里超越了人种肤色种种实体性条件，把"亚洲"推向了原理层面。可以说，近四十年后竹内好的"作为方法的亚洲"，也在同一层面上继承了孙中山对于亚洲的原理性讨论。

不过，孙中山虽然论述了大亚洲主义要追求被压迫民族的平等解放，他对于王道的解释毕竟还是援引了传统中国社会的"中华文明圈"构图，这使他很难摆脱后代人对他的中华中心论的批判；或许在此意义上，李大钊的有关论述提供了具有互补性的参照。

李大钊在亚洲是否可以作为政治地理概念这个问题上，远没有孙中山的那份坚定。他在关于东西方文明的实体划分上，取的毋宁是一种"南北"分类。①不过这个地理意义上的分类法似乎没有妨碍他在翌年（1919）提出新亚细亚主义——李大钊针对日本的大亚细亚主义，明确地把亚细亚确定为论述主体。他强调，日本的大亚细亚主义核心在于吞并中国一家独大，且这种对欧美的主动宣战姿态不利于有可能产生的和平局面。李大钊呼吁以民族自决为基础，建立新亚细亚主义的地域联合体，与欧美的联合鼎足而三，完成世界联邦制。②同年，他发表第二篇文章以回应对他的质疑。除了那些比较容易理解的观点（例如反对日本的大亚细亚主义强权、认为新亚细亚主义是联合世界人民的自治主义而不是实体性的亚洲排外主义等）之外，李大钊下述讨论暗含了重要的理论契机：针对质疑者提出的何以不直接联合世界各民族的疑问，他回应说，亚洲终是亚洲，非洲终是非洲，居亚洲的终是亚人为多，居欧洲的终是欧人为众，各州有了小联合，才能构成世界联邦的第一步；针对质疑者以地中海文化的一体性证明小亚细亚与欧洲的关系更紧密的诘难，他回应道：即使小亚细亚与君

① 对李大钊而言，欧亚大陆是一体，但因为中央的东西走向山脉阻隔，形成了南道文明与北道文明。南道即东方，包括中国本部、日本及亚洲的大部分国家和埃及，但不包括满洲；北道即西方，包括欧洲与蒙古和满洲、西伯利亚。李大钊认为南道文明因为阳光充沛自然条件丰厚，故形成与自然及人类和解之文明；北道文明则因自然条件严苛，形成与自然及人类奋斗的文明。参见李大钊：《东西文明根本之异点》，《李大钊全集》第二卷，人民出版社2006年版，第211页。

② 李大钊：《大亚细亚主义与新亚细亚主义》，《李大钊全集》第二卷，人民出版社2006年版，第269—271页。

士坦丁的关系更紧、香港广州民情与欧美更近，也不能作为亚洲不存在独特民情的证据，因为这些例证仅占亚洲有限的部分。① 李大钊想要表达的是，世界各民族的联合是一个"风土性"的事业，即需要考虑到不同地域的文化差异，然后才能建立民族自决意义上的平等联合体；而越过了风土性基础直接论述世界各民族的联合互动，容易因为无视地域风土的复杂结构关系而满足于空洞的纸上谈兵；主张打破欧、亚、非之分直接建立国家与地区的国际关系（这种思路至今仍然还有市场），则容易掉进近代以来强国政治催生的一元化逻辑的陷阱。

孙中山与李大钊上述论题均产生于清末民初日本早期的大亚细亚主义开始蜕变的时期。当时的中国面临亡国的威胁，在谋求地域性连带的同时又不能不提防日本的扩张野心。作为两代政治活动家，他们的思想资源是不同的。孙中山试图重振儒家的道德政治理想，李大钊则依靠国际主义和民族自决理论。但是为弱小民族"打不平"，却是二者相通之处，作为国际政治的理念，这也为其后毛泽东的第三世界路线提供了内在的承续可能——我们可以在毛泽东的第三世界理论中发现这二者在新的时代与政治环境中如何转化和再生的痕迹。

中国作为地处欧亚大陆重要一端的复杂政治体，历史上融合了几大文明的基本要素。在这个意义上，可以说"亚洲"内在于中国。但是这个内在于中国的"亚洲"，并不能等同或取代外在于中国的亚洲其他部分，因为历史已经赋予了这个内在于中国的"亚洲"以中国特征和中国逻辑；正因为如此，亚洲内在于中国，不但不会因此而消解中国这个政治体的存在，反而为我们认识中国历史无法简单回到西方民族国家框架中去的丰富性提供了最好的路径。只是，为了认识中国历史这种丰富的"亚洲性"，我们需要做一些认识论的翻转，破除西方式的一元化和绝对化思维，真正建立亚洲原理：可以说，从亚洲的差异化原理出发看到的中国历史，将呈现新的图景。

本文简单地整理东亚地区历史上与现实中有关亚洲原理的部分讨论②，试

---

① 参见李大钊：《再论新亚细亚主义》，《李大钊全集》第三卷，人民出版社 2006 年版，第 74—76 页。

② 东亚的亚洲主义论述并不均衡，日本不但积累了霸权性的亚洲主义，也同时孕育了反霸权的亚洲原理萌芽。关于日本的亚洲主义，本文限于篇幅没有进行系统整理，此部分内容可参见孙歌著《亚洲意味着什么》。

图清理出一条基本思路：亚洲原理奠基于亚洲近代反抗殖民的历史，这反抗不仅是对外的，也是对内的。上述东亚思想家们在各自不同的文化语境中，以各自不同的方式表述了一个共同的历史感觉：亚洲并不需要用排斥非亚洲地域和人种的方式建立主体。换言之，欧洲原理排斥"非我族类"的思维惯性，对于亚洲原理是不适用的。同时，亚洲也不需要统合为一个单数的整体，对于源自欧洲近代的霸权政治与霸权思维的反抗，为亚洲原理奠定了"差异才是普遍的"相对主义诉求；在这种诉求的基础上，亚洲各地的思想家们建立新的普遍性思考模式：普遍性就是个殊者之间的理解媒介，是差异状态下个殊者的开放性自我完成，亚洲正是这种自我完成的精神风土之场。亚洲原理并不是世界体系的中间环节，而是另外一种认识世界的思维方式。只有在亚洲原理真正发挥作用的时候，冷战意识形态的阴影才会消失，历史终结于资本主义顶峰的幻觉才能被打破；只有立足于亚洲原理，场所拥有了灵魂，我们才能诚实地认识自身，认识世界。

（中国社会科学院文学研究所研究员）

亚洲国家近现代化道路的选择

——以民族国家模式选择为例

张　践

　　亚洲是一块古老的文明大陆，近代以来，古老的亚洲文明经历了欧洲文明的冲击，并选择了自己的现代化道路。每一个国家的现代化道路都是一个复杂的问题，本文主要从政治文明角度谈谈亚洲不同文化体系，对于现代国家结构模式的选择。对于多民族共生的亚洲大陆而言，西方式的"一个民族，一个国家"的民族国家模式，成为很多地区战争与动乱的根源。因此我们需要反省这种西方现代化模式的渊源及其适用性问题，从而探讨亚洲国家现代国家模式选择的利弊得失。

一、基督教与"一族一教一国"的民族国家模式

　　当今世界上影响最大的民族国家模式莫过于欧洲式的"一族一国"，这一模式依仗着欧洲国家首先进入工商社会的实力而传遍世界。由于欧洲中世纪普遍信仰基督教，所以这里大多数民族是以语言和地域为标准划分的。但是基督教自身又有天主教、东正教和新教之分，而且在欧洲与中亚交界处，又有基督教与伊斯兰教的结合部，所以宗教信仰也就成为这里区分民族、建立国家的一个根据。故我们在"一族一国"模式上又添加了"一教"，成为民族宗教学研究的重点。

　　近代意义上的民族国家首先出现在欧洲，其出现的背景是中世纪基督教统治的瓦解、市民社会的兴起、资本主义启蒙运动的开展、科学技术的发展等复

杂原因，而宗教在其中占有突出地位。法国民族学家德拉诺瓦指出："16 世纪前期，宗教分裂导致民族内部、国家间及国内战争。但天主教国家与基督教新教国家间的战争及稍后的打破教派的混战并没有产生胜利者。冲突导致欧洲精神统一的破裂，并打破了教皇对教会的垄断，政治欧洲四分五裂。但是随后一段时间内，却为民族国家的独立与强大开启了通道，使其通过危机获得强化。"[①]基督教属于一神信仰的宗教，强调上帝是唯一真神，对外否定其他宗教，对内则教派林立，争论不断。在中世纪基督教发展的历史上，对异端的围剿从未中断。东西方教会分裂后，双方曾多次兵戎相见。到 16 世纪，出现了马丁·路德和加尔文的宗教改革，罗马公教从此发生了根本的分裂，新旧教之间的矛盾和斗争更是水火不容。由此，荷兰发生了新教徒争取独立，摆脱西班牙统治的四十年战争；法国发生了信仰基督教新教的胡格诺派与国王主持的正统天主教会之间的三十年战争；而在中世纪基督教统治的核心区德意志，则因新旧教的矛盾发生了三十年战争。宗教问题成为建立欧洲民族国家、稳定社会秩序、处理民族矛盾的关键问题，而欧洲的各民族国家，正是在这场宗教战争中浴火重生。

在德意志三十年宗教战争时期，正值西班牙人查理五世担任神圣罗马帝国的皇帝。他本人是天主教徒，但是面对现实，他也无法彻底消灭新教徒。查理五世表现出了一位开明政治家的智慧，他提出了一个整合宗教信仰与民族国家关系的原则："在谁的地方，信谁的宗教"，即臣民的信仰服从于所在地域主人的信仰。当时的德意志地区分成许多小的邦国，各地的贵族们有些信仰天主教，有些信仰基督教新教。查理五世规定"教随国定"，允许那些不愿意改宗的臣民前往其他国家。在德意志封建邦国的范围内，这不失为一种解决问题的方法。既然基督徒将信仰问题看成是具有根本意义的大事，不能随意改变信仰，那就迁移到一个符合自己信仰的国度去；而对于基督教国家来说，不能容忍多元信仰的存在，那就把持有不同信仰的臣民迁移到其他国家去，双方各取所需，反正在同一语言区内，生活方式、习俗原本就相差不多。神圣罗马帝国皇帝查理五世同帝国境内德意志新教诸侯缔结的和约，1555 年在奥格斯堡签订。和约结束了天主教在德意志的一统局面，是路德宗新教同天主教在德意志

---

① [法]吉尔·德拉诺瓦：《民族与民族主义》，郑文彬、洪晖译，三联书店 2005 年版，第 69 页。

平等存在的法律根据。

1555 年查理五世退位，将尼德兰交给了他的儿子菲利普二世，将德意志交给了他的弟弟斐迪南。菲利普二世在尼德兰贯彻"在谁的地方，信谁的宗教"，引起了该地南北方省份宗教徒的大迁移。天主教徒迁往南方，成为日后比利时的弗拉芒族；基督教新教徒迁往北方，成为今日荷兰的荷兰族。而在德意志地区，霍亨斯蒂芬王朝的统治者信仰新教，以此为核心形成了普鲁士王国；哈布斯堡王朝的统治者信仰天主教，以此为中心形成了奥地利王国。这样，因宗教信仰的差异，德意志人又一次分化成了普鲁士和奥地利两个民族。

然而信仰天主教的国家与信仰新教的国家之间，利益仍然存在重大矛盾，于是双方在 1618 年至 1648 年，进行了三十年战争。战争的结果是新旧教双方的两败俱伤，于是双方坐下来进行商谈，订立了《威斯特伐利亚和约》。三十年战争，推动了欧洲近代民族国家的形成，是欧洲近代史的开始。《威斯特伐利亚和约》的缔结，确立了国际关系中的国家领土、主权与独立等原则，被认为是近代国际关系的开端，并在其后得到了一系列国际和约的认可。例如德国在经历了资本主义革命以后，才进入民族国家。在 1848 年 5 月召开的全德会议上，关于包括奥地利在内的大德意志方案与排斥奥地利、在普鲁士领导下的小德意志方案的争论不相上下。最终，按照欧洲人"一元别异"的思维模式，代表们否定了包含天主教、基督教新教和东正教等不同宗教信仰及德意志、斯拉夫、意大利等众多民族的大德意志方案，形成了今天德意志、奥地利两个讲德语的民族。

之后，"在谁的地方，信谁的宗教"成为欧洲建立民族国家的一种普遍模式，在"一族一国"的原则上，又增加了"一教"这样一个条件。这里所说的"一教"，主要是指被视为欧洲各民族统一文化背景——基督教内部的不同教派，但也包含着其他宗教。比如在巴尔干半岛上生活的斯拉夫人，其中信仰天主教的成为克罗地亚族、信仰东正教的成为塞尔维亚族、信仰伊斯兰教的成为波斯尼亚族，尽管他们曾经有共同的血缘祖先和语言，有相近的生活习俗。而在不列颠岛上，信仰天主教的爱尔兰人与信仰基督教新教的英格兰人一直矛盾重重，信仰的差异是他们要求民族分离的重要原因。

相对于中世纪基督教笼罩欧洲人的精神世界、各地语言不通、封建诸侯地方割据、关税林立、物流不畅的状况，民族国家的建立，是最适合近代欧洲资本主义工商业文明发展的政治组织形式，由此推动了欧洲国家生产力的快速发展。正是由于"一族一教一国"的民族模式具有一定的历史合理性，所以很多西方人就把它的意义普遍化了。但历史的发展证明，即使对于欧洲来说，"一族一教一国"的模式也不是尽善尽美的。如当代民族学家霍布斯鲍姆指出："任谁也无法否认历史上老字号的民族国家如英国、法国、西班牙等，都是多民族、多语系的国家。"①"时下流行的分离主义或族群民族主义，就不具备这么积极明确的计划和前景。光从这点就可以看出，它们不顾历史上毫无具体前例的事实，便一味想要重现马志尼模式，创造一种族群、语言与国家领土一致重合的民族国家（'所有的民族都是国家，一个民族只有一个国家'）。证诸以往历史，这种理想根本就行不通。"② 然而在欧洲历史上一些民族主义者，把"一族一教一国"的经验绝对化，简单地坚持每一个民族都应当有自己的主权，国家的地域应当与语言的范围相等这样的民族分裂主义要求，结果就造成了欧洲连绵不断的民族危机。英国的爱尔兰独立问题，苏格兰的分离主义问题，西班牙的巴斯克分离主义问题，加拿大的魁北克分离主义问题等，都令当代西方国家领导人头痛不已。欧美国家利用自己经济、政治、文化率先进入现代化的优势，将适应自己基督教文化背景的"一族一教一国"的民族国家模式强行推广到发展中国家，造成的民族分裂、国家瓜分、政治动乱更是不胜枚举。

二、伊斯兰教与"多族一教一国"的民族国家模式

随着西方国家的资本输出，其对"落后"民族的输出不仅是经济、政治，更是文化。所以西方"一族一教一国"的民族国家模式，也被作为成功经验推向了发展中国家。于是在中东地区，新生的民族认同与传统的宗教认同之间发生了尖锐的矛盾。中东地区每一个民族都可以找到自己在语言、文化、宗教、艺术等方面与其他民族的不同之处。按照西方的民族国家模式，他们也都应该建立自己的国家。埃及民族主义思想家艾哈迈德·卢特菲指出："在目前的形

---

① ［英］埃里克·霍布斯鲍姆：《民族与民族主义》，李金梅译，上海人民出版社 2006 年版，第31 页。

② ［英］埃里克·霍布斯鲍姆：《民族与民族主义》，李金梅译，上海人民出版社 2006 年版，第165 页。

势下，传统的伊斯兰方案既不适合伊斯兰国家事务，也无助于实现他们的政治理想，唯一取代传统伊斯兰方案的选择是每一个东方民族应该拥有一种界定准确的祖国意识，这种信条就是民族主义。"①

20世纪中前期，亚非伊斯兰地区建立了几十个独立的民族国家，他们学习西方民主国家的市场经济和议会制度，也在一定程度上接受马克思主义计划经济和阶级政党学说，为实现其社会生产和生活方式的现代化奠定了基础。然而历史经验并不是简单照搬就可以的，建立民族国家的内在含义，就是对宗教国家的否定，就内在地包含着政教分离的原则，所以遭到伊斯兰教的反对。从某种意义上说，中东民族国家的困境在很大程度上是如何实行政教分离问题。西方现代化的根本经验就是政教分离，而伊斯兰国家正是在这一点上难以做到。原因在于，历史上的欧洲国家实行的是国教统治，以教皇为中心的罗马教廷，与欧洲各个封建国家在组织上并没有真正合一，两者之间形成了一种既相互利用，又相互牵制的状况，政教合一的程度要低于中东国家。同时，基督教本身也是一种教化的宗教，主要还是以思想观念影响民众。而伊斯兰教则是一种生活中的宗教，宗教教义、教法渗透到社会生活的方方面面，通过行为规范影响民众。帝国的国王同时兼任伊斯兰教的大教长，中东国家则是彻底的神权统治，所以分离的难度要大于欧洲国家。哈桑·班纳指出："我们深信伊斯兰教的原则和思想是综合的，那些相信伊斯兰教思想仅仅局限于精神领域的人是荒谬的。伊斯兰是思想和荣誉、家庭和民族、宗教和国家、精神和工作、《古兰经》和剑的统一。"②在班纳看来，像经过资本主义改良的基督教那样承认"上帝的事情归上帝，凯撒的事情归凯撒"，政治权力归民族国家，人们的精神生活归教会是根本不可能的，因为伊斯兰教本身既是精神生活，又是政治管理；既是家庭伦理，又是社会行为规范，这几个方面的关系密不可分。

中东国家在现代化转型的过程中，这些国家普遍出现了社会经济的两极分化和思想文化体系的紊乱，各种形式的宗教激进主义纷纷涌现。尽管当代西亚非洲，现代化的世俗主义国家仍然占有绝对的优势，但是宗教极端主义思潮及

---

① [英] 埃里克·霍布斯鲍姆：《民族与民族主义》，李金梅译，上海人民出版社2006年版，第102—103页。

② 转引自刘中民：《挑战与回应——中东民族主义与伊斯兰教关系评析》，世界知识出版社2005年版，第268页。

其实际影响仍然不可小觑。伊斯兰激进分子主张按伊斯兰原初教旨变革现实社会，伴随着这一宗教政治思潮而来的是一场反对世俗化和西方化、全面推行伊斯兰化的运动。他们认为社会上一切弊端与不足都是因为没有按照真主的意志行事，所以主张建立一个完全按照伊斯兰标准生活的穆斯林社会，完全排除世俗主义、民族主义、爱国主义等非伊斯兰思想。从深层的宗教观、民族观上看，各种宗教激进主义都是在伊斯兰教教法学范围内理解宗教与民族的关系，传播泛伊斯兰主义或泛阿拉伯主义，与西方式的民族国家模式发生了严重冲突。

在民族观上，1981 年，伊斯兰教组织第三次首脑会议发表的《麦加宣言》指出："穆斯林，不论其肤色、语言与国籍，他们是一个统一的民族，都从共同的文明遗产中获得思想的源泉。"极端的伊斯兰激进分子则强调伊斯兰教"多族一教一国"的理想国家模型。从伊斯兰教发展的历史看，伊斯兰教先知穆罕默德建立的宗教组织"乌玛"，就具有超民族、跨国家的性质。伊斯兰激进分子们首先反对的就是以地域和语言等要素划分的现代民族理念。穆斯林兄弟会的发起者哈桑·班纳的政治思想的一个主要方面就是否定爱国主义和民族主义。他认为，世界各地的穆斯林同属于一个祖国，这个祖国包括世界穆斯林居住的每一寸土地，但是爱国主义、民族主义，破坏了统一的伊斯兰乌玛和伊斯兰祖国。可见，在伊斯兰激进分子的民族观中，民族是建立在信仰基础上的，而不是以地域或语言为标志的。

1978 年，霍梅尼领导的伊朗伊斯兰革命胜利后，公开宣称："这次人民的革命、这次伊朗的起义、这次神圣的行为不应该仅局限在这片土地上，而应该向全世界各地输出革命。""哪里有弱小民族，哪里有霸权主义铁蹄下弱小民族的呼救，伊朗就要去援助它。"[①]霍梅尼认为，伊斯兰革命不仅要在伊朗建立一个伊斯兰政府，而且要在全世界范围内寻求建立"伊斯兰世界秩序"。由于殖民强国在全球范围内建立霸权，弱肉强食，所以目前的世界体系是失去了公正而充满邪恶的世界体系。只有建立一个"真主的世界政府"，才能建立世界的正义和平等，而在此前，应由教法学家掌握政权，维护伊斯兰教的纯洁性。霍

---

① 刘中民：《挑战与回应——中东民族主义与伊斯兰教关系评析》，世界知识出版社 2005 年版，第 855 页。

梅尼认为要实现这一目标，最佳的办法就是首先在伊朗建立伊斯兰政府，再通过"输出伊斯兰革命"将它输出到其他伊斯兰国家，乃至全世界。这样就形成了宗教激进主义思想中的泛伊斯兰主义思潮。

从积极的方面看，伊斯兰激进分子发动的泛伊斯兰主义运动是穆斯林世界反对西方侵略的重要文化资源。我国学者吴云贵指出："由于伊斯兰教是东方穆斯林的主体文化，在反对殖民统治的斗争中形成的东方穆斯林民族主义势必以宗教文化为依托，以'宗教兴则民族兴'为流行口号。故此，早期的民族主义表现为形形色色的旨在复兴与改革伊斯兰文化的社会思潮与运动。"中东伊斯兰复兴运动的创始人阿富汗尼认为，除非全世界穆斯林在伊斯兰精神的基础上联合起来，形成一个有统一领导的泛伊斯兰运动，否则，穆斯林社会难免遭到瓜分，故阿富汗尼第一个喊出了"全世界穆斯林联合起来"的战斗口号。以泛伊斯兰主义为共同文化基础的宗教民族主义，使得穆斯林民族在以基督教为共同文化基础的西方国家面前，保持了自己的民族尊严，保护了自己的民族利益。

然而，泛伊斯兰主义的国家观对于中东各国穆斯林民族社会政治、经济、文化的发展，也具有明显的负面作用。第一，它不利于阿拉伯民族国家的建设。不管人们是否愿意承认，当代的世界格局和秩序基本是按照西方文明的发展模式建构的。泛伊斯兰主义宣扬的大伊斯兰民族国家理论、真主主权理论等，都是与现行的国际交往规则相矛盾的。第二，它不利于伊斯兰国家的现代化建设。如上所述，泛伊斯兰主义的真主主权理论，实质就是要建立一个政教合一的、实行哈里发制度的封建专制帝国。第三，它对其他有穆斯林的多民族国家造成了威胁。按其观点，在一些多民族国家，穆斯林难免会与当地的其他民族发生或多或少的利益纠纷，这给了泛伊斯兰主义干涉其他国家内部事务的口实。第四，它促使一部分宗教极端分子走向恐怖主义。恐怖主义即是为了达到某种政治目的，对敌方非战斗目标进行暴力攻击的行为。攻击对方的非战斗目标是为人类文明社会的价值所摒弃的，但是在狭隘民族主义的视野中，民族的对抗就是两大民族所有成员的对抗，所以攻击对方任何目标都是可行的、有效的。狭隘民族主义使恐怖主义获得了道义上的合法性，而宗教极端思想则给了恐怖分子精神上的动力。

2014 年之后，乘美欧国家造成的叙利亚动乱，"伊拉克和大叙利亚伊斯兰国"（以下简称 ISIS）迅速崛起，对整个世界秩序造成了极大的冲击。2014 年 6 月 29 日，该组织的领袖阿布·贝克尔·巴格达迪自称为哈里发，将政权更名为"伊斯兰国"，并宣称自身对于整个穆斯林世界（包括历史上阿拉伯帝国曾统治的地区）拥有权威地位。ISIS 的出现，就是宗教极端主义者梦寐以求的"多族一教一国"理想的政治实践，他们使用恐怖主义的手段，在伊拉克、叙利亚接壤的地区建立的"伊斯兰国"，大约有 3 万平方公里。在他们的统治区内，不但对其他民族、宗教、教派的民众进行集体屠杀，而且不断对世界其他地区的和平居民进行恐怖攻击，到了天人公愤的地步。

三、印度在"一族一教一国"和"多族多教一国"模式之间徘徊

印度的近代社会是从穆斯林建立的莫卧儿王朝的瓦解开始的，印度完全成为英国的殖民地。争取民族独立，建立现代化的民族国家，始终是印度近代民族主义运动的主题。然而西方社会现代化的过程只有反封建的任务，而东方国家现代化的过程则是既要反封建，又要反侵略，民主主义和民族主义的矛盾相互交叉，所以他们在处理传统文化遗产，主要是宗教遗产时就会面临一种两难的局面。要反封建就必须批判自己的传统，而要反侵略则需要弘扬自己的民族传统。特别是在印度这样具有悠久宗教文化传统的国家，处理宗教文化遗产成为最大的难题。

把握印度现代化进程中这种双重斗争任务和矛盾的斗争策略，需要高超的思想能力和政治技巧。以甘地和尼赫鲁为代表的一部分国大党政治领袖，比较好地把握了对待印度教的策略，既坚持了世俗化的主导方向，又合理地利用了印度教的文化资源。但是还有很多的思想家、政治家不善于把握这种复杂的矛盾，在现代化进程中出现矛盾的时候，难免在指导思想上出现了偏差，走上了宗教原教旨主义的道路。具体到民族关系问题上，双重的历史任务就形成了两种形式的民族主义。以甘地和尼赫鲁为代表的主张坚持世俗化的政治家，提倡印度民族主义；而那些主张复兴印度教的思想家、政治家，则形成了印度教民族主义。两种民族主义对于近代以来印度民族国家模式的选择，产生了决定性的影响。

印度民族独立的杰出领袖"圣雄甘地"和他的继承人尼赫鲁，坚定不移地

主张世俗主义和现代化，对传统印度教既有批判又有继承。指出：宗教在人类的发展史上曾有过重大的贡献。它们树立了思想价值和标准，并且提出了一些指导人类生活的原则。但是对于现代社会，古代宗教毕竟是古老的东西，它将真理固定在一些僵化的教条和形式中，使人们长时间沉浸在繁琐的礼仪和教义中，从而忽视了现行的社会秩序。所以他主张现代国家必须按照西方的模式，实行政教分离的制度，不能用传统宗教的教义冲击国家的政治生活。1949年《印度宪法》宣告："印度将建成一个世俗的国家。"在民族问题上，尼赫鲁认为："印度是一个世俗的国家，它保障所有宗教的共民平等。我们将我们的穆斯林人口——我们有五千万穆斯林——视作我们的民族即印度民族的一部分，而没有什么另一个穆斯林民族。我们有印度教徒、穆斯林、锡克教徒、基督教徒和其他宗教团体，我们显然不能将他们视为不同的民族。……如果我们承认巴基斯坦所支持的两个民族理论，我们的穆斯林人口怎么办呢？我们是不是仅仅因为他们有不同的宗教，就不得不承认他们是不同的民族呢？这是一个狂热的观念，也许会导致国家进一步的麻烦、分裂和混乱。"

尽管甘地、尼赫鲁为印度现代国家的建设奠定了一个良好的基础，但是在反对英国殖民统治的斗争中，落后民族需要动员一切可以利用的文化资源，宗教民族主义自然成为反对外国侵略重要的精神武器。特别是圣雄甘地主张"真理就是爱"，提倡"非暴力主义"。用这样的方法反对英国殖民统治，需要极大的容忍和耐性，自然很难立竿见影。于是一些持比较激进立场的民族主义者，将印度教的教义引向极端，形成了与世俗化的印度民族主义相对立的印度教民族主义。印度近代著名的哲学家、思想家奥罗宾多·高士，是印度教民族主义运动激进派的杰出代表。他对于印度教民族主义的重要影响，就在于他明确地将宗教与民族问题结合起来，主张用宗教的热情把群众引导到民族独立运动中去。他说："民族主义并不单纯是政治纲领，民族主义是一种宗教，一种来自神的宗教。"在他的心目中，可以说"民族就是神"，他把民族主义当成一种宗教来崇奉。与大多数殖民地国家的民族运动领袖一样，奥罗宾多从西方学来了解民族主义的口号，用西方国家在启蒙运动之后兴起的"一族一国"的民族国家模式，组织人民向英国统治者要主权、要独立、要自由。

然而以宗教精神鼓舞民族独立运动，必然地带有负面作用。除了一般社会学意义上超验性、非理性的弊病外，不同宗教信仰造成人群的认同危机，对印度民族团结产生极大的破坏作用。在印度教民族主义中，沙韦尔卡的"印度特性论"最具有破坏意义。中国学者这样概括沙韦尔卡的理论："此书提出的中心思想是：在历史的黎明时期定居印度的雅利安人，已经形成了一个民族，具体到现在就是印度教徒。'印度教徒因为宗教的、种族的、文化的和历史的亲缘关系，结合成一个同质的民族。'与此同时，沙韦卡尔将穆斯林和基督教徒等划归另一类人，即是'不尊重我们的伟大文明——我们印度教文化'的人。他说'过去是，直到最近都还是印度教徒的基督教徒和穆斯林，因为他们接受了新教义而不再完整地拥有印度教文明，不能看作是印度教徒。虽然印度斯坦是他们的祖国，就像其他印度教徒的祖国一样，但却不是他们的圣地。他们的圣地远在阿拉伯和巴勒斯坦。他们的神话、圣人、观念和英雄都不是这块土地上的产物。因此他们的名字和世界观带着外国起源的味道。'" ① 很显然，为了突出印度教的意义，沙韦尔卡把宗教当成了划分民族的主要标志，凡是不信仰印度教的人们，他们的圣地、神化、英雄与印度教徒全部不一样，所以他们在文化上必然成为另类。

不仅印度教的许多领袖人物有留学西方的经历，穆斯林运动的领袖也大多具有相同的履历。在强势的西方文化面前，他们不一定深刻了解西方民族文化发展的全部历史，就将西方近代"一族一教一国"的民族国家模式奉为建设现代社会的圭臬。英国占领印度以后的一段时间内，反对英国统治的主要还是穆斯林，因为英国人直接推翻的是信仰伊斯兰教的莫卧儿王朝。面对英国殖民当局的经济剥削和政治压迫，印度教徒和穆斯林曾经联合起来共同抗击英国侵略。可是印度教与伊斯兰教毕竟是信奉不同神灵的宗教，宗教的教义、仪式、生活习俗都有众多差异。印度教民族主义者的领袖们过分强调印度教的神圣性，组织大型的印度教的纪念活动，不仅会使英国人感到威胁，也使国内 1/4 的穆斯林感到不安。其后经过英国殖民当局的挑动，印度国内印度教徒和穆斯林的矛盾日益尖锐，武装冲突不断。1930 年，穆斯林联盟在阿拉哈巴德召开年会，伊克巴尔当选大会主席。他在大会上致辞说："我们愿意看到旁遮普、西北边省、信德和俾路支斯坦构成一个单一国家。无论是在英帝国内自治或是在英帝国外自治，建立一个巩固的西北印度穆斯林国家，我认为这至少是西

---

① 邱永辉、欧东明：《印度世俗化研究》，巴蜀书社 2003 年版，第 268—269 页。

北印度穆斯林的必然归宿。"①这是穆斯林领导人第一次正式提出独立建国的要求，这样他们便从"一族一教"走到了"一族一教一国"。

随着第二次世界大战的结束，印度人民要求民族独立的呼声越来越高，英国殖民当局感到再也无法抵抗历史的潮流，维持其在印度的统治，但是他们也不甘于自动退出历史舞台，在临走之前，他们进一步制造印度国内的民族矛盾。印度教极端组织和穆斯林联盟都在不断组织游行，要求自己的特殊利益。1946 年 8 月 16 日，穆斯林在加尔各答举行游行，要求独立建国。英国人利用奸细乘机捣毁印度教徒的商店和房屋，而引发了空前的民族冲突。在加尔各答的冲突中，双方有 5000 人死亡，20000 人受伤。紧接着，在孟买、孟加拉、比哈尔等地也发生了大规模的民族冲突，仅比哈尔一地，就有 7000 人死亡。面对如此严重的冲突，英国总督蒙巴顿组织国大党与穆斯林联盟举行三方会议，会议最后达成妥协，国大党承认了穆斯林联盟的独立的要求，将印度分成两个部分。1947 年 8 月 14 日，巴基斯坦宣布独立，1947 年 8 月 15 日，印度宣布独立，从此，古老的印度便成为两个独立国家。

于是一场民族大灾难随着印巴分治而上演。极端民族主义的情绪遮蔽了人们的双眼，无数平常不可想象的暴行在民族主义的旗号下成为顺理成章的"英雄"行为。在这场民族大屠杀中，至少有 50 万人丧生，1200 万人无家可归，1400 万人成为逃离家乡的难民，2500 万人遭受重大的经济损失……印巴分治成为印度历史上一场永远不可忘记的民族灾难。印度教徒与穆斯林的矛盾如果能够通过分裂国家而一劳永逸地解决，那么短期的痛苦也是值得的。然而，印度教徒与穆斯林的矛盾并没有因印巴分治而根治，因为在印度境内，还有大量无法离开的穆斯林，印巴分治时期的民族仇杀，只能使他们之间的矛盾更加深刻，并不断在印度的社会发展过程中，或缓和或激烈地表现出来，成为阻碍现代化进程的重要社会问题。

四、中国"多族多教一国"的民族国家模式

中国古代社会的多神信仰以及统治者推行的多元包容的宗教政策，有利于

---

① 马哈江：《现代印度史》第一卷，新德里，1983 年版，第 285 页。

中华各民族形成多元的民族认同。所以从某种意义上说，在近代以前，中国虽然没有出现"中华民族"的清晰概念，但是作为复合性民族基础的中华文化已经形成了。生活在中华大地上的各个民族，都认可以儒、释、道为核心的中华文化。无论哪一个民族掌权，都使用这一文化体系教化子民、选拔官员、安顿精神。所以当近代受到帝国主义列强侵略时，中华各族人民不是走向分裂，而是团结一致共同反抗侵略，并使中华民族不断从自发走向自觉。

到了近代，这种由于多元宗教信仰形成的多元民族认同，自然地演变成了多层次的民族认同，即中华民族大家庭中的成员，既认同自己的支系民族，也认同上位的复合民族。从来没有人感到自己既是汉族、满族、蒙古族、回族、藏族等其中的某一民族同时又是中华民族有什么矛盾。我国民族学的杰出代表费孝通先生指出："中华民族是包括中国境内 56 个民族的民族实体"，"我引申为民族认同意识的多层次论。多元一体格局中，56 个民族是基层，中华民族是高层。"多层次的民族认同显然是要以多元认同为基础的，这种多元的民族认同，对于巩固复合的民族国家，具有不可低估的价值和意义。

具有多元宗教认同和多元民族认同的复合性民族"中华民族"的存在，就成为"多族多教一国"民族国家模式得以形成的深厚文化基础。在中国民主革命的过程中，无论国民党还是共产党，虽然都深受当时强势的西方文化的影响，但是在建立民族国家的关键时刻，他们都没有选择西方"一族一教一国"的民族国家模式。

孙中山先生在推翻清王朝以前提出的"民族主义革命"的口号，曾经带有"排满革命"的色彩。但是当辛亥革命胜利、建立中华民国的时候，孙中山已经敏锐地发现，满族也是中国各民族大家庭中的一员，建立新的民族国家，不能将满族排斥在外。1912 年，孙中山在就任中华民国临时大总统时发表的《中华民国临时大总统宣言书》中明确指出："国家之本，在于人民。合汉、满、蒙、回、藏诸地为一国，即合汉、满、蒙、回、藏诸族为一人——是曰民族之统一。"显然，孙中山没有照搬西方"一族一教一国"的民族国家模式，而是从中国数千年的历史出发，坚持现代的中国仍然应当是多民族统一的独立国家。在孙中山的主持下，通过了《中华民国临时约法》，这是一部纲领性的文献，决定了此后中华民国的大政方针，并成为日后《中华民国宪法》的蓝本。《中华民国临时约法》第三条规定："中华民国领土为二十二行省、内外蒙古、西藏、青海。"第五条规定："中华民国人民一律平等，无种族、阶级、宗教之区别。"这里，已经明显地表达了中国选择的民族国家模式，是不分民族、不分宗教信仰的"多族多教一国"类型。汉、满、蒙、回、藏五族共和，就是孙中山对这种民族国家模式的直观概括。

这里需要特别提到的是，孙中山先生坚决反对把中华民国建立成各民族的联邦制国家，他说："在现在条件下的中国，联邦制将起离心力的作用，它最终只能导致我国分裂成许多小国家。""中国是一个统一的国家，这一点已牢牢地印在我国的历史意识之中。"①反对建立联邦制国家，实际也就防止了帝国主义国家借口民族自决权分裂中国的阴谋。在西方"一族一国"的民族国家模式中，可以由数个民族联合建立联邦共和国，也可以宣布解散联邦，各自独立。但是在中国的历史进程中，各民族之间已经形成了在地域上相互穿插、在经济上紧密联系、在文化上形成一体的局面，实际上已经没有分开的可能。虽然在民国初年，一些国民党领袖，包括孙中山本人，都曾使用过"民族自决"的口号，给了帝国主义以可乘之机，但在制定宪法的时候，他们并没有选择联邦制。1938 年 8 月召开的国民党临时代表大会通过的宣言指出："日本口中之民族自决，语其作用，诱惑而已，煽动而已；语其结果，领土之零星分割而已，民众之零星拐骗而已。"②从此，国民党的民族政策从以宣扬民族自决为主，转向以推行民族自治为主。

中国共产党在其幼年时期，有过照搬苏联经验，主张建立各民族联邦共和国的经历③，但是在民主革命反对帝国主义分裂我国的阴谋活动的斗争中，中国共产党已经认识到联邦制不可取。毛泽东在 1939 年写的《中国革命与中国共产党》一书中指出："中国是一个由多数民族结合而成的拥有广大人口的国家。"④在新中国成立前夕，毛泽东就是否实行联邦制的问题征求过分管民族工作的李维汉的意见，李维汉通过深入的研究，认为我国和苏联的国情不同，不

---

① 《总理演讲集》，《中山全书》第三册，转引自田继周等：《中国历代民族政策研究》，青海人民出版社 1993 年版，第 364 页。

② 荣孟源主编：《中国国民党历次代表大会及中央全会资料》下册，光明日报出版社 1985 年版，第 467 页。

③ 参见《中国共产党第二次全国代表大会宣言》，《中国革命史参考资料》之一，中国人民大学 1954 年版。

④ 《毛泽东选集》第二卷，人民出版社 1991 年版，第 622 页。

宜实行联邦制。中共中央采纳了这个意见。①1949 年 9 月 28 日，中国人民政治协商会议第一次全体会议通过的《共同纲领》，实际上就是一部临时宪法，规定了新中国发展的基本方向。《共同纲领》规定："各少数民族聚居的地区，应实行民族区域自治，按照民族聚居的人口多少和区域大小，分别建立各种民族自治机关。"以后制定的《中华人民共和国宪法》规定："各民族自治地方都是中华人民共和国不可分离的部分。"其内涵正如我国民族学家宋蜀华所说："实行民族区域自治的地方，都是中国领土范围内的行政区划的一部分。国家和各民族自治地方的关系，是中央和地方的关系，各级自治机关都是在国家统一领导下的一级地方政权机关，都必须服从中央集中统一领导。"②

从民族宗教学的角度着眼，我们还应当注意，中国不仅是一个多民族的统一国家，而且也是一个多宗教的国家。保证各族人民宗教信仰的自由，是保证我们这个多民族国家团结统一的重要基础。周恩来总理在新中国成立初期就指出：中国的宗教具有长期性、群众性、民族性、国际性、复杂性。由于宗教具有民族性，所以在一些少数民族地区，宗教就不仅仅是个人的信仰问题，而是整个民族问题不可分割的重要组成部分。所以在新中国成立初期，我们党和各级政府非常尊重各民族的宗教领袖，注意发挥他们在统一战线工作中的积极性。在和平建设事业中也是积极发挥宗教领袖团结群众、稳定社会的作用，创造了新中国成立初期安定祥和的社会局面。

（中国人民大学继续教育学院教授）

---

① 龚学增主编：《马克思主义民族宗教理论教程》，中共中央党校出版社 2004 年版，第 52 页。

② 宋蜀华、陈克进主编：《中国民族概论》，中央民族大学出版社 2003 年版，第 277 页。

东亚文化研究

全球化中的东亚地缘文化与其历史动态

［日本］滨下武志

引言：历史研究的扩散与历史思想的边缘化

如今，对于全球化尽管是毁誉褒贬越来越多，但不管是什么人皆不能忽视这一问题。全球化所引发的一系列讨论，有可能阐发出不同于以往研究对象与方法的新的研究。本文从历史研究的视角，采取现代与历史循环往复的方法，来论述这一新的研究的可能性。

在这样的一种思想状况下，我认为有必要在全球视野下来思索重构亚洲是否可能这一视角——而不是以往将亚洲与欧洲对置的框架——围绕理念与现实、话语与认同（identity）来重新审视东亚世界，并尝试构筑东亚与世界之间的关系。换句话说，就是要提出，在现代世界中，即将踏入思想文化"危险地带"的内容与方向究竟是什么这一问题。而且，这一方法是否足以成为重新审视战后亚洲的文化空间的一个方法这一问题也值得我们探讨。

20 世纪 70 年代以来，在旧有的大规模的社会理论不断变化的过程中，历史学在受到了法国年鉴学派与生态学、人口论、环境论等思想流派影响的同时，积极吸取社会学、人类学、社会心理学等研究成果，推动了"社会史"的研究。

因此，"历史与认同"这一原来不属于历史研究主要对象与范畴的问题，与把握同一时代的人的精神世界重合在一起，成为人们关心的前沿问题。由此，从"历史人类学"、"历史社会学"、"历史心理学"的组合中可以看出，历史从研究大环境的"外部"历史转变成研究"我的"历史、"族群"（Ethnicity）的历史、"自他关系"的历史这样的"此在"历史。

这样一来，历史研究尽管扩大了自身的视野，但是从人类学与社会学也将"历史"作为论述对象的时候开始，可以说历史学就开始了它的"漂流"。这是它的悲剧的开始。它的悲剧就在于试图去寻找什么，而结果却连自己也丧失掉了。开始，以往的历史研究对以王朝史与国家史为中心的研究事态进行了批判，可以说这推动了历史研究向社会史与民众史的研究方向发展。而后，历史研究中又出现了"后殖民"与"后现代"的论争，到了如今，历史研究的范畴与方向受到了人们的质疑。也就是说，历史是否只要单纯地论述时间的过去即可，还是将被认识论取而代之，进一步而言，历史是否只要发挥为人类学与社会学和既有的经济学等社会科学提供"过去"的"事实"这一作用就可以了呢？

首先，今后的、不再只是局限于时间范畴的历史研究将会走出一条什么样的道路呢？对此，"历史哲学"或者"历史文学"，或许是一个重要的方向。不过我认为，既然将历史视为排他性的必要存在的国家与民族不再可能成为一个主体，那么历史的方法也就不能仅仅取决于历史叙述的方式，也就是说，历史研究不再是以往的"历史学"，而是将进入一个根据记述主体的需要而发生变化的"书写历史"的时代。

同时，我认为也必须尝试站在"地域研究"这样的"空间"视角，对历史研究重新加以定位。也就是说，要使历史研究从过去的以"时间"为主要对象的研究方法转向以"空间"为主要对象，从本文的主题来说，也就是要站在空间的角度对东亚世界进行重新审视。

一、全球化与亚洲研究的新契机

（一）全球化时代中的亚洲地缘文化的重新登场

在关于空间认识与文化地理认同（identity）的认识方面，近年来的历史认识存在一个新的倾向。在空间认识方面，出现了从全球视角来探索亚洲论的观念。在关于文化地理认同（identity）的认识方面，正如随后将叙述的赫兰德（D.R.Howland）的 *Borders of Chinese Civilization: Geography and History at*

Empire's End（Duke University Press，1996）一书与布鲁斯·巴顿（B.Burton）的《日本的"边界"——前近代的国家·民族·文化》（青木书店 2000 年版）一书，两书站在东亚地域世界的文化空间这一角度，重新对日本进行了一种边缘化的定位。此外，孙歌主张，应该以时间的顺序历史地对日本亚洲论的系谱的空间认识进行更为长期的考察。这一系列思想不同于以往站在亚洲与欧洲对立这一框架下所论述的亚洲论、日本论与近代论，他们通过积极地将亚洲定位在全球视野之下，意图在东亚世界的全球性以及亚洲的框架之内对以往的研究进行重新探索，从而提出一个新的方向。

与此同时，在全球化得到人们广泛呼吁的过程中，全球化内容的分歧也逐渐反映出来。若是将全球化区分为经济、政治、社会文化三个领域来加以思考的话，经济领域，尤其是以金融为先导，是全球化最为典型的部分。金融工学所带来的法则及其派生出来的方程式，仿佛"完成"了作为资本再生结构的金融市场的全球化。同时，在社会文化这一方面，可以说也充分地体现出全球化的动向。信息化所带来的纷纭复杂的社会文化信息，使每一个人都具有了接受它的可能性。不过，正如人们所指出的，人们在接触信息的机会之间的差距也在不断地扩大。全球化的现象与它的推进者或接受者之间条件的巨大差异也越来越显著。但是，在全球化的号角声中，政治领域的焦点依然集中在以国家利益为核心的国家与国家之间的关系这一层面，披着全球化这个意识形态外衣的"国家·民族主义"思想，反而呈现出一种越来越趋于强大的倾向，这也引起了人们的关注。

这一系列特征反映到历史研究上，也就是被称为"global-history-studies"（全球史研究）的出现。正如这一称谓所体现出的，这一研究的动机是为了历史地把握全球化，其中美国的研究可以说占据了中心地位。对此，我们也可以认为，在现代的全球化也就是世界的美国化这一表述的状态下，这一研究的目的在于将美国历史化。而且，围绕亚洲的历史定位问题，这些研究并不站在以往以欧洲为先导的"近代世界"的形成这一视角，而是一致地将亚洲与欧洲视为两个截然不同的地域类型，并强调亚洲地域的历史作用。这些研究将美国的历史追溯到西班牙统治时代，它不是站在"世界史"的角度，而是站在"global-history"（全球史）之中来定位南北美洲大陆的历史，并尝试定位不同于欧洲的一个全球。可以说，这就是美国通过新的亚洲论而提出的"脱欧：世界论"。继而，在这样的历史被不断地重新诠释的过程中，我们有必要将"来自亚洲的美国论"通过近现代史与现代美国的全球主义重合在一起，对它进行重新探讨。

亚洲研究在这一状态下则反映为，亚洲不仅是构成世界的不可缺少的一个部分，也是与全球世界不断往来，一方面是主张地域主义的亚洲，另一方面是完全独立地构思自身世界的、全球化了的地域世界。同时，也是一直封闭在国家观念下的区域性的欲向全球表现自我的亚洲。在这种情况下，我们不难理解华南研究与华侨、华人研究之所以那么突出的理由了。对于这一系列内与外的、多层次的文化论，本文统称为地缘文化。站在这一视角，可以说我们必须对以往的亚洲论、近代化空间的近代国家以及亚洲的文化空间进行重新定位。

（二）全球观、亚洲观与民族观——东海散士、梁启超与潘周桢

亚洲论既然不是站在东西方的对比或者欧洲的冲击论这一角度来论述，那么它又是如何被加以论述的呢？从明治知识分子的亚洲论中我们不难发现近代"日本"国家形成时期的明治时代知识分子的全球视野。以往认为只有福泽谕吉的"脱亚论"和冈仓天心的"亚洲一体论"才是近代日本的近代化论及亚洲论的代表，这样的认识方式是片面的。在此，阐述发表过政治小说并担任明治时代国会议员的柴四郎（1853—1922，笔名为东海散士）这一人物的全球性的近代世界观。

东海散士的《佳人之奇遇》（东京书林博文堂）是19世纪后半期的政治小说，由四部分组成。作为论述近代日本的主要知识分子，福泽谕吉与冈仓天心一直以来是研究者们进行对比与研究的对象。不过，《佳人之奇遇》的作者柴四郎的视野与方向却与他们略为不同。也就是说，这部历史小说表现了一种世界观与时代论，而且还涉及了女性论。这一切，可以说极为确切地表现了基于那一时代的日本知识分子的世界观。这部小说讲述主人公登上费城的自由之塔（Independent Hall）与没落帝国的后裔子女们邂逅的故事。整部书是从旧帝国的没落这个角度来看待近代化的过程的。小说的脉络不是讲述新势力的登场与权力的交替，而是通过强调旧帝国所具有的安定性与帝国末期的激烈动荡的政治局势，描述"近代"的新势力皆是不安定的、暴力的乃至异质性的势力。总之，这部作品令人饶有兴味的地方在于，论述了近代所具有的一种流动性与局

限性。

之后，梁启超翻译了《佳人之奇遇》的一部分，并冠以了同名。越南人潘周桢（Phan Châu Trinh）也对它进行了翻译，改编为越南诗歌。也就是说，东海散士（柴四郎）的世界观或者帝国观乃至他的革命观，既为东亚知识分子所共有，同时也可以说它并不是站在将欧洲与亚洲，或者日本与亚洲视为文明与非文明来进行对比的角度，而是从各自不同的旧体制的特质出发，由此来驱使人们对"近代"国家这一概念进行思索。

《佳人之奇遇》描写赴美的东海散士首先遇到了西班牙帝国的爱国主义者尤兰，接着邂逅了爱尔兰的爱国主义者科廉，第三个结识了来自中国的范卿这一人物，以对谈或者三足鼎谈的形式来铺叙故事情节。接着，东海散士描写了爱尔兰、埃及、匈牙利帝国、波兰、中国以及莫卧儿王朝的爱国主义者反抗权力的行动，同时也对这些国家的旧体制给予了无限同情。

近代化在继承旧的帝国的同时，也对它制定了一系列附加的条件。可以说，这既是"国家·民族主义"形成的原因，也是它所形成的结果，二者不断地结合为一体，彼此相互促进。但是，脱亚论所体现出来的"国家·民族主义"，可以说它实则是由日本要与"清国"保持距离这一观念所形成的。可以说，如此被选择了的"国家·民族主义"，是为了批判与近代化本身存在隔阂的亚洲的旧体制。所谓明治时期的近代知识分子，可以说就是通过在自身与近邻国家之间设定差距这样一个最为集中的方法来选择了"国家·民族主义"。

（三）儒教概念与近代

井上哲次郎、有贺长雄编撰的《哲学字汇》（东洋馆 1885 年版），将 Orient 翻译为东洋，转换为一种以欧洲为起点的亚洲论，将 Economics 翻译为家政、理财学。而且，Category 这一概念之所以翻译为"范畴"，也是来自"按书洪范，天乃锡禹洪范九筹，范法也，筹类也"这一句话中的"洪范九筹"一词。而且，也正如"经济"是来自"经世济民"这一例证所示，即便到了现代，日本还一直沿用的一系列概念，也大多是将四字句的中国古典压缩为二字句而形成的。由此可见，这一时代亚洲所出现的概念，是基于东亚知识分子所共有的中国古典知识而形成的。

即便在"亚洲"对应西方这一方面，从亚洲的立场而言，可以说也存在了一个共同的理解方式。"近代"韩国知识分子俞吉濬将福泽谕吉的《西洋纪闻》（《福泽全集》卷一，时事新闻社 1889 年版）翻译为《西洋见闻》（1891），就是一个成功地将亚洲的概念与西方概念进行对比的典型例证。在此，对来自西方的概念进行翻译的时候，除了直接输入、采用假借概念的方法之外，依据以往的概念来加以解释也是一个事例。亚洲的概念就是这样通过多重的翻译语而形成的。对此，李汉燮、崔琼玉、郑英淑、姜星我编著的《西游见闻语汇索引》（博而精出版社 2000 年版）进行了认真细致的整理研究。

另一方面，东海散士的历史论、帝国论、世界论、革命论又如何呢？尽管过于理想主义化，但是其中所论述的亚洲绝对不是封闭性的。相反，它是批判封闭性的。唯有基于此，我们才有可能认为清末民初的梁启超与 20 世纪初的越南知识分子潘周桢具有了一种共同的倾向。也就是说，他们是将东海散士的观念作为世界论来加以认识的。从中我们可以发现一个多样化的亚洲视野、世界视野与国家视野彼此重合而形成的亚洲地缘文化空间的原型。

二、周边论视野下的亚洲——"欧洲与亚洲"、"近代化"再思考

（一）华夷秩序与边界认识——东亚文化地理空间的消失与重新发现：从魏源到张相文

布鲁斯·巴顿出版的《日本的"边界"——前近代的国家·民族·文化》一书，阐明了关于国境意识、边界意识的日本史，还就此论述了中国对日本的影响，并对中国与日本进行了比较研究。对于日本知识分子而言，边界问题的探讨是一个双重的课题：对于日本的历史而言，边界只是一个地理性的存在，只是理念性地表述为了国家存在的根据。进而，为了树立一个具有向心力的国家，这一问题才被提及，而边界所具有的另一面，即作为交涉与接触的地缘政治文化领域的边界与边界领域的探索，则被遗忘了。

与此同时，站在边界意识与朝贡体系的角度来论述日本文化的周边性的著作有赫兰德的 *Borders of Chinese Civilization: Geography and History at Empire's End* 一书。赫兰德认为，日本文化处于中国文明的边缘。不仅如此，围绕边界问题对国家进行论述，这一研究同时也引导出了一个主题，即由于国家本身所

带有的局限文化边界是否被历史性地转换为了地理边界的问题。在清朝统治下的朝贡贸易时期，文化的周边地带就已经出现了国家形式的政治边界。

接下来，论述 19 世纪后半叶中国洋务运动时期知识分子的历史观与地域观，他们站在一个"中心"的立场究竟留下了什么样的对同时代的认识呢？清代的学术思想具有考据学的这一长期的传统，而且在清朝的政治制度下也拓展出了对如何加以具体运用进行探索的领域。但是，到了清末的行政制度面临如何吸收新的社会能量这一问题的时候，开始出现了以龚自珍与魏源为代表的重视实学的"经世致用"之学。这也可以称之为新的官学，而且也是今文经学的登场。

正如"西学东渐"这一表述所反映出来的，这一时代，欧洲学问不光是被人们从华夷观的角度加以理解，也是清末知识分子开始逐渐地认识它的一个时代。到了 19 世纪中叶，通过鸦片战争，外国的信息进入到民间市井之中。这样一来，中国开始出现了在一个新的国家观念下如何认识世界历史地理的讨论。这一讨论所依据的，并不是中华思想或者华夷秩序这样的过去的世界观。魏源的《海国图志》（1842）、徐继畬的《瀛寰志略》（1849）、梁廷枬的《海国四说》（1844—1846）等著作的相继编撰，使开国的必要性与开国在中华世界中的定位等一系列取代华夷秩序的世界地理认识，成为讨论的对象。总之，这标志着历史的文化边界与新输入的政治边界之间的往来所造成的摩擦拉开了序幕。

朝贡关系下的以往与王权密切结合在一起的亚洲的国际秩序，伴随着对领土的讨论的日益深化，对边界的历史性地理性的讨论也不断加强。这一时期，出现了《蒙古游牧记》与《朔方备乘》等代表边境史学研究的著作。这一记述方式与以往文化地理的方志学不同，标志着一个富有新的边境意识的政治地理方志学的登场。

江苏省桃源县的张相文（1867—1933）1899 年考入了上海南洋公学师范科，著述出版了《初等地理教科书》、《中等本国地理教科书》。而且，他与栗林孝太郎与藤田丰八进行过交流，出版了与后闲菊野、佐方镇子共著的《家事教科书》（文明书局 1901 年版）。1909 年，张相文创立了中国地学会，次年创办发行了《地学杂志》。在此，我们可以重新回想起魏源的《圣武记》与《海国图志》所发挥的先导性的历史作用。而且，由此也会进而认识到步入清末时期，以往的近邻关系与近邻意识并非是依照传统的华夷关系，而是根据地理空间的边界来进行划分的。可以说，这是一种与传统的地理认识截然不同的新的边疆论的开始。

（二）清朝朝贡政策的转换——19 世纪后半期的"从华夷秩序到近代国家"的话语

清朝横跨东亚与东南亚，莫卧儿王朝占据了南亚，奥斯曼帝国横跨了整个西亚。对于历史形成的这一系列广阔地域的秩序与它的变化的动态，可以采取一种历史内在的、历史继起的方法来加以把握。这样的尝试，对以往的"外在的"而且是"被动的"亚洲近代史观提出了一个重新探讨的强烈要求。鸦片战争是东亚遭受西方冲击的开始，以往的亚洲史观就是以这样的"鸦片战争史观"为代表的。清朝作为参与了东亚地区变动的行动者，其本身是如何尝试进行自我的改变呢？这一问题一直以来隐藏在了过去的"外压论"的阴影之中而没有被加以探讨。

1839 年 5 月 7 日（道光十九年三月），道光皇帝批示了上谕："以往越南国两年一贡，每四年派遣使节赴北京，此二者同时进行。琉球国一年一贡，暹罗国三年一贡。各国尽诚意而服从，不厌劳苦，远道而来，亦不顾季节之恶劣，颇有贡献之处，已表十分之诚意。今后，越南、琉球、暹罗皆改为四年（一贡）派遣使节朝贡，以此表藩属之志。"越南是仅次于朝鲜的、在政治上最为接近清朝的国家，暹罗则是定期向清朝出口大米，琉球一年一度向中国进行朝贡。在此，道光皇帝的上谕表明清朝自身试图对以往的朝贡以及朝贡贸易进行一个大的转换。

（三）鸦片战争史观的重新探讨

道光皇帝的上谕所反映出来的清朝朝贡政策的转换究竟是以什么为起因，以什么为目的呢？特别值得一提的是，这一道上谕的颁布时间是 1839 年 5 月，即鸦片战争即将开始之前，因此极具象征意义。之所以如此，是因为鸦片战争一直以来只是被解释为英美一方为了贯彻自身的贸易利益，为了将封闭的亚洲开辟为市场而进行的一场战争。但是，正如这一朝贡政策的转换所反映出来的，清朝自身较之以前采取了一种更为缓和的朝贡关系，并试图施行独特的重商主义政策。也就是说，通过改变朝贡政策，清朝更为强化了中央的控制力量，力图掌握不断激增的广东贸易，并为中央吸纳更多的财源。

同时，这一事态也是对广东的地方主义提出的一个挑战。华南地区不断扩大自身的贸易利益，由此对中央采取一种抵制态度，从而影响了中央的财政政策。由此，也就出现所谓鸦片的严禁论与弛禁论的对立，而广东十三行的商人们与外国商人之间也结成了密切的交易关系。

对此，清朝中央力图转向推行重商政策，因此，派遣了林则徐（1785—1850）来制止试图追求地方自身利益的华南地区的活动。就这一意义而言，销毁鸦片的事件也可以解释为围绕广东贸易的利益而展开的一个中央与地方之间的冲突或者北方与南方之间的对立。清朝试图通过推行重商主义政策，改变使地方逐渐拥有实力的朝贡体制，谋求中央的复权。由此，中央与地方之间的边界也开始出现了动摇。

当时在清朝影响下的周边地带，越南出现了内乱，暹罗与南掌（柬埔寨）之间也出现了纷争。而且，欧洲也介入到这些政治纷争之中。由此，也就呈现出周边的朝贡地带通过将欧洲国家拉拢到自身内部来扩大自己的势力，从而脱离清朝控制的一个状况。清朝改变朝贡政策的举动，可以说是针对朝贡体系整体的内在变化，是出自中央要求复权的一个举措。这一事态也要求我们转换认识的视角，而不是仅仅从外来压力，或者只是站在国家这一层面来认识鸦片战争。

（四）周边与中心的相互转换

而且，针对缅甸发生内乱这样的周边问题，道光皇帝也曾考虑派遣地方土司（作为民族首领并被清朝任命为官吏的人）进行镇压，但同时也认为土司越境进入外国土域未必可行。缓和朝贡关系可以说也是因为清朝担心周边地区出现政治紧张的局面，特别是周边地区发生内乱，势必会影响到清朝内部，更不用说牵涉军事力量的问题。当时频繁出现的加强边境防卫(边防)的警告之声，也正足以说明清朝的这一担忧。

作为地域间关系的朝贡关系，因延长贡期而改变。对此，琉球提出了强烈的反对，越南逐渐减少了朝贡的次数，暹罗以 1852 年受到太平天国军袭击为借口，直至停止了朝贡。清朝政策的转变、中央与地方的关系和周边问题的出现，对于这样的华夷秩序的内在变化而言，鸦片战争所发挥的作用不过只是使它更为明确化与表面化而已。

具有长期文明传统的中国、印度、伊斯兰圈，一直具有一种强而有力的文化自我认知体系与独特的社会结构。他们一直被确认为是一个典型的中心，是一个核心的实体存在。强烈的民族自觉与希望建设强大国家的要求，对历史的近邻地带行使宗主权式的影响力与行使主权性的权力，这二者之间的相互作用对它的内部与外部都带来了巨大影响。因此，在此之前较之相互间的地缘性的比较研究，各个世界的自我塑造无论在研究上还是在实践上，一直以来就是一个最为优先的课题。但是，一旦站在一个新的视角，即认识到它的核心部分实则是通过东亚的外延与周边地带边界的形成与流动或移动而形成的话，那么，我们就会意识到只有通过比较、网络、交叉或交错这样的多样化交涉才有可能接近这一问题的实质。这样的话，也就会产生中心与周边的相互转换即"华夷变态"的思维，而依据所谓核心的转移或者核心的传播这样"安稳"的方法已无济于解决问题。这一周边的动态，正是突出文化侧面的历史地缘政治的现代版。

三、海洋亚洲再思考——越境的网络

海洋究竟是属于国家利益与国家、民族主义的延续，还是可以拓展为亚洲共通的，并且是这一广阔地域所应该共有的环境问题与资源问题这样的理念？这样的截然不同的争论一直交错在一起。以往从属于陆地的海洋，只是被解释为连接陆地的一个手段，但是，实际上也有必要反过来对它加以考虑。也就是要提出包括海洋的亚洲认识以及树立以海洋为基础的亚洲论是否可能这一问题。而且，还要质疑迄今为止海洋是如何被摄入到文化或文明论以及思想的行为之中的这一问题。就以往的研究而言，和辻哲郎的《风土：人间学的考察》一书尽管将季风型气候设定为形成生活圈的条件，但是并没有将海洋纳入生活圈之中。梅棹忠夫的《文明的生态史观》一书虽然关注到了内陆的沙漠，但是海洋却是处于他的研究对象之外的。之所以如此，是因为海洋的特征大多是按照一般意义上的海洋来加以描述的，而很少认识到海洋关系到形成文化与文明的边界这一固有的地域性特征。

这种海洋与文明论之间的关系并不是马上都能得到一个明确的答案，与此相比我们更为期待这样一种可能性，即将"海洋"加以概念化，它不是分析性的而是综合性的；不是对比性的而是融合性的。总之，它与19世纪以来的国家学基础下所形成的人文社会科学与自然科学的分析型细分化的思维角度正相反。我们强烈期待这一"海洋"概念成为寻求对世界化与地域化相互融合发展的现代世界进行阐明的一个线索。之所以如此，是因为资源、环境、能源、人口等现代社会所直接面对的所有问题不仅不是与海洋毫无关系，而是存在着直接的联系。

但是，海洋与陆地一直就是被置于一个对比的、对立的角度论述下来的。不仅如此，甚至可以说一直是根深蒂固地存在着试图通过边界，即民族与国家以及文化的边界，有意识地忽视海洋的一个历史动机。"锁国"与"海禁"，以及与此相对的"开国"与"展海"的方式，就是一个具有代表性的例证。我们必须首先要考虑到亚洲的海洋在理念上而且是在思想上被分割开来的，而这样的分割具有一个积极的意义。它的历史背景表现出一种儒教与国家、国家民族主义的复合型结构，是针对这一结构下的迁移与移民的一个过度防范。而且，东亚的地缘政治文化论即便是要将海洋纳入自身，大概也必须具备这样一个逻辑步骤，即要首先阐明它的历史背景。

结论：东亚地缘文化：横跨东亚的多文化地域网络

一直以来，我们皆是无意识地进行着"亚洲与日本"这样的对立或者对比的研究，与此同时，略为意识到这一状况的人，则是采取了一个"亚洲中的日本"这样的表述方式。日本是否属于亚洲？这绝对不是一个新的问题，可以说它是与日本历史上的世界认识相重合的。一方面，日本存在着自己与中国、印度即所谓的唐、天竺的三国世界论。另一方面，提到东亚的时候，日本几乎是自然而然地成为它的成员之一。这一认识，大概是因为东亚一直是较为依据地理，而且是以中国中心论的视野为前提的。因此，与其说地缘政治·文化论的思维方式得以强烈地揭示出来，倒不如说它大多是站在一个主权的思维角度而体现出来的。结构的历史的地缘政治·文化论作为一个逻辑，与主权的亚洲论密切相关，为国家主义的存在提供了一个依据。

　　反过来说，亚洲与日本的关系，因经济的、政治的、文化的也包括意识形态的关系的相异而截然不同。而且，因地域性空间所进行的地域划分的不同而大相径庭。

　　亚洲研究的方法过去一直是以国家与它们之间的关系为根本的，而今，则要求把海洋中国、一国两制地带的出现、跨越国家的网络的活跃景象等综合起来对亚洲研究进行把握。而且，通过将亚洲长期的历史变动纳入研究的视野，今后的亚洲论将会以"海洋"的思想为基础，开始探索宗主、主权、网络间的相互作用与海域、地域之间的关系。因此，将海洋包容进来的地域论，即海洋与陆地的交往论将会进一步得到具体论述。例如，"港口"不仅是海洋的出口，也是陆地通向海洋的出口，跨过这一边界就可以明了海洋与陆地二者是处于一种历史的循环结构之中。

　　一直以来被总括为"东亚"这一名义下的主体表现，若是从以地缘政治文化论为出发点的空间主体这一角度来加以认识的话，就会形成一种更为基于地域认同的、一种网络性的地域间的关系与竞争。我们有必要将"东亚"从历史上合理地分为不同的层面的地域并探明各地域间在相互竞争的同时，跨海与亚洲相连接的历史。

（中山大学历史系教授）

东亚文化圈的历史经验与智慧在
当代文明对话中的意义

牟钟鉴

一

在长达一千多年的历史上，东亚中国、日本、朝鲜、越南形成儒佛道三教的文化圈，维系着东亚文明共同体的生存和发展。其特点是：第一，三教在东亚各国间的传播是和平的纯粹文化性的，没有政治集团的操控，更无军事力量的征服；第二，三教以中华为腹心，又与东亚各国民族文化相结合，具有各自的鲜明特色；第三，三教在东亚各国成为社会道德生活的三大精神支柱，深刻影响了各自文明的发展；第四，东亚文化圈长期是世界多元文明的高地，虽然国家间因政治而发生过某些摩擦和冲突，但在多数时间里东亚是一个和平与发展的地区，它的礼义文明得到西方启蒙思想家的青睐。

（一）佛教文化圈

佛教圈是东亚最早形成的文化圈，它在唐代走向繁荣。早在公元 372 年（晋代），佛教即由中国传入朝鲜高句丽王朝；公元 552 年（南北朝时期），佛教经由朝鲜半岛传入日本钦明天皇朝。唐朝盛世，长安成为佛教中心，名僧云集，日本、朝鲜的僧人纷纷前来求法游学。例如，日僧最澄学天台宗，空海学密宗；高丽僧道登学三论宗，神昉学唯识宗。唐玄宗时，新罗王族金乔觉来九华山修法，圆寂后肉身不坏，被视为地藏菩萨的化身，九华山遂成为地藏菩萨的道场。鉴真法师于唐天宝年间六次东渡日本，不顾生命危险，终于成功，创立日本律宗，并带去中华一系列文明成果，开通了中日文化交流宽广之路，被日本人尊称为"日本佛教与日本文化的大恩人"。宋代佛教禅宗、律宗和净土宗流播朝鲜和日本，使法眼宗在高丽王朝盛行，又推动了日本佛教净土真宗、日莲宗的兴起。此后中日朝佛教文化交往连绵不绝，佛教在三国皆拥有众多信众，彼此关系密切，积成深厚友谊，并使佛教在东亚三国的文化繁荣与民俗更新中发挥重要作用。赵朴初居士称佛教为联结中日韩的黄金纽带。早在东汉末，著名学者牟融从苍梧（今广西梧州）奉母至交趾（今越南河内地区）避乱，著《理惑论》，宣扬佛法。唐代及以后，中国僧人由南方赴印度求法，来往途经越南，传播了中国佛教，使越南兴起禅宗，成为佛教主流。①

（二）儒学文化圈

儒学传入朝鲜大约在公元前 1 世纪，先是在高句丽，接着是在百济，而后是在新罗，主要在教育和道德方面发挥作用。7 世纪新罗统一朝鲜，与唐朝友好来往，于首都设立国学传授儒家经典，并建孔庙祀孔，以儒学开科取士。10 世纪高丽王朝儒佛并尊互补。13 世纪朱子学传入朝鲜，郑梦周被推为"东方理学之祖"。自 1392 年李氏王朝建立到 1910 年日本吞并朝鲜，儒学在朝鲜的传播与发展达到鼎盛时期，尊儒抑佛，推崇三纲五常，尊封孔子为素王，儒学成为统治思想长达 500 年，有官学成均馆，有各地方乡校，儒家伦理与礼仪普及于社会，出现了有"海东朱子"声誉的名儒李滉。日本占领朝鲜后，儒学衰落，西学进入，但儒学的民间影响仍根深蒂固。儒学东渐日本，以朝鲜为中途，在公元 3 世纪即有儒典进入。从 7 世纪始，中日互派使者，开拓了直接交流渠道。13 世纪，宋学传入日本，与禅学同时流行。至江户时代前期，朱子学发达，并形成日本本土若干学派。德川幕府时期，儒学达到鼎盛。江户时代后期，阳明学作为民间儒学与官方朱子学并立。儒学推进了日本政治制度、社会文化建设和学术事业。为了适应日本"大和魂"的武士道精神，日本将中国儒学五伦以孝为首改造为以忠第一，而且强调忠于天皇。第二次世界大战以

---

① 参见洪修平：《中国佛教文化历程》第十章"中国佛教文化的对外交流"，江苏教育出版社 1995 年版；参见倪强：《赤子佛心赵朴初》（八）"缘结五洲"，宗教文化出版社 2007 年版。

后，日本把儒学多用于企业管理以发展儒家资本主义，提出"《论语》加算盘"的经营之道。儒学传入越南并流行大约在秦汉，逐步形成严密的儒学教育网络。1070年首都升龙（今河内）建文庙，祭祀孔子。1075年实行以儒学为标准的科举取士制度，直到20世纪初才废除。儒学作为越南社会主导精神支柱长达400余年，对于社会进步、道德教育、文化发展起了积极推动作用。儒学传播到东南亚各国的过程中，越南是重要渠道。①

（三）道教文化圈

东亚道教文化圈是历史的客观存在，不过由于受老子"道隐无名"虚静精神的影响，再加上道教"杂而多端"及其与各种民间信仰的混然相生，东亚道教文化圈处在或显或隐的状态，既没有儒学文化圈那样的政治强势，也不如佛教文化圈那样的显荣优势，所以它的存在往往被忽略。南京大学孙亦平教授著《东亚道教研究》，该书依据相关历史文献和考古资料，大量参考中日韩学者研究成果，论述了道教以和平方式从中国向朝鲜半岛、日本列岛和越南半岛传播的历史过程，阐释了道教与朝、日、越诸国民族文化、固有信仰之间的互动，在涵化中产生的变异及出现的新道派特色。朝、日、越诸国的道教在信仰上以得道成仙为核心，以太上老君为教祖，以三清和玉皇为至上神，向往由众多神仙组成的仙界，这都是与中国道教共同的信仰。东亚道教形成以"道"为最高理念、以"尊道贵德"为价值追求的精神文化纽带。同时它们是一体多态的，各自构建本土道派，如朝鲜有花郎道和富有道教色彩的天道教，日本有事鬼道和包含道教要素的各种民间神道，越南有母道教、高台教。东亚道教重视养生修道术，建立道教医药学，遵行敬神的斋醮科仪，其特色文化深刻影响到文学艺术（小说、诗歌、戏曲、建筑、绘画、雕塑、音乐、舞蹈），广泛渗透到民俗生活之中，因而在东亚进入现代社会之后它仍然在民间保持着活力，成为东亚人相互聚同的文化质素。②

---

① 参见《儒佛道与传统文化》（《文史知识》合刊）"儒学与传统文化"，中华书局1990年版；参见［韩］黄秉泰：《儒学与现代化：中韩日儒学比较研究》，刘李胜等译，社会科学文献出版社1995年版。

② 参见孙亦平：《东亚道教研究》，人民出版社2014年版。

（四）三教文化圈相互叠加渗透

儒佛道在中国自汉末以来相互吸收、渐行渐近。虽然其间发生过摩擦褒贬，但隋唐以后三教合流成为发展大势，在会通创新中相继出现三个理论高峰：佛教的禅学，儒家的道学，道教的内丹学。三教会聚成中华思想高地，把文明的光和热辐射到多民族文化和多样性宗教之中。在东亚地区，三教文化圈也是相向而行，以互补共进为主流，虽然也有时扬此抑彼，但很快就恢复常态，并行互学，彼此借力，共铸东亚文化共同体之魂。由于三教文化的浸润，东亚地区在古代较早进入道德昌盛的状态，走在世界的前列，在近代以前受到欧洲人的敬佩，为启蒙思想家所向往，他们不断从东亚文明中汲取营养，从而推动了欧洲人文主义的兴起。

二

东亚文明的核心价值是由儒佛道三教的智慧滋润而成。

第一，三教共同阐扬仁义慈悲之道，其博爱超越国家和民族。东亚三教都提倡慈爱众生，积德行善。儒家讲居仁由义，泛爱万物；佛教讲无缘大慈，同体大悲；道教讲重生贵养，慈俭不争。三教都尊重生命、护养生命，以生本主义为信仰，一体皆爱，不分国界与族界。

第二，开凿交往通和之路，推动政治、经济、文化全方位交流。东亚各国之间的往来，都伴随着三教文化的交流沟通，使经贸之路与文化之路合为一线。互派使团、学者、僧道、学生，进行长期游学，或者短期访问，然后取经回国，服务当地，较快地提高了东亚共同体的文明程度。同时东亚各国经由陆上和海上丝绸之路建立了与东南亚、南亚、中亚、西亚乃至欧洲的经贸文化往来，彼此取长补短，互学共荣，为世界文明的发展作出了贡献。

第三，倡导修德尚礼之风，使礼义成为制度和民俗。儒家讲"三纲五常"，其"三纲"之教强调君、父、夫的权威，有明显等级服从的不平等性，但在东亚古代宗法等级社会里起到了稳定当时社会秩序的作用，对它应有历史的公正评价。儒家"五常"即仁义礼智信，则是东亚道德的基本规范，强调导之以德、齐之以礼，使东亚成为礼仪之邦、文明之风，功莫大焉。佛教讲慈悲平等、行善利他，补充了儒家道德的内涵，又用因果报应之说巩固了五常之德。道教讲功德成神、积善成仙和忠孝修德，有益于形成良风美俗。

第四，涵养天人一体之情，爱惜天地万物，保护生态环境。儒家把仁爱扩展为赞天地之化育，视宇宙万物为大的生命体，仁者应以大我的心态包纳之。从《易传》"天地之大德曰生"，到张载"民吾同胞、物吾与也"（《正蒙·西铭》），关怀一切生命。佛教讲众生平等，包括一切有情众生，鸟兽昆虫皆在不杀生之列，其慈悲心之博大无与伦比。道教讲仙道贵生、爱养万物，认为畜生木石皆有道性，需一体爱护。王阳明综合儒佛道三家之说，认为大人之心见孺子之危难、鸟兽之哀鸣、草木之摧折、瓦石之毁坏，皆应有恻隐、不忍、悯恤、顾惜之心（王阳明：《大学问》）。在三教熏习之下，东亚长期注重山川河流、树木植被、野生动物之保护，除战乱时期外，没有造成自然环境大的破坏，三教文化是有功劳的。

三

东亚文明共同体在近代破碎了，原因主要是两点。

第一，西方工业文明的兴起与进入。西方近代工业文明展示了比东亚农业文明高强得多的先进性，创造出自然经济不可比拟的巨大生产力；其智性文化在工商经济推动下，使科学技术迅猛发展，极大地改善了人类物质生活条件；它所创建的民主法治的社会管理模式，及其提倡的民主、自由、平等、人权、理性等价值理念，使个人的自由度和创造力获得了一次大的解放和提升，明显优越于东亚宗法家族社会的因循守旧和对个性的压抑。由此之故，西方近现代文明以浩大之势席卷全球，引领世界潮流数百年。当它在西方列强殖民扩张过程中进入东亚时，很快展示出其全方位的优势，使东亚共同体无法继续维持下去，并面临着空前严峻的生死考验。要么不思根本改革、旧习积重难返，便会成为西方的殖民地或半殖民地；要么维新图强，学习西方，通过"以夷制夷"，实现重新自立于世界民族之林的强国目标。中国暮气深重，万马齐喑，在鸦片战争中败给英国，落入半殖民地惨境。国内一批文化精英由此反省传统文化之不足，批判儒学之弊端，文化自信日渐丧失，纷纷向西方寻求救国真理，并成为潮流，但对传统文化如何更新未有清醒认识。作为东亚文明腹心之地的中国失守传统文化阵地，"全盘西化论"甚嚣尘上，文化激进派提出用切断中华传统文化血脉的手段来救中国，并且占据主导地位。再加上殖民主义的武力入侵，遂使东亚各国成为依附和追随西方的弱者，丧失了东方文化的独立自主。

第二，日本不再结伴中国，而仿西方成为富于侵略性的东方霸国。日本明治维新以后，脱亚入欧，仿效西方列国模式，经济上大规模引入市场管理，发展商品生产贸易；政治文化上采纳西方强权主义，实行周边殖民，使自己成为东方新兴帝国主义国家，参与诸列强对国际市场、资源和殖民地的争夺瓜分。它不仅彻底撕裂了东亚文明共同体，而且以西方的样式在东亚和东南亚建立霸权，从甲午战争起，不断对中国、朝鲜和其他亚洲国家发动侵略战争，妄图通过征服中国进而征服亚洲并称霸世界。从深层文化路向上说，日本虽然保留了儒佛道三教的形态，事实上主导国家的政治思想已经改换为西方式的了。孙中山在《大亚洲主义》一文中指出："东方的文化是王道，西方的文化是霸道。讲王道是主张仁义道德，讲霸道是主张功利强权。讲仁义道德，是用正义公理来感化人；讲功利强权，是用洋枪大炮来压迫人。"[1] 日本虽然口头上讲王道乐土，事实上却用霸道制造战争焦土。它原来流行的主导性的儒学，早年已经对孔孟之道的核心理念有所曲解，如将"忠"狭窄化为忠于天皇并形成无条件崇拜。明治维新以后，主流社会进一步抽掉儒学的灵魂，抛弃仁爱忠恕之道。既不讲"己欲立而立人，己欲达而达人"的忠道，更不讲"己所不欲，勿施于人"的恕道，完全失去天下一家的情怀，而用强权民族主义和称霸野心取而代之，不断强化武士道的有勇无仁精神，遂成为侵略成性的东方法西斯国家，不断发动野蛮的侵略战争，侵占朝鲜和中国东北，进而侵占中国大片领土，制造南京大屠杀，又进而侵占东南亚、发动太平洋战争，使东亚和亚洲各国数千万民众生灵涂炭。它在破坏东亚文明共同体的同时，也使日本民众陷于灾祸，第二次世界大战后承担了战败国的苦难。战后政治集团不少人由于忘却恕道，不能稍许设身处地体会受害国民众的悲愤心理，反而参拜靖国神社，向甲级战犯顶礼膜拜，造成日本在东亚和世界的孤立。

历史证明，日本脱亚入欧、抛弃儒家仁义之道，虽能富强于一时而不能持久，因为它以奴役别国为手段，必然引起反抗，最终败于正义的力量。事实上

---

[1]　参见孙中山：《大亚洲主义》，《孙中山全集》第十一卷，人民出版社 1985 年版。

日本并未真正"入欧"，不仅在于它缺少西方基督教对社会道德的维系，还在于第二次世界大战后它未能像欧洲大国那样在内外政策上作大幅度调整，尤其未能像德国那样对法西斯罪行作深刻反省，努力取信于被法西斯蹂躏过的各国。可是它的确"脱亚"了，脱离了儒佛道三教的仁爱慈悲之道。主张和平的人们都盼望它在学习西方的同时能在精神上重返东亚。中国近代闭关锁国、袭古不化，也不能完成现代转型，跟不上时代潮流，遂沦为半殖民地半封建国家。后来中国在革命性变革中走向独立并推进建设事业，一扫陈腐旧习而焕发出蓬勃生机。但在文化上一度掀起反孔批儒运动，其结果未能有益于中国的现代化。所以中国在改革开放以后，重新评价孔子儒学和传统文化，用中华文化（儒佛道是核心）的复兴支撑中华民族的伟大复兴。韩国在第二次世界大战后独立，积极学习西方，同时在道德和民俗层面保存儒佛道三教文化传统，把它们融入现代化的事业中，取得公认的巨大成就，其对儒家文化的传承守护在东亚各国是最多的，民族文化主体性得到展现。历史经验告诉人们，以农业文明为基础的东亚共同体在现代化大潮中的破碎有其必然性，但儒佛道三教文化的深层价值却不宜简单否定。东亚共同体有望在新的时代条件下重建，但不是摆脱三教文化，而是在综合东方与西方文化的基础上进行创造性转化，走出一条崭新的道路。

四

东亚出路何在？曾作为东亚共同体精神主轴的儒学在现代化事业中只有负面作用吗？马克斯·韦伯在《中国的宗教：儒教与道教》中断言：儒学否定彼岸，没有一神教的外在超越的宗教精神，因而也缺少救世宗教以神圣性对世俗社会进行理性制约的功能；它只是一种秩序的理性主义，意味着理性地适应世界，不能像基督新教那样理性地把握世界，而后者经由经济理性主义成为资本主义精神。韦伯的结论是：儒教阻碍中国资本主义的发展。[①] 美国哈佛学派学者列文森在《儒教中国及其现代命运》中认为：儒学最本质的特征是"中庸"，它能成就社会的长期稳定，但缺乏与现实的张力，因而也没有活力，不能导

---

① ［德］马克斯·韦伯：《中国的宗教：儒教与道教》，康乐、简惠美译，广西师范大学出版社2010 年版。

致真正的社会变革；中国的现代化变革是在西方文化全面冲击下发生的，与儒学无涉；儒学不再有新的发展前景，中华传统文化将走进历史博物馆。① 韦伯与列文森唱衰儒学、把它与现代化对立起来的观点，在世界在东亚都有很大的影响。东亚人如果接受这种观点，便意味着只能跟在西方后边，走西方的现代化之路。然而事实上、理论上皆非如此。从理论层面上说，儒家既讲改良，讲"汤武革命"，也讲变化日新，其中庸之道强调"时中"即与时俱进，因而有着持续的活力。儒学有常有变，因而在历史上，不仅是社会稳定的文化力量，也是批判陈腐、力求革新的文化力量。从事实层面上说，唐代社会造就开放繁荣盛世，北宋和明代中后期商品经济发达、思想文化活跃、社会发展出现转型趋势，其中皆有儒学通变之学和新学派的新思想的推动作用。唐代的繁荣被藩镇割据所打断，宋、明的两次社会转型被文化保守的元代和清代所打断，儒学经世致用的作用未能有效发挥。第二次世界大战后，受儒学长期浸润的日本和"亚洲四小龙"（新加坡、韩国、中国台湾与中国香港）经济腾飞的事实，改变了西方的亚洲观和儒学观。人们不仅从中认识到引入西方市场经济、管理经验与高科技之必要，也看到了儒家文化中有推动现代化、纠补西方化的积极要素。儒学关于以人为本、关于社会担当和道德责任的思想，关于因材施教、培育人才的思想，关于以义导利、诚信为重的思想，关于协调关系、和谐族群的思想，不仅有益于市场经济伦理和社会文明建设，而且可以弥补西方企业管理中见物不见人、市场不正当竞争、社会生活金钱万能、劳资双方尖锐对立等弊病，使现代化进程既顺畅又平稳，走出一条东亚特色的现代化之路。东亚的崛起打破了"韦伯定律"，被人们称为"儒家资本主义"。中国三十多年经济社会发展突飞猛进，已成为世界第二大经济共同体，其巨大成就是举世公认的。它走的是中国特色社会主义道路，以共同富裕、社会和谐、自由平等、民主法治、诚信友善、敬业乐群为价值追求，其中有社会主义的理想，有中华文化的精粹，又有西方文化的成果。东亚目前是世界经济发展最有活力的地区，各国社会制度不同，但有共同的历史文化背景，特别是有儒佛道三教文化的根基，这是我们应当引以为豪的，我们要把一度失落的东方精神找回来。

---

① ［美］列文森：《儒教中国及其现代命运》，郑大华、任菁译，中国社会科学出版社 2000 年版。

我们面临着一系列新的挑战和重任。

第一，继承发扬儒佛道优良传统，剔除其陈旧的成分，创新其精华的质素，重建东亚文明共同体。儒佛道三教都需要一次新的转型：儒学要清除不适合当代公民社会的"三纲"（君为臣纲、父为子纲、夫为妻纲）之说，充实和发挥"五常"（仁义礼智信）之道和"八德"（孝悌忠信礼义廉耻）之理，用"尽己为人之忠"、"推己及人之恕"和"克己复礼之仁"，把孔子的仁礼之学重新树立起来，使之成为东亚文明的坚固支柱。佛教要凸显慈悲、平等、中道、解脱的智慧和利乐有情的精神，克服商业化、庸俗化倾向，积极参与建设人间乐土，净化和提升人生境界。道教要高举老子《道德经》大旗，传承尊道贵德、道法自然、重生贵养、慈俭不争的优良传统，防止有术无道、借教敛财的歪风，在教义教理上不断创新，发挥天人和谐和养生文化的优势，为生态文明建设和社会大众的身心健康服务，为丰富发展民俗文化作贡献。

第二，以东亚传统文化为根基，继续学习西方科技文化、民主理性、竞争意识、市场规则、人权法治，建设现代公民社会，各国在社会制度选择上采取独立自主、互相尊重的态度。在吸收西方文明优秀成果的同时，拒绝其单边主义、自我中心、物质崇拜等负面的影响，把社会责任和个人权利、爱国主义与世界主义、公平正义与利益诉求、道德礼法与市场经济结合起来，走东亚式的现代化之路。

第三，总结历史经验教训，既不忘东亚共同体文明交流互学的美好历史，也不忘法西斯侵略战争造成的悲惨结局，清除军国主义影响，目的是永不走回头路，坚定开拓和平发展、睦邻友好、合作共赢的美好未来，实现共同繁荣。东亚历史经验教训的普遍意义在于：其一，儒佛道三教是博爱的学说，注重道德教化，具有和平主义的性格，不可放弃，它们共同铸成的东亚精神代表着一种高度发育的文明，不会过时，只宜改良。其二，不同国家民族之间能够求同存异、彼此尊重、和平共处，在交流互学中相得益彰，形成地区性文明共同体，东亚在很长历史时间内就是这样的共同体，这一经验也适用于整个世界。其三，侵略战争是破坏东亚文明共同体的罪魁祸首，它不但给受害国家人民带来苦难，最终也给侵略者所在国家的人民造成灾祸。善良终将战胜罪恶，天道好还，报应不爽。当前欧洲难民潮，是由西方霸权主义在中东策动战争引起的，如今西方国家自身要吞食苦果。人是有理性的动物，能够总结经验、反思教训，走向和解。

第四，打造新的东亚命运共同体。东亚地区最近几十年的发展已形成相互依赖的经济共同体，得益于东亚无战事的和平环境，但由于缺少对东亚精神和新型国际关系的共识，东亚经济共同体尚比较脆弱，必须通过文明对话与交流加以提升和巩固。一是要排除域外强权势力的插手、挑拨，二是要实行孔子"己所不欲，勿施于人"的恕道。只有倡导仁和慈爱文化才能建成和平、和睦、和谐的东亚，并为建设人类文明共同体作出贡献。

五

东亚国家之间新型国际关系的建设，应全方位进行：既有政界的对话、商界的互通，也有民间文化的交流。冷战期间中日、中韩之间在国家关系上是冻结的，但民间人士友好来往与文化交流未曾中断，它给后来国家关系正常化创造了条件。最近三十多年，学界大力开展东亚学术研究与合作，儒学界、佛教界、道教界密切交往，正在发挥三教文化的黄金纽带作用。

在儒学方面，1994 年成立国际儒学联合会，总部设在北京，宗旨是"研究儒学思想，继承儒学精华，发扬儒学精神，以促进人类的自由平等、和平发展与共同繁荣。"发起单位包括中国孔子基金会、中国台北中华孔孟学会、韩国儒教学会、日本斯文会、美国国际中国哲学会、新加坡国立大学汉学研究中心、中国香港人文科学学会及越南代表。二十多年中，国际儒联在各国众多学者积极参与下，为推动东亚和世界儒学文化交流做了大量有效的工作，产生了巨大的国际影响。韩国的儒教学会、成均馆、孟子学会及许多大学的学者在弘扬儒家文化中的成绩尤为突出。

在佛教方面，中、日、韩、缅、柬、泰、美等国佛教界来往频繁，高举和平、发展、合作的旗帜，推动世界和谐，其中赵朴初居士以菩萨心肠架设中日韩友谊金桥，他说："众所周知，中、日、韩三国自古为友好邻邦，往来不绝。自佛教起源于印度而传入东南亚，中、日、韩三国佛教互相交流，相师相长，曾有过漫长的友好交往"[1]，而今佛教这条黄金纽带仍然是维系东亚友谊的重要

---

[1]　倪强：《赤子佛心赵朴初》，宗教文化出版社 2007 年版，第 376 页。

精神力量。近些年佛教界连续举办国际佛教论坛，为世界和平提供平等、慈悲的大智见、大心量。

道教界也后来居上，在加强人员往来的同时，举办国际道教论坛，运用老子和道教的智慧，助推东亚和世界开拓通向和谐的大路。老子的《道德经》广泛流行于东亚和世界，其翻译版本之多、流传数量之大，仅次于《圣经》。自世界金融危机以来，人们对《道德经》的当代价值有了新的体认。老子说："罪莫大于可欲，祸莫大于不知足，咎莫大于欲得。"（《道德经》第四十六章）而金融危机的根源正在于资本的贪婪未能有效控制。老子提出三宝，即"一曰慈，二曰俭，三曰不敢为天下先。"（《道德经》第六十七章），这正是对治经济危机、社会危机、道德危机的良方佳药：用"天之道，利而不害"的"慈"，对治损人利己的"私"；用"见素抱朴"的"俭"，对治霍挥浪费的"奢"；用"圣人之道，为而不争"的"不敢为天下先"，对治征服争夺的"霸"。《道德经》没有过时，东亚和世界仍然需要老子的智慧。

2008 年东亚宗教文化学会在韩国釜山成立，其宗旨是"促进东亚宗教文化的研究和国际间学术交流"，它是东亚学术研究的一个重要平台。我在该学会成立大会和学术研讨会上发言的题目是《东亚宗教文化模式及其现代意义》，其中指出"东亚地区处在儒学文化圈、道家文化圈和佛教文化圈之中，其宗教文化深受儒道佛三家仁慈、中和、宽厚、尚德思想的影响，形成独具东亚风格的多元通和模式……有四大特色：第一，多样性的和谐；第二，重义礼道德；第三，把主体性与多样性、民族性与开放性结合起来；第四，人道与神道并重，哲学与神学互补，人文理性始终据有主导地位。""东亚地区面临着传统与现代冲突的挑战，我们要研究、继承和发扬东亚宗教文化多元通和的优良传统，在现代化进程中发挥儒佛道三教的伟大智慧和道德力量，消除内部极端主义滋生的根源，防止外部极端主义对东亚的渗透，保持东亚地区的持久和平、安宁和繁荣。同时广泛开展世界文明对话，使历史上文明的东亚模式和东亚经验回归东亚并走出东亚，为世界更多的人所了解，在化解族群冲突、推动族群和谐中发挥积极作用。"我认为，这是我们东亚人崇高的历史使命和责任担当。

（中央民族大学哲学与宗教学学院教授）

东亚文化会通与阳明心学的近代价值

魏常海

中国与韩国（朝鲜）、日本，自古以来联系十分密切，文化方面的交流互动源远流长，有学者称之为儒教（儒学）圈，也有学者称之为大乘佛教圈，我想可以叫作汉字文化圈，也可以说是一个东亚文化共同体。这个文化圈一千多年来不断展现出东亚文明的特色，体现着东亚文化的价值。这个文化圈以儒释道三教的会通为基干，通贯在这一地区的整个传统文化中，并且一直发展到现在。在东亚传统文化的发展中，阳明心学融会三教，创造性地整合传统文化，推动传统文化达到了一个崭新的高度，对近代东亚社会产生了重要的积极影响。本文即立足于东亚文化会通，来探讨阳明心学的思想、理念、精神在东亚近代社会的价值。

一、东亚文化以儒释道会通为根基

在朝鲜半岛，早在西汉时期就传入了中国的文物制度和儒家思想。到东晋十六国时期（公元 4 世纪 70 年代），发源于印度而经中国化的佛教也传到朝鲜半岛。唐武德、贞观年间（618—649），中国本土诞生的道教也传到那里。自此之后，以三教为主体的中国传统文化逐渐融入海东社会，与当地固有的文化结合在一起，形成了带有当地特色的海东传统文化，与中国文化交流互动，协同发展。中国的三教，虽有相互冲突、相互排斥的一面，但总体上是以相互吸收、相互融合为主流的。自战国末期即有儒学与道家等学说涵容互摄的趋势，经秦汉而至于魏晋，儒道融合产生了以《老子》、《庄子》、《周易》"三玄"为依凭的新的哲学形态——魏晋玄学。自隋唐时期起，儒释道三教会通成为中国哲学思想发展的大趋势。这种发展趋势，至宋明乃有新儒学即宋明道学（包括理学、气学、心学）的创建，宋明道学的顶峰即阳明心学。三教之间你中有我、我中有你，无法截然分开。朝鲜半岛的三教关系，也和中国的三教关系一样，以会通为主。

在朝鲜半岛的新罗时期，有一位著名的大学问家叫崔致远（字孤云，858—?），12岁入唐求学，18岁科举登第，调授宣州溧水县尉，迁承务郎侍御史内供奉赐紫金鱼袋。28岁归国后曾任侍读兼翰林学士守兵部侍郎知瑞书监事等职，后来弃官，"逍遥自放山林之下、江海之滨，营台榭，植松竹，枕藉书史，啸咏风月。"① 不知所终。高丽显宗时从祀圣庙，追谥文昌侯。崔致远在中韩文化交流史上占有重要的地位，他的《桂苑笔耕集》不仅是一部优秀的诗文集，而且保存了大量的史事，对研究晚唐社会颇具文献价值。他是韩国历史上第一位留下个人文集的学者，韩国人誉之为"东国儒宗"②。他在诗文辞赋等方面有相当高的造诣，并且对儒释道思想都很精通。在唐代儒释道三教融合的时代，崔致远长期仕唐，一贯秉持儒释道三教并行而不相悖的理念，并且十分肯定新罗国三教兼容的"玄妙之道"。

他在《鸾郎碑序》中说："国有玄妙之道，曰风流。设教之源，备详仙史。实乃包含三教，接化群生。且如入则孝于家，出则忠于国，鲁司寇之旨也；处无为之事，行不言之教，周柱史之宗也；诸恶莫作，众善奉行，竺乾太子之化也。"③ 这里称之为"风流"的"玄妙之道"，是指新罗的花郎道，花郎道也叫风流道、风月道，既是带有宗教性质的团体，又是政治性的团体。从新罗中期开始，国家的重要官职许多是从花郎的成员（郎徒）中选任的，造就了不少在统一三国中发挥了重要作用的政治、军事人才。《鸾郎碑序》即是为花郎徒鸾郎所撰的碑序。崔致远称花郎道（风流道）是"玄妙之道"，并且指出，风流道汲取了儒释道三教的思想，儒家的忠孝观念，道家的无为主张，佛家的止恶扬善之教化，在风流道中有机地结合在一起，发挥了"接化群生"的功用。这

① 《崔文昌侯全集》，成均馆大学校大东文化研究院1972年编，第409页。
② 《崔文昌侯全集》，成均馆大学校大东文化研究院1972年编，第438页。
③ 《崔文昌侯全集》，成均馆大学校大东文化研究院1972年编，第212页。

是韩国历史上三教会归一道的典范，成为当时新罗统一三国的思想基础，推动了社会的文明进步。

在日本，儒学和佛教都是经由朝鲜半岛三国时期的百济传入的，儒学的传入是在3世纪80年代，佛教则是在6世纪中叶。道家思想和道教何时、经由什么途径传到日本的，史书没有明确的记载，但至迟到推古朝圣德太子时（574—622）道家思想和道教典籍已经在日本流行。日本的儒释道三教，同样融入了日本社会和文化之中，成为日本传统文化中的重要组成部分，也同样贯穿着三教会通的理路。这里举出两个例子，以见其融合的思维形态。

其一，推古天皇时代的圣德太子，积极开展与中国的交往，数次派人出使隋朝，声称"冀闻大国维新之化"（《隋书·倭国传》），并派出留学生、学问僧多人来华，研究中国的文物制度，吸收中国的思想文化。相传是他制定的《十七条宪法》（《日本书纪》第22卷），相当于官吏守则，其内容主要以五经四书等儒家典籍为依据，诸如"以和为贵"、"承诏必谨"、"群臣百寮，以礼为本"、"忠君仁民"、"信是义本，每事有信"、"使民以时，古之良典"等条目，都明显体现了儒家思想。但强调"笃敬三宝。三宝者，佛、法、僧也，则四生之终归，万国之极宗。何世何人，非贵是法"，又把佛法摆在了重要地位。还有"绝餮弃欲"、"是非之理、讵能可定。相共贤愚、如环无端"等说法，则带有道家的思想特点。也有一些条目，是三教思想和法家等思想结合在一起的，不好归为哪一家。这种三教融合的主张，为此后不久的大化革新——日本历史上的第一次文明飞跃奠定了思想基础。

其二，日本的神道教，是在日本古代传统民间信仰的基础上，吸收儒释道三教思想而逐渐理论化、体系化，从而形成以尊崇天照大神为中心的日本宗教。从奈良时代（710—794）起，日本神道就明显受到佛教的影响，出现了神佛融合的趋势，先有以神道诸神为守护佛法的"护法神"，继而有"诸神解脱"说、"本地垂迹"说等，后来又出现用佛教天台教说解释神道的"天台神道"及用佛教真言宗理论诠释神道的"真言神道"。到江户时代（1603—1867），儒学成为意识形态的主流，与儒学结合的神道派别也兴盛起来，诸如林罗山倡导的"理当心地神道"、吉川惟足创立的"理学神道"、山崎暗斋开创的"垂加神道"，都带有神儒合一的倾向。即使江户后期形成的主张从日本古典中发现"真正的日本精神"的"复古神道"，也渗透着儒佛思想。另外，神道教世界观的确立，见于《古事记》和《日本书纪》，其中关于天地开辟、众神生成的论说，颇似中国的《淮南子》、《三五历记》等书的记述。而"神道"用语的含义，神道中一向崇奉的剑、镜、玉三种神器，天皇、真人等尊称，崇尚紫色的观念等，都与道教有密切关系。

当然，虽说三教会通，也不是完全融为一体，不是没有了儒释道的区别，一方面是你中有我、我中有你，另一方面是你还是你、我还是我，这样的文化才有内在的活力。

从另一个角度看，东亚各国的儒学儒教，是紧密贯通着的，东亚各国的佛教和道家思想、道教，也是如此。就佛教而论，中国佛教传到朝鲜半岛和日本之后，朝鲜半岛和日本的佛教既继承了中国佛教，又体现出本土特色，并且有诸多创新和发展，这又反过来推动中国佛教的提升。例如朝鲜半岛新罗时期的元晓、高丽时期的义天、知讷，日本佛教真言宗的创始人空海、曹洞禅的传人道元等，都在继承中国佛学思想的基础上取得了超越性的成就，并且对中国佛教产生了重要影响。佛教在东亚各国之间绝不是简单的传播，而是在交流互动、互学互鉴的过程中，共同推动佛教文化不断推陈出新。就儒学而论，东亚的儒学发展是一个整体，在我看来，中国的程朱理学，自朱子之后没有太大的发展，而是朝鲜王朝的李滉、李栗谷等大儒，把理学推到了新的高峰。中国的心学，在王阳明之后也没有显著的建树，倒是日本的阳明学派，彰显了阳明心学的社会价值。

二、阳明心学融合儒释道三教的智慧

孔子创立的儒家学说，到宋明时期发展为新儒学，压倒隋唐时期盛行的佛教，在意识形态上占据了统治地位。而新儒学的建立，无论是理学派、心学派还是气学派，除了继承和发挥儒家的传统思想，还着力吸取佛、道思想特别是佛教思想。不管新儒学的提倡者们为牢固树立儒家的道统而在口头上如何排斥佛、道，但在实际上，如果离开了对佛、道思想精华的吸收，新儒学的创立是不可能的。在融汇三教智慧方面，阳明心学可以说具有典范性，也因此而把新儒学推到了一个新的高峰。

王阳明（1472—1529）是明代最著名的哲学家，心学集大成者，又是著名的教育家、军事家、文学家，精通儒释道，自成一家之言，而且能够统军征战，战功卓著，是中国历史上罕见的文武两方面都有极高建树的人。清代著名学者王士祯说："王文成公为明第一流人物，立德、立功、立言，皆居绝顶。"①

王阳明的核心思想集中起来就是"致良知"三个字，这是他晚年自己归纳的。王阳明说："良知之外，别无知矣。'致良知'是学问大头脑，是圣人教人第一义。"②"吾平生讲学，只是'致良知'三字"③。这三个字是他对自己"心即理"、"心外无理"、"知行合一"等心学理论的高度概括与提炼。黄宗羲称阳明致良知"震霆启寐，烈耀破迷，自孔孟以来，未有若此之深切著明者"。王阳明的良知说，正是融摄三教为一体的理论结晶。

在他看来："良知是天理之昭明灵觉处，故良知即是天理。"④"天理即是良知。"⑤"良知即是道。"⑥"道即是良知。"⑦致良知即知行合一："尔那一点良知，是尔自家底准则。尔意念着处，他是便知是，非便知非，更瞒他一些不得。尔只要不欺他，实实落落依着他做去，善便存，恶便去。他这里何等稳当快乐。此便是格物的真诀，致知的实功。"⑧良知既是内在的，又是至上的和普遍的，是内在超越与外在超越的统一。

阳明"致良知"无疑是本于儒家立场，是把孟子"良知"说和《大学》中的"格物致知"说（阳明称"致知格物"）结合起来而提出的。在这个基础上，他融通佛道，形成了独有的思想体系。

例如，他在谈到什么是"良知"时说："良知是造化的精灵，这些精灵，生天生地，成鬼成帝，皆从此出，真是与物无对。人若复得他完完全全，无少亏欠，自不觉手舞足蹈，不知天地间更有何乐可代。"⑨"生天生地，成鬼成帝"

① （清）王士祯：《王文成》，《池北偶谈》卷九，中华书局1982年版。
② 《传习录中·答欧阳崇一书》，《王阳明全集》（新编本），浙江古籍出版社2010年版，第77页。
③ 《寄正宪男手墨二卷》，《王阳明全集》（新编本），浙江古籍出版社2010年版，第1039页。
④ 《传习录中·答欧阳崇一书》，《王阳明全集》（新编本），浙江古籍出版社2010年版，第78页。
⑤ 《传习录下》，《王阳明全集》（新编本），浙江古籍出版社2010年版，第120页。
⑥ 《传习录中·答陆原静书》，《王阳明全集》（新编本），浙江古籍出版社2010年版，第75页。
⑦ 《传习录下》，《王阳明全集》（新编本），浙江古籍出版社2010年版，第116页。
⑧ 《传习录下》，《王阳明全集》（新编本），浙江古籍出版社2010年版，第102页。
⑨ 《传习录下》，《王阳明全集》（新编本），浙江古籍出版社2010年版，第115页。

这类的话语，自孔孟以来的儒家学者似乎从来没有人讲过，这是《老子》论"道"的语言。《老子》中说"道"是"先天地生"，"可以为天下（地）母"，"似万物之宗"，"象帝之先"。阳明正是受了道家这种思维理论的启发。但是他不太赞成道家"人法地，地法天，天法道，道法自然"的主张，或许在他看来，道家虽然把"人"摆在了"域中四大"之一的重要地位，但是"人"居四大之末，抹杀了人的主体性。而佛教则强调"三界唯心，万法唯识"；"心生种种法生，心灭种种法灭"。《六祖坛经》中说："我心自有佛，自佛是真佛，自若无佛心，何处求真佛？""外无一物而能建立，皆是本心生万种法。"这与王阳明的心学思想正相契合，从"本心生万种法"，即可演变为"良知生天生地，成鬼成帝"。对阳明所谓的"生"、"成"，不应该简单地从本体论或生成论的角度去解读，应从人的主体性、人的价值方面来探究。

王门的四句教："无善无恶是心之体，有善有恶是意之动，知善知恶是良知，为善去恶是格物。"[①] 显然是三教思想融合的产物。而王阳明《咏良知四首示诸生》[②]，只要改动两三个字，即可由儒诗变为地道的佛诗。如第一首："个个人心有仲尼，自将闻见苦遮迷。而今指与真头面，只是良知更莫疑。"只要把其中的"仲尼"改为"牟尼"，把"良知"改为"佛性"，就是很好的佛诗了。其他三首也是如此。

宋明新儒学的提倡者，大多以批判佛老为能事，虽然吸收佛老思想，却难得承认与佛老的共同处。而阳明则谓："守仁早岁业举，溺志词章之习，既乃稍知从事正学，而苦于众说之纷扰疲迹，茫无可入，因求诸老释，欣然有会于心，以为圣人之学在此矣！然于孔子之教间相出入，而措诸日用，往往缺漏无归，依违往返，且信且疑。其后谪居龙场，居夷处困，动心忍性之余，恍若有悟，体验探求，再更寒暑，证诸五经、四子，沛然若决江河而放诸海也。然后叹圣人之道坦如大路，而世之儒者妄开窦迳，蹈荆棘，究其为说，反出二氏之下。宜乎世之高明之士厌此而趋彼也！此岂二氏之罪哉！"[③]"后世儒者不见圣学之全，故与二氏成二见耳。譬之厅堂三间共为一厅，儒者不知皆吾所用，见

---

① 《传习录下》，《王阳明全集》（新编本），浙江古籍出版社 2010 年版，第 128 页。

② 《王阳明全集》（新编本），浙江古籍出版社 2010 年版，第 826 页。

③ 《传习录下·朱子晚年定论序》，《王阳明全集》（新编本），浙江古籍出版社 2010 年版，第 139—140 页。

佛氏，则割左边一间与之，见老氏，则割右边一间与之，而己则自居中间，皆举一而废百也。圣人与天地民物同体，儒、佛、老、庄皆我之用，是之谓大道。二氏自私其身，是之谓小道。"① 这里说佛道二氏自私其身是"小道"，儒释道归为一体才是"大道"，那么，儒者如果"自私其身"而排斥佛老，也就同样是"小道"。三教会通，并融合各种传统文化中的精华，不断汲取新的外来文化，是中国传统文化长盛不衰、历久弥新的生命力之源泉所在。王阳明正是站在这样的高度，铸成"三智一道"的思想体系，这是中国哲学上一个非常卓绝的创建，从而对于中国乃至东亚的近现代社会都产生了重要的影响。

三、"致良知"激荡东亚近代

阳明心学的影响力不仅仅限于中国，对日本、朝鲜半岛等国家和地区也有非常大的影响。近代以来，其影响力在东亚更为显著。

在中国近代，戊戌变法的主要代表人物康有为、梁启超，这两个人都是极力赞扬阳明思想的，非常佩服王阳明。维新派的领袖康有为"独好陆王，以为直截明诚，活泼有用。故其所以自修及教育后进者，皆以为鹄焉"②。康有为也重视西学，但是他的观点认为，还是要把西学跟中国的传统文化结合起来，不能全面西化，传统文化中他最看重的还是心学，特别是阳明学，对别的学说即使喜欢也没有到了喜欢阳明学这样的程度。他对王阳明本人和心学者赞誉有加，称："言心学者必能任事，阳明辈是也。大儒能用兵者，惟阳明一人而已"③。"明人学心学，故多气节，与后汉、南宋相埒。本朝气节扫地，皆不讲心学也。"④

梁启超对阳明学有很大的倾心，他对于阳明学的阐述主要集中在《德育鉴》、《新民说》、《儒家哲学》等文中，尤其是在《德育鉴》一文中，梁抄录了陆、王及其后学的大量言论，并作按语给予积极肯定的评价。如对王阳明的"致良

---

① 《年谱》三，《王阳明全集》（新编本），浙江古籍出版社 2010 年版，第 1298—1299 页。
② （清）梁启超：《康有为传》，《康有为学术著作选：康南海自编年谱（外二种）》，中华书局 1992 年版，第 240 页。
③ 《南海师承记》，《康有为全集》第二集，中国人民大学出版社 2007 年版，第 248 页。
④ 《南海师承记》，《康有为全集》第二集，中国人民大学出版社 2007 年版，第 258 页。

知"学说，梁认为"王子提出致良知为唯一之头脑，是千古学脉超凡入圣不二法门"①。并且称"致良知三字，真是呕心呕血研究出来，增减不得。……真所谓放之四海皆准，俟诸百世而不惑者也"②。

梁启超有感时人"坐视国难"、"败坏公德"，认为这些人"其良知未尝不知爱国合群之可贵，知其可贵犹尔尔者，则亦不肯从事于致之之功而已，有良知而不肯从事于致之之功，是欺良知也"，并认为，"阳明先生必提携知行合一，以为致良知之注脚"，"此法正可用于今日之社会。"③

梁启超说："晚明士气，冠绝前古者，王学之功，不在禹下也。"④"王阳明是一位豪杰之士，他的学术像打药针一般，令人兴奋，所以能做五百年道学结束，吐很大光芒。"⑤而且"其一字一句皆凛然若为今日吾辈说法"⑥。

阳明学最早传到日本，据说是通过一位日本僧人了庵桂悟，他1512年来华，在中国住留将近一年，结识了王阳明，回日本时，王阳明作《送日本正使了庵和尚归国序》一篇为他送行。自此之后，王阳明的书即在日本五山禅僧中流传。后来，中江藤树（1608—1648）开创日本阳明学派，德川幕府末期的佐藤一斋（1772—1859）又极力提倡。佐藤门下出现了一批尊信阳明学的爱国志士，成为推动明治维新成功的一股重要力量。日本明治维新时期著名的哲学家、思想家井上哲次郎，不仅对当时西方的思想文化非常熟悉，对中国和日本的传统文化也非常熟悉，有多部相关中、日及西方哲学与思想文化的重要著作。在中国哲学方面，撰有《日本阳明学派之哲学》（1900）、《日本古学派之哲学》（1902）、《日本朱子学派之哲学》（1905）等原创性的名著。他评论说：朱子学与阳明学各有短长，"但试考德川时代的儒教史，朱子学派中不无伟人，然固陋迂腐者颇多。反之，阳明学派虽人数较少，但多有建树者，而固陋迂腐之人几乎没有。若中江藤树，若三轮执斋，若中根东里，若春日潜庵，皆行为之可观者；若熊泽蕃山，若大盐中斋，若佐久间象山、吉田松阴，若西乡南

---

① （清）梁启超：《德育鉴》，《饮冰室合集》（专集之二十六），中华书局1989年版，第24页。
② （清）梁启超：《德育鉴》，《饮冰室合集》（专集之二十六），中华书局1989年版，第27页。
③ （清）梁启超：《德育鉴》，《饮冰室合集》（专集之二十六），中华书局1989年版，第38页。
④ （清）梁启超：《新民说》，《饮冰室合集》（专集之四），中华书局1989年版，第126页。
⑤ （清）梁启超：《中国近三百年学术史》，《饮冰室合集》（专集之七十五），中华书局1989年版，第3页。
⑥ （清）梁启超：《新民说》，《饮冰室合集》（专集之四），中华书局1989年版，第137页。

洲，皆事功之可观者。试看姚江学派之接续者，其人物之多，实乃显著事实。可见，阳明学果有陶冶人物之功决无疑"。①

梁启超在日本多年，对日本社会相当了解，对日本阳明学了解的也很多。梁启超说："（日本）维新以前所公认为造时势之豪杰，若中江藤树，若熊泽藩山，若大盐后素，若吉田松阴，若西乡南洲，皆以王学式后辈，至今彼军人社会中，尤以王学为一种之信仰。夫日本军人之价值，既已为世界所共推矣，而岂知其一点之精神教育，实我子王子赐之也。我辈今日求精神教育，舍此更有何物。抛却自家无尽藏，沿门托钵效贫儿，哀哉！"② 他又说："本朝二百余年，斯学销沉，而其支流超渡东海，遂成日本维新之治，是心学之为用也。"③

梁启超特别推崇日本阳明学派的吉田松阴等人。吉田松阴（1830—1859）首倡尊王攘夷、尊王倒幕，提倡新的思想，年仅 29 岁就被幕府杀害。他办的松下村塾，培养了高杉晋作、久坂玄瑞、伊藤博文等很多尊王攘夷运动的领导人。他的这些弟子对明治维新贡献甚大。明治维新成功之后，伊藤博文为松下村塾题诗曰："道德文章叙彝伦，精忠大节感明神，如今廊庙栋梁器，多是松门受教人。"当时中国的学者、政治家对他非常尊崇。1877 年出使日本的黄遵宪赞叹吉田松阴说："丈夫四方志，胡乃死槛车？倘遂七生愿，祝君生支那。"④

梁启超早在康有为办的万木草堂里就已经读过吉田松阴的书，非常佩服。后来戊戌变法失败，他流亡到日本，对吉田松阴有了更多的认识。他称吉田松阴为"新日本之创造者"，并且专门收集吉田松阴的著述，抄录出版了《松阴文钞》。

王阳明的学说在 16 世纪 20 年代初传到朝鲜，一开始就受到朱子学派的打压，难于形成独立的学派。到 17 世纪中叶以后，郑齐斗（1649—1736）弘扬阳明学，形成了江华学派，传承阳明的思想和精神。近代以来，阳明学在韩国的影响更为显著。朝鲜 1910 年被日本占领，即所谓日韩合并。好多儒学者都

---

① ［日］井上哲次郎：《日本阳明学派之哲学》，邓红、张一星译，东京富山房藏版 1924 年修订版，第 4—5 页。

② （清）梁启超：《德育鉴》，《饮冰室合集》（专集之二十六），中华书局 1989 年版，第 42 页。

③ （清）梁启超：《论宗教家与哲学家之长短得失》，《饮冰室合集》（文集之九），中华书局 1989 年版，第 46 页。

④ （清）黄遵宪：《近世爱国志士歌》，《人境庐诗草》卷三，古典文学出版社 1957 年版。

在反抗日帝的侵略，都在为爱国独立作着殊死的斗争，朴殷植是其中的著名代表人物。朴殷植（1859—1925）是近代的改革家、思想家、爱国运动的领导者，他在日帝占领朝鲜后，被迫流亡中国，继续开展反对日本侵略的爱国独立运动。1924 年 12 月在上海就任大韩民国临时政府国务总理兼代总统，1925 年 3 月被选为大总统。他对西方的思想做了研究，对中国的传统思想也做了研究，发现，王阳明思想最适合时代的需要。他撰著《王阳明实记》，还发表了《儒教求新论》等文。积极提倡改革维新，认为"维新之义，非自外来"。即来自儒学中的阳明学，"今之儒者，若在各种科学外追求本领学问，则从事阳明学，实乃简单切要法门。盖致良知之学，直指本心，为超凡入圣之门路。其知行合一，在于心术之微，则为紧切之省察法；在于事物应用，则具活泼之果敢力。此即阳明学派气节、事业特著，功效实多之所以。"① 阳明学主张"自得"，提倡思想自由，不像朱子学那样"束缚人之思想，不放开分毫自由"。他说："先生良知之作用，随处妙应，一言之下，感化人心，其效神速。"总之，良知是"自然明觉之知，纯一无伪之知，流行不息之知，泛应不滞之知，圣愚无间之知，天人合一之知。神乎妙乎，孰得以尚之！呜呼，人之有良知，如天之有日，而世之犹有疑于此者何哉？是自瞍其明者矣。是以余敢断言之曰：东西道学界，惟王学为独一无二之法门，而世之君子，其能无诮也否！"②

由上可见，近代以来，阳明学不仅仅在中国有影响，在日本、韩国的影响也都非常之大。这不是偶然的，阳明心学中必有适应东亚近代乃至现代社会变革和社会发展的独特的价值，需要我们认真研究。康有为说：阳明心学"直截明诚，活泼有用"，是用以自修和教育后人的好教材。他认为，"言心学者必能任事"，"明人学心学，故多气节"。梁启超也称赞王学的育人作用，认为"苟学此而有得者，则其人必发强、刚毅，而任事必加勇猛，观明末儒者之风节可见也"③。梁启超特别重视阳明提倡的知行合一精神，强调"此法正可用于今日之社会"。日本近代的井上哲次郎，深入研究了德川时代的儒学史，从历史事实的角度证明，"阳明学果有陶冶人物之功决无疑"。受到近代中日思想家敬重的志士仁人吉田松阴说："吾曾读王阳明《传习录》，颇觉有味。项得李氏

① 《儒教求新论》，《朴殷植全书》（下），檀国大学校出版部 1975 年版，第 47 页。
② 《王阳明实记》，《朴殷植全书》（中），檀国大学校出版部 1975 年版，第 48—49 页。
③ （清）梁启超：《德育鉴》，《饮冰室合集》（专集之二十六），中华书局 1989 年版，第 42 页。

《焚书》，亦阳明派，言言当心。""吾非专修阳明学，但其学真，往往与吾真会耳。"①"又尝读《王阳明年谱》，谓其警发门人，多于山水泉石间，窃服其理矣。吾非阳明也，然朋友切磋，亦当如斯。"② 他深切体会到阳明心学之"真"，能于日常生活中感化人心至深。王阳明说良知是"自家的准则"，韩国朴殷植则对此作了近代的发挥，他说，良知"是吾神圣之主人翁，是吾公正之监察官。"③ 此主人翁"精神清明，根基牢固，天下是非善恶、公私邪正了然可判，利害祸福、死生荣辱动挠不得，烈风雷雨不迷，千万人中必往，天下莫大事业不难做得。"④

中日韩近代进步的思想家们，如此孜孜不倦地从阳明心学中汲取思想营养和精神动力，用以促进东亚社会的革新与转型，清楚地彰显出阳明心学中包含着东亚传统文化的优秀精华，这是阳明对传统文化各派综合创新的成果。尊信阳明学的东亚近代的思想家们，同样对传统文化取融合的态度。

康有为的《大同书》，就一方面继承和发挥儒家思想，另一方面又汲取了佛教学说，所以他在设计维新方案时，常是儒佛兼用，认为儒佛二教"始终相承，有无相生，东西上下，迭相为经。"⑤ 梁启超也十分推重佛教，著有《论佛教与群治之关系》等文，论说佛教对社会改良的作用。章太炎对佛教也很赞赏，他主张以佛教发起国民信心，重建国民道德。他说："明之末世，与满洲相抗百折不回者，非耽悦禅观之士，即姚江学派之徒。日本维新，亦由王学为其先导。王学岂有他长？亦曰自尊无畏而已。其义理高远者，大抵本之佛乘，而普教国人，则不过斩截数语，此即禅宗之长技也。"⑥

日本阳明学派的开创者中江藤树（1608—1648）就曾说："圣人一贯之学，以太虚为体，异端外道皆在吾范围中，吾安忌言语之相同哉！"⑦ 深得阳明融会

① "语子远"，《松阴文钞》，上海广智书局 1906 年印行，第 62 页。
② "示诸生"，《松阴文钞》，上海广智书局 1906 年印行，第 25 页。
③ 《王阳明实记》，《朴殷植全书》（中），檀国大学校出版部 1975 年版，第 59 页。
④ 《告我学生诸君》，《朴殷植全书》（下），檀国大学校出版部 1975 年版，第 49 页。
⑤ （清）康有为：《康子内外篇·性学篇》，《康有为全集》（第一集），中国人民大学出版社 2007 年版，第 193 页。
⑥ 《答铁铮》，《章太炎全集》（第一辑）（太炎文录初编），上海人民出版社 2014 年版，第 386 页。
⑦ ［日］井上哲次郎：《日本阳明学派之哲学》，邓红、张一星译，东京富山房藏版 1924 年修订版，第 12 页。

诸教之真谛。他常以真如比良知，以三昧比知止，以无明与解脱比惑悟，并且对其弟子们说："顷日余看佛书，其奥旨亦悉包含于吾儒教中。若彼教别有好意思，学之亦可也。彼亦不过明其心，则何舍吾儒全体之教而别求之哉？学者所宜知也。"① 吉田松阴对佛教亦有同情的理解，他曾说："唯非常之人，乃能为非常之事。孔孟之去国，释迦之入山，皆非常情也。"② 又曾劝他的一位因尊王攘夷被追捕的门生说："汝去国后，为僧为妙。一有决志之机，二有匿身之便，三有生活之计。且僧侣反有知尊天朝者，禅学亦有足定心志者，是亦一益也。"③ 朴殷植则认为，"良知"不仅是"帝舜所谓道心"、"成汤所谓上帝降衷"、"孔子所谓仁"、"孟子所谓良知"，而且也是"释迦所谓话头"、"耶稣所谓灵魂"。④ 这是说，良知集合了儒佛耶之思想精粹。他还为朝鲜时代佛教的代表人物休静大师等作传，又为《净宗韩国传教志》作序，可见其兼融的立场。

说三教会通，只是就传统文化中的三大潮流而言，其会通的内容并不限于三教。并且，中日韩倡导阳明学的思想家们，不仅对传统文化取兼容并包的态度，而且无一不是熟悉西学并积极主张中西思想文化会通的人。阳明心学本身具有的包容性和开放性，阳明学提倡者的包容、开放精神，使阳明学能够与时俱进、不断适应新的时代，正所谓"有容乃大"。这是传承前提下的创新与超越，是突破现成思想局限、更上一层楼的大智慧。

当然，对于阳明心学，也应该和对待其他传统思想文化一样，采取批判继承的态度。我们今天所提倡的，并不是复兴阳明学，也不是复兴儒学、佛学或其他某种传统学派。我们的目的是，会通古今中外的各种优秀思想文化，不断开创中国特色的新文化。在这个过程中，阳明心学会给我们不少有益的启示。

（北京大学哲学系教授）

---

① ［日］井上哲次郎：《日本阳明学派之哲学》，邓红、张一星译，东京富山房藏版 1924 年修订版，第 123 页。

② "与无逸"，《松阴文钞》，上海广智书局 1906 年印行，第 53、54 页。

③ "语子远"，《松阴文钞》，上海广智书局 1906 年印行，第 61 页。

④ 《告我学生诸君》，《朴殷植全书》（下），檀国大学校出版部 1975 年版，第 49 页。

"巨型分断"的超克与理想东亚的可能性

张志强

引言:"加强中韩人文纽带"背后的时势难局

我们知道,中韩之间目前的贸易额已经相比于建交之初增长了 40 倍,中国是韩国最大的贸易伙伴,韩国则是中国第三大贸易伙伴,而且这种状况会在今后更加发展。但就是在经济关系如此热络的状况下,中韩两国民间却出现了需要认真面对的心理距离和相互误解,需要重新强调潜藏于两国之间的人文纽带来重塑信任,这才是"加强中韩人文纽带"这个话题中牵涉需要两国学者深入思考和严肃对待的问题。

严格地说,这种"政冷经热"的状况是当前中国对外关系当中普遍存在的问题,不过在周边国家,特别是在东亚区域表现得更为突出而已。所谓东亚区域,也常常被称为汉字文化圈、儒教文化圈,是一个具有高度辨识度的区域,正如法国学者汪德迈所说,在前现代历史上,这是一个具有高度内聚力的区域。而在近代历史上,这个区域中的人民也都曾经受过全球帝国主义的压迫,也都经历过民族解放和现代化赶超等大致相同的历史命运。以上这种状况的出现至少说明,在原本应该具有更多文化和历史亲近性的东亚区域,那些原本能够带来区域内聚力的文化因素和历史命运,却并没有在当前带来相应的情感呼应和理解信任。

那么,我们不禁要追问,这样一种悖论现象何以会发生呢?当然,单就中韩之间而言,如果仅从国际关系的角度来看,正如有韩国学者所指出的那样,很多韩国人对中国未来的远景"既期待又担忧"的矛盾心态的核心在于朝鲜问题，尽管建交二十多年来两国关系获得极大发展，但近来的"天安舰事件"和"延坪岛事件"却引发了"中国威胁论"。不过，如果是由具体事件引发的"中国威胁论"，当然也可以通过另外的具体事件或加重或缓解。问题在于，何以这些具体事件总会不断引发类似的担忧呢？在我看来，普遍存在于区域内部的这种"既期待又担忧"的纠结心态，不仅不是具体事件的后果，却可能是一种导引对事件认知态度的基本社会事实。"加强中韩人文纽带"，需要我们深入理解两国乃至区域内部的人文传统和精神世界，而进入人文传统和精神世界的深度，取决于我们对当代现实的理解的高度，以及我们对两国关系乃至区域未来的关心的深切程度，这就需要我们摆脱从单纯因果关系的角度关心现实的认识态度，而且能够深入人文学应该面对的情感、精神和历史世界，给出合情合理的解释，并尝试通过对历史的解释，来导引出我们对于未来的更为深远的想象来。这或许正是"加强中韩人文纽带"向两国人文学者提出的任务。

一、东亚内部的"巨型分断"：对白乐晴观点的阐释

2008 年，韩国学者白乐晴先生在中国台湾曾作过一个题为《东亚和解的路障》的演讲，他在演讲中讨论了东亚存在着的各种分断状况，这些分断状况当然主要是指冷战后依然存在着的如朝鲜与韩国之间以及中国大陆与台湾之间的领土分断，我们知道白先生曾把朝鲜与韩国之间的分断状况上升到一个分断体制的高度来加以描述，但在这个演讲中，白先生在此之外特别讨论了存在于东亚内部的、他称之为"巨型分断"（acro-division）的状况。所谓"巨型分断"，白先生的定义是"具有较长历史根源的大规模分断"。

在他看来，在东亚最重要的"巨型分断"有两个：一个是"日本与其余地区"之间的分断，另一个是"中国与其余地区"之间的分断。

"日本与其余地区"之间的分断，根源于明治维新之后的"脱亚入欧"的国策。"脱亚"意味着摆脱所在的落后区域，"入欧"则意味着加入一个先进的区域，成为其中的一员。在这里，"亚洲"和"欧洲"已经不仅仅是区域的地理空间，而是一个具有强烈价值意味的意识形态符号。正是在这种先进与落后，甚至是文明与野蛮的对立中，日本思想史上原本具有朴素亚洲感情的亚洲

主义终于蜕变为大陆主义，成为侵略和殖民东亚的意识形态。尽管日本帝国主义的历史终结于 1945 年的败战，但这种意识形态却并没有终结，不过第二次世界大战后的日本所要加入的先进行列已经不是欧洲，而是美国。正是通过与美国直接的特殊关系，这种意识形态继续被实际落实着。日本通过不断地赶超与学习始终坚持代表着所谓先进的文明世界的世界历史方向，成为那个先进文明世界的代理者。正是因为这种意识形态的持续存在，在我看来，"日本与其余地区"的分断，实际上也已经构成为一种"体制"。这种体制或许并非如韩国和朝鲜之间的分断体制那样是一种对立面之间相互依存的政治、经济、社会之间的共生结构，但却是在一种意识形态结构的意义上固化为一种认识论的"体制"：文明与野蛮、先进与落后的对立结构已经被意识形态的价值标准固化为一种潜在的思维模式，成为一种在一元论普遍主义之下的非此即彼、二元对立的认识论模式。我们知道，这种发生在意识形态领域里的"分断体制"，是经由近代史学和近代社会科学，通过进步史观、实证主义、主体哲学和民族主义等思想装置不断塑造的结果，它不仅是日本社会的意识形态预设，而且也已经成为弥漫于后发展国家内部的自我意识。实际上"日本与其余地区"之间的分断在一定意义上不过是发生在后发展国家自我意识当中的分断现象的象征而已（与其说这种自我意识分断是现代化意识形态的内容，莫如说它是欧美帝国主义精神霸权的产物）。

关于"中国与其余地区"之间的巨型分断，根据白先生的分析，这主要是由于中国在区域历史上的独特地位以及在地理空间规模上的巨大导致的。在他看来，"中国几乎无法算是一个普通的民族国家。由于中国的大小、历史、内部的多元性等，它跟其他东亚国家相较并不是相等的民族国家，也不可能相等。而当中国带着自己特有的民族主义等特质，开始采取或选择采取普通民族国家式的行动时，它跟其他国家不相等的这项事实，就变成严重不调和与不平衡的来源之一"①。也就是说，中国与其余地区的分断，是由于中国这个国家因其历史传统而带来的独特国家性质以及其地理空间巨大规模而带来的与其余地区之间的不相等、不对称、不平衡的状况。这也就是说，在一个以民族国家为

---

① 白乐晴：《东亚和解的路障》，载《白乐晴：分断体制、民族文学》，联经出版事业公司 2010 年版，第 270 页。

构成单位的现代世界里，国际之间遵循的是无论大小主权平等的原则，但中国却由于其自身历史和空间规模上的独特性，在事实上根本无法作为一个民族国家，也不可能完全自我约束以真正遵循与他国完全对等的原则。实际上，这种说法背后的潜台词是，传统中国是中华帝国，是整个东亚区域的中心，尽管它与现代帝国主义不同，但它在现代却仍然无法完全摆脱其帝国的习性，或者说它总是具有成为帝国的潜质。在一个以民族国家为基本政治单位的现代东亚世界里，中国只能算是一个异数，而且是危险的异数。因此，"中国与其余地区"之间的巨型分断，实际上就是地理空间规模上的大与小之间的不相称，是前现代的国家性质与现代民族国家之间的不适应，是历史上的中心边缘秩序与现代去中心的国际秩序之间的不调和。

如果我们把白先生指出的这两种东亚内部的巨型分断结合起来，我们就会发现，"中国与其余地区"之间的分断中的其余地区当然主要是指日本和朝鲜半岛，而"日本与其余地区"之间的分断中的其余地区当然主要是指中国和朝鲜半岛。因此，发生在东亚内部的巨型分断，就其实质而言不过是中国和日本之间的巨型分断，其中朝鲜半岛则处于居中的微妙位置，一方面正如白先生所言，由于亲日与亲美派在韩国统治阶级中占据主导地位，因此韩国也倾向对亚洲其余地区采取如日本一样的"暧昧立场"；另一方面，从现代历史来观察，朝鲜则当然更多地接近于中国的态度。也正是在此意义上，我们或许可以说，发生在"中国与其余地区"之间的分断主要是以中国与日本之间的分断表现出来。同样，也正是在这个意义上，如果我们接受了"日本与其余地区"的分断背后的意识形态预设，那么我们看待"中国与其余地区"的分断的态度，便会将其理解为一种先进与落后之间的分断，而且是中国与日本之间的落后与先进之间的分断。在一定意义上，中国内部的现代化派们，从晚清直至当代也都是如此看待中日关系的，即使是在遭受日本侵略的时代，那也不过是"落后就要挨打"的铁血证明。

不过，发生在"中国与其余地区"之间的分断，特别是与日本的分断当中，其实还存在另一种分断的内涵，那就是所谓落后对所谓先进的抵抗。正是这种抵抗，其实也同样构成了"日本与其余地区"分断的内涵之一。因此，在看待"中国与其余地区"的分断，特别是与日本和韩国之间的分断时，我们不能忽视另一个重要的历史维度，那就是"革命"的维度，实际上这也构成了一个重要的理解东亚区域现代史的价值维度。没有这个维度，我们便无法理解中国，当然也无法理解朝鲜。于是，我们可以推导出"中国与其余地区"之间分断的另一层内涵，那就是关于历史观的分断。这不仅包含着对前现代历史的基本看法上的分断，更包含着对于现代历史的基本看法上的分断。

实际上，正是由于这些历史观、价值观和意识形态上的深刻分歧，使得"中国与其余地区"之间的分断成为一种挥之不去的心理纠结和情感隔阂。那些原本促成了前现代东亚世界的内聚力的文化和历史因素，在当前不仅无法自在地发挥其人文纽带的作用，甚至成为被分断所利用的资源。以儒教这个可以作为区域文化象征的共享资源，在20世纪七八十年代"日本模式"风行和"亚洲四小龙"崛起的时代，则成为解释其成功模式的传统因素，于是有所谓"儒教资本主义"论；同样的，在当代中国则出现了一种"儒教社会主义"的思潮，其思想动机则是为"中国模式"的成功经验寻找历史和文化根据。同样的文化资源却被运用于解释两种截然不同的历史后果，这说明，即使是同样的文化传统不仅不会必定化解"分断"状况，而且还有可能被现实中的"巨型分断"所利用。

这样的事实让我们清醒地意识到，感情上的亲近并不会因为看起来的相似而自发产生，即使自发产生也不会持久。只有经过"感而遂通"的感通力来为其疏通渠道，通过感通中的相互理解，通过感通所启发而来的智慧，来抵达对方历史中的困难与苦痛，感情的兴起才有可能沛然莫之能御，而通达他者情感的能力本身就是一种深刻的关心他者的道德情怀。因此，在我们看来，感通力的培养是加强人文纽带的关键。只有在我们具备了能够通达对方痛苦的能力时，彼此之间的相互认识和理解才会是顺畅的。用儒家的术语来表达，这是由仁达智、以智通仁的境界。因此，为超克东亚内部的巨型分断，我们首先需要一种认识论的变革，重建一种"仁智合一"的感通能力。

二、如何超克东亚内部的巨型分断："中道主义"智慧与意识形态批判

在这里我们还是要以白乐晴先生的思想工作带给我们的启发来开始我们关于如何超克"巨型分断"的思考。白乐晴先生特别强调"智慧"相对于现代科

学知识的优越性，但"智慧"并不是对科学的简单否定，应该说"智慧"是一种对科学知识的调节和制约的能力（柳浚弼语）。或者在我们看来，"智慧"就是导引科学认知的一种道德能力，因为有这样一种道德能力的导引，科学知识才有可能成为对人类生活真正有意义的洞察而不是对人类的异化。在我们看来，"智慧"更是破除以科学的名义而产生的意识形态观念桎梏的工具。白乐晴先生提出一种"变革性的中道主义"，就是这样一种智慧，一种"转识成智"的智慧。在我们看来，"中道主义"的认识论具有一种瓦解现代诸种意识形态迷误，超克"巨型分断"的智慧潜能，值得我们深入挖掘和大力阐扬。

所谓"中道"是佛教中观学说中为破除"戏论"（概念或理论）执着而采取的一种准确呈现和认识现实的方式。因此，所谓"中道主义"就应该是一种能够破除任何意识形态执着，还原意识形态的缘起性质，同时又能够根据现实需要合理安排和运用意识形态的态度与能力。所谓"中道主义"的认识论，就是相对化任何一种绝对真理的一元化宣示，同时又能够根据条件恰如其分地安顿它的认识论。"中道主义"对一元绝对真理的相对化，并非取消其真理性，而是恰当地安排其真理性。根据这种"中道主义"的认识论，我们是要突破意识形态观念对现实的遮蔽，如其本来地呈现和认识现实，而这就要求我们能够恰如其分地驾驭和把握意识形态对于现实的有限揭示作用，既不会为其有限的揭示所带来的视野局限所蒙蔽，又能够经由意识形态的相对真理性，抵达一定的现实。因此，在我看来，"中道主义"的认识论，更为重要的作用在于开放出了更高地把握现实的主体可能性，使得主体在对现实更高且更全面的观照中能够始终把握价值创造的权能，而不为任何一种意识形态的执着所俘虏，最终成为价值自主自立的主体。这种主体不再是近代哲学自我肯定中的自我同一的主体，而是始终处于无与有的辩证关系中能够无中生有的创造性存在，是一种在价值创造中不断进行着创造的机能性主体，它永远向未来开放着自身的可能性，在创造中尽性知天。

根据这种"中道主义"的认识论，那种曾经主导东亚区域的现代化意识形态强权，便有可能被相对化。在先进与落后、文明与野蛮的现代化意识形态中，先进和文明是通过对自我的简单否定实现的，是奴隶力求改造自我以变成主人的过程。发生在东亚的具有一定普遍性的"脱亚入欧"的赶超逻辑，便是这样一种丧失内在张力的简单自我否定的发展模式。"中道主义"认识论的批判性意义其实在于，它并不是要对这种简单自我否定的赶超意识形态加以简单的否定，而是要从中拯救出能够掌控赶超发展的主体。发展是必要的，但发展不是通过放弃自我来实现的，发展恰恰是对自我的发展。

对现代化意识形态批判性转换的一个历史效应，是将我们从西方所宣示的普遍主义的一元论的世界历史发展模式中解放出来，再次确认自我的位置：亚洲或东方不再是西方或欧洲确认自我的依附性他者；另一个直接效应便是使西方从普遍主义的一元论霸权中回置回西方，只有把西方作为西方来对待，东西方之间才真正有可能在各自文明的根源处，重新寻找对话和沟通的可能性，从而为世界的未来创造更为丰富的可能图景。

对现代化意识形态的批判性转换的另一个历史效应，则是让区域内的各国不再根据普遍主义的价值秩序来安排区域内部的秩序，而是让我们各自放平心态来看待各自的发展模式，认识到不同发展模式是不同主体根据自身条件确立的发展自己的方式而已。

"中道主义"的认识论也可以批判性地转化以"抵抗"为主题的革命意识形态。在东亚近代史上，相对于日本的"脱亚入欧"的意识形态，出现了另一种以"亚洲"为本位的抵抗欧洲和帝国主义的论述和行动。"亚洲"这个地缘空间观念的出现本来是欧洲用来确认自我时所设定的他者，因此，以"亚洲"为本位进行的反抗，便包含了一种吊诡的逻辑，它既是对欧洲设定自己的接受，但同时又尝试去反抗这种设定的特定内容。相对于欧洲对亚洲的他者想象，这种"亚洲"观念是在"欧洲"压迫下的亡国灭种危机中的反抗连带的联合体，一种"否定性的联合体"（Negative Unity）①。因此，这样的"亚洲"是一个针对共同的敌人而形成的政治行动的联合体，我们当然可以设想，如果对立面不存在，政治行动的"亚洲"当然也便失去了存在的根据。正如韩国学者柳浚弼所指出的那样，如果被压迫者的抵抗当中缺少了一个自我抵抗的环节，在对他者的否定中丧失了自我否定的环节，那么这种抵抗将不可避免地为主奴辩证法所俘虏：奴隶对主人的抵抗仅仅是为了主奴地位的转换。这与那种试图通过变成主人来转换地位的做法并无实质上的不同，同样缺乏价值转换性创造

---

① 柯瑞佳：《创造亚洲：20 世纪初世界中的中国》，载《走出区域研究：西方中国近代史论集萃》，社会科学文献出版社 2013 年版。

的意义。真正具有价值转换性创造的抵抗，不仅是去抵抗压迫者，更要通过自己的抵抗来彻底转换压迫和被压迫的价值秩序，彻底根除压迫，从而谋求对世界秩序的根本改造。而要做到这一点，必须有一种价值的自觉，在抵抗中始终保持着自我抵抗的醒觉意识，这才有可能产生出一种全新的主体和全新的世界秩序。

这种在否定和自我否定中生成的主体，本身即是一种价值和文化的原理。它总是把他者作为自我成长的契机，同时也把自我的成长作为他者成长的条件，这正是"以他为自"的主体生成原理，而它同时也是一种道德的原理。在"以他为自"的道德互动中不断扩展自我生成的广度和厚度，同时也赋予他者的生成以同样的广度和厚度。在"以他为自"的道德互动中真正落实的是一种"齐物平等"的价值秩序。

对这种"以他为自"的主体生成原理的发明，会从根本上瓦解民族主义意识形态的根基。民族主义的意识形态是现代化意识形态的一个伴生物，它是近代主体哲学在民族层面上的展现。它以一个绝对确定性的自我为开端，中间尽管可能经历否定的环节，但最终仍将会以否定之否定的形式在更高的层次上再次确认自我的确定性，它是一个螺旋形的孤立且封闭的结构：起点即是圆满，是包含了所有潜能的圆满，终点也是圆满的，那是潜能实现后的圆满。这样一种主体其实就是神，而这样的民族主体自然是一个神话。这样的主体或民族是历史的前提，而不是历史的结果。而"以他为自"的主体生成原理，则经由一种源流互质的程序，是在源流之间的不断地相互质询中逐渐形成而且变化的主体意识，它是历史的后果，却非历史的前提，因为并没有一种贯穿历史始终虽变而不变的主体成为历史的前提。

"以他为自"的主体生成原理会要求我们正视历史，因为历史是主体形成的条件，而民族主义的意识形态则只关心民族，历史不过是民族神话展演的舞台。正视历史，就不会放过任何一个历史的细节，更不会有意回避任何一段历史，因为历史的每个细节都有可能蕴藏着理解我们自身的秘密。就东亚区域而言，正视历史就意味着要关心前现代历史和现代历史的连续，对于现代与前现代的断裂，也必须在历史的连续理解中才能真正获得解释。让我们斗胆地以朝鲜历史为例，为了理解现代韩国史，就无法回避五百年李氏朝鲜的历史，在东亚历史上还没有一个王朝可以持续 500 年以上，这本身就是一个政治成就，值得我们深入地理解，其中一定蕴含着丰富的朝鲜历史和政治的智慧。理解李氏王朝就能够深入认识 14—19 世纪东亚政治秩序变迁的实质，因而便不会轻易被一种多元封闭的民族主义想象所局限，丧失重建新东亚秩序的智慧。对于中国也一样，只有把对现代中国的理解纵深于三四百年前，才能够真正把握中国现代历史变迁的动力。我们对当代现实理解的高度有多高，就决定了我们深入于历史的深度有多深。在某种意义上我们可以说，未来东亚的本质取决于我们对东亚历史一遍遍诠释的深度和广度。这种历史智慧是东亚文明的重要精神财富。

根据民族主义的意识形态，每个民族都是同质且封闭的，因而异民族之间的异质性便可能导致真正沟通的不可能；在封闭同质的意义上，民族之间是不分高低贵贱一律平等的，但在不可沟通的意义上，民族之间的关系便也有了霸权生长的空间。更为重要的是，民族之间的多元平等是一种抽象的形式平等，它并不能取消民族之间在规模和实力上的实质不平等。民族之间的抽象平等只能是协调国际关系的国际法准则，却不能真正成为协调民族关系的政治准则。在现代条件下强权政治盛行的原因就在于此，民族主义无法真正带来一种公正的国际政治。

公正的国际政治秩序的实现，恰恰需要我们破除民族之间抽象平等的意识形态误区，凭借一种政治智慧的彻底性来正视规模和实力上的大小差别。差别的存在是一种自然的和历史的事实，但差别却并不必然意味着不平等，反而可能是带来真正平等的条件。严格地说，真正的平等不仅不是抽象的“一往平等”意义上的普遍平等主义，也非抽象的“自在平等”意义上的多元平等主义，而应该是发生在个别与个别、具体与具体之间的“不齐而齐”的价值对等性意义上的平等，这是一种因为差异所以平等的平等性，是一种“尽性”而非“适性”意义上的平等。“各尽其性”与“各适其性”的区别，在于是否能够给予个体一种充量发展且自作主宰的条件，在于是否接受和承认外在秩序所规定的“性”的内涵；只有这种意义上的平等性才真正建立起了个体之特别性的价值。①

因此，正视差别就成为一种伦理要求，同时它也是一种政治智慧。正视大

---

① 张志强：《“操齐物以解纷，明天倪以为量”——论章太炎“齐物”哲学的形成及其意趣》，《中国哲学史》2012 年第 3 期。

小的差别，不仅是对小者的伦理要求，更主要的是对大者的伦理要求。大者正视自己的"大"，意味着大者对"大"的责任的自觉，是大者对自身媒介作用之"大"的自觉。在"不齐而齐"的齐物平等世界里，"大"意味着"媒介"作用之大，同时这也意味着责任的重大。

正视历史，意味着去正视主体形成的复杂条件；正视差别，意味着去正视差别带来的不同伦理要求。正视历史和正视差别，才是产生创建更为合理合情的政治秩序的智慧根源。

最后，我们还是要回到白乐晴先生的智慧创造上来。白先生曾经提出过一个定义第三世界的方式，他说："如何定义第三世界，这点其实一直是不确定的……我主张，第三世界的用意，或者说把第三世界概念提出的用意，并非在于将世界分成三块，而在于将世界视为一个单一整体，但我们采取的不是所谓第一或第二世界的强盛国家观点，而是从普通民众出发的观点。这就是我试图形成第三世界观点的方式，如此一来，就没有需要去争论哪个国家属于哪一部分的世界。"①

在白先生看来，第三世界并非是一种划分世界的方式，而是一种定义整个世界的方式，所谓第三世界是从一种不同于强盛国家的视野和相应的价值出发来定义世界的方式。第三世界意味着一种新的看待世界的方式，一种新的结构世界秩序的价值观点和政治观点。我们期待着，经由我们对东亚内部"巨型分断"的超克，经由我们对东亚内部人文纽带的再次强化，经由"转识成智"的具有实践效能的认识论转化，能够建设一个理想的东亚，并将理想的东亚作为建设一个理想世界的起点。这或许是我们讨论"加强中韩人文纽带"对于东亚乃至世界未来的意义所在。

（中国社会科学院哲学研究所研究员）

---

① 白乐晴：《全球化时代的第三世界及民族文学概念》，载《白乐晴：分断体制，民族文学》，三联书店 2010 年版，第 191 页。

近代教育形成期东北亚儒学的三个潮流

——以中、日、韩三国为中心

［韩国］ 丁淳佑

绪　论

东北亚中、日、韩三国在今天的世界史潮流中担当着非常重要的角色。与19世纪后半期的状况相比，三国的政治格局也发生了巨大的变化。中、韩两国在近代化过程中步伐滞缓，然而现在却俨然是儒教文明圈飞跃性发展的国家的代表。日本自近代孕育期开始便以"脱亚入欧"为目标果断地接受西欧的近代化模式，因而提早迈入了实力雄厚的经济大国行列。那么在近代化过程中，三国的儒教资产究竟发挥着怎样的作用呢？关于这个问题，世界学术界中展开了题如"亚洲价值"（Asian Value）或者"儒教资本主义"等多样化的讨论。

关于儒教近代性的问题，正反两种意见在政治、经济、社会等诸多层面已经展开了无数次的论争，似乎没有再讨论的必要。然而本文想要集中考察的一点是，中、日、韩三国都保留着相同的儒教传统，却为什么各自沿着不同的历史轨迹前行。即便是处于同一儒教共同体之下，但在向近代化迈进的过程中，以何种方式利用原有的儒教资源，决定了各自在实现近代化的方式中所体现出的不同。

特别是19世纪末，东北亚中、日、韩三国在如何构建和运用与前近代教育截然不同的"新教育"这一问题上曾有深刻的考虑。对于内在的"传统"要素和外在的"外来"要素，应以何种基准对两者进行再认识并予以吸收？在新教育的构建过程中，东北亚中、日、韩三国便处于这样的双重紧张关系之中。三国各自的近代教育的个别性和相互差别性的产生就是源于对"传统"与"外势"

的不同认识方式。虽然三国都是成长于儒教文化这一共同的土壤之中，然而各自引导传统教育的形式和内容及其主体性质却体现出强烈的异质性。并且在如何认识外来文化这一问题上，各自立场的差异也非常明显。比如说，同样都是以东道西器论（中体西用论、和魂洋才论）和社会进化论为途径吸收西欧文化，其消化过程却迥然不同。

如今，经过了各自不同的历史轨迹发展而来的东北亚中、日、韩三国，面对面围坐于世界化这一圆桌上。圆桌之上往来间都是笑语欢颜，而圆桌之下却对对方的取向、文化理论不能形成正确的认识而摩擦不断。现在我们有必要通过儒学这一共同的文化经验、共同的方式来解读现实中多样化的面貌，而不是从一国历史观的角度上来妄自裁断。

一、东北亚儒学者阶层对西欧文化的接受方式

19 世纪末，韩国面临着如何应对西方突如其来的挑战的难题。特别是作为旧学的儒学模式如何向作为新学的西洋学转变的问题。当时报纸和杂志上刊登的相关的教育论、教育说，其中大部分都是关于新学与旧学问题的。在向近代迈进的过程中，韩国保守派儒学者们所持有的理念的表象即是东道西器论。其中，当时发表的《新旧学问同乎？异乎？》、《新旧同义》、《新学与旧学的官学》、《学无新旧》等评论都是以旧本新参或旧主新辅为依据的东道西器论的典型论述。

所谓东道西器论，根本而言就是国家的精神价值在东洋的儒学价值中寻求，而制度和方法论选择西方模式的一种折中的方式。以儒学的本末论和道器论为理论正当性的东道西器论以及中国的中体西用论、日本的和魂洋才论，三种理论展现了东洋社会对西洋文化接受方式的一个特性。对西洋文化的这种东道西器论的接受方式并非单纯停留在思维体系或理念体系领域，而是具体地体现在了教育政策和教育制度当中。高宗的教育立国诏书，从根本上来讲，追求的是自上而下的渐进式的教育近代化，其理论基础中同时具有东道西器论的因素。再如 1890 年的光武改革，其理论依据根本上也是沿袭了东道西器论的旧本新参甚至是旧主新辅的思想。这种改革论被认为是试图在政治、经济、社会制度方面，部分地接受欧美的近代制度的改革政策。当时的同文学、育英公院等新式学校，在创立理念和教育内容方面，也都体现了对西欧文化的东道西器

论的接受方式。

主导东道西器论的领导层是以执政阶层为中心的稳健的开化势力集团，他们主张促进自上而下的改良式的近代化政策。这些东道西器论者们基本都有强烈的保守性倾向，并且以儒家的社会体制为理想模式。例如金允植、申箕善、俞吉濬等东道西器论代表人物参与的大同学会，其成立主旨就是立足于"入体达用"、"斟酌新旧"，遵守孔孟之宗旨，申明事物之时宜，正德、利用、厚生三者并行，使其成为五洲世界第一等之文明国家。这种对传统社会的执念，即便是像大韩自强会、大韩协会，或是岭南兴学会、湖南学会等文化运动的代表性团体也不例外。

因此，现在韩国的进步学者中有很多人否认东道西器论的近代性，认为东道西器论是没有历史实质的虚构性的理论，批判其为维护君主专制体制、否定民主体制的反历史性理论。这种批判是来自于对当时主张东道西器论的集权官僚层的历史评价——他们没有能够彻底地贯彻反帝、反封建的近代化目标。也就是说，对于主导着早期开化的集权官僚阶层而言，他们所讲求的东道概念，并不是单纯地限定在道德和伦理等的价值论范畴内，而是将传统的王朝支配体制这一政治范畴也涵括在内的。这种做法最终使得向君主立宪制或共和制过渡从而实现扩大民权的目的难以实现。

那么东道西器论所具有的保守性究竟是否阻碍了韩国社会的近代化进程呢？这一点还需要再进一步考察。在初期近代化过程中，日本采取的是同样的所谓"和魂洋才"的文化接受方式，然而日本却实现了向资本主义社会的成功过渡。在中国，关于中体西用论是与否的讨论也相当激烈，应该说这对于近代概念在中国社会内部的形成作出了很大贡献。继冯桂芬将西学的吸收与中国传统价值体系相结合进行讨论之后，薛福成、马建忠等延续这一传统，并在其中加入了民族主义的因素，而张之洞的《劝学篇》更是为中体西用论在全国范围的大讨论添了一把火。《劝学篇》以"中学为体，西学为用"为理论依据，经光绪皇帝批准公布成为全国性的教育方针，[①] 这个提案也曾是洋务派和变法派激烈争论的对象。此后，五四运动展开的同时，涌现出了陈独秀、李大钊等一

---

① 李康洙：《西势的冲击与中国近代思想的变迁》，载《传统文化与西洋文化》，成大出版部1985年版，第21页。

批左派知识分子，他们认为传统的中国思想与以民主和科学为核心的新文化运动思想格格不入。他们举起了所谓"全盘西化论"、"打倒孔家店"等过激的反传统旗帜，摒弃中体西用论，主张全盘吸收西欧文化，使得中国社会主义的出现初现端倪。

中体西用论对中国文化究竟产生了怎样的影响？首先，中体西用与中国传统的中华思想及民族主义互相呼应。中国文化是世界中心，而对所有的外来文化，在吸收时都应加以改造以符合中国的现实和需求，这种中国文化特有的民族主义性的理解方式扎根于中体西用论之中。其次，它与中国固有的文化解释方式——"格义"的传统也十分符合。因此，笔者认为围绕中体西用论而展开的大讨论，在当时饱受帝国主义压迫的社会背景下，起到了鼓舞反帝情绪的作用。只是正因如此，也使得人们对西欧文化普遍价值应有的深刻省察陷入停滞不前的状态。

再来看日本的和魂洋才论，日本早在 18 世纪之后，就有以长崎地区为中心吸收、学习兰学的经验，在此基础上，和魂洋才论发挥了将西欧思想在自身理论体系中加以完善的理论工具性的作用。这种经验在佐久间象山这里被提升为学术性的理论，即东道西艺论，他主张将西洋的冲击看作是对儒教的一种思想上的挑战，应当接受并通过对儒教的再理解来应对这个挑战，揭示了一种自主地吸收西学的可能性。总之，吸收西欧文化的结果，并非是西欧改变了日本，而是为日本吸收、消化西欧文化提供了理论基础。这种自信到了福泽谕吉时期则演变为完全的西欧化甚至脱亚论主张。这种理论性的变化，其目标的设定正确与否暂且不作论断，却说明在和魂洋才论的论辩中，他们对近代化有着明确的目标设定，并且能确保内部成员们的一致同意。因此，也使得日本的近代化历程大大缩短。

相反，笔者认为在韩国的近代教育导入期，东道西器论的时代性局限却使深化检讨这个理论的主体实力过于微弱。最后因为日本帝国主义的急剧入侵，他们也没有足够的时间深入阐释"东道"新的意义，从中提取确保向市民社会转型的近代性的价值，并将之体现在教育内容上。例如朴殷植曾发表《儒教求新论》①，尝试对儒学的近代性进行再认识，但最终由于日本帝国主义的别有用

---

① 朴殷植在《儒教求新论》中指出儒教界的弊端在于它的前近代性，即儒教界的精神只停留在帝王之侧，却缺乏改天换地的积极性等。

心的御用化政策而化为泡影。

通过以上分析可以看到，东道西器论、中体西用论，或是和魂洋才论，可以说这些理论的历史生命力就在于是否能够从中提取到真正适用于近代社会的市民伦理。东道西器论未能在向近代迈进的当时韩国社会中发挥作用，是因为没有能够对这个理论进行积极深入的再认识。那么中国和日本的儒学者们通过中体西用论和和魂洋才论提取出来的市民伦理是怎样的？其成熟度又如何？

二、东北亚中、日、韩三国对西欧社会进化论的接受方式

众所周知，社会进化论对于东亚的开化思想产生了决定性的影响。韩国在接受社会进化论思想的过程中，从梁启超的《饮冰室文集》中受到的影响最大。韩国学者关于接受社会进化论思想的评论不相一致，有的论者对其历史意义给予肯定评价，认为接受进化论是提高和弘扬韩国社会政治意识的良好契机，能够为新民思想的出现奠定基础，提高国民的历史意识，为厘清民族史观提供线索。与此相反，持批判意见的一方认为，社会进化论所起到的作用就是鼓吹文明开化论者们的英雄主义和国家主义，在意识形态上认可帝国主义。也就是说，社会进化论是建立在弱肉强食、优胜劣汰逻辑基础上的，因而它必然要以西欧帝国主义的发展模式为模范，而视其他一切非西欧文明为劣等文明。

孙文在其自传中曾说过，对他的思想产生影响最大的西欧思想是达尔文主义。[①] 众所周知在中国近代史上，孙文和梁启超走的是两种对立的路线，然而两人却都对达尔文主义相当地信赖。达尔文主义有何种因素使得这两位变法派和革命派的代表人物一致认为它能给中国社会带来新的希望呢？笔者认为，他们应该是在社会进化论中找到了各自不同的近代化模式。对他们而言，进化论是近代化论的一个素材，而对它的理解，却因他们各自的政治见解而有所不同。

关于东亚社会对进化论的吸收，现有研究主要关注的是日本的加藤弘之、

---

① 《国父全集》第 2 册，"中央"文物供应社 1961 年版。在给英国的汉学家 Herbert Giles 的信中，孙文也曾叙述了他对达尔文主义的特别的关注。

福泽谕吉，中国的严复和梁启超的影响。但两国的理解因各自的立场而有所不同。最先尝试通过进化论来分析日本社会的加藤弘之是一个典型的全体主义者。原本，他最早在日本提出立宪政体，主张天赋人权，表现出进步性的面貌，然而接受进化论之后，他摒弃了之前所有的思想和著作，称其为"妄说"。他将进化论理解为侵略性质的帝国主义理论。福泽谕吉也借用进化论的观点来诠释历史，将历史发展过程设定、划分为野蛮、半开、文明三个阶段，为了尽快进入文明阶段，他认为"独裁和暴政也有助于文明的进步，当其功效显现于世时，应忘记过去的脆弱，不要怨恨"，标榜着一种近代至上主义。他的这种主张在教育中表现为"以帝国主义精神教育人民"，"要求为社会而牺牲个人"的教育理论。① 如上所述，19 世纪末的日本知识分子们已经以设定前提性的政治形态来作为近代化的模式。

而在中国，进化论的吸收经历了一个在中国历史中再诠释的独特的过程，最终形成了一个中国化的进化论。如果说日本接受进化论是原封不动地照搬西欧，那么中国则有一个将其在自身文化经验中进行再诠释的过程。在这一点上，Schwartz 对严复曾有十分锐利的评价。严复是在中国介绍赫胥黎的《进化与伦理》的第一人，Schwartz 指出严复在翻译过程中根据自己的喜好有意地歪曲了原著。他对斯宾塞关于人类和宇宙间关系的学说，也是根据中国的需要和传统采取重新"格义"的态度。

类似的情况在梁启超身上也发生过，他视进化论为变法的一个论据。他借用公羊学派的理论，将历史的发展分为据乱世、升平世、太平世三种，西洋是为大同，中国是为升平，他强调中国的变法是历史的必然。从升平到太平甚至大同，"智"不可或缺，而能对应这个要求的就是教育。他在《论教育当定宗旨》中指出，国家的公教育是为了养成一种特色之国民，在优胜劣汰的竞争中生存自立，为此必须确保自主教育的宗旨。并且他主张，为了在弱肉强食的世界中生存，中国固有的民族教育也必不可少。这种设想说明他期待对帝国主义挑战作出中国文化上的应战，是对进化论的一种民族主义式的理解。对进化论的这种中国式的诠释到了孙文这里有了进一步发展。他认为，优胜劣汰虽然是自然界的公理，但不赞同西方学者的公理面前甚至人类天赋的良知都可以泯灭的主

---

① 参见 ［日］尹健次：《韩国近代教育的思想与运动》，青史 1987 年版。

张。因为，如果天演淘汰是野蛮的物质的进化，那么公理良知就是道德文明的进化。[①] 他在设想以社会主义来克服进化论所含有的帝国主义矛盾性的可能。[②]

与此同时，在旧韩末教育相关的资料中，大部分也都是与进化论有关的内容。可以说，当时的各种教育行为都是以进化论为依据的。教育目的、教育内容、具体政策等都是依据进化论观点构成和促进的。比如大韩帝国（1897—1910）时期之后爆发性地开展的教育救国运动，就是以"教育是社会发展的根本动因"这一进化论见解为母体的。然而进化论统摄下的韩国近代教育其自身包含着几个严重的问题。首先以进化论为依据的世界观提供了一个认识上的跳板，使人们误以为近代化就是西欧化。特别是，这种进化论的视角让人们采取了一种妥协态度，将近代化奉为至上价值，而对殖民统治下从属性的发展也予以容忍。他们主张"韩国是日本的保护国。这个保护如果顺利得当，有朝一日保护者和被保护者彼此利益均衡"，[③] 以此来为接受日本帝国主义强占现实的妥协态度提供名分。这正是社会进化论中毒的表现，他们已经忘却了祖国正处于殖民状态的事实。

三、中、韩两国近代教育制度的形成过程与儒学

纵观东亚近代孕育期，它与传统并不是完全隔绝的，相反强调近代与传统的延续性的呼声非常强烈。清末，中国的教育改革运动就反映了这种现象。而且这种现象不仅仅局限于坚持保守路线的洋务派的教育观，在变法派的改革论中也有体现。清末教育改革运动中，最受关注的问题莫过于如何将旧式的书院改造成近代式学堂以及如何将科举制与新学制相联结的两大问题。书院与科举制乃是传统封建教育体制的两大支柱，考虑到这一事实，可以说上述问题即是对如何将传统教育嫁接到近代教育体制上这一问题的一种文化史性的省察。

清末，书院向近代教育体制转变的历程与普通西学的接受过程两者相互呼应。中国在引进西欧教育制度的过程中经历了由西文教育到西艺教育再到西政教育三个阶段。其中"文"指语言学，"艺"指技术，"政"指制度。由此可

---

① 《社会主义之派别及方法》，《国父全集》第 2 册，"中央"文物供应社 1961 年版。
② 《社会主义之派别及方法》，《国父全集》第 2 册，"中央"文物供应社 1961 年版。
③ 《时局情形》，《大韩每日申报》1905 年 8 月 23 日。

见，中国对西欧文化的接受经历了一个逐步深化的过程。而书院的转变也经历着这样一系列的过程。洋务运动时期，书院教育主要吸收的是西文教育和西艺教育，但是这种变革是地方性的，不成体系的。随着变法运动的进行，经过书院制度改革之后最终转变为学堂制。

在洋务运动的影响下，各种改革措施开始在书院实行，与此同时，书院中开始出现西欧元素。随着引进西欧近代文明必要性的日益迫切，书院出现了教育内容方面的一大变革。像上海的格致书院，招聘西士，专门教授矿务、化学、电学、工程等西方近代科技。[①] 这样的变革在光绪年间一直在持续，郑观应的《盛世危言》里就提倡："令各直省建设西学书院，选聘精通泰西之天文、地理、农政、船政、算化、格致、医学之类及各国舆图、语言文字、政事律例者数人为之教习。"书院开设经济特科，增设西学的举措在陕西、山西、山东、广东等全国范围内活跃开展。不过这种方式的西学吸收是以回归中国传统文化为目的的，自始至终都保持着中西兼修的态度。

洋务运动时期的书院改革运动在变法论者们的倡导下进一步深化。他们试图将书院彻底改造为近代式的学堂教育。在谭嗣同和康有为的构想中，他们认为书院的新学制度的改编乃是新民形成的要义所在，积极倡导将全国各省的书院改编为中学堂，各种淫祠改编为小学堂，实行义务教育。正是有了这一系列运动的开展，如康有为的万木草堂、梁启超的时务学堂等近代学校的萌动才成为可能。当时时务学堂所提倡的民权论被保守派们指责为"悖逆，连篇累牍乃知其志在谋逆"，其进步性由此可见一斑。当然他们倡导的这场运动只是以光绪帝为中心的自上而下的改革运动，存在着意识上的局限性，不仅如此，财政困难、地方官的消极态度等现实问题也使他们的抱负难以真正实现。但是他们尝试在传统制度中促进近代教育自发地萌芽的努力仍具有非常重大的意义。

一方面，他们也不断地尝试将旧科举制度与新学校制综合起来以促成教育改革。科举制度的急剧崩溃导致传统的以经学为中心的教学体制也随之崩溃，而更大危险性在于，这将会引发文化整体的急剧解体现象。而且，一直以来清代实行的是一种"教学"附属于"政"的政教学相融合的体制，传统教学体系

---

① ［韩］金贵声：《戊戌变法时期的教育革新思想的研究——以西政教育思潮为中心》，高丽大学博士学位论文，1991 年。

一旦崩溃，那么传统的"政"的变质也在所难免。① 另一方面，包括旧科举出身阶层以及新学堂毕业生出路的相关对策、教师养成政策等关系到社会身份结构的问题也是将要面对的难题。因此，他们采取了将西学考试附加于科举中，在补充完善的层面上改定科举考试内容的方式。这样看来科举制度并不是被废止，而是经过了一个形式上的转变过程，自然而然地融入学校制度之中。实际上他们创建京师大学堂，除了它国立大学的性质以外，同时还赋予它掌管国民教育的中央学部性的功能，以此来代替科举制发挥应有的作用。

如上所述，中国教育制度的解体经历了一个比较缓慢的过程，与此相反，韩国教育制度的解体是以冲击性的速度完成的。1871 年，兴宣大院君不顾儒林的强烈反对，断然将全国除指定保留的 47 所书院以外的其他书院全部撤毁，士族阶层遭受重创。1894 年的甲午改革，将原先的成均馆改编成了亲日性质的经学院体制，与此同时废除科举制度，并全面制定了近代性的官吏登用法。这些正是 1894 年 7 月军国机务处制定的《选举条例》和《铨考局条例》的主要内容。

传统教育如此急剧的解体和变化令当时的儒学者们陷入了相当大的混乱和挫折中。他们中的部分人还曾梦想实现传统与西欧价值观的融合发展。开化论者金成喜对于学校祭祀功能及宗教功能的丧失深深忧虑，他试图通过对儒教的再诠释，来探索国教化的方案。希望能够通过吸收西欧的自由、平等理论而使祭祀功能的封建性要素褪去其封建性色彩，并且将祭祀仪式的宗教功能所具有的教育功效活性化。但是甲午改革之后，外势的介入变本加厉，根本没有足够的时间来形成显著的文化担当者群体。结果只是出现了大批的丧失民族灵魂的懦弱的新知识分子阶层。

四、儒学秩序的解体与国民教育制度

东北亚中、日、韩三国的传统教育是两班、绅士、贵族等特权阶层在行使着排他性的垄断权。因此，包括下层阶级在内的大多数国民的教育行使权就成了衡量教育的近代性的重要尺度。因为它能够说明是由谁，经过了怎样的过程

---

① ［韩］张义植：《清末教育制度研究》，高丽大学博士学位论文，1990 年。

来克服儒教文化圈原有教育的阶级封建性。首先，中国的传统教育是精英中心主义的。教育的对象是"治者"，而"被治者"是教化的对象。这种意识即便是洋务运动时期，在乡村社会中也没有出现什么变化。当时有杂志评论说"乡村愚民提学堂之名如见蛇蝎"，当时的状况可以想见。当然，这个时期的进步学者当中，对包括西欧义务教育制度在内的近代教育制度有着正确认知的人也不在少数。当时的同文馆教习李善兰就曾以"无地无学，无事非学，无人不学"来定义德国的近代教育的概念，对德国最先进的义务教育制度有着非常明确的认识。同治初期代表性的改革论者冯桂芬也认识到教育改革构想的局限性，认为依靠国家权力实行义务教育现实上很困难，通过族正实行半强制性的宗教教育才是明智之举。①

但是随着变法派的登场，却出现了向国民教育主义转变的一个急剧的变化过程。他们认识到西欧和日本的强大得益于教育，通过教育凝聚国民的能量是西欧和日本力量的源泉之所在，因此他们期望以国民的"皆教育"来增强国权，富国强兵。这个时候出现了主张以"民智"的开发来实现国家主义的动向。变法派选择国民教育制度的最直接原因是他们期望通过教育来强化国权。在他们看来，在国家遭受世界列强蹂躏的危急状况下，这是最佳的生存策略。对于民权的伸张，变法派们并没有持否定态度，但他们认为这是次要的、附带性的。可以说这种认识上的局限性就是令中国对义务教育没有引起足够重视的原因所在。新政期之后，主导教育的张之洞也没有表现出对义务教育的关注。1904年颁布的有新学制里程碑之称的《奏定学堂章程》，对义务教育（"强迫教育"）也没有过多涉及，直到辛亥革命之后义务教育才被正式提上日程。由此看来，清朝的国民教育没有真正脱离封建教育的范畴，是一种有着浓厚的国家主义性质的变形的封建教育。

再来看韩国的状况，朝鲜社会后期，两班阶层的排他性的教育垄断权的相当部分已经开始瓦解。18世纪末期，特别是进入19世纪之后，非两班阶层出身的，作为教育主体登场的势力开始呈上升趋势。② 这种现象反映了要求扩大和开放教育机会的基层集团的利益关系，也反映了逐渐向近代教育体制转变的

① ［韩］张义植：《清末教育制度研究》，高丽大学博士学位论文，1990年。
② ［韩］丁淳佑：《书堂的社会史》，太学社2013年版。

现实。而被支配阶层教育机会的扩大，在经过茶山丁若镛等实学家的倡导的同时，进入到了更广泛的社会认同的过程。

这个变化过程在开化派的主张当中反映出来，并进一步升华为主张接受国家主导下的国民教育制度的提案体现了出来。开化派对于近代国家形成的工具即国民教育制度非常关注，并希望效仿西欧的制度模式将其移植到韩国。例如金玉均，他的思想意识里就体现出必须对民众实施教育的积极的意志；朴泳孝的《建白书》里也有作者对义务教育的立场陈述。俞吉濬也曾在相关的著作中，更为详细地介绍了国民教育制度和义务教育制度。开化派对国民教育制度的这种关心，为在之后的甲午改革及 1895 年高宗颁布的《教育立国诏书》等改革获取国家权力的合法认同打下了基础。甲午改革可以说是由开化派倡导的自上层开始的改革，以及东学农民军领导的自下层而始的改革，两者合流而形成的。① 但是在教育改革方面，因为日本两次出台的《内政改革案》在其中产生了相当大的影响，由此分析，它的近代性意义也必然有很大程度的变质。开化派知识有关国民教育制度的主张的局限性在于，他们并没有观察和接受来自于下层的变革意志，而只是将教育视为"自上层而始"的改革的一种手段。

19 世纪末，面对西欧文明的剧烈冲击，东北亚中、日、韩三国的儒学者们各自以不同的方式应战。他们试图将这种极具异质性和敌对性的"外来"文明吸收到东亚固有的"传统"文明之中。而连接两者的通道就是中体西用论、社会进化论等理论。这个通道是否发挥了适当的衔接和中介作用，这是现在需要冷静省察的课题。对于这个问题，19 世纪的儒学者们留下了相当多的精神理论资产，但是并没有达到令人满意的水平。关键是因为无论是选择用暴力的、实力至上的帝国主义逻辑武装自己，还是对披着天使外衣的西欧文明进行自主的再认识并加以吸收，他们都没有充裕的时间去完成。今天，我们跨入了新的时代，对此儒学的应对理论又该如何呢？

(韩国学中央研究院教授)

---

① ［韩］慎龙厦：《韩国近代社会史研究》，一志社 1987 年版，第 97—190 页。

中华文明研究

中华文明的核心理念：民本、和谐、会通

张岂之

中国有五千多年没有中断的文明史，孕育出许多具有深刻内涵的思想文化理念，体现了中华文化的博大精深。我想对其中的民本、和谐、会通理念进行论述，由此去看中华文明的特点及其与亚洲文明交流互鉴的必要性。

一、中华文明的"民本"论

中华文明的"民本"论，在西周时已经提出。当时制礼作乐的周公说："人，无于水监，当于民监。"（《尚书·酒诰》）古代的镜子称为"监"，周公要求为政者不要用水做镜子，应以"民"为镜，时时对照，检查自己，反省为政的得失。类似的理念屡见于周人的文献。由此可见，在距今三千多年前的西周时期已经产生了以"民"为"本"的思想。

关于"本"，中国最早的字典《说文解字》① 这样解释："本，木下曰本。"即树木的根为本。以民为本，就是论述百姓与天下、国家、君主的关系，仿佛根与树的关系，说明天下、国家、君主也离不开百姓，百姓是天下、国家、君主的根基。

国家只有得到百姓的支持才能稳定，君主的权力只有得到百姓的支持才能

---

① 《说文解字》，东汉许慎著，是我国最早按部首编排的字典，对系统考察字形、字源、字义以及读音有重要参考价值。

巩固。《尚书·五子之歌》① 说："民惟邦本，本固邦宁。"没有百姓的支持和拥护，国家就不得安宁。

儒家创始者孔子的志向是："老者安之，朋友信之，少者怀之。"（《论语·公冶长》）孟子说："诸侯之宝三：土地、人民、政事。"（《孟子·尽心下》）土地、人民、政事是构成国家必须具备的三要素，其中，百姓最重要，是立国之本。如果没有百姓，土地就无人耕种，也无人守卫；没有百姓，政事更无从谈起。孟子提出"民为贵，社稷次之，君为轻"（《孟子·尽心下》）的政治哲学。

不仅儒家有以民为本的理念，道家的创始者老子也说："圣人无常心，以百姓心为心。"（《道德经》第四十九章）

春秋时期大军事家孙武认为，百姓是争战之本，没有百姓的支持，战争注定失败，只有百姓支持、全军上下精诚团结才是取得战争胜利的决定因素。

总之，"民本"思想在中华文明史上产生了正面的积极作用：其一，在一定程度上制约君权，使一些"明君贤臣"能够以"民本"思想自律，谨慎使用手中的权力，为民谋福；其二，维护社会稳定，促进社会和谐，有助于缓解君与民、官与民的矛盾冲突；其三，加强民族团结，维护国家统一，促进民族之间的文化交流，丰富民族文化；其四，维护和平，以德服人，与周边邻国建立融洽的关系，注重战争的正义性，反对以强凌弱、以大欺小，加强了与邻国之间的文明交流。

由于历史条件的限制，中国以往的"民本"思想并没有在最终意义上确立"人"或"民"的主体地位。因此，从"民本"进到"人本"，在制度层面上牢固地确立"人"或"民"的主体地位，是我们今天建设中国特色社会主义的重要任务。

二、中华文明的"和谐"论

什么是"和"？什么是"同"？

东周时期，郑桓公问史伯：周幽王治国有什么弊端？史伯回答说：最大的弊端就是"去和而取同"。他解释说："和"是事物多样性的结合，比如性质不

---

① 《五子之歌》是古文经《尚书》中《夏书》的一篇，较早地提出了"民本"及其价值的思想。

同的金、木、水、火、土结合起来，才能生出百物。"和实生物，同则不继"（《国语·郑语》），事物有多样性，才能产生出新东西；如果只有一种性质，什么都产生不出。

中国历史的春秋时期，"和"与"同"的区分是很清楚的。晏子① 曾对齐景公说，"和"就像八音的和谐，一定要有高低、长短、徐疾各种不同的声调，才能组合成一首悦耳的乐曲。"同"则是单一，一种音调，有什么可听的呢？

孔子丰富了"和"与"同"的理念，他提出："君子和而不同，小人同而不和。"（《论语·子路》）就是说，君子以"和"为准则，听取各种不同的声音，独立思考，加以判断，主张从事物多样性的统一（"和"）中去看事物。战国时期儒家学者们研究《周易》，写成《易传》一书，其中将"和"称为"太和"。清朝初年思想家王夫之在《张子正蒙注·太和篇》中认为，"和"有层次性，"太和"是"和之至也"，即最高层次的"和"。

上述的道理用在今天，可以得出这样的论点：亚洲国家有不同的文明，这样才能交流互鉴，到达"和"的境界。

2014 年 9 月，中国国家主席习近平在纪念孔子诞辰 2565 周年国际学术研讨会暨国际儒学联合会第五届会员大会开幕会上的讲话中说："维护世界文明多样性。'物之不齐，物之情也。'和而不同是一切事物发生发展的规律。世界万物万事总是千差万别、异彩纷呈的，如果万物万事都清一色了，事物的发展、世界的进步也就停止了。每一个国家和民族的文明都扎根于本国本民族的土壤之中，都有自己的本色、长处、优点。我们应该维护各国各民族文明多样性，加强相互交流、相互学习、相互借鉴，而不应该相互隔膜、相互排斥、相互取代，这样世界文明之园才能万紫千红、生机盎然。"习近平主席的这篇讲话将"和而不同"解为"求同存异"、共同发展的思想，阐明了"和谐"理念在今天的重要现实意义。

三、中华文明的"会通"论

儒家《易传·系辞上》说"圣人有以见天下之动，而观其会通"，主张思

---

① 晏子（前 578—前 500），名婴，字仲，春秋时期齐国著名政治家、思想家与外交家。

想文化的融会贯通，这对本土各民族文化以及域外文化都是适用的。

中国思想文化史就是文明会通的历史。这从《吕氏春秋》一书可以看出端倪。该书亦称《吕览》，为战国末期秦相吕不韦集合门客编成，以儒家和道家为主，兼论名、法、墨、农、阴阳各家。此书肯定了儒家的政治伦理思想，主张实行仁政，也赞成道家的君无为而臣有为的观点，体现了儒道的会通。还有，汉高祖刘邦之孙刘安被封为淮南王，与门客编撰《淮南子》一书。其中既有道家的无为思想，也有儒家、墨家以天下为己任、劳作不息的论述。

从战国末到秦汉及魏晋时期，其间贯穿着儒家与道家学说的会通，由此产生了魏晋玄学。玄学以《周易》、《道德经》、《庄子》为基础，称为"三玄"。它既讲自然变化，也谈社会人事变迁；既鄙视世俗，表现出超然物外的态度，又主张保持"名教"（身份等级的象征）传统和对自身既得利益的重视，用以论证"名教"与"自然"的一致性，体现了儒家与道家学说的会通。

中国思想文化的再次会通，起于唐代"三教并立"（这里的"教"指教化），至两宋，由南宋理学完成。唐代，中国佛学吸取了儒学和道家老子学说的某些方面，有些僧人以"人皆可以为尧舜"来解释佛性，并出现了专讲孝道的佛经，如《父母恩重经》。有些僧人以忠孝思想为内涵，以家族组织为形式编写禅律《百丈清规》，力图使佛教中国化。唐代思想家们有许多人推崇儒学，同时研究佛学，居庙堂之上讲修齐治平、道德教化，处江湖之远则"栖心释梵，浪迹老庄"。时至两宋时期，儒学吸取了佛学宗教哲学的某些论证方法，使自身的哲学思辨特别是在本体论上有了新的理论创造。

"会通"，用南宋理学家朱熹的话说，就是为儒学寻找"活水源头"，否则儒学就会枯竭凋零。他在诗里写道："半亩方塘一鉴开，天光云影共徘徊。问渠那得清如许？为有源头活水来。"他和其他理学家将"三教"（儒、道、佛）会通在以儒学为主的思想体系中，称为"新儒学"。与朱熹理学有别，南宋产生了以陆九渊为代表的心学思想，认为"心即理"，只要"发明本心"，即可"穷理尽性"。明代思想家王守仁继承陆九渊心学传统，论述"心即理"、"致良知"、"知行合一"学说，反映了人们重视理性的独立思考要求。这些思想都具有经世致用的功能，所以才能传承发展。

四、中华文明的特色

中华文明具有若干基本的特色。简要而言，大略有以下几个方面。

（一）中国自古以来一直注意中外文明交流

西汉时期开辟了丝绸之路，这是经济交流之路，也是文明互鉴之旅。中国的丝绸改变了西方人的穿着，而西域的物产和音乐、舞蹈也影响了中国人的日用习俗和艺术风格。中华的儒学推动了东亚日本、朝鲜文化的发展，而南亚印度的佛教也充实了中华文化，中国翻译印度的佛教文本，在汉语中增加了许多词语，丰富了中华文化的表现力。

西汉时期，玉门关和阳关以西的地域，即今天中国新疆乃至中亚地区，被称为"西域"。西汉时期张骞的西域之行，以十三年的艰辛困苦为代价，使中原人获得了前所未有的关于西域的知识，同时使汉王朝的声威传到中亚，又由此传到欧洲。张骞开拓的这一中西通道，一直发挥着重要的经济、文化交流作用，被人们誉为"丝绸之路"。

2013 年 9 月中国国家主席习近平出访中亚五国，访问哈萨克斯坦时，在纳扎尔巴耶夫大学演讲，他说："我的家乡陕西，就位于古丝绸之路的起点。站在这里，回首历史，我仿佛听到了山间回荡的声声驼铃，看到了大漠飘飞的袅袅孤烟。这一切，让我感到十分亲切。"[1]2013 年习近平主席在出访期间提出建设丝绸之路经济带的倡议，得到中亚五国的赞同。几年来迎来了重大的发展机遇，这是大家所能感受到的。

中外文明交流是阻挡不住的。时至明清之际，尽管官方采取了"海禁"政策，但民间的海上交往并未止步。在明代郑和下西洋终止以后，中国的一些商人和平民，经过海上丝路往来贸易，甚至到东南亚以及世界各地定居，成为今天海外华人的祖先。他们为远播中华文明作出了贡献。

（二）中国历史上的民族融合与文明创造

中华文明在世界上独树一帜，其渊源来自中华各民族的创造与发明。例

---

[1] 《习近平在纳扎尔巴耶夫大学的演讲》，新华网，2013 年 9 月 8 日。

如，汉族首创了造纸、印刷、指南针和火药四大发明；维吾尔族和黎族最先学会棉花的种植和纺织；回族建筑师亦黑迭儿丁规划并主持修建了元大都（今北京），为北京成为世界名城奠定了基础；藏族保存的两大古代佛学著作《甘珠尔》和《丹珠尔》（即藏文大藏经），是中华文明的珍品。

几千年来，中华各民族日益密切地交往、团聚和统一的过程，是各民族融合的过程。各民族经过不断迁徙、杂居、通婚和各种形式的交流，在文化上互相学习，在血统上互相融合，使中华民族共同的文化和心理特征逐渐产生。

中国的主体民族——汉族，就是各民族大融合的结果。早在先秦时期，我国有华夏、东夷、北狄、西戎和百越五大民族集团。华夏族是汉族的前身，是在夷、夏融合过程中发展起来的。

中国现在的几十个民族及其祖先，一直生活在中国这片土地上。辽阔的疆域是中国各民族共同缔造开发的。其中汉族居于主导地位，各个少数民族也都作出了自己的贡献。

（三）制度革新与文明创造

中国古代的政治、法律、选官制度，体现了政治方面的自我修复和自我完善的趋向。

英国史学家汤因比和日本学者池田大作的对话集《展望 21 世纪——汤因比与池田大作对话录》一书有这样的评论："（中国人）比世界任何民族都成功地把几亿民众，从政治、文化上团结起来。他们显示出这种在政治、文化上统一的本领，具有无与伦比的成功经验。"①

从选官制度上看，隋唐时期创建了科举制度，在此之前实行察举制（由他人推荐成为官员），而科举制则是以考试定取舍。

科举制扩展了统治集团的社会基础，打破了官僚世家依仗门荫资历对政权的垄断，形成了由下层社会到上层社会的一条政治途径，将教育制度与选官制度结合为一个整体，这在一定程度上保证了官员队伍的知识化。

与科举制并行，唐代在法制监督上也有进展，沿用汉、晋以来的御史台建

---

① ［日］池田大作、［英］阿·汤因比：《展望 21 世纪——汤因比与池田大作对话录》，荀春生等译，国际文化出版公司 1999 年版，第 283—284 页。

制，以御史台监督百官，整顿吏治，取得一定的成效。

隋唐创立的科举制，在宋代又有所完善。依据考试卷面进行评价，消除了举荐制的遗留痕迹。在考试程序和方法上，也有了严密的规定。

不过，也要看到，科举制未能改变中国封建社会君主集权制度的实质，皇帝把法制作为治民治吏的一种手段，自己则凌驾于法制之上，这在所谓的"太平盛世"仍然存在，因而中国古代的政治、法律和选官制度虽然能不断自我修复完善，但它并不能从根本上解决社会的矛盾，所以，君主集权制度在1911年辛亥革命后被废除是历史的必然。

这里有必要对中西文明从中古向近代的转化作简略的比较。

在欧洲，中世纪是宗教统治的历史时期，它走向近代经历了宗教改革的历史过程，这使其价值观向世俗转移，使人从神的长期统治下解放出来。因而14—15世纪欧洲的"文艺复兴"运动以及16世纪的宗教改革，均经历了很长时间。

中国从中古走向近代历史，遇到的问题和欧洲不同，这主要在两个方面：其一，使中华民族从殖民主义的统治压迫下解放出来；其二，保持并发扬民族精神的活力，使之与时俱进，为迎接中华民族的伟大复兴进行新的创造与发展，因而树立文化自觉、文化自信就被提到了重要的位置。

人们不会忘记，在20世纪中叶，当西方文明优越论甚嚣尘上的时候，英国哲学家罗素在他的著作《西方哲学史》中发表了不同的论点，他说："我认为，如果我们要在世界上有一种家园之感，我们就必须承认亚洲在我们的思想中享有同等的地位——不只在政治上，而且在文化上。我不知道这将带来怎样的变化，不过我相信它们将是深远的，而且有着极其重大的意义。"[1]今天当我们在北京进行亚洲文明对话的时候，要感谢罗素先生的先见之明。

（西北大学中国思想文化研究所所长、清华大学人文学院教授）

---

① 转引自何兆武：《经典七日谈》，北京大学出版社2010年版，第130页。

当代儒学复兴的多元发展与多元整合：
兼及开发亚洲新儒学之反思与构思

[美国] 成中英

当代儒学的复兴呈现多元化发展的趋势，这是一个历史、文化与哲学思想传统自然发展的趋向，显示了时代与社会的变迁，也显示了人在经验与知识上诠释的差异，并非不可取，实为文化活力的象征。问题乃在是否仍然保持而且发展了儒学的核心价值，是否能够推广核心价值的影响与作用。若从客观的时代与社会变迁来说，这些变迁是否仍然能够带动人的心性内涵的认知以及其创造性的发展与人的整体价值的自觉与追求。事实上，我们可以提出以下几个我们应该认知的有关时代与环境发展的重要问题：东西方社会的现代化发展的动力与目的问题；东西方社会新一代面临的多元价值冲突困境问题；科学宇宙观与传统形上学及本体论的对立问题；生物科学与伦理价值及精神信仰的冲突问题；西方一神福音宗教发展形成的冲突与竞争问题；现代国际政治与国家治理多元形式及基本实质统一问题；经济与金融全球化形成的恶性利益与市场竞争问题；自然生态危机与人类文明发展相互冲突的问题；人类未来走向与终极发展的取向问题。

当前儒学的发展至少面临了以上九个基本有关人类与世界发展的危机问题。此一面也可以说是一种严肃的考验，不但考验儒学的智慧及其解决冲突与矛盾的能力，也考验东西方人类社会价值认知与选择的能力。在面对此一考验之际，我们还要提出儒学所面临的多元发展而不求多元整合的危机，只求适应时代需要而不求"反身而诚"的自我德性的建立与实践。如此只有多元的向下的分歧而缺少多元的向上的整合，这将是儒学发展内在的重大危机。对于此，我将进行一个深刻的探讨。

孔子时代孔子死而儒分为八，幸有子思、子有、子张、子弓等弟子面对基础理念深化思考，较多系统发挥，广为流传，儒学的正道赖以维持不坠。今日的情况虽不如春秋末世之纷乱，而物质环境之优胜则尤反胜于孔子时代，然儒学观点之散失与表层化，上述全球化经济的挑战，他者宗教信仰的诘难，科学新知识的再启蒙，以及西方政治制度的批评，都为儒学带来内在发展危机。为了发展儒学，显然我们不能不具有高度的相应的危机意识，不能不更为系统地深入思考与表述，不能不日新又新的同时进行理论创新与行为实践，在思想与行为上，建立典范，并将典范活用于社会与国家各层次，并讲求真实的转化效果。

儒学面临的此一形式的危机也见之于全球化的多元文化的发展现象，欠缺多元的沟通与整合，造成强烈的地方保护主义或独断自私的霸权主义，把人类历史带向历史的错误重覆，而不是人类和谐未来的光明前景。

若要整合儒学本体的核心价值，我们必须首先理解儒学的多元结构与多元结构中的整体的一贯之道并进行创新的反思，裨以重建与强调儒学的"本、体、知、用、行"的五层次的哲学逻辑思维方式与整体融通的发展模式，既可以上达天地之道，也可以下达日用之常，所谓"下学上达"、"上智下达"，可以充实个人的内在修养与生命精神，更可以推广于社会与世界，以解决冲突矛盾，建立沟通与协调，实现人类有史以来追求的正义、和谐、博爱的大同理想。何为儒学的"本、体、知、用、行"的五个思维层次？我们将就个人与群体的生命与生活世界的发展进行具体的说明。

我将更重点地阐述儒学之中仁的体验与自觉的德性与德行的扩展，说明儒学为深度德性伦理学（Deep Virtue Ethics），不同于古典希腊的 Aristotle，也不同于西方近代的 McKintyre 等，更不可现实化为时下相对主义者提出的关系主义与所谓"角色伦理"。儒学的精神在深知：如要达到社会与他人的和谐与卓越的发展，就不能不重视时空与人事具体的位置而导致不同的德性建立与实施，其中包含礼义与智信，文行忠信，甚至温良恭俭让的建立与实践，但同时又必须认知仁为创生德性与德行并为整体支撑的一贯之道。仁开启了德，使其为德，又显露了道，见其为道，而道的创造力与德的凝聚力又为仁的持续发展提供了更坚实的基础。在此意义下，我们不但看到儒学伦理学的多元内涵也看到中西伦理学的整合。显示在我较早提出的"人类整体伦理学"（Integrative Ethics for Humankind）中德性、责任、权利与功效及利果的动态整合。也见诸我的"本体伦理学"（Onto-generative Ethics）中从根源到体系的自然发展概念，盖仁能指向创造力的根源与导向德性与德行体系的建立，彰显了人的存在内涵与目的价值，故为本体性的道德活动与伦理实践。

我在此必须提出儒学不应只是抽象脱离现实生活世界的心性义理之学，也不应只是漠视社会经济与政治发展与科技发展的良知实践伦理活动。如就现代儒学应该关注的对象而言，它的包含面可以涉及自然与社会各种活动，除传统的思辨、伦理与政治活动外，还涉及生态、气候、用能、经济、管理、商业、工程、医疗、运动、销售、消费、贸易、金融、工作、娱乐等方面的人类活动，因为人类的生活已然基于需要与历史经验形成了一个开放的知识分工结构以及此一结构带动的时间发展进程，并随时需要同时从人的个体性与整体性以及两者的相应发展来考量人类价值的标准、行为的规范与行为的实践的合法性、合理性与合情性以及具体合用性。在此一新的认知基础上，我们可以分别建立生态儒学、环境儒学、低碳经济儒学、各种管理儒学、各种经济活动的经济儒学、医疗儒学、运动儒学等，把儒学中的形而上学、本体学、伦理学与知识学导向的价值灌输到这些个别特殊具体的行为活动之中，形成可欲之价值，可行之轨范，可求之目标，与激励人的心志的理想。值得注意的是传统价值与现代知识的有机结合问题，就此我可以举出传统中的孝道伦理与人格发展的知行关系来加以说明。其实，任何一项伦理行为都可以看成儒学终极价值与改变人类物质与社会的现代知识的结合与并用。

现在我们可以回到前述九大问题的讨论上，从一个现代儒学的观点也就是结合儒学价值与现代知识的观点来面对问题与寻求解决问题之道。我将就下面已经总结出来的认知来进行具体的讨论：

第一，人类社会的发展是没有停息的，必须不断地超越与融合，也就是超融，形成内外平衡的和谐化的进程。

第二，新一代的困境正是儒学致用于启发与教育的良机，必须在知己与知人、成己与成人的努力下逐步转化与提升。

第三，科学宇宙观是导向太极动态变化阴阳互动发展宇宙哲学的机缘，这是因为后者发自于长期观察，涵盖面包含科学，并在微观与对象确定上直接结合人的生命与生活世界。

第四，西方的宗教信仰与生物进化论的冲突在儒学的宇宙生化体系中更容易获得解决，因为儒学不强调离道之天或脱自然之神性。

第五，传统的三教调和与合一的理论与实践可以帮助解决西方世界中Abramhanic 三教（即犹太教、基督教与伊斯兰教）的冲突与敌对问题，儒学的调和作用十分重要，但却难以一时植根，因为还涉及历史正义的问题。

第六，我们必须探索民主政治实现的基本内涵与多元形式，在基本权利的保障基础上建立合理的有利于全体发展的法律体系与治理制度，并创造有利于人人接受教育的自觉德性重要的环境。

第七，我们必须深入检查当代金融危机的人性论源起以及市场经济与资本主义的自我实现主张与实行，从社会责任与道德修养入手解决资源与利益分配问题。

第八，我们必须积极开发儒学的现代国家发展理论以及对世界和平与正义战争的具体策略与可推行的人类大同社会的理想方案。

第九，我们也必须从儒道共同面就人与自然的关系发展和谐创发的"道、天、地、人、神"的认识来实现一个动态平衡的经济与生活发展计划。

第十，人类必须同时进行自身反思、相互对话与建立动态共识来确认人的集体与个体相互依存的发展关系与开放的终极价值追求。

在宗教意识方面，我们面临儒学是否可以发展成为一个类似基督教或佛教的宗教的问题。对于此一问题，我的看法是儒学与一般宗教不同的地方是儒学极为重视本心的深切体验生命的内在价值与理想目的，发为身体力行，成己成人，而不再依据于一个历史或超越化的权威的开示，诉诸解脱的信仰，或立即投入该信仰之中。基督教与佛教或任何传统宗教都有来世与人格神及其主宰的教义，而儒学对此却存而不论，以人性之存存，实现为道义的绵延。人生的解脱，在居仁行义，自得于天地之间，与天地同化。此一生命的超越意识显然不同于任何外在超越型的宗教，而只能为有深刻体验的智者所享有，所谓知而能信，信而能知，不能让信仰脱离知识与道德的主体性。从此一观点言之，儒学应可容纳多元传统宗教，为一般众生所需要，但前提是多元的传统宗教却必须不被看作具有绝对的排他性，亦即看作只具有多元并存的相对可融性与对等性，同时在终极的信仰上应有体验的一致。如此则能将信仰提升到一种内在不必言说的认知，同时名为上帝或诸佛的认知以及道的体验也未尝不可。因之，我区分"宗教儒学"（或"信仰儒学"）与"智慧儒学"（或"知识儒学"）以说明儒学的宗教价值或信仰价值之于儒学的智慧。最佳的实践及表达此一"宗教儒学"的方式乃在从基于观察与经验的"知识儒学"出发，建立基于体验与反思的"价值儒学"及"轨范儒学"，达到"随心所欲而不逾矩"的智慧境界（智慧儒学），进入世界宗教的终极关怀与诉求的体验之中，观其终极的会通，而不必拘束于一己得救的自信、慰藉与解脱之中，进而作育后进，教化学生，为社会树立典范，把理想价值传承下去，把生命点燃为大化之道。

（美国夏威夷大学哲学系终身教授）

和而不同，各得其所

钱　逊

在中华文化中，"和"有着极其重要的意义。"和为贵"、"和而不同"、"协和万邦"、"政通人和"、"和气生财"、"家和万事兴"等等，已经成为人们熟知和常用的话语；故宫三大殿也都以"和"命名。可是习焉而不察，对于"和"的真正意义何在，似乎人们并不深究，也并不很清楚。常见的一种认识，"和"表示一种态度：和气、和顺、平和、和蔼……或一种状态：和睦、和谐、和平……与和相对的，是斗、争、仇、敌对、对抗……这样的想法，反映了人们普遍的美好愿望和追求，也反映了"和"的某个方面。不过，只这样看是不够的。"和"不只是我们美好的愿望和追求，更是中华文化的大智慧；它是中国人的宇宙观，也是中国人最高的价值追求，又包含着待人处事的基本原则；它不只是一个概念、一种态度，而是有着丰富内涵，既包括基本理念、价值，又包括运用原则和方法的一个思想体系。

一、"和实生物"——中国人的世界观

两千多年前，中国人就提出了"和实生物"的观点。史伯说：

> 夫和实生物，同则不继。以他平他谓之和，故能丰长而物归之，
> 若以同裨同，尽乃弃矣。（《国语·郑语》）

认识到宇宙万物都是不同成分和因素，以一定的关系共存的统一体（或称共同体），这就是和。宇宙万物以和为基础，存在于和的状态中；世界是和的世界，

万物是和的万物。而如果是同，只是单一成分的存在或叠加，就没有新事物的生长发展。

晏婴曾举烹饪为例说明和同之辨。譬如烹汤，要有鱼、肉，加上酱醋盐梅、葱姜蒜酒等等，由厨师调配得当，再用适量的水、适当的火候进行加工，如此才有美味的汤。多种成分按一定关系共生，构成一事物，这就是和实生物。而如果用锅煮水，水干续水，如此反复，就只是白水，这就是同。"以水济水，谁能食之？"

和同之辨，讨论的是对世界的根本认识，世界是什么样的？是和还是同？这是世界观的问题。"和实生物"，"和"是宇宙万物的存在形式和生存发展的基础，这是中国人的宇宙观；是我们观察和处理一切事物的根本出发点和依据。

这样的宇宙观，在中华文化经典中多有表现。《周易》里面讲："乾道变化，各正性命，保合太和，乃利贞。首出庶物，万国咸宁。"《中庸》说："致中和，天地位焉，万物育焉。"都是对这一宇宙观的一种表述。

二、各得其所——和的实质

"和"是多种不同因素、不同成分共处结成统一事物的状态，用现代的语言来说，就是一种多元统一的状态。多元的统一，多种成分、各个局部共生在一起，表现为一种秩序。在统一的整体中，各个成分、各个局部各有其自己的地位和功能；处于不同地位的各个成分、各个局部构成一定的关系，相成、相济；这种关系的总和形成一种稳定的、和谐的秩序，这就是"和"。总体的和，通过各个成分、各个局部特定的地位、功能及其相互关系而确立和维持。对于这种状态，有一个简明的表述，就是"各得其所"。"和"的状态就是万物各得其所的状态。所谓"得其所"，即在其应在之所。在其所，才能得到正常的存在、发展；才能与共处的其他局部协调配合，对整体的和发挥其作用。任何局部不得其所，不能顺利发展和发挥其功能，整体的和也就得不到保证。拿烹饪说，极简单的一件事，用盐的多少，决定着菜肴的品质；盐量的过与不及，都会破坏菜肴的美味，即总体的和。从整体说，各得其所是全局稳定和谐的前提和基础；从局部说，得其所是其正常存在和发展的前提。没有各个局部的正常存在和发展，就没有整体的和。和的实质，就是各得其所。

三、和为贵——根本的价值观

"和为贵"不单纯是一种善良的愿望，它是以"和实生物"的宇宙观为基础的；正因为我们认识到世界是这样的一个世界，所以说在一切事情上我们要顺应事物本来的要求，以和为贵。也就是以和为最高目标，或者说以各得其所为目标。《周易》、《中庸》说达到太和、中和，就会"首出庶物，万国咸宁"；"天地位焉，万物育焉"，就是自然和社会人事、万物各得其所的理想境地。

以和为贵，要求得和的局面，不是靠单纯的理念、和谐的愿望、和解的诚意等等，不能停留在口号、宣传、思想疏导上，而是要实际地处理各种关系，努力做到"使万物各得其所"。我们一切工作，无论大小，其实都是求各得其所。各得其所是具体的、变动的，不是一成不变的。和谐社会没有一个具体的标准，如果说标准，那就是各得其所。而各得其所不是静态的，是变动的。如何才是做到了各得其所，要随着事物的发展、形势的变化而随时调整。

从历史看，孔子为政以"正名"为第一要务。当时礼崩乐坏，社会动荡，君不君，臣不臣，父不父，子不子，皆失其所；正名也就是要做到"君君臣臣，父父子子"，求君臣父子都能各得其所。君臣父子的关系是不断变化的，孔子所希望的君君臣臣的状态没有实现，也不可能实现。然而，孔子提出的治国必先正名，以各得其所为目标的原则是正确的。纵观历史，历代大变革和大改革的主题，都在求各得其所；而改革和施政的得失成败，也都只在于能否做到各得其所而已。程子说：

> 万物庶事莫不各有其所，得其所则安，失其所则悖。圣人所以能使天下顺治，非能为物作则也，唯止之各于其所而已。（程颐：《周易程氏传》）

所以，和、各得其所是中华文化的核心价值，最高的价值追求，是我们做好一切事的根本目标。

四、和而不同——待人处事的基本原则

以和为贵，以各得其所为目标，不是坐而论道，而是要起而行之，施之于实事。和的理念落实于行事，基本的原则是"和而不同"。

和而不同，有两层意义。从宇宙万物的现实状况看，"和实生物，同则不继"，世界本来就是和的世界，不是同的世界；世界存在的状态就是和而不同，和而不同是事物的本来面目。从人事的方面讲，"君子和而不同，小人同而不和"。和而不同，又是待人处事的基本原则。世界是和而不同的，我们处理事物也要遵循和而不同的原则。

作为待人处事的原则，所谓和而不同，首先是承认差异。要懂得差异的存在是正常的、合理的，是事物存在的常态；不能要求取消差别，完全一致。然后在承认不同的基础上，研究事物内部有哪些方面，怎么来协调各种关系和矛盾，以达到"各得其所"的目标。这就是和而不同。而不承认和排斥差别，一味追求一致，这就是同而不和。晏婴讲君臣之间的和而不同："君臣亦然。君所谓可而有否焉，臣献其否以成其可；君所谓否而有可焉，臣献其可以去其否。是以政平而不干，民无争心。"国君认为是对的，但其中还有不对的成分，大臣要把这不对的成分提出来；国君认为错的，但其中还有正确的成分，大臣要把这正确的成分指出来；通过讨论达到一个中肯的意见。这叫和而不同。相反，国君说这个好，大臣也跟着说好好好，国君说不对，臣子也随声附和，跟着说错错错。一言堂，没有不同意见。这就是同而不和。

总之，承认差异是前提，求各得其所是目标。始于承认差别，终于各得其所。这是一个对和而不同自觉认识和追求的过程，和而不同的理念贯彻始终。

五、中庸、无过无不及、不偏不倚——求各得其所的方法

和的秩序，各得其所，一事物内部不同部分、因素之间的关系，是具体的。以和为贵，要求得和的局面，就要研究对象的实际情况，了解其各个部分、各个方面及其相互关系，在此基础上处理各种关系，努力做到"使万物各得其所"。

了解、认识事物各方面及其相互关系，基本的方法、路径就是中庸之道，

不偏不倚，无过无不及。程子说："使万物无一失所者，斯天理，中而已。"全局看，公正、公平，不偏不倚；局部看，各安其位，各司其职，各尽其责，无过无不及。处掌握全局之位，要统筹全局，协调平衡，人尽其才，物尽其用；处局部之位，要认清自身之位，素位而行，忠于职守，克尽其责。

所以，和与中不可分。和是最高的目标，中是达到和的根本方法。合而称之，就是"中和"。

六、恃德不恃力——求各得其所的手段

"和"的又一个含义是和平。如何建立和维持稳定的社会秩序，古今中外，历来有两条路径，恃德和恃力。中华文化的传统是恃德不恃力，主张和平，反对战争。春秋战国时期，社会动荡，大国争霸，战争不断，而儒家力主王道仁政，反对战争。孔子谈治国，以"正名"为第一要务；正名即要使君臣父子各得其所，求社会之和。他又说："道之以政，齐之以刑，民免而无耻；道之以德，齐之以礼，有耻且格。"认为以强力治国，"民免而无耻"，不能治本；只有以道德教化引导百姓，才能使百姓自觉走上正道。他曾批评管仲器小、不俭、不知礼，却高度赞扬管仲辅助齐桓公"九合诸侯，不以兵车"的功绩，许以"如其仁！如其仁"；他反对季氏对颛臾用兵，主张"远人不服，则修文德以来之"。

孟子处战国时期，反对战争是他思想的主题之一。他认为天下安定于统一，而只有"不嗜杀人者"能实现天下的统一。他说，"以力服人者，非心服也，力不赡也；以德服人者，中心悦而诚服也，如七十子之服孔子也。""域民不以封疆之界，固国不以山溪之险，威天下不以兵革之利"，强国不是靠扩大疆域，用强大的武力来威慑控制民众。"得道者多助，失道者寡助。"如施仁政于民，得到百姓拥护，就可以"使制梃以挞秦楚之坚甲利兵"，抵御外敌的强兵。尽管秦奉行法家政策取胜于一时，却二世而亡。以后儒家治国思想始终居主导地位，恃德不恃力，以和平之方法，求各得其所，和而不同之目标，成为中华文化的优秀传统。郑和挟强大航海力量，七下西洋，所到之处，远及亚非广大地域，却未占一寸土地，未动一枪一炮，只是互通有无，睦邻友好，就是最好的体现。

七、以礼节之——实现各得其所的保证

"不以规矩，不能成方圆"。各得其所的关系，不能停留在理念、原则上，还必须落实和体现在具体的制度、规矩上。在中国的古代，就是落实和体现在礼上。

> 礼之用，和为贵。先王之道斯为美，小大由之。有所不行，知和而和，不以礼节之，亦不可行也。（《论语·学而》）

一般人常以为，礼的功用就在区分尊卑贵贱。这样认识并不全面。区分尊卑贵贱只是礼的一个方面。

> 礼起于何也？曰：人生而有欲，欲而不得，则不能无求。求而无度量分界，则不能不争；争则乱，乱则穷。先王恶其乱也，故制礼义以分之，以养人之欲，给人之求。使欲必不穷于物，物必不屈于欲，两者相持而长，是礼之所起也。（《荀子·礼论》）

礼的明尊卑别贵贱，是要使"贵贱有等，长幼有差，贫富轻重皆有称者也"。也就是给贫富贵贱长幼亲疏各个定出度量分界，使他们各自都有所依循，各得其所，以避免争斗。"礼之用，和为贵。"明尊卑别贵贱是为了避免争、乱，求各得其所；和的精神不是单纯的明尊卑别贵贱，而是别中求和。

礼是具体的，随时世发展而变化；中国古代的礼，已不能适应于现时代的要求。而和的秩序需要制度、规矩的保证，这个原则则是古今中外永恒不变的。这个原则体现的形式是多样的。制度、条约、合同、协议、声明、规章、纪律等等，总之必须有完善的、能得到遵守的规矩，才能真正达到各得其所的和的目标。

以上七点，是"和"的思想的要点。其中前四点，和实生物、各得其所、和为贵、和而不同，是"和"的基本理念，核心是和而不同、各得其所两点。和而不同既是对宇宙本来面目的认识和反映，也是处理一切事物的出发点、根本原则和终极目标，贯穿始终；各得其所则是和而不同的具体表现和落实。在和而不同思想的指导下，求事物的各得其所，就是"和"思想的精髓；此可谓"和"之体。后面三点，中庸、不偏不倚、无过无不及；恃德不恃力、和平的手段和方法；礼制、规矩的保证，则是应用"和"思想认识和处理问题，达成各得其所目标的原则和方法。此可谓"和"之用。

　　总之，中华文化中"和"的思想，是一个博大精深的体系。它既是根本的宇宙观、价值观，也包含有运用"和"的理念于实际人事的原则和方法。这是一个中华文化智慧的宝库，值得我们认真研究、发掘、传承、发扬。

（清华大学教授）

中国文化的"忠恕之道"与"和而不同"

李存山

儒家文化居于中国传统文化的主流，其核心思想或最高范畴是"仁者爱人"，而"忠恕之道"是儒家的"行仁之方"，它一方面主张人与人之间的平等互利，另一方面又强调在平等互利中尊重他人的独立意志，不要以己之意志强加于他人。因为在这一道德准则中蕴含着承认个体的差异性及其不可侵夺的独立意志的思想，所以它又与儒家所主张的"和而不同"内在地联系在一起。近代以来，中国在对外关系中主张的"振兴中华"与"永不称霸"、"和平共处五项原则"等，都可谓传承和弘扬了中国文化的"忠恕之道"与"和而不同"的优秀传统。这在当今的"文明对话"中也具有重要的理论意义和现实价值。

一、"仁"与"忠恕"

中国传统文化包括先秦诸子以及儒、释、道三教等，而以儒家文化为其主流。儒家文化是以"仁者爱人"为核心思想或最高范畴，这里的"仁者爱人"包括爱人类所有的人，并可兼及"爱物"①。孔子说："吾道一以贯之。"他的学生曾子（曾参）说："夫子之道，忠恕而已矣。"（《论语·里仁》）孔子在这里所说的"吾道"，应就是指"仁"道；而曾子所说的"夫子之道，忠恕而已矣"，

---

① 《论语·颜渊》篇记载："樊迟问仁。子曰：爱人。"《吕氏春秋·爱类》篇说："仁于他物，不仁于人，不得为仁。不仁于他物，独仁于人，犹若为仁。仁也者，仁乎其类者也。"孟子说"仁者爱人"（《孟子·离娄下》），又说"亲亲而仁民，仁民而爱物"（《孟子·尽心下》）。

是指推行、实践仁道的"一以贯之"的方法、准则就是"忠恕"。

孔子说:"夫仁者,己欲立而立人,己欲达而达人。能近取譬,可谓仁之方也已。"(《论语·雍也》)这里的"己欲立而立人,己欲达而达人"就是忠;"能近取譬"就是推己及人,由近及远;"仁之方"就是"行仁之方",亦即推行、实践仁道的方法、准则。

《论语·卫灵公》记载孔子与其学生子贡(端木赐)的对话:"子贡问曰:'有一言而可以终身行之者乎?'子曰:'其恕乎!己所不欲,勿施于人。'"由此可见,在忠恕之道中,孔子更加重视的是"恕",即"己所不欲,勿施于人"。《论语·公冶长》又记载,"子贡曰:'我不欲人之加诸我也,吾亦欲无加诸人。'子曰:'赐也,非尔所及也。'"这里的"加"是侵加、强加的意思。"己所不欲,勿施于人",首先就是把他人看作与自己一样的具有独立意志的同类①:我不欲别人强加于我,我也不要强加于别人。孔子说"赐也,非尔所及也",意谓做到这一点很不容易②。

儒家经典《大学》将忠恕之道又称为"絜矩之道"。朱熹《大学章句》云:"絜,度也;矩,所以为方也。""絜矩"犹如言"规矩",就是指基本的道德准则。《大学》云:

> 所恶于上,毋以使下;所恶于下,毋以事上;所恶于前,毋以先后;所恶于后,毋以从前;所恶于右,毋以交于左;所恶于左,毋以交于右。此之谓絜矩之道。

这是用上下、前后、左右来喻指一切人际关系,都要奉行"己所不欲,勿施于人"的道德准则。宋儒朱熹在《大学章句》中注释这段话,认为其"所操者约,而所及者广,此平天下之要道也"。这里的"所操者约"是指其为最基本的道德准则,而"所及者广"是指其为最普遍的道德准则。

"忠恕之道"一方面主张人与人之间的平等互利,即"己欲立而立人,己欲达而达人",另一方面又强调在平等互利中尊重他人的独立意志,不要以己

---

① 孔子说:"三军可夺帅也,匹夫不可夺志也。"(《论语·子罕》)这就是把每一个人看作具有不可侵夺的独立意志的人。

② 宋儒程颐说:"'我不欲人之加诸我也,我亦欲无加诸人',《中庸》曰:'施诸己而不愿,亦勿施于人',正解此两句。然此两句甚难行,故孔子曰'赐也,非尔所及也'。"(《程氏遗书》卷十八)

之意志强加于他人，即"我不欲人之加诸我也，吾亦欲无加诸人"，"己所不欲，勿施于人"。因为这是最基本、最普遍的道德准则，所以它不仅适用于古代，而且适用于现代；不仅适用于个体的人际关系，而且适用于群体的民族关系和国际关系。

二、"和而不同"

因为在"己所不欲，勿施于人"的道德准则中蕴含着承认个体的差异性及其不可侵夺的独立意志的思想，所以这一道德准则又与儒家所主张的"和而不同"内在地联系在一起。孔子说："君子和而不同，小人同而不和。"（《论语·子路》）"和"就是人际关系的和谐，而要保持人际关系的和谐，就要奉行"忠恕"的道义原则；"同"是指单一的相同，它或是强使他人随同于自己，或是假使自己苟同于他人，实际上这两种"同"都是为了谋取个人或集团的私利。

在孔子之前，已有两位政治家、思想家论述了"和"与"同"的区别。一位是西周末年的太史伯阳（又称史伯），他说："夫和实生物，同则不继。以他平他谓之和，故能丰长而物归之；若以同裨同，尽乃弃矣。"（《国语·郑语》）意思是说，和谐才能使万物生长，不同的因素相互协调平衡就叫作"和"；而"同"是单一的因素简单相加，这样就不会有事物的发展。另一位是春秋时期的齐相晏婴，他用烹调肉羹和演奏音乐来比喻和谐，厨师将鱼肉、水、火、盐、酱等相配合才能做出好的肉羹，乐师以不同的音调、节奏、韵律相配合才能演奏出好的音乐，如果只是"以水济水"或"琴瑟之专壹"，那就不会有美食和音乐（参见《左传·昭公二十年》）。

在孔子之后，和谐更受到重视。《中庸》说："中也者，天下之大本也；和也者，天下之达道也。""中"是不失其应有的度而恰到好处，"和"是各种不同因素的协调平衡，"中和"被视为世界的根本和普遍的道理、原则。《中庸》又说："万物并育而不相害，道并行而不相悖。"世界万物本来是多种多样、多姿多彩的，世界上的道路也是多种多样、纷繁复杂的，而在儒家看来，万物各自生育而不相妨害，不同的道路并存而不违背趋向总体的善，这就是"中和"的理想状态。

汉儒董仲舒说："中者，天地之所终始也，而和者，天地之所生成也。夫德莫大于和,而道莫正于中。……天地之道,虽有不和者,必归之于和……虽有不中者,必止之于中……"(《春秋繁露·循天之道》)这是把"中和"视为天地间所本然的、最高的和终极理想的状态,后来宋儒张载称此状态为"太和"(参见《正蒙·太和》)。"天地之道,虽有不和者,必归之于和",这既是儒家的世界观,也是儒家的社会理想。后来宋儒张载也说:"有象斯有对,对必反其为;有反斯有仇,仇必和而解。"(《正蒙·太和》)

儒家文化主张效法天地的"大德",而"天地之大德"就是生生不息,不断创造出"日日新,又日新"的繁荣多彩的事物。《中庸》说:"博厚所以载物也,高明所以覆物也,悠久所以成物也。博厚配地,高明配天,悠久无疆。""高明"是效法天的高尚光明、运行无息,"博厚"是效法地的博大宽厚、承载万物,有了"高明"和"博厚",世界就可以"悠久无疆"。《周易·系辞上》说:"富有之谓大业,日新之谓盛德。""富有"是因其"博厚"而包容了众多的事物,"日新"是因其"高明"而刚健笃实,日新其德。《周易·象传》说:"天行健,君子以自强不息。""地势坤,君子以厚德载物。""自强不息"就是效法天的"高明","厚德载物"就是效法地的"博厚"。因此,中国文化精神有两个显著的特点:其一是崇尚道德,自强不息地建设一个道德理想的世界;其二是博大宽厚,能够包容众多不同的文化或宗教而达至和谐。

三、中国对外关系中的"忠恕之道"与"和而不同"

自 1840 年的鸦片战争之后,中国日益受到西方列强的侵略和欺凌。因而,"救亡图存"、"振兴中华"就成为中国近现代历史的一个主题。

在中国近现代史上,最先明确提出"振兴中华"的是孙中山。他在 1894 年的《檀香山兴中会章程》中提出:"是会之设,专为振兴中华、维持国体起见。盖我中华受外国欺凌,已非一日……苦厄日深,为害何极!兹特联络中外华人,创兴是会,以申民志而扶国宗。"[①] 后来,孙中山明确提出了民族、民权、民生的"三民主义"。1924 年,孙中山解释其"民族主义",针对一些人把民族主义与世界主义对立起来,他说:"我们受屈民族,必先要把我们民族自由

---

① 《孙中山全集》第一卷,中华书局 1981 年版,第 19 页。

平等的地位恢复起来之后，才配得来讲世界主义。……我们要发达世界主义，先要民族主义巩固才行。……世界主义实藏在民族主义之内……"①孙中山的民族主义，也就是求中国统一、独立、富强，"要中国和外国平等的主义"②。因此，当孙中山提出"振兴中华"和"民族主义"时，就已包含了反对帝国主义的世界霸权和中国如果强盛起来也"永不称霸"的思想。他说："爱和平就是中国人的一个大道德"，"这种特别的好道德，便是我们民族的精神。"③"中国如果强盛起来，我们不但是要恢复民族的地位，还要对于世界负一个大责任。……现在世界列强所走的路是灭人国家的；如果中国强盛起来，也要去灭人国家，也去学列强的帝国主义，走相同的路，便是蹈他们的覆辙。所以我们要先决定一种政策，要济弱扶倾，才是尽我们民族的天职。""对于弱小民族要扶持他，对于世界的列强要抵抗他"，"担负这个责任，便是我们民族的真精神"④。

蔡元培曾评论孙中山的民族主义，"既谋本民族的独立，又谋各民族的平等，是为国家主义与世界主义的折中"⑤。这种"折中"从方法论上说，是继承了儒家传统的"中庸"之道；而从内容上说，则是在新时代的"民族国家"观念中继承和发扬了中国传统的"忠恕之道"，即"己欲立而立人，己欲达而达人"、"己所不欲，勿施于人"。

1949年以后，新生的中华人民共和国处在东西方两大阵营的冷战之中。难能可贵的是，在20世纪50年代，由周恩来总理首倡，中国与印度、缅甸分别发表联合声明，提出了"和平共处五项原则"，即"互相尊重主权和领土完整，互不侵犯，互不干涉内政，平等互利，和平共处"，这为建立新型的国际关系奠定了基础，得到世界上愈来愈多国家的普遍认可，逐渐成为处理国际关系的基本准则。这一准则实际上也体现了中国传统的"忠恕之道"与"和而不同"：所谓"互相尊重主权和领土完整，互不侵犯，互不干涉内政"，就是"己所不欲，勿施于人"，我们要捍卫本国的主权和领土完整，反对他国的侵犯和其干涉本

---

① 《孙中山全集》第九卷，中华书局1986年版，第210、226页。
② 《孙中山全集》第十卷，中华书局1986年版，第19页。
③ 《孙中山全集》第九卷，中华书局1986年版，第230、247页。
④ 《孙中山全集》第九卷，中华书局1986年版，第253、254页。
⑤ 《蔡元培全集》第五卷，中华书局1988年版，第488页。

国的内政，则我们亦须尊重他国的主权和领土完整，不侵犯他国，不干涉他国的内政；所谓"平等互利"，就是"己欲立而立人，己欲达而达人"，各民族国家之间在政治上平等，在经济上互利；所谓"和平共处"，就是相互间不诉诸武力，不强行使人同于己，维护世界的和平，保持各民族国家之间多样性的和谐共存、协调发展。

1963年4月24日，周恩来总理在与时任埃及部长执行委员会主席的阿里·萨布里谈话时说，"中国人办外事的一些哲学思想"，如"不要将己见强加于人"、"决不开第一枪"、"来而不往，非礼也"、"退避三舍"等等，"来自我们的文化传统，不全是马克思主义的教育"①。他所说的"哲学思想"、"文化传统"，从根本上说应就是中国传统的"忠恕之道"与"和而不同"。

中国自改革开放以后，用"以经济建设为中心"取代了此前的"以阶级斗争为纲"，进而提出了"以人为本"、"和谐社会"等重要思想，这也是与中国文化的优秀传统相契合的。在国际关系中，中国政府更加坚定地奉行"和平共处五项原则"，并且提出了"与邻为善"、"和谐世界"、"文明对话"等外交方针。当中国的经济实力迅速增强时，一些人或是出于误解或是别有用心，不断散布"中国威胁论"，实际上中国政府多次重申的"永不称霸"，既是中国鉴于国际形势的明智选择，又是根源于中国文化的优秀传统。在当前的国际政治关系中，中国主张"对话而不对抗，结伴而不结盟"。在当前的国际经济关系中，中国主张互利共赢，各民族国家相互协作，共同发展。中国不搞"文明的冲突"，尊重其他民族国家的文化传统，尊重其他民族国家自主选择发展道路，因而中国主张文化或文明的对话和交流共鉴，在保持世界文明的多样性中相互理解、相互交流而共生共荣。这些都是传承和弘扬了中国文化的"忠恕之道"与"和而不同"的优秀传统，中国将与其他民族国家一起建构一个和平的、和谐的"人类命运共同体"。

（中国社会科学院哲学研究所研究员）

---

① 《周恩来外交文选》，中央文献出版社1990年版，第327—328页。

中华文明对世界新秩序与新轴心期文明的应有贡献

郭　沂

当历史的车轮运行到 21 世纪，人类面临着两个共同的主题，一个是世界格局；另一个是文明走向。笔者以为，就世界格局而言，经过一个漫长的世界秩序重建过程，人类最终将进入一个天下一体、和而不同的新时代。就文明走向而言，以精神创造为特质的新轴心期文明将为不同种族的人们构建新的精神家园，而彰显人文信仰的中华文明将扮演一个重要角色。

一、世界秩序的重建与西方的缺陷

1989 年以后，苏联和东欧社会主义阵营解体，国际局势发生巨大变化，世界秩序的走向立即成为人们关注的焦点。在这种情况下，美国学者福山不失时机地在当年《国家利益》杂志上发表了《历史的终结?》一文，宣称西方的自由民主制度或许就是"人类意识形态发展的终点"和"人类最后一种统治形式"，并由此导致了"历史的终结"。但是，数年以后，美国学者亨廷顿在《外交事务》杂志上发表了题为《文明的冲突?》的文章，得出了完全相反的结论，认为冷战结束以后，新的世界新秩序将以文明为单位形成多极的局面，也就是说，未来世界主要由七个或八个文明构成，它们是中华文明、日本文明、印度文明、伊斯兰文明、西方文明、拉丁美洲文明和可能存在的非洲文明。从此以后，文明的冲突将成为世界秩序的主调，也就是说，世界冲突的根源不再是意识形态，而是不同的文明。

当今的世界，战火不断，恐怖丛生，文明之间的冲突似乎已经展开，看起来，在福山和亨廷顿所设计的新世界秩序方案中，历史选择了后者。难道文明的冲突就是人类的前景吗？问题恐怕没有那么简单。

首先需要明确的是，世界秩序的重建是在全球化背景下展开的，这就决定了未来的世界秩序将是一个一体化的全球文明。当然，实现这样一个目标，将是一个漫长的过程。

我们承认，就像亨廷顿所说的那样，文明将是世界秩序重建的基本单位。但我们又认为，在亨氏所列的七个或八个文明中，只有西方文明、中华文明、印度文明和伊斯兰文明四个是最基本的，其他都可并入这四个文明中，如所谓日本文明不过是中华文明的支裔，拉丁美洲文明又基本上是西方文明的延伸。在这些文明中，何者将有资格主导以一体化全球文明为目标的世界秩序的重建呢？世界新秩序的模式或者说各个文明之间的关系将会怎样？是文明的冲突吗？

让我们回顾一下 20 世纪最杰出的历史学家汤因比在四十年前所作出的判断："罗马帝国崩溃后，西欧世界再也没有能够挽回原来的政治统一。……在罗马帝国解体后，西方本身或在世界其他地区，都没有实现过政治上的统一。不仅如此，西方对政治的影响是使世界分裂。西方对自己以外地区推行的政治体制是地方民族主权国家体制。罗马帝国解体后，西方的政治传统是民族主义的，而不是世界主义的。由此看来，今后西方也似乎不能完成全世界的政治统一。"①

正如汤因比所说，罗马帝国灭亡后，欧洲就没有建立起一个统一的强有力的政权。尽管如此，16 世纪初期以前，欧洲还是一个以基督教为基本价值体系，以教皇为精神领袖，以基督教教义为社会习俗，以拉丁文为官方语言的松散整体，笔者称之为"基督教共同体"。随着文艺复兴和宗教改革运动的发展，欧洲各国纷纷挣脱教皇的羁绊，掀起了民族独立的浪潮，近代意义的民族国家就这样诞生了。自此以后，民族国家就是以西方为主导的世界秩序的基本单位，世界冲突也多发生于民族国家之间。不过，西方推进一体化的努力和尝试

① ［日］池田大作、［英］阿·汤因比：《展望 21 世纪——汤因比与池田大作对话录》，荀春生等译，国际文化出版公司 1999 年版，第 278 页。

却不曾中断。在一定意义上讲，历史上欧洲各国之间的战争，包括 20 世纪的两次世界大战，都属于以一体化为目的的兼并战争。欧洲一体化失败的根源，不得不归结于民族主义，所以汤因比说"今后西方也似乎不能完成全世界的政治统一"是有充分根据的。

更为严重的是，西方民族国家的兴起又促进和强化了民族主义意识形态。时至今日，西方的那些政治学家们，仍然深深陷入民族主义泥潭而不能自拔。不管是福山的历史终结论，还是亨廷顿的文明冲突论，不都属于汤因比所说的那种"西方的政治传统"吗？它们"是民族主义的，而不是世界主义的"。完全可以判断，不管按照它们之中的哪一种方案，都不可能建成一个稳定的一体化的世界新秩序。

二、中华民族的经验

当今世界的强势文明——西方文明被汤因比轻描淡写地否定了。那么，在这位睿智的历史学家心目中有没有心仪的对象呢？当然有！20 世纪 70 年代初，"文化大革命"正在中国大地如火如荼地进行，看起来这个曾经的文明古国已经迷失了方向。正是在这样一个当口，汤因比提出了一个惊世骇俗的论断："将来统一世界的大概不是西欧国家，也不是西欧化的国家，而是中国。"① 对此，他提出了八条理由。我们认为，其中前两条是最重要的："东亚有很多历史遗产，这些都可以使其成为全世界统一的地理和文化上的主轴。依我看，这些遗产有以下几个方面：第一，中华民族的经验。在过去二十一个世纪中，中国始终保持了迈向全世界的帝国，成为名符其实的地区性国家的榜样。第二，在漫长的中国历史长河中，中华民族逐步培养出来的世界精神。"②

什么是"中华民族的经验"呢？我们的解读是古中国的天下一体化的政治格局。

中国从来就不是一个近代意义上的民族国家，而是一个多民族的天下一体

---

① ［日］池田大作、［英］阿·汤因比：《展望 21 世纪——汤因比与池田大作对话录》，苟春生等译，国际文化出版公司 1999 年版，第 278 页。

② ［日］池田大作、［英］阿·汤因比：《展望 21 世纪——汤因比与池田大作对话录》，苟春生等译，国际文化出版公司 1999 年版，第 277 页。

化的社会。如果我们一定要把古代中国称作一个"国家"的话，那只能说它是一个"天下国家"、"世界国家"，而不是一个"民族国家"。"天下"的字面意思是"普天之下"，用以指全人类所生活的地方。受当时地理观念的限制，中国古人并不知道中国以外还有其他人类和文明的存在，所以"天下"与现在的全球相当，古代中国的天下一体化，事实上是一种相对意义上的全球化。

古代中国一体化的天下，实质上是一个政治、文化共同体。它大致可以分为两个部分：一是核心区；二是周边区。天下一体化主要表现在政治和文化两个方面，其基本形式是核心区和周边区之间的政治文化互动。大致地说，古代中国的天下一体化过程可以分为三个阶段。自五帝时期至殷周之际为第一阶段，而"诸夏"和"四夷"分别代表当时一体化天下的核心区和周边区。早在尧舜的时候，天子就接受列国的定期朝贡，从而初步奠定了天下一体化格局的基础。后来，大禹治水又使之得到了进一步的强化和巩固。第二阶段始自西周初年的分封制，而西周末年，王室衰微，诸侯崛起，引发了春秋战国时期一系列的兼并战争，极大加速了天下一体化的进程。秦始皇统一中国以及新的主体民族汉族的形成，标志着天下一体化进入第三阶段。统一帝国形成以后，中国文化继续向更遥远的地区传播，逐渐成为整个东亚地区的主流文化。至此，古代中国的天下一体化基本完成。

古代中国天下一体化过程，主要是通过四个途径得以实现的。其一，兼并战争，例如第一阶段各部落联盟之间的混战、第二阶段列国之间的争霸、第三阶段中央政权对周围少数民族政权和其他小国的征讨等等。其二，和平政治。核心区的最高统治者还采用和平的手段对周边区在政治上加以控制，试图将整个"天下"纳入自己的势力范围，并构成一个一体化社会。例如第一阶段的朝贡制、第二阶段的分封制和第三阶段的封贡体系，都属于这种情况。其三，文化传播。高度发达的核心区文明传播到周边区，提高了当地文化的水平，而周边区的文化为核心区所接纳和吸收，也在一定程度上丰富和充实了核心区文明，这样核心区和周边区的文化就逐渐融为一体了。其四，民族同化。在古代中国，核心区主体民族和周边区各民族的界线常常是不确定的，甚至有时周边区的民族只要接受了核心区的主体文化，并积极参与其政治活动，就会成为核心区主体民族的一员。

古代中国的天下一体化有三个突出特征。一是，天下一体化虽然导致了地方性的衰减，但并没有完全泯灭各地区的文化个性和特质。直到今日，中国各地文化和语言的差异还是显而易见的。在这个意义上，我们可以说中国文化是多元一体的。二是，在天下一体化的过程中，各地区在保持其地方文化特色的同时，这些地方文化也进入了公共领域。毋庸置疑，诸如儒家、道家、法家等原本为地区性的文化现象，早已为中国人所普遍接受，并共同汇成中国文化的巨流。它们分别在社会伦理、人生、文学艺术和政治等领域各显其能，相映成趣。三是，在多元一体的文化格局中，各种文化不仅相互渗透，而且能够和谐相处，甚至不同信仰的人们之间，不仅相安无事，而且能够相互借鉴、相互包容。儒、释、道三教是中国主要的信仰载体。就其相处之道而言，在历史上，它们之间虽然也曾经为了成为官方意识形态而展开竞争，但总体来说，这种竞争是和平的、理性的，并没有因此而暴发宗教战争。就其思想理论而言，它们之间是相互吸收、相互学习的。

三、中华民族的世界精神

什么是汤因比所说的"中华民族逐步培养出来的世界精神"呢？我们认为，主要指儒家的天下主义，这其实是引导古代中国走向天下一体化的理论基础。

天下主义是一种与天下一体化现象相应的意识形态。笼统地说，一切对天下一体化持积极态度的主张、观点，都可归为天下主义。由《尚书》、《周易》、《诗经》等早期经典看，天下主义从一开始就居中国文化的正统地位。后来，尽管中国学术思想流派繁衍错综，但大抵持天下主义立场，其中又以儒家的天下主义最为全面而系统。其基本要点，大致如下：

就其哲学基础而言，是天人合一，万物同源。天人合一的观念意味着人与万物是同源的，应该亲和相处。到了北宋，张载则明确地提出："民吾同胞，物吾与也。"后来王阳明也说："大人者，以天地万物为一体者也。其视天下犹一家，中国犹一人焉。"（《大学问》）

就其社会理想而言，是天下大同："大道之行也，天下为公，选贤与能，讲信修睦，故人不独亲其亲，不独子其子，使老有所终，壮有所用，幼有所长，鳏寡孤独废疾者皆有所养；男有分，女有归，货恶其弃于地也，不必藏于己力恶其不出于身也不必为己，是故谋闭而不兴，盗窃乱贼而不作，故外户而

不闭，是谓大同。"（《礼记·礼运》）

就其实现途径而言，是王道。虽然华夏文化远远高出周围的蛮夷戎狄，但儒家并不主张以武力去征服这些野蛮民族，而是坚持用文化和恩德去感召他们。如孔子说："远人不服，则修文德以来之。既来之，则安之。"（《论语·季氏》）到了战国时期，孟子则明确提出了王霸之辩，主张用实施"仁政"的"王道"去统一天下，反对专恃武力争夺利益的"霸道"。

就其文化多元原则而言，是和而不同。孔子说："礼之用，和为贵。"（《论语·学而》）又说："君子和而不同，小人同而不和。"（《论语·子路》）和而不同是儒学的一个基本理念，当然也适用于其对文化的差异性和特殊性的态度，这意味着承认文化多元，对不同文明兼容并包。如《中庸》提出："素夷狄，行乎夷狄。"明清之际大儒王夫之甚至提出"王者不治夷狄"的主张。他充分肯定文化多元性，尊重民族自主权，认为各民族之间应该各自保存其习俗、文化和制度，各安其居，彼此尊重，互不干涉，和平共处。

总而言之，儒家天下主义的基本立场是天下，而不是民族、国家，其基本特征是和平、和谐，反对通过武力实现天下一体化。

古代中国的天下一体化和儒家的世界主义之间是互动的。也就是说，古代中国的天下一体化导致了儒家天下主义的产生和发展，而儒家的天下主义又反过来深刻影响和促进了古代中国的天下一体化的基调和进程。

四、世界秩序重建的儒家方案

如此看来，在世界秩序重建问题上，福山和亨廷顿所代表的是西方民族价值，而儒家的天下主义才是真正意义的普世价值。因而，对世界秩序的重建和全球一体化进路最有发言权的，不是福山和亨廷顿们，不是西方人，而是持有儒家立场的中国人。

依据古代中国的天下一体化经验，站在儒家天下主义的立场上，应该如何建构未来的世界秩序呢？是"历史的终结"还是"文明的冲突"？当然都不是！这两种重建世界秩序的方案都是违背"和而不同"原则的，也是违背历史潮流的。用儒家的话语来说，前者正是儒家所反对的"同而不和"，而后者的"冲突"与儒家所追求的"和"更是完全对立的。

答案是：天下一体，和而不同！

目前的全球化和古代中国的天下一体化都是一种社会一体化过程，十分相似，但二者也有明显的不同。一方面，古代中国的天下一体化是一个从政治天下一体化到文化天下一体化的过程，而当今的全球化将是一个从经济全球化到文化全球化的过程；另一方面，由于早期中国各民族的文化发展很不平衡，古代中国的天下一体化基本上是主体文明华夏文明、汉族文明和中华文明向其他民族传播的过程，亦即由核心区向周边区传播的过程，因而其主流是单向的。但由于世界各大文明，不管是西方文明，还是其他文明，都有自己独特的风格、深厚的底蕴、完整的文化系统和高度的发展水平，难分伯仲，因此当今的世界是多核心的，这决定了这种全球化是双向的和多向的。

天下一体，是说未来的世界将是一个有机的整体。各种文明依然存在，但它们之间不再是相互疏离、相互排斥甚至相互冲突的，而是相互包容、相互配合的。如果说一体化的世界是一台运转完美的机器的话，那么各种文明就犹如组成这台机器的零部件。我们之所以用"天下"而没有用"世界"或"全球"等目前使用更普遍的概念来表达未来一体化的世界，是因为前者代表中国人的世界观念，意味着世界虽然由不同的地域和文化构成，但这些不同的部分是从属于统一的"天下"整体的，是为"天下"所包容的。这就是说，"天下"观念所体现的是一种天下一体化或世界一体化。这是对世界的一种世界主义理解。而后者总是与西文的"World"、"Globe"等概念脱不了干系，而这些概念代表西方人的世界观念，意味着世界是由不同的国家和地域所构成的空间范围，是一个松散的系统，各部分之间是相对独立，甚至相互排斥的。这是对世界的一种民族主义理解。

"和"即不同事物和美整合，"同"是同一事物简单积累。"和而不同"一方面肯定文化的多元性；另一方面强调不同文化之间和谐相处，相互尊重，相互依存，相互配合，正所谓"一支独放不是春，百花齐放春满园"。

就像不同零部件在一台机器中所起的作用不同一样，在一体化的世界中，不同文明也扮演着不同的角色。至于各种文明会扮演什么角色，取决于各自的优势，其情形类似于本来作为地方知识的儒家、道家、法家分别在统一后的中国文化的社会伦理、人生、文学艺术和政治等领域所具有的地位。以中西文化为例，如果可以把文化分为精神文化、制度文化和物质文化三个层面的话，那么我们以为中国传统文化的优势在于精神文化，而西方现代文化的优势在于物质文化，至于制度文化领域，则中西文明或可分庭抗礼。中国古代精神文化之繁荣昌盛，是世界上任何一个民族也望尘莫及的。同样，西方物质文化之发达丰富，其他文明也难望其项背，这主要得益于科学技术的进步和市场经济的发展。而中国的贤能政治或精英政治与西方的民主政治不但并驾齐驱，而且能够优势互补，有望从二者的融合中再生出一种新的更合理的政治体制。

据传，丘吉尔曾经说过："民主制度很不好，但是其他制度更不好。"这句话一般被转述为：民主制度是一种最不坏的制度。鉴于民主制度为世界上越来越多的地区所接受，我们或许可以进一步说：民主制度是现存最好的制度。但这绝不意味着民主制度是一种理想的政治制度。

那么，在全球化时代，我们能不能创构出一种比民主更好的政治制度呢？笔者的设想是：在制度框架方面，要在综合西方的民主政治和中国传统的精英政治的基础上，创造性地建构一种新的政治体制。在这个过程中，中国传统的阳儒阴法的制度建构和德本刑末的观念尤其值得重视。在从政者修养方面，要更多地采用儒家内圣外王的政治理念，如孔子说的"政者，正也。子率以正，孰敢不正"、"苟正其身矣，于从政乎何有？不能正其身，如正人何"（《论语·子路》）、"君子之德风，小人之德草，草上之风，必偃"（《论语·颜渊》）、"君子笃于亲，则民兴于仁"（《论语·泰伯》）等。在政治技巧方面，要重视取法道家思想，尤其是其"无为而治"的政治理念。

在漫长的交流和融合过程中，各个文明之间的界限将越来越淡化、模糊以至消失，最终形成一种真正意义的统一的世界文明、人类文明。不过，那些原本属于各个文明的富有生命力的元素将会保存下来，它们会在不断组合中产生新的文化元素，得以使人类文化永续发展。

伴随着经济、政治、文化的一体化，民族的融合也是大势所趋。在古代中国天下一体化的过程中，中国主体民族的演变经历了三个阶段，即先秦时期的华夏族、秦汉以后的汉族和近代以来的中华民族。事实上，它们本来都是由若干个民族融合而成了。不难预见，在全球一体化的未来，曾经在中国历史上发生的这个现象，将会在我们居住的星球重演。也就是说，全球民族融合的结果是，形成一个统一的世界民族。

这是一幅多么美好的画卷啊！然而，我们是不是过于乐观、过于理想化了呢？的确，我们还有好长一段路要走。

作为当今世界上唯一超级大国的美国，其国力之强大、霸权主义之张扬，皆不亚于战国时代的秦国。假设美国也像秦国那样用武力统一世界并用强权维护自己的统治，那也一定会像秦国那样万劫不复！它如若想长治久安，就必须像汉代那样，改弦更张。也就是说，将来不管哪种文明首先用什么方式来统一世界，但如果想在政治上和文化上实现真正的稳定统一，就必须采用儒家的天下主义立场，推行王道政治，实施天下方案。

五、从雅斯贝斯的历史观看四次文明转型

"轴心期"这个概念自德国哲学家雅斯贝斯在 20 世纪 40 年代末提出以后，虽然争议不断，但至今魅力不减。笔者认为，雅氏对世界历史发展脉络的宏观把握，对我们今天研究文明转型来说，仍然极具启发意义。

在《历史的起源与目标》一书中，雅斯贝斯提出"人类看来好像从新的基础起步了四次"。第一次始于人类刚刚诞生的史前时代，也就是普罗米修斯时代；第二次始于古代文明的建立；第三次始于轴心期；第四次始于科技时代，我们正在亲身体验这个阶段。①

这四个时期的本质特征各是什么呢？雅斯贝斯认为，第一个时期的标志是语言、工具的产生和火的使用。②第二个时期的表征是文字和文献、建筑和作为其先决条件的国家组织、艺术品。"然而，这些文明缺乏奠立我们新人性基础的精神革命。"③第三个时期，即公元前 800 年到公元前 200 年间在中国、印度和西方不约而同发生的轴心文明，是一种"精神过程"④。"这个时代的新特点是，世界上所有三个地区的人类全都开始意识到整体的存在、自身和自身的限度。人类体验到世界的恐怖和自身的软弱。他探询根本性的问题。面对空无，他力求解放和拯救。通过在意识上认识自己的限度，他为自己树立了最高

---

① ［德］雅斯贝斯：《历史的起源与目标》，魏楚雄、俞新天译，华夏出版社 1989 年版，第 32—33 页。

② ［德］雅斯贝斯：《历史的起源与目标》，魏楚雄、俞新天译，华夏出版社 1989 年版，第 32 页。

③ ［德］雅斯贝斯：《历史的起源与目标》，魏楚雄、俞新天译，华夏出版社 1989 年版，第 55 页。

④ ［德］雅斯贝斯：《历史的起源与目标》，魏楚雄、俞新天译，华夏出版社 1989 年版，第 7 页。

目标。他在自我的深奥和超然存在的光辉中感受绝对。""这一切皆由反思产生。"①"它与人性的整个有意识的思想方面的精神的历史发展有关。从古代文明产生起，这三个具有独特性的地区就在基督降生前的 1000 年中，产生了人类精神的全部历史从此所依赖的创造成果。"②第四个时期，也就是我们这个时代"全新全异的因素，就是现代欧洲的科学和技术"③。

意味深长的是，结合这个线索，雅氏又将目光投向遥远的未来，认为"我们视线内的这个人类历史如同进行了两次大呼吸"："第一次从普罗米修斯时代开始，经过古代文明，通往轴心期以及产生轴心期后果的时期。""第二次与新普罗米修斯时代即科技时代一起开始，它将通过与古代文明的规划和组织类似的建设，或许会进入崭新的第二个轴心期，达到人类形成的最后过程。"④

显而易见，在雅斯贝斯看来，人类将进入第二个轴心期，从而"达到人类形成的最后过程"。那么第二个轴心期的本质特征是什么呢？雅氏曾经将人类历史的起源与目标作了符号性的总结："'人类之诞生'——起源；'不朽的精神王国'——目标。"⑤ 这就是说，和第一个轴心期一样，第二个轴心期的实质仍然是一种"精神过程"。

也许人们会问，现代文化已经空前繁荣，难道还算不上新的轴心期吗？对此，雅斯贝斯早已给予了明确的回答："我们现在所处的状况是十分明确的，现在并非第二轴心期。与轴心时期相比，最明显的是现在正是精神贫乏、人性沦丧，爱与创造力衰退的下降时期"。"这整幅画面给我们的印象是，精神本身被技术过程吞噬了。"⑥"如果我们寻求一个我们时代的类似物，我们发现它不是轴心期，而更像是另一个技术时代——发明工具和使用火的时代，对这一时代我们完全不了解。"⑦从这些论述中，我们可以进一步确认，在雅斯贝斯眼中，新轴心时代的本质特征是精神创造。

---

① ［德］雅斯贝斯：《历史的起源与目标》，魏楚雄、俞新天译，华夏出版社 1989 年版，第 8—9 页。
② ［德］雅斯贝斯：《历史的起源与目标》，魏楚雄、俞新天译，华夏出版社 1989 年版，第 22 页。
③ ［德］雅斯贝斯：《历史的起源与目标》，魏楚雄、俞新天译，华夏出版社 1989 年版，第 95 页。
④ ［德］雅斯贝斯：《历史的起源与目标》，魏楚雄、俞新天译，华夏出版社 1989 年版，第 33 页。
⑤ ［德］雅斯贝斯：《历史的起源与目标》，魏楚雄、俞新天译，华夏出版社 1989 年版，第 34 页。
⑥ ［德］雅斯贝斯：《历史的起源与目标》，魏楚雄、俞新天译，华夏出版社 1989 年版，第 112 页。
⑦ ［德］雅斯贝斯：《历史的起源与目标》，魏楚雄、俞新天译，华夏出版社 1989 年版，第 113 页。

　　综合人类历史的四期说和"两次大呼吸"说，可以得知，整个人类历史的过去、现在和未来分为五个大的时代，即史前时代、古代文明时代、轴心时代、科技时代和新轴心时代。

　　笔者以为，在这整个过程中，又包含四次大的文明转型：第一次是人类由野蛮时代进入文明时代，或者说由史前时代进入古代文明时代；第二次是由古代文明进入轴心文明；第三次是由轴心文明进入科技文明；第四次是由科技文明进入第二个轴心文明。就其性质而言，第一次和第三次为"工具的突破"，第二次和第四次为"精神的突破"。其中，第一次是"工具"本身的革命，由史前时代语言、工具、火之类的低级"工具"，上升到古代文明时代文字、金属工具、国家之类的高级"工具"。其后，便是"工具的突破"和"精神的突破"交替进行。"工具"和"精神"就像人类文明的两极，当历史的车轮驶向其中一极并达到顶点以后，便调转车头，驶向另一极；当达到这一极的顶点以后，又会重新调转车头，驶向对面。这个情形，犹如周敦颐笔下的太极图："太极动而生阳，动极而静；静而生阴，静极复动。一动一静，互为其根；分阴分阳，两仪立焉。"（《太极图说》）就像动与静、阴与阳两极一样，作为人类文化两极的工具文化和精神文化，也是相互促进、相互派生的。

　　难道历史只是机械地重蹈覆辙吗？当然不是！每一次突破都使人类文明上升到一个新台阶，都有一系列前所未有的新质的整体呈现。

　　另外，我们用工具文化和精神文化这对概念来表达人类文化的两极，并不意味着这两种文化对人类的意义是旗鼓相当、地位平等的。早在两千多年以前，孟子对人的本质曾有深刻的揭示："体有贵贱，有大小。无以小害大，无以贱害贵。养其小者为小人，养其大者为大人。""耳目之官不思，而蔽于物。物交物，则引之而已矣。心之官则思，思则得之，不思则不得也。此天之所与我者。先立乎其大者，则其小者弗能夺也。此为大人而已矣。"（《孟子·告子上》）用我们今天的话说，作为"耳目之官"的"小体"就是生理需要、物质享受，是人和动物共有的；而作为"心之官"的"大体"是精神寄托、价值诉求，是只有人才具有的，是人之为人的本质。依此，我们可以说工具文化所满足的主要是作为"耳目之官"的"小体"，即生理需要、物质享受，而精神文化所满足的主要是作为"心之官"的"大体"，即精神寄托、价值诉求。换言之，精神文化是人的高级需要，工具文化是人的低级需要，或者说精神文化是人的目标，工具文化是实现这个目标的途径和手段。这样我们也就不难理解为什么雅斯贝斯把"不朽的精神王国"作为人类的最终目标了。

原来，我们所处的科技时代的主题不过是工具文化。沉浸于此，为物所役，人们早已失去目标，无家可归了。所以，发现自我，重返久违的精神家园，乃当务之急，也是第四次文明转型即由科技文明进入第二个轴心文明的根本任务。

六、从第二个轴心期的精神方向看中华文明复兴之路

至此，新轴心时代的轮廓已经呼之欲出了。

我们已经知道，第二个轴心文明的特质是精神创造。但这种精神创造并不是凭空产生的，而是要在已有的精神文化成果的基础上，进行新的提升和创造。我们所说的已有的精神文化成果，主要是第一个轴心文明的成果，包括中华文明、印度文明和西方文明。因而，第二个轴心文明的大致方向是中国、印度和西方的精神文化成果的融会贯通与创造发展。

这两个轴心文明的本质特征虽然都是一种"精神过程"，但各自的"精神过程"又有自己的风格，甚至在不同的精神文化领域各有所长，这也意味着它们在第二个轴心文明的相应领域中拥有显赫地位。按照笔者的理解，所谓精神文化，大致包括三个方面：一是审美；二是道德；三是信仰。不难发现，中国、印度和西方在这三个方面可谓大异其趣，各呈异彩。

在这三个方面中，信仰居核心的、主导的地位，它决定着精神文化的基本风格和大体方向。无疑，信仰也将成为第二个轴心文明的灵魂与核心。

作为终极关怀，信仰可以分为宗教信仰或非理性信仰、人文信仰或理性信仰两种基本类型。世界上大多数民族的信仰为宗教，故其终极价值是宗教性的和非理性的，如西方文明中的基督教，印度文明中的婆罗门教、佛教、印度教，伊斯兰文明中的伊斯兰教等；而中国人的信仰则是宗教、人文并行，尤以人文信仰为主，故其终极价值为宗教性和人文性并行，非理性与理性齐驱，而尤以人文信仰或理性信仰为主。

毋庸讳言，近代以来，在世界范围内，宗教虽然仍然代表着一些文明的民族主体价值，但已经受到科学的严重挑战，而达尔文的进化论对基督教的否定

尤为彻底。在这种情况下，宗教犹如明日黄花，再也不能重现前现代时期的风采。

人是精神的动物，而信仰又是精神的核心，所以人不可一日无信仰。宗教式微了，价值崩溃了，信仰缺失了……怎么办？出路就在于继承和发展中国传统的人文信仰或理性信仰，重建人类的精神家园。这就是第二个轴心文明的精神方向！

中国古代精神文化之繁荣昌盛，是世界上任何一个民族也望尘莫及的。中华民族的精神家园要比其他民族丰富得多，笔者归之于五个组成部分：华教、儒、道、释以及文学艺术。

古代中国的主体宗教，既不是道教和佛教，也不是所谓儒教，而是另一种宗教形式，其主要内容包括上天崇拜、民族始祖崇拜、祖先崇拜、圣贤崇拜、自然崇拜、社会习俗、传统节日等。这才是中华民族的正宗大教，所以笔者称之为"华教"。早在三皇五帝时期，华教就已经形成了。自夏商周至元明清，它一直是古代中国的国家宗教。在汉代以后两千多年的历史中，作为国教的华教和作为官学的儒学相辅相成，共同组成了中华民族精神家园的最重要的部分。

相对而言，中国传统人文主义的形成就晚得多了，时当殷周之际。以文王、周公为代表的周初文化精英由殷之代夏、周之代殷的历史，对传统宗教进行了一次深刻、彻底的反思，终于发现"天命靡常"、"惟命不于常"，甚至"天不可信"。至于夏、殷两代的废替，皆因"惟不敬厥德，乃早坠厥命"。原来，社会发展变化的最终根据，并不是神秘莫测的天命，而是人的德行。摒弃天命，注重人事，显然是对传统宗教的根本否定和彻底批判，标志着中国人文主义的形成。不过，与此同时，文化精英们又巧妙地将这些人文主义成果纳入宗教的体系之中。周公提出"皇天无亲，惟德是辅"，主张"以德配天"。在这里，天仍然是人格神，只不过能够根据人的德行扬善罚恶而已。另外，周公还制定了一整套祭祀礼仪制度，用人文主义成果来强化宗法性传统宗教。这样就形成了一个奇特现象，在周初以后的思想界，宗教和人文主义合为一体，共同组成了主流意识形态；或者说宗教和人文主义一体两面，分别扮演着不同的角色。

由于历史渊源等原因，作为两种性质不同的意识形态的人文主义和宗教之间仍有千丝万缕的联系。二者相互支持，相互补充，相互影响，相互渗透，并导致你中有我，我中有你。就是说，这种人文主义含有宗教的因素和性质，这种宗教也含有人文主义的因素和性质。在这个意义上，这种宗教可以被称为"人文主义宗教"，这种人文主义也可以被称为"宗教人文主义"。因此，我们可以把华教、道教和佛教看作人文主义宗教，而把儒家、道家和文学艺术看作宗教人文主义。

随着时代的进步和人类思想意识的提高，中国精神文化中的人文信仰或理性信仰因素，将成为未来普世文明中精神信仰的增长点。虽然作为非理性的信仰，宗教还会长期存在，但历史将会证明，在信仰领域，宗教的或非理性的信仰会越来越弱，而人文的或理性的信仰却会越来越强，最终成为第二个轴心文明的主流。

如果我们承认像雅斯贝斯所说的那样，精神创造是新轴心时代的本质特征的话，那么我们可以预言，以人文信仰见长并具有丰厚相关资源的中华文明的复兴，将开启新轴心时代！

（韩国首尔国立大学人文学院教授）

比较中国的天下观与西方的世界秩序观的现代性启示

刘丹忱

一、问题的缘起

现代的中国与传统的中国究竟应该是怎样的关系？现代性精神是中国人通过西方的现代化成果来感受的，近代中国在被动现代化的过程中缓慢地引入了现代性精神，而这段历史却是充满了屈辱与怨恨的。如此特殊的历史经历也决定了中国现代性问题的复杂性，中西问题成为中国现代性问题必须首先面对的，换言之，中国必须首先成为"世界的中国"才有可能解决其现代性问题。现代性与现代化不同，比较而言，现代化更多是物质层面上的，而现代性则是精神意义上。中国现代化过程中的中西问题在某种程度上掩盖了一个更实质的部分，那就是中国从传统社会向现代社会的转变，这一过程中现代的中国更应仍然是"中国的中国"，而非"西方化的中国"。

具体到天下观的问题上，"天下"是个典型的中国概念，现在这个概念转换成了另外一个称谓叫"世界"，但"世界"不是一个中国传统概念，而是印度佛教的，"世"在佛教当中讲的是迁流、时间性的问题，"界"讲的是方位，是个空间性的东西。这在佛教的《楞严经》中讲得非常清楚，世界在时间、空间上的位置，过去、现在、未来，空间上的东南西北、上下等方位。我们现在所讲的"世界"，在汉语当中渐渐流行起来是魏晋南北朝以后的事情了。其实，我们今天所讲的"世界"这个概念只是古代"天下"概念的一部分。"天下"在古代中国内涵极其丰富，它是中国思想家建构出的最大的空间单位，既可指中国与四方合一的世界，也可指人文与自然交汇的空间；它不是一个简单意义上的地理概念，更是与"家"、"国"一起构成谱系的价值体，是"国"之合法性的最后依据。这种"天下观"是古代中国人一种非常重要的价值观。

中国传统的观念包括依此观念建立起来的一整套涉外制度体系，在近代数千年未有之变局中遭遇到来自西方全方位的冲击，这是人所共知的。那么，这种遭遇是不是一种野蛮与文明的对抗，抑或是落后封建意识与先进资本主义的意识的碰撞，还是一种分别来自东西方不同文化背景观念的遭遇，而各有千秋、互有长短呢？我觉得必须从这两个方向思想观念的源起、形成和影响入手，进行较为深入的比较研究，方能够言之成理。就古代中国对外关系历史中思想观念的作用展开研究，不仅关系到思想史研究的广度，也关系到中外关系史研究的深度，而且可以直接为当代中国国际关系理论的建设提供必要的价值资源。

从近代史上看，一个贫穷落后的中国并不利于东亚的和平与稳定。那么迅速崛起走上现代化道路的中国对于未来的东亚乃至世界意味着什么呢？历史经验告诉我们，一个大国的兴起必将给地区乃至世界格局带来重大的冲击，国家间力量对比失衡往往导致原有的国际秩序出现转型，这种转型意味着很大的不确定性。美国"重返亚太"以及"亚太再平衡"战略的提出从反面印证了研究这个问题的迫切性，中国的和平发展战略能否成为一个有效的对外战略，其核心在于我们战略的指导思想能否促使国家的发展与外部环境之间尽可能形成一种良性的互动，以减少阻力。因此，从思想、文化的视角研究国际秩序的转型具有重要的战略意义和现实意义，这关系到我们能否从历史中寻找到价值资源，为中华文明的复兴提供思想启迪的问题。

二、古代中国的"天下观"

中国传统思想中的"天下观"，据美国学者史华慈等人的观点，就是中国的世界秩序观。[①] 东亚的学者对于中国的天下秩序在观念和制度等层面更是多

---

① 参见 Benjamin I. Schwartz（史华慈），*The Chinese Perception of World Order*（《中国人的世界秩序观》），in John K. Fairbank（费正清）（ed.），*The Chinese World Order: Traditional China's Foreign Relations*（《中国的世界秩序：传统中国的对外关系》），Cambridge, Massachusetts: Harvard University Press, 1968, pp.266−288。

有研究。①

　　我们只能从后人的记述中去猜测有关商朝之前的天下秩序概念。后人记述以《史记》的《五帝本纪》和《夏本纪》最为系统。然而我们无法确定太史公所说的有多少是实况的反映，又有多少是利用后来的概念去描述的。例如，在他的笔下，五帝俱曾为"天下"诸侯推尊的"天子"。《五帝本纪》提到舜分天下为十二州，《夏本纪》有九州、五服之说。此外，在"中国"的四周，已经整齐地分布着戎夷蛮狄。天下、中国、四方、四海、九州、东夷、西戎、南蛮、北狄似乎在夏代以前都有了，事实是否如此，我们无法证明。

　　中国人的天下观也许可以说是在夏商之时孕育出朴素原型的，到两周时期得到进一步发展。周人对天下观的贡献并不在于延续了商殷以来较为机械的方位、层次观念，而是产生出一种文化的天下观。"中国"和"天下"这个两词在周初时正式出现在传世文献中。"天下"首见于《周书·召诰》"用于天下，越王显"。意思是说用此道于天下，王乃光显也。可见"天下"是一个由"王"来执政行道的世界。"中国"首见于《周书·梓材》"皇天既付中国民越厥疆土于先王"，此处的"中国"仅是"中原"之义。

　　作为一种政治思想的"天下观"，形成于先秦时期。在《易经》、《诗经》、《尚书》、《论语》、《孟子》、《大学》、《中庸》等儒学经典中，"天下"既指中国与四方的总合，也指人文与自然交汇的空间。中国与四方的"四夷"，共同构成以中国为中心的同心圆。同时，"中国"的文明至高无上，天子受"天命"而执政于"天下"。

　　周天子对于王畿以外的地区不直接施政，而是视层次的不同，以不同形式

---

① 中国大陆学者如李云泉的《万邦来朝：朝贡制度史论》(新华出版社 2014 年版)；陈尚胜的《闭关与开放——中国封建晚期对外关系研究》(山东人民出版社 1993 年版)；何芳川的《"华夷秩序"论》(《北京大学学报》1998 年第 6 期)等。日本学者如西岛定生的《册封体制与东亚世界》(东京大学出版会 1989 年版)；滨下武志的《朝贡体制与近代亚细亚》(东京岩波书店 1997 年版)等。韩国学者有全海宗的《汉代朝贡制度考》、《韩中朝贡关系概览》等论文(《中韩关系史论集》，全善姬译，中国社会科学出版社 1997 年版)；金翰奎的《古代中国的世界秩序研究》(首尔—潮阁 1982 年版)等。港台地区学者如黄枝连的《天朝礼治秩序研究》(上、中、下三卷)(中国人民大学出版社 1992、1994、1995 年版)；邢义田的《天下一家：中国人的天下观》(《中国文化新论·根基篇——永恒的巨流》，台北联经出版事业公司 1981 年版)。

的"礼"与他们互动。祭公谋父在劝周穆王不要征犬戎时说："夫先王之制：邦内甸服，邦外侯服，侯、卫宾服，蛮、夷要服，戎、狄荒服。甸服者祭，侯服者祀，宾服者享，要服者贡，荒服者王。日祭，月祀，时享，岁贡，终王，先王之训也。"（《国语·周语上》）这甸、侯、宾、要、荒就是我们习称的五服。以往顾颉刚等学者曾认为文献记载多有漏洞而不甚可信。其实，罗志田先生的观点倒更令人信服，"此一叙述的不那么严整，恐怕反提示着其更接近变动时代制度的原状。"① 对于不守职贡的各服，甸、侯、宾三服同属华夏，所以要刑、伐、征；而对要、荒二服则主要是德化感召。畿服理论中"无勤民于远"、"德流四方"的传统于此奠定。关于五服或九服的理论还见诸于《尚书·禹贡》、《周礼·秋官》、《周礼·夏官》等文献。

中国天下观的最高理想是天下大同，当然要向大一统的多民族国家过渡。这使得中国文化具有了包容非华夏民族的文化基因，形成了中华民族所特有的凝聚力和向心力。所以在中国历史上分裂状态是暂时的，而人们追求的统一状态是常态，是主流。因此不了解中国文化中的道统，就不了解中国人的理想，也就很难深入地理解中国的历史了。古代的天下观既有源远流长的理论，又与每个朝代面临的局势密切相关。葛兆光先生分析宋代的"中国"意识，认为当时由于辽、西夏、金的兴起，宋朝士大夫有了实际的敌国意识和边界意识。② 历史上中原华夏政权的宗主地位时常受到挑战甚至被异族所取代，但华夏中心意识和大一统观念却根深蒂固。入主的异族政权往往以华夏正统自居，沿用封贡制度，在与周边民族和邻国交往中确立自己的华夏宗主地位。这便构成了中华民族多元一体化历史进程的一部分。

具体到中国传统对外思想的原则化理念是什么？这是一个尚未讨论清晰的问题。古代儒家的"天下观"，虽然认为"华夷有别"，但却又更主张"天下一家"、"王者无外"、"和也者，天下之达道也"。由此可见，"一"与"和"是中国古代思想家们的一种原则化信念，所谓"王者无外"、"定于一"、"一统华夷"、"和而不同"、"和为贵"，都表达了这种"一"与"和"的原则化理念。

在具有大同理想的天下观的统摄之下，涉及"华夷观"、"王霸观"等几个

---

① 罗志田：《先秦的五服制与古代的天下中国观》，《学人》第 10 辑，江苏文艺出版社 1996 年版。

② 参见葛兆光：《宋代"中国"意识的凸显——关于近世民族主义思想的一个远源》，《文史哲》2004 年第 1 期。

从属观念，虽然大一统是儒家高扬的旗帜，但对"夷狄"，他们却倡导不干预主义的原则，东汉人何休在注疏《公羊传》时这样说："王者不治夷狄，录戎来者不拒，去者不追也。"（《春秋公羊传注疏》卷二）把能够"守在四夷"视为中国安全的象征，《左传·昭公二十三年》中载："古者，天子守在四夷。天子卑，守在诸侯。诸侯守在四邻。诸侯卑，守在四竟。"在其后的历史进程中又逐渐形成了"守中治边"、"守在四夷"、"王者不治夷狄"等治边思想。在提倡王道的"亲仁善邻"政策的同时，天下观还一直保有"以力辅仁"的外交理念。孔子在《论语·颜渊》中回答子贡为政要旨问题时，就强调"足食，足兵，民信之"对治国都非常重要，他还在齐鲁夹谷之会中实践了自己"有文事者必有武备，有武事者必有文备"的外交原则。《左传》在分析军事与道德关系时，有过这样的总结："天生五材，民并用之，废一不可，谁能去兵。兵之设久矣，所以威不轨而昭文德也。"（《左传·襄公二十七年》）《荀子·王制》中说得更加清楚：一个国家对外要做到"仁眇天下，义眇天下，威眇天下。仁眇天下，故天下莫不亲也；义眇天下，故天下莫不贵也；威眇天下，故天下莫敢敌也。以不敌之威辅服人之道，故不战而胜……是知王道也。"对于实施王道而言，广布仁义与保持强大的军力缺一不可，只有常备强大的军力足以抚顺诛逆，中原王朝的广布仁义才能真正收到效果。

下面我们重点分析一下天下观在观念层面的华夷之辨与制度层面的天朝封贡体系。

目前学术界有些学者片面强调中原汉族政权的华夷观对当时民族关系的恶劣影响，而学习中国近代史的学生更是被灌输"华夷之辨"是一种狭隘的民族主义的观念，反映了中国传统观念是封闭僵化、盲目排外的思想，因此要加以严厉的批判。这在很大程度上是一种因果倒置的凭空指责。历史真的如此吗？为什么长时段的史实和这样的说法不尽相同呢？事实上汉、唐甚至包括宋、明，这些以汉人为主导民族建立的国家几乎都有一种海纳百川、有容乃大的气魄，对外来文明中优秀的东西一般是抱着学习、吸收的态度，这些时代的人民也好，知识分子的主流也好，较普遍地具有开放豁达的心态。

《左传正义·定公十年》中孔颖达疏："中国有礼仪之大，故称夏；有服章之美，谓之华。华、夏一也。"孔子最早也是最系统地提出了以"夷夏之辨"为主要内容的民族思想。在孔子看来，诸夏代表着文明和先进，夷狄代表着野蛮与落后，历史的进程应当以诸夏的文明改造夷狄的野蛮，使原本落后的夷狄向先进过渡，最终达到诸夏的文明水平，实现天下大同的理想。

但孔子并不排斥夷狄，甚至也没有歧视夷，《论语·子罕》中说："子欲居九夷，或曰：'陋，如之何？'子曰：'君子居之，何陋之有？'"这话的两层含义是：第一，夷是可居之处，所谓陋只是外在环境和生活的相对困难；第二也是更重要的，孔子认为有教无类，君子居于夷狄之地肩负着文化传播与改造的责任，因此夷狄可以教化不以为陋。孟子曰："舜生于诸冯，迁于负夏，卒于鸣条，东夷之人也。文王生于岐周，卒于毕郢，西夷之人也。"（《孟子·离娄》）可见，具有夷狄血统的大舜和周文王却能被奉为华夏族的著名先王。这与亚里士多德关于"蛮族就是天生的奴隶"[①] 的种族优劣论有着天壤之别。

孔子以文化的野蛮与文明作为区分夷夏的最高标准。这一文化概念，不仅包括语言、风俗、经济等基本要素，而且更包括了周礼这种深层次的文化内涵。孔子还认为夷夏可变，如果夷用夏礼，也就是夷的行为符合周的礼乐文明，夷则进而为夏，如果夏用夷礼，则退而为夷，楚庄王问鼎中原，被视为"非礼"，而至鲁宣公十二年的晋楚之战，孔子在《春秋》中却礼楚而夷晋。[②]春秋诸家中，夷夏观最为明确的当属以孔子为代表的儒家，但儒家在明"夏夷之辨"的同时，并不排斥异族。孔子说："远人不服，则修文德以来之。既来之，则安之。"（《论语·季氏》）孔子相信夷狄可以教化的思想显然与希腊先哲柏拉图视"异族为异类"的种族观大相径庭。

中国人自己很早就把中国看成是一个文化共同体，而不是一个政治疆域，更非一个种族疆域。中国所涵盖的民族和疆域不断以内聚的形式扩大历史进程，印证了中华天下观中的华夷之辨所独具的包容性和向心力。春秋时代，秦、楚都不被视为中国，秦因为受"戎翟之教，父子无别，同室而居"（《商君列传》《史记》卷六八），直到秦孝公变法之前，仍不得参加中国诸侯的盟会，中国以"夷翟遇之"（《史记》卷五《秦本纪》）。孟子说："吾闻用夏变夷者，未闻变于夷者也。陈良，楚产也，悦周公仲尼之道，北学于中国。"（《孟子·滕文公上》）可见直到战国中期，孟子还认为不行周公仲尼之道的楚国不属于中

---

① ［古希腊］亚里士多德：《政治学》，1255a 28。古希腊人把非希腊人都称为"蛮族"（Barbaroi）。
② 费孝通主编：《中华民族多元一体格局》，中央民族大学出版社 1999 年版，第 224—225 页。

国。历史上中原华夏政权被异族取代的现象并不鲜见，但华夷观念难以撼动。南北朝时的五胡，后来的蒙元、满清其绝大部分都融入中国的此观念之中。正如雍正《大义觉迷录》所云："中国而夷狄也，则夷狄之；夷狄而中国也，则中国之。"华夷互转的含义，概括起来就是："夷狄入华夏则华夏之，华夏入夷狄则夷狄之。"翻译成白话也就是说："文明人如果接受了野蛮愚昧的观点和行为方式，那么，他就已经脱离了文明变成野蛮人；而如果一个曾经野蛮愚昧环境的人，进入了文明开化进步的体系，接受了文明，那么，他就可以变成一个文明人了。"

其实华夷之辨的原意是文明和野蛮之辨。并非狭隘的民族主义观念，其本质是歌颂追求文明，反对倒退野蛮愚昧！不但是对中国，放到全世界，都是具有超越时空意义的至理箴言。孔子于夷夏之界，不以血统种族及地理与其他条件为准，而以文化来区别，这比两千年后持着民族优越论来殖民世界、贩运黑奴的欧洲殖民者在道义上高多了。后来中国个别统治者出于维护既得利益集团的目的据"华夷之辨"抗拒先进的资本主义文明潮流，绝非该思想的原意和主流。至于个别持有类似狭隘思想的人物，其他文明的历史中都有，并非中华文明所独具。

关于天朝封贡体系。① 以儒学思想作为意识形态的中国在东亚建立了一种秩序，以天朝为核心，覆盖东亚、东南亚地区的封贡体系，天朝与朝贡国不是现代国际关系意义上平等国与国之间的关系，但也绝非殖民体系下，宗主国与殖民地之间充满了掠夺和压迫的殖民关系。对于这一点，一些国外学者也持类似的观点"这里所涉及的朝贡体制是一个内涵更为复杂的多元体系。它作为亚洲世界和国际秩序中的外交、交易原理发挥其作用，使各个国家和民族保持自己个性的同时，又能够承认彼此的存在，它是一个共存的体制。……近代的统治—被统治、剥削—被剥削的经济关系是不能和它相提并论的。"② 封贡体系的不平等性主要体现在封贡礼仪与封贡表文当中，象征意义更为突出。这与近代条约体系的不平等性有本质的不同。

---

① 由于受西方话语的影响，有时人们把古代中国与周边邻国结成的关系称为"宗藩关系"，其实很欠妥当。因为它们之间并无像西方殖民宗主国对殖民地藩属国那样拥有支配和统治的宗主权。而中国封建王朝与周边邻国之间由于"册封"和"朝贡"两种活动的关联，才结成一种特殊的国与国之间的政治关系，因此称为"封贡关系"更为恰当。

② ［日］加藤阳子：《战争の日本近代史》，讲谈社现代新书2002年版，第66—77页。

　　封贡体系中的等级性与中国自古以来就有的天下观与华夏中心意识有关。这种华夏中心意识的存在是由对自身文化的优越感而产生的。由于地理环境的相对封闭，缺少与其他发达文明之间的对等交流，华夏族日益增强了自身的文化优越感。所以，在天下观的影响下，中国往往以天朝上国自居，把与中国发生关系的其他国家都纳入封贡体系的范畴，以和平互利为目的，维护自身社会的稳定和文明的发展，并通过和平的方式来促进其臣属国的发展。"在华夷秩序中，各国的最高权力即使难免受到来自王朝内部政变的威胁，却一般不会因来自外部侵略而遭罹亡国的命运；国家之间一般也不需要借用国际条约来确认自己在领地内的最高主权；此外，在文化多元化和多神诸教并存的宽松氛围中，没有一种宗教力量可以形成对中华帝国最高统治权威的挑战。"[①] 这一秩序把东亚各国人民引导到了文明社会，促进了各国政治、经济、文化、教育等领域的制度和事业的发展，使这一地区的思想、道德、知识、社会管理、行政效率、经济和生活水准，在近代以前数千年中总体处于世界前列且较为和平稳定。该秩序的主要特征是和平互利性质的。

　　明代开国皇帝朱元璋曾在《皇明祖训·祖训首章》（第四条）中说，四方诸夷，限山隔海，僻在一隅，得其地不足以供给，得其民不足以使令。若其自不揣量，来扰我边，则彼为不祥。彼既不为中国患，而我兴兵轻罚，亦不祥也。吾恐后世子孙倚中国富强，贪一时战功，无故兴兵，致伤人命。切记不可。但胡戎与西北边境互相密迩，累世战争，必选将练兵，时谨备之。今将不征诸夷国名开列于后：东北：朝鲜国；正东偏北：日本国；正东偏南：大琉球国、小琉球国；西南：安南国、真腊国、暹罗国、占城国、苏门答腊国、西洋国、爪洼国、湓亨国、白花国、三弗齐国、浡泥国[②] 等。

　　外交的终极目的是追求国家利益，或是为获得利益创造有利的国际环境。中国古代对外思想中的"守在四夷"，便体现了维护天朝安全的一种方法——缓冲国（Buffer-States），物质上的"厚往薄来"所换来的不仅仅是属国对天朝地位的承认，更重要的是国防意义上安定的周边环境。"协和万邦"也是旨在形成一种对万邦进行协和的国际关系体系。经过漫长的历史演进，儒学与东亚

① 肖佳灵：《国家主权论》，时事出版社 2003 年版，第 194 页。

② 参见《明朝开国文献》第三册，（台湾）学生书局 1966 年版，第 1588—1591 页。

各民族的文化水乳交融，成为他们的精神支柱，逐渐形成了"儒学文化圈"。东亚各国虽然民族构成、历史发展、风俗习惯各不相同，但由于有共同的儒学传统，因而信奉了包括天下观在内的一些共同价值观念，并共同巩固据此构建的封贡体系。

天朝封贡体系中的天朝与朝贡国是一种具有东方特色的不平等国家关系。比如1644年明末代皇帝朱由检殉国，"崇祯"年号却被朝鲜李氏王朝一直在内部公文中延用，加上朱由检在位的17年，前后一共使用了265年。堪称中国皇帝年号使用年限之最。中国的朝贡国这种远超现代国家利益考虑的做法，充分说明孔子的"远人不服，则修文德以来之。既来之，则安之"的王道政治理念的效用，使朝贡国并非力之不逮，实心悦诚服也。

再比如，越南人接受儒家的夷夏之辨观念，越南人经常自命为"中国"、"中夏"，而以中国以外的其他民族为"夷狄"。越南人潘叔直编辑的《国史遗编》记载，1842年，阮朝遣使往中国，到北京后清朝官员让他们住进"越夷会馆"，越使大怒，令行人裂碎"夷"字，方肯入内。又作《辨夷论》以示之，其义略谓：越南原圣帝神农氏之后，华也，非夷也。道学则师孔孟程朱，法度则遵周汉唐宋，未始编发左衽为夷行者。且舜生于诸冯，文王生于岐周，世人不敢以夷视舜、文也，况敢以夷视我乎！

毫无疑问，天下观对外部世界的影响使用了政治、军事资源，正所谓"以力辅仁"，但是更多的则是依靠思想和道德自身的力量。《贞观政要》云："先王患德之不足，而不患地之不广；患民之不安，不患兵之不强。封域之外，声教所不及者，不以烦中国也。"[①] 天下观中蕴含的儒家德教思想改变世界常常是以润物细无声、潜移默化的方式，自然而然地通过心灵的感化而显示出来。它超越时代、地域和民族的界限，甚至能够在一定范围内克服宗教和种族的顽固偏见，为自己开辟广阔的传播空间。可见，天朝封贡体系主要不是依靠武力维系，更有效的则是依靠华夏一整套的德教礼治。因此，该秩序具有一定的非强制性。

到19世纪60年代为止，中国与其周边国家，如朝鲜、越南、缅甸、老挝、泰国、琉球等，一直保持着朝贡册封的关系。根据1818年《嘉庆会典》记载，朝鲜对中国是一年四贡，琉球是两年一贡，越南也是两年一贡（贡使是两次一

---

① 吴兢：《贞观政要》，岳麓书社2000年版，第300页。

起派遣，所以也可以说是四年一贡），泰国是三年一贡，老挝则是十年一贡。19 世纪 70 年代中叶开始，中国的封贡体系崩溃，1875 年日本占领琉球（1879 年日本将琉球废藩置县），1885 年丧失越南，1886 年丧失缅甸，1895 年丧失朝鲜。1901 年清朝被迫放弃了传统的朝贡礼仪而接纳了西方的外交礼仪，则标志着传统天朝上国的世界秩序的终结。当然，当时世界上所有的农业文明无一例外地败给了以欧洲为代表的工业文明。

三、西方《威斯特伐利亚和约》后的世界秩序观

首先，我们简单回顾一下欧洲的历史，看看西方世界秩序观的形成过程。在古希腊的城邦时代，国与国之间也曾试图建立少数临时的联盟和联邦，但这种努力毕竟微弱而不起作用，因此当时和平的局面总是非常短暂，城邦间的战争更是司空见惯。即使在那些具有高度文明的希腊民族间，由种族、语言和宗教所形成的共同体，也未能促成一个统一的希腊国家的建立。他们更相信实力，愿意接受实力平衡下的分裂状态，"当今世界流行的规则是，公正的基础是双方实力均衡；同时我们也知道，强者可以做他们能够做的一切，而弱者只能忍受他们必须忍受的一切。"① 最后，亚历山大大帝（Alexander the Great）还是以其杰出的军事才能和优势的武装力量，通过不可抗拒的征服，逐步摧毁了松散的希腊。

罗马帝国几乎完成了整个欧洲的政治联合，并建立地跨欧、亚、非三大洲的统治，但是依靠军事集团的强大而建立的帝国，又终因军事集团的腐败而导致其分崩离析。西罗马帝国灭亡后，日耳曼各蛮族国家之间狼烟再起，法兰克王国则在其后经年的战争中逐渐取得胜利，查理曼大帝还是以其军事实力在欧洲恢复了罗马式的和平（Pax Romana）。

但后来分裂的势力再次占据了上风。事实上，神圣罗马帝国在恢复古罗马帝国的霸权方面从来没有成功过。这样，一个希望统辖各邦国国王，保持和平秩序的中央集权的统一国家的梦想最终破灭了。在类似于法国、英国、荷兰和

---

① ［古希腊］修昔底德：《伯罗奔尼撒战争史》，徐松岩、黄贤全译，广西师范大学出版社 2004 年版，第 313 页。

德意志诸邦国这样大的君主国之间，战争愈演愈烈，直到 1648 年《威斯特伐利亚和约》的签署，似乎战乱的欧洲才变得有序了一些。但是古代希腊罗马文明（特别是罗马文明）那种以战争作为生产方式的文明特征并未改变，地理大发现、贩运黑奴以及在全球范围内的海外殖民无一不是以强大军事力量来实现的。

欧洲文艺复兴时代的政治思想家们为近代西方的世界秩序观建立了坚实的理论基石。法国的让·博丹（Jean Bodin，1530—1596）在《论共和国六书》①（法文本 1576 年出版，拉丁文本 1586 年出版）中第一次明确提出了国家主权的概念，"主权是共同体所有的绝对且永久的权力。"②"他们把君权同罗马法中的治权和封建时代的领主权融合到一起，确立了近代法律制度的主权地位。"③另一位则是荷兰的著名法学家胡果·格劳秀斯（Hugo Grotius，1583—1645），他在 1625 年发表的《战争与和平法》发展了博丹的主权学说，认为"凡行为不从属于其他人的法律控制，从而不致因其他人意志的行使而使之无效的权力，称之为主权。"④格劳秀斯从主权对外独立的方面补充了博丹的理论，他的国际法思想是建立在罗马法体系的基础上，以希腊理性主义哲学理论为基石，把罗马私法理论涉入国家关系中。⑤至此，国家主权的两大支柱——对内主权和对外主权完全确立起来了。简言之，主权是国家对内最高、对外独立的权力。

欧洲文艺复兴时代的思想巨人是在继承古代希腊罗马的文化传统基础上，作出了现代性的转化，从而建构了近代西方世界秩序观的理论。当然，这些内容不仅成为欧洲国家间战争与和平时期需要遵守的惯例，而且也成为欧洲国家征服其他文明地区的理论依据。因为其中包含着一些扩张、劫掠有理的所谓"法律依据"，是与人类追求文明进步的历史走向背道而驰的。这一点我们不能

---

① Jean Bodin, *The Six Books of a Commonwealth*, R.Knolles Trans., K. D. Mcraeed., Harvard University Press, 1962.

② ［法］让·博丹：《主权论》，李卫海、钱俊文译，北京大学出版社 2008 年版，第 25 页。（此中译本是从博丹的《论共和国六书》中摘译的有关主权理论的四章）

③ ［法］莱昂·狄骥：《公法的变迁法律与国家》，郑戈、冷静译，辽海出版社、春风文艺出版社 1999 年版，第 14 页。

④ ［荷］格劳秀斯：《战争与和平法》，何勤华等译，上海人民出版社 2013 年版，第 63 页。

⑤ 刘丹忱：《文艺复兴时代著名政治思想家及其代表作》，中国青年出版社 2015 年版，第 324 页。

忽视，必须实事求是地加以研判。①

《威斯特伐利亚和约》既是近代国际法的实际源头，又是国际关系史上的一个里程碑。美国学者莱恩·米勒（Lynn Miller）在《全球秩序》一书中认为，《威斯特伐利亚和约》"至少奠定了一种欧洲体系的基础，而在当代，这一体系事实上已成为一个世界性的体系"②。《威斯特伐利亚和约》象征着三十年战争的结束，它建立了作为现代国际关系之特征的民族国家分立的标准，还在实践上为古典罗马法权威增加了一个重要的概念：主权。主权意味着民族国家的统治者并不承认任何国家内部其他政治实体，也不承认任何来自外部的更高的实体。事实上，现代国际关系秩序是基于国家主权原则和国际法的。

缔结《威斯特伐利亚和约》后，欧洲仍然战乱不断，他们似乎更愿意接受刀光剑影后达成的平衡，但此后欧洲国家间的战争都是以捍卫民族国家利益的名义而战，不再似中世纪那样打着某一所谓神圣的旗号而发生战争。用我们中国人的话说就是为利而战，不再为所谓的义而战了。国家之上不再有一统天下的权威，哪怕是神权。而且无论战争如何血腥残酷，战胜国从战争中攫取到多么巨大的利益，在表面上它们都信誓旦旦地尊重主权和平等的原则。《威斯特伐利亚和约》签订之后，为了解决各国在势力范围方面的争端，建立能达到某种平衡的世界秩序，由列强主导又签订了许多和约，建立了各种体系，包括维也纳体系、凡尔赛—华盛顿体系和雅尔塔体系等。我们发现在这一系列体系建立的前面都是一场场血雨腥风。换言之，是堪称人类浩劫的大规模战争达成了某种平衡的世界秩序。

西方有民族国家观念、无天下观念，因此难以走向一体化。即使建立了像马其顿、罗马帝国这样的大帝国也不会长久。日不落帝国的殖民体系足够庞大，但最后还是要纷纷独立，原因之一就是他们没有天下观去统摄，早晚要分崩离析。那么他们有民族国家观念，是不是就会尊重民族自决了呢？也未必。他们容易以此为依据挑动其他国家搞分裂、闹独立，但不适用于他们自己。为什么这样讲？举个反例就清楚了。北爱尔兰闹了那么多年的独立，大英帝国还

---

① 参见刘丹忱：《文艺复兴时代著名政治思想家及其代表作》，中国青年出版社 2015 年版，第 357 页。

② Lynn Miller, Global Order: *Values and Power in International Politics*, Boulder, CO.: Westview Press, 1994, p.20.

是不许可。更不用说殖民地争取独立的艰难性了。

尊重主权和民族国家概念的深化有一定进步意义，但也绝不可过分夸大。条约体系和殖民体系作为世界两大外交体系是不可割裂而言的，它们的一个重要特征就是它们的对外扩张性和侵略性，这与它们形成的历史时期和背景有关。条约体系是随着英国资产阶级革命的爆发和威斯特伐利亚会议的召开而产生的，是一种近代国际关系体系，也是欧洲人进行殖民扩张的重要工具。特别是殖民体系，是资本主义世界体系中帝国主义国家同其殖民地半殖民地以及附属国之间形成的一方压迫另一方的不平等的国际外交体系。很难与尊重主权和民族国家的理念结合起来。

冷战结束后的 20 世纪 90 年代，西方关于世界秩序观的研究理论发生了深刻的变化。主流的国际关系理论开始更多地关注文明、文化，出现了三个最突出的学说，即"文明冲突论"、"软力量论"和建构主义理论。亨廷顿的"文明冲突论"，在承认民族国家现在仍将是国际事务中最重要因素的同时，强调文化和文明对国家间的冲突与联合所产生的影响，并预言文明的冲突将取代超级大国的竞争。[1] 约瑟夫·奈的"软力量论"认为，同化性力量是一种能力，它需要一个国家的思想具有吸引力，同时某种程度上又具有体现别国政治意愿的导向。他还谈到，类似于经济、文化这样的软实力需要同军事力量这样的硬实力相结合而互补，软力量更能使他国心悦诚服地仿效，其对世界的影响效用在某种程度上甚至超过硬力量。[2] 建构主义理论的代表人物的亚历山大·温特则在《国际政治的社会理论》一书中指出，社会的共同观念建构了国际体系的结构并使结构具有动力，以往的理论强调权力和利益是国际政治的动力，观念则无足轻重。但温特认为，观念最重要的作用就是建构作用。但共同观念的改变不会轻易完成，因为有体系的文化很难改变。而有底蕴的大国凭借其实力更具有创新文化的能力。[3]

---

① 参见 ［美］塞缪尔·亨廷顿：《文明的冲突与世界秩序的重建》，周琪等译，新华出版社 1998 年版，第 368 页。

② 参见 ［美］约瑟夫·奈：《美国定能领导世界吗》，何小东等译，军事译文出版社 1992 年版，第 25 页。

③ 参见［美］亚历山大·温特：《国际政治的社会理论》，秦亚青译，上海人民出版社 2000 年版，第 39—43 页。

可以说，西方传统的世界秩序理论以实力和利益作为分析的出发点，但今天越来越多的学者开始关注强大实力背后更深刻的文化价值观。认为一个国家的文化底蕴是该国外交行为的力量源泉，是国家外交行为信心的基础。亨廷顿指出："由于现代化的激励，全球政治正沿着文化的界线重构。文化相似的民族和国家走到一起，文化不同的民族和国家则分道扬镳。以意识形态和超级大国关系确定的结盟，让位于以文化和文明确定的结盟，重新划分的政治界线越来越与种族、宗教、文明等文化界线趋于一致，文化共同体正在取代冷战阵营，文明间的断层线正在成为全球政治冲突的中心界线。"[1]我们在充分批判亨廷顿冷战思维和根深蒂固的西方文化中心论的基础上，必须要承认他在这方面的敏锐和对我们巨大的启发作用。

四、启示

当今的中国仍处于传统中国向现代中国转化的过程中，面对国际秩序再次的重大转型，我们在战略层面的选择非常重要。国际秩序的转型无疑是硬力量对比之争，但也是理念之争。指导、引领体系之间转变的外交理念是一种看不到的力量，这种外交理念是体系之间碰撞的产物，反过来又促进了体系的转变。如果一种文化价值观得到更多国际集体的认同，它就会对整个国际秩序体系产生作用。假若一个国家明确国际体系未来发展的方向，顺应时代进步的潮流，力量就会由弱变强，反之，力量就会由强变弱。

以世界秩序观为视角，研究中国与欧洲长时段的历史，我们似乎可以得出这样的结论：从某种意义上讲，儒学中的天下观、华夷之辨理论等具有一定凝聚、向心、尚和的力量，而欧洲民族国家观念、优胜劣汰社会达尔文理论具有一定分裂、离心、尚争的作用。当然这其中也必定会存在着平衡中的失衡或动态中的相对平衡等状态。如果说 20 世纪的世界主题是战争与革命的话，那么就可以说 21 世纪的主题是和平与发展。稳定、和平、安全将成为世界秩序的基本价值取向，也是我们判断世界是否处于有序发展状态的重要标尺。

---

[1]　[美] 塞缪尔·亨廷顿：《文明的冲突与世界秩序的重建》，周琪等译，新华出版社 1998 年版，第 129 页。

近百余年，西潮东来，面对"数千年未有之大变局"，国人或抱残守缺、妄自尊大；或尽失自信、以夷变夏。国人震于西学之当今，以己之衰比彼之盛，以为非尽弃固有，不足以言革新。于是对西学做无根之嫁接。我们知道文化的兴衰是与能否纳新、能否迎战相呼应的。犹如江河之于细流，拒之则成死水；纳之则诸流并进，永葆活力。文化之活力在兼容并包，同时需纠正自断脐带、漠视传统的错误，使传统与现代有机地衔接。对于一个伟大民族而言，传统与现代应该是一个连续性的整体，既不应该也不可能分割断绝。

当今世界的一个重要潮流是全球化，而全球化的趋势又是对国家主权理论的严峻挑战。各国在更高层次上作出理性的选择，可能会回归国家利益本位，对主权做一定的制约、限制，乃至有限的让渡。类似的做法甚至是可以被预见的。21世纪的另一个焦点是亚洲的持续快速发展，据亚洲开发银行2011年8月在《亚洲2050：实现亚洲世纪》一文中预测，2050年亚洲经济总量占世界经济总量的比重将从目前的30%上升至50%。各大国都在这一地区寻求推动多边合作，中国主导的亚投行、"一带一路"倡议等也引起了国际社会的高度关注。面对这一重大的历史机遇，如何在多边舞台上承担起负责任的大国的作用，应放在国家外交战略的高度加以深入研究。

作为世界上唯一没有中断的中华文明，其文化当然具有贡献世界优秀价值观的潜力。西方先行世界其他文明一步，实现了其文化的现代化，提炼出自身优秀的文化价值观，而后挟工业文明之威，完成了世界性传播，并据此构建了世界秩序。历史上中国的疆域扩大、民族融合是文化与民族内聚而形成的，并未伴随着以轴心向外辐射的大规模军事扩张，这一点同西方的大国崛起恰恰相反。此一特质既动摇了各版本"中国威胁论"的文化根基，也会增强我们推广自己外交道德的自信。目前首要的任务是着手于实现中华传统文化的现代性转化，提炼出自身优秀的文化价值观。从中国自身发展的逻辑上，完成一个从"世界的中国"到"中国的中国"的升级与转型，这种转型也应为未来人类社会的共同繁荣、发展作出应有的贡献。

（中国政法大学副教授）

东北亚"命运共同体"中的儒学使命 [①]

方浩范

　　"命运共同体"最早出现于 2011 年 9 月国务院发布的《中国的和平发展》，2012 年 11 月，这一理念被正式写入党的十八大报告。从此以后，习近平主席在国内外重大场合都强调了要用"命运共同体"的理念观察和处理中国自身及外交问题，并将其作为中国关于对外交流与合作的基本主张，"人类命运共同体"已成为习近平外交理论与实践的内核。这种"命运共同体"不仅包括"人类命运共同体"，也包括东北亚在内的区域性"命运共同体"。"东北亚"作为一个"独立概念"也已经被人重视，乃至于世人的目光往往聚焦在这处"多事之地"。因为，无论从历史的，还是现实的；无论是从政治的、经济的，还是文化的；无论是民间的，还是官方的，不管你承认与否，"东北亚"已经无法割离开来看待和对待。虽然"东北亚"内部还有许多问题，但所属成员已逐渐感觉到谁也离不开谁，形成了东北亚特殊的"命运共同体"。

一、东北亚"命运共同体"思想基础

　　众所周知，区域性"命运共同体"逐渐要取代国家概念、民族定义，成为"利益"的代名词。"共同体组织"的声音在国际舞台上越来越高，在国际重大

①　本文是在国家社科基金项目"儒家思想对构建东北亚区域'和谐'文化环境的角色定位"（编号为 06XZX008）的基础上修改、补充、整理撰写的。

问题上起着至关重要的作用。而此时的"东北亚"却面临着另外一种"繁忙的景象"：中国的"崛起"与"中国威胁论"相提并论；日本的经济大国与"政治大国"联系在一起；朝鲜半岛成为"不安全"和"核"的代名词。东北亚主要成员国——中朝韩日一直处在进行角力的过程中，既存在着历史的、文化的千丝万缕的联系，又离不开历史和文化的交融，因而，中朝韩日的关系长久呈现出错综复杂、"剪不断、理还乱"的状态。① 在这样的现实面前，我们不得不思考这样的问题，那就是东北亚作为一个整体概念何去何从？应该说，答案就是一个，那就是东北亚必须要构建属于自己的区域性"命运共同体"，不管这个"命运共同体"性质如何？模式如何？不管是政治的、经济的，还是文化的。因为这个"命运共同体"的构建将有助于区域经济的健康发展，有助于提高区域政治稳定与安全，有助于提高区域综合竞争力水平。

面对设计中的"命运共同体"，我们又要思考这样一个问题——构建"共同体"的思想基础应该是什么？长期以来，大家普遍关心的是"共同体"的政治倾向、经济利益，而往往忽视"共同体"的文化背景与思想基础。但无论是什么形式的共同体，最终都离不开共同体得以生存的文化环境，更离不开共同体能够发展的思想基础。探寻"共同体"文化背景与思想基础之时，必须要回顾共同体曾经共同拥有过，而且正在起一定作用的思想文化到底是什么？考察东北亚历史发展脉络，不难发现符合上述条件之中，儒学应该是最有资格成为该共同体的文化背景与思想基础的。这是因为，如果人们思索一下孔子所创始的儒家思想对当今世界的意义，人们很快便会发现，人类社会的基本需求，在过去的二千五百多年中，其变化之小，是令人惊奇的……当今一个昌盛、成功的社会，在很大程度上，仍立足于孔子所确立和阐述的很多价值观念，这些价值观念属于中国，也属于世界；属于过去，也鉴照今天和未来。也就是说，影响东北亚的共同体传统文化中，尽管有包括儒释道在内的一些思想，但是，无论从历史上，还是从现实中来看，儒学是最符合这个共同体的哲学基础。我们应当承认儒家思想的确存在着很多与现代化格格不入的因素，但它二千五百多年来所积淀的优良特质在现代化中的动力作用却是不能被抹杀的。因为，在东北亚社会发展过程中，儒家思想在维护社会秩序、普及教育，以及稳定区域等

---

① 吴虹：《中日韩之文化融合与政治掣肘》，《科学决策》2007 年第 1 期。

方面也起到了至关重要的作用。

尽管对于儒学的历史地位问题，后人对其功过评判不一。但是，一种文化能够养育一个民族两千多年，已经深深积淀在人们心中，没有什么能将民族文化从代代相传的血脉中删除殆尽。[①] 东方文明可以看成是一脉相承的儒家文化，几千年来在中国和邻近的东亚各国产生了根深蒂固的影响，它塑造了东北亚人民的思维方式和精神气质，也规范着东北亚人民的言行举止和风俗习惯。儒学成为这个"文化圈"，或者"汉字文化圈"的核心思想，而东北亚则是这个"文化圈"的中心。儒学何以推动人类文明？为什么一些学者胆敢主张"东方文明"时代的来临呢？儒学之所以能够推动世界文明对话，首先在于儒学体现了人类的道德自觉，揭示了人生常道，维护了人类的尊严。人类如果不想堕落，而要摆脱野蛮走向文明，就不能不接受儒学所倡明的仁爱忠恕之道，以维持社会的正常运转。儒学具有贵和的传统，一向尊重其他的文明，承认文化的多样性，所以能够成为沟通各种文明的桥梁。[②] 儒学又何以要成为肩负再一次推动人类文明发展的重任的主要承担者？何以可能？也许我们无法准确地回答这个问题，但是，毫无疑问的是，儒家思想蕴含的"天人合一"、"厚德载物"、"民胞物与"的博大情怀，"崇尚道德"、"见利思义"的价值取向，"乐群贵和"、"推己及人"的行为准则，"家和万事兴"、"和而不同"、"和气生财"、"和平发展"等，都会成为构建和谐的东北亚文化环境的重要思想基础。

二、构筑东北亚"命运共同体"文化前提

不同的文化背景往往意味着不同的价值取向，不同的价值取向又意味着不同的行为方式。因此，打破原有的价值观念，建立一个全新的价值观念，是十分困难的。文化共同体的构建，就是要打破原有的价值观，而建立一个新的价值观的过程，困难肯定存在，部分利益的损失也肯定存在，但是，"共同体"的命运亦将决定着成员国所有人将来的命运。因此，以大局为重，尽力满足构建"共同体"是所需要的基本条件。

---

① 袁锡宏：《儒学对中国现代社会的几点启示》，《河北经贸大学学报》（综合版）2005 年第 1 期。

② 牟钟鉴：《儒学是推动世界文明对话的重要精神力量》，《探索与争鸣》2005 年第 1 期。

　　第一，共同的价值观是共同体必要的、重要的先决条件之一。现在的东亚地区也许没有共同的价值观，过去的东北亚也许不曾拥有属于该区域共同的价值观，但是将来的东北亚不能不构建自己的"共同价值观"，因为共同的价值观是构建"命运共同体"的必然选择。东北亚各国价值观的不同是不可否认的事实，而且文化共同体内最大的冲突正是来自这种价值观的冲突。"东北亚价值"是指东北亚地区所特有的文化传统以及建立在这种文化传统之上的对价值进行判断的基本观点，即东北亚各国在历史时代由于相互学习与交往而形成的、并且被各国所认同的文化价值即是"东北亚价值"。① 从东亚文化价值来看，应包括如下一些内容："以人为本"的道德取向；对整体价值的认同，即社会、国家比个人更重要，国家之本在于家庭的理念；提倡"和合"精神"天人合一"是中国文化的基本精神，"中庸"、"和谐"是儒家学者追求的最高价值，也是中国、日本、朝鲜、韩国文化思想的普遍性原理之一。② 东北亚各国所具有的"差异性"价值观接触在一起，必然会相互摩擦、相互碰撞，每一个体都出于本能，极力维护自己长时期形成的价值观，轻视别人的价值观，使之不能形成统一的行为准则。因此，区域文化共同体的形成过程中，冲突首先集中反映在成员国个体不同的价值观上。现代社会的语境下所说的"亚洲价值"与传统意义上的是有差异的，它在保留了现代社会依然有价值的部分的同时，还加入了亚洲社会在近代和现代社会中形成的共同的价值观和社会追求。因此，亚洲在历史上的确存在着源于共同的相似文化的"亚洲价值"，而且由于我们无法摆脱的历史烙印和相似的近现代经历，现在依然存在着与传统意义上有差异的现代语境下的"亚洲价值"。③ 比如：作为影响东北亚安全与合作秩序形成的重要因素的朝鲜半岛问题，同样始终渗透着意识形态和价值观念的对立。东北亚主要成员国的价值观也存在着严重的分歧，甚至是对立。价值认同是社会认同的根本，因此，共同体通过相互交往在观念上和社会生活中进行价值定位和定向，并最终确立共同价值观念。

　　第二，构筑相互信任为基础的文化认同。文化认同就是指人们之间或个人

---

① 王屏：《近代日本的亚细亚主义》，商务印书馆 2004 年版，第 351—358 页。

② 盛邦和、井上聪主编：《新亚洲文明与现代化》，学林出版社 2003 年版，第 37—51 页。

③ 杨静：《对"亚洲价值"的再认识——兼论"亚洲价值"被扭曲的过程及原因》，《东南亚研究》2005 年第 5 期。

同群体之间的共同文化的确认，它是指民族、国家、区域范围内成员对其文化的理解、接受和实践的文化心态，是一种特殊的心理状态。文化的认同不意味着文化的同一与同化，不同国家对异质文化的尊重是重要的。只有相互尊重不同国家的文化，才能有助于维护和促进各国文化的利益，否则，只能导致不同文化间的对立和冲突，最终损害本国与区域文化的利益。在区域一体化过程中，共同体成员国由于分享共同的，或者是相近的历史传统和集体记忆，并意识到彼此间的存在共同利益而形成的对作为一个整体的归属感。多种文化并存的局面中，出现一种或几种占据主导地位的文化是正常现象。然而，占据优势地位的文化总试图排斥、消解其他文化，实现自己的垄断性和控制性，也可把它称为文化霸权。① 文化霸权的出现，必将不利于共同体的健康发展。因为在"文化霸权"的话语下，共同体将失去共存的基础——"信任"，相互间的信任是文化共同体赖以生存的基础。如果能把东北亚历史上的和文化上的有利因素，转化为一种能够增强各国彼此信任、相互友好的现实可能性，进而实现东北亚各国在各个领域的友好合作，这才是我们实现跨文化认同的核心问题。② 东北亚各国的文化虽然都具有儒家文化的传统根基，但却对儒家传统文化有不同的理解，而且在价值观、生活方式、人生态度上有明显差异。当然，有一点是不可否认的，那就是伴随着新的认同，东北亚内的另一种"文化冲突"也是不可避免的课题。但不管是什么形式的"冲突"，如果是以相互信任为前提和基础的文化认同的话，构建东北亚"命运共同体"的过程会更加顺利。

三、构筑"命运共同体"儒学资源

虽然对儒学的评价不尽相同，但是综合考察东北亚所面临的各种思潮，我认为儒学思想能够成为构建东北亚共同体的过程中的思想基础和理论根据之一。"人类命运共同体"是中国政府提出的关于人类发展的新理念。在全球化日益深入的今天，不同制度、不同类型、不同发展阶段的国家和人民相互依存、利益交融，已经形成"你中有我、我中有你"的命运共同体。这一理念与

---

① 汤道化、张敏：《文化霸权的当代思考》，《广西社会科学》2006年第5期。

② 焦润明：《略论东北亚的跨文化认同及其意义》，《东北亚论坛》2005年第2期。

中华文化"天人合一"的哲学理念、"天下为公"的政治理念以及"和而不同"的文化理念都有着密切的联系。① 尤其是儒家的"和而不同"、"中庸"、"和合"等思想，在尊重东北亚各国民族差异和崇尚和谐的前提下，反对狭隘的民族主义和国家保护主义，防止发生各国家间、各民族间的对立和冲突，积极促进东亚及世界文明的对话。

（一）"和而不同"——构筑"命运共同体"的前提

"命运共同体"就是"你中有我、我中有你"的命运共同体，表示了当今世界的差异性和世界各国的相互依存性。因此，所谓"命运共同体"，是指存在着诸多差异的国家、民族所组成的命运攸关、利益相连、相互依存的国家集合体。2014 年 3 月，习近平主席在联合国教科文组织总部演讲时指出："当今世界，人类生活在不同文化、种族、肤色、宗教和不同社会制度所组成的世界里，各国人民形成了你中有我、我中有你的命运共同体。"这段话表达了两层含义：其一，当今世界的差异性；其二，世界各国的相互依存性。因此，所谓"命运共同体"，是指存在着诸多差异的国家、民族所组成的命运攸关、利益相连、相互依存的国家集合体。根据习近平主席的一系列论述，"命运共同体"思想包含着差异观和统一观两方面的基本内容。②"和而不同"是儒家思想中一条重要法则，主张和谐而又不千篇一律，不同而又不相互冲突，和谐以共生共长，不同以相辅相成。以海纳百川之胸襟，求多样统一之旨归，这显然是一种较高的境界追求。在文化的全球化与多元发展中，儒家文化作为其中的一元，它本身与其他文化处于互动与对话之中，这种互动与对话将促进儒家文化的现代转型，而儒家文化的仁爱精神、实践理性与"和而不同"的思想也将在人类文化达成"重叠共识"的过程中发挥积极的作用。③ 儒家文化中的"和而不同"，就是尊重差异，崇尚和谐，反对搞单一的同质化，也反对不同事物的冲突、对抗。"和而不同"的基础是"不同"，"不同"是事物存在的常态，强调的是事物的差异性，认为事物只有在差异的基础上才能得到和谐发展和整

---

① 方光华：《"命运共同体"彰显中华文化精髓》，《中国社会科学报》2015 年 11 月 19 日。

② 邱耕田：《"命运共同体"：一种新的国际观》，《学习时报》2015 年 6 月 8 日。

③ 李存山：《文化的全球化与多元发展——兼论儒学在全球文化对话中的作用》，《求是学刊》2002 年第 1 期。

体进步。如果否认事物间的"不同",一味追求其"同",事物不仅不能发展,还会败亡毁灭。相反,如果把不同的给予合理的配合的话,却可能导致"和",犹如用各种作料做出可口的汤,用不同的乐器弹奏出和谐优美的乐章一样。"和而不同",一方面肯定了事物的差异性和多样性,强调了多样事物间的互补与和谐,主张事物的统一是多样的统一。

"和而不同"用于全球化方面,包括两方面的内容,一方面是指不同民族国家的多元文化应当和谐相处,相互吸收与融和,形成人类文化统一体;另一方面则是指不同民族国家的单元文化应当追求差异性,保持和发展自己鲜明的特殊性。① 因此,"和而不同"的文化原则不仅正确反映了文化全球化发展态势的要求,而且有利于正确处理各民族国家文化之间的关系,促进人类文化的健康发展。在全球化背景下,文化霸权主义往往凭借自己的政治、经济和文化的优势,进行文化渗透和扩张,严重威胁其他民族国家的文化安全,破坏全球文化的多元化态势,以造成全球文化的单一化局面,很容易激发尖锐的矛盾冲突。"和而不同"是世界的本来面目与状态,也是正确处理人与人之间关系,不同国家、民族、文化之间关系的基本原则。在今天全球化时代,世界各国、各民族之间广泛、深入地进行全方位的接触,就更需要这种"和而不同"的思想自为指导,承认其他民族生存、发展的基本权利,承认各民族的文化及其信仰的宗教具有同等的价值,都是人类精神世界的重要财富,不必幻想用自己的文化、宗教替代其他民族的文化、宗教,这样各民族之间发生"文明冲突"的概率就会大大降低了。② 中国文化的整体和谐观不仅体现为先贤的哲学理念,更主要的是体现在上古以来的历史发展过程中,它作为一种民族精神、文化传统存续着,而不仅是某家某派的哲学观点而已。不同文化可以在竞争中实现对话与合作,在吸收与创新中保持文化的活力。"和而不同"也是一种对当前新的国际关系规范和新的国际政治文化的解说与期待。在经济全球化时代,可以作为国际间处理不同政治文化冲突与融合的原则。不同文化交往时当努力寻求彼此间的共同点,把分歧暂时搁置,通过耐心对话沟通缩小分歧。每个民族都

---

① 袁金刚:《文化全球化的基本原则"和而不同"研究反思》,《西北师大学报》(社会科学版)2007 年第 6 期。

② 张践:《中华文化是解决全球化时代民族宗教冲突的重要思想资源》,《当代中国民族宗教问题研究》(第 6 集),民族出版社 2012 年版。

以平和与宽容的心态，共同构建多元共存的人类文化。在全球化的价值取向中，我们必须寻求"双赢"和"皆大欢喜"。和平共处，求同存异，"和而不同"——这是全球共同繁荣的唯一出路，也是构建和谐和东北亚文化共同体的最佳选择之路。

（二）"中庸"——构筑"命运共同体"的方法

"中庸之道"作为我国优秀文化理念，长期以来对国人的思想行为起着潜移默化的作用，影响着国家民族的发展。因此，学者认为"中庸文化观具有纳万物于胸中，不自设藩篱的宏大气魄"之观点。因此，中庸思想特别受到"儒学大师"们的青睐，并广泛应用于他们政治、生活的方方面面。孔子对中庸思想极为推崇，"中庸之为德也，其至矣乎"（《论语·雍也》），认为中庸是至德，是道德的最高境界。孔子的中庸思想有其内在的逻辑，"尚中"是中庸的逻辑起点，"时中"是中庸的内在本质，"中正"是中庸的规范准则，"中和"是中庸的理想目标。孔子推崇中庸，要求君子的道德修养既不能"过"也不能"不及"，如果违背了中庸之道，美德就会变成恶德。也就是说，做任何事都不能过度。这实际上是要人们把握一个客观的"度"就像掌握物体的重心一样。这个度就是介乎两端之间的"适中"，超过一定限度便是"过度"，达不到某种程度便是"不及"。孔子的中庸，既是一种思想方法，又是一种行为准则，更是一种理想目标。作为一种思想方法，它能使人适其"度"；作为一种行为准则，它能使人合于"礼"；作为一种理想目标，它则帮助人们体认并受用宇宙自然的和谐之美。① 作为一种思想方法，中庸要求人们在处理各种社会关系时，要"致中"和"时中"。"致中"是指"叩其两端而竭之"，"时中"则指人们在处理问题时既要坚持中庸之道，又要因人因场合随时变化其具体形式，在复杂的事物中穷尽各种可能性以施行最符合道德要求的行为。

中庸之道的"中"，不同于折中主义、调和主义的"中"，不是不讲原则、善恶不辨的折中与调和，而是指事物存在适中、合适、合理的观念，符合"中"这个界限和标准的事物存在方位和存在状态就是合宜的，"无过无不

---

① 杨庆中：《论孔子中庸思想的内在逻辑》，《齐鲁学刊》2004 年第 1 期。

及";中庸之道的"和",不是指两个事物彼此完全相同,而是指不同事物相互间比例协调、配合得适当,从而达到总体上的和谐状态。① 如果说折中主义是一种机械地、无原则地拼凑在一起的哲学观点的话,中庸则意味着一种能力,它可以在一个特定的情况下积极地运用各种有效的手段方法,是一种积极的处事方式。② 儒家思想从根本上反对折中主义,认为它只是对道德的破坏。实现中庸,必须达到两点:第一,看问题、做事情全面而不偏激,讲求包容精神,追求事物和谐;第二,在一定原则的基础上实现多样的统一。这种原则在行为方面集中表现为适中(适度)、恰到好处。③ 儒家中庸之道的关键、要害是"恰到好处"。"执中"强调执守善德,可理解为从静态强调坚持恰到好处的中道;"时中"则从动态角度强调坚持恰到好处的中道,即持守中道要因时因地制宜,随时间条件变化而变化。因此,儒家追求勇于进取而又考虑全局、为人正直而又与人合作、能够实现节度精神与兼容精神的统一境界和方法。中庸是恰如其分地把握事物、协调矛盾的正确思维方法,中庸阐明任何事物都有一定的界限,超过或未到达一定的界限都要影响事物的质,势必向相反的方向转化,事情就不会有理想的结果,它要求人们做事恰如其分,不走极端。

我们怎样面对各种各样的文化和信仰撞击中的"东北亚",应该用儒家的"中庸之道",是十分必要和重要的。在重视自己的文化和价值观时要尊重他人的文化和价值观,追求自己的利益和价值应以不损害他人的利益和价值为前提,这对实现人类的和平和繁荣是很重要的。当然在思考东北亚整体问题的时候,"中庸"思想不是西方政治中的"妥协",也不是在强国的威逼下,那些弱国只好妥协让步,牺牲自己的利益以求得和平,从而建立不平等的国际秩序。"中庸"则强调充分考虑各方面利益,制定一个各方面都能接受的方案,各方面的利益都得到适当满足,结果是双赢甚至是多赢且没有受挫感。在此基础上建立的国际关系才会带来真正永久的和平。总之,中庸的历史价值在于有利于维护社会稳定,有利于提升道德境界,有利于协调国与国之间的关系。

---

① 唐晖、吴学满:《论〈中庸〉的和谐理性》,《内蒙古农业大学学报》(社会科学版)2007年第4期。

② 许金龙、刘海涛:《论儒家的中庸之道及其现代价值》,《沈阳师范大学学报》(社会科学版)2005年第1期。

③ 戴劲:《论孔子中庸之道》,《社会科学论坛》2008年第2期。

（三）"和合"——构筑"命运共同体"的理念

在多元文化、多元发展、多元模式的全球化背景下，尽管世界是有差异的存在，并要允许并承认他人、自然、社会及各国、各民族走自己的发展之路。但是，国际社会已经相互融合在一起，你中有我、我中有你，也是一个不争的实事。面对共同面对的问题，各国需要加强相互之间的合作，加强彼此之间的对话机制，共同创建一个共赢的、相互依赖的体制。构建"共赢"环境和相互依赖的体制，需要大家普遍认可的价值理念，我认为儒家的"和合"就可能成为这个理念的核心。张立文先生的《和合学》对此作了深刻论述，他在发掘中华民族传统文化的基础上创立了和合学，并从中概括出和生、和处、和立、和达、和爱五大原理即五大中心价值。张立文先生认为"和"指和谐、和睦、平等，"合"指融合、结合、联合、合作等。"和合"是指自然、社会、心灵、文明中诸多形相和无形相的相互冲突、融合的动态变易过程中诸多形相和无形相和合为新的结构方式、新事物、新生命的总和。笔者认为，和合的含义由三个纬度构成：第一个纬度是异质元素的存在，这是和合的前提，只有许多性质不同或对立的事物、要素之间，才可能和合融通，绝对同一无差别的存在不叫和合；第二个纬度是动态的冲突融合，这是和合的过程，不同的事物经过不断冲突，彼此协调，而后融合，以至和；第三个纬度是和合而生，这是和合的目标，即不同事物共生共存，且可融通产生新事物，生生不息。简言之，和合就是异质元素通过冲突融合的过程，实现平衡协调，达到和生。① 儒家的"和合"思想可以融合不同的价值观，使之互相协调统一，而且作为一个民族的文化理念和精神支柱，深深地根植于中华民族文化的沃土之中。和合文化的内涵就是在承认"不同"事物之矛盾、差异的前提下，把彼此不同的事物统一于一个相互依存的和合体中，并在不同事物和合的过程中，汲取各个事物的优长而克服其短，使之达到最佳组合，由此促进新事物的产生，推动新事物的发展。儒家和合思想提出了一系列旨在实现人类和谐与社会和谐的道德原则，把构建和睦、和平、和谐的各种关系，作为君子人格修养的重要方面和社会协调、稳定的价值尺度。

"和合"，作为中国传统文化的基本价值原则之，其初义是指具有两个或两

---

① 安辉：《中国古代的和合思想及其现代价值》，《法制与社会》2009 年第 14 期。

个以上要素融合、结合的意思，确立于我国周朝与春秋战国时期，是先秦各家"同归而殊途，一致而百虑"的"一致"和"同归"之所在。①"和合"是一种文化气度、"和合"是一种文化理念、"和合"是一种文化境界、"和合"是一种文化力量，中国的对外思想正是体现了中国的这种"和合"文化精神。"和合"思想强调国际关系主体之间的相互依存、相互依赖；强调无论是社会制度、政治制度、意识形态、政治需求，还是经济领域、安全领域，无不共存于相互联结、相互依存的国际社会。同时和合文化所固有的整体认知观有利于我们建立一种正确的文化观，克服以往的文化冲突论，而且对内有利于推动社会的长治久安和国家的安定团结。著名社会活动家程思远曾指出："和合"是中华民族独创的哲学概念、文化概念。"和合学立足全人类的生命福祉，以全球意识面向 21 世纪的现实生活，面向 21 世纪人类所共同面临的严峻冲突和危机，面向人类未来发展。"② 和合思想强调对各种思想文化兼容并蓄、共生共长的同时，必须坚持独立自主的原则，确立民族文化的本源主体地位，发挥民族文化的主体能动力。"和合"精神的基本含义是指在多元存在、多种要素的相互关联和作用中形成一个有秩序的整体。正如胡锦涛在美国耶鲁大学发表演讲时所说的那样，中华文明历来注重亲仁善邻，讲求和睦相处。始终秉承"强不执弱"、"富不侮贫"的精神，主张"协和万邦"。提倡"海纳百川，有容乃大"。和合不是否定矛盾，它承认冲突，但冲突必须经过融合，才能新生。和合创新法不是一方消灭一方，一方打倒一方的单一方法、唯一法，而是"万物并育而不相害，道并行而不相悖"的互补法、双赢法。在全球化、地区主义、民族主义潮流的伴随下，包括中国在内的东北亚各国周边充满各种复杂的矛盾和变数，因此，中国如何面对国际形势的挑战，这势必影响到中国的稳定和发展，影响到整个东北亚文化环境的稳定发展。

四、儒学在东北亚"命运共同体"中的角色定位

一个文化有无"生命力"，有什么样的生命力，决定在于该文化定位问题。

---

① 张立文：《和合学概论——21 世纪文化战略的构想》，首都师范大学出版社 1996 年版，第 479 页。
② 张立文：《和合学——21 世纪文化战略的构想》，中国人民大学出版社 2006 年版，第 933 页。

因为世界上没有完美的文化，无论是曾经辉煌的文化，还是现在的优秀文化，并非就是完美无缺的。但是，儒家文化能够养育一个民族两千多年，而且，已经深深积淀在人们心中，没有什么能将民族文化从代代相传的血脉中删除殆尽。众所周知，儒学的一些思想成为世界公认的伦理原则，如："己所不欲，勿施于人"、"推己及人"的仁道，"和为贵"、"睦仁善邻"的共生共处之道是相互依存时代处理国际关系不可或缺的基本原则。儒家思想本身是一个多元化、多层次的内容复杂殊异的矛盾统一体，简单的肯定或否定都显得感情用事或狂妄无知。梁漱溟先生曾坦言："世界文化的复兴就是中国文化的复兴。"① 梁漱溟先生不仅看到了中国文化的竞争力，也表达了他的厚望和心声。我们必须实事求是地、准确恰当地估价我国的传统文化。既不能估价过低，使国人妄自菲薄，不求进取；也不能估价过高，使国人狂妄自大，故步自封。儒学既具备适应中国古代社会发展的内容又能以开放的心态批判吸收其他学派的思想，实现自我更新；既有自强不息、不畏挫折的奋斗精神，又能采取行之有效的传播方法。具备了这些在中华文明土壤中生根、发芽、壮大的素质，儒学能从诸学派中脱颖而出，担当起引领中国传统文化发展的重任，成为中国传统文化的主流，成为古代中国人精神世界的主导也就不足为奇了。② 但是，中国传统文化是有不少缺点的，它里面缺乏促进中国现代化、使中华民族稳固地自立于世界民族之林的两个重要因素"民主"与"科学"的种子，使中国在发展生产力、发展经济和废除专制制度、发展公民权利方面步履维艰。中国社会从汉代到清代变化不大，发展很小。③ 中国的现代化建设主要靠集人类文明大成的马克思主义及其与中国具体实践相结合的毛泽东思想、邓小平理论，要依靠科学、民主与法制，而儒学本身是不能提供这些东西的。

儒学的现代定位问题是现代中国思想家都力图回答的问题："中体西用"论者把西方文化定位为保卫儒学的技术或工具，"全盘西化"论者把西方文化定位为消灭儒学的武器，"现代新儒家"论者认为儒家思想中有生长出民主、科学的种子与土壤。在此三种定位之外，现代哲学家张东荪提出了可名为"儒

① 梁漱溟：《东西文化及其哲学》，商务印书馆 2005 年版，第 202 页。
② 唐明燕：《儒学何以成为传统文化的主干》，《大连理工大学学报》(社会科学版)2008 年第 1 期。
③ 刘绪贻：《试论儒学与传统文化的关系》，《学术界》2007 年第 6 期。

学退缩说"的第四种方案。① 同样的一个儒学，人们对待的态度迥然有别，事实上对儒学的简单肯定和简单否定都是片面的。在近年的文化讨论中，一些学者对中国文化与儒家价值的评估并不是很理性。有的人过多强调儒家文化的消极性、阴暗面；有的学者又抱住中国儒家的传统思想不放，不加分析地全面肯定儒家文化。提出"复兴儒学"的模式，认为未来的中国文化必然是以儒家文化为主体的文化，甚至更有人提出"21世纪是儒家文化的世纪"，用儒家文化解决现代化或后现代化问题。② 尤其值得一提的是，在近年的"国学热"中存在着一种倾向，就是非常重视国学或儒家学说的意识形态功能，很想把它们当作拯救人心、拯救社会的良方或标的。因此弘扬国学的实际举动，往往就表现为"说古、读经、学艺、习礼"等。然而，我们并不能因此肯定儒学在东北亚占据非常重要的地位，因为儒学所起到的作用并非如此重要。任何民族的传统文化，都是在特定的时空背景下形成和发展的，如果用某个现代标准去衡量，都会有一个适应或是不适应现代化发展的问题。儒家文化同任何一种传统文化一样，如果放在社会现代化的价值体系中去考察，也是一个具有双重性的文化实体。③ 儒家学说可以有自己的治国之道，儒家学说也可以对现实政治施加影响，但对于现代法治国家的治理，对于社会发展方向的选择和国家制度的安排，儒家学说实际上是帮不上什么忙的。但是，儒家文化提倡的人文精神，积极追求的理想人格，激励民族成员实现个人价值与社会价值，成为民族凝聚力的核心要素，支撑着中华民族的进步与发展，维系着全体民族成员的情感与信念。尽管儒学文化也有过衰落的时候，但是，随着儒家圈经济、政治等方面的发展，更加彰显出它所具有的文化特性和价值的力量。儒家文化的变化只是自身的一种嬗变，它既不会抛弃传统，也不会因循守旧；既不会邯郸学步，失去自我，也不会发生所谓的西化。它植根历史，面向现实，在从传统向现代的转换过程中，正焕发出无限生机。由此可见，儒学在东北亚"命运共同体"中的角色是相当重要的，但绝非就是"一枝独秀"。东北亚"命运共同体"构建中同样需要多元文化思想资源，但儒学

---

① 张耀南：《简论儒学的现代定位问题——兼论张东荪何以不能被称为"现代新儒家"》，《首都师范大学学报》（社会科学版）2004年第5期。

② 赵吉惠：《儒学价值与21世纪中国文化建构》，《阴山学刊》2002年第4期。

③ 马传松：《现代化价值体系中的儒学二重性问题断想》，《重庆三峡学院学报》2003年第1期。

肯定是相当重要的和优秀的资源。

五、儒学在东北亚"命运共同体"中的生命力

"和平与发展"仍然处于当今世界主流话题之下，东北亚环境所面临的困难与问题是大家有目共睹的。大家普遍认为，东北亚地区与欧洲不同，冷战坚冰迄今未彻底融化，特别是朝鲜半岛和平仅靠一纸停战协定维系，恐怕很难满足区域安全保障。尤其在朝核问题上，美国和朝鲜双方往往加大有利于自己的"筹码"，日本对朝政策左右摇摆，韩国努力增加美韩联盟的平等色彩，中国也想在朝核问题上掌握自己的主动权，因此，朝核问题出现长期化趋势或"既成事实"。与此同时，东北亚区域内存在着比较复杂的领土领海争端：日韩之间的"独岛"或"竹岛"的主权争端；日中之间的"钓鱼列岛"和"东海大陆架"争端；中韩、中朝之间的"黄海海域"划分和"东海大陆架"的石油开采权上的争端等。能源安全问题已成为东北亚国家共同面临的重大问题，东北亚能源需求增加而导致的竞争等成为各国关注的焦点。按韩国前总统卢武铉所讲的那样，目前东北亚地区还没发生严重的问题，但并不意味着问题不存在。在处理历史遗留问题、建立相互信赖关系、推进区域政治与安全的稳定、区域合作等问题上，有关各国的认识和行动并不一致。从整体上看，东亚地区主义表现出明显的功能性合作色彩，政治与安全合作明显滞后于经济合作，呈现出高度的不同步性。这就是东北亚的现实，是东北亚给世人呈现的面貌，东北亚的这种局面显然与全球范围掀起的"地区一体化"、"区域共同体"是背道而驰的选择。究其阻碍东北亚"命运共同体"的根源，无非就是各种利益的冲突和分歧，但是，这种分歧不应成为阻碍这个区域政治、经济、文化等诸方面全面合作的原因。因为东北亚的"共同体"之路，将决定着该区域共同体的"命运"。

东北亚既是世界大国关系最集中、最复杂的地区之一，也是未来国际格局变化的温床，更是切实关系中国和平与发展的一个重要周边区域。加强区域合作、实现共同繁荣已经成为东北亚乃至东亚各国的共识。① 东北亚区域格局的战略走向，对世界战略格局影响甚巨。东北亚只要相互尊重，平等相待，求同

---

① 沈海涛：《东北亚和谐区域的构建与日本外交的课题》，《现代日本经济》2006 年第 6 期。

存异，互利合作，就一定能够建立起牢固稳定的伙伴关系，更好地造福于东北亚人民，为本地区的和平与发展作出更大的贡献。东北亚"命运共同体"需要有一个"和谐"的文化环境。问题的关键在于，如何在世界化"经济一体化"趋势中，凝练和提高东北亚"命运共同体"的精神实质，并使之在共同体内多元文化和谐健康发展基础。

我们知道，哲学是人类智慧的结晶，是文化的灵魂。但每一种具体的哲学形态，又同培育它的民族文化现状息息相关。它既是民族传统精神（或云历史智慧）的积淀，又是一定社会历史阶段的时代精神的体现。所以，任何哲学既是历史的又是现实的；既有继承传统精神的一面，又有反映时代特征的一面，儒家哲学也不例外。① 传统的儒学文化，作为一种文化体系已经破产百年。对于其中大量的负面的恶质文化，那些早已伴随着中国晚期古代社会的腐朽而腐朽的文化内涵，"五四"先辈早已控诉、批判过的，我们今天更应痛加扬弃！要特别警惕这类落伍和保守的东西乔装打扮，为今天的中国文化建设服务，那将是饮鸩止渴，危害性极大。② 对待传统文化一定要"扬弃"，"扬"什么？"弃"什么？怎样"扬弃"？都是当代学者和政治人应该思考的重大问题。因为没有传统的现代是不可想象的，同样，没有现代意义的传统也是无须眷恋的。其实，用历史的观点看，古老的中国文化与中国的现代化应该说是无缘的，中国古老文化既不能导致资本主义，也不能导致社会主义，因为缺乏历史转化的中间环节。我们只有转化社会，转化文化，转化观念，对中国文化的长处与短处进行分析后，才能扬长避短，用中国文化的积极精神、优良传统、积极思想去推动并影响中国的社会主义现代化步伐，去积极适应现代社会生活，达到传统文化与中国社会互动之目的。③ 此语道破了传统文化与现代文化的关系，也比较适合于中国儒家思想在现代东北亚区域文化环境中的"定位"。如何评价儒学的现代性，如何定位儒学在东北亚文化中的地位和影响，都是我们应该认真反思的问题。关于儒学在现代化中所起的作用，大家基本上有一个共识：既不

---

① 吴光：《儒学在衰落时期的变革——论清代实学》，《浙江学刊》1991 年第 5 期。

② 何芳川：《21 世纪东亚文化建设与文化自觉》，《北京大学学报》（哲学社会科学版）2006 年第 1 期。

③ 赵吉惠：《我的中国文化观——关于中国文化的对话》，《蒙自师范高等专科学校学报》2000 年第 1 期。

能过分抬高，认为儒学在东北亚的现代化中能起决定作用；也不能轻易全盘否定其作用，把它说得一无是处。"儒学的复兴"让人很容易与"中国崛起"、"中国霸权"和"中国威胁论"联系起来理解。因为，古代史上东亚文化圈的存在和不断发展，既为今天的东亚文化奠定了基础，也留下了阴影。给中国人留下了不切实际的幻梦，使朝鲜、日本等国人民产生了不愿屈服的自尊感，有很强的警惕性和抗拒感。① 因此，基于对传统和重建的东北亚文化区域合作，东北亚共同体要构建的是一种多元共生的理念，要构建东北亚共同体的集体认同或共有文化。

　　总之，一个时代的思想文化的形态、性质和意义不是取决于历史传统，不是取决于这一传统的强劲、坚韧或脆弱、无力，也不是取决于这一传统的"常道性格"或"天命"力量，而是取决于这个时代人们基于自己的利益而做的选择，取决于他们根据自己的社会需要和思想需要而做的重新建构。② 面对全球化浪潮需要重构东北亚，新的东北亚需要新的思想精神来支撑，新的东北亚要创建属于自己的文化价值观，东北亚的这种重构我们可以称之为东北亚"命运共同体"。在人类文明史上，任何思想学说、宗教信仰都不会局限于自身的存在，其必然要发生社会影响及作用，即产生一定的社会价值功能，儒学也不例外。随着东亚国家综合国力的提升，世界上所流行的"儒教国家"、"东亚模式"、"亚洲价值观"等热门话语，已经说明儒家文化被拥推到现代世界的前沿。所以，儒学在构建和谐的东北亚"命运共同体"中必将起到重要的作用。

（延边大学教授）

---

① 褚颖春：《构筑东亚文化圈——打造东亚区域合作的文化平台》，《中共宁波市委党校学报》2007 年第 3 期。

② 刘东超：《论儒学的当代性问题》，《社会科学》2004 年第 2 期。

韩国儒学研究

朝鲜性理学人物性同异论浅释
——朱子心性论诠释的两例

[韩国] 安载皓

所谓人物性同异论是在 18 世纪发生而持续到朝鲜末，将近二百年的朝鲜性理学上非常重要的论争。这个论争发生在遂庵权尚夏（1641—1721）门下的巍岩李柬（1677—1727）和南塘韩元震（1682—1751）之间，而遂庵是栗谷李珥（1536—1584）—沙溪金长生（1548—1631）—尤庵宋时烈（1607—1689）的继承人，所以我们可以说这个论争是栗谷学 ① 乃至朱子学诠释上发生的。

其实，在朱子学有本然之性和气质之性这两种性概念，因而从哪种概念看人和物的性，可以说是都一样的，也可以说是不同的。换句话说，人性物性是否相同是可依观点而变的，见仁见智。然则，在 18 世纪朝鲜为何发生人性和物性之同异的论争？虽然我们一般只称为"人物性同异论"，但其论争的主要内容并不止于其同或异而已。其论争可说是要解决如何确保朱子学乃至栗谷学理论体系之完整性的。

到现在，韩国学界关于人物性同异论的研究成果相当丰富也很细致，我们不能把它一一摆在这里，但大致上可区分为如下。首先，最初研究的如同其名称，

---

① 这是指李珥（1536—1584）之哲学思想的概念。他崇信朱子学，而且要把它更加清楚鲜明。代表性的理论主张有："心是气"，根据于"理无形而气有形"主张的"理通气局"，由"理无为而气有为"提出的"气发理乘一途"说等。他的学脉传承到巍岩南塘后乃分为"洛学派"（同论）和"湖学派"（异论）。

是关于五常(性) 之同异的内容。① 其次，出现有关心之未发的研究②；然后慢慢进行了关于修养工夫的研究。③ 然而，很可惜，到目前为止尚未出现如同笔者的观点，即何种立场或主张才可以把朱子学乃至栗谷学完成为一种具备比较健全的理论体系的道德哲学，由这个问题意识出发而整理巍岩和南塘争论的研究。

本文为了展现巍岩和南塘道德哲学的根基，将他们的五常 [性] 和未发 [心]概念循次分析而诠释其意义。通过这种分析及诠释，来评价其对朱子学 [也对栗谷学] 的功过。

一、五常（性）辩

在人物性同异争论中，巍岩是同论的代表，而其师遂庵和同门南塘是异论的代表。他们之所以如此区分，其根本理由就在于是否同意：仁义礼智信——五常仅给人类完整无缺地赋予，而其他任何存在虽则禀赋五常，但都不大完整。巍岩所代表的同论主张，不仅人类，其他万物都禀受了五常④，因为五常就是同太极或天命一样的"理"，而天地万物皆由太极和二五即理气的结合而生成。如从朱子所谓"物物一太极"的观点来看，那么天地万物都禀有太极，所以把它称为本然之性或五常，毕竟是同一本体，而其称谓所指的实质不会有

---

① 裴宗镐：《李柬的人物性俱同论》，《韩国的思想》，民音社 1984 年；《湖洛论争中的人物性同异论》，载《韩国儒学之哲学展开》，延世大学 1985 年；尹丝淳：《人性物性同异论辩研究》，《人性物性论》韩国思想史研究会 Han-gil 1994 年；金炯璨：《人类和万物的差别性检讨》，《从论争看韩国哲学》，艺文书苑 1995 年；文锡胤：《巍岩李柬和南塘韩元震的人物性同异论辩研究》，《东方学志》2002 年第 118 辑。

② 文锡胤：《湖洛论争形成期未发论辩的样相和巍岩"未发"论的特征》，《韩国思想史学》2008 年第 31 辑；崔英辰：《再检讨南塘／巍岩的未发论辩》，《东洋哲学》2008 年第 29 辑；金起贤：《巍岩和南塘的未发论之道德哲学上的背景》，《东洋哲学研究》2004 年第 39 辑。

③ 安泳翔：《巍岩李柬人物性同论和二性二心论》，《人性物性论》韩国思想史研究会 Han-gil 1994 年；Jeong DuckHee：《巍岩李柬之道德人形成论》，《教育学研究》2003 年 41 卷 1 号；Jeong YeonWoo：《巍岩李柬之心性一致论研究》，《韩国思想史学》2006 年第 27 辑；李天承：《巍岩李柬之本心涵养修养论研究》，《韩国思想和文化》2008 年第 45 辑；《巍岩之未发说和心性一致的修养论》，《哲学研究》（高丽大学）2010 年第 40 辑。

④ 《巍岩遗稿 7：19 左，21 左》："以本然言之，性命固无人物之殊。""以一原言，则人物之性，无不粹然。"为了方便起见，本文引用的巍岩文章，省略书名，其他信息则用数字简表之，各个数字意谓：卷数和页数。

什么本末彼此及偏全大小等之差异。① 因此，五常是对天地万物都一样的。

如上的主张，在朱子学中是可以接受的。然则，为何发生争论？这是因为，在争论的双方所依据的朱子学及栗谷学里，有着可以有不同看法而各自不同地诠释的问题。先讲朱子学，在现实世界中具体事物的本性是"理在气中"的气质之性，而其理不只是像太极一样的"至理"，其中也有张载所谓攻取之性的同本能一般的"条理"，又有一种表现个别特殊性的气质之性这个"条理"②。因此，要否区分此两者，从而对五常的看法有所变化。换句话说，认为"至理"同"条理"相结合而发生"质的变化"，则人和物的本性绝不相同（异论）③；而"至理"绝对不跟"条理"质地结合，能保持其纯粹性的话，那天地万物的本性都相同是太极而已（同论）④。其实，像巍岩那样的后者立场才可以保证道德实践的确实根据。这是因为，倘若"至理"会发生质的变化，则其不再是形而上的本体，也不能是纯善的性体之故。

依栗谷讲，气的发现并不是外部力量所赋予的，而是气自身的自发作用。⑤ 是故，理不是使气发现的，而只是搭乘它的。如此，理因无作为而要倚靠气，所以变成软弱无力的。这就是"气发理乘一途"说所导致的问题，是可能引起一种毁伤理的绝对性和尊严性的嫌疑。遂庵和南塘不太严重地考虑而直接接受栗谷的这种主张，但巍岩则要摆脱这个嫌疑。因此之故，在他的老师遂庵把理的绝对性和尊严性只在形而上或超越方面承认而现实上则否认之时，他

---

① 《7：17 左》：天命五常太极本然，名目虽多，不过此理之随指异名，而初非有彼此本末偏全大小之异也。……语其至而谓之太极，明其根柢而谓之本然。非本然太极之外，有五常天命。……元在一处，故无彼此本末；元只一物，故无偏全大小也。

② 将儒学的主要性论图式化，则可以如下：

孟子	张载			程朱	
性善之性（性）	天地之性	至理	普遍的一般	气质之性	理（天地之性）
生之谓性（命）	攻取之性	条理			气（质）
	气质之性	条理	个别的特殊		

③ 参见 遂庵所谓"一原"、"分殊"、"分殊之分殊"之说（著论性说《寒水斋先生文集》卷 21）及南塘"性三层"说（《南塘先生文集》卷 7）。

④ 《4：32 左—33 右》：盖理虽一原，而气则不齐，得二五之正且通者为人，偏且塞者为物，亦自然之势。……正亦五常也，偏亦五常也；通亦五常也，塞亦五常；同是五常。

⑤ 《栗谷全书 10：26 左》：阴静阳动，机自尔也，非有使之者也。

就毫不客气地批判老师的主张。① 在他看来，如果理的绝对性和尊严性只在形而上的超越方面才可以说，那么理就不能拥有任何现实价值或意义，因而必须在现实上也得承认理的绝对性和尊严性。

魏岩强调"理先气后"②，虽然只在逻辑上或形而上的层次上才那样，但这是一种通过同气的不相离来保障理自身之纯粹性的主张。理在现实上虽然必须和气（质）一起"不相离"，但理自体还不受气的影响。即使在其样态上或表现上可能有约束，主张理之先在，是要保持其绝对性和尊严性的。③ 他的这种立场显然不同于南塘遂庵等自称栗谷嫡统学派，④ 强调理气的"浑沦无间"和"本无先后"及"理在气中"的看法。他们的看法无法像魏岩那样能够保障理之绝对性和尊严性，而一定要讲由气质引起的理之质的变化。这就不能保证道德实践之确实必然及普遍的根据。

魏岩为了明确自己的如上主张，应用了几对概念，那就是"一原"和"异体"、"大分"和"细分"、"单指"和"兼指"这三项区分。首先，"一原"和"异体"是依据朱子"理一分殊"来说明太极和气质即栗谷所谓"理通"和"气局"的。"一原"是天地万物的共同根源——除却气的理即本然之性，因而人和物之间并无差异；而"异体"则繁多现象之具体面貌——内含理的气质即气质之性，它由禀受的气质来制约理，因而万物各自不同。⑤ 其次，"大分"是在天地万

---

① 《12：11 右》：盖栗谷之意：天地万物，气局也；天地万物之理，理通也。而所谓理通者，非有以离乎气局也，即气局而指其本体，不杂乎气局而为言耳。今先生天命图，则乃以理通为一头地，而图于上方；又以气局为一头地，而图于下方；截然作两个圈子，上下分明。理通在气局之先，而气局在理通之外矣。一理一气之间离之，无乃已甚。

② 《12：21 左》：原其未然而言，则分明有理而有气；据其已然而言，则又必待气而后理有所安泊。

③ 五常是同太极一样的理，因而必先于五行的气。所以他又这样说："原理气先后，则有理而有气；论名实先后，则有实而有名矣。故有五常之理，而斯有五行之气；有五常之实，而斯有五常之名。此不易之势也。"（《12：36 左》）魏岩如此强调理的绝对性和尊严性，由此可知，他比现实重视理想，比现象注重本体。这就提供他如何处理关于人存在的价值问题之观点。

④ 《12：44 左—45 右》：德昭曰："孔子之道，传之程张；程张之道，传之朱子；朱子之道，传之退栗；沙溪亲学于栗谷，尤翁亲学于沙溪，而我先生，又亲学于尤翁。则嫡传相承，渊源甚远。"

⑤ 《7：15 左》：本然者，一原也；气质者，异体也。《7：16 右—左》：以一原言，则天命五常俱可超形器，而人与物无偏全之殊，是所谓本然之性也。以异体言，则天命五常俱可因气质，而不独人与物有偏全，圣与凡之间，又是千阶万级，而偏处性俱偏，全处性俱全，是所谓气质之性也。此岂难见之物，可易之理哉！而彼子思所言性者，是即异体而指其一原，不杂乎异体者而言。《7：21 左》：以一原言，则人物之性，无不粹然；而以异体言，则圣凡之间，已有不齐。《4：42 右》：若言气而论于异体，则小子当无说矣；若言理，则天地万物同此一原也，又何别于人物欤？若言虽是理而自与天命太极者有间，则小子未思其说。

物中区分相同的理和各异的气（质）的，此时只拿理来说明的就是"单指"，同气一起说明的乃是"兼指"。另外，人和物的区分来自气质的"正通"和"偏塞"，而人类之间的差异则是由"昏明"和"强弱"以显现的，就这样，具体说明属于同一类的差异的乃是"细分"。简单说，"大分"是区别理与气质的，"细分"则是详细区别各个气质的。① 是故，毕竟可说，依照"大分"来"单指"乃是"一原"，而"兼指"则为"异体"，再"细分"，"异体"则可指示具体的各个事物。

从单指一原的巍岩立场看，五常禀赋于天地万物是理所当然的。那么，人类与事物之间显现的现实上的差异是由何而来的？从存有论的角度看，当然是由于气质。但更重要的则是其差异在于五常的"发用"与否。巍岩认为，世界上所有东西必得禀受理和气，才可以生成。就像都禀受阴和阳、火水木金土——五行一样，作为理的五常也都禀授给天地万物。虽然有正通与偏塞的差异，但人和物都禀受阴阳五行及五常。其差异只是由正通与偏塞来的"发用"与否——是否能够具体实现五常而已。② 并不是只有人才禀受，而其他事物都没有的。③

综而言之，巍岩之所以说人和物之性是相同的，根本上是因为五常作为本性的内容，共同禀赋于天地万物。人和物之间的差异不在于具备五常与否，而是在于能否"发用"五常。重要的是，五常就是作为本体的理，因而他的"五常俱同"论乃可说，是一种确保本体的绝对性和尊严性，来在存有论的层次上把道德实践的根据成为确实必然及普遍的工作。

----

① 《12：35 右—左》：无极二五，本混融无间，而单指其理，则所同者如彼；兼指其气，则所异者如此。然则所谓五常，是单指之物耶？ 抑兼指之物耶？ 五常之说，此其大分也。……合下同此二五之理气，而人物之分，只争正偏通塞；圣凡之别，只争昏明强弱：如斯而已。五常之说，此其细分也。

② 只有人才可以"发用"的根据则在于作为"心之本体"的所谓"明德"。关于"明德"，我们在下一节讨论。

③ 《4：32 左—33 右》：人物之生，既均得是气，则亦均有是理，何待辨说而明乎？ 若言得气之时，得阳而不得于阴，得一行而不得于一行，则是虽无章句图说之已言者，而理恐决无是矣。如何如何？ 且各得云者，盖理虽一原，而气则不齐，得二五之正且通者为人，偏且塞者为物，亦自然之势。……愚意则恐正亦五常也，偏亦五常也；通亦五常也，塞亦五常也。同是五常，而正且通，故能发用；偏且塞，故不能发用。今见其发用与否，而谓之一有而一无，无乃为未尽耶？

　　南塘认为，人比动物高贵的原因就在于人的本性（仁义礼智之德）。① 但这是误会。在朱子学，因性就是理，而不管是人或物都具备仁义礼智，所以也都是高贵的。只是因其能实现多少而决定其存在的价值而已。人之高贵不是由于他"具有"性理，而是依其优秀的气质来"实现"性理。而且在朱子学里，仁义礼智之德乃是理，所以不能自己呈现。唯因其禀受的气质之差异而决定呈现的可能与否。是故，所谓仁义礼智之德指的是，依其气质以各不相同地呈现"至理"的作用，而不是指由气质形成的一些"条理"或损伤的理。

　　南塘不懂这些问题的原因，虽然朱子学本身也有问题，但主要是因为他的价值观固定在现实，而且把归纳逻辑当作是确实到达真理的方法。南塘认为，伊川的"理一分殊"是说明理的最卓越的命题，但我们要努力探讨的是"分殊"的部分。因为一定要明确把握分殊之理而追溯于根源，才能理会健全的"理一"。如果不这样做，反而随便造出"理一"，那么到底什么是"理一"，我们就无法了解。② 南塘确实觉得，只要归纳且综合分殊之理，就能把握"理一"。但是，那些"分殊之理"是已被气质损伤的，那么怎么可能通过那些损伤的而找到不受损伤的"理一"呢？

　　南塘想要坚持朱子学逻辑，所以对他来说，性就是理。但是，那个概念只在同气质关联的时候才能成立，因而万物之性不可能是同一的。"性则因气质而言之也"。"因气质而言，则气有不同而性亦不同。故谓之理同则可，谓之性同则不可云尔"（《南13∶3右》）。换言之，对万物"通为理而局为性。性也理

---

① 《南29∶7左》：盖万物同有是性，而独人之性为最贵而至善者，以其有仁义礼智之德也。故孟子论性善，无他语，只以仁义礼智言之。若使万物之有知觉运动者，皆具仁义礼智之全德，则人性之为最贵者，果何事也？

　　《南9∶30右—左》：人之所以异于禽兽者，非以其形之殊，乃在于其性之殊。人苟有昧于其性之为贵而不知所以存之，则是虽具人之形，即便与禽兽无别。……老兄缘何以吾人至贵之性，降同于禽兽之异类。

　　以下，为了方便起见，简单标记原文。如《南3∶33左》，其中《南》是指《南塘集》，3则表示第3卷，33左又指第33页左面。另外，《经》指《经义记闻录》，《朱》则指《朱子言论同异考》。

② 《南18∶39左》：程子曰："理一而分殊"。天下之理，本末巨细，只此一言而尽之矣。然其用力推究，却只在分殊处。分殊处明得尽，则便就此溯而观之，自见得其源之同而其理之一。若不知于分殊处推究，而径欲造理一，则所谓理一者，却只见得儱侗玄虚一物事耳，实不知其为何样物事矣。

也，虽只一理，曰性曰理，用处不同。此所以既有理字而又有性字也"。"理同而性异"①。

因为南塘具有这样的见解，所以他说明人物性的差异就如下：

> 天之生物，固莫不与之以元亨利贞之理。人则受之以正通之气，故所得之理皆全且粹，而为仁义礼智之性；物则受之以偏塞之气，故所得之理亦偏且粗，而不得为仁义礼智之性。此理甚明，又何疑乎？
> （《南9：29右》）

存有论上的理解原封不动地联结到本性论的体系。所以存有论上的问题变成本性论的问题而再出现。南塘明确主张，"物则受之以偏塞之气，故所得之理亦偏且粗，而不得为仁义礼智之性"。在这里所说的气和理以及性之间的关系绝不是对现象的认识，也不是对现实性表现的说明。它确实是对气和理等存在的规定。因为气"偏塞"，所以理"偏且粗"，性也不健全。气是原因，理和性是结果。因此，气是根本，理和性是附随的。这样的理绝不能是天地万物之根据，这样的性也不可能是天地万物皆禀受的"太极"，不可能是道德实践的根据。如果接受并推进南塘这样的主张，那么会出现在儒学传统里难以解决的问题。人和物的本性如同南塘的观点，因其各自禀受"正通"或"偏塞"的气而有差异。然而，也应该用同样的逻辑，来说明人之间的差异（由于清浊粹驳的）。然则有些人的仁义礼智之性从出生时就会受限制的情况发生。况且，虽则具备仁义礼智之性，但它就是已经被气质损伤的理呢？在事物，"至理"因受气质的约束而不能成为健全的仁义礼智之性，那么在不能没有气质差异的人之间也会发生同样的情况。南塘这样把已经损伤的理视为性，从而导致了忽视理的绝对性和尊严性以及性的纯善无恶等逻辑问题。

如上的问题和误解不局限在南塘，朱子学所谓气质之性概念可说是其开端。明道认为，只能在人物生成之后，亦即天理同特定气质结合之后，才可以使用性概念。② 但这并不是意味着天理会被气质损伤的。只是，伊川和朱子为了解决现实上恶怎样出现的问题，而主张要兼考气质对天理的限制而已。程朱应用横渠的概念而提出的"气质之性"就是有这样意义的。只是，因为它没被说明清楚，

---

① 《南28：39右—左》，《南10：32左—33右》：其实，按照南塘的逻辑，理也不能同一的。

② 《河南程氏遗书》卷一，第10页：盖"生之谓性"、"人生而静"以上不容说，才说性时，便已不是性也。

所以有可能理解为"至理"和不同于天理的"条理"掺和在一起的性。①

当然，有些朱子没明确说明的部分。但对它，我们也能同情地理解。譬如朱子说："论万物之一原，则理同而气异；观万物之异体，则气犹相近而理绝不同也。气之异者，粹驳之不齐；理之异者，偏全之或异。"依南塘的逻辑，朱子讲理的"偏全之或异"，是说明存有论方面的。但是，朱子分明以"观万物之异体"为前提，这就是说，他要关注的只是现实上显现的形象而已。不同于南塘所想，并不是说在存有论的层次上理已经受损伤而完全相异的。如果南塘说，事物因气质的限制而无法实践那禀受的天理（仁义礼智），所以不能形成仁义礼智之性，那会是很准确不错的诠释。然而，他并不是有那样的意思，亦即不是道德实践的不可能，而是在被气质损伤的理就是事物的性，这个存有论的立场上去否认事物的仁义礼智之性。这种诠释归根到底也可适用在不同的人身上，而到达绝不能接受的结论：有些人也已在存有论意义上不能实践道德。想要说明现象上的差异，而丧失了逻辑，却造成一种毁害本源的后果。

这种问题通过南塘著名的"性三层"说更加暴露。南塘"性三层"说，是以他对理气关系的观点为根据，试图说明现实世界上的人物之不同而出现的。其说，用简单图案来表示，则如下。②

---

① 对朱子学所谓气质之性所带的理论问题，参见［韩国］安载皓：《对孟子人性概念的朱子学诠释》，《儒教思想文化研究》第 51 辑，第 39—61 页。

② 南塘的代表性主张可在以下引文中确认。

《南 11：9 左》：有以超形气而言者，有以因气质而名者，有以杂气质而言者。

《南 7：2 左—3 左》：性有三层之异：有人与物皆同之性"中庸二十二章章句，人物之性亦我之性"，有人与物不同而人则皆同之性"孟子告子篇辑注：以理言之，则仁义礼智之禀，岂物之所得而全哉？大学序文：天降生民，则既莫不与之以仁义礼智之性"，有人人皆不同之性"论语子曰性相近也"。性非有是三层而件件不同也，人之所从而见者，有是三层耳。就人物上除了气，独以理言，则浑沦一体，不可以一理称之、一德名之，而天地万物之理、仁义礼智之德，无一不具于其中矣，此人与物皆同之性也。就人心中，各指其气之理而名之，则木之理谓之仁，金之理谓之义，火之理谓之礼，水之理谓之智，四者各有间架，不相淆杂，而亦不杂乎其气而为言，故纯善而无恶，人则禀气皆全，故其性亦皆全，物则禀气不能全，故其性亦不能全，此人与物不同，而人则皆同之性也。以理杂气而言之，则刚柔善恶，有万不齐，此人人皆不同之性也。岂人既有人与物皆同之性，又有人与物不同之性与人人皆不同之性哉？特以其独言理而不及气，则人与物皆同；各指其气之理，而亦不杂乎其气而为言，则人与物不同，而人则皆同"各指其气之理，故有仁义礼智名目之不同，而人与物不同，亦不杂乎其气而为言，故纯善无恶，而人则皆同"；以理与气杂而言之，则人人皆不同，而有是三层耳，"上二层本然之性，下一层气质之性"，其实一性而已也。

超形气→各具一太极（＝理，≠性）	本然之性	单指：全，万物共通性
因气质→五常（∵随五行）		各指：偏，种的特性
杂气质→刚柔善恶之各异	气质之性	兼指：偏，个别特性

　　在此我们首先要注意的是，性概念虽然有如上的三种或三层，但不是真有那些，而只是可那样区分来看而已，实际上只有"杂气质"才是现实上唯一可存在的性——这个事实。在南塘看来，对人、物没有两样的性［超形气］，是因为形成万物的理和气当中除却气而"单指"理的，所以是蕴含天地万物能表现的所有德和理的全体。但这只是在存有论根源上被要求的，并不是现实世界上的实在。其次，人和物虽不同而人之间却没有差异的性［因气质］，是就形成具体事物的气质去指出其理的。这种理已受气质的限制，所以不能是"全体"而只能是仁义礼智等特定形相［偏］而已。由这种理形成的性虽受气质的限制，但还没把理同气质掺和的，所以虽然有限制，但也可说是纯善无恶的。然而，这也是为了存有论地区分人和物而理论上需要的，并不是具体现实上的性。再次，人人不同的性［杂气质］可说是"善恶之性"①，这才是现实上可确认的具体的性，也是理气掺和而形成的。是故南塘说，三层性事实上只是一个，指的是现实具体的性只有"善恶之性"而已。其余两种或两层，则只是在理论上可说的、非现实的性而已。

　　总而言之，具有现实意义的万物之性，是指掺和各自的气禀和受其限制的理之性。这就是南塘所谓"杂气质"的天地万物唯一具体的性。在他看来，"超形气"及"因气质"的性只能有理论意义，没有任何现实意义。这样看来，对南塘来说，"本然之性"只是理论上的性，唯"气质之性"才会是现实的性。这个结论在形式上很符合朱子学，但朱子学所谓气质之性是否同南塘主张的那样是"善恶之性"呢？绝不是。朱子学不讲"杂气质"。"杂气质"的性，即已损伤的理同气质掺和的性可能否认朱子学的根本命题——"性即理"。朱子学所谓理最终只能是一，如果不是一，那就会失去道德实践

---

① 《经6：3》：兼指理气，则气有善恶，理亦有善恶，故据气称之曰善恶之性。在此我们可确认，南塘使用概念上有问题。如他说，气有善恶，那其善恶是哪种善恶？怎么可以由此讲"善恶之性"呢？

的最终根据。

二、未发（心）辩

说"五常辩"是要在存有论方面确立道德实践之根据的工作，那"未发辩"则是要从心性论方面，来更加确切地说明人类道德实践如何可能的工作。

在朱子学里，性就是理，所以纯善无恶。现实上多种道德品格的差异当然由那属于气的来生成的。心在朱子学，尤其栗谷学里，明显地是属于气的，不，就是气［心即气］。然则，其心应当说成善恶混的。这就是南塘的立场。但是，巍岩则不完全接受这种看法。他把"未发"和"心"及"气"各分为二，而强调其各自的特征。

首先，巍岩认为在朱子说的未发里有"浅"的和"深"的或"不中"的和"大本"的差别。所谓浅的未发是仅指气质昏浊的凡人尚未接触外物时而言的，而深的未发则指圣人和凡人都一样的根源层次［原头］——依据"气之本然"的"心之本体"[1] 来讲的，除了这两个说法以外，还有一种按照能否保持虚灵不昧的心之本体，来判断未发之浅深的说法。[2] 当然，浅的讲未发是不中的，深的说乃是大本的。[3] 巍岩认为，浅的未发只是指尚未接触外物而言的，所以每个个体的气质性差异直接影响到心，而不但是善，恶也都在其中，这不可能是个"真正的未发"。在"真正的未发"里不能说什么气质性差异。[4] 如果只把"尚未接触外物"当作"气不用事"——真正的未发，那么不仅是凡人，恶棍甚至禽兽也只要不作认知活动，就可以处于《中庸》所谓天下之大本的"未

---

[1]　所谓气之本然或本然之气，原本是栗谷的概念而巍岩引用它的；而心之本体，则循着朱子学一般用法的。关于其内容，下面简述之。

[2]　《12：16 右》：大抵未发，朱子有只以众人之不接事物浅言之者，有就原头上一齐深言之者，又有以此心存亡通浅深而备言之者。巍岩所引用的朱子原文则主要来自《朱子语类》卷 62，而于此略。

[3]　《12：27 左、28 右》：不中底未发。大本底未发。

[4]　《1：18 右》：大本未发时，难言气质性。因为巍岩认为，"所谓未发，所谓不偏不倚之中，所谓天下之大本，就此心之湛然虚明、鉴空衡平、真体之本然者言之"。（《12：15 左》）

发之中"了。① 因此，一定要在"气不用事"时，才可以说未发。这时，因气质不作用而心纯一，可直接指明公平正当的本然之理，所以是善而已。② 而且，所谓大本的未发不只是说感情还没表露，更是说"中体"高高自立的意谓，所以这时之心公平正当，其性则无所偏倚。③ 然而，中体无法自然而然地高高自立，而须要克服种种气质的约束才可以的。这样看来，对巍岩来说，真正的未发不是自然禀赋的，而是刻苦的修养之后才达到的一种境界。④ 关于未发境界，稍后再论，在此先讨论它之所以为境界的根据为何。

巍岩将心及其存有论的根据——气分为两种来了解。照他的了解，心虽是气，但并不直接是气质自身而已。构成我们整体的都是气质，但规范及主宰我们的却是心。⑤ 规范及主宰的心不可能只是气质而已。换个角度说，同样叫作气或属于气，但血气是指其粗糙的，其精妙的则叫作神明。所谓心绝不是血气，而确实是神明。因为阴静阳动不是来自气自身，而是由于神，神不是气质，无疑地是本心。这个本心之所以能规范主宰，是因为心体靠神明而具备认知能力之故。因此，虽说同样是属于气的，但心体不是气质而是心体，气质不可为心体而只是气质而已。⑥ 在此我们要注意：巍岩虽引用朱子说"本心"、"心体"等概念，但那些并不是指所谓道德心。巍岩是一位朱子学乃至栗谷学家，这些学者所说的本心绝不是作为理的心，他们不直接说可以自我立法的道

---

① 《12：18 右—左》：若以不接外物为气不用事而谓之未发，则岂惟众人也，虽跖、蹻之凶，禽兽之顽，不接外物之时亦多矣，然则子思所谓未发之中，是跖、蹻禽兽之所常有乎？

② 《7：1 左》：所谓未发，正是气不用事时也。夫所谓清浊粹驳者，此时无情意无造作，澹然纯一，亦善而已矣。此处正好单指其不偏不倚、四亭八当底本然之理也，何必兼指其不用事之气而为言乎！

③ 《4：40 右》：子思所谓大本者，是指七情未感、中体卓然者而言。则其心也四亭八当，而其性也不偏不倚矣。

④ 当然，纯善的未发逻辑上是自然禀赋的，但现实上则因气禀之差而不能直接自然地显现。所以巍岩所谓真正的未发虽是纯善的，但不能和自然禀赋的一样也。

⑤ 《12：19 左—20 右》：盖以心谓气质者，是大纲说也。血肉之气，充于一身者，夫孰非气质也？惟纲纪一身，主宰万变，则特方寸地耳。

⑥ 《13：1 右—2 右》：夫气一也，而语其粗则血气也，语其精则神明也。统精粗而谓之气，而所谓心则非血气也，乃神明也。心体也至精，而气质也至粗；心体也至大，而气质也至小。……夫方寸之地，阴静阳动者，非气也，乃神也"张子所谓两在不测之神"；非气质也，乃本心也"朱子所谓元无不善之本心"。气无知，而心有知。……所谓气质，则是只血气而已。……心体自心体，气质自气质矣。

德心。① 所以，巍岩强调"明德"。他所了解的明德同朱子一样②，那是禀赋给人类的，因虚灵不昧而具备所有原理来应付万事的。一言以蔽之，明德虽是神明，但不是理而是属于气的，因而不是其自身直接具有道德价值，而是以道德法则为对象来明确认定而从随它的能力。

　　然而，巍岩认为，这种明德只有人才具有。本然之性作为纯善的理，因其为万物的共同存在根据而非人所独有。但明德则只禀赋给人类，而其为人的心体。由此，人的心体不成为"血肉之气"而为"本明之体"，从而人就可作为一尊贵的存在。③ 况且明德绝不是圣人之"专有物"，虽然由于气禀的差异而发生各自"虚灵"之优劣④，又拘蔽于气禀及人欲而出现贤明和笨拙之差别，但让心成为"本明之体"的明德也固有于我们平凡的一般人。⑤ 因此，好好发挥能够规范主宰的明德之功能而制约气质，那就可以达到大本的未发。相反，明德作为"天君"，不能主宰气质，那么随着气质的清浊而善恶就会混杂起来的。这只是南塘所说尚未接触外物的状态而已。⑥ 难道就这样拘蔽于气禀及人欲而善恶混在的状态，却可以说是一种作为天下大本的"未发真境界"？⑦

---

① 如下面要讨论，在巍岩看来，明德就是心之本体，但不是理，而只是虚灵不昧的而已。神明，是心也；而其所盛之物，即理也。（《8：4 右》）

② 巍岩所理解的"明德"乃是基于朱子的此般解释的："明德者，人之所得乎天，而虚灵不昧，以具众理而应万事者也。但为气禀所拘、人欲所蔽，则有时而昏，然其本体之明，则有未尝息者。故学者当因其所发而遂明之，以复其初也。"（《大学章句》经 1 章注）

③ 《12：21 右》：天下之物，莫不有心，而明德本体，则惟人之所独主。天下之性，亦莫不善，……人为贵者，而所贵非性也，乃心也。人贵物贱，所较者此心。则抑其心云者，是只血肉之气欤？将谓本明之体欤？
　　《12：25 左》：夫天之命物也，惟人得二五正通之气，具寂感之妙、中和之德，而灵贵于万物也，此明德本体……

④ 《7：4 右》：人物之受气，有万不齐。虚灵非气乎？ 安得无优劣也。

⑤ 《12：15 右》：明德，是圣凡之所同得也。夫气禀所拘，人欲所蔽，其昏明固有万不齐矣。
　　《12：20 右》：血肉形质之气，其清浊粹驳，有万不齐；而此其本明之体，圣凡之所同然者乎！本明之体，是性命之所存，而即道心之所原也。血肉之气，是形气之所谓而即人心之所生也。

⑥ 《8：8 右—左》：未发说，愚意明德本体，则圣凡同得；而血气清浊，则圣凡异禀。明德即本心也，天君也；血气即充于百体者，所谓气质也。天君主宰，则血气退听于百体，而方寸虚明，此大本所在，而子思所谓未发也。天君不宰，则血气用事于方寸而清浊不齐，此善恶所混，而德昭（南塘）所谓未发也。

⑦ 《12：15 右》：未发之体，当论于所拘所蔽，有时而昏者乎？抑当论于本体之明，有未尝息者乎？于此有一转语，则未发真境界，当有不易之所在矣。

综而言之，巍岩所说的未发并不是简单指尚未接触外物的心之状态。未发既是中体也是天下大本，因而指完全摆脱清浊粹驳等善恶混在的气质之影响，由无所偏倚公平正当而纯一的心之本体能够具体实现纯善之理的境界。在此，明德作为心之本体，成为最主要的概念，之所以重要是因为它就是道德实践的具体而现实的根据。五常作为理，虽因尊严且绝对而成为道德实践的穷极根源，但其无为，它只能具有超越的及象征性意义，对于现实的作用则无法说任何具体的价值。如此，绝对尊严的五常并不会实现其自己。所以必须依据那作为规范主宰的能力尤其认知能力的明德，人才能制御气禀及其所引发的欲望而达到纯善的五常直接呈现的大本未发之境界。说人和物的差异，那不是纯善的五常，而是能发挥如上作用的明德之存在与否。而且，从如上情况可知，巍岩主张的"未发纯善"并不简单说未发是纯善的，而是说未发在根源上因依明德而可为善，同时也要纯善才可以是未发——这个意思。未发毕竟是种境界。是故，巍岩觉得能达到那种境界的功夫无比重要，其功夫乃是属于巍岩所谓"实事"的。

南塘认为，现实上理受气质的限制，而人物之性则是已被损伤的且同气质掺和的理。由此可知，南塘的哲学深根于构成具体现实的气质。因此，他的心概念也不能离气质分开而论。在朱子学，尤其栗谷学里，心就是气。但南塘并不那么简单规定心的概念。

众所周知，在朱子学，心以"虚灵不昧"为其特点。南塘也肯定这一点。他认为，不只是人，动物也可以知觉，所以要肯定动物也有"虚灵"的能力。当然，这些能力之间有差异，而其差异自当由于形成具体事物的气禀。气禀形成个别存在全体，因而虚灵作为其特点的心也不得不属于气禀。是故，如同镜子的明亮度被其材质决定，心之虚灵也离不开气禀的影响。[①] 依照这个逻辑，不只是人和物之间心能力的差异，连人之间的差异也可说明。圣人和一般人的虚灵作用就像现实上表现的那样，不能都一样。但其差异并不是因为虚灵本身的不同，而是由于气禀的不同。[②] 这就像各个镜子有不同的明亮程度，不是因

---

① 《南 9：5 右》：虚灵不昧，如镜之光明；气禀所拘，如尘埃之昏蔽。凡有知觉者，皆以其心之虚灵也；不独圣人之心虚灵，众人之心亦虚灵也；不独人心之虚灵，禽兽之心亦有些虚灵也，但于其中有差等之别耳。……盖虚灵以心言，气禀举一身而言。此其有不同者，而既举一身，则心未尝不在其中也。

② 《南 13：28 左》：盖心之虚灵，圣人众人岂能皆同？但其不同者，由于气禀，而不由于虚灵。

为明亮本身有差异，而是由于镜子的材料（铁的精粗）不同。① 一句话，无论是哪种心都有"虚灵"能力，而其能力的差异由形成个别存在的气禀所决定。

　　为了更加明确说明这种逻辑，南塘说过心自体的"气禀"和"虚灵"。"虚灵不昧固心也，气禀物欲亦心也"（《南 18：36 左》）。这是逻辑上应当的主张。心不是理，而是属于气的。所以其功能虽是虚灵，但心本身不会不由气禀形成。因此虽然虚灵是心之本体②，也不能不由气禀的清浊粹驳来区分。③ 这样看来，动物的心因偏塞的气聚成以虚灵，而其灵妙只有一个通道；然人之心则因为由正通之气形成，所以其灵妙无所不通。人和物就这样区分，进而人和人之间也应该有差异。"圣人之心，清气聚而虚灵，故灵之所觉者皆是理；凡愚之心，浊气聚而虚灵，故灵之所觉者皆是欲"。圣人和一般人就这样区分。动物的心虽有些虚灵，但已不同于人的异类，不必要说其同异。然而，心对人，若说其虚灵则皆相同，但兼说其禀受的气，那么是不同的。④ 所以要区别圣人和一般人。栗谷主张虚灵也有优劣，其根据就在于气禀。⑤ 这种主张经验上可以证明。我们都知道，每个人的认知能力或智商各不一样。但是，那种不同绝不能区分为理（圣人）和欲（凡人）。换句话说，认知能力不会直接联结到道德性。智商高，就是道德的；不高，就是不道德的，可以这么主张吗？南塘对认知和道德的区分，相当不明确。

　　南塘又把心之虚灵能力用"明德"概念来说明。这也可说是朱子学的一般观点，但南塘的说明突出独特的见解。首先，他把明德和心的关系同虚灵一样，比喻成镜子和其材质来说明。⑥ 这样看来，明德实际上是虚灵。依南塘讲，明

---

① 《南 13：29 右》：镜之光明，虽有不同，其不同者，在于铁之精粗，而不在于光明。

② 《南 15：19 右》：夫气之精爽，聚于人而为虚灵，虚灵即此心之本体也。

③ 《朱 1：25》：盖以心之气禀而言之，则固不能无昏明清浊之殊。

④ 《朱 1：22—23》：盖虚灵虽同，而其所以为是虚灵之气则不同。鸟兽之心偏气聚而虚灵，故其灵也只通一路，人之心正气聚而虚灵，故其灵也无所不通。此人物之不同也。圣人之心，清气聚而虚灵，故灵之所觉者皆是理；凡愚之心，浊气聚而虚灵，故灵之所觉者皆是欲。此圣凡之不同也。鸟兽之心，虽有些虚灵，既与人异类，则其同不同不须言也。其在人者，只指其虚灵而言，则皆同；而并指其所禀之气而言，则不同。

⑤ 《南 18：30 右》：栗谷曰："虚灵底亦有优劣"。此亦以虚灵之气禀而言也。

⑥ 《朱 1：25》：明德只是心，而谓之心则有异，谓之明德则无异者，何哉？ 此于镜譬可见矣。明德犹言镜之光明也，指言其光明，则光明无不同矣；心犹言镜也，专言镜，则铁之精粗有不同矣。

德是"心之光明者",因而本来不是同气禀连累的,也因此不可说其善恶的。因为,心既可包括性说,也可相对于性说;但明德不能相对地说,只能包括性来说。可相对于性说,则会有善恶;但只能包括说,那不能讲善恶。这就是心和明德所以区分的原因。① 在此,我们要检讨"包括性"和"相对于性"的分别。因相对于纯善的性理② 而有善恶,这可以理解。但是,因为是包括性的,所以不能讲善恶,这是为什么呢? 这其实是说,明德绝不是气禀。心因根基于气禀而不能不说其善恶,明德是指心的能力,所以虽然不是理,但也不可直接说是气,因而是不可以善恶说的。然而,南塘认为"明德本合心性言之,而重在于性"(《南 18 : 30 右》)。换言之,在明德里重要的就是包括性的功能。这种意思再具体一点说,则"虚灵不昧是心,具众理是性,应万事是情,是合心性情而为明德之训也。然具众理应万事,其具之应之者,皆是虚灵不昧者之所为,则此乃心之主性情也。愚故曰:明德者,心统性情之名也"(《南 18 : 2 左》)。一句话,"心统性情"这个命题可说是只能依靠明德的。进而明德不直接是气而是心的虚灵能力,能包括纯善的性,所以能保持这个纯善状态。明德绝然不同于气质之性,因为后者是气质同损伤的理掺和在一起,而有其善恶之故。③ 当然,这里所谓明德的纯善并不是说明德本身就纯善,而是说通过明德的认知能力把握纯善的理,由此可具体地实践道德的意思。是故,这种明德概念,可说是在讲不能自动的性理之朱子学体系里能担保道德实践的唯一根据。

然而,问题是那种明德(心之虚灵)无法离开气禀的影响这个事实。明德的能力,每个人都具有,但因受气禀的影响而有其优劣,这无非是很严重的"决定论性观点"。由于这种决定论性观点,就像南塘虽把性区分为三种,但具有现实意义的性只有同气质掺和的一样,心也可在未发时区分为三种来说明,但不能不到达善恶业已杂在一起的"气禀不齐"才是唯一现实的心—— 这个结论。

南塘关于心之未发的逻辑,可简单介绍如下。一般认为,心是不断活动的。

---

① 《南 30 : 14 右》:明德,此心之光明者也。言明德,则只指心之明处,本不拖带气禀而言,故不可言善恶。心可以包性言,亦可以对性言;明德只可以包性言,而不可以对性言。可以对性言,故有善恶;只可以包性言,故不可言善恶。此心与明德之有辨也。

② 在此所谓性并不是现实性的"杂气质"乃至"因气质",而只能指的是"超形气"。

③ 《南 18 : 33 右》:心之虚灵皆同,而心之气禀不同。以皆同之虚灵,包此性而言之,则谓之明德,而明德纯善;以不同之气禀,兼此性而言之,则谓之气质之性,而气质之性有善恶。

但也有"思虑未萌，而知觉不昧"的时候，这在朱子学里叫作"未发"，而认为这时候所谓性理都完整地保存着，所以是纯善的。[1] 然而南塘认为，如前所说，心不只"虚灵"，还有"气禀"。那么虽然"思虑未萌"，心之气禀还没消失。所以说未发是纯善的，是有问题的主张。南塘是这样说的。"心之未发，湛然虚明，物欲不生，则善而已矣。……心之未发，虽皆湛然虚明，而其气禀本色之清浊粹驳者，未尝不自在矣。自其清浊粹驳者而言之，则谓之心有善恶可也……然则未发之际，谓之心善者，指其湛然虚明之体，而非谓其气禀本色之浊驳者，亦至此而皆善也；其谓心有善恶者，指其气禀本色之不齐者，而非谓其湛然虚明之体，亦有所私邪之杂也"（《南 7：17 左—18 左》）。一句话，虽在未发，端赖哪个方面，而可说心之纯善或善恶混杂。若说气禀的驳杂，那心不能没有善恶；说心之虚灵功能，则其本身虽并不是纯善，但会把握纯善的理而又可依从之，所以也可说是善。然而，心无法不根据于气禀，所以未发的纯善并没有实际上的意义。

综合以上的探讨而简单提起的，乃是南塘所谓未发的三层。"盖湛然虚明，未发气象也；清浊粹驳，气禀本色也。未发气象虽同，气禀本色自异。……大抵未发时，大本一说也，湛然虚明一说也，气禀不齐一说也。大本专以理言，但于虚明时其体可见，故必于未发而言之也。湛然虚明、气禀不齐，皆以气言。而湛然虚明，是言未发气象，朱子所谓心之本体，指此而言也。气禀不齐，是言气禀本色，朱子所谓心有善恶，亦以此而言也"（《南 18：20 右—左》）。将南塘的主张简单图式化表示，则如下。

大本 超形气	理（性）		善
湛然虚明 因气质	气（心）	未发气象	
气 不齐 杂气质		气禀本色	善恶

纯善的"大本"是理，绝不是指属于气的心。所以在说未发时，"大本"如同"超形气"的性，只能具有道德实践的最终根据之理论性意义而已。"湛然虚明"是指一般所谓的未发之心。它虽属于气，但也不是气自体而是指虚灵的作用，所以不直接关联到善恶，南塘也因此不说善或恶。"气禀不齐"是天地万物的存在基础，心也以各不相同的气禀来形成，所以每个人的心都决定为各不

---

[1] 尤其是像魏岩李柬等人物性同论者，表示这种观点。

一样的善恶状态。

依照这种逻辑，心之"湛然虚明"无法不受现实性气禀的限制。然则，所谓未发时的纯善，这个设置如同"超形气"的情况一样，只有理论性意味，并没有现实上的特定意义，所以我们说未发时也"潜在"着善恶更正确。在南塘看来，"盖心即气也。气有清浊粹驳之不齐，而清粹者发而为善，浊驳者发而为恶。而当其未发也，善恶未形，而粹驳则在；及其已发也，粹驳用事①，而善恶斯分矣"（《南36：5左—6右》）。如果是这样，那所谓善恶已经以确定的形态赋予我们了。由此，我们再可确认南塘的"决定论性观点"。这种观点既不能保持人的尊严性，也无法理论地保证人人都可成为圣人的道德实践之可能性，而只能归结为不健全的见解。

巍岩之所以主张人性同物性一样，是因为根源上作为本性内容的五常共同禀赋给天地万物。不管是哪个存在的五常，不可以有质的差异。人物之别不在五常，而在于能否实现它。如果同南塘一样把业已质地变化的五常看作本性，我们再也不能确立道德实践的形上根据。只要确认五常即是作为本体的理（天地万物的最终存在根据），才可托其绝对性和尊严性，在存有论的层次上把道德实践的根据看作是确实必然及普遍的。这种看法，实际上依靠着朱子学尤其栗谷学的理论支持。就是说，理无形而气有形，所以理通气局，那么作为理的五常是天地万物都禀受的，并不是只有人才禀受而已。②

人之高贵在那属于气的心之本体[明德]。明德乃是惟具备于人的能力。在朱子学里，性因是理而纯善无恶，现实上多种道德品格之差异则是由属于气的东西来形成的。构成我们身体的全都是气（质），但规范及主宰我们的也是属于气的心。因此，心——至少其本来面貌不可能只是个气质。它其实是依据神明的认知能力，来规范主宰我们的明德。我们好好发挥明德的功能，那么能从清浊粹驳等善恶混在的气质之影响中摆脱出来，纯一的心便无偏倚而成为公平正当的，从而可直接实现纯善的理。是故，如果说五常是种道德实践之存有论的最终根据，那么明德则可说是个现实的具体的根据。另外，如上的境界就

① 南塘所谓"用事"是说"运用造作"（《南36：13右》）或"发动"（《南4：4左》）的意思。简单说来，是禀受的气质在作用的意思。

② 由此之故，伊川和朱子否认跟天理相同的孟子所谓人性乃为人之独特性。

是巍岩所主张的"未发纯善"。所以那并不简单说未发是纯善的,而是说未发在根源上因依明德而可为善,同时也要纯善才可以是未发——这个意思。

综合巍岩主张的有关五常[性]和明德[未发心]的如上分析,我们可知,他是彻底跟随朱子学尤其栗谷学来展开争论的。"五常辩"是由"理通气局"(依据"理无形而气有形")主张的性论,"未发辩"则是强调明德的,是根源上依从"心是气"和朱子所谓心之本体的心论,由此可说它是朱子学至少栗谷学道德理论最坚实的理论根基。

南塘认为,"舜之所以为舜者,不过存其虚灵知觉之心,全其仁义礼智之性也。众人亦皆有是心是性,则存之全之,亦可为舜矣。但舜与众人,气质不同,而气质有可变之道"(《南5:28左—29右》)。因此,"盖圣学之要,莫急于知性善,莫大于变化气质。知性善而能变化气质,然后学可言矣"(《南35:11左》)。而所谓"变化气质者,变其心而已"(《南35:1左—2右》)。南塘的这种主张可说是朱子学一般的见解。但那是缺乏理论支持的根据,无法实现的主张而已。

我们这种结论,其理由可说已经充分说明。总括地说,南塘的修养工夫论难以成立,是因为他把天地万物各个存在全部摆在气质及气禀的支配之下。分开来说,第一,朱子学所谓性就是理。但南塘主张的性理却必得同气质关联,具体一点则是受气质的限制而损伤以后才可成立的概念。所以他主张只有"杂气质"即损伤的理同气质掺和,才是有现实意义的唯一的性概念,认为从此可说明人和物的差异以及人和人之间的差异。依他这种立场,不只是人物之性,连每个人的性也都是不一样的。这种观点,乍看时好像可说明天地万物的现实差异。但是,人的本性不可能各个都不一样。南塘的观点最后不能担保人的尊严性。依南塘说,人的气质也都参差不齐,那么有人禀受的性可能是受气质严重限制,而根源上已经是被损伤的理,所以无论使用任何方法也都不能恢复"超形气"的根本。南塘主张,人比其他存有高贵的原因,就在于本性,但因为如上,所以这是不能肯认的。其实,人的高贵是因为根据于优秀的气质来实现其禀受的"至理",而不是因为只有他具备"至理"之性,实际上天下万物都具有那个"至理"之性。

第二,作为气的,至少属于气的心之特点或能力就是"虚灵"。由这种能力,人可以知觉认知。然而,心业已属于气,所以不能不比性还直接受到气禀的影响。因而，虽然都具备虚灵的能力，但不得不被气禀区分其优劣。南塘甚至主张，圣人觉理而凡人觉欲，因气区分为善恶，而心里潜在的不只是善，恶也在。未发时也只有"气禀不齐"才有现实性意义。但都是这么决定论性的，那么怎么可以变化其气质或气禀呢？当然，南塘也强调"主敬"以及"穷理存养力行"① 等工夫，但那只是个无法期盼其效果的修养法而已。已经被损伤的理同气质掺和的性，已受气禀限制其能力的心，怎么可以通过这样的心性来做那样的修养呢？

　　如上的南塘思想绝不是"立足于纯粹道德主义信念"② 的，也不能评价为朱子学的特定发展。③ 那只是缺乏理论整合性的主张而已，既不会担保人的尊严性，也未保持儒学的宗旨。

（韩国中央大学助教授）

---

① 《南 29：37 右》：其（心）所以治之者，不过曰穷理、存养、力行三者而已矣。
② 金起贤：《巍岩和南塘的未发论之道德哲学上的背景》，《东洋哲学研究》2008 年第 39 辑，第 94 页。
③ 尹丝淳：《人性物性同异论辩研究》，《人性物性论》韩国思想史研究会 Han-gil 1994 年，第 94 页。

论儒家出土文献中的"仁"含义之史

[韩国] 姜允玉

中国五千年历史文明当中孔子"仁"的思想是一道璀璨夺目的风景线，也是一笔宝贵的人类精神文化遗产。至今，中韩伦理和礼仪都受到了儒家"仁"的思想观点的影响，而且孔子的"仁"又是一贯的。"仁"的概念与观念，最先可能并不是儒者提出的，但后来为儒者吸纳、改造与推扬。儒家看中"仁"、选择"仁"，并不完全出于偶然，而有其深刻的历史原因、复杂的阶级根源与社会背景，才使其成了整个儒家思想的核心与中枢。所以，理解什么是"仁"，或"仁"的大致内涵与基本规定，以及"仁"的观念的演变过程，这是非常重要的第一关。其含义什么时候出现，在商代和西周时期已否萌生，在不同时期不同思想家那里，"仁"的内涵与外延不尽一致等问题，都是需要斟酌的部分。

20 世纪以来，一大批埋在地下的文献重见天日，正好为我们重构了一个寻找回来的世界。出土文献的发现可以有效地解决"仁"字文义释读等方面的争议，其结果是推动了儒家"仁"思想研究的不断深入。本文为了求得一个近实近是的说法，在理论和方法上应做到两点：一是注意从当时的社会状况出发探索孔子所说之"仁"的含义；二是用王国维的学术贡献"取地下之实物与纸上之遗文互相释证"的治学方法。目前流传至今的儒家文献，除传世今本《论语》外，还有出土版本。就先秦儒家出土材料而言，比较重要的有两种：一是汉代的简帛版本，例如，1973 年由河北省文物管理处和定县博物馆在定县 40 号汉墓（西汉中山怀王刘修墓）中发掘所得的最早的简本《论语》、敦煌《悬泉置汉简》、甘肃省《肩水金关汉简》等；二是楚墓出土的竹简，如郭店一号

墓楚简 ①、《上海博物馆藏战国楚竹书》和《清华大学藏战国楚竹书》等。这批竹简正属于先秦儒家思孟学派的文献，主要包括儒家著作，其主要意义就在于重新探讨儒家“仁”思想的新的材料。本文用传世文献和楚国出土儒家文献材料来互证“仁”字含义之史和其来源问题。

一、传世文献中的“仁”

儒家传世文献中使用频率很高的“仁”是个源远流长的观念，它的出现与使用既不始于孔子也不止于孔子。在不同时期不同思想家那里，“仁”的内涵与外延非但不尽一致，有时甚至还完全不是一回事。② 无论如何，传世文献《论语》中“仁”字一共出现 109 次，远高于“礼”的 75 次、“信”的 38 次、“义”的 24 次等③，可见它的重要性。先看二程对“仁”的说法：“仁、义、礼、智、信五者，性也。仁者，全体；四者，四支。”④ 朱熹《论语集注》卷六以为：“仁者，本心之全德。”牟宗三先生认为：“仁”是全德，是真实生命。以感通为性，以润物为用；它超越乎礼乐（典章制度、全部人文世界），而又内在于礼乐；在仁之通润中，一一皆实。⑤ 张岱年先生认为：“仁兼涵诸德，如忠、恕、礼、恭、敬、勇等。但仁非全德之名。所谓全德之名，即诸德之总称。而仁非德之总称，其本身亦自为一德。不过是最高的德，所以兼涵诸德。”⑥ 类似的看法很多。新中国成立以后，最明确把“仁”看成孔子思想核心的学者，当属郭

---

① 这批竹简计有 800 余枚，其中有字简共 730 枚，1.3 万多字儒家文献包括《缁衣》、《鲁穆公问子思》、《穷达以时》、《五行》、《唐虞之道》、《忠信之道》、《成之闻之》、《尊德义》、《性自命出》、《六德》及《语丛》4 篇，共计 14 篇。关于这批竹简的成书年代，李学勤先生考证后认为：“郭店一号墓是战国中期后段的，其具体年代，可估计为公元前 4 世纪末，不晚于公元前 300 年。墓中竹简书籍的书写时间应早于墓的下葬，至于书的著作年代自然更要早些。”（李学勤：《简帛佚籍与学术史》，江西教育出版社 1994 年版。）

② 孔孟“仁”说有所不同；与宋人麻木不仁之“仁”说又不同；谭嗣同用“以太”视仁则与仁之初义及全不相干。

③ 此外“孝”的 19 次、“忠”的 18 次、“勇”的 16 次、“恭”的 13 次、“让”的 7 次、“俭”的 6 次、“弟（悌）”的 5 次、“温”的 4 次、“恕”的 2 次。（杨伯峻：《论语译注》，中华书局 2009 年版。）

④ 朱熹编：《二程集》，中华书局 1984 年版，第 14 页。

⑤ 牟宗三：《心体与性体》，正中书局 1984 年版，第 246 页。

⑥ 张岱年：《中国哲学史大纲》，中国社会科学出版社 1982 年版，第 261 页。

沫若先生。他在《十批判书》中提出"孔子的基本立场是顺应当时社会变革潮流的，因而他的思想和言论也就可以获得清算的标准"，"一个'仁'字最被强调，这可以说是它的思想体系的核心"的看法。不过屈万里先生曾经对"仁"字的历史发展提出了比较具体的观点。他认为殷代及西周文献中无"仁"字，唐尧、虞舜、夏禹这些传说中的仁君，就是商汤和周文王、武王这些历史里的仁君，那"仁"字的尊号，也必然是很后的后世才加给他们的。① 但很难相信，殷、西周时代没有"仁"的类似概念，到了东周会突然产生。

传世文献当中，《尚书》较早出现了"仁"。《尚书·周书·金縢》中周公说，"予仁若考，能多材多艺，能事鬼神"，意思是我周公具备像你父亲一样的仁德，既有多种多样的才能和技艺，又能够尊奉鬼神、祭祀祖先。这里的"仁"，主要涉及王者为人的品格与德性。②《诗经》中也曾提及"仁"，《国风·郑风·叔于田》曰："洵美且仁"、"洵美其武"③，赞颂"叔"美好而又具有仁德，俊秀而不乏英武之气。此外《国风·齐风·卢令》中："卢令令，其人美且仁"，称赏猎人既漂亮而又怀有仁德。这里的"仁"，已与"美"并列，指涉一种既合乎审美标准，又包含好善、仁德的行为风格。在《诗经》中"美且仁"的"仁"字，学者们认为最自然的颂词是勇武、矫健等字样。我们会很纳闷，"仁"为什么会有勇武、矫健的意思？再看《尚书·周书·金縢》："予仁若考"的"仁"字，是否有"慈爱"的意思，还有待推敲。我们很难理解，为什么《金縢》的"仁"字是否有慈爱的意思，更不要说"仁"是否一定只能解作慈爱。依此旧说，"仁"似乎不必一定要释为"爱"，但《论语·尧曰》引《尚书》逸文"不如仁人"的"仁"字可以确定作"爱"字解。④ 不过"仁"在《国语》一书中可以确定其义的，都是"爱"或由"爱"所引申的意思。《国语·晋语》说："为仁

---

① 屈万里：《仁字涵义之史的观察》，《民主评论》1954 年第 5 卷。

② 涉嫌为后人伪造的《古文尚书》中，论及"仁"的主要有："克宽克仁，彰信兆民"（《商书·仲虺之诰》），"民罔常怀，怀于有仁"（《商书·太甲下》），其中的"仁"，或指一种能够见之于外的美善行为，或指一种深藏与内心的良好德性。（参见黄怀信：《尚书注训》，齐鲁书社 2002 年版。）

③ 《诗经·国风·郑风·叔于田》，袁梅：《诗经译注》，齐鲁书社 1985 年版，第 242 页。

④ 《论语·尧曰》："周有大赉，善人是富。'虽有周亲，不如仁人。百姓有过，在予一人。'"何晏集解："孔曰：'亲而不贤不忠，则诛之，管蔡是也。仁人，谓箕子、微子，来则用之。'"依此旧说，"仁"似乎不必一定要释为"爱"。

者，爱亲之谓仁。为国者，利国之谓仁。"①关爱自己的亲人就是仁的最原始表现，同时，做有利于国家、民族的事情，也是一种仁的表现，这应该是仁第一次直接与宏观的国家利益挂上了钩。再看《国语·周语》说："慈保庶民，亲也。"王者对庶人有所慈爱，施以恩惠，就是"亲"的表现。《左传》里的"仁"字的意义比《国语》里的复杂，《左传》里"仁"字的意义，和《论语》里的"仁"字很近似，我们以为这是《左传》的作者受了孔子的影响所致。《老子》成书，不但在孔子以后，而且还后于《孟子》。五千言中，有七处提到"仁"字；在这七处中，"仁义"二字连言的有一处，"仁义"二字，都是"爱"的意思。那么，孔子的仁道学说，不会受到《老子》的影响，是不言而喻的了。②《周书》中约24个"仁"字，其中可以见义的，多半是"爱"的意思，只有《官人》篇中的一条，其意义和《论语》里的"仁"字相近。"仁"字和"爱"字意义本来就相近。如果一定要把这24个"仁"说成爱，我们会奇怪，《周书》为什么不直接写"爱"就好了？③ 仁道如此重要，但我们打开《论语》，对于"仁"字的含义，颇使人有迷惘之感。孝悌和笃厚于亲属，都可以谓之仁；"让"也谓之仁；恭敬、宽恕、忠、信、敏、惠，也都是仁的一端；刚毅、木讷，也都属于仁。此外，克己复礼谓之仁，明哲保身也谓之仁，而"爱人"乃是仁的最高境界。"仁"是孔子理想上做人的最高准则，对自己来说，要能谨厚、诚朴、木讷、刚毅；对家属来说，要能孝悌、慈爱；对他人来说，要能恭敬、礼让、宽恕、信实；对国家来说，要能忠君和敬事（负责任）；对人类来说，要能博施济众，己欲立而立人，己欲达而达人。它完全以"人"为对象，而不以"物质"为对象。所以只打算自己如何做人，如何待人，如何成就人；它从未说到如何作物质的享受。它的出发点，是始于亲属之爱（孝悌为仁之本）；它的最终目的，是归结到人类之爱（己立立人，己达达人）。它的细枝末节，难免因

---

① 《国语·晋语一·骊姬谮杀太子申生》，岳麓书社1988年版，第71页。

② 老子晚出，是民国初年钱穆、冯友兰等人的看法。屈万里先生显然受到他们的影响。先秦典籍的流传，往往每经过一手，就会有一些改变，我们不能因为这些后人添加的部分，就把整本书的年代拉晚，民国初年疑古学派往往有这样的毛病，现在看来，这是不必要的。

③ 《周礼·地官·大司徒》中已有"知、仁、圣、义、忠、和"的所谓"六德"是为周王所设置的、用以教化民众的乡学三课中的一种。"以乡三物教万民，而宾兴之：一曰六德，知、仁、圣、义、忠、和。二曰六行，孝、友、睦、姻、任、恤。三曰六艺，礼、乐、射、御、书、数。"（参见《周礼·地官·大司徒》，岳麓书社1989年版，第29页。）

时变而不尽可行；但它的基本精神，我们相信是千古不灭的。

　　根据以上的传世文献材料，我们把"仁"字含义之史可以分成三个阶段：第一，"仁"的起源应在殷末周初，殷纣王暴虐无道，文王以其道德形象与治国能力树立了"仁"的典范。武王灭商后，向箕子请教治国大法，这位被孔子称为"殷三仁人"之一的箕子在他向武王提出的《洪范》篇中，对治国者的期许与文王的形象颇为切合"仁"的要求。这时候的"仁"应指身为一个领导者应有的特质与表现。衣服仪表端正，容貌态度恭敬，思言视听能力杰出，体恤人民，兼听从众，恭敬神明等属之。代表人物为微子、箕子、比干、文王、武王、周公等。第二，西周至孔子以前这个时期，"仁"的对象扩大到广大的贵族，"仁"的具体内容可以定义为身为一个贵族应有的特质与表现。前期的衣服仪表端正，容貌态度恭敬，思言视听能力杰出，体恤人民，兼听从众，恭敬神明等都仍然包括在内，但一般贵族的其他杰出表现也可以用"仁"来形容。第三，"仁"字到了孔子，它的对象更新扩大为"知识分子"，因此其定义可以说成身为一个知识分子应有的特质与表现。它的含义扩大了，它几乎包括了人类全部的美德，它成了做人的最高准则。孔子把"仁"作为他一生的人文追求，《论语》一书中讲到"仁"的地方就有 109 次，① 因此《吕氏春秋·不二篇》以"孔子贵仁"概括其思想特点。孔子对此前"仁"观念的发展在于，他不仅将"仁"和"礼"结合——将"礼"的内核确立起来并做了多层次的发挥，而且还似乎已由因材施教的缘故，对"仁"做了若干层次的实践方式的划分。孔子"仁"概念的第二个层次，是"克己复礼为仁"。所谓"克己复礼"，是就个人的修为或完成道德自我而言的，即是要使自己的一言一行皆归乎礼。"克己复礼"既是一个目标、结果，也是一个过程和系统。《论语·阳货》记载："子张问仁于孔子。孔子曰：'能行五者于天下为仁矣。'请问之，曰：'恭、宽、信、敏、惠。恭则不侮，宽则得众，信则人任焉，敏则有功，惠则足以使人。'"

　　恭、宽、信、敏、惠"行五者于天下为仁矣"，这自然是就"仁"的全面内涵来说的，是对"仁"的最高要求。而作为一个过程和系统来看，恭、宽、信、敏、惠都可以视为"仁"。不过，无论是从传世文献还是从迄今为止所有的出土文献来看，包括孔子所言、整个春秋时代的各种"仁"观念，实际都并

---

① 　杨伯峻：《论语译注》，中华书局 2009 年版，第 16 页。

没有突破"仁"乃"亲爱"、"相人偶之人"的范围，而且这个"仁"的观念也都是借助"从人、二"的文字符号来表示的——人们相信这个"从人、二"的"仁"字，是能够表达他们心中的"仁"观念的。

二、儒家出土文献中的"仁"

"仁"字的最初出现，虽一直难以深究，但其意义生成与观念发展却已有漫长的历史。"仁"自产生以来，已有无数的哲学家、思想家和文字训诂家对它作过探讨，其材料山积，难以缕述。再看《说文·人部》："仁，亲也。从人、二。忎，古文仁，从千、心作。𡰥，古文仁，或从尸。"许慎虽然为我们提供了"仁"字的三种写法或三个形体，但令人遗憾的是，历来不论是关于"仁"字形义的解说还是关于"仁"概念思想内涵的研究，差不多都是以《说文·人部》所谓"仁，亲也。从人、二"之说为基础进行的，而忽视了许慎《说文·人部》中还附有两个古文"仁"字——"忎"和"𡰥"，更不可能预见到新出楚简中有多个写作"𢟪"的"仁"字。为了解释《说文·人部》古文字形，我们查甲骨文中的"𠆥（人）"，是一个站立着的侧面人形，头在左，或在右。① 但从现有的甲骨文残片里，人们还没有找到"仁"字的存在，尽管已经发现了儒字与需字。近年来，随着大量出土文献的公布，人们见到越来越多的古文"仁"字。例如，1977 年河北平山县出土的"中山王大鼎"上的"仁"（𡰥）字，都写作从"尸"从"二"的"𡰥"。有趣的是 1993 年湖北荆门出土的郭店楚简中的"仁"字，都写作上"身"下"心"的"𢟪"，13000 多个汉字中，仅"仁"字就达 70 次。这些"仁"字既出现在道家文献中，也出现在儒家文献中，而且，无论其上下文意义如何，也无论出自哪个抄写者之手，皆上下结构，从身、从心，无一例外。如：𢟪（郭店老子丙 3）𢟪（郭店缁衣 11）𢟪（郭店五行 9）𢟪（郭店语丛 16）而且最近公布的上博简和清华简"仁"字，大多数与郭店楚简中的"仁"字上"身"下"心"的写法相同，只有一部分的"仁"为上"千"下"心""（忎）"的写法。② 如：𢟪（上博缁衣 22）𢟪（上博 7）𢟪（上博性情论 33）（清

① 王本兴编：《甲骨文小字典·人》，文物出版社 2006 年版，第 133 页。
② 李守奎、曲冰、孙伟龙编：《上海博物馆藏战国楚竹书》（1—5 文字编），作家出版社 2007 年版，第 390 页。

华简）▨（玺汇 3700），此外汗简▨古文四声韵▨也有相关例子。对于出土文献中这些"仁"字的不同写法，有些学者认为上"千"下"心"的古文"仁"字，"其所从之千，看来就是楚简、古玺的从'身'之误识，这点从玺文上最能看得清楚"。① 而新出土楚简中"所要表达的仁爱的'仁'字，一律写作上身下心的'息'，其之所以这样写，"也许表明他们对仁的理解……是每一个人的内心世界所具有的禀性，是受于天命、藏于身心、见于人情的德性，问题只在于你是如何用心而已"。而白奚等人则指出，上"千"下"心"的"仁"字，其中的"千"其实应为"身"的"省变"。② 因此直到郭店楚简发表之后，学界开始对"仁"字的形义或"仁"概念的内涵进行重新检讨。由庞朴开始，到廖名春、白奚等学者已较多结合哲学思想史对楚简文献中"仁"字诸形及其文化意蕴进行阐释，他们认为："息"字"'从身从心'，即表示人心中想着自己、思考着自己，用当时的话说，就是'克己'、'修己'、'成己'，用今天的话说，就是成就自己、实现自己、完成自己"。③ 还有"尼"字，如：▨（清华五，三寿 10）▨（故宫 A21）▨（古玺文）▨（侯马盟书）▨（包山 180）。有的学者对于中山国大鼎中的"▨（仁）"字也提出了一些看法，认为"从尸从二，作尼，与古夷字同……从尸从二的尼，或系假借字来表示人际亲爱的古风，所谓礼失而求诸野与？"④，《睡虎地秦墓竹简》、《云梦秦墓竹简》篇中，"仁"字的左边是一个站立着的侧面人形，即尸，颇类似于现代汉语中左上方开了口的尸字。而右边则是一个"="字形符号，可能是一个重文标记。⑤ 如：▨（睡虎地秦 95）▨（睡虎地法 63）▨（睡虎地为 36）▨（云梦秦律 95）。

新出楚简中的"仁"不写作"从人、二"的形体，而写作"从身、心"的"息"，是否也表明了使用者心中的以上这个"仁"观念呢？如果从文字学的角度来看，以上诸人之论亦有某些不尽如人意之处：第一，如果如庞朴所说，传世文献中常用的"仁"和出土文献中的"息（忎）"、"尼"等字的义涵，都"表

① 庞朴：《郢书燕说——郭店楚简、"中山三器"心旁文字试说》，《郭店楚简国际学术研讨会论文集》，湖北人民出版社 2000 年版，第 40 页。
② 白奚：《仁字古义考辨》，《中国哲学史》2000 年第 3 期。
③ 梁涛：《郭店竹简与思孟学派》，中国人民大学出版社 2008 年版，第 66 页。
④ 梁涛：《郭店竹简与思孟学派》，中国人民大学出版社 2008 年版，第 66 页。
⑤ 张守中编：《睡虎地秦简文字编》，文物出版社 1994 年版，第 125 页。

示人际亲爱"或"仁爱"之义，即是完全相同的，那么"仁"字就已表示人的内心中的一种"亲爱"之义，古人为什么还要另造一个上"身"下"心"的"**身**"字来表达这种完全相同的意义呢？第二，许慎认为"**忎**"、"**尼**"二字都是"仁"的古文，即把它们当成古今字来看待；而今天的楚简研究者则有时似在回避这个问题，有时似又认为"**忎**"、"**尼**"属于"仁"的异体字或假借字——实际并没有给出一个明确的答案——而明确这几个不同"仁"字之间的字义演变关系，对于考察其字义的异同及其历史发展的逻辑联系，又是十分必要的。第三，就"**身**"字形义的具体阐释而言，认为它"从身从心"，表明楚简著作者和抄写者对"仁"字的理解："是每一个人内心世界所具有的禀性，是受于天命、藏于身心、见于人情的德性。"或者进一步说，它表示该字字义为心里想着自己、思考自己，即"克己"、"修己"、"成己"。很显然，这些解释都是过于简略的。"身"即表示"身体"、"心"即代表"内心"吗？难道"**身**"的含义就等于"身"、"心"两个形符意义的简单相加吗？应该说，这类研究是需要进一步推敲的。因为直到春秋末年孔子的时代为止，"仁"观念都用"仁"字表示，而此时中国哲学史上的"仁"乃是一个多层次、内涵丰富的概念。首先，"人则为人"①，直接将人规定为仁，仁属于人，人之声则可以为仁，仁不在人外，人之为人的本性就是仁。其次，"仁，性之方也，性或生之"②，仁与人之为人的性体、本真或本质规定，简直就是一回事。第三，"知而安之，仁也"③，认识人自身而能够理解并主动确立起自己的德性人格，便可以称为仁。第四，"仁为可亲也"④，"仁，厚之"⑤，仁是现世的，并不虚无缥缈。仁的第一特点就是可亲近性和可亲证性，行仁之人都具有可爱、可敬、可依靠及忠诚、敦厚的

---

① 李零：《郭店楚简校读记》，北京大学出版社 2002 年版，第 131 页。

② 刘钊：《郭店楚简校释》，福建人民出版社 2005 年版，第 90 页。

③ 除提出"知而安之，仁也"外，《郭店楚简校读记》还认为，"见而知之，智也。""安而行之，义也。""行而敬之，礼也。"但仁却又是"义礼所由生也，四行之所和也。"（李零：《郭店楚简校读记》，北京大学出版社 2002 年版，第 79 页。）于是，仁的性质与功能很特殊，位列五行之中，却仍高于其他四行。郭店楚简出土之前，儒家的"五常"之说首见于董仲舒。"夫仁、谊、礼、知、信五常之道，王者所当修饬。五者修饬，故受天之祐，而享鬼神之灵，德施于方外，延及群生也。"（《董仲舒传》，《汉书》卷五十六。）

④ 李零：《郭店楚简校读记》，北京大学出版社 2002 年版，第 139 页。

⑤ 李零：《郭店楚简校读记》，北京大学出版社 2002 年版，第 148 页。

品格。第五，"爱善之谓仁"①，人心之中，趋近于善的内在欲求实际上就是仁的本质反映，人心只向往善、想行善的愿望本身就已经构成了仁的主观条件。第六，"仁，内也；义，外也"②，仁发自内，而义则行之于外，并且，"仁，义、礼所由生也，四行之所和也"③，仁既是一切义、礼产生的源泉，又是仁、义、礼、智四种德行相协调、和谐的最佳状态。但到楚简的著作者或书写者那里，却把"仁"字通通改写成了上"身"下"心"的结构，表达了一种异常狭窄的"仁"的概念——"仁者自爱"或"爱自身"。那么，是谁、在什么时候、由于什么原因，将"仁"字改写作"𢜌"字，用以表达他们心中"仁者自爱"或"爱自身"的"仁"概念呢？我们认为，将"仁"概念写作"𢜌"字，以表达他们心中的"仁者自爱"或"爱自身"的观念，应该是在战国百家争鸣的时候，儒家思孟学派为与其他学派（主要为杨、墨）相区别、极力凸显自己的"仁"观念的行为。

我们再查《上海博物馆藏战国楚竹书》（二）："……于是乎作为九成之台。置盂炭其下，加圆木于其上，使民道之，能遂者遂，不能遂者，入而死。不从命者，从而桎梏之，于是……"武王克商以后，箕子远避东方。临走之前，武王向他请教治国大法，箕子为武王讲了《洪范》一篇，包括五行、五事、八政、五纪、皇极、三德、稽疑、庶征、五福、六极，这就是《洪范》九畴，其中有些部分其实就代表当时的"仁"的观念。"五事：一曰貌，二曰言，三曰视，四曰听，五曰思。貌曰恭，言曰从，视曰明，听曰聪，思曰睿。恭作肃，从作义，明作哲，聪作谋，睿作圣。"以上总合内容，其实就相当于周初时期的"仁"义。还有 2012 年 8 月，《文物》发表了李学勤先生的《新整理清华简六种概述》，其中有一篇《殷高宗问于三寿》，文中很明确地说明了"仁"的定义。

---

① 紧随"爱善之谓仁"，则有"𢜌，仁之端也"一句，而在开篇则有"有美有善，□□□□"，"有圣有善，□□□□"两句。参见李零：《郭店楚简校读记》，北京大学出版社 2002 年版，第158 页。联系《性自命出》的"仁，性之方也，性或生之"，"爱善之谓仁"一句中，善似乎已成为属于人的爱之中的应有之义，于是，善便获得了与性、与生相同的人性起源。这恰恰与孟子走到了一起。《孟子·告子上》说："人性之善也，犹水之就下也。人无有不善，水无有不下。"又，《公孙丑上》说："恻隐之心，仁之端也；羞恶之心，义之端也；辞让之心，礼之端也；是非之心，智之端也。人之有四端也，犹其有四体也。"

② 李零：《郭店楚简校读记》，北京大学出版社 2002 年版，第 159 页。

③ 李零：《郭店楚简校读记》，北京大学出版社 2002 年版，第 79 页。

李先生说:"简文假彭祖之口,论说了恙(祥)、义、德、音、(仁)、圣、智、利和睿信之行,所说和战国时各家学说对比,很有自己的特色。例如:衣服美而好信,巧才而哀矜,恤远而谋亲,喜神而柔人,是名曰(仁)。这与儒家的'仁'含义显有不同。我们赞成他的意见。"这种"仁"的定义和战国时流行的"仁"的定义出入颇大,应该是保留了西周早期"仁"的定义。"衣服美",是对外表仪容的要求;"巧才",是对才艺的要求;"哀矜"、"恤远"、"谋亲"、"柔人",是对"爱民"的要求;"好信",是对道德的要求;"喜神",是对宗教的要求。通观"仁"字的历史演变,我们应该可以说这些要求非常符合殷周之际"仁"的定义。用这个定义来解释传世文献《尚书·周书·金縢》篇的"仁"字,可说是完全合适。周公为了要替代哥哥武王,向先祖夸耀自己有这样的条件,应该是非常合适的。单凭这一点,也足以证明《尚书·周书·金縢》篇的内容传自西周初年,绝非战国时人所能凭空捏造。先秦文献最早出现的"仁"字,见于《尚书·周书·金縢》:"史乃册,祝曰:'惟尔元孙某,遘厉虐疾。若尔三王是有丕子之责于天,以旦代某之身。予仁若考,能多材多艺,能事鬼神。乃元孙不若旦多材多艺,不能事鬼神。乃命于帝庭,敷佑四方,用能定尔子孙于下地。'"很多学者不赞成这一段文句中的"仁"字就是后世意义的仁,他们认为这句中的"仁"字应该解释为佞,就是柔顺。前面已指出,春秋混乱在于争夺,而争夺成败的关键在于民心的向背。因此,贵族要进行统治,要使社会政治秩序和谐稳定,必须做到亲亲与爱人,这是政治原则,而体现在各级贵族身上则是行为准则。其实何止春秋,自西周以来这就是贵族政治得以维持的法则。而作为具有普遍意义的道德核心观念,它的要义则是孔子讲的仁者爱人。殷朝末年,纣王倒行逆施,文王起而救之,我们可以参考《上博二·容成氏》的描述,如下:"纣不述其先王之道,自为改为,于是乎作为九成之台。置盂炭其下,加圆木于其上,使民道之,能遂者遂,不能遂者,入而死。不从命者,从而桎梏之,于是乎作为金桎三千。既为金桎,又为酒池,厚乐于酒,溥夜以为淫,不听其邦之政。于是乎九邦叛之:丰、镐、州、石、于、鹿、邘、崇、密须氏。文王闻之,曰:'虽君亡道,臣敢勿事乎?虽父亡道,子敢勿事乎?孰天子而可反?'纣闻之,乃出文王于夏台之下而问焉,曰:'九邦者其可来乎?'文王曰:'可。'文王于是乎素端褰裳以行九邦,七邦来服,丰、镐不服。文王乃起师以向丰、镐,三鼓而进之,三鼓而退之,曰:'吾所知多矜:一人为亡道，百姓其何罪?'丰、镐之民闻之，乃降文王。文王持故时而教民时，高下肥硗之利尽知之，知天之道，知地之利，使民不疾。昔者文王之佐纣也，如是状也。"通过对楚国竹书儒家文献推敲，我们可以发现殷亡以前不可能有"仁"的概念。

本文用二重证据法互证"仁"字含义之史及其来源，总结如下：第一，仁字的含义成为做人的最高准则，使它成为一个学说，则实从孔子开始。但"仁"在孔子以前含义是狭窄的，我们查《上海博物馆藏战国楚竹书》（二）上的"仁"字，就相当于传世文献的"仁"义。2012年8月，《文物》公布的《新整理清华简六种概述》，其中有一篇《殷高宗问于三寿》，文中明确地说明了"仁"的定义。这种"仁"是保留了西周早期"仁"的定义为身为一个贵族应有的特质与表现，但一般贵族的其他杰出表现也可以用"仁"来形容。因此我们认为殷亡以前不可能有"仁"的概念。第二，无论是从传世文献还是从迄今为止所有的出土文献来看，包括孔子所言、整个春秋时代的各种"仁"观念，实际都并没有突破"仁"乃"亲爱"、"相人偶之人"的范围，而且这个"仁"的观念也都是借助"从人、二"的文字符号来表示的——人们相信这个"从人、二"的"仁"字，是能够表达他们心中的"仁"观念的。还有《左传》里的"仁"字的意义比《国语》里的复杂，和《论语》里的"仁"字很近似。我们以为这是《左传》的作者受了孔子的影响所致。第三，从文字学角度来看，从"身"从"心"的"㥶"，以表示新的"仁"观念。新出楚简内容与儒家思孟学派有密切的关系，思孟是儒家心性学说的创始者，又主张推己及人、由近及远之"仁"，以他们的思想与个性，他们必定会在文字上标新立异，今以"㥶（仁）"字的形体和使用来看，亦可从另一个侧面证明。

（韩国明知大学中文系教授兼东亚细亚研究所所长）

介绍人性物性同异论

[韩国] 林秀茂

引　言

以晦庵朱熹（1130—1200）所集大成之宋代理学在元朝时得以北传，那时候高丽朝比较积极地引进理学，但是受高丽当时宗教（佛教）、政治、社会的环境影响，理学在之后的一个世纪里几乎没有很大的发展。

到了朝鲜朝时期（1392—1910），官方才将理学尊为国家统治思想，理学开始在理论层面和实践层面向前发展。朝鲜儒学在此期间达到了理论发展的顶峰，最为典型的是 16 世纪中叶关于"四端七情"的"理气论的解释"以及 18 世纪初叶的"人性物性同异的问题"的论辩。

这两次论辩所涉及的问题不仅是当时朝鲜性理学上最重要的研究课题，且围绕"四端七情"产生的根源问题所形成的两大学派，进行了长达三百多年的争论，直到 20 世纪初朝鲜朝灭亡后，有关论辩仍在继续。朝鲜朝时期的许多学者都参与过辩论，在辩论中形成了退溪学派（岭南学派）与栗谷学派（畿湖学派），后来又引发了湖西学派与洛学派关于"人性物性同异的问题"的争论。

参与"人性物性论辩"站在栗谷李珥（1536—1584）与尤庵宋时烈（1607—1689）学派一方的是遂庵权尚夏（1641—1721）的门人，也就是"江门八学士"。在这些人当中，南塘韩元震（1682—1751）和巍岩李柬（1677—1727）为代表人物。南塘主张"人性与物性相异"，而巍岩主张"人性与物性相同"，他们二人一直论争数年，并且他们的老师权尚夏以及友人们也都卷入此论争。其中，赞同性异论的学者有屏溪尹凤九（1681—1767）、梅峰崔徵厚、凤岩蔡之洪等人。赞同性同论的学者有陶庵李绛（1680—1746）、黎湖朴弼周（1665—1748）、杞园鱼有凤（1672—1744）等人。大致说来，湖西的学者们主张"人性物性相异论"，而洛下的学者主张"人性物性相同论"。

一、论辩之发端

关于"人性"、"物性"的论辩来源于朱熹对《中庸》第一章中的"天命之谓性"和《孟子》中"生之为性"所做的注。

对于《中庸》第一章中"天命之谓性"，朱熹注曰："天以阴阳五行化生万物，气以成形，而理亦赋焉，犹命令也。于是，人物之生，因各得其所赋之理，以为健顺五常之德，所谓性也。"对于《孟子》中"生之为性"，朱熹注曰："性者，人之所得于天之理也；生者，人之所得于天之气也。性，形而上者也；气，形而下者也。人物之生，莫不有是性，亦莫不有是气。然以气言矣，则知觉运动，人与物各不异也；以理言之，则仁义礼智之禀岂物之所得而全哉？此人之性所以无不善，而为万物之灵也。"

根据对《中庸》的注语，则人与物都同样具有仁义礼智信五种道德性，洛学派的代表人物巍岩李柬就持此种观点。"盖人物均受五行之气，而偏全煞有分数。今论其分数多少（分数多少本朱子语），发用与否（发用与否本程子语）则可；于其五者之中，谓一有而一无则不可。凡一草一木，何莫非二五所造，而况较灵于草木者，宁有不尽禀五者之理哉？"他认为所有的事物是成于阴阳五行之气，而照理禀受之于五常，该观点源于性理学中的"有气必有理"。

根据朱熹对《孟子》的注语，则"物"不是全面否定仁义礼智的道德性，与拥有全部道德性的人相比，"物"只拥有其中的一部分。因此，物要比人等级低一些。而人禀赋四德之全，故其本身性善，人成为万物之灵长。湖西学派的代表人物南塘韩元震就持此种观点。"夫以为知觉运动人与物同者，岂谓人之无不知无不觉者，物亦同之耶。盖以知觉之在人在物者，虽有精粗之不同，其有是知觉则同，至于仁义礼智则初无精粗之混，而非物之所得而全者，故谓知觉运动即人与物同，而仁义礼智则人与物异也。若论其仁义礼智之或存或亡或全或偏者，则又不在他，在乎其知觉之气有不同耳。何以言之物之知觉其气得五行之粗浊者，故其理值得为粗浊之理，虽未尝无其理，亦不可谓仁义礼智也（虎狼之仁、蜂蚁之义之类，是于五行中亦得其一段秀气，故其理为仁为义而终不能全也）。人之知觉，其气得五行之精英者，故气理为仁义，而知觉之发见者，莫非仁义礼智之用也。"

南塘认为人与物都具有知觉能力，但是仁义礼智的道德价值是人所独有的，也是人所固有的。

二、南塘的人性物性同异论

（一）南塘的气质之性说

朱子所说的"性即理"和"性对情言，心对性情言"被南塘改称为心性，他说："心即气，性即理"，"性即理也，心即气也，理同气异"。不过，南塘亦认为心为理气之合，他说："按心专言之，则合理气……若与性对言之，则性即理，心则气。"他对于朱子所说的"理同气异，理绝不同"，提出"盖理上看，则理无不同，自气上看，则理节不同，人物之形气既异，则其理亦安能同哉？物质被命，受生之初，其气偏而理亦偏矣"。这就是说，存在于具体个人的人物之性便是气质之性，其性就由气质而来。"夫性一也，而谓之有五者之殊也，何谓因气之殊而有性之殊也。一心之中，五行都具，故其性亦都具。""其气之发，其理亦乘而发焉，此岂非因气之殊而有性之殊乎？"南塘站在主气的立场，强调气的主导性。

（二）南塘的性三层说

南塘主张性三层说，他说："元震窃以为性有三层之异，有人与物皆同之性。有人与物不同而人皆同之性，有人皆不同之性。性非有是三层而件件不同也，人之所从而见者有是三层耳。就人物上除了气，独以理言，则浑沦一体，不可以一理称之，一德名之；而天地万物之理，仁义礼智之德，无一不具于其中矣，此人物皆同之性也。就人心中各有指其气之理而名之，则木之理谓之仁，金之理谓之义，火之理谓之礼，水之理谓之智，四者各有间架，不相淆杂，而亦不杂乎其气而为言，故纯善而无恶。人则禀气皆全，故其性亦皆全；

物则禀气不能全，故其性亦不能全。此人与物不同，而人则皆同之性也。以理杂气而言之，则刚柔善恶，有万不齐，此人皆不同之性也。岂人既有人与物皆同之性，又有人与物不同之性与人人皆不同之性哉？特以其独言理而不及气，则人与物皆同，各指其气之理而亦不杂乎其气而为言，则人与物不同，而人则皆同。以理与气杂而言之，则人人皆不同，而有是三层耳，其实一性而已也。"

南塘认为性每一层各有差异，上层性其太极之一理，中层性是五常之五理，下层性是万象的万理。论及"性有三层之异"，他指出："就人心中各有指其气之理而名之"，"以理杂气而言之"。简而言之，"理本一也，而有以超形气而言者，有以因气质而名者，有以杂气质而言者，超形气而言，则太极之称是也。而万物之理同矣，因气质而名，则健顺五常之名是也。而人物之性不同矣，则善恶之性是也，而人人物物又不同矣。"

这就是上面所说的"三层说"，即超形气、因气质、杂气质，三分是也。他又说："朱子曰：'凡言性者，因气质而言之。'栗谷先生曰：'性者，理气之合，理在气中然后为性。若不在气中，则当谓之理，不当谓之性。'此皆愚说之本也。朱子、栗谷皆释性之名义，则此果以善恶之性，非性之本体者言之耶。""所谓因气质而名者，于阴指其为阴之理，而名之曰顺；于阳指其为阳之理，而名之曰健。而亦未尝以气之昏明清浊而杂言之，故其为健为顺虽不同，而其为本善之理，则自若矣。于木指仁，于金指义，皆如此。"

上面这段话意在说明第二层之性"纯善无恶"，无论如何，他坚持性三层的说法来说明"人性物性相异论"，进而强调人性中的气质之性，那么南塘是如何看待"本然之性"与"气质之性"呢？

（三）南塘论"大本之性"与"气质之性"的关系

南塘根据"因气质"、"杂气质"来确定"气质之性"。他说："朱子曰：'人生而静'。静固是性，只有生字，便带着气质，专说性不得。此处最宜体认，盖谓自其静而言，则为天性之真；以其生而言，则为气禀之性。而生与静只是一芥子耳。"他又说："心者气之聚而体本虚也，虚故不昧，气故不齐，自其体本虚而不昧者言，则谓之善。自其气之聚而不齐者言，则谓之有善恶。然则既谓善而又谓有善恶者，言各有所指而未尝相妨也。性在气中者，则其未发虚明而中，则谓之大本之性，兼其气禀不齐而言，则谓之气质之性，如此言性，何害于性善？何疑于二本？又何悖于圣贤之说乎？"南塘将湛然虚明之气称作"大本之性"，将"气禀不齐"者称作"气质之性"。

（四）南塘论"本然之性"与"气质之性"的区别

南塘认为所谓的"气质之性"也就是"理坠在气中"的性，他将之分为"本然之性"与"气质之性"。他说："心则气也，性即理也。气有清浊美恶之不齐，而理则纯善，故单指理为本然之性，兼指理气为气质之性。性非有二体也，只是气质之兼不兼而有二名耳。气虽有清浊美恶之不齐，而未发之际，气不用事。故善恶未形，湛然虚明而已矣。虽则湛然虚明，其气禀本色之清浊美恶则亦未尝无也。故即其湛然虚明无所掩蔽于天理者而单指其理，则为本然之性；因其气禀本色清浊美恶之不齐者而兼指理气，则为气质之性。故朱子曰：'喜怒哀乐未发之时，只是浑然。所谓气质之性，亦皆在其中。至于喜怒哀乐，却只是情也。'斯言也恐未可以改评也。"

以上这是南塘反对巍岩的性说而提出自己的性论说，南塘所说的性就是"本然之性"，所说的理是纯善。其"性三层"说的中层就是"气质之性"，但是由于人与物禀气全与不全，就决定了人性与物性相异。

（五）南塘对于"理一分殊"的见解

在南塘的文集中有关于"普遍"、"特殊"的散见，他批评巍岩"理通气局辩"的言论，南塘根据气质清浊美恶之不齐而提出"人性物性相异论"。他说："太极之无加无对者，为一原理同。自是而分为阴阳五行，则是为异体，而理之为健顺五常者为理不同矣。阴阳五行即为异体不同，即其在万物者，又何知矣。"他又说："夫太极五常，不可谓有二理必矣。然太极超形器而称之，五常因气质而名之，何者？阴之理谓之太极，阳之理谓之太极，五行之理、万物之理皆谓之太极，太极未尝因物而有定体，随事而有定名，则非所谓超形器而称之者也，木之理谓之仁而不可谓之义，金之理谓之义而不可谓之仁，木仁火礼金义水智，而五者皆因物而有定体，随事而有定名，则非所谓因气质而名之者耶。"

南塘认为太极本身不拘于二五万物之异体的定形定名，因此太极就是超越定形定名的异体。但是这种圆满的太极因于异体而随之，则变为异体的性（理）而为定形（因物），定名（随事）。这物是太极之本来面目，由于因气质之故所以定形，定名之动力在于气，南塘站在主气的立场，认为万物异体的太极（理）便是人物相异。他又说："超形器而称之，故物之所具莫非全体，因气质而名之，故气之所偏，理亦所偏，此其谓太极则万物同具而谓五常，则物不能皆具也。"

对于栗谷的"理通气局"说，他认为："天道之发育，何以名之？曰命也。人之禀受，何以名之？曰性也。一原之浑沦，何以称之曰理通也，太极也。万物之派别，何以称之？曰气局也，五常也（一分为二，二分为五，自二以下，皆分殊也）。天道在天，人道在下。一原为本，万殊为末，则安得不以理通。太极天命揭之于上，气局五常物性布于下，此作图之势然也。然则天道不在人物，而一原不在万殊也。曰岂其然也，人物之性从天道而来，万殊之别由一原而分，则天道岂外人物？一原岂外万殊？况即乎人物万殊之中，不犯形气而直指其理之本体，则其浑然传递未尝不与在天者同，而天命太极理通之名，未尝易也。"关于"理通"、"气局"，他说："所谓理通者，何谓也？正以太极之全体无不各具于一物之中也。所谓气局者，何谓也？正以人与物所得之性不无偏全之异也。"

（六）南塘的人性物性相异论

前文已经讲过，南塘根据朱熹对《孟子》"生之谓性"的注解，主张"性三层"说，他认为人与物（禽兽）之间是有分别的："夫以为知觉运动人与物同者，岂谓人之无不知无不觉者，物亦同之耶。盖以知觉之在人在物者，虽有精粗之不同，其有是知觉则同，至于仁义礼智则初无精粗之混，而非物之所得而全者。故谓知觉运动即人与物同，而仁义礼智则人与物异也。若论其仁义礼智之或存或亡或全或偏者，则又不在他，在乎其知觉之气有不同耳。何以言之物之知觉其气得五行之粗浊者，故其理值得为粗浊之理，虽未尝无其理，亦不可谓仁义礼智也（虎狼之仁、蜂蚁之义之类，是于五行中亦得其一段秀气，故其理为仁为义而终不能全也）。"

三、巍岩的人性物性俱同论

（一）巍岩的"心性"概念

巍岩继承了以栗谷为宗的畿湖学派的学统，不过他的主气论却偏向于主理，巍岩亦主张"心是气"、"性是理"，与南塘主张的"心即气"、"性即理"没有太大的区别，但是巍岩比较注重"理"。关于"心—性—正"，他说："心是总名，而其体谓之性，其用谓之情，此则合理气而言者也。就其浑沦无间处，分别名理而言，则心是气也，而虚灵其体也。知觉其用也，性是理也，而四性其体也，而四端其用也。虚灵人具四性，知觉之运四端，一也。未发而统四性，已发而统四端，故曰心统性情也。"这段话说明在理气上是"理体气用"、"性体情用"、"虚体知用"，其对于"未发"、"已发"、"四性"、"四端"的论述，意在说明"心合理气"、"心统性情"。巍岩根据栗谷"理乘气发"的见解，论述了"理气性情"之间的关系："虚灵知觉，气也。四性四端即所盛所乘之理也，虚灵之具四性，知觉之运四端，此心之全体大用也。图说宗旨，不过如此。"简而言之即"神明心也，而其所盛之物即理也"。

（二）巍岩论述"太极"、"五常"、"天命"、"本然"的关系

巍岩把"太极"、"五常"、"天命"、"本然"视为一，与南塘的观点是不同的。巍岩主张"人性物性俱同"，他说："天命五常太极本然，名目虽多，不过此理之随指异名，而初非有彼此本末偏全大小之异也。夫赋之在天，受之在物，天与物固二物也，性外无命，命外无性，赋与受果二物欤？仁之在木，义之在金，名与理固粲然也，二五实体一性浑然，仁与义果二物欤？约以言之，命之与性均是浑然，详以目之，四德五常同一粲然，而语气真至而谓之太极，明其根柢而谓之本然，非本然太极之外，有五常天命，而性命之间，又有同异也。元在一处，故无彼此本末，元只一物，故无偏全大小也。"

针对南塘"竖看则一原，横看则异体"的观点，巍岩指出："以一原言，则天命五常俱可初形器，而人与物无偏全之殊，是所谓本然之性也。以异体言，则天命五常俱可因气质，而不独人与物有偏全，圣与凡之间，又是千阶万级，而偏处性命俱偏，全处性命俱全，是所谓气质之性也。"在他看来，"天命即五常"，"太极即本然"，因此，"太极是天命"，"本然是五常"。

（三）巍岩论"本然之性"与"气质之性"的关系

巍岩说："理在气中而后谓之性，故凡言性，则其本然气质姑未分，而带两般意，若单言理，则即本然而已矣。而本然气质之间，性只是此理也，是故

性言性处所审，在带气与否，而言理处，则无复致审者矣。"他认为天道之元亨利贞便是人道之仁义礼智，他说："元亨利贞之道，仁义礼智之性，是人心之全德也。"他又说："况一阴一阳之道，未做人未做物时，已具是四者，则五常之名岂因气质而生哉？愚尝窃闻器生于道，阴阳生于太极，而未尝闻因器而方有道，因阴阳而方有太极，因气质而方有五常也。"

他又说："太极五常只理也，天下之物无加于理，故谓之极，而太其尊辞也。天下之变，不易其理，故谓之常，而五其名数也。天下岂有在天则为太极而不得为五常，在物则为五常而不得为太极之理哉，亦岂有未生则为太极而不得为五常，已生则为五常而不得为太极之理哉？""盖性理之善，虽则不本于心气，而其善之存亡，实系于心气之善否，心之不正而性能自中，气之不顺而理能自知，天下有是乎？"

他主张"理气同实"、"心性一致"，他说："只以《大学》章句言之，其曰'虚灵不昧以具众理应万事'者，此本然之心也；其曰'为气禀所拘'者，此气质之心也。心非有二也，以其拘与不拘而有是二指，则所谓大本之性者，当就其本然之心单指，所谓气质之性者，当就其气质之心而兼指矣。虽同一方寸而拘与不拘之间，其界分自在，则又安可都无分别，而单指兼指滚说一处乎？"他又说："此心妙性命而宰形气，其妙而宰者气也，在妙宰者理也。"

（四）魏岩对"理一分殊"的看法

魏岩所说的"太极五常一原"、"万物一体"、"性命一致"，以及"人物同性"中的"本然之性"是至纯至善之性。他说："夫宇宙之间，理气而已，其纯善至善之实，无声无臭之妙，则天地万物同此一原也。尊以目之谓之太极，而其称浑然，备以数之谓之五常，而其条例粲然。此即于穆不已之实体，人物所受之全德也。自古言一原之理本人之性者，何尝以性命而判之。人物而二之哉？此子思所谓天命之性（朱子曰："天命之性，仁义礼智而已。"只此一句公案可了百场聚讼）。朱子所谓理同，栗谷所谓理通者也。"这就说明"气质之性"是有善恶的。他又说："若其正偏通塞不分，昏明强弱之殊，则天地万物各一其体也。人贵物贱而偏全不齐，圣智凡愚而善恶不伦，此即造化生成之至变，气机推荡之极致也。自古言异体之理，气质之性也，何尝以人物而齐之，圣凡而等之哉？此程子所谓生之谓性，朱子所谓理绝不同，栗谷所谓气局者也。""合下冬此二五之理气，而人物之分，只争正偏通塞，圣凡之别，只争昏明强弱，如斯而已"。他坚持"人物性同论"，是以"圣凡心同"说为理论基础的。

（五）巍岩的"人物性同论"

巍岩主张"人物性同论"，那么存在于人物之间的差异和贵贱又如何解释？他认为这是由于人物异体而随之以气质的正偏通塞的缘故释然。他说："且各得云者，盖理虽一而气则不齐，得二五之正且通者为人，偏且塞者为物，亦自然之势。而人得人理，物得物理，是所谓各得之中，谓有正偏通塞之不同则可。谓有人独尽得而物则半得不得之说，则其理得失，姑未暇论，而其上下文句自在，夫子命辞下语，决不当如是疏漏矣，如何如何。""愚意则恐正亦五常也，偏亦五常也，通亦五常也，塞亦五常也。同是五常，而正且通，故能发用；偏且塞，故不能发用。见其发用与否，而谓之一有而一无，无乃为未尽也。""然五常之有粹驳，气禀然也。虽在气禀，而单指本然，则其所粹然者，亦何尝有人物之辨哉？"

这是巍岩坚持"人物性同论"的主要依据，他认为人物在"本然之性"上相同，人物异体亦以气质之性的俱同。

结　语

本文主要是将南塘韩元震和巍岩李柬的观点加以介绍和对比，因此，笔者不做评论。

（一）南塘韩元震的观点

南塘说："然太极超形器而称之，五常因气质而名之。何者？阴之理谓之太极，阳之理谓之太极，五行之理、万物之理皆谓之太极。太极未尝因物而有定体，随事而有定名，则非所谓超形器而称之者也。""朱子安用平生精力鲜其说哉，然五常者，五行秀气之理也，必得其秀气然后其理方谓之五常，与不得秀气，则虽未尝无其理，亦不可谓五常也。人则尽得五行之秀，故五常之德无不备，物即或得一气之秀，而不能尽得其秀，故虎狼之仁、蜂蚁之义之类，仅存其一德之明，而其余德则不能有也。若以其同得五行之气，而皆谓之具五常，则彼猛兽之博噬、蚊蝎之毒螫、禽犊之无别、枭獍之食母，其性然也，而亦莫非自五行中来矣。""健顺五常之理除其阴阳五行之气，而单言之，则即为太极全体而阴阳五行一原矣。此其健顺五常，何尝非太极；而阴阳五行，何尝无一原耶？但不可直指阴阳五行各指之名而谓之全体也一原也，太极图解曰'各一其性'，则太极之全体无不各具于一物之中，此非以各一之理谓太极邪。然亦非直指各一之名而谓之太极全体也，盖各一者因气而名也，全体者础气而言也，因气超气，只是一理，故又可即各一而见全体也。若于此看破，则便可无疑于愚说矣。"又说："五行生质不同，故理之在五行者，随其气质而自为一性，所谓各一其性也。各一其性则为仁义礼智信之理而各专其一，此大分自然也。"

（二）巍岩李柬的观点

巍岩说："气极二五，本混融无间，而单指其理则所同者如彼，兼指其气则所异者如此。然即所谓五常，是单指之物耶，抑兼指之物耶。五常之说，此其大分也……合下同此二五之理气，而人物之分，只争正偏通塞、圣凡之别，只争昏明强弱，如斯而已。五常之说，此其细分也。"他又说："今以大分谓人物之性，细分为气质之性，别而二之，则误之亦无疑也。""然则子思所谓率性之道，正是人物之分也，此可以气质之性言之乎？曰不然。天命率性，此两句本皆即人物而单指其性道，性则一本，道则万殊。既曰万殊，则偏全阔狭理所不齐而然，其指在道，未尝在器，则岂罕彝气混而汩之于此矣。""德昭所谓太极固外五常全德而言之，而详自家主意，则亦不至以空虚无实为言也，然则其不过是孔阙不全参差不齐之物，而渠以为全而不偏，亦渠无实质之言也，何者？其意分明，仁之理绕太极也（彼不以仁为理，乃以仁之理为理，此亦可笑，不足于辩者也）。义之理太极也，理之理亦太极也。一尘之理太极也，天地之理亦太极也。在此在彼，太极之名，未尝阔狭。"

他又说："又太极二字，其貌样意思极似浑然之言，故曰云云，而实则其仁太极底，无义礼智亦太极底，又无仁与义而一尘之微，又非天地之实。则一有一无空阔审矣，或阔或狭参差甚矣，反复勘契，恶在其全哉?"

他又说:"德昭所谓五常者，又有说焉，其因气质二字，即渠自谓扩前人所未发者，钉之论也。愚意此朱子所谓仁作义不得，义作仁不得者，而正犹在跖之理谓之恶不得谓善，在舜之理谓之善而不得谓恶者也。未知此本然之性耶? 气质之性耶?"

（韩国启明大学名誉教授）

韩国人性教育及其哲学理论基础

〔韩国〕 郑相峰

古今对人性的议论，其焦点是"人"这一存在的本质，即人区别于其他存在的固有特性。从根本上讲，"人性"（human nature）是每个人与生俱来的普遍而固有的特性，是区别于其他存在的本性。从伦理学角度探讨人性的立场，具有代表性的有以下三种观点：其一，人的本性是善（孟子）；其二，人的本性是恶（荀子）；其三，人的本性无善无恶（告子）。问题是根据如何理解人性，教育和政治所要追求的目标及其具体实施方案是截然不同的。举例来说，如果接受人的本性是善的观点，教育就要以帮助人觉悟善的本性，使其自觉以进行道德实践的方式来进行；政治也同样要施行能够唤醒人善的本性的政策，建设共同体成员之间充满爱的共同体。相反，如果采取人的本性是恶的观点，为了防止具有恶的本性的成员之间发生冲突，就要制定"法"这一人为性的规范，强迫人们进行遵守法规的被动的道德实践。而且，如果站在人的本性无善无恶的立场上，就会主张施行能够引导人的本性向善的教育或政治。正是这样，根据对人性理解的不同视角，造就个体的人生、维持共同体的方式也大不相同。这里我们有必要明确认识到，因为在解决所有伦理问题上，对人性的理解是大前提，所以由此而导出的伦理学结论是不同的。

然而大部分的伦理学说都对"个人的正确的人生是什么"、"如何实现共同体的公共善（public good）"这两个问题提出了各自的答案。从这一点来看，伦理学说基本上是价值指向性的，把通过价值指向过程实现其理想价值作为目标。那么关于人性，我们应该接受何种伦理学大前提？至今为止，虽然在教育学和道德心理学领域出现过不少讨论，但是要想在韩国实施和振兴人性教育，把为现代韩国社会提供很多启示的茶山丁若镛哲学作为韩国人性教育的哲学理论基础是可行的。

康德在严格的学术意义上，指出人的"性向"或"倾向性"不能成为道德形而上学的基础。但是如果考虑今天的诸多现实，韩国社会有必要将提出"人性向善论"的茶山的主张作为共同的认识基础。具体来说，虽然和传统哲学提出的"性即理"或"心即理"等大前提一样，"好善恶恶"的"人性向善"也是属于形而上的伦理学说（metaphysical theory of ethics），但是从经验上接触的余地相对更大，而且更容易被大多数人所接受。按照茶山的主张，因为人具有耳目口鼻和四肢，所以有生理欲望和生物学本能，以及为自己获取利益的自然倾向性。这是身体倾向——"形躯"的嗜好。而且，具有理性思维和判断能力的人还带有好善恶恶的道德倾向性。这是"灵知"的嗜好。他认为，正如孟子所说的"舍生取义"，人解救落井的孺子、无论多珍贵的食物取之不义则不吃、与同事分担沉重的行李、为善良的人申冤等遵循的都是人与生俱来的"向善"的倾向性。遵循这种与生俱来的"向善"的道德倾向性，人的心里就舒服了。茶山将人的道德倾向性作为大前提，在经验现实世界里自然地打开了人性的启发乃至实现的地平线。当然，关键在于如何将"向善"的潜在态（potentiality）实现为"行善"的现实态。在个人角度实现道德人生，或者在社会角度实现公共善，最终取决于个体的努力和集体的努力。因此，如果在家庭、学校和大大小小的共同体社会里设立一定的项目，按照这些项目实施教育，那么至少能提高人们顾及公共善而尊重和关心他人的意识。同时，个人角度的道德自我修养（self-cultivation），需要每个人都付出自己的努力。就个人和共同体两个方面来说，在人性向善的大前提下培养人的德性是所谓自我完成（self-realization）的中心项目。

如果人性教育将通过个人道德性的提高来实现社会的公共善作为目标，为了实现其目标就要提供一个对于人性的共同认识基础。现代韩国社会正在发生许多悖伦、不负责任、不正之风等丧失道德的事件，说明要怀着对人性的基本信心，为改善道德丧失问题而共同作出努力，环节之一就是《人性教育振兴法》的实施。当然法律的实施并不是提高人道德意识的充分条件，但是这种共同体的努力还是能成为韩国社会跻身文化先进国之列的一个奠基石。经过产业化和民主化，进入经济先进国的韩国，试图通过《人性教育振兴法》来减少社会病理和腐败现象的发生。在迈向实现国民之间相互尊重、关心及公共善的最终目标之际，如果把茶山的"人性向善论"作为哲学理论基础，就能为多数韩国人怀着文化自豪感，迈出共同的步伐提供巨大的力量。

一、人性教育讨论的登场和展开

韩国对于"人性"教育的讨论是从 1995 年总统直属顾问教育改革委员会制定的第二次报告书《为主导世界化、信息化时代而树立的新教育体系教育改革方案》（1995 年 5 月 31 日）开始的。在这个"教育改革方案"里提出根据"人性教育强化"的方向，树立了以"创意性和人性，学校自律性"为核心的《2009年改正教育课程》，2010 年教育科学技术部又通过《通过创意和关怀的调和来培育人才：为了创意·人性教育的基本方案》达成培养创意性和人性人才的目标。根据 2012 年根除校园暴力综合对策方案中发表的强化人性教育方针，并以韩国校总为中心，各个领域 213 个机关和团体出台"人性教育法国民实践联合"。2014 年"世越号"沉船事故发生后的 2015 年 1 月 20 日制定了《人性教育振兴法》，并在 2015 年 7 月 21 日开始实施。

《人性教育振兴法》制定的初衷是："在今天高度的科学技术以及信息化的时代，强调的信息技术的发展和活用是服务于人的，随着人性是否健全和完善，它们的意义和价值也完全不同，所以长期的真正有竞争力正是依靠于人性的。这样，人性教育不仅要在包括学校的社会层次内综合的、相互有机的体系中实行，而且还需要有国家和社会层面的努力和支持。这样才能建构以国家、社会为基石，活性化的人性教育，重组构造以家庭、学校、社会协力的人性教育模式。为实行更有效的人性教育制定此法，一面是为了促进长期和一贯性的人性教育政策，一面是要强化以人性为中心在未来社会起到核心作用。"

《人性教育振兴法》的第一条（目的）这样提到：这个法律是根据《大韩民国宪法》，为了保障人的尊严和价值，以《教育基本法》的教育理念为基础，促使培养国民有健全和正确的人性，能为国家社会的发展作出贡献。《人性教育振兴法》的第二条（定义）有以下内容：

1."人性教育"是从自身的内在出发来矫正和健全，和他人、共同体、自然一起，培养人类应有的品性和力量为目的的教育。

2."核心价值·品德"是以礼节、孝道、正直、责任、尊重、关怀、沟通、协同等与思想或者做人相关的核心价值和品德为人性教育的目标。

3."核心力量"不仅是指为了积极实现核心价值、道德德目需要的相关知识，还有与他人共感、沟通的能力和问题解决能力等。

由于在校园连续发生了几起因学生之间的暴力和排挤造成的受害事例，加上"世越号"沉船事故的爆发，所以在国民之间形成了要求提高对他人的尊重、关心及责任意识的共识。此法的制定正是在这种共识下积极推动起来的。《人性教育振兴法》提出了的礼节、孝道、正直、责任、尊重、关怀、沟通、协同等八种核心德行，每一种都是非常重要的。

二、人性教育哲学的理论基础

尽管《人性教育振兴法》已经开始实施，但是还没有对"人性"的意义形成一种共同的认识。如果不解决这个问题，该法的实施就很难得到预期的效果乃至成果。换句话说，首先要对人性有一个共同认识，并在此认识基础上设立具体的人性教育项目，然后再推进能够振兴人性教育的方案。因此，要想让《人性教育振兴法》取得现实效果，为人性建立一个哲学理论基础，是当前的最紧要课题。

（一）人性

首先人类的食欲和性欲等生理的要求或者生理的本能是所有人都有的，在与他人的竞争中自身想占据优势的利己性向可以看作是人的本性。今天的社会生物学认为人的本性是依据遗传决定的，以生物学决定论的立场来还原人的社会行动和生物学特性，这样的解释也是具有代表性的观点之一。虽然以科学还原主义为基础来理解人性社会的行动是以事实为根据的比较妥当的观点，但是如果从伦理学的层面来看，他的价值和意义就会有很多的争议。

我们如果把人性理解为不是由个人的个别品性限定的，而是指人们一般共同的品性的话，至少应该先考虑对人来说属于肯定视角的观点是哪一个。换句话说，如果把人性看作是利己的或者是恶的，那么就会对人产生否定的视角，这样的话，所有伦理学的主张都只能由他律道德来担负。如果依靠外在强制措施的他律道德的实行，虽然能建立基本规范和维持社会秩序，但最终很少能看作是对人权的尊重。在重视人权、自由、平等、正义等价值概念的当前社会，如果只以他律道德为主的话是不妥当的。所以，我们尝试找出一种不但对人有肯定的视角而且能与人权、自由、平等、正义等普遍价值一致的伦理学说。在传统哲学里找的话，可以选出儒家的性善说。儒家的性善说虽然分为以"性即理"为立足点的理学和以"心即理"为根据的心学，但都是以人性善为基本立场提出的。正如孟子所举的孺子落井的例子，无论是谁看见孺子落井时都会救孩子一样，所有人都有怵惕恻隐之心，这是根源于"仁"的德性。孺子落井而救孩子的情况绝非是为了得到孩子父母或者邻里的称赞，也不是因为不喜欢听批评的话。换句话说，救孩子的行为不是由利害得失左右的，而是根据人心中先天原有的善的德性由"仁"的恻隐之心发出的。像这样儒家重视以善的动机为立足点来实践善的行动，虽然人具备先天的德性，但是在现实中善的行动不仅是不容易的事，而且行恶的情况也是数不胜数的。

这样经验的现实与气质的问题相连接，或者应该努力改变自身的气质变化，或者通过学习寻求对德性道德的自觉，维持内心达到无论何时都不会摇摆的修养气功夫论。相信人本来具有善的本性，虽然不是宗教的信仰的形态，但它是为了能引导善的行动实践，是一定要设定的理论大前提。即，具有善的本性的人由于善的动机实行善的行动是很自然、很应当的，但是，对人的德性具有强烈的信念，对这种信念以自觉为基础，积极地去实践就会成为像圣人和君子一样优秀的人。这样的伦理虽然有理论的完整性，但要成为现代社会中多数的人们接受的共同认知基础还是很不易的。考虑到这一点，所以我们不仅要坚持对此加以肯定，也要在一定程度对于反映人性论和伦理学的经验现实进行探究。

（二）人性向善论

康德在严格的学术意义上，指出人的"性向"或"倾向性"不能成为道德形而上学的基础。他所说的善意志是根据理性的指示选择正确行为的意志。这种意志不仅毫不考虑行为的结果，而且也不与那种自然的倾向妥协。为了道德律，根据道德律，把根据道德律看作我们绝对的义务，在这样的义务意识里实行义务时，只有善意志才是善的。根据善意志，只有行为的动机才具有道德的价值。因此，为了道德的行为要摆脱人类一切自然倾向，只有与普遍的道德律一致，依据自律才能决定自身的意志。这就是意志的自律（Autonomy）。但是，万一意志追求自然倾向的满足或者依据幸福规定的话，这样的意志就成了意志以外所规定的他律（Heteronomy）了。康德强调根据义务的实践即道德的自律，要求应该确保自己的行为的普遍性，以自己的人格或者他人的人格为目的，在这种"目的的王国"里无论是谁都依据自由意志服从普遍的道德律。这时才能实现让所有人的人格都接受的正义的社会。当然，伦理学的理论基础是要确保不论是对谁、不论何时何地都应该有妥当的普遍性和必然性。这是康德的学问上严密性的要求，虽然很有意义，但将神和灵魂不灭一样的理论假设（postulation）区别开来还是很难的。

茶山的人性向善论和康德提出的道德形而上学的模式是不同的。

茶山对于草木或者禽兽的本性和人性是这样说的："性有三。草木之性，有生而无觉；禽兽之性，即生而又觉；吾人之性，即生既觉，又灵又善。上中下三级，截然不同。"①

植物虽然有生命性，但是没有知觉能力；禽兽具有生命性和知觉能力；人不但有生命性和知觉能力，而且有智的分别能力和指向善的道德倾向。② 由此，能看出茶山的观点受到利玛窦（Matteo Ricci）的《天主实义》的影响。利玛窦的"魂三品说"对灵魂的理论基础可以接连到从古代亚里士多德到中世纪阿奎那。③根据亚里士多德所说：卓越性有两种。一种是智的卓越性，另一种是道德的卓越性。智的卓越性的起源和成长主要靠教授，所以这个需要经验和时间。反过来，道德的卓越性是从习惯的结果产生的。因为这样的原因原来的 ήθική（习惯）变形成了 έθο。④ 这里的智的卓越性是指人的认知能力层面，道德的卓越性是指人的道德能力层面。人所具有的德，不论是认知能力还是道德能力都依赖于本来潜在的形态所给予的能力的过程来实现的。德的形成是天生的能力实现的结果。做正义的事成为正义的人，做节制的事成为有节制的人，做勇敢的事成为勇敢的

① 《中庸讲义补》，《与犹堂全书·经集》第四卷。

② 《论语古今注·阳货》，《与犹堂全书·经集》第十五卷。

③ 参见宋荣培：《东西哲学的交汇与思维方式的差异》，河北人民出版社 2006 年版，第 125 页。

④ 参见亚里士多德：《尼各马可伦理学》，李创友译，现在图书 2006 年版，第 5 页。

人。① 也就是说正义、节制、勇敢的德是在经验的实践过程中形成的。

亚里士多德的智的卓越性和道德的卓越性正是茶山所谓的灵明与善的结合。在儒家的思维传统内，非常强调人的智的能力的突出。性理学里也有接受好的气后智的能力会突出的说明，阐述了人的认知能力和价值的判断能力比别的存在的优越性。茶山也认定人的卓越的智的灵明。他的主张，人的善的部分与原有的性善说是有所区别的。

根据茶山所说，由肉体（形）和精神（神）结合而成的人有两个嗜好，就是指形躯之嗜好和灵知之嗜好，前者是因为有身体所以具备生理的需求和生物学的本能的类别，后者是好善恶恶的道德倾向性。用嘴吃好吃的，用眼看好看的，用耳听好听的，用鼻子闻好闻的，四肢寻求舒服都是感觉器官跟随身体的性向。父母与孩子之间的仁，君王与臣子之间的义，主人与客人之间的礼以及贤者的智都是道德性向所发的。② 茶山所谓的仁义礼智不是人本性先天所具备的。这些是由人的主体的持续的道德实践而形成的德。孟子所谓的大人与小人的区别是根据身体的性向的不同或道德的性向的不同而不同的。③ 茶山说："仁义礼智之名，成于行事之后。此是人德，不是人性。若其可仁可义可礼可智之理，具于人性，故孟子以恻隐等四心为四德之端。然四心总发于一个灵明之体。灵明之体，泛应万物，计其所发，岂必四而已哉。孟子特举其四者而已。或信或勇，亦皆成名于行事之后，而原其所发，亦发于此心而已。"④

茶山的看法是把恻隐之心、羞恶之心、辞让之心、是非之心这四端作为起始点，转为行动的心的话就会产生仁义礼智的德。这是因为他在对四端的端的解释中没有像性理学把它解释为绪、末、尾，而是把它解释为了头、本、首的原因。这样端的意义就和火之始燃、泉之始达的始一样。⑤ 茶山没有把

---

① 参见金民秀：《"人性教育"谈论中"人性"概念的根据》，《教养教育研究》2014 年第 8 卷。
② "口之于味也，目之于色也，耳之于声也，鼻之于臭也，四肢之于安佚也，性也。有命焉，君子不谓性也。人之于父子也，义之于君臣也，礼之于宾主也，知之于贤者也，圣人之于天道也，命也。有性焉，君子不谓命也。"（《孟子·尽心下》）
③ 参见郑相峰：《茶山的人间观和孝悌慈的实践》，《韩国哲学论集》2014 年第 43 集，第 115 页。
④ 《中庸讲义补》，《与犹堂全书·经集》第四卷。
⑤ 对于"端"字朱子看作是绪，蔡元定解释为尾，陈埴理解为绪。反面，赵岐解释为首，孙奭看作是本。茶山否定了朱子和他的弟子蔡元定和陈埴的解释，拥护赵岐和孙奭的观点，后又把端解释为始，提出了自己的立场。

人性规定为先天赋予的德性，而是看作像水往低处流、火往高处烧一样好善恶恶的性向。这种好善恶恶的性向虽然有数万种表露，但这中间最具代表性的只有四端。①

和人的好恶一样，如果察看道德感情的话也会大体看出人的道德的性向。他是这样说的："何谓好恶？乳哺之儿，闻赞誉而示悦；孩提之童，受骂詈而怀耻。知善之可贵也，故闻赞誉而示悦。知恶之可愧也，故受骂詈而怀耻也。盗者恶人也，不知者美之为廉士则乐。淫者恶人也，不知者誉之为贞女则乐。何则好德耻恶？根于天性，虽梏丧无余，而犹有所不泯故也。"②

人从他人那里得到称赞的话会很开心，这是因为知道善的珍贵；如果受到别人责难的话会很羞愧，这是因为知道羞于恶。甚至小偷或者荒淫者得到别人的称赞也会感到开心。这样的经验现实就是好善恶恶的天性，即天生的道德性向的起因。

他主张依据好善恶恶的道德性向行动，仁义礼智的德就会形成。这与亚里士多德以道德卓越性会依据习惯产出的观点非常类似。人有向善的倾向性虽然要比人性本善的主张相对较弱，但是依然不放弃对人的根本的信赖，这一点是值得肯定的。特别是在现代社会中因为人们统一的基本权利被认定的原因，对人有基本的信赖，反映在人性概念上，可以说人性概念是和普遍价值的人权相应的。

三、人性教育

教育要靠家庭或者学校还有社会全面地进行的原因，应该建立一套全方位

---

① "自其触物感动者而言之。则其可以为乐善耻恶之证者。可三可四可五可六可七可八。孟子特于其中。拈出四条曰。某心某心。以为乐善耻恶之验。其实此四心之外。尚有多心可以指数。有人于此。继而言之曰。蹈舞之心。乐之端也。勉勉之心。勇之端也。酬报之心。信之端也。其义未尝不通。可见乐与勇信。亦根于人心。不可曰人性之内。无此三者之本也。故孟子言仁义礼智。兼言礼之实乐之实。朱子以知仁勇三达德。为天下同得之理。而信于四德。本与为五。今必曰心体里面。唯有仁义礼智四颗。磊磊落落。伏为奥根。可四而不可三。可四而不可五。非通儒之慧识也。此心之性。乐善耻恶。故见赤子入井则恻隐。见嗟来呼蹴则羞恶。推恻隐之心。恢而广之。则可孝可忠。仁覆天下。推羞恶之心。扩而大之。则千驷万钟。义有不受。孟子之意。如斯而已。"（《答李汝弘》，《与犹堂全书·诗文集》第十九卷）

② 《论语古今注·阳货》卷九，《与犹堂全书·经集》第十五卷。

的协作体系。特别是把人性定为教育内容的情况，绝非是短时间内可以达成的，需要很长时间的运转教育程序，才能真正达到实际的效果。但是，从教育者的立场来看，相对于学生父母、老师、长辈、指导层人士来说，谁能真正起到好的作用，能作为一个为人师表的教育者？考虑到这一点，对于教育者来说首先应该要接触到人性教育程序并对其加以熟知，同时还要诚心提高自身的修养。这样各个家庭或者学校、社会全体相应地共同实行人性教育，我们的社会就会慢慢地取得人性教育的成果。

（一）人性教育的内容

茶山的人性向善论与性理学或者心学的人性本善论不同，根据好善恶恶的道德性向开展道德实践，这样就会形成多种多样的品德。这样的观点启示着人性教育的方向。

人性教育应该考虑到个人和共同体两个层面。《人性教育振兴法》指定的礼节、孝道、正直、责任、尊重、关怀、沟通、协同八种核心价值、德行都与这两个层面相关联。

儒家的核心概念仁就是包含一切的概念。人和二组成的字里面含蓄着父子、兄弟、夫妇、长幼、君臣、牧民等多样的人际关系。在这种人际关系内，自身的地位适合道理的实践也归结于仁，共同体内所承担之事充实的实行也归结于仁。[①] 例如，孩子对于父母尽孝道是仁，父母对于孩子慈爱也是仁；弟弟对哥哥恭敬是仁，哥哥对于弟弟友爱也是仁。所以追求仁就是成人之道，这都不外乎人伦。[②]

但是，因为人自身性向的原因会出现多种欲望，这时要想克制这些欲望就需要道德意识了。对于克己复礼，茶山认为道心和人心在对立和紧张状况内应该使道心战胜人心。非礼的时候看了，就是人心，非礼勿视时就是道心，当道心和人心相互冲突的时候用道心克服人心的话就是克己。大体克服小体也可以看作为克己。在这个观点中，将道心的善恶是非当作问题的状况下，道德意识

---

① 《自撰墓志铭》，《与犹堂全书·诗文集》第十六卷。"二人为仁。事父孝，仁也；事兄恭，仁也；事君忠，仁也；与友信，仁也；牧民慈，仁也。"

② 《论语古今注》卷八，《与犹堂全书·经集》第十五卷。"人道不外乎求仁，求仁不外乎人伦。经礼三百，曲礼三千，以至天下万事万物，皆自人伦起。"

就会像指南针一样为实践行动指明方向。这就是追随向善的道德性向行道义的心。例如，孺子快要掉落井中时一定会快速地救出，珍贵的鹅肉放在前面也不会去吃，和同僚一起走路时会分担他的行李，善良的人遭到谋害时一定主持正义，这些都是道心所发动的。但是如果孺子落井时不救，看见鹅肉就吃，同僚的行李重不帮他分担，无视被谋害的善良之人，那样心中就会不舒服。① 茶山赋予道德意识的发动和心的"安"与"不安"相连接，不管道德问题的状况，承认人的道德意识和心理状态有直接相关的关系。善恶是非成为问题的情况下，自身的心如果感觉不舒服的话，那么这就是天生好善恶恶的性向所发，自然会感受到良心的谴责。所以，人性教育是以提高道德意识内在的道德性（morality）构成核心德行的。

（二）人性教育的方法

韩国现代社会则不管是谁，大家都在急切地追求积累知识信息，而摆在眼前的不正之风、腐败、不负责任都是源于道德意识的不再，所以现在最需要的是自省的道德意识的涵养。真的有哪种人性教育的方法是可取的吗？儒家的教育一般会重视通过"启发"的方式引导学生"自觉"。这样的方式虽然不能在很短的时间内产生有效的结果，但是会对个人的道德意识有实质的培养。

比什么都值得相信的是以人性向善的道德性向为基础，在家庭中父母对孩子，在学校老师对学生，在社会上级对下级等，用引导的方式来实现人性教育。当然，教育者更应该不断地提高自己的涵养。在现代社会里，正如《人性教育振兴法》所提到的礼节、孝道、正直、责任、尊重、关怀、沟通、协同八种核心价值德行，如果想培养公民具有这些的话，"恕"的精神就应该被突出出来。

"恕"是把别人的心当成自己的心去理解。"恕"是涵养道德意识的方法，同时也是实践工夫的项目。前者的层面是以换位思考的方式，试着站在他人的立场去理解。我讨厌的别人也会讨厌，我站着的话别人也要站着，我想得到名誉的话别人也会想得到名誉，这种理解方法是对他人尊重和关怀的一种态度。

---

① "赤子入井。必急往援出而后安于心。鹅肉当前。必固辞不食而后安于心。班斑同行。必分其重任然后安于心。善之被诬。必曝其冤枉然后安于心。凡遇此而不能行者。皆耐魔不安。其安与不安。岂非适性与拂性之故乎。"（《中庸自箴》，《与犹堂全书·经集》第三卷）

所以，通过"恕"即对他人的尊重和关怀的心会形成某种涵养。还有，"己所不欲，勿施于人。"（《论语·卫灵公》）"施诸己而不愿，勿施于人。"（《中庸》第十三章），"己欲立而立人，己欲达而达人。"（《论语·雍也》）中的"恕"有消极的实践和积极的实践两个层面。① 即，这样的"恕"通过决心和实践，拓宽相互尊重和关怀的共感以及爱的地平线。在这个过程中沟通的力量不但是单纯的相互理解和信息共有的善，而且扩大到相互共存的纽带，以提高人自身的道德意识，实现自我与他人的共同体价值。②

四、为人性教育振兴提议

《人性教育振兴法》实施之前的《关于孝行奖励和资助的法律》宗旨是和国民年金一样完备的社会公共扶助系统。实际上随着对于父母的抚养的减少，在高龄化不断发展的情况下子女和社会哪一边都不能独立地抚养老人家。这两项法律措施就是为了重新架构对父母恭敬、孝顺的普遍道德德目而制定的。虽然相关法令包含了对孝行子女进行租税以及税金减免的条款，但是比起在法律施行以前子女对父母恭敬、孝顺的意识提高多少就难以确定。《人性教育振兴法》的情况虽然包含这些范围，但如果只是抽象的概念而不是体系的话，就免不了只是空谈罢了。特别是关于"人性"概念本身不具备哲学的理论基础，只是人性教育云云或者讨论人性教育振兴政策，就不能达到预期的效果。迄今为止，虽然在教育学和道德心理学领域出现过不少讨论，但是要想在韩国实施和振兴人性教育，把为现代韩国社会提供很多启示的丁若镛哲学作为韩国人性教育的哲学理论基础是可行的。

亚里士多德认为在时空内使实践持续地进行，关键在于如何将"向善"的潜在态（potentiality）实现为"行善"的现实态。例如，用正义的行动来形成正义的德，用节制的行动来形成节制的德，用勇敢的行动来形成勇敢的德。茶山认为正确地实践四端之心形成四德的说法和这一部分是相通的。

人是社会的存在，在多样的人际关系中谋求生存。在个人角度实现道德人

---

① 唐君毅：《中国哲学原论》，《原道篇》卷一，学生书局 1986 年版，第 87 页。
② 《自撰墓志铭》，《与犹堂全书·诗文集》第十六卷，第 86—87 页。

生，或者在社会角度实现公共善，最终取决于个体的努力和集体的努力。因此，如果在家庭、学校和大大小小的共同体社会里设立一定的项目，按照这些项目实施教育，就是《人性教育振兴法》中所提到的礼节、孝道、正直、责任、尊重、关怀、沟通、协同八种代表的德行。教育方法绝不是灌输式的方式，而是通过启发诱导达到道德的自觉。同时，个人角度的道德自我修养，需要每个人都付出自己的努力。只有这样才能形成个人优秀的德性，在人际关系内找到自己的位置，确立关系的自我。在这样的过程中不但能成就个人的自我实现，而且能成就社会的共同善。

但是，如果不想让这样集体的努力失效的话，家庭、学校、社会的全体教育者和被教育者都应该以共同的步调积极地参与进来。比什么都重要的是怎样把人性教育的内容和方法实质应用于教育和自身涵养，以及人性教育的实行到底能持续多久。我们可以说《人性教育振兴法》的实行成为韩国社会跻身文化先进国之列的一个奠基石。这个奠基石便是以茶山的"人性向善论"作为哲学理论基础，这样就能为多数韩国人怀着文化自豪感，迈出共同的步伐提供巨大的力量。

（韩国建国大学哲学系教授）

近代韩国的文明话语与儒教

——论《朴泳孝建白书》

[韩国] 梁一模

一、中华文明与世界

众所周知，中华文明圈具有悠久的历史与文明，维持着以儒教为中心的自足的文明体制。受到儒教的影响，朝鲜在与西方接触之前，通过仁义礼智的道德规范建构、维持着社会秩序，自称是文明或小中华。然而，19世纪中叶以来，由于西方列强的东渐，东亚便被纳入世界历史的舞台。在英国侵略中国、美国黑船进入日本的状况下，朝鲜也不得不跟随世界历史的潮流。西方利用强大的军事手段，在东亚使用了暴力，东亚各国先后与帝国主义势力签订了不平等条约，这是在之前的朝贡秩序中前所未有的。从而，不仅是朝鲜，整个亚洲的国家开始与从本质上不同于中华秩序体制的文明进行对抗。由此可见，在东亚秩序的维持与变化中，西方是不容忽视的对象。

实际上，东西方的交流是从19世纪中期以后开始活跃的。根据中华文明圈的逻辑，西方是野蛮的，采取锁国的战略是理所当然的。西方列强的东渐是为争夺殖民地而展开的帝国主义侵略，以战争与侵略为主要方式，故被认为是极具野蛮性的行动。西方利用强大的军事手段开始向亚洲地区进军，结果，东亚各国在暴力的威胁下向西方开放了门户。从东亚的角度，针对西方有两种不同的观点——拒绝西方或者接受西方，西方最终成为东亚知识分子的主要思考对象。可以说，对西方的拒绝本身就是一种关注的表示。日本把国策从锁国转换为开国，19 世纪 60 年代以来中国实行洋务运动，朝鲜也在开化的名义下开始学习西方。向西方学习，就是以往的认识基础与西方这一新的认识基础相互碰撞的过程。

针对 19 世纪中期以后东渐的帝国主义列强，从天下观的观点加以把握是东亚知识分子普遍的模式。朝鲜末期，代表卫正斥邪派的李恒老，主张"西洋之说，虽有千端万绪，只是无父无君之主本，通货通色之方法"①，拒绝与西方交流。可以说，这是源于朝鲜化的中华论观点的产物。这就是说，西方的实体与尊华的原理相悖，应坚决对抗、排斥西方列强与日本帝国主义的侵略。由于西方文明无法保障儒教文明看重的家族与国家的伦理，儒教知识分子是无法接受西方文明的。

面对着西方帝国主义国家的西势东渐，可以想象西方为夷狄，而在西方强大的力量面前，这种想象没过多久就消失了。因为在现实中，被想象为野蛮国家的西方，用强大的力量制伏着具有悠久文明历史的东亚。1853 年，美国的黑船出现在东京的浦贺湾以后，日本与美国签订了亲和条约，开放了下田与箱馆等港口，正式开始了与美国的交流。清朝在鸦片战争后，在与英国、法国等的战争中接连失败，把香港割让给英国，并开放了包括广州在内的五个港口。而朝鲜，被提早接受西方文明的日本强迫开港。

拒绝与西方接触的主张逐渐被弱化，开始出现了积极接受西方的观点。在朝鲜，1844 年户曹参判权大肯以奏请兼谢恩冬至使的身份去了北京，回国时带来了《海国图志》（1844 年初版，五十卷本），1853 年以译官的身份去北京的吴庆锡带来了《瀛寰志略》。1880 年，派到日本的修信使金弘集（1842—1896），从驻日清国公使参赞官黄遵宪（1848—1905）处拿到了《朝鲜策略》与《易言》，19 世纪 80 年代《万国公法》、《中西见闻录》等在中国刊行的书籍大量流传到朝鲜，包括世界地理书。可以得到海外信息的这些书籍，对关注朝鲜改革与富强的不少知识分子来说，是非常重要的。

从 19 世纪 70 年代开始，在朝鲜出现了一些关注国外情况的知识分子。从 19 世纪 80 年代，开始出现了主张不仅是学习外国的技术，也接受西方的思想与制度，并试图进行制度改革的一系列思想家。围绕着朝鲜内政的改革，如何

---

① 李恒老：《杂著·溪上随录》，《华西先生文集》卷十五。

运用西方学说的问题，出现了很多意见。从外语的学习与外国技术人员的雇佣开始，到商会与银行的设立以及火轮船的建造与军港的设立，提出了前所未见的崭新的主张。这些主张的背后有主张通过西方改革朝鲜内政的一群人，被称为是开化派或者开化思想家。早期开化派接受西方的思想并不止于单纯的接受或传达。可以说，他们作为具有儒教学养的士大夫，试图在儒教的基础上理解西方。

19 世纪末，西方正式成为朝鲜知识分子的思考对象，从拒绝到接受，出现了很多观点。由于西方文明与儒教文明根本性的不同，强力排斥西方的阵营为卫正斥邪派，主张吸收西方的长处来实现朝鲜富强的阵营为开化派。两个阵营在对西方的认识态度上存在差异，但可以说其思想的基础都以西方作为对象，谈论朝鲜的思想与政治。在强力否认西方的卫正斥邪派的内部，也有持东方西用论，主张接受西方的科学技术的观点。如果西方并非是应加以拒绝的野蛮的存在，而是需要加以接受的某种文明，那么，有必要明确其之所以为文明的根据，并且，还得考虑在新的条件下如何解释儒教文明。

在朝鲜发生的甲申政变（1884），是金玉均（1851—1894）、朴泳孝（1861—1939）、徐载弼（1864—1851）等开化派士人根据开化思想主张改革朝鲜内政的政治事件。他们都是科举考试合格的儒教文人，很早就关注西方情况的两班贵族人物。甲申政变是主张朝鲜的自主独立、门阀的废除、人民的平等，试图建设近代式国民国家的事件。他们所提出的政纲，从近代的观点来看，有不够充分的一面，但可以看作是儒教知识分子接受西方思想的过程。早期开化派试图接受传到中国与日本的西方的学问与思想，是站在朝鲜的立场理解西方的。本文通过甲申政变失败后赴日亡命的朴泳孝在 1888 年向高宗提出的上疏文，从儒学与西学的基础交错的侧面，试图对儒教知识分子理解西方思想的态度进行分析。

二、朴泳孝的生涯

朴泳孝，字子纯，号孤船、玄玄居士、春皋。1861 年在京畿道水原出生，是进士朴元阳的少子。1872 年，由水原留水申锡禧做媒，受右议政朴珪寿之劝，成为朝鲜第 25 代国王哲宗的女儿永惠翁主的驸马，被封锦陵尉正一品上辅国崇禄大夫①。朴珪寿是《热河日记》的作者，是主张接受清朝先进思想的北学派燕岩朴趾源（1737—1805）的孙子。朴珪寿以燕行使节的身份，在1861年与1871年前后两次去了清朝，不仅目睹了清朝的危机，还购回了在清刊行的有关西方的书籍。可见是个开明的知识分子。朴泳孝与金玉均、洪英植、徐光范等一同在朴珪寿的门下受学并形成了开化思想，"在《燕岩集》中，攻击贵族的文中得到了平等思想"②。他们都是两班子女，也是参与到甲申政变的人物。他们试图通过接受西方思想改革朝鲜，但是可以说他们思想的基础为朝鲜时代的实学。

1882年7月，追求国防的现代化路线时，旧式军队以待遇不满为由发动了暴乱，他们跑到新式军队别技军的军营，杀害了日本教官，还包围了日本公使馆，接着发生了花房义质公使逃回日本的局面。朴泳孝认为："伏承特命全权大臣兼修信使之衔，使奉国书，聘日本，臣按是役也，因六月军变，日本动兵，改定续约之后，一为换批，一为修信而行也，自承是任，夙夜懔越，将未知何所克当也。"③1883年农历八月，朴泳孝被派到日本并在日本停留了三个多月，"新制国旗悬寓楼，旗竿白质而纵方，长不及广五分之二，主心画太极，填以青红，四隅画乾坤坎离四卦，曾有受命于上也"④，而他第一次使用了国旗，并且遇见了日本外务卿井上馨、驻日清国公使黎庶昌以及美、英、德等各国的外交大使，开展了活跃的外交活动。通过这次出使，他目睹了明治维新以后日本的发展，并成为准备"改革之雄心"⑤的契机。

在日本的使团活动结束后，1883年1月7日，他被任命为汉城府判尹，新设刊行报纸的博文局、修复公路的治道局、城市安全的巡警部，正式开始了内政改革。然而，担任汉城府判尹不到三个月，由于守旧派的压力与民众的不满被罢免，旋即在1883年4月23日，被任命为广州府留守兼守御使⑥。而新

---

① 李光麟：《开化期的人物》，延世大学出版部1993年版，第94页。以下有关朴泳孝生涯的说明主要依据此书。

② 李光秀：《遇见朴泳孝氏的故事》，《东光》1931年3月号。

③ 《使和记略》，高宗十九年壬午七月，《韩国史料丛书》第9集《修信使记录》，国史编纂委员会1958年版。《使和记略》是记录在日本的外交使节活动的书。

④ 《使和记略》，高宗十九年壬午八月。

⑤ 朴泳孝：《甲申政变》，《新民》14号，1926年6月。

⑥ 《承政院日记》，高宗二十年三月十七日。

任的官职，也只能保住六个多月。由于雇用了在日本户山学校接受新式教育的申福模等为教官，遭到了保守阵营的指责。朴泳孝官僚生活的不稳定，可以说明当时朝鲜紧张的政治状况。

1884 年 12 月 4 日，开化党以邮政局开局祝贺宴为由，一方面处理了执政党的重要人物，掌握了政权。他们到昌德宫让高宗搬到景祐宫，翌日发表了"大院君不日陪还事（朝贡虚礼议行废止），闭止门阀，以制人民平等之权，以人择官，勿以官择人事"[①] 等 14 条政纲。开化党撤销了与中国的朝贡关系，试图建立自主独立的国家；另一方面废除了身份的差别，试图体现人民的平等。朴泳孝被任命为前后营使与左补将，洪英植被任命为左右营使与右补将，统率军队与警察的指挥。金玉均任惠商公国堂上，掌管裸负商[②]。但是，遭到清军的攻击，此一伟举只进行了 3 天，他们的政治理想没能在现实中得到实现。政变失败后，朴泳孝与金玉均亡命于日本。

在日本亡命 6 个月后，1885 年 5 月，朴泳孝赴美停留了 7 个月，又重返日本。当时的日本新闻报道说："他居住在京都，而最近暂时停留在神户。他在朝鲜时喜欢禅学，精读了高尚的佛书，而最近研究泰西的哲学与耶稣教，通其大意，西方人也大吃一惊。"[③]1887 年，入到东京麻布的明治学院学习了英语，毕业于翌年 3 月。在朴泳孝亡命日本之前，就对佛教有兴趣，这也许是受到了金玉均的影响。亡命日本之后，对基督教产生了兴趣，这与明治学院有关。因为明治学院是由传教士经营的学校。而朴泳孝没有改信基督教，他既是成长于儒教家门的人物，又接触到佛教、基督教，而对宗教采取了柔和的态度。

在朴泳孝亡命日本时期所留下的文章中，值得关注的就是在他从明治学院毕业之前，向祖国的高宗皇帝提出的长达 13100 字的上疏文，以"朴泳孝建白书"为题，现记录在《日本外交文书》中。"此书原本是林外务次官在明治二十七年（1894）七月中旬从某氏借来的，为了今后参考的方便，川崎记录科科长代理发出命令保管复写本，由机密部进行了复印。"[④]在《朴泳孝建白书》

---

① 金玉均：《甲申日录》，12 月 5 日。
② 李光麟：《开化党研究》，一潮阁 1993 年版，第 161—162 页。
③ 《朝野新闻》1886 年 5 月 23 日。
④ 《有关朝鲜国内政的朴泳孝建白书》，日本外务省编：《日本外交文书》第 21 卷，文书号 106。

序文的最后，朴泳孝明确注明此一文书的具体写作日期为"开国 497 年正月十三日"（1888 年 2 月 24 日）。那么，朴泳孝的这篇文章是再过 6 年之后才被日本外务省正式采纳的。虽是朴泳孝个人的上疏文，但包含着对整个朝鲜国政的改革意见，不仅是他本人的思想，也是可以明确开化党的思想基础与全貌的重要资料。

在亡命日本期间，他组织了保国会，主张国家的自主独立与人民的平等。1893 年，得到福泽谕吉（1835—1901）等日本有力人士的支援，建立了亲临义塾，试图召集学生展开文明的教育①。由于甲申政变的主要人物金玉均在上海遇刺，朴泳孝也时刻面临着被刺的威胁。1894 年，在朝鲜的南部发生了东学农民起义，日本利用这种混乱的局势，强化了对朝鲜的控制。在日本政府的帮助下，8 月朴泳孝回到了朝鲜。不仅被赦免了滔天大罪，而且在重新建构内阁时被任命为内部大臣，在中央政府与地方管制的改革以及学部制度的改革上加大了力度。然而，1895 年 7 月，由于朴泳孝试图推翻政府的叛逆阴谋，最终重新走上了亡命日本之路。这第二次亡命，一直到 1907 年 6 月回国，他在日本停留了 12 年的时间。回国后，高宗任命他为宫内府大臣，但是由于海牙密使事件，日本统监府逼迫高宗退位，他的官职也只担任了 7 天，之后就流配济州岛②。

韩日合邦后，日本封朴泳孝为侯爵，成为中枢院副议长。1919 年，海外的独立团体大韩国民议会还曾推戴他为副总统。然而，他被分为亲日派，在解放后的相当长的时间里，他是研究者所回避的人物。

三、《朴泳孝建白书》的简介与分析

以"在留日本臣朴泳孝，谨四拜，上言于统天隆运肇极敦伦大君主陛下"开头的朴泳孝的上疏文，由前文与本文八条构成，本文再细分为 114 节。本文的目录如下："一曰宇内之形势；二曰兴法纪，安民国；三曰经济以润民国；四曰养生以健殖人民；五曰治武备，保民护国；六曰教民才德文艺以治本；七曰

---

① 柳永益：《东学农明起义与甲午更张》，一潮阁 1998 年版，第 76 页。
② 李光麟：《开化期的人物》，延世大学出版部 1993 年版，第 161 页。

正政治，使民国有定；八曰使民得充分之自由，以养元气。"

　　除了最后一条中的"自由"一词有些生僻以外，其余的大体上都以儒学语言构成。对第一条的说明也包括对当时众所周知的"万国公法"的批判，从这一点可以看出这篇文章并非是儒学文本范围之内的。相反，可以说是儒教知识分子在儒教想象力范围内接受西方的知识，设想着新型国家的形态与社会制度。

　　根据之前的研究，可知朴泳孝上疏文的四分之一是受到明治时期日本思想家福泽谕吉的著作《西洋事情》、《劝学文》、《文明论概略》影响的，尤其是受到了《西洋事情》的绝对影响①。《西洋事情》是《初篇》（1867）、《外篇》（1868）、《二篇》（1870）的三部作，是他的著作中销售量最多的一本。《初篇》是摘译英国与美国版本的几本历史地理书，并参考第二次外游（1862）时的见闻录《西航手账》著述的。《外篇》正如《题言》中的告白，以英国人 Chambers（钱伯斯）的 Chambers Educational Course 系列丛书中的 Political Economy, for Use in Schools and Privage Instructiong 为模本。《二篇》是对英国法学家 William Blackstone（1723—1780）的 Commentaries on the Laws of England 四卷本中第一卷 Of the Rights of Persons 第一章 "Of the Absolute Rights of Imdividuals" 的翻译。《二篇》的《收税论》是对曾任美国布朗大学校长的 Francis Waylan（1796—1865）的 The Elements of Political Economy（1837）第四篇第三章 "of Public Consumption" 的翻译。《劝学论》是除了 Chambers 的著作以外，还受到了 H.T. Buckle 的《欧洲文明史》、F. Waylan 的 The Elements Moral Science 的影响②。由于《文明论概略》中提到了 F.P.G.Guizot（1787—1874）、H. T. Buckle、J. S. Mill 等学者，可以说受到了 19 世纪欧洲文明史观与自由主义的影响③。

　　如同以往的研究表明，《朴泳孝建白书》确实受到了日本的影响，进一步也受到了从日本学到的西方近代思想的影响。1883 年，他作为修信使被派到日本而亲身经历了日本的变化，回国任汉城府判尹并实施了内政的改革，雇用了在日本接受新式军事训练教育回国的教官。由此可知，为了朝鲜的近代化改革，他以日本为鉴并非是件非常奇怪的事情。在甲申政变中，朴泳孝以内部大

①　青木功一：《朝鲜开化思想与福泽谕吉的著作——对朴泳孝上疏的福泽谕吉的影响》，《朝鲜学报》1970 年第 52 期。
②　伊藤正雄：《福泽谕吉的研究》，《甲南大学纪要·文学 1》，1966 年 8 月。
③　丸山真男：《解读文明论的概略》，岩波书店 1986 年版，第 229—231 页。

臣的身份宣布了《洪范 14 条》，构思了自主、独立的国家。他把君主的称号升级为大君主陛下，建立了以内阁为中心的立宪君主制政府，改革了地方行政制度，组织了近代性警察制度与常备军。而这一系列的改革并没有受到日本的干预，是他自主进行的改革，这一点在以往的研究中屡次被强调①。但是，可以说在他的思想形成过程中日本明治思想界的影响是绝对的。

朴泳孝在上疏文中写道："彼已就开明之道，修文艺，治武备，几与富强之国同驰，而我尚在蒙昧之中，如痴如愚，如醉如狂，不辨世界之事，而自取侮辱于天下，此无耻之甚也。"②他认为，日本兼备文武，逐渐走上富强文明之路，而朝鲜尚在蒙昧之中。对美国、英国、德国等西方列强，也描述为文明与富强的国家。他在上疏文中所使用的"自由"与"平等"、"自由之权"、"通义"等话语使用着汉字，但所包含的含义与汉字的意思不同。这些话语来自福泽的著作，这一事实通过以往的研究已加以明确。朴泳孝在上疏文中主张天赋人权论、为实现近代化的对民教育、作为法律与经济基础的私有权、社会契约论、宗教自由等观点。由此可见，朴泳孝是根据西方的文明论，试图建设自由、平等的富强之国的近代思想家。

然而，在上疏文值得我们关注的是引用很多中国古典的事实，包括四书五经的儒教经典，还引用了《孙子》、《吴子》、《六韬》、《吕氏春秋》、《史记》等文献。上疏文就是以中国典籍为基础，试图证明自由与平等的近代价值。例如："天降生民，亿兆皆同一，而禀有所不可动之通义，其通义者，人之自保生命，求自由，希幸福是也，此他人之所不可如何也，孔子曰：'三军之帅可夺，匹夫之志不可夺'，即此之谓也，是以人间立政府之本旨，欲固此通义也，非为帝王设者也，故政府保其义，好民之所好，恶民之所恶，则得其威权，若反是，戾其义，恶民之所好，好民之所恶，则民必变革其政府，而新立之，以保其大旨，此人民之公义也，职分也，是以公法不以国事之犯为罪人，而反护之，此文明之公义，而承天地之理也。"③

朴泳孝为了证明自由主义的基本纲领——生命权、自由权、追求幸福权、天赋人权等近代的价值，引用着《论语》的"匹夫之志"，并以此为基础，主

---

① 柳永益：《东学农明起义与甲午更张》，一潮阁 1998 年版，第 73—100 页。

② 《日本外交文书》，第 295 页。

③ 《日本外交文书》，第 309 页。

张政府正当性的根据在于对人民的保护。再进一步，如果政府做不到这一点，主张推翻政府的革命就具有正当性。以儒学文本为基础，证明西方近代价值的正当性，可以批判这一方法论缺乏严密性。然而，在传统的思考基础上，试图理解、实践西方思想的学问方法值得我们关注。面临着转换期的极其恶劣的朝鲜的状况，为了强调朝鲜是要批判的对象，而西方是应接受的对象，他试图结合西方的文明与儒学的文明论。从而，重新唤起亚洲的文明，主张亚洲的文明比西方落后的原因在于儒教道德的缺乏，并非是由于西方的近代价值。

"臣按亚洲，天下灵气所丛之处也，故儒佛耶苏及回回教之祖，皆出于此土，古昔盛时，非不文明，然至于近代，却让欧洲者何也，盖诸邦之政府，视民如奴隶，不导之以仁义礼智，教之以文学才艺，故人民蠢愚无耻，虽见领于他，而不知为耻，祸乱将至，而不能觉，此政府之过也，非人民之过也，中庸云：'凡事豫则立，不豫则废，言前定则不跲，事前定则不困，行前定则不疚，道前定则不穷'，为亚洲诸政府谋者，岂可苟安消日哉。"①

如果利用儒教的文明论使西方近代的自由主义价值正当化，可以用互补的关系说明西方的价值与儒教的价值，并非是对立的关系。主张西方价值的思想家，大多数都否认或消极地评价儒学的文明论。但是，从亚洲出现过儒教、佛教、基督教、回教等宗教的这一事实，朴泳孝强调这一地区原来就是文明的发源地。只是到近代，逐渐落后于西方，是因为政府没有强调仁义礼智，没有实现教化而导致的。也就是说，并非是西方文明没有得到实现，相反，是因为儒教的政治理想没能体现。亚洲地区比西方文明落后的责任不在于人民，而是为政者没有好好地实施统治与教化。

朴泳孝利用西方的法思想，主张法治的实现，而为了法的实现，强调必须以仁义为基础。"是以虽立法行罚，然必以仁义信为本，故酷刑而伤仁，勒罚而败义，擅法失信，乃致人民之心，软而弱，顽而暴，疑而扰乱，蛮邦未开之政也，行刑以仁，行罚以义，行法以信，乃致人民之心，豪而健，和而平，信而安稳，文明开化之政也，故抚人以仁，治人以义，安人以信，明此三道而无失，则恩威并行，而法不弛，治隆于上，而俗美于下矣。"②

---

① 《日本外交文书》，第 297 页。
② 《日本外交文书》，第 297 页。

从强调西方文明的逻辑来看，法治是不可或缺的重要因素。在西方，一般在实现正义的观点上对法治加以正当化。然而，朴泳孝在仁义信的儒教道德的实现这一观点上，主张法治的正当性。从而，这种道德的实现被设定为文明与野蛮的标准。因此，朝鲜的改革以文明开化为目标，那么，这并非是西方价值的实现，相反是实行仁义的政治，即儒教的德治和仁政。

尽管如此，朴泳孝并非对儒教的现实加以绝对的肯定。他批判引起现实弊端的科举制度，甚至严厉批判儒教式教育机关的教育内容跟不上时代。"然及于近世，教化陵夷，风俗颓败，不知格物致知之本意，而但以玩弄文华，寻章摘句为要，若读诵四书五经及诸子百家之书，而能作文章，则虽愚痴之腐儒，乃称大学士，而列于上大夫，以误民国，此即亚洲诸邦衰颓之源也，若弃其末取其本，而自格物穷理之学，至于平天下之术，则与当今欧美方盛之学同也，然授受之道，已失其传，而不知穷理格物之为如何者，则何足以教之，何足以学之哉，故臣愚谓学者，勿论东洋西洋，先其实用，而后其文华，夫实用如桔，文华如香，香因桔而生，岂有桔因香而生哉，故弃其实，而取其华，则格物穷理，修身治国之学，一时并废，乃致浮华之风也。"①

在儒教的现实中出现不少问题时，对此可以批判为儒教本身就是前近代的思想。然而，另一种主张就是，儒教的本来面目并非如此，现实的儒教并非是儒教的本来面目。朴泳孝也批判儒教在朝鲜的现实中引发不少问题，又试图通过格物致知与修身治国的理念，复原儒教的本来面目。他强调儒教为实学，主张"先其实用，而后其文华"的儒学目标在东西方不可能有区别。

19世纪以来，东亚与西方的结合是摸索西方的实体的过程。因为相对于东方，西方的实体含糊不清，难以把握。西方被视为近代文明的象征，开始全面探讨作为近代文明的西方的学问。通过学习西方，大量翻译西方的文献，试图改革东亚传统的政治体制与社会制度。可以说，东亚与西方的结合是文明与文明的结合，而在另一边是文明的冲突。

在亚洲地区，从19世纪中期以后，作为civilization的翻译，开始使用了

---

① 《日本外交文书》，第306—307页。

文明的概念。在中国，以立宪君主制为目标的 1898 年戊戌变法运动前后，接受了近代的"文明"概念，对中国的政治变革运动产生了深刻的影响，逐渐改变人们的价值观念，也影响到社会生活。[1] 在朝鲜，东学农民起义结束后，近代的"文明"概念在进步的知识分子之间频繁被使用。在朝鲜的近代化过程中，文明的研究以多种方式得以展开，其中，朴泳孝提出的有关文明的观点具有以下几个特征：

第一，在朝鲜，自从接受了以西方为文明的观点，开始出现了以文明与野蛮把握西方与亚洲关系的单纯的文明论，亚洲在文明发展论的架构上定位在落后部分。包括中国在内的东亚儒教文化圈，在中华主义的世界观中，维持着中华即文明的样式，而在只认西方为文明的片面的文明话语中，中华文明被排除在文明之外，甚至被比喻为是野蛮与蒙昧的存在。而朴泳孝谈论文明，文明与野蛮的标准并非是单纯地接受西方的价值，而是人伦的实现。以人伦的实现为近代的目标，可以摆脱把儒学看作为与文明相反的、被消除的对象的片面主张。

第二，如果亚洲的近代是跟从西方价值的，那么，接受西方的主体不能不模糊。对在儒教知识体系中思考、实践的知识分子来说，儒教文明思维的主体意识被消解了。然而，朴泳孝在上疏文中主张平等的价值，并非只是因为西方的价值，而是与从朝鲜后期实学的观点提出的平等问题有连续性。在儒教的基础上发展的人人平等的问题，与西方的近代价值相联系，平等便成为超越东西方区域的近代价值。

第三，自由与民主、人权与权利等是西欧近代的宝贵价值。然而，近代的西欧，在过去的一个世纪里，呈现出不少问题，西方也面临着"西欧的没落"的世纪危机，试图摸索新的价值。不仅是朴泳孝，在中国与日本，接受西方的价值，并与儒教的思想基础不断进行恶斗的思想足迹，对后现代的世界可以提供宝贵的精神财产。

（韩国首尔国立大学教授）

---

[1]　黄兴涛：《晚清民初现代"文明"和"文化"概念的形成及其历史实践》，《近代史研究》2006 年第 6 期。

文明交流互鉴研究（上）

亚洲文明对话的链接点

——以日本的大禹、祭蚕、汉字文化为例

王　敏

一、大禹链接点——对日本大禹文化圈的现存状态之考察概略

迄今为止，笔者与日本治水神禹王研究会在日本各地考察并验证了的祭祀大禹的文物与史迹近百处（目前考察完毕并核实验证的数字是 97 处）之多。

（一）发掘并组织拓展日本大禹文化圈各项活动的开展状况

1.考察日本大禹文化圈的启动

对日本大禹文化圈的考察始于 2006 年。第一个进行考察的对象是位于富士山附近的神奈川足柄地区，那里有一座 1726 年创建的神禹祠（现在的福泽神社）和文命（禹的别名）碑。在此，我们需要高度重视 2013 年 6 月，富士山作为"文化"、"自然"、"复合"三类世界遗产当中的文化遗产入选，而来自中国的大禹则与富士山并肩顶立。该地区同时拥有富士山和大禹这两种象征性文化标志，看似偶然，实则意义深远。它意味着东亚文化经过相互接触、渗透、变化、融合，在文化交往纵横延伸、深入发展的过程中，同时也在反思、摸索，从而逐渐堆积成历史文化的原生态。而今，在大禹文化所滋育的连绵基础之上，其成果受惠于异邦的古今。比如，当地 300 年来连年祭祀大禹，学校、水道、桥梁都以大禹命名，无一不在讲述大禹与彼方风土的共生共融。同时为后人提供了分析日本混合文化之现代价值的宝贵实证考察资料。

2. 举办有组织的全国性活动

2006 年以后，以足柄地区的市民研究团队为中心，我们在各地政府的支持下展开了全国性的调查。我们发现日本的禹文化是经过日本人自主移植和选择，为适应各个地方的风土和生活，在不断的交融演变过程中而自然形成的。因此，它既保留了中日两国混合文化的特色，又逐渐转换身份，完成在日本的土地上绽艳芬芳的治水神定位。基于此特征，我们于 2010 年在神奈川县开成町召开了第一届日本全国禹王文化节。尔后 2012 年第二届文化节于群马县、2013 年的第三届于高松市、2014 年的第四届于广岛市、2015 年的第五届于臼杵市相继召开。与此同时，2013 年成立了民间研究机构"治水神禹王研究会"并发行了会刊，2015 年成立了鉴定审查大禹相关历史遗址和文物的审委会。禹王文化节筹委会决定，从 2016 年起，日本禹王文化节每两年在举办大禹祭祀之地轮流举办。

3. 导入大型国际学术会议

2015 年 5 月 9—11 日，在神奈川县开成町成功举办了第七届东亚文化交涉学国际学术会议，来自七个国家的 300 多名研究人员和市民参加了会议。会议成果以中日韩和英文版的形式向世界各地传送，并获得了天皇夫妇的赞扬。

4. 日本大禹文化圈的相关资料简述

其一，日本最早的禹王庙是 1228 年的京都·鸭川禹王庙。

其二，日本现存最古老的大禹膜拜物。

（1）1637 年建造的香川县高松市的"大禹谟碑"；

（2）1630 年铸造的禹王金像。高度约为 80cm，现为名古屋的德川美术馆所收藏。

其三，仅介绍两则最早的日本文献记载。

（1）712 年编纂的《古事记》（太安万吕编）序言（小学馆《古事记上代哥谣》）中记载：大意为：当今的元明天皇名比夏之文命高、德高胜于殷之汤王；

（2）在考德天皇（36 代 645—654 年在位）时代的《日本书纪》（720 年完成）中，引禹王之德行赞美天皇。

其四，根据目前的考察结果表明，日本现存的禹祭大致有以下几处：

1708 年建立琦玉县的文命圣庙；

1719 年建立大阪府岛本町的夏大禹圣王庙；

1726 年建立神奈川县酒勾川流域的文命东堤碑和西堤碑；

1740 年建立大分县臼杵市的禹稷合祀坛；

1838 年建立岐阜县揖斐川流域的禹王灯笼；

1919 年建立群马县沼田市的禹王碑；

2012 年建立兵库县姬路市的鱼吹八幡宫；

2013 年建立广岛市的大禹谟碑。

在此，仅择 2014 年 5 月所举办的两项祭祀活动做以简介。

（1）岐阜县海津市的禹王祭

当地住民每年都在 5 月 14 日黄昏，集聚在街头的祠堂，面向祠堂正中所供奉的禹王挂轴顶礼膜拜，感谢他除灾祛病，保佑这一方土地五谷丰登，人兽平安。据当地居民介绍，这一祭祀活动至少已经持续了 160 年之久。

（2）神奈川县西部酒勾川流域的足柄地区的文命祭祀

据神奈川县立公文书馆所收藏的 1879 年的《神社明细账》记载，始建于 1724 年的福泽神社原名取自大禹的别名"文命"，其祭神为"夏禹王"。1841 年的《新编相模国风土记稿》第一集班目村、川村岸之项中也提及了文命神社，明确记载有其"祭神禹"的史实。因此，足柄地区有很多设施以文命命名。如"文命中学"、"文命隧道"、"文命用水"、"文命桥"，等等。当地每年都在 5 月 5 日于神社举办丰富多彩的文命祭祀活动。

（二）开发日本大禹文化圈于当代中日关系的现实意义与价值

1. 和平的正能量是安全保障的基础

在现存大禹遗迹统计表中，有 18 处建于甲午战争以来直到 1972 年中日邦交正常化期间。即在 1894—1972 年的 78 年之间，大禹的形象突破国与国之间的战火重围，源远流长于日本民间，根植于风土民情深层的历史文化血脉经久不衰。这一事实明显地证明了国与国、国与民、民与民、文化与政治军事诸种关系之间的走向规律与特点。提示我们，在中日交流的长河中，和平、正面的选项可以跨越政治障碍，人文交流和朴素的民俗学的魅力可以链接人心所向，前人的智慧与方策令今人深思、反思、引以为鉴。

1894—1972 年：78 年间所建立的 18 座大禹纪念碑（根据年代顺序排列　大胁良夫制作）

年代	遗迹名称与禹的刻字	所在地（水系与县名）	日中关系主要大事记
1895	船桥隋庵水土功绩之碑 "大禹圣人"	利根川、千叶县野田市	1894—1895 年甲午战争 1898 年列强分割中国 1899—1901 年北清战争（义和团事件）
1896	篠田・大岩二君功劳记功碑 "神功禹迹"	日野川、鸟取县伯耆町	
1897	川村孙兵卫纪功碑 "神禹以后唯有公"	北上川、宫城县石卷市	
1900	禹功德利 "其业何为让禹功"	木曾川、爱知县爱西市	
1908	禹功门	揖斐川、岐阜县养老郡	
1908	川口修提之碑 "呜呼微禹吾其鱼乎"	旭川、冈山县冈山市	1911 年辛亥革命 1912 年清朝灭亡 1915 年日本对华 "二十一条" 要求
1909	淀川改修纪功碑 "以称神禹之功"	淀川、大阪市都岛区	
1912	九头龙川修治碑 "称功轶神禹矣"	九头龙川、福井县福井	
1919	禹王之碑	利根川、群马县沼田市	
1923	治水翁碑 "是颛顼神禹功"	淀川、大阪府四条畷市	
1923	大桥房太郎君记功碑 "大禹治水"	淀川、大阪府四条畷市	
1923	西田明则君之碑 "大禹治水"	东京湾、神奈川县横须贺市	
1924	黄檗高泉诗碑 "何人治水功如禹"	桂川、京都市西京区	
1928	诗佛上人诗碑 "胜禹业纪之心花盛开"	信浓川、新潟县燕市	1931 年九一八事变 1932 年 "伪满洲国" 建国宣言 1937 年卢沟桥事件、全面侵华战争开始、南京大屠杀
1936	砂防纪念碑 "开荒成田禹绩豹功垂"	鱼野川、新潟县南鱼沼郡	
1937	古市公威像 "不让大禹疏凿之功"	东京大学正门、东京都文京区	
1954	大樽川水门改筑纪念碑 "禹功门"	揖斐川、岐阜县养老郡	
1972	大禹谟碑	太田川、广岛县广岛市	1972 年中日邦交正常化 1978 年《中日友好和平条约》签订
1977 年 "文化大革命" 结束			
1992 年中韩恢复邦交			

2. 以皇室为核心的传统文化是链接亚洲文明对话的有效素材

画在京都御所 ① 御常御殿内隔扇之上的 "大禹戒酒防微图" 出自江户末期

---

① 京都御所是京都天皇的寝宫，位于京都市中心上京区内，最初是作为天皇的第二宫殿而建成的，从 1331 年至 1868 年这里主要用作居住，随着幕府的没落和明治天皇重掌朝政，新的皇宫移至东京。

与明治初期的狩野派画家鹤泽探真（1834—1893）。狩野派是日本绘画史上最大的画派，最大特点之一是专注源于中国的伦理道德体系，将其全方位地体现于画面。其画法则结合日本式欣赏习惯和特色，具有雅俗共赏的效果，长期占据朝野各界的殿堂。

进驻京都御所的其他以中国帝王为原型的狩野派的作品还有"高宗梦赍良弼图"和"尧任贤图治图"，这两幅作品与"大禹戒酒防微图"联手合为隔扇画三图。

京都御所是日本平安时代的政治行政中心所在地。从公元781年自奈良迁都京都到明治维新的1074年中，它一直是历代天皇的住所，后又成为天皇的行宫。有28位天皇从1331年至1868年生活工作在此，与大禹戒酒防微图同呼吸共命运。其目的十分明确：以大禹为楷模，保持传统的自重、自尊、自戒、自勉、自强不息的精神，以期成为万众所望的德君。而日本皇室尊奉以大禹为典范的中华文明还体现在以下几个方面。

（1）以中国传统文化中的精华为建国治世之鉴

自古以来，日本的天皇就是学习并引进中国文化的推手。他们的日常规诫中基本上以中国文化中的君王和圣人的仁德为座右铭。中国的伦理道德融入皇室的教化深层，并形成了言行的指南。因此，直至今日，东方式传统的伦理道德更贴近历代皇室所传承的价值体系，更容易被皇室所理解和接受。

（2）皇室年号都源于中国典籍

由于大禹和日本皇室自古就保持有这种近距离关系，当今天皇的年号"平成"便出自《尚书·大禹谟》，原文记录了大禹治水的成果所展现的壮观就是"地平天成"。

《尚书·大禹谟》刻在唐文宗太和四年（830）的《开成石经》中。其中包括《周易》、《尚书》等十二种经书，被誉为"世界上最大最重的一部书"，由114块石刻组成，共计65万余字，现存西安碑林博物馆。

1992年10月26日上午11点，首次访华的天皇夫妇抵达西安碑林博物馆，亲临目睹了《开成石经》中的平成字迹，感慨万千。时值中日邦交正常化20周年纪念之际。

综上所述，至少从5世纪汉字与汉籍传入日本时起，日本皇室就对大禹抱有非同一般的深刻的认识和感悟。大禹在日本的定位与而后的帝王学与帝王图鉴的东进相得益彰，深得朝野拥戴，便自然而然的加入日本文化中的信仰对象行列，并逐渐演化为日本本土的大禹信仰。

3. 读解日本中国观的一扇窗口

由于近代以来日本的国家价值观在实现富国强兵的过程中取向脱亚称霸，以西方合理主义和实用主义为核心标准，尽管致力于战败后的和平建设以及1972 年的中日邦交正常化以来的调整改善，16 世纪前以中国伦理道德为参照的观念发生了根本性的转型，其结果也导致了国民关注重点的移位，与中国相关的各方面的知识都被淡化，中国观的内涵也随之逐渐发生了演变。因此，提到中华二字，当今日本人最先联想到的大概就是"中华料理"了，而昔日日本人所关心和热衷的中国的文史哲方面的知识框架已成为古董，即非参照方向。居住在全方位改装成西式装修客房里的主人必然无意识的被调整、被改造。

但是，一经追宗求源，以史为鉴的文化清理，当代人大都能应运而悟，从而呼应。本文所述内容便充分反映了这一倾向。这是认识当今日本对华意识之一角。它不可能笼括整体，也不是天方夜谭。把握时代的变化与时代精神的流向以及生活在不同时代的生活者的价值取向，大概有助于读解日本。而具有对日本的调查研究以及生活体验的人都有所自觉：读解日本的同时，也是读解中国的"双向"过程，是一种自发的"对应的相互探讨"。

期待对境外中华文明的流程的考察和研究将对中日当代的战略性互惠关系的发展提供参考，为东亚和平作出独特的贡献。

4. 启动重新定位东亚文明的内外联动

在日本，虽然禹王的流传和信仰早已经获得共识并演化为生活中的默契价值，但由于其流于日常并分解于各个地区，从而忽视了对于大禹文化体系的整理和分析，更没有在中国、日本和亚洲开展相关交流和传递。不过，这种状况自2006 年以来发生了根本性的变化。如本文所述，日本大禹研究的发展、相关地区的市民联动，启动了挖掘日本大禹文化圈的新局面。一些地区还将结合对中国等地的大禹文化的考察成果，与地方志、地方史研究挂钩，选取其中的部分内容纳入本地区义务教育的辅教材，自发地参与以大禹为切入点的东方文明建设。

（三）韩国的大禹文化现状

在韩国，不仅"禹"姓的人很多，象禹山、禹津江、禹勤里等，含有"禹"字的地名也很多。与禹王相关的历史遗迹有位于江原道的六香山的禹王碑，1662年由一位名叫许穆①（1595—1682）的官员为祈求风平浪静而建。这座"大韩平水土赞碑"的建立目的和日本一样，被认为是对"治水之神"禹王的信仰。

韩国的《檀君古记》等伪作（《檀君古记》被历史学界鉴定为近年所创作）中，其建国神话中有禹王登场。例如，此书中《檀君世纪》中有"甲戌六十七年帝遣太子扶娄与司空会涂山太子傅五行治水法勘定国界幽营二州属我"（甲戌六十七年，帝派遣太子扶娄与涂山的虞司空会面。传授太子五行治水的方法，勘定国界。幽州、营州两地划归我国）。

鉴于韩国对禹王和古代中国史的深层了解，可以推测这里所说的与太子扶娄会面的"涂山"的"司空"（司空是六官之一，掌管水利，土木以及囚犯管理）就是娶了涂山家女儿，被舜帝任命为司空的禹王，扶娄所学的五行治水之法就是"治水之神"禹王所授。在《檀君古记》中，太子扶娄作为"檀君二世"继帝位，经过"贤而多福"的扶娄之治，文化大进。

与之相关，在韩国，为称颂学习了禹王治水方法的扶娄，现在依然举行着名为"业主嘉利"②的祭祀。这些故事的原型可能是1675年的伪史《揆圆史话》③，即便它们并非史实，但在建国神话中让禹王登场，如此的知识素养和想象力是值得深思的。据说李氏朝鲜第十九代国王肃宗④（1661—1720）还创作了赞颂禹王的诗句，即使这是基于神话的误传，也能说明朝鲜王朝内存在着对

① 许穆，字文甫、和甫，号眉叟、台领老人，谥号文正，是李氏朝鲜后期的政治家和思想家及作家、诗人、画家、教育家，礼讼争议时南人党的强硬派及领导人。历官大司成、吏曹判书、大司宪、右议政等。

② 业主嘉利，韩国的祭祀名。

③ 《揆圆史话》是一部有关古代朝鲜的书籍，成书时间有争议，在1925年出版的《檀典要义》中首次提及并引用。

④ 朝鲜肃宗（1661—1720），名李焞，是李氏朝鲜的第十九代君主，庙号肃宗，谥号显义光伦睿圣英烈裕谟永运洪仁峻德配天合道启休笃庆正中协极神毅大勋章文宪武敬明元孝大王（清朝赐谥僖顺大王），葬于高阳明陵。他在位时，后宫张禧嫔曾干预朝政，后因巫蛊事件而被灌毒汤赐死。另外，清朝亦与朝鲜在图们江及鸭绿江边界发生领土纠纷。

禹王的信仰和崇敬。

以上可以看出，作为治水象征的禹王，自古以来就是东亚共同信仰的对象。

（四）大禹成为东亚民间信仰对象的背景解析

第一，大禹是东亚原始知识共同体的认知象征。东亚内部的人流大迁移伴随着知识与智慧的共同利用与共同开发。四书五经以及中国古典则是最古老、最原初的知识平台的基础框架，也是牵动、引发不同种族和地域互动的强韧的核心纽带。而四书五经以及中国古典对于大禹的记载及其传播起到了决定性作用。从汉字经韩国人王仁带到日本，成为日本的国语之时，四书五经就被定位为经典范本教科书。其中，"禹"一共出现了31次。

以大禹为模式的主要日籍文献有：《古事记》、《三教指归》、《性灵集》、《徒然草》、《太阁记》、《折りたく柴の记》、《政谈杂话》、《一人寝》、《都鄙问答》、《三壶记》、《政谈杂话》、《诽风柳多留》、《风来山人集》、《地方凡例录》等。而韩国更多，在此不做赘言。

第二，大禹乘四书五经之风东进日本后，被古来深受地震水灾所苦的日本人民奉为信仰的对象，移植为保佑本土的祭祀符号。而保障日本民生最优先的工作就是抗洪防震。对于原始农业生产状态的日本来讲，大禹不仅是祈求保佑的治水之神，也是具有超人技能的科学家。

第三，日本认为以疏通为主的大禹治水方法经过中国的成功性洗礼。直至今日，日本的土木建设行业仍然奉大禹为开拓者。日本传统体育相扑中的姿势也取材于治水时代，人工垒夯，用脚奋力踏实堤土的形象。日语中叫作"禹步"。

第四，日语中的一些词汇源于大禹的故事。例如，"鲤鱼跳龙门"的"龙门"① 指的是公元前2132年，禹王治理黄河上游的地名。据日本的《大辞林》记载，"能越过黄河上流瀑布——龙门的鲤鱼可以成龙，以此比喻出人

---

① 龙门在晋陕峡谷的最南端，北距壶口瀑布65公里。龙门之南就是开阔的关中平原了。黄河水从狭窄的龙门口进入宽阔的河床中，河性发生了很大的变化。龙门之形成，因其东龙门山和其西梁山各伸出山脊，相互靠拢，成为一个只一百多米宽的狭窄口门，束住河水，形成湍急的水流。每当洪水季节，水位升高，而出了狭谷后河谷变宽，水位骤降，落差很大，故有"龙门三跌水"之说。"鲤鱼跳龙门"的传说，就是指跳跃此处。

头地"。据此，日本在五月五日的传统节日端午前后，家家户户都要高挂鲤鱼旗①，以寄托望子成龙的希望。挂鲤鱼旗的习俗最初始于江户时代②的武士家族，后被民间效仿并普及开来。

"鼎谈"③一词出自公元前 2067 年，禹王主持铸造的"九鼎"（三足金属祭器，王权的象征），由此而延伸的"问鼎之轻重"④（《左传·宣公三年》）也是日语中经常出现的典故之一。演变为语言的大禹必将流芳千古。

第五，借鉴大禹模式推启亚洲文明对话。毫无疑问，21 世纪是东亚的时代。如果东亚各国在所有领域都不断加强合作，那么发展势头将会愈发迅猛。对于今后进一步的合作，我们应当发挥怎样的作用？笔者认为，历史文化方面的携手并进将先行于其他领域。上述研究成果便是有力的证明。

古代中国史上的先民领袖大禹远渡日本后，在这片土地上被拥戴千年之久，乃至今天。这个事实可以说明东亚文化间的和平交往不仅曾经在历史上，而且在当代也具有极高的价值。

二、丝路链接点

（一）秦始皇第十一代传人"功满王"与日本忌宫神社的"蚕种祭"

每年 3 月 28 日，位于日本山口县下关市长府宫内町的忌宫神社内，都会举办一场规模盛大的"蚕种祭"。祭坛设置在神社内一块高约 6 米、上书"蚕种渡来之地"的巨大石碑之前，来自日本全国各地的各界人士与当地居民一起，向祭坛奉上白色、黄色、淡绿等各色蚕茧后，共同朗诵与养蚕相关的汉诗、和歌，观看当地农妇现场表演的传统的手工抽丝、纺线等活动。祭祀活动结束

---

① 鲤鱼旗：日本全国各地都有悬挂鲤鱼旗的风俗，随风招展的鲤鱼旗成为端午节的一道独特风景。挂鲤鱼旗时，一般旗杆顶端要有旋转球或者宝珠造型，下面安装风车，然后旗杆上最上端是无色或者描绘鲤鱼的风幡，以下根据大小依次悬挂黑鲤鱼、红鲤鱼、小鲤鱼等。不过不少公共场合也将鲤鱼旗作为装饰品成排悬挂。
② 江户时代是德川幕府统治日本的年代，时间由 1603 年创立到 1867 年的大政奉还。是日本封建统治的最后一个时代。
③ 鼎谈：三人对面交谈。
④ 问鼎之轻重：问鼎的大小轻重。指妄图夺取天下。

后，主办方还会奉上煎茶、茧形点心和神社熬制的季节粥，招待各方来客。

忌宫神社的所在地原本是日本第 14 代天皇仲哀天皇（192—201）——其在《日本书纪》中被称作足仲彦尊、《古事记》里则名为带中日子命——的行宫丰浦宫。被百姓们当作"文武之神、胜运之神、安产之神"的神圣所在，世代虔诚祭祀。

根据日本平安时代编纂的历史古书《日本三代实录》记载，仲哀天皇四年（195），秦始皇第十一代传人"功满王"（亦称功德王），作为小国"弓月国"的国王访问日本下关，专访丰浦宫，并向天皇献上了珍贵的礼物——蚕种，由此，"丰浦宫"便成为日本蚕种传入之地，而下关也成为日本养蚕发源地和丝绸之路最靠东的入口。随之，渡来人这一固有名词也应运而生。渡来人是指在 4—7 世纪期间，从朝鲜半岛或者中国等地移居日本定居的人流。他们带来了先进的科学、技术和文化，对于日本的社会发展和文明开化起到了决定性的推动作用。

据史书《资治通鉴》记载，秦始皇的后裔，居住在位于今中亚哈萨克斯坦境内的弓月国。弓月国坐落于天山山脉的北侧，东部与新疆维吾尔自治区相连，南边与吉尔吉斯斯坦接壤，临近巴尔克什湖与伊犁河，是丝绸之路北方路线上的一座重要城市。当时的中国，正处于东汉统治时期（25—220），根据《后汉书·东夷传》记载，由于东汉势力扩张，他们征服了很多周边的民族，于是对其采用强权，并要求他们作为苦役继续修建万里长城以抵御外敌，弓月国作为其中一员也未幸免。后来，很多人难以忍耐苦役，纷纷逃往朝鲜半岛和日本等地。

弓月国的人们也是在这种背景之下，经由东北逃往朝鲜半岛的。《后汉书》卷八十五《东夷列传·三韩》记载："弁韩与辰韩杂居，城郭衣服皆同，言语风俗有异。"从记载可知弁韩与辰韩杂居，结合《三国史记》的记载，秦人被称弃韩。这段记载表明，秦人之后来到朝鲜，言语风俗与当地人不同。但是，秦人的大量涌入，与本地土著居民之间产生了资源共有和利益互惠方面的诸多问题，加之当时的土地利用面积有限，他们在政治上也受到了排挤与压迫。无奈之下，他们正视难以获取安居朝鲜的困境，只好选择了被迫继续东渡的现实。

带领他们东渡的，是功满王的儿子弓月君。根据《日本书纪》记载，公元283 年，弓月君从百济（前 18—660）带领 127 县（1 县约有 100 人）共 18670人集体移居日本。此时日本执政的天皇，是仲哀天皇的儿子应神天皇。来自丝绸之路上重要城市的弓月君及其臣民，带来的不仅仅是父亲当年献上的蚕种，还有其他领域的先进技术和高度的文明。对应神天皇来说，接收他们有益无弊，并且可以为激活故土锦上添花；而对弓月君来说，臣民们历经重重苦难与艰辛跋涉，能够找到安身之地也算圆了安居立业之梦。

安定下来之后，跟随弓月君来到日本的人们开始从事养蚕、纺织、灌溉、建筑等农工商业方面的工作。根据《山城国诸番·汉·秦忌寸》的记载，由于他们织出的丝绸柔软光滑，像"肌肤（日语发音为 hata）"一样，所以应神天皇赐予他们"波多（与肌肤这一日语发音相同）"的汉字姓氏。同时，源于中国的织布机也被叫作 hata，汉字表述为"机"。由此引申出参与织锦养蚕行业者的姓氏也被叫作 hata，汉字表述为"秦"、"太秦"、"羽田"等等。

关于养蚕的起源以及渡来人的历史，日本最早的史书《日本书纪》中明确记载道：天皇引导皇后采桑养蚕。也有日本史学家指出，由皇后主持参与的祭祀养蚕的仪式始于 8 世纪初的日本皇宫。民间的养蚕和织染技术可以追溯到 3 世纪。尔后，在东渡日本的中国工匠的指导之下，日本的养蚕织丝业承受日月的润泽，蓬勃发展起来。

2014 年 2 月 19 日至 4 月 5 日，日本宫内厅和文化厅、国际交流基金在巴黎日本文化会馆所举办了别具一格的展览"蚕绊——皇室养蚕与古代丝锦及日法丝绸交流"。该展览用纪念文集开门见山地指出：养蚕的发祥地源于中国。

关于养蚕的起源，宋朝（960—1279）的《路史·后记五》有这样的记载"黄帝妃西陵氏曰嫘祖，以其始蚕故又祀先蚕"（黄帝的妃子西陵氏叫嫘祖，养蚕是从她开始的，所以被祭为"先蚕"）。刘恕（1032—1078）《通鉴外记》中有"西陵氏之女嫘祖，为黄帝元妃，始教民育蚕，治丝茧以供衣服，后世祀为先蚕"（西陵氏之女嫘祖，是黄帝的元配正妃，她教百姓养蚕，所以被世人祭为"先蚕"）。元朝王祯（1271—1368）著的《农书》（1313）中有"淮南王萤经云，黄帝元妃西陵氏始蚕"。从这些书中可知，黄帝（前 3000）的妃子西陵氏之女嫘祖是养蚕的发明者，据樋口敦和陶雪迎 [1] 的研究，引文中"先蚕"是最初将养蚕技术传授百姓的神，而嫘祖是中国民间信仰中最古老的蚕神。

蚕神传说的特征大致上可分为三类。

其一，帝王始蚕型：以嫘祖为代表。古代帝王或是帝王的妻子为养蚕始祖

---

[1] 樋口敦和陶雪迎为研究日本文学的学者。

的传说。

其二，化身变蚕型：法力高强的道士或僧侣变身为蚕的传说。《道藏》的《太上说利益蚕王妙经》中的玄名真人与《皇图要览》中伏羲化蚕的故事皆为此种类型。

其三，女化蚕型：如马头娘类型的传说。这个故事中由以下过程构成："马死剥皮"、"马皮裹女"、"女化蚕"。《搜神记》的"女化蚕"和《太平广记》的"蚕女"便是这类故事的代表作。

台湾开始养蚕是在郑成功时代引入，日据期间曾经引进日本技术，在1980年创造了养蚕获益的最高峰，蚕茧的产量高达1824吨。不过，由于尔后的农业不振以及国际竞争激烈的影响，现在台湾的养蚕场仅剩苗栗的泉明生态教育蚕业农场一家。祭祀蚕神的庙宇也已不见踪迹。

对"先蚕"嫘祖的信仰在韩国也广泛存在，从高丽到朝鲜的历代王朝中都有体现。高丽有"先蚕祭"①，之后又有"亲蚕礼"②，都是为歌颂嫘祖开创的养蚕历史，而且是唯一由女性执行掌管的仪式。

前几年，日本NHK电视台播出的韩国宫廷热剧《李算》③68集重现了"亲

① 先蚕祭：先蚕是中国传统周礼，祭祀黄帝元妃嫘祖。先蚕亦称"祈蚕桑"、"亲蚕"。古代吉礼的一种。"先蚕"指最早发明种桑养蚕的人，为黄帝妃嫘祖，民奉之为蚕桑之神。战国时，以天驷（房宿）代表先蚕。周代，天子诸侯皆设有公桑蚕室，筑于河川附近。仲春二月，天子后妃，以少牢祭祀先蚕神，三月朔亲率内外命妇在北郊亲躬亲桑事，以鼓励蚕桑生产，其意义与籍田相似。

② 亲蚕礼：中国古代由皇后主持的最高国家祀典，祭祀蚕神西陵氏、行亲桑之礼。祭祀人和被祭祀人物均为女性。每年季春（阴历三月）的吉巳日，由皇后亲祭或遣人祭祀蚕神，有祭先蚕、躬桑、献茧缫丝3个部分。祭祀地点先蚕坛是北京九坛之一，建于乾隆七年（1742）。

③ 韩国宫廷热剧《李算》：李算即李祘，朝鲜王朝第22代君主，庙号正祖，自号"万川明月主人翁"。生于1752年，1776—1800年在位，号称朝鲜最后一位明君，被评价为"热爱学问、有圣人之风的王"，以学识渊博、作风开明、仁爱亲民、富于改革精神著称于世，是朝鲜王朝唯一一个留下个人文集的君主，和世宗、英祖同被誉为"圣君"，又和仁宗并称"仁君"。正祖和英祖统治的时期被后世合称为"英正时代"，在正祖时达到顶峰，其时朝鲜社会相对安定，文化空前繁荣，士农工商全面发展，也被称为"朝鲜的文艺复兴时代"。韩国MBC电视2007年拍摄的历史剧《李算》。此剧正是把其传奇的人生等待和挫折、成功和喜悦、辉煌的政绩和令人惋惜的爱情呈现给大家。朝鲜后期文化的整修以水原城为代表的高超建筑技术和引进新文物思想等，还有为朝鲜后期文化的整修作出贡献的朴趾源、李翼等学者的风采也将在剧中华丽展现，还有该剧中将第一次向大家展现宫中图画署和掖庭署。

蚕礼"的场面。实际上"亲蚕礼"于 1908 年后一度中止,1993 年重新恢复举办。在首尔,现在还保留着"先蚕遗址"① 的史迹,碑文中写着"黄帝妃西陵氏神位合祭"之字。

(二)蚕种纪念碑

"忌宫神社"作为日本第一个迎来蚕种的地方,在日本养蚕史上具有的重要意义自不待言。1933 年,当地政府与养蚕织锦行业、工商业各界与关注地方发展的乡绅、知名人士、教育界、文化界联手,发出了以史为鉴,振兴风土,传承文化,光大传统,共建蚕种发源纪念碑的呼吁。不久,他们立即得到了来自全国各地的积极响应,捐款数量也较原来所设想的目标增加了近一倍之多。于是,他们选取一块曾经用于建造历史名城大阪城的巨石,打造成"蚕种渡来之地"石碑,树立在忌宫神社之内,指定每年春暖花开的 3 月 28 日为蚕种祭,连年不断地在纪念碑前举行祭祀活动。

石碑成为当地的一道亮点,同时也凝聚了古往今来跨时代的人流。人们的向往和追求无形之中孕育出一份心声:需要一种精神羁绊,需要广泛的链接和联动。于是,忌宫神社的老主管便带领人们开始通过具体行为,使其得以成为现实。这就是蚕种祭!

1980 年 3 月 28 日,首届祭祀活动开始启动。他们在石碑前栽下三棵桑树,还从附近的山村请出依然遵循古时习俗,使用千年传代织机织布染色的农妇现场表演。现在,当年的两位织女都已作古,她们的弟子、60 岁的堀裕惠女士继承了这一事业。

(三)丝绸之路与日本

自古以来日本就对古丝绸之路心驰神往。尤其到了唐代,日本全方位的汲取中国模式,丝路的文与物就成了日本临摹的样本之一。而学有所成的主要背景首先是日本的地理条件有利。与其他国家相比,日本自古具有高度的航海能力,为其出入海洋,借鉴近邻而发展自身提供了先决条件。另一个是作为东西文化的枢纽——长安的繁荣,资供了编织日本梦的素材,形成了巨大无比的精

① 先蚕遗址在韩国首尔,是祭祀黄帝正妃嫘祖的遗迹。

神动力。为了向中国学习而派遣使者的遣隋使、遣唐使留学战略就是当时当地的时代精神的折射。

遣隋使、遣唐使始于 607 年，止于 894 年，先后实施了 20 次之多，其中至少 1000 多位派遣留学生在海上遇难丧生。尽管航海如此恶劣，日本青年依然争先恐后出行在中日之间长达 1000 公里的海路上。归国后，他们将用生命换取的大唐智慧与文物赠献给朝廷和天皇。756 年，圣武天皇崩御，光明皇后将先帝精心保管的来自丝路和大唐的珍品 600 余件交与东大寺正仓院宝库收藏。从此之后，历代天皇都继承了这一遗风，收宝和藏宝，并独家掌管宝库的钥匙，在规定的日子里只身入库查点，就连皇后与贴身侍从也不得跟随入内。其中，9000 件宝物每年一度公开展示，历年的参观人数一直保持在 20 万人次，年复一年。

也就是说，宝物与公众可以近距离对话，并且通过多种媒体和教科书得以如实展现。其中来自丝路的精美的紫檀五弦琵琶是人人皆知的精品。就这样，日本人世世代代继承了古代传下来的发展模式之中国定位，在这个框架内，不断输入以汉字为表述记号的中国式教养，并且在此基础之上与本土文化融合叠进，生产出一批又一批时尚新品，其中也包括非物质的、对于遥不可及的丝路的浪漫想象。比如，日本的地名中就有反映这种心态的"九十九里海滨"，更有战败后风靡一时的流行歌曲《月中沙漠》和名作《敦煌》所改编的叫座影片等，丝路始终是日本人民心中悠久的向往所在。

其根源除了日本文化在原生态阶段就积累了对浪漫与美好向往的温情特色之外，更重要的还应该取决于自古以来，日本的主流社会就尊重并认可中国传统文化，各界精英的价值取向也大都源于古典的教诲。尽管以此为人文核心的框架几经东西文化的大浪冲击，直至今日依然雷打不动的支撑着日本的上层建筑。无可否认，该框架中的内容伴随时代景迁产生了变幻，但对于当今的民主主义社会和国民意识依然具有重大的影响。这也是日本国民整体拥有足够的力量去正视传统、守护传统的思想根源。

2014 年 2 月 19 日至 4 月 5 日，以日本皇室的蚕文化交流史为主题的展览"蚕绊——皇室养蚕与古代丝锦及日法丝绸交流"在巴黎日本文化中心展出，吸引牵动了欧洲人民对传统与现实相融互惠方面的高度关注。本次展览由日本宫内厅和文化厅、国际交流基金主办，纪念文集中解说词主要有宫内厅及其所属的三丸尚藏馆和正仓院编写。纪念文集首先指出："养蚕源于中国"。

日本最早的人文教科书，即中国传入的四书五经等古典中记叙，始于黄帝元妃的养蚕在民间得以广泛传播。显然，这段上古佳话是铺垫和链接丝绸之路的原始要素。对此，日本最早的史书《日本书纪》中也有记载。据称，是日本的天皇引导皇后采桑养蚕。因此，由皇后主持参与的祭祀养蚕的仪式始于8世纪初的日本皇宫。

而民间的养蚕和织染技术当追溯到3世纪。在东渡日本的中国工匠的指导之下，日本的养蚕织丝业承受日月的润泽，蓬勃发展。当1859年横滨对外开放港口贸易时，丝织品占据了日本出口商品的首位。显然，历代皇后所参与的相关活动不仅承续了传统文化，同时也为日本的经济创收作出了贡献。其中，以当今皇后美智子的贡献尤为显著。她亲自养育了濒临绝种之危的日本野生蚕种——"小石丸"，并将皇室养蚕所收获的丝线奉献给正仓院，以做复原和修补世代相传的宝物之用。当然，其中一部分源于丝路和中国。另外，宫中仪式所使用的各种装束和赠送外国元首的珍贵礼品也都使用皇后饲养的蚕丝，织锦缝制。

鉴于皇室与养蚕的如此传承关系，皇后写了很多咏蚕和歌，每首都寄情咏志，抒发了养蚕叙史、继往开来的情怀。在此仅介绍下述四首：

> 夜半秋深蚕细语，月下丝丝听语人。
> 蚕话悠远音幽幽，蚕房深邃思牵丝。
> 春蚕到死丝方尽，情系烁闪映丝魂。
> 桑果硕硕诉沧海，君教谆谆为史健。

2014年5月3日，正是桑叶新绿、春夏交替的时节，天皇与皇后邀笔者到御所一叙。那时，两位教养横溢的老人兴致勃勃地谈起了养蚕体验，还提到在皇宫的大院发现了古时用来染色的植物时的兴奋。他们的特殊决定了他们既是传承历史的当事人，也是记叙历史的体验者。正因为他们生活在历史与日常的交叉之中，他们的历史观不仅以义正词严的方式公之于民，同时也通过各种生活细节得以反映。年复一年的养蚕织锦以及祭蚕仪式不正是传承和记叙历史的一笔吗？它通过具体行为表达了坚持以史为鉴的信念，与天皇本人的2015年新年讲话以及12月23日纪念82岁寿辰所发表的感言主题浑然成章。

"丝绸之路"的经验启示我们：内外的交流总是双向的，内外互惠的成果越是持续长久，该项目的双向意义和价值越被验证和公认。丝绸之路的恒久维系，是因为在物质交流之中始终贯穿着传统文化的价值内涵，进而递增了引人心神向往的魅力。世事沧海桑田，经过千淘万漉、贯穿时空流传下来的唯有那开放互惠包容进取的文化。这种历经千载验证的智慧令今人引以为鉴。

三、汉字文明链接点

世界大约二百多个国家中，现在仍在使用汉字的国家只有中国和日本。据说汉字系统化地传入日本列岛是在应神天皇（270—310 年在位）时代。而根据日本的"记纪"（日本历史书籍《古事记》和《日本书纪》的合称）记载，汉字传入日本是在公元 5 世纪初叶。

（一）从汉字的第一次加工到"国字"的创造

在中国，汉字的数量随着时代的发展不断增加。当今使用的汉字，一般认为大部分是在公元 1 世纪的东汉时期完成的。这个时期相当于日本的弥生时代后期，在汉字传入日本的 5 世纪初叶，汉字数量可以认为已更多、更齐全了。

实际上在 11 世纪初期，北宋官修的韵书《广韵》中，已收录了 26194 个汉字。当时的日本人，大概就是面对数量如此庞大的汉字，整理出了音读和训读（以日语固有的发音认读汉字的方法）。根据平安前期 891 年前后编撰的《日本国见在书目录》（日本最古的汉文典籍目录），当时日本皇宫收藏的汉文典籍达 16790 卷之多。可以想象，古代日本人咀嚼领悟的知识是多么可观。

如果将这种初期阶段容纳吸收汉字和汉文看作为初次加工的话，那么创造出日文汉字"国字"，则相当于更进一步的二次加工。

国字也被称为和字、倭字、皇朝造字、和制汉字等，是日本人的独创。《日本书纪》中记载，天武天皇（673—686 年在位）命境部连石积创制"新字"。室町时代的记录体书籍《贞永式目抄》中有这样一句话："畠字乃日本创制的千余汉字之一"。由此可见，国字是受汉字之恩惠后进行再创造的产物。

（二）引领西化的"和魂汉才"精神

日本在幕末维新时期接触到异质的西方文化时，也充分发挥了语言创造力，将此视为日本对汉字的第三次加工也不为过。在西方化、现代化的潮流中，日本确立了不失日语本质，通过翻译去理解、掌握新的学问、科学、思想的方法。可以说这是平安时代"和魂汉才"精神，在幕末维新时期以"和魂洋才"的形式而结晶绽彩。

幕末维新时期的贤人智士，凭借汉字创作能力翻译了西方的书籍。"干部"、"政策"、"经济"、"投资"、"社会"、"经营"、"自由"，等等，创制出上千个日语词汇。①

这些译词无不给人以透彻领会汉字本质且契合西文原意之印象，是非精通汉语典籍之"汉才"所莫能的，它们无一不是在根植于日本文化的汉学修养前提下诞生的。由于每一个汉字的意思与中国大体一致，因而大部分译词也被中国采用，这也值得作为中日文化交流的成果而大书特书。

（三）中日"联队"完成的汉字第四次加工

清政府于1896年6月15日，向日本派遣了由13人组成的第一批官费留学生。此后，派遣规模逐渐扩大，1905年已有近1万名留学生在日本学习。除了被称为中国近代文学之父的鲁迅（1881—1936），社会主义中国的领导人周恩来（1898—1976）、孙平化（1917—1997）、郭沫若（1892—1978）之外，还有军事家蔡锷（1882—1916）、美术家张大千（1899—1983）、科学家李四光（1889—1971）等，他们通过留日体验，积累了重建中国所必需的知识财富。

20世纪初叶，是中国教育界向现代教育转型的阵痛时期。最初是从模仿日本教育方式开始的，中国留学生们翻译和利用了日本的各科教材。之所以可以这样做，在于两国所使用的汉字在意思上具有共通性，即便不知道所用汉字的日语读音也无妨。西方的思想、科学、学术的日文译词，虽是日本人创造的新词，却是用汉字表记的，它们再通过中国留学生的翻译而汉语化，这样的中日"汉字接力"进一步丰富了汉字文化圈。可以说，这既是中日"联队"主导的一次"汉字革命"，也是自5世纪初叶汉字传入日本后对汉字进行的第四次加工。

（四）中国对日造汉字的再评价

有些汉字在今天的中国几乎已成为废字，但在日本却依然使用。例如，

---

① ［日］山室信一：《作为思想课题的亚洲》，岩波书店2001年版，第463—481页。

"雫"（日语为水滴意）、"囶"（古同"国"）等。对此，我们既可以探究其在中国之所以成为废字的历史性背景，也可以反过来思索一下，其何以在日本得以继续使用的文化背景。

在中国，重新认识日造汉字的事例正在增加。在《新华字典》的日文版（宫田一郎编译，第 10 版，光生馆 2005 年版）中，收录了日本的国字"畑"，释意为"'畑'，日本人的姓氏用字"。这本相当于日本《大辞林》的大众性词典中收录日本创制的汉字，意义可谓重大。

作为外来语的日语词汇大量涌入汉语，历史上有两次。假如把第一次界定为自日本明治维新之后至第二次世界大战之前的话，那么第二次则是从进入 2000 年后开始的。

比如说，根据漫画形象创造出的抽象型汉字词汇，有"特萌"（非常可爱）、"我倒"（近乎受到某种冲击时使用的拟态词）等。无论哪个词，都是不能完全按汉语传统的组词结构思考、解释的，是一种"另类"的汉字组合。它展示了一种象征着抽象与具象之有机联系的可能性。

越是关系到文化背景的语言，越是难以作出形象描述。比如在日本古典文学中出现的"阳炎"一词，我还没有找出一个贴切的中文译词。另外，关于圆月，日本吸收了中国的表现和文学，而观察"月"之盈亏变化的细节名称，则是日本的再生产。从日语中我们可以看到在接受汉字或汉文过程中体现出的折衷思想的痕迹。

（五）作为亚洲符号、全球化符号的汉字

在有西方生活经验并具备英语读写能力的日本人中，据说在夫妻争吵时，常会用英语争辩。在日本生活的中国人也如是，虽然日语流利，表达自如，但涉及逻辑思维的话题时，不少人就会转用"汉语"。中国人讨论问题时强调逻辑性，故而自然而然地养成了以三段式论证法阐述思想的习惯。

与西语和汉语截然相反的恐怕就是日语了。日语适宜于重视感性的文化，其象征大概就是日本创制的汉字词汇"侘寂"（幽寂朴雅）所表现的精神世界。

当富于逻辑性的汉字、汉字文化邂逅感性优先的日本时，就发生了化学反应。不仅仅是阴阳相克，同时还存在着相关、相和、相融、相好。正是基于汉字的这一性质，可以透视出东亚文化以及可与全球化符号英文对应的亚洲符号

的未来前景。而中日两国共同培育汉字文化圈之未来并非梦幻。

当我们从东亚共同拥有的知识结构的基础——汉字文明的层面再次审视大禹和养蚕文化、汉字文明之互惠时，将 2013 年在中日韩三国政府联合会议（以福田康夫前首相时任主席）的主导运作之下达成的，共同使用"808 共通汉字"（即 808 个通用汉字）的三国共识，深感其远大意义与前瞻的创建性。

四、结语和建议：互学互动互助互惠

综上所述，笔者认为与亚洲、东亚文明对话的深入需要提前做好以下几点精神和认识层面的准备。

第一，生活的层面的共识是不可缺少的共同分母。

第二，民俗和民风是维系共识持久的平台，没有这个平台就很可能出现断层。

第三，民间信仰是共识的支柱。

第四，礼仪和祭祀活动是共识的链接。

第五，汉字文化是共识的源泉，这是古往今来对话连绵不断的核心动力。

第六，日本是实践和佐证汉字文化成果的试验田。我们应该感谢并予以发挥。

第七，文化共识是世代友好的基础。

接下来是笔者的几项粗浅建议。其一，赞助各种汉字文化活动和大力开展教育界交流。比如，凡接受过义务教育的日本人基本掌握 2000 个左右汉字。2011 年有 467 所大学和 3077 所高中录取学生时考虑汉字成绩的分数。其二，文化共识与基础教养的互动。比如，共读一百本书，共吟一百首诗等多种形式。其三，特定文化明星的连锁反应。日本僧人空海在公元 707 年到达中国，带回大量古籍至今保存在国宝级寺庙中，我们可以开辟多种文化之旅，内外结合、双向链接。其四，共同开创新型的汉字文化圈，相互联动。

（日本法政大学教授）

中韩文明对话

——儒学与韩文创制

李甦平

2006 年我主编的《文明对话丛书》出版，其中韩国已故著名教授李正浩博士的《韩文的创制与易学》就是一部关于亚洲文明对话的代表性著作。这部著作的主旨是讲韩文创造的学术依据是中国的儒学。本文将这部著作的概要陈述如下。

孔子是中国儒学的创立者。儒学的载体是汉字，作为儒学载体的汉字在古朝鲜时代就已传入了朝鲜半岛。古代朝鲜民族只有语言但无文字，所以汉字的传入，在朝鲜民族文化史中具有划时代的贡献。这种贡献表现在两个方面：一方面是凭借汉字记录下了当时社会珍贵的历史；另一方面是依据汉字中承载着的儒学思想创造了韩文（时间推至朝鲜朝世宗大王时期 1419—1450 年）。

高句丽（前 37—668）究竟从何时开始使用文字，无确切的文献记载。据《三国史记》记载，高句丽自建立初期就利用汉字撰修本国史籍，名曰《留记》一百卷。600 年，婴阳王诏令太学博士李文真将《留记》再编纂整理为《新集》五卷。375 年，百济（前 18—663）于近肖古王三十年命博士高兴用汉文撰写百济国史，名为《书记》。新罗（前 57—668）初期无文字，《梁书·东夷传·新罗》记云："无文字，刻木为信，语言待百济而后通焉。"新罗的汉字使用，是通过百济而学得的。545 年，新罗的真兴王命柒夫等人用汉字撰写新罗国史。[①]用汉字撰写的国史，不仅为后人留下了宝贵的史料，而且亦可从汉字中了解其

---

① 参见金富轼：《三国史记》，乙酉文化社 1990 年版。

内在的儒家思想。

汉字传入半岛后，一直被广泛流传使用，直到朝鲜朝世宗大王时代（1419—1450）才创造了韩文，这就是著名的"训民正音"。韩文的结构原理深受汉字中蕴含的儒家思想的影响。具体说就是"训民正音"的结构原理与儒家经典《周易》具有深切的关系。如《训民正音·制字解》说："天地之道，一阴阳五行而已。坤复之间为太极，而动静之后为阴阳。凡有生类在天地之间者，舍阴阳而何之，故人之声音皆有阴阳之理，故人不察耳。今正音之作，初非智营而力索，但因其声音而极其理而已。理既不二，则何得不与天地鬼神同其用也。正音二十八字，各像其形而制之。"①

若分析这段话，可分解为如下七条：

（1）天地间的真理只有阴阳与五行；

（2）阴阳五行出自同一个理——"太极"，太极为阴阳五行之"体"，而阴阳五行则为太极之"用"；

（3）凡天地间有生类者，舍阴阳而何之？即万物皆由阴阳五行之作用而成；

（4）人的声音作为万物中的一种，皆有阴阳五行之理，但因人不察耳，故无人知晓；

（5）今世宗《正音》之作，并非智营而力索，是因观察人发声之形象，探求其阴阳五行之理；

（6）造就万物的天地自然（阴阳与五行）之理，与作用于人之声音（阴阳五行）的理，既然只有一种——太极，其理别说人之声音，连天地鬼神都同其用也；

（7）《正音》28 字亦模仿发音位置的形态，即其形是模仿发音器官的形状而制成的。

这是说韩文的创制原理是依据中国儒学的"太极"、"阴阳"、"五行"学说和易学。

在周敦颐的《太极图》中，若仔细分析象征阳动和阴静的第二图以及象征五行的第三图，就会发现：

---

① ［韩］李正浩：《训民正音的结构原理及易学研究》，亚细亚文化社 1990 年版，"附录"。

（1）木、火为一组位于左侧，属于阳；（2）金、水为一组位于右侧，属于阴；（3）土位于中央。（见图 1）这一图形象征的是由木生火，再由火到土以及由土到金，金到水，水到木的五行生成循环顺序。口腔五行——牙、舌、唇、齿、喉，各属于木、火、土、金、水。若按此方向确认，便会看到以下图形。（见图 2）按照五行原理，从口腔五个部位发出的音的基本形分别有ㄱ、ㄴ、ㅁ、ㅅ、ㅇ。

图 1

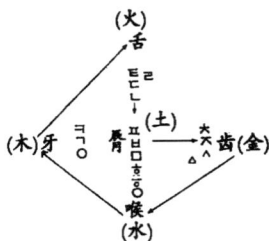

图 2

ㄱ：为舌根闭喉之形，属于牙音。

ㄴ：像舌附上颚之形，舌形像火苗，属于舌音。

ㅁ：像"口"形，在五行中类似于土，属于唇音。

ㅅ：在五行中类似于金，象征金属可以断一切，属于齿音。

ㅇ：取象于喉，属于喉音。

由以上五个基本音又派生出了初音 17 个字母，这 17 个字母若按着五行顺序排列，则见下表。

五行	木	火	土	金	水
五声	角（어）	徵（이）	宫（음）	商（아）	羽（우）
五音	牙	舌（半舌）	唇	齿	喉

续表

初音十七字	ㅋ ㄱ ㅇ	ㅌ（ㄹ） ㄷ（ㄹ） ㄴ	ㅍ ㅂ ㅁ	ㅊ（△） ㅈ（△） ㅅ	ㅎ ㆆ ㅇ
基本音	ㄱ	ㄴ	ㅁ	ㅅ	ㅇ
四时	春	夏	长夏	秋	冬
四方	东	南	中	西	北
五脏	肝	心	脾	肺	肾
五常	仁	礼	信	义	智

关于以上五个基本字母的儒学意义如下：

ㄱ：发音ㄱ的臼齿部分相当于口腔内五行中的木。这主要是指此处的牙，故称为牙音。在一年四季中相当于春季，论方位相当于东部，论五声相当于角声。ㄱ是韩文28个字母中的第1个字母，由它生出其他字母。这用易学思想来解释，就是万物资始于乾元，一元之气，四时运行。宇宙间一切生命起源于"乾元"，"阴阳"作用而有"五行"，"五行"又演为"万物"。所以，"ㄱ"从垂直方向（竖向）来考察，就如同是乾元。"大哉乾元，万物资始"（《周易·乾卦·象传》），生命的种子从天而降。这是一种垂直的关爱，与乾卦四德（元亨利贞）中的"元"之德相类似。《训民正音·制字解》所谓"一元之气周流不穷，四时之运循环无端"之理，似乎从"ㄱ"字始。令人饶有兴趣的是，在韩文中表示"伟"（거룩）、"神"（검）、"坚固"（굳다）等含义的词汇均以"ㄱ"开头。

ㄴ：发音ㄴ的舌尖部位相当于口腔内五行之火。舌尖敏感可分辨味道，并且很灵活，"如火之辗转而扬扬也"。该字属于舌音，论四季相当于夏季，论方位则相当于南部，论五声则相当于徵声。如果说ㄱ如同下垂某物，那么ㄴ则表示接住某物。《易》曰："至哉坤元，万物资生，乃顺承天。"（《周易·坤卦·象传》）ㄴ就是顺承天的坤元。现实中表示"生"（나다）、"飞"（날다）、"足够"（너끈하다）、"融"（녹다）、"缓"（느리다）等词语都以ㄴ字开头，也是比较有趣的现象。

ㅁ：《训民正音·制字解》中记载："唇方而合土也，声含而广，如土之含蓄万物而广大也。"从五行角度而言，嘴唇和嘴皆属于"土"。从五声角度而言，则属于宫声。从四时而言，主要指长夏，方位主要指中央。坤卦表示"土"，

坤卦记载："坤厚载物，德合无疆"（《周易·坤卦·象传》），"厚德载物"（《周易·坤卦·象传》），"含弘光大，品物咸亨"（《周易·坤卦·象传》）等。这表示"土"具有厚德载物的方正之德。其实，我们的嘴相当于"土"，它具有容纳所有能供给营养的食品，哺育我们肉体成长之厚德。颐卦表示"嘴"，颐卦记载"自求口实，观其自养也"（《周易·颐卦·象传》），表示调节饮食并摄取营养即为养正。颐卦还说"观颐，观其自养也"（《周易·颐卦·象传》），指出出言慎重亦是养正。这表示嘴不仅调节饮食，还应出言慎重，承担培养我们精神之重任。在韩文中，"喝"（마신다）、"吃"（먹는다）、"含"（머금다）、"咬"（물다）等词汇都从"ㅁ"开头。

ㅅ：《训民正音·制字解》称："齿刚而断，金也。声屑而滞，如金之屑锁而锻成也。"且，于时为秋，于方位为西，于五音为商声。该ㅅ字形还与人用双腿站立之象相类似。这说明，人就是如同万物结出的果实并呈现其真实的面貌，是完全同熟和同道的秋季。同时，人类又不同于动物，总是在思考问题，就像乐调中的"商"，进行商议和思考并能够坚强、完美地生活。如儒家经典所说："人之生也直，罔之生也幸而免。"（《论语·雍也》）头部朝天，双脚着地，与地成 90 度角度直立而顶天立地，"头容直，足容重"（《礼记·玉藻》）。上律天时，下袭水土，成为一个拥有完善人格的所有者。在韩文中，表示"人"（사람）、"芽"（싹）、"生活"（삶）、"苗壮"（씩씩하다）等词汇皆以"ㅅ"字开头，这不能不使我们推测ㅅ不仅与秋季、人相关联，而且还与那些具有生命的、活泼的、活跃的东西相关联。

ㅇ：其声音发自喉音中的最深处，喉部在所有发音器官中位于最深处，且最为润泽，在口腔五行中相当于水。论四时，则为冬季，论方位则为北，论五声则为羽声。ㅁ意指方正，ㅇ则意指圆神；ㅁ意味着有限性，ㅇ则意味着无限性。从这一内涵而言，无限性之象征——喉部为天，有限性之象征——嘴唇为地。从象的角度而言，ㅇ属于空。空为何物？空为所有时间性的根源和所有空间性之本初，是"万有之中"。尧舜的"厥中"和孔子的"时中"以及今天的"正中"，皆起源于这一空。

"象形而字仿古篆"是韩文创制的又一重要原理。这里的"象形"如《训民正音》所说："正音二十八字，各象其形而制之。初声凡十七字，牙音ㄱ象舌根闭喉之形，舌音ㄴ象舌附上腭之形，唇音ㅁ象口形，齿音ㅅ象齿形，喉音

○象喉形。"① 这表明《训民正音》的每个字，都是根据口腔内部对应于阴阳五行方位的各发音部位的形态而制成的。而"字仿古篆"，李正浩博士认为是"字形类似于汉字的古篆体"。例如《训民正音》说："ㄷ 使人联想到篆字從（从）或㢲（比）的汉字构成。"② 韩文的形体似汉字古篆。而韩文多是四四方方，更类似汉字。关于这些，汪德迈也有同感。他说："朝鲜注音系统的出现则晚至1446 年由李朝世宗颁布，此注音体系是十分独特的，它对朝鲜语进行了充分分析，十分精细地分离出各种母音、辅音。母音字母取法于天、地、人象形图式，在一种充满宇宙论精神下分别将母音分为'明'（开口）母音、'暗'（闭口）母音和介于二者之间的母音。辅音则根据舌、唇、声门的对立位置的图解来划分。这是一种不同于日语的注音字母体系。在记录词语时，字母以'音节字'的形式一个个音节组合起来，音节文字不是胶着于同一线上而是在一个方块内，以组成一个像汉字一样的组合书写单位。这种书写方式使按发音记录下来的朝鲜语从形式上可任意与汉字穿插运用。没有任何事情能够比此更好说明中国文言对朝鲜的影响，朝鲜是企图在汉语的基础上建立自己的书写系统。"③

李正浩博士在《韩文的创制与易学》这部著作中的一个中心观点就是，韩文创制的理论基础是中国的儒学思想，尤其是易学思想。据李正浩博士的考证，世宗大王对中国的儒学典籍很熟悉，尤其酷爱《周易》。他不仅自己认真熟读《周易》，领悟其中的真谛，而且还利用处理朝政间的闲暇时间宣讲易学理论。正是在世宗大王这一思想指导下，中国的儒学成为韩文创制的理论依据。

儒学与韩文创制这一历史事实表明了中韩文明对话的重要性。这一重要性启示我们不同文明之间是可以互相交流，互相补充，互相学习，互相借鉴，即互相对话的。不论是历史社会还是当今现实社会，不论是学术问题还是政治问题，少些文明冲突，多些文明对话，人类社会便会更加和谐，更加安宁，更加美好，更加和平。

（中国社会科学院哲学研究所研究员）

---

① ［韩］李正浩：《训民正音的结构原理及易学研究》，亚细亚文化社 1990 年版，"附录"。
② ［韩］李正浩：《训民正音的结构原理及易学研究》，亚细亚文化社 1990 年版，第 43 页。
③ ［法］汪德迈：《新汉文化圈》，陈彦译，江西人民出版社 1993 年版，第 101 页。

论韩国的早期朱子学思想 [①]

洪 军

儒学思想产生于 2500 多年前的春秋战国时代，其创始人是春秋末年的大思想家、大教育家——孔子。他把"仁"作为儒学的核心理念，开始了关于哲学、伦理、政治、教育诸方面的重大问题的探讨。后经由孟子、荀子、董仲舒、朱熹、王阳明等历代儒学大师的补充与发展，逐渐成为我国封建社会的统治思想和传统文化的主流思想。同时又传播至域外，如朝鲜半岛、日本列岛、越南等东亚、东南亚各国，在东方形成了儒家文化圈。尤其曾在东亚，韩日官学"独尊朱学（朱子学）"，形成了至今人们津津乐道的"东亚儒家文化圈"。

在东亚儒家文化圈中受儒家思想影响最深、最广的国家为韩国。对于韩国儒学，李甦平先生指出："何谓韩国儒学？关于这个问题，一些对韩国历史和文化有着走马观花式了解的人认为，韩国儒学就是中国儒学的移植和翻版。此言误矣！固然中国是儒学的发源地，儒学就是以孔子为首的儒者的学说及其思想的总汇。同时应该看到儒者的学说和思想总是随着时代的发展而深化，随着时势的需求而丰富。由此，儒学才能够像一棵长青之树，像一条湍流不息的长河，永葆青春，永不沽竭。"[②] 诚如斯言，儒学从中国传入朝鲜半岛后便开始了本土化、民族化历程，这种带着民族印记的儒学就不再是中国儒学，而是具有独立性的"韩国儒学"。

---

① 本文部分内容曾发表于《史林》2015 年第 6 期，此次对原文作了修改和补充。

② 参见李甦平：《韩国儒学史》，人民出版社 2009 年版。

韩国儒者以独特的问题意识和精微的逻辑思辨，使儒学发生了重要变化，演变为具有朝鲜民族特色的"韩国儒学"。朝鲜王朝（1392—1910）开国后，朱子学迅速上升为国家意识形态领域的主流思想，遂成为此后朝鲜朝的官方哲学。

在跨文化比较研究日益受到学界关注的今天，作为东亚儒学百花园中的一枝奇葩，韩国儒学也将会日益彰显其独到的理论价值与意义。但是，目前中文学界对高丽末期和朝鲜朝开国之际朱子学的研究更多侧重于朱子学传入之初的主要人物间的传承系谱的研究 [1]，而对其义理发端之初的理论特点的探讨略显不足。本文拟通过对丽末鲜初朱子学在韩国的传播及发展状况的考察，以思想史的视角探讨韩国的早期朱子学义理思想的特点。

一、高丽末期的朱子学

韩国统一新罗和高丽两朝的统治阶级将佛教定为国教。佛教的广泛传播不仅促进了韩国思想文化的发展，而且还推动了社会艺术、建筑等诸多领域的发展。但是随着高丽王朝（918—1391）的衰弱，作为国教的佛教也日益腐化堕落，其在意识形态领域的统治地位亦逐渐丧失，"崇佛与排佛"成了高丽社会末期的矛盾焦点。高丽朝后期从武臣执权时起，文教进入沉滞期，至13世纪末整个社会已呈衰落。此时出身中小地主阶层的"新进士类"，通过科举登上国家政治舞台，且成长为影响王朝政治的一股新兴势力。他们企图从元朝引进程朱理学（朱子学）重拾社会秩序，进而挽救国家的命运。不过，朱子学的被传入还与当时元朝社会思想界的特征有密切关联。元代统治者出于自身需要把朱子学定为官方哲学的同时，却将与之对立的陆九渊心学列入排斥之列，致使陆学只能在中国南方民间传播。因朱子学在元代思想界享有独尊地位，故自然就成为高丽新进士类所要引进的首选。[2] 这一特征在韩国思想界影响甚远。它一方面使朱子学成为此后朝鲜朝五百年间的官方哲学，另一方面却影响和阻碍

---

[1]　韩国早期的朱子学传承系谱的相关研究著作有：[韩] 崔英成：《韩国儒学通史》（上中下），simsan 出版社 2006 年版；[韩] 琴章泰：《朝鲜朝　前期　儒学思想》，首尔大学出版社 1997 年版；李甦平：《韩国儒学史》，人民出版社 2009 年版；等等。

[2]　李甦平：《韩国儒学史》，人民出版社 2009 年版，第 96—97 页。

了陆王一系的心学思想在韩国的传播。

据载，朱子学是高丽忠烈王时由安珦从元朝传来。对于朱子学，虽有"新儒学"、"宋学"、"程朱学"等称谓，但其内容则基本相同。[①] 安珦（1243—1306），字士蕴，号晦轩，朝鲜时代改称为安裕兴州（今韩国顺兴）人。韩国高丽朝后期的儒学大家和教育家，被称为韩国性理学的始祖。安珦为高丽忠烈王的宠臣，历任尚州判官、儒学提举、集贤殿大学士、金议中赞等职。1289年高丽朝设置儒学提举司，安珦被任命为首任"本国儒学提举"。是年他扈从忠烈王入元，在滞留元都（大都，今北京）期间始得《朱子全书》，知其为孔门之正脉，遂手录其书，并摹写孔子和朱熹画像而归。归国后安珦讲究朱子之书，深致博约之工，"晚年常挂晦庵先生真像，以致景慕，遂号晦轩"[②]。他常以兴学育才为己任，"蓄儒琴一张，每遇士之可学者劝之"[③]。而且，安珦还曾随忠宣王来过元朝，再次目睹了文教在元朝社会之隆盛状况。

但是，当时高丽朝的儒学则呈现一派萧条景象。对此安珦曾作诗咏曰："香灯处处皆祈佛，箫管家家尽祈神。独有数间夫子庙，满庭春草寂无人。"[④]为了重新振兴儒学和恢复荒废的儒学教育机构，他建议朝廷设置"赡学钱"。安珦曰："夫子之道垂宪万世，臣忠于君，子孝于父，弟恭于兄"[⑤]，兴学养贤的目的就在于传授孔孟之教，推行儒家的伦理道德。他还曾派博士金文鼎等入元朝，画先圣及七十子像和求祭器、乐器、六经诸子史等回国，并荐举李慌、李瑱等人为经史教授都监使，于是"禁内学馆内侍三都监五库愿学之士，及七管十二徒诸生（指国学七斋与私学十二徒——笔者注），横经受业者动以数以百计"[⑥]。在他的积极倡导和推动下，儒学开始在高丽社会得到重视。安珦另一功绩是培养出了众多硕学大儒，著名者有禹倬、权溥、白颐正等人。其门生也为朱子学在高丽的传播作出了重要贡献。

安珦卒后13年即忠肃王六年（1319），朝廷为表彰其在兴学养贤方面的功

①　柳承国：《韩国儒学史》，傅济功译，台湾商务印书馆1989年版，第99页。

②　郑麟趾等：《安珦》，《高丽史》卷一百五，列传十八，台湾文史哲出版社1972年版，第253页。

③　郑麟趾等：《安珦》，《高丽史》卷一百五，列传十八，台湾文史哲出版社1972年版，第253页。

④　《遗集·题学宫》，《晦轩实纪》卷一，韩国全南大学校出版部1984年版，第204页。

⑤　郑麟趾等：《安珦》，《高丽史》卷一百五，列传十八，台湾文史哲出版社1972年版，第253页。

⑥　郑麟趾等：《安珦》，《高丽史》卷一百五，列传十八，台湾文史哲出版社1972年版，第253页。

绩，给予其从祀文庙之殊荣。朝鲜朝时期祭祀安珦的白云洞书院，在时任丰基郡守的李滉的努力下1550年被明宗赐名为"绍修书院"。"绍修书院"是朝鲜朝最早的赐额书院。

高丽朝后期的名儒禹倬（字天章，又字卓甫，号白云，称为"易东先生"，1263—1342）是安珦的大弟子，也是早期的朱子学主要传播者之一。禹倬为丹山（今韩国丹阳）人，他与白颐正、辛葳、权溥并称为安珦门下的"四君子"。历任宁海司录、监察纠正等职，曾官至成均馆（国学）祭酒。禹倬博通经史，尤其对《易》学造诣颇深。其时，"程传（按：指《程氏易传》）初来东方，无能知者。倬乃闭门月余、参究乃解。教授生徒，理学始行"。[①] 可见，禹倬是以易学为中心接受程朱之学。朝鲜朝的儒学巨擘李滉对其学德十分敬仰，将其列为丽末鲜初的八大儒之一。[②] 他不仅建议朝廷在安东创建"易东书院"，而且还对其易学研究给予了极高评价，曰："天相吾东，斯文有迪，我程易传，肇臻斯域，人罔窥测，视同发梗，不有先生，谁究谁省……孔演十翼，程氏攸宗，专用义理，发挥天衷。熟玩深味，靡不该通。知益以明，守益以正。以是教人，德业无竞。"[③] 禹倬在韩国易学史上开启了以义理为中心的易学研究（义理易）之先河。由此可知，朝鲜朝朱子学的以《易》为中心的性理学传统始于禹倬。

安珦的另一名弟子权溥（原名永，字齐万，号菊斋，1262—1346）为安东人。他于忠烈王五年年18岁即登第，历任金议舍人、礼宾寺尹、词林院侍读学士、金议政丞等，封为永嘉府院君，谥文正。忠肃王元年（1314）同闵渍一起编撰高丽朝自太祖以来的实录，忠烈王二十八年（1302）和忠宣王元年（1309）分别作为圣节使和正朝使出使元朝。史称权溥"性忠孝，惠族姻，睦僚友，嗜读书，老不辍。尝以朱子《四书集注》建白刊行，东方性理之学自权

---

① 郑麟趾等：《禹倬》，《高丽史》卷一百九，列传二十二，台湾文史哲出版社1972年版，第307页。

② 参见李滉：《增补退溪全书》（三），"退溪先生文集续集"卷八，"回示诏使书"，第138页；《增补退溪全书》（四），"退溪先生言行录"卷五，"论人物"，韩国成均馆大学校大东文化研究院1985年版，第231页。

③ 参见李滉：《增补退溪全书》（二），卷四十五，"易东书院成祭禹祭酒文"，韩国成均馆大学校大东文化研究院1985年版，第401页。

溥倡"。① 他在翻刻朱子学著作，普及程朱理学方面很有建树。据《栎翁稗说》记载："我外舅政丞菊斋权公，得《四书集注》，镂板以广其传，学者又知有道学矣。"② 而且，他还同其子权准褒集历代孝子 64 人并使婿李齐贤著赞，以定名曰《孝行录》刊行于世。此外，权溥还有其所注的《银台集》二十卷，但今已失传。在他的努力下，忠惠王五年（1344）高丽改订科举法，"六经义"和"四书疑"被定位"初场"之考试科目。③ 于是，《四书集注》便成为士人们应试所必备的教科书。

白颐正（字若轩，号彝斋，1247—1323）为蓝浦郡人，亦是高丽朝后期的名儒。高宗时登第入翰院，历任金议评理、商议会议都监事等，后被封为上党君。白颐正也曾赴元，并于元大都生活多年。忠烈王三十一年（1305）白颐正作为忠宣王的侍臣入元，并于元大都居留十年，在忠肃王元年(1314)归国。④《栎翁稗说》记载："白彝斋颐正，从德陵留都下十年，多求程朱性理之书以归……学者又知有道学矣。"⑤ 在元期间他钻研程朱之学，归国时带回《朱子家礼》等大量朱子学著作。《高丽史》亦称："时程朱之学始行中国，未及东方。颐正在元，得而学之。东还，李齐贤、朴忠佐道先师受孝珠（颐正）。"⑥

与安珦相比，白颐正则在研究和进一步深化程朱之学的理论方面贡献更大。而且，在高丽朱子学的传承方面还起到了承上启下的作用。如其弟子朴忠佐（字子华，号耻庵，1287—1349），官至判三司事，被封为咸阳府院君。他喜读《周易》，终生致力易学（主要是研读"伊川易"）研究⑦；弟子李齐贤则培养出李穑等丽末鲜初的著名朱子学者。白颐正的遗稿有：《燕居诗》、《咏唐尧》、《寒碧楼》、《与洪厓集句》等。

李齐贤（字仲恩，号益斋、栎翁，1288—1367）为庆州人，高丽末期政治

---

① 郑麟趾等：《权溥》，《高丽史》卷一百七，列传二十，台湾文史哲出版社 1972 年版，第 382 页。

② 《栎翁稗说》前集二《丽季明贤集》，韩国成均馆大学校大东文化研究院 1995 年版，第 356 页。

③ 参见《高丽史节要》卷二十五，忠惠王五年甲申八月条，韩国新书院 2004 年版，第 88 页。

④ 李甦平：《韩国儒学史》，人民出版社 2009 年版，第 98 页。

⑤ 《栎翁稗说》前集二《丽季明贤集》，韩国成均馆大学校大东文化研究院 1995 年版，第 356 页。

⑥ 郑麟趾等：《白文节》，《高丽史》卷一百六，列传十九，台湾文史哲出版社 1972 年版，第 260 页。

⑦ 郑麟趾等：《朴忠佐》，《高丽史》卷一百九，台湾文史哲出版社 1972 年版，第 301 页。

家、史学家，亦是权溥之婿。在早期的朱子学传播者中，李齐贤是卓有建树的一代名儒，他亦曾有赴元、留元都生活之经历。李齐贤年 15 岁便登成均馆试状元榜，历任进贤馆提学、知密直司、政堂文学、判三司事、右政丞、门下侍中等职，封为鸡林府院君，谥文忠。1313 年忠宣王让位于太子忠肃王后便以太尉身份留居于元，在大都他构筑万卷堂与当时许多名儒交游，元仁宗延祐元年（1314）他将李齐贤召至元都（大都）。其时姚燧、阎复、元明善、赵孟頫、虞集等咸游王门，李齐贤与他们相从学益进。李齐贤在元朝滞留时间较长，其学问造诣亦曾让姚燧、元明善等元朝学者"称叹不置"①。李齐贤回国后，通过兴学养贤，积极传播和推动了朱子学的发展。而且，他还成就了高丽儒学史上的一段佳话。即，著名的父子学者李穀、李穑均出自其门下。李齐贤视程朱理学为"实学"，故在学风上非常强调经世致用之实用之学，主张"躬行心得"和"求新民之理"。其实，李齐贤的思想中有较强烈的现实指向性，他试图以经世之学来反对佛教，革新朝政。并且，他还向朝廷提出了诸多志向改革现实政治的建议，这与安珦、白颐正有较大区别。此外，从李齐贤所提倡的"为学次序"②中又可以看出，其对以六经为代表的经学思想的重视。李齐贤的著作有《益斋乱稿》（十卷）、《栎翁稗说》（四卷）、《益斋长短句》等。

由此可知，作为儒学新形态的程朱理学（朱子学）主要是由出使元朝的使臣传入韩国。经过他们的积极倡导和推动，朱子学在高丽朝的知识界获得了初步的传播。③值得注意的是，从《高丽史》的记载来看，高丽朱子学的传承主要是由安珦及其弟子来完成。换言之，高丽的朱子学是由安珦开其端，并由其弟子和再传弟子加以传承并发扬。因此安珦在高丽乃至韩国儒学史上的历史地位和功绩理应得到重视。但是，这一时期处于韩国朱子学义理思想的萌发阶段，故丽末朱子学在理论创获上的成就自然十分有限。

从思想史的意义上，这一时期的特点可以归纳为以下两点：一是朱子学义

---

① 郑麟趾等：《李齐贤》，《高丽史》卷一百十，列传二十三，台湾文史哲出版社 1972 年版，第 320 页。

② 郑麟趾等：《李齐贤》，《高丽史》卷一百十，列传二十三，台湾文史哲出版社 1972 年版，第 325 页。

③ 参见洪军：《朱熹与栗谷哲学比较研究》，中国社会科学出版社 2003 年版，第 115—116 页。

理在高丽社会得到初步普及的同时获得新进士林阶层的认同；二是为下一阶段朝鲜朝朱子学义理思想的勃发培养和储备了大量人才。

二、朝鲜朝初期的朱子学

至丽末鲜初，即高丽、朝鲜两新旧王朝更替之际思想界涌现出李穑、郑梦周、郑道传、权近、吉再、朴础等著名朱子学家。刚刚传入半岛的朱子学顺应时代潮流，成为社会改革的理论武器，并在新王朝建立过程中发挥了重要作用。①

高丽末的重臣、著名的朱子学家李穑（字颖叔，号牧隐，1328—1396）是"丽末三隐"之一，历任典理正郎、内书舍人、政堂文学、判三司事等职，谥文靖。作为李齐贤的门人，李穑在韩国儒学史上，起到了承上启下、继往开来的转折性重要作用。所谓"承上"、"继往"，是说他的儒学仍具有政治儒学的色彩；所谓"启下"、"开来"，是讲他的政治儒学与高丽前期的政治儒学已有本质区别。李穑以朱子学作为其政治儒学的核心内容。同时，在构建学理层面的儒学中，他还提出了许多重要的学术观点，对丽末鲜初的儒学产生了深刻影响。甚至可以说，他的一些学术观点，如"天则理"、"一而二，二而一"等奠定了韩国性理学的基本理念。② 他任成均馆大司成时不仅亲自讲授朱子学，还聘金九龙、郑梦周、李崇仁等为教官，培养了一大批儒生，为朱子学在高丽全境内的传播与发展作出了重大贡献。《高丽史》上称，恭愍王十六年"重营成均馆，以穑判开城府事兼成均馆大司成，增置生员，择经术之士金九龙、郑梦周、朴尚忠、朴宜中、李崇仁皆以他官兼教官。先是，馆生不过数十，穑更定学式，每日坐明伦堂，分经授业。讲毕，相与论难忘倦，于是学者坌集相与观感。程朱性理之学始兴"。③ 他将程朱理学视为儒学之正脉，强调学者应以"明明德"为首要之务，曰："以吾儒言之，曰明命，以天言之；曰明德，以人言也。

---

① 参见洪军：《朱熹与栗谷哲学比较研究》，中国社会科学出版社 2003 年版，第 115—116 页。

② 李甦平：《韩国儒学史》，人民出版社 2009 年版，第 124—125 页。

③ 郑麟趾等：《李穑》，《高丽史》卷一百十五，列传二十八，台湾文史哲出版社 1972 年版，第 413 页。

顾明命明明德，学者之事也。"① 又曰："在天曰明命，在人曰明德，非二物也。而天与人判而离也久矣，仲尼盖悲之，道统之传，不绝如线，幸而再传，有圣孙焉，著为一书，所以望后人者至矣。"② 此处"明德"指的是"性"，即所谓在天为命，在人为性。他认为，二者是"一而二，二而一"的关系。进而又从"天人无间"立场出发，李穑提出"天则理"思想。曰："天则理也，然后人始知人事之无非天也……指人物而名之曰人也物也，是迹也。求其所以然而辩之，则在人者性也，在物者亦性也。同一性也，则同一天也。"③ 他反对将天和人、命和性分而为二。在政治上，他主张以三纲五常作为立国之本，企图重建理想的儒家王道政治。在丽朝新旧王朝更替时李穑站在保守派一边，反对革新派的田制改革。1392 年革新派赵浚、郑道传等人与李成桂密切配合，建立了李氏朝鲜王朝。由此朱子学获得了官学的地位，亦随之成为朝鲜王朝的统治理念。他的著作有《牧隐集》（五十五卷）。

　　"丽末三隐"之一的郑梦周（字达可，号圃隐，1337—1392）亦是高丽末期的政治家、哲学家、文学家，被李滉等人视为"东方理学之祖"④。历任成均馆博士、政堂文学、右馆馆大提学等职，谥文忠。他一生不遗余力地推广程朱之学，曾"内建五部学堂，外设乡校，以兴儒术"⑤。他的此一心向和作为开朝鲜儒教兴起之先河。其时，明朝已开国，他暗图废弃蒙古服饰，力请朝廷施行大明衣冠文物，主张"绝元归明"。而且，他对朱子学有很深的体会，其理论造诣颇得同时代学者的赞赏。如李穑曾曰："梦周论理，横说竖说无非当理，推为东方理学之祖。"⑥ 表明他对朱子学的精深研究和哲学思考已达到相当的理论高度。郑梦周竭力倡导"濂洛之道"及朱子学的同时，还极力排斥佛老之言，并仿朱子家礼立家庙奉先祀以取代佛教仪式，行冠婚丧祭。韩国 17 世纪的大儒宋时烈（1607—1689）也对其称颂道："吾东方自箕圣以后至于丽季阐开道

---

① 《牧隐稿》文稿卷六"杲庵记"，韩国文集丛刊 5，景仁文化社 1996 年版，第 48 页。

② 《牧隐稿》文稿卷十"可明说"，韩国文集丛刊 5，景仁文化社 1996 年版，第 80 页。

③ 《牧隐稿》文稿卷十"直说三篇"，韩国文集丛刊 5，景仁文化社 1996 年版，第 77 页。

④ 《增补退溪全书》（四），"退溪先生言行通录"卷五，"类编"，第 97 页。

⑤ 郑麟趾等：《郑梦周》，《高丽史》卷一百十七，列传二十九，台湾文史哲出版社 1972 年版，第 450 页。

⑥ 郑麟趾等：《郑梦周》，《高丽史》卷一百十七，列传二十九，台湾文史哲出版社 1972 年版，第 442 页。

学有功，斯文无如郑梦周之比，而至使人人得知君臣父子之伦，内夏外夷之义者，亦皆梦周之功也。"① 郑梦周35岁和47岁时曾作为高丽朝使节入明朝，他也是在高丽朝廷内力倡亲明外交的代表人物。两朝更替之际，他对高丽王朝忠心耿耿，忠实践履了孟子所言"有安社稷臣者，以安社稷为悦"的儒家教义。郑梦周的一臣不事二主的至死不变的忠义节烈精神，后被李朝君臣高度推崇，这也是他被尊为东方理学宗祖的重要原因。他的著作有《圃隐集》（七卷）。

被誉为"东方真儒"的郑道传（字宗之，号三峰，谥文宪，1342—1398）是丽末鲜初著名的政治家和斥佛论者，庆尚北道奉化人。作为李穑的弟子，他于1362年登进士第，翌年任忠州司录，从而开始了其坎坷的政治生涯。在高丽朝历任成均馆博士、成均馆司业、艺文广教、三司右使、右军都总制使等官职。在两朝交替时期，郑氏作为改革派的核心人物与李成桂相互配合，1392年拥立李成桂建立新王朝成为李氏朝鲜的开国功臣，并在建立新朝的各项制度方面起了关键作用，亦被后人誉为"朝鲜王朝的设计师"。而在意识形态领域里，他以朱子学为理论武器，从教义和哲理上对佛教进行了深刻地批驳。这是他的主要的理论功绩。同时代的名儒朴礎对其赞道："郑道传发挥天人性命之渊源，倡明孔孟程朱之道，辟浮屠百代之诳诱，开三韩千古之迷惑，斥异端，息邪学，明天理而正人心，吾东方真一人而已。"② 在排佛的过程中，郑氏批判地吸收程朱理学思想，逐渐建立了自己的性理学体系。在道器说方面，他以形上、形下区分道器的同时，还强调了二者的不离不杂性。即，道虽不杂于器，亦不离于器。并以此为基础批评了佛教，指出佛教昧于道器之辨，视道器为二物。主张佛教"道与器岐而二之"的"道器"两极化的思想，根于其"万法唯识"、"诸相非相"之观念。结果导致"以器为道"，使"道"落于形而下之器。表明，郑道传不仅对程朱的道器说有准确的理解，而且对佛教理论要害处亦有相当深刻的认识。在三峰的哲学著述中，对心性学的论述所占的比重较多，如《佛氏杂辨》十九篇文章中"佛氏心性之辨"、"佛氏心迹之辨"、"儒佛同异之辨"、"辟异端之辨"以及《心气理篇》、《心问》、《天答》等都集中涉及"心性"问题。关于"心"，《心难气》篇中则写道："心者，合理与气，以为一身神明之舍。

① 《圃隐先生集续录·筵臣奏辞》，《圃隐先生文集》，回想社1985年版，327页。
② 郑麟趾等：《金子粹传（附）》，《高丽史》卷一百二十，列传三十三，台湾文史哲出版社1972年版，第503页。

朱子所谓虚灵不昧，以具众理而应万事者也。愚以为惟虚，故具众理；惟灵，故应万事。"① 指出，"心"为理气之合，是一身神明之舍。此时的心中之理为心之所禀之德，即"理者，心之所禀之德而气之所由生也"。②"德"，即为仁义礼智之性，天之所令而人之所得者。主张，若以义理存心而涵养的话可以无物欲之弊，全体虚明而大用不差。由此，三峰提出"志帅气卒"的思想。他写道："志吾之帅，气吾徒卒。皆不坚守，弃臣从敌，以臣之微，孤立单薄。"③此说后来被演变为李滉的"理帅气卒"论。表明，三峰是以程朱心性学说为基础展开了对佛教"性空"论的批评，并得出"佛氏虚，吾儒实；佛氏二，吾儒一；佛氏间断，吾儒连续"的结论。

郑道传斥佛论主要集中反映在其著作《佛氏杂辨》一书，书中他对佛教观点逐一批驳、辩解。在批评佛教的过程中，系统发挥了朱子学的观点。此文撰写于1398年，三峰围绕以下19个问题展开分析论述。即，1. 佛氏轮回之辨；2. 佛氏因果之辨；3. 佛氏心性之辨；4. 佛氏作用是非之辨；5. 佛氏心迹之辨；6. 佛氏昧于道器之辨；7. 佛氏毁弃人伦之辨；8. 佛氏慈悲之辨；9. 佛氏真假之辨；10. 佛氏地狱之辨；11. 佛氏祸福之辨；12. 佛氏乞食之辨；13. 佛氏禅教之辨；14. 儒释同异之辨；15. 佛法入中国；16. 事佛得祸；17. 舍天道而谈佛果；18. 事佛甚谨年代尤促；19. 辟异端之辨。从题目中我们可以看出，三峰对佛教的批判相当系统而全面。在反对佛教"轮回"、"因果"等基本教义和内容的过程中，提出天地万物皆由"气"形成的气化论观点。郑道传是丽末鲜初斥佛论思想的集大成者，正是通过他对佛教教义的系统而全面的批判朱子学才获得官学的地位，成为朝鲜朝的官方哲学。而且，经他的积极阐发和努力，朱子学中的理气论、心性论等领域的诸多观念和思想在此后韩国性理学发展过程中得到进一步的继承和阐发。郑氏哲学思想方面主要代表作《心气理篇》、《佛氏杂辨》等均收录在《三峰集》（十四卷）中。

与郑道传一起活跃于丽末鲜初思想界的朱子学者权近（字可远，号阳村，1352—1409），为安东人，曾受教于李穑和郑道传。他出身文臣贵族家庭，曾祖父即是前文所介绍的高丽朱子学先驱权溥。其大作《五经浅见录》按照朱子

① 郑道传：《三峰集》卷十，《心难气》，三峰郑道传先生纪念事业会2009年版，第201页。
② 郑道传：《三峰集》卷十，《理谕心气》，三峰郑道传先生纪念事业会2009年版，第210页。
③ 郑道传：《三峰集》卷十，《心问》，三峰郑道传先生纪念事业会2009年版，第226页。

学观点阐释五经，而《入学图说》则是朝鲜最早一部理解朱子学思想的入门向导书，影响曾及于日本。

权近与郑道传虽然并称为朝鲜朝初期朱子学的双璧，但在接受和习研朱子学方面却各有侧重。郑氏致力于对现有朱子学理论的理解与实践，并以之竭力批判佛教。而权近则更倾心于朱子学理论的探讨与发展。仅就二人对韩国朱子学的理论贡献而言，权氏显然大于郑氏。故权近被后人视为朝鲜朝初期朱子学的理论代表。

权近以独尊儒术为基本前提，在对佛、道进行批判的过程中阐述了自己的观点。他强调"理"的绝对权威，曰："理为公共之道，其尊无对。"① 权近的这一思想后来被李滉加以继承和发展为"理尊无对"、"理贵气贱"论，开启了韩国儒学史上著名的主理论传统。

权近还指出："理为心气之本原，有是理然后有是气，有是气然后阳之轻清者上而为天阴之重浊者下而为地……天地之理，在人而为性；天地之气，在人而为形；心则兼得理气，而为一身之主宰也。故理在天地之先，而气由是生，心亦禀之，以为德也。"② 在此基础上，他着重解释了"五常"、"四端"、"七情"等心性论方面的基本问题。尤其是，他在《入学图说》中首次提出的"四端"与"七情"的关系问题，开启韩国儒学史上著名的"四端七情"论辩之先河。

"四端"出自《孟子·公孙丑上》，"七情"出于《礼记·礼运篇》。"四端"，即指恻隐之心、羞恶之心、辞让之心、是非之心，人的四种伦理道德情感；"七情"则指喜、怒、哀、惧、爱、恶、欲，七种人的生理心理的自然情感。二者之间的关系问题在我国并未引起注意，而在 16 世纪的韩国性理学界却引发了一场"四端七情，理发气发"之大论辩。这一论辩最终使韩国性理学走上了以心性论探讨为中心的哲学轨道，在东亚儒学史上产生重要影响。对这一哲学范畴的探讨，意味着韩国朱子学已开启本土化进程。不仅如此，权氏的《入学图说》还是韩国最早的儒学图说书，因此他是韩国儒学界"以图释说"研究范式的开创者。《入学图说》中的"天人心性分释之图"性条中写道："昔唐韩子《原性》而本于《礼书》，以喜怒哀乐爱恶欲七者为性发之情，程子亦取而

---

① 郑道传：《三峰集》卷十，《心气理篇》注，三峰郑道传先生纪念事业会 2009 年版，第 210 页。
② 郑道传：《三峰集》卷十，《心气理篇》注，三峰郑道传先生纪念事业会 2009 年版，第 211 页。

言之。今子以四端属乎性而七情列于心下者，何也？曰：'七者之用在人本有当然之则。如其发而中节则《中庸》所谓达道之和，岂非性之发者哉！然其所发或有不中节者，不可直谓之性发，而得与四端并列于情中也。故列于心下，以见其发之有中节不中节者，使学者致察焉'。"①权氏以为，七情中发而中节者与四端并无不同，故为纯善；而发而不中节者则非为性之所发，故不能与四端并列。依他之见，四端为理之所发；而七情却并非如此。权近以此区分了四端和七情。权氏的这一主张实为百余年后，李滉、李珥等诸人进行旷日持久的"四七论辩"之滥觞。其思想后来被以李滉为代表的岭南学派继承和发扬，在韩国儒学史上占有极为重要的地位。不仅如此，权氏之学还传播到日本，并在日本儒学界产生了一定的影响。日本曾多次翻刻权氏的《入学图说》，现存宽永甲刻本和庆安元年刻本等。他的主要著作有《五经浅见录》，《入学图说》，《佛氏杂辨》序，《心气理篇》注、序等，现有《阳村集》（四十卷）。

丽末鲜初期的著名朱子学家还有吉再（字再父，号冶隐，又号金鸟山人，谥忠杰，1353—1419），海平（善山）人。他与李穑、郑梦周一起被称为"丽末三隐"，曾受学于李穑、郑梦周、权近等人。作为朝鲜士林派学者先驱的吉再为学极重真知与实得，主张学者应以忠孝礼义廉耻为先。《冶隐集》记载，吉再与弟子"讲论经书，必务合于程朱之旨，言必以忠孝为主"②。弃官归隐山野后积极从事教育活动，大兴"私学"教育，开了朝鲜私学教育之渊源。其学脉连绵，后学中涌现出金叔滋、金宗直、金宏弼、郑汝昌、赵光祖等一大批活跃于朝鲜朝前期政界和学界的大儒。权近也对吉再称誉道："呜呼！有高丽五百年培养教化，以励士风之效，萃先生之一身而收之。有朝鲜亿万年扶植纲常，以明臣节之本，自先生之一身而基之，其有功于名教甚大。"③可见，吉再在韩国儒学史上占有的地位亦不容忽视。朝鲜朝前期士林派学者的理论探讨和实践活动，为韩国朱子学的纵深发展奠定了坚实的理论基础和社会基础。他的

---

① 《入学图说》，"天人心性分释之图"性条，韩国乙西文化社1974年版，第150页。

② 《国译冶隐先生文集》，"冶隐先生言行录拾遗卷上·行状"，韩国光明印刷社1965年版，第36页。

③ 权近：《阳村集》卷二十，"题吉再先生诗卷后序"，韩国文集丛刊7，景仁文化社1996年版，第203页。

主要著作有《冶隐集》、《冶隐续集》、《冶隐言行拾遗录》等。

高丽末至朝鲜朝开国前后是韩国性理学（朱子学）的初创期，此一时期可划分为两个阶段：高丽末期朱子学的传入阶段和朝鲜朝开国前后义理的初发阶段。前一阶段主要代表人物有安珦、禹倬、白颐正、李齐贤等，而后一阶段主要代表人物有李穑、郑梦周、郑道传、权近、吉再等。

因为丽末鲜初正处于新旧王朝更替之际，此时在统治阶层内部和意识形态领域亲明与亲元、革新与纲常、事大与社稷（自主）之争异常激烈。朱子学作为新的理论学说传入韩国后，至李穑开始分化为重视义理的保守势力和重视现实问题的革新势力。两派立场上的差异，源自各自对性理学（朱子学）历史观和价值观的不同理解。以郑梦周为首的纲常论者强调忠节精神，重视大义名分，因此这一派也被称为节义论者；以郑道传为首的革命论者则强调周易的变易思想，主张应根据时代之变化要主动求变，革新现实政治；郑梦周、吉再、金叔滋、金宗直等属纲常论者，他们基于春秋大义反对异姓革命，拒绝同革新势力妥协，于是新朝建立后他们或遭杀害，或被革职，余下大多归隐乡野专心于教育事业。结果朝鲜朝初期的学界和朝政，被主张权变的郑道传、权近一系的革新势力所掌控。郑道传死后，权近继承其学风成为这一"官学派"的先驱。"官学派"的学风特点是，重视实用性、功利性、经世性。此后，"官学派"又逐渐演变为"勋旧派"，成为"士林派"所要批判和排斥的权贵阶层。

朝鲜朝开国之后，郑梦周一系的部分节义论学者则以岭南地区为中心逐渐形成了以义理研究为特色的"士林派"。他们大兴私学教育，培养了众多新进士林。世宗（1419—1450年在位）朝起"士林派"学者大举进驻中央朝政，与勋旧派形成了严重对立。于是，从15世纪末至16世纪60年代，两派之间曾发生了多次流血事件。韩国历史上著名的"四大士祸"即发生于此一历史时期。经过多次血腥的"士祸"洗礼，"士林派"逐渐成为主导16世纪之后韩国思想界和政界的政治势力，同时亦被定为韩国儒学史上的正统正脉。

概而言之，自丽末鲜初朱子学被传入至最终确定为官方哲学，经历了以下三部曲。首先，是被作为新的理论和学说而受到丽末新进士林的关注并介绍到朝鲜；其次，被作为新的思想理论使用于排斥佛教的思想斗争中；最后，被革新派所利用，逐步确立为朝鲜王朝的建国理念，至此朱子学获得了朝鲜朝官学的独尊地位。另外，从思想史的视角来看，至朝鲜朝初期韩国朱子学已呈现本土化特色。如，李穑的"天则理"思想，基于儒家践履思想的郑梦周、吉再的节义精神，基于理学道器说的郑道传的斥佛论以及权近的四端七情问题的提出和"以图释说"传统的开启，都为16世纪韩国性理学全盛时期的到来做了理论准备。

（中国社会科学院研究哲学所副研究员）

心学的东传与创见

——以王阳明与郑霞谷为中心

[韩国] 黄甲渊

前　言

　　一般所称的宋明理学发生在宋代，宋代可说是理学的创建时期。到了明代，宋明理学则分为以程朱为主的理学与以陆王为主的心学，因此明代是宋明理学的分化或是发展时期。每一个哲学思潮的产生与发展或分化，并非决定于历史的偶然，而必然与时代的文化、政治、经济有紧密的关联。王阳明心学的出现与发展也不例外。虽然产生王学的历史条件，绝非只两三个而已，但阳明当时社会的代表特点，可以综合于以下三点①：第一，土地兼并日趋严重，阶级矛盾迅速激化。政治上占有主导地位的人物大规模地侵占土地。第二，封建专制主义的强化，加剧了统治集团内部的矛盾。中国历史上出现过数十个王朝，其中宋朝与明朝，可以说是中国封建专制主义王朝之最高峰。第三，随着商品经济的发展，明代已经出现了资本主义的萌芽。尤其是东南一带最为盛行，新兴市民逐渐形成前所未见的力量。

　　这种政治、经济、文化的变化，改变了封建统治制度的社会结构，摇动了封建统治的政治基础，并且伴随着文化思想界出现新的思潮——启蒙思想与功利思想等。阳明的心学则以这种变化为背景而出现。社会激变使新知识人批评旧制度与旧文化意识，这是应当的事，也是必然发生的现象。朱子学就是当时

---

① 李书增等：《中国明代哲学》，河南人民出版社2002年版，第11—21页。

旧制度与理念的象征。因此阳明以批评朱子的理学为始。①

除了以上的历史条件外，也有宋明理学自身发展的因素。宋明理学虽然形成于北宋五子（周濂溪、张横渠、程明道、程伊川、邵康节），至朱子集其大成。朱子虽然以程伊川哲学为主，但朱子把濂溪的"太极"与横渠的"气"观念融入他的理气论与心性论，完成了庞大的理学体系。就孔孟哲学而言，虽然朱子哲学确有讨论得失的余地，但与道佛哲学争取学术界主导的地位，并且从心性论进入于形而上学而扩张儒家哲学的学术世界，这方面朱子的贡献绝对不可忽视。但经过元朝至明初，朱子哲学逐渐僵化。《明史·儒林传》云："守先儒之正传，无敢改错。"所谓"先儒"就是指朱子学。 这则表示明代儒者只能用教条的态度去学习与继承朱子哲学，而并无创新与自得，也没有回应时代要求而提出合理的时代精神。 因此阳明说："彼于圣人之道异，然犹有自得也。"（《阳明全书》卷七）又说："求之于心而非也，虽其言之出于孔子，不敢以为是也。"（《传习录》中卷）所谓"彼"指的是杨墨与道佛。 这些话虽强调自得，而却表示当时宋明理学，尤其是朱子学传受的情况。

阳明学何时传入朝鲜，没有确切的时间。依众说而言，大略于1521年前后传入朝鲜。② 众人皆知，朝鲜的国学就是朱子的性理学，而朝鲜儒学界大都认为朱子学为圣人之学的正传。当时朱子学在朝鲜如日中天的时代，儒学界不允许对朱子学有任何批评。非但道佛思想为异端，不同于朱子学的义理，亦被斥为异端或邪说。阳明的心学亦不例外。阳明学在韩国，传入之初便受到当时以程朱学为宗的朝鲜性理学者之批评，退溪可以说是排斥王学的第一先锋。其实退溪对于阳明学的理解非常浅薄，但他的论点为后学之驳斥王学定调，其影响甚大。另一方面，明代专门批评王学的《困知记》（罗钦顺），比《传习录》传入韩国早。《困知记》虽然可肯定的地方不少，但对于阳明学的理解亦还未达到一定程度。《困知记》先进入韩国，便造成韩国儒学界一种偏见。先有成见，据于此成见而批评，所以阳明学难以得到相应的理解。但在此困难重重的情况

---

① 阳明对于朱子哲学的批判亦有得有失，依笔者的分析，阳明批判朱子哲学的不当之处相当多。参见黄甲渊：《考察阳明批判朱子哲学之适否——以〈传习录〉为据》，《泛韩哲学》79卷第4号。

② 吴钟逸：《阳明〈传习录〉传来考》，《哲学研究》1978年第5辑。（关于阳明心学的传来，国内研究论文相当多，笔者认为其中吴钟逸的分析最有规模、最详细。）

之下，郑霞谷正确地把握了阳明的"心即理"与"良知"以及"知行合一"的精髓，再加上他自己的创见，突破朱子学的重围，使王学得到正当的理解。

笔者的论文题目为《心学的东传与创见——以王阳明与郑霞谷为中心》，虽然王阳明哲学与郑霞谷哲学并非完全相同，但心学的核心骨干义理，"心即理"、"良知"、"知行合一"在本质上完全同一，惟某些地方有创见。所以笔者以"心即理"、"良知"、"知行合一"为中心，加上理气论来展开论文。

一、阳明与霞谷的理气观

在儒家哲学的发展史上，南宋是理学与心学争论（朱陆之辩）之第一场①，明代是理学与心学争论（王阳明与朱子学者）之第二场，阳明学传入韩国之后，韩国性理学者则批评阳明学，而郑霞谷却护卫阳明学，与当时朱子学者展开论辩，此可算是理学与心学争论之第三场。

在韩国，阳明学术之正面价值不但不能彰显，反而蒙上了异端邪说之污名。退溪与其门下为何如此热切地批评阳明学？ 主要的原因就在他们对阳明心学的理解不足。这是学术本质的问题。除此之外，也有非本质性的原因。其中一个原因就是阳明学传入韩国之后，受到相当多数人的肯定，并且很迅速又相当广范地流行开来。其原因则在阳明所肯定的心（良知）之自律性。朱子虽肯定"心具理"，但心不即是理。② 心实现理必须经过居敬涵养与格物穷理。心虽能认知性理，亦能实现性理，但心不能自主自律地实现理，阳明的心学却并不如此。心即是理，因此面对个人的道德决断或社会的变化，心都能当下自律地主宰自己而实现它应当实践的道德之事。

从历史的事实来看，社会政治与文化以及经济等无变化又安定的时期，心的自律性并没有发挥特别的作用，但社会的基本结构变化或摇动，民众必然需

---

① 南宋时期所发生的理学与心学之争论，在中国学术发展史上占有非常重要的地位。朱子与陆子展开学术争论之前，在学术界争论的主角是儒学与佛学，但朱陆之辩之后主角变成儒学（理学）与儒学（心学）。朱陆之辩是延绵八百年之久的学术公案。参见彭永捷：《朱陆之辩》，人民出版社 2002 年版，第 2 页。

② 朱熹有时言"心即理"，但在朱熹哲学中，心即理应就境界上理解。也就是说，经过居敬涵养与格物穷理之后，达到心理合一境界，此时心不是人心，而已升为道心，则是心理合一的心。

要新的社会构造与秩序，此时知识人回应时代的要求而提出新的秩序理念，这是当代知识人应当做的事。阳明与郑霞谷亦不例外。在韩国壬辰倭乱与丙子胡乱时，朱子学并没发挥有效的作用。两难之后，儒学界分为两派。一派人要拥护旧秩序而更强化朱子学的理念，另一派开创新的秩序理念而回应时代的要求。郑霞谷属于后者。

有些学者主张"理气或道器不分"，是心学理气论的特征 ①，并且把其根据归于明道所言"器亦道，道亦器"。明道是否心学的先河？这亦有可商榷的余地。的确，明道言"器亦道，道亦器"之话，但在此句前面明道又言"形而上为道，形而下为器，须著如此说"。这则表示明道并非不分形上与形下或道器或理气。笔者认为象山与阳明主要针对的学术范畴为心性论与工夫论，由此缘故，他们不常言理气两个概念，并且他们对于理气论的理解不及朱子学者（理学者）。

在《传习录》中，阳明很少论及理气论，阳明解说伊川的"论性不论气，不备；论气不论性，不明"时，便说"亦是为学者各认一边，只得如此说。若见得自性明白时，气即是性，性即是气，原无性、气之可分也"（《传习录》中卷）。又说"气亦性也，性亦气也，但须认得头脑是当"（《传习录》中卷）。他虽然说："气即是性，性即是气，原无性、气之可分也"，"气亦性也，性亦气也"，然而笔者以为不能只据于这些话便断定阳明不分理气或道器。阳明又说："理者，气之条理；气者，理之运用。无条理则不能运用。无运用则亦无以见其所谓条理者矣。"（《传习录》中卷）笔者认为阳明虽不像朱子那样透彻理气或道器之分，但他仍分理气为二。只是他比较强调理气不离而已。霞谷亦如此，但霞谷已有深入地学习朱子学的背景，因此，霞谷对理气论的理解比阳明有更为精密之处。

关于理与气的霞谷言论，很类似阳明。他说："理为气源，气亦理，理亦气。"（《存言上》，《霞谷集》卷八）只看文字的表现，他似乎不分理气。他又言"理气不可分言，言性于气外者，理气之支贰也，心理也性亦理也，不可以心性歧贰矣。"（《存言上》，《霞谷集》卷八）霞谷先强调理气不可分言，他好像以理气不分当作心与性及理为一的存在论的根据。但我们必须掌握"理气为一"

① 冯友兰:《中国哲学简史》，台湾蓝灯文化事业公司 1993 年版，第 878 页。

与"心性为一"这两个陈述并没有本质的关联。把心规定为形而上者，其存在论的根据则在理的动态性，而不在"理气为一"。也就是说，把"理"规定为动态的实体，心与性自然而然地成为一者。这时不必言"合一"两个字。但理只规定为静态的原理，那性即理的性，也只是静态的实体，而不是动态的实体。心与性概念地存在论地分为二者。当然经过后天的工夫，便能心与性合一。①

笔者不认为霞谷不分理气。他强调理气不可分言的原因，就在于朱子所肯定的性理之特性。霞谷不满于朱子的理气观。就朱子而言，理是属于形而上者，气是属于形而下者。但就动静而言，动静之当体却是气，而理只是所以一动一静之理，是静态的原理而已。霞谷认为把理规定为静态的原理，那就不易说明《易经》的"生生之谓易"与"天地之大德曰生"等类之言。他说"动静相生，阴阳无始，动静无端，此天道之生生不息也。岂独其气生生不息而其神生生不息也。……而其良知生生不息也，此乃性体也。不知于鸢鱼川流之喻，何故疑之"。（《存言上》，《霞谷集》卷八）霞谷不是不分理气，他认为宇宙的变化或万物之生生是理气合一而成的现象。这种动态的天道运行过程中若将理视为静态的原理，而气视为动静的当体，这便不是合理的世界观。他把理气都理解为动态的存在，气为一动（阳）一静（阴）的当体，天道或天理不只是气的一动一静的所以然之理，乃是使气一动一静的动态的原理。他说的"生理"就是表现这个意思。霞谷的这种世界观与阳明说的"太极生生之理，妙用无息，而常体不易。太极之生生，即阴阳之生生"（《传习录》中卷）是同样的意义。

霞谷把理分为"物理"与"生理"以及"真理"三层。依霞谷而言，所谓物理者是指朱子所提出的理。他说："以其所有条通者谓之理，虽可以谓之该通于事物，然而是即不过在物之虚条空道耳。茫荡然，无可以为本领宗主者也。夫圣人以气主之明体者为之理，其能仁义礼知者是也。朱子则以气道之条路者为理，气道之条路者无生理无实体，与死物同其体焉。苟其理者不在于人心神明，而只是虚条，则彼枯木死灰之物，亦可以与人心神明同其性道，而可以谓之大本性体者欤？可以谓之人之性犹木之性，木之理犹心之理欤？"（《存言

---

① 依牟宗三所言，性是指本体的存在（存有）义，心是指本体的活动义，理是指本体的法则义。"性"与"生"字是同源字的关系，"生"字有先天与生长的意义，因此从"性"字导出先天的存在义，则有文字的根据。"心"字是形容人的心脏，心脏本是活动的存在，四端之心与仁心不安不忍之心，皆是指道德本体的活动（自觉与流出）。

上》,《霞谷集》卷八)

他认为朱子的理虽遍在天下万事万物,而只是虚条空道。因此物理只是枯木死灰之物。① 要正确地理解霞谷所言的生理者,先掌握理与神的关系。他说:"理者,气之灵通处,神是也。"在此霞谷明确地说"理是气的灵通处","灵通"两个字当然含有原理或法则义,但"灵通"二字不只含有静态的法则义,动态的活动义更强。朱子亦说"心是气之灵","灵"是指知觉作用与实现作用,则有动态的活动义。霞谷说的"灵通"亦有自觉与实现义,其中"通"字则表现道体的寂感义。依霞谷而言,理的寂感就是神。程明道也曾经说:"盖上天之载,无声无臭,其体则谓之易,其理则谓之道,其用则谓之神,其命于人则谓之性,率性则谓之道,修道则谓之教。"(《二程遗书》卷一)

就明道而言,易、道、神三者是同体的异名,其中"神"字表示天道的"寂然不动,感而遂通"的寂感义,就是道体的创生义。牟宗三这种道、理、神三者为一体的实体称为"即存有即活动者",而朱子的理称为"只存有而不活动者"。② 理之所以成为"只存有而不活动者",就在于道(理)与神为二。就朱子而言,理属于形而上者,而神却属于形而下者的气。但明道与霞谷却肯定理(天道或天理)的活动义。依他们而言,道与神皆是形而上的实体,其中"神"就是于穆不已的作用义。因此牟宗三把它规定为"即存有即活动者"。

道与神为一,因此霞谷的理是动态的实体。他以"生理"来表达理的动态义。但霞谷所说的"生理"有多层的意思。一方面,生理是指阴阳一动一静的流行本身。霞谷有时说"生神"或"生气"。 生神就表示灵明的精神,生气就表示一动一静的阴阳。另一方面,生理类似于朱子哲学的气质之性。③ 气质之性虽然是气的表现,但理在其中。因此气质之性是理气合在一起的。霞谷亦说生理有真有妄(善与恶)。此外,霞谷的生理虽然由理气合成,并且有真有妄,但生理中有真体,这真体就是真理。霞谷说:"理性者,生理耳。盖生神为理为

---

① 朱子的理视为物理,视为枯木死灰之物。笔者并不如此想。的确朱子说"理在物",但又说"理在心",故不应当称为物理。朱子的理虽然是气的所以一动一静之理,它本身不活动,但理能诱惑心(气)的认识活动。心喜悦(认识)理的至善性与法则性,若理不具有至善与法则的成分,心绝不会感兴于理而展开自己的自觉活动。这种理的至善与法则,可说是"不动的动者"。因此可规定为静态的理,但不可称为枯木死灰之物。

② 牟宗三:《心体与性体》第3册,(台湾)正中书局1969年版。

③ 金教斌:《霞谷郑齐斗之主体性与创造精神》,《儒学研究》第14辑。

性，而其性之本自有真体焉者，是其性也理也。故于生神中辨其有真有妄，得主其真体焉，则是为尊性之学也。故于凡理之中主生理，生理之中择其真理，是乃可以为理矣。"（《存言上》，《霞谷集》卷八）

在此霞谷所提出的真体或真理，是与气确然区别的天理本身。性或理虽然表现在"生理"与"生神"当中，但生理与生神中有真有妄，其中真体就是与气截然不同的形而上者。如真能把握真体或真理的本来面目，则不会妄言霞谷是不分理气的。

笔者认为霞谷的理气论确有创新处。霞谷虽然继承阳明的"生生不息"的世界观，但生理两个字，是阳明哲学里从未出现过的概念。那霞谷为何指出生理？ 这与朱子学有关。霞谷生于朱子学遍天下之时代，虽然继承阳明而实现"生生不息"的世界观，但在朱子哲学者的眼里，很可能把气视为生生的当体，理只是一动一静的所以然之理，如此不能彰显心学的世界观，因此他指出"生理"。"生理"两个字则表现实体（理）的动态义，又言"生神"与"生气"，如此理亦动静，气亦动静。① 但只强调生理或生神或生气，很容易引起朱子学者的怀疑。也就是说霞谷不分理气，把形而下者（气）当作形而上者（理），把气视为理。所以又另外指出真体或真理的概念。如此霞谷一方面保持理的超越性，另一方面显现理的生生不息的作用义。这的确是霞谷哲学的创见。

二、心即理

一般以"性即理"与"心即理"来区别程朱学与陆王学。 但"心即理"与"性即理"这两个陈述并不能本质地表现程朱学与陆王学心性论的异同，因为程朱学只肯定"性即理"却不肯定"心即理"，但陆王（包括霞谷）肯定"心即理"，同时肯定"性即理"之故。心学者只是为了强调一心（良知）主体之自律性，不常说性即理而已。

---

① "动而无静，静而无动，物也。动而无动，静而无静，神也。动而无动，静而无静，非不动不静也。物则不通，神妙万物。水阴根阳，火阳根阴。五行阴阳，阴阳太极。四时运行，万物终始。混兮辟兮，其无穷兮。"《通书·动静》第十六理的动静是周濂溪说的"动而无动，静而无静"的动静，即是超越的动静。气的动静是"动而无静，静而无动"的动静，即是现象界的物之动静。

"心即理"这三个字，虽象山与阳明皆谓自得，而其渊源来自孟子。孟子与象山以及阳明，对于道德哲学的基本看法有三点一致。一是肯定心即理。孟子说"仁义礼智根于心"，到象山正式说出"心即理"，阳明说"吾心良知之天理"，皆是同样的意思。二是心是无限心或宇宙心。孟子主张"万物皆备于我"，象山说"吾心即是宇宙，宇宙便是吾心"（《象山全集》卷三十六），阳明说"良知是造化的精灵"（《传习录》下卷）。三是三人皆取反求诸己的逆觉工夫，孟子的求放心，象山的复其本心，阳明的致良知，皆属于逆觉工夫。

朱子说明性体时，强调"性只是理"。"性只是理"的陈述，表示他不取"性"字本身固有的能动的活动义，而只取法则、原理、规范、先验、存在类的静态义。其实，在中国哲学"性"字之用法不限于法则、原理、规范之义。孟子的性善与陆王的心即性（理）之"性"字里固有法则、原理、先验、存在义，同时有自觉、自律等之活动义。假如朱子一般把"性"字只限于法则义的理，此则表示"性"只是静态的存在之理，而不是动态的自觉实体。若性只是静态的存在原理，它无法震动自己而显现道德价值，必得靠他者（心）的帮助才有实现的可能性。若实现性理的价值必靠心的知觉作用，其方法就是居敬涵养与格物穷理。但象山与阳明并不如此。心即性，性即心，心即理，这则表示他们所肯定的实体是先验的客观存在，亦是普遍的法则，亦是动态的寂感实体。因此应实现道德价值时，心即性（理）的实体，当场震动他自己而实现道德价值，故不需要朱子那样的格物致知工夫。

儒家所谓"理"是道德上之当然亦应然之理，而非其他所谓外在事物之自身所以存在之"事理"或"物理"，亦非任何其他之超越的玄理之类者。心在具体的某种情况之下，便自主自律地决定方向，这就是理。象山说："当宽裕温柔，自宽裕温柔。当发强刚毅，自发强刚毅。所谓溥博渊泉而时出之。"（《象山全集》卷三十四）阳明亦说："心即理也。此心无私欲之蔽，即是天理。不顶外面添一分。以此纯乎天理之心，发之事父便是孝，发之事君便是忠，发之交友治民便是信与仁。"（《传习录》上卷）此理是心发用为诸般道德活动之所以然，而此所以然不在心外，乃是内在于心之已然的法则。此所以然由心这明觉实体而显，而这明觉实体依此所以然而流行，故所以然之理就是明觉实体（心），明觉实体就是所以然之理。心与理非二物，而是一物。

心即理，这三个字虽然很短，但历来正确的理解者不多。尤其是在朱子学的天下，大部分学者几乎都据于朱子学的心来理解陆王的心即理，故或者将"心即理"解为佛家的"心即佛"，或者说阳明把气视为理。因为在朱子学，心是属于气之故（心即气之灵，气之精爽）。朝鲜性理学者韩元震说："心即理三字，即阳明论理宗旨，所谓心即理者，所谓心即佛，皆依此一句推演说去。"（《南塘先生文集》卷二十七）

"心即理"解为"心即佛"，此即朝鲜性理学者对于阳明学之最普遍的看法。① 禅宗说："即心见性，见性成佛。"心的本来面目即是性，真正掌握到此性则成佛。佛与众生，其关键都在于一心。只就外面看，禅宗与心学之基本骨干非常类似。但心学所肯定的"心即理"之理，是以仁义礼智为内容的实理，它本身不虚亦不空。佛家亦讲理。就佛家而言，他们所讲的理也是实，但这"实"的意思与儒家的"实"截然不同。因为佛家之根本立足点仍在空。李滉亦说："陈白沙，王阳明之学，皆出于象山，而以本心为宗，盖皆禅学也。"（《退溪先生文集》卷四十一）

虽然孔子并未说心即理，但说："仁远乎哉？我欲仁，斯仁至矣。"（《论语·述而》）在孔子哲学，仁就是自觉实体，亦就是心。孟子亦说："君子所性，仁义礼智根于心。"（《孟子·尽心上》）孟子所肯定的仁义内在之意同于"仁义内在于心（性）"。的确孟子哲学以性善说为核心义理，故可说以性为宗，但孟子以心善证明性善，性善实是心善，故亦可说以心为宗。心性不二，此是孟子之本旨。在心学，心性理三者为同值关系，亦是等价关系。故退溪所谓"以本心为宗，盖皆禅学"的说法则不妥。并且这种心性为一之道德主体，本是以善为内容的，它是价值的本性，而不是中性的"生之谓性"之性。

关于心性理三者的霞谷理解，非但与阳明一致，就表现上有进步或精密的地方。霞谷先肯定圣人之学的宗旨在心学，他说："圣人之学，心学也。心者，人皆有之，何为则为圣人？曰：圣人之学，性学也。性者，心之本体也，所谓天理也。圣人之学，存其心之天理者也，本体天理，人皆有之。"（《存言下》，《霞谷集》卷九）

他主张圣人之学是心学，也是性学。他在此说"性为心之本体"，亦是天理，

---

① 朝鲜性理学者将阳明学视为禅学的最大原因就在罗整庵的《困知记》。《困知记》本是据于格物穷理而批评阳明的心学，其主要内容是心学以禅学为骨干。参见郑仁：《霞谷的良知说》，《儒学研究》第 3 辑，第 5 页。

但又说"圣人之学，存其心之天理者"，这则表示心与性皆以天理为共通分母，故心性二者皆是同层同质的道德实体。霞谷面对朱子学权威的笼罩，圣人之学确认在心学，这是非常不易的事。他又说："窃以为天理则性也（仁义礼智是也），心性之旨，王文成说恐不可易也。"（《霞谷集》卷一）霞谷以为"性即天理"（性即理），又说"心性之旨，王文成说恐不可易"。阳明的心性之旨，是指心即理，故在霞谷哲学，性即理，亦心即性，亦心即理。这三个陈述同时成立，心性理三者是一体之三义。在朱子哲学，心与理的关系，可就多方面而说，其中一个是"心具理"。虽然对于朱子的心具理有异说（先天的本具与后天的当具），心与理之有效的关系，是后天的摄具（当具——牟宗三之造语），故在朱子哲学，心理合一的"合一"两个字确有实质的意义。但在心学义理，虽亦可说心理合一，但"合一"两个字只是方便辞而已。对于这点霞谷掌握得非常清楚。他说："阳明本曰心即理耳，谓其理之发于心，而心之条理即所谓理也，非以心与理为两物，而相合之可以为一之谓也。"（《霞谷集》卷一）中国与韩国的朱子学者，大都据于朱子所谓心具理来理解阳明的心即理，所以在他们的心里心即理就是指"心与理合一"。

阳明哲学谈到理气的地方非常少，但霞谷已有对于朱子性理学的知识，因此对理气论的理解比陆王更精密。霞谷说："以阳明以为尽于吾心而包罗焉森列焉云，阳明未尝有此意。试取阳明书观之，阳明无此说矣。此正阳明所深辟，以为心理为二之病者也。阳明只以心体明则万理明。万理皆由此出而无不足无穷尽云耳。非谓万理预先罗列也。"（《霞谷集》卷一）

以心去包罗穷理，是心理为二之说。也就是说，心与理不同，然后可以说以心包万理或众理，亦可以说以心明理，这些皆是朱子的说法。阳明极力反对朱子之说，这点霞谷已明白，故说："此正阳明所深辟。"依阳明与霞谷而言，心与理本是一，故霞谷说"心体明则万理明。万理皆由此出而无不足无穷尽。"对于阳明的心即理之霞谷说法，非常恰当。因此霞谷又说："理之体，出心之用，而心之用，即理之体也。心无用，则理无体矣；理无体，则心无用矣。理即心，心即理也。"（《霞谷集》卷一）这一段话，或许可以以理气的体用论来理解，但笔者不同意这种看法。虽然在此霞谷说"理之体，心之用"，但体与用不限于理透过心的作用而显现的意义。霞谷明确地说"心无用，则理无体矣；理无体，则心无用矣"。这句话可以解释为没有心之作用，便无法显现理的内容，但更正确的意思，就是没有心则没有理，没有理则没有心，故霞谷说"理即心，心即理也"。

心即理，是心学的宗旨。象山与阳明以心的自觉作用与感应范围的无限来说明心即理。虽然他们说过"性即理"，但关于性理之语比较少。霞谷却并非如此。他已具有心性理三者的外延与内涵的知识。他所取得的知识就是心性理三者为一体之三义。心就表示道德实体的活动义，性就表示先验存在义，理就表示法则或原理义。有了这种知识，当然会有对于朱子学的不满，但只强调心即理，便会引起朱子学者的误解与不满，所以霞谷强调心即理，又不忽视性理或心性理的关系。他说："性者人心之天，是天元之精，命于我者，性者心之天理也"（《存言中》，《霞谷集》卷九）。"性即理也。理者天之条串，即天之别名也。人心之本体是也。性者心之天也，道之精也"，"盖性者即理之体也"（《存言中》，《霞谷集》卷九）。"心者性之器，性者心之道。语其全体则曰心，言其本然则曰性。"（《存言下》，《霞谷集》卷九）这些话皆是霞谷分析地解说性与理，或心与性及理三者关系的表现。由此可见，霞谷比阳明更强调"性即理"，亦更尊崇性的地位。①

三、良知

心学的最大特质则在自得。阳明对于良知的理解未必是因精读《孟子》而得到的②，乃是他独悟自得的。不过阳明所指出的良知，不但合于孟子的良知，而且进一步以良知来统摄孟子的良知良能以及四端之心。孟子说："人之所不学而能者，其良能也；所不虑而知者，其良知也。"（《孟子·尽心上》）对于这句话，朱子的解释并不明确。朱子虽然也肯定良知不是后天的，乃是先天的道德是非善恶判断作用③，但并未积极地以良知来说明心之知觉作用。如果他积

---

① 严连锡：《通过〈心经集义〉来看郑齐斗的心性修养论之特征》，《阳明学》第 19 号，第 113 页。
② 笔者认为这点象山与阳明有所不同，象山言"因读《孟子》而自得之于心也"（《象山全集》卷三十六），因此象山解悟心即理，确是受到孟子的启发。但依龙场悟道而言，阳明的心即理未必是受到孟子的启发。阳明与孟子也许是不谋而合。
③ "良者，本然之善也。程子曰：'良知良能皆无所由，乃出于天，不系于天。'"（《孟子集注·尽心上》）

极地肯定良知能知是知非或知善知恶的作用，便容易造成使学者误解为不必向外去格物致知，只向内反求诸己而当下知善知恶以呈现好善恶恶就行了。朱子解说《孟子》的困难就在此。但心学家据能知善知恶的良知与能好善恶恶（为善去恶）的良能来主张格物穷理之不必然性。象山说："若某虽不识一字，亦须还我堂堂地做个人。"（《象山全集》卷三十四）象山之所以如此说是因为他信赖良知的判断与良能的实现能力之故。

到阳明，良知有了新的面貌。在阳明哲学，良知是本于孟子的良知而进一步扩张的概念。也就是说，致良知的良知统摄孟子的良知良能以及四端之心，也包含孔子的仁与象山的本心（心即理）。吾心良知就是天理。在孟子的道德论中，良知与良能并非两种不同之特性，乃是一本体的两面活动。良知知善知恶之时，此良知已含有动力（好善恶恶的良能），好善恶恶的良能亦不离乎良知而动。良能是顺良知之知而为之能。良知知善知恶时，我们便能为好善恶恶，这种"能为"之"能"就是良能。良知良能是一道德主体自身的"知"与"能"。孟子虽分而讲良知与良能，但这不是说良知良能为截然不同的两种作用。良知良能是本心之两面活动。本心即知的本体（良知），亦是行的本体（良能）。离乎本心则不能讲知行。一切由本心而知，由本心而行。孟子乍见良知良能之同时呈现，不安不忍之恻隐的道德情感已含有"知恻隐"与"能恻隐"之两面，故知行无先后，此可当作阳明知行合一学说之根据。

但朝鲜的性理学者，大部分未把握阳明的良知即天理之说，便误解为禅或"以气为理'，朝鲜性理学者韩元震说："王阳明良知即天理之说。陷于禅学者，以其认气为理也。"（《南塘先生文集》卷二十二）在朱子哲学，良知是属于气之灵（心）者。心是气之灵，即形而下之气。[①] 朝鲜的性理学者认为阳明把属于气的良知视为天理，即把形而下者当作形而上者。此即朝鲜性理学者的最普遍的认识。但霞谷并非如此想。霞谷对于阳明的良知二字，是从以下方面来理解的：良知是包含良能的实体。霞谷说："盖知能二字不可二之，其自能会此者，是良知。良知即是良能。"（《霞谷集》卷一）良知为孟子所谓四端之心。他说："盖人心生理能有所明觉，自能周流通达而不昧者乃能恻隐、能羞恶、能辞让，是非无所不能者，是其固有之德而所谓良知者也，亦即所谓仁者也。"

---

① 虽然朱子并未说"心即形而下者"，但就存在论来说，心的确属于气。

（《霞谷集》卷一）

霞谷说"能恻隐、能羞恶、能辞让，是非无所不能者"，意即四端之心出于良知者。良知不只是知是知非、知善知恶、好善恶恶、为善去恶的自觉与实现主体，亦是实体。故霞谷说："性者天降之衷，明德也。自有之良也，有是生之德，为物之则者也，故曰明德，故曰降衷，故曰良知良能。"（《存言下》，《霞谷集》卷九）除此之外，在霞谷哲学中，良知是未发之中，亦是已发之和，又是与阳明一样良知是天地造化之精灵。① 霞谷亦说："草木之生枯，天地之屈伸皆为良知良能。"（《霞谷集》卷一）

以上霞谷关于良知的解说，与阳明无有不同。但除此之外，霞谷又指出了与阳明有所不同的体用论。阳明说："即体而言，用在体。 即用而言，体在用，是谓体用一源。"（《传习录》上卷）依阳明而言，良知是心之本体，良知是体。同时良知是知善知恶与好善恶恶的明觉作用，良知是用。阳明不把体用分为截然不同的两者，体用皆不外乎良知。因此非但能由体而显用，亦能即用以见体。在阳明哲学，好像体与用是互相循环的，体即是用，用即是体。就原则上说，良知明觉实现自己，就是天理之流行，天理之流行就是良知明觉之主宰。霞谷继承阳明的良知说，原则上肯定阳明的体用论，因此，霞谷关于体用的主张，与阳明似乎是一样，但霞谷在《良知体用图》里，将良知之体（心之性与心之本然）与良知之用（心之情与心之发）归属于不同领域（层次）。 霞谷为何如此？ 霞谷说："梦中忽思得王氏致良知之学甚精，抑其弊或有任情纵欲之患，此四字真得王学之病。"（《存言下》，《霞谷集》卷九）霞谷认为阳明致良知说虽甚精密，然有流弊于任情纵欲之可能性。② 霞谷已经看破阳明心学的流弊之危险处在何处。

笔者认为霞谷的良知体用论，原则上与阳明相同，但霞谷已经认识到阳明良知体用论可能带来的问题所在，因此他基本上肯定阳明的体用一源，但又明确地区分体与用的分界。第一，依霞谷而言，体用皆属于良知，良知是体，亦是用。但若心理不二，又体用皆不离于良知，那心之流行与良知发用必定是良知明觉之自我实现。这时心性理三者为一。也就是说，如果阳明一般，"用在体，体在

---

① "良知是造化的精灵，这些精灵，生天生地，成鬼成帝，皆从此出，真是与物无对。人若复得他完完全全，无少亏欠，自不觉手舞足蹈，不知天地间更有何乐可代。"（《传习录》下卷）

② 顾东桥亦曾经指出与霞谷同样的意见。（《传习录·答顾东桥书》）

用，体用一源"，体用互相循环交流①，"用"一定（必然）保持纯善（至善）的状态，不然一不小心"用"染上了一点不纯的地方（流弊），体与用互相断而无法交流。我们从概念上较容易分别纯善的道德意志与有善有恶的情感，但在具体的道德实践上，善意志与情欲的分别不那么容易。第二，若"用"流弊于情欲，那体与用不但不能交流，而且"用"会污染"体"。在道德实践中，后者的问题更严重。假如体不能正确地辨别"用"之善恶，那行为无法确保向善。因此霞谷好像不取阳明一般体用循环交流的立场。虽然霞谷亦肯定体用一源（良知），并且原则上肯定体用互相循环交流，但体（性）与用（情）之间却划了分界。② 如此假使"用"之流弊，常保持着纯善（本然）状态的良知，便能发觉情（用）的情况，能主宰情而归于正。但在此我们必须明白一件事。霞谷虽然肯定体与用之间有分界，而此分界只是概念或逻辑的分界而已。我们从此发现霞谷要克服任情纵欲的意图③，这种霞谷的良知体用论是阳明哲学里从未有过的创见。

四、知行合一

在阳明哲学，致良知是总头脑，但令人最受注目的理论却不是致良知，乃是知行合一。历来将知行合一看作阳明哲学之代表理论者不少，但在阳明哲学，知行合一绝不是第一宗旨，乃是属于致良知派生的理论。知行合一是阳明在龙场悟道次年（38 岁）于贵阳书院所提倡的。但学者没有经历存养省察之工夫，因此不能正确地掌握阳明所提倡的"知行合一"之训，而且出现种种异说。阳明 50 岁以后，在南昌正式提出致良知，之后则不常言知行合一。因为知行合一之"知"与"行"皆属于致良知的"致"之过程，而且能致良知则知与行自然合一之故。

阳明的知行合一之说，非常简易直接，但非但当时朱子学者把握不住知行合一的宗旨，就连阳明的弟子亦常误解。④ 知行合一之说，之所以会常为人所

① 崔在穆：《在东亚霞谷哲学的意义》，《阳明学》第 13 号，第 18—21 页。
② 李相虎：《郑齐斗阳明学之"朱王和会"的特征》，《东洋学研究》第 40 辑，第 46 页。
③ 宋锡俊：《韩国阳明学之形成与霞谷郑齐斗》，《阳明学》第 6 号，第 24 页。
④ "爱曰：今人尽有知得父当孝、兄当悌者，却不能孝，不能悌。便是知与行分明是两件。"（《传习录》上卷）

误解，其根本原因就在未真切理会心学所谓道德主体的实义（本质特性）与阳明所讲的"合一"之意义。

依阳明而言，知行所以不合一，可从三个方面来讲。第一，心不即是理。若不肯定意志对于法则有立法作用，必求法则于外，此即知（如荀子与朱子的知）。意志依所知识而活动，此即行（如朱子的诚意）。如此意志与法则的结合就不自然。第二，不能扩充，不能把良知向外充尽。如此吾心良知的天理永远潜存而不现。此时致其良知，知与行便能合而为一。第三，知行本体不包含孟子的良知与良能的作用。良知本是无所不知的明觉明智的实体，亦是无所不能的感通无隔的实体。良知自能知、自能行，知是由良知而知，行亦由良知而行。致良知依良知而致，即自己致自己的。但在道德主体上不肯定良知与良能的作用，知与行便不能同时呈现。

以上三个方面是本质的原因，另一个虽是非本质的原因，但对于阳明知行合一造成误解之影响更大。这就是所谓"合一"的意义。所谓"知行合一"并不是阳明知行论的专用辞，乃是所有儒学者都可以讲的，故"合一"两个字的意义，在每个学者哲学思维里，必会有不一致的可能性。在阳明的知行论，"知"是成就道德价值的始或端。"行"是意念从发动到展开而成为具体行为之全体历程。意念发动可以说是行之始，及于事事物物而使事事物物皆得其正所，可说是行之终。知与行之始以及行之终，虽在理论上有分域，但只是吾心良知本体的自我升进历程而已。但阳明所谓"合一"是指知与行之始的合一，而不是指知与行之终的合一。劳思光说："阳明所谓合一，乃就发动处讲，取根源意义。不是取效验处讲。"① 但非但朱子学者，甚至阳明的弟子亦把"合一"误解为知与行之始以及行之终的同时呈现。

依阳明而言，良知与意念（意）并非平行关系中不同的两种能力。"心者身之主也，而心之虚灵明觉，即所谓本然之良知也。其虚灵明觉之良知应感而动者，谓之意。有知而后有意，无知则无意矣。"（《传习录》中卷）阳明说的"知"不是指知行的知，乃是指吾心良知本体。在此阳明言"意"不是"动于气"的意，乃是生于道德心体（良知）的道德意志，所以说"有知而后有意，无知则无意"。意念出于良知，良知与意志本来互相贯通，良知与意志在体上不

---

① 劳思光：《新编中国哲学史》卷三，（台湾）三民书局 1981 年版，第 433 页。

二，故阳明说："诚意只是循天理。"（《传习录》上卷）阳明的知行合一就是此意。但知与行之终未必同时呈现。也就是说，良知之自觉活动已具体落实而成为真实的行为，与知行的知有一段时间之差距。此时的行，已由内而形诸外，是表现视听言动的外部行为了。知善知恶与好善恶恶（意），这知与行无有时间上的差距，但知善知恶与具体的道德行为之间，当然有时间上的差距。虽有时间上的差距，但知与行亦只是吾心良知自觉活动的自然而然之连续流行历程而已。

阳明的心即理是对于朱子心理为二的批判，知行合一是对于朱子之先知后行的批判。其实，依朱子而言，先知后行，义理上并没有问题，朱子虽主张先知后行（象山亦主张先知后行），但同时主张知行并进与知轻行重（重视力行），亦强调知行合一，只是朱子的后学着重于先知后行与真知乐行而忽视力行而已。①

霞谷关于阳明之知行合一的理解，本质上与阳明完全合一，但亦有独特的说法。霞谷言："良知之学，一心理合知行，非以其私智而为之也，实以心理之体本来如此。"（《霞谷集》卷一）霞谷知行合一的根据源于心理为一的本体。阳明与霞谷所证悟的本体，是把良能与四端之心归属于一良知的道德主体。故本体自能知自能行。又言："阳明本曰心即理耳。谓其理之发于心，而心之条理，即所谓理也。非以心与理为两物，而相合之可以为一之谓也。今此之说，以理为各有所在，乃以其一心理者，为合两物而一之，本与心为二，而要合以一之之谓焉。此则阳明所病心理之二知行之分。千言万辩，无非为此故也。"（《霞谷集》卷一）

霞谷说："其理之发于心，而心之条理，即所谓理。"这与阳明的心即理说相应。霞谷与阳明一样，至善之理不求之于事事物物，而求之于他自己的本心（良知）。霞谷认为阳明的千言万辩只在矫正心理为二与知行之分。

在韩国批评阳明的知行合一者虽是甚多，但大都是据于退溪之说的。但朝鲜性理学者对知行合一的批驳，主要根据是阳明所举的比喻。但比喻只是个比喻而已。比喻是从这个角度来看则妥当，而从那个角度来看则不妥当。阳明

---

① 朱子强调真知乐行。也就是说，对于理的认识真切，便能表现好善恶恶的意念，同时及于事物而完成道德行为，因此朱子学比较用功于穷理。

以生理上的反应①为比喻对象来说明知与行同时发生的关系。看中国哲学发展史，这种比喻出现得非常多。比喻本身，只对一方有效就行了。如果有效就取，没有效果或效果不够就不行了。退溪极推崇的孟子，也是取比喻（形气生命）的专家（如："故理义之悦我心，犹刍豢之悦我口。"）。而且退溪的良知与阳明的良知也不同。阳明的良知是知善知恶与好善恶恶同时呈现的道德主体，但退溪心目中的良知是朱子哲学的良知，故退溪不能正视阳明知行合一的本意。

霞谷分明地意识到阳明的知行合一，必须从本体的特性来理解，因此霞谷不把知行合一的"知"解为知识或知觉，而解为良知。霞谷说："盖知能二字不可二之，其自能会此者，是良知，良知即是良能，非专属知识一边之意也。故凡其所谓良知之说，不可只以知觉一端言之也。如天地之能流行发育，万物之能化化生生，无非其良知良能。非独心之灵觉可谓之知，凡其有主宰，凡其自能会此为此，而不为冥顽窒塞者，皆可言之，易言乾坤知能。自然之理，无非是此体也。吾人之能恻隐羞恶，能仁民爱物，以至能中和位育，无非其良知良能也。天之所与我，不虑不学而有之本然之体，即亦无非是此体也，故一心理合知行，而有不得以分歧者也。独人自不能充之，不能一之耳。《孟子》书中孩提之童一端，此乃就人所易见最为亲切不昧者立言，以明本体，皆是此物者也。虽其语之若偏于知识，其旨则实举全体而言。自孩提以至圣人天地，无非此体。"（《霞谷集》卷一）

笔者认为这一段话有霞谷对于阳明知行合一之训的创见。霞谷先区分良知与知识（知觉）之不同。批评阳明知行合一者，皆把知行合一的知解为朱子式的知识或知觉，此依他们的道德论而言，非但分心理为二，知行亦分为二，这是理所当然的。但霞谷把阳明知行合一的知提升为本体，即从良知与良能及四端之心统而为一的良知上理解，因此知并不是属于形气层上的知觉运动，乃是属于超越层的形而上者。

霞谷又说："如天地之能流行发育，万物之能化化生生，无非其良知良能。"如良知纯是道德层上的主体，那与万物之发育或生生无关，但霞谷从良知良能来说明天地之流行与发育以及生生活动，这则表示在霞谷的心里良知不只是道

---

① "故《大学》指个真知行与人看，说如好好色，如恶恶臭。见好色属知，好好色属行。只见那好色时，已自好了。不是见了后，又立个心去好。闻恶臭属知，恶恶臭属行。只闻那恶臭时，已自恶了。不是闻了后，别立个心去恶。"（《传习录》上卷）

德价值的根源，也是具有存在论意义的实体。因此霞谷以《易》言的"乾坤知能"来说明良知。就道德论而言，乾知是属于知，是始的原则。坤能是属于行，是终的原则。 就存在论而言，"乾知大始，坤作成物"。虽然阳明亦说："知天地之化育，心体原是如此。乾知大始，心体亦原是如此。"（《阳明全书》卷六）这与霞谷的意思，本质上同一，但霞谷把天地之化育与万物之生生活动更明显地发挥于良知良能。在霞谷哲学中，良知非但是纯亦不已的道德主体，亦是于穆不已的实体。也就是说，是知行合一的主体，同时是宇宙化生的实体，并且以知行合一来解释参与天地运行与万物创生的活动，如此知行合一便具有存在论的意义，故说："吾人之能恻隐羞恶，能仁民爱物，以至能中和位育，无非其良知良能也。"这即是霞谷知行论的创见。

阳明与霞谷两人早年皆从朱子学入手，而后觉悟到理不外心或良知，所以他们认为求理之工夫不应向外格物穷理，而当在心上作。心即理或良知即天理，皆是自得的，这当然与他们的道德意识有本质的关联，但也与朱子学有关联。朱子学是当时学术思想的主流，但对于时代的要求，朱子学并无有效的回应，因此引起当时新儒者的不满。这种知识人的不满自然而然地要求新的秩序理念或文化意识，以心即理为骨干的心学，就是在这种时代的背景下出现的。

心学东传之后，便受到当时朝鲜性理学者的批评。笔者认为朝鲜性理学者的批评，大都是由于对阳明学的误解引起的。时朝鲜性理学逐渐心学化（李滉亦重视心经），并且有士祸与两难，是政治或社会上相当混乱的时期。又，佛学有复活的征兆。此时心学进入朝鲜受到进步学者的注目。心上求理（性）的心学体系，只看学术的外表，与禅学的"即心见性，见性成佛"相当类似，因此当时性理学者认为把禅学与心学混为一谈，斥心学不合圣人之学，甚至指为异端邪说。

心学的最大特性就是意志对于法则的立法作用，即自律或自由。笔者认为这种心的自律体系或自由思想，难以受到统治者的欢迎。就程朱学而言，天理本身，与人的意志无关。理本是天给予的，不是我们的道德意志所创出的，我们的意志（心）只能认识它而遵守以实现而已。但就心学而言，意志（善意志）本身即是理的所在。心对于理，它是自律自发自动的。这种道德论体系，就民众而言，相当具有革命性的成分，因而必会受到欢迎。但就统治者而言，反而有危险性的成分。天命靡常，一面可使治者有忧患意识，另一面将使治者不安。

　　阳明心学传入于韩国之前，罗钦顺的《困知记》已经传入了韩国，当时批评阳明心学的韩国性理学者，几乎都受到《困知记》的影响，他们坚持与《困知记》同一的论调，此确实是偏见。一有了偏见，便不能正视阳明心学的真面目。除了这些学术的条件之外，还有政治上的迫害。在这种困难重重的情况之下，郑霞谷护卫阳明的心学，他非但正确理解阳明心学义理的骨干，又加上了他自己的创见，突破朱子学的批评，使以心即理为宗旨的心学得到应有的待遇。

　　　　　　　　　　　　　　　　　　　（韩国全北大学哲学系教授）

江户时期传入日本的《园冶》与
晚明园林风尚下的书籍出版

［新加坡］ 康格温

一、《园冶》在日本的版本

作为首部中国造园专书的《园冶》，其研究于近世在东西方均受到相当程度的关注。① 根据《园冶注释》作者陈植的说法，由"日本首先援用

---

① 《园冶》最早是由 1949 年瑞典造园学家 Osvald Siren 所撰的 *Gardens of China*（New York：Ronald Press，1949）引介到西方。其书引用了大量的《园冶》资料，为《园冶》与中国园林的理念传布作出了相当的贡献。英文译本 *The Craft of Gardens*（New Haven：Yale University Press，1988）。在参考陈植注释之后，由 Alison Hardie 翻译成书，成为第一本《园冶》的英文译本，其书也引起了西方学界对《园冶》的若干讨论，如 Reviews：by Joseph McDermott in Garden History，Vol.18，No.1（Spring，1990），pp.70-74; by Jan Stuart in the Journal of the Society of Architectural Historians，Vol.49，No.2（Jun.，1990），pp.213-214。1997 年，《园冶》法文译本诞生，即为 Ji Cheng，Yuanye，Translated by Che Bing Chiu，Le traité du jardi（Les Éditions de l'Imprimeur，1997）；日文专书例如桥川时雄解说的《园冶三卷》（渡边书店 1970 年版）；上原敬二编撰的《解说：园冶》（《造园古书丛书》第 10 卷，加岛书店 1972 年版），以及佐藤昌的《园冶研究》（未注出版地：日本造园修景协会 1986 年）等。在日文期刊论文方面，目前可见的数篇发表，则以李恒与杨馥妃二人为主，从李恒与杨馥妃论文中对于《园冶》的关切，可知日本学界对于《园冶》依然保持一定程度的研究兴趣。其中李恒的论文，除了有两篇翻译《园说》与《兴造论》的文章之外，另有一论文亦对作者计成作了一番研究与考察，但基本上仍是在前人的研究基础之上所作的论析。而杨馥妃的研究，则是以比较学的角度，将中国的《园冶》与日本的造园理论书《作庭记》，针对中日的造园理论与思想作分析与探讨。中国的学者更是不胜枚举，其中首推 1981 年，由陈植所著的《园冶注释》（中国建筑工业出版社 1981 年版），该书为研究《园冶》开辟了一条极为重要的大道。其中除了计成原著与图式之外，尚加入了陈植的考证与注解，再由杨伯超查证，并由专事园林研究的陈从周审阅，使得此书一出之后，成为研究《园冶》一书的重要经典。

'造园'为正式科学名称，并尊《园冶》为世界造园学最古名著"①。再从今日日本内阁文库对于《园冶》的收藏情形可知，日人对于《园冶》一书在园林建筑史上的意义颇为看重，亦对《园冶》的保存居功阙伟，最重要的，是保存了目前世界上仅存的两个完整孤本——现存最早的明崇祯七年序文（1634）的《园冶》刻本，以及崇祯八年序文（1635）的《园冶》钞本。②

若根据其书序文和版本细节判断，《园冶》在明代出版了两次，分别为崇祯七年与八年。③ 在前人研究中，多认为《园冶》因受到书前阮大铖（1587—1646）序言牵连，在清代已经完全湮没，并未继续出版刊行④，这样的说法也被证实不可信。⑤ 事实上，《园冶》在清代不但存在于书市，还曾经由当时活跃的海上书籍贸易进入了日本，今查考《商舶载来书目》与《赍来书目》，确实可发现《园冶》在清代初期以三种不同的名称销往日本。

---

① 陈植：《园冶注释·重印园冶序》，中国建筑工业出版社 1988 年版，第 17 页。

② 崇祯七年的刻本今存于日本内阁文库，而崇祯八年的钞本则存于日本东洋文库。

③ 康格温：《中国首部园林著作〈园冶〉之版本探考》，载《明清史集刊》卷十，香港大学中文学院 2012 年版，第 145 页。

④ 如："《园冶》一书，以其初版附有明末时期声名狼藉为人不齿的阮大铖序言而致殃及池鱼，与阮氏著作同被列为禁书，终有清一代绝迹于国内。"见陈植：《园冶注释·第二版序》，第 1 页。"《园冶》具有高度的造园艺术水平，其所以有清一代二百六十八年间，寂然无闻，直待日本造园界发现推崇后，始引起国内学术界重视。"见前书，陈植：《园冶注释·序》，第 5 页。"有清三百年来，除李笠翁《闲情偶寄》有一语道及，此外未见著录。"见前书，阚铎：《园冶识语》，第 23 页。"除李渔《一家言》中偶有提及之外，整个清代寂然无闻。"周益民：《〈园冶〉美学思想的基本来源及现实意义》，《美术史论》，第 3 卷第 4 期（1995），第 131 页。"《园冶》之书终有清一代二百六十八年，除李渔《闲情偶记》有一语道及外，而长期湮没，无人知晓。"（刘敦桢：《苏州古典园林》，中国建筑工业出版社 1979 年版，第 294 页）"《园冶》虽具有高度的造园艺术水平，然而终有清一代二百六十八年间，寂然无闻。"见岳毅平：《中国古代园林人物研究》，第 140 页。"《园冶》也不例外，清初沉寂，仅有个别造园家曾引用，在整个清代的两百余年间，《园冶》湮没无闻。""《园冶》刊印后三百年间鲜为人知，还有一个重要原因是社会需求面窄，因而刻印者无利可图，经济利润低，导致绝版。"（张薇：《园冶文化论》，人民出版社 2006 年版，第 5、42 页）。

⑤ 康格温：《中国首部园林著作〈园冶〉之版本探考》，载《明清史集刊》卷十，香港大学中文学院 2012 年版，第 131—137 页。

表 1 《园冶》于清代输入日本之记录 ①

书名	《名园巧式夺天工》	《园冶》	《夺天工》
册数	一部三本	一部四本	四部
输日时间	清康熙四十年（1701）（日本元禄十四年）	清康熙五十一年（1712）（日本正德二年）	清雍正十三年（1735）（日本享保二十年）
记录来源	《商舶载来书目》	《商舶载来书目》	《赍来书目》
书籍藏地	国立国会图书馆	国立国会图书馆	天理图书馆

表 1 中的《名园巧式夺天工》输入日本的时间为康熙四十年（1701）远早于康熙五十一年（1712）的《园冶》。以此看来，《园冶》在清代极可能以不同的名称流通于书肆，至少以上三种书名可能在清代同时存在于江南。今内阁文库除保存了崇祯七年的版本之外，且保存了日本宽政七年（1795）的写本。东洋文库藏书中也保存了崇祯八年序版本的清代钞本，其上载明："园冶三卷，即夺天工"。而这个发现，也正可说明《园冶》在日本曾被改名为《夺天工》。此与日人大村西崖于其《东洋美术史》中所提到的《夺天工》的说法不谋而合。② 亦可与江户时期汉籍外销日本的记录互相吻合。此外，1970 年桥川时雄解说的《园冶三卷》，是改名为《木经全书》的《园冶》影印本，由隆盛堂据崇祯八年（1635）序的古版翻刻，桥川时雄再于其后加上其对于《园冶》的说明而刊行，此书为目前删去阮序，仅保留郑元勋崇祯八年序文版的完整《园冶》刻本。由此可推知，《园冶》于江户时期的日本应该受到相当程度的重视，不但多次引入，甚至为了广为流通，还出现了钞写本。

综上所述，《园冶》明末成书，在清代销往日本，今日在日本所保留的古本、书目，其名称共有四种。

（一）《园冶》

九行十八字，白口，单边。日本内阁文库藏明崇祯七年（1634）刻本，与康熙五十一年（1712）输入日本时的书目。

① 资料整理自大庭脩：《江户时代唐船持渡书の研究》，关西大学东西学术研究所昭和四十二年（1967）版，第 245、708、719 页。

② 陈植：《园冶注释》，中国建筑工业出版社 1988 年版，第 23 页。

（二）《名园巧式夺天工》

图1　崇祯七年序版《园冶》书影（日本内阁文库藏）

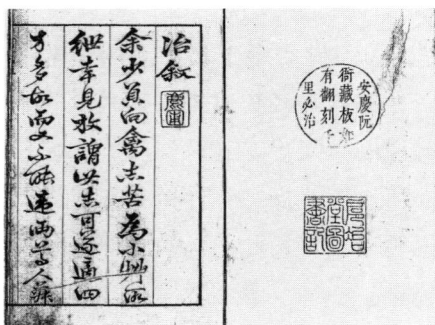

图2　崇祯七年序版扉页的"安庆阮衙藏板，如有翻刻千里必治"、"扈冶堂图书记"二印记。据笔者去信至日本内阁文库询问，得知此二章原均为红色钤印。左页为阮大铖序文。（日本内阁文库藏）

图3　崇祯七年序版"阮大铖印"、"石巢"印。由其印中央断版处，可得知其不为钤印，而为木版刻印。（日本内阁文库藏）

康熙四十年（1701）输入日本时的名称，与今日内阁文库所保存的日本宽政七年（1795，乾隆六十年）的钞本书名均为《名园巧式夺天工》。

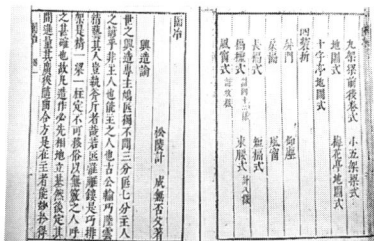

图4　崇祯七年序版《园冶》卷一书影。九行十八字，白口，单边。（日本内阁文库藏）

图5　宽政七年版《园冶》钞本，卷上（日本内阁文库藏）

图6　书名页标记《名园巧式夺天工》（日本内阁文库藏）

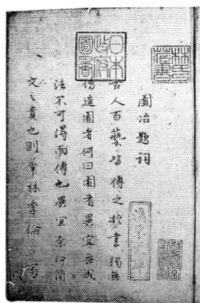

图 7　崇祯八年序文钞本《园冶题词》（日本内阁文库藏）

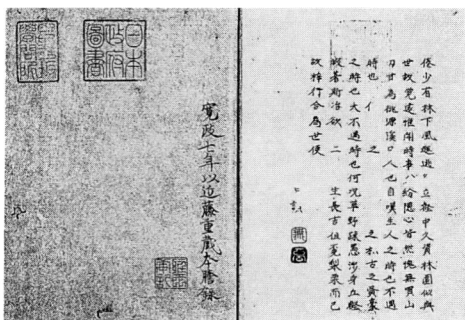

图 8　宽政七年版《名园巧式夺天工》卷三末页，可见"宽政七年以近藤重藏本誊录"，左上角有"日本政府图书"章与"昌平坂学问所"章。右页为手钞本计成跋，有多字已经脱漏不清。（日本内阁文库藏）

（三）《夺天工》

清雍正十三年（1735）输日的书目名称为《夺天工》。

（四）《木经全书》

九行十八字，白口，单边。渡边书店影印由隆盛堂翻刻的《木经全书》。[1]

---

① 曹汛以为其书系影印自宽政七年（乾隆六十年，1795）以前之隆盛堂翻刻本，此言不真，因日本保存的宽政七年版本是华日堂藏书，系钞写本，而隆盛堂的是刻本。见康格温：《中国首部园林著作：〈园冶〉之版本探考》，载《明清史集刊》卷十，香港大学中文学院 2012 年版，第 138 页。曹言见于《〈园冶注释〉疑义举析》，第 91 页。

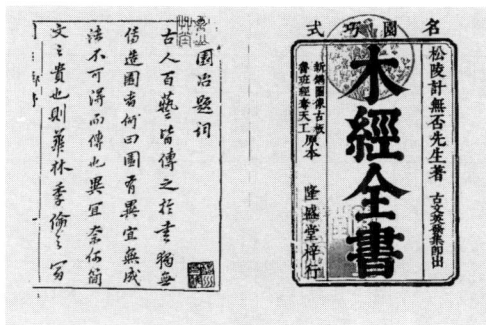

图 9 《木经全书》书名页

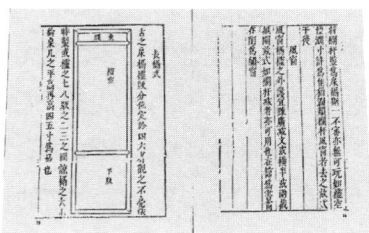

图 10 《木经全书》内页书影

《园冶》在明代出版，根据其不同的序文以及其在日本的流传，可整理出表 2。

表 2 输出于日本之《园冶》版本、书目一览表

书名	版本形式	序文时间	成书时间	输日时间	书目见于	现保存于
《园冶》	《园冶》（明刻本）	崇祯七年序（1634）	崇祯年间	不详	日本所藏中文古籍数据库	公文书馆（内阁文库）
	《园冶》（书目）	无	不详	康熙五十一年（日本正德二年，1712）	《商舶载来书目》	书目藏于国立国会图书馆
	《园冶》（钞本）	据崇祯八年（1635）序刊本钞	江户末明治初	无	日本所藏中文古籍数据库	东京大学总合图书馆
《名园巧式夺天工》	《名园巧式夺天工》（书目）	无	不详	康熙四十年（日本元禄十四年，1701）	《商舶载来书目》	书目藏于国立国会图书馆
	《名园巧式夺天工》（钞本）	据崇祯八年（1635）序刊本钞	宽政七年（1795）华日堂藏书	无	日本所藏中文古籍数据库	公文书馆（内阁文库）

续表

书名	版本形式	序文时间	成书时间	输日时间	书目见于	现保存于
《夺天工》	《夺天工》（书目）	无	不详	雍正十三年（日本享保二十年，1735）	《赍来书目》	书目藏于天理图书馆
	《园冶三卷即夺天工》（钞本）	据崇祯八年（1635）序刊本钞	不详	无	日本所藏中文古籍数据库	东洋文库
《木经全书》	《木经全书》（影写本）	据崇祯八年（1635）序刊本影印	清代，无具体时间记录	无	日本所藏中文古籍数据库	京大人文研东方、关大等图书馆

中国的书籍输出至日本，最早可以考证到宋代，到了江户时代（1603—1868），中国货品与书籍输往日本则更显丰富①，明末在江浙一带甚至出现了针对书籍外销至日本的专业出口书肆。② 当时代购书籍者被称为"船头"，他们当中不乏许多具有书画、诗律修养并且精通书籍的商人。③ 他们将当时在中国书肆中流通的书籍销往日本，并且亦接受日本方面的订书。目前所掌握的资料不足以让我们知道，《园冶》是否是因书商接受日本方面的订书而输往了日本，但是可以确定的是，《园冶》正是在此时期活跃的书籍外销活动中，传布至日本，并得到了完整的保存。

二、园林风尚下的书籍出版

在查考《商舶载来书目》与《赍来书目》的过程中，笔者发现除《园冶》外，其他与园林活动相关的书籍也在当时运往日本的书目中。④ 让人不禁玩味，在

---

① 大庭脩撰，戚印平等译：《江户时代中国典籍流播日本之研究》，杭州大学出版社1998年版，第10—17页。

② 大庭脩撰，戚印平等译：《江户时代中国典籍流播日本之研究》，杭州大学出版社1998年版，第47—50、378—386页。

③ 大庭脩撰，戚印平等译：《江户时代中国典籍流播日本之研究》，杭州大学出版社1998年版，第46、77页。

④ 如花卉类书《群芳谱》，见《赍来书目》；包括许多与园林知识相涉的笔记与杂记的《说郛》，见《赍来书目》（长崎官府贸易外船赍来书目）；禽鸟类书《禽经》，《船舶载来书目》。载于大庭脩：《江户时代唐船持渡书的研究》，关西大学东西学术研究所昭和四十二年（1967）版，第245、248、717页。

江户时期来华的日本书商眼中，他们看到的是怎样的江南风尚？当时的社会风尚又对书籍出版造成了怎样的影响？

这得由明代的社会风气说起。成化以后，社会逐渐富裕，限制居住的礼制律令也不再被严格遵守，兴筑园林之风开始兴盛于江南，《吴风录》记载了江南的造园之风云：

> 至今吴中富豪，竞以湖石筑峰，奇峰阴洞，至诸贵占据名岛以凿琢，而嵌空妙绝，珍花异木，错映阑圃，虽间阎下户，亦饰小小盆岛为玩。①

文中说明了当时园林风气盛行，权贵造园占据名岛，雕琢奇石，购置奇花异草，在此园林风尚的浸淫之下，亦直接影响到吴中市井小民的生活，从而效法模仿。至于晚明则筑园风气日炽，已成为时人所追逐的风尚。据钱谦益（1582—1664）对于晚明文人的生活记录：

> 士大夫闲居无事，相与轻衣缓带，留连文酒，而其子弟之佳者，往往荫藉高华，寄托旷达。居处则园林池馆，泉石花药；鉴赏则法书名画，钟鼎彝器。②

由"居处则园林池馆，泉石花药；鉴赏则法书名画，钟鼎彝器"句，可见园林是文人生活的中心，而其中重要的活动即为收藏的品赏，并以此来经营其闲赏生活。因此。我们不难想象在明末清初之际，园林风气的兴盛，也正因于此，才使得《园冶》一书得到出版的机会，并在清代依然受到书商的青睐。

为了因应时代的需要，也为了满足园林好事者的追求与喜好，书籍市场开始大量出现或再版与鉴别知识或与园林雅好相关的书籍。其中一个有趣的例子即是宋人杜绾（生卒不详）的《云林石谱》，此书在宋代即已完成，但是乏人问津，却在明代好筑园林的风尚下而得到了出版的机会③，可以说明在明代的园林风潮之下，的确曾带动相关的著作问世出版。此外，《云林石

---

① （明）黄省曾：《丛书集成新编》第 91 册《吴风录》，文汇出版公司 1995 年版，第 209 页。

② （明）钱谦益：《牧斋初学集》卷七十八《瞿少潜哀辞》，上海古籍出版社 1985 年版，第 1690 页。

③ Craig Clunas, Fruitful Sites, *Garden Culture in Ming Dynasty China*, Durham: Duke University Press, 1996, p.73.

谱》一书中的内容，亦经常被引用于明代的其他著作中①，此亦说明了在好事者追逐园林品位的浪潮下，也的确使得园林风尚相关的著作，受到世人的重视。

在兴筑园林逐渐成为一时风尚之后，园林成为富商与文人社交的主要场域②，这无形中也更加强化、推动了园林知识的积累与形成。因为明人鉴赏能力与个人品位，在明人的社交圈中，"并不是可有可无的知识，而是某些人为了能在菁英分子的文化圈子里面，与他人分享所需要掌握的知识的一部分"③。而具有辨析植物贵贱、价值的品鉴能力，例如能"分辨梅树的好坏，是一种区别有更高地位的人和其他人的方法"④。明代的园林主除了借园林以展示其品位、财富之外，在作为社交场域的园林中，"能鉴别奇花珍草"，以及"能识得大师之作"，更是作为文化菁英的基本常识，是一种社会地位、品位、格调的展示。

因此，我们可以清楚知道，明代的好事者拥有了以展演品位为目的的园林之后，还必须具有丰富的园林知识、常识与见识，才能够使其园林活动，始终朝着"正确"的共同价值，即时人所认定的审美品位的方向前进。因此，此风即成为推动园林知识相关书籍的出版与流通的动力。

明代原本即是日用类书出版兴盛的时代，此时的园林又具有炫耀性的展示功能，明人借其园林以展示奇花异木、奇景奇石、古董名画音乐收藏，以及园林的鉴赏知识，以彰显其文化的品位与社会地位的出众。因此，为了满足人们借园林活动以展示其成功与品位的需求，明人在当时究竟有哪些"园林生活日用类书"可以参考呢？又有哪些园林知识相关书籍在书肆流通呢？

---

① 例如后起于明代的《园冶》、《素园石谱》均曾引用其书的内容。

② Joanna F. Handlin Smith,"Gardens in Ch'iPiao-chia's Social World: Wealth and Values in Late-Ming. Kiangnan", *The Journal of Asian Studies*, Vol.51, No.1（Feb., 1992）, pp.72-74；"传统政权下政商之间存在着某种交际关系……因此，政商之间也容易发展出密切的社交活动，而这些社交活动有些即在园林中进行，这些园林乃商人为与士大夫们社交而设立。"见李永炽教授六秩华诞祝寿论文集编辑委员会编：《东亚近代思想与社会：李永炽教授六秩华诞祝寿论文集》，月旦出版社 1999 年版；王鸿泰：《美感空间的经营——明、清间的城市园林与文人文化》，第 182 页。

③ 卜正民：《纵乐的困惑：明代的商业与文化》，联经出版事业有限公司 2004 年版，第 184 页。

④ 卜正民：《纵乐的困惑：明代的商业与文化》，联经出版事业有限公司 2004 年版，第 184 页。

三、晚明书肆流通的园林类书籍

由于明代的园林相关书籍众多，下文将择其中较具代表性或可查考到的输日书目记录，分类说明之。

（一）花木园艺用书

植物的栽植为园林的重要景观之一，宋元以降的许多农书与笔记对于花木的培植早已多所记述，而明代出现的植物栽植技术书与类植物百科的书籍也不在少数。

明代文人多喜爱在园中亲自栽植花木①，首先，以植物知识汇整的书籍而言。元末明初陶宗仪（1349—1410）的《说郛》②内容博杂，收录并汇整了秦汉至明初的名家作品，其中亦包括许多与园林知识相涉的笔记与杂记，例如《说郛》的卷103至卷105，即为许多有关花草植物的名家作品，如晋人戴凯之（生卒不详）的《竹谱》、欧阳修（1007—1072）的《洛阳牡丹记》与范成大（1126—1193）的《菊谱》和《梅谱》等，亦可作为奇花珍卉品评的重要知识来源。此外，明初时人俞宗本（生卒不详）的《种树书》、李时珍（1518—1593）的《本草纲目》、王象晋（1561—1653）的《群芳谱》，以及王圻（1530—1615）、王思义（生卒不详）父子所完成的《三才图绘》中的《草木》十二卷等，均是以植物知识为主体撰述的著作。而其中《群芳谱》、《本草纲目》和《三才图绘》也都随船头的书单进入了日本。③

其次，以园艺技术方面书籍而言。宋诩（生卒不详）《竹屿山房杂部》之《树畜部》（一、二），详细记录树木与花卉的种植技法，甚至包括树木的应用知识等，内容之丰，几可称为一部植物园艺实用手册。而明代从事园艺相关著作的文人不少，除了李斗（生卒不详）的《扬州画舫录》中记载了"六安秀才叶梅

---

① 例如："有拂地之垂杨，长丈之芙蓉……大半为予之手植。""久之，手植柳皆婀娜纵横，竹箭秀擢……大有秋思。"见衣学领主编，王嘉句编注：《苏州园林历代文钞》，上海三联书店2008年版，（明）王心一：《归田园居记》，第46页；（明）陈继儒：《许秘书园记》，第197页。

② 大庭脩：《江户时代唐船持渡书の研究》，关西大学东西学术研究所昭和四十二年（1967）版，第242、248页。

③ 大庭脩：《江户时代唐船持渡书の研究》，关西大学东西学术研究所昭和四十二年（1967）版，第245、713页。

夫，善种菊"，"著有《将就山房花谱》"① 之外，黄省曾亦曾著有《艺菊书》一卷，书中对于种菊技法，解释历历，其于卷首即先申明养土之法，认为养菊之法中，以培土为最优先，曰：

> 凡艺菊，择肥地一方，冬至以后，以纯粪瀼之，候冻而干，取其土之浮松者，置之场地之上，再粪之，收水之后，乃收之于室中，春分之后，出而晒之，日数次翻之，去其虫蚁及其草梗。②

文后黄氏又从艺养菊花所当注意者，如储土、翻种、分秧、登盆、理缲以至于养护等，逐一解释，且说明详尽，不失为一部艺养菊花的实用工具书。另外，孙知伯（生卒不详）的《培花奥诀录》与王世懋（1536—1588）的《学圃杂疏》也为明代园林栽植的一代名著③，而明末沈介石（生卒不详）所著的《菊花品评》，亦在其后附有菊花的栽植之法。④

（二）赏石、养鱼用书

园林中的石水关系有时密不可分。就赏石部分的相关书籍而言，宋人杜绾的《云林石谱》在当时的影响深远，计成的《园冶》成书在杜书之后，书中于《叠石》部分即可见多受杜书沾溉之处，此二书所记之石则多为于园林室外所观赏者；若针对书斋室内所陈列观赏者，则以明人林有麟（生卒不详）成书于万历年间的《素园石谱》最著，其书以文字说明，并以图帙绘制罗列可供厅室书斋玩好、清供之雅石，也同样成为园林爱好者重要的参考书籍。另外，曹昭（生卒不详）的《格古要论》中的《异石论》，以及张应文（1535—1593）的《清秘藏》中的《论异石》亦对石类的分辨与品鉴有相关的记述。

而理水知识中，以养鱼最受到爱好者的重视。《园冶》对于园林的设计养殖池鱼的部分亦可见到相关的记述。⑤ 因为园中的活水泉源如果设计得当，不

---

① （清）李斗：《扬州画舫录》卷十《虹桥录上》，中华书局 1960 年版，第 240 页。
② （明）黄省曾：《艺菊书》，见（明）王完辑：《百陵学山》（四），上海商务印书馆 1938 年影印明刻本，第 88 页。
③ （明）文震亨著，陈植校注：《长物志校注》，江苏科学技术出版社 1984 年版，第 2 页。
④ （明）吴履震：《五茸志逸》卷 3，上海市文物保管委员会标点本 1963 年版，第 159 页。
⑤ 《园冶注释》卷 3《掇山》，第 215—216 页。

但可使游鱼悠游其中，而种鱼于泉池之中，也为园林增色不少，亦为景观中不可缺少之游赏主题之一。

以鱼类知识方面而言。明人杨慎（1488—1559）的《异鱼图赞》、徐应秋（生卒不详，1616 年进士）所著《玉芝堂谈荟》、方以智（1611—1671）《通雅》中均记载了有关鱼类的知识，以增进时人对于鱼类的了解。

以养鱼知识的书籍而言。目前所知，除相传成书于春秋的《养鱼经》为最早的养鱼知识专业著作之外，若论及成书于明代，而实际教人于园林理水养鱼的专门书籍，则有张谦德（1577—1643）的《朱砂鱼谱》。朱砂鱼为当时吴中园林所流行饲养的鱼种，深受当时园林爱好者所喜爱。① 张氏其书即专门针对朱砂鱼而撰写的养殖与照顾的方法书。此外，则属宋诩《竹屿山房杂部》的《鱼畜法》卷、黄省曾的《养鱼经》，以及徐光启（1562—1633）的《农政全书》对于养鱼的记录最为详尽。《竹屿山房杂部》对于如何照顾池鱼，并使金鱼色泽鲜明的方法，均提出了详细建议。② 但针对凿池于园林中以养鱼时，应如何利用周围植物来保护池鱼，《养鱼经》则提供了更多珍贵的资料，其书甚至还教人在池上种植有用的植物，不但可以喂养池鱼，也可避免鱼群受到伤害：

> 鱼之行游，昼夜不息，有洲岛环转则易长，池之傍树以芭蕉，则露滴而可以解泛，树栋木，则落子池中可以饱鱼，树葡萄架子于上，可以免鸟粪，种芙蓉岸周，可以辟水獭。③

至于成书最晚的《农政全书》，则汇整了历来其他相关养鱼知识的文献资料，并收录部分黄省曾《养鱼经》的内容，资料最丰，亦最为详博，且《农政全书》亦可见于江户时代输日的《赍来书目》。④

---

① "朱砂鱼，独盛于吴中。大都以色如辰州朱砂，故名之云尔。此种最宜盆蓄，极为鉴赏家所珍。"（明）张谦德：《朱砂鱼谱》，见黄宾虹、邓实辑：《美术丛书》第二集第十辑，艺文印书馆 1975 年版，第 10 页。

② （明）宋诩：《竹屿山房杂部》，见《蓄鱼法》，《景印文渊阁四库全书》第 871 册，台湾商务印书馆 1983 年版，第 115—328 页。

③ （明）黄省曾：《养鱼经》，见（明）王完辑：《百陵学山》（四），上海商务印书馆 1938 年影印明刻本，第 79 页。

④ 大庭脩：《江户时代唐船持渡书の研究》，关西大学东西学术研究所昭和四十二年（1967）版，第 245 页。

（三）古董鉴定用书

古董的造假在宋代已司空见惯，因此宋代已有许多鉴定参考书籍的出现。① 而明代江南手工业发达，能工巧匠的负面效应是造成商品交易中假货充斥，因此，许多有关鉴别真伪的实用书，在明代亦受到普遍的重视。例如成书于宋代的《博古图》在明人文集里经常成为他们应用参考的根据，此书也在江户时期的江南书肆流通，并且在输日的书目中可以考见。② 而鉴定真伪最重要的一本著作是宋人赵希鹄（生卒不详）的《洞天清录》。其书详细载录风雅名士必须具备的鉴赏知识，《四库提要》美其为"鉴赏家之指南"③。书中收录有：古琴辨、古砚辨、古钟鼎彝器辨、怪石辨、砚屏辨、笔格辨、水滴辨、古翰墨真迹辨、古今石刻辨、古今纸花印色辨、古画辨等，对于园林闲雅生活中的古琴、古砚、怪石、书画、古印，以及青铜器物的辨识均有详细的说明。

若论刊成于明代，以鉴别知识为主的鉴定专书而言，则首推曹昭成书于洪武二十年的《格古要论》。《文渊阁四库全书》提要称其书对"于古今名玩器具，真赝优劣之辨，皆能剖析微至，又谙悉典故，一切源流本末无不指掌了然，故其书颇为赏鉴家所重"。④ 书中收录了园林文会活动中，许多雅士鉴别所需的品赏知识，其书共分三卷，录有：古铜器、古画、古墨迹、古碑法帖、古琴、古砚、珍奇、金铁、古窑器、古漆器、锦绮、异木、异石等十三门，几乎包括了好事时人鉴别所需的最重要知识，是以传授鉴赏、辨伪技巧而撰的知识专书。

---

① 相关的著作例如宋人陈槱的《负暄野录》二卷，上卷论石刻及诸家书格，下卷论学书之法，及笔墨纸砚诸器，皆原委分明，可作为好事者在收藏书画时，对其背景知识的参考资料，见《景印文渊阁四库全书》第 871 册，台湾商务印书馆 1983 年版，第 31—44 页；另外，周密《云烟过眼录》四卷与汤允谟作《云烟过眼续录》一卷，内容亦包括古器奇玩及书画的品鉴高下等，见《景印文渊阁四库全书》第 871 册，台湾商务印书馆 1983 年版，第 45—84 页。

② 大庭脩：《江户时代唐船持渡书の研究》，关西大学东西学术研究所昭和四十二年（1967）版，第 243 页。

③ （宋）赵希鹄：《洞天清录》，见《景印文渊阁四库全书》第 871 册，台湾商务印书馆 1983 年版，第 2 页。

④ （明）曹昭：《格古要论》，见《景印文渊阁四库全书》第 871 册，台湾商务印书馆 1983 年版，第 85 页。

其次，由张应文所著，其子张谦德润饰的《清秘藏》① 亦为一部重要的鉴赏专书。其书共分上下二卷，上卷二十门，分别论玉、古铜器、法书、名画、石刻、窑器、汉晋印章、砚、珠宝、琴剑、名香、水晶玛瑙琥珀、墨、纸、宋刻书册、宋绣缂丝、雕刻、古纸绢素、装褫收藏；下卷十门，分叙赏鉴家、书画印识、法帖源委、临摹名手、奇宝、斫琴名手、唐宋锦绣、造墨名手、古今名论目、所蓄所见。由于明人抄袭之风盛行，其书难免有转引抄录他书之处，对于所叙所有之珍宝，《四库提要》作者亦认为有"夸示其富，不足尽信"之虞②，尽管如此，就其书中所记的鉴赏知识而言，却是不一而足，记录丰富详尽，相较于同时代的其他鉴识参考书籍，其书下卷所收录的鉴赏家名录，临摹、斫琴、造墨名手等常识性知识，实属他书所少见，对于近代早期物质文化研究者而言，可称相当重要的整理性质参考文献。

至于旁涉品鉴知识的名家著作，则如陶宗仪的《辍耕录》卷十七，与明人顾起元所撰《说略》卷廿二，均记录了有关古物、铜器鉴识的要法。而明人赵宧光《赵凡夫印谱》一书可称为玩印方家的百科宝典，在日本宝历十二年的《商舶载来书目》中也可以见到。③

（四）园林品位指导用书

由于明代的园林风气兴盛，有关园林风雅生活品位指导的专门著作也因此随之日益增多，其中著名者包括了屠隆（1541—1605）的《考盘余事》、《山斋清供笺》，陈继儒的《岩栖幽事》、《太平清话》，陆绍珩（生卒不详）的《剑扫》等。此类书籍均以生活的闲雅品位为其写作的中心，对于明代的园林生活品位的提升，也有一定助益。

若论及明代最重要，且完全针对满足园林闲赏生活实用需要而撰著的书籍，则可以《长物志》为代表。《长物志》于天启元年（1621）出版，是一本

① （明）张应文：《清秘藏》，见《景印文渊阁四库全书》第 872 册，台湾商务印书馆 1983 年版，第 1—29 页。

② （明）张应文：《清秘藏》，见《景印文渊阁四库全书》第 872 册，台湾商务印书馆 1983 年版，第 2 页。

③ 大庭脩：《江户时代唐船持渡书の研究》，关西大学东西学术研究所昭和四十二年（1967）版，第 711 页。

专事讲求园林生活品位的著作，其书共分十二卷，包括：室庐、花木、水石、禽鸟、书画、几榻、器具、衣饰、舟车、位置、蔬果、香茗等，系文震亨为当时的园林爱好者，提供如何经营园林风雅生活的范式，亦可作为今人窥知明人园林生活品位的参考资料。

需要强调的是，其书虽然亦多有言及园林石水、花木植栽的部分，但是却与针对园林花卉园艺、鱼类、古董等绘式图谱用书截然不同。因为《长物志》强调的是文人追求风雅格调的鉴赏角度，而非以实际从事园艺、栽培、养鱼诸事的耕读生活出发。例如在卷二《花木》"菊"条中，作者就明白指出，艺养菊花之法是"园丁"所宜知的事，而与风雅的好事者无关，所以"非吾辈事也"。① 因此可明确看出作者认为栽艺技术等属园丁之事，而有意与文雅风流的闲赏活动区隔。以园中池鱼举例而言，相较于前述黄省曾教人于园林中如何养鱼的方法，文震亨所提出的则是明代当时鱼类观赏的流行时尚，其文罗列了当时金鱼最受到欢迎的样式，曰：

> 初尚纯红纯白，继尚金盔、金鞍、锦被，及印头红、裹头红、连腮红、首尾红、鹤顶红，继又尚墨眼、雪眼、朱眼、紫眼、玛瑙眼、琥珀眼、金管、银管，时尚极以为贵，又有堆金砌玉，落花流水，莲台八瓣，隔断红尘，玉带围、梅花片、波浪纹、七星纹，种种变态难以尽述，然亦随意定名，无定式也。②

由上文中"初尚纯红纯白，继尚金盔"，以及"时尚极以为贵"诸语，可以窥知其书的写作角度，并不在于教人如何养鱼，而在于教人具有如何辨别鱼类时尚，品位高下的能力。而这并不是可有可无的知识，这正是明人在园林活动中，所最需要了解的知识之一，因为，承前文所述，明人在园林中除了彰显其财富、人际网络之外，更重要的，还包括了彰显其品位的知识，以显示自己的风雅、格调。

《长物志》的写作对象为爱好风雅的爱好者，书中系由指导园林精致生活

---

① 文震亨："菊有六要二防之法，谓胎养、土宜、扶植、雨旸、修葺、灌溉、防虫及雀作窠时，必来摘叶，此皆园丁所宜知，又非吾辈事也。"见（明）文震亨著，陈植校注：《长物志校注》卷2《花木》，江苏科学技术出版社1984年版，第78页。

② （明）文震亨著，陈植校注：《长物志校注》卷4《禽鱼》，江苏科学技术出版社1984年版，第127页。

的立场出发，以文震亨主观的视角，透过对于园林室庐、亭台的安排与几榻的布设，以及园林内部花木、书画、水石、器具，甚至包括饮食的讲究，喻知读者通过汲取园林时尚的丰富知识，以表现其在风雅上的"品位成就"。文震亨提出经营雅致的园林生活，必须讲求内外兼治，无论在视觉、听觉、嗅觉、味觉等各样感官，都是园林主必须巧心经营的重要取径，唯本于书中心法，以营建一座文人园林，才真正能"令居之者忘老，寓之者忘归，游之者忘倦"。①作为增益明代园林爱好者的品位与知识、见识、常识用书而言，《长物志》实为一重要的代表著作。

除了上述一类真正讲求品位培养的书籍之外，明代的出版品也开始出现一些"另类"的实用书籍。例如许多教人如何模仿城市中拥有园林的有钱人，过富裕生活的方法书，此类书籍则如《居家必用事类全集》、《多能鄙事》，以及《便民图纂》等，这样的书籍除了教导读者，园林的闲赏生活中所必须知道的诸多常识，例如如何照顾琴、筝、书画、青铜器之外，还包括教人如何制造出青铜器上假的铜绿等内容。②而在《船舶载来书目》中亦可见到《居家必用事类全集》于享保八年（癸卯年）的输日记录。③

明代的园林知识自明中叶以降逐渐建构成形，为因应园林风尚的需求，遂有许多园林实用书籍出版问世，并得以流通于书肆，乃至于借由江户时期频繁的书籍贸易而传布至日本。在众多的实用园林技术、造景，以及品位鉴赏的出版品之中，出于文人画家作者计成之手的《园冶》，以其重视科学逻辑、排斥阴阳迷信、强调天人和谐，而迥异于当世堪舆之风。尽管计成本人在此书完成后，并未得到太多的瞩目，然而此书却在日本受到重视，流通于当世，这绝对是计成和出资付梓的阮大铖都始料未及的事。

（新加坡义安理工学院中文系主任）

---

① （明）文震亨著，陈植校注：《长物志校注》卷 1《室庐》，江苏科学技术出版社 1984 年版，第 18 页。

② Fruitful Sites：*Garden Culture in Ming Dynasty China*，p.78.

③ 大庭脩：《江户时代唐船持渡书の研究》，关西大学东西学术研究所昭和四十二年（1967）版，第 716 页。

越南儒学科举教育及其对现代社会的影响

[越南] 丁克顺

一、越南历史上的儒教科举发展进程

越南教育的建设出现于被中国汉代帝王占领与统治而成为郡县北属中国的时期。在此期间，中国中央政权派出的地方行政长官已建立学校，传播汉文化。其中典型的是交趾太守士燮①于2世纪在莲楼城创立学校，因此，被后世视为越南教育开创者并被尊为安南郊学祖，甚至被树立在莲楼首府的寺庙祭祀（今越南北宁省顺诚县）。其目的只限于培养服务统治者的人才及当地官吏的子弟，也出现了通经史的高才生和登科进士如姜公辅、刘有芳②等，但交趾人都必来北国去参加科举考试。同时，汉字已被广泛使用并成为越南人的正式文字。这就是越南古代教育的初期。

从10世纪以来，越南进入了独立自主时期，越南历代王朝仍然统一使用汉字，与此相应的是仿照中国的模式发展教育。

（一）儒家的教育开始：李—陈王朝

李朝李太祖（1010—1028）已注重教育，因为较多人才经过寺庙训练而成功，所以当时朝廷未举行考试而是通过进举制度选拔人才。

① 士燮，东汉官员。187年士燮被汉朝任命为交趾太守。
② 姜公辅（？—806），爱州人即今越南清化省，北朝进士考试，当官。刘有芳，交州人即今越南北部地区，于815年去中国参加考试，但未中选。

李朝李圣宗（1054—1072）扩展教育于民间群众，使儒学得以广受关注。1070 年，李圣宗下令创立学校并建立文庙祭祀儒家学祖孔子，到李朝仁宗皇帝（1072—1128）时教育更受关注，朝廷设立科制选士，在 1075 年设第一次科考，也称为三场考试，其目的是选拔博通经史的人才，故以"明经"科为名。之后举行过五次科考分别为 1086 年、1093 年、1110 年、1130 年和 1138 年。

1076 年，李朝仁宗皇帝下令由建立在京城的国子监来教导皇室亲眷和官吏的子弟。1165 年，李朝英宗皇帝设立太学生科，至 1195 年设立三教科，目的都是为了选拔通晓儒、道、佛三家经典的人才。

李朝就是为越南教育和科考奠定基础的朝代。

陈朝建立后，教育与科举的范围、影响日益扩大和正规化。1253 年，陈朝太宗皇帝建立在京城的国学院，目的是让贵族的子弟和士子入校听讲四书五经，陈朝也设立太学生科并定了新规定，考试分为四场，加上具体科目。

陈朝首创了在各路的督学官和在各州、府的教授官，其合称为学官，负地方教学之责任。其中，天长府（今越南南定省）是陈族的故乡和府第，已有较多评文考试。

陈朝时的科举已出现兴盛局面并成为定例，但多受中国唐代、宋代科举的影响。

（二）后黎朝教育改革（1426—1527）

后黎朝建立后，太祖皇帝（1428—1433）进行重组学制，振兴学风，正规化科考，扩大在京都的国子监规模，恢复了在全国各州、路、府的学堂。黎圣宗皇帝在位时再度实行陈朝的乡试、会试。

在李、陈、胡朝的时代，儒学所培训的对象主要为贵族、官员及地主阶级的子孙。学校只有国子监和由官府建立起来的几所学校而已。因此，考试还没有定型，科举还没有普及。在李朝，国子监只用于太子和京城里的官员的子孙的教育。1253 年，陈王建立国学院并让儒士来听讲四书五经。此外，陈王也在天长府建立了一所学校，但只给皇帝和官员的子孙讲学而已。

到了后黎朝，一建国，黎王就马上提出并实行很多政策改革和发展教育及科举制度。具体如下。

1. 建设学校，广泛招生，普通老百姓也能上学

战争结束后，黎利皇帝（1428—1433）发布命令要求全国建设学校培养人才。于是，升龙京城之内有国子监，升龙之外有各省份的学校。皇帝亲自从官员和老百姓的子孙中选出最突出的人来送到上述的学校。

1434 年，黎太宗（1434—1442）准许数百个机关的官员子孙到国子监报名，同时选出 1000 个人并分为三个等级：第一等级和第二等级将在国子监学习，第三等级就要在各省份的学校学习，而且在各省份学校的学生到 25 岁若未能达到第一个或第二个等级就要回去，不能继续学习了。

到了黎圣宗（1460—1497）时代，所培训的对象普及全社会。1462 年，黎圣宗下令，准许社会上的所有老百姓都能参加考试。1484 年 6 月，还选择儒生来担任国子监的三舍：参加会试的，若三次中选就叫上舍生，两次中选叫中舍生，一次中选叫下舍生。若每舍能具有 100 个舍生就收到一笔钱。舍生都能享有 9 分钱。任职的时候，上舍生得 3 分，中舍生得 2 分，下舍生得 1 分。

2. 考试制度严格

因为认识到教育对国家人才的培训工作所起的重要作用，后黎朝的皇帝都特别地重视考试的组织工作。从内容到形式、考试时间地点到学生数量，甚至学生的道德的检查工作都做得很严格。

黎太宗绍平元年（1434），黎朝定取士科目诏曰：

> 得人之效，取士为先，取士之方，科目为首，我国家自经兵燹，英才秋叶，俊士晨星。太宗立国之初，前兴学校。祠孔子以太牢，其崇重至矣。而草昧云始，科目未置。朕纂承先志，思得贤才之士，以副侧席之求，今定为试场科目，期以绍平五年（1438）各道乡试，六年会试都省堂。自此以后，三年一大比，率以为常，中选者并赐进士出身。所有试场科目，具列于后，第一场经义一道，四书各一道，并限三百字以上；第二场制、诏、表；第三场诗、赋；第四场策一道，一千字以上。①

接下来，1463 年，黎圣宗规定会试三年举行一次。此外，黎圣宗皇帝还明显地规定参加考试的人的指标、道德以及考试的时间等。

---

① 《大越史记全书》，内阁官板，PD.2310，卷 11，《黎纪二·太宗》，页 14a。

这种科举考试规制模仿明朝的科举程式，所不同的一点是明朝科举考三场而黎朝科举考四场，增加了诗赋这一场。黎朝所定乡试法，在四场考试之前还要求先暗写一场。

3. 对考生和中选人的待遇制度

准许学生和考生不参加军队。考上在县、镇举行的考试的人就免劳役并直接被送到国子监。若此人学习不怎么样就失去了上述的优先条件。1483 年黎圣宗皇帝指出："考上乡试的人若不中选任何考试就要入伍，而只中一次考试就按日常通例回去当平民。"①

对于考上进士的人：在东华门挂上金榜、题名，颁给金钱与衣帽等。

1484 年，黎圣宗皇帝开始允许在文碑上刻下考上进士的人的姓名，称是进士文碑。同时也把进士的位置分出来，具体为：

考第一甲第一名称正六品，考第二名称从六品，考第三名称正七品。

考第二甲称从七品，考第三甲称正八品，如进翰林院就高一级。

状元、榜眼、探花改成进士及第，正榜改为进士出身，副榜改为同进士出身。

除了举行乡试、会试、廷试以外，后黎朝还举行许多其他考试以选择教师、行政职员等。如，1466 年在各府考的训导，王朝颁布："如缺少哪个训导就选各堂的监生和各衙门的吏员，只要考上第一期，第二期，第三期的会试并具有品德就好了。"

后黎朝还很重视通过写作、写字和数学来选人。1437 年，考写字和数学，690 人中选，分作在中外衙门的人。具体为：第一期考写古文，第二期考写真字、草字，第三期考数学，人民和生徒都可以参加考试，但监生和从军的人除外。

基于上述的改革，后黎朝儒学教育已经培训及选择出一批具有突出知识、才能和品行的官员队伍。

对于后黎朝儒学教育来说，阮朝史家评价道："在封建朝代的科举制度中，最盛的是洪德时代。广泛地招聘，公平地选择，后代都是比不上的。在那个朝代的人能自由及广泛地发挥自己的才能，真正有才的人都会得到朝廷的重用。全国之内，都没有放过任何一个有能力的人。正因为如此，后黎朝的政治才日

---

① 《大越史记全书·本纪实录》，卷 XIII，35a，社会科学出版社 1998 年版，第 486 页。

益盛旺。"

后黎朝的儒学教育改革已成为莫朝（1527—1592）、黎—郑朝（1600—1788）、阮朝（1802—1945）等以后时期的标准，但各朝科举都有自己独创的特点。

莫朝（1527—1592）循黎之制，三年一试（乡试和会试）。初试为明德三年（1529）己丑科。65 年间，莫氏开科 21 次，取进士 485 人。

后黎朝中兴后的时期（1553—1788）还在巩固清化山区根据地期间，黎氏已于顺平六年（1554）在安场行宫开进士科，称之为制科。此后，到正治八年（1565），开第二次制科，又直到嘉泰五年（1577），才有第三次制科。自从 1580 年以后，科举正常举行，每三年一科（除 1586 年未能举行外）。这样，1554 年至 1595 年，莫朝和后黎朝同时举行科举考试。莫朝考试地点在升龙，后黎朝考试地点在清化地区。1595 年后，中兴后的后黎朝继续在京都升龙按照惯例举行会试和廷试。除进士科外，后黎朝还举行有其他各种考试，如宏词科、士旺科、选举科（试乡贡）和东阁科（试进士以选取入职东阁者）。仅以正式制科和进士科计，后黎朝中兴后从甲寅（1554）科到后黎朝末丁未（1787）科共举行科举考试 73 次，取进士 805 人，还有 16 次博举科，取中 199 人。

西山朝（1788—1802）尽管很注重士子学业，但于科举几无所为，仅举行了一次乡试。

阮朝（1802—1945）虽于 1802 年建立，但到嘉隆六年（1807）才举行第一次乡试，而且是只在北部地区。到明命三年（1822），才开始举行会试。自 1821 年，中乡试者由乡贡改称举人。乡试中三场者，以前为生徒，现称秀才。阮朝进士科不取第一甲进士及第第一名（状元）。这是阮朝的四项规定之一。[1] 除进士科外，阮朝还设有会试恩科和博士制科。从 1822 年最初的会试，到启定四年（1919）最后的会试，阮朝共开会试科 39 次，取进士 558 人，开武举科 7 次，取武进士 120 人。

因此，自乙卯（1075）科到己未（1919）科，越南科举制的历史延续了 845 年，文举开科 183 次，取进士及相当于进士者 2893 人；武举开科 26 次，取中 319 人。

---

[1] 这些规定称为"四不"，即不封外族之人为王、不立皇后、不置宰相和不取状元。

二、越南儒学教育和科举的特点

从 10 世纪以来，越南进入了独立自主时期，越南历代王朝仍然统一使用汉字，至 1919 年才结束。这样，从中国传来的儒学教育具有悠久的历史并成为越南的传统教育。在越南，儒学教育和科举有如下特点。

儒学科举教育在传授知识的同时注重对学生进行道德教育，封建教育的目的是要培养追求儒教理想的人，这一点还在家长送孩子刚去拜师求学时即已明确。读圣贤之书就含有研习做人之道和做人的理想，被简洁地概括为"修、齐、治、平"四个字，以培养一生都追求立德、立言、立功，为成名而奋斗之人。

服务这一目标，很多教科书都是为了对学生进行道德教育而编纂的。在初学阶段，越南人所编纂的教科书如《一千字》、《五千字》、《初学问津》，到中国人编纂的《千字文》、《明心宝鉴》、《明道家训》等都有关于伦理的章节，教学生要守义向善，遵守孝道，学会待人处世。至深入阶段，各教科书中儒教道德说教的内容大量增加。学生拜师就学之初即要学习这些教理，而且一生都要不断学习，即使离开学堂，事业有成，仍要不断修炼，并在实际生活中实践这些道德原则。

儒学科举教育很注重向学生传授举业之道。除多年寒窗苦读四书五经外，学生还要针对科举考试进行训练，熟练掌握做题技巧。

为了培养国家机构中的官僚人才，儒学教育还注重向学生传授处理行政工作之技能，如模拟写作诏、制、表，撰写乡约、地簿、各类祭文等。

儒学教育和科举考试重视学业，注重提高学生的学习精神。从家庭到宗族亲友，都重视应试者的学业，鼓励学习。劝学制度可以调动村社共同体所有的力量关心村社中的为学者。各村社劝学的有关规定都写入了乡约。

儒学教育也非常重视学生的文章操作。所以，除了要把握好四书五经的内容之外，学生还要熟练写作的风格及技能。

以为国家机关培训出一批官员队伍为目的，儒学教育还关心到学生对行政方面的知识和操作，所以，考试的内容常常联关到诏、制、表、诰等文字。

黎圣宗（1460—1497）已经强调考试的目的在于选择人才，想选人才首先要选有学的人，而想选有学的人考试就是前提。1484 年[①]文庙进士题名碑文曰：

---

① 《大宝三年壬戌科进士题名记》，汉喃研究院博物馆拓本号码：1358。

"贤材，国家之元气。元气盛则国势强以隆，元气馁则国势弱以污。是以圣帝明王，莫不以育材取士培植元气为先务也。"

三、儒学科举教育对现代越南社会的影响

儒学科举教育经过历代的发展，深刻影响了越南传统文化，形成了"好学"的传统。

"好学"的传统包含"学"和"问"两种精神，即重学习，提高知识，尊师重教。"好学"的人要求一生向学，无论从事什么职业都勤勉于学。不断学习，精通业务，即可"行行出状元"。

所谓"学而不厌，诲人不倦"，古时越南人即便家境贫寒，也要送儿子去读书识字，学习做人的道理。历史上，曾有很多德行高尚而好学的人成为国家贤材，德高望重，如李公蕴、陈兴道、朱文安、莫挺之、梁世荣、黎圣宗、冯克宽、黎贵惇，等等。如今，好学的家族、村社遍布全国。

"好学"传统的另一个表现是重视学习，尊重有学问的人。在人们的观念中，普遍认为儒家读书人清高。学习时态度诚恳，提高智慧，方能学有所成。

"好学"还体现为尊师重道。所谓"一字为师，半字亦为师"，时刻都要尊重老师，自此形成"敬师方可为师"的道理。甚至在"三纲"中，古人将敬师的精神置于敬父之前，即"君—师—父"。儒家将"好学"和"求是"视为有知识的人的最重要的两个品质，"好学"主要是学习圣贤之道，即民间理解的"学吃学说"，如15世纪越南著名的文学家阮廌指出："学习是所有事业成功的基础，人业于何事，即有成于此：为匠为师仍当学，有吃有穿乐其事。"

现代"尊师重道"体现在奉祀前贤和科榜名人。京师文庙奉祀孔子和四配，地方上有斯文会尊崇先贤和科榜名人。地方上置学殿、学田以保障教学。永安省安乐县知止社的《知止村学田碑记》于1824年曰："舍置学田以延儒师焉。知止之乡老曰：民有先人之田玖亩五，篙池一口，公为利也。今愿取学田三之一，田六亩八为学俸。"[①]

"好学"传统的另一个内涵是勤勉于学，万事成功皆须学与行。古代，读

---

① 《知止村学田碑记》，汉喃研究院博物馆拓本，号码：15025。

书学习是为了出仕做官。除了读书以外，下层人民没有改变穷苦状态的其他方法。因此父母和妻子竭尽全力供儿子或丈夫读书成才，希望能够博取功名，中状元、进士、举人、秀才等。状元和进士即可"荣归拜祖"，名重乡里。若有人屡试不中，放弃科举在家乡教学授徒，其人及家族在乡里仍然能够以教师的身份获得尊重，并寄家庭科榜的希望于将来。

人们学习不只是学习书本知识，更重要的是学习如何做人，所以学习知识的时候，也要提高道德品质和为人之道。

这样，"好学"的传统自古传承至今。尽管一些家庭没有这样的传统，但在学校受到了优秀教师的影响，又从书籍中继承了"好学"的传统，成为品学兼优的人。无数好学而有所成就的人都是镜鉴，激励后学。春季在河内文庙和地方名胜，学生都会去求字，希望学有所成，往往是书法的汉字"登科"，意思是学习优秀，成为贤材，等等。这是古代科举教育留下的生动的一笔。

总的说来，越南科举有着悠久的历史，形成了严密的规章制度。有机会学习和试中者相当多，为各朝代造就了人数众多的知识分子和官吏队伍，也为越南形成科举传统和发展文学艺术作出了贡献。同时，教育和科举制度已经给越南乡村的人民创造了一个好学的精神，对现今社会具有重要影响。

（越南社会科学翰林院汉喃研究所研究员）

儒家思想对越南封建法律法令的影响

[越南] 范玉红

儒家思想自秦汉开始传入越南，对越南社会的发展产生了久远而深刻的影响。在长达两千多年的时间里，儒家思想经过不断的传播与发展，已经深深地扎根于越南社会生活中，对越南各方面都产生了深刻的影响。儒家思想渗透到越南民族的思想行为、思维方式、情感状态和风俗习惯之中，成为越南文化遗产的重要组成部分。

越南历代封建王朝都比较重视法律法令的制定，而这些法律法令，都不同程度地受到了儒家思想的影响。

一、越南封建法律法令及其编纂概况

秦汉之际，中国封建统治者大量移民到越南，改变越族的风俗，汉字和北方文化也跟着输入越南，儒教也从这时起输入越南。① 儒家的三纲五常成为越南封建时代法律法令的思想基础。儒家的经典著作《论语》、《春秋》等书，在封建政权和士大夫开办的学校里普遍讲授。隋唐时期，儒、道、佛三种宗教在越南同时盛行，相互影响，相互渗透。从陈朝末年开始，儒家思想逐渐成为越南思想文化的主流，至后黎朝、阮朝而取得正统和独尊的地位。在历史上，越南许多人尊崇孔子，信奉儒教，诵读四书五经。政治经济、科举教育，一遵中

---

① 在越南，"儒学"通常被称为"儒教"。

国体制，并按孔子的伦理纲常思想制定成法律条文，颁行教化条例。儒家思想已经成为越南的正统思想，成为越南民族传统思想文化的重要组成部分。越南近代著名的史学家陈重金（1882—1953）曾经指出："须知我国自古至今，凡事皆以儒教为依据，以三纲五常为处世之根本。君臣、父子、夫妻，为我国社会所固有的伦理。谁若违背这些伦理，则被视为非人。"①这一论断，是符合历史实际的。

越南于公元938年独立以后，先后经历了丁朝（968—980）、前黎朝（980—1009）、李朝（1010—1225）、陈朝（1225—1400）、胡朝（1400—1407）、后黎朝（1428—1784）、阮朝（1802—1945）等历史时代。历代封建王朝都比较重视法律法令的制定。李朝有《刑书》，陈朝有《刑律书》、《国朝通制》、《皇朝大典》，黎朝有《国朝刑律》、《皇朝官制》、《黎朝会典》、《洪德法典》，阮朝有《嘉隆法典》、《大南律例》，这些都是越南历史上的著名法典。这些法典都有一定的哲学基础和理论依据，而这些政治哲学理论大多来源于儒教，其宗旨都是为了论证封建皇权和君主专制的合法性与合理性。

法律在历代封建王朝中具有非常重要的位置。正如阮朝学者潘辉注（1782—1840）所说的："我越历朝立国各定刑章。李有《刑书》之颁，陈有《刑律》之定，莫非参酌今古，永示成规。然李之刑失于宽，陈之刑流于刻，轻重失衷，皆未为善制也。迨于有黎之兴，复行删定《洪德刑律》，参用隋唐，断治有划一之条，轻重有上下之准，历代遵行，用为成宪。虽其纤悉条目，时或斟酌，而大纲定制，永作率由。斯固治国之规绳，律民之矩度也。"②制定法律是为了防止犯罪，治国必须施行刑律。因此，历代王朝为强化君主专制制度，维护皇室权威，加强对人民的镇压和思想控制，都重视以儒家思想为指导原则，制定各种法典。这些法典，自身已包含了儒家的基本原理与道德规范。

（一）李朝的《刑书》

李朝建立以后，就开始实施立法。1042年，李太祖颁布了《刑书》三卷，这是越南历史上最早的成文刑书。原书虽然已经亡佚，但却影响了日后越南封

---

① 陈重金：《越南通史》，戴可来译，商务印书馆1992年版，第313—314页。
② 潘辉注：《刑律》，《历朝宪章类志》卷三十三。

建王朝的刑罚制度，在越南法制史上具有重要的地位。

据越南最重要的历史书籍《大越史记全书》①记载："壬午。四年。十月以后，明道元年。命中书删定律令，参酌时世之所适用者，叙其门类，编其条贯，别为一代《刑书》，使观者易知。书成，诏颁行之，民以为便。至是治狱之法，坦然甚明。""颁刑书。初天下狱讼烦扰，法吏拘律文，务为深刻，甚者或至枉滥，帝为之恻然。"②从此，这部《刑书》起到了"治狱之法，坦然甚明"的作用，李太宗也为此而把年号改为"明道"。潘辉注在《历朝宪章类志》中，亦记载此事："李太宗明道元年颁《刑书》。初，天下狱讼烦扰，法吏拘律文，务为深刻，多至枉滥。帝悯之，乃命中书删定律令，参酌时世所通用者，叙其门类，编其条贯，别为一代《刑书》，使观者易知。书成，诏颁行之，民以为便，至是治狱之法，坦然明白。"③此前，越南的法律制度尚未成熟，虽然已有成文的法律，但都是不成系统的条文，没有统一的标准，所以在实施的过程中，出现了不少的问题。因此，《刑书》的问世，是越南法制史上的一个重大事件。它说明了当时中央集权国家已具有相对稳定的性质，同时也建立了相对完备的政权机构。

（二）陈朝的法律制度

陈朝时期，继承李朝的立法思维，重视法律法令的制定工作。陈太宗继位以后，于1226年下令制定律条律令。1230年春天，下令参酌前代的典例编成《国朝通制》，修改礼仪《刑律》20卷及《国朝常礼》10卷。《历朝宪章类志》记载："陈太宗建中六年，定国朝《刑律》，考定前代诸例为之。又定《徒罪法》，中罪徒果田宏者刺面六字。"④至1244年，陈太宗又下令重定各律刑格式。陈朝的刑罚很严苛，用严刑酷法惩治罪犯。犯盗窃罪者要受到砍手、刖足或是被大象蹴杀的酷刑（此刑罚到了黎中兴以后都换成流罪）。重罪犯人可能受到三种

① 《大越史记全书》是后黎朝学者吴士连根据前人黎文休（1230—1322）的《大越史记》和潘孚先的《史记续编》，参以中国史书，于1479年撰成《大越史记全书》，共15卷。1665年，范公著增加《本纪实录》5卷，《本纪续编》3卷。1697年，黎僖又增补《本纪续编》1卷。至此，完整的《大越史记全书》遂告完成。

② 《大越史记全书·李纪·太宗》。

③ 潘辉注：《刑律》，《历朝宪章类志》卷三十三。

④ 潘辉注：《刑律》，《历朝宪章类志》卷三十三。

处罚：脸上黥字；罚去耕种公田；流放到沿海一带垦荒。关于极刑处死，"陈刑法最酷，盗及逃亡斫其足指，付其人甘心，或付象蹴杀之"[①]。1332年7月，陈宪宗"以阮忠彦知审刑院事兼清化安抚使。忠彦立平允堂，决狱讼无冤滥"[②]。至1341年，陈裕宗又"命张汉超、阮忠彦编定《皇朝大典》，考撰《刑书》颁行"[③]。其刑律大抵尊用唐宋之制，但其宽严之间，时加斟酌。关于内容方面，除了继承李朝的规定与律令之外，还有一定的补充与调整。尤其是关于刑罚、手续诉讼与财产土地私有制度等方面，有些新的规定。

为了增强巩固皇权，维护封建统治，陈朝时期连续调整律令与颁布律例。对于政权的组织和行政的各种规章制度，《刑律书》与《国朝通制》都有明确的规定。陈朝颁布的法典，标志着越南法制史进入了一个重要的发展阶段。

（三）后黎朝的法律制度

后黎朝建立后，国家政权愈趋稳固，政令、法令和法律也日趋完备。1483年，黎圣宗命人将过去颁布的所有法令条文汇编在一起，并仿照中国明朝的律令进行修订和补充，编制成一部系统完整的法令汇编。因为这部法令汇编产生于后黎朝圣宗洪德年间（1470—1497），所以被称为《洪德法典》。因为法典的内容都是按照刑律的规范形式排列的，所以又被称为《黎朝刑律》。它是越南封建国家制定的第一部完整的法典。此法典的编纂是一项巨大的立法工程，它标志着越南法制史进入了更重要的发展阶段。

《洪德法典》凡六卷十三章722条，基本内容以儒家思想为指导，维护统治阶级的权益，巩固君主专制制度，保护封建阶级的土地及财产权利。官制、军制、刑法、民法等篇目，对叛国、欺君等罪，都处以死刑或流放。对侵犯他人的稻田、住宅、池塘者，也处以严刑。同时法典规定承认村社公有土地制的存在，保护耕畜，不准荒废田地，遗产由子女平分，承认妇女离婚后的财产所有权。这些方面，反映了越南社会妇女地位较高的传统习俗，具有积极的作用。这部法典经黎朝历代君主及黎末各地方封建政权的修改和补充，一直实行到18世纪。法典除了保护统治阶级的利益和特权，巩固君主专制制度之外，

① 潘辉注：《刑律》，《历朝宪章类志》卷三十三。

② 《大越史记全书·陈纪·宪宗》。

③ 《大越史记全书·陈纪·裕宗》。

也尊重和反映人民的一些风俗习惯，并且在保卫国家主权和发展经济方面起到了一定的积极作用。

除了《洪德法典》，黎朝还有其他一些法典典制。黎圣宗时期编纂的《天南余暇集》100卷，其中有黎前代的典例和律条。洪德十四年（1438），仿照唐宋朝代的会要编纂《黎朝会典》，其内容包括黎朝吏部、户部、礼部、兵部、刑部、工部的制度与律令。《人命查验法》由刑部林郡公、范濯编辑于1737年，其内容论及死尸勘验、现场调查以获取证据的各种方法。其他书所提到的律例律令，有《国朝洪德年间诸宫体式》、《黎朝官职》、《国朝勘讼调例》、《词讼律例》、《国朝诏令善政》、《国朝条例田制》① 等。为确定封建尊卑等级秩序，黎朝还制定《伦理二十四条》颁行全国，强制人民遵守，违者治罪。可以说，黎朝的法律已经发展到了顶峰阶段。

（四）阮朝的法律制度

嘉隆帝阮福映（1762—1820）建立阮朝以后，即致力于安定民生与制度建设，学习中国的政治体制。为巩固封建专制制度和加强对人民的镇压，1811年命平西大将军诚郡公阮文诚为总裁，撰定律例。阮文诚等稽考历朝令典，参照黎朝的《洪德律例》和中国的《大清律》，完成了一部空前宏大的阮朝法典。该法典于1812年第一次在中国刻印，1815年颁行全国。法典由嘉隆帝亲自"裁定"，作序颁行，并规定1815—1817年为该法典的试行期。这部法典的正式名称为《皇越律例》，又称《皇朝律例》或《国朝律例》。全部内容共有22卷，398条。对应于吏部、户部、礼部、兵部、刑部、工部六部，分成6个部分。其后，明命帝、绍治帝、嗣德帝在位期间，陆续加以增补。《皇越律例》明确提出，其立法原意是要整顿社会，巩固王权。为达此目的，法典中规定了若干残酷的刑法，以震慑各种违法犯罪的行为。《皇越律例》是越南古代最后一部封建法典。

除了《皇越律例》之外，越南阮朝尚有其他一些法典，其中包括若干以喃字写成的法典。如《本朝例定》，其内容是关于在北方修改官制一事的一些文件。《大南律例》全文凡233条，当中有刑律100条，民律110条，商业律23条。

---

① 此书现存越南汉喃研究院图书馆。

《国朝典例官制略编》、《国朝律学拣要》、《国朝律例撮要》、《国朝文武官制体例要典》等，都是阮朝重要的令典。可以说，阮朝在立法方面，在越南封建社会里做得最充分、最完备。各令典问世，无不有利于维护皇帝的绝对权威，恢复和巩固社会秩序。尤其是《皇越律例》，其立法思想和立法技术均超越往代，堪称越南封建法典之集大成者。

二、越南封建法律法令中所体现的儒家思想

在古代越南，儒学已渗透到社会生活的各个方面，对政治、经济、文化的发展产生了极为深远的影响。中国儒学转型为越南儒教，构成了越南传统文化的重要组成部分。儒学思想已经内化为越南民族精神的一部分，并成为维护国家统一和民族独立的重要精神支柱。在越南民族精神中，渗透了浓厚的儒教忠孝节义观念。儒家思想渗透到人们的思维方式、日常生活及风俗习惯当中。越南古代许多政治、历史、哲学、文学方面的著作，被打上了深深的儒学印记。

在整个越南封建时期，儒教一直成为历代王朝统治国家的黄金法则。历代王朝制定的法律法令，都受到儒家思想多方面的影响。

（一）儒家伦理观念对越南传统法典的影响

越南封建统治者把儒教的纲常伦理观念，视为治国牧民的根本。自李、陈两朝开始，越南的法律就走上了儒家化的道路。所谓法律的儒家化，是指将儒家的伦理道德精神注入法律法令，使封建法律法令具有伦理法的性质；儒家伦理思想成为立法以及司法实践中定罪、量刑的指导思想和基本原则。

历代王朝建立起来的法律体制，是以皇权为中心的等级分明、尊卑有序的中央集权官僚体制。儒家的伦理道德观念，获得法律的保障。封建统治者依靠这套法律体制，从中央到地方行使着统治权，维持着封建社会的运转。统治者意识到，若想江山稳固，长治久安，不仅要有完备的统治制度，更重要的是要有一套伦理学说作为维护统治的理论依据和精神支柱。儒家的三纲五常、忠孝节义观念，正好适应了这种需要，因此得到统治者的大力宣扬，广为提倡，并得到法律的保障而成为不可违背的至高无上的行为规范和准则。

儒学在黎圣宗时期（1460—1498）达到了鼎盛。《洪德法典》就是以儒家

思想为指导制定的法典。

黎玄宗于景治元年（1663）颁行《教化四十条》，其中特别强调："为臣尽忠，为子止孝，兄弟相以达和睦，夫妻相爱敬，朋友尚信以辅仁，父母修身以教子，师生以道相持，家长以礼立教，子弟各敬父兄，妇人无违父子。"① 在这里，儒学所具有的道德实践性、教化性及其调节人际关系、社会关系的功能，得到了充分的体现和发挥。

阮朝第一代皇帝阮福映在嘉隆三年（1804）发布的诏书中称："王者以孝治天下，而孝莫大于尊亲，追崇祖宗，所以致敬而达孝也。"②

阮朝的明命帝颁行《训谕十条》，其中包括：一曰敦人伦，二曰正心术，三曰务本业，四曰尚节俭，五曰厚风俗，六曰训弟子，七曰崇正学，八曰戒淫慝，九曰慎法守，十曰广善行。其中最重要的是敦人伦，重三纲五常，遵守阮朝的法律法令。绍治帝也提出："朕为天下主，教孝作忠，以教风化。"③ 在其祖母及父母去世时，他都分别服丧三年以为天下之楷模表率。

为了巩固君主专制制度，保护封建阶级的权力，越南历代封建统治者在制定法律时，参照中国封建统治者的做法，把"十恶"引入法律。"十恶"是传统法律中最重要的 10 种犯罪，主要是指严重违反礼经，丧失以忠君和孝亲为核心的道德，破坏以君臣、父子、夫妻为三纲的伦常，直接危及君主专制统治秩序以及严重破坏封建伦常关系的重大犯罪行为。与中国相同，越南封建统治者例律中立下"十恶"专条，强调这些罪行的严重性质。凡犯"十恶"罪的人，即使属于"八议"④ 的范围，也不得享受议请减免刑罚的照顾。明确规定，十恶"为常赦所不原"。对"十恶"罪实行极其严厉的刑罚，对谋反、谋大逆的处罚尤重。

总之，把儒家的伦理道德、等级观念、尊卑秩序，具体化为强制性的行为规范，这是越南历代王朝制定法典的一大特色。

---

① 《大越史记全书·黎纪·玄宗》。

② 阮朝国史馆：《大南实录正编·第一纪·嘉隆》。

③ 阮朝国史馆：《大南实录正编·第三纪·绍治》。

④ "八议"是封建统治阶级为庇护上层统治集团的利益，对 8 种人的犯罪须经特别审议并享受减免刑罚的特权的规定。"八议"的具体内容是：一议亲，二议故，三议贤，四议能，五议功，六议贵，七议勤，八议宾。

（二）作为礼治范例的越南传统法典

儒家政治思想的核心是主张礼治，提倡德治仁政，这也是封建立法的根本思想。封建时期的法典原则和内容之一是以礼入法，礼法结合，相辅而行。礼法合一是越南传统法典的又一特色。也可以说，越南传统法典是礼治范例。

越南法律法令通过引经决狱、引礼入律的方式，将儒家关于礼的思想贯彻到立法、司法、守法的整个法律实施过程中。关于丧事的仪礼，体现在"五服"制度中。五服即五种丧服，是中国封建时代以丧服确定亲属范围，指示亲等的制度。越南各朝代在立法上也借鉴于此。当家族内某一成员去世，该家族内某些其他成员应穿上不同种类的丧服，以示丧悼；服丧的时间长短，则根据其与死者之间的亲疏关系来确定。服丧期有第一级的三年至第五级的三个月不等。关于此五服，《国朝刑律》与《皇越律例》都有规定："斩衰三年，用至粗麻布为之，不缝下边。齐衰五月，杖期。不杖期，三月，用稍粗麻布为之，缝下边。大功九月，用粗热布为之。小功九月，用稍粗热布为之。缌麻三月，用稍细热布为之。"[1] 五服制度源于儒家《仪礼》，它在家庭法方面的影响远远超过其他方面。服制关系使以父权为中心的家长、族长，在社会中具有非常尊贵而特殊的地位。统治者认识到家长、族长的社会作用，于是以法律手段赋予家长、族长调整家庭事务、解决族内纠纷的权力，使之具备维护朝廷法纪的职能。《皇越律例》中的《丧服总图部分》一项还说明："律首而载丧服者，所以明服制之轻重，使定罪者由此为应加应减之准也。服有五，本之五世亲疏之分。"子孙如果不孝，也视为违法的行为。《皇越律例》关于不孝罪，规定："凡祖父母父母在，子孙别立户籍分异财产者，杖一百（注曰：须祖父母父母亲告乃坐）。若居父母丧而兄弟别立户籍分异财产者，杖八十（注曰：须期亲以上尊长亲告乃坐，或奉遗命不在此律）。"另注释曰："祖父母父母在，子孙不得有私财礼也，居丧则兄弟犹侍乎亲也。若遂别立户籍分异财产，均为不孝，故有杖一百、杖八十之罪。仍令合籍共财。注曰：须祖父母父母亲告乃坐，若系祖父母许令分析，则尊长亦必不告，所以通人情也；告则坐罪如律，所以教人

孝也。"① 孝道被儒家所极力标榜，因为孝道是维系家庭关系的重要纽带。

儒家思想对越南封建法律的影响，被全面地反映在两部作为越南古代法典的代表《洪德法典》与《皇越律例》中。在越南，法律儒家化从开端到发展再到完备的过程中，儒家思想对越南法律的影响也一步步地深入，主要表现为礼法合流、德礼并用、德主刑辅等法律思想的确定，儒家基本法律原则和具体法律观点的形成，以及儒家思想在法律儒家化过程中对司法实践领域的指导作用等。

孔子的学生有子说："礼之用，和为贵。先王之道，斯为美。小大由之，有所不行。知和而和，不以礼节之，亦不可行也。"（《论语·学而》）在中国古代，礼是社会的典章制度和道德规范。作为典章制度，它是社会政治制度的体现，是维护上层建筑以及与之相适应的人与人交往中的礼节仪式。作为道德规范，它是国家统治者和贵族等一切行为的标准和要求。孔子主张"道之以德，齐之以礼"的德治。在封建时代，礼维持社会政治秩序，巩固等级制度，是调整人与人之间的各种社会关系和权利义务的规范和准则。礼既是古代法律的渊源之一，也是古代法律的重要组成部分。礼与仁是儒家学说的核心。统治阶级内部和庶人都受礼的约束。儒家主张礼治，以差别性的行为规范即礼作为维持社会政治秩序的工具。儒家参与制定法律，他们更有机会将体现儒家中心思想的礼糅杂在法律条文里，使法律发生了重大变化，影响深远。礼成为法律的重要组成部分，形成了法律为礼教所支配的局面。古人所谓"明刑弼教"，实质上即以法律制裁的力量来维持礼，加强礼的合法性和强制性。礼与法的关系极为密切，这是封建法律的主要特征和基本精神。在"引经决狱"、"引礼入律"的过程中，儒家基本政治思想融入法律之中，逐渐形成一系列符合儒家思想的具体法律法令。

越南传统法律的儒家化，促进了司法队伍的儒家化。春秋决狱这一审判方法的推广，使得大批具有儒家经义素养的官吏越来越受到重视。对法律作用的相对轻视，使儒家在礼与法的关系上强调礼治，在德与法的关系上强调德治，在人与法的关系上强调人治。礼治、德治和人治是儒家基本的法律观，是儒家法律思想的核心，是越南传统法律文化的基本模式，越南传统法律文化正是在

---

① 《皇越律例》第八卷《户律户役别籍异财罪》。

此基础上不断发展与完善起来的。

（三）儒家等级观念在越南传统法典中的表现

儒家宣传的理想封建社会秩序是贵贱、尊卑、长幼、亲疏有别，要求人们的生活方式和行为符合他们在家族内和社会上的身份地位。不同的身份地位，具有不同的行为规范。历代冠、婚、丧、祭、乡饮等礼，都是按照当事人的爵位、品级、有官无官等身份地位而制定的。对于所用衣饰器物以及仪式，都有繁琐的规定，不能僭用。在家族中，父子、夫妇、兄弟之礼各不相同。

越南封建社会中，贵贱等级分明显著。儒家自来主张亲亲，重视尊卑、长幼、亲疏之别。关于君子小人及贵贱上下的理论仍为社会的中心思想，法律也承认他们之间有大区别，各类人的权利和义务各不相同。《洪德法典》与《皇越律例》都规定，最轻微的殴打犯罪是手足殴人，且不成伤；如果罪犯与受害人社会地位相同，则对罪犯处以笞二十的刑罚。这是常人相殴的处罚标准。① 但如果是一名奴婢殴平民，则加重一级处罚，笞三十。反过来，如果是平民殴奴婢，则减轻一级处罚，笞十。如果奴婢殴家长，不论有伤无伤都斩行；但如果家长殴奴婢，除非殴打致死，否则不负任何刑事责任。②

在阮朝，奴婢、平民及官吏在法律上身份各异，构成了封建社会的三大基本等级。在量刑方面，除了根据罪犯与受害人的相对身份而区别对待之外，法律还允许某些人适用特别审判程序。通过这种特别程序，形成一个区别于普通平民的特权团体。这一特别程序名为"八议"。越南法律儒家化过程中，一些儒家思想的精义注入法律中，升华为封建法律的基本原则，这主要有"八议"制度、"官当"制度、准五服以制罪以及"重罪十条"③ 等。"八议"一词源起于《周礼》，中国和越南各朝代法律都保留了八议制度。八议的对象包括皇帝的家族成员、前朝帝王的后裔、功勋卓著者以及高级官吏及其近亲属们。八议制度的适用范围在不同朝代略有不同，但其基本含义却没有变化。根据八议制度，没有皇帝的特别批准，官吏及其近亲属不受逮捕、审问及拷讯；官吏及其近亲属犯罪，可由皇帝特准，减轻处罚。官吏被处以笞、杖、徒、流、死等刑

---

① 《洪德法典》"斗讼章"第465条；《皇越律例》第八卷，"斗殴"第4条。

② 《洪德法典》第480条"奴婢殴打家长"、第490条"家长殴打奴婢"。

③ 《洪德法典》"名例"第3条；《皇越律例》第3条。

罚时，常常可以以金降级或革职等处分。《洪德法典》"名例"第 12 条规定：对于功臣子孙允许减轻刑罚。然而，儒家理论要求官吏应在道德方面成为平民的模范。与其相应，法律规定，对于某些犯罪，官吏应承担较之平民更重的刑罚责任。例如，《皇越律例》规定超量挥霍浪费，官吏杖一百，平民则仅笞五十；官吏诱奸其管辖范围内的妇女，要比普通人诱奸妇女加重二等处罚（"户婚律"第 316 条）。

越南古代的各朝法律都确认家族内部这种基于性别、辈分、亲疏程度不同的身份，而这种家族内部的身份差别甚至比一般的社会地位差别更为复杂。例如，儿子殴打父母（一亲等），不论有伤无伤，处斩刑；如果殴打致死，则判凌迟的刑罚。但如果是父母殴打儿子（二亲等），则不负任何法律责任；殴打儿子致死，若是因为儿子违反父母教令，则判父母杖一百的刑罚；若父母无故殴打儿子致死，亦仅处以杖六十、徒一年的刑罚①。同样，《洪德法典》第 481、482 条规定："如果妻子殴打丈夫致死则判死罪，如果丈夫殴打妻子致死则判比普通人减三等的刑罚。"《皇越律例》第 284 条规定："如果妻子殴打丈夫，应杖一百；丈夫殴打妻子却不受罚，除非造成明显的伤残，而且妻子本人向官府投诉；又即使是在丈夫殴打妻子致残，妻子又投诉官府的情况下，对丈夫的处罚，仍得比照正常标准减二等。"封建礼教却给妇女定出了非常苛刻的条规。妇女们要谨守三从四德，一心一意做驯服的工具。《洪德法典》与《皇越律例》都定出"七出"条，"七出"的头一条就是"无子"，丈夫可据此休掉妻子。实施这样的法律，社会也因此形成了重男轻女的观念。社会上有"一男曰有，十女曰无"的俗语，意思是说没有儿子就等于无子。男人可以娶三妻四妾，女人却要从一而终。丈夫死后女人要守节，要求"好女不嫁二夫"，即使再年轻也不能再嫁，否则便被视为失节。"饿死事小，失节事大"的传统观念，对所谓失节者的评价，简直到了荒谬的地步。

家庭价值观中的核心概念，是儒家所倡导的"孝"。孝在越南历代王朝法律中占有重要的地位。孝与忠是儒家学说非常重视的两个观念，强调人们必须具备这两种德行。同时，儒家主张孝者应优于忠者。越南传统法律体现孝这一原则的，还有一个重要的制度。根据这一制度，罪犯被处以死刑或常年徒刑

---

① 《洪德法典》第 475 条"骂殴父母、公婆"；《皇越律例》第 288 条"殴打父母、公婆"。

时，如果该罪犯的父母年老或有病，而罪犯又是其父母的唯一儿子，那么法律允许对该罪犯处以其他刑罚，以便让该罪犯能留在家中侍奉父母。

总而言之，儒家的伦理学说对越南封建社会的影响是多方面、多层次的。它不仅成为封建统治者建立和巩固其统治的理论依据和精神支柱，而且还成为封建社会人们行为的规范和准则。经过千百年的积淀，它已深深植根于越南的民族文化中。儒教学说不论其精华还是弊端，都对越南封建法律产生了深刻和广泛的影响。因此我们应该对其加以总结，并吸收、利用其积极因素和有益成分，为构建现代法律服务。

（越南社会科学院南部社会科学研究所研究员）

越南价值体系及其对亚洲价值的贡献

［越南］ 严翠恒

本文按照埃德加·莫兰（Edgar Morin，法国当代哲学家、社会学家、社会思想家）的复杂范式，采用莫兰对人三位一体即个人、社会的成员、种族单元的复杂模式，从结构—功能的视角考察分析价值、文化本色、文化价值、人类价值体系、亚洲价值体系、越南价值体系的来源、基本面目及其与西方价值体系的相同及差别。本文的主要研究目的是对越南价值体系的结构、功能、核心特征等因素进行系统性的论述、分析，并指出其对亚洲价值的贡献。

一、从结构—功能的角度、以复杂范式理论探讨人类价值体系、文化价值体系、文化本色问题

从 18 世纪一直到现在，价值、价值体系和价值观一直被研究并形成了价值理论和价值学这一门学科。虽然各个学派、各个观点和定义很不一样，但是可以归为四大趋势：一是认为价值属于事物本身（属于客体）；二是认为价值属于判断价值的主体；三是认为价值属于主体和客体之间的关系；四是主张价值有独立的世界及其空间，可以独立存在。

我们认为，要从主体、客体、主体客体之间的关系以及具体时间—空间这四个角度来对价值进行考察、深入分析，其中关键是要注意主体的三位一体性质。价值是客体的特有的性质，被主体（人）在具体的空间、时间与其

他同类事物现象进行评价时认为其是积极的。其中，我们认为主体（人）是复杂的，包括人的三位一体（个人、社会的成员、种族单元）。

从这几个因素，我们可以找出各个地区、各个民族对价值体系的区别性特征并找出解释、分析框架。这四个区别性特征包括：一是客体的性质（事物、现象、状态、活动）；二是被主体（人）认为积极；三是在同类或反价值事物的关系中进行评价；四是在具体空间 / 时间进行考察。

价值包括自然价值和人生价值两个因素，人生价值又包括文化价值和文明价值两个因素。从时间的角度来看，文化价值具有历史性，文明价值具有当代性，所指的内涵主要是成就。从本质的角度来看，文化精神主要是精神方面的，而文明价值偏于物质方面的。

价值体系（value system）是指某一个客体在具体空间 / 时间的整体价值网络或者系统。包括物质的、精神的，价值体系的因素是变动的，是无数的，但是为了研究可行性，我们只能提到最核心的、最基本的价值体系。价值体系需要三个特征：整体性（integrity）、层次性（hierarchy）、生成性（transfomatical）。一个民族的价值体系包括自然价值和人生价值，人生价值包括文化价值和文明价值。

文化价值体系是价值体系的子体系，但是文化价值体系是价值体系最核心的部分，包括文化性格和文化本色。文化性格是指一个共同体（主体）在具体生存空间和时间的、比较稳固的精神价值体系。文化价值有五个功能：一是制约人的生活、制约人的其他价值；二是造成人的准则、形成理想人格的规范化；三是向导人的自由发展空间；四是塑造、完善人；五是向导行为，激活人向上的奋斗。

文化本色是文化体系中的一个子系统，但是它属核心系统，可以支配整个文化体系，就像脑袋可以支配整个人的精神活动一样，所以要想找出每一个民族的文化体系，我们可以从文化本色着手。

为了成为本色性特征，文化价值要达到四个要求：一是精神价值；二是已经在长久的过程中存在；三是核心价值，具有支配或生成其他价值的作用；四是正向系统的因素，具有区别性特征。

一个民族的文化本色是该民族传统文化中长久存在的精神价值体系，可以支配或者生成其他特征，造成该民族与其他民族的特殊区别。

表 1 价值体系与文化价值体系、文化性格体系以及文化本色的区分

特征范畴	价值				非价值
	物质	精神			
		与人相关	属于人		
			核心性	整体性	
价值体系	＋	＋	＋	＋	－
文化价值体系	＋	＋	＋	＋	－
文化性格体系	－	＋	＋	＋	－
文化本色	－	＋	＋	－	－

我们采用埃德加·莫兰对主体（人）的三位一体复杂范式来进行分析，发现从主体的角度来进行分类，文化体系的结构可以分为三大类型：个人价值、社会价值和种族价值。从种族的角度来看，人类的价值体系具有普遍性。这可以解释为什么大多数价值是具有普遍性的，每个民族，甚至每个个体都具备。比如，凡是人都会普遍认为真、善、美是价值，仁、义、礼、智、信、福、禄、寿、康、宁也都是价值，只不过不同的民族，其在价值系统的位置及重要性是不一样的。这在 Ronald F. Inlehart 1981 年到 1990 年所进行的世界价值调查研究结果中已经得到证实。从个体和社会共同体的角度来看，个人或者某一个共同体的文化价值体系也有特殊性。这可以解释并证明亚洲文化价值体系、越南文化价值体系的客观存在。D. I. Hitchcook 于 1994 年在中国、日本、韩国、美国等国家的调查研究结果也证实了这个特殊性。表 2 是 D. I. Hitchcook 对于东亚人群和美国人群对个人价值的认识差异的调查。

表 2 东亚人群和美国人群对个人价值的认识差异

价值	东亚人群	美国人群
对别人实现义务	39%	19%
生活的成功	50%	59%
个人的成就	33%	59%
好学	69%	15%
遵守纪律	48%	22%

调查结果表明，前 5 个个人价值顺序的排行榜，东亚人群和美国人群有明显的区别（见表 3 和表 4）。

表3　东亚人群与美国人群个人价值顺序差异

东亚人	美国人
1. 勤劳	1. 自力更生
2. 好学	2. 个人成就
3. 诚信	3. 勤劳
4. 自力更生	4. 生活的成功
5. 纪律	5. 帮助别人

表4　东亚人群和美国人群在社会价值方面的观念差异

东亚人	美国人
1. 有秩序的社会	1. 言论自由权
2. 社会和谐	2. 社会和谐
3. 有责任的领导	3. 个人权
4. 思想开放	4. 争论自由权
5. 言论自由权	5. 对自己的反思

从前文考察论述可以初步得到以下假说：

第一，因为人的三位一体是客观存在的，所以从人种的角度来看，人类的确存在一些普遍性价值：西方人提出的真、善、美，中国传统文化所提出的福、禄、寿、康、宁，儒学所提出的仁、义、礼、智、信都是人类普遍承认的价值。

第二，从个人和社会群体的角度，在具体的时间和空间中，每个个体或者民族都具备自己的个人本色、民族本色、民族文化体系等，这些是特殊性价值体系，应该继续加以研究，找出其动因和具体面目。这有利于进一步了解亚洲价值以及各个民族的文化本色

二、试探越南核心文化价值体系

越南有学者比较关心研究越南文化体系问题，笔者认为陈玉添教授的研究最全面，最有系统性。他还进行了大量的问卷调查研究，所以可信性比较大。根据陈玉添的调查研究结果，越南价值具有村乡本位的群体性、重阴性、重和谐性、主全性、灵活性等五个区别性特征，包括23个价值，其中有两个价值是综合性的，兼具两类特征。

表5 越南核心价值体系（陈玉添，2015）

特征	派生价值
村乡本位的群体性	1. 集体精神（37.6%）；2. 团结（68.3%）；3. 知恩（57.6%）；4. 乡村民主性（50.7%）；5. 重体面性（53.9%）
重阴性	1. 重稳定性（44.1%）；2. 宽容、和为贵（43%）；3. 重感情（53.6%）；4. 重女性；5. 诗歌偏爱；6. 忍让、耐心（49.5%）；7. 好客（66.3%）
重和谐性	1. 两可偏向；2. 平均主义；3. 乐观（52%）；4. 自在、从容；5. 实在、切实性（41.9%）
主全性	1. 大局掌握能力（35.1%）；2. 维持关系能力（39.7%）
灵活性	1. 适应能力（39.7%）；2. 创造性（40.8%）
综合价值	1. 爱国、民族精神（70.8%）；2. 爱心、仁慈（61.9%）

表6 越南核心非价值体系（陈玉添，2015）

特征	派生非价值
村乡本位的群体性	1. 依赖毛病；2. 妒忌心；3. 自私；4. 爱面子、好名气；5. 成绩病；6. 爱外表病；7. 背后说坏话病；8. 忍心性、贪钱病；9. 爱聊天、吹牛皮病；10. 暗害别人病
重阴性	1. 被动保守关闭性；2. 爱迟到、做事情慢；3. 小气、不能看大局；4. 对付病；5. 自卑、软弱病；6. 崇外病；7. 贪钱、忘恩负义
重和谐性	1. 做事不认真；2. 和为贵主义；3. 犹豫不决病、平均主义病
主全性	1. 粗心大意；2. 骄傲自满、依赖关系毛病
灵活性	1. 随便、不小心；2. 缺乏法律意识；3. 小聪明
综合价值	1. 狡猾、说话不算话；2. 爱偷东西

因为越南在历史上曾经属于汉文化圈，中国传统文化和儒学在当前的越南文化中还留下深刻的痕迹，从18世纪起法国和西方文化汇入越南的速度也特别快，我们采用本文第一节所提到的基本理论框架，结合中国传统文化以及儒家思想的价值体系来跟陈玉添的调查研究结果进行对比、分析，寻找越南文化价值体系中最核心价值及其与儒学、西方核心价值的关系，研究结果如下：

1. 种族价值体系：西方的普遍价值为真、善、美、自由、平等、博爱。这些价值在越南当今文化价值体系体现为爱国（忠）、仁爱（仁、礼）、诚信（信）、民主（礼、平等）等核心价值。

2. 社会群体价值体系：中国儒学的特殊价值为三纲五常。三纲指三种儒家认定的伦理关系的原则：君为臣纲，父为子纲，夫为妻纲。五常指五种儒家认定的人伦关系的原则：仁、义、礼、智、信，结合越南当今存在的社会价值，我们得出民主(礼)、法权、法律意识（平等、礼）、爱国（忠、博爱）、仁爱（仁、博爱)、诚实(信)、有本领(智)、有责任(智)、有合作精神(礼、智、信)、科学(智)、创造(智)等现代的具体表现。

3.个人价值体系：儒学主张修养仁、义、礼、智、信，采用陈玉添的个人派生价值进行对比，我们找出爱国(忠)、仁爱(仁)、诚实(信)、有本领(自力更生)、有责任心(智)、有科学性(智)、有创造性(智)等现代的具体表现。

从上面的分析，我们可以发现个人价值、社会价值、种族价值三重现象，许多个人价值层面也属于社会价值，许多社会价值层面也属于种族价值，幸亏人的三位一体担保所有属于人的价值都能够容纳在人这个主体中，担任其功能。

我们将这10个核心价值展开为16个具体核心价值，用我们的框架制成表格，采用社会分层方法进行问卷调查研究。我们对各个年龄段、各个社会阶层、各种文化程度的人群进行问卷调查研究，试探被访问者对这10个可信价值的评价意见。调查结果表明，他们都认为这些是越南人的个人价值或者社会价值。(见表7)

表7　核心价值问卷调查

价值体系		价值体系的子价值	承认比例（%）	现代的特征
普遍价值	人本意识	法律意识	76.7	民主、法权
		公平意识	57.9	
		民主精神	53.2	
特殊价值	村乡本位的群体性	责任心	75.4	和谐、灵活性
		自力更生、本领	69.6	
		自尊心	44.9	
		合作精神	58.4	
	重阴性	敢作敢当、接受后果	31.3	
		冒险精神	31.1	
	主全性	专业性	68.1	
		科学性	55.9	
		透明、廉洁性	41.3	
	灵活性	忠诚性	49.8	
		原则性	32	
综合价值	综合价值	诚实	76.2	综合
		热爱祖国、热爱人民	70.8	

三、亚洲价值与越南核心价值

亚洲价值体系问题被研究和论述比较多，很多亚洲国家已经提出其价值体系。1970 年印度尼西亚总理苏加诺提出五个价值体系（pancasila），包括：上帝是最高的、唯一的，人类的最高追求是公平与文明，印度尼西亚需要团结，通过代表与协商原则维持民主，维持印度尼西亚全体人民的社会公平。

1970 年，马来西亚的国家顾问委员会也批准了国家原则（Rukun Negara），包括：要相信上帝，要忠于皇帝与国家，要遵守宪法，实施法制制度，要有好行为、好道德。

1991 年 1 月 15 日，新加坡国务院已经批准新加坡的五个核心价值，包括：国家利益在群体利益之上、社会利益在个人利益之上，家庭是社会的基本细胞，要协助群体、尊重个人，要保持和好、不纠纷，维持宗教和民族和谐。

李光耀总理后来提出亚洲价值的观念其实也就是这五个核心价值的延伸和具体化。

2014 年 7 月 11 日，泰国政府公布泰国的 12 个核心价值，包括：以国家、道法、国王三位一体作为基础；要为群众维持牺牲、忍耐、诚实态度；要感恩父母、老师、监护人；要学习修养智慧；要保护民族美好传统价值；要维持道德价值、廉洁、爱心、宽容，要帮助别人；要学习民主的精华，尊敬国王和国家元首；要遵守法律、法规，尊重上级领导、长辈；要对国王的通告有正确的认识并进行正确的行为；要实施国王的自主经济政策、节省消费、分配利润给别人或者扩大规模；要遵守宗教纪律、维持精神与身体的健康、拒绝诱惑；要把人民和国家的利益放在个人利益之上。

1981 年，中国政府公布五讲四美三热爱。2006 年 10 月，中共中央委员会提出社会主义核心价值观概念，2007 年 10 月，中国共产党第十七次全国代表大会通过了社会主义核心价值观，包括四个因素：马克思主义指导思想；中国特色社会主义共同理想；以爱国主义为核心的民族精神，以改革创新为核心的时代精神；社会主义荣辱观（胡锦涛的八荣八耻）。

2013 年，中共中央委员会和习近平主席又提出了新的社会主义核心价值观，包括国家层次的富强、民主、文明、和谐，社会层次的自由、平等、公正、法治，个人层次的爱国、敬业、诚信、友善 12 个核心价值。这 12 个核心价值是比较全面的，通俗易懂，可能被普遍接受，只不过因为求全面，所以多了点，不知道是否被全体中国人民接受并成为全体国民的核心价值。

根据我们所调查研究的结果，以及学习参考其他东亚和东南亚的经验，笔者认为越南的可信价值体系应该包括五个核心内容：法权之上，实施民主；热爱祖国，热爱人民；诚实，自力更生；善于合作，敢负责任；具有科学，创造精神。

这些除了第二条属于越南传统核心价值以外，其他的价值都是越南人走向现代知识经济社会所要具备的、调查结果表明被大多数人认同的，但是还需要加以完善的，比较符合核心价值体系所要具备的特征。

1. 越南价值核心体系所能够给亚洲价值作出贡献的也就是热爱祖国、热爱人民这一条（调查结果表明承认比例达到 70.8%），这条也相当于祖国的利益在个人与家庭的利益之上、人民的利益在个人与家庭的利益之上。它跟人类普遍价值"博爱"的内涵不太一样，其在价值体系中所占的位置也不一样。

2. 诚实的价值特征偏高，76.2%承认、认同这个价值，与此同时不诚实、爱说假话、爱偷东西是越南社会当今的非价值社会病。法律意识的认同比例也很高（76.7%），这个现象说明越南社会的发展趋势是向善发展、向现代发展，愿意接受其他民族特别是西方文化的核心价值。

（越南社会科学院教授）

佛教在文明交流互鉴中的重要作用和意义

成建华

2014 年 3 月 27 日，国家主席习近平在联合国教科文组织总部发表重要演讲时指出："中华文明经历了 5000 多年的历史变迁，但始终一脉相承，积淀着中华民族最深层的精神追求，代表着中华民族独特的精神标识，为中华民族生生不息、发展壮大提供了丰厚滋养。中华文明是在中国大地上产生的文明，也是同其他文明不断交流互鉴而形成的文明。"其中在论述宗教时，特别提到了佛教，认为佛教在人类文明的交往和发展中尤其是中华文明发展中具有重要作用和文化价值："佛教产生于古代印度，但传入中国后，经过长期演化，佛教同中国儒家文化和道家文化融合发展，最终形成了具有中国特色的佛教文化，给中国人的宗教信仰、哲学观念、文学艺术、礼仪习俗等留下了深刻影响。中国唐代玄奘西行取经，历尽磨难，体现的是中国人学习域外文化的坚韧精神。根据他的故事演绎的神话小说《西游记》，我想大家都知道。中国人根据中华文化发展了佛教思想，形成了独特的佛教理论，而且使佛教从中国传播到了日本、韩国、东南亚等地。"①

习近平主席从文化交流与历史发展的宏观视野，对佛教在历史和文明的进程中所起到的推进作用作了充分的肯定并强调了文化的多样、平等与包容，对当今文明的交流互鉴和文明发展具有重要的借鉴作用和现实意义。

---

① 《习近平谈治国理政》第一卷，人民出版社 2018 年版，第 260—261 页。

一、依附与迎合

"文明因交流而多彩，文明因互鉴而丰富。文明交流互鉴，是推动人类文明进步和世界和平发展的重要动力。"[①] 人类的一切交往包括政治、经济和文化方面的交往，向来都是双向交流的。人类历史表明，当一种文化传入到另一种文化氛围中时，往往有两个方面的可能性：一是外来文化为了迎合或适应当地文化环境的需要而使自身有所变形；二是当地文化在外来文化的影响刺激下也会发生某种程度上的变化。中国佛教，就是在这种文化交流与对话背景下的产物。确切地说，它是中印异质文化交流碰撞的结晶。

佛教作为一种外来文化，经历了一个与中国传统文化，如儒家文化、道家文化，由接触、依附、冲突到相互融合的发展过程。这个过程也就是佛教中国化的过程。佛教能够为中国本土文化所接纳，这不仅体现了中华民族具有对外来文化兼容并蓄的胸怀，而且还体现了佛教以自身特有的丰富文化内涵补充和发展了中国传统文化，因而使之成为中华文化的重要组成部分。

佛教于两汉之际传入中国，开始是以依附于中国本土文化的表现形式而传播的。佛教传入初期，正是黄老方术在中土盛行之际。所以，一些来华弘扬佛教的外国僧人，出于传教的需要或便于佛教自身的流传，不断地吸收并依附中国传统的宗教观念和社会上流行的方术迷信，以佛法附会黄老、以神通吸引信众，使得当时的人们误以为佛教也是道家方术的一种。早期佛教徒在译经时还攀附道家术语，用最流行的道家概念范畴，如"自然"、"无为"和"无极"等名词来传译佛经。最早来华的译经大师安世高以及之后的支娄迦谶，在翻译时都曾大量借用了老、庄道家的术语。如安世高译《安般守意经》中，用"气"来概括"四大"，用"无为"来表示"涅槃"。他甚至把"安般守意"这类的数息禅法解释成"安为清，般为净，守为无，意为名，是清净无为也"。在支娄迦谶译《道行般若经》中，用"本无"、"自然"等概念来表示"般若"和"性空"。三国吴时的支谦，因为取《老子》"知常曰明"和"复归于无极"中的名词概念，而把《般若道行品》译成了《大明度无极经》。这种为了方便佛教自身的流传而作出的不符合佛教本意的牵强附会，无疑是导致当时人们多以黄老

---

① 《习近平谈治国理念》第一卷，人民出版社 2018 年版，第 258 页。

之道去理解和认同佛教的主要原因。

佛教对儒家文化更是一种依附关系。佛教主张并宣扬出世精神，与儒家的"纲常名教"、"齐修治平"的思想难免对立。由于儒家纲常名教的思想是中国封建社会宗法制度的立国之本，所以佛教在这种背景下为了自身的利益和发展需要，不得不与儒家的纲常名教思想相妥协、相调和。佛教徒以佛教"杀、盗、淫、妄、酒"五戒来比附儒家"仁、义、礼、智、信"五常，认为佛教的五戒与儒家的五常是"异号而一体"的。三国吴时的高僧康僧会，在被问及有关佛家的因果报应等一类的伦理问题时，则巧妙地以《周易》中的"积善之家，必有余庆；积不善之家，必有余殃"来作回应，以此比附佛教的因果学说。其实，儒家的因果报应说是建立在其所谓的"天道观"上的，报应的主体不是行为者本人，而是他的家庭和子孙后代。而佛教主张自作自受，一切善恶后果由行为者自身承担。所以两者并不相同。康僧会还通过编译佛教的《六度集经》，用印度大乘佛教的慈悲观去比附儒家的"仁爱"思想，提出"仁道"说，以配合儒家政治伦理观念。佛教为了求得自身的生存与发展，甚至不惜改变自身，在自己的思想体系中加入儒家名教的内容，说什么"儒释皆宗之，其为孝道矣"，把"孝"说成是儒佛共同奉行的宗旨。魏晋时期的"格义佛教"，就是用中国传统的儒家思想以及当时流行的老庄玄学来诠释和说明佛教教义。如以《周易》中的"元、亨、利、贞"（元为仁，亨为礼，利为义，贞为正）四德类比佛教的"常、乐、我、净"四德。更有甚者，如南朝的高僧竺法雅、康法朗等人都是用格义的形式来理解佛教的。他们经常把儒家和道家的经典作为理解和解释佛教的媒介，经常把佛经与儒道经典进行交替讲解，以解释佛经中的疑难。这便是当时社会上普遍流行的理解和解释佛教的基本方法。

随着佛教在中国的传播和发展，佛教逐渐从表面层次的对儒家纲常名教的妥协调和发展为深层次的对儒家思维特征与思想方法的消化和吸收，从而又反过来影响传统儒学的进一步发展。佛教在儒家重视主体、重视个人的思想背景的影响下，因而开始强调佛性论，大谈心性论，以至发展并成立了"出世不离入世、强调自我实现"的中国化的佛教禅宗。禅宗的"即心即佛"与儒家的"反身而诚"，天台宗的一切众生本具"空、假、中"三谛性德与儒家的信善论，无论从哲学理论上还是从思想方法上，都可以看到二者的相融相通之处。

二、矛盾与冲突

文明是多彩的，人类文明因多样才有交流互鉴的价值。佛教的历史发展，印证了多元文化存在的重要性。佛教与儒家、道教，以及世俗传统的对立和冲突，很大程度上促进了佛教与其他文化的融合。到了南北朝时期，随着印度佛教各派学说先后传入并被系统地翻译出来，佛教一改过去的一味依附中国本土文化的传统，开始与以儒家思想为代表的中国传统文化发生矛盾和冲突。这些矛盾和冲突主要表现在"沙门应否敬王者"、"神灭与神不灭"、"因果报应有无"等一系列问题的争论上。

"沙门应否敬王者"，既是一个涉及僧俗间的宗教礼制问题，也是一个政治伦理问题。两汉以来，中国封建文化的思想支柱是"事君之上、孝亲之上"的政治伦理观和为国效力、扬名显祖的价值观。由此形成的以儒家为代表的"宗族第一、国家本位"的普遍观念，自然就与佛教"出家无家、不拘礼法、遁世逍遥"的习惯相抵触。因此在儒家看来，佛教就是"脱略父母、谴蔑帝王、捐六亲、舍礼义"的宗教。这场围绕政治伦理及价值判断的争论，一直持续到唐代，结果以佛教的失败而告终，佛教徒接受了"人王即法王"的宗法思想，被迫放弃"沙门不敬王者，不拘王法，不拜俗亲"的宗教传统。

佛教的"三世因果"学说是建立在"缘起性空"的理论基础上而提出的。佛教认为人由五蕴和合而成，没有永恒不变的实体或灵魂存在。但囿于中国人传统的鬼魂学说思想，以为佛教所主张的三世因果之说在于宣扬人死精神不灭、灵魂可以再生。这种对佛教教义的曲解，就连当时那些通达儒学而学佛的人也多半深陷于此而不能自拔。由于中土人士的"佛之有无，寄于神理存灭"的理念，以东晋僧人慧远为代表的佛教徒主张"神不灭"，并大力宣扬和捍卫其神不灭的理论，以至于在南北朝时期围绕着神灭与神不灭，对生死、果报等展开了一场空前大论战。其中，慧远的形尽神不灭"三报论"和梁武帝的"神明成佛义"为最典型的中国化的佛教轮回观，它们都是中印思想文化交融发展的产物。佛教的教义学说经慧远、梁武帝等人的加工和发挥，糅合并掺入了许多中国本土的迷信思想，于是形成了一套独特的天堂地狱轮回报应学说，并在中土产生了极其广泛深远的影响。但值得强调的是，中国化的佛教各宗各派，特别是禅宗，并不附同这一套新的理论学说，它更强调的是当下解脱或顿悟成佛的思想。

　　佛教与道教的矛盾和冲突更为激烈。由于二者在教义上的差异，导致在许多基本观点上的对立。如"佛法以有形为空幻"，"道法以吾我为真实"（谢镇之《与顾道士书》）；"释氏即物为空，空物为一，老氏有无两行，空有为异"（慧林《黑白论》）；释称"涅槃"，道言"仙化"；释云"无生"，道称"不死"（《弘明集》卷七）；等等。为了争夺宗教地位，经常辩论佛道先后高下。如两晋道士编造《老子化胡经》，说老子西游化胡成佛，创立佛教，以释迦牟尼为弟子。佛教徒针锋相对并编造《清净法行经》大肆渲染，说佛派三弟子教化震旦，儒童菩萨是孔丘、光净菩萨是颜渊、摩诃迦叶为老子。这种争论一直延续到唐末。

三、交融与发展

　　历史告诉我们，只有交流互鉴，一种文明才能充满生命力。佛教的发展，正是与其他中国传统文化相互交流借鉴的结果。终于在唐宋之际，佛教开始与中国本土文化相融合，从而出现了三教合流的局面。东晋高僧道安认为："三教不殊，劝善义一，教迹虽异，理会则同。"宋代智圆以"修身以儒，治心以释"，主张儒释共为表里。显而易见，佛教调和儒道的思想趋势越来越强烈，而三教合一已成为当时的普遍社会思潮。儒家吸收和融合佛教，形成宋明理学；道教吸收和融合佛教，形成全真教、太一教等新的道教。与此同时，佛教也完成了它的中国化进程，从而成为中国传统文化的重要组成部分。

　　佛教在适应中国传统文化和本土化的同时，无疑也渗透到了中国文化的各个领域，并产生了广泛而深远的影响。佛教哲学与中国古典哲学交互影响，推动了中国哲学的新发展。宋明理学受佛教的影响最深。理学中的由"纯心"、"诚心"、"养心"到"心泰"以及"人人有一太极，物物有一太极"到"理一分殊"等哲学概念的提出，明显的是受到了中国佛教如"明心见性"、"即心即佛"以及"性体圆融"等思想的影响。可以说，宋明理学的心性学说与佛教的佛性思想有着直接的继承关系。

　　佛教中国化的过程是佛教与中国传统文化相互影响、相互融合的过程。佛教在中国传统思想的影响下为了适应中国社会的需要而不断改变自己，但同时佛教也不断地影响并推动了中国传统思想文化的变化与发展，最终成为中华文明前进的强大推进力，为创造辉煌的中国传统文化发挥了重要的作用。众所周知，早期的佛经翻译受到了老庄道家思想的影响，老庄化的译经因此又反过来对魏晋玄学的产生和发展起到了一定的促进作用，而"六家七宗"时代的般若学则又是玄学化的产物。同样，天台宗、华严宗和禅宗，是在儒家和道家等思想传统的影响下而建立起来的中国化了的佛教宗派，而它又促进了宋明理学的产生。从某种意义上说，正是由于禅宗等站在佛教的立场上融合儒道思想才对宋明理学产生了巨大的影响。

佛教对中国文学的影响也是深刻的。成千上万的脍炙人口的梵文佛经被陆续翻译成汉文，推动了中国文学诗歌、散文和小说的新发展。由魏晋至六朝，是佛教初步接受、宣扬、融汇和消化的时期，文学创作当中，如诗文、志怪小说等得其启发而具备了新的语境、新的形象，宣扬佛理、表现宗教生活的作品急剧增加。隋唐五代，佛教在中国取得了极大的发展，佛教文学也得以长足发展，受禅学影响而产生了独立的佛学文论体系；受梵音转读的影响而有了形式上成熟的近体诗；受佛典形象影响而使得小说的题材有了巨大的扩展。宋以后，佛教依然处于新的流播与渗透之中，特别是在文学领域，如宋人的参禅入诗，明代的公安派和竟陵派诗文，在通俗文学创作中，由变文的创制而影响到话本小说、长篇小说的创刊，又在戏曲艺术中发展为宝卷、弹词，等等。汉语中的反切就是在受梵文拼音文化影响的基础上发展起来的。据不完全统计，由于佛经的汉译，输入了多达三万五千余条的外来语和专有名词，因而扩大了汉语语汇，丰富了中国文化的内涵。作为一种强劲的文化思潮和有着巨大再生能力的文化形态，佛教一直在文学领域开拓着新的空间，留下了不可磨灭的印迹。

佛教对中国古典艺术的影响也是多方面的。中国佛教寺塔的建造风格，充分体现了佛教文化对中国建筑学的影响。如河南嵩山嵩岳寺的砖塔、山西应县的木塔以及福建泉州开元寺的石塔等，都是研究我国古代建筑史的宝贵实物。在佛教传入之前，中国的神祇塑像并不发达，十六国时期开始，佛教雕塑艺术开始盛行，极大促进了我国雕塑艺术的发展，从题材、图样和风格等各个方面，都为中国传统雕塑艺术输入了新鲜元素。作为古代雕刻艺术宝库的敦煌、云岗和龙门石窟都是在充分吸收了古代印度犍陀罗艺术的基础上发展并形成的具有中国特色的造像艺术。敦煌的莫高窟，这座屹立在沙漠中的艺术宫殿，更体现了古代印度石窟艺术、西域地方风格与中国传统艺术的有机融合。关于佛教与绘画，潘天寿先生也曾说："两千年以来，佛教与吾国的绘画，极是相依而生活，相携而发展，在绘画与佛教的变迁程途中，什么地方找不到两相关系的痕迹？"佛经故事常常成为中国古代艺术家绘画的题材，尤其是禅宗重视自我意识和心性的思想渗入艺术理论和社会的审美潮流中时，出现了"写心"、"写意"等艺术理论观点，逐渐形成了求神尚意、写意抒情的画风。中国的写意画发展，自始至终与禅宗有关。中国佛教梵呗音乐的形成与流行，就是在充分吸收了天竺乐、龟兹乐、安国乐的基础上创建而成的。南北朝时期，民间流行吟唱偈赞，一些擅长佛教音乐的高僧应运而生。隋朝随着西域交通的通畅，大量西域佛教音乐开始传入中土。唐朝佛教空前隆盛，佛教音乐在创作、演唱、演奏上都达到了很高的水准，并完成了汉化。北宋时寺院已经有了"瓦肆"，作为定期的宗教音乐活动表演场所，佛教音乐进一步与民间音乐相融合。自元朝南北曲盛行之后，佛教音乐的歌赞采用了南北曲调。佛教对中国的天文学、医学等科学技术的贡献和影响也是卓越的。佛教《大藏经》中存有大量医学和药学的内容。据隋唐史书记载，由印度翻译过来的医书和药书就有十余种。可见佛教在中国文化各领域中的影响，是至久而深远的。

佛教于两汉之际进入中国，经过一个时期的酝酿，由对传统思想的依附最终走向独立，终于在隋唐之际达到顶峰，创建了具有中国本土特色的各个教门宗派。宋元明清诸朝，中国佛教得以进一步深化和普及，一直推行至近现代，形成一套完备的系统。佛教与中国文化不断相互渗透、相互影响，对中国各个时代的思想文化都产生了极大的影响，不仅与传统文化融为一体，也使佛教自身日益中国化。佛教的范围，早已远远超出宗教，遍布中国文化的各个领域，成为中国传统文化的有机组成部分。佛教作为社会多元文化的一部分，将继续发挥其自身的优势和作用，为促进社会和谐，凝聚中国力量，实现中华民族伟大复兴的中国梦作出新的贡献。

（中国社会科学院哲学研究所研究员）

六朝时经海路往来的译经僧人的贡献

石云涛

六朝时中国南方政权与东南亚、南亚国家交往频繁，这种交往主要是通过海路实现的。从海道东端即中国方面看，进入魏晋南北朝时期，由于分裂割据的局面和地理位置的原因，利用海道与东南亚、南亚诸国交往的主要是三国时的孙吴、两晋和南朝各王朝。南亚是佛教的发源地，东南亚是佛教流行的地区。中国六朝时正是佛教持续传入并方兴未艾之时，经过海路传入中国是佛教入华的重要路线，本文探讨了这一时期佛教经过海路传入中国南方的情况。

一、六朝时经海路往来的僧人

谈到从海上交通传入中国之佛教，一般印象是南传小乘佛教，如果考察六朝时经海先苦后甜入华的僧人，我们会发现情况并不尽然。中国与印度不仅进行陆上交通，还进行海上交通，陆海两路是贯通的。中国东南面对太平洋，西北背靠中亚内陆，既通过海上丝路与各国发生联系与交往，又通过陆上交通与各国进行交通和交往。印度三面环印度洋，北靠中亚内陆。在古代印度境内自北天竺至南天竺、东天竺和西天竺的道路，把陆路与海路连接起来。在中国从西域通往南朝的道路，把陆海两路连接起来。从中国到印度有雪山道、罽宾道、缅道、海道相通。"南海北陆，在两晋之际已经贯通，形成了一个佛教文化循环遨游的大圆圈。这个圆圈到南北朝，流转的速度骤然加快，往来的僧众明显增多。"①六朝时东来西往的求法僧人和传法僧人奔波在中国与东南亚、南亚之间海路交通线上。经海路入华外国僧人主要来自四部分：一是中亚；二是天竺；三是师子国；四是扶南。

从海路来传教的弘法僧东来始于3世纪，中亚高僧先是到印度、斯里兰卡，而后经海路入华。康僧会，原籍康居，世居天竺，其父经商移居交趾。十余岁父母去世后出家，他是"有史记载的第一个自南而北传播佛教的僧侣"②。但康僧会是入华后出家的僧人。以僧人身份经海路入华的中亚高僧，支疆梁接是第一人。孙吴废帝五凤二年（255），支疆梁接曾在交州译出《法华三昧经》，后抵达广州③。支疆梁接是月氏人，他可能从北印度至东印度，而经海路到交州。此后，中亚僧人沿着这条路线入华的，有昙摩耶舍。昙摩耶舍是罽宾人，"蹻历名邦，履践郡国"，于东晋安帝隆安年间（397—401）初达广州，住白沙寺。罽宾在今克什米尔一带，他到广州应该走的是海路。佛驮什，罽宾人，以宋景平元年（423）七月，届于扬州。求那跋摩，罽宾人，年二十出家受戒。后到师子国，观风弘教，又至阇婆国（在今苏门答腊），"道化之声，播于遐迩，邻国闻风，皆遣使要请"。元嘉元年九月，建康高僧慧观、慧聪等面启宋文帝，请求迎请求那跋摩。文帝命交州刺史派船迎接，求那跋摩先已随商人竺难提舶，欲向一小国，被刘宋接到广州，后至建邺。④

天竺僧人从中天竺、西天竺、师子国经海路至中国。天竺沙门维祇难"以吴黄武三年（224）与同伴竺律炎来至武昌，赍昙钵经梵本"⑤。三国时孙权在鄂城（今湖北省鄂州市）建都，名武昌。维祇难的行程史书没有明确记载，但他应该经海路而来。耆域，天竺人，"自发天竺，至于扶南，经诸海滨，爰及交广"。晋惠帝元康六年（296）到达广州。又从襄阳过长江，于惠帝末年（306）至洛阳。洛阳兵乱，辞还天竺。⑥耆域是见于记载的第一位经由海道来中国后由陆路离去的梵僧。求那跋陀罗，中天竺人。他先到师子国，而后经沿海各

---

① 杜继文主编：《佛教史》，中国社会科学出版社 1991 年版，第 190 页。

② 杜继文主编：《佛教史》，中国社会科学出版社 1991 年版，第 155 页。

③ 《开元释教录》卷二、唐沙门释靖迈《古今译经图记》卷一。

④ 释慧皎：《昙摩耶舍传》、《佛驮什传》、《求那跋摩传》，《高僧传》卷三，中华书局 1992 年版。

⑤ 释慧皎：《维祇难传》，《高僧传》卷一，中华书局 1992 年版，第 22 页。

⑥ 释慧皎：《耆域传》，《高僧传》卷九，中华书局 1992 年版，第 365—366 页。

国，皆传送资供。既有缘东方，乃随舶讯海。元嘉十二年（435）至广州。①
求那毗地，中天竺人，齐建元初（479）至建康（今南京），住毗耶离寺。②智
药三藏，天竺僧人，梁武帝天监元年（502）自西天竺来广州，于法性寺刘宋
时求那跋陀罗所建戒坛之畔，植菩提树一株。又至曹溪口，掬水而饮，以水质
甘美，知上源必有胜地可为兰若。至上源，见山水宛若印度宝林山，劝村人建
立一寺，名为宝林寺。③菩提达摩，南天竺禅僧，初达宋境南越，入梁，末又
北渡至魏。④师子国即今斯里兰卡，南传佛教发祥地。宋元嘉五年（428），师
子国"托四道人遣二白衣送牙台像以为信誓"开以僧人为使之先河。刘宋时师
子国曾两次派遣比丘尼入刘宋。第一次来了9名比丘尼，于元嘉六年（429）
由商船船主竺难提送达建康。佛教戒律规定，至少十位以上尼师才能举行受戒
仪式，竺难提又返回师子国，于元嘉十年（433）又专程送铁萨罗等11名比丘
尼至建康，她们为景福寺慧果、慧净等300名中国尼众二部受戒，结束了中国
比丘尼没有二部受戒的历史。⑤

东南亚僧人经海路来到南朝较晚。齐武帝永明二年（484），扶南国王派天
竺僧人那伽仙奉表贡献（《南齐书·东南夷传》）。僧伽婆罗，扶南国人，闻齐
国弘法，乘船至建康，住正观寺。值齐历亡坠道教陵夷，静洁身心断绝交往，
拥室栖闲养素资业。梁朝天监五年，被敕征召于杨都寿光殿、华林园、正观
寺、占云馆、扶南馆等五处传译讫十七年。⑥扶南僧人曼陀罗，梁初大赍梵
本远来贡献，梁武帝命他与婆罗共译《大乘宝云经》、《法界体性无分别经》、
《文殊般若经》等共十一卷。⑦拘那罗陀（真谛），本西天竺优禅尼国人，至
扶南。梁武帝大同中，敕直后张汜等送扶南献使返国，并邀请名僧。扶南国
乃遣真谛赍经论经海路至南朝，大同十二年（546）八月十五日到广州。⑧"时
又有扶南国僧须菩提，陈言善吉，于扬都城内至敬寺，为陈主译《大乘宝云经》

① 释慧皎：《求那跋陀罗传》，《高僧传》卷三，中华书局1992年版，第131页。
② 释慧皎：《求那毗地传》，《高僧传》卷三，中华书局1992年版，第138页。
③ 虚云：《增订佛祖道影》卷四，慈怡主编：《佛光大辞典》，佛光山出版社1993年版，第5037页。
④ 道宣：《菩提达摩传》，《续高僧传》卷十六，中华书局2014年版，第565页。
⑤ 释宝唱著，王孺童校注：《僧果尼传》，《比丘尼传校注》卷二，中华书局2006年版，第88页。
⑥ 道宣：《僧伽婆罗传》，《续高僧传》卷一，中华书局2014年版，第5页。
⑦ 道宣：《僧伽婆罗传》，《续高僧传》卷一，中华书局2014年版，第6页。
⑧ 道宣：《拘那罗陀传》，《续高僧传》卷一，中华书局2014年版，第19页。

八卷。"① 这几位高僧都是扶南人，他们到南朝应该是经海路而来。《洛阳伽蓝记》卷四记载，歌营国僧人菩提拔陀，先至南朝梁朝，又到北朝洛阳。歌营国大约在今马来半岛南部。②

　　经海路往来的还有中土僧人。中土僧人西行求法有的经西域进入天竺诸国，而经海路回国。中国人经陆路至天竺，而后经海路而还者，法显是第一人，此为显例，不赘述。此后便有人循此踪迹，往来于中印间陆海两路。昙无竭仰慕法显躬践佛国，慨然有忘身之誓，于宋永初元年（420）招集同志沙门僧猛、昙朗等 25 人，经西域至中天竺，余五人同行。又至舍卫国，后渡恒河，"于南天竺随舶泛海达广州"。③ 慧叡，冀州人，游历诸国，乃至南天竺界。后还憩庐山。④ 他从南天竺还至庐山，有可能经海路东返。也有从中国南方沿海地区乘船经海路往扶南、师子国和天竺的。慧观法师"志欲重寻《涅槃后分》，乃启宋太祖资给，遣沙门道普将书吏十人西行寻经。至长广郡，舶破伤足，因疾而卒"⑤。智严"入道受具足，常疑不得戒，每以为惧。积年禅观而不能自了，遂更泛海，重回天竺，咨诸明达"，后经陆路归国。⑥ 梁武帝大同五年（539）扶南遣使献生犀，"言其国有佛发长一丈二尺，诏遣沙门释云宝随使往迎之"（《梁书·诸夷传》）。中土僧人西行求法有特殊的贡献，他们往往携来中土所缺而又特需的经籍，填补了汉译佛典的某些空白。

　　从海路入华的僧人，其译经的地方主要在交州、广州、建康和荆州。六朝时，交州、广州是重要的国际贸易港口，从东南亚、南亚经海路入华的高僧往往在交州、广州登岸，有的在这里驻足，从事宗教活动；有的分散到其他各大佛教中心。建康是六朝诸王朝的都城，是六朝的政治文化中心，从东汉末年以来就是佛教的南方中心。从海路入华的僧人大部分辗转进入建康，在这里从事建寺、译经和传法活动。荆州辛寺是佛经翻译的一个中心，也有僧人经海路入华，登陆后赴荆州。如昙摩耶舍初达广州，住白沙寺。后入长安，又南游江

①　道宣：《拘那罗陀传》，《续高僧传》卷一，中华书局 2014 年版，第 22 页。
②　石云涛：《三至六世纪中西间海上航线的变化》，《海交史研究》2004 年第 2 期。
③　释慧皎：《昙无竭传》，《高僧传》卷三，中华书局 1992 年版，第 94 页。
④　释慧皎：《慧叡传》，《高僧传》卷七，中华书局 1992 年版，第 259 页。
⑤　释慧皎：《慧观传》，《高僧传》卷二，中华书局 1992 年版，第 80 页。
⑥　释慧皎：《智严传》，《高僧传》卷三，中华书局 1992 年版，第 100 页。

陵，止于荆州辛寺。求那跋陀罗随舶讯海至广州，谯王镇荆州，请与俱行，安止辛寺。法显从师子国归来，于山东登陆，辗转至荆州辛寺译经。

僧人们能够冒风波之险，往来于中印之间，固然与他们求法忘身的宗教精神有关，而中国六朝与东南亚、南亚间使节往来、商业贸易活动的开展也在客观上提供了便利。在从天竺、师子国经东南亚至中国南方的广大地区，佛教的普遍流行也是他们能够克服种种困难到达目的地的重要原因。当时僧人们能够到达目的地，有两种情况：一是搭乘商船；二是官方迎送，这都以佛教广泛流行为前提。

六朝时由于海上交通的发展，中国南方沿海地区与东南亚、南亚间的贸易是很兴盛的。晋之南海官吏侵侮外商，建立在外商来华贸易的基础上。法显在师子国见到佛像边"商人以晋地一白绢扇"供养，说明当时中国商人已经泛海来到师子国贸易。当时僧人主要搭乘商船从海上往来。法显自师子国乘商船回国，从海道东返，说明当时师子国有商舶东来。法显自耶婆提（今爪哇）至广州，"复随他商人大船"，"商人议言，常行时正可五十日便到"，说明两地之间频有商舶往来。法显就是得到商人资助，乘商船从师子国到耶婆提国，又从耶婆提国回国。[1] 天竺僧人僧伽跋摩于元嘉十九年（442）随西域商人返天竺。[2]刘宋元嘉年间，师子国商舶两次来到刘宋都城建康，载来师子国比丘尼。刘宋遣使迎请之前，求那跋摩先已随商人竺难提舶，欲向一小国。宋末，扶南王姓侨陈如名阇耶求那跋摩遣商货至广州，天竺道人那伽仙附载归国（《南齐书·东南夷传》）。

在六朝诸王朝与东南亚、南亚各国的官方交往中，佛教方面的交流是重要内容，迎送僧人和写译佛经是其中的重要活动。宋文帝曾回信扶南国王，要求写送小乘经；求那跋摩到师子国，观风弘教，又至阇婆国。道化之声，播于遐迩，邻国闻风，皆遣使要请。建康高僧慧观、慧聪等面启文帝，请求迎请求那跋摩。文帝敕交州刺史，令泛舶延至。求那跋摩遂至广州，经始兴至建邺。中天竺求那跋陀罗，先到师子国，而后经沿海各国到中国，沿途各国皆"传送资供"。拘那罗陀（真谛）到中国，是梁武帝下敕，命直后张汜等送扶南献使返

---

① 释慧皎：《法显传》，《高僧传》卷三，中华书局1992年版，第87—92页。

② 释慧皎：《僧伽跋摩传》，《高僧传》卷三，中华书局1992年版，第119页。

国，仍请名僧。扶南国"乃屈真谛并赍经论，恭膺帝旨"，是在双方最高统治者的安排下来到中国的。从这里可以看出使节往来、商贸活动和佛教交流之间密不可分的关系。

比较起来，从海路入华僧人数量远远少于经中亚、西域陆上丝路入华的僧人，即便来到南方的域外僧人也以自陆路而来的为多，"佛教的传译主要通道，则是经西域进入河西走廊，传入内地。"①其原因主要是海上航行的危险，这一时期造船技术和航海水平虽有提高，但是海上交通人为的灾难和自然风波之险客观存在。法显从师子国归国之路上九死一生，林邑国王入贡刘宋王朝海上遇险。佛陀跋陀罗至交趾，"附舶循海而行"，中途忽遇大风，将船吹回二百余里。觉贤"于暗夜之中，忽令众舶俱发，无肯从者，贤自起收缆，一舶独发，俄而贼至，留者悉被抄害"②。《法显传》云："若遇伏石，则无活路。"这些都说明当时海上航行的危险程度。

从以上考察可知，经过海路往来的僧人可以考知姓名的中亚5人：康僧会、支彊梁接、昙摩耶舍、佛驮什、求那跋摩；天竺6人：维祇难、耆域、求那跋陀罗、求那毗地、智药三藏、菩提达摩；师子国25人：曾两次派遣比丘尼入刘宋。东南亚僧人5人，其中扶南4人：僧伽婆罗、曼陀罗、拘那罗陀（真谛）、须菩提，歌营国僧人菩提拔陀。中土僧人：法显、昙无竭、慧叡、智严。这些说明，经海路传入中国南方的佛教并不完全是南传小乘佛教。相反，主要的是北传大乘佛教。正是因为如此，南朝初期南朝统治者深感小乘经典缺少，特意嘱托师子国僧人携来小乘经典。来自中亚和印度的僧人带来的是北传佛教和大乘佛教。扶南的佛教是直接从印度传入，主要流行的也是大乘佛教。

二、经海路往来高僧的译经事业

按照梁启超的说法，中国佛学史可以分为二期，两晋南北朝为输入期，隋唐为建设期。而输入事业之主要者一是西行求法，二是传译经论。③"论译业

---

① 任继愈主编：《中国佛教史》第三卷，中国社会科学出版社1988年版，第129页。

② 释慧皎：《觉贤传》，《高僧传》卷二，中华书局1992年版，第70页。

③ 梁启超撰，陈士强导读：《中国佛法兴衰沿革说略》，《佛学研究十八篇》，上海古籍出版社2001年版，第12页。

者，当以后汉桓灵时代托始。东晋南北朝隋唐称极盛。"①东晋南北朝时期是佛典汉译的重要阶段，流传汉地的佛经大部分是在这一时期传入并翻译过来的。六朝时交州、广州、建康、荆州都是佛经翻译的中心，这里的佛经有的是僧人从北方带来的，也有的是僧人经海路携来的。

经海路入华者，康僧会是译经建寺第一人。寺院是宗教活动的场所，也是宣扬和传播宗教的中心，康僧会积极从事建寺活动，为吴地佛教的传播创立了第一个据点。《高僧传》卷一《康僧会传》记载，康僧会在交趾出家，"时吴地初染大法，风化未全，僧会欲使道振江左，兴立图寺，乃杖锡东游，以吴赤乌十年（248）初达建邺，营立茅茨，设像行道。"康僧会为孙权感得佛舍利，孙权为之建塔供养，于是在吴地建立了第一座寺院，被孙权命名为建初寺。康僧会便在这里从事他的翻译事业，"会于建初寺译出众经，所谓《阿难念弥》、《镜面王》、《察微王》、《梵皇经》等，又出《小品》及《六度集》、《杂譬喻》等，并妙得经体，文义允正。又传泥洹呗声，清靡哀亮，一代模式。又注《安般守意》、《法镜》、《道树》等三经，并制经序，辞趣雅便，义旨微密，并见于世。"从康僧会开始，传经译法就成为经海路入华西域、东南亚、南亚弘法高僧在南朝的重要事务，交州、广州、建康、荆州成为海内知名的译场，前后相续五百余年。维祇难入吴，赍《昙钵经》梵本，"共其伴律炎译为汉文"，即《法句经》。②孙吴时经海路入华成就较大者，还有支彊梁接。孙吴废帝五凤二年，他在交州译出《法华三昧经》，为《法华经》的第一译。

东晋时佛经的翻译和佛法的东传开始活跃起来。昙摩耶舍于东晋安帝隆安年间初达广州，住白沙寺。他善诵《毗婆沙律》，人称"大毗婆沙"。至义熙（405—418）中至长安。时姚兴称帝，甚崇佛法，昙摩耶舍受到姚兴的礼遇，在长安石羊寺译经，与天竺沙门昙摩掘多共译《舍利弗阿毗昙论》，后秦弘始九年（407）初书梵文，至十六年翻译方竟，凡二十二卷，成为毗昙学者研习的重要典籍。后游江陵，止于辛寺，"大弘禅法"。③法显取经，"于摩竭提邑波连弗阿育王塔南天王寺，得《摩诃僧祇律》，又得《萨婆多律》、《抄杂阿毗

---

① 梁启超撰，陈士强导读：《翻译文学与佛典》，《佛学研究十八篇》，上海古籍出版社 2001 年版，第 168 页。

② 释慧皎：《维祇难传》，《高僧传》卷一，中华书局 1992 年版，第 22 页。

③ 释慧皎：《昙摩耶舍传》，《高僧传》卷三，中华书局 1992 年版，第 42 页。

昙心》、《绖经》、《方等泥洹经》等。显留三年，学梵语梵书，方躬自书写，于是持经像寄附商客。到师子国……停二年，复得《弥沙塞律》，长、杂二《含》及《杂藏本》，并汉土所无。"回国后"遂南造京师，就外国禅师佛驮跋陀于道场寺，译出《摩诃僧祇律》、《方等泥洹经》、《杂阿毗昙心》，垂百余万言。显既出《大泥洹经》，流布教化咸使见闻。……其余经律未译。"① 法显到印度去的目的是寻求戒律。他经过了千辛万苦，寻到其中最重要的《摩诃僧祇律》四十卷，归国后他同佛陀跋陀罗共同译出。法显译出的《摩诃僧祇律》为佛教戒律五大部之一；携归之《方等》、《涅槃》，开后来义学之一支，被认为是他求法之所以重要的原因之一。② 昙无竭陆去海还，于南天竺随舶泛海达广州，译出《观世音受记经》。③

随着南朝诸朝统治者提倡佛教，经海路入华僧人越来越多，在译经传法中成就突出。据《开元释教录》卷五至卷七的记载统计，南北朝时译经人数为 55 人，其中载明来自印度、扶南等南亚、东南亚的译经僧有 25 人，而经海路入华者有 8 人，约为全部三分之一。刘宋王朝是南北朝诸政权中佛经翻译成果最多的朝代，入宋译经的僧人固然来自各个方面，而经海路入华者成就也很突出。佛驮什，罽宾人，专精律品兼达禅要，以宋景平元年七月届于扬州。④ 法显于师子国得《弥沙塞律》梵本，未被翻译而法显去世。京邑诸僧闻佛驮什善此学，请他翻译，其年冬十一月集于龙光寺，译为 34 卷，称为《五分律》。其翻译的方式，史载："什执梵文，于阗沙门智胜为译，龙光道生东安慧严共执笔参正，宋侍中琅琊王练为檀越。"他又于大部中抄出《戒心》及《羯磨文》等，并行于世。求那跋摩在祇洹寺开讲《法华经》和《十地经》，开讲之日，前来听讲的人络绎不绝。祇洹寺的慧义请求那跋摩翻译《菩萨善戒经》，求那跋摩翻译了前 28 品，后 2 品由弟子代译，共 30 品。宋元嘉三年（426），徐州刺史王德仲请外国人伊叶波罗翻译《杂心经》，译者遇到一些无法解决的难题，请求那跋摩译出后半部共 13 卷。另有先前所译《四分羯摩》、《优婆塞五戒论略》、《优婆塞二十二戒》等，共 26 卷，文义

① 释慧皎：《法显传》，《高僧传》卷三，中华书局 1992 年版，第 89—90 页。
② 汤用彤：《汉魏两晋南北朝佛教史》，北京大学出版社 1997 年版，第 268 页。
③ 释慧皎：《昙无竭传》，《高僧传》卷三，中华书局 1992 年版，第 94 页。
④ 释慧皎：《佛驮什传》，《高僧传》卷三，中华书局 1992 年版，第 96 页。

周详而允正。

刘宋时经海路入华译经成就最大者当为求那跋陀罗，据《开元释教录》所记，他译佛典 52 部，134 卷。他最初在祇洹寺，集义学诸僧译出《杂阿含经》五十卷。[①] 接着在东安寺译出《大法鼓经》2 卷、《相续解脱经》2 卷。元嘉十三年（436）由丹阳郡尹何尚之为施主，在他那里译出《胜鬘狮子吼一乘大方便方广经》一卷。又在道场寺译出《央掘魔罗经》四卷、《楞伽阿跋多罗宝经》4 卷。[②] 求那跋陀罗的翻译更有进步，据说参与者当时有徒众七百余人，宝云传语，慧观笔受，"往复咨析，妙得本旨"。元嘉二十三年（446）谯王义宣出镇荆州，请他同去，止于辛寺，又译出《无忧王经》1 卷、《八吉祥经》1 卷、[③]《过去现在因果经》4 卷，常由他的弟子法勇传译印度语。除以上 9 部 68 卷以外，据《李廓录》记载，确为求那跋陀罗译的书还有《大方广宝箧经》2 卷、《菩萨行方便境界神通变化经》3 卷和旧题出于《小无量寿经》的《拔一切业障根本得生净土神咒》1 卷，总计 12 部 73 卷，流传至今。他还译出《小无量寿经》、《泥洹》、《现在佛名》、《第一义五相略》等，均已散佚。《佛说鹦鹉经》1 卷，原来作为"失译经"著录于《出三藏记集》卷四，隋费长房《历代三宝记》卷十把它列为求那跋陀罗译。《李廓录》、《长房录》记载他所译的《虚空藏菩萨经》等 21 种，现在都是缺本，确否待考。南朝刘宋大明以后，译经之业衰微殆绝，南齐时求那毗地又译出新本，引起时人的称美。他于齐高帝建元初至建康，居毗耶离寺。武帝永明十年（492）秋译出《百句譬喻经》，又译出《十二因缘经》及《须达长者经》各一卷。[④]

梁陈之际的拘那罗陀（真谛）是中国佛教三大译师之一。梁武帝派张氾等人出使扶南，请名德三藏、大乘诸论、杂华经等。"彼国乃屈真谛并赍经论，恭膺帝旨"。真谛于大同十二年八月十五日至广州，太清二年闰八月至建康。遇侯景之乱，往富春，翻出《十七地论》5 卷。梁元帝即位，在金陵正观寺，与愿禅师等二十余人翻《金光明经》。后度岭至南康，随方翻译。陈武帝

① 《开元录》载"于瓦官寺译，梵本法显赍来"。现存本为四十八卷，第二十三与第二十五两卷乃求那跋陀罗所译之《无忧王经》误抄进去。
② 《开元释教录》卷五说此经是元嘉二十年（443）译。
③ 《八吉祥经》，现存本误题僧伽婆罗译。
④ 释僧祐：《求那毗地传》，《出三藏记集》卷十四，中华书局 1995 年版，第 552 页。

永定二年七月返豫章，又止临川晋安诸郡。欲泛舶往楞伽修国，道俗虔请结誓留之，遂停南越。文帝天嘉四年，扬都建元寺沙门僧宗法准僧忍律师等，钦闻新教，派人远来亲承劳问。真谛欣其来意，乃为翻《摄大乘等论》。又泛小舶至梁安郡，更装大舶欲返西国，发自梁安泛舶西引，遇风飘还广州，刺史欧阳頠延住制旨寺，请翻新文。真谛乃对沙门慧恺等翻译《广义法门经》及《唯识论》等。真谛"始梁武之末，至陈宣初位，凡二十三载，所出经论记传六十四部，合二百七十八卷"①。

梁陈之际，来自扶南的僧人在译经方面作出了贡献。《续高僧传》卷一记载，"梁初又有扶南沙门曼陀罗者，梁言弘弱，大赍梵本远来贡献。敕与婆罗共译《宝云》、《法界体性》、《文殊般若经》三部合一十一卷。"② 同书同卷记载，僧伽婆罗，扶南国人。梁武帝天监五年（506），被敕征召于杨都寿光殿、华林园、正观寺、占云馆、扶南馆等五处传译，讫十七年，共计11部38卷，即《阿育王经》、《解脱道论》等，③ 被梁武帝引为家僧。"时又有扶南国僧须菩提，陈言善吉，于扬都城内至敬寺，为陈主译《大乘宝云经》八卷。与梁世曼陀罗所出七卷者同，少有差耳。"④

三、经海路入华僧人翻译的佛经类别

经海路入华僧人译经类别，即属大乘经典抑或小乘经典，根据我们对六朝时情况的考察，亦与通常的认识不同。从印度佛教发展来看，大约从公元前 370 年起，佛教内部发生分裂。到公元 150 年前后五百年间，称为部派佛教时期。佛教先分裂为上座、大众两部，后来又逐渐形成相当多的部派，主要有 18 部。公元 1—2 世纪时形成大小乘佛教，出现了大乘和小乘的对立。佛教在发展过程中，又逐渐形成南传和北传两大支系。我们习惯上把北传佛教称为

---

① 道宣：《拘那罗陀传》，《续高僧传》卷一，中华书局 2014 年版，第 21 页。
② 道宣：《僧伽婆罗传》，《续高僧传》卷一，中华书局 2014 年版，第 6 页。
③ 据《历代三宝纪》卷十一，即《阿育王经》十卷、《孔雀王陀罗尼经》二卷、《文殊师利问经》二卷、《度一切诸佛境界智严经》一卷、《菩萨藏经》一卷、《文殊师利所说般若波罗蜜经》一卷、《舍利弗陀罗尼经》一卷、《吉祥经》一卷、《十法经》一卷、《解脱道论》十三卷、《阿育王传》五卷。（参见《中华大藏经》第五十四册，中华书局 1992 年版，第 292、296 页。）
④ 道宣：《拘那罗陀传》，《续高僧传》卷一，中华书局 2014 年版，第 22 页。

大乘，把南传佛教称为小乘。六朝时从海路传入中国的佛教经典有小乘佛教经典，也有大乘佛教经典；有北传佛教大小乘经典，也有南传佛教上座部经典。我们看到，经海路往来之僧人带来的佛教经典，起初主要是小乘方面的经典，后来则以大乘佛典为主。

对上座部小乘经典的输入是六朝中国社会及统治者孜孜以求的。最早传入中国的佛教经籍属小乘体系，经海路入华的僧人最早携来并译出的也是小乘经典。孙吴时入华的康僧会译《六度集经》，天竺僧人维祇难携来并译出的《昙钵经》（《法句经》）都是佛教五部《阿含经》中之《小部》部分内容的翻译，是小乘佛教的基本读物。① 康僧会从安世高弟子南阳韩林、颍川皮业、会稽陈慧处学习安世高所传小乘佛教，与陈慧共译《安般守意经》。安世高是最早系统地翻译小乘经籍、介绍小乘思想的域外入华僧，康僧会等忠实于安世高的佛学见解，"非师不传"②。

经海路往来的东晋僧人注意传译上座部小乘经典。法显在师子国获得的《弥沙塞律》、《长阿含》、《杂阿含》及《杂藏本》，并汉土所无之上座部小乘经典。得自中天竺的《萨婆多律》属于小乘佛教戒律，法显携来并与佛陀跋陀罗共译之《摩诃僧祇律》40 卷，为印度小乘佛教大众部所传之广律。他在中天竺所获之《方等泥洹经》、《摩诃僧祇阿毗昙》、《杂阿毗昙心》等，皆属小乘经论。他携来的《弥沙塞律》后由刘宋时佛驮什、智胜译出。③ 东晋隆安年间来到广州的昙摩耶舍，住白沙寺，善诵《善见毗婆沙律》，人咸号为"大毗婆沙"。昙摩耶舍本来就是信奉小乘佛教的，《善见毗婆沙律》是南传上座部巴利本《一切善见律》的汉译名字。他所翻译的《杂阿含经》之第 103 经《差摩经》也是小乘经的重要经典。小乘佛教在南朝也有相当的流行。昙摩耶舍的弟子法度是商人竺婆勒之子，应当也是从海路而来，又从昙摩耶舍"承受经法"，"乃言专学小乘，禁读方等，唯礼释迦，无十方佛。食用铜钵，无别应器。又令诸尼相捉而行，悔罪之日，但伏地相向。"法度的小乘佛教在南朝产生一定影响，"宋故丹阳尹颜竣女法弘尼、交州刺史张牧女普明尼，初受其法。今都下宣业、弘

---

① 任继愈主编：《中国佛教史》第一卷，中国社会科学出版社 1985 年版，第 174 页。

② 康僧会：《安般守意经序》，《出三藏记集》卷六，第 244 页。

③ 释僧祐：《弥沙塞律序》："法显……众经多译，唯《弥沙塞律》一部未及译出而亡，到宋景平元年七月……请外国沙门佛驮什出之。"（参见释僧祐撰：《出三藏记集》卷三，第 120 页。）

光诸尼，习其遗风，东土尼众，亦时传其法。"①

　　但是，当时北传佛教进入中国势力强大，即便在中国南方，主要流行的还是经西域、北方传入的大乘经典，小乘经典的传译相对薄弱。因此，南朝统治者注意从师子国和东南亚地区输入上座部小乘经典。5 世纪初，觉音论师至斯里兰卡大寺求学，领导注释巴利三藏。同时代的佛授及稍后护法二人，继续觉音的事业，完成巴利三藏的注释，奠定了大寺派复兴和教学的基础，形成日后及今日流传的南传佛教。② 南朝统治者曾慨叹上座部佛教经典的缺乏，他们知道师子国盛行小乘佛教，因此向师子国提出写送小乘经的要求。宋元嘉五年（428），宋文帝回书师子国王刹利摩诃南，提出"此小乘经甚少，彼国所有，皆可写送"③。此后的元嘉七年（430）七月，师子国遣使献方物。元嘉十二年（435）六月，师子国又"遣使献方物"。刘宋元嘉年间，师子国商舶两次来到刘宋都城建康，有比丘尼多名乘商舶来到中国，流行于师子国的南传佛教小乘经论应该通过海路传来。求那跋陀罗译《般泥洹经》20 卷是早期传入的佛涅槃类经典，属小乘《涅槃经》。他译出《杂阿含经》50 卷，是小乘经藏的一大部类，是杂阿含类经典中的根本经、大本和主本。他所译《四人出现世间经》、《佛说鹦鹉经》、《十一想思念如来经》、《阿邈达经》、《十二品生死经》、《罪福报应经》、《摩诃迦叶度贫母经》、《树提迦经》、《过去现在因果经》各一卷，皆属小乘经藏。昙摩耶舍善诵之《善见毗婆沙律》后来也得到翻译，据《历代三宝纪》卷十一记载，有三藏法师曾携律藏至广州，付予弟子僧伽跋陀罗。齐永明六年（488），僧伽跋陀罗与沙门僧猗共译《善见毗婆沙律》于竹林寺。公元 1 世纪时巴利语佛教传灯祖师之一优波底沙造《解脱道论》12 卷，是南传上座部里程碑式人物觉音著《清净道论》的先驱，由从海路入华的扶南国僧人僧伽婆罗译出。梁陈时期在南朝活动的扶南高僧真谛译介的佛教典籍有的属大乘，有的属小乘。他创翻《摄论》、《俱舍》，其译之《阿毗达摩俱舍释论》22 卷，乃《大毗婆沙论》之纲要书。法泰、智恺传其业，开大乘之"摄论宗"与小乘之"俱舍宗"。他翻译的还有属小乘正量部律的《律二十二明了论》、属印度数论派的论著《金七十论》等。

---

① 释慧皎：《昙摩耶舍传》，《高僧传》卷三，中华书局 1992 年版，第 42—43 页。

② 净海：《南传佛教史》"绪论"，宗教文化出版社 2002 年版，第 4 页。

③ 《宋元嘉起居注》，《艺文类聚》卷七六《内典部》引，上海古籍出版社 1965 年版，第 1294 页。

南传上座部小乘经典在魏晋南北朝时期基本上被介绍过来，而且经律论并重，其中从海路入华或经海路东归的僧人功不可没。正如学者们已经指出的，这一时期"小乘经论的传译，日趋完备。作为小乘经典丛书的四《阿含》，自苻秦开译《增一阿含》以来，至南朝宋译出《杂阿含》，即全部完成"①。这一巨大工程是从海路入华僧人昙摩耶舍最后画上句号的。小乘部派的论著也大规模涌进来，一般称为"阿毗昙"，绝大多数属一切有部。如前所述，这些论著的翻译有的也出于经海路入华僧人之手，如僧伽婆罗译《解脱道论》，真谛译《立世阿毗昙》、《俱舍论》、《随相论》等。

通常认为，斯里兰卡和东南亚各国为小乘流行的地区，经海道传入这里的经典属上座部小乘经典。② 这种认识颇失片面，更不符合六朝时状况。大乘佛教经典的传译从汉末已经开始，东晋南北朝时越来越多，经海路往来的僧人的译著也多为大乘经典。经海路入华者有的是来自中亚、罽宾和天竺的僧人，大多通梵文，携来之佛经亦多为梵本，属大乘系佛典。来自罽宾的高僧求那跋摩所讲《法华经》、《十地经》乃大乘佛教初期重要经典，所译《菩萨善戒经》为大乘菩萨所持之戒本。大乘经典更适应中国文化土壤，即便译介部派时期佛教经典时，往往也倾向于具有大乘倾向的经籍，注意大乘意旨的发挥。康僧会译上座部经典之《六度集经》，主旨却在于阐扬大乘佛教的菩萨行。法显携来，并与佛陀跋陀罗共译之《摩诃僧祇律》为大众部所奉持，其中多处含有大乘经意，为大乘说法的萌芽。法显与觉贤共译之六卷《大般泥洹经》为大乘《涅槃经》的初译，是宣传大乘涅槃佛性学说的基本经典。求那跋陀罗译、慧观笔受之《胜鬘经》记述胜鬘夫人劝信佛法的说教，经中提出的"一乘真实"、"如来藏法身"、"自性清净心"、"三乘归于一乘"、"四谛归于灭谛"等理论，曾对印度佛教大乘瑜伽行派有重要影响。他所译《楞伽经》则为多种宗派所信奉。扶南受印度文化及宗教影响，流行婆罗门教和佛教，而大乘佛教占优势。南朝统

① 杜继文主编：《佛教史》，中国社会科学出版社1991年版，第197页。

② 如汤用彤先生说："锡兰、缅甸、暹罗、马来半岛、南洋群岛为小乘佛教通行之地，其经典属上座部（或其支流），今日所谓巴利文佛教是也。以故关于此项之经典，应多由此传入。""经西域传来之佛教，与由海道所达者比较，亦有不同。印度西北为大乘盛行之地，故传至北方之佛教，多《般若》、《方等》。而迦湿弥罗为一切有部发祥之区，以是《发智》、《毗婆沙》诸要籍均在北方传译。"（汤用彤：《汉魏两晋南北朝佛教史》第十二章《传译求法与南北朝之佛教》，北京大学出版社1997年版，第264、265页。）

治者知道这一点，所以梁武帝派张汜至扶南，明确要求"大乘诸论"①。来自扶南国的僧人也是"大赍梵本"，携来大乘经典。真谛、曼陀罗、僧伽婆罗、须菩提等"持来多种梵文佛经献上"，并进行了认真的翻译。从他们"所译出的经典看，是梵文系大乘经论占最多"，曼陀罗、僧伽婆罗的译著"只有一部《解脱道论》属巴利语上座部佛教系统"②。师子国是南传佛教的发源地和中心，但这里流传的佛教既有上座部小乘佛教，也容纳大乘佛教各派。③从大寺派分化出来的无畏山寺派与印度佛教各部派交流，接受大乘佛教，形成法喜部；公元2、3世纪，印度佛教方广部传入师子国，虽遭驱除，但留下的影响很大。公元4世纪时，印度杰出的上座僧友到师子国，实现了他弘扬大乘的计划。法显到师子国时，正值无畏山寺派隆盛之时，大乘佛教得到传扬。直到觉音等将佛典全部译为巴利文完成，巴利文系小乘佛教才占主导地位。因此，从师子国传来之佛经，未必只有小乘经典，亦当有大乘教义及经典。中天竺优禅尼国王子月婆首那译《胜天王般若波罗蜜经》，亦属大乘经典。④

六朝时经海路入华域外僧人和经海路往还的中土僧人在数量上都比不上往来中亚、西域和中国北方的中外僧人，他们翻译佛教典籍的数量和影响也不及后者。但是他们独特的贡献却是值得重视的，在魏晋南北朝这个佛教的输入时期，经海路往来的僧人取得了杰出的成就。

第一，经海路往来的僧人及其译经活动及时地反映了国外新兴佛教思潮。真谛是与北方的鸠摩罗什并称的中国佛教三大译师之一。法显陆去海还，创辟荒途，是接续朱士行，下启玄奘求法的伟大创举。由海路传入的佛教经籍，规

---

① 道宣：《拘那罗陀传》，《续高僧传》卷一，中华书局2014年版，第19页。

② 净海：《南传佛教史》，宗教文化出版社2002年版，第264页。

③ 净海云："公元前247年顷，摩哂陀长老往斯里兰卡传教，佛教发展很迅速，经过二百年，以大寺为统一教团中心。至公元前29—公元前17年，教团分裂为大寺派与无畏山寺派，这两派佛教形成对抗，历时有十世纪之久。大寺派坚持保守上座部佛教传统精神；而无畏山寺派采取开放的态度，与印度各派佛教进行交流，更容纳大乘佛教。至公元四世纪初，从无畏山寺派之中又再分裂一派为海部，自此三派鼎立，而无畏山寺派最盛。"（参见净海：《南传佛教史》，宗教文化出版社2002年版，第4页。）

④ 陈宣帝《胜天王般若忏文》："粤以天嘉六年，外国王子月婆首那来游匡岭，慧解深妙，靡测圣凡，奉持《胜天王般若经》一部，于彼翻译，表献京师。"（《广弘明集》卷二十八下，严可均辑：《全上古三代秦汉三国六朝文》，《全陈文》卷三，中华书局1958年版，第3419页。）

模不及北方，但也及时地反映了国外新兴佛教思潮，特别是流行于师子国、扶南的佛教，其大小乘经典，包括新的论著比较及时地被译介过来。

第二，输入了比较完整的戒律方面的著作。当时佛教僧团日益扩大，对戒律的输入和对律学的研究日渐紧迫，法显等人就是为了寻求戒律而远赴异域的，他们的成就及时填补了这一空白，对佛教的发展和巩固佛教僧侣队伍起了重要作用。

第三，推动了佛教学派和宗派的形成和建立。魏晋南北朝时佛教形成专门讲习和研究某种经典的风气，并由此形成各种学派，至隋唐更出现不少宗派，这方面北路传入之佛教经籍可能发挥了更大作用，例如鸠摩罗什的译著，往往成为后来的佛教徒立论成宗的权威根据，但经海路传入之经籍也起了领导潮流、立派创宗、拾遗补阙或推波助澜的作用。法显等译的《大般泥洹经》启发了竺道生佛性说的提出，开辟了佛教哲学研究的新方向；他携回并译出的戒律方面的著作对律学的开展和律宗的产生起了奠基作用。南朝刘宋译出之《观世音受记经》等对传扬净土思想发挥了作用，为净土信仰奠定了基础。求那跋陀罗译、慧观笔受之《胜鬘经》："对佛教的推广、孳蔓影响极大，由此形成了所谓'如来藏缘起'的理论体系，构成了一类经典。"[1]《楞伽经》、《十二头陀经》的译出反响极大，《楞伽经》形成了影响后世最大的禅法系统，而《胜鬘经》、《十二头陀经》则是这一禅法系统的理论和践行的组成部分，实开唐代禅宗的先声。真谛主要译介的是印度大乘瑜伽行派无著、世亲和陈那的论著，包括《十地经论》、《摄大乘论》等，影响过一代思潮。经海路入华僧人的译籍还涉及密宗早期经典、佛教逻辑思想、佛教史料的译介等，如求那跋陀罗和真谛的若干译著。

第四，在佛教知识的普及方面作出了贡献。经海路入华僧人的毗昙学的译著在佛教发展中还起过极为重要的作用，即佛教知识的普及。

第五，通过海路传至南朝的佛教经典也传到北方。这些成就与北方输入的佛教经籍互相补充，互相辉映，共同造就了佛教东传的辉煌，形成魏晋南北朝时期中土佛教发展生动壮观的景象。东晋十六国和南北朝时期，中国处于大分裂和大动荡局面，但南北方佛教的交流不曾中断，经海路入华的僧人译介的佛

---

[1]　任继愈主编：《中国佛教史》第三卷，中国社会科学出版社 1988 年版，第 143 页。

教典籍和佛教思想也传入北方，例如真谛译介的成果，通过他的助手和弟子的北传，产生了深远影响。隋唐时国家恢复统一，南传佛教汇入佛教发展的洪流中，大小乘佛教互相吸收，佛教在南北文化交流中进入新的发展阶段。

（北京外国语大学中文学院教授、中国文化走出去协同创新中心研究员）

文明交流互鉴研究（下）

中印同心，为重建世界新秩序而努力

郁龙余　朱　璇

第二次世界大战结束至今已七十多年，虽然没有发生世界性的冲突，但是局部战争不断。世界亟须一种新秩序，让各国人民在尊严、和平、安宁中劳作生活。而这种世界新秩序的建构，需要亚洲各国的努力，其中特别需要中国和印度勠力同心，担负起神圣的历史使命。

历史的发展往往有惊人的相似之处。大约一百年前，中国著名思想家章太炎说："东方文明之国，荦荦大者，独吾与印度耳。言其亲也，则如肺腑，察其势也，则若辅车，不相互抱持而起，终无以屏蔽亚洲。"章太炎所说的"屏蔽亚洲"，就是捍卫、保护亚洲的意思。一百年过去了，又需要中印两国"抱持而起"，捍卫和保护亚洲的安全了。

一、CHINDIA/ 中印大同的理想与践行

章太炎说中国和印度的关系，像肺腑、像辅车，是有历史依据的。一部以佛教传播为主要内容的中印文化交流史，将中国和印度从信仰、观念、思想和习俗等方面，牢牢联系在一起。印度开国总理尼赫鲁对中印关系有着和章太炎相似的观点，在 1939 年他睿智地指出："世界上还没有任何两个国家像中国、印度有如此悠久的文化联系。""中国发生的事情对世界、对亚洲、对印度至关重要。中国是世界上处于关键地位的国家之一……无论在任何情况下，她和她的未来对亚洲、对我们印度都具有头等重要的意

义。"① 他甚至明确表示，欢迎"世界一家"的到来。在自传中他说："我个人对于未来远景的看法是这样：我认为将来会建立一个联邦，其中包括中国和印度，缅甸和锡兰，阿富汗和其他国家。如果实现'世界一家'的话，那当然是值得欢迎的事。"② 甘地、泰戈尔等人对中国也都抱着相近的观点。和他们有着密切往来、在印度生活过五十多年的谭云山，在泰戈尔的感召与支持下，在国际大学办起中国学院。他为中国学院立下的宗旨是：研究中国学术，沟通中印文化，融洽中印感情，联合中印民族，创造人类和平，促进世界大同。

自印度独立和新中国成立之后，中印关系出现了十年的蜜月期，然后于1962 年发生了不幸的边境军事冲突，两国关系跌入了低谷。20 世纪 80 年代，开启了中印关系的新阶段，其中一个标志性事件是 1988 年 12 月拉·甘地总理成功访华。中国改革开放的成功，极大地鼓舞了印度人，中国再次成为印度的舆论中心。2005 年 6 月 13 日，S.巴士亚姆在《商业时报》发表文章《印度能否赶上中国》，认为中国是每一个印度记者、企业家、政治家的热门话题。他在文章一开头用了一句俏皮话："中国是每顶印度帽上的一只蜜蜂。"③ 这句俏皮话足以显示中国在印度是多么受人瞩目和喜爱。尽管印度自古是个意见分歧的国度，对中国的评价也一直有不同的声音，但是对中国的瞩目和喜爱一直在升温，到 2005 年这种瞩目和喜爱终于升华成了一个热词——CHINDIA。

CHINDIA 是印度著名经济学家杰伦·兰密施（Jairam Ramesh）创造的一个新词，"只有'中印大同'才是 CHINDIA 的最好的中文符号。我赞同这位在印度生活了几十年，对中印文化有深刻体认的学者的意见。"④ 时任中国驻印度大使孙玉玺指出："CHINDIA 一词的出现，不是中印两国国名的简单叠加，而是有着深厚的历史文化背景和重要的现实因素。"⑤ 深圳大学的两位青年学者蔡枫和董方峰在谭中和兰密施先生的大力支持下，及时翻译出版了《理

---

① 林承节：《中印人民友好关系史（一八五一——一九四九）》，北京大学出版社 1993 年版，第270 页。

② ［印度］尼赫鲁：《尼赫鲁自传》中文版，知识出版社 1956 年版，第 697 页。

③ Srikala Bhashyam, "Can India Catch up With China?" *Business Times*, June 13, 2005.

④ ［印度］杰伦·兰密施：《理解 CHINDIA——关于中国与印度的思考》，蔡枫、董方峰译，宁夏人民出版社 2006 年版，第 176 页。

⑤ ［印度］杰伦·兰密施：《理解 CHINDIA——关于中国与印度的思考》，蔡枫、董方峰译，宁夏人民出版社 2006 年版，第 173 页。

解 CHINDIA——关于中国与印度的思考》一书，2007 年谭中又组织几十位国内外学者出版了《CHINDIA 中印大同：理想与实现》一书。这两本书的出版，在中印学术界和智库界产生了不小影响，对西方的震动更大。印度著名学者玛妲玉（Madhavi Thampi）说："'CHINDIA/ 中印大同'这个新概念虽然出现不到两年，但已经在国际上传开了，我们经常看见西方舆论中不是认为它务虚，就是对它心存戒备。"① 中国学者王义桅说："巴尔扎克当年曾指出：'欧洲仍在支配世界；如果欧洲的精神霸权有可能被剥夺，那剥夺者只能是北美……'套用巴尔扎克的话说，以美国为主导的西方仍在支配世界，如果西方的精神霸权有可能被剥夺，那剥夺者只能是中印。"② 约翰·奈斯比特说："西方人对中国的认识已远远跟不上中国的变化。他们的脑子里都是旧的形象和观念。欧美国家和政府正遇到很多棘手的问题，而中国引领下的东方国家正在崛起。"③

2014 年 9 月 17 日，习近平主席访问印度莫迪总理的家乡古吉拉特邦，莫迪总理对他说：中印两国是"两个身体，一种精神"。这句谚语最早出自印度古老经典《梨俱吠陀》中"二鸟同栖一枝"的偈颂，"两只鸟儿结伴为友，栖息在同一棵树上，一只鸟品尝毕钵果，另一只鸟不吃，观看。"④ 后来在《剃发奥义书》中也有类似表述："美羽亲心侣，同树栖一枝，一啄果实甘，一止唯视之。"⑤ 所表达的正是印度文化中"一"与"多"、"无形"与"有形"、"无为"（nivṛtti）与"有为"（pravṛtti）在更高精神层面上的同一性。习近平主席 18 日在印度世界事务委员会发表的题为《携手追寻民族复兴之梦》演讲中引述了莫迪总理的话，并指出这些话道出了中印两大文明和平向善的共同本质和心灵相通的内在联系。

在我们看来，引领东方国家乃至世界各国前进的，不仅是中国，而且有印度，是 CHINDIA。中印大同，不但中印 26 亿人民为之高兴，而且全世界人民都应当为之高兴。因为，"CHINDIA/ 中印大同，就是中国和印度大团结，大联合，大合作，大交流，大互惠，大发展，大相爱，大坦诚，大智慧，大慈

---

① 谭中主编：《CHINDIA 中印大同：理想与实现》，宁夏人民出版社 2007 年版，第 308 页。

② 谭中主编：《CHINDIA 中印大同：理想与实现》，宁夏人民出版社 2007 年版，第 379 页。

③ 谷棣、谢戎彬主编：《我们误判了中国》，华文出版社 2015 年版，第 5 页。

④ 转引自黄宝生译：《奥义书》，商务印书馆 2010 年版，第 303 页。

⑤ 徐梵澄：《五十奥义书》，《徐梵澄文集》（第十六卷），上海三联书店 2006 年版，第 18 页。

悲，大福祉，大光明。龙象者，龙之象也。龙彰象，龙显象。龙象不争，龙象共舞，龙象无敌。龙播甘霖，象洒智睿，龙象福佑天下。"[①] 关于这"十二大"关系，我仍坚持以前的观点："中印两国所面临的国内国际形势，人民、知识精英和政治家们的共识，可以推动两国之间的大团结、大联合、大合作。这三者是中印大同的第一境界，由此必然带来大交流、大互惠、大发展的第二境界。然而，若要向更高水平的第三境界发展，需要大相爱、大坦诚、大智慧，这三者，既是中印大同的重要内容，又是进入第四境界的推动力。有此推动，必然呈现大慈悲、大福祉、大光明的美好前景。这是中印大同的最高境界，它不仅给中印人民而且给全世界人民带来关怀、幸福、自由与光荣。"[②] 我们提出以上设想，至今已经过去了十年。检视这十年，中印两国在 CHINDIA 的道路上缓慢而稳步地前行。

二、国际儒学大会与世界印度学家大会

CHINDIA/ 中印大同，是一个伟大的梦想，是中国梦和印度梦共同体，需要亿万人的努力实践。中印大同的一个重要的努力方向，是筑牢中印传统文化中共同的价值观基础。而要实现这一点，首先要厘清各自的传统文化中的价值观精华及其对当代的意义。

民族复兴主要包括两个方面：民族经济振兴和民族文化主导性地位复归，即经济独立自强、文化自主不再受人摆布。这两者往往互为因果，前后地交叉出现。

自 20 世纪 80 年代以来，中国文化热、国学热持续高涨。在此情形下，我写了《中国文化和人类前途——关于世界发展大趋势的思考》、《中国与世界：在精神层面上互相加深了解——以中国文化经典在印度的传播为中心》、《"一带一路"开创人类文明新纪元》等多篇文章，对中国文化中让国人得益最多、最具普世意义的核心价值观进行了梳理。

---

① ［印度］杰伦·兰密施：《理解 CHINDIA——关于中国与印度的思考》，蔡枫、董方峰译，宁夏人民出版社 2006 年版，第 178 页。

② ［印度］杰伦·兰密施：《理解 CHINDIA——关于中国与印度的思考》，蔡枫、董方峰译，宁夏人民出版社 2006 年版，第 179 页。

印度对传统文化和价值观的态度有着自己的特点，一方面他们保留着吠陀时代就有的生活习俗、服饰和信仰，经常可以看到城乡女子穿着艳丽而得体的纱丽，古典舞乐还保留着祖先规定的手眼身法；另一方面将英语作为通用语和大学教学及研究用语，使其成为精英社会和普通人民之间的一道无可奈何的墙。许多具有民族良知的印度贤达，早已觉察到了这种情况，一直在做"祛弊存菁"的工作，让英语的正面作用发挥得更好，祛除它对传统文化、民族语言的伤害和侵蚀。

印度的现代经济振兴，比中国大概晚十年。十年在历史长河中只是一瞬间，但是这十年之差让中印原本差不多的经济，在总量上相差了四五倍。印度精英看到了隐藏在这种差距背后的改革力量。在 CHINDIA 概念出现的同时，印度对传统文化主导地位的重视，也得到了空前的加强。

在中国，祖先崇拜一直是民族力量的重要源泉。在民族最危急的抗战期间，对黄帝、炎帝、孔子的祭拜活动一直没有停止。改革开放之后，随着经济的振兴，祖先崇拜和传统文化热一直持续高涨。其中，让中外学者和人民都感到兴奋的，是习近平参加了 2014 年 9 月在北京召开的"纪念孔子诞辰 2565 周年国际学术研讨会"，并发表重要讲话。他就正确对待不同国家和民族的文明、正确对待传统文化和现实文化，提出了"维护世界文明多样性"、"尊重各国各民族文明"、"正确进行文明学习借鉴"、"科学对待文化传统"四项原则。他对中华文化中最核心的内容、最基本的文化基因作出了高度评价，认为"是中华民族和中国人民在修齐治平、尊时守位、知常达变、开物成务、建功立业过程中逐渐形成的有别于其他民族的独特标识"[①]。此事不但在中国影响巨大，也在国际上的国学家中产生了强烈反响。"软实力"概念的提出者、哈佛大学教授约瑟夫·奈认为："中国文化非常重要。对东亚甚至对全世界都有重大影响。今天要维护和平发展，建设和谐世界，同样需要孔子的思想。孔子对中国的发展影响巨大。"[②] 他又说："这次参观孔庙、孔府、孔林和孔子研究院之后，我对儒家文化的认识加深了。""儒家文化是你们最大的软实力，中华优秀传统文化是中国最大的软实力。"[③]

---

① 习近平：《在纪念孔子诞辰 2565 周年国际学术研讨会暨国际儒学联合会第五届会员大会开幕会上的讲话》，新华网，2014 年 9 月 24 日。

② 谷棣、谢戎彬主编：《我们误判了中国》，华文出版社 2015 年版，第 10 页。

③ 谷棣、谢戎彬主编：《我们误判了中国》，华文出版社 2015 年版，第 11 页。

2015 年 11 月 20 日，第六届世界中国学论坛在上海召开。来自 30 多个国家 200 多位知名学者和智库人士出席开幕式，大会主题是"中国改革、世界机遇"，并颁发了第三届世界中国学贡献奖。这是当前国际中国研究的最高奖。此届获奖者是俄罗斯的季塔连科，美国的大卫·蓝普顿和裴宣理，印度的华人学者谭中。此前，已有法国的谢和耐、美国的孔飞力、俄罗斯的罗高寿、日本的毛里和子、俄罗斯的齐赫文斯基、美国的傅高义、中国香港的饶宗颐等人获奖。世界中国学论坛已经成了世界观察、研究中国，中国向世界表述、展示自己的重要窗口。在这届获奖者中，谭中先生是一位双栖学者，他既是一位杰出的印度学家，又是一位杰出的中国学家。说得准确一点，谭中是一位典型的 CHINDIA 学者。

印度的贤达自然也在考虑民族软实力问题，并采取了一系列行动。其中，最具标志性意义的，是印度于 2015 年 11 月与上海举办的第六届世界中国学论坛同时召开的"世界印度学家大会"。21 日大会开幕式在总统府中央大厅举行，由外交部长斯瓦拉吉主持，总统慕克吉致辞，文化关系委员会（ICCR）主席金德尔讲话。这次大会所邀请的外国嘉宾，入住总统府或总统府花园的别墅内。21 日晚上，慕克吉总统设晚宴招待与会的各国印度学家。如此高规格地召开世界印度学家大会，还是第一次，其目的就是弘扬印度传统文化，显示和提振印度的软实力。

作为印度文化的研究者和 CHINDIA/ 中印大同的推动者，我提交了题为《印度学研究的世界意义》的论文，分"欧洲难民问题和世界新秩序"、"东方文明应尽的历史责任"、"中国国学热对印度的启示"、"印度文化对当代世界的应有贡献"四个部分。

显然，《印度学研究的世界意义》和我之前写的《中国文化和人类前途——关于世界发展大趋势的思考》是姐妹篇，属于 CHINDIA 学的组成部分。该文的重点是第四部分"印度文化对当代世界的应有贡献"。印度文化中许多真正具有普世意义的观念，将为世界新秩序的构建发挥重要作用。这些观念是梵我一如，万物有灵；慈爱厚生，非战戒杀；信仰自由，宗教对话；尊师重教，教学神圣；多元共存，天包地容。"我们认为在人类文明发展史上，中印崛起的意义，高于欧洲的文艺复兴和工业革命。因为文艺复兴和工业革命虽然带来了现代文明，但这是一个存在严重缺陷的文明，首先它造成了'东方隶属于西方'，给人类的大多数带来屈辱和不幸。而中印崛起'不仅给中印人民而且给全世界人民带来关怀、幸福、自由和光荣'。不言而喻，今天我们研究印度学和中国学，不但对两国有着巨大意义，而且对世界也有着巨大意义。"

谭云山，曾被季羡林喻为"中印友谊的金桥"。他曾为"中印学"的建立奋斗了一生，因为他对中印文化关系有着深刻体认。他说："我的信念和我的毕生任务就是在于使世界上两个伟大人民——中国人和印度人——联合起来，凝聚在一起，去创造、建立、发展一个共同文化，叫作中印文化。"① 中印文化是一尊神，它有中国文化和印度文化两张脸。"中印学就是中印两张脸互看。印度人民如果深入研究中国文化就能更多地理解印度自己的文化，反之亦然。"②

通过国际儒学论坛、世界中国学论坛以及世界印度学家大会，进行不断的研究讨论，中印学的学理基础必将逐渐加强，中印文化中的普世价值观必将进一步发扬光大，造福世界人民。

三、人类命运共同体需要共同的精神家园

如果说"中印大同"、"CHINDIA/中印大同"的概念是中印贤达的先知先觉；那么到今日，世界中国学论坛、国际儒学论坛和世界印度学家大会，以及其他名称的中国文化、印度文化的研讨大会越来越受欢迎，则完全是时势使然。从"先知先觉"到"时势使然"，是一个合乎逻辑的发展过程，"先知先觉"是启示，是舆论先导，"时势使然"是广大人民的自觉实践。可以肯定，今后世界各民族研究、弘扬本我的文化价值和普世观念，将会风起云涌、高潮迭起。古人说："明者因时而变，知者随世而制。"（桓宽：《盐铁论》）时代变了，人们的观念、行为必须与时俱进。而不能像西方的某些人那样，脑袋里装的全是陈旧观念、过时思想。那么，怎样才能与时俱进呢？要有广阔的眼界和胸襟。清人陈澹然说："惟自古不谋万世者，不足谋一时；不谋全局者，不足谋一域。"（《寤言·迁都建藩议》）这"万世"、"全局"，用现在的话说，就是上下五千年，纵横十万里。中国首倡的"一带一路"建设，就是一个与时俱进的崭新蓝图。它

---

① 谭中：《谭云山与中印文化交流》，香港中文大学出版社1998年版，第95页。
② 谭中、郁龙余主编：《谭云山》，中央编译出版社2012年版，第227页。

的眼光不局限于当下，而是放眼长远；它也不局限于一国一地，而是胸怀全世界。用中国的话说，就是"天下大同"的境界，用印度的话来说，就是"世界一家"（Vasudhaiva Kutumbakam）的胸怀。

当下的世界，是一个争斗残酷、战乱不已的世界，讲"天下大同"、"世界一家"是不是太乌托邦了？答案是否定的，我们必须用"天下大同"、"世界一家"的思想，取代地缘政治、霸权思想，去拯救我们的世界。作出这一结论，是迫不得已、时势使然。概而言之，基于以下三个原因。

第一，西方主导的旧制度难以为继。

自欧洲文艺复兴之后，西方快速走上了以追求"暴利"为特征的资本主义道路。为了追求暴利，使用暴力是必然的。于是暴利和暴力成了资本主义的最主要特征。

贩卖黑奴、鸦片贸易、殖民战争等人类历史上最丑恶、最血腥的悲剧轮番上演。资本主义的原动力来自人类的贪婪本性。这种贪婪本性，早在古希腊时期就成了城邦国家的思想动力。城邦国家基本上靠掠夺为生，为了保证战利品的合理分配，就出现了"希腊民主"。大家知道，希腊民主只有军事集团内部、贵族和胜利者才能享有，广大贫民和奴隶不能享有。文艺复兴之后，随着资本主义的蓬勃发展，希腊民主得到了进一步的更新换代，成了西方主要的政治形态。民主政治和暴利暴力是西方资本主义对内对外的文武之道，两者互为表里，相辅相成。资本主义在人类文明发展史上，最大的贡献就是促进科技的进步和物质生产的极大发展。它的最大罪过是造成了人类社会极大的贫富差距和对公平正义的践踏。一旦这种矛盾冲突发展到了临界点，就会引发战争。第一次世界大战、第二次世界大战是这样，冷战和近年来的战争都是"暴利暴力"的产物。中东、利比亚难民潮对欧洲的冲击，某些南欧国家经济濒临破产和拉美部分国家陷入中等收入陷阱，世界上大批极端贫困国家的产生等，都说明西方主导的现有制度走到了尽头。

法久必弊。资本主义走了六百年，它的优势越来越多地被它的弊端所代替，出现了种种败象甚至笑话。一向引以为荣的两党制，现在像打水的两个水桶，打上来的水越来越少，既是两个水桶打架造成政府停摆，又是水井里的水已近枯竭。还有，一向引以为骄傲的人权，像大棒一样挥向其他国家。可笑的是，他们将出售武器和人权捆绑在一起，你改善人权状况，我就开禁卖给你武器。真实含义是，只要你听我话，我就给你武器，我们一起去杀人或威胁杀人。这简直就是人类发展史上的天大笑话。这些败象和笑话，说明西方主导的制度已难以为继了。

第二，中国和印度越来越彰显文明的魅力。

人类文明不会出现真空。正当西方文明出现衰落，由西方主导的世界秩序步履维艰的时候，以中国、印度为代表的东方文明，像太阳一样已经出现在地平线上，而且越来越光芒四射。它虽然似曾相识，带给我们的却是全新的光和热。

中国、印度是世界上人口最多的两大发展中国家，不仅人口占世界五分之二，而且是亚洲和世界经济发展的引擎。在当下，全球经济复苏乏力，但中国、印度依然是全球经济增长最快的国家。

由于殖民历史等原因，中印之间有着一条几千公里长的未定国界。两国也曾为此发生过边境冲突，甚至战争。但是，自1962年以来半个多世纪的时间，两国一直有效管控边界、保持友好关系。2014年习近平主席访印，将两国关系确定为全面战略合作关系。2016年5月，慕克吉总统访华，又将中印两国战略合作伙伴关系推向新高度。这在有着几千公里长的未定国界的国家中，是极为罕见的。

在20世纪30年代，谭云山提出构建中印学，21世纪初，兰密施创造CHINDIA新概念，说明中印文明的融合在一部分有识之士那里进入了一个全新的阶段。中印文化在核心观念上有相同相似之处，多得令人难以置信，以至于印度著名中国学家墨普德极而言之曰："中国人的整个物质文明和精神文明不能被称为纯粹的'汉学'，而应当被称为'中印学'或'汉印学'（Sindology or Sin-Indology）——是中国和印度的融合。"[1] 在极力张扬多元的现当代，中国印度的知识分子，都在如此认真地寻找、研究两国文化中的共同点，一方面说明中印文化的确存在着天生的共同的文化基因，另一方面说明当代中印精英自觉地重视这份共同的软实力。

中印两国人丁兴旺、经济繁荣，边界未定而长期友好，自觉发掘弘扬共同的价值观，这三条彰显的是中印文明的强大力量。

---

[1] 墨普德（印度尼赫鲁大学中国与东南亚研究中心教授）：《"汉学"还是"汉印学"？——探寻一个包罗万象的科学阐释》（2014年10月在北京"汉学与当代中国"座谈会中文发言），载《深圳大学印度研究通讯》2014年第3期。

第三，全球化呼唤新的世界秩序。

自从人类有了文化，文化交流一直在进行。而文化交流加速了文化发展的同时，也加速了地球不断变小，终于变成了名副其实的地球村。在地球村时代，一切变得那么快捷方便，一切又变得那么莫测和危险。生活在地球村时代的人们需要新的秩序，用以保障正常生活。目前，全世界所以出现层出不穷的恐怖主义、极端主义，出现种种乱象和大规模人道主义灾难，就是因为地球村时代来到了，而新的地球村秩序没有建立起来。用旧的世界秩序来管理地球村，是根本管不好的。著名学者季羡林说："如果人类还想顺利地在这地球上共同生活下去的话，人类应该彻底改弦更张，丢掉一直到现在的想法和做法，化干戈为玉帛，化仇恨为友爱，共同纠正人类过去所犯下的错误。"①

人们呼唤世界新秩序，就是呼唤新的地球村秩序。新的地球村秩序，需要新的天下观。以往的世界观，是五洲四海，许多人与事往往隔得很远，发生了恶性事件，常常产生"事不关己、高高挂起"，甚至"惹不起躲得起"的想法。进入地球村时代，往往好事、坏事都和大家息息相关。既然是地球村，村上的每个住户、每个人互相之间的关系就是休戚与共、生死相依的关系。一句话，地球村对人类来说不是老子在《道德经》中所说的"鸡犬之声相闻，民至老死，不相往来"的情形，而是一个有福同享、有难同当的命运共同体。如果说20世纪五六十年代，广大第三世界国家因"共同命运"而走到了一起，那么到了今天，世界各国必须因"命运共同"而团结一致。"共同命运"就是曾经的共同遭遇，是过去时，会随着时光的流逝而逐渐失去凝聚力。"命运共同"就是当下临近毁灭威胁的感同身受，远离死亡和威胁的迫切感会与时俱增。营造地球村秩序，必须从人类命运共同体的天下观出发，而不是从地缘政治、盟国盟军、军事基地等陈旧落后的世界观考虑问题。

人类命运共同体的天下观，并非凭空而来。任何新观念、新秩序、新文化都是历史的创新与发展。地球村时代需要的人类命运共同体的天下观，是中国、印度奉行不悖的"天下大同"和"世界一家"的观念。悉尼大学教授凯瑞·布朗说："学习中国历史并更多地了解它，不应只是学者和专家们独有的

① 季羡林：《季羡林全集》第18卷，外语教学与研究出版社2009年版，第26页。

任务，而是西方每一个人的必修课。"①布朗这段话是正确的，但是西方人需要了解的还应包括印度的历史、东方的历史、东方和世界各国的历史。

现在有些西方学者产生了失落感。认为风水轮流转，西方将风光不再。其实，这种带有情绪的认识并不正确。历史上，东方和西方分别引领世界前进，像人的左脚和右脚一样，少了谁都不行。中国的"天下大同"和印度的"世界一家"，提倡的是和谐、共赢，目的是在现有文明的基础上更上一层楼，将我们的地球村建设成一个真正的人类命运共同体，不分东西，不分彼此，和衷共济，相亲相爱，像毛泽东主席在他的词中所描绘的：环球同此凉热。

以"天下大同"和"世界一家"为主要内容的 CHINDIA 精神，值得我们世界各国的贤达精英认真领会和践行。让我们重温一下谭云山先生的"中印铭箴"：

> 立德立言，救人救世。
>
> 至刚至大，有守有为。
>
> 难行能行，难忍能忍。
>
> 自觉觉他，自利利他。
>
> 己立立人，己达达人。
>
> 慈悲喜舍，禅定智慧。
>
> 格致诚正，修齐治平。

谭云山这一思想，体现的是 CHINDIA／中印大同的精神，是"天下大同"和"世界一家"精神的深刻表达。它的创造者谭云山名之曰"中印铭箴"，今天我们完全可以理解为"地球村箴言"。只要我们大家遵奉它就能迈过一切沟坎，迎来一个光明灿烂的新时代。因为它以天下苍生为念，将利己利人和达己达人统一了起来，将个人修养和社会进步统一了起来，充满着人类的理性和良知。我们人类曾经崇拜过鬼神、崇拜过暴力、崇拜过金钱、崇拜过技术，现在是到了崇拜理性和良知的时候了。唯有这样，才能重建人类世界的新秩序！

（郁龙余：深圳大学印度研究中心教授；

朱璇：深圳大学印度研究中心讲师，博士）

---

① 林承节：《中印人民友好关系史》，北京大学出版社 1993 年版，第 28 页。

印中两大文明的互动：两国人民文化与友谊相似性的伟大例证

[印度] Avijit Banerjee（阿维杰特）

一、印度与中国交往的古代时期

中国是东亚的文明古国。古代中国与世界上很多地区和国家都有着广泛的接触。印度和中国这两个世界上的文明古国都有着悠久的传统友谊。任何一个国家文化的发展和强化都离不开与其他国家文化的交流与融合。印度与中国文化联系的时间可以上溯到很早的时期。印度文化在中国卓有成效的传播证明两者之间的紧密联系，前后时间跨度有千年之久。印中之间的文化联系可以追溯到很早的时期。在梵语文本中就有无数关于中国的引文，只不过都过于简略。在《摩诃婆罗多》中也提到中国几次，其中一条引文提到礼物是由在 Rajasuya Yajna of the Pandavas 的中国人带来的，而且在 Arthasastra 和《摩奴法典》中也提到了中国。在梵语中用"支那"来指代中国的用法来源于中国西北部一个叫 Chan-si 的国家，它最繁荣的时期是公元前 4 世纪。学者们认为文中的"狮子"一词在秦朝之前很长时间就在使用了，它来源于梵语词汇 simha。古代印度对中国的影响也可以表现在音乐、舞蹈、文学、建筑、绘画和雕塑等方面。早期连接印度与中国的主要是三条路线。第一条通过中亚地区，第二条通过云南和缅甸，第三条通过海路到达南印度洋的港口。这些路线在印度文化传入中国的过程中扮演了重要角色。

印中之间的第一次接触就交集着传说。公元前 217 年，传说中的印度佛教使团第一次出现在中国秦朝的都城，但是这个故事一直停留在传说阶段而未得到史料的确认。一份材料告诉我们，公元前121年，一个中国将军在中亚的一次军事行动中带回了一尊金色的佛像。另一个传说是公元65年汉明帝在梦中看见一个金人而得知他就是佛陀，他从印度邀请了竺法兰和迦叶摩腾，随来的使团还带来一匹白马驮着梵语经卷和其他文物。中国的第一座佛教寺院就是由他们建造的，随后被命名为白马寺。这两个和尚余生都待在中国，把佛经翻译成中文并且在中国传播佛教教义。这是第一个为官方所认可的通过中亚路线传播佛教的故事。在基督教纪年的第一个世纪当中，龟兹僧侣们也在佛教东传中国中发挥了不可磨灭的作用。在他们当中鸠摩罗什最为著名，他被认为是最为高效的佛教翻译家。在这段时间中从克什米尔来的佛教学者也在佛教传入中国中扮演了领导性的角色。唐代被认为是最为繁荣的朝代，大量杰出的印度学者来到中国传播佛教。中国南部与印度的联系最早出现在公元前2世纪，印度与中国西南地区的贸易是通过阿萨姆和缅甸进行的。在佛教僧侣的推动下，印度与中国连接了起来。正是通过文化纽带，印度佛教使团成为连接印中两国人民的最为活跃的力量。从公元1世纪到11世纪的印中联系都是以宗教作为核心的，它激励了整个亚洲绝大多数族群前后持续千年的联系。

随着佛教思想在中国的传播，印度的文学、艺术、音乐、舞蹈也在影响着中国。"变文"文学最初是佛教徒宣讲经文所用，后来成为唐代文学的样式之一，它被不断演习着并且持续地影响到以后的文学创作，如弹词（一种以琵琶和三弦作为伴奏乐器的说唱文学）和鼓词（一种以鼓作为伴奏乐器的说唱文字）以及章回小说（以章节划分内容的小说）。在敦煌千佛洞或者其他什么地方的佛像毫无疑问是受到来自印度的影响。而唐代霓裳羽衣舞（以五彩祥云和鸟羽装饰的天使）的音乐部分就源自中亚传入中国的印度婆罗门音乐。

同样也很容易找到无以计数的例子来证明印度人精神思想方面对中国的影响，要想证明没有这种影响是很难的，反之亦然。当然，要想证明古代印度并没有从中国学到什么也是不真实的。玄奘记录过的Harshavardhana（戒日王）曾经与他谈论过"秦王破阵乐"（为唐太宗所创）并说他曾经听过它的旋律。这正好说明，从那时起印度愿意和可能已经开始关注中国了。从物质领域给出的答案则完全不一样。在印度人的许多文章中都可以找到与中国的联系，至少包括两大类别。首先印度人用的茶的发音与汉语"cha"的发音完全相同，同样为印度人酷爱的热带水果荔枝"Lichi"的发音与汉语"lizhi"的读音就非

常相近。此外，在梵语中也有一些以汉语为前缀的词汇，演化成现代印地语以
Cheen（中国）作为前缀的词汇。如：中国白砂糖（字面意思就是白糖）、中国
瓷土（字面意思就是黏土）、中国丝（字面意思就是中国布）、中国钢（字面意
思就是中国所产）、中国铅（字面意思就是中国粉末）、中国樟脑（字面意思就
是中国樟脑）、中国巴达姆花生（字面意思就是中国坚果）、中国王子梨（字面
意思就是中国王子梨）。

这些例证证明许多印度物品是从中国传入的或者说直接来自中国。以上这
些名词可以通过它们的词源追溯到中国，可能还有更多的东西并不能只通过它
们的名字来加以追溯。正因为从中国学习，印度人民不仅丰富了他们的生活，
也提高了他们的生产力。

另外，要想列出一个庞大的清单来说明中国人向印度学习的例子是很困难
的。当然，我们也能找出这么一些例子。例如，中文把檀香木称为檀香，它的
古代名称叫旃檀，其实就源自梵语词汇"chandan"。中文中的茉莉花"茉莉"
也来自梵语的"mallika"。这些都显示出中国人在物质文化方面也曾受益于印
度人民。正如我们所知的中国与印度的接触早在公元前1世纪就开始了，但是
直到公元4世纪晚期才有中国旅行者到达印度，中国商人从西南和中亚路线开
始访问印度并且把许多东西引入印度，如丝、朱砂和其他用中国竹子编制的器
物。当这些商人通过不同的路线向着印度单调地前行时，中国的知识分子仍然
对印度没有什么兴趣。到了公元3世纪时这种单一交流情况发生了改变，一些
中国佛教僧侣来到印度学习佛经。作为他们当中最杰出的代表，法显和玄奘在
印中文化交流中起到了巨大的作用。

二、印中贸易交流的最初阶段

印中之间的贸易在印中关系中扮演着重要的角色。在第一个千禧年中，与
佛教相关的贸易在印中贸易关系中发挥着关键性作用。在公元10—11世纪，
佛教文物成为印中贸易的最重要组成部分。可是到了宋代，在跨文化交流中的
印度与中国佛教相继衰落并最终导致两国之间的贸易类型发生改变。对于那些
非佛教徒身份的印中贸易商人来说，如贸易路线的调整和市场对非宗教的奢华
的和大宗商品的需求不断增长。在公元11和12世纪，穆斯林商人的作用已经

渗透在印度人和中国人的市场，并且在两个国家之间建立起一个日益扩大、有利可图的巨大市场。那些确定无疑来自印度的东西包括香料和犀牛角就是在第一个千禧年来到中国的。当然，那些通过中亚路线来到中国的大宗货物到了 8 世纪后就大幅减少了，主要是因为该地区缺乏稳定的政治局面。海上航线的开通成为更为可行的办法，可以通过它来转运大宗货物并且从中国市场进口所需要的东西。随着海上路线从事进出口贸易方式的转换，各种不同类型的货物开始源源不断地通过印度洋转运。一些新的物品像硫、檀香木、香料、樟脑和象牙等成为出口到中国的主要物品。到了公元 13 世纪晚期，孟加拉、科罗曼德和马拉巴的棉织物也成为印度出口到中国市场的主导性商品。

三、印中互动关系的现代时期

在现代时期，当西方殖民势力进入东方，中国和印度降低或者停止了它们之间所有形式的互动活动。世界文明本就是一个综合体，但是中印综合体之间并没有多少相似之处，而两者之间的文化联系可以追溯到很早的时期。印度和中国文化交往持续了两千年之久。正是在这种长达数个世纪的交往接触中，印中两种文明互相有助于彼此在各个领域存储善意和知识。研究这两个伟大国家的文化接触将是非常令人着迷的。印度和中国这两个伟大文明古国都有着悠久的历史。大量的印度僧侣就如竺法兰、迦叶摩腾和其他人不断地来到中国，同样的，中国的僧侣如玄奘、法显、义净和其他人也陆续到印度搜集佛教经文。

四、泰戈尔对中国的历史性访问

在现代时期，印中之间文化交流的关键性人物是泰戈尔。泰戈尔长期崇拜中国。在泰戈尔的写作中能发现数量巨大的引文，所有这些观点表明他对于中国的好奇心，1881 年他的论文《中国的死亡贸易》发表在孟加拉杂志 *Bharati*，1901 年他写作了 "Samajbhed"（《社会的差异》），著名的 "Chinemaner Chithi"（《与一个中国人的通信》）在 1898 年发表，这些都是泰戈尔有关中国事物的知识点与兴趣点的有力证据。正是在这种强烈兴趣的带动下，1924 年泰戈尔在讲学社（北京演讲协会）主席梁启超的邀请下访问北平。在到访中国之前，泰戈尔告诉媒体他是受中国人邀请而去的，他感觉到这个邀请是给印度的。他希望他的访问将在两种文明之间重新建立起文化和精神的联系："我们将邀请学者并试着安排交换学者。如果我能完成这些，我将感到很高兴。"① 这些自然而然的话流露出了他对中国的深情厚谊，就如同他设想的要建立一个学习中心，在那里整个世界能够相遇，如同在一个鸟巢。1924 年 4 月 12 日，泰戈尔从上海踏上了中国的土地。在他访问中国期间，印度和中国都在经历不同的历史阶段，特别是中国社会正处于一个急速转变的时期。在他逗留中国的 50 天中，泰戈尔访问了中国从南到北的不同城市，如杭州、济南，并于 4 月 23 日乘火车到达北平。在天津他受到了数百人的欢迎，包括中国文化圈的大人物如梁启超、章炎培等。中国知识界举行了盛大的招待会来欢迎这位从"西天"来的诗人。在北平，泰戈尔访问了北海、法源寺和故宫并且会见了许多文化界的团体如演讲协会、新月社等。泰戈尔把他到访中国描述成就像回到了自己的家乡一样，在 1924 年 5 月 8 日，在他 64 岁生日来临之际北平文学与艺术会组织了大型的纪念活动。当时，梁启超给泰戈尔起了一个中文名字"竺震旦"，其中竺是天竺的意思，代表着中国人对印度的称呼，而震旦则是古代印度人对中国的称呼。两者合起来象征着印中之间的友谊，是由那些远道而来的印度僧侣缔结的，现在泰戈尔以自己诗人的独特魅力加入到这支队伍中。泰戈尔从未忘记过中国知识界为他举办的那个生日庆典，在 1941 年，他生命的最后时光，专门撰写了一首诗来回忆他在中国的美好时光：

> 我的生日之船，
>
> 盛满了朝圣者的圣水。
>
> 我不断地回想过去，
>
> 我曾经踏上的中国土地。
>
> 那些与我素未谋面的人，
>
> 把他们友谊的标记贴在我的额头上。
>
> 一个我从不认识的陌生人一把抓住我，
>
> 唤我作自己人。
>
> 那些圈里人则总是带着一种令我意外的欢乐表情。

---

① 　Kalidas Nag, ed.,"Tagore and China", *Calcutta*, 1945, p.34.

我起了一个中国名字，穿着中式的服装，

这些都在我脑海中。

我的朋友在哪里，哪里就是我新的出生地，

他创造了生命的奇迹。 ①

在 1924 年泰戈尔访华期间，他对中国人民的伟大友谊和深沉感情总是喷涌而出，随处可见。无论他走到哪里，他都在讴歌印中两国之间悠久的友谊。他极其珍视印中友谊并且对为两国文化交流作出贡献的前驱者们都表现出极大的敬意。

五、泰戈尔在华的演讲：以印中友谊作为焦点主题

泰戈尔在中国进行了各种各样的演讲，那些演讲稿的基调就是对几千年来印中传统友谊的深沉爱意，并寻求恢复和加强两国人民传统友谊的方法。同时他呼吁两国人民发展东方的精神文明来对抗西方的物质文化。1954 年，周恩来访问印度时满怀深情地说："我们从来没有忘记泰戈尔对中国的热爱，也从来没有忘记他对中国解放事业的支持。"在泰戈尔的那些中国演讲稿中，他解读他的诗歌和小说，表达对中国的各种感受和体验，他赞扬中国的伟大文明并且希望中国能尽快觉醒成为富强和繁荣的国家。

泰戈尔的一个强烈信念就是他把自己访问中国看成是印中两国古代宗教友谊的一个象征。他访问中国的目的就是要强调两国人民的精神联合。他敦促两国人民发扬东方的精神文化用来抵制西方的物质文化。泰戈尔认为印中两国长期的交往和更好地进行文化交流具有极其重要的意义。泰戈尔对印中友谊有自己独到的理解和深刻的认识。他认为其中一个最珍贵的文化遗产就是印中两国共同分享的佛教文化。通过他的演讲，泰戈尔极力想要重建印中友好的通道，激发和鼓励中国人民去探索、挖掘和发展自身文明中的精华部分并向全世界展示以此赢得他们的尊敬。泰戈尔真切地相信中国和印度这两大文明之间能够建立双边互利关系，他充满激情地呼吁重新打开两国之间的通道，因为它们已经晦暗了数个世纪之久。在印度，他创办的国际大学在从事中国研究中起到了先

① Rabindranath Tagore: *Poems*, Calcutta: Visva-Bharati Press, Poem No.123, 1942.

锋作用。作为学者和教师的谭云山执掌中国学院多年，他促进了现代印度对中国文化和中国现代发展状态的理解。泰戈尔访问中国是一个现代印度与中国文化交流的关键点。按照中国学者的看法，泰戈尔访华成功标志着他为两国人民搭建了一个促进两者友好交往的平台。泰戈尔访问中国意味着新时代这两个伟大文明之间重新展开对话，为两者之间的双向交流注入新的活力，为两者的历史关系翻开了新的一页，并使两国人民之间再度充盈着友好的感情和令人激动的联系。泰戈尔的使命在于修补印度和中国之间中断了千年之久的联系，可以说，泰戈尔是印中现代文化交流真正的建筑师。

六、促进印中交流的重要名人

宋庆龄是杰出的国际社会活动家，她有许多国际友人。她和印度总理尼赫鲁之所以受到广泛赞扬是因为他们彼此支持对方人民为了独立和解放的尊严而战斗。这种真诚的友谊也激励着印度人民支持中国人民反抗日本的侵略，最终一个印度援华医疗队也来到中国支援中国的抗日战争。1938 年柯棣华大夫作为印度援华医疗队的一员来到中国，他在前线工作并且救治了不少中国士兵的生命。他在中国一待就是四年，32 岁时在中国牺牲。当医疗队到达中国时，他们自愿到北方的一线战场去救治伤员，这是一种非常危险和冒险的勇敢行为。他这种努力工作和奉献的精神向中国人民传达了印度人民的一贯善意，也最终赢得了整个印度医疗队的尊敬。他的人格魅力成为中印友谊天长地久的最好象征。在中国，印度医疗队的故事是家喻户晓的。毛泽东、朱德对于医疗队的工作给予了很高的评价，在他们给印度国大党的信中表达了中国人民对印度国大党和印度人民的衷心感谢。

在 1940 年，印度独立前 7 年和新中国成立之前 9 年，毛泽东与印度独立后的第一任总理尼赫鲁通信，他说：印度人民和中国人民的解放，将成为所有受压迫和被压迫人民解放的象征。1942 年，甘地写信给蒋介石说："我总是被拉向你为自由而战的想法，有关中国和她的问题的接触和谈话一直离我很近"。

1938 年，苏巴斯·钱德拉·鲍斯当选印度议会主席，他推动对华援助的浪潮是一浪高过一浪。如在 6 月 12 日设定第三个中国日。核心主题还包括印度人民与中国人民站在一起，特别当他们处于抗战的最困难时期，同时反对日本侵略中国的抗议和募捐活动也没有放松，日本与印度的贸易额急剧地下降了。

在 1939 年 8 月，尼赫鲁访问中国从而把中印两国人民的同志友谊推进到一个新高度。尼赫鲁被中国人认为是印度人民的伟大领导和中国人民最亲密的朋友。他受到了蒋介石和国民党高级将领的热情欢迎，还有驻重庆的共产党代表的欢迎。在离开中国之前他收到了来自延安的邀请，他给毛泽东发报表达他不能到访延安的遗憾并且期望将来能够成行。他也希望他的短期访问能够加强两国之间的联系，让两国人民手拉手地进行解放斗争。新中国成立后，印度成为首个与中国建交的非社会主义国家。1954 年到 1960 年，中国总理周恩来四度出访印度，展现了印度与中国的密切双边关系。

最后，我想引用季羡林的话来作为结束语，他说："中国和印度，一起站在亚洲大陆上，是天设地造的一对邻居。"[1]从整个人类历史的角度来看，四大文明是人类文化的瑰宝，而中印文明就占了其中的一半，这是一件多么了不起的事呀！

（印度国际大学中国学院院长）

---

[1]　季羡林：《中印文化交流史》，新华出版社 1991 年版，第 2 页。

中国藏传佛教文明还能回播至马来社会吗

[马来西亚] 郑文泉

一、中国藏传佛教文明对今日马来文明的意义

马来文明史上与今日西藏具有深厚的文明渊源，在少数几位标杆级马来学者之中，并不是新鲜事，也并不讳言。20 世纪 80 年代起对马来西亚伊斯兰化风潮有重大引领作用的阿塔斯（Syed Muhammad Naquib al-Attas）在其极具社会影响力的《马来历史与文化上的伊斯兰教》一文（原为其教授职称演讲）中，对此一渊源就如此评述道：

> 在 11 世纪初，苏门答腊首席佛教学僧法称（Dharmakirti）正在向众多学生传授学问，当中包括后来在西藏以佛教复兴者闻名的阿底峡（Atisha）。如果我们考虑到苏门答腊佛教学僧足以产生出影响至西藏的复兴者学生来，那么我们对他无法在本地社会起同样作用的影响一事，不免会感到奇异而难解。①

法称对后来当地社会未能起同样的作用是一回事，问题是阿塔斯也无意再重拾、光复此一历史于当世，所以今天的学者专家普遍上如曾任马来西亚国家语文与出版局总监的沙里央（Awang Sariyan）也不得与闻其事，如下所述：

> 尽管如此，对以印度教—佛教哲学为核心的古代马来文明的哲学

① 本文意译，见 Syed Muhammad Naquib al-Attas, *Islam dalam Sejarah dan Kebudayaan Melayu /* 马来历史与文化上的伊斯兰教（Bangi: Penerbit Universiti Kebangsaan Malaysia, 1972）, hlm 15。本文所引为其第四版（2012）之印本。

与思想之性质，对继承马来文明的我们来说，可说是渺茫难闻。相反
的，自 13 世纪以来以伊斯兰教为核心的马来哲学与思想对我们来说，
则是明晰可识……①

沙里央的此一"渺茫难闻"可说概括了当前马来—穆斯林知识界的认知现
状：对历史上与西藏文明的渊源一事，并非不知情，但也因为别的原因而无意
改变其"渺茫难闻"的现实，至今仍未尝稍改。

首先，关于阿塔斯上述所说 11 世纪初的法称一事，我个人有比较集中的
论述，散见于中、马、英三种语文场合。首先是中文方面，自打从马来西亚佛
教研究学会于 2009 年主办"第一届马来西亚佛教学术研讨会"开始，一直到
2015 年的第四届，我就借机整理了《室利佛逝佛学对藏传佛学的影响：金洲法
称、阿底峡与空有之争》（2009）、《马来语是佛教语言吗？》（2013）、《〈入二
谛〉：室利佛誓王朝的最后一部佛学作品？》（2015）以及 2016 年 7 月才在北京
落幕的国际儒学联合会主办之"国际儒学论坛——亚洲文明交流互鉴北京国际
学术研讨会"的《马来文明还能跟藏传文明学什么？》等文。至于马来语的场
合，则先后在 2015 年的"十五世纪前马来—中国—印度学术交流史学术研讨
会"和 2016 年的"伊斯兰文明与亚洲文明全国学术研讨会"发表了《室利佛
誓对中国藏传佛教的影响》（"Impak Srivijaya Ke Atas Buddhisme Sino-Tibet"）、
《马来文明能从藏传文明中获取哪些益处？》（"Apa Yang Boleh Tamadun Melayu
Manfaatkan Daripada Tamadun Tibet?"）的论文，算是向非华人—非佛教学界的
进一步传播与讲述。② 英文方面，则主要于 2014 年的"第四届东亚与东南亚
科学哲学国际学术会议"上作了《马来人的佛教知识分类学》（"Malay Classi-
fication of Buddhist Knowledge"）一文的宣读，并刊载于 2015 年的马来西亚伊
斯兰科学研究会（"伊科会"）的学刊上。换句话说，随着这些不同语种的文章
探讨，11 世纪初法称一事的基本面已得到复原，并对今日马来文明的意义也

---

① 本文意译，见 Awang Sariyan, *Asas Falsafah dan Pemikiran Melayu* / 马来哲学与思想的根基
（Kuala Lumpur: Dewan Bahasa dan Pustaka, 2016），hlm viii。

② 个人此一方面的论述，仍应以 2000 年的马来文会议论文为最早：Tee Boon Chuan, "Pergi
Tuntut Ilmu Melayu Srivijaya Jikalau Ada Di Benua Cina Sekalipun！/ 马来—室利佛誓学问
即使远在中国亦当求之", kertas kerja edaran: *Persidangan Antarabangsa Pengajian Melayu*,
Kuala Lumpur: Dewan Bahasa dan Pustaka, Universiti Pendidikan Sultan Idris, 24-25 Ogos 2000。

有了初步的概括和阐述。

按照本文的理解，中国藏传佛教文明对今日马来文明的第一个意义，就是能够复原法称时期的佛教史实。阿塔斯所说的法称，在西藏则习惯并称为"金洲法称"或"Serlingpa"，盛年约在986—1024年间，西藏仍保有其以下四类相关文献：第一，法称本人的传记（夹附在今人法尊译《阿底峡尊者传》内）；第二，法称本人著作，至少有六部被藏译过去，分别为中观四部《〈般若波罗蜜多要诀现观庄严论〉释难解理念疏》、《〈入菩萨行〉摄义》、《〈入菩萨行〉三十六义略摄》、《〈学集〉现观》及密宗二部《圣不动成就法》、《忿怒欢喜天成就法》；第三，法称与阿底峡及藏传世界的往来，包括《阿底峡尊者传》、阿底峡回答室利佛逝国王 Guruphala 之问而作的《入二谛》（时在1025—1041年间）等；第四，法称对藏传佛学的影响，包括阿底峡《菩提道灯》、宗喀巴《菩提道次第广论》等。借由以上著作，11世纪初的法称一段史实将不再是"渺茫难闻"的状态，其人、其事、其思想甚至其与西藏的往来与影响，都是有本有据的历史现实，故谓其为一光大、复原马来文明史的意义。

其次，由于11世纪初法称著作的存在，使我们与后世特别是15世纪伊斯兰化以来的马来文明史之古、今对比的通史式研究，成为可能。我们知道，马来文明可能并不缺乏15世纪前（即伊斯兰化前）的历史文献，即现在一般所谓"印度教—佛教时期"和"过渡时期"（由印度教—佛教时期过渡到伊斯兰教时期）的两大类文献，但一来这些文献多在伊斯兰化时期才被书写下来，故几无一例外为爪哇文（Jawi）文本；二来这些文献多少都已被伊斯兰化的处理和改写，故已无复文献本来面目，很难帮助我们恢复此一时期的文明。[①] 与此相反，上提四类法称文献，是彻彻底底的11世纪初（可下垂至宗喀巴《菩提道次第广论》的15世纪初）的佛教类文献，其远较上述爪威文化、伊斯兰化的"印度教—佛教时期"文献之来得可信，是毋庸置疑的。这么一来，我们对马来文明的认识就可上溯到11世纪初，而不是15世纪（以马六甲王国为上限），[②] 且严格意义

---

① 此一"印度教—佛教时期"、"过渡时期"文献，例见 Liaw Yock Fang / 廖裕芳，*Sejarah Kesusasteraan Melayu Klasik* / 古典马来文献史，Jakarta: Yayasan Pustaka Obor Indonesia, 2011。

② 见 Mohd Tarmizi b. Hasrah, "Malayu dan Tradisi Ilmunya Menerusi Sorotan Buku Shaharir *Pembinaan Semula Teori Kepimpinan dan Kepengurusan Rumpun Melayu* / 沙哈里《马来领导和管理理论的重建》一书的'末罗游'与其知识传统", Kesturi 21: 2（Jul-Dis 2011），hlm 104。

的"印度教—佛教时期"（以上提法称文献为据）和"伊斯兰教时期"（以爪哇文的伊斯兰教文献为准）的对比研究，成为可能。换句话说，随着这些法称文献的存在，马来文明就从当前的爪哇文之伊斯兰教文献充其量仅能进行断代史的研究，提升到某种程度的通史研究，可说是中国藏传佛教文明与文献的第二层意义。

最后，中国藏传佛教文明对今日马来文明的意义，就是可以加强后者对其"古典时期"（classical period）的意涵之理解与定位。众所周知，除了考古学、历史学等个别将 7—13 世纪（或 15 世纪）定性为马来文明的"古典时期"之领域与学者外，现在更常见的论点是将此一时期下延至 16—19 世纪中期的伊斯兰化时代。本文此前曾以一极其繁复的论例为据，即俄裔英籍学者普拉金基（Viadimir Braginsky）对古典马来文献迄至 16—19 世纪才形成一"美、善、圣"（beauty，benefit，spiritual perfection）的三级制体系，指出它可能有源自 11 世纪法称的"菩提（三士）道次第"的瑜伽行派之佛教传统，即"美"出自自求人天安乐的下士道，"善"出自去恶为善之修行的中士道，"圣"则是在度一切有情出生死苦、志求证得无上菩提之心基础上的"清净见"境域。[①] 倘若这个渊源不为无据，那么我们对马来文献的"美、善、圣"三级制之认识，就不能停留在 16—19 世纪伊斯兰时期的模式，而必须看到它可能是 7—13 世纪佛教传统的承袭与进一步发展，而将此后一时期视为事实上的马来文明之"古典时期"。由于中国藏传佛教仍保有上述四大类的法称相关文献，它能够供给的证据不止一端，从而为人们重新审思 7—13 世纪作为马来文明的"古典时期"的可能，提供了许多新而多样的条件。

二、马来西亚伊斯兰科学研究会的"本土化"
马来科学文明与藏传文明的联系

话说回来，本文上提所说"中国藏传佛教文明对今日马来文明的意义"，是一纯理论性的揣测还是有其现实的依据与可能？确实，在一般华人社会的认

---

① 完整论析，见 Tee Boon Chuan（郑文泉），"Malay Classification of Buddhist Knowledge: Revisiting Viadimir Braginsky's System of Classical Malay Literature"，Kesturi 25: 2（Jul-Dec 2015），pp. 49-67.

知里头，一如上述以马来文明"古典时期"为 16—19 世纪的伊斯兰时期的主张所示，很难想象"中国藏传佛教文明对今日马来文明的意义"的这种提法，更不可能设问"中国藏传文明还能回播至马来社会吗"的现实性。一如当年阿塔斯所开启的伊斯兰化风潮所示，今天马来—穆斯林社会普遍充斥也一再复制着其《马来历史与文化上的伊斯兰教》一文的文明史观：一方面是认为"苏门答腊的这些宗教（佛教、印度教）学者看来没有留下任何哲学性的影响"；另一方面是"伊斯兰教的到来马来—印度尼西亚群岛应该被看成是划新时代的标志……它的理性主义和智识主义精神不但深入贵族阶层，而且弥散到民间里去"，① 这种不同分判已在读者心里起了轻前重后的价值导向，所以上提沙里央"自 13 世纪以来以伊斯兰为核心的马来哲学与思想对我们来说，则是明晰可识"一说，可谓是后来形势的真实写照。②

然而，在现实上，伊斯兰化在不同的社会与学科领域，有着不同的理解与诠释空间。受到阿塔斯及国外的法鲁齐（Ismail al-Faruqi，1921—1986）、纳塞尔（Seyyed Hossein Nasr，1933—　）等"知识的伊斯兰化"（Islamization of knowledge）推手的启发与影响，马来西亚一群自然科学、科技的穆斯林学者于 1977 年成立了"伊科会"（罗马缩略词为 ASASI，取自马来文全称 Akademi Sains Islam Malaysia）的组织，出于对当代物理学、生物学、化学、医学、数学、心理学等知识并不是真正的"客观"或价值中立的自觉及其可能与伊斯兰相关观点有所抵触的立场，其宗旨包括了"复活依据于《古兰经》教义的科学研究传统"、"推广伊斯兰的科学哲学与伦理的科学研究活动"以及"联合穆斯林科学研究者的力量以便推进穆斯林社会的科学、科技领域"、"代表马来西亚穆斯林科学研究者出席国际学术会议的活动"等。③ 按"知识的伊斯兰化"对伊科会来说，就是"科学知识的伊斯兰化"，对其中部分成员来说更是走向"科

---

① 分见 Syed Muhammad Naquib al-Attas, *Islam dalam Sejarah dan Kebudayaan Melayu* / 马来历史与文化上的伊斯兰教，hlm 15, 20。

② 对 20 世纪 80 年代以来的伊斯兰化趋势及其影响，最近的 Zaid Ibrahim 分别用英文、马来文发表了个人的分析与评论，可以一读：Zaid Ibrahim, *Assalamu Alaikum: Observations on the Islamisation of Malaysia*, KL: Zi Publications, 2015；Zaid Ibrahim, *Assalamu Alaikum: Ulasan tentang Islamisasi di Malaysia*, KL: Zi Publications, 2016。

③ 按马来西亚伊斯兰科学研究会的学刊 Kesturi 创刊号所列，其宗旨共有七项，见"Tujuan-Tujuan ASASI / 伊科会的成立宗旨"，Kesturi 1: 1（Jun 1991），t.h.。

学知识的伊斯兰化"的本土化资源考释与研究，简称为"科学知识的本土化"，由此与中国藏传佛教文明也扯上关系了。

确实，"科学知识的本土化"似非旨在科学创新的研究目的，但却是伊科会成员的"科学史与科学哲学"研究之终极关怀与目标。[①] 至于"科学知识的本土化"的具体含义，指：

第一，"本土化"的本土指马来语区域，包括 2—14 世纪的"前伊斯兰时期"的扶南（Funan，今柬埔寨）、占婆（Champa，今越南）、室利佛逝（Srivijaya，今印尼苏门答腊）以及 14—20 世纪初的"伊斯兰时期"的马来—印度尼西亚群岛各国（伊科会最初用 Pascabima 来代指此一区域，后改称 Malayonesia）；[②] 第二，"科学知识"的科学指自然科学（主要指科学与数学，也包括科学哲学和逻辑）与科技，以上述区域所见之马来语碑铭、文本为依据；第三，"科学知识的本土化"就是指凡是在"本土化"地区所进行的"科学知识"撰述活动，也包括"科学知识"文本的译入（如阿拉伯语译入马来语）和译出（如马来语译入藏语）的接收与传播。

简单地说，"科学知识的本土化"其实是指自古以来在马来语世界所进行和产生的科学知识之考释与挖掘，以重建"马来科学"（sains Melayu/Malay science）的本来面目与体系。放在国际科学与科学哲学的发展背景来看，这个"马来科学"则是指近世"民族科学"（或民俗科学，etnosains/ethnoscience）意义下的科学传统，是当前科学知识是具有民族文化价值（如西方）承载的观念之具体反映。换句话说，伊科会的"科学知识的本土化"的最终目标，就是要建立起马来民族数学（etnomatematik Melayu/Malay ethnomathematics）等在内的"马来民族科学"（etnosains Melayu/Malay ethnoscience）的知识建制。[③]

从华人社会的角度来看，本文或许需要对上述"马来科学"同时也是"马

---

① 见 Shaharir Mohamad Zain, *Kaedah Pemeribumian Penulisan Ilmiah Sains, Teknologi dan Perubatan* / 科学、技术与医药学术论文写作的本土化方法，Bangi: Penerbit Universiti Kebangsaan Malaysia, 2003。

② "Malayonesia"一词可望文生义，"Pascabima"则是各地本土地理的缩略词，如 Pa 指北大年、S 指新加坡、C 指占婆、A 指亚齐，bima 则是今日文莱（b）、印尼（i）、马来西亚（ma）三国，其意旨在代指马来语地区。

③ 见 Shaharir Mohamad Zain, "Haluan Pengisian ASASI dalam Sains Islam / 伊科会的伊斯兰科学方针"，*Kesturi* 20: 2（Jul-Dis 2010），hlm 50-51。

来—伊斯兰科学"（sains Melayu-Islam/Malay-Islamic science）的内涵作一附释。对华人社会来说，最大的困惑可能来自上述"科学知识的本土化"为什么也涵盖 2—14 世纪的"前伊斯兰时期"，而且也被认为（不仅是马来的）是伊斯兰的科学范畴之内。针对这点，作为伊科会的"科学知识的本土化"主要推手沙哈里（Shaharir Mohamad Zain，1948—　）对"马来—伊斯兰科学"的时间内涵有如下的阐释：

> 很明显的，这个（马来—伊斯兰科学）决不意味着马来人在皈依伊斯兰教之前的 13 世纪（或迟至 15 世纪）之前的马来科学，不能被接受为马来—伊斯兰科学的一部分。

> 这是由于伊斯兰科学本身并不只是指 9—14 世纪在中东伊斯兰文明时代所产生的科学。这种理解本身和我们一般的宗教认知不符。大家必须注意的是，伊斯兰的启示远在亚当先知的时代就开始了。这也是说，我们不能把穆罕默德先知之前的所有人类（包括马来人）的文化和宇宙观念下所诞生的科学，都看成是不符伊斯兰性质的科学（sains tidak-Islamik），因为伊斯兰的启示经常都出现在穆罕默德先知之前的人类文化之中。至于这些文化中之有非伊斯兰（而不是不符伊斯兰）的风俗习惯成分，其实都可以按伊斯兰教义来加以调整的。①

沙哈里上引所说的"宗教认知"，是指伊斯兰教的先知信仰，表示伊斯兰教不是始自穆罕默德先知，而是从亚当（伊斯兰教义中的人类始祖）领受阿拉的启示就开始了。很显然的，这些"前伊斯兰时期"的扶南、占婆、室利佛逝等马来文明是领受哪一位先知的启示结果，并不是沙哈里的重点，对他来说上述"伊斯兰时期"之前的马来文明和信仰上的穆罕默德之前的先知传统是相容的，故是"科学知识的本土化"所当有的"本土"范围。

伊科会在这方面的研究，当以阿里诺（Muhammad Alinor Abdul Kadir，1969—　）最为专注而具体，包括沙哈里在内的其他成员之论述亦无不据此而发。伊科会历来的"科学知识的本土化"之相关研究与论述，都比较集中在两个稳定管道发表：一是伊科会的学刊 Kesturi（即 Kemajuan Sains dan Teknologi

① 本文中译，见 Shaharir Mohamad Zain，"Pembinaan Sains Melayu / 马来科学的建设"，Mohamed Anwar Omar Din sunt.，*Dinamika Bangsa Melayu: Menongkah Arus Globalisasi*（Bangi: Penerbit UKM, 2004），hlm 310-311。

Umat/Untuk Rantau Ini 的缩略词，指"本区域科学与科技的进步"之意），① 从1991 年 6 月创刊以来，未曾间断；另一是国民大学（时沙哈里等人亦任职其中）与国家语文出版局（Dewan Bahasa dan Pustaka）合作出版的"科学史与科学哲学论丛"系列，自 1992 年以来已至少出版 13 种，迄今仍未间断。此外，伊科会也有个别文集或专著出版，前者如 Mat Rofa Ismail 编《马来世界的民族科学与民族数学》（*Etnosains dan Etnomatematik Alam Melayu*，2013）、沙哈里编《五世纪以来马来语的马来民族科学构成》（*Unsur Etnosains Malayo-nesia dalam Bahasa Melayu Sejak Abad ke-5 Masihi*，2015）等，后者如沙哈里《马来语和伊斯兰模型的数学科学》（*Sains Matematik dalam Acuan Bahasa Melayu dan Islam*，2013）、Mat Rofa Ismail《逻辑与民族逻辑》（*Mantik dan Etnomantik*，2014）等，很可让世人一窥其"科学知识的本土化"之实蕴。

相较之下，伊科会或阿里诺对"前伊斯兰时期"的本土化研究，扶南、室利佛逝等地区的成果远较占婆为逊色。打一开始，阿里诺、沙哈里等人都早已知道马来文明史上与西藏的一段渊源，但对此一渊源文本的挖掘与科学知识的重现，都甚感艰难：

> 要寻获一部印度教—佛教时期的马来学者（或马来语）的作品，可不是一件容易的事。笔者曾多次对有可能与马来文明有交往关系的其他周边文明，进行过影响研究的考释。笔者最后的尝试是扩大至中国文明与西藏文明的范围去。从中国，我们发现义净在公元 7 世纪曾来室利佛逝向释迦称（Sakyakirti）学习；然后在印度，后来到西藏弘法的阿底峡（Atisa）也在 11 世纪时来过室利佛逝向法称学法……然而，笔者一直到今天都无法获得积极的发现，这些都已在阿里诺（2005c）的研究汇报过了。实际上，迄今为止只有爪哇文明才有文本留世，而最古老的文本是被认为写于 930 年的《罗摩衍那》。②

---

① 伊科会的创会会长兼 Kesturi 创刊主编 Osman Bakar 指出，从伊科会的创会目标来看，这个刊名同时还是"为伊斯兰复兴而作的科学与科技发展"（Kemajuan Sains dan Teknologi untuk Renaissance Islam）的缩略词。

② 本文意译，见 Mohammad Alinor Abdul Kadir, "Teks Kosmologi Tertua Tamadun Melayu / 马来文明最古老的宇宙论文本", Azizan Baharuddin sunt., Pemantapan Pengajian Sejarah, Falsafah dan Dasar Sains（Kuala Lumpur: Dewan Bahasa dan Pustaka, 2009），hlm 70–71。

　　这是阿里诺 2005 年研究情况，2015 年或略见改善，但也只考出法称《〈般若波罗蜜多要诀现观庄严论〉释难解理念疏》一书，[①] 再加上 2005 年曾提到而始终被忽视的阿底峡《菩提道灯》，也不过是两部，和本文所列四大类法称文献尚有大段距离。由于这样的原因，仰赖阿里诺研究的其他伊科会成员，特别是沙哈里本人亦不得不作出如此的无奈总结：

　　　　阿里诺较多地研究了古代马来文明的知识状况。例如，他记录了被带往中国的 240 部扶南的佛教典籍……室利佛逝最知名的马来学者，包括释迦称、法称和阿底峡。最能证明马来学问的高度的，就是来自印度的阿底峡于大约公元 1010 年时将室利佛逝的学问翻译到西藏去。

　　　　无论如何，我们到现在都无法知道印度和中国的科学典籍是否有被翻译过来。中国文明没有被本土化为马来文明的一部分的最具体证据，就是马来语只有很少的中国借词。按照我们这样的假设，这些著名的科学典籍确实没有被翻译过来，而这也构成了古代马来科学不足的原因之一。这种情况一直延续到伊斯兰的时代和今天。[②]

　　很显然的，沙哈里、阿里诺等伊科会之有心于法称时期的科学知识与文明，是毋庸置疑的。然而，近四十年来的"科学知识的本土化"对法称的认识与了解，始终停留在人名、书名的阶段，还无法亲自一窥其文本，真正落实这些文本的内涵解读和知识建构，不免可惜。

　　以法称为据的中国藏传佛教文明是否能够回播至马来社会？在伊科会的"科学知识的本土化"框架之下，它既有"前伊斯兰时期"的时代构成，也有数十年来勃勃以求的沙哈里、阿里诺等人，可说是一种理论上的需要。然而，

---

① 分见 Muhammad Alinor Abdul Kadir, "Tahap Ke-Sanskrit-an dan Keaslian Bahasa Melayu: Ulasan Buku James T. Collins, Bahasa Sanskerta dan Bahasa Melayu, DBP 2009 / 柯林斯《梵语与马来语》书评", Kesturi 20: 2（Jul-Dis 2010），67-88；Muhammad Alinor Abdul Kadir, "Sains Tabii dan Sastera di Malayonesia / 马来世界的自然科学与文学", Shaharir Mohamad Zain sunt., Unsur Etnosains Malayonesia dalam Bahasa Melayu Sejak Abad Ke-5 Masihi（Kuala Lumpur: Dewan Bahasa dan Pustaka, 2015），hlm 178-210。

② 本文意译，见 Shaharir Mohamad Zain, "Pemeribumian dan Patriotisme Ilmu sebagai Penjana Ilmu Baharu / 知识的本土化和爱国精神化作为新知识的动力", Pemantapan Pengajian Sejarah, Falsafah dan Dasar Sains, hlm 2-3。

这个回播在经验上、成果上显然差强人意，当事人自己也甚感无奈，并无须他人评点以为提醒。

三、中国藏传佛教文明有哪些"马来民族科学"的可能内容

承上所述，伊科会之对 11 世纪初中国藏传佛教文明的关注，很可以一扫世人（如大马华人）对穆斯林社会拒外、排外的刻板印象与认知。作为一个创自 1977 年迄今拥有三百多位成员的伊科会，清一色为理、工、医等自然科学为主的马来—穆斯林学者，特别是曾任会长且现仍为会刊 Kesturi 主编的沙哈里的"科学知识的本土化"学圈，对"前伊斯兰时期"的科学知识与文明的重视与真诚，是凡读过他们的论著的人所未尝也不敢质疑的。即使其现实成果仍极不理想（但这只待外力协助即可加以改善的时间问题），我们从他们对占婆等"前伊斯兰时期"的"科学知识的本土化"研究，已大略可以得知伊科会所欲重建、光复的 11 世纪初中国藏传佛教文明之为何物了。

简单地说，一旦四类法称文献都被回译成今日马来文或英文，它们将如何得益或整合入当前伊科会的"科学知识的本土化"研究与体系之中？关于这点，我们或许得先要知道伊科会历来进行的"科学知识的本土化"的具体科目，才能知道后者对 11 世纪初中国藏传佛教文明的可能兴趣与关注内容。沙哈里有篇《前伊斯兰与早期伊斯兰的马来 SAKTI》（按：SAKTI 为科学、卫生、工程与技术文明的马来语缩略词）的长文，意味前伊斯兰时期（2—13 世纪）和早期伊斯兰时期（13—14 世纪末）的马来文明已有为科学（兼指数学与社会科学）、卫生、工程与技术方面的文明成就可言。这些文明或成就，大致来说指：①

①数学文明：十进位计算法与"零"单位的最早发明者；

②管理与领导科学：至迟至 11 世纪已形成"转轮王"（cakravartin）式领导与管理传统，领先近世西人马基雅弗利《君主论》、亚当·斯密《国富论》

---

① 按以下俱出自 Shaharir Mohamad Zain, "Sakti Melayu Pra-Islam dan Awal Islam / 前伊斯兰与早期伊斯兰的马来科学、卫生、工程与技术文明", Sains Matematik dalam Acuan Bahasa Melayu dan Islam / 马来语与伊斯兰模型的数学科学（Batu Caves: PTS Akademia, 2014）, hlm 65-110。

等同类著作；

　　③技术文明：建筑技术（如令人叹为观止的 12 世纪扶南地区的吴哥窟）、造船技术（今英语 junk 源自马来语 jong，可见当年影响）、枪炮技术、水利技术等；

　　④知识分类：远在 8 世纪前的扶南、占婆等地区已有知识分类学的体系问世；

　　⑤著作传统：马来语各地区均有著作记载，如 6—7 世纪之占婆有书 70 种（两百多部）、扶南有 240 多种、室利佛逝之义净译著等身，更是众所周知；

　　⑥学术阵营：除了上提义净、释迦称、法称、阿底峡等人，扶南地区也有真谛（Paramartha，499—569）、曼陀罗（Mandrasena，活跃于 502—549）、僧伽婆罗（Sanghapala，459—524）等学僧，都是可以考信的历史人物。

　　按照这样的关注旨趣，四类法称文献显然不是不相干的历史文本，因为 11 世纪初的法称其人早已为伊科会所周知（如上第六点），其著作自然也在"著作传统"（第五点）之列，本文此前所析《马来人的佛教知识分类学》更是"知识分类"（第四点）传统存在的力证，如此不等。尽管这一批 11 世纪初的中国藏传佛教文献尚不为伊科会所能亲窥，目前尚无法测知其"科学知识的本土化"含义是否仅止于当前所见，但后者所关心的是其作为"本土化的科学知识"之存在与证明，应无疑义。

　　话说回来，在缺乏 11 世纪初中国藏传佛教文献的回播与吸收之前，伊科会从现有各地的马来语碑铭、文献所复原、得知的"本土化的科学知识"，特别是"前伊斯兰时期"的文明与成就，已经让他们信心无比。沙哈里在《前伊斯兰与早期伊斯兰的马来 SAKTI》的总结语调，即可想见：

　　马来文明圈至迟在公元 2 世纪已诞生，而且在 14 世纪之前是佛教和佛教化知识文明的发展中心，一直到 15 世纪才开始成为伊斯兰教的传播重镇。马来文明圈不但不缺乏学问传统，而且还以自家语文如古爪哇语和古代中国所谓的"昆仑"即古马来语扮演起亚洲地区的学问中心与传播者。马来技术文明也以它的建筑技术、造船技术和枪火技术至少享誉于整个亚洲。前伊斯兰时期的马来文明也是十进位计算法和管理与领导科学的开拓者。这些都是对"马来文明很晚成，在伊斯兰化之前这个民族文明一无可举"的流行说法的有力驳斥。最早的伊斯兰化马来文明始于 13—14 世纪，它们引进了伊斯兰文明的各种学问，特别是哲学、管理与领导学、应用化学（毒药）、星象学与天文学（占婆时期所说的 Horasastera）和宇宙论。前伊斯兰时期的马来建筑技术、造船技术文明在和伊斯兰宇宙论加以协调后，仍被有力地承传着。[①]

言下之意，如果 11 世纪初法称文献最终成功地被回译过来，那么我们可以想见伊科会成员仍将沿着上述"SAKTI"的研究旨趣，继续挖掘其中的科学、卫生、工程与技术文明的可能内容与成就，到时不唯中国藏传佛教文明将回传至马来社会之中，连带的沙哈里的自信也就更加有证据与根据了。

（马来西亚拉曼大学中文系副教授）

---

① 本文意译，见 Shaharir Mohamad Zain, "Sakti Melayu Pra-Islam dan Awal Islam / 前伊斯兰与早期伊斯兰的马来科学、卫生、工程与技术文明"，Sains Matematik dalam Acuan Bahasa Melayu dan Islam / 马来语与伊斯兰模型的数学科学 , hlm 103–104。

多元与包容：东南亚地区文化的特征

杨保筠

东南亚是一个多元复合的文化区。东南亚各国民族、历史、宗教、文化等各方面都存在着明显的多样性与差异性，而且由于各国的政治制度和经济社会发展不平衡，使这一多样性变得更加复杂。然而，在漫长的历史发展过程中，东南亚地区各国的文化之间也存在着互相依存、彼此包容与和合共生的基本趋势，从而使该地区具有多元文化共生的特点。东南亚文化发展既融合了多种外来的文化，又保持着本地区文化的鲜明特色，表现出强大的内聚力和兼容力，创造出诸如吴哥、蒲甘、婆罗浮屠等灿烂辉煌的人类文化财富。因此，当我们在研究亚洲文明的对话时，了解东南亚地区文化的特点，探讨该地区各国各民族文化之间以及在与外来文化交流时相互传播、碰撞、融合和不断创新的历史，对于了解亚洲文化发展的主流和未来发展，具有极其重要的借鉴意义。与此同时，由于东南亚地区邻近中国，是中国周边外交中的重要环节，因此，我国在与东南亚地区各国及该地区的区域合作组织——东南亚国家联盟（东盟）发展关系的过程中，双边的文化交流占据着重要地位。全面认识东南亚地区文化的基本特征，以便更好地推动双方文化交流与合作，从而进一步发展和巩固双边的全方位关系，也是中国与东南亚双边交往中的一个重要课题。

一、东南亚文化的多元性

东南亚位于中南半岛和马来群岛，是亚洲和澳洲、沟通太平洋和印度洋的

"十字路口"，自古就是民族迁徙和各民族之间文化交往的通衢要道。被视为最古老人类之一的"爪哇人"就出现在东南亚地区，而频繁的民族迁徙使该地区人种和民族具有极其丰富的多样性，因而被称为"人类学博物馆"。东南亚地区大陆与岛屿并存，山地与平原同在的地理特点以及亚热带与热带气候逐渐过渡的自然条件，也造就了该地区各民族多样的生活模式及多彩而复杂的民族文化。在宗教信仰方面，东南亚地区呈现出印度教、佛教（上座部和大乘佛教）、伊斯兰教、天主教等东西方主要宗教以及多种民间信仰等并存、交汇但又各自发展的局面，成为这一地区丰富的文化生态和人文景观的重要组成部分。这一切，都是和东南亚地区长达两千多年的对外来文化以及本地区各文化之间的交流、包容和吸纳密不可分的。

东南亚很早就出现了其固有的独特的文化。法国学者赛代斯在《东南亚的印度化国家》一书中，对东南亚早期固有文化的特征作过学界比较普遍认同的概括。他指出，在雅利安文明之前，东南亚文化的特征大致是："从物质文化方面看，有水稻的耕作，黄牛和水牛的驯养，金属的初步使用和航海技术；社会结构方面，妇女和以母性为世系的作用占有重要地位，以及因灌溉耕作的需要而产生的组织；宗教方面，万物有灵论、崇拜祖先和土地神、修建在高地上的祭祀场所、石瓮葬和石棚葬；从神话方面看，皆为宇宙二元论，其中高山对大海、飞禽对水族，居住在山区的人与沿海的人相对。"①

然而，在东南亚文化的发展过程中，外来文化是影响其历史文化发展进程的一个不可忽视的因素。两千多年来，东南亚曾经受到来自东西方的多种文化的多波次深刻影响。

首先，东南亚与世界两大文明古国印度和中国的联系源远流长，因而深受印度文化和中国文化的双重影响。

公元初年前后，已经具有相当丰富的本地固有文化的东南亚大部分地区先后接受了印度文化，出现了所谓的"印度化时期"。当时，伴随着东西方国际海上交通与贸易的发展，印度的婆罗门、僧侣、教徒等也进入东南亚。在印度与东南亚的经济联系日益密切的同时，东南亚早期流行的多种原始宗教和习俗与从印度传入的新宗教和文化相融合，构成了新的文化形态。为了使外来文化

① ［法］赛代斯：《东南亚的印度化国家》，蔡华、杨保筠译，商务印书馆2008年版，第25页。

易于为当地人所接受，源于印度的佛教、印度教输入东南亚后，就开始逐渐本地化、民族化，从而能够在东南亚国家扎下根来。古代印度文化对东南亚的政治体制、法律与社会生活的很多方面都产生了广泛而深刻的影响。西方学者将接受印度宗教和文化的一些东南亚早期国家称为"印度化国家"，其突出表现为"这种文化建立于印度的王权观念上，其特征表现在婆罗门教和佛教的崇拜、《往事书》里的深化和遵守《法论》等方面"①。东南亚地区各民族在本土文化的基础上包容并吸纳印度带来的先进物质和精神文化，从而为该地区早期国家形成与经济社会发展作出了巨大贡献。

中国与东南亚是近邻，很早就与东南亚开始交往。公元前后，今越南北部地区成为中国的郡县，以儒释道为中心的中国文化在那里广泛传播。越南儒教和道教都源于中国，源于印度的越南佛教也受中国大乘佛教禅宗的巨大影响，中越传统文化的核心同为儒释道，从思想体系来考察，中越文化实为一体，故学者将越南列入"汉文化圈"②，与其他受印度文化影响的东南亚国家有所区别。同时，据中国史籍记载，与中国交往的南海国家多达数十个，其中重要的有扶南、林邑（环王、占城）、真腊、诃陵、室利佛逝、骠国等。东南亚早期国家建立后，中国与它们先后建立了官方关系和经贸联系，佛教僧侣的往来也络绎不绝，导致中国文化也通过密切的双边交往而在东南亚其他国家产生了一定的影响。

随着10世纪前后东南亚中央集权国家的出现和发展以及13世纪以后印度文化在东南亚影响的衰落，东南亚各国本土文化的发展在继续吸纳外来文化的基础上不断凸显，形成各具特色的东南亚文化。其中，以农耕，特别是稻作经济为主的东南亚大陆国家，如缅甸、泰国、柬埔寨和老挝等国、先后崇信上座部佛教（小乘佛教），越南则以儒教和大乘佛教为主；而以贸易经济为重的海岛地区的马来半岛、印度尼西亚和菲律宾南部以及位于中南半岛东南部的占婆则逐渐接受了伊斯兰教。

伊斯兰教的输入与传播，给东南亚宗教文化注入了重要的新元素。伴随伊斯兰商人东来，13世纪前已经在北苏门答腊沿海地区出现了阿拉伯人和印度

---

① ［法］赛代斯：《东南亚的印度化国家》，蔡华、杨保筠译，商务印书馆2008年版，第34—35页。

② 参见陈玉龙等：《汉文化论纲：兼述中朝中日中越文化交流》，北京大学出版社1993年版。

穆斯林商人的居民点，并逐步形成穆斯林社会，建立起信奉伊斯兰教的须文达那——巴赛王国。至 13 世纪，伊斯兰教在马来群岛立足，不少当地人皈依伊斯兰教。15 世纪初，马六甲王国成为伊斯兰教在东南亚的传播中心，伊斯兰教获得更为广泛的传播。为对抗来自暹罗和麻诺巴歇王国的佛教和印度教势力，马来半岛、印度尼西亚诸岛的一些小国纷纷信仰伊斯兰教，从此印度尼西亚多数岛屿以及菲律宾南部岛屿相继伊斯兰化。

但是，"印度化"的回响依然存在。由于东南亚大部分地区长期深受印度文化濡染，从印度传入的各种文化因素使东南亚各国有了对其文化源流共同性的初步认识。东南亚各国在接受上座部佛教、伊斯兰教等文化因素之时，仍或多或少地保留了部分原有的特别是印度教文化的遗存，而这些共同的文化因素对唤起东南亚各国与民众对他们之间的共同文化渊源起着一定的作用。可以说，印度文化对东南亚许多国家的实际影响一直延续至今。

进入 16 世纪以后，东南亚文化发展又出现了新局面。葡萄牙殖民者于 1511 年占领马六甲，此后，随着西班牙、荷兰、英国、法国、美国等西方殖民帝国对东南亚地区的入侵和占领，西方文化被殖民者强行植入其在东南亚的殖民地，而保持独立地位的暹罗（泰国）也在西方列强的压力下，被动或主动地接受和吸纳西方文化，这使东南亚地区的文化呈现出更明显的多样性特征。例如，在宗教方面，西班牙人传入的天主教及其文化在菲律宾中北部地区传播，使今天该国 1.1 亿人口中约有 85% 的居民信奉天主教。① 在被西方国家殖民统治或受其影响的其他东南亚国家，信奉天主教或基督教的人口也大量增加。1898 年爆发的美国与西班牙战争，使菲律宾转而成为美国的殖民地，美国的影响在东南亚立足并逐渐扩张，导致美国文化的影响力在该地区不断扩大与深化。

进入 20 世纪之后，东南亚国家内部以及该地区与世界的联系进一步增强。太平洋战争的爆发，日本为了实现其建立"大东亚共荣圈"的梦想，通过武力入侵和占领了东南亚的大部分国家。日本对这一地区的严酷统治，又使日本文化在东南亚产生了一定的影响。

多元文化对东南亚的长期影响，使这一地区的文化具有非常明显的多样性特点。

---

① 《菲律宾国家概况》，外交部网站，2015 年 7 月。

二、东南亚文化的包容性

东南亚文化的多样性得以长期存在并不断扩大以及各种文化因素能够长期并存共生，是与该地区文化所具有的极强包容性密切相关的。在印度、中国等外来文化传入后，东南亚本地的传统文化所显示出的包容态度，使其能够很好地与这些外来的文化互相融合，并根据自身的需要有选择地吸收其中的先进因素，以有利于其自身的发展。例如，最初传入今印尼地区的伊斯兰教苏菲派，就是由于该派的神秘色彩与东南亚当地信仰的原始宗教以及此前传入的佛教、印度教中的神秘色彩相吻合，[①] 因而能够在当地立足并迅速扩张。在此基础上，又逐步形成了具有特色的东南亚国家的民族文化，使东南亚国家的文化各自具有极为显明的个性，例如，在吴哥、蒲甘、中爪哇和占婆古国发展起来的艺术和建筑，与印度的印度教和佛教艺术和建筑有显著的差异，这也使东南亚文化的多样性特点进一步加强。

第二次世界大战以后，东南亚各殖民地的民族解放运动风起云涌，各国相继独立。建立本国的民族文化，则成为东南亚新独立国家所面临的共同任务。因此，独立后的东南亚各国自建国伊始，为了维护民族独立和巩固新生国家的主权，努力构建具有本国特点的民族文化。在这一过程中，多个国家曾经试图建立以本国主体民族的文化为基础的本国民族文化，并为此进行了多方面的探索。其中，有成功的经验，也有不少失败的教训。有些国家或政权在此过程中曾经采取对非主体民族文化欠包容的政策，如对少数民族的排斥以及对其民族文化的忽视甚至查禁等，由此而对本国的社会发展和稳定造成了一定的负面影响。

因此，在东南亚国家独立后建立民族文化的探索过程中，各国政府和民众都逐渐认识到在建立民族国家的过程中，仍然必须以包容、共生的方式来应对文化的多样性问题，并且取得过一定的成果。例如，印尼独立后苏加诺总统将"潘查希拉"[②] 作为印度尼西亚立国的哲学基础，旨在把多元文化统筹起来，有

---

① 梁志明等主编：《东南亚古代史》，北京大学出版社 2013 年版，第 479 页。

② "潘查希拉"（印尼语：Pancasila），为首任印尼总统苏加诺于 1945 年 6 月所提出建国五项原则的音译。建国五项原则是印尼宪法的基本精神之一，具体内容包括：1. 信仰最高真主；2. 正义和文明的人道主义；3. 印度尼西亚的团结统一；4. 在代议制和协商的明智思想指导下的民主；5. 为全体印度尼西亚人民实现社会正义。

利于现代民族国家的发展；新加坡独立后，政府一贯坚持平等对待华、印、马来三大族群的政策，为维护社会稳定和经济的高速发展发挥了重要作用。一些曾经制定和执行过对部分少数民族不平等政策的国家，也通过政策调整增强对不同民族和文化的包容，取得了明显的效果。特别值得指出的是：宗教在东南亚国家文化中占据重要地位，不同宗教文化彼此相对包容和开放，已经成为东南亚各国国内民族、文化多样性的基础。例如，在以佛教为国教的泰国上座部佛教寺庙里，往往能够看到华人信奉的大乘佛教庙堂、佛像或者是印度教神祇的塑像，而佛教徒前往印度教寺庙参拜神祇和印度教徒经过佛教寺庙时低头合十膜拜的现象也极其平常，显示出彼此自然相处、互相包容共生的特点。此类例子在东南亚地区的其他国家也可见到。

随着东南亚地区政治经济形势的发展，无论在政治、经济、文化和社会方面都存在着明显的甚至是巨大差异的该地区各国，继续秉承该地区各国和各民族长期形成的彼此相容的文化传统，在推进地区合作，特别是东盟一体化的发展进程方面取得了巨大成就，成为在尊重和保持该地区多样性的基础上成功实现区域一体化的典范。

三、东盟社会文化共同体：在多元共生中推进

在现当代的政治经济条件下，东南亚多元文化共生格局的演进有了新的特点，最突出的就是其在东南亚区域一体化，即东盟共同体建设中所发挥的作用日渐凸显。如前所述，东南亚地理和资源、民族和宗教、各国社会经济发展水平、综合国力、社会制度、政治体制都存在着巨大的多样性和相当悬殊的差异。然而，东盟并没有因为各成员国之间的差异巨大而消失。相反，东盟自成立以来，已经走过了快半个世纪的历程。其间，在经历了冷战时期的对抗、亚洲金融危机的磨难等种种考验后日益发展和扩大，并于1999年随着柬埔寨的加入而形成了包括东南亚地区十国在内的"大东盟"。2015年底，东盟宣告如期建立起"东盟共同体"，使东盟进入了一个新的发展阶段。

回顾东盟的成长与发展过程，可以说是一个奇迹。而这一奇迹，正是东盟各成员国能够以包容的态度维护该地区的多样性，并在此基础上努力寻求共同利益而创造出来的。第二次世界大战后，东南亚地区的民族独立国家纷纷建

立。这些新生的独立国家试图通过区域合作来实现维护国家独立、发展民族经济与文化。东盟成员国努力寻求重建它们之间传统的文化联系纽带，并在此基础上注入新的现实因素，以求通过区域性合作来维护各国的共同利益，实现各国的共同发展目标。1967 年 8 月，鉴于当时的地区形势，东南亚地区的印度尼西亚、马来西亚、菲律宾、泰国、新加坡五国率先成立了东南亚国家联盟。尽管各成员国的政治制度、宗教文化以及社会发展水平有明显差异，但共同的发展和安全利益使它们各自显示出对其他国家及其文化的极强包容性，从而使东盟得以不断发展和壮大。1984 年 1 月，以伊斯兰教为国教的文莱在获得独立后也随即加入了东盟。冷战结束以后，东南亚地区的局势发生了重大变化，东盟朝着实现"东南亚一体化"的目标加速发展。从 1995 年到 1999 年，无论在意识形态、社会制度，还是在经济发展水平均与东盟老成员国有着巨大差异的越南、老挝、缅甸、柬埔寨相继加入，使囊括当时东南亚十国的"大东盟"宣告成立，东南亚区域合作上升到新高度，东盟也在东亚地区合作中扮演着日益重要的角色。

随着经济全球化趋势的加强，为应对由此而产生的新形势和新问题，东盟加快了推进区域合作的步伐，提出了建设"东盟共同体"的设想，并使其成为进入 21 世纪后东盟发展的新目标。2008 年，东盟国家通过了酝酿已久的《东盟宪章》，明确提出要建立以政治安全、经济合作和社会文化发展为三大支柱的"东盟共同体"，以适应全球化和区域化时代东盟国家联合自强的需要，同时为维护本地区安全、稳定与和谐发展作出更大的贡献。

东盟的发展历程充分说明，该地区具有的高度包容性的特征，使各国的传统文化经过革新、转换和改造，在继续保持其多样性的基础上，秉承和谐、兼容和协作精神，使东南亚文化具有更大的凝聚力，从而促进了该地区的经济发展和政治稳定，成为东盟共同体建设和东南亚地区一体化进程的重要推动力。人们普遍认为，东盟的成功在于其所特有的"东盟方式"，其核心价值体现在三个方面。一是协商。东南亚国家之间差别大，内部矛盾多。在这样一个地区推动联合，不能靠强制，只能靠协商。通过协商，为各国的发展创造一个良好的环境，实现共同繁荣。二是和谐。东盟把自己定位为一个"国家的和谐体"。东盟在发展过程中坚持的基本原则是尊重各国的独立、主权、平等，不干涉成员国的内政，坚持和平解决争端，不威胁使用武力。坚守这样的原则保证了东盟的团结与和谐，也保证了东盟可以一直循序渐进地取得进步。三是合作。如果把东盟的发展与欧洲的区域联合道路相比，欧洲是靠立法的"硬方式"，东盟则是采取合作的"软方式"。① 由此可见，包容性作为人类最为宝贵的意识和人类社会发展最重要的文化要素，实际上构成了"东盟方式"的核心内容。在东南亚推进一体化的进程中，面对该地区各国文化的多元性、独特性，面对利益主体的多样性及其利益诉求的差异性和复杂性，如果东南亚各国没有包容的态度，是不可能推进彼此合作的，更不可能实现该地区的一体化。正因如此，虽然冷战时期东盟的成立及发展主要是出于政治、安全和经济合作方面的考虑，但随着国际和地区局势的演变，各成员国能够以包容的心态、协商的方式以及不干涉他国内政的原则吸纳新成员，并妥善处理东盟内外遇到的各种问题，这本身就是东南亚地区长期形成的"包容文化"在发挥着作用。

在"东盟共同体"的建设过程中，政治安全、经济合作和社会文化三个共同体的建设相辅相成。其中，"政治安全共同体"是指导，确定东盟共同体的建设途径和发展方向；"经济共同体"是保障，没有经济利益，就难以引起各成员国对共同体建设的兴趣；而"社会文化共同体"则是东盟共同体建设的基础，尤其是民意基础。

东盟"社会文化共同体"的建设，最为充分地体现出东南亚文化的包容性。在东南亚地区，并没有一种能够占据主导地位的文化。东盟实际上是一个由文化背景差异很大的东南亚国家组成的一个具有多元文化背景的区域合作组织，因此，如何建设以及建设成一个什么样的社会文化共同体，就成为一个关乎东盟一体化前途的重大问题。

在 1994 年东南亚十国签署的《关于建立东南亚共同体设想的声明》在谈到未来东南亚共同体的性质时就曾经明确地指出："这个共同体应该是一个多元文化的共同体……应该是一个由多个地位平等的主权国家组成的共同体，每个国家都有自己的特性，有自己优先的利益，有自己珍视的关系，而且对发展与进步有自己的构想。"声明在谈到如何推进东南亚共同体的建立时则进一步指出，东南亚共同体建设是在多样化中求统一，即承认各国之间的差别，通过信任和达成共识来调和并超越这些差异。其中，"承认差别"实际上就是实现

---

① 张蕴岭：《可贵的"东盟方式"》，《人民日报》2007 年 8 月 8 日。

包容的基本条件。在后来由东盟十个成员国签署的《东盟宪章》中，又再次强调要承认各成员国的差别，尊重其民族特性。

由此可见，东盟构建的"社会文化共同体"并不是要抹杀东盟国家文化的多元性，而是追求多元性中的共同性。为此，东盟各国在社会文化共同体建设过程中，始终坚持对多种不同文化的包容性，使其在东盟推进一体化背景之下能够继续并存、共生。

与此同时，坚持多元文化的包容共生，也是培养"东盟意识"所必需的重要条件。东盟社会文化共同体建设的核心原则是走向以人民为中心的东盟，培养对东南亚的地区认同和东盟意识。东盟选择的多元一体化道路不是谋求对该地区宗教、文化和意识形态的统一，而是在充分尊重多元宗教、文化和政治制度的基础上，通过交流和对话来塑造地区认同和东盟意识，而这种在社会和文化方面强调多元共生及合作的做法，就是包容的具体体现，有利于逐渐培育东盟意识。

目前，东盟已经在社会、文化、教育等方面开展广泛和深入的合作，以促进各成员国民众东盟意识的形成和增强，这势必为东盟共同体建设奠定坚实的基础。为此，各成员国正在推动建立"东盟意识"的实践，通过各种方式大力培养地区认同和东盟意识。例如，在许多东盟国家的教育机构，包括大中小学校都张贴或悬挂着东盟盟旗和各成员国的国旗，一些图书馆还开设了关于东盟图书的专门藏书室和阅览室。在东盟国家的不少高校，先后设立了专门讲授和研究东盟问题的专业和机构。此外，在东盟各成员国的国际机场，大多设有为持东盟成员国护照的旅客提供的专门通道。这一现象无疑是由多方面因素促成的，但东南亚地区各国政府及其民众以及东盟这一地区合作组织在文化方面的包容态度，在其中所发挥的作用则不可低估。

此外，东盟的文化包容也有助于扩大其对外开放，以利于东盟的一体化进程的发展。东盟由于自身实力所限，在共同体建设过程中迫切需要得到外界的帮助。因此，东盟坚持以开放的态度来进行东盟共同体，其中也包括社会文化共同体建设。东盟曾多次表示，希望其对话伙伴和朋友，以及地区和国际组织支持东盟为落实一体化工作计划而作出的种种努力，尤其希望在"10+3"机制中的中、日、韩三国能够帮助其实施更多的东盟一体化项目。东盟的这一开放态度也体现了其包容性，有益于其实现建设区域共同体的目标。

四、中国与东南亚文化交流：多元包容的成果

中国与东南亚国家的关系历史悠久，可以上溯到两千多年以前。中国文化在东南亚地区的影响不仅历史久远，而且十分深刻。冷战结束以后，中国与东盟关系取得长足的进展，双方之间的交流与合作的深度和广度也不断增强。不言而喻，政治、经济因素在中国与东盟及其各成员国的关系发展过程中发挥着主导作用，而双方以包容及尊重差异性和多样性的态度在文化领域中开展的交流与合作，也是促进双边关系发展的重要因素。

在中国与东南亚地区国家之间长达两千多年的交往过程中，双方之间的精神文化和物质文化的交流为加强双边关系产生了积极作用。在漫长的历史时期中，中国与东南亚地区的文化交流无论在官方层面还是民间领域的内容都十分丰富，并具有长期持续、领域广泛、互通有无、和平友好等特点。中国文化在东南亚的传播和推广，促进了该地区各国的政治、经济、社会、文化等多方面的发展，给东南亚各国人民带来了实实在在的益处。

中国和东南亚各国之间长期的文化交流及其成果，也说明双方具有文化包容与共生的优势。中国与东南亚各国在各自的历史发展进程中，由于民族起源、人口迁徙、习俗影响和文化交流等原因，已经形成了一些跨国界多民族所共具的多样与多彩的民族文化形态和文化认同理念；中国的一些基本价值观，包括和平共处、平等共赢、求同存异、生态环保、和合发展、相互依存、和而不同、整体和谐等，实际上也是东南亚各国所追求的，这就构成了中国与东盟各国发展文化合作与交流的重要基础。在中国与东南亚国家关系中，也需要构建多元共生的理念，不仅要对东南亚的多样性和差异性有充分的认识，而且也要看到中华文化与东南亚各国文化之间的差异性，才能够真正做到彼此理解和尊重，也才能够做到共同发展与繁荣。因此，中国和东南亚各国在发展关系过程中，必须高度重视文化交流与合作，将文化交流作为民意沟通的基础。

在中国与东南亚的文化交流过程中，人员往来成为最主要的媒介。通过研究中国与东南亚国家的关系史，我们会发现人民群众的交往、交通路线的开辟、经济文化的交流、外交关系的建立，以及更广泛的人民交往与经济文化的交流构成了双边关系发展的基本轨迹。而民间先行、国家主导、官民并举，则是中国与东南亚文化交流的基本途径。

由此可见，中国与东南亚关系的起始，首先是人民之间的互相接触，而官方的联系，邦交的建立，往往是在民间往来之后。无论官方互派的使节还是民间移居当地的华侨华人，都是双方互相接触和交往，进行精神和物质文化传播与交流的使者。而海外华人在中国与东南亚国家之间的经济文化交流中发挥了重要的桥梁作用，对东南亚国家文化事业的发展作出了宝贵的贡献。

中国人移居东南亚的历史悠久，特别是近代 19 世纪至 20 世纪中期中国向东南亚地区的大规模移民，使中国文化对该地区的影响非常广泛。由于华侨华人与东南亚的交往是从底层民众做起的，因而在当地普通百姓中产生了较大的影响。正因如此，中国与东南亚之间的文化包容做得如何，会对双方的民众感情和国家关系产生重大后果。例如，当一些东南亚国家政府一度对华侨华人及其文化缺乏包容、进行遏制和打击时，往往就会出现反华排华的恶潮，这些国家与中国的双边关系也会受到影响；而当这些国家调整政策，放松对华人传统文化的控制，逐步实行对华人的文化包容和谐的政策，双边的国家关系也会得到改善和发展。反之，如果中国的侨务政策出现偏差，没有充分考虑到相关国家的诉求和利益，也会对当地华侨华人的境遇和利益产生直接的影响。从这一意义上来说，华人华侨的地位和境遇往往也是检验双方文化包容程度的指示标。

随着中国的改革开放不断深化，许多来自中国的新移民以及难以计数的游客到东南亚国家定居、从业或旅游，他们对所在国文化的认知、理解与包容程度如何，不仅直接影响到他们对这个国家的态度，同时也会引起对方的反应。对于由此而产生的一些负面观感及其效应，应该引起双方的重视。

随着经济全球化程度的提高，各国的经济联系越来越紧密。尽管当前国际经济形势不振，中国也面临由于经济下行压力增大而出现的新常态，但中国仍然通过多种途径加强与东南亚国家的经济联系，大力发展双边、多边经济合作，与他们共享中国改革开放的成果，得到对方的积极回应。与此同时，中国也在大力促进与东南亚各国间的人文交流。因此，随着中国和东南亚各国的发展，彼此之间的文化交流也势必呈现出越来越强的态势。我们有理由相信，在中国和东南亚地区各国都面临着历史性的变革和社会转型的新形势下，双方强化文化交流的需求也会随之不断提高；而当代网络信息时代所出现的各种现代化的交流手段，如互联网和多媒体的应用，大众文化传播媒介的广泛兴起为中国与东南亚国家之间的文化传播与交流提供了更加便利的条件。中国和东南亚各国都应该抓住这一契机，以包容共生的态度积极开展文明的对话与交流。

2013 年，中国国家主席习近平先后提出了建立"丝绸之路经济带"和"21世纪海上丝绸之路"的倡议，运用创新的合作模式，与沿途各国共同建设横跨欧亚的经济合作平台，造福于这些国家和人民。"一带一路"倡议，特别是"21世纪海上丝绸之路"倡议不仅是中国与东南亚国家间的经济交往纽带，也是双方开展文化交流的重要桥梁；为此双方均应作出自己的更大努力。中国加强与东南亚各国及东盟之间的文化和人文合作，促进双方国家和民众之间的理解和包容，真正实现"国相近"、"民相亲"，必将会对推进双边关系的进一步发展产生长远而积极的影响。

从全球和地区文化发展的视角来看，东南亚是亚洲文化发展与交流的主要交汇处之一，是亚洲文明对话的重要舞台。在有史料可查的两千多年中，东南亚各国人民以宽广的胸怀、包容的心态，广泛接触了来自亚洲不同国家以及欧美的文化，对彼此之间的文化差异采取了相互理解的态度，吸纳了有利于本地区和本国发展的外来文化因素，为扩大各国人民之间的文化交流，谋求和谐共同发展作出了重要的贡献。从这一历史进程来说，东南亚文化所具有的包容性特征，造就了该地区文化丰富多彩的多样性；而东南亚文化多样性的扩大和保持，又进一步增强了该地区的文化包容性，两者相辅相成，互为因果。在区域合作趋势不断增强的形势下，东南亚文化的包容性又为该地区各国在尊重和保持多样性的同时，建立起东盟这一区域合作组织，并成功地向实现建立"东盟共同体"的目标迈出了坚实的步伐。

因此，我们可以说东南亚文化是亚洲文化中一个极具特色的组成部分，是亚洲不同文明相遇、对话、融合、共生的结果。"东盟社会文化共同体"的建立是亚洲文化交流在尊重各国文化多样性的基础上以包容的态度寻求共性的典范，其成功经验值得亚洲地区各国重视和借鉴。

（北京大学国际关系学院教授）

中华文化在东南亚地区传播异同说

——以泰国侨社二三事为例

[泰国] 洪　林

前　言

百年的中华文化传承历史，来自远渡重洋到南洋谋生的先辈华侨。他们无奈地离乡背井，却忘不了家乡情的一切。于是，基于传统文化美德，寓居斯地仍心系乡梓一切，正是饮水思源的根本。

由于这一批批身离心却不离的先辈华侨，于拼搏后思及千年中华文化之伟大，必须努力于传播。因此，中华文化的种子得以在海外诸如东南亚这块广阔土地落地生根，茁壮成长。然而，中华文化并不如在本土萌芽、茁壮、成长之容易，毕竟异域土壤存在因地而异的不同成分，但依靠先辈华侨之倾力而为、坚持不懈的信念底下，还是绽开朵朵文化之鲜花，在斯地发出芬芳。以泰国而言，作为东盟十国之一员，从历史角度来审视的话，也离不开以上种种因素，将优秀的中华民族文化悉心传播，乃有乡会、宗亲会、社团、华文学校、华文报、华文创作等之诞生。因此，中华文化之能延续于历史长河并在其无边浪花发出闪闪金光，乃赖之先辈华侨之大我精神而光大于海外、东南亚各区域。于是，出现了各种传播途径交叉出现的历史。这个历史的出现，是在不同背景底下，由林林总总的文化与智慧所凝聚出来的成果，是中华民族文化于海内外得以传播，而因此获得丰收硕果并延续迄今。

一、中华文化在海外如何传播

中华文化在海外的传播渠道，在于华侨。无论在泰国抑或东南亚区域的其他国家，传播中华文化种子者是华侨及其子裔。这样一个历史见证，永恒存在于今天。

泰国的先辈华侨移民，寓居东南亚区域者不可胜数。这里，以潮汕移民为主。1911 年中国辛亥革命爆发后，先辈华侨开始为革命火花蔓延助威。在 20 世纪 30 年代这个火热革命浪潮时期，涌现出大批抗日救亡运动猛将，他们用笔杆子为文呐喊；他们奋身参加前线抗日；他们为抗日前方当起英勇战士……中华民族文化之火光在他们身上焕发出一股不可抗拒之力量，成了侨社在抗日运动中的光辉一页。这里，以当年华侨文坛一例，来点击中华文化如何发挥其作用，这是相当发人深思的一个典型事例。

华侨文坛始于 20 世纪 20 年代末而萌芽于 30 年代。我在拙著《泰国华文文学史探》"前言"中有这么一段描述："纵横看泰华文学史，其历程十分曲折而辛酸，是泰华写作人一页血与泪的真实写照。这个历程，经过长期奋斗凝聚而成。尽管，前辈文化人只为我们留下零星点滴资料，也足够我们求知与探索。"[1] 还有这么一句"纵观各个文学历史阶段，泰华文艺战线上的战士，一直以其坚定不移信念默默地付出，以续中华文化承传"，[2] 这么一段话，已点出泰国华侨文坛历史来自中华文化承传，而其中则包含了儒家思想与文化，在华侨社会一代传过一代。因此，一切离不开华侨社会，离不开先辈华侨与其子裔，离不开中华文化代代传承，离不开儒家思想的熏陶。当我们重新思考这个历史问题，就会发现这是一个根本问题。这一个根本问题，存在以上息息相关因素而才能承传到今天。历史的真实性，是人以真实的笔触谱写出来的；而真实的历史，是所有杰出人物与事迹所铸造而成的一块块里程碑，上边写满许许多多平凡中之不平凡事迹、侨史与文化传承的记录。

作为史实之一者，当年华侨文坛的历史，可以说发轫于《华侨日报》的《华侨文坛》。这里，不仅拥有一批得力而辛勤的作者，而且还有不少读书社、学

---

[1] 洪林：《泰国华文文学史探》，汕头大学出版社 2008 年版。
[2] 洪林：《泰国华文学校史》，泰国泰中学会 2005 年版。

社参与。20 世纪 30 年代的读书社、学社出现在华侨文坛的共有四十余个。这些组织成员主要来自社会各阶层文化工作者、学校老师、学生。他们，在华侨文坛发挥了极致作用，尤其是在革命年代中更有其显著成绩呈现在读者面前。举一例以说之，20 世纪 30 年代抗日时期，在《华侨日报》的《华侨诗坛》上，年轻作者方涛的一首诗，其中的"冲 / 过了枪林 / 过了大刀 / 过了皮鞭 / 扬起手中鲜明的旗帜 / 喊出嘴里壮烈的口号……"，另一首诗是当年中华中学学生巴迅写的、为抗日救国发出的怒号："可爱的小鸟啊 / 愿你那清妙的歌声 / 带到抗战的前线去 / 奏出你激励的军歌 / 唤起民族的战士们 / 勇敢地杀吧 / 勇敢地冲锋吧 / 歼灭那憎恶的大敌……"这些热血沸腾的年轻作者，在为抗日救国运动发出激昂的呼唤，正表达出一代年轻海外赤子为革命而呐喊的心声，是华侨文坛颇有代表性的心声。当年不少热血沸腾的年轻作者，都被卷进了革命浪潮，奋笔群起发出这种振奋人心之声音。从中见之，抗日救亡的爱国情怀充斥其中，也窥见到中华文化传承以及儒学思想之传播与其一定历史背景底下涌现出的多姿多彩的传统文化内涵。因此，20 世纪 30 年代的华侨文坛，在抗日救亡运动中的呐喊与激情，可以说，在泰国华侨史、文学史上占有极其重要地位，而息息不灭地在文坛延续、壮大。

　　说到华侨文坛，必须说到泰国的华人神庙以及由此而起的华文学校、华文教育。神庙始自先辈华侨，而后才产生神庙文化。神庙文化之产生，则来自先辈华侨之中华文化传承。而这种传承所产生的中华情，最终发展为海外华文教育。因此，海外华文教育之产生，来自这份中华情与文化智慧之传播、承传的结果。我在《泰国华文学校史》"前言"说："具有几千年悠久历史的中华文化，能历久不衰，并在全世界各地传播延续，乃先侨历尽千辛万苦、辗转寓居、落地生根拼搏的结果。"没有华侨，就没有中华文化在海外传播与延续的今天。历史证明了这一颠扑不破的真理。我们从史实以证之，泰国的中华文化传播途径，主要在于神庙之产生，才有华文教育衍生而出。由于华文教育之衍生，才有"道德为人"之儒家思想教育出现。华文学校是这种"道德为人"之培育基地，也是这份中华情与文化智慧传播的主要基地。我们从整个华文教育传播历史中，依然看到，教育为立身之根本，也是传统文化灌输之根本。我们先侨就为这样的"根本"而付出心血，使之在泰国的华文教育领域里，将优秀的中华文化与儒家思想完整、系统地予以传播、发扬光大，为国家、社会造就一批批栋材而贡献于人类。当然，不只以上所说及者，其他诸如时年节日、拜神祭祖，等等，都是中华文化中所包含的儒家文化、思想于内的具体体现。正因为如此，中华文化在海外的传播，能够历经百年而延续下来，正是文化道德教育之结果。"具几千年历史的中华文化，含义广泛且博大精深，是世界文化的优秀文化，对中华民族的思想、行为等都起着深远的影响。"这是1996年参加在北京召开的"第八届世界华文文学国际研讨会"所写的拙作《中华文化在海外传播概况》开头的一段话。任何时期，这些话都有其历史意义之价值观存在，绝不随时光而流失，她是永恒的。由此而证之，中华文化之能延续与传播，在于她的优秀与伟大。因此，她才能永恒地在海内外发扬光大。

二、传统文化、思维与行动说

一种文化，她包含之内容如天地之大。中华文化中的传统文化亦如浩瀚大海之广阔与深远。中华文化能延续几千年而越发出光彩，乃其德美兼备之故。而承受这"德美兼备"之龙之传人，铭记中华民族文化之优秀以及祖训祖德，为承传为发扬，贡献出极致作用，使几千年中华文明在中国在东南亚起着互为互动的历史性催生与发展作用。这个互为互动的承传结果，首在优秀传统文化所产生出来的"思维"正确抉择，才有可能产生无可限量的正能量而付诸行动，得以扬优良民族文化于今朝。其中，包含了形形色色社团传统文化与思维付诸行动而得以传播以及华文报、华文学校等之文化传递、教育为先在内之锲而不舍精神在内，才有今朝扬于五湖四海之光辉记载。

儒家思想核心，就是"推己及人"，才有如上之"于国于民有利之行动"。从这而伸延所及者，在东南亚各区域，大多因有仁者之爱，仁者之理，仁者之用，使儒家学说永留于中华民族文化之中而得天地之道。尽管，由于区域之差异，但其大同者则是中华文化之承传、传统思维之美德得以延续之故，泰国华侨华人社会亦不例外。从这而延之，铭记传统文化之"仁是根，爱是苗"（《朱子语类》）之训言，因而达"仁者"，永远与天地、万物融为一体而使"根"伸延四方、"苗"苗壮成长而使山河尽绿。中华文化之发扬光大于海内外，乃天地之道之果也。今见东南亚区域处于多元文化之峰，但万宗不离本，诸水不离源，乃因承传所得之中华民族文化的伟大作用，乃有今天传承之成果。历史之使然，使因果合二为一，蔚然成为中华文化之最高境界。这，就是中华文化之伟大；这，就是儒家学说之美与伟大。

从历史观而得者，正如子曰："德不孤，必有邻。"中国乃有今日睦邻之亲近而能将具传统美德之中华文化传扬，则有"德"而"不孤"，而得友好邦谊如东南亚各国者之佐证。

三、泰国侨社与东南亚文化异同说

泰国是东南亚地区十个国家之一，自古也受到中华文化之深远影响。尤是在清末海禁开放后，移民至暹罗（泰国）者众。这里，以潮汕移民为最。因此，泰中两国的文化交流，历史悠久。这悠悠之历史，来自先侨之传承，乃得融合于社会而发扬光大。泰国侨社之文化承传自中华民族文化，而东南亚其他国家、区域亦同样承传自中华文化。但由于区域不同，社会、教育、人群有异，文化的传播还是有其一定差异。然而，传统文化中的一切习俗、食文化、茶文化以及传统思维、道德、伦理等，还是有其一定的传统文化的智慧与共性，唯在思维与决策、实际行动中，由于社会、环境之不同而略有差异，但总体还是离不开优秀中华传统文化、思想和智慧的范畴。从某一侧面说，也许泰国的泰华社会比东南亚其他区域还略胜一筹。例如，每年春节期间，在泰国诗琳通公主殿下主持下，在耀华力唐人街举办的春节庆祝活动，那种空前盛况，别处难以比拟。其二则是九皇斋期，在融入泰国人民中的那种共同神文化崇拜盛况来说，在东南亚区域传统文化之传播，亦为突出一例。因此，泰国潮人众多，在中华传统文化传播中，其传统文化色彩会更浓郁而凸显其特具文化特色与丰富内涵，这是泰华侨社在传扬传统文化与思维中的一大特色。而这种具有智慧的文化特色，是历久不衰之史实佐证之一。

从华文教育角度来论之，泰国的华文教育与东南亚他国如新加坡、马来西亚、菲律宾、印尼、文莱等，传播与思维基本相同。由于区域性之区别，文化教育虽大体相同，但在整个教育理念上，其不同处在于为人师者、教材、学校管理等方面，因地而有其差异，这是一种随社会、环境与其文化、经贸、教育等方面的发展形势之异所形成的不可置否的结果。

然而，泰国的华文教育或许无法与新加坡、马来西亚同代而论。因为泰国华文教育历经 1939 年、1949 年两次历史上最大的查封命运，致华文教育断层几达半世纪，所以无法与上述区域在华教领域发展步伐中给予比拟，也许会略逊一筹。这一事实，于今日来说，或许是一个推动作用，不少华文学校、各种民办课授华文院校、泰国民校等，有一批"人类灵魂工程师"站好教育岗位、热爱于教育为本者，都在加紧步伐跟上形势，在某种程度上已取得一定的传播华文教育效果。尤其是，在东南亚地区的孔子学院、孔子课堂的设立，泰国是这个区域屈指可数的国家。在中国国侨办支教、汉办大力支持下，泰国一共有 12 家孔子学院、11 家孔子课堂，于东南亚区域在传播传统文化与儒家思想中，应该名列前茅，为复兴后的泰国华文教育带来生机，使之在传播与发扬中华民族文化中起了历史性作用。因此，中国的援教在这个历史性时期中起了决定性作用。

从另一角度看泰国侨社与东南亚文化之异同。由于族源、人群、文化等因素，社团、乡会之组织、形式，也一样存在一定的差异，但乡谊、乡情等传统文化和思维，因为都来自中华民族文化这一块土壤，属于同根同源，因此"根本"必然存在。一切都离不开这个"根本"。有了"根本"，就有了一切。当然，这一切在于"天时不如地利，地利不如人和"（《孟子·公孙丑下》）。泰国侨社亦离不开这样一个常理、哲理。同样，东南亚其他华人社会亦离不开这样一个常理、哲理。也即说，尽管"根"来自一处，但"土壤"不同，培育出来的幼苗，在茁壮成长中，免不了受到"天时地利"的影响。因此，东南亚各国侨社文化等的传播途径，也出现一定差异之说，乃因难以"以仁心说，以学心听，以公心辨"（《荀子·正名》）之文化思维与行动作为准绳，而达到共性目的之故。

四、亚细安华文文艺营的互动与交流

上文提到，东南亚诸国华侨华人社会文化之异同一事，其实都存在其必然性与偶然性，这是历史使然。尽管，是一种历史使然者，但基于同源同根，都承传自中华文化，就必然会产生同样的为人理念。因此，会以某一种文化形式或思维，进行互动、交流。其中，以亚细安华文文艺营为例。

成立于 1997 年 10 月的亚细安华文文艺营，就在新加坡文艺家协会会长骆明倡办下，于是年在新加坡举行第一届文艺营活动。文艺营之举办，旨在东南亚地区华文文艺领域的互动与交流。文艺营乃根据东南亚本区域特点，通过文学形式活动以达到相识相知并加强区域性文艺领域某种共识目的。也即说，通过这样一个具有区域性文艺特色与内涵的活动，推动本区域各个文艺团体、组织在互动与认知中，达到更深一层的了解，更为融洽、团结的目的。每两年举办一次的文艺营，在不同地区的举行，都取得一定文化、思想的交流成绩。这份文艺领域里取得的成绩，来自相同的爱好、相同的文化背景、相同的中华文化执着，才能够走在一起，才能够凝成一股不可摧毁的文艺力量。这份力量，就建筑在光辉的中华文化传承这块基石上，大家就在同一个"基石"上，为东南亚区域的文艺发展，扮演一个互动、互演的历史角色，为繁荣本区域文艺领域、为传播中华民族文化而作出努力、贡献。我在2002年参加在文莱召开的"第八届亚细安华文文艺营"所写的拙文《从亚细安华文文学谈到泰华文学》中如此说："亚细安各区域不同，所产生出来的华文文化背景也就不可能相同。也许是大同小异，也许是小同大异。尽管如此，文艺营的举行，毫无疑义地，旨在交流，可以是心灵交流，可以是文化交流，可以是文学创作交流……万宗归一，最终的目的应该一致。关键在于，要对话，才有可能达到相遇相知。"这就是亚细安华文文艺营最根本的"基石"，是中华文化光辉传播于海外"基石"而闪出之金光。也许，如荀子说："不积跬步，无以至千里；不积小流，无以成江海。骐骥一跃，不能十步，驽马十驾，功在不舍。锲而舍之，朽木不折；锲而不舍，金石可镂。"（《荀子·劝学》）亚细安华文文艺营之精神应在此。倘若不是如此，那么难以达到相遇、相识、相知而达对话、交流最高境界之目的。

正如古人曰："学者，所以修性也。视、听、言、貌、思，性所有也。学则正，否则邪。"（《法言·修身》）此乃亚细安文艺营举办之最大收获与成果。因此，东南亚区域华侨华人之能真诚相见而达到互动、交流目的，全在于优秀中华文化之启迪、儒家思想之传承在起历史性作用。因此，亚细安文艺营的启动，就发挥了"视、听、言、貌、思，性"的历史作用，是东南亚区域在文艺领域一个传递传统文化与儒家思想的一大特色。

五、泰华社会文化的智慧与特色

泰华社会文化的智慧，来自先辈华侨之传统文化承传。泰华社会文化特色，亦同样来自先侨传统思想之凝聚力。智慧与特色，是千古文明的一种魅力。由于有了先侨这种"智慧"，才有泰华社会文化特色的产生。因此，慎终追远等传统思维就在这样一个特定的时代背景底下孕育、壮大。于是，崇拜神祇、祭拜先祖等传统风气蔓延开来，形成本土风俗特色，显示出中华民族文化神光异彩，一代传过一代，因此能"立言"、"立德"而不朽于天地。泰华社会之同乡会、姓氏宗亲会、侨团等，都具有这种特殊的文化与乡谊浓厚色彩，并得以传承下来。

这里，以历史悠久的泰国中华总商会、洪氏宗亲总会为例，俾说明中华民族文化如何落地生根、萌芽和发展，乃至传播整个佛地。

从历史角度来观察泰国中华总商会如何在泰华社会崛起与其作用。

泰国中华总商会创立于 1910 年(清朝末年)，其前身为暹罗中华商务总会，由华侨社会名侨领高晖石（学修）、陈立梅（抡魁）、伍佐南和陈澄波等，为团结华侨力量，在文化经济发展等形势需要下，发起成立的这样一个全侨性商务组织。当年，从第一届会长高晖石始，一直在为华侨服务中，诸如类似外交事务、华侨切身问题（如随身证问题等）、纠纷等，作出实际的努力而获得侨界肯定、赞扬。1919 年后，改称泰国中华总商会。从高晖石到廖葆珊、蚁光炎到张兰臣等，在发扬中华文化的为人道德历程中，作出无数业绩与贡献。

在此以中华总商会为例，乃因其成立历史悠久，并一直在家乡文化、救灾活动、侨社纠纷与服务以及今日之商务、乡谊、侨社活动等方面，仍然有其一定贡献。这些都离不开承传自中华文化这样一个大前提，因此中华总商会这一百余年的历史，已旁证了泰国侨社有关侨团在承传伟大的中华民族文化中所作出的贡献，是泰国华侨史上的一页光辉记载。

另举一例者则是泰国侨社有关姓氏氏族乡会组织者。这里，以洪氏氏族为例。

泰国洪氏宗亲总会成立于 1965 年，由泰华社会杰出洪氏先辈族人竹宏、书盛、希纯、剑夫、陶潜、诗明等发起，筹组而成立。成立宗旨在于联络、团结、乡谊、往来与交流，以扬敦煌世家光辉。洪氏宗亲总会有创立宗旨，有明确的组织理念，有传统文化思维，因此能延绵泽及后代子裔。我们可以从洪氏宗亲总会诸多有关传承事实来见其传统文化的潜移默化影响以及衍生而出的文化智慧的历史背景，已窥见其中所蕴含的敦煌世家的光辉历史一面。如洪泽湖在谈及本会创立之经过时说："一本纪念祖先胸怀，少年尽其勇，中年尽其才，老年尽其德，为宗亲总会而努力，众志成城……"因此洪氏宗亲总会从成立那一刻始，一直秉着这样一个理念、宗旨，一届届接棒下来，乃有扬敦煌世家之要于后代。这里，以宗亲会第六届至第十七届理事长洪志丰为实例来说明这个"传承"的珍贵威力。志丰氏在任期间，为总会之发展、传统文化道德之承传，付出巨大心血，作出无比贡献。二十余年的心血付出，凝聚成一股承传力量而惠及洪氏后代，在洪氏二代承传祖德与文化中，起着非凡作用。第十九届理事长洪杰生在任期间，一直鞠躬尽瘁地为洪氏一族继承与发扬敦煌世家贡献出无私爱心，于事于人于洪氏宗亲总会都发挥了重要作用。惜斯人尚未完成五十周年庆典心愿，就被病魔夺去生命。如今，洪氏二代正在突起，无论是志丰氏的第二代芳茂，还是杰生氏二代大林以及其他二代如洪锡乾、洪炎松、洪扬光、洪岳铮等，都在为传承和发扬传统文化与道德尽心尽意。他们，迸发出来的是一种儒家文化与智慧的魅力；他们，闪烁出的是敦煌世家文化遗产的光芒，照耀着洪氏子裔，并代代相传。从洪氏族亲中，已然窥见泰国的宗亲会、同乡会等组织的共性，就是不忘祖训、祖德等来自伟大的中华传统文化的传承及其历史作用。可喜者，2016 年已届五十周年历史的洪氏宗亲总会，仍然后继有人，并以"取诸人以为善"为本，继先人宗旨，付爱心于行动，使洪氏一族继续发扬光大，由此延及后人。因为，他们继承了传统文化与美德，所以能扬祖德于社会；因为，他们继承了父辈的文化、智慧，所以能够接好棒并加以发扬光大。一切，乃"仁则荣"哲理之根本，所产生出来的是一种无穷力量，并能代代相传。

　　而"仁则荣"者在于后继有人。泰华社会数以百计的社团、姓氏宗亲总会、乡会等组织，不乏"仁则荣"者。举洪氏一族者，亦充分说明"仁则荣"这种"根"的传承。创立已五十周年的洪氏宗亲总会，2016 年 4 月出版了纪念特刊，其内容具有一定的文化底蕴。特刊之特色，体现在与众不同一面。其中，包括族源、创会、筹建大宗祠、史略、文史、文艺、访谈、保健养生，等等。这林林总总，正体现出龙之传人不忘祖宗文化之为人者。由于不忘祖宗文化，不忘中华文化之博大精深，因此才有"仁则荣"之永恒。我在"编后语"中强调："创立之宗旨，报祖德，扬洪氏氏族之为人道德，以饮水思源；和亲睦族，团结为本，精诚合作以壮宗亲总会之举。五十周年春秋岁月，在各届理事会领航人之正确导航底下，扬帆于浩瀚大海，为洪氏史海记录下无数慎终追远篇章。

每一份历史记录，都是来自承传伟大之中华民族文化，都是敦煌世家之发扬光大，都是洪氏一族之光辉一页。"① 五十周年纪念特刊之出版，正基于这个"记录"，发扬这个"记录"，乃在于铭记祖德之训，不忘始祖之本，承传敦煌世家之德而扬其典范，乃达代代相传于不朽。从洪氏一例而得之，则为中华传统文化、思维、道德等无比感染力在影响一代又一代，并伸延于五湖四海，衍生而出者乃是为人道德、智慧之风。因此，从一事而涉及其余，已见伟大之中华文化、儒家思想、道德在泰国侨社之伸延威力，并形成具有一定文化特色的传统空间，宣扬社会人文、道德，乃达代代相传不息。

由此而言之，中华民族文化的智慧及其特点，被先辈华侨承传至今天，一直不息地在发挥她的文明与美德作用。就在这条文明与美德的历史轨迹上，留下的传统文化与道德观在交错、重复的足印中，找到那不可磨灭的互动互为影响力以及共识共为共存的历史意义。其中，包含一种共同乡情、语言以及祭先祖等的丰满文化、乡情共性，具有难以分割的内在牵连与关系。可以说，传统文化道德观已与龙之传人智慧融为一体而产生一种天人合一的承传结果。

六、中华文化与泰国社会文化的互动与内在关系

百年以上的历史，已证明了中华文化在泰国社会所产生的深远影响力。从历史观说，由于在清康熙二十二年（1683）开海禁、清雍正四年（1726）规定厦门为南洋贸易港口后，先后从对外经商到移民，中华文明真正地开始传播于海外。根据资料，于嘉庆七年（1802），中国的古典文学《三国演义》就被译成泰文在泰国社会传播。其他如《水浒传》、《西游记》、《论语》、《孟子》、《诗经》、《红楼梦》等都有译著，并成为泰国社会文化的一部分。这种文化传播途径，来自华侨社会热衷于中华文化工作者，由于他们，才有翻译古典名著于泰国社会，才能起着非凡作用。不仅仅在泰国文化界，而且在人民群众中传播，已达有口皆碑。同时，他们在华侨、华裔中的文化地位，也发挥着相当影响与作用。加强了泰国人民对中华文化的了解和认同，由此推动和促进了泰中文化交流。这种互动与内在关系，还体现在泰国诗琳通公主殿下御著《踏上龙的国

---

① 《泰国洪氏宗亲总会五十周年金禧纪念报刊》，泰威信出版社 2016 年版。

土》、《平沙万里行》，译著《蝴蝶》等，这些都是泰中文化交流的特有象征，都是泰中友好往来的一种见证。

从历史视角去观察泰国社会与侨社，无论在语言、文化、习俗等方面，都可从中窥见其互为影响及其内在关系。这种影响与内在关系，体现出中华文化在泰国社会之传播媒体在于先辈华侨。由于先侨传播之故，中华民族文化所迸发出来的文明与美德，就在斯地承传而光耀他乡异地。在传统文化与文明的历史轨迹上，留下泰中人民交错、重复的足印，并发挥了不可磨灭的互为影响、相为结合的历史作用。其中，包括了神文化、语言的相互影响与运用。其所包含的文化内涵，几达互通互用的文化交流作用。在这里，本文以潮汕语言如何融入泰国社会为例，如："清明"、"草粿"、"粿条"、"粿汁"、"交椅"、"兴衰"、"斋"、"菊花"、"红包"、"公司"、"头家"、"阿公、阿妈"、"功德"等，均来自潮汕先侨之语言传播，成了泰国社会、侨社的通用语言。可以说，是潮语泰化或泰化潮语。这种语言运用特色，起着互动互用的内在关系，成了泰中人民共同语言的组成部分。尤其在神文化传播中更为突出。本文特以九皇斋为例来说明其突出之所在。

泰华社会的九皇斋节日始源于中国。根据资料，中国的九皇斋历史起源自明末清初，因抗清复明运动而兴起。泰华社会的九皇斋历史已百年。九皇斋在泰国侨社的兴起，由简到繁。半世纪前的九皇斋与今天的九皇斋已是天壤之别。尽管，习俗仍在，但已从侨社一个侧面扩大到泰国社会，从一个特殊性转化为普遍性。也即说，不仅仅是华侨华人的习俗，而且其影响所及已深入到泰国社会的各个层面。今日的九皇斋节日，具有浓厚的节日气氛，在一片素食氛围中，一身洁净白色衣服的泰中人民，穿梭在著名神庙大峰公庙、妈祖庙等神庙内外，烧香膜拜。连续九天的祈神活动，融合了泰中人民那份虔诚地崇拜同一种神、佛的习俗心态。这种特殊心态，体现出中国的一种民间传统文化已融入泰国社会，促进了二者的互动、互为、互知。这种民间传统文化的融合，其内在关系，可以说是泰中文化从异到同的一个历史转变，象征了泰中人民如弟兄般的亲切、友好关系。

因此，中华文化的广泛而深入的传播，已起着沟通、促进、融合的历史性作用。从九皇斋节日一例，已得以证之，这种传统文化已从单元文化转化成多元文化，在东南亚区域盛行。

七、中华文化承传价值观与历史观略说

中华文化的承传，其价值观与历史观体现在千千万万华侨华人身上。中华民族文化能够在海外如东南亚地区传承下来，首在先辈华侨。历史证明，这就是我们的中华文化的博大精深所产生的传播威力，影响着一代一代龙之子裔，并由此而扬于海外，传播四方。

这种传播结果，显现出其无比的价值观与历史观。其实，价值观和历史观是并存的东西，它们有着息息相关的关系。一切事物，一旦产生了一定的价值，就有其存在的价值观。能够有其存在的价值观，是因为她产生了社会甚至是世界的影响，并由此而得以传播五湖四海。因此，伟大的中华民族文化如浩荡无边的大海与天地，孕育出其无比的价值观境界。由于具有了价值观的存在，也就包含着她的历史观。二者相互提升相互结合，才能发挥其最高境界的光辉，才能延续于历史并永恒存在于历史。于是，凡是能永恒存在的，随之而至者，必然是其价值观与历史观所闪耀而出的光辉结晶，永为龙之传人代代相传。因此，伟大的中华民族文化正如"天地之道，博也，厚也，高也，明也，悠也，久也"（《礼记·中庸》），永远传播于无垠大地上，为龙之传人代代互为影响互为相传。以此而证之，一切事物的产生与存在的价值与历史，都是积累而得者，并有其价值与历史的出现与存在，这是必然的客观规律与结果。因此，儒家学说之能永恒存在于中华文化这块包含万物天地，并发挥其立身立人立本的传承力量，乃因其丰厚文化内涵所蕴含的价值观与历史观，才能传之海内外而惠及龙之传人，并代代相传、发扬光大。由此而证之，中华文化承传之价值观与历史观，就在先侨的传统思维与理念的根本主宰底下，得到历史见证而能在海外传承不息到今天。

拙文之要在于"无不爱也，无不敬也，无与人争也，恍然如天地之苞万物。"（《荀子·非十二子》）这是战国时期荀子说的一句至理之言。中华民族文化之能传播于五湖四海，就是由于她具有"无不爱"的真理，所以能"恍然如天地之苞万物"传播于天地。而中华文化之伟大，在于"无不敬"而能代代相传；由于"无与人争"才得以传播中华文化之博大精深于龙之传人。从古到今，只要有爱，就能造福社会、国家；而有了敬老尊贤、与人无争的文化承传，才有

传统文化、道德之深入人心而得以传播。倘若，无爱，则自私之心泛滥；自私之心一滋生，必以利益当头，纷争自生，此乃人性之弱点。然而，具几千年的中华民族文化，不仅其美与德之伟大泽及万代，乃为人道德长存。而泰国侨社传统文化能得久年承传，则因其美与德已沁入龙之子裔心灵，而不倦于承传。泰国百年以上华侨史，正是由无数的先辈华侨、侨社精英谱写出无穷无尽、可歌可泣的史话，留住了为人楷模的史册，光辉了伟大中华民族文化，这些史实已得佐证。

撰写本文之目的，乃在于弘扬中华文化及其儒家思想外，并以泰国侨社在传播、发扬中的具体例子，作为本文之要，俾其更具体化、典型化，说明博大精深之中华民族文化之能延续几千年而不衰之真谛何在。因此，华侨史能光辉于史册上，乃中华文化之儒家为人道德思想传世之故。然而由于东南亚区域文化之异同均产生于中华文化，却因传播途径有所差别以及区域性质之不同而有所差异，但万宗不离本，诸水不离源，乃在于中华文化之博大精深泽及五湖四海而扬其真谛，致代代相传。

（泰国泰中学会会长）

文明互鉴是中阿友好的基石

吴思科

首先祝贺"国际儒学论坛——亚洲文明交流互鉴北京国际学术研讨会"的举办！我曾长期在阿拉伯国家工作和生活，对以儒家思想为内核的中华文明与在阿拉伯世界占主导地位的伊斯兰文明之间源远流长的友好交往具有很深的印象。两大文明的交流互鉴成为中阿友好的基石，在新时期探讨如何继承和弘扬这一传统仍是一重大课题。

一、中华文明和伊斯兰文明都是人类文明的瑰宝，都对人类社会的进步和发展作出了不可磨灭的贡献

中华文明同伊斯兰文明之间的对话和交流，有着悠久的历史。闻名中外的古丝绸之路，就是生动有力的见证。两千多年前，通过丝绸古道传入中国的胡桃、胡椒、胡萝卜等，早已成为中国人喜爱的食物。阿拉伯鼎盛时期的文学经典《一千零一夜》，在中国家喻户晓。伊斯兰风格的音乐、舞蹈和服饰、建筑，在中国深受欢迎。同样，中国古代文化和技术，也传到了阿拉伯国家。中国的瓷器、丝绸、茶叶、造纸术，就是通过阿拉伯国家传入欧洲的。六百年前，中国穆斯林航海家郑和七下西洋，多次到达阿拉伯地区，成为传播友谊和知识的使者。中国与阿拉伯世界的交流不断扩大和加深，不仅有力地促进了双方的文化繁荣和经济发展，还推动了东西方文明的交流。

二、中阿文明在价值观方面有很多共通点，
"共生观"是其突出特点

在中华文明中早就有"和为贵"、"和而不同"、"己所不欲，勿施于人"等伟大思想。伊斯兰文明也蕴含着崇尚和平、倡导宽容的理念。《古兰经》就有一百多处讲到和平。在多样中求同一，在差异中求和谐，在交流中求发展，是人类社会应有的文明观。其中，中阿"共生观"即为两大文明和合精神的具体体现。

中国传统的"共生观"实为中华文明"和合共生"的人文精神，主要体现为以下几个方面：第一，天下观。中国传统文化中的崇"天志"，顺"天意"，"天下为公"、"世界大同"、"以天下观天下"中的"天下"概念，涵盖了"天"、"地"、"人"，是一个完整意义上的世界，一个不可分割的全球公共空间和资源，包含人类及其家园以及世界发展变化的客观规律。第二，和合观。中华文化所倡导的"天人合一"、"民胞物与"、"和为贵"、"和而不同"、"和而不流"、"和必中节"、"四海之内皆兄弟"、"协和万邦"等，旨在倡导普天下的友爱与和谐、营造"近者悦，远者来"的"人和"氛围、主张"不战而屈人之兵，善之善者也"的和平、禁武的"非攻"思想。第三，仁爱观。孔子的"仁者，爱人"的"仁爱"思想包含了"己欲立而立人，己欲达而达人"，倡导设身处地为他人着想，折射出中华文化的宽容与豁达的品格。第四，义利观。墨子的"兼爱"思想直面义利问题，"兼相爱、交相利"，不仅成为决定天下治乱的重要因素，也因孔子将"义"视为处世立身之本而派生出"义利兼顾"、"舍利取义"的行为法则。第五，厚德观。由孔子的"为政以德"、"恃德者昌，恃力者亡"的"以德治天下"思想，以及中华民族"厚德载物"的有容乃大的精神所组成的厚德观，是一种整体主义的宇宙观，旨在倡导人类社会和自然界遵循同样的规律，天道和人道之间一以贯之。第六，守信观。中华文明历来倡导"言必信，行必果"的精神与"一诺千金"、"君子一言，驷马难追"的美德，孔子更强调"主忠信"，认为国无信不立、国之交当以信为本、信乃国家立世之根基。

同样，伊斯兰文明也由"和平与中正"的核心价值理念派生出特有的"共生观"，主要体现为以下几个方面：第一，"信经典"。《古兰经》论及"信经典"时，常用复数词"库吐布"（Kutub），意味着除《古兰经》之外还包括《讨拉特》

（降示于先知穆萨，被视为《旧约全书》中的《创世记》、《出埃及记》、《民数记》、《利未记》和《申命记》等）。第二，"信先知"。《古兰经》将犹太教徒、基督教徒等泛称为"艾海来·克塔布"（Ahal al-Kitab），意为"信奉经典的人"或"有经典的人"，倡导与"有经人"开展对话、和睦相处，并承认穆萨、尔萨等也是安拉派遣的先知。第三，慈善观。伊斯兰教的天课制度，渗透着"关爱弱势"的思想，且超越了血亲、种族、地域、国家和性别等阻隔，在平等、慈爱、尊严中折射出伊斯兰文化的"仁爱"品格。第四，"两世并重"观。伊斯兰教倡导"两世吉庆"，告诫人们"不要忘却你在今世的定分"以及"后世是更好的，是更久长的"。第五，兄弟观。伊斯兰教倡导"天下穆斯林皆兄弟"，反复告诫"不要自己分裂"，强化教缘共同体意识，并将血缘关系的兄弟情渗入其中。

中阿"共生观"的话语表述虽各有侧重，但其承认共存、包容异己、慈爱行善、劝善戒恶、中道行事、和合与共等素朴的"人类命运共同体"意识则是相通的，这"是一种愿景与期许，也是共生关系的落实和目标，目的是不断充实和平共处的共生内涵和完善共生观念，并使之向和平共生乃至和谐共生的高阶段发展。"① 也正是由于拥有相通精神的"共生观"，为中阿文明交往提供了坚实的认知基础，还为中外文明开展价值沟通提供了可能，如明末清初的"以儒诠经"运动即为明证。伊斯兰教所规定的念、礼、斋、课、朝"五功"，"既是功修和制度，又是法定的宗教义务，被视为体现虔诚信仰的基石。"② 同样，中国传统社会的"三纲"（君为臣纲、父为子纲、夫为妻纲）、"五常"（仁、义、礼、智、信）的思想，折射出中华文明家国同构的本质。其中，刘智、王岱舆回儒用中国的"五常"观来阐述伊斯兰教的"五功"，为儒伊文明开展价值沟通找到了突破口，尤其是核心理念的解读与共有话语体系的构建等，使得"以儒诠经"成为中外文明史上一项独特的、合乎客观需求的创造，凸显出伊斯兰教义和中国传统儒家思想间的"融合"，伊斯兰文化也因此成为中华文明的重要组成部分，既"为伊斯兰教在中国的存在和发展探讨到了一条适宜的道路"③，也因成功的价值沟通实践印证了中阿文明"共生观"所夯实的价值沟通基础。"以儒诠伊"是我国文化史上一项独特的、合乎客观需求的创造，使古

① 蔡亮：《共生性国际体系与中国外交的道、术、势》，《国际观察》2014 年第 1 期。

② 林松：《古兰经知识宝典》，四川人民出版社 1995 年版，第 241 页。

③ 孙振玉：《王岱舆及其伊斯兰思想研究》，兰州大学出版社 2000 年版，第 133 页。

老的华夏传统文化与外来的阿拉伯文化交流和融合，凸显了中华文明的包容性特征，对伊斯兰文明中国化的具体实践所产生的作用与影响不可低估，并在一定程度上带动了中阿文明的世界化与本土化、中阿文明与世界其他文明的交往等。

三、"传统友谊"：在和平、互惠、包容中结下的"丝路情"

丝绸之路是中阿友好交往的纽带。中阿文明交往始于汉武帝时期，迄今已有两千余年的历史，并在官方和民间两个层面进行交往，最终形成"官民并举"（以民促官、以官带民、官民互促等）的一种基本交往态势，主要体现在政治、经济、军事和人文等领域，并在不同时代凸显出迥异的内容与形式。

古代官方层面中阿文明交往的主要途径包括：其一，使节往来。在朝贡制度支撑下，唐宋元之际阿拉伯使节的频繁朝贡，折射出中华文明以"华夷一体"的秩序原则对外进行文明交往的这一历史事实，并因"厚往薄来"的朝贡原则，中国历朝皇帝往往给贡使"回赐等值或价值更高的物品，并授官宴请"，因而"具有加强政治友好关系的意义"。其二，贡赐与市舶贸易。来华阿拉伯使节拿当地特产进贡，中国政府一律以礼相待，馈赠优厚。市舶贸易还得到了大力发展，在广州、杭州和泉州等国际港口设立了市舶司，负责检查进出船只商货、收购专卖品、管理外商。

古代民间的中阿文明交往主要是通过教旅、学旅和商旅"三轨并存"的方式进行的：其一，教旅，主要是指来自阿拉伯—伊斯兰的传教士来华传播伊斯兰教、中国穆斯林远赴麦加朝觐的双向之旅，推动了中国伊斯兰教的发展，促进了中国和阿拉伯乃至西亚的文化交流，同时也增进了中国人民和阿拉伯人民的友谊。其二，学旅，主要是指中阿一些学者、旅人等编撰的见闻游记、地区考略。其中，杜环是我国古代第一个到阿拉伯地区游历的人，他的《经行记》真实可信，很有价值，是研究西亚北非古代史和中国与西亚非洲关系史的珍贵文献。他最早把阿拉伯和伊斯兰教确切地介绍给中国人民，堪称中阿关系史上的瑰宝。《中国印度见闻录》是迄今我们知道的第一部记录中国情况，称道中阿友谊的阿拉伯文著作，受到阿拉伯人民和中国人民的广泛喜爱。摩洛哥旅行家伊本·白图泰的《伊本·白图泰游记》则是作者来华考察元代风土民情的珍贵文献。郑和下西洋之伟大壮举被其团队成员所撰写的《瀛涯胜览》、《星槎胜览》、《西洋番国志》等作了最直接的反映。其三，商旅，是指往来于陆、海两条丝绸之路上的中国、安息、阿拉伯等国家和地区的商人开展跨境贸易之旅，大体历经：普通慕华者随商队或商船来中国→蕃坊的形成→蕃客巨富的出现→移民的流动等。即使明清之际中阿官方经济交往日趋衰落，但民间商旅一直未断。

新中国成立后，在中阿三次建交高潮的带动下，中阿文明交往呈现出"官强民弱但成就显著"的鲜明特征，尤其是 2004 年"中阿合作论坛"的成立，不仅为新时期中阿开展多边交流与合作提供了重要平台，还标志着中阿文明交往的制度化水平的不断提高。目前该论坛已在正规化、制度化建设方面取得了长足进展，并在论坛框架下确立了"中阿全面合作，共同发展"的战略合作关系，大力推进了政治、经贸、文化等诸多领域的多边合作，并建立了部长级会议、高官委员会、企业家大会、专题经贸研讨会、能源合作大会、文明对话研讨会、文化交流、高教与科研合作、新闻合作论坛、环境保护合作、人力资源培训以及民间交流 12 个合作机制。其中，关涉人文交流的多达 7 个，且"文明对话"成为论坛框架下的重要对话机制之一，为中阿双方开展行之有效的文明交流与合作提供了制度保障与支撑，中阿文明交往呈现出积极活跃的总体态势。

纵观中阿文明交往的悠久历史，中阿两大文明在上千年的和平交往实践中积累了宝贵的中国经验，如和平性、互惠性、包容性为主的交往特征，官民并举的交往态势，丝绸之路为主的交往途径，郑和等伟大先驱者所践行的和平外交思想，等等，不仅对中国和平外交实践与理论建设具有切实的指导意义，还对全球化时代多元文明并存具有一定的借鉴价值。当然，中阿文明和平交往上千年的原因是多方面的，除既无历史恩怨，也无现实冲突，以及成功的儒、伊文明对话等理性因素外，中阿民众在两条"丝绸之路"上所凝结成的"丝路情"更成为重要内驱力。可以说，中阿文明交往实为农耕文化、游牧文化、沙漠文化、河流文化以及宗教或准宗教文化等多种亚文化的借鉴和互补，两大文明也在交往互动中丰富了彼此的内涵，并以内化、外化等方式促成不同文明体间的互斥与互动。也正是在中阿文明成功交往的漫长历史进程中，中阿两大民族之间所结成的"丝路情"才显得尤为深厚与珍贵，现已转化为中阿人文外交的先在资源优势，并对中国人文外交产生了深远影响。

在中国，信仰伊斯兰教的有 10 个民族，2000 多万人口。他们都是中华民族大家庭的重要成员，他们的宗教信仰、文化传统和生活习俗受到了充分尊重。目前在中国城乡，有 35000 多座清真寺。中国政府制定了一系列政策，扶持少数民族和地区的经济、文化和社会发展。信仰伊斯兰教的民族，同其他各个民族和睦相处，共同推动了国家发展和社会进步。

四、"命运共同体"："一带一路"建设赋予中阿文明交往新目标

2013 年，习近平主席提出了共同建设"丝绸之路经济带"和"21 世纪海上丝绸之路"的倡议，2014 年 6 月在中阿合作论坛部长级会议开幕式上，习近平主席还提出与阿拉伯世界共建"一带一路"的主张，并把文明互鉴、民心相通放在重要位置。他在多种场合都强调"两千多年的交往历史证明，只要坚持团结互信、平等互利、包容互鉴、合作共赢，不同种族、不同信仰、不同文化背景的国家完全可以共享和平，共同发展。这是古丝绸之路留给我们的宝贵启示"。凸显了"民心相通"的基础引领作用。习近平主席还强调，必须加强对古代"海上丝绸之路"、"郑和文化"、中国与东盟深化"传统友谊"的紧迫性等重大议题的研究，探索中国睦邻友好政策进一步深化的新思路、新途径、新方法，将中国与周边和"一带一路"沿线国家间的合作由量的积累引向质的飞跃。要全方位推进人文交流，深入开展旅游、科教、地方合作等友好交往，广交朋友，广结善缘。要对外介绍好我国的内外方针政策，讲好中国故事，传播好中国声音，把中国梦同周边和"一带一路"沿线各国人民过上美好生活的愿望、同地区发展前景对接起来，让命运共同体意识在周边国家落地生根。

就中阿文明交往而言，丝路精神使中国对阿外交最终找到了历史与现实的契合点，只有盘活"丝绸之路"这一公共产品所蕴含的外交历史资源优势，才有可能使"传统友谊"真正发挥务实性作用。在两条"丝绸之路"上绵延千年的中阿文明交往，不仅积淀了一份深厚的丝路情感，还升华为一种丝路精神，特别是郑和七下西洋的壮举，不仅使其成为中外文明交往史上的伟大先驱者，还因他近 30 年在 28 个国家留下的访问足迹而彰显了中国的和平外交理念，以

和平与发展为核心的"郑和文化"已成为丝路精神的重要组成部分,"丝绸之路"也成为世界公共产品,并成为中国外交的宝贵历史资源,如何发掘并利用"丝绸之路"外交实践中所积累的"中国经验",已成为如何盘活丝路战略历史资源优势的关键,也是"传统友谊"之于当代中外关系的意义与价值所在。中阿文明交往,不仅有"共生观"作价值沟通基础,还有上千年和平交往所结下的"传统友谊"。如何在"丝路战略"框架下进一步打造"中阿命运共同体",将是今后推进中阿文明交往的新目标。

"一带一路"延伸之处,是人文交流聚集活跃之地。民心交融要绵绵用力,久久为功。为此,以下几点前瞻值得期许:第一,中国将在解决中东热点问题上发挥更大政治作用,进而深化中阿政治关系;第二,中国将与丝路沿线阿拉伯国家加强经济合作的内涵与途径,以"正确的义利观"来维护中阿共同的经济利益;第三,中国愿为中东地区提供更多公共产品,进一步带动中阿人文交流与合作。其中,就中阿双方均面临恐怖主义的严峻挑战而言,"培育反恐共识"已成为深化中阿人文关系的当务之急,也使得中阿文明"共生观"等议题的研究更具现实意义。

(中国外交部亚非司原司长,中国驻沙特阿拉伯、埃及原大使)

明清时期澳门葡萄牙人的婚姻制度、婚姻形态、婚姻观念及婚礼形式

汤开建　　晏雪莲

葡萄牙是一个以天主教为国教的民族国家，在近代国家与法制兴起以前，葡萄牙人的婚姻礼俗是天主教礼仪的重要表现形式，而且严格地受制于天主教有关礼仪的规定。澳门葡萄牙人天主教信仰如同中国儒家传统，将家庭视作社会的基本单元，继而把家庭婚姻关系的稳定视作世俗社会得以维系的前提。故而，教友的婚姻问题一直是天主教会的重要事工，天主教会婚姻制度对世俗婚姻影响巨大，是处理当时世俗婚姻的主要准则。

一、澳门葡萄牙人的婚姻制度

澳门葡萄牙人的婚姻制度为天主教单偶婚制，而天主教单偶婚制除了一夫一妻的立场外，还包括婚姻的神圣不可解除，即婚姻一旦生效，对象就是单独固定的，不能轻易改变。在旧约中，夏娃是上帝取自亚当身体的一部分。她的创造，是为了给亚当提供一个伴侣，这个故事被看作人类一夫一妻制婚姻的神圣渊源。不过，在旧约时代，希伯来人并没有严格遵守单偶婚制。在新约中，一夫一妻和不可解除正式抬高到不可触犯的地位。到公元9世纪，兰斯大主教辛克马尔（Hincmar of Rheims）受教宗尼古拉一世（Nicholas I）委托，把"婚姻神圣不可解除"的神学原则变成为法律，该法律细则包括：通奸不能使婚姻解除，只能在某种特殊情况下被允许分居；性无能者的结合

不构成有效婚姻；女儿未经父亲同意不得擅自订立婚约；等等。① 到 12 世纪，不可解除的范围更加扩大化，《格雷西安教令集》甚至强调：婚约不能为通奸所解除；婚姻过程一旦被证明业已开始，它便不能够被以任何理由加以解除；体弱、受伤及无生育能力皆不能成为解除婚姻的理由。② 于是，天主教徒的离婚权基本上被废止了。

与中国旧时的多妾制迥异的是，一夫一妻制是澳门葡裔族群婚姻的基本制度。一夫一妻制是天主教婚姻的首要原则，在神前起誓的婚姻是安定而纯洁的婚姻，是神圣的持续。这种更文明的婚俗随着葡人的到来而在澳门生根发芽，成为一道亮丽的异域风情，这种与中国多妾制截然不同的婚俗大大刺激了中国士大夫的眼球，在中文史料中可以见到大量相关记载。清初屈大均关于葡人男子"有二色"的记载：

> 男子不得有二色，犯者杀无赦。③

乾隆时担任澳门同知的印光任和张汝霖称：

> 男子则出嫁女家，不得有二色，犯者女诉之法王，立诛死。或许悔过，则以铁钩钩其手足，血流被体而后免。④

姚元之《竹叶亭杂记》则载：

> 其俗男子不得置妾，不得与外妇私，其妇约束极严。而妇人随所爱私之，其夫不敢过问。若其夫偶回本国，往来须时，必托一友主其家。其友三四日一过宿，若逾多日不至，妇则寻至，责以疏阔。其夫归问友之往来疏密，密者即为好友，疏则不与之交矣。习俗所尚，全与礼教相反。⑤

潘有度《西洋杂咏》：

> 缱绻闺闱只一妻，（注：夷人娶妻不纳妾，违者以犯法论。）犹知

① Angela M, Lucas.1983. *Women in the Middle Ages: Religion*, Marriage and Letters, Brighton, Sussex: The Harvester Press, pp.70–71, 105.
② Emilie Amt. ed.1993. *Women's Lives in Medieval Europe a Sourcebook*, London: Routledge, pp.82–83.
③ （清）屈大均：《广东新语》卷 2《地语·澳门》，中华书局 1985 年版，第 38 页。
④ （清）印光任、张汝霖：《澳门记略》卷下《澳蕃篇》，澳门文化司署校注本 1992 年版，第 154 页。
⑤ （清）姚元之：《竹叶亭杂记》卷 3，中华书局 1982 年版，第 92 页。

举案与眉齐。夷人夫妇之情甚笃，老少皆然。①

值得注意的是，由于不同族群文化的差异性，中国士人在观察这一同中华迥异的族群时带有有色眼镜和猎奇心态，在这些中文史料的描述中，总是伴随葡裔族群重女轻男、男子不得有二色、而女子不禁的论调，这并不是对当时情况的实录，有违史实。

首先，葡裔族群并没有重女轻男，女子在家庭中的地位并未高过男子。伊比利亚半岛及其拉美殖民地的妇女，享有同男性相同的继承权，并且能够让渡自己的财产，亦即，他们对自己的嫁妆和遗产等财产有自主处理的权利。②

由于天主教婚姻中夫妻财产的分产制及女儿有权继承父母、祖父母财产的规定，使得澳门有嫁妆的葡亚混血的土生葡裔族群女子在经济上保持了相对的独立性。同当时受到族权、父权、夫权重重压迫的中国女子相较而言，葡裔族群女子的地位确实不可同日而语。由于土生葡裔族群女子地位相对独立，故而在当时男尊女卑思想根深蒂固的士大夫眼中，这一现象非比寻常，所以比较震惊，才得出"重女轻男"、"女子持家计，承父资业"的结论。这些记载可能是因为时俗不同而夸大其词，因为土生葡裔族群女子虽然比起华人女子而言在家庭地位中相对独立，但并未至重女轻男的地步。在子女继承权上，女子并没有高于男子，"按照葡萄牙的法律，长子是父母财产的唯一继承人。"③ 当然，父母一般也会照顾到其他子女，若是父母在世时女儿出嫁，一般会准备丰厚的嫁妆；若是父母在女儿出嫁前去世，亦会立遗嘱给予遗产。无论从当时的法律，还是具体的遗产继承案例而言，葡裔族群在子女的财产分配上并不存在重女轻男的情况。

虽然葡裔族群女子有一定的继承权，但她们的社会地位还是处于依附状态。阿马罗在分析16—19世纪澳门妇女时指出：

> 如果这些妇女生活在上层社会，则悠闲舒适；但无论生活在什么

---

① （清）潘义增、潘飞声：《番禺潘氏诗略》第2册《义松堂遗稿》之潘有度《西洋杂咏》，清光绪二十年刊本，第2页。

② Susan Migden Socolow, 2000. *The Women of Colonial Latin American*, Cambridge and New York: Cambridge University Press, p.9.

③ [印]桑贾伊·苏拉马尼亚姆著，何吉贤译：《葡萄牙帝国在亚洲：1500—1700政治和经济史》，纪念葡萄牙发现事业澳门地区委员会1997年版，第255页。

阶层，都惟命是听。①

印度学者伊萨贝尔·杜斯·基马（Isabel dos Gulma）在研究旧体制下的葡国仁慈堂时亦认为：

> 在旧体制时代，处于经济和社会弱势群体的穷人中妇女占了大多数。尽管没有明确的规定，但是值得注意的是，无论是在任何一种婚姻状况下，均存在着妇女对男人的依附关系。而寡妇除外，因为在守寡的情况下，若她们略有财富的话，便可以享有某种经济自由。至于已婚妇女，她们不能享有与其丈夫相等的权利。②

由此可见，澳门葡裔族群及土生葡裔族群女子虽然具有一定的独立性，其社会地位亦是当时的中国妇女遥不可及的，但是并没有达到中国史料所记载的"重女轻男"之地位。

其次，关于"男子不得有二色，而女子不禁"的记载亦是一种错觉。虽然天主教的婚姻是禁止纳妾的，但葡裔族群同女仆通奸的现象比比皆是。虽然天主教主张一夫一妻制，严禁纳妾，但是为了实现"男性嫁接"政策，刘易斯·阿尔布克尔克（Luís de Albuquerque）从进入印度洋时起便为"已婚者"制定了政策，向纳印度妇女为妾的人授予特别权利，以便同她们组成合法家庭。同时，由于受到东方其他民族的影响，葡人纳妾或非法同居现象愈演愈烈。比如仅在索科托拉，就有"与葡萄牙男子以女友身份相处的"两百多名妇女被送往果阿；而在加纳诺尔，人们会在教堂里见到肥胖的妻妾；在马六甲有许多有妻室的人。他们除了正室外都有三四个妾，多者可达六妾。这种现象在澳门亦逐渐风行，博克塞称：

> 到 1564 年，随着澳门人口的增长，改宗基督教的中国妇女和少女的杂婚率明显提高，纳妾现象也越来越严重。③

16 世纪荷兰航海家林旭登（Jan Huygen van Linschoten）称：

---

① ［葡］安娜·玛里亚·阿马罗著，田光明译：《澳门妇女：据 16—19 世纪旅行家的记载》，《文化杂志》中文版，1993 年第 4 季度（总第 17 期），第 94 页。

② ［印］伊萨贝尔·杜斯·基马（Isabel dos Gulma）：《社会地位及歧视：旧体制时代葡萄牙仁慈堂值理及受惠者的选择方式》，第 314 页，转引自［葡］施莉萝：《澳门仁慈堂历史上的妇女》，澳门《行政》杂志，2007 年第 2 期（总第 76 期），第 416 页。

③ C.R. Boxer, 1974."Macao as Religious and Commercial Entrepot in the 16th and 17th Centuries", in Acta Asiatica, 26, p.66.

同样女奴隶也是这样，因为她们从来不到海外，然就在他们主人去海外的这些时间，或者在节日跟随主人去教堂时，她们就告知情人，然后离开教堂里的女主人，或者偷跑到某个商店或角落，这是她们现成的不假思索的去处，她们的情人在那里等着，然后他们就匆匆地进行了一项运动，事完后就分开；如果她正巧拥有个葡萄牙人或白人作为情人，她就尤为自豪，认为没有任何女人比得上自己，还在奴隶中间吹嘘，她们还会从男主人和女主人那里偷取东西送给情人，许多士兵凭此和兵饷，过上了更好的生活；如果这些女奴怀上了孩子，孩子就是男主人的，男主人对此十分满意，因为这些孩子又是他的奴隶；但是如果孩子出生时，孩子的生父是一个葡人或某个自由人，孩子的生父也可在八天之内为此询问，向男主人支付小额金钱领走，法律就是这样规定的，从而这个孩子自此就是自由人了。①

这说明随着葡人同华人的交往日深，一方面他们的宗教和文化习俗影响了大批华人，同时也开始受华人文化的影响，连被传教士们批判最严厉的纳妾制、包养情妇或与女仆通奸也在葡人之间流行起来。虽然得不到的承认，但在事实上是存在的。中国的"妹仔"主要是充当葡人家庭的女奴角色，但是她们有时也过着安逸和儿女成群的生活，她们在洗礼时接受了其主人的姓而实际上哺育了很多自己和别人的孩子，所有这些未婚生子都被归入"受抚养人"。往往一个富裕的葡人家庭会拥有五个以上的女奴。耶稣会教士弗朗西斯科·德·索萨（Francisco de Sousa）神父批评这种淫乱奢侈的社会风气如是说：

葡萄牙借口使她们加入天主教，从东方各省买来这些"毒药"，然后把她们带回我们的港口，她们并没有什么经济作用，而且我也不知道对她们的心灵是否有较大危害。然而，如今她们有一个面包吃，便能以音乐演奏者和其他不需要的手艺的名义在他家里支撑一个女修道院……②

在葡萄牙学者若尔热·福尔加斯（Jorge Forjaz）的《澳门土生家族》一书

---

① Jan Huyghen van Linschoten, 1885. "The Voyage of John Huyghen van Linschoten to the East Indies", Vol. I, Londres, pp.215–216.

② Manuel Teixeira, 1994. "Os Macaenses", in Revista de Cultura, edição do Instituto Cultural de Macau, No.20, p.78.

中，就常见到非婚生子的记载，现摘取部分列表如下 ① ：

姓名	出生死亡年份	婚姻次数	非婚生子女
曼努埃尔·科尔代罗 （Manuel de Sousa Cordeiro）	？ —1710	？	非婚子 1 名
若瑟·巴雷托 （José Barreto Senior）	1750—1824	2	与姓席尔瓦（Silva）女子有非婚女 1 名
索萨·伊·阿尔布克尔克 （Inácio Baptista Cortela de Sousa e Albuquerque）	1750—1827	1	非婚子 1 名
若瑟·巴洛斯 （José Joaquim de Barros）	1753—1823	1	与安东尼娜·沙维尔（Antónia Maria Xavie）有非婚子 3 名
阿戈斯蒂尼亚·拉谢拉德 （D. Agostinha Maria Correla de Lacerad）	1759—？	1	非婚子 1 名
恩里克·达伦贝尔格 （Henrique caetano Danenberg）	1770—？	1	非婚子女 2 名
眉额带历 （Miguel José de Arriaga da Silveira）	1776—1824	1	非婚子女 2 名
巴尔特洛梅乌·巴雷托 （Bartolomeu Barreto）	1784—1845	2	与安东尼娜·克鲁兹（Antónia Rita da Gruz）有非婚子女 5 名
若瑟·席尔瓦 （José de Almeida Carvalho e Silva）	1784—1850	1	与中国女佣有非婚子 1 名
安东尼奥·巴塔尼亚 （António Ferreira Batalha）	1785—1855	2	非婚子女 2 名
马尔科斯·贝罗 （Marcos Aurélio Belo）	1805—1839	1	与华人女子安娜·伊西伯娜（Ana Páscoa Isidora）有非婚女 1 名
拉莫多·弗兰科 （Raimundo Franco）	？ —1839	2	非婚子 1 名
若瑟·阿尔梅达 （José Manuel de Almeida）	1812—1884	1	非婚子 1 名
皮奥·卡瓦略 （Pio Maria Francisco de Carvalho）	1820—1882	2	非婚子 1 名

---

① Jorge Forjaz, 1996. *Famílias Macaenses*, Macau: Fundação Oriente, Instituto Cultural de Macau, Instituto Portugues do Oriente.

姓名	出生死亡年份	婚姻次数	非婚生子女
安东尼奥·贝尔拉德亚 (D.António de eça Vaz Bernardea)	1826—1888	1	与贝尼菲迪亚·罗莎（Benefídia Silva Rosa）有非婚子1名
威廉·若瑟·德·阿尔梅达 (William José de Almeida)	1830—1917	0	与一异教徒女子有非婚子女4名
曼努埃尔·巴拉略 (Manuel Maria Borralho)	1853—?	1	与一名不知名者有非婚女1名
弗朗西斯科·库尼亚 (Francisco Manuel de Cunha)	1859—1910	1	非婚子女3名
弗雷德里科·卡瓦略 (Frederico Eugénio de Carvalho)	1860—1923	1	与马达雷娜·孔塞桑（Madalena Maria da Conceição）有非婚子女3名
尤西比乌斯·阿吉洛 (Eusébio Esquerião Honorato de Aquino)	1864—1925	1	与安·史密斯（Ann Smith）之女有非婚子女2名
乔尔·阿洛克 (Joel José Chol Anok)	1867—1945	3	第三次婚姻是以中国风俗同玛利亚·克克（Maria Kok）结婚
刘易斯·阿尔瓦雷斯 (Luís Maria Joaquim Álvares)	1869—1911	1	与格拉谢·丁尼生（Grace Tennyson）有非婚女1名
伊西多罗·科拉索 (Isidoro António Colaço)	1871—?	2	非婚女1名
若奥·亚松桑 (João Correa Paes da Assumpção)	1889—1944	1	与玛利亚·余（Maria Carmo Yue）有非婚女3名
爱德华多·特里戈索 (Eduardo Viana de Almeida Trigoso)	?—1917	0	非婚子1名

澳门葡裔族群的婚俗主体上是遵循天主教一夫一妻制的基本原则，16—19世纪澳门葡裔族群女子虽然有一定的独立性，但她们的地位还是处于依附状态，更不可能地位超过男子。男子通奸、嫖妓、非婚生子等"有二色"的现象比比皆是，更有效仿中国男子纳妾者；而"女子不禁"则只是在经济窘况下不得已的选择，是贫困的葡裔族群女子及亚非女奴所为，并不能代表所有的葡裔族群女子。

二、澳门葡萄牙人的婚姻形态

（一）与外族通婚

随着葡萄牙的东进，在亚洲沿海大多数地区都可以找到葡萄牙人的踪迹。葡萄牙殖民者在亚洲绵长的海岸线上开辟了许多据点或商站，包括果阿、第乌、霍尔木兹、科钦、杜蒂戈林、圣多美、帝汶、雅加达、门格洛尔、克拉姆、马六甲、蒙巴萨、孟加拉国、马尼拉、长崎、澳门等。对于当时仅有400年建国历史，人口不足 150 万的葡萄牙来说，要用武力完全征服这些地区简直是天方夜谭。由于据点过多，葡萄牙想要以本国的军事力量维持其在东方帝国的统治亦绝非易事。阿丰索·阿尔布克尔克（Afonso Brás de Albuquerque）曾说，为了实现这一目标，"需要建成 4 个坚强的要塞及一支装备精良的海军舰队，并拥有在 3000 名欧洲出生的葡萄牙海军"。[①] 然而，随着印度生活的阴暗面越来越为人所知，招募新兵前赴东方就比较困难了。[②] 为了解决这一问题并尽快建立庞大的殖民体系，除派遣新兵外，葡国政府还鼓励葡萄牙男性移民。"为了执行其迅速殖民和树立乡土观念的政策，阿丰索·阿尔布克尔克曾大力赞助葡萄牙同土著妇女之间的通婚。于是许多出身名门的葡萄牙人同皮肤白皙、相貌美丽的摩尔妇女成了亲，也许是果阿的土耳其女人、婆罗门女人，但不会是印度低下的种姓。"[③] 阿丰索·阿尔布克尔克之推行这种乡土主义政策，是为了迅速获得大量在当地出生葡萄牙士兵来保卫土地。[④] 阿丰索·阿尔布克尔克的这种"男性嫁接"政策自 1511 年 8 月占领亚洲最重要的贸易中心——马六甲后，亦在马来亚、印度尼西亚地区大力推行。

通婚亦是增加盟友的良策，所以阿丰索·阿尔布克尔克只允许出类拔萃的葡萄牙男子同当地贵族女子结婚。阿丰索·阿尔布克尔克的士兵同被俘获的摩尔女子结婚后，获得了他们新娘已亡或出逃的主人的田地和房屋。通过通

---

① 转引自李长森：《明清时期澳门土生族群的形成发展与变迁》，中华书局 2007 年版，第 48 页。

② 李长森：《明清时期澳门土生族群的形成发展与变迁》，中华书局 2007 年版，第 48 页。

③ Ana Maria Amaro, 1988. *Filhos da Terra*, Macau: Instituto Cultural de Macau, pp.13–14.

④ Cartas de Afonso de Albuquerque, publicadas pela Academia das Ciencias, tomo IV, Lisboa,1910, pp.214–215.

婚，葡萄牙殖民者不仅得到了土地、财富，可以和当地人建立良好的关系，还能得到盟友的军事支持。① 据明人何乔远《名山藏》载：

> 其属夷有大港、有南旺、有玳瑁港、有吕蓬、有磨荖央、有以宁、有屋当、有朔雾，而皆佛郎机主之。佛郎机破，朔雾有力焉，佛郎机德之。既奄有诸土，率虏使其民，独与朔雾为婚媾。②

故而克里斯托万·阿伊雷斯（Christovam Aires de Magalhães Sepúlveda）认为，阿丰索·阿尔布克尔克的想法是在印度大地上布下葡萄牙人的根基，栽下天主教的树墩，以通婚和殖民的方式建立殖民中心。③

此外，在亚洲推行通婚政策还有一个客观原因，就是从葡萄牙前往亚洲人员的性别比例严重失衡：

> 王国宫廷不允许妇女随战士登船，因为会增加闲散人员……还会分散男人的精力。由于查出几起妇女偷登船事件，颁布了惩治这种行为的严厉法令。1505 年，当首任印度总督弗兰西斯科·阿尔梅达（Dom Francisco de Almeida）率 1500 名士兵分别乘 22 条帆船前往印度时，有许多贵族与其同行。此后凡是贵族均可携带女性同行。然而实际上登船的妇女极少，因为大多数人都不愿意让其妻女在这一漫长的海上旅行中冒险。④

16—18 世纪，葡萄牙妇女前往东方定居的人数屈指可数，即使在高峰时年平均人数也仅 10 人而已。所以，早在阿丰索·阿尔布克尔克采取鼓励政策之前，葡萄牙士兵在东方早已私底下同当地妇女结了婚。王室为了鼓励这种行为，1509 年下旨向结婚的葡—印夫妇赠送嫁妆。如果父亲死亡，这一婚姻生下的子女每月可得到抚恤金。同时，"为了鼓励自由通婚，向这些给葡萄牙人及其后裔的赠地，除向教会缴纳什一税外，免交其他任何税收"，"因此很自然同亚洲女子或欧亚混血女子的通婚风行一时，因为凡是在印度结婚的人都可以

---

① Ana Maria Amaro, 1988. *Filhos da Terra*, Macau: Instituto Cultural de Macau, pp.14–15.

② （明）何乔远：《名山藏》第 8 册，《王享记·东南海夷》3，《吕宋》，北京大学图书馆藏善本丛书，北京大学出版社 1993 年版，第 26 页。

③ Christovam Aires de Magalhães Sepúlveda, *História Organica e Política do Exército Portuges*, Lisboa, 1896–1932, in Revista de Cultura, edição do Instituto Cultural de Macau, No.20, 1994, p.17.

④ Ana Maria Amaro, 1988. *Filhos da Terra*, Macau: Instituto Cultural de Macau, p.9.

得到赠地"。① 这样一来，就产生了大量欧亚裔混血儿。

由于阿丰索·阿尔布克尔克的鼓励通婚政策，澳门开埠后"负老携幼，更相踵接"② 而至的葡萄牙或葡裔男子大多已在印度果阿或者马六甲地区娶妻生子，或将家眷留在原地，或已带至中国沿海。至于他们的妻子，主要是马来亚、印度的当地女子或葡亚裔混血女子。阿马罗认为，由于葡亚裔混血女子大多在合法家庭中出生，且拥有丰厚的嫁妆，故"在澳门开埠时已为数众多的欧亚混血女子可能是早期澳门人的母亲。"③ 据博克塞记载：

> 在 16 至 17 世纪期间，葡萄牙妇女在赴印度国的大规模移民洪流中所占的比例微乎其微，平均每年只有 10 人……1636 年，在澳门仅有一名葡国妇女。④

同时不可忽略的是这些葡商家庭还拥有大量印度、马来亚、印度尼西亚、非洲、日本及中国的女奴。由于定居澳门的葡裔男子也有大量贫穷的水手和不富裕的商人，他们也可能娶这些女子为妻。文德泉神父认为：

> 第一代土生葡人是由 500 名葡萄牙人和 500 名马来亚妇女通婚而来。⑤

博克塞亦称：

> 建于约 1555—1557 年的澳门城，在最初期的居民中几乎没有白种妇女的。最开始，他们也没有与邻近的香山县的华人融合在一起，与他们一同居住的妇女一般是日本、马来亚、印度尼西亚及印度的，多数是奴仆。可是在很短的时间内，一群为数不少的华人开始移居于此，由于明朝中国禁止与日本贸易往来，所以澳门很快形成了中日贸易商栈。因此，葡萄牙的男人开始与中国女人通婚；不过中国女人的角色仍以妾或契约女佣（妹仔）为主。后者虽然和奴仆无差别，事实上，也有一些是被无子女的夫妇、寡妇和鳏夫作为女儿收养，成为家

---

① Ana Maria Amaro, *Filhos da Terra*, p.15.

② （明）庞尚鹏：《百可亭摘稿》卷 1《陈末议以保海隅万世治安疏》，四库全书存目丛书集部第 129 册影印明万历二十七年庞英山刻本，齐鲁书社 1997 年版，第 131 页。

③ Ana Maria Amaro, *Filhos da Terra*, p.19.

④ C.R. Boxer, 1997. *A Mulher na Expansão Ultramarina I bérica: 1415–1815*, Lisboa, p.85.

⑤ Manuel Teixeira, 1994. "Os Macaenses", in Revista de Cultura, edição do Instituto Cultural de Macau, No.20, p.67.

庭的正式成员。①

虽然在开埠前，葡华通婚很少，实际上葡商于中国沿海贸易定居的过程中，大量中国女奴进入这些葡商家庭。葡萄牙进入中国之初就在沿海地区收买妇女儿童，曾造成沿海人民的恐慌，盛传葡人吃小孩。后来虽然有所收敛，但还是有不少人口贩子继续诱拐儿童卖与葡商。万历后期的郭尚宾言：

> 闽广亡命之徒……有拐掠城市之男妇人口，卖夷以取资，每岁不知其数。②

男性葡人们与这些女奴同居或者纳为小妾者甚多，这是这些葡国商人和士兵在印度果阿和马六甲等地形成的风气。于 1565 年抵澳的安徽作家叶权称当时澳门葡人家庭中：

> 妇人携来在岛，色如男子，额上施朱，更丑陋无耻，然颇能与中国交易。日余在番人家，见六七岁小儿啼哭，余问通事，番人所生耶？曰："非。是今年人从东莞拐来卖者，思父母哭耳。"番人多者养五六人，女子多者十余人，俱此类也。男子衣服如其状，女子总发垂后，裹以白布，上衣西洋布单衫，下以布横围，无内衣，赤脚，时十二月甚寒，亦止衣此。岛中男女为夷仆妾，何下千数，悉中国良家子，可恨可叹。③

这说明在开埠初期就有大量华人女子充当葡人的仆或妾。此外，亦有学者认为葡华通婚始于澳门开埠之初，潘日明神父称：

> 葡国男子和本地（中国）女子通婚始于葡人抵澳之时。黄肤色的通事或译员，接受基督教洗礼之后，采用葡萄牙名字，并加入我们葡人社会。这完全出于自愿，绝无强迫之意。许多葡国家庭和商行所雇佣的中国人自我们定居浪白滘之后改变了信仰。④

由于明代来澳门的葡萄牙女子寥寥无几，从葡萄牙派来的王室孤女基本到达果阿后就停止向东前进，故而澳门葡人和土生葡人要解决婚姻问题只能把目

---

① C.R.Boxer, 1975. *Mary and Misogyny: Women in Iberian Expansion Overseas, 1415–1815*: Some Facts, Fancies and Personalities, New York: Oxford University Press, p.84.

② （明）郭尚宾：《郭给谏疏稿》卷 1《防澳防黎疏》，丛书集成初编本，第 1 页。

③ （明）叶权：《贤博编》之《游岭南记》，中华书局 1987 年版，第 46 页。

④ [葡]潘日明著，苏勤译：《殊途同归：澳门的文化交融》，澳门文化司署 1992 年版，第 32 页。

标瞄向其他民族女子。莱萨教授说：

> 本市（指澳门）建立以后 40 年，混血儿的数目已很可观。这一点不难理解，若尔热·阿尔瓦雷斯（Jorge Àlvares）来到之后 100 年，整个城市里还没有一位在宗主国出生的女人，直到蒸汽机轮船出现之后，才来了一些。[1]

彼得·蒙迪（Peter Mundy）1637 年抵达澳门时称：

> 据称整个澳门城内仅有一名生于葡国的女性。当地葡萄牙人的妻子不是中国人就是中葡混血儿。[2]

如前所述中，第一代葡人定居澳门时还曾携带大量来自马六甲和印度的女子，但不久他们便把目光转向人数越来越多的华人女子。博克塞亦称：

> 最初到澳门的移民主要是从马来亚、印度尼西亚、日本人中娶妻。到 1564 年，随着澳门中国人口的增长，改宗基督教的中国妇女和少女与葡萄牙通婚率明显提高。[3]

桑切斯（Alonso Sánches）神父于 1582—1585 年间对澳门做了两次历时颇久的访问，他写道：

> 葡国男子喜欢同中国妇女结婚胜于其他种族的女性，因为她们具有非常多的美德。……（她们）异常纯洁、认真、朴实，特别忠诚、谦卑而对丈夫百依百顺。她们具有如此之多的恩惠、美丽和恭谦，胜过西班牙那些富有的、出身高贵的妇人。[4]

1625 年圣保禄学院的药剂师亦写道：

> 在葡萄牙人的妻子中，许多是华人，或者说一部分是这样。[5]

1635 年，安东尼奥·博卡罗（António Bocarro）亦称：

---

[1] ［葡］莱萨著，范维信译：《澳门人口：一个混合社会的起源和发展》，《文化杂志》中文版，1994 年第 3 季度（总第 20 期），第 119 页。

[2] Peter Mundy, *The Travels of Peter Mundy in Europe and Asia:1608—1667*，Vol.3,Cambridge: Printed for the Hakluyt Society, 1919, pp.262–263.

[3] ［英］博克塞著，黄鸿钊等译：《16—17 世纪澳门的宗教和贸易中转港之作用》，《中外关系史译丛》第 5 辑，上海译文出版社 1991 年版，第 83 页。

[4] Manuel Teixeira, 1994."Origem dos Macaenses"，in Revista de Cultura, edição do Instituto Cultural de Macau, No.20, p.152.

[5] José Caetano Soares,1950. *Macau e a Assistência*, Lisboa:Agência Geral das Colonias, p.28.

除了葡萄牙已婚者外，本市还有数目大致相当的当地和中国基督徒（他们占大部分，被称为 Jurubaças①）和其他民族的已婚者。②

除了主要同混血儿及华人通婚外，明代澳门的葡人和土生葡人、其他地区、民族的女子通婚现象亦是土生族群形成的重要支脉，这些女子主要包括日本人、印度人、帝汶人、菲律宾人、马来亚人及交趾支那人等，甚至还有英国女子。阿马罗称：

> 16世纪末日本女人价钱最低。据说，16世纪进口到果阿的奴隶大部分来自孟加拉国、中国和日本。③

葡人尚在印度及马六甲地区就大量拥有日本女奴，在澳门亦是如此。早在1563年，就有人记载了澳门葡人喜欢同日本女奴通婚的现象：

> 由于缺少葡萄牙妇女，欧洲人很快放弃了他们在马六甲或印度的女伴而与日本主要是与中国妇女结合在一起，他们非常欣赏她们庄重的品格。④

自17世纪始，日本开始仇视天主教，禁教运动愈演愈烈，从1614年到1640年间，许多日本天主教徒及在日本定居的葡萄牙及葡日混血天主教徒为了躲避灾难而逃往澳门。万历四十二年（1614），塞隆·库尼亚（João Serrão da Cunha）这次在日本的生意仍然做得很好，当他离开日本时，随船还携带了大量的因禁教被驱逐者，这些被驱逐的日本基督徒分乘5艘大船，其中3艘来到澳门与暹罗。到澳门者有60人，其中有25名日本人。1636年又有278名妇女和欧洲混血种儿童从长崎逃到澳门。这里有相当多的日本人，以至于委派一名耶稣会教士——马蒂斯亚·达·马伊亚（Matthias da Maia）神父做这些逃难者的代理人。⑤

---

① 儒鲁巴萨（Jurubaças），狭义是口头翻译，源自马来文。

② ［葡］安东尼奥·博卡罗著，范维信译：《要塞图册》，《16和17世纪伊比利亚文学视野里的中国景观》，大象出版社2003年版，第219页。

③ ［印］桑贾伊·苏拉马尼亚姆著，何吉贤译：《葡萄牙帝国在亚洲：1500—1700政治和经济史》，纪念葡萄牙发现事业澳门地区委员会1997年版，第37页。

④ Manuel Teixeira,1994. "Os Macaenses", in Revista de Cultura, edição do Instituto Cultural de Macau, No.20, p.68.

⑤ C.R.Boxer,1948. *Fidalgos in the Far East (1550—1770)*, Fact and Fancy in the History of Macau, The Hague: Martinus Nijhoff, p.65；［葡］文德泉著，小雨译：《澳门的日本人》，《文化杂志》中文版，1993年第4季度（总第17期），第79—81页。

　　这些从日本逃离出的基督徒自然成为澳门葡人和土生葡人妻子的好人选。文德泉神父称：

　　　　由于日本对外国人封闭其港口，这些日本人和欧洲混血人就再也没有回到过他们的祖国。这样，他们在澳门组成了家庭。龙思泰（A.Ljungstedt）由此断言的实际情况就是葡萄牙人娶日本女子为妻。①

　　美国学者沃茨亦称：

　　　　于 17 世纪中叶，基督徒撤离日本，逃来澳门，若干葡人觅得日本新娘。②

　　此外，还有一些中日混血儿基督徒被驱逐到澳门，如 1636 年，从日本驱逐回澳的基督徒中，有一名叫芜索拉·巴嘉斯（Ursola de Bargas）的女子，是著名海盗郑芝龙与日本妻子田川松（たがわまつ）的女儿。芜索拉·巴嘉斯到澳门，得到了澳门耶稣会的收留，并与澳门城的葡萄牙居民曼努埃尔·贝洛（Manuel Bello）的儿子安东尼奥·罗德里古斯（António Rodrigues）结婚。郑芝龙得知女儿回澳门后，便派人向澳门索要女儿。澳门教会认为，郑芝龙虽然曾是基督徒，但早已放弃了信仰，因此，不同意将女儿送还。郑芝龙一度扬言，要率领一支 500 艘到 1000 艘船的舰队来攻打澳门，抢劫城市或阻止澳门从中国得到任何给养，并夺回女儿。澳门教会最终还是决定不将女儿归还其父亲，而郑芝龙亦未实施其威胁，没有攻打澳门。③

　　第一代定居澳门的葡人的妻妾很多都来自印度和马来亚，这一点在前文已论述。葡人在澳门定居后，同马六甲及果阿的贸易和接触仍很频繁。葡人及土生葡人家庭中依然拥有大量来自印度和马来亚的女奴，以至于不得不将她们送出澳门。到了清代，葡人同东南亚人通婚的习俗仍在继续。哈丽特·洛在 1831 年见到葡人门德斯的未婚妻就是来自加尔各答的混血女子：

---

①　Manuel Teixeira, 1994. "Os Macaenses", in Revista de Cultura, edição do Instituto Cultural de Macau, No.20, p.68.

②　[美] 沃茨著，杨秀玲、李丽青译：《双文化的地位，两族裔的认同：澳门两位由嘉诺撒修女养育的中国孤女》，《文化杂志》中文版，1997 年秋季（总第 32 期），第 165 页。

③　Juan de Palafox y Mendoza,1670. *Historia de la conquista de la China por el Tartaro*, Paris:Acosta de Antonio Beritier, p.69.

> 马尔顿太太……及两位威廉斯家小姐从加尔各答来，她们具有一半种姓血统，肤色相当深。听着那年纪较轻，将与门德斯先生结婚的那位小姐说话，我们应该叫她们黑人；但她是纯血统的葡萄牙人。即使她们黑皮肤，也在一半种姓血统之上。①

在 18 世纪的最后 25 年，由于安南国内的动乱和随之而来的对天主教的迫害，交趾支那的一些基督徒逃到了澳门。1790 年 4 月 14 日龙热尔神父写道：

> 在摧毁我们所有的礼拜教堂后，交趾支那的叛乱者爆发的全面战争几乎接连不断，使我们可怜的基督徒饱受灾难，因而人数有所减少。一半以上的男人死亡，活着的则遭受了更可怕的迫害。②

在这场对基督徒的残暴迫害中，不少富裕的交趾支那人前来澳门定居避难。"在 1758—1793 年的教区档案中有数例交趾支那姑娘与澳门葡萄牙人结婚的情况。"③

颇值得一提的是，明代澳门城内还有一位来自英国的妻子。彼得·芒迪说：

> 在马六甲有一位与葡萄牙人结婚的英国妇女……她叫朱迪斯，现在叫茉莉亚·德·加尔西亚，这位英国妇女是怎么会待在马六甲呢？1620 年，她乘坐 Union Corn. Do Cap. Carter 号船前往日本；朱迪斯是作为带着妻子同行的木弗罗比舍的佣人去的。船在交趾支那海岸遇难，而朱迪斯获救并被慈善堂收留直到一位马六甲葡萄牙人与她结婚并把她带到澳门。④

由此可见，澳门土生葡人族群的血缘种族问题是极为错综复杂的，由于缺少官方统计数据，故而只能根据一些零散的历史材料窥见一斑。莱萨认为"澳门的葡萄牙人是亚洲最持久的种族混合"。比起葡萄牙东方帝国的其他地区，

---

① [葡] 普加（Rogério Miguel Puga）：《从哈丽特·洛（希拉里）的日记看 19 世纪澳门性别的社会生活》，《行政》杂志，第 15 卷，2002 年第 2 期（总第 56 期），第 443—489 页。

② Manuel Teixeira,1994."Os Macaenses", in Revista de Cultura, edição do Instituto Cultural de Macau, No.20, p.73.

③ Manuel Teixeira,1994."Os Macaenses", in Revista de Cultura, edição do Instituto Cultural de Macau, No.20, p.73.

④ Manuel Teixeira,1994."Os Macaenses", in Revista de Cultura, edição do Instituto Cultural de Macau, No.20, p.69.

"从生物学角度看，由于中国南部华人的巨大影响，澳门居民在主要种族分支中表现出更加强烈的种族混合复杂性，这种血统混合的复杂程度在世界各地都十分罕见。"①

（二）男嫁女家

在中国婚俗中，以男方家庭为主，一般是女子嫁入男方家庭，入赘情况寥寥无几。而在澳门，随着明末以来澳门经济的衰落，不少葡人撤离的时候还留下了妻妾子女，加上一些葡人男子在海上贸易和帝汶战争中失去生命，澳门逐渐形成了"夷少男而多女"的性别失衡现象。弗朗西斯科·德·索萨（Francisco de Sousa）神父在 1700 年记录的澳门人口述统计数据称：

> 现在有 150 个葡萄牙家庭，基督教徒的总人数为 19500，其中 16000 人为妇女。城内有 1000 异教徒、官员和商人。②

当然，如此大的男女性别数据差距还包括了女奴和华人女子在内，但是葡裔女子多于葡裔男子的现实亦可从中略窥一二。1725 年，雅各布·格里弗（Jacob Grifo）神父在给议事会的信中建议：

> 不要从帝汶或任何其他地方向该市居民运送女奴，因为最好是减轻该市女人太多的负担。……该市妇女实在太多了。③

若瑟·热苏斯·玛利亚（José de Jesus Maria）修士有这样的记录：

> 1745 年，澳门居民中 5212 名基督教徒、5000 名中国异教徒，从王国来的葡人仅有 90 位；男人和儿童共 1910 人；妇女有 3301 人，澳门仿佛是座女人城。④

瓦伦（A.M.Martins do Vale）教授对 1774 年和 1791 年的澳门人口进行了分类统计，参见下表：

---

① Almerindo Lessa, *Antlrropobiologie et Anthropossoci oloAie de Macau*, p.251, in Gonçalo Mesquitela,1996. História de Macau, Vol.I, TomoII, Macau:Instituto Cultural de Macau, p.30.

② Manuel Teixeira,1994."Os Macaenses", in Revista de Cultura, edição do Instituto Cultural de Macau, No.20, p.72.

③ ［葡］莱萨著，范维信译：《澳门人口：一个混合社会的起源和发展》，《文化杂志》中文版，1994 年第 3 季度（总第 20 期），第 132 页。

④ ［葡］施白蒂著，小雨译：《澳门编年史：16—18 世纪》，澳门基金会 1995 年版，第 134—135 页。

1774 年按堂区、人口阶层统计的澳门基督徒人口表 ①

（单位：人）

人口构成	堂区				总数
	大堂	风顺堂	花王堂	修道院	
葡萄牙人	49	41	19		109
土生葡人	138	38	24		200
当地出生者	323	208	138		669
已婚女性	175	262	90		527
寡妇	112	140	69		321
未婚女性	437	728	189		1345
12 岁以下儿童	338	122	167		627
归化入籍者			2		2
印度出生者			10		10
恢复自由者			9		9
华人基督徒		10	2		12
奴隶	523	238	299		1060
神父	14	6	3		23
苦行僧	5				5
男性神职人员				20	20
女性神职人员				50	50
总数	2114	1793	1021	70	4969

1791 年按堂区、性别、婚姻状况及社会地位统计的澳门基督徒人口表 ②

（单位：人）

人口构成	堂区				总数
	大堂	风顺堂	花王堂	修道院	
男性	894	664	261	66	1885
未婚（成年人及小童）	338	270	105		713
已婚	165	146	58		369
鳏夫	16	14	7		37
华人病人	42				42
华人基督徒	38				38
奴隶（成年人及小童）	271	232	90	24	617

---

① A.M.Martins do Vale, 1997. *Os Portugueses em Macau (1750—1800)* , Instituto Português do Oriente, p.131.

② A.M.Martins do Vale, 1997. *Os Portugueses em Macau (1750—1800)* , Instituto Português do Oriente, p.135.

续表

人口构成	堂区				总数
	大堂	风顺堂	花王堂	修道院	
神职人员	22	1	1	29	53
男性仆人	2	1		13	16
女性	1351	1063	458	94	2966
未婚（成年人及小童）	566	646	180		1392
已婚	197	172	62		431
寡妇	157	112	48		317
华人基督徒	20				20
华人病人	18				18
奴隶（成年人及小童）	327	315	168	20	830
神职人员	5			59	64
女性仆人	61			15	76
总数	2245	1727	719	160	4851

由此可见，1774 年适婚的葡裔女子的人口（神职人员和小童除外）人数为 2193 人，而男性只有 978 人，性别比仅为 44.6%，未婚女子及寡妇人数竟然高达 1666 人。到 1791 年，这种男女性别比例严重失衡的现象并没有好转，葡裔男子（神职人员除外）人数为 1119，女子（神职人员除外）人数高达 1958，此表中清楚地记载了葡裔已婚男子的人数为 369 人，而女子为 431 人，其人数差高达 62。而且葡裔男子中还有一些娶华裔女子为妻，这就表明当年一定有不少葡裔女子和华人男子组成的家庭。

澳门葡裔人口性别构成失衡的情况一直延续到 19 世纪上半叶，如 1834 年 12 月澳门人口统计为：

大堂区：白种男人 660，白种女人 1057；奴隶：男 147 人，女 383 人；风顺堂区：白种男人 547，白种女人 834；奴隶：男 257 人，女 305 人；花王堂区：白种男人 280，白种女人 1415；奴隶：男 65 人，女 143 人。总计：5093 人。备注：在以上人口中，75 名男子出生于葡萄牙本土或其海外领地（亚洲的除外），他们包括：一名总督、一名法官、六名教士、几名军官和士兵，其他的为商人和海员。在这个数字之上，还要加上两名来自葡萄牙的妇女。[1]

---

[1] ［瑞典］龙思泰著，吴义雄等译：《早期澳门史》，东方出版社 1997 年版，第 237—238 页。

这种性别严重失衡，使得葡人女子不得不将目光转向华人男子。在中文史料中，这种男嫁女家的材料亦为多见。清初屈大均《广东新语》称：

> （葡人）得一唐人为婿，举澳相贺。婿欲归唐，则妇阴以药爇其面，发卷而黄，遂为真番人矣。①

清初王士祯《皇华纪闻》亦称：

> 其俗：婿皆赘妻家，产业惟婿女受之，不以与子。子赘他家亦然。②

乾隆时期的张甄陶《澳门图说》也记载了此阶段澳门城内女多男少，土生葡人女子多遭华人诱拐的现象：

> 今澳中乃真夷绝少，有粤人与夷妻私产者，有华人贫乏无赖，衣其衣，操其音而为伪者，虽桀骜恣不顾身，实柔脆无能为役，是弱于昔。……夷少男而多女，又多挟资远出，累岁不归，则苦于汉奸之诱拐。③

而同葡人女子结婚的华人，多为贪利之华人，在葡人"男富归男家，女富归女家"④的婚俗中，便有大量华人男子入赘葡人女子家中。清赵翼指出有些华人男子入赘是为了贪图私利，以便达到个人的某些目的：

> 诸番家于澳，而以船贩海为业。女工最精，然不肯出嫁人，惟许作赘婿。香山人类能番语，有贪其利者，往往入赘焉。⑤

乾隆十一年十二月二十一日两广总督策楞的奏章称：

> 内地民人因在澳门居住，遂致服习邪教，与之婚姻，自应逐一拘拏，置之于法，独是住澳佣趁者，计有八百五十余家，中间男妇多人，大概皆习其教，并有入赘番妇投身于其家者，积弊相沿已将二百余载，今若急为惩治，并勒令离异归农，无论二千五百余名口男妇失

---

① （清）屈大均：《广东新语》卷 2《地语·澳门》，中华书局 1985 年版，第 38 页。

② （清）王士祯：《皇华纪闻》卷 4《香山蜑》，四库全书存目丛书子部第 245 册影印清康熙王氏家刻后印本，齐鲁书社 1995 年版，第 232 页。

③ （清）王锡祺：《小方壶斋舆地丛钞》第 11 册，第 9 帙，张甄陶：《澳门图说》，杭州古籍书店 1985 年版，第 315 页。

④ （清）祝淮：《新修香山县志》卷 4《海防·澳门》，中山文献丛刊第 3 册影印道光七年刊本，第 711 页。

⑤ （清）赵翼：《檐曝杂记》卷 4《诸番》，中华书局 1982 年版，第 66 页。

所流离，无以仰副我皇上覆帱万类之至意，并恐澳门番众不识汉字，不通华言，奸民从而煽惑其间，转为疑惧滋事。①

这一奏折表明华人男子入赘的习俗是从两百年前的明代便已开始，至乾隆朝，华人男子入赘葡裔女子家庭者已成规模，以至于不能轻易让他们离异归农，否则会造成澳门社会的动荡。《澳门记略》称：

> 重女而轻男，家政皆女子操之，及死女承其业。男子则出嫁女家……得一唐人为婿，皆相贺。②

清人钱以垲在《岭南见闻》中说：

> 美者宝鬘华茂，五色照耀，惟眼微碧，稍异于唐。若得一唐人作婿，则举澳相贺。③

张琳《玉峰诗钞》亦有一首竹枝词称：

> 女婚男嫁事偏奇，巾帼持家受父赀。莫怪澳中人尽贺，良辰交印得唐儿。夷俗贵女贱男，以男嫁女谓之交印。得唐人为婿，举澳相贺。④

吴铿《澳门竹枝词》：

> 迎户银盘争撒花，百年好合证三巴。娇羞不作寻常态，引得欢来喜嫁喳。（注：夷俗，婚媾主于三巴寺，僧婿赘妇家，名曰嫁喳。）⑤

可见，这种男嫁女家的现象还有一个专门名字，名曰："嫁喳"，但是在葡文中，嫁娶并无分别，都为同一词：casar，"嫁喳"应为 casar 的粤语音译。当然，男嫁女家并不是当时葡人婚姻的主流，但因为其数量较多，已成为一种显著的社会现象，因为同华人风俗大不相同，故而成为中国文人笔下的关注点。

---

① 中国第一历史档案馆等编：《明清时期澳门问题档案文献汇编》第 1 册，《两广总督策楞等奏明查封澳门进教寺不许内地民人入教折洋传教士在境折》，人民出版社 1999 年版，第 226 页。

② （清）印光任、张汝霖：《澳门记略》卷下《澳蕃篇》，澳门文化司署校注本 1992 年版，第 154 页。

③ （清）钱以垲：《岭南见闻》之《澳门》，广东高等教育出版社 1992 年版，第 54 页。

④ （清）张琳：《玉峰诗钞》卷 15《澳门竹枝词》，广东省立中山图书馆藏清刻本，第 7 页。

⑤ （清）陈兰芝辑：《岭海名胜记》之《澳门记》卷 7，《游澳门同人询土风以长歌述之》，广东省立中山图书馆藏乾隆五十五年刻本，第 60—61 页。

（三）孤女婚姻

在葡萄牙的海外婚姻中，孤女婚姻亦是一种葡萄牙海外殖民地的特殊婚姻。由于阿丰索·阿尔布克尔克鼓励通婚政策下产生的后代并没有成为期待中的"优秀人物"，"男人们开始过亚洲式的生活，终日泡在土著女人和如云的奴婢之中"。[①] 为了缓解这种形势，在东方建立更具葡萄牙根基的家庭，自16世纪下半叶始，葡萄牙国王开始制定新政策：派遣贵族孤女或在海外为国捐躯的平民女儿前往东方殖民据点，向她们提供北方省的一块"封地"作为嫁妆，将这些所谓的"君王孤女"分配给亚洲帝国统治中心果阿的经过挑选的王公贵族及军人首领。然而，由于葡萄牙国内妇女对于远东的恐惧，派往东方的本族女子为数不多。[②] 初期，每年大约10人，有些年份还会停止输送，例如，在1553年，由红衣主教亲王签署的致果阿城市市政议员和检查官的诏书中说，当年不派遣孤女去印度成婚。据统计，即使在派遣的高峰期17世纪，也只有不超过3000名"王室孤女"送往果阿。这些"王室孤女"结婚后，产生了一些纯种的葡萄牙血统家庭。在大部分情况下，他们的子女一般族内通婚，以保持血统纯正。"这些家庭大部分拥有起源于17世纪最后四分之一世纪的贵族称号。"[③]

葡萄牙派来的"王室孤女"一般送往果阿便不再东进，在澳门的史料中并未见"王室孤女"的派遣，而澳门自身则留下了大量的孤女问题，这些孤女大多是在澳去世的富商和军人的后代，她们的父祖或在海上遇难，或在战争中牺牲，而留下的孤女则由议事会出资抚养。《澳门记略》称：

> 红棍官二等：曰大红棍，曰二红棍。大红棍于夷人就暝目时，察其赀财而籍记之，询其人以若干送寺庙，若干遗子女，若干分给戚属，详书于册，俾无后争。二红棍于夷人既殁，有子女俱幼不能成立

[①] ［葡］安娜·玛里亚·阿马罗著，金国平译：《大地之子：澳门土生葡人研究》，澳门文化司署1993年版，第20页。

[②] 葡萄牙北部有民谣曰："姑娘啊，你真傻！你看你在做啥？要是嫁给一个丘八，还不如死了吧！"转引自李长森：《明清时期澳门土生族群的形成发展与变迁》，中华书局2007年版，第52页。

[③] ［葡］安娜·玛里亚·阿马罗著，金国平译：《大地之子：澳门土生葡人研究》，澳门文化司署1993年版，第21页。

者，即依大红棍所开应给之数，抚育其子女，而经理其余财，待其既长婚嫁，举以付之。①

这里的"大红棍"和"二红棍"就是澳门议事会内的两名普通法官，一称为死亡与遗产法官，一称为孤儿法官。这两名法官负责管理遗产和孤儿事务，其中孤女的婚嫁也是由议事会负责筹办。选定资助孤女以及孤女的结婚对象都是议事会必须仔细商讨斟酌的大事：

> 次年（1719），向宗教人士和"好人"开放的议事会会议上，3位孤女获得结婚嫁妆，一个是托马斯·加塞斯·杜·科托（Tomás Garcês do Couto）的女儿，1716 年她坚决要求进入圣克拉拉修道院；一个是曼努埃尔·贡萨尔维斯·杜斯·桑托斯（Manuel Gonçalves dos Santos）的女儿，不知道她几岁结婚；还有一个是若瑟·卡尔代拉·雷戈（José Caldeira do Rego）的女儿，已经许给了马提亚斯·达·席尔瓦（Matias da Silva）。捐赠嫁妆的第一步就出了问题，因为"接受嫁妆的本应是佩德罗·奥门·达·克鲁兹（Pedro Homem da Cruz）的女儿，她是本城的好人，身份尊崇，给予本城恩惠多多，是更合适的人选，是否拆散已经商定的婚姻再重新许配"。最后决定"不拆散已经商定的婚姻"，许诺明年商船的税收作为佩德罗·奥门·达·克鲁兹女儿的嫁妆。因此只能将错就错，不可能找到合适人选与已故的克鲁兹的女儿结婚，她的嫁妆只能交给权贵商人弗朗西斯科·郎热尔（Francisco Rangel da Costa）用于"海上冒险"，增加"这位孤女的资本"。②

可以看出，议事会资助孤女的嫁妆有一个基本的条件，就是要"好人"的女儿。1718 年 12 月 26 日，主教、各级宗教人士和 47 位"好人"为解决孤女问题共同召开市政会：

> 孤女和弃女过多，没有嫁妆结婚和组建葡萄牙天主教家庭，每年用税收的 0.5% 资助一位孤女结婚，这名孤女必须是"好人"的女儿

---

① （清）印光任、张汝霖：《澳门记略》卷下《澳蕃篇》，澳门文化司署校注本 1992 年版，第 153 页。

② Ivo Carneiro de Sousa, 2007. "Orfandade Feminina, Mercado Matrimonial e Elites Sociais em Macau（Século XVIII）", in Revista de Cultura, No.22, p.8.

或者至少是葡萄牙人的女儿。但是这对于当时众多的孤女来说不过是杯水车薪，因此议事会重新决定将进入该港口的粗重和精细货物税收的1%拿出来，在仁慈堂设立一间孤女收容所，由一位严厉的女教师和两个女仆监管。①

龙思泰则称：

从1726年开始，为30名寡妇和孤女设立了一个临时性的基金，她们得到衣食，孤女还学习家政。她们生活的主要来源之一，就是每年进口货值的0.5%，议事会从中拨留了其婚嫁所需费用。

这0.5%在1726年为406两白银；1728年只有60两白银。②

文德泉则称：

给每人3块葡印金币作津贴，从上述百分数中支出，所余的钱存在仁慈堂的金库留给孤女们购买嫁妆。③

1720年，仁慈堂还在孤女院设立了一个专门为她们结婚筹措嫁妆的部门。④

为了使澳门孤女能够顺利出嫁，增加澳门社会纯正的葡人血统，澳门议事会和葡裔富商为葡裔孤女置办嫁妆十分积极．

1713年澳门富商华猫殊捐赠给仁慈堂1000枚葡印银币，以每年为一个葡萄牙人或仁慈堂某个修士的孤女提供嫁妆。⑤

1719年11月11日，澳门议事会给孤女置办嫁妆以兑现上年12月26日的承诺。第一选择是托马斯·加塞斯（Tomas Garcês）的女儿，如果她选择进入圣家辣修道院，第二选择是若瑟·卡尔代拉·雷戈（José Caldeira do Rego）的女儿，她是马蒂亚斯·施利华（Matias da Silva）的未婚妻；但还有一个人，即佩德罗·奥门·达·克鲁

① Ivo Carneiro de Sousa, 2007."Orfandade Feminina, Mercado Matrimonial e Elites Sociais em Macau（Século XVIII）", in Revista de Cultura, No.22, p.7.

② [瑞典] 龙思泰著，吴义雄等译：《早期澳门史》，东方出版社1997年版，第54页。

③ Manuel Teixeira,1956–1961. *Macau e a Sua Diocese*,Vol. III, As Ordens e Congregações Religiosas em Macau, Macau, Tipogafia soi sang, pp.513–514.

④ [葡] 莱萨著，范维信译：《澳门人口：一个混合社会的起源和发展》，《文化杂志》中文版，1994年第3季度（总第20期），第131页。

⑤ [葡] 施白蒂著，小雨译：《澳门编年史：16—18世纪》，澳门基金会1995年版，第86页。

兹（Pedro Homem da Cruz）的女儿也获得优先考虑。议事会最终决定，如果托马斯·加塞斯的女儿不结婚的话，议事会将为后两人置办嫁妆。①

1722 年 7 月 22 日，孤女曼达雷拉·科蒂尼奥（Mandalena Coutinho）结婚，婚礼在仁慈堂小教堂举行。仁慈堂主席贾修利主教给她 200 两白银作为嫁妆。②

1726 年 2 月 15 日，澳门议事会用恩里克·萨尔门托（Henrique de Figueiredo Sarmento）寄存的经费给孤女若安娜（Joana）置办嫁妆。③

1726 年 9 月 11 日，仁慈堂孤女院（O Recolhimento de Orfãs）正式建立，由圣家辣修道院创办。根据条例，这一年收容孤女与寡妇 30 人，每人每天 1 斤大米，每月 4 钱银子。她们的医疗护理由圣家辣修道院的医生负责。④

1745 年，选择孤女和赠予嫁妆的程序正规化。仁慈堂领导委员会通过散发布告和在教堂张贴布告的形式进行公开选拔，期限是 10 天，14—30 岁之间的未婚及未"私定终身者"（即天主教婚姻法规定的持久的关系）的孤女皆可参加：

仁慈堂委员会敬告所有 14 至 30 岁之间的孤女：只要没有父亲、未婚的孤女，"私定终身者"除外，皆可向仁慈堂委员会申请赠予嫁妆，仁慈堂委员会根据每一个符合条件的孤女的父亲的品行和价值、公共舆论，及是否无依无靠进行评定和选择。⑤

同年，澳门总督、兵头兼仁慈堂主席科斯梅·达米昂·佩雷拉·平托

① Manuel Teixeira, 1984. *Macau no Séc.* XVIII, Macau, Imprensa Nacional, p.211.

② Manuel Teixeira, 1956–1961. *Macau e a Sua Diocese,* Vol. III, As Ordens e Congregações Religiosas em Macau, Macau, Tipogafia soi sang, p.512.

③ Manuel Teixeira, 1984. *Macau no Séc.* XVIII, Macau, Imprensa Nacional, p.278.

④ Manuel Teixeira, 1956–1961. *Macau e a Sua Diocese,* Vol.III, As Ordens e Congregações Religiosas em Macau, Macau,Tipogafia soi sang, pp.513–514.

⑤ AHM, Santa da Miscricórdia, Livro 306, fls.64–47, in Ivo Carneiro de Sousa, 2007."Orfandade Feminina, Mercado Matrimonial e Elites Sociais em Macau（Século XVIII）", in Revista de Cultura, No.22, p.9.

（Cosme Damião Pereira Pinto）召集仁慈堂领导委员会委员对参选人的材料进行认真分析，并经过多次商讨之后，选出 10 个候选人：

1.克里斯汀娜·德·菲格雷多·萨尔门托（Cristina de Figueiredo Sarmento），已故恩里克·德·菲格雷多·萨尔门托（Henrique de Figueiredo Sarmento）与梅西亚·佩雷拉（Mécia Pereira）之女，年龄"约 15 岁"，生于澳门，家在南湾。参选条件是"贫穷、无依无靠"，她的处境简直不可思议，因为她去世的父亲曾是基督骑士团的骑士，"曾任本地议事会议员"，而且还是澳门最富裕的商人之一；

2.玛丽亚·达·罗沙·皮门特尔（Maria da Rocha Pimentel），塞巴斯迪昂·达·罗沙·皮门特尔（Sebastião da Rocha Pimentel）的孤女，19 岁 8 个月，生于澳门，跟她的母亲安娜·达·罗沙·皮门特尔（Ana Maria da Rocha Pimentel）一起住在圣安东尼奥区，据证实非常贫困；

3.卡塔里娜·德·托雷斯（Catarina de Torres），已故商人多明戈斯·德·托雷斯·德·卡瓦略（Domingos de Torres de Carvalho）与卡拉里塞·德·门德萨（Clarice de Mendonça）之女，25 岁，生于澳门，家在圣老楞佐区；

4.若安娜·科雷亚（Joana Correia）尽管继承了父亲的遗产 58 两银子，仍然参选，27 岁，是加斯帕尔·巴拉达斯（Gaspar Barradas）医生和米卡埃拉·德·阿布雷乌（Micaela de Abreu）的女儿，生于澳门，住在大堂区。其申请书有新证据显示她父亲曾任本地孤儿法官；

5.若安娜·法瓦书（Joana Favacho），若瑟·法瓦书（José Favacho）与埃斯佩兰萨·德·阿尔梅达（Esperança de Almeida）之女，没有任何遗产，一贫如洗，幼时跟她的母亲一起住在她的表兄弟、教区神甫安东尼奥·洛佩斯（António Lopes）的家里；

6.克拉拉·德·拉丰泰内（Clara de La Fontaine），弗朗西斯科·德·拉丰泰内（Francisco de la Fontaine）与玛丽亚·德·阿尔梅达（Maria de Almeira）之女，没有继承任何遗产，和她的寡母一起生活，25 岁，生于澳门，住在大堂区；

7.参选人卡埃塔娜·德·索萨（Caetana de Sousa）约 27 岁，已

故马尔丁斯·德·索萨（Martins de Sousa）与玛丽亚·维埃拉（Maria Vieira）之女，生于澳门，和母亲一起住在圣安东尼奥区；

8. 弗朗西斯科·戈麦斯（Francisca Gomes）27 岁 7 个月，弗朗西斯科·戈麦斯（Francisco Gomes）与格拉西亚·戈麦斯（Grácia Gomes）之女，目前住在圣老楞佐区，继承了父亲的 27 两银子，以及海上贸易的 14 两银子；

9. 若安娜·费雷拉（Joana Ferreira）自称一贫如洗，无依无靠，她是安东尼奥·若瑟·费雷拉（António José Ferreira）和克拉拉·马尔丁斯·阿尔维斯（Clara Martins Alves）的女儿，19 岁，和母亲一起在圣老楞佐区居住；

10. 最后一位候选人路易萨·达·罗萨（Luísa da Rosa）单身，约 15 岁，是曼努埃尔·达·罗萨·贝泽拉（Manuel da Rosa Bezerra）和若瑟芬·德·格利罗（Josefa de Grilo）的女儿。同其他所有候选人一样，生于澳门，住在圣老楞佐区，非常贫穷。

12 位仁慈堂委员和一位主席投票表决将嫁妆赠予谁，其表决结果如下：克里斯汀娜·德·菲格雷多 13 票全票通过；卡埃塔娜·德·索萨获得 12 票；若安娜·费雷拉和路易萨·达·罗萨各获得 9 票；卡塔里娜·德·托雷斯获得 8 票；玛丽亚·达·罗沙·皮门特尔和若安娜·法瓦书各得 7 票；若安娜·科雷亚和弗朗西斯科·戈麦斯各得 6 票；克拉拉·德·拉丰泰内的父亲是法国人，只得 4 票。结果有点草率，因为仅仅唱票之后就决定了 3 位获得嫁妆的孤女。①

因此，最终受益人除了克里斯汀娜·德·菲格雷多和卡埃塔娜·德·索萨之外，还有一位要在两个并列获得 9 票的孤女之间决出胜负。把两个女孩的名字分别写在两张纸上，让一个男孩抓阄，最终路易萨·达·罗萨得胜。3 位获胜者每人获得 100 两银子的书面承诺，条件是她们必须在 4 年内完婚。鉴于适龄男子缺乏，结婚期限延迟 2 年。1747 年再次公开选拔适龄孤女，给予嫁妆，结婚期限是 6 年。

① Ivo Carneiro de Sousa, 2007."Orfandade Feminina, Mercado Matrimonial e Elites Sociais em Macau（Século XVIII）", in Revista de Cultura, No.22, pp.9–10.

之后一直到 1771 年，澳门仁慈堂一共组织了 18 次公开选拔。据葡萄牙学者索萨（Ivo Carneiro de Sousa）统计，这 18 次公开选拔中共 101 个候选人，70 人批准获得结婚嫁妆的许诺，比例是 69%。从 1772 年开始，仁慈堂决定改变选拔孤女、赠予嫁妆的体制。实施过程不再对外公布，它成为孤女个人的事情，她们有权直接向仁慈堂主席和委员提出申请。申请到达仁慈堂后，即展开讨论，这些全都记录在仁慈堂会议的议事日程里。至 1780 年，仁慈堂共受理了 18 次单独申请，获得批准的孤女共 88 人。除掉其中 9 年没有进行选拔活动，我们可以确定每年平均 2.25 个孤女通过不断努力在澳门葡萄牙天主教徒婚姻市场取得有利地位。将 88 份嫁妆以图表的形式分析，可见 1763 年至 1769 年间的选拔活动最为频繁，共选出 34 个孤女（37%），只刷掉了 3 个候选人。

这 88 份嫁妆，仁慈堂共花费 10150 两银子，其中 3 个孤女主动放弃了她们的嫁妆，但是无法确定其他孤女是否全都结婚并且领取了嫁妆。葡萄牙学者索萨（Ivo Carneiro de Sousa）根据仁慈堂档案分析得出：

> 这笔用于结婚嫁妆的资金 1759 年支出最多，高达 1000 两，1780 年最少，只有 100 两。而 1763 年至 1769 年 7 年间就支出 3500 两，占总资金的 35%，基本达到孤女人数与嫁妆数额比例的平均值，尽管期间给予仁慈堂主席的 6 个女儿和书记官的 2 个女儿的数额较高。其他数据大都残缺不全。因此，根据数据，只能显示仁慈堂 13 个会员的女儿，其中 6 个主席、2 个司库和 2 个书记官，1 个议事会议员、1 个孤儿法官，及 1 个商人。根据现有资料，我们知道绝大多数的孤女来自于商人家庭，她们的父辈曾在仁慈堂或议事会任职。档案记录只有 17 位（20%）孤女的结婚年龄，最小的只有 12 岁，最大的是 27 岁。这些孤女的平均结婚年龄是 17.76 岁，这种早婚模式与欧洲工业革命前的晚婚现象截然不同。因此，早婚现象与澳门婚姻市场上年轻妇女饱和的现象相互交织，显示这些 17 岁的孤女在取得仁慈堂的嫁妆许诺和将自己嫁出去之间相隔时间平均 3.58 年，最短的 2 个月，最长的 10 年。①

---

① Ivo Carneiro de Sousa, 2007. "Orfandade Feminina, Mercado Matrimonial e Elites Sociais em Macau（Século XVIII）", in Revista de Cultura, No.22, p.23.

据此可知，在 17—18 世纪澳门社会经济逐渐衰落的时候，葡萄牙人在鼓励葡华通婚的同时开始注重葡人血统的维护，澳门政府积极地为"好人"和葡萄牙人的孤女们筹办婚姻，准备嫁妆，让她们顺利地出嫁，以保持澳门社会始终拥有一定数量的纯正血统的葡裔人口。

（四）扭曲的性关系

值得注意的是，在清人诗文中多有反映葡人妇女与天主教主教、神父婚恋生子之事。如王士祯《皇华纪闻》亦载：

> 香山墺，皆西洋人贸易者居之，闽广人亦有杂处者。其俗：婿皆赘妻家，产业惟婿女受之，不以与子。子赘他家亦然。又内呑山顶有一寺，番僧居之，为墺众所服，徒众最多。每人家婚娶，必令女子先入寺礼僧，留信宿，始归夫家，不以为怪。[1]

陈官《澳门竹枝词》：

> 戒指拈来杂异香，同心结就两鸳鸯。嫁郎未必他年悔，生子还当爱法王。[2]

李遐龄《澳门杂咏》：

> 交印全凭妇坐衙，客来陪接婿擎茶。偶然天主房中宿，便有亲知道上夸。[3]

张琳《澳门竹枝词》：

> 少妇朝昏进愿香，宝鬘锦襦斗新妆。娉婷同到三巴寺，笑愿生儿仗法王。（注：寺奉耶苏天主，僧号法王者司其教。男女朝夕礼拜，女惟法王所欲，与法王生子则贵重。）[4]

由此可见，在清代，葡人妇女同天主教主教、神父婚恋是一件光荣的事，结合所生之子更为贵重。

本来，天主教主教、神父禁止婚配，禁欲主义是中世纪教会的基本准

---

[1] （清）王士祯：《皇华纪闻》卷 4《香山墺》，四库全书存目丛书子部第 245 册影印清康熙王氏家刻后印本，齐鲁书社 1995 年版，第 232 页。

[2] （清）陈兰芝辑：《岭南风雅》卷 1《续选》，清乾隆五十年刊本，第 158 页。

[3] （清）李遐龄：《勺园诗钞》卷 1《澳门杂咏》，清嘉庆十九年刊本，第 4 页。

[4] （清）张琳：《玉峰诗钞》卷 15《澳门竹枝词》，广东省立中山图书馆藏清刻本，第 7 页。

则。但在教会成为统治阶级的一部分，拥有大量财产和特权后，天主教的主教、神父们的生活便不可避免地日益腐化而世俗化。叶廷勋《于役澳门纪事十五首》诗：

> 洋蜡高烧鼓吹奇，管弦声彻夜阑时。番僧不守如来戒，笑拥蛮姬酒一卮。①

就描写了澳门天主教神父在教堂笙歌淫乱之态。这种描写应为写实，清代神父的腐化堕落已成教会一个严重的问题。如意大利神父贝维拉瓜（Bernardino Maria Bevilacqua）在山东传教时利用自己的教士职权引诱中国教徒中的熟人和忏悔者，其中有已婚妇女也有未婚的女孩。② 布彻（Giovanni António Buocher）神父谴责贝维拉瓜是一个"放荡的卡拉布里亚人，性行为爱好者，在中国基督徒当中组成了自己的后宫"③，后来贝维拉瓜神父被驱逐出山东教区，在澳门修养几年后返回意大利。

除了天主教本身的腐化外，这也与当时澳门社会女性堕落这一社会风气有关。清朝前期澳门经济上的窘迫以及 17 世纪末期的帝汶战争使澳门的葡萄牙男子骤减，澳门几乎是一个女人城。经济上失去依靠，加之道德的沦丧，澳门城中的女性开始沦落。阿马罗称：

> 17 世纪中叶，这座城市因为与日本的贸易减少而穷困，许多男人离开了澳门，其中不少抛离了在那儿的家庭。贫穷使得很多妇女过上了沦落的生活。④

18 世纪，澳门已经非常贫困，开始涌进流亡者和冒险家，他们都是从果阿逃来的肆无忌惮的人。随着经济日蹙，道德也开始沦丧，例如，在 18 世纪前 25 年，亚历山大·汉米尔顿（Alexander Hamilton）有这样的记载：

> 整个澳门有 200 个男人……有 1500 妇女，她们当中许多人没有

① （清）叶廷勋：《梅花书屋近体诗钞》卷 4《于役澳门纪事十五首》，清道光刊本，第 4 页。

② 转引自［美］孟德卫著，潘琳译：《灵与肉：山东的天主教，1650—1785》，大象出版社 2009 年版，第 151 页。

③ ［美］孟德卫著，潘琳译：《灵与肉：山东的天主教，1650—1785》，大象出版社 2009 年版，第 151 页。

④ ［葡］安娜·玛里亚·阿马罗著，田光明译：《澳门妇女：据 16—19 世纪旅行家的记载》，《文化杂志》中文版，1993 年第 4 季度（总第 17 期），第 94 页。

丈夫，却生下许多孩子。①

由于贫困及道德的沦丧，澳门妇女的风气已开始全面变坏，包括土生葡人女子在内的澳门妇女给当时来澳门的欧洲人留下了轻浮放荡的印象。1776 年 1 月舰队司令尼科劳·弗尔南德斯·达·丰塞加（Nicolaou Fernandez da Fonseca）从里斯本来到澳门，其报告称：

> 那些最高阶层的妇女都非常庄重，她们出外时乘坐轿子。除少数穿着欧洲风格的裙子和斗篷外，她们的着装是传统的。她们傲慢且懒惰，除了会生孩子，她们几乎什么都做不了。……更多的普通妇女是中国女人或奴隶的女儿，她们也很懒惰，不自尊自爱，给她们只要金钱和衣服，随时都准备好提供方便，尤其是给外国人。②

这种现象只能说是一种特殊现象，而不是一种常态。这是因为在经济极端困窘的情况下不得已而出现的一种变异行为，"淫荡"的女子主要是贫困的葡裔女子以及为数众多的女奴。澳门主教巴尔多洛梅乌·多斯·雷伊斯（D.Bartolomeu Mendes dos Réis）在 1793 年给印度总督递交的公文中猛烈抨击澳门的不良社会风气：

> 我向阁下承认我一直对那些禽兽不如、没有廉耻心、蔑视天主规定和法律的人充满恐惧。他们与自己的妻子接触，又将她们租给那些希望享用和蹂躏她们的外国人及其他人。许多做父母的用自己的女儿和收养的孩子（在饥荒与物价飞涨时出于怜悯收养的或从中国人那里买来的女孩）做这种事；叔、伯、兄弟与他们的姊妹、甥女之间乱伦。③

阿马罗在分析这种现象时说：

> 孔子的道德观就是这样来求一夫一妻制婚配，并且要求女人对丈夫的绝对忠诚。所以中国官员们为"未禁止葡萄牙女人有更多的男人

---

① Fernão Mendes Pinto, 1614. Peregrinação de Fernam Mendez Pinto em que da conta de muytas e muyto estranhas couzas, Lisboa, Pedrp Crasbeeck. 转引自 [葡] 安娜·玛里亚·阿马罗：《不为人知的澳门土生妇女》，《文化杂志》中文版，1995 年秋季（总第 24 期），第 103 页。

② Manuel Teixeira, 1994. "Os Macaenses", in Revista de Cultura, edição do Instituto Cultural de Macau, No.20, p.77.

③ Manuel Teixeira, 1994. "Os Macaenses", in Revista de Cultura, edição do Instituto Cultural de Macau, No.20, p.81.

而吃惊"。这是因为，那时候，这座城市道德败坏和经济上的衰落已达到了使一家之长为了几个钱而把女人和亲生女儿让给外国人的地步。①

中文文献中所记载的这些土生葡人妇女同教会主教、神父淫乱真是这种西欧教会内部腐化堕落及明末清初澳门妇女风气堕落的一种表现。此外，下层土生葡人女子缺乏教育、盲目的宗教崇拜也导致了她们把同神父所生之子视为荣耀。

当然，这些中国士人的描述也有很大成分的误读和夸张。中国儒家男女大防之思想甚严，《礼记·曲礼》："男女不杂坐，不同施枷，不同巾栉，不亲授。嫂叔不通问，诸母不漱裳。外言不入于阃，内言不出于阃。"②"男女授受不亲"即非夫妻关系的异性要避免一切身体上接触的观念根深蒂固。到了宋代，甚至演变为"妇人无故，不窥中门。男子夜行以烛，妇人有故出中门，必拥其面"③。故而当中国的士人们看到夷妇们不仅可以自由外出，还和神父有肢体上的接触就必然觉得是"淫乱"了，如陈衍虞将葡人妇女到教堂做告解误解为她们同神父密誓："彝女日为群，密受番佒誓"④。故而，这些关于葡人女子同神父性关系的中文记载虽然有其真实的成分，但参杂了大量对天主教和西洋文化的误读，甚至是曲解与想象。

同时也应该肯定，澳门一部分天主教士，特别是耶稣会士还是遵循教会禁欲主义信条的。耶稣会是由西班牙人罗耀拉·依纳爵（Ignace de Loyola）所创立的，罗耀拉是军人出身，耶稣会仿效军队编制，组织严密，纪律森严。康熙五十九年（1720），康熙皇帝面谕在朝廷供职的耶稣会士：

尔西洋人自利玛窦到中国，二百余年，并未贪淫邪乱，无非修道，平安无事，未犯中国法度。⑤

陆希言《墺门记》：

---

① [葡] 安娜·玛里亚·阿马罗著，田光明译：《澳门妇女：据 16—19 世纪旅行家的记载》，《文化杂志》中文版，1993 年第 4 季度（总第 17 期），第 94 页。

② （清）阮元：《十三经注疏》上册，《礼记·曲礼》上，上海古籍出版社 1997 年版，第 1240 页。

③ （元）陶宗仪编：《说郛》卷 71，（宋）司马光：《涑水家仪》，文渊阁四库全书本第 880 册，第 50 页。

④ （明）陈衍虞：《莲山诗集》卷 2，道光十九年补刊本，第 10 页。

⑤ 北平故宫博物院编：《文献丛编》第 6 辑《康熙与罗马使节关系文书》第 12 通，故宫博物院1931 年影印本，第 5 页。

圣保禄堂，俗讹为三巴，是耶稣会士所居，修虽苦而行不外露，礼从俗而规矩愈严，不特绝色绝财，并绝意而惟顺长之命，且绝位而无居上之心。如毕今梁、汤若望、南怀仁皆近宸躬，膺朝命，受恩荣，未尝以爵位自居，缘遵其会中之成规，故不敢踰越而违教范也。[1]

印光任、张汝霖亦称：

惟三巴戒律綦严，蕃妇入寺者为之持咒禳解，寺僧不苟出入，即出必以人伴之，书其名于版以为志。[2]

这就是说耶稣会的神父们与其他天主教修会神父的比较，他们修行戒律和遵守绝色规矩应该更为严格一些。

综上所述，16—19 世纪澳门葡人社会的婚俗主要是遵循天主教的婚姻原则，如：由神父主持婚礼、一夫一妻制、婚恋自由、不避同姓、与外族通婚，这和旧时华人风俗大相径庭，大大刺激了中国士人的眼球，留下大量中文记载。但是在面对这些带有猎奇色彩的中文史料时，要严加甄别，必须结合西文数据，才能得出相对客观的结论。在一夫一妻制的基本原则下，在葡人正式缔结婚姻的家庭中，还有大量实际上的妾、情人及与女仆通奸的情况，在经济衰落时期，甚至还会有为了金钱出卖自己的妻子和女儿的现象。在不需要受"父母之命、媒妁之言"限制的相对自由的婚姻中，葡人的婚嫁选择其实是被非常浓烈的门第观和财富观所笼罩。在特殊时期，如经济衰落、男女比例严重失衡的 17 世纪中期到 18 世纪末期，澳门婚俗还出现了一些特殊现象：男嫁女家、土生葡人妇女与神父的性关系等。

三、澳门葡萄牙人的婚姻观念

（一）婚姻自由

澳门葡萄牙人的婚姻观念最主要的就是婚姻自由。由于天主教婚姻的神圣

---

[1] ［比］钟鸣旦等编：《法国国家图书馆明清天主教文献》第 11 册，（清）陆希言：《墺门记》，台北利氏学社 2009 年版，第 428 页。

[2] （清）印光任、张汝霖：《澳门记略》卷下《澳蕃篇》，澳门文化司署校注本 1992 年版，第 152 页。

性，教徒的结合不仅是维系人类繁衍、抵御撒旦诱惑的不二良方，更是同心同德、相扶相爱侍奉上帝的组合。婚姻的持久性完全依赖于夫妇间相互的感情；只有在夫妻关系被注入坚定的宗教信念和对上帝的强烈的爱时，婚姻才得以长期维持。故而天主教的婚姻尤其强调双方自愿的原则。12世纪时，《格雷西安教令集》称"即使父亲的誓言也不能迫使一位女孩嫁给她所不同意的人"①，这一教令将"自愿同意"看作是有效婚姻必不可少的、最为本质的东西。教宗尼古拉一世谴责父母私自订婚为恶习："如果双方不能同时同意，不可以缔结婚姻。那种为仍在摇篮中的孩子订婚的行为是一种恶习，这样的婚姻即使双方父母同意，也不能算有效，除非等孩子达到一定年龄并懂得是否该同意为止。"②除颁布教令外，教会还建立了法庭和司法程序，以供被迫缔结婚姻者提出申诉。如果申诉证据确凿，理论上讲她们的婚姻可以被取消。③

澳门葡人婚姻是自由的，子女具有否决权和选择权，婚前亦可有恋爱机会，也不需要媒妁之言。这些对于当时的中国人来说是不可思议的，故而留下大量记载。傅恒《皇清职贡图》载："俗重女轻男，相悦为婚。"④潘有度《西洋杂咏》诗下自注曰：

> 婚姻自择无媒妁，男女自主择配，父母皆不与闻。同忾天堂佛国西。合卺之日，夫妇同輙手登天主堂立誓。⑤

祝淮《新修香山县志》称：

> 贵女贱男，家政女操。婚姻不由媒妁，相悦则相耦。婚期诣庙跪，僧诵经毕，讯其两谐，即以两手携男女手，送之门外，谓之交印。男富归男家，女富归女家。⑥

① Frances and Joseph Gies, 1987. *Marriage and Family in the Middle Ages*, New York:Harpercollins, pp.137–138.

② Emilie Amt,1993. *Women's Lives in Medieval Europe: A source Book*, New York and London, p.80.

③ Georges Duby and Michelle Perrot, 1992. *A History of Women*, II. Silence of the Middle Ages,London: The Belknap Press of Harvard University, p.219.

④ （清）傅恒：《皇清职贡图》卷1《大西洋国夷人》，辽沈书社影印本1991年版，第81页。

⑤ （清）潘义增、潘飞声：《番禺潘氏诗略》第2册《义松堂遗稿》之潘有度《西洋杂咏》，清光绪二十年刊本，第2页。

⑥ （清）祝淮：《新修香山县志》卷4《海防·澳门》，中山文献丛刊第3册影印道光七年刊本，第711页。

《林则徐日记》道光十九年七月二十六日亦载："婚配皆由男女自择，不避同姓，真夷俗也。"[①] 晚清时，梁乔汉的诗则曰："婚娶何劳遗妁联，两人各自目成先。"[②]

（二）门当户对

上述澳门葡人自由的婚姻观应该说只是相对的，葡人的婚姻在很多层面被门第观所制约。虽然天主教的婚姻制度规定了男女双女自愿的原则，但贵族阶层严格遵守门当户对的门第观，贵族的婚姻一般都是属于"包办婚姻"。汤普逊指出：

> 中世纪的婚姻关系，远不像小说中描写的那样，是感情的结合，而大多是一种利害关系上的婚姻，也是一种野蛮强制的婚姻。[③]

无论在葡萄牙本土还是葡萄牙的东方帝国，门第观一直左右着葡裔贵族的婚姻选择。自开埠以来，就有不少葡萄牙贵族冒险者前来澳门，或者因战功或用金钱购买的新贵族也落户澳门。随着葡萄牙人在澳门的发展，到清中叶以后，在澳门土生葡人社会中已经形成一些名门望族，他们之中有从葡萄牙来的王室贵族后裔、从葡萄牙东方帝国来的新葡裔贵族，还有澳门葡裔富商或凭功勋或花重金而形成的新贵族阶层。门第和血统就越来越为澳门葡裔人群所看重。同名门望族结婚意味着更高的社会地位和更好的仕途。如弗朗西斯科·席尔维拉(Francisco António Pereira da Silveira)，是葡萄牙富商和船东贡萨洛·席尔维拉（Gonçalo Pereira da Silveira）的长子。1819 年 8 月与贝内迪塔·马葵士（Ana Benedita Marques）结婚，使他同澳门最有名望、最富有的家庭建立了联系，因为他的妻子双亲中的一方是皇室显贵多明各斯·皮奥·马贵斯（Domingos Pio Marques），而另一方则是富豪家族。1818 年席尔维拉的父亲遇难去世，在没有父亲经济支持的情况下，他凭借着在圣若瑟学道院受到的教育和很好的姻亲关系开始担任各种公职。在担任各种职务的时间，都显示出他

---

① 林则徐全集编辑委员会编：《林则徐全集》第 9 册《日记卷》，清道光十九年七月二十六日，海峡文艺出版社 2002 年版，第 4596 页。

② （清）梁乔汉：《港澳旅游草》之《夷俗杂咏》第 7 首，清光绪二十六年刻本，第 10 页。

③ ［美］汤普逊著，耿淡如译：《中世纪社会经济史》下，商务印书馆 1963 年版，第 339 页。

"血统纯正"、"家庭富有"，他担任的最后一个公职是法院书记官，直至退休。一直在澳门有着显赫的名声。①

恰好，还是这位 19 世纪中叶属于当地上流社会的法院书记官弗朗西斯科·席尔维拉，他的一个儿子同具有华人血统的古老雷梅迪奥斯家族的一名女子结婚，就有亲戚写下讽刺诗来挖苦与华人通婚的葡萄牙家族："迪昂·米兰达的墓中，长叹声声，他的外甥，将同他阿仔的孙女成婚。"②很明显，当时的葡人社会对于与华人通婚的葡萄牙贵族是看不起的，认为他们的门第不同，并不般配，故写讽刺诗进行挖苦。

从 1842 年《市民资料报告》中可以看出，当时葡裔人口通婚的门第现象非常明显，而且姻亲关系是衡量一个人的社会地位的重要标志之一。下面，根据 1842 年《市民资料报告》整理出当时参与议事会选举的选民之间的姻亲关系：

1842 年议事会选举选民姻亲表 ③

男方身份	女方身份	备注
罗伦索·马贵斯（Lourenço Marques），议事会议员	英国公司文书阿戈斯基纽·德·米兰达（Agostinho de Miranda）的表兄弟	2 人都有投票权
曼努埃尔·佩雷拉（Manuel Pereira），议事会议员	总督边度（Adriao Acácio da Silveira Pinto）的女婿	有投票权
亚历山大·德·梅洛（Alexander de Melo），商人、议事会成员	与商人雅努阿柳·洛佩斯（Janufirio José Lopes）的表兄弟	2 人都有投票权
马西米安诺·阿基诺（Maximiano Jozé d'Aquino），商人	与商人维森特·里贝罗（Vicente Vieira Ribeiro）、卡洛斯·达·罗沙（Carlos Vicente da Rosa）和曼努埃尔·德·索查（Manuel António de Souza）家族联姻	4 人都有投票权
曼努埃尔·巴波沙（Manuel Jorge Barbosa），商人、公钞局司库	女婿为律师弗朗西斯科·费尔南德斯	2 人都有投票权

① Jorge Forjaz,1996. *Famílias Macaenses*, Vol. III, Macau：Fundação Oriente，Instituto Cultural de Macau，Instituto Portugues do Oriente, pp.801-802；[葡]安娜·玛里亚·阿马罗著，李长森译：《1842 年澳门市政厅选举和当地"长老"》，《文化杂志》中文版，1994 年第 2 季度（总第 19 期），第 100—101 页。

② [葡] 安娜·玛里亚·阿马罗著，金国平译：《大地之子：澳门土生葡人研究》，澳门文化司署 1993 年版，第 31—33 页。

③ [葡] 安娜·玛里亚·阿马罗著，李长森译：《1842 年澳门市政厅选举和当地"长老"》，《文化杂志》中文版，1994 年第 2 季度（总第 19 期），第 107—111 页。

续表

男方身份	女方身份	备注
弗朗西斯科·费尔南德斯（Francisco de Assis Fernandes），律师	是一级文员主管若瑟·奥维斯的表亲	后者无投票权
安东尼奥·穆尔（António Frederico Moor），商人	与亚历山大·格兰特（Alexander Grant）的联姻，英国公司文书	后者无投票权
西普良诺·巴谢果（Cipriano António Pacheco），商人，大堂区治安判事	与罗伦索·多斯·桑托斯家族联姻，船主	后者无投票权
若瑟·多斯·雷梅久斯（José Simão dos Remédios），商人，风信堂区治安判事	是海关督察若瑟·戈麦斯（José Joaquim Gomes）的女婿	后者无投票权
菲利普·维埃拉（Phillip Vieira），商人	与海关督察若瑟·戈麦斯家族联姻	后者无投票权
若瑟·多斯·雷梅久斯，风信堂治安判事	与商人菲利普·维埃拉（Phillip Vieira）联姻	2人都有投票权
卡瓦略·依·索查（José Manuelde Cavalho e Sousa），军人营长	与若瑟·德·莱莫斯（José de Lemos）家族联姻	2人都无投票权
菲利斯·德·阿泽维多（Félix Hiario de Azevedo），英国公司文员	是驾驶员佩德罗·达·席尔瓦（Pedro da Silva）的表兄，亦为市政厅记录员若昂·达席尔瓦的表兄	2人都无投票权
若昂·因特曼（João Hyndman），公司文员	是公司文书亚历山大·格兰特的姻亲	2人都无投票权
若瑟·奥维斯（José Miguel Owens），一级文员主管	他曾是公钞局司库曼努埃尔·奥维斯（Manuel Owens）的女婿	2人都无投票权
曼努埃尔·贝尔纳吉诺（Manuel Duarte Bemardino），商人	是无业者若阿金·布拉加（Joaquim Braga）的姻亲	2人都无投票权
路特也罗·内维斯（Ludgero J. F. Neves），大炮台驻军少校副营长	是军人若昂·马尔绍（João Março）的姻亲	2人都无投票权
若瑟·德·马谢多（José Francisco de Macedo），公物保管员	是翻译员若昂·贡萨尔维斯（João Gonçalves）的表兄弟	2人都无投票权
若瑟·维埃拉（José Vicentes Vieira），船主	是花王堂弗朗西斯科·施利华（Francisco Xavier Silva）神父的外甥	2人都无投票权
里卡多·桑巴约（Ricardo de Mello Sampaio），初级中尉	是治安判事书记官曼努埃尔·多莱戈和海关记录托马斯·多莱戈兄弟的外甥	2人都无投票权
若阿金·巴拉达斯（JoaquimVicente Barradas），陆军少尉	是民政官马西米阿诺·达·罗沙（Maximiano da Rosa）的姻亲	2人都无投票权
辛普里西·塔瓦列希（Simplício AntónioTavares），无业	是议事会文书若阿金·达·科斯达的姻亲	前者无投票权

续表

男方身份	女方身份	备注
若阿金·达·科斯达（Joaquim da Costa），议事会文书	是军人、二级中尉弗朗西斯科·浪萨（Francisco Xavier Lamza）的表亲	后者无投票权
包拉·施利华（Francisco de Paula Silva），仁慈堂公物保管	是治安判事文书米格尔·费雷拉（Miguel Alexander Fereira）的表亲	2人都无投票权
曼努埃尔·贝加多（Manuel Maria Dias Pegado），《葡萄牙人在中国》出版人	是陆军上尉卡瓦略·依·索查（José Manuel de Carvalho e Souza）的表兄弟	2人都无投票权
马西米诺·维莱拉（Maximino dos Santos Vilela），船舶驾驶员	是文员若昂·佩雷拉（João Carlos Pereira）的表兄弟	2人都无投票权
安东尼奥·巴达利亚（António Ferreira Batalha），中国式帆船船东	是议事会书记官的儿子，议事会三级文员路德维诺·西马斯（Ludovino Pereira Simas）的表兄弟	2人都无投票权
若瑟·德·阿泽维多（José Joaquim de Azevedo），市政厅二级文员	是市政厅文员若昂·达·施利华（João da Silva）的表兄弟	2人都无投票权
若阿金·费雷拉（Joaquim Ferreira），海关高级警卫	是议事会书记员的女婿	前者无投票权
罗伦索·多斯·桑托斯（Lourenço dos Santos），中国式三桅船船东	是大堂区治安判事西普良诺·巴谢果的姻亲	前者无投票权

从上表我们可以看出，那些无投票权者所担任的不同职务以及其中某些人和市民之间的亲属关系，亦可看出当时澳门社会婚姻关系的门第层次，澳门通婚基本恪守了门当户对的原则。可以明显看出有三个层次的通婚门第：一、政府高级官员（包括总督）、治安判事与大富商互为姻亲；二、政府中级官员、中级军官和与较为富裕的商人互为姻亲；三、政府及公司文员（包括海关公务保管、仁慈堂公务保管、银库看守、译员、外国公司文员等）、低级军官、船舶驾驶员等互为姻亲。

这种婚姻的门第观到清末时期则愈演愈烈，目前所知中国最早的征婚广告出现在澳门，其中第一条要求便是"名门之女"：

（1888年6月）有（西人）遮譬阿·粒幼（Sampaio Lívio）者登一告白于澳门报云："仆行年四十，丰于财，现仍干办公事，性情和蔼，容貌欢欣。今欲娶妻，必须名门之女，鬓龄性敏，美姿容且能弹琴跳舞者。如愿许配，请由驿务局示订。"越日，即有西女遮参斯者，出而自荐，持回信一函嘱报馆主笔代寄焉。

（三）婚娶论财

除了门第观外，婚娶论财的金钱观也是葡人的主要婚姻观。万历十四年（1586）蔡汝贤完成的《东夷图说》称澳门葡人及土生葡人"婚娶论财"：

> 婚娶论财，无媒妁，家世相敌，即诣佛前相配，以一僧为证，谓之交印，遂携妇归。男聘以十四，责女之奁资常数倍。奴固有五六房者，故外家非千金不以嫁女。①

陈仁锡《皇明世法录》亦称：

> 佛郎机……婚娶论财，责女奁贽数倍。无媒妁，诣佛前相配，以僧为证，谓之交印国有大故，亦多与僧谋。②

博克塞依据的葡文材料则更证明了这一观念，他称澳门：

> 每个人都极为富有，据知那里没有一个穷人。这众人皆知的富裕，导致许多人（不仅是冒险家和逃难者，还有高声望的人）离开印度甚至葡萄牙，跑到这片土地定居，因为巨额嫁妆在此地结婚。③

到18世纪以后，女性有无嫁妆更成了其婚姻是否被选择的唯一标准。据1718年5月7日葡印总督颁布的《关于修女及带有陪嫁的女性婚姻的法令》称：

> 现本人已知悉，由于澳门城市的衰落，居住澳门的葡萄牙人已经不多，为了填补这一空白，如果居住澳门本地的葡萄牙人与有陪嫁的女性结婚，澳门总督及议事会必须无条件执行这一法令。④

葡裔社会"婚娶论财"的婚姻观到清代愈演愈烈。在葡人社会中，有钱的寡妇比无嫁妆的年轻姑娘更容易嫁出。⑤ 西蒙·罗萨妻子的姐姐安娜·阿劳

---

① （明）蔡汝贤：《东夷图说》之《佛郎机》，四库全书存目丛书史部第225册影印万历十四年刻本，齐鲁书社1997年版，第428—429页。

② （明）陈仁锡：《皇明世法录》卷82《南蛮·佛郎机》，四库禁毁书丛刊史部第13册影印明崇祯刻本，北京出版社2000年版，第401页。

③ C.R.Boxer, *Fidalgos in the Far East (1550—1770)*, Fact and Fancy in the History of Macau, p.143.

④ Arquivos de Macau, *1a Série*, Vol.I, No.1, Macau, 1929, p.25.

⑤ Jack M. Braga, *A voz do passado: redescoberta de a colecção de vario factos acontecidos nesta mui nobre cidade de Macao*, Macau: Instituto Cultural, 1987, p.53. 称1737年啡呜哧去世后，留下他的20岁的寡妇妻子，并给她留下了一大笔财产。她的财产遍布各地，无论是她家中的财产，还是在啡呜哧的"圣安东尼奥号"船到达后利用死者的名义进行的财产处置，所以十分有必要再找一个人结婚。

若·巴罗斯（Ana da Araújo e Barros）与文森特·马塔（Vicente de Mata）结婚时，曼努埃尔·罗萨把那艘"圣安娜号"船作为彩礼的一部分赠给了她。1747 年马塔去世以后，安娜开始守寡，但她这么年轻，还拥有这艘船，于是后来又和文森特·费雷拉·卡尔瓦略（Vicente Ferreira de Carvalho）恋爱并结婚。①

　　富裕的土生葡人家庭一般会给女儿准备丰厚的嫁妆，他们的女儿往往是众多男子追求的对象。正如博克塞所言，澳门对于葡属亚洲帝国其他地区的贫穷求婚者来说，是一处胜地，因为当地女性的嫁妆颇为丰厚。在 18 世纪初，澳门最富有的猎物是一名女孤儿继承人，名叫玛丽亚·德·毛拉（Maria de Moura），她 9 岁的低龄也未打消两位热心的军官求婚者：果阿皇家海军步兵上尉古尔露（António de Albuquerque Coelho）和中尉唐·恩里克·德·罗郎也（Dom Henrique de Noronha），他们都是贵族。前者取得了指挥官、嘉沙尔主教以及耶稣会士的支持。唐·恩里克·德·罗郎也一方有毛拉祖母的默默支持。双方发生了激烈的争斗，古尔露为此事而丧失了一条胳膊。当毛拉听到这样的消息，古尔露给他的心爱人传信，询问如果右臂没了，她是否还会嫁给自己。毛拉作出了经典的回答，称即使是他没了两条腿，只要活着，她仍会嫁给他。那些陈旧的编年史家自然是称赞两人相互忠诚，准备为爱献出彼此的所有。因此事造就的轰动效应，经民谣传唱了很多年："伊虽非落雁，亦非羞花，仅赖其资，玛丽亚仍能引发此番轰动。"②这一爱情故事最根本的原因应该还是因为毛拉拥有一批丰厚的资财，即父母给她留下的嫁妆。

　　1731 年 9 月 30 日，70 岁的鳏夫富商尼古劳·啡呜昧（Nicolau Fiumes）迎娶年仅 15 岁的安东尼奥·科雷亚（Antónia Correia），这位新郎于当年 6 月刚刚丧妻成为鳏夫，而且瘫痪在床 5 个年头。这场婚礼是在新娘家中举办的。这场婚姻是建立在一份质押合同上的，由于这是一场格外不合常理的婚礼，因为新郎已经年过七旬而且患有严重的疾病，而新娘却只有 15 岁，然而，丰厚的财产不仅能够弥补身体上的缺陷，还能掩盖种种伪装和年龄上的鸿

①　Jack M. Braga, *A voz do passado: redescoberta de a colecção de vario factos acontecidos nesta mui nobre cidade de Macao*, Macau: Instituto Cultural, 1987, p.61.

②　C.R.Boxer, *Fidalgos in the Far East (1550—1770)*, Fact and Fancy in the History of Macau, pp.203–204.

沟，这纯粹是财产合约婚姻。①

这种富裕老翁娶到年轻少女为妻的现象在当时社会并不罕见，而是一种正常的社会现象，时人潘飞声《西洋杂咏》诗曰：

> 一枪一剑渡重关，万里浮航久不还。积有盈余归娶妇，问年五十
> 须丝斑。（夷人出外，恒以一枪一剑自卫。夷人远出贸易，必俟富厚
> 始归娶妇。年五十娶者甚多，新妇少艾，不以为嫌。）②

16—19 世纪澳门葡人婚嫁论财的婚姻观除了受到葡萄牙东方帝国的一些地区婚俗的影响外，和中国的财婚、奢婚之风也是有关的。正如阿马罗所称：

> 葡萄牙血统家族的女儿一般优先嫁给欧洲人，儿子则娶欧亚混血
> 女子为妻，财富较少的人则娶中国姑娘为妻，而不要那些没有嫁妆的
> 欧亚混血姑娘，因为中国姑娘的美德更为人称道。③

16—19 世纪澳门葡人的婚姻相较中国的"父母之命、媒妁之言"是相对自由的，但是也不可忽略婚姻选择中的门第观。

四、澳门葡萄牙人的婚礼形式

澳门葡萄牙人均为天主教徒，故而其婚姻都由教会管理，结婚一定要在教堂由神父主持。根据《17 世纪澳门历史资料集》公布的一份 1624 年的葡文档案有这样的记录：

> 这位主教总管既没有任何权威性，也没有任何司法权力，只不过
> 进行了几场婚姻的圣礼仪式。根据教会的几位圣职人员说，这些仪式
> 都是由那位位居教会总管的神父安东尼奥·罗萨里奥（Frei António
> do Rosário）主持并讲话。正因为大主教管理的这种模式，与真正的

---

① Jack M. Braga,1987. *A voz do passado: redescoberta de a colecção de vario factos acontecidos nesta mui nobre cidade de Macao*, Macau: Instituto Cultural, pp.49–50；[葡] 施白蒂著，小雨译：《澳门编年史：16—18 世纪》，澳门基金会 1995 年版，第 117—118 页。

② （清）潘义增、潘飞声：《番禺潘氏诗略》第 2 册《义松堂遗稿》之潘有度《西洋杂咏》，清光绪二十年刊本，第 2 页。

③ Ana Maria Amaro, *Filhos da Terra*, p.23.

基督教婚礼仪式相去甚远。①

这里虽然没有介绍真正的基督教婚礼仪式是什么，但明确地告诉我们 17 世纪澳门葡萄牙人的婚礼是由主教主持。中文文献也有这样的记录，清王植《崇雅堂稿》载："凡男女婚姻事，僧主之"。② 此处"僧"指的就是神父。

葡萄牙人的西洋婚礼还有主婚和证婚的签名仪式，根据存盘于教会档案室的婚姻登记：

> 1790 年 6 月 16 日，在中国的圣名之城澳门，在主教府礼拜堂。我，安东尼奥·若热·诺盖拉（António Jorge Nogueira）在结婚预告中允许在神职人员面前收到结婚者西蒙·德·阿劳若·罗咱，玛丽安娜·洛佩斯·达·席尔瓦的鳏夫，与伊格纳西亚·达·科斯塔（Ignacia da Costa），弗里斯·德·门东萨（Fliz de Mendonça）的寡妇，皆为名人，证婚人为安东尼奥·维森特·罗咱，及阿戈什蒂纽·安东尼奥·斯帕达（Agost. Ant. Spada）：在此结婚预告中与我，教堂司库及代理主教签署。（签名）安东尼奥·维森特·罗咱，阿戈什蒂纽·安东尼奥·斯帕达，安东尼奥·若热·诺盖拉。③

从这份 18 世纪的档案可以看出，当时的葡人结婚不仅需要神父作为主婚人，还需要两位证婚人，而且都必须在证词上签名。

关于澳门葡人婚礼的过程在明清中文资料中多以"交印"二字概括。尤侗《佛郎机竹枝词》称：

> 蜈蚣船橹海中驰，入寺还将红杖持。何事佛前交印去，订婚来乞比丘尼。（俗信佛，每六日礼拜，手持红杖而行。婚姻诣佛前相配，以僧为证，谓之交印。）④

这里描写了澳门的葡萄牙人天主教婚礼的情况，"寺"即教堂，"比丘尼"指僧侣传教士，持红杖者则是主持教堂仪式的神父或主教。

---

① Elsa Penvalva, *Miguel Rodrigues Lourenço*, 2009. Fontes para a História de Macau no Século XVII, Lisboa:Centro Científico e Cultural de Macau, p.136.

② （清）王植：《崇雅堂稿》卷 2《香山险要说》，四库全书存目丛书影印苏州图书馆藏清乾隆刻本，齐鲁书社 1997 年版，第 272—276 页。

③ Manuel Teixeira, Os *Ouvidores em Macau*, Macau: Imprensa National,1976, p.165.

④ （清）尤侗：《西堂全集》第 11 册《外国竹枝词》，清康熙间刊本，第 12 页。

关于"交印"和结婚的关系，在中文史料中随处可见，明人蔡汝贤曰："即诣佛前相配，以一僧为证，谓之交印，遂携妇归。"[1] 陈仁锡："诣佛前相配，以僧为证，谓之交印"[2]；茅瑞征称："诣佛前相配以僧为证，谓之交印。"[3] 屈大均曰："彼中最重女子，女子持家计，承父资业，男子则出嫁女子，谓之交印。"[4] 印光任、张汝霖在《澳门记略》中对此事记载和解释稍详："婚期父母携之诣庙跪，僧诵经毕，讯其两谐，即以两手携带男女手，送之庙门外，谓之交印。"[5] 李遐龄《澳门杂咏》亦云："交印全凭妇坐衙，客来陪接婿擎茶。"[6] 如斯种种，不胜枚举。

目前多数学者认为"交印"是交换结婚信物之意，如民俗学家段宝林先生称："所谓'交印'即是在教堂结婚，新郎新娘交换信物，取得了正式的婚配权利之义。"[7] 刘正刚先生亦称："所谓交印，即双方到教堂举行婚礼，彼此交换信物。"[8] 章文钦教授也大致认为，"印"大概即指"戒指"而言"[9]。这种说法是不准确的，金国平先生通过严密考证指出："可以完全确定'交印'是个外来借词。来自于马来语'kahwin'或'kawin'，意即'结婚'。"[10] 周湘先生也认为"交印"泛指婚礼，具体是指女方将婚戒交给男方。[11] 这应该是对"交印"一词的正确解释。

① （明）蔡汝贤：《东夷图说》之《佛郎机》，四库全书存目丛书史部第 225 册影印万历十四年刻本，齐鲁书社 1997 年版，第 428—429 页。

② （明）陈仁锡：《皇明世法录》卷 82《南蛮·佛郎机》，四库禁毁书丛刊史部第 13 册影印明崇祯刻本，北京出版社 2000 年版，第 401 页。

③ （明）茅瑞征：《皇明象胥录》卷 5《佛郎机》，华文书局点校本 1968 年版，第 271 页。

④ （清）屈大均：《广东新语》卷 2《地语·澳门》，中华书局 1985 年版，第 38 页。

⑤ （清）印光任、张汝霖：《澳门记略》卷下《澳蕃篇》，澳门文化司署校注本 1992 年版，第 155 页。

⑥ （清）李遐龄：《勺园诗钞》卷 1《澳门杂咏》，清嘉庆十九年刊本，第 9 页。

⑦ 段宝林：《澳门婚俗中西文化交融的人类学思考》，徐杰舜主编：《金羊毛的寻找者：世纪之交的中国民俗学家》，黑龙江人民出版社 2005 年版，第 477 页。

⑧ 刘正刚：《明清澳门女性研究》，《历史档案》2001 年第 2 期。

⑨ 周湘、李爱丽等：《蠔镜映西潮：屏蔽与缓冲中的清代澳门中西交流》，社会科学文献出版社 2013 年版，第 221 页。

⑩ 金国平：《〈澳门记略〉所记"交印"考》，未刊稿。

⑪ 周湘、李爱丽等：《蠔镜映西潮：屏蔽与缓冲中的清代澳门中西交流》，社会科学文献出版社 2013 年版，第 221 页。

当然，作为天主教结婚信物的戒指，也是16—19世纪澳门葡裔族群婚俗中无可缺少的信物。乾隆《香山县志》载：

> 贵女贱男，生女则喜，女年及笄，父母与择偶，通知子女，如允从，女则解戒指以定。男媒闻于僧，僧访无故旧之亲，方准其匹配。至婚期，媒引男女至庙，僧即面问：你夫妇日后有无怨悔呢？均曰无之。僧诵经文，令媒引其齐至女家，设席以待，父母姊妹将女送到男家，亦设席，名曰交印。①

这条乾隆朝前期采访到的有关澳门葡人结婚习俗的详细材料极为重要，它不仅报道了葡人男女双方结婚的全过程，而且很多记录都是独家所有，十分珍贵。文中透露的第一信息即是澳门葡人女儿的出嫁首先是由"父母择偶"，可以反映在澳门葡人的男女婚姻中并非所有婚姻都是自由婚姻，并非所有婚姻都是"父母皆不与闻"②。特别是在澳门土生葡人的大家族中，父母对子女婚姻的决定权所占位置仍十分重要。

第二，戒指出现于订婚的场合："父母与择偶，通知子女，如允从，女则解戒指以定"。这里是女子送戒指给男子。陈官《澳门竹枝词》亦载："戒指拈来杂异香，同心结就两鸳鸯。嫁郎未必他年悔，生子还当爱法王。西洋人婚礼，女以戒指授男，通于僧，僧诵经使日后夫妇无怨悔，乃成婚。"③此处的"戒指"出现于正式的婚礼中，亦是女子送给男子，应该同17—18世纪之间澳门出现大量"男嫁女家"的现象有关。同当时伊比利亚半岛的习俗一致，如12世纪末，西班牙托莱多（Toledo）的一个男子对未婚妻承诺将自己十分之一的财产作为彩礼，另加订婚戒指。同时他的未婚妻也给予他一枚戒指作为求婚被接受的信物。④在伊比利亚半岛，戒指是证明婚姻的重要信物。一位旅行西班牙的英国人记载：该国的婚姻法律对女性有利。一个年满12的女孩，只要声称一个年满14岁的男子已经与她有夫妻之实，并且男子也承

---

① （清）暴煜：《（乾隆）香山县志》卷8《濠镜澳》，中山文献丛刊第2册影印清乾隆十五年刊本，第949—950页。

② （清）潘义增、潘飞声：《番禺潘氏诗略》第2册《义松堂遗稿》之潘有度《西洋杂咏》，清光绪二十年刊本，第2页。

③ （清）陈兰芝辑：《岭南风雅》卷1《续选》，清乾隆五十年刊本，第158页。

④ Heath Dillard, 1989. *Daughter of Reconquest: Women in Castilian Town Society, 1100-1300*, Cambridge, New York, Port Chester, Melbourne, Sydney: Cambridge University Press, p.59.

认，男子就有义务要娶她。如果男子不承认，只要她能提供一封甚至都没有出现"婚姻"二字的情书、一个戒指或小饰品的信物就可以宣称他是她的丈夫。[1] 澳门的婚俗亦同伊比利亚半岛这一婚俗相似，明朝的蔡汝贤亦有"男聘以十四"[2] 的记载。

第三，这里多次提到"媒"，这个"媒"是指男方派至女方的媒人。在这里媒人仍具有很重要的作用，首先媒人要先到教堂征求神父的意见，当神父了解到男女双方没有血亲关系，才同意双方婚配，然后媒人又将男女双方引至教堂，由神父主持男女双方的婚誓，结束后，再由媒人将新郎新娘引至女家，并设席招待。这些细节说明澳门葡人的婚姻并非完全不用媒妁，前面所引史料中多可见"无媒妁"之记载。对于澳门土生葡人那些豪门大族而言，可能媒妁仍然是很重要的一部分，那些不用媒妁者当为一般之人家。

值得一提的是，澳门葡萄牙人由于长期生活在澳门，受中国传统文化的影响，所以我们还能看到一些具有东方色彩的葡人婚礼，如结婚摆酒席。前引暴煜乾隆《香山县志》就两次提到葡人结婚时要"设席"，即是男女双方在教堂婚礼结束后由媒人先引到女家，并设酒席招待，然后再由女方的父母姊妹将新娘送到男家，男方再设席招待。[3] 根据彼得·芒迪的记录，也称"澳门葡人的婚礼上办酒席和欢庆"[4]。婚礼上办酒席明显是受中国婚俗的影响。又如吴铻《澳门竹枝词》："殷勤买笑掷千金，宛转花前学鸟音。分得柔丝成五色，赠郎还爱缚郎心。（注：夷妇常用五色丝缠槟榔饷客。）"[5] 在葡人婚礼上，新娘"用五色丝缠槟榔饷客"，这是一种流行于印度、马来亚地区的习俗[6]，亦见于中国南方地区，而葡裔女子这一风俗当来自印度、马来亚。再如

---

[1] Lady Augusta Hamilton, 1822. Marriage Rites, *Customs and Ceremonies of the Nations of the Universe*, London, printed for and by J. Smith, pp.141—142.

[2] （明）蔡汝贤：《东夷图说》之《佛郎机》，四库全书存目丛书史部第 225 册影印万历十四年刻本，齐鲁书社 1997 年版，第 428—429 页。

[3] （清）暴煜：《（乾隆）香山县志》卷 8《濠镜澳》，中山文献丛刊第 2 册影印清乾隆十五年刊本，第 949—950 页。

[4] Peter Mundy, 1919. *The Travels of Peter Mundy in Europe and Asia:1608—1667*，Vol.3, Cambridge: Printed for the Hakluyt Society, p.267.

[5] （清）陈兰芝辑：《岭海名胜记》之《澳门记》卷 7《诗·澳门竹枝词和王骁骑遂行》，广东省立中山图书馆藏乾隆五十五年刻本，第 61—62 页。

[6] 王元林、邓敏锐：《东南亚槟榔文化探析》，《世界民族》2005 年第 3 期，第 63—69 页。

"台糕"是澳门结婚旧时婚礼的必备品，在澳门风行已久。关于"台糕"的来源，阿马罗认为"马来人的结婚蛋糕为澳门早期这类糕点的装饰提供了灵感，同时又加上了葡萄牙乡村中身份流行的大面包盘饰。"[①] 在注解中，阿马罗进一步解释道："马来人的结婚蛋糕（bunga telor junjong），由三、五或七个木盘构成，每层蛋糕厚三至四厘米，呈星状，用巧妙剪裁的红纸加以装饰。在最下面的那个盘子至基座之间用一华丽的用绣珠制成的百褶圆花边加以装饰，直至顶端。三层'台糕'多用于平民的婚礼，五层的供王子结婚典礼使用，七层的则专供国王的龙婚嘉礼使用。在马来人看来，三、五、七为吉祥数字。"[②]

旧时掌管澳门葡裔族群婚礼的教堂主要是花王堂、大庙和风信堂 3 所堂区教堂。《澳门记略》载：

> 婚期父母携之诣庙跪，僧诵经毕，讯其两谐，即以两手携男女手，送之庙门外，谓之交印。庙惟花王、大庙、风信三分蕃户而司其婚，余皆否。[③]

清陆希言《墺门记》亦称：

> 圣安多尼、圣老楞佐，皆统于圣伯多禄，虽洁身修行，而稍存世俗，专于统理教众之婚娶、丧葬之典焉。[④]

其中，花王即为花王堂，亦称圣安多尼堂；大庙亦称大堂，就是指主教堂，亦称圣伯多禄堂；风信则指风信堂，又称圣老楞佐堂。这三座教堂为澳门教区所辖的区内教堂，在各区居住的葡人均在其所住之堂区教堂内举行婚礼。每一教堂管一个堂区，堂区内的居民不可以跨越所属教堂。除了这三座教堂外，其他的教堂也可以为葡人举行婚礼。据文德泉神父记载，1710 年 8 月 22 日，澳门步兵上尉古尔露与玛丽亚·莫乌拉结

---

① [葡] 安娜·玛里亚·阿马罗著，金国平译：《大地之子：澳门土生葡人研究》，澳门文化司署 1993 年版，第 92 页。

② [葡] 安娜·玛里亚·阿马罗著，金国平译：《大地之子：澳门土生葡人研究》，澳门文化司署 1993 年版，第 125 页。

③ （清）印光任、张汝霖：《澳门记略》卷下《澳蕃篇》，澳门文化司署校注本 1992 年版，第 155 页。

④ [比] 钟鸣旦等编：《法国国家图书馆明清天主教文献》第 11 册，（清）陆希言：《墺门记》，台北利氏学社 2009 年版，第 428 页。

婚，举行婚礼的地点就在圣方济各教堂。① 1722 年 7 月 22 日，孤女曼达雷拉·科蒂尼奥（Mandalena Coutinho）结婚，婚礼则在仁慈堂小教堂举行。仁慈堂主席贾修利主教还给她 200 两白银作为嫁妆。②1838 年 8 月 7 日，已去世的澳门巨富俾利喇之幼女玛丽亚·俾利喇（D.Maria Ana Josefa Pereira）与澳门出身世家马葵士家族的劳伦索·马葵士（Lourenço Caetano Cortela Marques）在花王堂结婚。③ 花王堂所奉神为圣安东尼，是葡萄牙人的婚姻主保，故葡人婚礼都喜欢在花王堂举行，《澳门记略》称："凡蕃人男女相悦，诣神盟誓毕，僧为卜吉完聚，名曰花王庙。"④

（汤开建：澳门大学历史系教授、博士生导师；

晏雪莲：澳门大学历史系博士）

① Manuel Teixeira, *Macau e a Sua Diocese*,Vol.III, As Ordens e Congregações Religiosas em Macau, pp.460–61.

② Manuel Teixeira, *Macau e a Sua Diocese*,Vol.III,As Ordens e Congregações Religiosas em Macau, p.512.

③ Jorge Forjaz,1996. *Famílias Macaenses*, Vol.II, Macau：Fundação Oriente，Instituto Cultural de Macau，Instituto Portugues do Oriente, p.988.

④ （清）印光任、张汝霖：《澳门记略》卷下《澳蕃篇》，澳门文化司署校注本 1992 年版，第 150 页。

中国与阿拉伯：文明的对话、自省及其启迪

薛庆国

在世界文明的版图中，中华文明和阿拉伯文明 ① 都占有极为重要的地位，都属于卡尔·雅斯贝尔斯所称的"轴心文明"。中华文明和阿拉伯文明的交流和对话，有着深厚的历史基础，也产生过深远的影响和启示。在亚洲文明对话的框架下，进一步深化中阿两大文明的交流与对话，拓宽文明对话的背景和参照，不仅能让中阿双方加深理解、取长补短，实现自我反思与互惠双赢，而且能对不同文明之间的求同存异、和平共处，起到重要的示范效应。

一、中阿文明对话的基础：共性大于差异

不同文明之间有效对话的基础，是对相关文明的特色有起码的认知；而对话，不仅有助于不同文明的成员更好地了解他者，而且有利于他们借助他者之镜，更好地认识自身。中国和阿拉伯世界相距遥远，各自生活环境和生存条件也不相同，在不同时空形成的两大文明必然具有许多差异性。同时，两大文明还具有诸多共性或相似性，这源于人类在生理特征、生存经验、认知结构上的一致性和共通性以及同为古老的东方亚洲文明所共有的若干特性，还源于相似

---

① 文明就其本质而言就是文化。我国学者李慎之认为：亨廷顿在研究世界主要文明时，把"文明"定义为"文化的实体"，在行文中常把文明与文化混用，这其实并无不妥。张申府先生在《文明与文化》一文中，也曾详论两者实无区别。本文对文明、文化的表述，有时不作刻意区分，亦取此意。

的历史遭遇和忧患磨难以及源远流长的交往经历。可以说，中阿两大文明间的共性大于差异，这些共性构成了双方从古至今一直友好相处、心心相印的精神基础。中阿两大文明的共性主要体现在以下几个方面：

第一，中阿文明都是历史悠久、内涵丰富、成就辉煌、影响深远的伟大文明。

古代中国社会在四五千年前便已步入文明的门槛，并呈现出多元发展的轨迹。在广袤的中国大地上，除了黄河流域出现的较为成熟的中原文化外，还出现过多个特色鲜明的文化圈。中国的语言文字、文学艺术、科学发明、生活方式、道德礼仪，特别是以儒家和道家思想为主要内容的思想学说，构成了一脉相传、未曾中断的中华文明的主体。无疑，在人类文明的版图上，中华文明一直是为数不多、被人仰慕的高峰之一。千百年来，这一伟大文明不仅塑造了中华民族无数个体的文化特征和精神气质，而且深刻影响了广大的周边地区，成为亚洲的主导性文明之一，还对整个人类文明产生了不可磨灭的影响。

阿拉伯古代文明同样源远流长。早在公元前 13 世纪，阿拉伯半岛西南部的也门一带就出现了氏族社会和国家，建于公元前 7 世纪的马里卜水坝，表明当时该地区已经出现了高度文明。阿拉伯文明还与更为古老的尼罗河文明、美索不达米亚文明、迦南—腓尼基文明有着密不可分的渊源关系。公元 7 世纪，伊斯兰教兴起，并迅速成为阿拉伯文明的主导性元素。此后，阿拉伯人走出半岛，为了传教而远征拓疆，不仅将宗教传播到亚洲、非洲、欧洲的辽阔区域，还与被征服地的人民一起，创造了灿烂辉煌、丰富多元的阿拉伯伊斯兰文明，其成就不仅体现在宗教、哲学、历史、地理、文学、艺术等人文社会科学方面，而且也体现在医学、数学、天文学、化学、建筑学等自然科学领域。中世纪的大马士革、巴格达、开罗、科尔多瓦等阿拉伯文化的中心城市，与中国的长安、洛阳、开封、杭州等名城遥相辉映，成为中世纪人类文明夜空中最为明亮的灯塔。

第二，中阿两大文明都是统一文化。文化的统一性体现为整体性，而非单一性，体现为出于多元而又凝为一体的深厚底蕴。

自秦、汉开始，中国就形成了统一的国家和文化体系。中华文明虽以汉族文化为主体，但也包括各少数民族的文化。在漫长的历史发展进程中，虽然也出现过暂时的动乱和分裂，但统一的政权和社会一直是中国历史的主流。中国政治与社会的统一是和文化的统一相辅相成的。统一的政治与社会促进了统一文化的发展，统一文化的发展又巩固了政治与社会的统一。在中国社会发展的进程中，统一文化始终是塑造各民族对国家的认同感、保持族群和谐的决定性因素。在人类文明史上，除中国外再没有别的国家，能在幅员这么辽阔、人口这么众多的国家，保持政治、社会和文化的长期统一。

阿拉伯文明也是统一文化，这是由其文化的宗教性质决定的。阿拉伯民族的所有成员使用同一种语言——阿拉伯语，绝大多数人信仰同一门宗教——伊斯兰教，这构成了阿拉伯统一文化的主要特征。尽管从古至今，阿拉伯民族在政治上常常处于整合和分离的动态之中，但共同的宗教信仰、语言文化和历史传承，一直凝聚着阿拉伯人的思想感情和价值观念。"从历史上来说，阿拉伯国家处于'分裂'状态的时间要长于'统一'的状态，但是永远是'分'而不'裂'，就是因为宗教、语言等文化因素又把他们联系在一起。"①

第三，中华文明与阿拉伯文明都有很强的包容性、适应能力和同化能力，这些特性都极大地丰富了两大文明的内涵。

公元前 2 世纪开始出现的丝绸之路，成为中国与外部世界交流沟通、互学互鉴的重要通道。中华文明在漫长的演进过程中，总体上呈现出开放、包容的胸怀，到了大唐盛世，更展示出海纳百川、兼收并蓄的宏大气魄。佛教、基督教、伊斯兰教、祆教、摩尼教等外来宗教纷纷传入中国，统治者对外来宗教的包容态度，体现了中国文化自身的开放性。唐太宗在贞观十二年曾为景教（基督教的聂斯托利派）下了一道诏书，其中有"道无常名，圣无常体，随方设教，密济众生"一段话，表明他十分开明、开放的文化观念：外来的文化，只要有利于民生福祉、人伦风化，就是与"道"一致的，应该得到容纳。恰是这种对外来文化的包容性和开放性，使得盛唐呈现出深受后世称道、广为外族艳羡的蓬勃朝气和繁荣景象。中国对外来思想和文化的吸收，不仅体现出很强的包容性，还表现出强大的同化力。在元朝，尤其是在清朝，异族驱入中原、君临中国的过程，也是他们自身汉化的过程。元和清不仅大体上继承了原先的政治制度，而且都把孔子奉为先师，把儒家思想尊崇为主流的意识形态。

同样，阿拉伯文明也具有很强的包容性和渗透力。阿拉伯和伊斯兰民族的

---

① 李振中：《中国文化与阿拉伯文化》，《西北民族研究》2014 年第 3 期。

最高宗教经典《古兰经》，就包含了极其丰富的文化内涵。《圣经》新、旧约中的许多传说，近东一代流传已久的神话、寓言，在《古兰经》中都以一种简洁明快的风格被叙述、加工。因此，伊斯兰教是对古代中近东一带文化成果、宗教遗产的认可、总结与融汇。伊斯兰教兴起后，阿拉伯人开拓疆域、建立庞大帝国的过程，也是阿拉伯人接触、吸收、消化、发展被征服民族文化的过程。可以说，阿拉伯文明的成型和繁荣，是古代东西方诸多文明撞击、融合的结果。阿拔斯王朝前期以巴格达为中心的将希腊、波斯和印度典籍译成阿拉伯文的"百年翻译运动"以及安达卢西亚时期以托莱多为中心的将阿拉伯文译成拉丁文的翻译运动，对于东西方文明的传承、交融与进步功不可没。通过翻译，古代希腊、波斯和印度的文明成果被阿拉伯文明吸纳，阿拉伯文明又反哺了中世纪的欧洲，对于欧洲走出中世纪、迎来文艺复兴起了重要作用。

和中华文明一样，阿拉伯文明也具有很强的渗透和同化能力。伊斯兰教兴起后拓疆时期阿拉伯大军所到之处，不仅意味着军事和政治上的征服，而且意味着阿拉伯伊斯兰文化在当地的扎根、生长和传播。

第四，两大文明的演变呈现出相似的历史轨迹：都经历过由盛转衰的过程，都受到西方殖民主义的侵略，近代以来都为实现文明的复兴而苦苦求索。

明清以降，经历了漫长兴盛期和稳定期的中华文明逐渐失去了革新、进步的动力，中国传统文化和政治中与现代化抵牾的消极面日益凸显，统治者对于工业革命在世界范围内引发的历史性大变动、大转折无动于衷，甚至采取错误的闭关锁国政策。在此背景下，中国不可能不成为时代的落伍者。于是，从鸦片战争开始，中国闭锁的门户被西方的坚船利炮打开，曾经显赫一时的东方大国，迅速坠入落后挨打的境地。与此同时，从天朝旧梦中幡然惊醒的中国人，为文化的赓续、革新与复兴，为民族的独立、自由与富强，付出了艰苦卓绝、前仆后继的努力。新中国成立后，尤其是改革开放以来，中国的面貌焕然一新，成就举世瞩目。但中华民族要实现伟大复兴的梦想，依然任重道远，荆棘载途。

阿拉伯文明从阿拔斯王朝后期就步入了颇为漫长的式微期。统一的哈里发政权逐渐名存实亡，诸王割据独立。1096 年，罗马教廷发起了持续近二百年的"十字军东征"，削弱了阿拉伯伊斯兰世界的力量。1258 年，蒙古人攻陷巴格达，以极为血腥的方式终结了阿拔斯王朝。与此同时，阿拉伯人又被欧洲人逐出安达卢西亚。至此，曾经盛极一时的阿拉伯帝国陷入四面楚歌的境地。在随后的马穆鲁克王朝和奥斯曼统治时期，阿拉伯人处于异族统治之下，其文明日益衰落。1798 年，拿破仑入侵埃及，揭开了阿拉伯近代史的大幕。阿拉伯大众的民族独立意识被唤醒，政治和文化精英对本族文化和西方先进文化之间的巨大鸿沟有了体认，立志通过变革实现古老文明的复兴。从近现代直至当代，无数阿拉伯仁人志士都在艰难困苦中探索着文明复兴的道路。回首一百多年历史，尽管今天的阿拉伯民族也取得若干成就，少数阿拉伯国家的发展甚至跻身世界前列，但一个令人无奈的事实是：一个多世纪以前阿拉伯复兴运动的先驱者所预言、企盼、孜孜以求的现代复兴，却没有在完整意义上成为现实。今天，阿拉伯的大地仍然被战火炙烤；恐怖主义这一当今人类之大患，仍然严重困扰着阿拉伯世界；人类现代史上历时最久的冲突——巴以冲突——的最终解决，似乎依然遥遥无期；多数阿拉伯国家仍未摆脱贫困、落后、专制的重压。

第五，自近代开始，中阿两大文明都遭遇了西方文明的激烈冲击，经历了传统与西化紧张而复杂的互动。与西方的互动，对两大文明的未来走向都产生了至为重要的影响。

1840 年鸦片战争的炮声震撼了中国。对于中国，这场战争是一个分水岭，标志着文明古国在外敌逼迫下迈入近代的第一步。鸦片战争及之后西方列强对中国的殖民侵略，让中国人饱尝丧权辱国之痛，也暴露了思想观念依然停留在中世纪的中国与近代西方的全方位差距，并唤起了先进中国人改革旧物的意识和"开眼看世界"的渴求。"从一定意义上说，一部中国近代文化史，就是一部传统文化和西方文化冲突交汇的历史，就是传统文化在西方近代文化的冲击和影响下向近代文化过渡转变的历史，也就是传统与西化相斥相纳的历史。"[①]与西方罪恶的殖民主义和帝国主义作抗争，向西方先进的思想文化及科学技术学习，并行不悖地构成中国近现代历史的主旋律。经过山重水复、峰回路转的艰难摸索，最终，由西方传来的社会主义思想，被"五四"前后中华民族的出类拔萃之辈接受，这一有着深刻的社会原因与历史必然性的事实，为中国的前途命运带来一次历史性转机。

在历史长河中，阿拉伯伊斯兰文明与西方文明既有过惠及双方的交流与融

---

① 　陈旭麓：《近代中国社会的新陈代谢》，中国人民大学出版社 2012 年版，第 381 页。

合，也曾发生过漫长的冲突与对抗。在"十字架"与"新月"数个世纪的复杂互动中，伊斯兰世界起初占据上风，将基督教罗马帝国控制的许多疆域纳入版图。中世纪，基督教西方在罗马教廷的组织下发动"十字军东征"，予以反击。奥斯曼帝国兴起后，继续以伊斯兰教为旗帜西进，其版图空前扩大。文艺复兴和工业革命后，西方在同伊斯兰世界的对峙中逐渐取得压倒性优势。从拿破仑入侵埃及起，西方掀起了新一轮征服伊斯兰东方的狂潮。欧洲的殖民和入侵冲击了阿拉伯人及穆斯林的思想与文化，其中的有识之士开始意识到传统文化存在的不足，倡导学习西方，改革图新。正如中世纪的阿拉伯伊斯兰文化曾经影响、启迪了西方，近现代的西方变成了阿拉伯人和穆斯林学习、效仿的导师和楷模。自 19 世纪初阿拉伯复兴运动肇始以至当代，以西方为师，一直是阿拉伯知识精英的主流认知。及至第二次世界大战以后，阿拉伯伊斯兰各国在民族解放运动的推动下纷纷独立，民族主义思想逐渐盛行。20 世纪中叶起中东地区经历的重大事件，如巴勒斯坦的沦陷，阿拉伯人在几次中东战争中的失败，海湾战争的爆发，"9·11"事件及随后反恐战争的扩大化，"阿拉伯之春"沦为"阿拉伯之冬"……种种事端，使得阿拉伯伊斯兰世界与插手其事务、觊觎其利益的西方之间，矛盾再度激化，误解乃至敌意不断加深。亨廷顿的"文明冲突"之说似乎不断得到印证，关注人类未来的有识之士，难免忧心忡忡。

第六，作为具有代表性的东方文明，中阿两大文明共有一些相近、相似的价值观。

中华民族在漫长的历史演进过程中，形成了自己的民族性格和民族精神。自强不息、厚德载物、居安思危、乐天知足、追求和谐、讲究中庸、注重群体、崇尚礼仪，等等，构成了中华文明的若干基本特征。就中国文化尤其是儒家文化的主要价值取向，杜维明先生认为："作为精神性人文主义的儒家，提出了每一个有良知理性的知识人都必须关注的四大议题：一，个人的身体、心知、灵觉与神明如何融会贯通；二，人与人之间如何通过家庭、社会、国家和世界形成健康的互动；三，人类和自然如何取得持久的和谐；四，人心与天道如何相辅相成。"[1]他还高度肯定中国伦理文化中"五常"（仁、义、礼、智、信）的当代价值："仁就是我们今天讲的同情与慈悲；义就是公正、公平；礼就是人

---

[1] 杜维明：《儒家人文精神的普世价值》，《人民论坛》2014 年第 15 期。

与人沟通的最基本的文明礼貌；还有智慧和诚信。这些不仅是儒家价值也是亚洲价值，而且是扎根在儒家，扎根在亚洲。"①

作为一门世界性的伟大宗教，伊斯兰教倡导仁慈、宽容、和平、平等、正义等崇高价值，鼓励求知，注重道德，追求"两世吉庆"。在阿拉伯伊斯兰世界颇有影响的宗教学者优素福·盖达维曾对伊斯兰教的精髓有过一段概括，这与杜维明先生阐述的儒家价值取向颇有契合：我们信奉并倡导的宗教，在发扬理性与继承遗产之间调和；它从过去获得启示，而又正视现在，瞻望未来；它兼顾精神与物质、个人与集体、今生与来世、理想与现实、权利与义务；它号召人们之间以兄弟相待，主张与他人对话，以宽容对待异己；它视协商与公正为决断的基础，主张全社会和睦相处、人人平等。

中国文化与阿拉伯文化还有不少相同或相似之处，如我国学者丁俊认为："中华传统文化倡导不狂不狷的'中庸之道'，强调'敬天法祖'，追求'天人合一'、'和而不同'的和谐之境；伊斯兰文化倡导敬主爱人，强调守正不偏，追求人与造物主、人与人、人与社会以及人与自然的中正和谐。"②对于儒家思想与伊斯兰教的共通之处，清末明初时期许多回族学者曾有过深入而精当的论述，本文稍后另述。

此外，中国文化中的禅宗，与伊斯兰文化中的苏菲神秘主义也有异曲同工之妙。两者都注重感悟和神通，注重认知过程中的非理性和神秘性因素，都倡导摆脱繁文缛节的束缚，追求个性自由。

中华文明与阿拉伯文明，既有上述相似之处，但作为不同地域、环境和历史的产物，中阿两大文明又有着一些各不相同的特色。主要体现为中华文明是农耕文明，阿拉伯文明是游牧文明；中华文明本质上是世俗文明，阿拉伯文明主要是宗教文明。因篇幅所限，在此不再详述。

二、中阿文明对话的实践：历史与现实回顾

中阿两大文明的交往历史可远溯至两千多年以前。《汉书·张骞传》提及

---

① 杜维明：《中国传统文化的当代价值》，《江海学刊》2011 年第 3 期。
② 丁俊：《"中庸之道"与"真忠正道"——中华文化与伊斯兰文化中的和谐之道》，《西北民族研究》2014 年第 1 期。

的西汉遣使条支（即阿拉伯），是中国古籍关于中阿交往的最早记载。阿拉伯伊斯兰文化传入中国，最早可追溯至唐朝。据《旧唐书》记载，唐高宗永徽二年（651），阿拉伯帝国第三任哈里发奥斯曼曾遣使中国。而在民间，阿拉伯和波斯的商队通过古丝绸之路络绎来华，其中不少人留居各地，并世代繁衍。宋辽时期，中阿友好交往继续发展。及至元朝，伴随蒙古大军征服中国，阿拉伯等地穆斯林大量来华，形成"元时回回遍天下"的状况，伊斯兰教在中国呈现繁荣景象。在明朝，中阿交往经历了由盛而衰的变化。清代开国不久，朝廷即厉行海禁，将"宁可求全关不开"作为国策，中国与阿拉伯等外部世界的往来大为减少。总体而言，中阿两大文明在古代的互动，呈现出交往频繁、友好相待、互利互惠的特点。本文择取两大文明古今对话过程中具有代表意义的若干呈现方式和节点，作简要回顾。

（一）中阿古籍中关于对方的记述

在中国古籍中，唐代杜环的《经行记》、宋代周去非的《岭外代答》与赵汝适的《诸蕃志》、元代汪大渊的《岛夷志略》、明代郑和下西洋的随行人员马欢、费信和巩珍分别撰写的《瀛涯胜览》、《星槎胜览》、《西洋番国志》等著作，都或多或少地记载了作者所闻所见的阿拉伯伊斯兰世界的风土人情与习俗文化。北宋朱彧的《萍洲可谈》、南宋岳珂的《桯史》、郑所南的《心史》则涉及了在华穆斯林侨民的生活情况。这些古籍对阿拉伯伊斯兰社会（及其侨民）的描述，总体上客观正面，而且与实情大致吻合，具有很高的史料价值。

在阿拉伯古籍中，关于中国的记述十分丰富，在数量上远超过中国古籍对阿拉伯情况的记载。这其中既有曾经游历中国的阿拉伯商人苏莱曼、旅行家伊本·白图泰等人确凿可信的见闻，也充斥着大量知识与想象、真实与虚构相混杂的文字。在阿拉伯古籍中呈现的中国形象，总体上是正面、美好的，而且具有一贯性和延续性，几乎形成了一种关于中国的文化程式。阿拉伯古籍中的中国形象，对当时及后世阿拉伯人民如何看待中国，产生了重要的积极影响。

中国和阿拉伯古籍中关于对方的记述，都有一个共同的特点，即用本民族的文化术语对不熟悉的异族文化概念作比附性描述，或将其套用于对方。中国古籍中常用佛教术语表达伊斯兰教的礼俗，如杜环把阿訇每周五在清真寺讲坛上的宣教（卧尔兹），称为"登高座为众说法"，郑所南把每天5次召唤穆斯林做礼拜的宣礼，记述为"登楼上，大声叫佛不绝"①……阿拉伯古籍也有用伊斯兰教俗语比附中国习俗的情况，如商人苏莱曼写道："中国人崇拜偶像，他们在偶像前做祷告，对偶像毕恭毕敬。"②史学家伊本·奈迪木在传述他与一位景教徒的对话中写道："中国人崇拜偶像，并非针对偶像本身，而是视其为接近真主的一种方式。"③

　　中国和阿拉伯古籍中对对方的记述，虽然都不够深入，仅止于对风土人情的表面描述，而很少深入对方人民的精神世界，但也为中阿文明日后的深入对话做了必要的知识铺垫。

（二）明末清初的"以儒诠经"活动

　　明末清初，以王岱舆、马注、刘智、马德新等人为代表的杰出穆斯林学者，为了宣扬伊斯兰教教义，消除教内外对宗教的误会和隔阂，开展了成果丰硕、影响深远的"以儒诠经"活动。这一对话的核心是用中国文化和哲学，尤其是儒家学说的话语传统和学术范畴，译介伊斯兰教经典，阐释其微言大义。这种对伊斯兰教进行本土化实践的文化探索，留下了诸多关于"伊儒相通"的重要论述，如"吾教大者在钦崇天道，而忠信孝友略与儒者同"④，"虽载在天方之经，而不异乎儒者之典；遵习天方之礼，即犹遵习先圣先王之教也。圣人之教，东西同，今古一。"⑤"西域圣人之道同于中国圣人之道，其立说本于正，知天地化生之理，通幽明死生之说，纲常伦理，食息起居，罔不有道。"（马注：《清真指南》）尤为重要的是，"回儒"进一步提出了"二元忠诚"的社会道德伦理观——"忠主忠君"，从而"实现了伊斯兰教在中国从'一元忠诚'到'二元忠诚'的变革，迈出了'会通儒学'以进一步适应中国社会的最大一步。"⑥

　　鉴于参与诠经著译活动的"回儒"学者具有双重文化身份，即同时是阿拉伯伊斯兰文化和中国传统文化这两大文化的承继者、阐释者和沟通者，这场

①　转引自高占福：《从外来侨民到本土国民——回族伊斯兰教在中国本土化的历程》，《世界宗教研究》2013 年第 1 期。

②　[阿拉伯] 苏莱曼：《中国印度见闻录》，穆根来、汶江、黄倬汉译，中华书局 1983 年版。

③　舍姆斯丁·基拉尼：《阿拉伯文化视野中的中国》，（阿曼）《宽容》2007 年总第 19 期。

④　（明）王岱舆：《正教真诠·清真大学·希真正答》，余振贵点校，宁夏人民出版社 1988 年版。

⑤　（清）刘智：《天方性理》自序，马宝光、李三胜译，中州古籍出版社 1994 年版。

⑥　金刚：《"回儒"与"西儒"之比较》，《孔子研究》2007 年第 3 期。

"以儒诠经"活动，完全可视为中阿文化借助自己共同的传人的努力思考与探索而实现的一次重要对话。而且，这是一场达到空前深度、对未来富有启示意义的对话。

（三）世界文明对话框架下的中阿文明对话

21世纪初，针对亨廷顿提出的"文明冲突"理论，在国际冲突趋于频繁和激烈的形势下，杜维明、孔汉思、侯赛因·纳斯尔等世界著名学者，积极倡导不同文明的对话、沟通与理解，发起了由哈佛大学—燕京学社和中国有关学术机构联合举办的文明对话国际学术研讨会。自2002年起，一系列相关研讨会在南京、银川、昆明等地举行。在这些范围广泛的对话研讨中，中华文明和阿拉伯伊斯兰文明之间的对话占有十分重要的比重，也取得了丰硕的学术成果。国内外多学科、多领域的学者，从宗教学、民族学、国际关系学等学科入手，探讨了阿拉伯伊斯兰文明与中华文明互动的历史、现实与前景，伊斯兰教与中国文化的对比、互鉴与融会，世界范围内及中国国内伊斯兰文化的丰富性、民族性与地域性等众多议题。这些对话及其产出的学术成果，在国内外学术界、文化界引起了热烈反响，对于推动中国文化与阿拉伯伊斯兰文化的沟通与理解起到了促进作用。

（四）中阿合作论坛机制下的"中阿文明对话研讨会"

2004年，中国和阿拉伯国家共同宣布成立"中国与阿拉伯国家合作论坛"，标志中阿双方的友好合作关系在新世纪迈上新的台阶。在中阿合作论坛框架内，建立了每两年举行一次"中阿关系暨中阿文明研讨会"的机制。自2005年起，分别在北京、利雅得、突尼斯、阿布扎比、乌鲁木齐、卡塔尔举行了六次"中阿关系暨中阿文明研讨会"。来自中国和阿拉伯多国的专家、学者和友好人士，就中阿关系和中阿文明交往的历史与现状等广泛议题，进行了深入的研讨。

由中国和阿拉伯各国政府及阿拉伯国家联盟共同组织的这一研讨会，虽然具有官方色彩，但也因其议题集中而广泛，参与人数众多，而得到中阿双方舆论界和学术界的关注和重视，为全方位发展中阿双边关系作出了文化和学术层面的贡献。

（五）中阿文学、文化经典作品的互译

文学、文化等经典作品的译介，无疑是文明对话最重要的前提和手段之一。阿拉伯经典作品第一次译成中文，可追溯到1899年。当时，中国穆斯林学者马德新将中古时期埃及诗人蒲绥里的宗教诗《衮衣颂》译成中文出版，这也是近代中国最早译介的外国文学作品之一。此后，现代中国的文化名人周作人、茅盾、朱湘、冰心、刘半农等人都从外文转译过阿拉伯文学、学术著作中的片段或整部作品，为中国人民接触阿拉伯文化与文学这一异域奇葩作出了贡献。阿拉伯文学作品的翻译，在新中国成立后依然势头不减，虽然在"文化大革命"期间有所停顿，但在改革开放后，迅速迎来了一个前所未有的高潮。迄今为止，译成汉语的阿拉伯文化、文学经典作品已达二百多种，其中大多数译作都于最近三十多年完成。其中，阿拉伯民间文学巨著《一千零一夜》显示出经久不衰的魅力；现当代阿拉伯世界的伟大作家与诗人纪伯伦、马哈福兹、阿多尼斯等人的作品，也受到中国文化界乃至普通读者的好评和喜爱；《历史绪论》、《黄金草原》、《伊本·白图泰游记》、《阿拉伯—伊斯兰文化史》等文化名著的译介，也受到学界高度关注。总之，对于爱好文学与学术、喜爱读书的中国读者来说，阿拉伯世界并不陌生，阿拉伯人民有血有肉、亲切真实地存在于他们的阅读记忆中。

正如阿拉伯的作品深受中国读者乃至中国文化名人的厚爱，阿拉伯文学大师也独具慧眼，意识到中国文学、文化作品的非凡价值。纪伯伦、努埃曼、马哈福兹、格巴尼、黑托尼、阿多尼斯、萨迪、欧斯福尔等阿拉伯现当代文化名人，都与中国文化有着不解之缘。他们或对中国文化表示出浓厚兴趣，或亲自书写他们所知、所闻、所见的中国，或积极鼓励、推动中国文化在阿拉伯世界的传播。据不完全统计，迄今为止译成阿拉伯语的中国文化、文学作品已超过一百部，得益于汉学家、中国的阿拉伯语翻译家、在华工作的阿拉伯专家以及一些爱好中国文化的阿拉伯人士的努力，孔子和老子的学说，李白和杜甫的诗篇，鲁迅、巴金、王蒙、霍达、莫言、刘震云等现当代作家的小说，都引起了阿拉伯文化界越来越多的兴趣和关注。

毋庸置疑，翻译这座桥梁，让中国和阿拉伯人民的心灵靠得更近了，也必定会让双方在未来的对话，变得更为顺畅和深刻。

三、西方观照下的中阿文明对话：自省与启迪

为使两种异质文明之间的对话更为深入，对文明自身的审视更为客观，避免文明对话时的孤芳自赏，就有必要将对话置于更为开阔的参照系中。因此，中阿文明之间进行对话时，也有必要将中阿文明与其他文明、文化互动的多重关系和丰富场域作为参照和背景。鉴于西方文明迄今依然是当今世界的主导力量，还是与中华文明和阿拉伯文明均发生了最复杂、最深刻关系的他者文明，因此，将近代以来中国和阿拉伯世界分别与西方的关系纳入视野，对深化中阿文明对话是极有裨益的。

近代，曾有过辉煌历史的中国和阿拉伯世界都沦落到积贫积弱、受人宰割的境地。在沉痛现实的刺激下，一批接受了西方近代思想洗礼的中国和阿拉伯知识精英，在观察自己身处的古老东方的社会与文化时，视野显得异常开阔，眼光也分外冷峻。他们对本民族的落后状态有切身感受，并且尝试探索其症结之所在。纵览中国和阿拉伯近现代有代表性的思想和文学作品，我们会清晰地发现，作家们笔端呈现的中国与阿拉伯两大东方民族的传统文化，存在着一些颇为相似的弊端。如，中国与阿拉伯的传统文化都具有膜拜权威、压抑个性的专制主义倾向；都具有尊古贬新、保守封闭、自大排外的痼弊；都盛行着反科学、反理性的迷信、玄学与宿命成分；都容易养成虚伪瞒骗、自欺欺人的恶习；等等。

作为对本民族传统文化的反思与批判，中国和阿拉伯世界在 19 世纪与 20 世纪之交及 20 世纪前叶都出现了启蒙主义思想。对比两个民族启蒙主义运动的规模、特点及影响，尤其是考察两者看待传统文化的立场，我们能从中发现一些发人深思的差异。

在以"五四"为标志的中国新文化启蒙运动中，启蒙思想者将中国传统文明置于世界文明的坐标中进行审视，"几乎都得出了西方近代文明远远高出于中国传统文明的结论"[1]。因此，他们在大力引进"民主"、"科学"、"个性自由"、"社会主义"等来自西方的价值观的同时，对以孔子及其学说为代表的中国传统文化作历史性拷问，"打倒孔家店"成为当时最响亮的口号。尽管"尊孔"、

---

[1]　林非：《鲁迅和中国文化》，学苑出版社 1990 年版，第 21 页。

"复古"的旧文化代表在退守中仍作顽强抗争，但新文化的思潮毕竟高歌猛进，在知识界，特别是青年人中形成潮流。虽然几千年封建传统的影响绝非青年人想象的那样可以轻易摆脱，五四运动在多大程度上撼动了十分稳定的中国社会与传统文化仍是疑问，它对中国传统文化的批判更谈不上全面与公允，然而，五四运动毕竟深刻改变了现代中国人的思想，在中国文化思想史上引起了一次裂变，"这在中国数千年的文化史上是划时代的。如此激烈否定传统、追求全盘西化，在近现代世界史上也是极为少见的现象。"① 尽管五四运动也有失误和教训，然而其影响及历史意义绝不可低估。而且，如果将五四运动与发生在同样有着沉重传统文化包袱的阿拉伯社会的复兴运动进行比较，前者对于中国文化的进步意义更能得到彰显。

就在中国经历五四新文化运动的前后，阿拉伯世界的一大批思想精英也在艰难探索阿拉伯民族的复兴之路。早在 19 世纪下半叶，埃及、叙利亚、黎巴嫩、突尼斯等国的政治家、思想家、文学家、宗教改革家就已感受到传统与现代价值的激烈冲突，他们痛感伊斯兰、阿拉伯世界的衰落，呼吁解放思想，学习西方，实行宗教及社会改革，由此揭开了阿拉伯现代复兴运动的序幕。20 世纪前期，阿拉伯启蒙主义思想家塔哈·侯赛因、阿卡德、赛拉迈·穆萨等人，进一步发展了前辈的思想，更加强调理性、自由与民主的价值观，号召阿拉伯人民构建新精神、新思维。然而，同以"五四"为标志的中国启蒙主义运动相比，阿拉伯现代复兴运动呈现出两个显著不同的特点。

首先，五四运动将斗争的矛头直指中国传统文化的根本——孔子的儒家学说；而阿富汗尼、凯瓦基比等阿拉伯复兴思想家虽然也都意识到民族文化的落后及西方近代文明的先进，提出要学习西方的科学文化，开展宗教与社会改革，却未从根本上质疑阿拉伯文化的基础——以宗教文化为特征的一系列价值观及传统思想。所以，他们对于传统的态度要温和得多。

20 世纪 20 年代，发生在埃及的两桩文化公案震动了整个阿拉伯世界，这两桩公案的结果颇能反映当时埃及思想界新旧力量的对比。一是宗教学者阿里·阿卜杜·拉齐格发表了《伊斯兰教与统治本源》一书，认为哈里发统治并

---

① 李泽厚：《启蒙与救亡的双重变奏》，载许纪霖编：《二十世纪中国思想史论》（上），东方出版中心 2000 年版，第 71 页。

不具有宗教神圣性，主张政教分开，改革伊斯兰教法。这本书在保守的宗教界引起轩然大波，伊斯兰法庭因此作出判决，将作者开除出学者队伍。另一桩公案与埃及文豪塔哈·侯赛因有关，他在文学论著《论蒙昧诗歌》中，因公开倡导将理性与科学置于宗教情感之上的研究方法，在国会、大学和民间掀起波澜，一些宗教人士率先发难，要求以诽谤伊斯兰教为罪名对塔哈绳之以法，后来在塔哈发表声明做了妥协后风波才告平息。因此，塔哈在此后出版的名著《埃及文化的未来》中，虽提出了全盘欧化的大胆主张，却也避免探讨宗教。

如果说中古的阿拉伯世界未曾发生西方文艺复兴和启蒙运动那样深刻的文化变革与反思，那么，近现代的阿拉伯历史上同样不曾有过中国五四运动那样激烈的文化批判运动；阿拉伯文化在历史上未曾有过的断层或裂变，在现代同样不曾出现，阿拉伯世界"将伊斯兰教所提供的所有价值都带入现代"①。

其次，五四运动的新文化思想虽谈不上在广大民众中深入人心，但毕竟在知识分子，特别是城市青年中形成潮流。"五四"期间，一大批在中国现代文化史上最具影响的知识精英，如陈独秀、李大钊、鲁迅、胡适、钱玄同等人，一起站出来挑战传统，向传统发起总攻，他们的言行在整个社会形成一股新潮，使传统即使不被摧毁也被大大削弱，并且深刻影响了以后的中国人。相比而言，阿拉伯复兴时期的新思想影响范围却极为有限。

如何对待传统文化，是中国和阿拉伯这样曾经辉煌、近代落伍的文明古国普遍面临的一个重大课题。通过对比研究五四新文化运动与阿拉伯现代复兴运动，我们能得到不少发人深思的启示。

其一，传统文化是千百年来形成于人们价值观念、文化心理和生活方式之中的积淀，已融汇、浸透在人们的思维与言行之中，它不是想扔掉就能扔掉、想保存就能保存的身外之物。传统文化已延续数千年之久，于后人而言是浸于肌肤、浃于骨髓的，是他们与生俱来就感到亲近与敬畏的。由此而言，五四新文化运动的真正意义不在于它全盘否定了中国传统文化，而在于它将几千年的旧传统拉下了神坛，使中国人摆脱了对于传统的迷信与神话观念，从传统思想的沉重束缚下解脱出来，从而使后人在更从容、平和的语境中客观、全面地评价传统文化成为可能。可以说，如何正确评价传统文化，五四运动远没有毕其

---

① 刘靖华、东方晓：《现代政治与伊斯兰教》，社会科学文献出版社 2000 年版，第 66 页。

功于一役，但它完成了一场攻坚战，为现代中国的思想进步创造了条件。可以想象，假如不摘去围绕着传统文化的神圣光环，假如关于传统的话题处处是忌讳、禁区，那么，如何谈得上客观分析传统文化的利弊是非，如何实现文化的革新与现代化呢？

其二，虽然中国五四新文化运动是较之阿拉伯现代复兴运动更为彻底的思想解放运动，但遗憾的是，由于种种原因，思想启蒙的任务在现代中国和阿拉伯都未能顺利完成。回顾中国和阿拉伯世界近百年来充满曲折的发展历程，更能让人深感：彻底摆脱传统文化中封建主义、专制主义等痼弊，让"科学"、"民主"、"人的解放"等启蒙思想深入人心，对于中国与阿拉伯民族而言依然任重道远。

阿拉伯国家在现当代选择了若干条发展道路，各自情况差异很大，但当今总体上却面临许多困境和危机，究其深层原因，也与传统包袱过重、启蒙思想未得以全面普及，因而导致一些关乎思想文化的重大问题悬而未决有关。传统文化未经受客观的评判与扬弃，启蒙主义思想的根基本来就不够坚实，因而，当社会的政治、经济发展由于种种原因遇到挫折时，以复古思想为主要特征的原教旨主义思想便一再兴起，并往往成为孵化极端主义的温床。

其三，古老的中华文明与阿拉伯文明有着极为丰富、复杂的内涵，它们之所以源远流长，历千百年而长盛，为人类文明的演进作出重大贡献，其中无疑包含了许多优良传统和可贵品质，值得后人发扬与借鉴。因此，尽管中国和阿拉伯的传统文化中也隐含着不少弊端和糟粕，某些适合于古代农耕或游牧社会的传统已不能适应现代工业及信息社会的发展，但是，对待传统持全盘抛弃的态度，也是完全不可取与不现实的。更为重要的是，人类在现当代的遭遇与经验，已充分表明东方传统文化的优秀内涵极有存在并弘扬的必要。虽然西方文明中自由、平等、理性、法制、人权等核心价值已显示出普世性的进步意义，但西方文化中过于强调维护个体利益的文化观念，以及片面的人类中心主义、狭隘的西方中心主义、贪婪的物质至上主义，等等，也导致了当今人类面临的战争频仍、文化冲突、物欲横流、精神空虚乃至环境恶化等困境。如何在自由中加入公正，在理性中引入同情，为人权赋予责任，以道德辅助法制，是东西方的有识之士都在探索的问题。在这方面，东方传统文明中的积极因素，完全有可能为匡正有失偏颇的现代性作出贡献。显然，只有将东西方文化的精髓相融合，才能为人类创造一个更合理的未来。换言之，将现代性等同于西方思想，是没有说服力的；将西方模式强加给东方民族，更是错误的和危险的。在这方面，阿拉伯国家在当代有过并正在经历着惨痛的教训。一个极为重要的启示是：不同文明、不同社会应该探索适合自身特点的现代性，即走符合自身特点的发展道路。

19 世纪以来，中国与阿拉伯的传统文化一直受到西方强势文化的冲击，中国文化在 20 世纪的"文化大革命"浩劫中更遭到几乎是毁灭性的破坏。在商品经济、全球化的浪潮席卷而来的今天，中国与阿拉伯的传统文化都面临着巨大的挑战，在中国与阿拉伯世界，也都有许多有识之士在为本民族文化的优良传统受到侵蚀、不断流失而担忧。在当今，中国更加强调重建和弘扬传统文化，是很有必要的。然而，与此同时，却也应警惕文化保守主义的再起。应该清醒地意识到，处在现代化进程中的当代中国与阿拉伯社会面临的诸多问题，有些是与文化传统中的精华流失有关，有些却依然应归咎于传统遗留的弊病，有些还与外来文化中糟粕的消极影响有关。这意味着，今天的东方人一方面要摒弃传统文化中的糟粕，一方面又要弘扬传统文化中的精华，同时还要对外来文化持批判性的扬弃态度。要解决这样的难题，一种清醒的文化自觉、自省意识就必不可少。

在不同文明多重关系的背景下进行中阿文明对话，其带来的启迪是丰富而深刻的。从文明对话的视域来看待中华民族孜孜以求的伟大复兴，能够赋予这一复兴更为丰富的意义。

（北京外国语大学教授）

比较研究

论知识论的德性与理性之辩

单　纯

由"知"这个概念而引人关注的是从古希腊的苏格拉底到当代美国的奎因的知识论传统，它的重心在于探索"理性真理"（Truths of Reason）。在苏格拉底那里是"我知我无知"（"无知之知"，The only true wisdom is in knowing you know nothing），而在奎因这里则是"逻辑真理的必然性"，前者强调思想的主体功能，后者突出思想客体的必然本质。相比之下，中国的传统更注重在"知行合一"的框架下思考"知"的问题，因此，由社会实践的"行"折射出的主体性和伦理性构成了中国思想中"知"的特性，其特点可以说是偏于"情感真理"（Truths of Emotion）。因此不妨说，中国并不是没有一个像西方一样的知识论传统，而是有一个将知识论纳入伦理学的"知行合一"的、具有中国特色的传统，这也是中国实学的一个重要特征。

一、西方近代的知识论转向

知识论一直是西方学术思想三个主要的潮流之一，其他两个是宇宙论和伦理学。在西方文明的"两希"传统中，希伯来的宗教是将伦理学置于三者的核心位置，按照斯宾诺莎《神学政治论》的解释，以《圣经·旧约》为代表的希伯来宗教伦理充分表现在希伯来人的政治和法律中，甚至深刻影响着西方的基督教社会；而"希腊化"的哲学则是以知识论为主流的，其代表观念就是苏格拉底的"我知我无知"以及其弟子柏拉图的"理念论"。"两希"传统发展至罗马帝国时期，逐渐演变为一个以基督教为主流的思想传统。一般学者以为从基督教的确立到文艺复兴，西方思想演变成一个思想"蒙昧"的时代，古代希腊的"知识论"传统逐渐淡出，而希伯来的神学政治传统亦逐渐演变成为一个"政教合一"的思想和制度类型。至此，"两希"传统皆不复存有其古代的特征和风貌，代之而起的是打着神学或哲学招牌的世俗权力系统，西方中世纪社会遂出现教权和皇权的血腥角逐。除了极少部分的教父哲学家仍然关注知识论的议题——主要用于证明上帝存在的"神正论"之外，大部分思想家的兴趣转向了对于"教权"或"皇权"的合法性论证之中。这种由"知识论"丧失自己古希腊立场而导致的"蒙昧"状态，一直持续到文艺复兴和笛卡尔时代，西方人才又一次热情地思考古希腊知识论中的理性议题，使其启蒙者笛卡尔成为"欧洲文艺复兴以来，第一个为人类争取并保证理性权利的人"（笛卡尔的墓志铭）。

虽然西方近代知识论的传统可以被表述为"欧洲大陆的理性主义"和"英国岛上的经验主义"，前者以笛卡尔、斯宾诺莎和莱布尼茨为代表，后者则以洛克、贝克莱和休谟为代表，但是中世纪晚期的经验主义神学家"库萨的尼古拉"主教或许可以视为一个更关键性的人物。他从综合"两希"传统的思想立场出发，对经院哲学的"独断论"提出怀疑主义的挑战：上帝的诫命并不是被动地启示给先知，宗教真理也不存在于"神正论"的烦琐推理之中，而是存在于人们自己的经验以及对于自然的探索之中。因此，"神在万物中，万物在神中"解构了上帝和真理仅存在于教会和神学家的思想垄断之中的"独断论"权威，使人类主体信仰的能动性和创新性活动获得了前所未有的意义。之后笛卡尔的"我思，故我在"和斯宾诺莎的"上帝存在于人对自然的思考之中"——这个自然神论的知识论命题深得爱因斯坦的推崇："我信仰斯宾诺莎的那个在事物的有秩序的和谐中显示出来的上帝，而不信仰那个同人类的命运和行为有牵累的上帝。"①——都可以视为其思想上的继承和创新者。这是"对神的理智的爱"而不是经院哲学那种"盲目地迷信"。莱布尼茨说，我们生活的世界是"上帝可能创造的世界中的最好的一个"（What God might have created is the best of

---

① "I believe in Spinoza's God who reveals himself in the orderly harmony of what exists, not in a God who concerns himself with fates and actions of human beings." See at http://www.stephenjay-gould.org/ctrl/quotes_einstein.html.

all possible worlds）。① 他的这个思想，从知识论意义上讲比之前犹太教迷信耶路撒冷是世界的中心，或者哥白尼之前的基督徒大都相信地球就是宇宙的中心更加超越，更能体现人的主体性：哪怕他还是个信仰上帝的人，他仍然可以从自己独立思考的角度去理解上帝的创造性活动，使信仰者主体及其思想在整个犹太—基督教（Judeo-Christian）的"先知信仰体系"中有了特殊的意义。概括地说，欧洲大陆的理性主义从笛卡尔"我思，故我在"中演绎出信仰者自己就是先知，从斯宾诺莎的"对上帝的理智的爱"中演绎出自然包括人即神的宇宙和谐思想，从莱布尼茨的"我们生活的世界是'上帝可能创造的世界中的最好的一个'"演绎出上帝的创世活动无论过去还是未来都是我们独立判断的结果，而不是在人主体判断之外的"实体真理"。

在近代理性主义的刺激下，信仰者的主体性和思辨性逐渐取代了神及其代理人——先知或教会的客体性和宗教启示性真理的独断性，而这些思想上的变化，显然都得益于知识论上的怀疑主义或经验主义。对于长期信奉犹太—基督教传统中神的"绝对他在性"（The Absolute Otherness）的人而言，这种变化是思想上的一次深刻的革命。因此，以"我思，故我在"标榜"知识论"主体性的笛卡尔就成了西方"近代哲学之父"。除了自己的思想之外，可以怀疑一切的笛卡尔式的知识论（Cartesianism）导致了西方近代哲学的转向，逐渐摆脱了中世纪教父哲学和经院哲学的"独断论"束缚，开启了近代哲学一路高歌猛进的"知识论转向"，直至当代，后现代主义对理性现代化中的各种弊端的"后现代主义"反思以及现代思想家韦伯的《新教伦理与资本主义精神》以及罗尔斯的《正义论》所引起的思想热情，西方"知识论转向"的风头才渐渐平息下来，伦理学对于知识论的修正和平衡在福山所阐释的"历史的终结"与亨廷顿所阐释的"文明的冲突"中，得到了全球化的见证，使"人权"成了当今世界影响最为深远的意识形态。在它的思想内涵之中，知识论和伦理学的思想与理论界限已经变得十分模糊，"人权"不仅以思想与制度、人与神相互契合的方式弥合了"耶路撒冷与雅典的思想距离"，而且建构起了东西方文明对话的平台，人类社会从未像今天这样可以运用同一种思想观念、在同一个国际

---

① Joseph Runzo, *Global Philosophy of Religion: A Short Introduction*, New York: Oneworld Publications, 2001, p.107.

制度框架内，讨论他们共同关切的全球性议题：信仰的意义、环境保护、可持续发展、文明对话、反恐、宇宙空间探索、人性的本质以及生命的意义等。无论是从哪个时代传承下来的哪种文明传统，人类文明的最大公分母都是"人"，人的各种权利——无论是表现在"希伯来宗教中的道德权利"还是"希腊化哲学中的理性权利"——是人类文明的前提和基础，在此前提和基础之上开展的"知识论"的讨论才是符合人类文明情理的。

二、中国名家知识论的特色

与西方文明相比较，中国的春秋战国时期很像西方"两希"时期和文艺复兴时期，前者德国思想家卡尔·雅斯贝斯关于"轴心文明"的论述强调了其超越性本体观念的形成，后者则见于人文主义对于神权思想的超越。"轴心文明"时期的超越性本体观念在中国春秋战国诸子思想中有"道"、"仁"、"名"等，而人文主义则在"天人合一"和"内圣外王"等议题中得到持续性关注。由于诸子百家的形成大体都是在春秋战国时代的中原地区，思想家之间交流和砥砺较为频繁，时空方面的亲缘性也影响到他们的思想体系。因此，诸子思想无不涉及宇宙论、知识论和人生论的议题，只是因其侧重点与论述方法的差异而彰显各家的思想特色，其本质大体可以归为司马迁所总括的："究天人之际，通古今之变，成一家之言。"（《史记·报任安书》）

专就知识论而言，诸子百家中最典型的知识论思想即见于名家。不过，名家的知识论传统是使用一套自己的术语来开展讨论的，诚如当代哲学家张岱年所谓，中国古代思想家的知识论多以各自特有的名言或术语表现："名实观、知行观、真理观三者都是认识论的问题。突出了名实、知行、真理三个问题，可以说显示了中国哲学认识论的特点，这也表现了作者的特识。"[①] 而名家的知识论言词或议题主要是以"离坚白"、"合同异"等概念形式展开的。

对于春秋战国时代的名家，汉代学者刘歆介绍说："名家者流，盖出于礼官。古者名位不同，礼亦异数。孔子曰：'必也正名乎！名不正则言不顺，言不顺则事不成。'此其所长也。"（《汉书·艺文志》）他把名家的起源归结为一

---

① 《张岱年全集》第八卷，河北人民出版社 1996 年版，第 430 页。

种"官",多少有点武断,可能是因为中国的历史学有很浓厚的官方色彩,学者独立的"秉笔直书"很难流传,故对春秋战国时的思想家多有"诸子出自王官"的传统说法。但无论如何,他将名家与"名正言顺"联系在一起,说明"名家"与"辩者"之间有必然的联系,其思想内涵和影响俱见于中国文献中关于"能言善辩"者或"辨名析理"者的记述之中。

名家的代表人物主要是惠施和公孙龙,当然也有些资料更注重邓析在名家传统中的首创者地位。

关于惠施,我们没有他的直接的著作,只是从《庄子》和《吕氏春秋》中间接地知道他的思想和交谊。《吕氏春秋·淫辞》中说,惠施曾经做过魏国的宰相,"为魏惠王法",这大概就是刘歆说名家出于"礼官"的依据。但是,他的出名显然不在于此,而在于他的思想学说。《庄子·天下》篇说:"惠施多方,其书五车。"在中国人的熟语中有"学富五车"之说,其最初的依据就是出于对惠施的赞誉。如果再将"惠施多方"与"遍为万物说"联系起来,我们可以想象,惠施是在何等高的抽象程度论述自己的知识论。为此,我们仅从《庄子》中举几个例子来说明惠施的思辨特点。

其一,"至大无外,谓之大一;至小无内,谓之小一"。这是《庄子·天下》中"惠施十事"中的第一事。惠施辨析的"事"都是指作为主体思考对象的客体,此处的"大一"和"小一"都是形而上的"本体",是高度思辨后的逻辑结论。照他的知识论特征,"大一"和"小一"都是形式逻辑的判断,用以暗示形而下的事件或大大小小的事物,在西方普罗提诺的知识论中就是"一多关系"(One and Many)中的"一",不过此"一"不是"一、二、三、四"序数中的"一",而是超越这个序数的"一",是形而上的"道一",因而是"至大"或"至小"。中国其他思想家讲"独一无二"时,那个"一"也是这样的形而上实体(Entity or Reality),明儒王阳明诗句有"无声无臭独知时,此是乾坤万有基"[①],其中"独知"就是知识论上的"独一无二"者。惠施将"一",无论是"大一"还是"小一",列为第一事,可以看出他的知识论的特征,即强调人的形而上的思辨能力。在我们的观察和实验中,任何事物的大小都是有限

---

① 《咏良知四首示诸生》,见吴光等编校:《王阳明全集》(上),卷二十,上海古籍出版社 1992 年版,第 790 页。

的；但是，在纯粹的思辨和形式逻辑中，"无限大"或"无限小"是可以用言词或概念表达的。如宇宙的无限性不能以三维空间描述，但是可以用超越时空维度的纯粹几何概念表述，即以"球体的平面边"来表述宇宙的无限性。

其二，"无厚不可积也，其大千里"。"无厚"是指没有厚度的事物，这在经验事物中很难想象。再"薄"的东西，从科学测量的角度讲都不可能说"无厚"，但是，如果都有一定的厚度，再薄的东西都在经验层面被限制于其厚度，这样"厚"的事物就不能达到其形而上的极限"千里"。因为，它的"无厚"是指形而上的概念讲的，所以形而下的面积就不会因为一个"厚度"的标准而受到限制，达到"千里之大"。在名家的知识论层面，这仍然是"无（小）与大之辨"，是"无中生有"在知识论上的说法，其旨超越了宇宙生成论的局限。就纯粹几何学的意义讲，"无厚"可以指平面，其在"体积"上无可计量，但是在"面积"上可以无限计量，这是因为在几何学的概念上我们做了言辞上的相关规定。这种形上形下的辨析方式很可以类比于维特根斯坦那个"登高踹梯"比喻中关于形而下的梯子与形而上的"高度"之间的关系。

关于惠施的知识论，我们在《庄子·秋水》篇中有一个脍炙人口的辩论。据传，庄子和惠施是好朋友，经常辩论。一次二人出游，走到濠水的桥上，庄子触景生情，赞叹说："鱼在水里自由自在地游泳，它是多么地快乐啊！"对此，惠施反驳说："你不是鱼，怎么能知道鱼在水中的快乐呢？"庄子回答说："你不是我，你怎么知道我不知道鱼的快乐呢？"惠施则说："我不是你，固然不知道你的想法；正如你不是鱼，又如何知道鱼是快乐的呢？这难道有什么问题吗？"从这些对话中，可以看出惠施的辩才，也表达了他对于名家知识论的无限乐趣，以至于落入狡辩。对此，汉代的学者批评说："名家苛察缴绕，使人不得反其意，专决于名而失人情。故曰：'使人俭而善失真。'若夫控名责实，参伍不失，此不可不察也。"（《史记·太史公自序》）只管形而上的概念和辩论的方法，而忽视概念与事物之间的联系以及使用语言的主体——人的情感，这是名家的局限，可能也是名家在汉以后逐渐淡出中国思想舞台的原因。就以庄子和惠施"濠上观鱼"之辩而言，庄子的兴趣在于观鱼者的主观感受和寓于自然中的人文意义，而惠施的关注点只是在辩论方法本身，因此不惜偷换概念，将庄子的主观感受偷换为庄子对于鱼的感受的客观判断，再以鱼的客观状态否定庄子的主观状态，将一个判断事物的主体狡辩成两个独立的主体——庄子和鱼，进而强调两个主体之间的差异性，以使言辞无法解释概念间的矛盾，使辩论的对方理屈词穷。

名家的另一位大师是公孙龙。《庄子·秋水》篇中说："合同异，离坚白，然不然，可不可，困百家之知，穷众口之辩。"这大概是名家公孙龙在当时留给人的一般印象。后来，经过哲学史家冯友兰的考证分析，"合同异"是指惠施的知识论特征，"离坚白"则是公孙龙的思辨方法。虽然，公孙龙极其善辩，但也仅是就其辩论技巧而言。《庄子·天下》评论说："公孙龙，辩者之徒，饰人之心，易人之意，能胜人之口，不能服人之心，辩者之囿也。"也就是说，名家在辩论技巧上善于偷换概念，不顾情理，乘乱取胜，但不能使人心悦诚服，即辩论技巧无有效的"可持续性"，最终为人所抛弃，这就是它的工具理性的局限。

关于公孙龙的情况，我们有比较独立的文献资料，这就是许多古代典籍中都收录的《公孙龙子》，其中称："公孙龙，六国时辩士也。疾名实之散乱，因资材之所长，为守白之论。假物取譬，以守白辩。"（《公孙龙子·迹府第一》）这就是说，他是战国时代的人，其思想特征体现为"守白"之辩，即中国思想史上著名的"白马非马"和"离坚白"之论。当然，"白马非马"和"离坚白"这两个命题不仅反映了公孙龙的论辩技巧，而且也展现了名家的知识论特色。

在"白马非马"的辩论中，公孙龙设问："白马非马，可乎？"然后自答说："可。"其辩论的逻辑是："马者，所以命形也；白者，所以命色也。命色者非命形也。故曰白马非马。"（《公孙龙子·白马论第二》）在这个辩论逻辑中，有三个基本概念，白的颜色，可以和颜色关联的马的形状，不可以和颜色关联的马的概念。它们之间的关系是：可以和颜色关联的马的形状与不可以和颜色关联的马的概念是无关联的，用西方知识论的术语讲，具体的马的实物与抽象的马的概念之间有关联，但不是同一的。所以，具体的马不等于抽象的马。这个思辨类型用中国传统的方式讲，就是形而上之道与形而下之器的差别，"道器之辩"在名家这里只有知识论意义上的非关联性，而无价值论上"道"对于"器"的超越性，如孔子说"君子不器"（《论语·为政》）和"士志于道"（《论语·里仁》）等。

在"离坚白"的辩论中，公孙龙同样设问："坚白石三，可乎？"他自答："不可。"其判断的逻辑是："无坚得白，其举也二；无白得坚，其举也二。"曰：

"得其所白,不可谓无白;得其所坚,不可谓无坚;而之石也,之于然也,非三也?"曰:"视不得其所坚,而得其所白者,无坚也。拊不得其所白,而得其所坚,无白也。"曰:"天下无白不可以视石,天下无坚不可以谓石,坚白石不相外,藏三可乎?"(《公孙龙子·坚白论第五》)从人的认识来看,石头的具体特性如"坚"和"白"都是人的认识对象:"坚"是手触摸的对象,"白"是眼睛观测的对象,二者之间是相互区别的,即"其举也二"。对于一块"白色的石头"而言,"坚"和"白"的性质是相互区别的,这就是"离"。人们的认识为什么能够将"三合一"的"坚白石"分离开呢?这是因为我们感知同一物的方式的差异:触摸石头只能得其坚,而"白"的颜色就被"隐藏"起来了;同样,只用眼睛观测石头的颜色,而"坚"的性质也被"隐藏"起来了。所以,白色的石头是以不同的方式认识的客体,它不能被分解成三个不相干的客体:白色,坚硬和石头;石头一定是颜色、硬度和形体的统一体。

可见,名家"守白"的知识论在"白马非马"中是强调"分解",而在"坚白石"中强调的是"综合",两者的辩证内涵就是"合同异"与"离坚白"。"合同异"是将"相同"和"相异"的东西归类,以见它们之间的区别与独立特质;"离坚白"则是辨析"坚"与"白"能否"离开"石头而独立存在,结论是石、坚和白三者的统一才能获得一具体的石头概念。无论是"分解"还是"综合",公孙龙都明确了"白马"、"白"、"马","坚白石"、"坚"、"白"的独立性质,并以此为概念实体进行推演,表现了西方认识论中"共相"的特征,其举证事物则与中国日用常行密切相关,所以中国人喜欢用"白马非马"和"石不离坚白"之类的故事来阐释名家的知识论,诸如"火不热"、"飞鸟之影,未尝动也"、"白狗黑"和"犬可为羊"(《庄子·天下》篇)等,都展示了名家知识论的特征及其思想方法上的影响。

三、儒家的德性之知

如果说名家最能表现逻辑性的知识论,那么儒家的知识论则更具有伦理性质。按照西方知识论的标准看,知识论的本质特征就是其逻辑学品质,与伦理品质无甚关系,否则便无法区分知识论与伦理学的关系了。然而,照中国思想传统看,这正是问题的症结所在。因为,西方思想史长于"科学",即"分科之学"，强调各学科或知识类别的界限，而中国思想传统特别是居于主流地位的儒家思想强调的是学问之间的"综合"，即"天人合一"。即便是在认识客观世界方面，儒家学者还是秉持"天人合一"的思想形态，概括性地主张"天下同归而殊途，一致而百虑"（《周易·系辞》）。这个主张，就儒家的思想来看，正是对"天下何思何虑"这一知识论大问题的回答。

仅从知识论方面看，儒家学者对于"主客体"之间的认知关系也具有持久的兴趣，即对于"特殊"的个体与"一般"的共相也有深刻的阐发，如"本末之辩"与"道器之辩"等。不过，在这种关系的辩论中，儒家始终保持了一种倾向性的人文价值关怀：以本为道体，以末为器用。近代以来中国思想界关于"中学为体，西学为用"，"马克思主义与中国具体实践相结合"或"中国特色社会主义"等都可以看成是受儒家思想的影响所致。

就儒家知识论的特色来看，儒家宗师性的人物对其论述无不将其联系至伦理价值方面。"一事不知，儒者之耻"，博学与通约一直就是儒家思想的传统，其中大可折射出知识论与伦理学的关联性，只不过各位"鸿儒硕学"表述方式和运用术语略有不同。以儒家学派的创始人孔子言之，人们大都知道他关于获取知识的诚实态度，叫作："知之为知之，不知为不知，是知也"（《论语·为政》），还有："吾尝终日不食，终夜不寝，以思，无益，不如学也"（《论语·卫灵公》），"学而不思则罔，思而不学则殆"（《论语·为政》），这些也都是在谈论知识积累和创新的辩证关系，而在对待知识的情感上与获取知识的过程中，与苏格拉底的"我知我无知"、"美德即知识"（Virtue is knowledge）实质上也没有太大的不同。但是，孔子却很强调知识获取者对于知识所采取的人文主义态度，即强调知识的伦理价值取向。

我们在《论语》中并没有发现系统地阐述知识论的句子，但是作为当时最有权威的老师，孔子在教导弟子的过程中却展示了一些原则性的思想，如他说："不愤不启，不悱不发。举一隅不以三隅反，则不复也。"（《论语·述而》）后来中国人在接受知识或教育的时候常说"深受启发"和"举一反三"等都是从孔子这个思想里推导出来的，它间接地说明了人在求知过程中的主体性意愿和潜藏的认知能力。还有他的"因材施教"、"有教无类"、"学而不厌，诲人不倦"等思想，无不间接地反映出孔子关于知识方面的思考。

20世纪中国哲学家冯友兰在创立自己的新理学体系时，专门以《新知言》

为名论述该体系中的"知识论"，以表明其体系是"接着"宋明理学讲的，而不是"照着讲"的，这个体系中的知识论以"新知言"名之自然也表示其对儒家传统的偏好。"知言"这个词，在孔子那里多少是含有知识论的意味的，不过其所重者在于"通过言论判断人的思想"；孔子的原文是："不知命，无以为君子也；不知礼，无以立也；不知言，无以知人也。"（《论语·尧曰》）他这里的"知言"是与"知命"、"知礼"对照着讲的，用现在的术语讲就是，其知识论是对照着宗教信仰和政治法律关系讲的。当然，"知言"是从"语言是思维的工具"这个蕴含的前提出发，结合着信仰和政治来判断社会生活中全方位的人，而不仅仅限于人的认知能力和认知规则。孟子"私淑其人"，也很好地继承了孔子的这个思想传统并有所发展。他在讲"知言"时，更加明确了"言说"的知识论和伦理学之间的紧密联系，这是儒家的知识论区别于名家的特征，当然与西方的知识论传统相比，其综合性或偏伦理性的特征就更明显了。

当回答学生公孙丑提问"夫子恶乎长"时，孟子说自己的长处就两项："我知言"，"我善养吾浩然之气"（《孟子·公孙丑上》）。这也是将知识论（知言）与人生哲学（养浩然之气）联系在一起的讲法。"浩然之气"是指人生哲学或伦理学上"塞于天地之间"的"至大至刚"的人格理想，孟子亦用"富贵不能淫，贫贱不能移，威武不能屈"（《孟子·滕文公下》）来表达，中国人常以"浩然正气"和"顶天立地的大丈夫"来表达一种理想的人格，其理论源头就是孟子关于知识论与人生论的解释。因为孔子"知命、知礼、知言"中的"知"已经传递出政治伦理意义的"天命"和"德礼"信息，孟子在解释"知言"时亦在此知识论和人生论之契合点上更加积极地发挥，他说："诐辞知其所蔽，淫辞知其所陷，邪辞知其所离，遁辞知其所穷。生于其心，害于其政；发于其政，害于其事。圣人复起，必从吾言矣。"（《孟子·公孙丑上》）言论"诐"（偏颇）即不平衡；"淫"（过激）即过头；"邪"（歪曲）即不正确；"遁"（闪烁）即理亏。这样看来，人的"言说"不仅仅有思维工具的性质，而且必然表达伦理的价值取向。故语言在儒家的思想中是从"心思"触发的，而不仅仅是表达思想和概念的工具，是与"圣人"关心的政事相联系的。从孔孟关于"知言"的简单论述中，我们亦可以推论其明显的特点，即儒家的知识论更关注"良知"的蕴含；而名家或西方知识论更关注"概念"的逻辑。当然，还可以更明确地类比说，儒家的知识论关心的是"语言"的意义和价值选择，而名家和西方知识论关注的是"语言"所指的事实和必然性。无论是《孟子》里讲"尽心、知性、知天"还是《周易》里讲"穷理、尽性，以至于命"，儒家的特点总是把人文价值的终极关怀当作知识论的"尽心"、"穷理"的方向和目的，既反对"本末倒置"也警惕"怪说琦辞"。关于这一点，我们可以通过《吕氏春秋》中的一个故事来做点分析。这个故事记录了早期名家的重要人物邓析的思想：

> 洧水甚大，郑之富人有溺者。人得其死（同尸）者，富人请赎之，其人求金甚多，以告邓析。邓析曰："安之。人必莫之卖矣。"得死者患之，以告邓析。邓析又答之曰："安之。此必无所更买矣。"（《吕氏春秋·离谓》）

这是说名家所主张的"然不然，可不可"的辨析例证：富人被泛滥的河水淹死了，尸体被下游的人打捞起来。富人的家属想要买回尸体，得到尸体的打捞者要价太高，于是双方僵持不下。买家于是找到邓析，邓析建议买家先别急着买，因为不会再有其他买家竞买那具尸体；于是卖家反而急了，也去咨询邓析，邓析则建议卖家也别急，因为买家只能向卖家买此奇货。他的分析在逻辑上是严密的，仅从辩证的技术来看是一种自洽的知识，无懈可击。但是，儒家的荀子却批评说，这是"玩琦辞。……其持之有故，其言之成理，足以欺惑愚众"（《荀子·非十二子》）。中国人常说"持之有故，言之成理"，又说"理有固然，势所必至"，仅就知识论所追求的人的认知能力和事物联系的逻辑来讲，这是没有什么可以质疑的，但是儒家的人却倾向对这些知识论的命题加以伦理的价值判断。中国文人喜欢书法，但是其评价书法的标准往往是超越书法艺术的，如说颜真卿的字比赵孟頫的字好，仅仅因为赵孟頫是贰臣，而颜真卿是忠臣；又如史学大师陈寅恪晚年费十年精力写作《柳如是别传》，并非不知钱谦益的学识而褒奖其妾柳如是，而是从"气节"上判断二人的价值高低，是所谓"伪名士，不如真名妓"。儒家的传统自重于"文以载道"或"文如其人"，绝不会仅从人的认知能力或客观必然的学识来讨论知识论。这是儒家区别于名家的关键点。

关于"知"的知识论和伦理学特征，宋儒张载曾用"见闻之知"和"德性之知"加以辨析。他说："大其心则能体天下之物，物有未体，则心为有外。世人之心，止于闻见之狭。圣人尽性，不以见闻梏其心，其视天下无一物非我，孟子谓尽心则知性知天以此。天大无外，故有外之心不足以合天心。见闻之知，乃

物交而知，非德性所知，德性所知，不萌于见闻。""人谓己有知，由耳目有
受也；人之有受，由内外之合也。知合内外于耳目之外，则其知也过人远矣。"
（《正蒙·大心》）他的论述，一方面是将宇宙论与知识论联系在一起，另一方
面又将知识论与伦理学联系在一起，并且在两者的关系中又以"为天地立心"
的仁爱价值为重，突出儒家思想体系中"心"的主体性和伦理价值观。之后的
程颐则将其表叔张载的这个区分明确为"闻见之知"与"德性之知"："闻见之
知，非德性之知，物交物则知之，非内也，今之所谓博物多能者是也，德性之
知，不假闻见。"（《河南程氏遗书》卷二十五）"德性之知"不仅是"不假闻见"，
更是超越耳目经验之"闻见"，而直达天地，可谓"心怀宇宙，放眼世界"，表
达了儒家"尽心知性以至于命"的道德理想，而沿此思路下来即有陆王"心学"
中的"宇宙便是吾心，吾心便是宇宙"（陆九渊）和"致良知"（王阳明），这
些都可以视为儒家在"致知"的知识论中对于伦理学的倚重，自然也凸显了儒
家知识论的人文价值取向。

结论：德性之知的伦理学意义

当代哲学家冯友兰在对古今中外的知识论进行比较时，体贴出"知"的知
识论精义并以"新知言"为题，专门评述各家知识论的特征，总结出自己关
于知识论的特征。他说："人的知识，可以分为四种。第一种是逻辑学、算学。
这一种知识，是对于命题套子或对于概念分析底知识。第二种是形上学。这一
种知识，是对于经验作形式底释义底知识。知识论及伦理学的一部分，亦属此
种。伦理学的此部分，就是康德所谓道德形上学。第三种是科学。这一种知
识，是对于经验作积极底释义底知识。第四种是历史。这一种知识，是对于经
验底记述底知识。"[1] 根据他的分析和解释，人类知识的这四种类型，其特点分
别为：逻辑学和算学是"空而不灵"；形上学是"一片空灵"；科学是"灵而不空"；
史学是"不灵不空"。他所欣赏的知识论就是形上学的，在其"一片空灵"之中，
有一部分是与形上学和伦理学相契合的。冯友兰将此特征联系到康德的道德形
上学，近代西方有学者从知识论与伦理学的契合性给予康德的"实践理性"以

---

① 冯友兰：《三松堂全集》第五卷，河南人民出版社 2000 年版，第 154 页。

高度评价，以为其超越于"理论理性"，其积极意义是可以与冯友兰所解释的儒家知识论的伦理特征相互发明的。

我们在现实生活中不时会听到这样的观点，"人不为己，天诛地灭"，"水往低处流，人往高处走"，"人为财死，鸟为食亡"，等等。这些观点表面上都是从某些历史事实或经验中所获得的一些带有必然性的客观知识。应该承认这些观点确实反映了一些基本的社会、历史和自然事实。但是，体验、观察和总结这些事实的人则并不仅限于其自身也是一种社会、历史和自然事实，他还能超越这些事实，能够自觉其是事实的一部分，而且此超越的自觉亦表达了人文伦理的奥义。这种奥义是表达在儒家的"尽心知性以至于命"、"老吾老以及人之老，幼吾幼以及人之幼"、"为天地立心"以及"圣人代天立言"境界之中的，而所谓"境界"，一方面说明人必须有知识论方面的觉解，另一方面又蕴含着觉解的对象启示给人的生命意义——觉悟。由此可以看到，儒家所提倡的"圣人"既需要"日用常行"的知识，亦看重"希贤希圣"的人伦志向。

中国古典文献中多有"孔子不饮盗泉之水"（《尸子下》）、"曾子不入胜母之闾"（《后汉书·钟离意传》）以及"贫者不食嗟来之食"（《礼记·檀弓下》）之类的说法或典故，并非是不知道水、食物或居所在人类生命中的客观意义，但儒家学者恰好是通过对这些客观知识的超越来表达伦理学意义上的价值取舍。儒家所谓"知言"和"良知"所表达的"知"并非直观地否定客观知识，而是通过比较的方式来阐明主观性的价值取向。这种传统、思想方法及其蕴含的伦理价值在追求"人格尊严"的现代社会中与基督教伦理所提倡的"博爱、自由、平等"之类的基本价值是可以相互交流、借鉴、补充和发扬光大的。

（中国政法大学教授）

比较《福乐智慧》与《论语》的治国之道

[土耳其] 欧　凯

一、研究动机

首先要说明的一点是，被中国学界称为维吾尔族诗人、思想家的玉素甫·哈斯·哈吉甫（约 1010—约 1092 年）也被土耳其人视为土耳其诗人、思想家。他所写的《福乐智慧》，被视为土耳其重要文学著作之一，与《突厥语大词典》①并列为土耳其文学两大经典古籍。这与土耳其共和国成立之后，土耳其学界普遍认为中国北方民族匈奴、突厥、回纥是土耳其民族的祖先，其后的维吾尔族是土耳其的兄弟民族的看法有关。本论文因为是以中文在中国发表，因此称他为维吾尔族诗人、思想家。

《福乐智慧》是 11 世纪维吾尔族诗人、思想家玉素甫·哈斯·哈吉甫所撰。原名为《赐予幸福的知识》，《福乐智慧》是约定俗成的译名。作品采用中世纪诗歌中的玛斯纳维（双行诗）形式，以阿鲁孜格律中的木塔卡尔甫韵律写成。全书共 85 章，另有 3 首箴诫诗，共 13290 行（不包括后加的"序言"）。成书于 1069—1070 年。

玉素甫·哈斯·哈吉甫于 11 世纪初出生在喀拉汗王朝的首府巴拉萨衮

---

① 《突厥语大词典》是在 11 世纪喀拉汗王朝由马哈茂德·喀什噶里用阿拉伯语解释突厥语的综合性知识辞书。于 1071—1073 年在巴格达用阿拉伯文写成，1074 年经修订后献给阿拔斯王朝第二十七任哈里发穆克太迪（1075—1094 年在位）。全书用阿拉伯字母标音，用阿拉伯文注释，共收词 7000 多条，按词的语言结构分为八卷，每卷分静词和动词两部分。

（又称"虎思翰耳朵"），后来生活和创作于喀喇汗王朝的另一个政治文化中心喀什噶尔。他在 50 多岁时完成此书，并把它献给当时喀喇汗王朝的君主阿布·阿里·哈桑·本·苏莱曼·布格拉汗。布格拉汗对这部巨著十分赞赏，授予玉素甫以"哈斯·哈吉甫——御前侍臣"的称号，让他在宫廷供职。卒年不详。

玉素甫·哈斯·哈吉甫生活的年代，曾经盛极一时的喀拉汗王朝已经分裂为东西二部，宫廷内讧，战乱频仍，法度毁坏。面对这一社会现实，诗人创作了以阐明兴邦治国之道为主题、"把人们导向幸福"的《福乐智慧》。

土耳其学者阿果普·迪拉恰尔（Agop Dilaçar）在《福乐智慧研究》（*Kutadgu Bilig İncelemesi*）一书中指出，该书的"序言之一"明确表示：这本书是"以秦地哲士的箴言和马秦学者的诗篇装饰而成"。这里的"秦"乃当时契丹人所建的辽朝，而"马秦"则指宋朝，两者都是中国，其通用语为汉语，所以《福乐智慧》宣传的乃是中国的治国理论。[①] 而这就与中国儒家经典《论语》所揭示的治国之道，产生了不可分割的关联，引发了我们进行比较研究的动机。

二、《福乐智慧》的版本与内容概要

《福乐智慧》流传至今的有三个抄本：一是维也纳本，于 1439 年在赫拉特城用回鹘文抄成，现存维也纳国立图书馆；二是开罗本，用阿拉伯字母抄成，现存开罗"凯迪温"图书馆；三是纳曼干本，或称费尔干纳本，也是用阿拉伯文抄写，比较完整，约抄写于 12 世纪末、13 世纪初，现存乌兹别克斯坦科学院东方学研究所。

近世以来，各国学者对《福乐智慧》的研究取得了不少成果。土耳其学者对三种抄本进行了汇校，于 1959 年出版了土耳其语的散文体译本。除此而外，在伊朗、阿富汗等地区也陆续发现了《福乐智慧》抄本残卷。一些东方学者与突厥学家很早就开始对以上不同版本进行解读、标音和转写，还进行了大量的翻译和研究工作。

中国近些年来也加紧了对《福乐智慧》的整理研究：1979 年出版了汉文

---

① Dilaçar, Agop, *Kutadgu Bilig İncelemesi*, T.T.K. Basımevi: Ankara, 1988, p.160.

节译本，1984 年 5 月又出版了由回鹘文转写而后又译成现代维吾尔语的全本，1986 年 10 月又出版了由拉丁字母标音转写的汉文全译本。对《福乐智慧》及其作者的研究，目前在中国已初步形成一个有完整体系的"福乐智慧学"。

1986 年 9 月和 1989 年 10 月曾两次在《福乐智慧》的诞生地——今喀什市召开了中国《福乐智慧》学术讨论会；1989 年年初，在喀什又专门成立了《福乐智慧》研究学会。近年来，又有乌兹别克文、俄文、英文译本。

《福乐智慧》主要表述治国之道与作者的思想观念，以独特的方式，塑造四个人物形象：国王"日出"，大臣"月圆"，月圆之子"贤明"，大臣的族人、修道士"觉醒"，以优美易懂的词汇分别向人们表达了"公正"、"幸运"、"智慧"、"知足"（一作"来世"），反映当时人民期待统治者持法公正、抑制贪欲，使百姓得以休养生息、和平安宁的愿望，给予统治者以公平公正为核心，建立一个理想王国的建议与忠告。

第 1—11 章，表面看内容与书的主题无关。开篇四章先祈祷真主、穆圣和他的四个伙伴，并祈福和颂扬君王桃花石·布格拉汗，这是伊斯兰书面文化的表述程式，表明作者是虔诚的穆斯林，其余七章对全书内容作必要的解释和提示，相当于中国戏剧开场前的锣鼓声。

第 12—23 章，戏剧的序曲。国王日出四方纳贤，月圆闻讯前往王宫，得到国王的录用。他勤恳供职，天下大治，被封大臣，后不幸病倒，最后把儿子贤明托付给日出，并给国王写下《遗书》，重点提出"社稷"，即国家的概念，呼唤君王要"制定良法"，才能"社稷永固"，"流芳千古"。剧情正式进入主题。

第 24—38 章为第一幕。贤明进宫供职，向国王日出讲述国君和他手下九种官吏应具备的条件，重点为如何组建政府治理国家。其核心问题乃是要求君王全面加强自身修养，修己安百姓，提高执政能力，同时要求九种官吏忠于职守，在这里体现了儒学"正名"的哲学思想。

第 39—67 章为第二幕。贤明带着国王亲笔信邀请觉醒参政遭到拒绝，国王再次写信请觉醒出山，由此引出第 47—66 章的内容，贤明圆满回答觉醒的考问。对话内容是对社会 15 个阶层进行分析，核心是制定亲民政策，要求执政者关注民生，兼顾各方，才能国泰民安。

第 68—71 章为第三幕，剧情高潮。国王第三次写信给觉醒，表示放弃初衷，只求见他一面。觉醒前往皇宫，引出第 71 章《觉醒对国王的告诫》（以下简称《告诫》）。由于觉醒无任何财产，《告诫》实际上是一场最高执政者和底层代表的对话，其核心则是人民呼唤法治，要求国王把法官摆在储君之上！

第72章为第四幕。《告诫》之后，国王坐卧不宁，引出第72章《贤明对国王论治国之道》，讲述诸如疏通商道、加强治安、整顿金融、施教于民、合理税收等具体措施，指出一条和谐社会的富民之路：让民众各就其位，各尽其能，发展经济，创造财富，由贫困到小康，最后走向富裕！

第73—85章为故事尾声。重点塑造觉醒的艺术形象。先是力阻贤明走修道士遁世的道路，接着病危，召呼贤明前来料理后事。这就是第81章《觉醒对贤明的遗言》，揭示出修道士的真实心灵——苦恋自己的祖国和人民！最后觉醒离开人世，他别无遗产，只留下一杖一钵，实际上就是一根流浪棍和一个讨饭碗——赤贫！国王留下了手杖，希望能给自己带来福运——那是要君王记住人间还有许多穷汉流离失所；贤明留下食钵，里面空空如也——那是要辅臣记住尘世还有遍地饥民饿殍。《福乐智慧》给人类创造了一个忧国忧民的不朽的悲剧形象——觉醒！

《福乐智慧》的确在阐述国君如何使用权力治理国家的主题，是一本用古突厥—回鹘文写成的劝喻君王治理国家的"劝政书"。

三、比较《福乐智慧》与《论语》的治国之道

（一）君德与正名

《福乐智慧》对权力中心——王廷的设计，目的就是要保证国君的安全。俄国学者巴托尔德这样写道："哈拉汗国（即喀喇汗王朝）和一切游牧帝国一样，将族产观念从私法领域带入了公法领域。国家被看作是整个汗族的财产，分藩而治，大的藩国复分为许多小的采地；一些强大的藩主往往不听大汗的号令。分封制度从来就是内讧频繁和统治者经常更换的根源。"[①] 喀喇汗王朝在建国初期实行的就是"封建亲戚"的制度，但常常引起皇室内斗。诗人玉素甫已

---

① ［俄］巴托尔德：《蒙古入侵时期的突厥斯坦》，张锡彤、张广达译，上海古籍出版社 2007 年版，第 310 页。

经看到了问题，所以非常注意对国家权力的使用给予必要的调整！

《福乐智慧》不谈分藩而治，而是在第 28—38 章仿此结构，设计了以国君为中心的中央政府（实乃"中央集权制"）。其官员分为大臣、将军、御前侍臣、宫监、使节、书吏等共九类，让他们代替藩王，其共同点就是保证对君王的忠诚。这些官员的选拔都有严格的条件。

玉素甫强调良君对国家的重要性，因此对于君王的品德与学识有许多劝喻：

> 君主应当是人间的精英，要品质优良口心端正 / 要博学多智，爱护人民，要知足不贪，心地宏仁 / 要时时处处多兴善举，要知耻知礼富有温情 / 这样的伯克才配作人君，这样的君主有好的子孙 / 办事应当以知识为始，智慧使事情得以善终 / 国君治民应当运用知识，没有知识，智慧也无用。（1963—1968）

在具体的言行中，《福乐智慧》曾要求君王戒酒戒色，第 28 章里共有 21 个双行诗：

> 国君应戒酒，还应戒色 / 酒色会葬送人的幸运 / 人君若沉湎于饮酒作乐 / 老百姓将会遭受苦辛 / 人君若一味地贪求逸乐 / 国家受损，自己也陷于贫困……庶民好酒，钱财一风吹走 / 国君好酒，国家怎能稳定 / 国君若沉湎于饮酒作乐 / 怎能有理智办理人民的事情 / 国君若贪杯，狂悖堕落 / 国人皆成酒鬼，步其后尘 / 庶民的劣行，谁能纠正 / 国君的品德应纯净而正直 / 庶民向他学取优良品行 / 国君怎样对待礼法 / 庶民也效法他的习性。（2091—2111）

《福乐智慧》里对理想君主还有许多具体的描述，比如：

> 牧民的国君要有威严 / 同时也还要宽厚宏仁……有了威严，还要刑罚 / 刑罚的执行者应是国君 / 国君靠刑罚治国执政 / 庶民靠刑罚端正品行……对于坏人要施行刑罚 / 民间的污秽靠刑罚洗清 / 有两件事物是社稷支柱 / 是国家赖以生存的根本 / 一是让人民享有法制 / 一是向将士赏赐金银 / 有了法制人民喜欢 / 有了金银，将士高兴。（2124—2134）

还要求君王言而有信，英勇无畏，谦逊大度：

> 食言之人，反复无常 / 无常之人，危害人民。（2039）

言而无信，危害他人 / 危害他人者，即是畜生。(2041)

人君还需要英勇无畏，有勇气才能抵御敌人。(2043)

国君还应该谦逊大度，谦逊又伴之以稳重娴静。(2049)

综上所述，句句都要求君王提高品德修养，并落实到爱民、公正、明赏罚、博学多智的言行上。《福乐智慧》深刻地阐述了国家、人民与君王的关系。

此外，《福乐智慧》全书还有月圆、贤明、觉醒三人对国君的进言。治理国家的四步策略，全部来自他们的谏言。尤其第 71 章《觉醒对国王的告诫》，描写的是两人的对话。一位是最高权威的君王，一位是一无所有的修道士。觉醒前后说了四点"告诫"，其中第四点是要求国王选好三种人担任法官、储君和大臣，认为"任此三职者秉政公正，黎庶得其福泽，如日照月升……此三职如果用人不当，国家的事情将不堪设想"(5332—5334)。核心乃是呼唤法治，要求国王把法官摆在储君之上！

我们再来看《论语》，治国为政方面，孔子的核心思想是"政者正也"。这个"正"有两方面的含义：正人和正名。正人，是要使人走上正道，包括正人和正己。不只是对百姓进行道德教育，当权者自身要正。

"正"的另外一个含义是"正名"。齐景公问政于孔子，孔子对曰："君君，臣臣，父父，子子。"(《论语·颜渊》)即人人都安于其位，做他的身份该做的事，享受该享受的权利，恢复原来的礼制秩序。

子路曰："卫君待子而为政，子将奚先?"子曰："必也正名乎?"子路曰："有是哉，子之迂也! 奚其正?"子曰："野哉，由也! 君子于其所不知，盖阙如也。名不正，则言不顺;言不顺，则事不成;事不成，则礼乐不兴;礼乐不兴，则刑罚不中;刑罚不中，则民无所措手足。故君子名之必可言也，言之必可行也。君子于其言，无所苟而已矣。"(《论语·子路》)

子路(对孔子)说："卫国国君等着您去管理政事，您打算先从哪些方面做起呢?"孔子说："首先，必须要纠正卫国名分不清的状况。"子路说："有这样管理政事的吗? 您的想法太迂腐了，管理政事怎么和正名分有关系呢!"孔子说："仲由，你说话怎么这么没有礼貌啊! 作为君子，对于他所不知道的事情，总是采取存疑的态度而不轻易发表意见。一个国家，名分不正，为政者所说的话就没人听从;没人听从，事情自然办不成;而事情办不成，国家的礼乐也就难以推广;礼乐难以推广，刑罚的执行很难公正;刑罚不公正，百姓就无所适从。所以，君子说话一定要和自己的身份相符合，说出来的话别人才会听从。所以啊，君子对于自己的言行，从不会像你这样马马虎虎对待的。"

这段话充分显示孔子的政治思想中，正名关系一切，名不正，言不顺，政令就无法推行，执法就无法公正。由此延伸出要求官员严守职务分际：子曰："不在其位，不谋其政。"曾子曰："君子思不出其位。"（《论语·宪问》）又因为上行下效，所以在上者的名分、操守，也是孔子重视的：季康子问政于孔子，孔子对曰："政者，正也。子帅以正，孰敢不正？"子曰："其身正，不令而行；其身不正，虽令不从。"（《论语·颜渊》）

正名之外，孔子也强调君王应该具有的美德。儒家对皇帝的要求：以德治国——敬事，有信，节用，爱人，重礼，使民以时。子曰："为政以德，譬如北辰，居其所而众星共之。"（《论语·为政》）季康子问政于孔子曰："如杀无道，以就有道，何如？"孔子对曰："子为政，焉用杀？子欲善而民善矣。君子之德风，小人之德草。草上之风必偃。"（《论语·颜渊》）子曰："道千乘之国，敬事而信，节用而爱人，使民以时。"（《论语·学而》）定公问："君使臣，臣事君，如之何？"孔子对曰："君使臣以礼，臣事君以忠。"（《论语·八佾》）

（二）求贤重知识与道德教育

《福乐智慧》"序言之二"中有诗句："安邦定国的英明君主 / 应当任用能干的贤良 / 明君还须有贤哲辅佐 / 好似月光和明灯交映辉煌。"（40—41）实际上《福乐智慧》的结构就是按照这种"明君治国，贤臣辅佐"的思想设计的。书中主要人物月圆就是因为日出王"需要一位贤者"做"辅弼"（422），看到"普天下之人都向往于他"，才自我推荐来到国王身旁供职。月圆逝世时又把儿子贤明托付于日出王，后来正是贤明向国王讲解如何组建以国王为中心的政府。因为日出王渴望再招纳一位贤才，与月圆一同治理国家，才有月圆推荐修道士觉醒出场。《福乐智慧》全书结构都与"求贤"思想串在一起，无法分开。

《福乐智慧》最大的特点就是从第 5 章的最后 146—147 双行诗，到最后一章第 6616 双行诗，许多章节都在反复劝谕和呼唤人们要追求知识。此外，作者还特地设计了第 51 章《论如何对待哲人、学者》，把知识对人的作用凸显出来：

学者、哲人是另一个阶层 / 他们用知识为世人将道理指明 / 要十分爱戴他们，尊重其意见 / 或多或少学其知识，探讨钻研 / 他们能将优劣好坏分清 / 他们的道路正直而纯净 / 学习他们的知识，用心钻研 / 满足其生活需要，莫出恶言 / 他们是真理和信仰的支柱 / 其知识是正教法典的基础 / 世上倘没有哲人和学者 / 地里种上粮食也不会有收获 / 他们的知识是照亮世人的火炬 / 黑夜有火炬，旅人不会迷路。（4341—4347）

在第 72 章《贤明对国王论治国之道》中还直接写道，要让学者"在安谧中将知识传授 / 使无知者从他们受到教益"（5554），"此外还有济济的学者贤士 / 让他们为黎民传授知识"（5587）。

这里诗人玉素甫已经把为民办学，传授知识，疏导民风，作为国策向国王提出。

孔子也重视爱民，主张富民，但他又认为民富了，更要注意使人民受教育以提高素质。《论语·子路》中记载："子适卫，冉有仆。子曰：'庶矣哉！'冉有曰：'既庶矣，又何加焉？'曰：'富之。'曰：'既富矣，又何加焉？'曰：'教之。'"

这段话的意思是说孔子到卫国去，冉有替他驾车，孔子看到卫国人口很稠密不禁称赞："人口好多啊！"冉有问他人口多了，应该怎么办呢？孔子说，应该让他们富裕起来。冉有又问，如果富裕了又该怎样呢？孔子说，让他们受教育。

孔子主张行"仁政"，认为只有受过良好教育和具有治理国家的能力，并且有高尚道德的人，才能行"仁政"，因此，他很重视道德教育。他认为教育的目的就是培养君子儒，这种人具有高尚的道德，最高尚的道德就是"中庸之道"，还要懂得什么是仁。所谓"仁"，就是"克己复礼"，也就是能够用礼来约束自己，能够做到"非礼勿视，非礼勿听，非礼勿言，非礼勿动"。"仁"也就是"爱人"。

孔子也主张治理国家的人一定要重视学习。他认为教育内容应"学以四教：文、行、忠、信"。也就是说从文化知识、社会实践、对人忠和讲究信用四个方面来教育学生。他最重视的还是道德修养，他说"弟子入则孝，出则悌，谨而信，泛爱众，而亲仁。行有余力，则以学文"，认为首先应教育学生在家孝顺父母，外出敬爱兄长，不多说话，说则诚实可靠，博爱大众，亲近有道德的人，在有余力的时候，就去学习文献。他认为首先要学习礼，"不学礼无以立"，意思是不学习礼，就没有道德标准，就失去了立足于社会的根本。他还重视学诗，认为"不学诗，无以言"，认为"诗可以兴，可以观，可以群，可以怨。迩之事父，远之事君。多识于鸟兽草木之名。"他说："兴于诗，立于礼，成于乐。"

孔子除了传授知识之外，还特别重视教学生实践，使学生能够通过实践去理解道理，并提高工作能力。孔子认为学习的目的是应用，他说："诵《诗》三百，授之以政，不达；使于四方，不能专对；虽多，亦奚以为？"意思是诗读得很多，很熟，让他从政，却不会办事，让他出国办外交，又不会独立地从事谈判，虽然读得多，又有什么用呢？从《论语》中的记载来看，孔子的弟子很多，其中很多人都有专长，通过学习都能出仕为官，并能把学过的东西，用于治理国家，而且很有能力，这都说明孔子主张学以致用。

孔子主张："君子不器。"意思是说君子不能像器具一般，只有一种用途。而应该多才多艺，能够有多方面的知识和能力，这才能成为治国的人才。孔子主张"每事问"，不懂就问，他确实做到了虚心向一切人学习，因此他才可能成为当时博学多识的大学者，被人尊称为"圣人"。他的这种学习精神，今天也是值得提倡的。

更可贵的是孔子不讲鬼神迷信，"子不语：怪、力、乱、神"。

（三）法治与礼制

在《福乐智慧》第23章《月圆向日出王写遗书》中诗人特别强调"要制定良法"（1458），"莫要制定酷法"（1459）。伊斯兰教认为《古兰经》为最高信典，也是穆斯林必须遵守的教律，否则就不是穆斯林。现在诗人玉素甫却在这之外，提出了要君王另外立出"良法"来治理国家。只要仔细阅读一下第23章和第28章就可发现，在立法方面诗人写的都是世俗的事情，没有触及神的意旨。

《福乐智慧》一书中对立法的重视，源自对正义的重视。为此作者还专门设计了第18章《日出王向月圆讲述正义的实质》，全面诠释"正义"的含义。日出国王正是法制、正义的象征。国王这样说道：

我审理百事，以正义为本 / 无论你是伯克，还是奴隶 / 你瞧我手中拿着大刀／它是我裁断百事的武器／我用此利刃来裁断诉讼／决不让诉告者耽延时日／你瞧我右边放着糖块／若有人受欺凌来寻求正义／他将会口含蜜糖满意而归／让他舒展愁眉，欢天喜地／你瞧我左边放着毒药／谁若是肆行暴虐，蔑视正义／我将对于他，绳之以法／要他愁眉苦脸，像喝了毒汁／我双眉紧锁，脸色阴沉／表明我对暴徒不留面子／无论是我儿子，还是亲友／无论是异乡人，还是过客／在法度上对他们一视同仁／对他们的裁决毫无二致／须知正义乃社稷之基石／君王正直，才能生存下去。(809—819)

　　社稷的基础建于正义之上，正义之道乃社稷的根柢／君主对人民执法公平，定会实现愿望，万事如意。(821)

所谓"正义"，就是公正执法，保护人民，真正做到"王子犯法，与庶民同罪"。显然《福乐智慧》的治国之道，重视社会正义与法律的刑罚能公正执行。

而《论语》则显示孔子的社会制度建设思想核心——礼，礼绝对不只是现代人所理解的礼仪、礼貌，而是一整套社会制度，其规定的范围无比巨大，上到国家根本制度，下到民众日常生活。礼的作用类似于当今法律的作用，但是比法律的作用范围要大得多。现代的法律有刑罚的作用，但是礼却不具备。礼是孔子一生的追求，孔子的政治理想就是以礼治国，实现礼制社会。

《论语·为政》中提到："道之以政，齐之以刑，民免而无耻；道之以德，齐之以礼，有耻且格。"

也就是用行政命令来治理百姓，用刑法来制约百姓，老百姓只能勉强可知自己应避免犯罪而不知道犯罪是耻辱的事情；用德来治理百姓，用礼来约束百姓，老百姓就知道做坏事可耻而能自己纠正错误。

（四）农工商牧均重与患不均

《福乐智慧》第57章《如何对待农民》这样写道：

　　瞧，还有一种人是农民／它们乃是十分有用之人／你要和这些人很好交往／生活中不会为吃喝忧伤／一切人都从他们那里获益／他们给人们赋予饮食的乐趣／一切能呼吸、知道饥饱之人／一切活人都需要它们。(4400—4403)

玉素甫讲发展经济，不只是重视农业，还就商人、牧人和工匠方面专门写了《论如何对待商人》、《论如何对待牧人》、《论如何对待工匠》三个篇章。特别是第 72 章《贤明对国王论治国之道》又再次呼唤:"让商人们保管好自己的储存 / 让工艺匠人们传艺给学徒 / 让农夫们精心种好稼禾 / 让牧人们繁衍增殖胜出。"(5589—5590)正是这农民、商人、牧人和工匠四种人,直接构成喀喇汗王朝创造财富的阶层。

仔细研究《福乐智慧》的发展经济言论,发现因为喀喇汗王朝位于丝绸之路,东来西去的商队都要经过这里,当时的回鹘人正由游牧民族向农业民族转化,《福乐智慧》的视野自然有所变化和超越。

《论语·子路》有弟子问孔子学习农业的问题:

> 樊迟请学稼。子曰:"吾不如老农。"请学为圃。曰:"吾不如老圃。"樊迟出,子曰:"小人哉,樊须也!上好礼,则民莫敢不敬;上好义,则民莫敢不服;上好信,则民莫敢不用情。夫如是,则四方之民襁负其子而至矣,焉用稼?"

孔子首先指出术业有专攻,认为弟子问错人,接着对樊迟居然想学种粮种菜,感到不满。在他看来,当官为政的,只要做到好礼、好义、好信,四方之民就会携妻带子前来依附。后人常以此来说孔子不重视农业,其实是孔子注重道德教育的缘故,他不谈农事,因为不是他的专长,属于技术层面的知识,孔子注重分工与专业。

《论语·颜渊》谈经世济民,是从道德层面来看。比如对于税收:

> 哀公问于有若曰:"年饥,用不足,如之何?"有若对曰:"盍彻乎?"曰:"二,吾犹不足,如之何其彻也?"对曰:"百姓足,君孰与不足?百姓不足,君孰与足?"

鲁哀公问孔子弟子有若说:"遭了饥荒,国家用度困难,怎么办?"有若回答说:"为什么不实行彻法,只抽十分之一的田税呢?"哀公说:"现在抽十分之二,我还不够,怎么能实行彻法呢?"有若说:"如果百姓的用度够,您怎么会不够呢?如果百姓的用度不够,您怎么又会够呢?"这段反映了儒家学派的经济思想,是由道德上的"爱民"出发。鲁国所征的田税是十分之二的税率,即使如此,国家的财政仍然是十分紧张的。这里,有若的观点是,削减田税的税率,改行"彻税"即什一税率,使百姓减轻经济负担。只要百姓富足了,国家财政就不可能匮乏。反之,如果对百姓征收过甚,这种短期行为必将使民不聊生，国家财政也就随之减少了。

> 孔子曰："……丘也闻有国有家者，不患寡而患不均，不患贫而患不安。盖均无贫，和无寡，安无倾。夫如是，故远人不服，则修文德以来之。既来之，则安之。今由与求也，相夫子，远人不服而不能来也，邦分崩离析而不能守也。……"（《论语·季氏》）

孔子说："……我听说拥有邦国封邑的诸侯和拥有家族封邑的大夫，他们不担忧贫困而担忧分配不均，不担忧人少而担忧不安定。财物分配公平合理，就没有贫穷；上下和睦，就不必担心人少；社会安定，国家就没有倾覆的危险。像这样，远方的人仍然不归服，就修治文教德政来使他归服；已经使他们归服后，就要使他安定下来。如今冉有与子路两人辅佐季孙氏，远方的人不归服，却不能使他们来归顺；国家四分五裂却不能保持它的稳定统一。"

孔子尊重各行业的专业知识，也重视财富的分配公平合理，也就是对各个行业的利益都要照顾到。

（五）军事目的在保国卫民

《福乐智慧》的军事思想集中在第 30 章《贤明对国王论将领应具备的条件》，强调了慷慨公正分配战利品，抚恤伤亡眷属在领兵治军上的重要性。

由于两人地位不同，诗人玉素甫更多的是讲临战的战术，就像"序言之二"里说的："……国君如何指挥战争／战时如何把军队组成／战争中如何使用计谋／如何用计谋战胜敌人。"（44—45）

《福乐智慧》中提到战争的目的就是"不为自己儿女聚敛财富／不为田地和庄园搜刮金银"（2278），这表明《福乐智慧》主张的战争不是为了去掠夺，是为了保国卫民。

"莫求兵多，须求兵精／要有精良装备，精选之兵／严明的军队以少胜多／人多的军队反不能取胜"（2339—2340）呼唤"治军断不可没有纪律"，"号令统一，才能克敌制胜"（2300—2301），要达到这个目的，平时要抓紧军训。

《福乐智慧》里有相应的诗句：

> ……啊，幸福的国王／有两件大事，意义非轻／一是文臣，执笔手上／一是武将，手握刀抢／这二者整肃国家的纪纲／二者结合形成无敌的力量／这些人应是优选之士／否则，国君会自寻灭亡／任用得

当，获益无量 / 否则，就会国损民伤 / 倘若国君是贤明之主 / 这二者又是民中之栋梁 / 他们会给国家带来益处 / 国君因之可把福享 / 请听治国的贤君把什么讲 / 须知贤者的慧言好比食粮 / 你瞧，得天下者凭借刀抢 / 御天下者凭借文治兴邦 / 凭借刀抢可把社稷迅速得到 / 没有文治则不能治国兴邦 / 凭借刀抢虽可夺得社稷 / 然而它却难以日久天长 / 文治出现在哪一个地方 / 那里的庶民就能获得吉祥。（2417—2428）

《论语·颜渊》则把军事作为政治的最后手段：

> 子贡问政。子曰："足食，足兵，民信之矣。"子贡曰："必不得已而去，于斯三者何先？"曰："去兵。"子贡曰："必不得已而去，于斯二者何先？"曰："去食。自古皆有死，民无信不立。"

孔子把政权巩固的基础放在百姓的富足和信任上。正常情况下，先要使百姓富足，然后进行教化。即使经济有困难，也一定要取信于民。失去百姓的信任，尽管还有经济基础，政权也会垮台。孔子重视军事，但不好战，主张珍惜民力、严肃对待战争。

> 子曰："善人教民七年，亦可以即戎矣。"（《论语·子路》）

> 子曰："以不教民战，是谓弃之。"（《论语·子路》）

可以说，这是一种以人为主体的治国思想。全部儒学的出发点和落脚点，就在于提高每个人的素质。

《福乐智慧》是玉素甫·哈斯·哈吉甫为向君王献治国良策而创作的一部劝喻长诗，《福乐智慧》的研究自 19 世纪以来，就被中外学者所注目。

《论语》所代表的儒家思想则是中国的主流思想，对影响社会文化的影响非常深远，儒家所提倡的"明明德、亲民、止于至善"、"修身齐家治国平天下"的内圣外王哲学正和《福乐智慧》所阐扬的修齐治平哲学遥相契合，因此本文由《福乐智慧》一书的中国文化影响出发，探究两书在治国之道上的主张。分别就五个主题："君德与正名"、"求贤重知识与道德教育"、"法治与礼制"、"农工商牧均重与患不均"、"军事目的在保国卫民"，比较《福乐智慧》与《论语》的治国之道，虽然在着重的面向与力度有小异，但是都主张施行爱民仁政，尊尚知识，重视贤能，行德治、重礼制、法度，以为富民教民才能富国强兵。

比较的结果除了显示文化交流的影响，也彰显人类智慧思想结晶的共通性，位于东西文化交流要道、南北丝路交会点的喀什噶尔所孕育出的思想家玉素甫和东方孔子在思想内涵上，具有以人道主义为基础的东方哲学特质。

（土耳其安卡拉大学中文系主任）

试析中印思维模式的特点 ①

——兼论东西方文明影响的差异

孙　晶　樊沁永

前　言

世界文明的曙光最早出现在东方，世界古文明产生的历史年代和精神形态具有惊人的相似性，甚至从人类思想发展史来看，大致都存在着一定的共同发展阶段。因为，人类文明的发展一般都经历了相同的石器时代、青铜器时代、铁器时代等发展阶段，于是，经历过这些相同的物质发展阶段的人们，也会经历大致相同的思想发展阶段。

雅斯贝斯认为，在经历了史前和古代文明时代之后，在公元前 500 年左右，也即公元前 800—公元前 200 年的精神时代里，世界精神界发生了许多最不寻常的事件。产生了苏格拉底、释迦牟尼和孔子这样伟大的思想家，可以说，这一时期的古代中国、印度、希腊，在这些国家和人民之间虽然并无联系，他们还生活在人类社会的初级阶段，但是他们在精神上同时发达起来，他们都对后代产生了巨大的影响，这是因为他们站在人类思想的转折点上，揭开了人类思想史上新的一页。

人类一直靠轴心时代所产生的思考和创造的一切而生存，每一次

---

① 本文原刊于《南亚研究季刊》2011 年第 2 期，本届国际儒联会议由樊沁永博士代为参加口头发表并修改，定稿由孙晶研究员审定。

新的飞跃都回顾这一时期，并被它重燃火焰，自那以后，情况就是这样，轴心期潜力的苏醒和对轴心期潜力的回归，或者说复兴，总是提供了精神的动力。①

他们融合了前代给予他们的文化遗产，超越了当时年代出现的各种异端邪说，也超越了他们之前的所有的学说，在理论上产生了一次真正的飞跃。释迦牟尼和孔子两人的思想影响是世界性的，佛陀的思想以普遍宗教的形式在全世界得到传播，而孔子的思想则是儒家文化的基础，自汉代以来在中国、日本、朝鲜等国家被确定为官方统治阶级的伦理价值观并延续流传至今。佛陀所强调的"中道"和孔子所倡导的"中庸"，同样都是以"和"作为哲学背景的，只不过二人对待世间实践的态度截然不同。

一、印度思维模式的哲学基础

印度这个东方文明古国，它运用什么样的思维模式来指导人们的行动，又以什么样的理念作为人们精神的支撑，从而引导社会进步，推动历史发展，这是值得我们注目的。印度雅利安人在很早以前就开始考虑有关宇宙的起源、宇宙的本体问题，在经历了数个世纪的哲学思考之后，他们对天人关系总结出了一套叫作"梵我一如"的理论。印度的这种梵我观也反映出了他们的思维模式的特点。

印度婆罗门教哲学认为，作为宇宙最高本体的"梵"在本质上与作为个体灵魂的"自我"是同一的，众多的"自我"是源于唯一的"梵"。两者的关系是普遍与个体、一与多的关系；个体表现为多，而梵是唯一的绝对精神本体，两者在本质上是同一的，只不过个体表现为众多的现象世界。"梵我一如"思想最早起源于吠陀，《梨俱吠陀》关于原人（puruSa）的思想便开始传达了这一信息。在《梵书》的年代，阿特曼（自我，Atman）被看作各种精神力量的中心，到了《奥义书》，阿特曼进而与梵达到了同一，确保了它的宇宙根本原理的位置。于是，阿特曼便超越了个我的领域，成为形而上学的最高哲学原

---

① ［德］卡尔·雅斯贝斯：《历史的起源与目标》，魏楚雄、俞新天译，华夏出版社1989年版，第14页。

理。印度最古的《歌者奥义》中有一个很著名的故事，有五位通晓吠陀的大学者在一起聚会，他们共同探讨"阿特曼为何物"、"梵为何物"的哲学问题。他们五人听说哲学家邬达罗伽·阿伦尼在研究阿特曼的问题，于是去找邬达罗伽·阿伦尼，与他讨论阿特曼的性质。[①]这六个人分别认为阿特曼的性质为天、太阳、风、虚空、水、地等。但其实他们所回答的只是"普遍我"的一部分，是把阿特曼与自然界的各个不同构成要素相混淆，而没有找出"自我"的普遍共性，更难以发现"宇宙自我"的本质，于是也就无法理解梵与我的同一性。古印度文献中类似比喻还有很多，如《梵书》中所讲的"普遍火"就与《奥义书》的"普遍我"一样，还有诸如"普遍风"、"普遍空"等。印度这种普遍观念是把万物的共同本性抽取出来，作为抽象概念的象征。《梵书》将火的普遍性抽象出来，作为宇宙根本原理的象征；同样，《奥义书》也把普遍的人的共同本性（阿特曼）抽象出来，发现了阿特曼与宇宙本体梵的同一性。这种"梵我一如"的哲学思想造成了印度人肯定普遍而否定个体的思维方式。

古代印度人对大宇宙与小宇宙的同一是如何描述的呢？《梨俱吠陀》（II）曾经讲到，在人死后，他的各种机能都分解为宇宙的各种要素。《阿闼婆吠陀》（XI，7—8）之《残馔赞歌》（UcchiSTa SUkta）中讲，在祭供时剩下的食品（残馔）就是宇宙的本原，由它生起名色，也生起了诸神和万有。诸神也是梵的觉智（saMkalpa）的显现，他们在创造原人之时分别进入了原人身体的各个部位；大梵则在最后进入人体之中成为灵魂（命我）。[②]在《梵书》里认为，宇宙的总体要素是由神所总括的，而人的各种机能则是由阿特曼统合的；两种要素之间存在着共同点，以及相互沟通的可能性。《吠陀本集》和《梵书》都在讲述梵创造世界和万有时，在万有之中默认了梵的元素的存在；从而可以找出梵和我之间的共同因素。《奥义书》继承这种思路，发展了大宇宙和小宇宙同一的理论。《歌者奥义》说：

唯风为吞并者。火之扬没也，唯归于风。日之落也，唯归于风。

月之堕也，唯归于风。

水之旱矣，唯归于风。唯风剽夺此万物而归于己。

---

① 参见《歌者奥义》V，11—18；汉译参见徐梵澄译：《五十奥义书》（修订本），中国社会科学出版社 2007 年版，第 125—129 页。

② 参见杨惠南：《印度哲学史》，台北东大图书公司 1995 年版，第 62 页。

其次属自我者：唯气为吞并者。人之睡也，语言归于气。眼归于气，耳归于气，意归于气。唯气剥夺此万物而归于己。①

在这里，《奥义书》找到了二者的共同点：宇宙之火就是人的语言，太阳是人的眼睛，月亮是人的意识；宇宙之风与人的呼吸就是它们的统合原理。宇宙的风是宇宙的要素，人的呼吸是人的机能，它们两者的性质是相同的；而大宇宙与小宇宙统一的原理，正是基于它们共通的本质。

实际上这牵涉个我与终极实在的最高我的关系问题。个我到底意味着什么呢？印度哲学一般认为意味着行为的主体。印度吠檀多哲学派的最大哲学家商羯罗在《梵经注》中认为，首先是身体。个我作为人而存在，身体是它存在所不可欠缺的条件，上面已经分析了有关身体的构造。那么个我又可以称呼为"具有身体之物"（ZArIra，dehin）。"具有身体之物"可以肯定是与个我（jIva）同义的。② 身体为外壳，在身体的深处存在着阿特曼，这是一般的理解。个我的存在作为有生命之物，这一生命原理由何而来呢，一般的理解就是个我与梵是同一体，即梵我同一。商羯罗更深层地揭示了二者的关系：（1）最高我由于受个我的统觉机能的限制，从而成为个我。③ （2）个我是最高我的映射。④

实际上，作为个我的存在物，既是唯一的最高我，又可称内我，它以个我的相而出现。可以说，我即等于梵。于是，个我也被最高我所涵盖，它失去了存在的价值。

印度思想史上存在的最大哲学问题是关于"有我"与"无我"的论争，这场论争的实质就是关于人的本质、人与天的关系问题。吠檀多派哲学承认有"我"存在，但这个"我"的本质与作为宇宙本源的"普遍自我"（即梵）是同一不二的；因此，作为特殊性的个我最终会复归于梵。商羯罗认为，最高我与个体我是不二的，他经常念在口边的《奥义书》的格言为"汝即那"⑤（我即是梵）。《梵经》认为，梵是万物生起、存续和归灭的根本，而我是梵遍在于一切个我之中的精神；一旦证悟到我的本性与梵是同一的，我就复归于梵了。中

---

① 《歌者奥义》Ⅵ，3。

② ZArIra eva……jIvaH.《梵经注》，Vol. I, p.181.

③ 参见《梵经》Ⅱ.3，29。

④ 参见《梵经》Ⅱ.3，50。

⑤ 《歌者奥义》Ⅵ，8，7。

国的朱熹强调"无极即太极"，无极并不是无，太极也不是宇宙起点而是天地万物的共同本性，所以无论阴阳还是五行，以至于万物与人都具有自己的太极。他说："所谓太极散为万物，而万物各具太极。"无极之太极与散为万物的太极的关系，与商羯罗的梵与我关系很相似，可以看作是天地间的大宇宙与微观小宇宙的关系，二者最终是会统一的。小宇宙的太极与大宇宙的太极虽然是同一太极，但各自却又保持着自身的不同形式，这就是一种个体与普遍的辩证统一，要在对千千万万的个体的把握之中来完成对最高太极的认识，把握了具体事物，就能理解普遍规律。但是，印度人讲梵我同一从实质上讲是对个人行为的一种否定，它认为一切个人存在都是没有意义的；行为主体的活动会受到它背后所存在的那种超自然力量的监督和控制，因此，行为只是个我的属性而非本质，于是印度人倾向于自我泯灭和无视个体。印度古《歌者奥义》对梵与我的关系做了一个定义：

> 是涵括一切业，一切欲，一切香，一切味，涵括万事万物而无言，静然以定者，是吾内心之性灵者，大梵是也。而吾身蜕之后，将归于彼焉。①

印度思维方式的形成正是基于"梵我一如"的哲学基础，因此，从印度思想史来看，以宗教的角度来说，他们对于智慧的获取，实际上是以对自身价值的否定来换取对永恒精神的认定。因为印度的古老精神传统认为，精神具有一种至高无上性，真正的宗教产生于精神，而不是产生于人的血肉、法规、风俗、种姓或民族。精神生活是优于一切世俗生活的，它能够摆脱世俗而存在，并且真正地渗透到本体的存在之中。纯粹的肉体欲望和感情，冲动和本能，以至理智和意志都不能耗尽人的本性，只有处于精神状态之中，也即只有摆脱了世俗生活，全身心都投入了精神生活之中的人才能获得最基本的尊严和自由。印度人传统的价值观认为，人的灵魂是不属于世俗世界的，人必须通过修行或抛弃私欲从而使灵魂上升到永恒的世界，其价值才能得到实现。② 杜依森在对《奥义书》关于梵我关系进行解释时说：

> 整个客观的宇宙因只是由一个所知的主体（knowing subject）所

---

① 《歌者奥义》III.14.4，译文引自徐梵澄译：《五十奥义书》，中国社会科学出版社1984年版，第139页。

② Cf. S. Dasgupta, *History of Indian Philosophy*, Delhi: Motilal Banarsidass, 1975, Vol.1，p.52.

支持着，所以才成为可能。这个作为客观宇宙的支持者之主观者（subject）显现在所有个别客体上，但决非是与它们同一的。因个别客体消失，但客观的宇宙持续存在着且不需个别的客体；因此，存在着永恒的所知主体。①

杜依森的解释说明，只有主观者（绝对精神）才有存在的价值，个别的客体对整个客观宇宙的持续存在并没有价值，因此可以忽略不计。这就是印度哲学对其重普遍轻个体的思维方式形成所产生的最大的影响。由于上述原因，印度人在精神生活中提倡直觉。所谓直觉就是证悟精神或感知真正的价值。要实现价值，就必须去证悟精神。印度人对这个精神的看法或具体称谓虽不尽相同，但它基本上可以肯定为一种纯粹的、绝对的哲学本体（如梵），当然有的也称它为神或某种境界。印度人认为，神或终极实在不是认识的主体，也不同于被认识的客体。神是不能被证明的，一切有关神存在的证明终归是会失败的。因为神是一切精神，它是生命不是物；它是活动力而不是固定性的东西，所以不能把它作为某种存在的东西来作出证实。在如此神秘莫测的情况下，要想真正了解梵，当然就只有依靠直觉了。主要的直觉手段叫作"瑜伽"。吠檀多哲学认为，直觉就是对最高真实"梵"的直觉，也可以称作对纯粹自我的直觉，因为他们认为最高实在梵与作为个体灵魂的"自我"是同一的。直觉到了真实的自我，就意味着得到了解脱，而解脱是印度所有哲学的最终目的。

二、中印思维异同比较

根据上面对印度梵我关系的论述可以看出，其实质都是将个体维系并寄托于一个能统率一切的最高存在。这个最高存在就是中国人所认为的"道"或"天道"。西方的上帝无法解释东方的天道，只有东方的天道可以解释西方的上帝，因为东方之"道"不是像上帝那样外在于整个存在世界的，而是渗透于从宇宙天体到人间社会、从宏观到微观、从认识对象到认识主体的所有万事万物之中。"道"即一切，一切即"道"。西方哲学的观点认为，中国的"道"包含"心"与"物"，因此是心物一元论的。而西方的上帝与世界

---

① P. Deussen, *Philosophy of the Upanishads*, Motilal Banarsidass, 1928, p.201.

是心物二元分裂的，上帝并非包含一切的最高存在，上帝只是造物主，是外在于现象界的。西方的认识论体系强调的是对事物进行分割的认识，分析哲学的产生是有历史原因的；这种具有"片面性"的认识方法，是由西方文化环境所决定的。东方的认识论体系主张的是用运动变化的、讲究阴阳平衡的整体观，这是由东方文化环境所决定的。因为，文化环境决定着思想体系中的深层精神结构。

中国黄老学派的《道德经》和《黄帝四经》很清楚地表明："天道"就是讲的天人关系、人间社会的道德伦理等关系，讲天道是把这些精神原则展现在人间社会宏观、微观的所有层次上动态地去认识和遵循，不能离开了人天关系和各种社会关系来谈论个人的博爱慈悲和仁德之心，也不能离开普遍原则来谈论道德教化、来鉴别圣人贤者。由此可以看出，中国人对最高精神本体的论述与体验都是讲求圆满的，这种体验尽管不像印度人那样运用直觉，但寻求一种人天同体的境界的途径是相似的。天人合一、阴阳和谐也是中国古典哲学的根本观念之一。在儒家文化中，"天"的含义大致可以分为三种：一是意志之天，以董仲舒神秘主义的主宰之天为代表，但也可以理解为是宇宙规律、精神本体。二是义理之天，以孔子、孟子、朱熹具有伦理意义的道德化之天为代表，这是对应着现象世界中所应遵循的各种法则。三是自然之天，以老子、庄子为代表，是指自然的本性、状态，与地相对应。"天人合一"有两层意思：一是天人的不可分割性。天、自然、最高我是大宇宙，人、小我则是小宇宙。这与印度的梵天与自我的合一是一致的。二是天人的同质性。就是说人与自然在本质上是相通的，故一切人事均应顺乎自然规律，达到人与自然的和谐。这也与印度的梵天创造小我，小我在本质上与梵天一致，因此小我最终会复归于梵天的思想是一致的。

中国天人合一的基本思想和印度梵我合一的基本思想虽然在概念比对上有非常强的相似性，但是其间差别也不容忽视。最为重要的差别就是宇宙论的差异。中国天人合一思想的宇宙论基础是有限宇宙（天地人三才）结构性的关系，在本体论上对宇宙的讨论和认知不可排除地肯定了处于天地之间的人，否则，这个宇宙就不是中国文化理解的宇宙。在宇宙之中，人虽然相对于万物凸显了自身，但是并不超越世间的时空和限定，是在天地间有明确定位和限定的人。即便通达天道，了解天道，落实到修养修行上，还是要做一个天地间的人。把人限定在天道宇宙序列自身的位置上是道家和儒家共同的根本思想。儒家和道家的差别最多只是对人的限定的理解的差别，一个更加注重人伦、文化对人的限定，一个更加凸显自然的个体。而印度梵我合一思想的宇宙论思想更多的表述的不是时空序列意义上的宇宙，印度文化将把握宇宙和理解世界本体完全混为一谈，其描述时间和空间也不具有现代宇宙论的意义，因此，跟中国文化相比，其宇宙论更多地体现为本体论，更加强调梵在整全意义上的混沌，注重落实到个我修行的层面，其理解宇宙的方式指向的不是外在的世界，而是内在性灵，注重非主客对立的认识或者理解，这种认识和理解需要从个我到梵的体证。梵我合一的宇宙论更多的是体证修行和生活方式下的一种性灵的路径指导，对于世间生活以及时空序列，人伦物理并不是梵我合一这个大的主导思想的重要的组成部分。就性灵的侧重点而言，印度文化中的人（个我）的意义并不是如同天人合一中的人有自己位置的，更多的是要解脱掉个我的有限，回归到大梵这个唯一的本体，因此，其文化中的人是要否定个我体证大梵的。

在今日我们已经深切地感到世界是一个整体的时候，要想再把东方人和西方人彻底地分开来确实是困难的。但是，如果不了解东方思想的特征，不懂得东方思想的思维特点，我们就很难把握住未来思想的发展趋向，也无法更好地吸取西方的先进思想，从而陷入自我思想发展的怪圈之中。在东方，中国和印度的思想在整个东方思想的大氛围中基本上是协调的，研究中国人和印度人的思维特点，实际上就是研究东方这个大范围内许多民族的思维特点。因为，无论是韩国、日本还是东南亚以及阿拉伯世界，都受到过中国和印度文化的影响，特别是儒家与佛教的影响。整个东方人的思维方式具有同一性，包括思维法则、思维形式、思维特征以及思维形态等，同时还包括它们与语言、逻辑以及各种文化现象的关系等问题。

中国与印度一样，强调整体重视普遍的思维方式一直占主导地位，老子或朱子都主张一种大一统的观念，他们把社会、家族看作是一个整体，而几乎不把个人看作是一个个体的存在；个人只是家族、社会或天下的一员。这种将整体涵盖个体的思路从《易经》就开始了，《易经》坤卦讲："积善之家，必有余庆；积不善之家，必有余殃。"这体现的就是中国几千年以来的家族制度与祖宗崇拜，这是一种主流的社会制度。这种社会制度的特点是：以《易经》的特殊时空观为思想基础，从而通过家族制度和祖宗崇拜形成一种特殊的文化观念，这种文化观念以社会集合单位的整体性为主，讲求宗族和文化的普遍传承，将个人短暂的生命完全融入延续不断的整个的家族、社会的发展过程之中，从而使个人的时间视野超过了个人的生命长度，达到家族血脉相传、香火不断。《易经》的世界观是天地人三位一体，《易经·系辞下》云："有天道焉，有人道焉，有地道焉，兼三才而两之。"《说卦》云："立天之道曰阴与阳，立地之道曰柔与刚，立人之道曰仁与义，兼三才而两之。"老子认为，"自然"既是宇宙的本体，又是万物的本体，尤其是人的本体，三者乃是合而为一的。老子坚持的是"天人合一"的宇宙整体论，认为天、地、人是相互依赖的，自然界与人类社会有着共同适用的原则。儒家传统观念强调整体的和谐，而个人自我的实现就是进入整体和睦的状态。老子认为自我的实现就是达到了"道"与整体的和谐状态，商羯罗认为就是把小我融入了大我，因为小我的本性与大我是同一的。印度人认为人的本性是一种自然的本性，这是因为他们往往把生活法则同万物的本性统一起来，所谓解脱就是个人的本性与终极实在的统一。作为中国哲学的基本思维方式和最高价值理想的"天人合一"的命题，其着眼点不只是讲人与自然界的关系，而更主要的是从哲学上来讲人的终极存在，以价值观立论，提出人生的最高价值与终极意义在于实现与天合一。"天人合一"思维观特别注重用整体性的、体验性的、主体性的、模糊性的等方式或视角去把握世界和解读人与世界的相互关系。"天人合一"最主要讲的是心灵境界，其根本意义在于解决人的心灵问题。"天道"是内在于人而存在的，是由人来体现或实现的，它对应的是"人道"，否则"天道"就没有意义。

印度佛教承认个体都具有潜在的"佛性"，这是变相地承认灵魂的存在。但是，佛教对事物个体的承认，只是在逻辑的意义上，也即是个别的"自相"，在特定的时间内，即刹那之间的那种存在。印度无论哪一派哲学，本质上都是根本否认个体的意识的；重视普遍必然就会忽视个别，因此它们提倡的是：不要去留意事物的表面现象，而要去追求事物背后普遍性的东西，去认识事物的真实本性。因此，印度形而上学的主流一般都是彻底的一元论，它们认为世界上的种种现象只不过是唯一绝对者的表象而已，要充分认识到事物的本质，表面的现象是不实的、虚假的。商羯罗认为世界上的一切事物只不过是"幻相"，只有宇宙原理"梵"才是唯一的真实，从根本上否认个体事物存在的现实性和可能性。① 龙树提出的"空"的概念虽然不是实体性的观念，但是它却将一切事物的差别相作了否认，在空境界中达到了万物的一体观。印度的哲人们在面对着纷繁复杂的现象世界时，他们都力求像龙树那样，在宗教的沉思冥想中寻求寂静的境界，归入不动的状态，从而达到抛弃个别现象证悟最终实在，完成解脱的任务。就是这样的一种立场决定了印度人对个别事物的态度。

同时，印度人的价值观取向也严重地影响着他们的思维方式。无论是从宗教还是哲学上来看，印度人都是重精神轻肉体、重来世轻现世、重形而上学轻现实主义，这就必然造成他们对现实和个体的忽视。吠檀多派的实践目标就是，把个我归于大我，把小宇宙融化于大宇宙之中；即便是在现世不可能达到，也一定要在来世中实现。他们认为，已经解脱的人实际上就是归于了梵、与梵合为一体了。解脱就是消灭了个人的特质，没有了个人之间的区别，最终融合于宇宙本体，也可以说是一切个人合在了一个最终的大本体之中。个体不具有存在的价值，尽管个体是现实的存在，但那只不过是一种流动的、虚幻的景象，是不能执着的。印度人在考虑问题时，其逻辑思路已经形成了一个固定模式：一旦接触到有关个体概念的时候，就会自然而然地把它列入类概念或者普遍概念之中。因为普遍大于个体，涵盖个体。就好比提到火把，这本身就意味着火把背后的松明那样；说到"我"，也就间接地指明了我背后所存在的梵了。特殊包含在普遍中这是不言而喻的，但这并不意味着特殊就没有存在的价值，这是印度人思维的败笔之处。这种思维方法至少造成了两个问题：一个是所谓"万物一体观"，使其在观察事物时缺乏对事物的个性以及事物之间的差别性的定性分析，一味地追求事物背后的终极实在；同时又忽视物质性的世俗生活，缺乏对个人的肯定，必然造成印度哲学从古以来形而上学的绝对一元论盛行，即使出现了个别多元论的哲学（如耆那教哲学）也不对一元论持排斥态度。另一个是造成了印度哲学的"静观"态度。事物的运动是表现于每一个别事物的，由个别的运动组成了整个的运动，由于缺乏对个别的观察，不能把握住变化中的事物，也没有对事物之间那种变

---

① 参见商羯罗：《梵经注》（BrahmansUtra-BhASya）I，3，19。

化的关系进行比较研究，于是对事物形成了一种静观的看法，造成理论的僵化。中国的《易经》在阐述其理论的时候，它的论证逻辑模式是先天地后万物，先宇宙后人间；从大到小，从宏观到微观。因此《易经》始终把宇宙间的普遍性放在主要地位，把个体的特殊性放在从属的地位，这种重整体轻个体、以宏观来替代或掩盖微观的思维逻辑模式对后代的思维模式产生了决定性的影响。由此影响而形成的中国传统思维模式也就不重视对现象的研究，不能由小而大、由点及面，只是追求一种大一统的观点，高高在上，君临天下。

关于中印思维模式非常值得关注的一点是"否定"的思维模式。印度人惯用"遮诠法"（"遮其所非"）即用否定来达到肯定的方法，例如他们在对梵进行解释时，宣称梵在本性上既不具有任何属性，也不表现为任何形式，它超越人类感觉经验，不能用逻辑概念来理解或者用语言来表达。印度人的这种方式是解释绝对精神本体的最好方法，因为无形的绝对精神是不能用有形的语言来加以解释的。而中国的《道德经》最具有现实意义的是它关于"道"的否定解释方式。《道德经》的逻辑结构是蕴含矛盾结构的命题，试分析：其一，"非也结构"。老子开篇便言："道可道，非常道。名可名，非常名。"在此句中使用了"非"的逻辑判断，指明道是无形、无象、无名的——"是谓无状之状，无物之象"（《道德经》第十四章），这是运用"遮诠法"即以否定来达到肯定。老子还说"反者道之动"（《道德经》第四十章）。其二，"肯定结构"。就是所谓的"道可道……名可名……"，肯定道是有形有象的。"吾不知其名，强字之曰：道。"（《道德经》第二十五章）《道德经》这种蕴含矛盾结构的命题就类似于康德的二律背反，那么，老子的"道"其价值何在？老子的"道"的本质是宇宙万物的"规律"、"真理"，他采用一种"非"和"反"的否定逻辑，从反面来达到从正面肯定"非"和"反"的价值。这是一种怀疑精神，我们可以使用这种怀疑精神来推动现代科技和社会的进步，这也就是老子《道德经》在今天还具有生命力的原因。《庄子·则阳》说："道不可有，有不可无。道之为名，所假而行。或使莫为，在物一曲，夫胡为于大方？"庄子是说，要抛弃那种以固定不变的观点来看待流转不息的事象的观点，当你把握住了事物千变万化的状态时，你也就看见了事物不变的本体。要用变化的运动的眼光来看待事物，这完全是辩证法的观点。

三、东西方文明的比较

东方思维模式和西方思维模式到底有什么区别，二者能否评判孰优孰劣的问题呢？我们来看看西洋人的观点。美国耶鲁大学教授诺斯罗普在他的《东西方之相遇：关于世界理知的一个研究》① 一书中对世界各民族的思维特征进行了探讨。诺斯罗普在书中区分了两个概念：直观性的（concepts by intuition）和假设性的（concepts by postulation）概念。他认为，东方民族的思维特征就是多为依赖于前者，而西方人的思维特征则是运用后者；前者即为直观事物，直观领悟，凭直觉来做判断，对事物缺乏区别和分析，忽视事物之间的差别而只作整体判断。西方人的假设判断是以寻找事物的合规律性为准则，在进行推断中必须要有前提或假设，依据形式逻辑分析，这是以科学为根据的。根据诺斯罗普的观点我们可以认为，东方民族的思维特征是依赖直接感觉，一种不需要进行分析判断的，或者说是忽视逻辑推理或理性判断的认识，这种认识具有某些神秘的因素，起源于宗教信仰或对于神权王权的臣伏。中国传统文化是儒、释、道三家合一的，特别是佛教禅宗的思想在中国的的影响很大，日本佛学家铃木大拙博士反复强调直觉思维是东方思想的基本特征，他说："'分别识'（Vijnana，识）是分析的，'智慧'（Prajna，般若）则是直观的。'分别识'展示了差别相，'智慧'则超越了差别相达到了无差别，两者正相反。'禅'是这一根本智慧的闪耀。"②

东方与西方智慧之所以具有差异，就在于其构成的文化背景的不同，因而也构成了两者截然不同的发展方向与发展结果。东方智慧运用直觉思维，西方智慧运用逻辑思维；东方智慧以整体观为认识方法，西方智慧以局部剖析为认识手段；东方智慧是从天到人的通达的观念，西方智慧是由人及天的精确而标准的观念；东方智慧是以宇宙本体论为统率的直观理念，西方智慧是立足于人类小尺度上的理性概念。东方智慧与西方智慧是存在着互补性的，对人类智慧进一步深化提供了发展的空间，东方智慧与西方智慧的撞击，必将带来人类智

---

① Filmer S.C.Northrop, *The Meeting of East and West, an Inquiry Concerning World Understanding*, Macmillan 1946.

② ［日］铃木大拙：《佛教哲学中的理性与直观》，载摩尔主编：《东西方哲学》，1951 年版，第17 页。

慧的又一次革命。

西方思维模式与东方思维模式存在着很大的差异，应该承认，西方近现代思维——分析思维，将任何事物乃至社会现象分割成一个个的部件进行量化分析，确实使人类科技获得了长足的进步。中国人的思维模式是一种感性思维，属形象思维。感性思维的特点是强调对事物的直观认识，不追求对事物感性材料的深层和精确的分析。由于这个原因也就使得中国人的思维模式概念模糊、混乱而僵化，因而阻碍了中国近代科技的发展。中国的思维模式起源于古老的《易经》，《易经》用卦象来解析一切，它创造的是一种"取象思维"。取象思维的本质是一种比附推论的逻辑方法。所谓比附推论是指通过想象，由具体事物直接推知一个抽象事理的逻辑方法。取象思维方式的最大特点是它的模糊性，运用这种思维方式所推知的事理具有很大的歧义性，因为它缺乏定量定性的逻辑分析，以至于人们对同样一个事物出现见仁见智的情况，甚至还会得出截然相反的结论。这种模糊性实际上是因为由想象这一媒介而造成的。模糊性的取象思维也许在语言文学上很有特色，它充溢着中国人对朦朦胧胧的美感的偏爱，但它不具有发明创造的推动力，所以对科学发展却无益处。

西方人所持的逻辑是一种二元逻辑，其最著名的代表是德国哲学家卡尔·施米特（Carl Schmitt，1888—1983）。他在其最重要的著作《政治的概念》中，将人类行为的所有领域都用一种不能简约的二元对立性加以结构化。他认为，就像道德领域中的善与恶，审美领域中的美与丑，经济领域中的利与害等问题一样，"所有政治活动和政治动机所能归结成的具体政治性划分便是朋友与敌人的划分"①。划分敌友是政治的标准，那就是使政治不同于其他事物的东西。施米特认为："政治造成了最剧烈、最极端的对抗。"② 战争是政治所采取的最暴力的形式，而且即使没有战争，政治仍然要求你把你的反对者作为敌视你所信仰的事物的人。施米特关于敌我对立的思想对西方现代保守主义者产生了很大的影响，现代保守主义者比自由主义者更加彻底地吸收了施米特的政治观。他这种观点对美国人的影响就直接反映在当年小布什对伊拉克战争的表态

---

① ［德］卡尔·施米特著：《政治的概念》，刘小枫编，刘宗坤等译，世纪出版集团、上海人民出版社 2004 年版，第 106 页。

② ［德］卡尔·施米特著：《政治的概念》，刘小枫编，刘宗坤等译，世纪出版集团、上海人民出版社 2004 年版，第 111 页。

中，"要么是我们的朋友，要么是我们的敌人"，这种极端主义的政治态度造成了美国的"单边主义"。东方与之相反的是老子在《道德经》中提出的"三元逻辑"，或者可以称之为"全息逻辑"。《道德经》的逻辑是"道生一，一生二，二生三，三生万物"。这里说的是八卦符号形成的过程，"道生一"，第一位；"一生二"，第二位；"二生三"，第三位。然后，"三"形成了生成万物的开放系统，"三生万物"则完成了宇宙从无到有的过程。老子的逻辑就是东方智慧中最具现代性的活着的智慧，在现实生活中它教我们不能单从一个方向或角度去看待某一事物，而必须是全方位地占有信息，必须利用全部的信息去开展我们整个人类的生活。这与印度佛教讲的"缘起"理论是一致的。印度佛教讲，一切事物都是由各种各样的因缘和合而生的，由因缘而生，依因缘而灭，这种"缘起性空"的思想就是讲事物之间的联系，肯定每一事物的产生与变化都发生在全信息场之中。《易经》的结构是"阴阳而三行，三行而六度"，这是一种真正深入到自然本体核心的高度的思维模式，东方智慧就是要抛弃思维的二分法而提倡将相互独立的三个不同的方面综合起来，如果做到这一点就能使人类的智慧发生质的变化。最后"六度而自然，自然生万物"，这就是从自然王国进入了自由王国，从而才有可能真正探索到自然本体的最深的奥秘。

（孙晶：中国社会科学院哲学研究所教授；
樊沁永：中国社会科学院哲学研究所博士）

参照东西文明特点，亚洲可率先奠定
命运共同体思想基础

——"忠恕"与金律是建设命运共同体的思想起点

[美国] 田辰山

本文立论为"参照东西文明特点，亚洲可率先奠定命运共同体思想基础——'忠恕'与金律是建设命运共同体的思想起点"。阐述这一立论包含五小节：一、生存危机倒逼人类必须放弃个人主义意识形态；二、人类生存、生活可分为两组群体："一多二元"与"一多不分"；三、个人主义意识形态属于"一多二元"的意愿、价值和行为；四、金律或儒家思想的"忠恕"是"一多不分"哲学意志、意愿价值和行为；五、亚洲是以"一多不分"组人群为主的文明。本文结论是：亚洲可率先考虑，走一条人类命运共同体道路，是可能的，是存在传统文化思想基础的。

一、生存危机倒逼人类必须放弃个人主义意识形态

人类正处于生存危机之中。安乐哲站在比较哲学立场深刻地向人们揭示，全球性的人类生存危机困境倒逼人类必须放弃个人主义意识形态，在根本上逼迫人类改变习惯的生活方式。气候变化、极端天气、人口爆炸、收入不公、粮水短缺、环境恶化、疾病蔓延、能源短缺、恐怖主义、核武扩散、消费垃圾、贫困大军等窘迫问题，正在对人类进行围堵。人类如果至今仍不警醒，其命运必然要急转直下——这是一幅令人心急如焚的画面：临界点只在咫尺之间，结果是万劫不复，厄运将迅雷不及掩耳；人类已不是"有问题"，而是深陷困境！

全球困境的本质特征至少可以包括四点：其一，在一系列危及富人的问题

中间，有一种有机性的联系，即它的"零和"性质——要么一揽子解决，要么一个也解决不了；如果不能整个地摆脱困境，也就对任一问题束手无策。其二，"困境"没有国家或社会边界，传染性疾病蔓延与温室效应是全球性、殃及每一个人的，是不论什么国籍、什么社会地位的。其三，"困境"已不是单一个体性博弈者的、可按顺序一个个地应对与解决的，而只能由整个国际社会协同一致、共同治理，实行一揽子的方法全部解决。此外，它最显著的本质特征是，对这可能导致人类万劫不复的厄运，当受谴责的，其实正是人类自己，是人类自己要负起根本责任。这些厄运问题，是人类的自己恶迹，或大多数是与人类行为相联系的。应当说，人类及其今天的生存方式，在直接意义上导致了困境的发生。

针对今天的困境，美国哲学家詹姆斯·卡斯概括"有限游戏"和"无限游戏"两个说法，发人深省。它揭示人类的意愿、价值与行为，是如何内涵于这一困境之中的。"有限游戏"是对人类行为主导力量的恰当比喻，它是单子个体游戏者的视角；他的游戏，是按照一套有限规则，即在一个有限时间必有一个结局：产生一个赢者与一个输者。"有限游戏"开局与结局，都是"有限"的，"限"在于游戏是为赢而玩。这是人的倾向把世界作为"竞争"对待的角度。著名物理学家史蒂芬·霍金对人类提出警告："我们太多人认为，只要去打斗，就可以获得我们想得到的。我们不想想，一切的扯皮争吵与厮打造成的全面性毁坏，剩给我们的，是这个既冷飕飕又热死人的地球。"他呼吁："人类呀，不要这么进犯性吧，我们快完蛋了！"他深刻指出，伴随进取行为而有的进化性恩泽，已消耗殆尽，可人类还继续愚蠢地进取；"人类失败，我最想纠正的就是进犯行为"；"人类在山洞时代，进犯行为或许还有些优势，是为多获得一些食物、势力范围或是生殖伴侣，但在今天，它已是让我们整体毁灭的行为。"霍金坚决主张，人类必须改变生存方式。现代性进取行为，是在个人主义文化习惯的合法包装下实行的。"个人主义"意识形态无孔不入地向社会一切领域渗透，在"自由价值"驱动下，使"有限游戏"成为时尚模式流行思想。陷入这种思维，则倾向把人与人的日常交流、关系行为，无论是个人、公司还是作为主权国家，几乎皆是作为"有限游戏"对待——一切的一切，无非是竞争，什么体育、生意、教育、外交事务等，除了竞争，不是别的。"有限游戏"把人的相互性质的活动，异化地对待为"每个人反对一切人的战争"状态，打败一切人，才意味"成功"。但是，人类的全球性生存危机困境，倒逼人类必须联手应对，而实现联手，则必须倒逼人类反思、改变过去的意愿、价值和行为，改变生存方式。这也是倒逼人类必须放弃个人主义意识形态。

二、人类生存、生活可分为两组群体："一多二元"与"一多不分"

人类是分为人群的，这是个无需证明的现象。从人类的生活可概括出两组基本群体，其余是散居或游移在两组之间的人们。其中一组人可以称为"一多二元"组，另一组可以称为"一多不分"组。所谓"一多二元"的"一"，是超绝外在、宇宙初始原因的唯一本体之一，"多"是由它创造的万物单子个体之多，"一"与"多"之间以及个体之"多"之间，由于都是独立本质不变个体而形成临时有限的"排斥、对立、冲突"和"甲"单线单向对"乙"构成等级性支配二元对立关系。构成"一多二元"组人群的假设是：以为人以单子个体为单位存在，这是创造宇宙的唯一超级本体"一"所决定，人与人是对立竞争的临时有限关系；其价值取向是：攫取单子个体利益是终极性的目的；其行为是：人一生是玩一种"有限游戏"，按照有限零和原则，角逐出优胜者，攫取、享受主宰者赋予的权利与幸福。

"一多不分"的"一"，完全是另一种对宇宙论的"一"，它是不假设超绝本体一的自然宇宙万物由于互联不分而浑然一体的"一"，"多"是宇宙万物非个体性的自成关系状态和样种之"多"；所以这个"一""多"关系，是"你中有我，我中有你"的不分。构成"一多不分"这组人群的假设是：宇宙万物是一多不分地联系在一起的，任何人、物与他人他物都构成纷繁复杂的无限关系；这组人的价值取向及行为是：以关系为本，以关系为生命、生存之本，生存生活得好，人要做以无限关系出发的无限游戏，要致力于共赢共荣的行为。亚洲大陆文明这一地区人民的活法，有理由称为"一多不分"组；"一多不分"组，也即"无限关系"组，它崇尚和注意呵护人与人的理所当然的"无限关系"，以别人生活好为自己生活好的必然，因此以加强互相关系"无限游戏"作为生活目的、生活意义，以共赢作为精神幸福。这是走上建设人类命运共同体的思想基础。亚洲文明具备率先走向建立亚洲命运共同体的优势文化条件。

"一多不分"人群与"一多二元"人群，不是按照一般所用"东西方"概念区分的，而是间杂于任何地域人群社会之中的；它是"一多二元"——人们人为地纠结在一起，也是"一多不分"——人们从自然结合在一起到自觉结合在一起。这里讲考虑走建设命运共同体道路，是从一多不分的自然结合走到自觉结合的体现。

三、个人主义意识形态属于"一多二元"的意愿、价值和行为

很明显，只有当全球范围内人类的意愿、价值与行为有根本性的改变，困境才会得到治理和抑制。人类应当惭愧，因为不是人真正的什么社会思智，而是情势的严重，给人下达必须改变的命令。其实，作为一个生命物种，人类现在掌握的科学，可制造纯净水和食物，可让地球的孩子不受疾病、饥饿之苦；只要人萌发哲学、政治意志，就有社会智能，就能开辟走向和平、繁荣的新纪元。今天已经不是那种时代，不是非要搞出赢者和输者；而更是要决定，我们到底是要都做赢者，还是都做输者。"有限游戏"的个人主义意识形态以及与其相伴随的自由价值观，虽然于18世纪印欧传统文化历史，起到过解放人的作用，但它今天已变成一种人们不假思索的生活模式，已成为导致我们陷入生存危机困境背后的根本原因。我们需要一场思想革命。我们必须在应对困境之时意识到，人类的价值、意愿和行为，必须要有一个转变；要毅然决然地摆脱"单子个体相博弈"及"有限游戏"心态，转到"以关系为本"的意识的"无限游戏"来，转到"人与人命运与共"及"多样性"特点的价值观来。

造成人类在价值观、意愿和行为上走上谬误的，是对一个简单事实的错误认识，即误以为人是以单子个体独立自主活着的，而不是须臾不可离开关系、依存地活着。"独立个人"理念本是苍白无光的哲学谬误。人本不应该为输赢而活，而是为应对更复杂问题而活，为有效解决这些问题而加强彼此关系。世界进入21世纪，个人主义、人与人"独立"、"互不相连"这些理念，早已行不通。人类已经进入一个不能不对"关系为本"开悟的时代，不能不懂相互依存更为至关重要。人与人相联不分才是"活"的真实的自然含义；人必须刻意铲除"人是单子个体"那样隐性的形而上学含义，必须反思人生，意义从何而

来，意义到底是什么。人为"独立单子个体"，这个概念否定传统人类道德，成为无道德的现代"道德"，它与现代政治基础逻辑一起，至少导致两种有害结果：其一，它造成美国、欧洲和亚洲出现大批极端自由主义资本家，以"道德购买"话语，为个人追求"毫无限制的自由"辩护，将其作为政治正义基础，进而以妨碍这一"自由"以及"根本不道德"为借口，拒绝任何正义的概念。"单子个体人"概念，也为或多或少地自由放任的全球自由市场资本主义经济提供了"道德"基础；而在"现代民族国家"之间及其内部，它明显全面地加大社会福祉的不平等。情况是，保守主义、自由主义、社区主义者，还有社会主义者也是一样，只要它们将反对极端自由主义的理由，继续建立在不同版本却同一本质的"独立单子个人"理念上，极端自由主义者就总能有力迎接它们的挑战，就总能逃避道德的谴责。

"独立单子个人"是个危险概念，其危险性就在于它是普遍的西方知识分子的思想意识。"原教旨单子个人"思想根深蒂固，以致他们对任何可替代个人主义的思想，几乎都视而不见；除非是明显选择后马克思主义时代的或多或少不含特性的"集体主义"。其实，对人类本质特点及行为之假设，把人类视为根本自由、独立和"理性"的"个体人"——这种认识本身，已被接受为是"正面"、一种想当然、不假思索的意识形态。所谓"生"与"活"，皆是须臾离不开相互联系的；人是无法简约的社会性的人，关系不仅蕴含于人独特叙事的相互性活动中，也在人最基本身份所喻意的自身认同上。家庭生活蕴含责任是无所不在的，不仅把人的着眼点引向、落实在关系到当代与未来迫在眉睫的事物上，而且也提示历史与叙事之感——我们从哪里来和（在重要意义上告知）我们是谁。是今天困境的紧迫感及其严重性，在今天将"以关系为本"与全息整体性思维推到重要位置。

对一种新哲学意志的思考，也即转到一套新的替代性的价值观、意愿和行为，必须从对"人"的不同认识方法开始。在这里，虚设性的个人主义要被新的"做人意味着什么"的认识所克服。人不是互不联系的单子的个体，而恰恰是，每个人都是故事、事件、过程；一个人是很多"我"的一个域境。一个人是在这一具体世界他要去"活"的角色和关系，如果一个个都做得好，那么他就作为一个"个人"，变成一个杰出的人。生命、生活即是关系。社会、文化意义的身体力行，每一件事都是相互的作用，都是相互交接的活动。从来没有任何人，没有任何东西，是在单子个体自我意义上存在的。"活着"，不只是皮肤下面有个生命"活着"。"关系"是人的经验本质，杜威指出，这用不着证明，事情本来即是如此。作为人，我们去"活"（承当）的各种角色，都构成人生经验的本身。

个人主义意识形态就是一多二元，其隐性形而上学语义有一个超绝的"一"，它创造、主宰单子个体人的"多"；"一"（一神上帝）是"多"的合法存在的神圣性来源，这样的"一""多"之间及单子个体的"多"之间，是彼此独立、二元对立、矛盾冲突及最终"A 决定 B"的单线单向支配关系。在这个"单子独立个人"的虚构之中，人们所习惯诉诸的，是一种事实上本无这么一回事的"个人主义"。古希腊形而上学地建构"个人主义"，是源自对"道德人"加以定义；基于"个人主义"，"道德人""正义"地行动。教义性的"个人主义"之根，深深根植在印欧思想叙事之中；它冲淡人的道德责任感，其途径就是让人们把自己视为与他人无关系的孤立个人，在此之上进行心理、政治与道德的描述，进行分析与评判。启蒙的概想是对人做理念定义，将人视为自由、独立、"理性"、正当的"自私"个体；这种概想虽然不能说是什么站得住脚的现代西方伦理和政治哲学术语，可它是风行于世界的。假设推定的教义性"单子个人"不仅是本体性"虚构"学术，而且也由于"单子个人"这样的概念定义而为提倡极端自由主义经济制度者提供"道德"与政治合法性。可当今这个经济制度，已不再被人们承认为是对世界弊病的良方，而是相反，作为"虚构"，它已变成一个阴险的招式。道理是很清楚的，这个极端自由主义经济制度，在追求个人自由和独立名义下，不仅远不是救治世界的弊病的，而是使世界疾病加重和恶化的。

"单子个体主义"不仅对家庭与命运共同的社会生活不提供充分有力的阐释，反而更多的是与相互关联的经验生活事实形成直接紧张的对立。其实，"杜撰"而来的"单子个体主义"漠视真实生活的家庭伦常关系亲密性、相互性与特殊性，也毫不切合各种家庭身份。人们去"生"与"活"的身份，是自然性与社会性的差别，所呈现的浓密交织关系与变动不居形态；而抽象的"单子个人主义"本身，就是简单化、暴力性的，因为它不惜一切不可接受的代价，在真实存在的多样性及创新性潜力之上，强加枯燥的千篇一律性。

四、金律或儒家思想的"忠恕"是"一多不分"哲学意志、意愿价值和行为

人类到了必须考虑可取代个人主义意识形态的其他文化资源，必须要考虑用"以关系为本"、"以人为本"的哲学意志、意愿、价值和行为，取代"以单子个体利益"为本的谬误。人的生存生活的真实性不是单子个体形式；而是"世界大家庭"或曰"人类命运共同体"，是人与人的相系不分。要"以人为本"，就不是"单子个人至上"，而是以"共同命运"为本、为上。

（一）"金律"与"忠恕"都是以"关系为本"、以共同命运为本

"金律"与儒家"忠恕"思想是取代个人主义意识形态意愿、价值与行为的选择。其实，在一切文化中，或奉行"金律"或奉行"忠恕"，都是人类的现实经验，这是人类唯一带有普遍意义的哲学意志、价值和行为。它不是超绝的，立足点不是单子个体，而是以人为本，以人类相联不分关系为本，以人类共同命运为本。

有一则现代寓言既是"金律"也是"忠恕"精神的精彩表达。情节是这样的：有好奇之人希望到天堂和地狱中去走走看看。原以为地狱是一个可怕的地方，来到之后惊奇地发现，这里的人围绕华美而丰盛的宴会桌，桌上满是各类甜美可口、一见就让人食欲大开的食品。这位来客对自己说，看来地狱一点也不像传说的那样可怕。但当仔细观察时，却发现宴会桌边就座的每一个人都很悲惨，因为虽然面前是山珍海味，他们实际上却在挨饿。因为发给每人就餐用的是 3 英尺长的筷子，夹到的食物，根本送不进自己的嘴中。随后这个人又到天堂参观。又是出乎预料，天堂里完全是他在地狱看到的同样情景。大家也是围坐在华美丰盛的宴会桌旁，也都使用三英尺长的筷子。但是每个人都能吃到精美的食品，因为是用超长的筷子将食品送进别人的嘴里。

这是一个精美的"忠恕"、"金律"写照。一双筷子将人的互联不分关系和盘托出，将人的"尽己"与"推己"表现得淋漓尽致，人、己互为构成存在的必要条件。为什么"地狱"的人做不到？为什么"天堂"的人可以做到？就是因为在对人与人关系认知上的差别："地狱"里把人看成是互不认同、分散、隔绝、没有感同身受的；而"天堂"恰是把人作为互联不分、人可以情尽、可

以反情以同物者，将别人作为自己一样对待。真是己欲立而立人，己欲达而达人！"天堂"是一个人与人互为生活生存必要条件的浑然一体，"地狱"则是一群对（上帝的）"金律"搞不懂、不执行、互相视为异己的悲惨状况。

基督教"金律"之于中国"忠恕"而言，存在超绝性与二元性的结构差异。但是"金律"由于是互应性（reciprocal）伦理，本身又是一种去二元化思维，强化二者之间的互相联系性，所以它又对超绝性构成内在逻辑矛盾性，趋向发生与本身结构变异而与另一种文化发生趋近状况；它与儒家"忠恕"一旦相遇则可能实现构和。"金律"有增强人与人互联性的可能，而最后脱离超绝性而愈加趋于非超绝性和非二元性，正像后来出现的人文主义"金律"与一些后现代主义思潮，最后完全可以走向与儒家"忠恕"思想的构和。中国文化是东方文化之中突出的一种重生活哲学、轻神学信仰的传统。盎格鲁欧洲宗教有极端的有神论，金律虽然在有神论的结构中提出，但由于本身的互应性而减弱了有神论特点，造成有神论并不成其为不可逾越的结构，显示它更向世俗性、人文性和伦理性文化开放，从而使得"金律"更获得在几乎所有宗教、伦理思想体系和哲学之中的共识性地位。因为这样的情况，儒家的非超绝性、非二元性"忠恕"思想，就有了与印欧的"金律"交流与构和的充分可能性。

"金律"或"忠恕"，还有一个更简易版本，就是"设身处地、互相尊重"。不少持个人自由主义立场的人会认为它是人做不到的乌托邦，恰是因为摆脱不了超绝、二元思维的缘故。也就是在这些人看来，一者，"设身处地、互相尊重"不包含好坏或是非原则，也即没有绝对真理性；二者，人做不到"设身处地、互相尊重"，因为人与人是隔绝的，不相通的，是很不同的；三者，也是更根本的——人性是不好的，没有"设身处地、互相尊重"的能力。但盎格鲁欧洲并非绝对是在个人自由主义立场上思考的，也认识到"金律"——爱你邻居，包含着对任何个人宗教信仰的尊重，也认为少数宗教信仰族群要受到尊重，不能嘲讽他们的宗教领袖、象征和圣地。这里存在一个逻辑结点，即虽然源自二元性的个人主义，认为人是隔绝的，不相通的，人与人是很不同的，一方面得出人做不到"设身处地、互相尊重"，另一方面也得出要尊重他人的宗教信仰。这里实际是二元性与非二元性的模糊区域：认为人不会"设身处地、互相尊重"，自然是二元性合理逻辑；而对任何个人宗教信仰的尊重自然是"设身处地"，对人与人隔绝性的打通，对二元性的削弱，但同时仍是对超绝性的保留，因为在这里"宗教信仰自由"又成为一个绝对原则。但是无论如何，是"设身处地"了，是"互相尊重"了。即是如此，已是对只争自己统治地位、唯我独尊的绝对性的解放了，由强绝对性、二元性向弱处走了。

因此有理由说，"金律"与"忠恕"构和局面的可能性在于：第一，"金律"的去超绝化和去二元化；第二，"金律"与"忠恕"思想在全球宗教与文化的最广泛共性发展；第三，人的权利和人人平等的承认越来越不必通过超绝性与二元性；第四，"金律"与"忠恕"施行的简易性，也即"设身处地"实用性；第五，"金律"将"设身处地"扩大到非传统本族群成员的必要性；第六，"设身处地"是使"金律"与"忠恕"成为唯一可相提并论的哲理和中西方文化的真正会合点；第七，"设身处地"是对中西方思想文化传统道德感的共同考验；第八，"设身处地"可成为真正普遍意义，因为不在于绝对性，而在于相对性——也即互系性。

（二）"金律"的"互应伦理"含义有了让人类处于共同位置的感觉

"金律"被认同的广度，远远超越印欧传统基督教与儒学传统。迈克尔·舍尔曼提出："没有人会出于任何角度对'金律'感到陌生，人类大多数人群的互动和交流行为可以说都是以'金律'为基本理念。我们发现'金律'被记录在全世界数不清的历史经典中，证明着它可以普遍运用。"①"金律"是世界各大宗教伦理教律的精义箴言，也作为重要的道德真理遍及世界，以多元文化形式影响人类。"金律"的核心价值表述在"你希望别人怎么对待你，就那样去对待他人"这句话中，能够激励人们进行周游全球的探索发现，将自己生命与人类历史最普遍的道德理念联系在一起。"金律"在众多宗教文化之中，在伦理思想体系之中，在遍及世界的本土文化之中，在世俗哲理之中。②

但区别是："金律"在基督教文化传统中，虽属于人与人无限关系的经验事实，却被笃信为超绝法则，成为一种外在。肯定的，如舍尔曼提出的"金律"，在运用层面，它到底是超绝的还是经验的，其实界限是模糊的，人们也并不一定对它去深想；但是在一个以超绝性为主流思想的传统中，哪怕本来是

---

① Michael Shermer, *Science of Good and Evil*, 2004, p. 25.

② http://www.scarboromissions.ca/Golden_rule/animating_gold.php，2010 年 8 月 20 日下载。

人经验的东西（就像在人文主义被认识的那样），也是沾染了超绝性、外来性，因为它总是被认为是什么客观的存在，从与客观相割裂的主观地位(或科学地)看它，而"由己而出"的意识会十分微弱。可以作说明的例子是霍布斯。对他来说，法是自然法，是一种规则，是外在的、通过理性找到的；按法则办事，就是人禁止去做对自己生命具有破坏性的事情。每个人都有权利做任何事情，甚至包括拥有另一个人的身体。所以只要这种自然法存在一天，任何人就都没有安全可言。所以理性总则的第一套分支就是自然的第一与根本法，就是寻求和平、维护和平；第二，自然权利，就是使用一切手段保护自己……人如果坚持自己占有一切的权利，人与人就等于时刻处在战争状态。如果别人不放弃他的权利，你也没有理由放弃，因为如果放弃，等于成为别人的猎物，和平也不会到来。所以就是《福音》告诉人的法则：你希望别人对你作的，你去对待别人。那个法是一切人的法。①

"金律"具有假设性，它与经验性的差别是很大的，假设性是"一多二元"的。说印欧"金律"具有超绝性、二元性，是说"金律"是与创造宇宙一切的上帝有必然的联系，"金律"是作为设定的必然法则，是超然于人独立的、绝对的、本体真理性的，它是上帝规定下的人与人关系的原则，此谓超绝性；人是作为个体、独立、分隔、碰撞、互相构成只对立、相反的关系而不相辅相成，此谓二元性。"金律"的施行，是要在这样作为单子个体的人的前提下，甲要与乙互应，这是作为预设伦理。人是被动的，是听从上帝、按照上帝安排互相应对的，人与人的分隔，也造成人建立这种关系之时的被动。

---

① "A law of nature, lex naturalis, is a precept, or general rule, found out by reason, by which a man is forbidden to do that which is destructive of his life... every man has a right to every thing, even to one another's body. And therefore, as long as this natural right of every man to every thing endureth, there can be no security to any man... general rule of reason... The first branch of which rule containeth the first and fundamental law of nature, which is: to seek peace and follow it. The second, the sum of the right of nature, which is: by all means we can to defend ourselves. ... For as long as every man holdeth this right, of doing anything he liketh; so long are all men in the condition of war. ... But if other men will not lay down their right, as well as he, then there is no reason for anyone to divest himself of his: for that were to expose himself to prey, which no man is bound to, rather than to dispose himself to peace. This is that law of the gospel: Whatsoever you require that others should do to you, that do ye to them. And that law of all men, quod tibi fieri non vis, alteri ne feceris." Thomas Hobbes, Chapter IV Leviathan, 1651.

　　而恰是"设身处地"、"互应伦理"使得"金律"让人类有了处于共同位置的感觉。"共同位置"（common position）没有绝对性，也没有二元性，只是人性化的感觉，感同身受。不管反映这种人性化的说教来源何处。天主教声明：穆斯林和基督教对待上帝的道路不同，但信仰上帝的需要是它们的"共同位置"。两个宗教要互相尊重、互相支持，要视为同是一个家庭的成员。① 另一个"共同位置"就是"无私地、不偏袒地爱我们的同类男人与女人，特别是那些处于痛苦和饥寒交迫之中的人们"。天主教认同穆斯林的"金律"，穆斯林传统主张对最贫困的人们作出实际的援助服务，时刻准备奉行自己版本的"金律"：除非你用自己希望如何受到对待的做法去对待别人，你的信仰还不完全。② 设身处地地讲，对于儒家乃至中华传统来讲，尽管同印欧各种宗教对待宇宙自然事物有不同的认识道路，中华传统也是与印欧乃至各种宗教有"共同位置"的，那即是"设身处地，互相尊重"，以天下人类是一家，凡人类就互不相争、互相爱护、互相帮助；另一个"共同位置"也是与互应伦理或"金律"一致的感同身受，对处于痛苦与贫穷中的人们，出于感通的同情、尊重，给予无私援助。

　　根斯特认为，"金律"最好的解释意义是"只按照你在同种情况下同意被对待的方法去对待别人"。运用这个"金律"，你得把自己设想为完全是处在另一个人的接受对待的另一端（包括你要具有另一个人的好恶感）。如果你按照一种方式对待别人，而又不愿意在同样境遇中接受同种对待方式，那么你就违反了"金律"。③ 读者可以将注释中的英文与我在此呈献的汉语翻译比对。如果它与英语的意思基本上符合，那么我们则可以说，"金律"在这里表示它似

---

① http://www.acommonword.com/en/a-common-word-in-the-news/14-general-news/127-pope-affirms-golden-rule-of-islam-christianity-.html，2010-08-21.

② http://www.acommonword.com/en/a-common-word-in-the-news/14-general-news/127-pope-affirms-golden-rule-of-islam-christianity-.html，2010-08-21.

③ "The golden rule is best interpreted as saying: 'Treat others only as you consent to being treated in the same situation.' To apply it, you'd imagine yourself on the receiving end of the action in the exact place of the other person（which includes having the other person's likes and dislikes）. If you act in a given way toward another, and yet are unwilling to be treated that way in the same circumstances, then you violate the rule." http://www.jcu.edu/philosophy/gensler/goldrule.htm，2010-08-21.

乎是唯一可以与中国传统相提并论的哲理，也是说，"金律"在这里成为中国与印欧思想走到一起的会合处。"金律"比任何印欧其他真理原则相比，具有最大的普遍意义。而且，这最普遍的意义不是由于这个"金律"是世界上唯一的上帝说的，也不是他说过之后，不同人群有了这一意识之后才说起来。而恰恰是，不管世界有多少信仰，人信仰的有多少不同神，不管有多少文化传统，不管是信仰还是哲学，是宗教还是世俗，人的出发点是从不同的地域、不同的经验，还是不同的文化习惯，都总结出同一条有效的生活经验——"己所不欲，勿施于人"。这是殊途同归造成的这条生活经验的最大普遍性，堪称"普世价值"。

特别是，人们接受"金律"的大多情况是因为它具有简易性和实用性。人有简易的本能，简易性是因为反映经验性和具有生活感，而凡具有经验性和具有生活感的，又多是非超绝性和二元性的。非超绝性、非二元性的东西才是自然、实在的和真正具有普遍性的。超绝性、二元性的东西是人为的，是需要强加手段乃至需要暴力手段实现的，所以历史上的宗教战争不是自然的、偶然的，而是有必然人为逻辑的。而人的发现"不要用你自己不希望受到对待的方式对待别人"这样"金律"的推论更容易理解和更实用。因为是从经验和生活而来的，就是很自然的，不靠强加的；因而这也是"金律"成为信仰人群、不同信仰人群与非信仰人群共同开发的原则的原因。

"金律"的真正具有普遍性，是在于它的非绝对化和非二元化。而实现非绝对化和非二元化，它必然是"设身处地"的，人与人的相通，因为人与人的相互性在于人的能够"设身处地"的能力（也即互应性——reciprocy 的能力）。"设身处地"是"设想自身处于其境"，最初来自明卢象升《卢忠肃公书牍与少司成吴葵罨书》之二[1]；后收入《现代汉语词典》，解释为"设想自己处在别人的地位或境遇中"[2]。如果运用到个人自由主义的现代人权概念上，那就是任何人的人权都必须是设身处地地考虑的人权，与别人生存、幸福有互应权衡性的人权，这样人权就不是绝对概念了，也自然而然的不是孤立本质性的人权了，而是"你中有我，我中有你"的互联性人权了，超绝性、二元性都没有了，也

---

[1] 《辞源》，商务印书馆 1997 年版，第 2881 页。
[2] 《现代汉语词典》，商务印书馆 2016 年版，第 1153 页。

自然变得简易且具有实用性了。

这样说更重要的原因，还在于对"金律"最适当的解读，是它包含的互系性。它被认为不能作为道德法则概念看待，它不具有判断是与非的绝对真理性，它不具备回答一切问题的普世性，而只是起到关于互系性的一种处方作用：我们对待别人的行为，如果设身处地的话，不能违反自己的意愿。这是考验我们的道德感。①

（三）儒家"忠恕"是彻底的真实生活的、经验的

《论语》中孔子一以贯之的"忠恕"思想，是彻底的、经验的生活现实，是无需证明的明确事实的，是任何人如不实行，就谈不上"活着"的。被西方学者列为与"金律"等同的中华思想，出自于：第一，《论语·卫灵公》（子贡问曰："有一言而可以终身行之者乎？"子曰："其恕乎！己所不欲，勿施于人。"）；第二，《论语·公冶长》（子贡曰："我不欲人之加诸我也，吾亦欲无加诸人。"子曰："赐也，非尔所及也。"）；第三，《论语·雍也》（子贡曰："如有博施于民而能济众，何如？可谓仁乎？"子曰："何事于仁，必也圣乎！尧舜其犹病诸。夫仁者，己欲立而立人，己欲达而达人。能近取譬，可谓仁之方也已。"）；第四，《论语·里仁》（子曰："参乎！吾道一以贯之。"曾子曰："唯。"子出。门人问曰："何谓也？"曾子曰："夫子之道，忠恕而已矣。"）；《中庸》（"忠恕违道不远，施诸己而不愿，亦勿施于人"）。除儒家引入金律类之外，还包括《墨子·兼爱下》（"为人之家，若为其家，夫谁独举其家以乱人之家者哉？为彼犹为己也"）、《道德经》第四十八章（"圣人常无心，以百姓之心为心。善者，吾善之；不善者，吾亦善之，德善。信者，吾信之；不信者，吾亦信之，德信。圣人在天下，歙歙焉为天下浑其心，百姓皆注其耳目，圣人皆孩之。"）及《太上感应篇》等。②

---

① "The golden rule is best seen as a consistency principle. It doesn't replace regular moral norms. It isn't an infallible guide on which actions are right or wrong; it doesn't give all the answers. It only prescribes consistency—that we not have our actions（toward another）be out of harmony with our desires（toward a reversed situation action）. It tests our moral coherence. If we violate the golden rule, then we're violating the spirit of fairness and concern that lie at the heart of morality." http://www.jcu.edu/philosophy/gensler/goldrule.htm.

② 参见 http://en.wikipedia.org/wiki/The_Golden_Rule#Summary_table_of_four_forms 及 http://en.wikiquote.org/wiki/The_Golden_Rule，2010 年 8 月 22 日下载。

其实如从中华文化思想传统理解，什么是忠恕？什么是金律？它就是以互联性为本的思维，是人与人之间的身份角色伦理思考，是推己及人或互应伦理。它基于人己不分的推己及人，而不是人与人独立分隔的推及或互应；人与人独立、分隔，推及或互应是推及不过去、互应不起来的，必须是人己不分才行。中华传统不仅仅是有"己所不欲，勿施于人"孤单单的一则条律，或者由于积极、消极等简单逻辑所变种的形式，而是一套意义丰富的道统。"忠恕"思想，忠者，心无二心，意无二意之谓也；恕者，了己了人，明始明终之意；是人己不分。"忠恕"是儒学"仁"核心观念的最简洁表达，是与仁一起构成的一整套延展开去的博大精深的宇宙论、认知观、思维方式与价值取向。从历史到现在，都可以找到它一脉相承的巨大身影。脍炙人口的话语，如"严于律己、宽以待人"、"反躬自省"、"责己严，责人宽"、"设身处地"、"与人方便自己方便"、"将心比心"，还如毛泽东的箴言"观世、正己、待人、处世"、"全心全意为人民服务"，不一而足，统统都是"金律"，都是"忠恕"。

我们可看到儒家"忠恕"思想的传统结构。如果说"一多二元"的超绝性与二元性，必然显示一个金字塔结构，那么则可用圆形来表示"忠恕"以及"金律"的结构。为什么是圆形呢？因为"忠恕"与"金律"都是非超绝性、非二元性，或去超绝性、去二元性，趋近"一多不分"的思维。特别是圆表示"忠恕"所处的范畴是个万物互联不分的宇宙；"忠恕"的前提不是别的，就是"一多不分"；必须注意：这个"一"，不是印欧"一多二元"结构那个高高在上、超绝万物的上帝式的"一"，而是中华传统观念因为万物的互联不分而呈现的一种浑然而"一"。由于浑然而一，它是一个没有边界而有中心与场域的圆。

五、亚洲是以"一多不分"组人群为主的文明

亚洲文明的特点，可以说在于它有共享的、可高度概括为"一多不分"的文化取向。祖祖辈辈在亚洲休养生息的各国人民所有的思想文化基础，反映着他们历来的活法——想法、说法和做法，于主流取向上体现的人与人、人与自然都不是单子个体的，而是相联不分的，是命运与共的。在"金律"文化意义上，众多宗教经文都包含"金律"内容，如佛教《法句经》、印度教《摩诃般若多》、伊斯兰、苏非派、婆罗门教、耆那教（印度非婆罗门教的一派）、锡克教、巴哈

伊信仰的巴哈欧拉和阿卜度巴哈的神学著作、犹太教等，都很值得说明一下。

佛教《法句经》提出，"设身处地，不要杀生，不要成为杀生的起因"；"一个人自己在追求幸福，但在用暴力压迫别的同样希望幸福的人，他是得不到幸福的"。印度教《摩诃般若多》载明："一个人决不要对别人做对他自己来说是伤害的事情。简洁地说，这是达摩法则。其他行为来源于自私的欲望。"

苏菲派提出："如果你没有给别人心灵带来愉快的意愿，那么至少你会伤害别人的心；因为在我们的道路上，除此之外无原罪。"耆那教也提出："这是大法：不要对待别人那么做，如果对你那么做可以造成你的苦痛。"此外锡克教则提出："我能鄙视谁，都是同一个主造就了我们"，及"真正开悟的人是既不带给别人畏惧也不畏惧任何人的人"。

伊斯兰教义提出："不伤害任何人，则不会有任何人伤害你"；"伤哉！称量不公的人们，当他们从别人称量进来的时候，他们称量得很充足，当他们量给别人或称给别人的时候，他们不称足不量足"；"他们喜爱迁居来的教胞们，他们对于那些教胞所获的赏赐，不怀怨恨，他们虽有急需"；"你们谁也不是信徒，除非你们为自己弟兄祝愿是为自己所祝愿的"；"为人类追求的，也是你为你自己追求的，那么，你可能是个信徒。好好对待住在你旁边的邻居，那么你可能是个穆斯林'把自己交给主的人'"；"为人类追求你自己想要的东西"；"人之中最讲义的人是希望人们都得到他也想得到的那种愉快和痛恨别人有的是自己不希望有的不愉快"；等等。

巴哈伊信仰的巴哈欧拉和阿卜度巴哈的神学著作中说，"不要怪罪任何灵魂你不希望怪罪你那样，不要说那些不希望说你的话"；"首先希望保佑他兄弟的人将得到保佑"；"如果你的眼睛转向正义，你要为你的邻居选择，你要按为你自己而希望选择那样为他们选择"；"小心你们不要伤害任何灵魂，也不要给一颗心灵造成忧伤，小心不要用你的语言伤害任何人，无论是你的熟人还是生人，无论是你的朋友还是敌手"。

犹太教经文反映的"金律"思想在《妥拉经》中有一句很流行的话是"你不要向自己的亲族复仇或发泄怨恨"；"爱你的邻居像爱你自己：我是主"①。这

---

① 《妥拉经·利未记》19:18—34, http://en.wikipedia.org/wiki/The_Golden_Rule#Summary_table_of_four_forms。

一谚语式的"金律"表达着对他者的平等对待与尊重如同我们自己希望同样的平等对待与尊重①。《利未记》这样说："与你同住的陌生人对于你如同你的公民之一，你要爱他如同自己；因为在埃及的土地上，你也是陌生人：我是你的主。"②当然，一些人对"邻居"一语提出有排斥意义，认为它只是限制于犹太人和新皈依的教徒；另一些人则把撒玛利人算做陌生人③。希勒尔是公元1世纪初耶路撒冷犹太教圣经注释家和著名的犹太教领袖，他被认为是两句话的主人，一句是"如果我不为己，谁为我？我在为己之时，'我'是谁？现在不为己，更待何时？"这一句是将自己作为与他人隔离、独立的我。另一句则被认为是表达"互应伦理"（或"金律"）思想的话："你怨恨的事情，不要施于你的同类。这就是全部《妥拉》，其余的都是对它的解释，学去吧！"④

此外"爱你同类如同自己"这句话源自拉希（Rashi）引述对教士亚基瓦（Rabbi Akiva）格言解释的文献《妥拉·库哈尼依姆》（*Torat Kohanim*）："爱你同类如同爱你自己，这是《妥拉》的伟大原则。"⑤还有，从利亚迪（Liadi）教士舍希特尔·查尔门（Rabbi Shneur Zalman）的哈西德派角度，佐哈尔的教义是要求人"以德报怨"⑥，"在影响他与同类关系事情上，只要他心里发生敌意和仇恨，上帝就不容许；只要心生嫉妒、意气、怨恨等情感，就不容许它变为他的思想和意愿。相反，他的思想要对心中的情感行使权威，去做正相反的事情；就是指导自己以极度的亲切感，表示出深厚的爱，避免由撩激而生成意气——上帝不容许；以牙还牙，上帝不容许；而是要'以德报怨'，正像佐哈尔

---

① http://en.wikipedia.org/wiki/Great_Commandment, 2010年8月28日下载。

② 《利未记》19:34, http://en.wikipedia.org/wiki/The_Golden_Rule#Summary_table_of_four_forms。

③ 《利未记》19:34, http://en.wikipedia.org/wiki/The_Golden_Rule#Summary_table_of_four_forms。

④ "If I am not for myself, who will be for me? And when I am for myself, what 'I'? And if not now, when?" Pirkei Avot 1:14 and "That which is hateful to you, do not do to your fellow. That is the whole Torah; the rest is the explanation; go and learn", Babylonian Talmud, tractate Shabbat 31a. See also the ethic of reciprocity or "The Golden rule." http://en.wikipedia.org/wiki/Hillel_the_Elder.

⑤ "Love your fellow as yourself — Rabbi Akiva says this is a great principle of the Torah." Kedoshim 19:18, Toras Kohanim, Gensler, Harry J.（1996）. Formal Ethics. Routledge. p. 105. ISBN 0415130662. See also Talmud Yerushalmi, Nedarim 9:4; Bereishis Rabbah 24:7. http://en.wikipedia.org/wiki/The_Golden_Rule#Summary_table _of_four_forms.

⑥ "repay the offenders with favors".

教导的那样：'要学习约瑟夫对自己弟兄的榜样'"①。

上述亚洲多种宗教教义体现的"金律"思想，可能表现了具有明显"一多二元"取向的文化，但也同时由于强调"互应伦理"意义而具有去超绝性、去二元性，朝向"一多不分"转化的可能。这与强烈的"一多二元"个人主义、自由主义意识形态，形成鲜明的不同特点。此外，亚洲文明体现更明显"一多不分"组人群的特点，即它的更强势的非一多二元文化；或者说，表现以"一多二元"为主流的文化不在亚洲。例如日本神道教提出的是"你面前人的心是一面镜，通过它你看到自己形状"②；让人想起中国"将心比心"的成语。

著名澳大利亚学者李瑞智先生指出，近半个世纪以来，文明的力量已经在全球发生变化，而学术研究未能对它加以确认。这时主流学术工作是在严格规定的抽象框架内开展的，很大程度是被英美数百年的全球秩序和权威所控制的。所以这半个世纪呈现的很多重要问题被故意避开了。主流学术已经开始从根本上削弱西方领导人在 21 世纪管理未来的能力。来自一个由丰富的文化经典和优良教育传统形成的亚洲文明能量改变了世界。这是由东亚和东南亚的行政和商业精英共享的，这一地域的人口超过 20 亿。21 世纪第二个十年，该地区将拥有世界上最大生产能力，高科技制造业技能和财政储备。印欧传统的教育标准和理论习惯一直缺乏智力训练、知识基础、丰富的文化和微妙的共同战略，但在这些方面，我们总能在中华及亚洲文明中找到巨大的影响。非常有趣的是，这些品质在亚洲国家政府中已经普及，但在西方学术界和国家政府基本上是不存在的。

李瑞智还指出，越来越明显地看到，西方思想缺乏解决 21 世纪根本挑战的特质。这些挑战包括以不破坏人类环境和健康为前提的在全球市场和经济生产力的竞争。中国和亚洲思想已经在这样的挑战上证明了自己，并且将让人们看到更大的希望。他提到，理查德·塔纳斯（Richard Tarnas）在《西方思想的

---

① Tanya, ch. 12; the Tanya is an early work of Hasidic philosophy, by Rabbi Shneur Zalman of Liadi, the founder of Chabad Hasidism, first published in 1797. http://en.wikipedia.org/wiki/Tanya and http://en.wikipedia.org/wiki/The_Golden_Rule#Summary_table_of_four_forms.

② "The heart of the person before you is a mirror. See there your own form"（你面前人的心是一面镜，通过它你看到自己形状）, Munetada Kurozumi, http://www.religioustolerance.org/reciproc3.htm。

激情：理解塑造我们世界观的观念》一书中认为，基督教的普世性与成功、有效传播及其哲学普遍性，在很大程度上都归功于柏拉图形式的这个希腊思想传统，但这同时也表明在现实世界中，柏拉图形式的论证导致了宗教、哲学甚至科学都进入了一个死胡同；问题就在于：人的头脑创造的不完美虚构抽象概念，总是随意地根据他们个人利益的无限可能性而发展。我们可以说，这正是它的属于"一多二元"组人群。

在"一多不分"的"忠恕"或者"金律"文化意义上，根据李瑞智的观点，东方，除了印度次大陆（今印度、孟加拉国、巴基斯坦和缅甸）以外，灵活且博大精深的儒家思想传统体现在生活的方方面面。这一思想的起源早于孔子诞生数千年，留下了很多具有深远影响力的经典著作，这些与儒学著作一起，构成了中国古代经典体系。随着历史的发展，这种思想不断变得更丰富。所有这一切在全球范围内被没有竞争的、严密的教育理念所保护。自20世纪中叶以来，这种思想就和世界上最具活力的经济体密切结合，往往这些国家也成为最稳定的政体。

"一多二元"文明的印欧传统走到个人主义、自由主义的现代政治，它与经济问题或利益是无法分开的，精英们在今天出现的危机面前，显得软弱无力或者无能为力，原因就在于它基于人与人单子个体式的二元对立的虚构思维，把"民主"作为"资本主义"屏障，建立脱离人与人互联不分、明白真实的"自由市场"与"自由单子个人"社会经济机制，对"一己之私个人"在"看不见的手"条件下打开绿灯，放任驰骋，任凭公司与资本力量，颠覆"民主"必要条件的"政治平等"。而东亚发展模式似乎是一种"群体取向资本主义"，它是一种儒家价值与西方碰撞，挣扎生存下来的转变形式。儒家思想在今天表现的"一多不分"内涵包括，群体而非单子个人取向，家庭与人群取向，勤奋努力与奉公守法，重视教育，除了监控与管理强有力的中央政府还具有实现社会发展与繁荣的责任。①

简而言之，如李瑞智指出，今天的世界，是一个伟大的从西到东转变的世界，或者说从"一多二元"到"一多不分"的转变，从个人主义意识形态向"金律"或者儒家"忠恕"思想的转变，从占主导地位的柏拉图思想到普遍的亚洲

---

① 陈素芬在2012年尼山国际儒学与中华文化讲习班的授课："儒家思想对政治经济的挑战"。

思想文明的全球大变革时代。现在，人们开始意识到在生活的很多方面正被中国及亚洲经济不断增长的活力及其所影响的范围所改变。不过，只有极少数人认识到这是中华儒家思想及亚洲"一多二元"文明的影响带来的变化。

　　亚洲文明的特点，亚洲人民社会文化的主流取向，就是世界是大家庭；人与人、各国人民之间的往来，是离不开相互支持和基于"金律"或"忠恕"的，即"己欲立而立人，己欲达而达人"、"己所不欲，勿施于人"的，反映恰是任何两个人或两人群的既不相同又互联不分（如阴阳）的关系，这种状态本身是人的经验，是由己而出的，而非假设虚构的什么外在"规律"。正是这个理由，祖祖辈辈在亚洲休养生息的人民，各种族群，有"一多不分"的经验总结，有强势的"一多不分"文化取向，有共享的主流思想文化基础；参照东西文明不同的特点，亚洲率先奠定亚洲命运共同体思想基础，思考走一条建设亚洲命运共同体的道路，是有可能的。

结论：亚洲可率先考虑，走一条人类命运共同体道路

　　中国国家主席习近平第一次向世界传递对人类文明走向命运共同体的中国判断，是 2013 年 3 月在莫斯科国际关系学院的演讲。两年多之内，习近平主席 62 次谈到"命运共同体"，以阐释人类利益和价值具有通约性。习近平主席关于这一判断的阐述话语，是大量脍炙人口的讲法，如"不能这边搭台、那边拆台，而应该相互补台、好戏连台"；"对话而不对抗，结伴而不结盟"；"水涨荷花高"、"独行快，众行远"、"一棵树挡不住寒风"；"大河有水小河满，小河有水大河满"；"吹灭别人的灯，会烧掉自己的胡子"；"命运与共、唇齿相依"；"夫物之不齐，物之情也"、"一花独放不是春，百花齐放春满园"；"并育而不相害"……无一不充满"一多不分"的"金律"和"忠恕"，反映人与人、人群与人群命运相连的光艳思想。无一不是说"无限关系"、"无限游戏"，不是有限规则、零和游戏、你输我赢，而是加强关系、合作共赢。人类命运共同体，蕴含着人类文明，特别是亚洲文明的恰当义利观；其前景是，让经济全球化带来人们利益的相互交融，为 70 亿人走向共同发展的可能，开辟一条新路，让世界经济走出由一国或少数几个国家垄断的困境，让天下人类的大家庭成为无法割裂的整体。

　　值得在亚洲率先考虑走上一条创建命运共同体道路的讨论时刻重申的是，所谓东西文明不同特点，不是本质的，不是二元对立的。"一多二元"与"一多不分"的群体分组，不是截然区分东西文明的本质，而是文明内在性的分野，根据是任何文明内部是以哪一个认识为主导的。"一多二元"与"一多不分"的人群分组，并不排除所有人群之间的"你中有我，我中有你"的实际状况。包容是东西方文明，更是亚洲文明本身的共有的特点。"金律"和"忠恕"是"一多二元"与"一多不分"结合点，生发普遍价值或意义的共同位置。"命运共同体"就是"天下一家"，是从"一多二元"的个体人社区概念走到"一多不分"的天下一家真实。"一多不分"的"以关系为本"，是"一多二元"的个人主义意识形态的替代选择；它不是在抽象意义上人们担忧的"泯灭个人"，而恰是发挥个人。这个"个人"，不是虚构单子个体性，而是真实关系形态和样种，"个人"本身就是关系构成，这是不用证明的、日常生活明白的真实。"一多二元"是对所谓"先验"的虚构假设，是不可证明的；"一多不分"是太明白、无需证明的。形成了文化主体性的"一多二元"，只是属于一些文化社会的权力阶级的意识形态，它是不具备它所声明的"普世性"的。没有任何人的生活经验不是"一多不分"的，除了可从中窃取利益，没有人能否认人与人互系不分、共同命运的事实。亚洲以及全球，如果迈向建设命运共同体的道路，直接克服障碍的任务，是在整个人类社区，开展扫除"一多二元"个人主义意识形态乌烟瘴气的运动。

（北京外国语大学教授）

比较的时代里的中国研究是开放式
而非封闭式的研究

[美国] 李晨阳

　　张祥龙教授最近提出"中国研究范式"的问题。这是一个及时而重要的问题①。值得大家做认真、深入的探讨。仅仅从字面看,"中国研究范式"可以指两个相关而不相同的问题。其一,它可以被理解为"中国的研究范式",即中国自己生产的研究方法和研究理论。当代人文学科研究的方法和理论主要产自西方。中国在这方面有什么贡献,是一个应该认真深入探讨的问题。在这个意义上的"中国的研究范式"可以是只对中国研究适用的,也可以超出中国研究的范围,而适用于国外的范围②。其二,"中国研究范式"可以指"研究中国的范式"。这个问题的核心意义在于,如何在世界各种文化交流、对话,甚至融合的大环境里,充分利用各种资源,解读中国的文本、历史与现实。因为这里讨论的研究对象是中国,所以存在所谓"研究中国的范式"的问题。但是中国研究所使用的资源则可以也应该既来自中国又来自国外。本文主要讨论第二个问题,同时涉及第一个问题。③ 我的基本观点是,我们所处的时代是一个全球化的时代。这个时代的一个根本特点是不同文化传统、不同哲学思潮的交

---

① 　张祥龙:《中国研究范式探义》,《北京大学学报》(哲学社会科学版) 2015 年第 1 期。

② 　有关讨论可参见李晨阳:《比较的时代:论当代儒学研究的一个重要特点》,《周易研究》2015 年第 3 期。近期西方学者的有益探索,可见 Leigh Jenco 编著的 *Chinese Thought as Global Theory: Diversifying Knowledge Production in the Social Sciences and Humanities. Albany*, NY: State University of New York Press, 2016。

③ 　笔者对第一个问题的尝试,请见 Chenyang Li, "The Evolution and Identity of Confucianism: The Precedence Principle in Reforming Tradition", *Leigh Jenco* (2016) 第六章。

汇、碰撞和融合。在这样的世界背景下，对中国的研究已经不可能也不应该像过去两千多年那样，作为一支受地域限制的学术传统，（相对）独立地发展。全球化的时代是一个比较的时代。就世界范围的哲学人文学科研究而言，如果说 18 世纪、19 世纪是理性的时代，20 世纪是分析的时代，那么，21 世纪则是一个比较的时代。①21 世纪的中国研究必须是有国际视野和世界胸怀的事业。

在这个方面，我不同意蒋庆先生所主张的"以中解中"。他主张："以儒学解释儒学，以儒学解释中国，以儒学解释西方，以儒学解释世界。"②首先，我们应该对"以中解中"做善意的理解，即在研究中国哲学、文化和有关问题时应该合理地、充分地使用中国的材料和方法。在这种意义上，这个口号可以帮助人们防止或者纠正滥用西方的理论和语言来生搬硬套地解说中国的材料，把中国文化里的东西做照着葫芦画瓢、不伦不类的西式的解释。可是，如果在这个意义上理解"以中解中"，那么，它的理论的对立面是什么人呢？我们很难想象有人会在原则上反对在研究中国哲学、文化和有关问题时，应该合理地、充分地使用中国的材料和方法。真正的问题应该是，什么算是"合理地、充分地"使用中国的材料和方法？如果人们在这个问题上没有共识，接受这样一个命题就是抽象的，没有实际意义的。事实上，人们在这个方面很难达成共识。再说，一旦用上这些副词，在主张"合理地、充分地使用中国的材料和方法"的同时，我们有什么理由反对"合理地、充分地使用国外的材料和方法"呢？如果两者应该兼而行之，提出仅仅"以中解中"的口号有什么实际的学术价值和意义呢？为什么不能以多元的方法和范式"解中"呢？为什么不说"以中解中"应该与"以外（西）解中"并行呢？

其实，在这个"以中解中"口号的背后，我们不难发现某些政治因素。这里的"政治"（political）不是指掌管政权或者制定政策，而是指在学术活动中人们追求自我认可、身份认同、文化价值的博弈，以及争取话语权的活动。③这个意义上的"政治"本身不是坏事。人人都有"政治"方面的需要。"政治"

---

① 更多讨论可参见李晨阳：《比较的时代：论当代儒学研究的一个重要特点》，《周易研究》2015年第 3 期。

② 蒋庆：《再论政治儒学》，华东师范大学出版社 2011 年版，第 263—264 页。

③ 关于这方面的讨论，读者可参见 Chenyang Li, "Confucian Ethics and Care Ethics: The Political Dimension of a Scholarly Debate", *Hypatia: A Feminist Journal*, 30（4），2015。

诉求可以有合理的基础。但是，一旦在这方面走了偏差，则会造成不良后果。其实，"以中解中"的口号所包含的"政治"意义相当明确。借用蒋庆先生的话说，"以中国解释中国"意味着："把中国学术从百年来一直被西方强行解释的'词汇处境'与'材料处境'中解放出来，使中国学术的义理结构与解释系统真正成为中国学术研究中的'语法'，使中国学术真正站起来成为能够自主言说并具有解释权的主人。"①

蒋先生对"以中解中"旗帜鲜明的解说，一方面指出和提醒人们当前研究中国的某些偏差，同时也毫不含糊地和盘托出他的"政治"意图。在类似的表述中，人们不难体会到对身份认同的追求和对文化价值的维护。我能理解蒋先生以上言论所代表的许多国内学者复兴中国文化的意向和决心。同时，我也对随之而来的学术研究里的民族主义情绪和偏激拒外的倾向而忧虑。蒋先生并不是要完全排斥西方的东西。他认识道："由于当今我们的生存条件变了，与西方交通了，被卷入了现代化的全球世界，中国不再是孤立独处的国家，用西方的各种学问来适当解释并帮助理解中国以及中国的学问是可以接受的，甚至也是需要的。"② 在什么算"合理地、充分地"使用中国的材料和方法方面，蒋先生提出了旗帜鲜明的具体主张，就是"既价值性地坚持中国自身解释系统的本体性与主体性不动摇，同时又工具性地零碎吸收西学的解释系统来作为中学的助缘与参照"③。以蒋先生本人的做法为例，即"力图恢复儒学'整全性解释系统'的学术本位立场与'统摄的义理性架构主体'，而同时又将西学作为'分解性参照资源'而进行'零碎的工具性选择借鉴。'"④ 蒋先生的这种观点明确地把中西对立起来。虽然他明确反对"中体西用说"⑤，他的这种"中价值西工具说"让人很难不把他这里的观点看作一种新的"中体西用说"。这种说法作为在与自己志同道合的学术圈子里的"内部讲话"，或者一个学派的领头人对随从者的要求，也许无可厚非。但是，那样的话，他所说的也就没有全局性的意义。我想，蒋先生做文章的用意是要对中国研究有全局性的影响的。然而，

① 蒋庆：《再论政治儒学》，华东师范大学出版社 2011 年版，第 277—278 页。
② 蒋庆：《再论政治儒学》，华东师范大学出版社 2011 年版，第 293 页。
③ 蒋庆：《再论政治儒学》，华东师范大学出版社 2011 年版，第 295 页。
④ 蒋庆：《再论政治儒学》，华东师范大学出版社 2011 年版，第 296 页。
⑤ 蒋庆：《再论政治儒学》，华东师范大学出版社 2011 年版，第 264—265 页。

他的主张是作为一种对中国研究学术界的要求，则又大可商榷。

首先，这种要求对大量研究中国的外国学者显然不合适。杜维明先生认为，对"什么是中国"可以有地理、政治和文化等不同的理解。"文化中国"是理解中国的一个非常重要的方面。尤其在研究中国方面非常重要。与作为地理概念的"中国"不同，"文化中国"大大超出地理的范围。它的意义也远远超出地理的界限。他主张，"文化中国"可以从三个"象征世界"来理解。第一个象征世界包括中国大陆、中国台湾和香港地区、新加坡这些以华人为主体的地方。第二个象征世界是由世界各地的华人社会所组成的，包括马来西亚人数不多却颇有影响力的华人和在美国（北美）的华人。这些人即所谓的华人"离散族裔"（diaspora）。第三个象征世界包括与日俱增的非华裔人士，其中有学者、教师、作家、新闻业者，以及从事工业、贸易、企业等方面的人士。这些人从不同的方面和角度了解中国，成为研究"文化中国"不可忽视的组成部分。他们之中的学者在过去几十年对中国的论说，无疑是当今世界上研究文化中国不可或缺的巨大力量。杜维明的文章发表于 1991 年。① 二十几年间，中国在世界中的经济和政治地位已经发生巨大的变化。但是，杜维明的三个象征世界的思想对我们理解中国无疑仍然具有深远的意义。杜维明的"第三个象征世界"包括像安乐哲、贝淡宁等所代表的西方学者。他们深深地认同中国传统文化，可以说是比很多中国人"更中国"，也包括大量的对中国做不同程度的同情性了解，但是没有根本的价值认同的人数庞大的外国学者。他们所做的无疑是中国研究。离开了这些人，世界中国研究领域就会是非常不同的样子。没有他们的大量工作，世界对中国的了解会大打折扣。要求这些人"价值性地坚持中国自身解释系统的本体性与主体性不动摇，同时又工具性地零碎吸收西学的解释系统来作为中学的助缘与参照"显然是有点儿强加于人了。蒋先生的要求应该不会包括这些人数庞大、不可忽视的研究中国的人群。但是，他们所从事的显然是研究中国的工作。用是否华人（或者中国国界内的华人）来为"以中解中"的要求划界，在当今全球化的时代，是否已经不再适合了？②

---

① Tu Weiming, "Cultural China: The Periphery as the Center", in *Daedalus*, Vol. 120, no. 2 Spring, 1991.

② 有关海外华人与中国哲学的讨论，读者可参见李晨阳、肖红：《全球华人与中国哲学的世界性》，《中山大学学报》（社会科学版）2014 年第 1 期。

其次，也许我们可以对蒋先生的提法做更具同情性的理解，把它看作只对中国学界的要求。其实，即使对国内研究中国的学界做这种要求，似乎也不合适。中国已经不可逆转地进入了一个多元的社会。研究中国的学术界更是如此。当今在国内利用西方的理论和方法研究中国的学者不在少数。他们其中不少人已经远远超出了仅仅"工具性地零碎吸收西学的解释系统来作为中学的助缘与参照"的地步，而是系统地使用西方的理论和方法从事中国研究。这是一个可喜的现象。偌大中国，浩瀚学界，能有不同的研究学路，使用不同的研究"范式"的各派学者，有何不好？学术研究应该提倡多元，鼓励自由探索。这应该包括方法和范式的多元和自由探索。为什么要统一口径、统一步伐呢？当蒋先生主张要"以儒学解释西方"时，他显然不是对整个西方学界提出此要求，他不是说在西方研究西方的人不应该（价值性地）用西方的或者儒学以外的方法来研究西方。那么，如果研究西方时可以既（价值性地）使用西方的解释系统又使用中国（儒家）的解释系统，为什么在解释中国时就只能（价值性地）用中国的解释系统呢？这不是要绑住自己的手脚，置中国研究于不利吗？一马独鸣固然比万马齐喑好，可是为何不追求万马齐鸣呢？

再次，学术研究解释系统中的"价值性"与"工具性"本来就没有严格的界线。托马斯·库恩关于研究"范式"之理论的一个重要观点，就是研究者对所用的"工具"或者"方法"的选择本身就是一个价值性的选择。换句话说，研究工具的选择必然影响研究者对研究本身的价值判断。在这个意义上的"价值性"，把"解释系统"方面的价值选择与"工具性"选择分开是不明智的。与学术研究解释系统中的"价值性"不同的还有关于文化和道德的价值取向。这两者之间可以有联系，但是也不一定有联系。同一个人，可以在"解释系统"方面采取西方的，而在文化方面采取中国的。蒋庆先生褒扬盛洪先生用西方经济学方法解释中国儒学与儒家文化。我想，盛洪这里的价值取向不是蒋先生所说的"解释系统"的价值，而是文化的价值。尽管盛洪所使用的是西方经济学的解释方法解读儒家思想，他在文化价值取向方面则是坚定的儒家立场。也许，盛洪为我们提供了一个成功地使用西方"解释系统"解读中国而又能坚持"中国"（儒家）价值立场的例子。我们也可以以贝淡宁和安乐哲两位学者为例。他们两人的研究方法和"解释系统"基本上是西方的。但是，他们在文化的价值取向方面无可置疑地有很强的儒家色彩。这些中外的例子说明，研究者可以在"价值性地坚持西方的解释系统"的同时，也"价值性地坚持中国（儒家）的文化系统"。"价值性地坚持西方的解释系统"是在研究中依靠某个西方的研究解释系统或理论；"价值性地坚持中国（儒家）的文化系统"是认同中国（儒家）的文化、道德价值取向。可惜的是，蒋先生没有区分这两个不同意义上的"价值性"。我个人认为，学者们既可以"价值性"地用西方的"解释系统"来弘扬儒家文化和道德的价值，也可以"价值性"地用中国的"解释系统"来弘扬儒家文化和道德的价值。双管齐下，何乐不为？当然，也难免有人"价值性"地用西方的"解释系统"来贬低儒家文化和道德的价值，或者"价值性"地用中国的"解释系统"（比如墨家）来贬低儒家文化和道德的价值。虽然儒家人士自然不赞成这些做法，但是这种现象的可能性本身就说明，"解释系统"的价值性跟研究内容的价值性之间没有必然的联系。儒家学者应该提倡儒家文化和道德的"价值性"，而不应该要求研究中国的学者一定要坚持"中国解释系统或理论"的价值性。从儒家的角度讲，有更多一些像盛洪、贝淡宁、安乐哲那样的学者，既"价值性地坚持西方的解释系统"，又"价值性地坚持中国（儒家）的文化系统"，有什么不好呢？为什么"价值性地坚持中国（儒家）的文化系统"的人只能"价值性地坚持中国的解释系统"呢?!

自托马斯·库恩提出"范式"的概念后，人们对它的确切含义有不少争论。我觉得用"范式"的概念来讨论我们这里的问题至少有三个方面的局限。第一，库恩的"范式"主要适用于自然学科（物理学），它对人文学科的适用性至少存在疑问。第二，按照库恩的定义，"范式"有不可共存性（incompatibility）和排他性。一个"范式"代表一个成熟学科的成员共同体在一定阶段的共识，包括成员们对该学科的基本原理、形而上学方面的基本假定、研究项目的价值以及研究方法和成功的评判标准的共识。一个稳定的学科不能容许两个或多个范式。而对中国文化和社会的研究似乎不必局限于一个在这个意义上的"范式"。第三，库恩的"范式"有历史时期的限制。由于范式之间的不可通约性（incommensurability），一个学科领域的"革命"必然全部摧毁和完全抛弃已有的范式。不可通约性也决定了在范式之间不可能存在共同语言，没有沟通的桥梁。我们这里讨论的研究中国的范式是否也必定如此，至少是可以讨论的。张祥龙想要建立的范式要求研究者"同情、爱护甚至认同中国古代文化和思想的那样一个意义世界"。这样一个范式在允许内部不同观点的争鸣方面应该没有大问题。但是，不知这样的范式如何对待外部的批评。按照范式的一般定义，那些不"同情、爱护甚至认同中国古代文化和思想的"活动处于此范式之外。按照库恩"范式"的不可通约性的规定，此范式之外的活动对范式内的研究没有实质意义。我们研究中国，真能完全不理会、不回应那些不"同情、爱护甚至认同中国古代文化和思想的"研究吗？难道我们应该完全回避不同的声音对话吗？所以，我想张祥龙所主张的"范式"，应该是一种宽泛意义上的范式。如果我们对"范式"做比较宽泛的理解，比如，它包括同行认可的研究方法、评判成功的标准以及研究项目之意义的价值选择，我们还是可以用这个概念进行有益的探讨。① 从这个宽泛的意义上讲，我认为对中国文化和社会做比较的研究可以成为一种"范式"，或曰"准范式"，或者至少可以成为研究中国的范式的一个重要成分。现在美国的一些研究性的大学都有"比较文学系"。顾名思义，它们不是一般的英文文学系。它们的特点是专门（或者主要）研究比较文学。同时各地也存在各种比较文学的社团组织。这个现象表明对文学的比较研究，以及随之而来的诸种价值性选择，已经成为一个普遍接受的研究模式，受到了学界的普遍认可，也许可以看作是某种范式的表现形式之一。比较哲学目前的处境虽然远不如比较文学的"如日中天"，但是至少也已经取得了相当程度的认可。如果比较文学能成为一种研究（准）范式，至少从原则上看，比较哲学也可以成为一种（准）范式。应该指出，"比较"本身只是一个方法，不是"范式"。但是，如果在比较方法的基础上能形成一整套的成功范例、判别标准，以及专业人士的共同体，则可能有一个以"比较"为特征的研究（准）范式。我们不能说过去一个世纪的英美哲学还不成熟。如果说英语世界的哲学有一个范式，无论我们怎么为它下定义，大概都离不开"分析哲学"的框架。"分析"当然首先是一种方法，但是它无疑是英美世界当前哲学范式——如果我们可以用这个概念的话——的主要特征。在近似的意义上，我们可以在"比较"的框架下来探讨以比较为主要特征的范式。我这里提出来一些有关想法，和大家一起探讨这样一种范式的可能性，同时也显示我们的时代的比较研究的特征。

---

① 这方面的一些有益讨论，参见张祥龙：《中国研究范式探义》，《北京大学学报》（哲学社会科学版）2015 年第 1 期。

其实，对于中国文化和社会的比较研究自 19 世纪、20 世纪以来，在中国已经逐渐形成。以儒学为例，许多有影响的学者，像梁漱溟、方东美、牟宗三、段君毅等思想家，都是从比较入手来研究中国的。仔细想来，从比较入手进行研究是很自然的。近代以来，儒家所面对的主要挑战，包括科学、民主、男女平等，等等，无不源于西方。不参照西方，根本不可能深入地探讨相关的问题。就中国哲学的大环境而言，我们的现在和未来都不可逆转地进入了比较研究的时代。甚至可以说，离开了比较，在很大程度上就没有 21 世纪的中国哲学。

那么，在什么意义上我们可以把比较研究看作是一种"（准）范式"呢？首先，它是学界同行中一种普遍使用的方法。这个方面的范式自 20 世纪已逐渐形成。进入 21 世纪，中国哲学的比较研究有明显的更加深入、更加普遍化的倾向。在对中国哲学有造诣、有贡献的中青年学者群中，很难找到不从比较角度研究和发展中国哲学的人，几乎到了人人都是比较研究学者的地步。目前，这种大趋势方兴未艾。应该说，一个松散的共同体已经存在。其次，随着这种通用的研究方法，学界正在逐渐形成对这种研究方法及其意义的价值性的肯定。人们用某研究项目做得怎么样来评判其价值及是否成功，而对比较的研究本身不再存疑。众多学刊杂志都发表以比较为特征的文章。再次，在较大范围和程度上使用和认可对中国文化和社会的比较性研究包含着学界更深层的共识，即人类社会，无论中外，都有其共同和共通之处，同时，也各有特点。[1]需要指出的是，比较的研究不仅仅是研究中国文化和社会的范式，它也适用于对其他传统文化和社会的研究。

当然，参照库恩的标准，对中国文化和社会的比较研究目前也许尚未形成一个成熟的"范式"。进行比较研究的学者尚有很多工作要做。未来的比较研究尚需要从初级的到相对高级的转变。这种转变是由粗糙的到精细的，从表面的到深入的，从偏颇的到相对中允的，从以西方元理论为主体到以多元的元理论为主体的研究。过去一个世纪对中国哲学的比较研究基本上是限于中西方的比较。方东美先生《哲学三慧》的题目让人自然想到中国、希腊、印度这三种

---

[1]　关于不同文化特点的探讨，读者可参见李晨阳：《文化传统的价值组合配置刍论》，《北京大学学报》（哲学社会科学版）2013 年第 2 期，以及 Chenyang Li, "Cultural Configurations of Values", *World Affairs: the Journal of International Issues XII*.2, 2008: pp.28-49。

世界智慧传统。其实，方先生的"三慧"乃中国、欧洲和希腊。有着灿烂文化传统的印度根本不在此列。我们不应该忽视西方以外的其他哲学传统。任何哲学、文化传统，包括俄罗斯的、印度的、非洲的和拉丁美洲的，都有可以借鉴、可以利用的方面。中国传统哲学、文化的研究和未来的发展应该包括与这些哲学、文化传统的对话。比较研究中必称"中西"的现象不应该继续是唯一的比较研究方式。不难看出，对中国的比较研究还有继续发展和深化的空间和必要。

还需要指出的是，我们不应该对"比较的研究"或者"比较哲学"做狭义的理解。比较的研究不仅仅是对比不同文化传统或者不同哲学思想之间的相同和不同之处，同时也包括创造性地发展新的思想。比较哲学家南乐山（Robert Neville）就主张比较哲学应该上升到"整合性的哲学"（integrative philosophy），即通过对比现存的思想以发展出适应当今时代的新的哲学思想，或言之，要从"文化际"（intercultural）的研究上升到"跨文化"（transcultural）的研究。①

总而言之，此文的基本观点是，我们在探索研究中国文化和社会的范式问题时，我们的眼界应该更宽一点。胸怀应该再大一点。应该有全球的视野和国际的情怀。中国应该发掘、发展有中国特色的研究中国文化和社会的范式。但是，无论这种范式是什么样的，它都不应该是现在或者未来研究中国的唯一范式。我们的时代是一个全球化的时代。任何有深度的、有生命力的中国研究都应该包括比较的视野和方法。②

（新加坡南洋理工大学哲学教授）

---

① 关于比较哲学应该超出仅仅对比相同和不同之处，进入创造性的发展的讨论，以及对南乐山观点的分析，参见 Chenyang Li, "Comparative Philosophy and Cultural Patterns", *Dao: A Journal of Comparative Philosophy*, 2016。

② 本文与作者的《比较的时代里的中国研究与"以中解中"的论辩》（《中国哲学与文化》2017年第 15 期）有重合之处。

国际儒学论坛·2016

亚洲价值　东方智慧

亚洲文明交流互鉴北京国际学术研讨会论文集

ASIAN VALUES　ORIENTAL WISDOM

Proceedings of Exchanges and Mutual Learning among Asian
Civilizations: Beijing International Symposium

国际儒学联合会　编

滕文生　主编

人民出版社

CONTENT

Confucianism Civilization

Cross-cultural Conversation（I）

Cross-cultural Conversation（II）

Comparative Studies

Confucianism Civilization

Confucian Values in the Asian Future

[Australia] Reg Little

[Centre for East West Economic and Cultural Studies, Bond University, Australia]

I. A Confucian Global Community

Any claim of an emerging Confucian global community cannot but give rise initially to much misunderstanding and heated protest. The only people accustomed to such claims, who are very jealous of their presumed monopoly, are the English speaking Anglo Americans who make frequent statements on behalf of the "international community". It makes limited sense, however, to talk of "Confucian Values in the Asian Future" without recognizing both the role of Confucian values in the global future and the diverse role of Confucian values in the Asian past and present.

In contrast to a recent Anglo American global order, the emergence of what might be called a Confucian global order has been characterized by discretion, humility and a variety of soft, yielding and seductive strategies. In one sense, although shaped by China today, these are perhaps most easily understood by those not of Asian origin, by examining the way in which Japan recovered and overtook American economic strength following its defeat and occupation in 1945. In a most disciplined and focused manner it served its conqueror with the supply of inexpensive, high quality goods and services. In this manner, it built dependency and ultimately forms of vulnerability.

Others in Asia drew on the same strategic wisdom and followed Japan. Of course, this wisdom derives from the Confucian tradition. Inevitably,

China, after consolidating its revolution, applied it in a manner that continues to transform global order in ways that remain poorly understood.

Nevertheless, by realistic measures, China is already the world's largest economy, has the largest foreign exchange and precious metal reserves, dwarfs other nations in highly educated human resources, and has the most active and influential diplomatic initiatives. While these initiatives are played down they are already posing major questions about the continuing viability of the post 1945 international institutions, such as the United Nations, International Monetary Fund and World Trade Organization.

It is too early to determine the likely character of a future Confucian Global Order, but it is clear that Chinese initiatives under the heading of "One Belt One Road" (OBOR), which is often associated with an evolving Asian Economic Union, is beginning to suggest that this type of order could marginalize the English speaking, maritime powers (United States, United Kingdom, Canada, Australia), which have long assumed the right to speak for the "international community".

OBOR is unique as a global economic integration plan, with almost $1 trillion in future investments already announced. In June 2015, the China Development Bank announced the foundation of the Asian Infrastructure Investment Bank with over 50 members and in June 2016 the Shanghai Cooperation Organization, is likely to bring together China, India, Pakistan, Russia, Iran and others. The focus is on visionary, constructive and cooperative activity.

It is obvious that the powers brought together in this manner will not see themselves as constructing a Confucian global order. It is, however, equally obvious that the emerging order has been shaped by a Confucian genius that exercises influence in a variety of ways beyond the capacity of other involved states.

Equally, China alone is likely to have the highly educated human resources that can involve themselves productively and persuasively across an area of such cultural diversity. Just as the English language and related culture has been a pervasive and definitive global influence over the past several centuries, so Chinese language and culture is likely to become central to most developments and to be critical in exercising influence when critical decisions are being formulated to determine future directions.

It also needs to be recognized that this type of new and unfamiliar global structure may emerge much more abruptly than presently seems likely.

In acting out and continuing to enjoy their past authority and privileges, the English speaking powers have used short term strategies. These have greatly weakened their economic resources, depleted their financial reserves, neglected their educational and technological needs and disciplines and dumbed down their political leaders.

As a consequence, neither of the two major Anglo American powers, America and Britain, show any evidence of understanding their dilemmas, declining power or disintegrating coherence. In fact, one might say that both are increasingly dependent on Chinese tolerance and support to continue their past practices. This makes sense as a means to keep the global system functioning. Moreover, neither of these powers seems capable of any type of recovery and both only become weaker with time. Indeed, one prominent American commentator, Paul Craig Roberts who held a senior position in the Treasury under President Ronald Reagan recently described America as a "third world basket case".

There is another dimension to a Confucian global order. The nations of East Asia (Japan, Korea and Vietnam) has been deeply shaped as Confucian societies throughout their history and the nations of South East Asia have been discreetly guided by Confucian Chinese minorities to assume a variety of critical Confucian qualities. One might say that East and South East Asia, a region of over two billion people, is already a Confucian regional order where it is easy to overlook its Confucian character. At the same time, the peoples of South, Central and West Asia are distant from Confucian Asia.

If one puts together Confucian Asia and the Eurasia Economic Union, America and Europe shrink into insignificance as peripheral in an emerging Confucian global order. America and Europe can be left outside and more or less allowed to go their own way as long as they behave or they can be welcomed into the Confucian global order. They are quickly losing their capacity to exercise serious influence and are becoming supplicants and dependents.

In this emerging order, there can be little question about the central role of Confucian classics, values and thought if there is any desire to understand and influence the character of the people who are positioned to shape the way the global community evolves into the 21st Century. Of course, amongst many Chinese there is as much conscious awareness of Confucianism as there is of Christianity amongst many in the West. There is, nevertheless, a profound knowledge and growing and deepening interest amongst those who have a sense of and carry responsibility for the future of China and the legacy of its past.

The immediate challenge ahead for all people involves a complex process of judgement and choice. This will demand a mature evaluation of the legacies of the Anglo American global order and decisions about which need to be retained and which need to be reformed or rejected. None of this will be simple, straightforward or quick but it will consume the energies of people everywhere who wish to optimize their future well-being.

In this process, Confucian values will play a central role both in the Asian future and in the global future. As already suggested, the history of East Asian peoples ensures that they have already shared, understood and enjoyed most of the qualities of Confucian values and the population mix of South East Asian peoples ensure that they have already accommodated, shared, understood and enjoyed many of the qualities of Confucian values. However, peoples from elsewhere in Asia who have had little exposure to the forms taken by Confucian values and influence may find themselves sharing challenges with peoples from other regions of the world, although some Muslim, Buddhist and other communities in South East Asia may have some useful experience to share.

A major challenge to this process of change may, nevertheless, derive from the efforts many peoples have made to adjust their local traditions to the imperatives imposed by an English speaking Anglo American global order. This past may for some time seem to offer the most convenient way to bring people together for the future. Even so, projects like OBOR will soon engage large numbers of diverse peoples in activities that highlight the benefits of mastering Confucian values in working to shape both Asian and other futures.

II. Confucian Civilization

The distinctive qualities of Confucian values and civilization present almost all people shaped in any depth by Western values with various types of almost insurmountable challenges. There are simply an innumerable variety of areas where fundamental Western certainties are defied by Confucian thoughts, histories, practices, subtleties and insights.

The abstract, rational, theoretical and faith based character of Western thought from at least the time of the Greek philosopher Plato is very different from the holistic, intuitive, reflective and practical thought that derives from the Chinese classics. This makes it almost impossible to translate between Chinese and Western and many other languages. The cultural and related historical experience associated with each word is simply too different. It then becomes most difficult to explore these issues of contrasting language and culture, unless all parties have a real depth of experience of the diverse alternatives under discussion.

In Asia, as Muslims share the Abrahamaic tradition and Greek influence with both Christians and Jews they seem likely to encounter similar difficulties. In contrast, the Shinto people of Japan have long embraced the various learnings of Chinese classics and history and effectively made them their own. Indonesia, although predominantly Muslim also has a Hindu tradition and accommodates many and distinct traditions, including Confucian, in a harmonious community. In other words, the great diversity of traditional wisdoms in Asia ensure that the region is not readily addressed in general terms.

The Confucian cultivation of rites or ritual forms of behaviour complicates matters further. This often misleads others about the extremely sophisticated quality of thought that has been shaped from an early age by classics as diverse, but mutually reinforcing, as the *Lunyu*, the *Daodejing* and the *Yijing*. The discretion and courtesy that is expressed in ritualised or formalized behaviour often totally misleads the inexperienced into assuming a lack of reflective thought, when the contrary is true. The contrast with some Western behaviour of being excessively explicit and predictable in thought is stark.

The nature of China's historical experience can also be a source of incomprehension among those unfamiliar with its profound influence on Chinese character. In the contemporary world, most people are in thrall to the seemingly overwhelming nature of Western progress and innovation, but an educated Chinese can readily place such Western convictions in a vast historical panorama and quickly identify various forms of self-delusion.

This capacity is a source of much strategic insight and wit during an End of Empire period. China is the only global political entity that has reinvented itself stronger than ever after numerous End of Empire（or Dynasty） experiences. Western communities seem to only ever have one imperial experience, which after decline can only be celebrated historically and in memory, whether it is Egypt, Greece, Rome, Britain or America. In contrast, Chinese history is an on-going celebration of an almost cyclical rise and fall of empires, with a continuous written record that becomes a source of understanding and wisdom when addressing contemporary situations. It is difficult to explain the skill and subtlety with which China has accommodated and facilitated the contemporary Anglo American End of Empire, without addressing it in this context.

Of course, China's own history warns that, after the revitalization of a new order, problems emerge inevitably if a new leadership class becomes too confident, assertive and insensitive in exercising its power. Human nature eventually seems to succumb to such temptations. In China's history there has, however, always been a class shaped by its classic wisdom that seems capable, even on occasions under foreign rulers, of regenerating and reinventing the essence of Confucian civilization.

These are unique and unrivalled qualities in the global community and have a value that reaches beyond just China itself. It may be helpful to attempt to outline a few of the qualities that are fundamental and inherent in the tradition but are not necessarily explicitly stated in as many words in the classical Confucian texts.

First, one should note the long ingrained custom of rote learning the Chinese classics from very early so that by the age of five a child can recite the chapters of key classics with pride and confidence. Already by this age, important social disciplines are deeply ingrained, a taste and appetite for learning has been nurtured and a young person has an ever accessible guide to recognising, understanding and managing life's riddles and challenges. Perhaps more importantly this guidance is provided by shaping an inquiring, flexible and reflective mind.

Second, as noted just above, the Chinese classics do not assert rigid formulas but rather encourage the development of minds that are accustomed to study, practice, exploration and humility, all qualities highlighted in the opening lines of the *Lunyu*. In this way the classics nurture a community intellect that is not easily locked into forms of belief that serve hidden interests. Moreover, they have a record of nurturing the world's most remarkable tradition of administrative excellence, which has been the fundament reason for the rich historical achievements and continuity of Chinese civilization and the contemporary rise of Chinese economic and political power and influence.

Third, early mastery of the Chinese classics, Confucian teachings and their distinctive and ancient language provides lifetime access to records of Chinese history that illuminate the benefits and challenges inherent in the practice of Confucian values.

Fourth, this combination of qualities associated with Confucian values leads to a thought culture free of the dependence on abstractions, rationality, theory and belief that characterizes Western tradition and that can lead to forms of intellectual serfdom before philosophers, priests, intellectuals or even economists in authority. A type of intellectual serfdom to economic theory has shown itself defenceless before the soft and yielding seductions of Asian (Confucian) economic strategy over recent decades.

In a few words, early rote learning of the Confucian classics matures open and exploring minds, nurtures holistic, intuitive, reflective and practical habits of thought and provides an unrivalled body of historical experience to inform and guide administrative decision making in a world of much greater complexity than humans have ever previously experienced. Personal professional progress as a Chinese administrator has to be achieved by impressing a community who largely share such an educational and professional preparation.

As an adult foreigner, it is very difficult to penetrate and begin to comprehend the way Confucianism, Chinese classics, historical records, modern education, government policy, social behaviour and much else all interact and become a powerful influence in transforming today's global community. Without substantial language training, professional engagement with the achievements of Chinese policy, exposure to children engaged in rote learning the classics and an opportunity to learn something of Chinese history, one is unlikely to advance far. Even then there is little to encourage one to venture further as any interlocutor not of Asian background who does not share a similar range of experience and interests will almost certainly be impatient with and critical of one's reflections and conclusions.

In other words, the treasures and secrets of Confucian values and Chinese thought culture are well protected and hidden by the demands they make on the effort, time, determination and persuasiveness of any newcomer who may be persuaded of their importance. Another major obstacle is the need to work within an environment where a dominant, if declining, imperial culture, which is convinced of its own certainties and is dismissive of claims about any other culture and tradition, has worked aggressively to discourage consideration of rivals. Of course, China itself has recent experience of such dismissive attitudes at the end of the Qing Dynasty in the late 19th and early 20th centuries. At that time ruling Manchu aristocrats were slow to understand the importance of studying and mastering the West's new organizational and technological cultures.

Intriguingly, today's Confucian challenges to Western and other cultures are deeper and more demanding than organizational and technological challenges. They involve the deeper qualities of humanity, culture, society and thought. In an important sense, this is already evident but remains largely neglected because of the recent assertive dominance of Western certainties. Accordingly, Asian peoples have often been overwhelmed by these Western assertions and can share Western difficulties in preparing for a future where Confucian values will complete the work of revealing deficiencies in these Western certainties.

It is important to review quickly the qualities that have facilitated the rise of the Western (or Anglo American) peoples but that now leave them uncomprehending before a greater civilizational wisdom, Confucianism. The Greek Plato's focus on transcendental forms as the means for understanding this world has shaped almost all subsequent Western thoughts, including the Roman Church's doctrine and dogma, the European Enlightenment's universal values and even Adam Smith's market forces, which were likened to the invisible hand of God.

As a consequence, the West looks for some form of absolute "truth" while someone in the Confucian tradition will seek the "way", which is never everlasting. The former becomes reliant on abstractions while the latter explores a practical understanding. The former seeks rational structures while the latter knows that organic life can take fluid forms. The former is fond of theories that offer access to the "truth" while the latter knows that the "way" can only be followed with keen and disciplined intuitions. The former is prepared to allow philosophers, priests and economists to dictate where to place one's faith while the latter respects those who are humble about their efforts to study and explore the "way" in order to guide their family, community or nation.

The early studious habits of the Confucian tradition nurture a capacity to master new material quickly. It was possible to master, manage and manipulate Western thought and behaviour quickly once that became an identified goal. In contrast, the West is still cocooned in the privileges of (waning) imperial power and totally misunderstands the talents nurtured by Confucian values. Consequently, it insists on interpreting early rote learning as a type of brain washing, when in reality early learning of the Confucian classics, the full meaning of which rarely translates well into Western languages, works to create a freedom and rigor of thought that is almost unknown in the Platonic tradition.

The rise and aspirations of a type of Anglo American global order need also to be traced back as far as the English East India Company which attracted finance to mobilize under-employed English youth to travel to distant places and seek their fortunes by various forms of plunder and pillage. It is likely that the sources of this finance were also the continental sources of the finance that enabled Oliver Cromwell to topple the House of Stuart from the British Throne and that facilitated the establishment of the "Private" Bank of England in 1696. This was only "nationalized" in 1947 in what appears to have been a token exercise that changed nothing of substance. In other words, it is hard to dismiss the probability that the rise of the British Empire, largely initiated by the English East India company, was both funded and masterminded by the continental financiers who brought William of Orange to the English throne and who had unique international knowledge of existing trade and commerce and its future potential.

This is a vast subject that cannot be explored further here but, with the Rothschild family's substantial takeover of much of the English financial economy after the Battle of Waterloo in 1815 and evidence of the private ownership of almost all the West's Central Banks, it is hard not to conclude that continental financiers have been the master minds behind the rise of the English speaking peoples. Given the present circumstances of the English speaking communities, it then seems to follow that much promoted values and practices associated with democracy and human rights have been used to distract attention from the foundation of Anglo American power, namely discreet and strategic financial powers mostly operating outside formal English language political processes.

If the above hypothesis is accepted, the strategic thought that has guided the rise of Anglo American power but that has been proven vulnerable in recent decades to the strategies of successive rising Confucian communities has been that of discreet financial interests that have taken charge of Western central banks. These have managed the financial levers of power behind the appearance of various unrelated political processes of power, first monarchical and later democratic.

This suggests that Anglo American global order has been constructed on a narrow short-term quantitative financial calculus that has mounting unintended and damaging side-effects and serious weaknesses before a rival with a more sophisticated thought culture and political ethos, as found in Confucian communities.

The growing human, financial and other costs of America's small, lost wars is beginning to expose many of the issues touched on above. When Anglo American civilizational vulnerability is evaluated against the historical record and contemporary rejuvenation of Confucian values and civilization it can seem self-evident that most other civilizational traditions now confront a common challenge.

This has two dimensions. One is to develop the capacity and resources to re-evaluate and revise many legacies from both their local past and more recent Anglo American influence. The other is to build the knowledge base and to prepare the skills necessary to interact with the role that Confucian values will play in shaping a rapidly changing global order. This will help illuminate the most rewarding way in which to reconceptualise local priorities.

In today's interconnected world community, there is little prospect of escaping either dimension of this challenge. It is certain, however, that each local response will differ, depending on local tradition, the depth of Anglo American influence and the quality of local understanding and leadership in respect of Confucian values. In the process, many of the legacies of Anglo American order may quickly take on the character of harmful anachronisms.

III. The Confucian Advance

Confucian values are deceptively pervasive throughout East and South

East Asia and are deeply influential, regardless of whether a nation may be nominally Capitalist or Communist. Confucian values ensure a profound attention to education, to social cohesion, to administrative excellence, to practical problem solving and to flexible and resourceful, often soft and yielding strategies. As already suggested, it can sometimes be difficult to decide which is a more powerful influence, classical learning or historical example, which of course embodies classical learning.

Western interests are disposed to understand Confucian communities in terms of adopted Western conceptual frameworks or ideologies and to neglect the deeper cultural and traditional forces at work. The abstract and theoretical character of Western thought has left it highly vulnerable to the more holistic and practical strategies that are natural in the Confucian tradition and that have transformed the global economy over the past half century.

Of course, Asia was not prepared for the arrival of marauding and aggressive merchants from the West and took some time to understand the challenge they posed. Japan, a more compact Confucian political entity than China, was the first Confucian community to respond in a coherent strategic manner to the Western challenge, first through compromise, cooperation and commercial competition, then through military counter-action and finally and possibly most successfully, after defeat and occupation, through typically soft and yielding Chinese strategies long used against a more powerful adversary. Japan's late 20th Century example quickly began to transform Asia until, after a decade of China's "peaceful rise" at the beginning of the 21st Century, Confucian values had effectively transformed the global community.

The West remains in denial, both about the transformation of its global order and about the cultural wisdom that has master-minded this transformation. Half a century of relevant personal experience, as an Australian diplomat, as a writer for broad publication and as a participant in appropriately focused Asian conferences leave me deeply convinced of this.

Given comments at the end of the previous passage, there are two dimensions of the Western mind to which this applies. The first and more powerful is that of the minority financial strategists who, it is suggested, have used financial levers and strategies to master-mind first the British Empire and later an Anglo American global order. These are powerfully shaped by mythologies and financial strategies from the ancient Middle East and do not seem capable of the humility necessary to recognize the emergence of a worthy rival from a totally different traditional and cultural reality. Accordingly, they have been unable to recognize systemic limitations in strategies that depend on the Western disposition to abstract, theoretical and faith based thought. The second and less powerful dimension of the Western mind is that of the majority who have been managed by financial levers to implement the strategies of a minority. In many ways they have been major beneficiaries of this partnership, being delegated as it were, to strut large parts of the globe as its de-facto masters. This group, however, is even less well equipped than the former to recognize and evaluate the emergence of a challenger. It has been accustomed for too long to enjoying the benefits of power without developing any of the strategic skills necessary to preserve power. Moreover, it is a prisoner of mythologies more restrictive than those that limit the first group.

If the outline analysis in the previous paragraph is accepted, there is little or no lingering cultural wisdom in the West that might be marshalled to respond to the rise of Confucian values. In particular, the West's majority thought culture is enclosed in abstractions, theories and beliefs that not only inhibit holistic, intuitive and practical thought but also impose forms of correctness that border on thought control. It hardly needs to be remarked that this type of thought is particularly susceptible to strategic management through financial signals.

The advance of Confucian communities and particularly that of China will introduce a new set of standards in relation to areas like food, medicine, agriculture, polluting materials, and environmental side effects. The body of economic doctrine and dogma that has been developed by the Anglo American world, in service to its financial masters has facilitated, if not encouraged, abuses in all these areas that are becoming endemic. One of the key causes of this has been the prioritising of "market forces" over shared community interests and the systemic marginalization of the role of community government.

This is all assisted by the fact that the West has no tradition of excellence in administration. Having been seduced by market dogmas promoted by economic theory, taught by university educators and promising the freedom to make private fortunes and then by the rewards over several centuries of imperial conquest, Western leaders have had little reason to question their convictions. Their economic practices are, however, now proving counter-productive because elite administrators can both outmanoeuvre fragmented entrepreneurs and work to make their own communities more competitive in global markets. Japanese, Chinese and other Confucian administrators have all done this in distinctive ways.

The challenge ahead for various Asian communities is almost as varied as for communities in more distant regions. China's diverse Eurasian financial, infrastructure and other initiatives will immediately benefit most but the challenge rests in comprehending and accommodating an advanced form of civilization and administrative organization that is quickly rendering vulnerable and open to question not only the assertions and fashions of an Anglo American order but also many local and traditional values that have survived the intrusions of Anglo American modernity.

These issues have to be addressed and mastered in an environment where declining Western influence seeks to contest and marginalize the growing influence of Confucian values. It will easily become a confusing and treacherous environment for those who are not educated to understand and master the contending forces at work. Traditional loyalties and beliefs, Anglo American global pretensions and Confucian subtleties will all be in play. These will often be complicated by strategic imperatives, including deception, which can dictate public positions in the pursuit of important goals, including avoiding open military conflict.

Muslim, Buddhist and even Christian communities may be able to draw strength and guidance from others of similar culture in South East Asia. Chinese minorities have integrated successfully while still playing a constructive role in bringing to responsibilities in administration, commerce and education a variety of Confucian values that have benefitted the broader community.

The rise of China and the broader Asian Confucian community to forms of discreet, even hidden, global leadership poses a broad challenge. The pressure of the recent past to accommodate and embrace the global community's Anglo American norms now shifts to assisting communities to recognize, study and emulate qualities in Confucian values that have led to the likely emergence of a new, more subtle, benign and sustainable global order.

Throughout its history China has assimilated many minorities into its majority Han civilization through education and culture, but this is unlikely to be viable on a global scale and with highly disparate cultural traditions. The economic, diplomatic and educational dynamism of Confucian communities will, nevertheless, reward, benefit and enrich in many ways those who take the initiative in nurturing understanding and capacities in Confucian values. This will take the form of both advancing and maturing traditional cultural values and facilitating mutually beneficial activities involving Chinese and other communities shaped by Confucian values.

It is important, here, to emphasise that although China's Confucian administrators have always firmly constrained any attempt to use spiritual beliefs for political purposes, Confucian values are not hostile to a wide variety of spiritual beliefs, even while suggesting they may be a distraction from the spirit that needs to be directed to important practical human endeavours.

The past half century has demonstrated in a manner never possible before the way in which Confucian values can transform activity in all parts of the global community, both in hostile and welcoming environments. All global leaders now have an obligation to their communities to recognise and respond to this reality. This gravely reduces the credibility of Western leaders who are accustomed to a privileged authority in dictating global behaviour.

Communities in Asia, Eurasia and even Africa and beyond that will be swept up in China's vast infrastructure initiatives and its One Belt One Road vision will still encounter challenges in keeping up with the practical creativity of Confucian thought and energy. Two important partners that are likely to repay close observation are Russia and Iran, one European and one Asian, but both products of thought that can be traced back to Ancient Greece and of related spiritual traditions that have belief qualities that are not central to Confucian values.

Both seem well placed to be among first movers from outside the Confucian world to study, evaluate and utilize the wisdom inherent in Confucian values. They may play an important role in demonstrating that Confucian values, while unique and distinctive, are not necessarily hostile to other mainstream cultural and spiritual traditions. As all communities face challenges in managing unique and local groups that have vested interests in preserving established values and related institutions, the example of successful initiatives in exploring, identifying and adopting Confucian values will be critical in nurturing a diverse but coherent global order.

While some may think that the preceding passages give too much, and somewhat uncritical, emphasis to the importance of the Chinese and Confucian advance in global political, economic, financial, educational, technological and other achievement, modern instantaneous communications in a global community will make it difficult to escape the consequences of trying to ignore the realities associated with Confucian values. In many cases, these Confucian realities can bring welcome relief from many unwanted legacies of a period of less deeply developed values associated with an assertive and exploitative Western global order.

IV. Pervasive Confucian Influence

The preceding passage explores the need for others to evaluate, address and respond to the growing power and influence of Confucian values. Just as important, it notes that there is also a sense in which Confucian values will increasingly pervade and shape global developments unremarked. This will be regardless of local and alternative cultural traditions, actions and expectations. Western power has inter-connected all and left no part of the world untouched. Confucian values will be the beneficiaries of these inter-connections and often arrive as forms of discreet economic, political, cultural and other assistance. While some have benefitted from Western progress many have had established societies and valued cultures left in confusion and disarray by the assertion and intrusion of alien demands and priorities and will find in Confucian values and behaviour, often without reflection, a welcome remedy and relief. Of course, there will still be misunderstandings and various forms of hostile Western criticism and resistance.

As already highlighted, the spread of pervasive Confucian values will not follow Western patterns of behaviour. In particular, their spread can provide many remedies for the harm inflicted by excessive and narrow focus on financial profit and priorities. At the same time, Confucian financial strategists have few peers, even as they focus on higher goals.

However, the Confucian texts that are the best guide to understanding Confucian values are only truly mastered in a character based language and major strengths of the tradition will elude ready understanding without some mastery of those texts. It seems likely that for some time, at least, many will find satisfaction solely and simply in the way that Confucian values express themselves though the diffusion of Chinese economic influence in a manner that transforms lives for the better. This will be evident through the spread and reach of advanced Chinese infrastructure, the development of new local economic opportunities, the accessibility of advanced Chinese technology and the manner in which financial calculations are often guided by broader and longer term considerations than is common in the West.

Those who observe carefully the pervasive spread of this Chinese activity will, however, find it hard to escape the conclusion that there are deep qualities in the Chinese (one might say Confucian, bearing in mind related qualities in the Japanese, Koreans and Vietnamese) character that inform and shape the remarkable productivity of Chinese endeavours. Already Confucian economic advances across Asia have led to the comparative decline of previously dominant Anglo American economies.

Yet many still accept the assertions of the Anglo Americans that their legal, accounting, negotiating and other norms define international standards. Indeed, it is possible to express uncertainty, confusion and irritation about Chinese practices, while neglecting to remark that these derive from fundamentally different, and arguably superior, thought, cultural and social norms. As a result, there will frequently be tensions between past and emerging (Confucian) norms because of limited understanding and conscious study of Confucian values.

Nevertheless, it seems likely that it will not be long before there is much more explicit questioning of the continued authority and value of practices defined in the English language. These often derive from past opportunities to set the rules to the English speaker's advantage. Phrases such as the rule of law, rule based behaviour, economic rationalism and commercial viability may become the object of greater critical re-evaluation and subject to increasing marginalization. In this environment, it will become critical and imperative to understand the values and norms that are assuming authority in the way people, societies and nations interact.

The hard infrastructure of rail, road, grid and much else will increasingly be shaped by a soft infrastructure signified by words like "*li*" (rite), "*ren*" (benevolence) and "*guanxi*" (relationship), none of which translate adequately into English, or most other languages. This may seem unreasonable and unacceptable to some. Yet it will be an almost subconscious and intuitive process as countries and regions are transformed by energies mobilized and guided by Confucian values. Such values may not always be observed exactly as envisaged in classical texts, but those texts will increasingly provide the best insights into evolving processes.

One might find in China's neighbours (Japan, Korea and Vietnam) as well as in several mini-China's (Hong Kong and Singapore) models for how this process can work. In each case, the interaction is unique but in all cases reference to Confucian texts and values is the best way to understand social and political norms and customs, and appreciate personal characteristics. It is no accident that one finds in each of these entities robust and energetic communities that address their distinctive challenges in a purposeful manner and with substantial outcomes. Even in Korea, where Western influence and ideology has divided the nation, both North and South can display substantial, if contrasting, achievements.

In South East Asian nations, Confucian values have not been adopted as the result of historical and political processes so much as through the Chinese ethnicity of influential minorities. These may not always be easily identified through names, which have been localized. Rather their identity is best established through their Confucian values, which are preserved in their behaviour, aspirations, achievements and family and community customs and which have discreetly reshaped their broader communities in positive and productive ways.

It is notable and important that Confucian values pervade and shape communities throughout East and South East Asia regardless of the culture and tradition that characterizes the majority population. As earlier remarked, these can be Muslim, Buddhist, Shinto, Hindu, Christian or other, but, with the predictable odd exception, Confucian values appear invariably to integrate with other value traditions and work to enrich them in practical ways. Perhaps, this strengthening of local traditions has been most evident in equipping people with values and strategies that enable them to manage successfully pressures to accommodate Western insistence on various forms of commercial activity and acceptance of ideals of innovation and progress.

This success is now witnessed by the acceptance of Asia as the most economically powerful region of the world and likely, despite Western re-luctance, to lead the global community into the 21st Century and beyond. Of course, much work remains to be done to overcome the West's financial emphasis on a type of "winner takes all" culture that has led to many blights on the natural environment and human welfare in modern life.

In this area what might be called the Chinese Confucian example has been most remarkable. With Deng Xiaoping's "to get rich is glorious" declaration, China seemed to embrace in a most explicit and indiscreet manner many of the worst aspects of American corporate culture, leading to serious environmental problems and a major deterioration in the quality of water, air, food, medicine and agriculture. In following, and in seeking to out-perform, American corporate practice, China seemed prepared to suspend independent evaluation of the practices it was adopting. This even extended to the integrity of behaviour of many leaders and party members.

However, in less than four decades, China had achieved an unprecedented "peaceful rise", overtaking the American economy in many areas and establishing a pervasive form of international influence. The pervasive character of China's "peaceful rise" leaves America with little option but to accommodate China's rise, in regional, and in many forms of global leadership.

Its casualties in achieving this victory were not on the battlefield but in the quality of its environment, water, air, food, medicine and agriculture.

With its peaceful rise achieved, however, China has been able to direct attention to a rigorous anti-corruption campaign, stringent environment priorities and a re-evaluation of healthy food, medicine and agricultural standards. Premature initiation of these reforms would have provoked many Western corporate interests. Such reforms needed to be delayed until China had grown strong enough to be able to manage possible hostile Western corporate responses. China avoided battlefield casualties in challenging a more powerful entity by a form of "conquest through service", where the greater power was reassured by means of apparent subservient attention and obedience. One could also see Japan's advance after its defeat and occupation in 1945 being achieved by a similar strategy.

In a global community where Confucian influence is pervasive, discipline, purpose and strategy like that displayed by various Confucian communities in advancing to forms of global leadership can no longer be neglected.

Yet, one of the most remarkable features of this form of Confucian "peaceful rise" is the absolute incapacity of Western leaders and communities to recognize what is taking place and their profound helplessness. This, highlights, of course, the depth and richness of Chinese culture and history and the manner in which social and political courtesies often put a most agreeable face on what are long term manoeuvres for advantage. In evaluating the priority that other cultures and traditions should give to mastering Confucian values, it is critical to keep in mind that they have informed and shaped the most successful and longest lasting social and administrative civilization humanity has known. At almost all times, China has concentrated more people in one organized community than anywhere else in the world. As already mentioned, Chinese civilization alone has been able to revive and revitalize itself after the decline and disintegration that is invariably associated with "End of Empire" experiences.

It is both salutary and instructive to reflect on the way in which the present declining Anglo American global order has been totally incapable of recognizing and addressing the challenges posed by Confucian values and civilization. Having established a type of commercial dominance through the English East India Company and then the British Empire, the English speaking people seem to have been convinced by their own rhetoric about bringing "civilization" to backward people and to have neglected to reflect with any seriousness about the character of that "civilization".

This probably has much to do with the fact that it is only gradually becoming apparent that the English speaking global order was masterminded from as early as the 17th Century by Continental financiers. These were not necessarily English speaking and at that early time had much more far-reaching commercial networks and knowledge than the English seafarers who eventually built an empire. After consolidating and formalizing their financial authority with the establishment of the privately owned Bank of England in 1696, these financiers seem effectively to have masterminded the strategy that built the British Empire with its Rule of Law, corporate entities, economic rationalism, dominance of the marketplace and free trade theories. Only later, with the wealth accumulated from the resources and labour of distant peoples did it become expedient to nurture belief in ideas like democracy, freedom and equality, even as real power and authority remained under the control of the financiers.

It is notable that the arrangement between Continental financiers and Anglo American global order seems only to have attracted attention and become an object of criticism, challenge and concern in very recent years. This took shape after the Internet（"The New Guttenberg Press"）provided disillusioned American veterans the opportunity to come together on websites like "Veterans Today" and voice their dismay about American decline and a succession of small, lost wars where America had little to gain but much to lose.

This critique took on a profound character because the financial strategists learnt little or nothing from the manner in which the Confucian Japanese had managed their occupation by the new leader of the English speaking world, the United States. An ancient Chinese strategy that can be recognized in the Twelve Civil Offensives attributed to Jiang Taigong, who assisted in the founding of the Zhou Dynasty three thousand years ago, can be presented succinctly as "conquest through service". After 1945, Japan seemed to be guided by this thought, as subsequently, did most of Asia, including China. This thought that can conquer through service and enable successive peaceful rises of previously backward economies is deeply rooted in Confucian values, and even in Chinese martial arts with their use of soft and yielding strategies. Equally, it seems to be outside the framework of reference for the financial strategists who masterminded the rise of an Anglo American global order.

The preoccupation of the culture of the West's financial strategists on narrowly defined, often short term, quantified financial gain was identified by the Japanese, in defeat and under occupation, as a profound weakness. This was something that could be served with arrangements that offered generous short term profits with minimum on-going responsibility simply by allowing the Japanese to do all the work. Of course, all the employment and technology needed to be transferred to Japan, which became an industrial and technological power while America（and the West）became dependent and vulnerable. America, and its financial strategists learnt nothing and allowed the rest of Asia, including China to repeat the strategy.

Several lessons seem to present themselves from this recent history. First, the West's financiers who masterminded the building of a global empire have a brilliant, but limited, capacity for global strategic action. Second, it is hard to see the English speaking peoples, who were the main agents for the financiers' strategies, having much strategic intelligence or capacity themselves. They have played mostly the role of puppets, enjoying the rewards of empire by doing some simple minded, heavy lifting and providing a cover for the real strategists.

The financial strategists now confront the reality that their financial thought and strategy has serious weaknesses when matched against a deeper and broader thought and strategic culture, with the soft and yielding disciplines of Confucian values. The Western beneficiaries of these financial strategies face probably an even more daunting challenge, as they need to build their future on a realistic assessment and acceptance of their recent past and largely unconscious dependence on the deeper calculations of a financial cultural tradition that remains poorly understood.

The disarray and disintegration in the Anglo American world highlights, of course, the mounting pressures on all to adjust to any identifiable emerging order. Here there is little real competition for China and related Confucian communities, even if organizations like the Shanghai Cooperation Organization may bring nations like Russia and Iran into close partnership with China in some critical areas. Although out-performing and out-strategizing the West in recent years these peoples lack the numbers and many of the cultural resources of the Confucian peoples.

While their fortunes decline, Western leaders, media and academia focus almost exclusively on divisions they promote aggressively in situations like those in the Middle East, Eastern Europe, the Koreas or South China Seas. Yet this has minimum impact on the relentless advance of peoples shaped by Confucian values. Critically, this works only to mislead about and distract from the extent of the profound changes taking place in a global community undergoing rapid transformation. Most importantly, these changes are going to be profound in both cultural and economic dimensions, with Confucian values already preparing the ground for a "peaceful rise" that pervades the global community, even if Western nations and their financiers confront a much reduced role and authority.

It has been necessary to go into some detail about this recent history to highlight the significance of the rise of Confucian values and the importance of understanding their pervasive character, even in shaping "conquest through service". This is something no other cultural tradition was capable of in the face of Western corporate, financial and military aggression. As this success is consolidated further and a variety of Anglo American legacies are re-evaluated in the light of Confucian values, it will be difficult to optimize forms of behaviour without a substantial mastery of Confucian values within respective leadership classes. The seriousness of this challenge to 20th Century norms can be seen in the fact that in many ways Confucian values relegate the West's universal values and democratic rhetoric to a failed and deceitful strategy.

V. Mastering Confucian Talents

Over the past decade or so, there has been a robust and enthusiastic revival of the traditional rote learning of Chinese classics from a very early age, around three. If one has educated Chinese friends and is interested, it is difficult not to conclude that this practice never died out in families but was only revived in a public organized manner in the 21st century. Exposure to the Confucian renaissance in China also leaves it hard not to conclude that all senior leaders since 1949 have been deeply learned in the Chinese classics and history. In addition, many ethnic Chinese communities in other countries seem also to have preserved this classical tradition of early rote learning.

While I have been fascinated with the role of Confucian values in Asia's economic rise for more than half a century, it was only after 48 years when I had the opportunity to pass three months with the children at the Confucius Four Seas Academy on the outskirts of Beijing and I witnessed five year olds proudly recite chapters from the classics without error that I had one of my most important insights.

When I reflected on what it meant to have one's thought shaped and guided for a whole lifetime by the Chinese classics, I was struck by how different their influence would be from that of the Greek Classics, as I understood them. Plato's transcendent forms, for instance, seem to have ensured that Western thought—whether in the form of the Roman Church's doctrines and dogmas, the European enlightenment's universal values or even the Western economists' faith in a rational marketplace—would be abstract, rational, theoretical and faith based. In contrast, early rote learning of the Chinese classics seemed to nurture a much more holistic, intuitive, explorative, and practical thought culture. At the same time, the emphasis on rites or ritual often misleads outsiders to misunderstand and totally neglect the deep reflective, rigorous and strategic nature of Chinese thought.

From that time and these reflections, I have been increasingly be mused at the comparatively shallow and predictable character of Western thought when compared with that shaped by the Confucian classics and values. Yet it is effectively impossible to suggest to any English speaker, even one who speaks Chinese, that this is the case. There are a number of reasons for this.

First, British Imperial, and subsequent Anglo American Global Order, strategy has practiced a form of intellectual apartheid, dictating that all other thought culture is inferior to the legacies of the European Enlightenment. While this might once have been a sound approach to establishing a global authority, it is a disastrous practice if one is confronting the challenges of an End of Empire experience and alternative thought cultures (Chinese and Russian) are posing a range of challenges based on exploiting weaknesses identified in the declining culture.

Second, the West is so deeply mired in a history whose thought culture was early shaped by Greek influence that it has little inclination or ability to pose questions about the functionality and competitiveness of this thought culture.

Third, as outlined above, the English speaking world, and most of the West, has for three or more centuries been directed by and become dependent on discreet financial strategists, of whom it only has a limited understanding. Moreover, the strategic masterminds are disinclined to encourage adventurous and explorative thought by people who they have trained to behave in predictable ways in response to a range of financial signals. With the emergence of a more sophisticated strategic culture in Confucian Asia, what was once a strength has now become a liability, both for the financial strategists and their previous beneficiaries, who have little capacity or inclination to think for themselves outside familiar frameworks.

Russia, under the leadership of Vladimir Putin, has shown the capacity to respond with insightful strategies to Confucian values and behaviour. It has, however, been deeply influenced by both the Ancient Greeks and the

Modern West and it has yet to produce a community of leaders who have demonstrated over time the capacity to work in harmony and match wits with Confucian communities. Recent performance by Russia in terms of educational excellence, financial management, military technology and agriculture reform suggest that Russia can even outperform Confucian communities in some areas but this needs to be maintained over time and in global competition if it is to match the imposing and coherent financial, economic, technological and social performance that has characterized major Confucian communities like Japan and China.

The challenge that confronts Russia now awaits all members of the global community, sifting through the daunting mix of local traditional culture, modern Western financial and related norms and pressures and the rising, pervasive but illusive Confucian values, wisdom and strategy that are the most cohesive and influential force shaping the 21st Century future.

While East Asian nations have their own Confucian traditions to guide them and South East Nations have long and successful experience of working with influential Confucian minorities, the rest of the global community has little in the way of past or traditional wisdom to draw upon. Moreover, Confucian values, as suggested above, often contrast strongly with Western values and certainties that have recently imposed themselves aggressively on most people.

How is this widespread innocence, or ignorance, about Confucian values to be addressed and mastered? This challenge can only grow in importance as these values become the pervasive, driving force inspiring reforms designed to correct the aberrations that have corrupted politics, finance, food, medicine, agriculture and much else in the pursuit of short term, narrowly focused, quantitative financial gain. These problems are all the curse of the *"xiaoren"* (the little or petty person so warned against in the *Lunyu*).

The rote learning of Chinese classics from around the age of three is customarily regarded in the West as a form of cruel, early brain washing of an infant who cannot resist. It might, however, be argued that no other form of education compares favourably in preparing the young mind for an open, questioning, reflective and studious approach to life's experiences, riddles and challenges. Moreover, it gives linguistic access to the world's richest, continuously recorded history of civilizational struggles in managing human strengths and weaknesses. With their inherent feel for soft, yielding, patient and humble strategies the Confucian values taught by the Chinese classics also equip the youthful spirit for the sometimes brutal aggressions and impositions that can characterize human communities. And, of course, this early routine of learning instils an easy discipline and appetite for study, learning and purpose that is an invaluable talent and asset in a modern society struggling to understand and manage the tangled rewards, dangers and deceptive promises that accompany innovation and progress.

Many will see such an education as a betrayal of local and traditional forms of value, education and culture. However, experience in East and South East Asia demonstrates that Confucian values can make a major contribution to an economy and society without any necessary conflict with local culture and tradition. Where there may be differences and tensions it can be in the interests of a community to reflect and explore whether there are no grounds for re-evaluation of long accepted certainties. After all, Westernization and modernization has inflicted this imperative on all communities and Confucian values can introduce themselves in a much milder and more nourishing manner, particularly if they are part of an early education that equally includes local tradition and culture.

When one considers after serious reflection the cost of neglecting such an education, at least for a portion of a population, it is hard to reach a negative conclusion, no matter how shocking the suggestion may seem initially. Can one seriously choose a future where one's community is shaped by a Confucian tradition that is little understood but continuously sets new and leading standards for which few, if any, are prepared. After all, this is no more than Englishmen and Americans have expected of, even imposed on, the world after 1945 in International Institutions shaped by English language values and expectations. The challenge is different and in some ways more difficult but the reasons outlined above suggest it can be seen as more benign, nurturing and rewarding.

As explained in earlier parts of this paper, Confucian values will inevitably play a definitive role in the Asian, as in the global, future but the character of the challenge and opportunity will reflect local tradition, culture and history and will vary greatly across the region in ways that are not easily predicted.

Confucius Concept of Harmony and Muslim Culture

[Egypt] Mohamed Noman Galal

[Expert in Chinese culture and history, Former Ambassador of Egypt to China, Former deputy foreign Minister of Egypt]

I. Confucian Philosophy

Confucian philosophy could be dubbed in general as the philosophy of harmony. Human life is based on four main concepts. Two are that of harmony and complementarities which lead to peace, coexistence and love. The third and fourth concepts are conflict and competition which lead to destruction, wars and hatred. I will the focus basic concepts that deal with the good nature of human being particularly in the Chinese philosophy.

Confucianism (*Rújiā*) is the philosophy of ethics and morals developed by Confucius (*Kong Fuzi* or *Master Kong* 551-479 BC). It advocated totally opposite concepts to legalism. It stressed the importance of education for moral development of the individual so that the state could be governed by moral virtues rather than by the use of coercive laws. *Mencius*, who was the second exponent of this philosophy, said that, "*Ever since Man came into this world, there has never been one greater than Confucius*". Confucius believed that people live their lives, within the parameters firmly established by "*Heaven*", which means that the "*Supreme Being*" as well as "*Nature*" have fixed cycles and patterns, although he argued that men are responsible for their actions and especially for their treatment of others.

Confucius's social philosophy largely revolves around the concept of "*ren*", which means compassion or loving others. His political philosophy is rooted in his belief that a ruler should learn and practice self-discipline and govern his subjects by his own example, i.e. if the ruler is good the subjects will be good. He advocated the necessity of conformity between names and deeds in his theory of *"Zhengming"*, i.e. a proper use of language or rectifying the behavior of people so that it exactly corresponds to the language by which they identify and describe themselves. The *"de"* or virtue is the moral power that allows one to win followers without recourse to physical force.

"Da' tong" means the universal harmony. The term refers to the time of peace and prosperity envisioned by Confucius and his scholars when all people under heaven are but one family, equal, friendly and helpful to each other that is contrary to *Xiao Kang ideas of minor or moderate prosperity.(See key concepts in Chinese Thought and Culture editor pp. 7-8.)*

II. Muslim's Culture

In Muslim's culture one finds that the two concepts of the good nature of human beings represent the base of human evolution The concept of duality: day and night, light and darkness, warm and coolness, life and death, Heaven and Hellfire... are often repeated in the Holy Qur'an as a great sign of the power of Almighty. Many Muslim philosophers and thinkers, including the most famous sociologist, *Ibn Khaldoun* (1332-1406), explained the history of humanity including the rise and fall of Muslim dynasties on the concept of power and using force, which he called *Asabyia*. This concept of *Asabyia* is nothing but a manifestation of the concept of conflict. Other Muslim philosophers called for harmony, prominently among them *Al Farabi* (870-950), in his famous Book "*Al Medina Al Fadala*" or "*The Virtuous City/state*". In fact, the cardinal concept advocated by Islam is the concept of harmony and solidarity among people in society and humanity at large without any discrimination due to their ethnic, tribe, people, race, religion, and class or gender etc.

Some important Qur'anic verses can be quoted in this connection. First is a verse in the Holy Qur'an that states, "*O" Human being, we created you from male and female and spread you over as tribes and people to get to know each other". (Verse 13, Chambers Sourah)*

Second is a verse in the Holy Qur'an that advises Muslim to make peace as their main priority in their relations with others, even during wars and conflicts, *"If they- the enemy- showed inclination towards peace, you, Muslims, must do the same"*. (*Verse 61 Sourah Spoils*)

Third is the verse that advises Muslim to even double efforts to achieve peace and harmony, as it stipulates clearly that the purpose for creating human being is to develop the earth to build a better life and not to surrender to quarrels, conflicts, or wars against each other. I quote *"God says: I will create human beings to be viceroy on earth i.e. to live on earth and develop it, the angels answered* back that this human being will do bad deeds, corruption and *bloodshed. God answered that I know what you; angels, don't. God taught Adam all names i.e. professions to work and develop earth"*. (*The Cow Sourah, verse 30*).

Fourth verse in this connection stipulates that God "advises human-being to enter into peaceful relationship through knowledge and to get to know and cooperate with each other for noble causes not for evil deeds or aggression". (*The Table Spread Sourah, verse 2.*)

III. Humanity and Scourges of Wars

Since the beginning of the 20th century onward, humanity has suffered from the scourge of wars and devastation. Thus, thinkers and philosophers called for establishing international organization to monitor, organize and control the relations among nations. Consequently, wars could be avoided; harmony could be established and peace would prevail. The Five principle of Panchasheel signed by late Prime Ministers of India and China in 1954 laid down the relations of peaceful coexistence not only between the two neighboring countries but also worldwide. At a later stage these principles were incorporated in the UNGA Resolutions. However, the border's war between China and India in 1962 dealt a set-back to the relations between the two countries.

IV. Observations from the March of Humanity

Pondering upon the march of history, one can come to four basic observations as follows:

First: Selfishness, greed and bigotry are the core reasons for all conflicts among people and nations.

Second: Due to the huge devastation and destruction of many lives of people, their properties and some of the achievements of humanity through the ages. Consequently, many philosophers, thinkers and even wise individuals over the years, have called for peace, harmony and cooperation. In the modern political terminology one could say that they called for peaceful co-existence. The Afro- Asian Movement, which begot the Non-Aligned Movement, is one of the recent political manifestations world-wide in this endeavor for peace, harmony and cooperation among nations. Towering political leaders in this connection could be remembered for their dedication, their vision to promote such concepts and to advocate the Afro- Asian as well as Non-Alignment Movements. *Nehru* of India, *Zhou-en lai* of China, *Nasser* of Egypt, *Sukarno* of Indonesia, *Nkrumah* of Ghana and *Tito* of Yugoslavia are but a few of such galaxy of leaders who championed this endeavor. One Swedish scientist managed to leave his imprint to this noble concept of promoting peace and harmony in the world, i.e. *Alfred Nobel* (1833-1896).

Today in China, since the "*Opening and Reform Policy*" initiated by *Deng Xiaoping* (1904-1997) in 1978 that re-oriented Chinese policy to focus on development, peace, cooperation, mutual benefits and common interest. Thus great achievements have taken place. The outstanding achievements of China are clear proof that if harmony prevails, individuals, societies and nations can be prosperous as well as safe and secure. The call of former President "*Hu Jintao*" (1942), to build a harmonious society and harmonious world relationship is very pertinent in this connection. Albeit, in the history of political thought, the concept of Harmony is but a one idealistic concept, as many philosophers advocated that the concept of conflict is the predominant concept all over human history.

Third: All religions and creeds call for peace and harmony. Nevertheless, some politicians, businessmen or even fanatic clergy from all religions and cultures envisage conflicts and wars as a way to develop their nations through military industry and invasion of other nations. The economic concept of "*cut-throat competition*", or the military concept of *brinkmanship*, or the political concept of *invasion / conquest,* or the religious concept of *mis-*

sionary and converting others to one's own religion, are only a few of the nefarious concepts promoted by shortsighted politicians, clergymen businessmen and military people.

This way of thinking and behaving that led to the modern concept of a clash of civilizations, thus declaring wars against many cultures and countries. Consequently, fundamental human rights are violated and even lost, i.e. the right to life and to live in a safe and secure environment also the right of people to self-determination and to choose their own regime/ government according to the wish of the people. The right to freedom of thinking and of expression is curtailed due to the Neo-cons concepts advocated by certain leaders, scholars and clergymen in certain parties of the world, which might form a new *McCarthyism,* named after *Senator Joseph McCarthy* (1908-1957).

Fourth: The way out, of our current dilemma or the vicious cycle of violence, conflicts and wars, is through dialogue and reconciliation. This approach of dialogue, though it sometimes seems tedious and endless, is less perilous and could lead to reconciliation and harmony rather than mobilization of forces to settle differences through saber rattling. Once more, Islam calls for dialogue and using good and logical argumtation in a sober way to achieve one's objectives. This is mentioned in the Holy Qur'an. (*The Bees Sourah verseno.125*)

V. Current International Situation

Reflecting on the current international situation, one can envisage certain characteristics salient among them are:

1. The revolution of cyber technology and its impact on information and communication technology (ICT) that has shortened distances, brought down barriers and boundaries, and opened the skies, is an over-whelming factor in creating a new world managed by dialogue.

2. Globalization phenomenon has changed and affected the nature of human rights in substance, form and practice.

3. New development in the international law and international judicial system, particularly the increasing role of the UN Security Council in issues of human rights and humanitarian law, including the responsibility to protect.

The assertive role by the International Criminal Court (ICC) towards the violation of human rights, have led to a new stage and a new perspective in looking at the issue of human rights world-wide.

4. The increasing importance of the UN Council on Human Rights, as well as other international, regional and national NGOs, have led to the issue of human rights becoming the focus of attention, particularly the role played by human rights watchdog organizations.

With the advent of the 21st century concepts new generations of human rights emerged such as the right to clean environment, right to health, right to food, and right of humanitarian intervention... are emerging strongly and gaining ground worldwide. Freeing people from hunger, providing them with health care and education became an international priority for all countries with the adoption of the Millennium development agenda at the UN summit in 2000. The summit meets every 5 years to review the achievements towards the set goals in the run towards a deadline by 2015. One of the shining experiences in achieving these goals is China. In 2015 the UN 70th. Session adopted the 17th. Goal agenda was adopted for sustainable development to be achieved by the year 2030.

VI. World Common Values and Principles

A thorough look at Islam's main principles, one could find a lot of similarity with other religions and creeds all over the world, particularly as far as principles and values are concerned. I believe that our role as intellectuals is to highlight the common ground between various religions or creeds. Thus, we can promote the concept of harmony and cooperation for the noble cause which is peace. Consequently, according to the authentic readings in Islam as in the Holy Book i.e. *Quran*, I believe that there are lots of common principles between Islam and other religions. The differences in Muslim interpretation unfortunately are the source of conflicts not only between Muslims and non-Muslims. but also among various sects and factions in Muslim world. This is a normal human being approach and thinking. This situation happened in all religions and creeds as well as philosophies. In my view, the proper reading of the principles of Islam is through the Holy Book and its interpretation according to three principles: First is the spirit of the religious texts. Second is the historical events and circumstances in which Islam as a religion emerged i.e. the history related to the revelation of the various Verses or Chapters. (Souras of Quran) Third the principle of change. *Quran* is a book of holy script. However, interpretation is done by people whose understanding differs from one place to other as well as from one generation to other. As we are living in the 21st century, religious script should be interpreted according to the new information, new knowledge and new circumstances. This flexibility is one of the guiding principles in Islam. The only condition is the clear dealing of a certain text with an issue such as believing in one God, banning all sorts of alcoholic drinks that get a person drunk and losing his sound thinking and judgment or proper behavior. And other issues where there are texts with definitive meanings, that do not need further interpretation. However, most of the issues related to economy, social and political practices in societies are left to the discretion of the human being/ citizens of the state.

The general principles and values in the Islamic religion are similar to the principles and values in other religions. This is common among all cultures or societies. These values and principles are the base for organizing the entire heavenly message as well as worldly social human life.

I will highlight these basic principles and values which are common in the following points:

1. The unity of religion which emanates from God, regardless of the name of Deity or religion. The unity is based on having one main source of all creation. He is the lofty Supreme Almighty which is beyond human's strength and values or even his imagination.

2. Rejecting and abhorring any sort of discrimination between nations and people as a result of differences in color or shape, race, gender, religion, sect, social class or any other consideration or criteria. This represents a core of the principles of harmony, consensus and cooperation among people for the future generations to live in world peace, prosperity and abundance looking always forward to the future not backward into the so called glorious past.

3. Islam advocates, in the field of relations among human beings, the principle of cooperating and working together according to what is common among everyone and leave the marginal differences which have its aim to en-

rich the life and indicate wisdom of God and the aspects of various beliefs to serve such wisdom. Needless to say, that the terms of reference are the unity of the Creator of not only human beings but also all beings/creations.

4. Islam rejects and abhors the concept of domination, control or submission in the interaction between human beings. It promotes working in the framework of equality and harmony.

5. Upholding the concept of justice is a pillar of Islam as well as in all political systems and diverse human relationships.

6. The dialogue and interaction are the means and tools for solving differences, achieving compatibility and balance. Consequently, the process takes into account, the interests of all parties in the dialogue.

7. Islam upholds highly the concepts of human rights and fundamental freedoms. Dignity of human beings represents a fundamental pillar of Islam and all religions and beliefs as well.

8. The human evolution is based on the principle of the divine succession of human beings. Islam encourages research in science and upholds it as a tool for progress that benefits everybody.

9. Tolerance and forgiveness are the pillars of human coexistence rather than the desires of the conflict or revenge.

10. The separation between religion as principles and values, and religion as rituals and practices of the people is an important pillar of Islam. The stability of societies is based on the concept of religion belongs to God and is from God, while politics is human being's craft and responsibility.

To conclude, one could say that the objectives of all religions are the same. It is achieving balance and taking into account the interests of all people which should be the result of the dialogue among human kind.

VII. Five Ideas/Concepts to Save Humanity

It is to be recalled that developing countries and former socialist countries took a balanced approach, at least theoretically, towards the UN system advocating the five following ideas in relation to the issue of human rights: and world future.

First, the idea of complementarity and indivisibility of civil and political rights; as well as the economic, social and cultural rights, which are adopted by the developing countries.

Second, the idea of the right to development as a basic human right so that developing countries could raise the standard of living for their people.

Third, the idea of cooperation between the developed and developing world, which was advocated by the Non-Alignment movement. It is envisaged as a way to bridge the gap between North and South and to alleviate the sufferings of the people in the Third World.

The fourth is the concept of win-win game. This concept aims at taking into account the interests of every involved nation.

The Fifth is the concept of dialogue as a political means to solve all differences and conflicts on the basis of compromise.

These five concepts mentioned before represent what I could call a balanced approach to promote harmony, peace, security and to avoid conflict among nations.

VIII. Chinese Contributions for The Future

Unfortunately, the divide between North and South still exists and the gap is increasing. Needless to say, such a situation does not lead to harmonious international relations.

Thus the call of former President *Hu Jintao* and his advocacy to build harmonious international relations represents a cornerstone in the march of Chinese foreign policy.

Also the call of president *Xi Jinping* to build a new civilization through cooperation represents a new milestone in the march of humanity.

Islam in its authentic principles, as I explained in section IV of this paper, advocates harmony and peace.

So did Confucius more than two thousand years ago before many religions.

Many serious and true advocates of human rights, at national, regional and international levels, refuse and denounce concepts such as the clash of civilizations, xenophobia, Islamphobia and hatred of others...etc. Such ideas represent nothing but myopia, and lead to nothing but fomenting conflicts, wars and hatred among people and nations.

Conclusion

After quick review of the mains concepts of Chinese and Muslim cultures as well as the march of human history, one may envisage the following conclusions:

First, emphasizing the concept of building harmonious international relations is a necessity for such a noble concept. It is the dream of humanity throughout its march towards development and prosperity. We should work to make it a sacrosanct concept for the coming generations to be able to enjoy their basic human rights and fundamental freedoms.

Second, it is a sound approach to thinks about future vision for the world at large. It is also legitimate to dream of peace, harmony and prosperity. One cannot overlook that many great achievements in human history had started as dreams. Later on, with the development of knowledge and the dedication of our scholars and cohesion of our societies, these dreams becomes a reality thanks to the perseverance of those who believe in the common destiny of human being.

Third, it is important to reemphasize our belief in the values and morals advocated by various religions, creeds, philosophies and cultures. Such values are the outcome of human experiences they could lead us to a brighter future.

Today, in a turbulent world, full of proxy wars, civil wars and wars against terrorism, the United Nations is direly needed. As the world is suffering in a devastated way from foreign interference and intervention it is pertinent to conclude with the first sentence of the UN Charter that says, "We, the people of the world, are determined to save succeeding generations from the scourge of war which twice in our lifetime has brought untold sorrow to mankind. We are determined to reaffirm faith in fundamental human rights, in the dignity and worth of human person, in equal rights of men and women and of nations large and small".

A Framework for Inter-Civilizational Co-Existence: The Inclusive, Holistic, Confucian Model

[Malaya] Peter T. C. Chang

[Dr.,University of Malaya, Malaysia]

Introduction

Retracing Marco Polo's steps over the continent and *Zheng He's* voyages across the oceans, the One Belt One Road (OBOR) initiative is driving China back to the frontier of civilizational engagements. A prospect that posits opportunities for growth as well as risks of conflicts. Indeed the dangers of clashes along ethnic, cultural, and religious divide is all too real, historically as well as in the present time.

In this article, I plan to argue that how civilizations engage with each other is a function of their underlying worldviews. And that some religious and philosophical worldviews are more amiable to accommodation while others less receptive to toleration. The aim of this study is to make the case for reinstating the Confucian order, arguing that the ancient Chinese holistic vision provides the best framework to support the harmonious co-existence between civilizations. This thesis will be developed in two parts.

The first sets Confucianism up against another venerable civilization, namely, Christianity. I will perform a comparative analysis of the Christian West's and Confucian East's historical encounter with the world. Contrasting the maritime expeditions of Vasco da Gama and *Zheng He*, this study explores why historically the West manifested a stronger missionary impulse, via-a-vis the East, to Christianize the world. This difference I plan to show is due to their paradigmatic view of the world. As oppose to Christianity's exclusive theology, the Confucians advocate an inclusive philosophy that affirms plurality. This inclusiveness I explain mitigated ancient China's inclination to Confucianize others, affirming instead a pluralistic order that sustains the co-existence of diverse traditions.

The second part of this paper is a Confucian critique of secular modernity. As was the case, appalled by atrocities committed in the name of God, much of the modern world, China included, turned to secularism to contain extreme religiosity. While effective in maintaining order, I will argue that the secular ethos is not without problems. Modernity sidelining of the sacred has resulted in a lopsided model of development devoid of spirituality. More crucially the secular milieu is similarly vulnerable to unrestrained excesses. The Confucian order, as will be argued, provides a more balanced, ethical counter response towards the idiosyncrasies of intemperate religiosity.

The overall objective of this paper is to make the case that in order to facilitate a constructive civilizational engagement, secular China needs to become reacquainted with its sacred past. More specifically, the contemporary Chinese milieu needs to be re-anchored upon the Confucian inclusive, holistic worldview. By so doing the PRC can better deal with the inter-civilization challenges that the OBOR initiative is presenting.

I. Christian West and Confucian East

In 1405 *Zheng He* set sail, on the first of his many voyages down the *Nanyang*, with multiple stopovers in Malacca. Approximate 90 years later in 1498, Vasco da Gama, navigated around the Cape of Hope, setting base first in India. The Portuguese entourage then ventured further, docking in Malacca, and finally dropping anchor in Macau. These maritime heroes, and their epoch-making expeditions may be seen as the historical epiphany of the global aspirations of their respective worlds, namely the Chinese Confucian and Euro-American civilizations.

Indeed, the German philosopher Karl Jasper described Confucianism and Christianity as Axial Age religions, in that both extol a universal vision, with a divine commission to construct a moral edifice that embraces the whole of humanity, regardless of race (Jaspers, 1953). (By contrast, non Axial Age religions are ethnocentric traditions such as Judaism and Shintoism.) [1] The Christian church, for example, regards the biblical gospel as efficacious for all, whereupon people of diverse ethnicities can embody the Christian way of life and ultimately attain salvation. Likewise, Confucians avow that every human by nature are born with innate good, and through disciplined moral self-cultivation, possess the potential to be nurtured into noble sages. On these accounts, Christianity and Confucianism perceived themselves as Apex Civilizations, endowed with ethical precepts and spiritual insights to be promulgated universally for the edification of the human family.

As history had it, the Portuguese wayfarers were followed by other European explorers whose adventures subsequently covered all the fours seas. Aside from reconfiguring the social-economical-political structure of the colonies, the West also revamped the local cultural habitat, enforcing the Christian creed upon the native inhabitants. While controversial, these Christianization missions had the effect of elevating Christianity into a truly global religion, as the Christian faith is now practiced in every continent and by people of diverse racial makeup.

The same cannot be said of Confucianism. To begin with, as compared to the West, *Zheng He* maritime exploit was short lived, with a limited geographical reach, confined to the territories skirting along the South China seas and edges of the Hindi Ocean. In addition, the Middle Kingdom's power was projected via the tributary system rather than through a direct conquest of the periphery kingdoms. And more pertinently, there was no conscious attempt on the part of the Sinic civilization to Confucianize those subordinated states. The consequence of this absence of effort to transmit the Confucian ethos is that this ancient Chinese philosophical-religiosity, after over two mile-neum of existence, remains a predominantly northeast Asia phenomenon as well as a Han-centric tradition.

If espouses a universalistic vision, why did not Confucian East exude similar Christian West zeal to transform the world? To be sure like the latter, the former sought to better the fate of humankind. But unlike Christianity, the

---

[1] By contrast, non Axial Age religions are ethnocentric traditions such as Judaism and Shintoism.(See Jasper, 1953).

Chinese philosophers do not see the need to Confucianize the entire world. This dissimilitude can be attributed to these two Axial Age religions different strategies, namely, the Christian "one way" versus the Confucian "many ways" approach to actualize their respective conception of the ultimate good. I shall elaborate.

1) One Way versus Many Ways

As mentioned, Christianity avers that all human can attain salvation in the afterlife. But to achieve this, a person must conduct his or her present life in accord with two sets of norms. The first are behavioral codes embedded within General Revelations. These are commonly known as the natural law, which is accessible to all human being. The second are the Special Revelations. These represent decrees uniquely manifested by God to a specific group of people, at a particular time in history, namely, the descendants of Abraham. This "chosen tribe" subsequently evolved into the wider faith communities customarily referred to as Religions of the Book, namely, Judaism, Christianity and Islam. (Armstrong, 1999)

In Christianity, the Bible is extolled as the final depository of these specially revealed sacred pronouncements. Accordingly, Christians believe they alone procured the complete prerequisite knowledge for human salvation. And the only "one way" to secure eternal life is to live our temporal existence in conformity with the Holy Scripture.

It is on this account that Christianity conceived itself as a "chosen tradition", the divinely elected recipients of Special Revelations, and entrusted evangelists of the Good News to a humanity mired in iniquity. These are the key motifs that drive the Western missionary enterprise to Christianize the world, as so to save the world. More recently, it inspired the modern American sense of "manifest destiny", as the predestined Western civilization to provide moral and political leadership to the rest of the world (Merk, 1966).

The ultimate good, for Confucianism, is to live the sagely life of a *Chun Zhi*. And to consummate this idealized selfhood, a person must order his or her conduct in alignment with *Tien Li*. And for the Confucians these Heavenly Principles are naturally discernible by all humankind, without the necessity for extraneous supernatural revelation.

Thus, unlike Christianity, ancient China has no equivalent notion of *Tien* communicating only to a specific race. Rather, according to the early Chinese thinkers, every proclamations of Heaven are universally accessible to the entire human race. Correspondingly, each persons and by extension traditions, posses the essential knowledge to bring into fruition a sagely existence (Ching, 1977).

Now, while the Confucians believe all has the potential, not everyone actualizes it. Mo Tzu and Mohism, for example, was refuted by the Confucians for espousing teachings that contravene the Way. But for those who fulfill this innate capability, Lao Tzu and Daoism, for instance, the Confucianists would accord them due recognition and welcome their collaboration.① This pluralistic affirmation is encapsulated by the Chinese practice of multiple-religiosity. It is not uncommon to meet a Chinese person pledging allegiance to Confucianism, Daoism, and Buddhism, all at the same time (Ching, 1993).②

What these underscore is the Confucian universal concept of moral efficacy. Unlike the Christian doctrine of the "chosen tradition", for the Confucian, moral superiority is not predestined. Instead, it is egalitarian, open to all, and bestowed on the basis of meritocracy. That is to say, each person and

---

① The Confucian inclusiveness is not unconditional. Historically, Mohism and various Buddhist sects, among others, were excluded from the Confucian order on grounds of incompatibility in values. In modern times, religious movement with extremists or militant tendencies, for example, could face similar censure. In some ways, the contemporary conservative Confucianists' reservations towards aspects of Christianity may have some validity. This is true with regard to the Christian's view of other belief system, especially the fundamentalists' position which forbid any form of interreligious cooperation. A Christian exclusivity that would lead the Confucians to judge them as unqualified for partnership.

② By contrast, in Christianity, a believer rarely lay claim to a multiplicity of faiths. This attests to the Christian sense of superiority, a trait in common with the Confucians. However unlike the latter, the former's supremacy is non-inclusive. This is due to the Christian dogma that as the sole recipient of God's special revelation, the Christian church alone posses what is indispensable for human salvation. For this reason, notwithstanding some liberal exceptions, mainstream Christianity especially the fundamentalists disregard the efficacy of the other world religions. In point of fact they consider any form of religious syncretism like those practiced by the Chinese as sacrilegious. See Paul F. Knitter, *No other name?: A critical survey of Christian attitudes toward the world religion.* (N.Y. Orbis Books, 1985).

traditions have to develop their potential, prove their competency, and hence worthiness to assume leadership role.

What this means is that as oppose to the Christian "exclusive" "one way" scheme to attain salvation, the Confucian moral enterprise affirms an "inclusive" "many ways" approach to realizing the *Dao*. Put differently, the ancient Chinese do not regard Confucianism as the sole custodian and transmitter of the *Dao*. There are other worthy intermediaries who can effectuate the actualization of harmony on Earth.

Herein lies the main explanation for the Chinese apparent lack of zeal to Confucianize the world. Surely, as with the Christians, the ancient Chinese sages were critical of the moral condition of their times and worked to transform the world-at-large. But unlike Christianity, they do not see the remedy as residing in Confucianism alone, some other traditions are as capable of dispensing corrective measures. It is for this reason that historically the Confucian East was never as encumbered by nor transfixed with the sacred burden of the Christian West, as God's elected tradition to venture forth and evangelize the world.[①]

2) The Confucian's Pluralistic Vision and Softer Encounter with the World

Now as part of a wider soft power campaign to soothe the PRC's image abroad, Beijing has installed an extensive network of Confucius Institutes across the globe. This has become a controversial project not least because some have questioned if these institutes in their present form are bona fide conduits of the Confucian precepts. Other critics, especially those in the

---

① An additional explanation for this parochialism is the Confucian doctrine of concentric circle. Its basic premise is to recognize the stages of engagements, with local obligations generally taking precedence over global matters. The admonition is to resolve family matters ahead of acting on challenges at the village, provincial and national level. Putting this colloquially, until one's household is in order, it is inappropriate and premature to meddle with affairs at the outer circles. The Confucian "mind your business first" priority has unintended effects. It molded into the Chinese psyche a preoccupation with domestic issues and a corresponding reluctance to engage others. This partly explains why the Sino civilization, despite exhorting a universal vision, rarely venture beyond its immediate boundaries to interact with the world-at-large.

West, warn of an ideological Trojan Horse implanted in universities to propagate the PRC's illiberal worldview.[1]

Be that as it may, the question at hand is that if and when the Confucian tradition is fully rejuvenated, will modern China seek to "Confucianize" the world? If history is a reliable guide, the answer is no. Certainly, as an Apex Civilization the Confucians may attempt to "civilize" what they perceived are the lesser civilizations. However, as the above theological analysis shown, unlike Christianity, the Confucians would not seek to remodel the world wholly in its own image. As a matter of fact, the universal order envisioned by the ancient Chinese sages is a pluralistic one, where diverse philosophical and religious traditions, if proven meritorious, could co-exist harmoniously to provide humanity with collective moral leadership.

Indeed, another unique feature of the Confucian enterprise is its preferred mode of transmission, namely, through exemplary leadership. To the extent conversion is warranted, it is the Confucian preference to bring about moral change via inner rehabilitation rather than external compulsion. At the level of statecraft, this is translated into the doctrine of the benevolent ruler in which Imperial China's dominance was to be projected outwards via superior virtue rather than military prowess. The ancient Chinese were convinced that when the Emperor reign magnanimously, the minor kingdoms would be won over, without coercion, to the way of the Middle Kingdom. As Mencius asserts: "When the ruler is benevolent, all are benevolent. When the ruler is righteous, all are righteous. Once the ruler attains rectitude, the state is well governed". This idealistic belief in the transformative power of sagely kingship is another trait that helped shaped the Confucian East softer non-coercive vis-a-vis Christian West assertive encounter with the world.

---

[1] As is the situation right now, most of the established Confucius Institutes operate as defacto "cultural centers" with the Chinese language classes as its core and most popular offering. Other activities include promotion of arts and crafts, with some branches even providing trade and business related services. At this early stage of its inception, programs aim at elucidating Confucianism as a moral-political philosophy remains underdeveloped. Though this could change as the Confucius Institute project mature into a more scholastic venture. See James F. Paradise, China International Harmony: The Role of Confucius Institutes in Bolstering Beijing's Soft Power. *Asian Survey,* Vol. xlix, No. 4. (2009), pp. 647-665.

II. Confucianism and Secular Modernity

At the onset of the 20th century, enthralled by enlightenment euphoria, the Chinese world chose to disavow their sacred past to embrace secular modernity. And a century later, China today is beginning to rehabilitate its ancient religious and philosophical traditions. That said, the CCP-PRC remains officially a secular party-state, as Beijing continues to asserts its allegiance to Marxists socialists ideals. A stance that concededly reflects modern China leaders' residue aversion towards traditional beliefs and practices, a reservation not unjustifiable since unchecked religious passions are still a source of prejudice, fanaticism and violence. But turning to radical disenchantment as antidote against extreme religiosity is not the best prescription. This is because like the sacred milieu, secularism is underpinned by dualism, a bifurcated worldview that can unleash unbridled zeals of the sacred as well as secular genre. But first let us examine the idiosyncrasies of the religious type.

1) Confucianism versus Sacred Dualism

In dualism, reality is demarcated into distinct asymmetrical realms of reason and sense, material and spiritual, earthly and heavenly. In sacred traditions such as Christianity, this dichotomy is tilted against the temporal and mundane, deemed as inferior to the eternal and transcendental. Indeed, for the Christian, it is life after death that matters ultimately. To be sure, life in this world remains sanctified and fate in the afterlife hinges on how we conduct our present life. Even so, an innate bias against the physical, this-worldly dominion persist. And it is sacred dualism's elevation of the other-worldliness that unpropitiously lend itself to a virulent form of theism that justify violence committed in God's name.

Indeed, in Christian theology, the infinite creator is deemed as fundamentally different and superior from the finite creation. As such the eternal transcendent is not restricted by the temporal mundane. Divine miracles, for example, could contravene the law of nature. Edicts from above too may overrule ethical norms below. A case in point is the episode concerning Abraham who was challenged to sacrifice Isaac, his infant son, as a sign of loyalty to Yahweh.

Herein lies the ethical paradox of dualistic theism: the omnipotent deity, in its radicalness, could impute such wrath as to confound human justice. To be sure, these are extremely rare events, occasioned by extraordinary circumstances. But the prospect exists whereupon the divine could intervene in a manner that violate the mundane order. And here is where the inherent risk with dualistic theism resides. Even if anomalous, this radical view does provide theological justification for the suspension of ethical norms on account of a supreme authority who presides over and above natural law.

It is this dualistic belief system that underpins the Islamists extreme behavior today. Simply put, in the militant Islamists assessment, the holy order is now so besieged by vile that a fervid counter-response is warranted. The righteous is compelled to wage a ferocious jihad, in an epic battle of good and evil, in order to save the earthly realm from perdition (Yael, 2010).

When captive to such an apocalyptic vision, dualistic theists become hostage to a deviant form of eschatological morality. The quest for the heavenly can be so all-consuming that it justifies the deployment of any earthly means, including the most abhorrent one. For all intents and purposes, in such a scenario, it is might, albeit a purportedly divine one, that makes right, unencumbered by ethical restrains (Juergensmeyer, 2003).

Confucians repudiate this variant of theism because of the Chinese organic worldview. In contrast to dualism, the ancient Chinese view the world as fundamentally one. To be sure, through the *yin-yang* lenses, premodern China similarly perceived the world dualistically. But the Chinese polarity is embedded within a broader organismic cosmology where all things are seen as emanating from and ultimately converging back into one source: the fountain head of *chi* energy. In such a cosmogenesis, there is no radical dichotomy separating the celestial and terrestrial, divinity and humanity. Indeed, some Confucianists depict humankind as co-terminus with the transcendent and as co-creator of the cosmic order (Tu, 1985).

Of course, as noted, the Way is in the end elusive, confounding human comprehension. But unlike dualistic theism, in Chinese holism, the transcendent is never so inscrutable as to contravene the mundane order, and heaven would at no time issue decrees that violate earthly norms. Framed in ethical terms, for the Confucians, there is an all encompassing convention that regulates the universe, the natural and supernatural, the this-worldly and other-worldly. This continuance is captured by the philosopher's counsel against excessive preoccupations with the afterlife that would undercut obligations in the present life.

Herein lies the unique feature of the ancient Chinese theism, embedded within an organic cosmology, it sees humanity and divinity, the temporal and the eternal, as bound by a common law. Put colloquially, for the Confucian, no one is above the law, not even God. (It is in this sense, for its lack of a radical transcendent, that Confucianism has been ascribed by some as a humanistic albeit sacred tradition (Tu, 2001)).

2) Confucianism versus Secular Dualism

As said, shocked by the violences and cruelties committed in God's name, modernity acted to restrain religious beliefs and practices. At the epistemological level, reason is elevated above sentiment, and scientific knowledge set to oversee and supercede divine precepts. In terms of governance, the secular ethos dominates the public domain, as the sacred is relegated to the private sphere. This has become the modern world's *modus operandi* in dealing with religion. On surface, the secularists, like the Confucianists, are acting to contain what they perceive as the excesses of the sacred milieu. But the responses of these two schools of thought are in actuality guided and motivated by fundamentally different worldview, namely dualism and holism.

As already noted, in dualism, reality is demarcated into distinct asymmetrical realms of reason and sense, material and spiritual, earthly and heavenly. While in sacred traditions, this dichotomy is tilted towards the spiritual and heavenly, the converse is true of secularism where the mundane takes precedence over the transcendent.[1] Indeed, with reason as the supreme guide

---

[1] In dualistic traditions such as Christianity, reality is demarcated into distinct, asymmetrical realms, where the material, mundane, is deemed as fundamentally different and inferior to the spiritual, transcendent. Encapsulated within a linear timeline, the earthly is deemed as ephemeral, to be superceded by the interminable heavenly. This teleological vision defines the Christian ultimate telos, namely, spiritual salvation in the afterworld. Certainly, life in this world remains sacred yet due to an innate bias, impudence towards the temporal persists. In extreme cases, this lead to repudiation of the present existence. The afore-discussed idiosyncrasies of religious fundamentalism is an apt illustration of how the inordinate fixation with the hereafter could result in the abnegation of the here and now.

the aspiration of the secular order becomes rationalistic and this-worldly, dispensing the non-rational and other-worldly desideratum. Surely, the modern world is not divested of the sacrosanct. But a general disinclination towards the spiritual realms remains and this bias can lend to radical disenchantment, as was the case with modern China. From the Confucian perspective, this desacralization had unintended consequences. In what follows, I will examine two fallouts from secularism, namely, erosion of China's social moral fabric and degradation of the mainland natural ecology.

2.1) Disenchantment and the Moral Crisis

The dawn of the 20th century witnessed a tumultuous China abnegating its sacred past in favor of secularism. To be sure, the modern Chinese are no less ambitious in espousing a universal aspiration of a socialistic utopia. While not without missteps the PRC did manage to sustain semblance of a disciplined order, extolling and cajoling the masses into self-sacrificing communal existence.

Erosion of the socialist ethos has in reality precipitated a broader moral caving in of the Chinese world. In the absence of a new constellation of values and everyday self-forming practices, contemporary China is beginning to shift into an ever more individualistic, materialistic, and immoderate way of life. Media today are rife with reports of everyday norms—be they moral, legal or regulatory—being breached on an alarming scale, involving every sector of society, and by so many in every walks of life (Ci, 2009).

From the Confucian perspective, the source of today's moral crisis predates capitalism and even socialism. It stems from secularism and the radical disenchantment of the Chinese world. As alluded to, in refuting the premodern cosmology, modern China turned to science for an explanation of the universe. And among others, Darwin's evolutionary theory in particular exerted the deepest impression on how 20th century China conceive reality.

Closer to Xunzi than Mengzi, Darwin's stance is a familiar one: homo sapiens, as with rest of the animal species, are essentially driven by the banal instinct to survive. And to the extent humankind do co-exist, this is sustained via the confluence of mutually self-preserving impulses, a *modus vivendi.* And in this Darwinian world, it is the law of natural selection that prevails, where the strong lords over the weak, and might is the maker of right. And in this beastly dominion, survival is the ultimate endgame. Therefore, when existence descends into a dog eat dog, kill or be killed savagery, one is compelled to deploy all means necessary, immoral ones included, to avert extermination. Hence unlike the Confucian deontological morality, Darwin evolutionary ethics has no qualms employing unethical measures to achieve the desired ends.

Herein lies the root of the PRC's predicament, namely, secularism's unbridled realism. Modern China's submission to scientism has contorted the moral orientation of the Chinese world. The Confucian transcendentalism that once commanded the Sinic civilization has been superceded by the afore-discussed Darwinian naturalism. The age-old veneration for the sagely and virtuous, for instance, is eclipsed by the present generation's adulation of power and wealth. And the ancient conviction in the Heavenly Principles that restrained human conduct is usurped by a pervasive evolutionary based relativism where might be acquiesced as the subjective arbiter of right, and ends pursued uninhibited by constraints (He, 2015). Arguable, the moral malaise afflicting the PRC may be seen an outgrowth of a disenchanted mainland bereft of its traditional ethical inhibition and moral compass.

Therefore, in order to deal with the moral exigences at hand, beyond legal and political reform, the PRC needs a turnaround in worldview, to countermand the prevailing secular naturalistic ethos. It is critical that contemporary China reaffirms its ancient holistic theism and the Confucian conviction that human conducts are subject to constraints, even when pursuing the good. By so doing, a unique theistic and ethics centered Chinese polity can be reestablished to check the excesses of radical secularization, and as explained, the converse idiosyncrasies of extreme religiosity. And it is from within such a rejuvenated cultural habitat that virtuous individuals are more likely to emerge to provide the exemplary moral leadership Beijing needs to revive a listless milieu.

2.2) Disenchantment and the Environmental Crisis

As with counterparts in the US, the Chinese are yearning for an existence beyond subsistence. But by its sheer size, the prospect of China emulating the American Dream is raising environmental alarms. The burgeoning Chinese middle class growing penchant for luxury comfort is exacting untold woes upon the mainland ecology. Akin to the endemic corruption and social schism, the toxication of mother earth could trigger dire repercussions. And we are seeing Beijing ramping up conservation efforts, i.e., enacting stringent laws to procure a more sustainable developmental model. NGOs including grassroots religious movements are mobilized to foster a greener way of living. These are vital measures but to stem the looming catastrophe at its source, the Chinese milieu needs a fundamental turnaround in attitude towards nature. And this calls for a corresponding metamorphose in worldviews, from the prevailing secular dualistic towards the traditional sacred holistic view of reality.

2.2.1) Holism versus Dualism

As noted previously, the Chinese in antiquity regards all things, terrestrial and celestial, as emanating from and converging back to the singular source of energy, *chi*. Embedded within a circular cosmology, this cosmogenesis frames the primordial Chinese idealization of a holistic existence, holding in creative tension the dialectic between reason and sense, the mundane and the transcendent. It sets the Chinese on a perennial pursuit of a flourishing civilization, one that exudes both outer material vibrancy as well as inner spiritual exuberance (Chan, 1963).

As was the case, swept up by the enlightenment euphoria, modern China chose to abjure its presumably primitive premodern weltanschauung. And the Chinese revolt against the "unenlightened past" was so thorough the mainland withered into a cultural desert divested of sacred oasis. At one level, modern Chinese earthly quest has been "miraculous". Decades of unrelenting industrialization reconfigured China's hinterland into engineering marvels, adorning its coastal mega-cities with stupendous architecture monument. Yet today's ostentatious display of material prosperity belie a hollow shell bereft of spiritual vitality. As afore-explained, dissolution of the socialist ethos and modernity irreverence towards *Tien* in particular may have engulfed the Chinese world in a moral crisis.

Indeed, dismissal of the transcendent has denuded the Sinic civilization into an wholly mundane world. Divested of metaphysical aspirations, the Chinese personhood is correspondingly pared down into a mere homo economicus, whereupon self-fulfillment is focalized on this earthly existence, achieved chiefly through the acquisition of material abundance. Cut off from its traditional spiritual moorings, the masses today are left adrift, battered by the vicissitude of nihilism and hedonistic cravings. Modern China's faith in economic rationality has turned the PRC into a behemoth economic beast with a ravenous hunger for natural resources. And derogated the Chinese citizenry into a population of hyper-consumers with an insatiable appetite, exhausting the planet's finite reserves. Therein lies the cultural backdrop and root cause of today's worsening ecological tragedy, namely, secular dualism truncated worldview and modernity lopsided notion of material progress (Tu, 1979).

Now compounding this materialistic exploit is another dualism procivity, namely, anthropocentrism, where the human species are set over and against the rest of creation, justifying the unrestrained domination of the natural world. This is a disposition present in secularism as well as in religious traditions such as Christianity.

2.2.2) Humanity versus Mother Earth

According to the Biblical genesis story, Adam, created in the image of God, was set apart from and has dominion over the rest of creation. This, together with the divine injunction commanding "man to be fruitful and multiply and fill the earth, and subdue it" (Genesis 1: 27-28) critiques argue, fostered the establishment of an exploitative way of life in the Christian West that is largely responsible for the destruction of the environment (White, 1967).

Rejecting the creationist mythology, modernists turn to the evolutionary theory for a scientific interpretation of reality. And as elaborated, it advances a harsh depiction of the state of nature whereupon only the fittest prevails. And this is as much an intra as it is an inter-species struggle for survival, a battle between fellowman as well as between humankind and the untamed wilderness. While imputed divinity predestined Adam's primacy, in Darwinism, the animistic instinct to survive compels the homosapiens to assert mastery over the natural world. It is this brutish interpretation of nature, in conjunction with secularism lopsided development, that inform modern China's scientific economic conquest of mother earth as a realm of natural resource to be tamed and exploited for the propagation of the human race. An execution so successful that the explosive proliferation of the anthropoid population is now endangering the planet, and with it, ironically, fate of the species itself.

The Sinic civilization possess no equivalent Christian myth of a divine Adamic race nor the Darwinian brutish naturalism that pitches humankind against the natural world. Instead, according to Chinese anthropo-cosmology, humans have evolved out of the same wellspring of life, *chi*, that begets stones, plants and animals, as such are an integral part of the cosmic order(Tu, 2001). In this seamless "field of material force", the universe is perceived as unified, interconnected and interpenetrating. All life forms, including the homosapien genus, are fused into an organic symbiosis, the vitality of each is dependent on the creative dynamism of everything else. This cosmogony shapes premodern China's attitude towards the sublunary world, whereupon humanity is perceived as essentially co-terminus with the wider cosmic reality. Imbued with a profound sense of reverence in being one species among many, the ancient Chinese strives for a harmonious co-existence, free of domination or exploitation, with all things, including mother earth.

Now notwithstanding a wealth of eco-sensitive spiritual resources, critiques point out that the history of Imperial China is also tarnished with environmental mishaps, not unlike the modern era (Tuan, 1967). This is concededly true but there are crucial distinctions. With the former, to the extent nature is defiled, the idealistic Chinese stand accused of a dereliction of avowed credo. The same cannot be said of the latter. The prevailing secular ideology, as argued, justifies the diminution of nature as means for human-centric ends. As such, modern China maltreatments are not practical lapses but consistent outgrowth of an anti-ecological Weltanschauung. Moreover, in comparison to past devastations which are accidental anomalies, reports are warning that the degradation today is far more systematic in scope and historically unprecedented in scale, with potentially irreversible damage to the planetary whole (Economy, 2010).

2.2.3) A Fundamental Reconfiguration in Worldviews

To recap, in light of the looming ecological catastrophe, Beijing's priorities ought to be, among others, enact tougher environmental laws, increase investment in greener non-invasive technologies, and create more sustainable growth models. But over and above these countermeasures is the necessity for a deeper transformation in terms of values and worldviews. Granted that espousing a specific vision does not accordingly lend to full realization of the ideals. It remains vital nonetheless to affirm an appropriate creed for the reason that worldviews define the aspirations of a civilization, formulate the ethical norms of a society. And as argued, has qualitative impact on practical outcomes even if the extolled values are not consistently acted upon.

On this account and with regard to the crisis at hand, the imperative for China today, at the outset, is to regain their forebears' sacred reverence of mother earth. And to recultivate the age-old symbiotic mutually-dependent interaction with nature, as a correction against secularism anthropocentric subordination of the natural world. Additionally and more importantly, modern Chinese should reembrace sacred holism in lieu of secular dualism. At base this means recapturing the ancient's creative synthesis of the dialectic between reason and sense, natural and supernatural, without collapsing one over the other. And, among others, to rehabilitate the modern man from a homo economicus into a holistic selfhood, who personifies outer physical eminence as well as inner spiritual refinement, whereupon self-fulfillment is attained through the acquisition of material as well as nonmaterial enrichment. In broader national terms, this calls for transforming the PRC from an emerging hard (economic, geo-political, military) superpower into a flourishing civilization imbued with the softer currency of cultural sophistication, social-moral vivacity, and metaphysical acumen. By taking on these rudimentary renewals, the Chinese world can then be reorientated towards a less materialistic "China Dream", a more balanced way of life, and a sustainable model of growth that will exact a lesser toll upon mother nature.

Conclusion

At the closing of this past century, Samuel Huntingdon's put forwarded the thesis of the clash of civilizations, a hypothesis that has since cast a bleak outlook over our post cold war ideological landscape (Huntingdon, 1997). Indeed, in today's globalized reality, across the continents, flash points are erupting along ethnic, cultural and religious lines. And with the launch of the OBOR initiative, China will inevitably and increasingly find itself venturing into these hostile terrains.

To date, the preferred *modus operandi* for managing these intricacies, for much of the world, not excluding the PRC, is to fall back on secularism.

But as this article has shown, secular modernity is not without flaws. While for the most part maintaining order, it is also vulnerable to excesses. Secular dualism underlying irreverence towards the sacred can lend to a lopsided development with far reaching consequences, deprecating the human condition as well as the integrity of our natural ecology. And as explained, scientism with its evolutionary theory can similarly justify inhumane, brutish courses of actions, unrestrained by ethics.

From the Confucian perspective, the antidote for radical religiosity and for that matter extreme secularism, ought to be the ancient China's holistic ethos. At the outset, reembracing the Chinese organic cosmology will reorientate modern China back towards a more balanced growth that reconciles competing needs of humankind and mother nature. More importantly, founded on holistic theism, the Confucian order imposes Heavenly constraints upon human conducts, even when pursuing the good. It espouses a form of deontological ethics that rejects both secularists as well as religionists extreme consequentialism, where the ends justify the means, including immoral ones.

Indeed, in contrast to sacred dualism intolerances, Confucian holism affirms religious pluralism. The Confucian many ways, as oppose to the Christian one way approach, allows for multireligious co-partnership in the quest for the universal good, namely, harmony under the Heaven. An inclusive theological worldview that explains why unlike the Christian West, the Confucian East had never sought to Sinicize the world. Instead they chose to sustain a pluralistic order where diverse religious and philosophical traditions could co-exist peaceably.

To conclude, as Beijing pushes ahead with is its going-out policy, modern China needs to become reacquainted with its sacred heritages. More specifically, the contemporary Chinese milieu has to reembrace the Confucian inclusive, holistic worldview. By so doing the PRC can reconstitute a moral vision that will better deal with the challenges the OBOR initiative will present. A theological philosophical framework that would facilitate the harmonious co-existence of human civilizations, as well as between human and the natural world.

Chinese Values and Their Potential for Asian Regional Integration in a Multipolar World

[Spain] Raúl Ramírez Ruiz

[Associate Professor of Universidad Rey Juan Carlos Madrid,Spain]

Introduction: The Chinese Dream. A Political and Ideological Program for China in the Next Decade

Chinese communist governments have traditionally started their tenure by presenting the nation a program of action that, beyond the strictly political or economical aspects, includes a long-term ideological agenda that makes them significant and specific (Ramírez, 2013). This ideological program sets the overall goals to be achieved by the Chinese society during the following decade. In the past, Jiang Zemin launched the campaign of the "The Three Represents" and Hu Jintao introduced the notion of "Scientific Development"(Tang Xiaoju, 2012, 42-557). On his part, Xi Jinping has launched the campaign known as the "Chinese Dream". (Ramirez, 2014)

The leaders of the Chinese Communist Party (CPC) know that the economy is their main task. Their goal is to continue building an economic system that allows developing the country and, at the same time, satisfying and increasing the standard of living of the population (Jeffreys, 2009, 38-63). But they also know that strengthening and improving the leadership of the party is fundamental, for it carries with it the ideological control of the nation and the legitimacy of the Party (Yang, 2012, 149-160).

Because the CPC is aware that the economic success of the "reform and opening up" policies has weakened the belief in ideological communism, the

Chinese government now needs to establish a common ideological basis for the party and the entire nation. Considering that "the people are more than just the Party", the authorities work to find messages and ideas that represent the mentality of the people, their hopes and realities. Simultaneously, this ideological message should reflect the major ideological currents that are currently produced in the world, that is, it should suit the phenomenon of globalization. The idea underlying this is that China is able to assimilate and "naturalize" any new ideas and trends that may prove useful for the nation, far from perceptions of globalization as Westernization or cultural uniformity. These ideological efforts serve to mobilize the masses, serve the masses and educate the masses. However, this is not done in a dogmatic and rigid manner but by controlling the main message and facilitating the free and autonomous development of these ideas in the society. (Ramirez, 2014, 236)

The "Chinese Dream" thus emerges as the new ideological message and the political objective of the Chinese government for this decade, amounting to a set of ideals and aspirations for the Chinese society. Inspired by the notion of an "American Dream", it is equally based in the tradition of Chinese social collectivism, and it is aimed at the Chinese people as a whole. It is not an abstract, but a pragmatic initiative that seeks to turn China into a "moderately prosperous" nation by 2021 and a "fully developed" country one by 2049. (Ramirez, 2014, 237-240)

The "Chinese Dream" could be described as a call to "rejuvenating" the nation by "improving livelihood, increasing prosperity, realizing a better society and strengthening the military". It is a tool to continue building the "socialism with Chinese characteristics" by strengthening the spirit of the nation, uniting the people and party cadres, and offering "real" benefits to the daily life of millions of individuals. The message is also appealing to the Chinese youth, for "they should dare to dream, work hard to fulfill their dreams and contribute to the revitalization of the nation" (Xi, 2014, 43-83), and to China's ethnic minorities, for them to join these efforts. Beyond China, it is expected to be a tool of soft power, alongside other concepts such as the "mutual benefits" and "win-win" policy underpinning the so-called "Beijing Consensus" (Cooper Ramo, 2004).

Analyzing the notion, Gosset points that the "Chinese Dream" is a triptych that includes three views of China: Modern China, Global China, and

Civilizational China. The first view implies recognition of the national since Sun Yat-Sen, but also includes hopes for further progress. The second is the aspiration to rebuild the splendor of the Tang Dynasty, a China opened to the world that at the same gets back to the center of the global stage. Finally, the third view points to the reemergence of Chinese traditional culture, and incorporates the goals of social harmony and a sustainable and ecological development, in the way situation the "Chinese Dream" as a collective enterprise (Ramirez, 2014, 240).

Summarizing, the "Chinese Dream" is a reflection of the values of China, and the potential of this idea can only be understood by exploring these in a first place.

I. The Chinese Values

As Yuwen Li said, Values are standards, the core of culture, the fruit of human spirit, and they are not neutral. Any kind of values embodies both the value itself and the judgment of this value. Hence, it is this intrinsic biased element that guides people to make choices and judgments (Yuwen Li, 2012).

In general, the values we talk about refer to the values of the majority of people in the society. As a matter of fact, there are various factors for the formation of values, including not only the influence from parents, teachers, social and school life, but also the influence from an individual's accumulation of knowledge, cultural concepts and ideological inspirations. It is impossible that one's values are formed only under the influence of one factor, or the effect of just a few factors (Wang Keping, 2009, 1-9).

Contemporary Chinese values are manifested in the following phenomena[1]:

· Language and words: Chinese Mandarin characters reflect the ideological concept and the habit of being Chinese and the basic values about the nation and home that Chinese people should have.

· Food and costumes: the living realities of food and costumes, which

---

[1] The selection of the five phenomena or values mentioned below is due to a deep personal reflection process, but follows a similar order to those set by Yuwen Li (2012).

embody the wisdom of the Chinese people, have been developed through thousands of years and reflect values related to life and survival.

· Architectural landscape: architecture emerges as the humanization of construction, which is both material and humanistic. The Chinese architecture, ranging from city walls, channels and palaces, to Buddhist and Taoist temples, pagodas, folk houses and gardens; from the Great Wall and the Grand Canal, with their thousand years of history, to the contemporary Three Gorges Dam; from countless bridges and buildings to innumerable mausoleums and gardens; all these architectonic manifestations embody the Chinese thought, values, spirit and taste, and reflect the institutions, etiquette, aesthetics and habits of the Chinese people.

· Philosophy and art: relatively abstract values, cognitive values, are largely manifested in the Chinese philosophy, religion, literature, music, art and other "spiritual" products. Daoism, represented by Laozi and Zhuangzi; Confucianism, represented by Confucius and his descendants; Mohism, represented by Mozi and other various doctrines and schools that originated in China; as well as doctrines of Buddhism, Christianity and Islam, introduced into China from abroad, are all the ideological sources that construct this kind of abstract cognitive values. The thinking mode and value cognition contained in them also has profoundly influenced and shaped the values and spirit of the Chinese people. In short, the values contained in the traditional Chinese philosophy and religious cultures are distinct and unique, and they have profound influence on the way of thinking and the way of act of the Chinese people.

· Family: according to the traditional family values, the father should be strict and the mother should be kind, the father represents norms and laws, whereas the mother represents etiquette and virtue. To a certain extent, the traditional Chinese family is an exact miniature model of a country that adheres to the combination and unity of the rule of law and the rule of morality, as well as a miniature of the concept of the Chinese people who relate the governance of the State to the governance of the family.

1) The Western View of the Chinese Values

In the field of world civilization and cultural exchange, there is always a perspective of mutual observation and mutual evaluation. After the Middle Ages, with the increased exchanges between China and Western countries, there is plenty of documentation on foreign observers who looked into China. A comprehensive understanding of how the West has understood the Chinese values can be first found in the thoughts of Marco Polo, Mandeville, Mendoza, Matteo Ricci, Voltaire, Montesquieu, Macartney, and Hegel, amongst others. Also, in the late 19th century and early 20th century, a large number of American missionaries and scholars came to China. Other interesting accounts come from Edgar Snow, Han Suyin, or John King Fairbank.

The descriptions of these and other missionaries and scholars include favorable and unfavorable remarks on the Chinese values. Some, amongst them Voltaire and Hegel, highly praised the excellences of Chinese civilization. Every scholar with a broad historical perspective will agree to this extent. However, some Western observers with little understanding of the history and culture of Chinese civilization have shown only disdain and criticism towards it. Mostly observers with a strong ideological background, they tend to comment on China's political and social systems from their own political and ideological stance, which results in prejudice and the intention to single out some individual deficiencies as if they represented the whole of China. These are however only a small minority[1]. For historical reason, comparatively speaking, the comments of the Westerners on the values of traditional China are many more than the dedicated to their evaluation of the values of the Chinese people in the current era. (Spence, 1998)

2) Changes in Traditional Chinese Values Since the Beginning of Reform and Opening up Process

Chinese values have undergone a significant evolution over time and contemporary values are significantly different from traditional ones. Fundamentally speaking, the reasons for these changes are the social change and opening up in China. The Chinese "reform and opening up" era brought with itself a comprehensive in-depth change which enabled China to abandon old

---

[1] As Chan (2008) or Sheng-Wei Wang (2007) say many of these negative views owe their origin or have been updated by the fear that in the West cuases the "Rise of China" as a Global Power.

modes of thinking and greatly advance towards modernization. (Goldman & Perry, 2002, 159-352)

This process is characterized by three trends. First, values have become complex and diversified. Diversification is mainly ideological, with different ideological foundations now underpinning Chinese values, and complexity means that this variety makes it more difficult to grasp the values. Second, the conflicts and struggles over these values are increasing. Diversification brings contradictions to individuals in their minds and behaviors and creates conflicts over the value choice of different people. In this sense, the values that highlight personality and individual subjectivity have become the law dominating people's value choice, with the contradictions vis-à-vis traditional collectivist understandings this may provoke. Third, the realm of contemporary values is characterized by disorder. Since it is a spiritual realm, it requires stable standards and constant laws, and when these are lost, and with them their unifying and guiding role, this may also lead to a losing of values. (Yuwen Li, 2012, 35-38)

II. The Confucian Revival

The disorder trend and the risk of a loss of values in society have co-incided with the major opening of China to the outside world. The Western lifestyle, social thought, doctrines and values have been pouring into China. Therefore, many Chinese people have accepted values that are based in foreign cultures and their ideological foundations. In this context of foreign influences, Confucianism has emerged in the last two decades. Confucians see themselves as "moral innovators" who establish "ideological movements" at times of social crisis.

After the Qin and Han dynasties, the Confucian doctrine was upgraded to the dominant political and social ideology. Although the values advocated by Confucianism have underwent some changes since then, its core values have never changed. These main tenets are not only the backbone of the Chinese culture, for they also rooted in the hearts of the Chinese people, becoming the content that shapes and constitutes their vision of cultural home. Until today, a lot of Chinese people still preserve the traditional Confucian values in their words and deeds, following their spiritual requirements. (Palacios & Ramirez, 2011, 86-88)

1) The Contest over Confucianism

Chinese leaders have allowed the Confucius revival to happen. Jiang Zemin claimed Chinese culture as quintessentially Confucian and presented Confucianism as enlightened and progressive. This conciliatory approach to Confucianism is related to the embracement of the market and has an East Asian economic development focus. At the same time, the relaxation of political restrictions has enabled New Confucians to give voice to their concerns about China's moral order, its identity and its future. Confucianism has elements that are of particular benefit to contemporary China. These elements include, for example, a concern for state affairs and the well being of the people, and notions like "great unity", loyalty to the ruler, love to the country and filial piety. The Chinese Marxists assert that the "dialogue" will strengthen the "socialism with Chinese characteristics". They wish to achieve the development and enrichment of China by drawing on the essence of traditional culture, including Confucianism.

The contributions of Confucianism to this "new" China can be summarized in national unity and identity. The Confucian vision of a cooperative and harmonious world might be an effective theory for peaceful development, national unity and modernization. For Confucians, the harmony and unity of the national community results from the voluntary cooperation between the individuals, and cultural and moral values are capable of uniting the nation. (Yingjie Guo, 2004, 72-80)

2) Confucian and Moral Regeneration

The Confucian idea of "Chineseness" is validated by the Confucian idea of the "benevolent man". To that extent, to affirm the Chinese idea of "man" is to affirm the idea of "Chineseness", and vice versa. Hence, New Confucians, like Confucians of the past, do not simply embed "Chineseness" in Confucianism, but insist on the universality of Confucianism as well. This is manifest in their conviction that Confucianism can provide a remedy to the ills of China and of the world.

The New Confucians' call for moral regeneration is based on a perception of escalating moral degeneration in the last two decades. As Confucians see it, China's crisis of faith and "moral vacuum" both jeopardize the moral health of society, national identity and social harmony, and bring about disorder and chaos, while the global moral crisis is so grave as to threaten human existence. (Fung, 2010, 90-93)

Therefore, at this time is as important to recover Confucian concepts such as the state governance by the use of *both* law and morality. In Chinese history, the traditional sense of state was originated very early and there was a lot of thinking on the political ideas and principles of state governance. Therefore, a well-developed concept of state governance was formed in a very early time in China. A general characteristic of this concept is that although different dynasties have their own dominant core concepts of state governance, their basic approach is to highlight either the rule of law or the rule of morality, in which sometimes morality takes priority over law, and vice versa (Wang Keping, 2009, 132-136).

The experience in state governance accumulated over the years of traditional Chinese society tells us that the rule of law and the rule of morality should be applied together and it is hard to fully realize the perfect governance of the state through any of them alone. Since the "reform and opening up" era, the socialist market economy is an economic system under the rule of law, which can only be effectively implemented through legal protection and support. (Huang Jin, 2012, 134-147 and Yu Keping, 2010, 3-76)

3) Patriotism and Internationalism

At this juncture, Confucians appear to be in a better position to propose and elaborate the concepts and discourse of the nation because they can take advantage of some degree of official support. The international discourse of Confucian values works in their favor, as well as the grand visions of a "Greater China", a "Cultural China" or a "Confucian China". On top of that, there are the newly imagined "Chinese Culture Circle" or "Confucian Culture Circle". All things considered, and for the first time since 1919, Confucians are not confronted with overwhelming opposition and adversity, but are actually able to find some justification for their values, particularly in the light of the success of the East Asian Dragons (Barabantseva, 2011, 100-107). At this point, the Confucian visions of patriotism and international-ism are particularly significant. These are based on the extrapolation of the Confucian notion of family. For thousands of years, the Chinese nation has worked together to create a big family, the Great China. Due to the close relationship between family and country, the ethical values reflected in the Chinese family are not just moral values, but also political values. Hence, the way of treating the people, society and world as part of the family greatly affect and to some extent determine the Chinese people's attitude towards political or-ganizations, political order, and political system. (Yuwen Li, 2012, 87-93)

Under the impact of economic globalization, modern Chinese people's ideas have undergone some changes, but no matter the evolution of Chinese society or the impact of the economic interests on traditional values, both family and nation remain very important and cherished objects for the Chi-nese people. At the same time, the individual and familiar morality, as well as the professional and social ethics, suitable for modern social life, still remains the ethical values that Chinese people advocate, praise and try to practice. The traditional Chinese thought conceives the family and the country as two interre-lated realities, and the governing of both runs in parallel. Therefore, for the Chi-nese people, the love for the nation and the love for people run together, and this includes the world outside China, which is cherished at the same level. This aspect characterizes the Chinese take on issues such as patriotism and internationalism, and this element has existed since ancient times, becoming more distinct in today's era of economic globalization. (Sutter, 2010, 1-16)

Chinese modern national consciousness has been constructed along-side the process of China's modernization. In the minds of modern Chinese people, the country is no longer a private property belonging to some "Son of Heaven" or the possession of some royal family, as it was in the past, but a political community owned by all the Chinese people. Since the country in the modern sense is not an illusory community, but a structure with a specific political system, ideology and social organization, the so-called patriotism of modern people cannot be divorced from the actual content of a country. The patriotism of the modern Chinese people cannot thus be discerned from China's national conditions and reality, in particular the state, and the political and social systems underpinned by it. (Yingjie Guo, 2004, 9-23)

In contemporary China, the economic globalization has eroded people's traditional ideas. However, the Chinese people had unified the patriotic and internationalist values well before the modern times. Therefore, for the contemporary Chinese people, there remains a space of internationalism in their patriotic ideas and they will never lose the internationalist sentiments at the time of advocating patriotism.

III. China View of International Association

China has a view of international association that advocates equality, peace and harmony. Such a view was originated in the concept of "natural harmony" that Chinese people try hard to cultivate, not only in the modern era. From an international perspective, as China grows stronger, it will also pay more attention to the peace and harmony of the world, and will persist in making contributions to the building of an harmonious world with durable peace and common prosperity. China's diplomatic language is made up of terms such as "respect", "equality", "fairness", "peace", "dialogue", "negotiation" and "co-operation". This lexicon fully expresses a vision of international association pursued by China that advocates equality, peace, and harmony, and clearly represents China's resolution to adhere to a road of peaceful development and the building of a harmonious world. (Yuwen Li, 2012, 101-106)

1) Multilateralism

The above mentioned concepts have emerged as China accelerated its turn towards multilateralism in foreign relations, going beyond economic relations into multilateral engagements in a wide range of areas, including international security, and with an emphasis on Asian regionalism.

China's multilateralism is often "flexible, instrumental and strategic, sometimes more nominal than qualitative, to a certain extent concealing an underlying realism" (Guoguang Wu, 2008, 267). In this sense, it suffers from many structural problems, so its influence on the Chinese foreign policy should not be exaggerated. Still, it is important to pay close attention on its profound impacts, particularly on regional international relations with countries neighboring China.

When practicing multilateralism, China does not follow a unified model, it takes different modes of multilateralism to fit different geo-political and geo-economic conditions. At the core, where China's tremendous security interests lie and China is able to dominate, China's incentives for practicing security multilateralism tend to be strong, as reflected in the Shanghai Cooperation Organization (SCO) and the Six-Party Talks. In the neighboring regions where existing institutions already worked before China was involved in multilateralism, and instead of cultivating regional security issues, China has subtly managed its insertion into the context, mainly through economic integration in which a prosperous China presents itself as attractive to other states. In addition, China carefully calculates its relative strength in comparison with those world and regional powers that are involved in regional and global multilateral organizations, and, when possible, it practices a "soft-balancing" approach against the super-power through regional multilateralism.

With such a complex variety of multilateral practices, China is searching for an effective way to manage the tensions between its rise as a global power and the various ways in which a diverse and turbulent world may response to this rise. In order to stimulate its ambitious economic growth, China enthusiastically embraces economic globalization, and even cultivates economic interdependence. Chinese efforts to build an Asian community through multilateral arrangements are rewarding in many ways beyond the economic benefits. The utility of multilateralism has also been applied to various traditional and non-traditional security issues with quite remarkable substantial and symbolic achievements. (Guoguang Wu, 2008, 267-289).

IV. The Practical Application of the "Chinese Values" and "Multilateralism" for Asian Regional Integration in a Multipolab World

In the XVIII National Congress, the Party Central Committee designed the new Chinese diplomatic policy, for which it privileged the relations with its immediate regional environment. The basic orientations of China's peripheral diplomacy are acting in good faith with its neighbors, as friends and partners, making them feel secure and assisting with their economic development and prosperity. This policy is characterized by friendship, sincerity, reciprocity, and inclusiveness. The underlying diplomatic goal is to make the development of China generate benefits for these countries.

As President Xi believes, the peaceful development of China starts with Asia, depends on Asia and benefits Asia (Xi, 2014, 443). To this aim, it is necessary to take into account two fundamental facets and two main geographical areas. The first is the stability of the international political arena and the second refers to those areas included in the ancient "Silk Roads"[①].

The fundamental facets necessary for the Chinese peaceful development are international political stability and economic development. As for political stability in the international arena, China knows that it is essential to maintain peace and stability in the region. Chinese foreign policy is based on the "Five Principles of Peaceful Coexistence". As a result, China has taken an active part in regional security cooperation. It is one of the founders of the SCO, and it has helped to develop a concept of security based on mutual trust, mutual benefit, equality and cooperation. Within the SCO, China is willing to establish mechanisms for regular exchange and communication with other countries in the region to fight together against the "three forces" of terrorism, separatism and extremism. At the same time, it has supported organizations such as the Association of Southeast Asian Nations (ASEAN), the South Asian Association for Regional Cooperation (SAARC), and the Arab League. Also in this vein, alongside Russia, China has put forward a series of security initiatives, as well as playing an important role in maintaining peace, stability and development in the Asia-Pacific region, as its role in the so-called "Six Party talks" to stabilize the Korean Peninsula. Finally, it has supported the peace and reconstruction efforts in Afghanistan and promoted the solution of international conflicts through the way of negotiation. There-

---

① From this point we do a thorough study of the speeches of President Xi, collected in Spanish in the book: *La gobernación y la administración de China*. It published in 2014, in Beijing by Ediciones en Lenguas Extranjeras.

fore, China has emerged as a faithful practitioner of security in Asia with the goal that Asian countries are partners of mutual trust and equal cooperation. (Xi, 2014, 442)

Regarding economic development, China knows that this condition is necessary to deepen the principles of mutual benefit and win-win. This entails devising a pattern of regional economic integration, deepening financial cooperation and improving the network of regional financial security. In this sense, China has been making great efforts to promote regional development and prosperity and expand opportunities for mutual benefit in the Asia-Pacific region. And this is very important for this region is China's largest trading partner, largest export market and the origin of substantial investment. China has backed the establishment of a regional cooperation framework based on the coordinating role of the Asia-Pacific Economic Cooperation (APEC) forum, aimed at strengthening the coordination of macroeconomic policies, promoting arrangements on regional free trade, and deepening the process of regional integration. Xi's vision in these areas can be summarized in four points:

· The Asia-Pacific region must pursue a common development, as only by reducing the development gap among its members, will the region achieve further leadership in the world.

· The Asia-Pacific region must be committed to openness and development. It is necessary to adapt to the trend of the times, which means that multilateral trade must be based on freedom, openness and non-discrimination. In short, China will promote an open economy aimed at creating free trade areas in the Asia-Pacific region.

· China will also promote an area of "innovative development". This entails innovation both in the guidelines of development and in the means to procure it, such as fiscal stimulus or monetary policies.

· The Asia-Pacific region should seek an interactive growth. The economies of the Asia-Pacific region are interdependent, with integrated interests and a shared destiny.

Today in the Asian countries there is a huge demand for funds financing the construction of infrastructures and a lot of challenges, including a slow growth and financial volatility. China is willing to mobilize more funds for such purpose, in order to maintain a stable and sustained economic growth and promote regional linkages, communication and economic integration. To this end, China has proposed the creation of the Asian Infrastructure Investment Bank (AIIB) and is willing to provide financial support to neighboring countries, including the ASEAN, in infrastructure construction. Through these mechanisms, China hopes to promote the region into leading the world, and create welfare for future generations. (Xi, 2014, 432-435)

Regarding the two main geographic areas for the development of China's peripheral action, these are the inland and maritime Silk Roads, ancient "umbilical cord" that linked China to the world and vice versa. In this sense, China wants to work with neighboring countries to accelerate the infrastructure network connecting them and build the "Silk Road Economic Belt" and the "Maritime Silk Road" for the twenty-first century. Both routes are the first geographical front of external projection for China, allowing the globalization, the "Chinese Dream" and its interests. On the one hand, the land route, reaches the Mediterranean through the Arab countries, and reaches North and Central Europe through Central Asia and Russia; on the other hand, the maritime route points to the Southeast Asian region and allows Chinese access to the entire Asia Pacific region.

This design for China's outreach must not be confused with old Western models of "division of the world", because China does not try to become a regional "guide or establish areas of influence". In the space of the Silk Road, China, in collaboration with Russia and countries of the SCO, seeks to jointly build a harmonious region through pragmatic cooperation, so as to expand regional cooperation to the Eurasian Economic Community (EAEC). In this sense, some of the practical actions that China intends to carry out in order to strengthen the economic strip of the Silk Road, are as follows:

· Strengthen political communication with the countries through which the Silk Road passes. To this end, China proposes to seek commonalities and sideline differences.

· Improving road connections by assisting in the construction of transport infrastructures to the point of being able to create communication lines linking the Pacific Ocean to the Baltic Sea.

· Promote free trade and facilitate investment by eliminating policy and tariff barriers.

· Strengthen monetary circulation, reaching agreements of convertibility between China, Russia and other countries of the area. This prevents financial risks and promotes the competitiveness of the region at the international level.

· Reinforce communication between peoples through cultural exchanges with the aim of achieving social and public support for regional cooperation.

The Silk Road has become a contemporary inspiration for China. A "multilateral" and "globalized" China hopes to revive peaceful development on the basis of the historical exchanges taking place two thousand years ago on the Silk Road. For China, this story shows that persisting ideas such as solidarity and mutual trust, equality and mutual benefit, cooperation and win-win can be shared and peacefully developed by nations of different races, religions and cultural backgrounds. (Xi, 2014, 353-357)

Discussing the Silk Road also entails talking about the Arab and Mediterranean worlds. Therefore, the "Silk Road Economic Belt" is extensive to the Arab countries. To the understanding of Beijing, the Chinese people and the "Arab nation" have an ancient shared past and a recent brotherhood forged in the struggle against colonialism. The national revitalization of China requires recovering the "spirit" of the Silk Road, and with it, developing a strategic partnership between China and the Arab countries. In this sense, and thanks to the Sino-Arab Cooperation Forum (SAFC), China hopes to promote dialogue and peace, and mutual learning between different civilizations; to share experiences in governing the country and managing administrative affairs; and to integrate the economies by means of energy cooperation, infrastructure, trade and investment. The Sino-Arab Cooperation Forum (SAFC) has laid the foundations for Cooperation Council for the Arab States of the Gulf, a joint investment fund between China and the United Arab Emirates in the AIIB. (Xi, 2014, 385-394)

When it comes to the Maritime Silk Road, we are talking, in a first place, about the Southeast Asian region. China and the countries of the ASEAN are very close neighbors that share many similarities, constituting a "community of destiny". To realize this community, China has worked to build good neighborly relations in the political and strategic sense. This means respecting the right of every actor to independently choose the social system and development path it prefers to improve the living conditions of its people. China is willing to consult, negotiate and sign treaties of good neighborliness, friendship and cooperation with the ASEAN countries. At the same time, it aims to join forces and assist each of the ASEAN countries in order to defend, as a community, the peace and stability of the region. A priori, this is the more problematic geographic spot in China's foreign policy. With respect to the disputes between China and some Southeast Asian countries regarding territorial sovereignty and maritime interests, Beijing insists on treating them peacefully and through dialogue in order to safeguard the general bilateral relations and the regional stability. In order to create a climate supportive for these objectives, China has started friendly exchanges of young think-tank experts, political representatives, NGOs and social groups to provide greater intellectual support for the China-ASEAN relations. At the same time, and it what refers to the financial arena, China has supported economic policies on the basis of equality and has promoted the expansion of the free trade zone with the ASEAN countries. (Xi, 2014, 359-363)

The Southeast Asian region has been since ancient times an important center of the "Maritime Silk Road". China is ready to strengthen maritime cooperation and to this aim it has allocated a China-ASEAN Maritime Co-operation Fund for the development and cooperation of this association. In addition, China is ready to push the construction of infrastructures through the Asian Development Bank (ADB). Through the ASEAN, the "Chinese Dream" is extended to the entire Asia-Pacific region and China can promote the feeling of a shared destiny, support mutual aid in difficult times and ensure that every actor in the Asian region will participate and profit from its development. To support this endeavor, the Asian community should, with the help of China, push forward the reform of the international economic and financial system, improve the mechanisms of global governance and ensure a sustained and healthy global economic growth. (Xi, 2014, 403-411)

Conclusion

China is an important member of the big Asian family. The Chinese development is inseparable from Asia, and Asia needs China to achieve prosperity and stability. To this end, China is promoting the feeling of a shared regional destiny, putting the "Chinese Dream" within reach of its neighbors.

This means respecting the right of all countries to independently choose their social system and development path. Far from a missionary spirit, from the aim of achieving regional hegemony or leadership, China offers centrality and the elimination of mistrust and alienation, transforming the Asian diversity into dynamism and momentum.

At this historical moment, China is exploring the traditional philosophies and thoughts embedded in the Chinese culture for intellectual inspiration. Confucianism is emerging, and its ideas of harmony and family are becoming particularly strong. The concept of "harmony" has thus gained track in the present era, once culture is spreading around the world. Compared with the past, the culture of a nation can influence another nation in a faster, bigger and stronger way by means of modern science and technology. Meanwhile, the concept of family is fundamental to understanding the way China has to deal with notions of patriotism and internationalism. This feature has existed since ancient times and has become more distinct in the current era of economic globalization. Without understanding the ideas of harmony and family, the "Chinese Dream" and its multiple facets would be incomprehensible.

The fulfillment of the "Chinese Dream" and the great rejuvenation of the Chinese nation will not be possible without favorable international relations based on safeguarding world peace and stability. Hence, China seeks to promote common development, adhere to the values of justice, and deepen friendship and morality, while helping developing countries. For the Asian nations, a lasting peace and a common development can become true through this equally "Asian Dream".

Rethinking John Fairbank's Concept of the Traditional Chinese World Order: Tianxia, Warfare, and China's Peaceful Rise in the 21st Century

[U.S.] Suisheng Zhao

[Professor and the Director of the Center for China-US Cooperation at the Josef Korbel School of
International Studies, University of Denver]

Introduction: China's Peaceful Rise Determined by its Peace-Loving Tradition

The decline of imperial China in the 19th century and the rise of China in the 21st century have completed an imperial cycle. The long curve of history has colored Chinese thinking of foreign affairs. While the memory of the glorious empire has left a legacy of an ethnocentric world outlook, the century of humiliation at the hands of foreign imperialist powers has created a unique and strong sense of victimization, insecurity and righteousness in foreign affairs. These historical memories have been a powerful force that not only bind the Chinese people together and form their national identity, but also motivate Chinese leaders to find what they regard as China's rightful place in the world.

Chinese leaders have, however, selectively used these historical memories to serve their political and strategic objectives. For more than half a century after the founding of the PRC, the leaders focused on commemorating the century of humiliation to help solidify the regime legitimacy based on the nationalist credential of driving imperialist powers out of China. Their attitude toward imperial China, however, was ambivalent because the Chinese empire, like other empires in the world, expanded vast territories along its frontiers and left complicated historical legacies, such as the territorial disputes, cultural chauvinism, and the rights of immigrants that impacted its relations with its Asian neighbors. Following the guidance of communist ideology to emphasize class struggle between the exploited and the ruling classes, the Chinese leaders blamed imperial warfare and expansion to the ruling classes of the emperors and their officials.

China's reemergence in the 21st century has led to a gradual change in the historical consciousness of Chinese leaders as they have become more willing to celebrate the glories of imperial China to boost national pride and redefine China's position in the world. But what they have celebrated is an imperial China reconstructed as the benevolent center of East Asia until Western powers invaded and humiliated China so as to advance the agenda of China's rise as a return to the harmonious state and to reassure its neighbors, who have become worried about China's rising threat, that a powerful China would be peaceful.

Starting with President Hu Jintao's concept of the harmonious world derived from traditional Chinese philosophy that "harmony" was at the core of dealing with everything from state affairs to foreign relations,[①] President Xi Jinping has become obsessed with citing Confucian classics and using Chinese history to present China's domestic and external policies. He is famously known as to say that "the genes' order"（基因测序）and "inherited national spirit"（薪火相传的民族精神）determine that "the Chinese nation is a peace loving nation（中华民族是爱好和平的民族）". The pursuit of peace, concord and harmony（和平、和睦、和谐的追求）has been deeply rooted in the spiritual world of the Chinese nation and the blood of the Chinese people. China's unswerving pursuit of peaceful development represents the peace-loving cultural tradition the Chinese nation has inherited and carried forward over the past thousands of years. Citing Chinese classics, such as "A warlike state, however big it may be, will eventually perish"（国虽大，好战必亡）, "Peace is of paramount importance"（和为贵）, "seek harmony without uniformity"（和而不同）, "replace weapons of war with gifts of jade

---

① Liu Jiafei, "Sino-US Relations and Building a Harmonious World", *Journal of Contemporary China*, 18（60）,（2009）, p. 479.

and silk"（化干戈为玉帛）, "bring prosperity to the nation and security to the people"（国泰民安）, "forming friendships with neighbors"（睦邻友邦）, "achieve universal peace"（天下太平）, and "Great Harmony of Tianxia" （天下大同）, he asserted that "China was long one of the most powerful countries in the world. Yet it never engaged in colonialism or aggression. The pursuit of peaceful development represents the peace-loving cultural tradition of the Chinese nation over the past several thousand years".[1]

The celebration of China's imperial glory by Chinese leaders has co-incided with an emerging scholarly debate on the "Chinese world order" coined by John K. Fairbank in the 1960s. While some scholars have criti-cized the concept as a myth, others have rediscovered the concept and rep-resented the Chinese world order as benevolent governance and benign hier-archy. They argue that imperial China maintained a regional order that was not only unique but also more peaceful than its counterparts in other parts of the world. Some Chinese scholars even went so far as to argue that impe-rial China resisted the temptation of expansion and won the admiration of its neighbors. The collapse of the Chinese world order, therefore, was a result of the clash of civilizations between the benevolent East Asian order and the brutal European nation-state system. China was forced into the jungle of global imperialism to defend its survival as a weak nation. China's search for power and wealth is thus aimed at restoring justice in an unjust world. A powerful China would be peaceful. This discourse of China's entangled imperial cycle has, ironi-cally, set a 19th century agenda for China in the 21st century—to restore the regional hierarchy of imperial China and maximize China's security by expand-ing influence and control over its immediate neighborhoods. One scholar hence asked the question: how can China's neighbors manage "China's superiority complex" as "the imperiousness that once dictated ancient China's policies seems to be manifesting itself once more in the present day".[2]

---

① "习近平在德国科尔伯基金会的演讲" [Xi Jinping Speech at the Korber Foundation, Germany], Xin-hua News Agency, March 28, 2014, http://www.gov.cn/xinwen/2014-03/29/content_2649512.htm.

② Reuben Mondejar, "China's superiority complex must be carefully managed", South China Morn-ing Post, February 26, 2015, http://www.scmp.com/comment/insight-opinion/article/1723741/chi-nas-superiority-complex-must-be-carefully-managed?utm_source=edm&utm_medium=edm&utm_content=20150227&utm_campaign=scmp_today.

Keeping this question in mind, this article starts with an exploration of the Chinese world order as a conventional paradigm, and moves on to examine if imperial China was uniquely benevolent, how a peaceful Chinese empire has been rediscovered and reconstructed, and to what extent was the collapse of the Chinese empire was a clash of civilization.

I. The Fairbank Concept of the Chinese World Order

The Chinese world order has been a conventional paradigm in the studies of imperial China's relations with its East Asian neighbors since the publication of the edited volume by Fairbank in 1968. It held that a China-centered regional order "handled the interstate relations of a large part of mankind through most of recorded history".[1] This Chinese centrality was based on the belief of "China being internal, large, and high and the barbarians being external, small, and low".[2] The concept of legal equality or sovereignty of individual states did not exist. All countries arranged themselves hierarchically around the Chinese emperor known as the Son of Heaven (天子). China's central position was manifested in a highly sophisticated tributary system, a term John F. Fairbank started using in the 1940s, that was, in effect, the only institution for international relations in the region.[3] The tributary system was the most highly developed during the Ming and Qing periods when Korea, the Ryukyu, Annam, Burma, Laos, and Nepal sent tributary missions regularly to China.[4]

Tributary relations were performed through a set of rituals and ceremonies. the Board of Rites Reception Department (礼部) in the Ming dynasty and The Vassal Affairs Department (理藩院) in the Qing dynasty were in

---

[1] John K. Fairbank, "A Preliminary Framework", in John K. Fairbank, ed., *The Chinese World Order* (Cambridge, MA.: Harvard University Press, 1968), p. 1.

[2] Lien-sheng Yang, "Historical Notes on the Chinese World Order", in John K. Fairbank, ed., *The Chinese World Order,* p. 20.

[3] John K. Fairbank and Shu-yu Teng, "On the Ch'ing Tributary System", *Harvard Journal of Asiatic Studies,* 6 (4), (1941), pp. 135-148.

[4] Wang Gungwu, "Early Ming Relations with Southeast Asia: A Background Essay", in John K. Fairbank, ed., *The Chinese World Order,* pp. 34-62.

charge of establishing the rites and forms derived from traditional Confucian teachings. The Collected Statutes of the Great Qing（大清会典）described the operation of the tributary system in a very ceremonial way. The Qing court, in most cases, paid for all the expenses of the tributary missions from their arrival at the Qing border to their departure. The tributaries brought tribute with them and were escorted to court by the Qing officials. After performing the appropriate ceremonies at the Qing court, notably the three kneeling and nine prostrating（三拜九叩）ceremonies, they presented tribute memorials and a symbolic tribute of their precious native products. They then were given an official seal and imperial gifts. Finally, Chinese missions were sent to visit them in return.

Although the tributary system sometimes embarrassed the tributary states and bore a heavy cost to China, it was valuable for both the tributary states and the tribute receiver. For tributary states, the presentation of tributes enabled them to trade with China through the legalization of controlled trade along their frontiers. For example, through imperial bestowal and legal trade, Korea could get certain luxuries and necessary medicines from China. The Ryukyu received the privilege of carrying trade goods duty-free to China's southeast coast and missions stayed in China at the expense of the Chinese Court.[1] Politically, the tributary states received validation of their political power from the Chinese emperor in the form of patents of office and investiture. This was a valuable technique for the establishment of legitimacy by local rulers.

The Chinese court also benefited from this system. Although, in financial terms, China paid out far more than it received, the tribute received from neighboring countries was the ritual that acknowledged the superiority of the Chinese culture, recognized the greatness of the Chinese civilization and the existence of Chinese authority and, consequently, the inviolability of China's frontiers. Economically, China was able to trade with its neighbors for items necessary without admitting China's dependence on these items of trade with the barbarians. For instance, the Central Asian nomads were "permitted" to present horses as tribute although China needed horses for its armies. Actually, depending on the nomads for this important item, the emperor granted the

---

[1]   Ta-tuan Ch'en, "Investiture of Liu-ch'iu Kings in the Ch'ing Period", in John K. Fairbank, ed., *The Chinese World Order,* p. 161.

nomads the right to trade horses for Chinese products at frontier markets as a gracious boon to the nomad economy while preserving "the myth of China's self-sufficiency".[1]

The Chinese world order was an ethical hierarchy, maintained by the power of the Chinese civilization. Developed within Chinese cultural boundaries, many societies in East Asia were strongly influenced by the Chinese civilization, for example, by the Chinese ideographic writing system, the Confucian classical teachings, the official examination system, and the imperial monarchy and bureaucracy. Vietnam and Korea are good examples of long centuries of Chinese control and political and cultural influence. Their state structure and literature were patterned on China's example, and their written languages and spoken tongues were strongly influenced by the Chinese. Confucianism, along with its examination system, dominated their political and intellectual life. Even though some countries, such as Japan, never fell under China's political domination, they could not escape from the strong influence of Chinese culture. Japan adopted its character-based writing system from China during the period from the fourth to the sixth century A.D. Knowledge of the Buddhist religion, also from China, reached Japan through Korea.

China's relations with its neighbors were thus culturally superior-inferior. The superior sinitic zone was at the center, including the core China proper and the most nearby and culturally similar tributaries, Korea, Annam (Vietnam) and the Ryukyu Islands, parts of which were in ancient times ruled by the Chinese empires. Tibet and Central Asia, who's cultural development were more or less independent of Chinese civilization, were located next. At a further distance were outer barbarians (外夷) or uncivilized people. The Chinese culture and civilization demarcated the boundary between China's sedentary agricultural society and the barbarian's nomadic steppe societies. Clear legal boundaries of jurisdiction did not exist. The ocean could not prevent Korea, the Ryukyus, and the Southeast Asian kingdoms from coming to China to learn Chinese culture and to pay tribute. China's power, despite her continental orientation, extended culturally and sometimes politically to

---

[1] Mark Mancall, "The Persistence of Tradition in Chinese Foreign Policy", *The Annals of the American Academy of Political and Social Science*, Vol. 349, (1963), reprinted in King C. Chen, ed., *The Foreign Policy of China* (South Orange, N.J.: Seton Hall University Press, 1972), p. 30.

maritime nations.[1]

China's cultural superiority was based on the belief that the Chinese imperial system and Confucian ideology preserved domestic social order and political stability and therefore extended to the surrounding areas. Chinese culture was so powerful that even the barbarians, such as the Mongols and the Manchus, who conquered the Middle Kingdom militarily, had to turn to Chinese culture in governing the country. Chinese culture was seen as a great lasting power to bridge periods of disunity and to infuse new governments, whether Chinese or alien, with values supportive of the traditional Chinese order. The term, "culturalism", is thus used to describe the dominant world-view of imperial China.[2] The hegemonic nature of Chinese culture gave rise to a false sense among the Chinese that the hierarchy was universal. There were no other hierarchies and no other sources of power in the world. All countries within the tributary system were culturally subservient to China, and those countries that were geographically too distant to participate simply lived in a kind of limbo or cultural vacuum.

Chinese culture put special emphasis on the virtue of the Chinese rulers. The mandate of heaven extended to international society through China's ethical position. "The Chinese, with their Confucianism, created an elaborate intellectual structure of an ethical order which all enlightened peoples were expected to acknowledge and respect".[3] Harmony was the product of the emperor's virtue. If the emperor violated the virtue, the rivers would flood, the mountains shake, the people revolt, and by extension, the Chinese order would crumble. The Chinese order was thus sustained by a heavy stress on ideological orthodoxy, especially on the idea that adherence to the correct teachings would be manifested in virtuous conduct and would enhance one's authority and influence. Right conduct, according to the proper norms, was to move others by its example. According to this mystique, proper ceremonial forms influenced the beholder and confirmed in his mind the authority of the

---

[1] Mark Mancall, *Ibid*, pp. 31-32.

[2] James Harrison, *Modern Chinese Nationalism*, (New York: Hunter College of the City University of New York, 1969), p. 2.

[3] Lucian W. Pye, *Asian Power and Politics, The Cultural Dimensions of Authority* (Cambridge, MA.: Harvard University Press, 1985), p. 41.

superiors. The Chinese emperor's superior position, exhibited through proper conduct including ceremonies, gave one prestige among others and power over them. In the Chinese order, the hierarchical power relationship, therefore, was by definition more "moral" than in the West.[1]

II. Was the Chinese World Order Uniquely Benevolent?

The prospect of China's reemergence as a great power in the wake of the 21st century has led to a scholarly debate about whether imperial China was uniquely benevolent. On the one side of the debate, William A. Callahan criticizes the Fairbank paradigm as an "idealized version of a hierarchical Sinocentric world order with the Chinese empire at the core and loyal tributary states and barbarians at the periphery".[2] Peter Perdue labels the tributary system a myth, which endured only because it reflected the political concern of the time. Many of the scholars writing with Fairbank in the 1960s were émigrés from China and in opposition to prevailing views that China as merely another totalitarian Communist state during the height of the Cold War, they argued for China's distinctive history as a long civilized society, with the implication that the current Communist direction might be temporary, and that long-term historical trends would prevail. Although the paradigm now serves useful purposes for those who endorse and predict the coming hegemony of China in Asia, Perdue argues that there is a "scholarly consensus" that "there was no tributary system" and "historians who investigate the actual conduct of foreign relations by Chinese dynasties have, by now, nearly uniformly rejected the validity of this concept".[3] To prove his point, Perdue cites the contribution by Mark Mancall in the Fairbank volume that "the concept of the tribute system is a Western invention for descriptive purposes... The Confucian scholar-bureaucrat did not conceive of a tribute

---

①   Mark Mancall, "The Persistence of Tradition in Chinese Foreign Policy", p. 31.

②   William A. Callahan, "Introduction: Tradition, Modernity, and Foreign Policy in China", in William A. Callahan and Elena Barabantseva, eds., *China Orders the World: Normative Soft Power and Foreign Policy* (Washington D.C.: Woodrow Wilson Center Press, 2011), p. 6.

③   Peter Perdue, "The Tenacious Tributary System", *Journal of Contemporary China*, 24(96),(2015).

system（there is no Chinese word for it）as an institutional complex complete within itself or distinct from the other institutions of Confucian society".①

Indeed, there is not a Chinese term accurately corresponding to the English term. The closest terms in Chinese are pay tribute（进贡）and pay respect and tribute（朝贡）, but neither of them implies an institutionalized relationship. A Chinese scholar, therefore, distinguishes tributary（朝贡）system from what he called the patriarchal-vassal（宗藩）system. Tributary relations were not institutional and were often conducted on a case-by-case basis in more or less equal footing between imperial China and the tributary states for the purpose of trade. But the patriarchal-vassal system was institutionalized and maintained as a part of hierarchical monarch relations（君臣关系）. The Chinese emperor treated local rulers not as equals but vassals because they accepted the canonization（册封）of the Chinese court. The vassal states had to pay tributes regularly, following the rituals defined by the Chinese court. During the Ming and Qing periods, there were three vassal states that had institutionalized tributary relations with China: Korea, Annam（Vietnam）, and Ryukyu. Nepal, Laos, Burma and other Southeast Asian states only had irregular tributary relations with China.②

A Thailand scholar's study of diplomatic documents（letters）exchanges between the Qing court and the Siamese（Thai）court in the 1780s found that although Siam responded to the tributary system, it did not accept the Chinese perception of world order. In Siamese letters to the Chinese emperor, the Siamese court preserved its identity as an independent kingdom equal to the Qing court. When the tributary missions arrived in the Chinese port, Guangzhou, the Chinese officials edited the letters in their translation to comply with the Chinese hierarchical concept before presenting them to the Chinese emperors. The Chinese letters from the Qing court to the Siamese court, written in hierarchical terms, were similarly edited in translation and arrived in the Siamese court as diplomatic documents exchanged between

---

① Mark Mancall, "The Ch'ing Tribute System: An Interpretive Essay", in John K. Fairbank, ed., *The Chinese World Order,* p. 63.

② Wei Zhijiang（魏志江）, "*Traditional East Asian international security system and the so-called Chinese-barbarian order*"（《论东亚传统国际安全体系与所谓华夷次序》）, paper presented at the 11th Beijing Forum, The Harmony of Civilization and Prosperity for all, November 7-9, 2014.

two equal rulers. Examining the Siamese tributary articles and the Chinese imperial gifts, this study found that the major role played by the tributary missions was commercial. Through imperial gifts from China, Siam received certain luxuries and commodities unavailable locally whereas China acquired goods and medicines. Since trade with China was vital to the Siamese, they were willing to conduce the commercial relations through the tributary system but the Siamese court never accepted the canonization from the Qing Court.[1]

In this case, Perdue's criticism of the tributary system as a myth makes sense because most of the tributary relations were more ritualistic than substantive. But his flat rejection of the existence of the tributary system may have gone too far. Odd Arne Westad presents a more balanced view, suggesting that "there was no *overall* 'tributary system'" and the tributary relationship was one of a variety of ways imperial China conducted foreign relations. He found that the Qing operated in three distinct spheres of foreign affairs in the 19th century: Central Asia, where the theme was expansion; coastal Asia, where the theme was trade tribute; and Russia, where the theme was diplomacy. Recognizing the existence of "a Sino-centric system, in which Chinese culture was central to the self-identification of many elite groups in the surrounding Asian countries", Westad raised the critical question—whether Chinese centrality was maintained mostly by cultural superiority or coercive power? His study revealed that "The dramatic Qing penetration of Central Asia is a story of intense conflict and, eventually, of genocide". His evidence was the Qianlong emperor's expedition in the 1750s into the Zungharia, a mighty khanate led by Mongols, covering the territory between western Central Asia and the Mongolian heartland, down to the Tibetan borders. After having defeated Zungharia in battle, the Qianlong emperor ordered his army to kill all of the Zunghar elite whom they could lay their hands on. "Then he incorporated most of eastern Zungharia and the minor Khanates to its south into China, creating one region that Qianlong, triumphantly, referred to as China's new frontier (Xinjiang)".[2]

---

[1] Prapin Manomaivibool, "Viewing Sino-Siamese Tributary Relations via the Two Courts' letters of the 1780s", paper presented at the 11th Beijing Forum, The Harmony of Civilization and Prosperity for all, November 7-9, 2014.

[2] Odd Arne Westad, *Restless Empire: China and the World since 1750* (New York: Basic Books, 2012), pp. 9-10.

Indeed, warfare was constant in imperial China because it was often in disunion or under foreign invasion. Prior to the Qin Dynasty, China was divided into many small warring kingdoms fighting wars to balance power. After the establishment of the first Chinese dynasty by the Qin emperor, the geographical scope and military power of the Chinese empire began to expand immensely. China's ruler during the Yuan dynasty, Kublai Khan, expanded the empire by military expedition, stretching across Central Asia, Burma, and Vietnam. In 1263, Kublai Khan made Korea his vassal and aspired to the conquest of Japan. His fleets twice reached the shores of Japan in 1274 and 1281 but were shipwrecked by typhoons, which were to become legendary in Japan as the *kamikaze*, or "divine wind".[1] The last Chinese dynasty, Qing, expanded to unprecedented size, nearly doubling in land from the previous Ming dynasty mostly through military force.

It is from this perspective that Peter Perdue claims that the China of today is a product of the vast conquests of the Manchu rulers, who defeated the Zunghar Mongols, and brought all of modern Xinjiang and Mongolia under their control, while gaining dominant influence in Tibet.[2] Perdue argues that the techniques used by the Ming and Qing dynasties to legitimize their rule over their subjects and to claim superiority over rivals were not radically different from those of other empires. Citing the comparative history studies that pointed to substantial similarities of the Ming and Qing to the Russian, Mughal, and Ottoman imperial formations, or even to early modern France, Perdue suggested that the concept of "colonialism" (殖民主义) could be usefully employed to describe certain aspects of Qing practice.[3]

In this context, a Korean scholar confirmed that although the Qing court failed in its attempt to legally incorporate its tributary state Choson Korea as part of China's territory by international treaty in 1880s, the Republican Chinese text book and historical geography still regarded Choson Korea and other tributary states in East Asia as recently lost Chinese territories. Such an

---

[1] Claude A. Buss, *Asia in the Modern World: A History of China, Japan, South and Southeast Asia* (London: Coller-Macmillan Limited, 1964), pp. 34-35.

[2] Peter Perdue, *China Marches West: The Qing Conquest of Central Eurasia* (Cambridge M.A.: Harvard University Press, 2010).

[3] Peter Perdue, "The Tenacious Tributary System", *Journal of Contemporary China*, 24(96),(2015).

"expansionist territorial imagination" has come back and gained ground in China as it is reemerging as a great power.[1]

Some earlier Chinese historians admitted that the formation and maintenance of imperial China was more by force than by cultural appeal. Fan Wenlan's study in 1962 found that conflict rather than harmony led to the formation of the Chinese nation. Fan even went so far as to argue that wars and conflicts were conducted among different nations and states rather than ethnic groups of China. These states did not co-exist equally nor were they peacefully amalgamated. Instead, their relations were confrontational and determined by their relative power. Bigger and more powerful states always tried to conquer smaller and weaker ones.[2]

Fan was brutally attacked and his article was not published until 1980, ten years after his death during the Cultural Revolution. Shortly after Fan's article was published, another Chinese historian, Sun Zamin, argued that there were many hostile nations and states fighting wars in Chinese history. The relations between the majority Han and other ethnic minorities were not domestic ethnic relations within the Chinese family but that of "one nation and state vis-à-vis foreign nations and states（外族和外国）". The wars were caused by the aggressive invasion of one nation over another. The current boundary of Chinese territory was created by the victory of the Chinese empire against other states.[3]

The emerging literature on Chinese strategic culture has documented that the Chinese empire was maintained as much by military force as by virtue, even though Confucian teachings of harmonious rule through the civilized power stated to the contrary. Viewing war as a central feature of interstate relations, imperial China used military force as strategically and constantly as other empires. Alastair Iain Johnston's study of Ming dynasty

---

①   Yu Yongtae（柳镛泰）, "*Territorial Imagination and Perception of East Asia in the Republic China*"（《以四夷藩属为中华领土：明国时期东亚认识的另一面》）, paper presented at the 11th Beijing Forum, The Harmony of Civilization and Prosperity for all, November 7-9, 2014.

②   Fan Wenlan（范文澜）, "*The Struggles and Amalgamations among Nationalities in Chinese History*"（《中国历史上的民族融合与斗争》）, "*Studies of History*"（《历史研究》）, no. 1,（1980）, p. 7.

③   Sun Zamin（孙扎民）, "*Some Important Norms concerning research on the relations among nationalities in Chinese history*"（《处理历史上民族关系的几个重要准则》）, "*Studies of History*"（《历史研究》）, no. 5,（1980）, pp. 40-43.

classics reveals two sets of Chinese strategic culture. One is a symbolic or idealized set and the other is an operational set. The symbolic set is based on Confucianism—that conflict is avoidable through the promotion of good government and the co-opting of external threats. When force is used, it should be applied defensively, minimally, only under unavoidable conditions, and then only in the name of the righteous restoration of a moral-political order. The symbolic set, for the most part, is disconnected from the operational decision rules governing strategy and appears mostly in a discourse designed, in part, to justify behavior in culturally acceptable terms. The operational set assumes that conflict is a constant feature of human affairs, due largely to the threatening nature of the enemy. In this zero-sum context, the application of violence is highly effective for dealing with the enemy. This operation set, in essence, argues that the best way of dealing with security threats is to eliminate them through the use of force.[1] Chinese decision makers have internalized this ideationally based strategic culture that has persisted across vastly different interstate systems, regime types, levels of technology, and types of threat.[2]

Imperial China had to use military force to defend and expand the empire because its territorial domain, defined loosely by its cultural principles, was not always accepted by its neighbors. Following the policy of fusion and expansion （融合扩展）, whenever imperial China was powerful, it always tried to expand it frontiers and territories （开疆扩土） by claiming suzerainty over its smaller neighbors. The expansion, however, often met with resistance. Although Vietnam, Korea, and Burma became the vassals of the Middle Kingdom, they refused to be fused （融合） into the Chinese empire. Mongols, Tibetans, and other Central Asian peoples accepted Buddhism and Islamism rather than Confucianism. But, unlike the Mediterranean or European world where states with relatively equal capabilities were constantly competing for power, imperial China was an empire without durable rivals in East Asia for many centuries. Although the Chinese empire was not shy about military conquest, the Chinese empire was able to sustain both the illusion and sometimes the reality of imperial

---

① Alastair Iain Johnston, *Cultural Realism: Strategic Culture and Grand Strategy in Chinese History* （Princeton N.J.: Princeton University Press, 1995）.

② Alastair Iain Johnston, *The Culture of National Security, Cultural Realism and Strategy in Maoist China* （New York N.Y.: Columbia University Press, 1996）.

power status as a result of rarely facing serious and viable rivals.

In addition to military conquests, the Chinese empire deployed various instruments of persuasion and coercion, including the art of statecrafts or using one neighbor against another, awarding those who were obedient and chastising those who were defiant. Such practices worked successfully when the empire was unified and strong. When the empire was weak and divided, the neighbors in turn conquered it. Sun Tzu's "Art of War" was thus written to the complex political and military struggle, survival and in some cases, triumph at a time when war was a permanent condition. "The bulk of Sun Tzu's work is how to prevail in a conflict against another state or states by either non-military or military means. Taken in insolation, it can be interpreted as meaning that conflict and war represented the natural and inevitable condition of humankind".[1] Kevin Rudd, former Prime Minister of Australia, pointed out that while President Xi drew repeatedly on the phrase from the "Methods of the Sima" that "A warlike state, however big it may be, will eventually perish" to emphasize China's peaceful intention, he would also be aware of the following phrase in the same book that "those who forget warfare will certainly be endangered".[2] The two phrases together reflected that Imperial China was both war-aversion and war-ready at the same time because warfare was constant.

III. Reconstruction of a Peaceful Empire

On the other side of the debate, some scholars have rediscovered the Fairbank paradigm and reconstructed imperial China as more peaceful than the European empires in the attempt to support the claims of China's peaceful rise. They argued that China's reemergence as a great power has created an opportunity to reshape the Western-centric world order and result in a more peaceful world. Martin Jacques, a British journalist, published a book with a sensational title, *When China Rules the World: The End of the Western World*

---

[1]   Kevin Rudd, "How Ancient Chinese Thought Applies Today", *The World Post*, February 4, 2015, http://www.huffingtonpost.com/kevin-rudd/chinese-strategic-thoughts_b_6417754.html?clear.

[2]   Kevin Rudd, "How Ancient Chinese Thought Applies Today", *The World Post*, February 4, 2015, http://www.huffingtonpost.com/kevin-rudd/chinese-strategic-thoughts_b_6417754.html?clear.

and the Birth of a New Global Order. He argues that China is a "civilization-state", inheritor of the oldest continuous history in the world, whose underlying cultural unity and self-confidence were without equal. Long before the West, its rulers created the first modern bureaucracy, imbued with a Confucian outlook, controlling domestic subjects more by moral education than force, and organizing adjacent regions into a consensual tributary system. As it rapidly reassumes its traditional place at the center of East Asia, the old tributary system would resurface in a modern form, contemporary ideas of racial hierarchy would be redrawn and China's age-old sense of superiority would reassert itself. China's rise signals the end of global dominance by the West and the emergence of a world which it would come to shape in a host of different ways and which would become increasingly disconcerting and unfamiliar to those who live in the West.[1]

David Kang, an International Relations scholar in the US, argues that although China was the unquestioned hegemon in the region, the tributary order entailed military, cultural, and economic dimensions that afforded its participants immense latitude. Because the tributary system played a positive role in maintaining stability in East Asia and in fostering diplomatic and commercial exchange, China engaged in only two large-scale conflicts with its principal neighbors, Korea, Vietnam, and Japan from the founding of the Ming dynasty in 1368 to the start of the Opium Wars in 1841. These four states otherwise fostered peaceful and long-lasting relationships with one another.[2] In an earlier book, criticizing those scholars who downplayed the role of political cultures and suggested a rising China would be a destabilizing force in the region, he argued that China's rise had brought about more peace and stability than at any time since the Opium Wars of 1839—1841. East Asian states had grown closer to China because certain preferences and beliefs were responsible for maintaining stability in the region.[3]

---

[1] Martin Jacques, *When China Rules the World: The End of the Western World and the Birth of a New Global Order* (New York: Penguin Press, 2009).

[2] David C. Kang, *East Asia Before the West: Five Centuries of Trade and Tribute* (New York: Columbia University Press, 2010).

[3] David C. Kang, *China Rising: Peace, Power, and Order in East Asia* (New York: Columbia University Press, 2007).

In a celebration of the lifelong scholarship of Wang Gungwu, a contributor to Fairbank's 1960 volume, Paul Evans praised Fairbank for painting a picture of the traditional Chinese world order as being sophisticated, durable, and based on the notion of superiority and hierarchy without the Western-centric notions of sovereignty, territorially bounded nation-states and balance of power. As Chinese leaders today were increasingly looking toward their history to chart a path forward, that part of history would affect China's contemporary foreign relations in a profound way. Brantly Womack agreed that the historic centrality of China produced a basic East Asian regional pattern of asymmetric relations based on "attention" rather than power, with leadership asserted by the soft means of prestige and authority. He praised Wang Gungwu's contribution in Fairbank's book for revealing three unique traits of Chinese imperial diplomacy: virtuous superiority, impartiality, and inclusiveness, providing "rituals and routines that met the needs of both the center and the various polities on the periphery... The exchange of deference for recognition of autonomy was a fundamental contribution to stability". James C. Hsiung joined these scholars by presenting a vigorous defense of the imperial Chinese approach to foreign relations. According to Hsiung, unlike the power balancing model of the Eurocentric system, the Chinese order "consisted of formal hierarchy but informal equality" and led to less wars in the Asian system than in the Eurocentric system over the previous 600 years because the Asian "bandwagon approach within the context of a "central state", which had no territorial ambitions, allowed for secondary states to attain equilibrium by acquiescence to the dominant state and yet retiring autonomy and de facto equality as well as enjoying the stability and other benefits the hierarchical order bestowed. Such an alternative foreign relations paradigm would provide the key to understanding how a rejuvenated China would behave.[1]

Some Chinese scholars have taken a lead in the rediscovery of the benevolent Chinese world order. Portraying the Chinese order as a self-centered

---

[1] Paul Evans, "Historians and Chinese World Order: Fairbank, Wang and the Matter of Indeterminae relevance", Brantly Womack, "Traditional China and the Globalization of International Relations Thinking", James C. Hsiung, "A Re-Appracial of Abrahamic Values and Neorealist IR Theory: From a Confucian-Asian Perspective", In heng Yongnian, ed., *China and International Relations, the Chinese View and the Contribution of Wang Gungwu* (London: Routledge, 2010), pp. 42-55, 117-133, 17-37.

tributary system（自我为中心的朝贡体系）, one Chinese scholar found other Chinese terms to describe the Chinese world order, such as the canonized system（册封体系）, vassal system（藩属体系）, and the etiquette system of the heavenly dynasty（天朝礼治体系）. Imperial China was the heavenly dynasty of a superior-country（天朝上国）and produced an open hierarchy, which became the foundation of the East Asian international system（东亚国际体系的原始形态）.[①] A traditional Chinese term, Tianxia（all-under-heaven 天下）based on the royal ethics（王道）, has emerged as a popular term to convey the uniquely "Chinese normative principle of international relations in contrast with the principles of sovereignty and the structure of international anarchy which form the core of the contemporary international system".[②]

Zhao Tingyang, a Chinese philosopher, made his name known by his book, *All-under-Heaven System*（天下体制）and many articles on the subject. He describes Tianxia as a universal system inherited from the Zhou dynasty about 3,000 years ago.[③] Designed to create the compatibility of all peoples of all nations, Tianxia presupposes the Oneness of the universe（天下归一）as the political principle of "inclusion of all" in the world. Tianxia commits to the Oneness as the intact wholeness that implies the acceptance of the diversities in the world where nothing is left out and no one is treated as an outsider.[④] This is a world order with the emphasis on harmony defined as reciprocal dependence, reciprocal improvement or the perfect fitting for different things. Guanxi（reciprocal relationship）thus became the organizational principle of the tianxia system.[⑤] The Tianxia system, maintained by

---

① Guo Weihua（郭伟华）, "*How Did the Sino-Japanese War Collapse the Etiquette System of the Heavenly Dynasty*"（《甲午战争缘何让"天朝礼治体系"彻底坍塌?》）, *Pelple's Daily Online*（人民网）, June 9, 2014, http://military. people.com.cn/n/2014/0609/c1011-25123767.html.

② Allen Carlson, "Moving Beyond Sovereignty? A Brief Consideration of Recent Changes in China's Approach to International Order and the Emergence of the *Tianxia* Concept", *Journal of Contemporary China*, 20（68）,（2011）, p. 89.

③ Zhao Tingyang（赵汀阳）, "*The All-under-heaven System: A Philosophy for the World System*"（《天下体制：世界制度哲学导论》）,（Jiangsu Education Press, 2005）.

④ Tingyang Zhao, "Rethinking Empire from a Chinese Concept All-under-Heaven", *Social Identities*, 12（1）,（2006）pp. 29-41.

⑤ Tingyang Zhao, "A Political World Philosophy in terms of All-Under-Heaven（Tian-xia）", *Diogenes,* no. 56（2009）. pp. 5-18.

cultural attraction and ruling by virtue, is embodied in the Chinese ideal of perpetual peace. Notably different from the aggressive empires that existed in other places, imperial China was more concerned with establishing itself as an everlasting power than with the plight of endless expansion because of the unaggressive and adaptable characteristics of the Chinese culture.[1] Qin Yaqing of Beijing Foreign Affairs University also states that "the core of the notion of Tianxia revolves around the idea of a "Chinese system". ... Tianxia is where nature and humanity intersect, a space where political authority and social order interact... Order is always intrinsic in the system envisioned by the notion of Tianxia. Within the Tianxia system, structure is hierarchical because only such an arrangement could sustain its stability and harmonious order. Order could only be achieved when there is a clear stratification of classes and there is likewise an orderly relationship between them".[2]

Tianxia is thus presented as a world system in contrast to the anarchic Westphalian system, which is regarded as conducive to discord and war. *Chinese Social Sciences News* (《中国社会科学报》) published a special session in 2014 to discuss the differences between the Tianxia system and the contemporary international system dominated by Western powers. Chang Chi-hsiung of Taiwan's Institute of Modern History at Academia Sinica suggests that Tianxia was a harmonious world system expressed by the following equations: all-under-the-heaven ≈ the Chinese world=center + periphery=Chinese + barbarians = we race + they race = kingdom + tributary = China + tributary = suzzanine + tributary states = Chinese world empire =tributary common community = ring China common community > East Asian common community (天下≈中华世界＝中心＋周边＝华＋夷＝我族＋他族＝王畿＋封邦＝中国＋外藩＝宗主国＋藩属国＝中华世界帝国＝宗藩共同体＝环中国共同体＞东亚共同体). The China centered hierarchical order was a Tianxia common community (天下共同体), in which the center protected the periphery and the periphery subordinated to the center (中心

---

[1]　Tingyang Zhao, "The 'China Dream' in Question", *Economic and Political Studies*, 2(1), (2014), p. 128.

[2]　Qin Yaqing, "Chinese School of International Relations Theory", in William A. Callanhan and Elena Barabantseva, eds., *China Orders World: Normative Soft Power and Foreign Policy* (Washington D.C.: Woodrow Wilson Center Press, 2011), pp. 42-43.

保护周边，周边藩屏中心）, forming a pattern of interdependence, co-existence, and co-prosperity between China and its four frontiers of neighbors（形成中国与四邻互相依赖、共存共荣的格局）. China never interfered in the internal affairs of tributary states. Nationality, autonomy and kingdom self-governance were developed. The traditional East Asian international system, therefore, maintained stability for more than two thousand years.[①]

Royal ethics（王道）is used as a key factor to explain why the perpetual peace of Tianxia was created and maintained. Yan Xuetong of Tsinghua University led a project on China's pre-Qin political thoughts. Their study determined that ancient Chinese thinkers advised rulers to rely on ethics（道）, benevolence（仁）, and morality（德）to win the world（取天下）, and take a defensive posture（非攻）using benevolent government（仁政）to rule the world（治天下）.[②] Citing ancient Chinese philosopher Xunzi, Yan distinguishes three types of ethics in ancient China: Royal ethics（王道）, hegemonic ethics（霸道）, and tyranny（强道）. Royal ethics focused on peaceful means to win the hearts and minds of the people at home and abroad. Tyranny — based on military force — inevitably created enemies. Hegemonic ethics lay in between: frequently indifferent to moral concerns, it often involved violence against non-allies but did not cheat the people at home or allies abroad. Royal ethics would win in any competition with hegemony or tyranny.[③] Xing Qi, Vice President of the Chinese Cultural Promotion Society, claimed that royal ethics played an invaluable role in the stabilization and prosperity of the Chinese cultural ring（中华文化圈）because the starting point of Royal ethics was an internal holy process（内圣）rather than an external imposition to reach a harmony between human and nature. The highest level of Royal ethics is to achieve the external royalty（外王）, in which the emphasis is to avoid hegemony in handling relations and reach harmony

① Chang Chi-hsiung（张启雄）, "*The Collapse and Rebirth of Modern East Asian International System*"（《近代东亚国际体系的崩解与再生)》, "*Chinese Social Science News*"（《中国社会科学报》）, Number 613, June 27, 2014, http://ex.cssn.cn/djch/djch_djchhg/guojishijiaoxiadeguojitixibianqian/201406/t20140627_1230778.shtml.

② Yan Xuetong, Xu Jing, etc（阎学通、徐进等著）, "*the Thoughts of World Leadership and Implications*"（《王霸天下思想及启迪》）,（Beijing: Shijie Zhishi Chubanshe, 2009）.

③ Yan Xuetong, "How China Can Defeat America", *New York Times*, November 20, 2011, http://www.nytimes.com/2011/11/21/opinion/how-china-can-defeat-america.html?pagewanted=all&_r=0.

among different peoples, nations, and civilizations. Harmony, in this case, is not uniformity but rather seeking common ground while preserving differences（和而不同）.[①] Wei Zhijiang of Zhongshan University in Guangzhou even argues that the Chinese world order created an East Asian security system guided by royal ethics and etiquette（礼制）, which was widely shared by the vassal states.[②]

Many Chinese scholars have the similar argument that imperial China was a peaceful state because it worked within the premise of royal ethics. What sustained the political centripetal forces of the surrounding regions was morality, not coercion. The ancient Chinese rulers developed a very prudent and defensive strategic culture and tried hard to arrive at their objectives without using force（不战而屈人之兵）. Rulers were very cautious to wage just wars（义战）based on moral rather than material interests. The clear difference between just and unjust wars was the motivation of the war and its effect on civilians. People's support was the most important standard to measure whether or not a war was just. The ultimate goal of just wars was not only to punish the war criminals but also to reestablish the universal moral ethics of "unity and harmony of heaven and human beings".[③] Two Chinese military scholars, therefore, generalize the following three paradigm differences between the imperial Chinese and the Western statecrafts: "justice" vs "interests", "human factors" vs "weapon factors", and "stratagem" vs "strength".[④]

In comparison with Western imperialist countries that used coercive power to build colonies, the Chinese world order was thus more civil because it caused the tributary states to admire China without using force. In the tra-

---

① Xin Qi（辛旗）, "*Remarks at the Symposium on royal Ethics and construction of harmonious world—royal ethics and its contemporary significance*"（《在弘扬中华文化：探讨王道理念，构建和谐世界——王道思想的当代意义研讨会上的致辞》）, China News Net[中国新闻网], April 22, 2011, http://www.chinanews.com/tw/2011/04-22/2992337.shtml.

② Wei Zhijiang（魏志江）, "*Traditional East Asian international security system and the so-called Chinese-barbarian order*"（《论东亚传统国际安全体系与所谓华夷次序》）, paper presented at the 11th Beijing Forum, The Harmony of Civilization and Prosperity for all, November 7-9, 2014.

③ Tiewa Liu, "Chinese Strategic Culture and the Use of Force: Moral and Political Perspectives", *Journal of Contemporary China*, 23（87）,（2014）, p. 562.

④ Zhang Junbo and Yao Yunzhu, "Traditional Chinese Military Thinking: A Comparative Perspective", *Journal of Contemporary China*, 5（12）,（1996）, pp. 209-221.

ditional Chinese world, the relations among countries were in harmony based on benevolent governance（仁治）. East Asian countries shared the Chinese cultural ideals and values that emphasized "peace（和）, harmony（合）, and a middle way（中庸）".① Quoting Tang Emperor Li Shiming who said that "although China has been regarded superior and barbarians inferior since ancient time（s）, I love them all the same".（自故皆贵中华，贱夷狄，朕独爱之如一）one Chinese scholar even went so far as to claim that: "Emperor Li emphasized equality among all nationalities more than one thousand years ago, showing the open-minded Tang ruler in foreign relations".② With the emphasis on etiquette and trade, the tributary system "forged the common ground for Imperial China and its surrounding regions, and served as the foundation for exchange and coordination between the two sides". Emphasizing benevolent governance, etiquette, peace and denying the imperialistic nature, imperial China and its relations with surrounding regions were far more advanced than the colonialism of western countries. Some Chinese scholars have gone so far as to argue that the root of all troubles in Chinese diplomacy today is China's lost opportunities for expansion because of being pedantic and caring too much about morality and principles. "The surrounding countries should be grateful for China's benevolent governance, and that the imperial order should be reestablished, yet they don't like moderation and self-restraint as part of the imperial tradition".③

Insisting that imperial China was a uniquely benevolent and peaceful empire with war employed only as last resort for defensive purposes, many Chinese scholars have rejected the comparability of the Chinese empire with other empires. In particular, they criticize Western historians such as Peter Perdue and Odd Arne Westad who wrote a "New Qing History"（新清史）that describes the Qing dynasty as having an expansion tendency similar to

---

① Xiong Guangqing（熊光清）, "*East Asian Countries Have Not Reflected Wars: Militancy Ethos Linger*"（《东亚国家未反省战争 崇尚武力风习阴魂不散》）, *Global Times*, April 1, 2013, http://www.chinanews.com/mil/2013/04-01/4692110.shtml.

② Li Enzhu（李恩柱）, "*The Handling of Meeting Etiquette by Two Emperors*", （《华文报摘 》）"*The Chinese Newspapers Collections*"（《两位皇帝对觐见礼仪的处理》）, December 28, 2012, http://www.chinanews.com/hb/2010/12-28/2752435.shtml.

③ Haiyang Yu, "Glorious Memories of Imperial China and the Rise of Chinese Populist Nationalism", Journal of Contemporary China, 23（90）,（2014）, p. 1183.

other empires at the time（具有与同时代的其他帝国类似的扩张倾向）. Their works are not welcome in China because their "findings" violate（有悖于）the Chinese positon that the Kongxi Emperor's Western expedition（康熙西征）was aimed at maintaining the unity of the multi-nationalities. Chinese scholars have regarded Perdue and some other Western historians who endorse the China threat theories as having tried to discover the aggressive and imperialist characters of ancient Chinese history to demonstrate the unavoidable connection between today's China and its imperial characters in history.[1]

IV. The Collapse of the Chinese Empire: Clash of Civilizations?

Whether or not agreeing that imperial China was uniquely benign and the Chinese world order was stable and peaceful, many scholars have seen the collapse of the Chinese empire after its defeat by the British in the 19th century as a result of the clash of civilizations, leading to the century of humiliation. China was not only forced into the international system dominated by European powers where it lost its tributary states, but also treated unequally and suffered in the hands of imperialist powers.

Lowell Dittmer wrote in 1994 that "The Sino-Western conflict in the 19th century was not so much an international conflict as it was a system-to-system conflict, a mismatch between Western nationalism and Chinese culturalism".[2] Twenty years later, Chang Chi-hsisung went further, arguing that "the primary course for the collapse of the East Asian order were the clash of the principles of international orders between the East and the West（东西方国际秩序原理的冲突）". He lamented that as the tributary states

---

[1] Lu Hanchao（卢汉超）. "*Has China always been a Open Country?: Think about the Praise of China by the West again*"（《中国从来就是一个开放的国家吗——再论西方"唱盛中国"》）, *Tsinghua University Journal: Philosophy and Social Science Edition*（《清华大学学报.哲社版》）, no. 3,（2012）, http://site.douban.com/125457/widget/notes/4971340/note/270982522/.

[2] Lowell Dittmer and Samuel S. Kim, "Conclusion", in Dittmer and Kim, eds.,*China's Quest for National Identity*（Ithaca N.Y.: Cornell University Press, 1994）, p.249.

managed by the Vassal Affairs Department（礼部藩属）were lost and became colonies of the Western powers, imperial China was downgraded（降为）from the Tianxia royal dynasty（天下皇朝）to a sovereign state（主权国家）and reluctantly to advocate（不得已乃改倡）the sovereign equality（主权平等）. Imperialist powers defeated China by force and then repudiated the Chinese benevolent governance. A treaty system（条约体制）was formed through international law and unequal treaties while the Chinese world order principles and the status it knew were completely repudiated and eventually extinguished.[1]

The collapse of the Chinese empire resulted as much from the clash of civilizations as from the international struggle for power and economic interests between imperial China and European powers. It was a process of "China's struggle to resist aggressive European expansion, to adjust itself to the changing international realities, to meet its problems without totally abandoning its imperial tradition, and finally to accept, slowly and gradually, though sometimes reluctantly, some of the European standards, institutions, rules and values".[2]

Imperial China yielded to no one except stronger foreign military forces before and after the arrival of Western powers. China resisted its incorporation into the global commercial and production system and even tried to block trade and missionary contacts with Westerners. All these efforts, however, failed after European warships knocked at, and eventually opened the doors of China for trade in the 19th century.

The riches and grandeur of the Far East fascinated Europeans for ages. During Europe's medieval period, China boasted several cities of great size and wealth and the average living standard and scale of commerce were well above that in Europe at the time. Chinese goods, especially tea, silk, and porcelain were carried over the legendary silk routes winding through central

---

[1] Chang Chi-hsiung（张启雄）, "*The Collapse and Rebirth of Modern East Asian International System*"（《近代东亚国际体系的崩解与再生》）, *Chinese Social Science News*（《中国社会科学报》）, Number 613, June 27, 2014, http://ex.cssn.cn/djch/djch_djchhg/guojishijiaoxiadeguojitixibianqian/201406/t20140627_1230778.shtml.

[2] Zhang Yongjin, *China in the International System, 1918-20, The Middle Kingdom at the Periphery* (New York: St. Martin's Press, 1991), p.16.

Asia. These items were in great demand back to the time of the Roman Empire. Following the "geographical revolution", Christopher Columbus was able to convince the Spanish crown to provide him with a small fleet to look for a sea route to China. His journey in 1492 gave him credit for discovering the New World. However, when he first landed on the American continent, he mistook it for India, which he believed to lie midway between Europe and China. The Portuguese were the first to establish a presence in East Asia by its rule of Macao along China's south coast. They were followed by the Dutch in Taiwan and Japan and the Spaniards in the Philippines. Europeans began arriving in large numbers in East Asia by the sixteenth century when they successfully circumnavigated the globe and set up provisioning stations and trading posts in different parts of the world.

China was relatively successful in holding European traders and missionaries at bay before the 19th century. Before the arrival of the Europeans, the Chinese had a very limited understanding of China's place in the world. James Legge, a noted Scottish sinologist and the first professor of Chinese at Oxford University, wrote in a 1872 publication that bitterly criticized China's ministers and people for their failure to "realize the fact that China is only one of many independent nations in the world".[1] Perceiving Westerners as no different from their East Asian neighbors, the Chinese court held that the Western barbarians "should observe the rules of the tributary system and fit themselves into the civilized Sinocentric world order in their pursuit of foreign trade".[2] Restricting Europeans to the southern port city of Macao and later the city of Guangzhou, Chinese rulers, supremely confident in their position of self-sufficiency, professed little need for Western goods and ideas.

This pattern of trade relationship, known as the Guangzhou system, "was built on a central theme of contempt for foreigners and disdain for merchants".[3] Westerners, confined to a dozen groups of buildings called

---

[1] James Legge, translated, *The Chinese Classics*, vol. 5, *The Ch'un Ts'ew with the Tso Chuen* (London: Henry Frowned, 1872, reprinted by Hong Kong University Press, 1961), p. 52.

[2] Alvin Y. So and Stephen W. K. Chiu, *East Asia and the World Economy* (Thousand Oaks C.A.: Sage Publications, 1995), p. 34.

[3] Hsin-Pao Chang, *Commissioner Lin and the Opium War* (Cambridge M.A.: Harvard University Press, 1964), p. 10.

factories outside the walls of Guangzhou city, were forbidden to trade outside these factories and were not allowed to enter the city of Guangzhou. They could not even reside permanently in these buildings and had to leave China at the end of the trading season.[1] By mutual agreement during most of the nineteenth century, "the old Canton (Guangzhou) system proved mutually profitable within the limits imposed by two, Chinese and foreign, systems of trade regulation".[2]

As the British came to dominate world commerce by the late eighteenth century, they found the trade constraints under the Guangzhou system increasingly intolerable. It was against the principle of free trade if foreign traders had no direct access to markets, could not inquire about prices, and had to accept without objection the prices offered by Chinese merchants. As the British bought many Chinese products but had difficulties to find goods that Chinese would buy from them, the gap in the balance of trade grew wider and had to be filled with silver. But silver was a scarce metal. The British were eager to find a new commodity that they could supply in large quantity and could also find a massive market in China to open the Chinese market and balance their trade payment. Opium was discovered. For the British, it did not matter if the trade was in opium, cotton, sewing needles, or any other product as long as there was demand that could help solve the balance of payment problem.

The flourishing opium trade had devastating consequences for China's society and national wealth and produced a policy debate among officials in the Qing court. One group advocated suppression, "demanding that both opium dealers and addicts should be dealt with severely". The other group wanted to legalize opium use because "it would be wiser just to put a tax on opium to relieve the treasury's problem".[3] While the debate was going on, large-scale opium imports became a menace to the Qing Court. When the spread of opium addiction, and its consequent drain on the country's silver

---

[1] T. R. Banister, *A History of the External Trade of China, 1834-1881* (Shanghai: Inspector General of Chinese Customs, 1931), p. 99.

[2] John King Fairbank, *The United States and China* (Cambridge, MA.: Harvard University Press, 1983), pp. 161-162.

[3] The Compilation Group for the History of Modern China Series, *The Opium War* (Beijing: Foreign Language Press, 1976), p. 19.

supply, reached alarming proportions, Lin Zexu, the newly appointed com-missioner overseeing the Guangzhou trade in 1839, took firm action to break up the network of Chinese opium importers and suppliers and destroyed the opium stock of the British merchants without compensation.

In response, the British government demanded an indemnity from China for the loss. After the Beijing court refused their demands, tensions between the British and the imperial court in Beijing mounted. Both China and Britain were willing to back their positions with force. The Opium War broke out in 1840 as a result of China's resistance to the opium trade and the British insistence of its expansion into China. Although imperial China possessed an economy larger than that of the European countries and a technology at least as advanced as theirs when the Europeans arrived, it lagged behind and declined by the 19th century. But the Qing Court had little appreciation of its relative weakness when it sent a fleet of ships to defend itself against Brit-ish ships in Hong Kong. The British easily destroyed the fleet and went on to blockade Guangzhou, bombarding it and other coastal cities. When Nanjing lay at the mercy of the British fleet in 1842, China was forced to sign the Treaty of Nanjing, ceding Hong Kong to the British as its colony. In addition, five ports (Shanghai, Ningbo, Guangzhou, Xiamen, and Fuzhou) were to be opened to foreign trade. The Qing court could not regulate this trade, nor could it impose its own tariffs. Furthermore, it did not have any authority over British subjects residing in the "concessions" on Chinese soil. To add insult to injury, China was required to pay Britain a large amount of silver as compensation for the opium destroyed by Chinese officials.

The Opium War was the first violent encounter between imperial China and an European power. The armed confrontation came primarily as a clash of economic interests and a power struggle but it also reflected a conflict be-tween two diametrically opposed concepts of the Chinese cultural hierarchy and European diplomatic equality. European expansion challenged China's economic and political interests. But imperial China was condescending to-wards the uncivilized barbarians within and outside their spheres alike. The Sino-centric perception precluded the Chinese from accepting other powers as equals, making it intellectually difficult for them to adjust themselves to the new power reality. That was why Westerners were "overwhelmingly im-pressed by the stubborn persistence" of the Sinocentric perception during the late 19th century when China faced the new and unprecedented challenge of Western powers with their own absolutistic claims.[①]

Defeat from the Opium War came as a terrible shock to the Chinese and a heavy blow to the Chinese sense of superiority. It was as if the world was suddenly turned upside down. Strange and inferior barbarians suddenly defeated the Chinese empire out of nowhere and broke their ramparts with superior firepower. What a shame and humiliation. "China was besieged, and an easy target for any industrial power bent on war".[②] In the 60 years after its humiliating defeat, the Qing government was forced to sign one treaty after another with foreign powers. One of the central issues in all these treaty negotiations was the acceptance by the Qing court of the Westphalian concept of diplomatic equality among sovereign states. The Qing Court resisted, as much as it could, to the idea of equality between the Chinese emperor and Western governments. The fact that China signed these treaties as a sovereign state, however, affirmed the principle of diplomatic equality between China and its treaty partners, shattering the fictive remnants of cultural superiority.

China's official recognition of legal equality with other states was, for the first time, found in an imperial edict issued by Emperor Xian Feng after the Second Opium War led to the invasion of Beijing by the joint Anglo-French Expedition and forced the emperor to flee to his summer residence in north in 1860. The edict reluctantly decreed, "England is an independent sovereign state, let it have equal status (with China)".[③] This recognition was followed and partially borne out by two institutional changes in the 1860s: the compulsory acceptance of the diplomatic representation of Western powers in Beijing and the initiation of Minist of Foreign Affairs (总理衙门), a government office to handle the diplomatic relations with Western powers. As "barbarian affairs" became foreign affairs, China was brought into line with the principle of the nation-state system.

---

① Benjamin I. Schwartz, "The Chinese Perception of World Order, Past and Present", in John K. Fairbank, ed., *The Chinese World Order*, p. 284.

② Arthur Cotterell, *East Asia: From Chinese Predominance to the Rise of the Pacific Rim* (New York: Oxford University Press, 1993), p. 113.

③ Zhong Shuhe (钟述和), "*Strive toward the World*" (《走向世界》), (Beijing: Zhonghua Shujiu, 1985), p. 78.

But China came to the modern international system "not at the center as arbiter but at the center as a target of European imperialist power politics in East Asia".[1] When China began to accept the idea of equality among nation-states and struggled to defend its sovereignty, the world had come under the domination of imperialist powers that did not treat weak nations as equals. China was, therefore, not treated equally by the more powerful imperialist states. The treaties that China signed with Western powers were soon labeled by the Chinese as "unequal treaties" because "the formal diplomatic equality embodied in the treaties masked a host of provisions that disadvantaged China... There were also a number of provisions in these treaties where the utter lack of reciprocity left them unequal even in a formal sense".[2] It was indeed humiliating that, with these unequal provisions, China had to grant extraterritorial rights to foreigners living in China and to place its economic interests under foreign control.

In addition, all major imperial powers established their spheres of influence in Chinese territories. Britain carved out a sphere of influence in the Yangtze Valley, France in Guangzhou, Germany in Shandong, Japan in southern Manchuria, and Russia in northern Manchuria and Outer Mongolia. The United States, as a newly arrived imperial power, demanded equal treatment. In September 1899, John Hay, Secretary of State in the William McKinley administration, dispatched the famous Open Door notes to Germany, Russia, England, Japan, Italy, and France, requesting formal assurances that they would refrain from interfering with any treaty port, vested interest, or the Chinese treaty tariff within their spheres of interest and that they would grant traders of all countries equal treatment with respect to harbor dues and railroad charges.[3] In July 1900, he sent a circular to these powers, stating the US intention to seek a solution that on the one hand "may bring about permanent safety and peace to China, preserve China's territorial and administrative entity", and, on the other

---

[1] Zhang Yongjin, *China in the International System*, p. 20.

[2] Joseph W. Esherick, "China and the World: From Tribute to Treaties", in Brantly Womack, ed., *China's Rise in Historical Perspective* (Lanham M.D.: Bowman & Littlefield Publishers, 2010), p. 27.

[3] US State Department, *Foreign Relations of the United States, 1899* (Washington D.C.: U.S. Government Printing Office, 1901), pp. 132-133.

hand, "protect all rights guaranteed to friendly powers by treaty and international law, and safeguard for the world, the principle of equal and impartial trade with all parts of the Chinese Empire".[1] As a result, a legal provision, known as the most-favored-nation clause, was inserted into every treaty signed by China with the foreign powers. Concessions granted to one foreign country by China would automatically be extended to the others.

The death knell of the traditional East Asian order was loudly sounded by the Chinese empire's loss of its tributary/vassal states to Western imperialist powers. By the early 1860s, nearly all East Asian countries had been opened to Western trade and diplomacy and some became their colonies. The expansion of European imperialism and later Japanese imperialism reached to every corner of East Asia. Whereas imperial China had previously existed in relative isolation from the rest of the world, it now became part of the Western dominated international system. China no longer held preeminence in East Asia and no longer constituted a world unto itself, but was part of the international system dominated by Western powers, struggling to defend its survival and find what it regarded as the rightful place.

The crushing defeats that imperial China suffered in a series of military confrontations with Western powers led to the collapse of imperial China. While the wars, unequal treaties, humiliations, and territorial losses suffered by China during the century of humiliation were the painful road that the Middle Kingdom walked into the modern nation-state system, the Chinese quickly embraced the concepts of territorial sovereignty and became a zealous defender of its sovereign rights in what they perceived social Darwinian world, in which the status of a nation-state was determined by its economic and military strength. European diplomatic institutions and practices were adopted to combat the West. Chinese intellectuals and political leaders have become die-hard realists. Believing international politics is a struggle for power, they have sought to maximize China's security by expanding influence and control over its neighborhoods, and in some cases, far beyond. The world is unjust and unfair only in the

---

[1]   US State Department, *Foreign Relations of the United States, 1900* (Washington D.C.: U.S. Government Printing Office, 1902), p. 299.

sense that China was stagnant and weak and therefore had to suffer and be humiliated in the late 19th and the early 20th centuries.

Conclusion

An ancient empire with a recorded history of more than 2,000 years, imperial China began a steady decline, plunging into chaos, involving war, famine, isolation, and revolution in the 19th and early 20th centuries. After more than a century of struggle for national rejuvenation, China has resurged in the 21st century to regain the power it enjoyed two centuries ago. While globally, people have talked about China's rise, the Chinese have used the rejuvenation of China (复兴中华) to emphasize their current status as a return to a state of past glory rather than a rise from nothing. Scholars have, therefore, tried to look back at how the imperial cycle is remembered to predict how a powerful China will behave in the 21st century.

There is nothing wrong with looking to China's past to help understand China's future. As an ancient civilization, history is inscribed in China's mental terrain. But Chinese intellectuals and political leaders not only selectively remembered but also often reconstructed history to advance the current political agenda of the Chinese government and justify their concept of justice and their view of China's rightful place in the world. Historical discourse has, therefore, become extremely politicized in China. One Chinese scholar attending a history conference in the US during the 1980s was surprised to find that the study of history was of personal interest for Americans while the Chinese study of history was to save the nation (救国) and redeem the century of humiliation.

While the memory of historical humiliation was propelled forward by Chinese elites to help save China in the twentieth century, Chinese historical discourse in the 21st century has refocused on imperial China and its continuous glory, interrupted only by Western imperialist powers, to advance the claims of China's peaceful rise. This type of connection between imperial China and China's peaceful rise is obviously to serve the political objectives of the Chinese government rather than a reflection of historical facts. It is from this perspective that June Teufel Dreyer writes that "Supporters of the revival of tianxia as a model for today's world are essentially misrepresenting the past to reconfigure the future, distorting it to advance a political agenda that is at best disingenuous and at worst dangerous".[1]

The Chinese elites have, therefore, often draw contradictory policy agendas from the study of history. As this article has revealed, on the one hand, Chinese leaders have presented an idealized version of imperial China to support the claims of China's peaceful rise. On the other hand, taking the lesson that the collapse of imperial China was because its strength (实力) was not strong enough to defend its existence, Chinese elites have called for China to follow the iron law (铁则) of the strongest survival (强者生存) and the weakest eliminated (弱者淘汰) to become the strongest again.[2] Reconstructing the benevolent Chinese world order but following social Darwinist logic in the 21st century, how a powerful China would seek to regain its historical preeminence in the region and behave on the world stage is everyone's guess.

---

[1]　June Teufel Dreyer, "The 'Tianxia Trope': Will China Change the International System?" *Journal of Contemporary China*, 24 (96), (2015).

[2]　Chang Chi-hsiung (张启雄), "*The Collapse and Rebirth of Modern East Asian International System*" (《近代东亚国际体系的崩解与再生》), http://ex.cssn.cn/djch/djch_djchhg/guojishijiaoxiade-guojitixibianqian/201406/t20140627_1230778.shtml.

Women and War in The Arab World

[Egypt] Salwa Bakr

[Author, Egypt]

Women have always been the first loser of all wars that took place since the beginning of human struggle that tore the world apart. They either lose a husband, a son, a father or in many cases, their entire families. Not only that, women have been used in many cases as a tool and cause for war. Take Helen and the spark of the Trojan war in which women were taken as prisoners, and other wars alike either before or after. Women were used by the winner to humiliate the loser, and their struggle is a vicious circle until our present days.

Decades ago, the region has been between mortar and pestle of constant war that reflect the brutal clashes surrounding this world. New liberalism that represents the interests of the few controlling the world wealth seeks increasing sovereignty and occupying more seats of power. It thrives to redraw the world map and to divide wealth and energy resources.

A vivid example would be the American war in Iraq, consequently dividing it, and the war in Syria, Libya and Yemen that has been running for years. Let's not forget Egypt and the new colonial methods to create never-ending conflicts in such an ancient country, known to be the first state in history.

Since the 60s and the attempts to turn war into national turbulence, the new colonial methods have been utilized to separate individuals of the nation, using ideologies, religion, sects and ethnicities. New liberalism plays a pivotal role in the Arab region since the witness of the division of Sudan and the war in Iraq. Top that with the bloody wars that push women to pay a hefty price through disrupted families, religious and sectarian conflicts, as well as the economic situation worsened day after day. Women are forced to live that reality, albeit their lack of education and sufficient experience to face life, as well as marginalizing them from decision taking.

What women face recently in the Arab world puts everyone in a moral dilemma. It's unacceptable that women are being raped by Yazidis and other terrorist groups in Iraq and Syria. Despite all human products of local and international laws and customs, despite what others assume to be necessary to apply UN laws and CEDAW Treaty, the current situation of women, who are literally enslaved, needs different set of human and moral values. The kind of values that emerge from one's consciousness and manners.

It has become of prime necessity, because of what women are subject to, to revive the teachings and values of Confucius, and to reconsider our concepts of the past. More than any time ever, women need Jin and Li. Women need love and care as much as they need manners, decency, traditions and bashfulness.

What Confucius referred to as necessary to reconsider proper human behavior and the duties of individuals towards society is a mere deep human need demanded by women in many parts of a world shattered by bloody wars, and what it results in in scourges ranging between killing, rape and displacement. Unfortunately, and unlike many Chinese goods and products that are quite popular in the Arab world, Confucius and his teachings are not as popular. As a matter of fact, the most important product of China through history, the innovative and guiding ideas to the human conscious are not that popular. Confucius' "Don't do unto others what you don't want others to do unto you", goes unheard by those managing the world and politicians igniting wars. The real impasse of the Arab world might be caused by those who do unto others what they don't want others to do unto them. They kill, torture and destroy what others have. The others who oppose. New liberalism is double standardized, supporting Israeli aggression on Arab territories, while oblivious to and unjust towards the rights of Palestinians. Palestinian women still suffer inside Israeli prisons, paying the price of refusing the Israeli occupation of their homeland.

Humanity is still in dire need for Confucius' teachings on self-examination and the necessity to study, learn and examine, no matter the difficulties, in order to reach the truth. If those who start wars and fires could read Confucius and his teachings, many things in this poor and miserable world would have changed.

Cross-cultural Conversation （I）

Eurasian Ideas in the Dialogue between Russia and China

[Russia] Alexander LOMANOV

[Chief Research Fellow of Russian Academy of Science Institute of Far Eastern Studies, Moscow, Russia]

Promoting mutual understanding among Asian civilizations is highly important at the backstage of declining monopoly of Western values. China's "one belt one road" initiative creates an opportunity not only for economic development but also for cultural exchanges among the participating nations.

In 2015 Russia and China agreed on cooperation between the Eurasian Economic Union and the Silk Road Economic Belt project.

The notion of cultural "eurasianism" appeared in Russia about a century ago long before the abovementioned EEU was established. The paper focuses on the value specifics of the Russian Eurasian ideas since the 1920s and traces their evolution till our days.

I. History of Russian Eurasianism of the 1920s

In the 1920s the ideas of Eurasianism were generated by the Russian intellectuals who have left Russia after the revolution of 1917. They have come to conclusion that the West cannot provide spiritual resources for the further development of Russia. It is necessary to search for these resources in the East. The idea of Eurasianism combined cultural and political meaning, it has asserted that Russia and the Russians belong neither to the East, nor to the

West. Russia is an original country-continent with the prevalence "turanian" origins.

In 1927 P.N.Savitsky has coined the term "place-dependent development" (*mestorazvitiye*). He underlined that environment influences the formation of cultural and public life of the people living in certain area. According to Savitsky, the Eurasian cultural type has roots in Eurasia as the people belonging to it.

Supporters of this intellectual trend underlined that Russia occupies the basic space of the landmass of "Eurasia". This indicates not only on a geographical position, but also on a difference of Eurasian culture and values from European and Asian ones. The development of Russia was influenced by Genghis Khan's mongol-tatar statehood and his successors; everyday life was impacted by the way of life of the steppe East. This influence was especially strong from the 13th till the 15th century. Then the eastern influence was replaced by the influence of the European culture.

The Russian culture does not belong to "European" and "Asia-asian" (*aziatsko-azijskaya*) cultures, it combines elements of these two cultures and brings them to unity. The Eurasianists believed that in the history there were two distinctly "Eurasian" cultures—the Hellenic culture and the Byzantine culture that both combined elements of the West and the East. The Eurasianism differed from the ideas of Slavophiles because it specified that originality of Russian culture is determined by merger of "European" and "Asia-asian" elements. This formula underlined that Russian culture is connected with "broad and creative in its historical role" world of cultures of Asia.

The Eurasianists have noticed that Europeans call "wild" and "backward" everything that is not similar to their views and acts. It is possible to show objectively the superiority of newest science ideas and machines over the past achievements in world history. However, in ideology and morals similar demonstration of superiority is impossible. Eurasians believed that many innovations of the Western Europe are not superior, but in reality are inferior in comparison with achievements of the so—called "ancient" or "backward" people. The Eurasianists came to resolute rejection of "eurocentrism" in culture and history. This vision negated the European universalism in understanding of culture that groundlessly named some people "cultural" and others "uncivilized". The culture of the West cannot and should not be considered as a measure of level of "civilization" of other people. The Eurasianists considered that specifics and originality of certain culture only increased its importance.

Thus, Russia is not a part of Western civilization, but the result of interaction of many cultures. This idea was elaborated to help Russia "to transform into organic whole the set of various cultures of the Old Continent, to remove contradictions between the East and the West" (Savitsky). As the unity of Eurasia leans against culture, "the tasks of unity are essentially the tasks of cultural creativity", this creativity should be free and should not be subjected to external pressure.

The Eurasian cultural type has absorbed and connected three cultural types—the Western, the Eastern and the Southern. The Byzantine culture of the South has defined the specifics of Russian religious type and culture in its highest forms. The East as the steppe civilization of the Tatar-Mongol has influenced the household daily life of the Russian people and the character of Russian statehood.

The Eurasianists gave attention to continuity of "very strong" statehood and governmental power in the history of Eurasia. For preservation of internal unity of the state and the people should share same ideas based on understanding of features of the place of their development. They considered the most suitable to this form of state system in Russia is "ideocracy" when the society and the authorities are united by one idea.

They specified that ideological sources of the Russian state were the Orthodox religious culture borrowed from Byzantine and the influence of the Mongolian rule. Russia never belonged to the West, in its history there were periods of Eastern "turanian" influences. Thus the Europe, including the western Slavic people, was treated by the Eurasianists as dangerous and alien factor to the Russian culture.

The Eurasianists believed that the Russian culture is similar to a "symphonic person" in whom the Orthodoxy fruitfully co-exists with non-Christian religions and cultures. To prove the unity of Eurasia where different religions co-exist, they aspired to reconcile the Orthodoxy with the Eastern religions of Buddhism and Islam. In the Buddhist doctrine about bodhisattva they saw a "presentiment of idea of Deohumanity (*bogochelovechestvo*)", and in Islam—the true understanding of necessity of human activity that change the world. They gave no definite answer to the question on how to combine the Orthodox unity with distinctions of religions of the Eurasian people.

Russian philosopher N. Berdyaev in 1925 noticed that the Eurasianists resolutely proclaim the primacy of culture over policy. "They understand that the Russian question is spiritually-cultural one, instead of being a political problem. To install this consciousness in the Russian emigrant community is a very important essential problem. The relation of the Eurasianists to the Western Europe is wrong and false, it similarly deserves the name of 'asiatism' (*aziatstvo*) instead of Eurasianism. But they correctly feel that Europe ceases to be a monopolist of culture, that culture will not be exclusively European anymore, and that the people of Asia will be included again into the stream of world history".

N. Berdyaev rejected the fascination of the Eurasianists with the Turainan origins of the Russian culture. "Sometimes it seems that closest to them is not Russian, but Asian, Eastern, Tatarian, Mongolian in Russian. They obviously prefer Genghis Khan's to Saint Vladimir. For them the Moscow kingdom is baptized Tatar kingdom, the Moscow tsar—the Orthodox Christian Tatar khan. And in this kingdom that is so close to hearts of the Eurasianists one can sense the not-overcame paganism of the Asian tribes, not-overcame Mohammedanism. The Christianity has not quite won in the Eurasian kingdom. The love to Islam and propensity to Mohammedanism are too great at the Eurasianists. Mohammedans are closer to the Euroasianist hearts than the Christians of the West. The Eurasianists are ready to create a united front with all East Asian non-Christian religions against the Christian religions of the West". Berdyaev did not reject the Eurasianist criticism of imperialistic policy of the European states against the people of Asia and Africa, he recognized their correctness in this question. However, in sphere of religion such anti-western alliance was unacceptable to him.

II. The Eurasian Idea Today: Russia and the East

In the USSR the interest to Eurasianisn has appeared in the late 1980s thanks to publications and speeches of historian L.N. Gumilev (1912—

1992). After the disintegration of the Soviet Union the Eurasianism became a political movement which has been aimed at searches of new cultural identity of Russia. It was an attempt to create new ideology of domestic and foreign policy which does not lean on Western liberal "universal values".

In 2001 the chairman of the All-Russian political social movement "Eurasia" A.G. Dugin has published manifesto "Eurasianism: from philosophy to policy". He reminded that the Eurasianists already saw that Russia has its own path which does not coincide with the basic path of the Western civilization. "Russia and the West are different civilizations, they realize different civilization models, they have different systems of values. It not a propaganda cliche from the time of the Cold war. All world history of last millennium shows the contrast of "motley" Eurasian world and the Western civilization. The Eurasianists claimed that this opposition has not disappeared and cannot disappear. Here the Eurasianists have closely approached to the fundamental law of geopolitics asserting that an unsolvable contradiction originally exists between the Eurasian metacivilization with Russia in its kernel and the Western Atlantic community".

Dugin claimed that after disintegration of the USSR the West has started hard and pragmatic battle for world supremacy. The West completely ignores the interests of Russia. According to Dugin, the Eurasianists were absolutely right when asserted that no change of Russian political system and no adaptation of Russian ideology to "universal" standards (actually Western or more exactly—American) will relieve the Russian state from the unyielding opposition from the West. "All that is not new. For the last some centuries we were repeatedly convinced that behind humanistic enlightenment rhetoric of the West there is a relentlessness of the colonizer rigidly defending the interests, deprived of sentimentality in relation to the subdued people".

According to Dugin, the pressure coming from the West and an urgent necessity to formulate Russian national idea make the Eurasianism an extremely important strategic, philosophical and sociopolitical tool, it is the indispensable element of internal and foreign policy. Almost all questions in policy of Russia can be assessed by the criterion "Eurasianism or Atlanticism".

This treatment the Eurasianism has influenced ideological disputes in contemporary Russia. There was an understanding that it is necessary to search for ways of creation of constructive understanding of Eurasianism that corresponds to demands of development and cooperation in contemporary world.

In the Russian sinology of the end of the 20th—beginning of the 21st centuries the outstanding spokesman of idea "new eurasianism" was M.L.Titarenko (1934—2016). With deep knowledge in Chinese philosophy and culture he suggested to develop cooperation and partnership with China—the great Eastern neighbor of Russia.

M.L.Titarenko analyzed the place of Russia in Asia-Pacific region in his books *Russia and East Asia. The questions of international and intra-civilization relations* (1994), *Russia faces Asia* (1998), *China: civilization and reforms* (1999), *Russia: security through cooperation. The East Asian vector* (2003), *Geopolitical value of the Far East. Russia, China and other nations* of Asia (2008), *Russia and her Asian partners in the globalized world. Strategic cooperation: problems and prospects* (2012). The scholar urged to create harmonious relations between Russia and her Far Eastern partners. He underlined that it is necessary to remember about cultural and civilization factors in analysis of foreign policy and economic problems.

For the sake of creative dialogue between civilizations M.L. Titarenko indefatigably urged the Russian elite to understand the essence of duality of European—Asian geopolitical identity of Russia. One-sidedness gives rise to disharmony in development; it leads to instability and unjustified dependence on one group of the countries that are trying to impose their civilization standards upon the rest. To develop and to safeguard her interests, Russia needs to maintain balance between Western and Eastern vectors in diplomacy, economic cooperation, humanitarian contacts.

The scholar insisted that in the Russian policy Asian-Pacific and Euro-Atlantic vectors should be equivalent. Otherwise Russia will be subjected to dangerous increase in rupture between the Western and Eastern regions of the country. The Asian vector of cooperation is not only the tool of maintaining relations with Eastern neighbors, but also the tool of preservation of integrity of Russia that is a matter of internal security. Balancing of priorities between the West and the East allows to use with maximum effect the advantages of geographical position of Russia, to stimulate development of Eastern areas of Russia, to accelerate processes of international integration of Siberia and the

Russian Far East.

M.L. Titarenko noticed that geopolitical position of Russia defines her role as a link between Europe and East Asia. Russia is a "geographical core" of the world system in general, it facilitates the rapprochement of civilizations of the West and the East, mutual connection of their political and moral values. Cultural factors lean against economic tendencies. Steady rise of Chinese economy also highlighted the importance of East Asian vector in the Russian policy. M.L. Titarenko noticed that the answer to the question of necessity of participation of Russia in Asian-Pacific integration already became "axiomatic" —everyone says that such participation is necessary. The problem is to find an optimum way of embedding Russia into the regional economic system.

The special importance in the modern world is attached to the ideals of religious tolerance and mutual respect between cultures. In this aspect, the problems of international relations and cross-civilization dialogue merge together. Harmonious interaction with the nations of East Asia will be impossible if Russia tries to impose on them some alien values. On the contrary, Russia will strengthen its national identity if learns the East Asian experience of assimilation of other traditions without damaging the development of own unique civilizations. On an example of China of M.L. Titarenko has deeply analyzed the problems of preservation of national culture and civilization during the rapid reforms of economy and society at the backstage of integration into globalization processes. This experience is very important for the contemporary Russia.

M.L. Titarenko recognized that Sinology and Oriental studies beyond their academic value have a civilization mission. These branches of knowledge promote knowledge about China and the East that influences the development of international contacts, opens the path to mutual understanding and equal cooperation among different societies and cultures. On a global scale, Sinology turns into the tool of civilization dialogue of West and China. The specifics of Russian sinology is treating China and her civilization on equal footing, promoting aspiration to mutual understanding and mutual enrichment of cultures that is heading towards the symphonic harmony.

M.L. Titarenko underlined the special role of Oriental studies in studying "civilization location" of the Russian culture and in formation of an adequate national policy in the Eastern direction. Russian Sinology should promote mutual enrichment of Russian and Chinese cultures, their mutual study and mutual joint development. At the level spiritual universals the comprehension of the Chinese civilization opens for Russia a way of deepening self-cognition to reflexive revealing in Russia's own culture of "Asian" components that correspond to the Chinese tradition.

The last article publication of the scholar has been focused on the problem of neo-Eurasianism (Titarenko M., Petrovsky V. About the Neo-Euroasian identity of Russia. *Mezhdunarodnaya zhizn'*. 2016 No. 4). He noted that the beginning of realization of Russia's strategic "turn to the East" gave new importance to academic and political discussion about the Eurasian identity of Russia.

It has been noticed that former criticism of the anti-Western ideas of the old Eurasianism of the 1920—1930s can not be properly applied to estimation of contemporary Eurasianism. In our days the Eursianism recognizes polycentrism as the basic principle of interaction and mutual compatibility of cultures. "The Eurasian principle of mutual relation of cultures is based on their harmonious interaction. In this aspect the Eurasianism coincides with Confucian approach to cultural development by harmony in variety (*he er bu tong*) and Taoist dialectics of interaction of the opposite phenomena in the nature and culture (*he er er yi, yi fen wei er*) —it merges the opposites in one and splits it into new opposites".

From this point of view, the Eurasianism starts with equality and horizontal structure of mutual relations between various cultures. On the contrary, the eurocentrism starts with vertical mutual relations of cultures and with recognition of one culture as the supreme one when other cultures are assigned with lower position. The eurocentric approach is dangerous because it considers assimilation of other cultures as inevitable phenomenon and demands replacement of original systems of cultural values by "universal values".

The last article of M.L. Titarenko touched a very important problem which is actually not only for Russia, but also for China. The slogan of "joining the world civilization" can weaken spiritual foundations of national culture. There is danger of damaging political unity and internal stability of the nation.

Therefore the idea of new Eurasianism is important not only for Russia. The Eurasianism shows an alternative to absorption of some cultures, civilizations and ethnic groups by others. It promotes creation of "future new planetary order of cross-civilization relations by providing ecology of cultures and civilizations, by preservation of ethnic and civilization variety". This understanding of historical progress is based on recognition equality of paths of each nation, respect of its choice and mutual enrichment of various cultures. In this case, each culture can define its place in relation to other cultures, rediscover anew it own traditions, find the way of its existence and development, to find unity with other cultures, to carry out dialogue with other cultures. "In this field already goes and will deepen the genuine dialogue of Chinese and Russian cultures. From China there is a personality of high spirituality, from Russia—the personality of spirituality of new Eurasianism, they will lead dialogue in a language of intellectual dictionary of mankind".

In this article, it has been noticed that the Asian countries and people usually see Russia as part of the European culture. And the Europeans, especially the Western Europeans, consider Russia mainly in the Asian perspective. Both points of view give no full depiction of identity of Russian culture. These attitudes generate fluctuations and contradictions in the policy of dialogue of Europe and Asia. Representatives of the Western countries believe that Asian countries should recommend Russia for participation in the dialogue as the most part of territory of Russia is in Asia. The Asian countries, referring to Russia's constant claims of her European identity, maintain that the European states should represent Russia.

The article quoted "the Eurasian thesis" of L.N. Gumilev: "It is necessary to search not so much for enemies—there are already too much of them, but it is necessary to search for friends, it is the most important value in life. And allies that we search for should be sincere. And so, Turkis and Mongols can be sincere friends, and the Englishmen, Frenchmen and Germans, I am convinced, can be only smart exploiters".

But in our days only criticism of eurocentrism is not enough. Simple condemnation of European values and opposition of relations of Russia with the East to her relations with the West is unacceptable today. The "true spirit of positive new Eurasianism" corresponds to a principle "who not against us, that with us". On this basis, it is possible to build equal dialogue, cooperation and joint development. It is necessary for Russia to adhere to the principles of balance and equal importance of western and eastern directions of internal and foreign policy.

These ideas find new practical application at development of ties with China. Now the most famous "Eurasian" body is the EEU of post-Soviet states. In his article "New Eurasianism" (2015), T. Bordachev discussed the problems of mutual connection of plans of development of Russia and China. According to the researcher, for centuries Eurasia was a "bridge" and an object of realization of interests of external players. Today for the first time it starts to find its own independent value. The goal should be the construction of the Eurasian community with participation of the EEU, China and other regional players.

Formation in Eurasia with support on its central part (Siberia, Kazakhstan, the Western provinces of China, countries of the Central Asia) of an independent pole of growth can become one of the major geo-economic and geostrategic processes of first half of 21st century. This process should be supported by constructive interaction of Moscow and Beijing. Bordachev dismissed claims that formation of a new pole of power is impossible because of contradictions between Russia and China. "Any of discussed contradictions between the leading Eurasian states is not objective, deep or antagonistic. Also they do not result from the essential needs. The purposes of national development of Russia do not necessitate the conflict with China for the Central Asia, and vice versa. Both great powers search in the common neighborhood for different resources and possibilities—labor force in one case and the space for investment expansion in the other. Both Russia and China are vitally interested in regional safety and stability of political modes".

Conclusions

There are no pure forms of civilizations in our world, China was heavily influenced by the West, and we observe increasing openness of Russian culture to Asian impacts. Now China focuses attention on communication and cooperation with neighboring nations, therefore it is highly important to go beyond Western stereotypes to develop direct dialogue about cultural tradition and values between Russia and China.

Contemporary "Chinese values" are in process of formation (like priority of moral duty over material benefits in the international relations, idea of "community of destiny", propagation of the twelve core values and so on). China hopes to demonstrate to outside world the historical roots of specifics of the national path of development by telling "Chinese stories", highlighting China's peaceful intentions and willingness to shoulder greater international responsibility. Chinese approach to projection of values and ideas envisages plurality of ideas and diminishes possibility of cross-cultural conflict.

China's increasing economic power provides favorable conditions for acquiring a share in global "discourse power". The most considerable influence can appear in the region of proposed "economic belt of Silk road" where there is no steady dominance of the Western values. For China the "economic belt of Silk road" is not only economic but also cultural project. How Russia's political and intellectual elites will react to propagation of Chinese values in Eurasia? Will they accent differences with Russian values or will they focus on their common features? The common focus on the value of tradition and its inheritance is already appreciable in form of Russian "New Eurasian" discourse.

China does not aspire to impose its values, but demonstrates visible interest in their outside projection. China hopes to limit the "discourse hegemony" of the West to clear more space for itself and other developing countries. China's approach to projection of values and ideas is not aggressive; it envisages plurality of ideas and diminishes possibility of cross-cultural conflict. At the same time it is based upon the precondition of decline of the monopoly of "Western model": at the current stage of global development no nation can proclaim its model universal. Chinese ideas of synthesis of the government and the market, of one-party system and meritocracy, of state control and public participation could provide an important reference material for other new developing nations.

Chinese ideas of development should be carefully studied; they can not be rejected on the pretext of their incongruity with the "Western values". Dialogue among Asian civilizations provides a new perspective for mutual understanding between Russia and China.

Inner Asia and India in the Kangnido: Contexts for Early Chinese Knowledge of Inner Asia and the India

[Kazakhstan] Nurlan Kenzheakhmet

[Department of History, Philosophy and Religion School of Humanities and Social Sciences, Nazarbayev University, Kazakhstan]

Introduction

In ancient times, at the other end of the world in the far north of Inner Asia, mapmakers drew the *Kangnido*, a map whose knowledge may have come from Tang sources. The area they described was completely unknown to Arabic cartographers in the tenth and eleventh centuries. The place names for Inner Asia (modern–day Xinjiang, Mongolia, and Khakasia) and Eastern India, unlike those for other lands, borrowed more than one hundred place names from the two dynastic histories of the Tang (唐) dynasty (618-907). For example, the section of the Kangnido that covers Inner Asia depicts the Turkic Khaganate of the Tang period. More than one hundred toponyms and ethnonyms for Inner Asia from the period of the Second Turkic Khaganate (680-744) and the Uighur Khaganate (745-844) appear on this map. Mapmakers drew the map's toponyms on cartouches containing Chinese characters; they were not used to transliterating tribal and place names relevant to the Turkic period, possibly because a copyist had doubts about their locations and consequently omitted them. The Inner Asia section of the *Kangnido* describes the general form of Northern Asia, which stretches from the Gobi Desert in the east to the city of Suyab in the west; and from the Qīrghīz (in modern Khakassia) in the north to Xinjiang and Eastern India in the south.

Chinese derived information about this vast region from three sources:[1]

1) Unlike other lands, the place names for Inner Asia (modern-day Xinjiang, Mongolia, and Khakasia), Pamir-Kashmir area and Eastern India borrowed more than one hundred place names from the two dynastic histories of the Tang (唐) dynasty (618-907).The toponyms of the Turkic and Ui-ghur khaganates that appear on the map show only the most important names out of hundreds of toponyms listed by Jia Dan (贾耽) (730-805), a prime minister and renowned geographer of Tang dynasty, and by the compilers of the geographic sections of both of the dynastic histories of the Tang. Among the accounts left by Tang geographers of the seventh and eighth centuries, Jia Dan's occupies a place of prominence for the degree of its descriptive detail. His work entitled *Huanghua sida ji* (《皇华四达记》) (The routes lead-ing from China in the Four Directions) is in part a collage of excerpts from other books, drawing heavily on the work of foreign envoys to the Western Regions. Fragments of his geographic accounts survive thanks to their inclu-sion in the geographic section (*Dili zhi*) of the *Xin Tang shu* (《新唐书》) (New book of the Tang [dynasty], hereafter *XTS*).[2] The geographic section in volume 43 of XTS says:

During the Tianbao reign (742-755), Emperor Xuanzong asked about the distances of neighboring vassal states, and Wang Zhongsi (王忠嗣), the head of the Honglu si (鸿胪寺) (State ceremonial court), responded with presenting *Xiyutu* (An illustrated record of the Western Regions), which recorded no more than twenty countries. Later, Jia Dan, prime minister dur-ing the Zhenyuan reign (785-804), studied Chinese territory as well as the routes and distance within it most elaborately and recorded all places and routes leading from bordering districts to foreign countries according to the reports of foreign diplomatic missions and Chinese diplomatic missions to foreign countries translated by the Honglu si.

In addition, Jia Dan completed a map called *Hainei Huayi tu* (《海内华夷图》) (Map of Chinese and foreign lands within the seas). In the *Jiu Tang shu* (《旧唐书》) (Old Book of the Tang [Dynasty], compiled 945, hereaf-

---

[1]   Kenzheakhmet 2015, pp. 141-160.

[2]   *XTS* 43B/1146–1155 ["Dili zhi" (《地理志》) 7B].

ter *JTS*) the following statement appears:

He ordered an artisan to paint the *Hainei Huayi* tu on a scroll. It was three *zhang* wide, three *zhang* and three *chi* high. Its scale was one *cun* to one hundred *li*.①

（谨令工人画《海内华夷图》一轴，宽三丈，长三丈三尺，率以一寸折成百里。）

Jia Dan also published several geographical works about China's neighbors. Among the many important geographical works that he compiled throughout his life are:

Huanghua sida ji in 10 *juan*（volumes）; *Gujin junguo xiandao siyi shu*（《古今郡国县道四夷述》四十卷）（Topography of shires, states, counties, and prefecture before the Tang and Tang China in 40 *juan*）; *Guanzhong longyou shannan jiuzhou bielu*（《关中陇右山南九州别录》六卷）（Topographical records on Guanzhong, Longyou, Shannan and nine other prefectures in 6 *juan*）; *Zhenyuan shidao lu*（《贞元十道录》四卷）（Topographical records on ten prefectures in the Zhenyuan Reign of the Tang Dynasty, in 4 *juan*）; *Tubo huanghe lu*（《吐蕃黄河录》四卷）（Register of Tibet and the Yellow River in 4 *juan*）; *Jia Dan ditu*（《贾耽地图》十卷）（Jia Dan's maps in 10 *juan*）.②

According to his biography in the *XTS*, Jia Dan never traveled to foreign countries, although he was interested in geography from childhood. However, he collected information while he was serving as a minister of the Honglu si（State ceremonial court）, which received visitors from foreign countries under the tribute system, in order to write geographic works about various regions.His thorough accounts of the seven routes that existed between China and foreign lands at the time show how knowledgeable and familiar he was with the geography of foreign lands. But the *Huanghua sida ji*, together with their maps, has long been lost, and only fragments have survived in the form of quotations in the *XTS*.

---

① *JTS* 138/3786 "*Jia Dan liezhuan*"《贾耽列传》. This quotation is part of Jia Dan's memorial to the emperor that accompanied the presentation [biao]《表》of this map and the *Gujin junguo xiandao siyi shu*（《古今郡国县道四夷述》）, a book of 40 chapters, which is described shortly in his biography（138/3784–3786）.

② *XTS* 58/1506, ["Yiwen zhi"（Monograph on Literature）（《艺文志 2》）].

2）Among the ethnonyms and place names plotted on the *Kangnido* are Hanhai（瀚海）, Nushibi, Bayegu（拔也古）, and Gaochang（高昌）, which also appear in the "dili zhi"（Geographical records）section in volume 40 of the *XTS*. Chinese annals—including *JTS*, *XTS*, Tang huiyao《唐会要》（Institutional History of the Tang; submitted to the court in 961）, Tong dian（通典）, Tongzhi（通志）, and Cefu yuan gui（册府元龟）– preserve many Old Turkic onomastics. The accounts in these geographical works testify to the brisk trade relations that existed between the Turkic and Chinese worlds at the time of the map's creation. The sixth and seventh centuries saw greatly expended land trade between the Turkic Khaganate, Central Asia, and China, together with increased participation by Sogdian and Persian traders.

3）Last are other Chinese sources. The geography of the Inner Asia section of the Kangnido was constructed from earlier Chinese cartographic works. The earliest Chinese historical reference to polities of Inner Asia appears to be that found in the *Hanshu*, a text dated about to AD 100. The identities all of the toponyms mentioned in it remind contentious. A few place names of this section of the *Kangnido* derived from *Han shu*, such as Weili（尉黎）（Qahalqa near Korla）and Weixu shan（危须山）（Quruq tagh?）.

By the time it was made, some of Jia Dan's information was obsolete, as the fall of the Tang dynasty had put an end to overland traffic into Asia. Yi Hoe worked primarily from a Chinese map when compiling the 1402 *Kangnido, Hainei Hua yi tu*, and *Gujin junguo xiandao siyi shu* compiled by Jia Dan. According to Rong Xinjiang, the latter half of volume 100 of the *Tang huiyao* comes from the *Gujin junguo xiandao siyi shu* by Jia Dan.[①] There is no doubt that the Chinese possessed maps of China, and even of the countries west of China in Central Asia, at far earlier period. There was the *Sui Xiyu tuji*, published 606 AD, at the time of Sui dynasty. A similar work called *Tang Xiyu tuji*, also with maps, was published in 650 AD. While the map Hainei Hua yi tu does not survive, we have clear evidence that Jia Dan's map greatly influenced the creator of the *Kangnido*. The atlas's account of Eastern Turkistan（modern Xinjiang）matters is therefore dated, with Hanhai jun（瀚海军）（established in the second year of the Chang'an 长安 reign, i.e.

---

①　Rong Xinjiang 2015, 260.

702).① The maker of the map quoted freely from Jia Dan's *Huanghua sida ji* and took the names of Northern Asiatic and Eastern Turkistan cities from his book and we shall see that almost all these names can be easily identified with the geographical names in Jia Dan's book, representing the Turkic dominions in Central Asia. Jia Dan's seven routes connecting China with foreign regions originally introduced in his lost work *Huanghua sida ji* of *XTS*.

Jia Dan's seven routes to the foreign countries beyond China are:

1) *Yingzhou ru Andong dao* (营州入安东道) [The route to Andong (in today's Liaoning Province and Korean Peninsula) from Yingzhou (currently Chaoyang city)];

2) *Dengzhou hai xing ru Gaoli, Bohai dao* (登州海行入高丽渤海道) [The route to Kogure (currently the Korean Peninsula) and the Bohai Sea (in current-day Liaoning Province) from the Dengzhou Sea (today's Penglai City)];

3) *Xiazhou Saiwai tong Datong Yunzhong dao* (夏州塞外通大同云中道) [The route to Datong, Yunzhong (currently Datong City and beyond the Great Wall) from outside Xiazhou (near current Yulin City)];

4) *Zhong Shouxiang cheng ru Huihu dao* (中受降城入回鹘道) [The route to the Uighur Khaganate (in Current Mongolia) from the city of Middle Shouxiang (near current Baotou City)];

5) *Anxi ru Xiyu dao* (安西入西域道) [The Route to the Western Regions from Anxi (present-day Kuchar in Xinjiang)];

6) *Annan tong Tianzhu dao* (安南通天竺道) [The Route to India from Annam (Vietnam)];

7) *Guangzhou tong haiyi dao* (广州通海夷道) (The route to the foreign countries across the sea from Guangzhou).

There were seven routes from China recorded by Jia Dan, two of which were Inner Asian land routes. These two routes contain significant information concerning Silk Road transportation during the Tang dynasty.

---

① As Tang stationed troops around its border regions, *jun* (军) were placed in larger regions and *shouzhuo* (守捉), *cheng* (城) and *zhen* (镇) in smaller regions; *dao* (道) encompassed all of these. Built during the Chang'an (701–705) and Kaiyuan (开元) periods (713–741), a fortified settlement was established at the boundary of the Beiting in Northern Xinjiang in order to protect the western boundary regions of the Tang Empire.

I.Turkic Tribes in the Kangnido

In the *Kangnido*, the name *Tujue* (突厥) (Turks) was transcribed *as Tujueqi* (突厥乞). It was a name that applied to both an ethnicity and a country. In the beginning of the sixth century, at the southwestern foot of Jinshan (金山, the present-day Altay Mountains), the first Turkic dynasty was founded. Commanding the Central Asian Silk Road and taking part in various cultural and commercial enterprises, it left a major mark on the world of east-west cultural exchange. In 583, they were separated into Eastern and Western Turkic khanates.

Looking at the *Kangnido* map itself, we find other traditional features such as the Western Turkic tribes of Xunmukun (巡木昆) (Chumukun 处木昆 in the XTS), Xunmi (巡密) (Chumi 处密 in the XTS), Nushibi (弩失毕), and Duliu (都六). The Western Turks were known as the *On Oq* ("ten arrows") in the Orkhon Turkic inscriptions.[1]

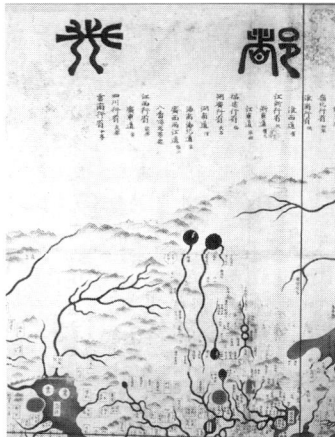

Map 1: Inner Asia in the Honkoji Kangnido

According to Chinese sources, the Chinese name for the On Oq was *Shixing*, the "ten families", or *Shijian,* "the ten arrows".[2] Its ruler bore the imperial title *Išbara qavan*. The On Oq realm had two wings, each of which was in turn subdivided into five districts: the western, right wing called *Nush-*

---

[1] Malov (1951).

[2] *XTS* 215B/6058 ("Tujue" 突厥 B).

ibi (弩失毕), whose full name is *Youxiang wu Nushibi* (右廂五弩失毕) (the Right winged-room five Nushibi); the eastern, left wing called *Duolu* (咄陆) (Duliu in the *Kangnido*), whose full name was *Zuoxiang wu Duolu* (左廂五咄陆) (the Left winged-room five Duolu). The tribes of Duolu were situated east of Suiye (Suyab), and the Five Nushibi west of it (see Table I).

During the Tang Dynasty, there were two territories under the control of the Western Turkic, which had become a Chinese protectorate: the first, Mengchi (濛池), was west of the valley of Suyab and included the Nushibi tribes; the other, that of the Kunling (昆陵), was to the east of this valley and included the Dulu tribes.

The western wing, Nushibi, had the westernmost location. The term Nushibi-MChin nuə-şit-pjit-can be explained as a Chinese transcription of the Sogdian word nišēbīg [nšypyk], *nšmy* [nišame], namely, "west".[①] According to Chinese sources, Nushibi were concentrated between the cities Mirki and Isfijab. Mahmud al-Kašgari locates the land of Arvu and its cities somewhere between Balasavun and Talas in one case and between Balasavun and Isfijab in another.[②] They extended up to the Isfijab (modern Sayram), east of modern Chimkent in Kazakhstan. The predominating element in Nushibi is the Sogdians, because they settled in the cities and were city-dwellers and traders. The cities of the Nushibi were Mirki/Birkü, Kulan/Qulan, Barskhan, and Qašu.

The *Duolu* is an eponymous tribal designation rather than a proper name. It is mentioned in the Chinese annals under various names, including: Duolu (MChnL *tuet-lĭuk*), *Dulu* (都陆) (MChnL *tuə-liwk*), and *Duolu* (咄禄) (MChnL *tuet-luk*) – derived from the Turkic word tuvluv meaning "have flags" or "have standards".[③] In the Moyunčor inscription, tuvluv appears together with *türk: Üčtuvluv türk bodun* (Turkic people with three flags).[④] In the *JTS*, the Duolu and Nushibi are also called *wu duoliu chuo* (五咄六啜) and *Wu Nushibi Wu sijin* (五弩失毕五俟斤) (the five tuvluvčor, the five Nushibi, the five irkin).[⑤] The term duo 咄 can be explained as a Chinese

①   MacKenzie 1986, 60; Gharib 6085.

②   Mahmud al-Kašgari 1985, 238.

③   Li Zhenhua 1999, 195, 23, 20.

④   Moyunčor 8, see http://bitig.org/?lang=e&mod=1&tid=1&oid=23&m=1.

⑤   *JTS* 194A/5172 ("Tujue" 突厥 A).

transcription of the name of tuv, meaning "flag" or "standard".

Chinese sources show the six gathering places or cities of Duolu: Fuyan, Yanpo [Tuzköl (Issik köl)], Shuanghe (Iki Ögüz), Jieshan (Qordan), Waluzhou (Boluču), and Yinsuo. We can locate the six tribes of Duolu in the area of the Emil, Bortala, Ili, and Yulduz valleys and the upper reaches of the Chu River.

Table I. The ruling clan and ten tribes of the On Oq in Chinese sources According to the JTS, 194B, Tujue-B; XTS, 215Bs, Tujue-B; Chen Guocan 1980, 189–203.

№	Clan	Title	Political center
I	Duolu 咄陆	Shabolue kehan 沙钵罗可汗	Kunling 昆陵 [Qamlanču]
1	Chumukun 处木昆	Qulu chuo 屈律啜	Fuyan 匐延
2	Huluwu 胡禄屋	Que chuo 阙啜	Yanpo 盐泊 [Tuzköl]
3	Shesheti 摄 (慑) 舍提	Tun chuo 暾啜	Shuanghe 双河 [Iki-Ögüz]
4	Tuqishi 突骑施	Heluoshi chuo 贺逻施啜	Jieshan 洁山
			Woluzhou 喔鹿州 [Boluču]
5	Shunishi 鼠尼施	Chuban chuo 处半啜	Yingsuo 鹰娑
II	Nushibi 弩失毕	Shabolue kehan 沙钵罗可汗	Mengchi 濛池
1	Axijie 阿悉结 Izgil/Ičgil?	Que sijin 阙俟斤	Julan 俱兰 [Kulan]
2	Geshu 哥舒	Que sijin 阙俟斤	Geshu 哥舒 [Qašu]
3	Basegan 拔塞幹	Tun shabo sijin 暾沙钵俟斤	Basegan 拔塞幹 [Barskhan] /Xieli 颉利
4	Axijie 阿悉结	Nishu sijin 泥孰俟斤	Qianquan 千泉 [Binjul]
5	Geshu 哥舒	Chuban sijin 处半俟斤	Geshu 哥舒 [Qašu]

Geographical locations are somewhat confused. There are a number of misspellings, leaving some inscriptions incomprehensible. Examples include Kunshan (昆山) and Tang Shashan bu (唐沙山部).

II. The Route to the Uighur Khaganate from the City of Middle Shouxiang

According to Chinese sources, after the Tang-Turkic war, in the middle of seventh century, the Tang Dynasty set up the autonomous administrative and political organization system of *jimizhou* (羁縻州) (protected prefectures), which employed Turkic puppet *Qaɣans* in order to control and regulate Turkic tribes. Initially, the Tang Chinese empire subjugated the Eastern Turkic and later Western Turkic populations, who were suzerains of ancient city-states in present-day northwestern China and southern Kazakhstan, including Uzbekistan and Kyrgyzstan. Turkic tribal names and toponyms were apparently documented by their transliteration into Chinese form. Therefore, the location and occupancy of these Turkic groups can only be investigated today through the Chinese sources mentioned here.

Interestingly, an investigation of all medieval Chinese sources has revealed that these district names are registered in the Tang sources. For instance, the places occupied by Turkic tribes were ascribed different administrative names for the same Jimizhou territory. In addition, Chinese toponyms such as *Jilu*(鸡鹿) and *Dawan*(大宛) can also be found in the *Hanshu*(汉书), the history of the earlier Chinese Han Dynasty. Jilu is the name for a place in modern-day Inner Mongolia, and *Dawan* is an ancient Chinese name for the Ferghana Valley in Uzbekistan. Yet, during the Tang Dynasty, Chinese historians used both of these toponyms to refer to the areas around the Orkhon Valley and Tashkent respectively. In fact, after the destruction of the Eastern Turkic and Xueyantuo khaganates (630–646), the Tang dynasty conquered the Toquz Ovuz tribes and reorganized the Uighur people. According to the *XTS* [217A: 6112], in the fourth year of the Zhenguan reign (630) the Tang government established Yanran duhufu at Shanyu Tai (单于台) in the Uighur and Qirqiz territories.[1] This was later renamed Hanhai duhufu.[2] The government also subordinated sixteen *dudufu* and zhou to the Yanran duhufu protectorate (see Table I). Two *duhufu* appear on the *Kangnido*: Yanran duhufu(燕然都护府) and Duhufu(都护府)[Hanhai duhufu(瀚海都护府)].

The place names of these routes from Middle Shouxiang, Anxi, and Annam survive in the *Kangnido*. Numerous place names derive from the *XTS* and *JTS*, including almost of all the information that exists today about the Turkic Khaganate. Jia Dan's route, which began at the city of Middle Shouxiang, utilized a series of steppe-city to reach Khangay and Laoshan.

Jia Dan's text clearly explains that when people went from China to

---

① *XTS*, 217A/ 6112 ("Huihu" 回鹘 A).

② *XTS*, 217A/6114 ("Huihu" 回鹘 A).

Baibalikh（C. *Fugui cheng*）, they followed routest that went through the Gobi Desert, which belonged to the Eastern Turkic and later Uighur khaganates. In Jia Dan's account, however, there are some names of places that were omitted from the map; and some the names that appear on the map are not found in the text of the Jia Dan's account.

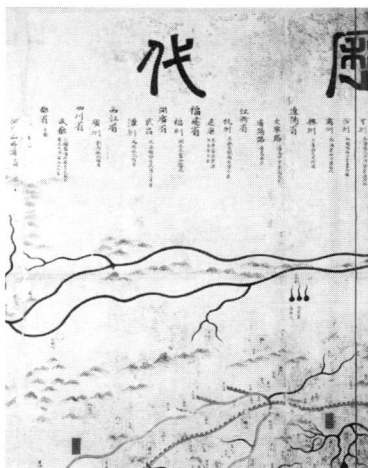

Map 2: The Selenga River, San Shouxiang cheng in the Honkoji Kangnido

According to the *JTS*, in 707, Chinese General Zhang Rendan （张仁亶）（also called Zhang Renyuan 张仁愿）took advantage of the absence of the Turkic armies campaigning in the West to erect San Shouxiang cheng （三受降城）（the three surrender-accepting fortresses）and a system of defense posts along the northern course of the Yellow River, which thenceforth kept the Turks out.[1] In the Moyunčor inscription, San Shouxiang cheng was called Üč Birkü, which means "three fortresses". The name *ÜčBirkü* could also have been translated from the Chinese, from *San Shouxiang cheng*. The name *Birkü*, for example, is a compound of the word *berk*, which means "firm, stable, solid", and the suffix–*ü*.[2] The name *Üč Birkü* is mentioned twice in the Moyunčor inscription （7 and 18 lines）and appears together with Käyrä baši:

yanï yorïdïm Käjrä: bašïnta Üč Birküde: qan süsin: // birle qatïltïm:

---

① 　*JTS*, 194A/5172（"Tujue" 突厥 A）.

② 　Clauson 1972, 361.

anta:..... （7）［I went on a new campaign. At Kayra Bashi and Üch Birku I took part, fought with khan's army.］；

Käjrä: bašï Üč Birküde （18）［at Üch Birku, where the Kayra Bashi].①*Käyrä bašï* is the name for a place near Üč Birkü. The element bašï should probably not be connected with "head of a river". Perhaps it can be compared with Chinese Huile feng. The term *Huile feng* means "the Peak" or "ridge of Huile". *Huile feng* is the name of a mountain in Lingwuzhou （灵武州）, which lies southwest of present-day Lingwu （灵武） in Ningxia province. Huile feng appears in a poem of Li Yi （李益）（748–829) as *Huile feng* （回乐峰）:

The desert sand in front of Hui-le Ridge looks like pure white snow under the moonlight. Looking out from the city of Shou-xiang, the great expanse of land is immersed in silvery moonlight, and seems to have been covered with a layer of frost. Suddenly out of nowhere, the distant strains out on campaign. The men in the camp tonight are all thinking of home. （回乐峰前沙似雪，受降城外月如霜。不知何处吹芦管？一夜征人尽望乡。）

Table II. The administrative division of the Yanran duhufu

Yanran duhufu 燕然都护府 （the protectorate of Yanran）	
Huihe 回纥［Uivur］	Hanhai dudufu 瀚海都督府
Duolange 多览葛 （Tölenggit）	Yanran dudufu 燕然都督府
Pugu 仆骨 （Boquq）	Jinwei dudufu 金微都督府
Bayegu 拔野古 （Bayirqu）	Youling dudufu 幽陵都督府 （*Yarghun*）
Tongluo 同罗 （Tongra）	Qiulin dudufu 龟林都督府
Sijie 思结 （Igil）	Lushan dudufu 庐山都督府
Hun 浑	Haolan zhou 皋兰州
Houxue 斛薛	Gaoque zhou 高阙州
Adie 阿跌 （Ediz）	Jitian zhou 鸡田州 （Qušlavaq）
Qibiyu 契苾羽	Yuxi zhou 榆溪州
Xijie 奚结 （Izgil）	Jilu zhou 鸡鹿州 （Tovu balïq）
Sijie biebu 思结别部	Dailin zhou 蹛林州 （Takilgen）
Baixi 白霫 （Bersil）	Dianyan zhou 寘颜州
Jiegu 结骨 （Qirqiz）	Jiankun fu 坚昆府
Guligan 骨利幹 （Qurïqan）	Xuanque zhou 玄阙州
Juluobo 俱罗勃 （Kürabir）	Zhulong zhou 烛龙州

---

① Moyunčor 7, 18, see http://bitig.org/?lang=e&mod=1&tid=1&oid=23&m=1.

In the *Kangnido*, south of Yanran duhufu there is a mountain called Tan-han shan（贪汗山）in the Ryukoku *Kangnido* it is called Tanhan cheng（贪汗城）; north of Yanran is Yanmo shan（燕末山）. According to the *XTS*, the Qibi（契苾）, also called *Qibi yu*（契苾羽）, were a tribe of the Turkish federation of the Tiele（铁勒）. The Qibi established their court at Mt. Tanhan（贪汗山）.[1] Their northern neighbours were the people of the Dolange（多览葛）（Tölenggit）. The Qibi took control of the oasal cities of Gaochang（高昌）, Yanqi（焉耆）and Yiwu（伊吾）. The name *Tanhan shan* closely corresponds to the name for Ṭafqān, a mountain in Toghuz Oghuz country.[2]

Since 687, the Second Turkic Khaganate conquered the Toquz Ovuz（Uighur）tribes as far as the Mongolian Steppe near the Khangay Mountains, all Mongolia was united by the Turkic empire. The cities or political centres of the Toquz Ovuz in the Orkhon Steppe occur in the Turkic inscription under the Turkic names.

The Kül Tegin and Bilge Qavan inscriptions mention the battles between the Turkics and the Toquz Ovuz of the Orkhon steppe:

Bir jïlqa bis jolï sünüsdimiz. Eŋ ilki Toyu balïqda sünüsdimiz. Kül Tegin azman aqïv binip oplaju tegdi. Altï erig sančïdï. Sü [ta] šïsïnda jitinč erig qïličladï. Ekinti Qušlavaqda ediz birle sünüšdimiz. Kül Tegin az javyzïn binip oplaju tegip bir erig sančïdï. Toyuz erig igire toqïdï. Ediz bodun anda ölti. Üčünč Bo[...] da ovuz birle sünüšdimiz. Kül Tegin azman aqïv binip tegdi, sančïdï. Süsin sančïdïmïz. Ilin altïmïz. Törtünč Čuš bašïnda sünüsdimiz... Bisinči Ezgenti Qadazda ovuz birle sünüsdimiz. Kül Tegin az javïzïn binip tegdi. Eki erig sančïdï. Balïq[q]a barmady. Ol sü anda öl[ti]. Mavï qorvan qïšlap jazïŋa ovuzvaru su tašïqdïmïz. Kül Tegin beg bašlaju ïqtïmïz. Ovuz javï orduv basdy（KT E44-46）.[3]

[There were five battles in a year. At first we fought at Tovu balïq（town）. Kultegin, being on Azman's white horse, rushed forward and lanced six warriors, and put the seventh one to the sword. Then we fought with the people of Ediz at *Qušlavaq*. Kultegin on Az's brown horse galloped forward and lanced one warrior. And the other nine warriors were taken captives. The

---

[1]   *XTS*, 142B/6142; 217B/6134（"Huihu" 回鹘 B）.

[2]   Ḥudūd al-'Ālam 1970 62, 94.

[3]   Malov 1951, 32-33.

people were defeated and destroyed. The third battle took place in Bolcu, where we fought with the people of Oɣuz. Kultegin was on Azman's charger, lanced. We fought at Čuš bašï... The fifth battle took place in *Ezgenti Qadaz* with the people of Oɣuz.Kultegin, on his brown charger Az, lanced the enemy's two warriors. He didn't go to town; the troops were destroyed not reaching there. We were at *Mavï qorvan* in winter and in summer.]

First, Kül Tegin fought against Izgil budun at Toɣu balïq city.[1] The Chinese characters for the city or district of Jilu（鸡鹿）, written as *Jilu*（鸡禄） in the *Tang huiyao*, probably derive from the Turkic version, *Tovu balïq*.[2] The Chinese term is not atransliteration. The *Jilu* is of special interest, because the element *ji*（鸡）forms part of the toponym, and *ji* literally means "chicken or a domestic fowl"; the Turkic name is *Tokhu* or *Taqavu*(chicken).

As a result, in 716–717 some Toquz Ovuz tribes（Uivur, Qibi, Igil and Hun）that did not want Turkic hegemony fled to Ganzhou（甘州）and Liangzhou（涼州）and accepted the protection of the Tang court.[3] There were two Jilu cities, the northern one on the Orkhon steppe and the southern one in Huile（回乐）, in the region of Ningxia. Both cities had relations with Toquz Ovuz.

The second Kül Tegin fought against Ediz at Qušlavaq. The Ediz political center in the seventh and eighth centuries was located in Qušlaɣaq. Qušlaɣaq consists of two words: Quš（bird）and lavaq. The last word is a suffix, an ancient form of lav.Turkic Qušlav meant "a place where there are many birds and they are hunted".[4]Now the identification of Adie（阿跌） with Edizes in the ancient Türkic inscriptions is commonly accepted.[5]Adie is also written as *hezhi*（诃咥）or *ate*（阿特）in the *JTS*, *XTS* and *Tang huiyao*. Their territory was established in Jitian zhou（鸡田州）.

According to the *XTS*, in 652 the Tang dynasty re-established the district

---

[1] Geng Shimin identifies Izgil with *sijie*（思结）; see Geng Shimin 2005, 146; Zuev's opinion about the term *sijie*（< -ɣiei-kiet < igil）is that it is the Chinese variation of the name for a tribe of the Turkic Igil [Zuev 2002, 45].

[2] *XTS*, 217A/6112（"Huihu" 回鹘 A）; *Tang Huiyao*, 72/1307（"Zhufan mayin" 诸蕃马印）.

[3] *JTS*, 199B/5349（"Beidi" 北狄）.

[4] *Drevnetjurkskij Slovar'* 1969, 471; Clauson 1972, 672.

[5] Chavannes 1903, 87, 89; Hamilton 1955, 2; Rybatzki 2000, 240.

Jiluo（稽落）for the Ate tribe.① Tan Qixiang considered Ate as another transcription of the name *Adie*（*Ediz*）.②*Jilo* is also the name of a river and mentioned in the *JTS* as a valley where the horde of Bilge Qaɣan and Tonuquq were situated.③ I identify Jiluo（MChin *kjiaj-lak*）with Qušlaɣaq.The Chinese name *jitian* means "the field of the domestic fowl/pheasant" or "the field of the bird." In this way, it can be attested that jitian refers to Qušlaɣaq. There were two Jitian cities, the northern one on the Orkhon steppe. In the *Xin Tangshu*, the "Edizes" are mentioned between Ba'e'gu（Bayirqu）and Tongluo（Tongra）among the tribes living east of the Ötüken Mountains, and, in the south, in Huile（回乐）in the region of Ningxia. Both cities had relations with Toquz Oɣuz.④

Kül Tegin fought against oɣuz at Ezgenti Qadaz. According to the *Tang Huiyao*, the horses of Qi（契）（Qibi in the *Tangshu*）, similar to those of the Adies（Edizs）, lived north of Yanhongda jing（阎洪达井）, south of the Dule（独乐）River（Toɣla River）, i.e. contemporary *Yuxi zhou*（榆溪州）.⑤

The name *Yanhongda*（阎洪达）is a Chinese transcription of a high advisor's title of the Turkic Khaganate;⑥*jing*（井）means "well" in Chinese–in this case, the well of Yanhongda. The name *Yanhongda* perhaps refers to Ingoda, a river in Zabaykalsky Kray in Russia, which together with the Onon River forms the Shilka River. The name derives from the Evenki word ingakta, which means "river with pebbly and sandy banks".⑦

The word qadaz derived from qad/qaz, meaning "dig," which combined with the suffix az. For example, Qaδaɣ, which means "ditch" or "canal".⑧ Thus, Ezgenti Qadaz means the "canal of Ezgenti".

On the other hand, according to the *Qing shi gao*（Draft history of Qing）, the Onon River originates at the eastern slope of the Lesser Khentii

---

① *XTS*, 43B/1122（"Dili zhi" 地理志 7B）.

② Tan Qixiang 2003, 290.

③ *JTS*, 194A/5174（"Tujue" 突厥 A）.

④ *XTS*, 217B/6134（"Huihu" 回鹘 B）.

⑤ Tang Huiyao, 72/1306（"Zhufan mayin" 诸蕃马印）.

⑥ *Suishu*, 84/1876（"Beidi" 北狄）; JTS,194B/5179（"Tujue" 突厥 B）; XTS, 215A/6028（"Tujue" 突厥 A）.

⑦ Pospelov 1998, 169.

⑧ *Drevnetjurkskij Slovar'* 1969, 404.

Mountais. Natives refer to the Lesser Khentii Mountains as *Ajigekente* （阿 即格肯特）.① Perhaps Ezgenti consists of two parts: *ez* and *genti*. *Genti* refers to Khentii Mountain.Sacred to the Mongols, the Khentii generally called the mountain *Burkhan Khaldun*. However, Ezgenti Qadaz is the name of a place situated south of the Toγla （modern-day Tuul） River.

Iwasa Sei-ichirô regarded Maγï Qorγan as Maγa qurγan and identified it with *Mohe kuhan* （莫贺库寒） in the Tang huiyao.②

III. The Route to the Western Region from Anxi and the cities of Xinjiang

The Anxi （"Pacifying the West"） Grand Protectorate, *Anxi Daduhufu* （安西大都护府）, was established by Tang at a key western strategic location in Kucha. Baima shan of the *Kangnido* probably refers to Baima he（白马河） （White Horse River） in the *Tang shu*, today's Aqsu River.③

According to Jia Dan, another route that began at Anxi （modern Kucha）proceeded through the Aqsu and Chu valleys to Talas（怛罗斯城）（Taraz）. Another branch of this route proceeded from Anxi; from there, travelers continued southward to reach the country Yutian （Udun, modern Khotan）:④

If we start from the south of Barkhan⑤ and go all the way to the east, we will pass by Kungang. If we go across the Red River, then turn southwest, we will pass through Shenshan, Suiyang, and the Salt Lake. Then we go south again and pass by Shushu, and finally we will arrive at Khotan city. It is a total of 930 *li* from Barkhan to Khotan city.

（自拨换南而东，经昆岗，渡赤河，又西南经神山、睢阳、咸泊， 又南经疏树，九百三十里至于阗镇城。）

---

① *Qing shi gao* （清史稿），78/2424 （Zhi 53/Dili 25 "Wai Menggu" 外蒙古）

② Iwasa Sei-ichirô1936, 577.

③ *XTS*, 43B/1149 ["Dili zhi"（《地理志》）7B]. Honmyōji *Da Ming guo* ditu written as Bai'e he（白 鹅河）.

④ *XTS*, 43B/1150 ["Dili zhi"（《地理志》）7B].

⑤ Barkhan means "*crescent-shaped sand dunes*" in Turkic. It is another name for Gumo 姑墨（Qum）, Jimo 亟墨 （Qum） or Balujia 跋禄迦 . About Balujia see, XTS, 221A/6232.

In the *Kangnido*, the name *Lu cheng* （禄城） is probably a corruption of *Balujia*. During the Turkic Khaganate period there were two mountain passes that Chinese called *Tiemen guan* （铁门关） （Iron gate pass） and *Tiemen shan* （铁门山） （Iron gate mountain）: The first laynear Agni （modern-day Qarašahar） [XTS j.43B Dili-7B], the second south of Samarqand [XTS j.221B Xiyu-B]. Strategically located to the north of Korla at the mouth of a fourteen-kilometer gorge along the Konchi River, Tiemen guan still bears its ancient name among Chinese. It connects settlements in the Qarašahar and Tarim basins, most notably the town of Agni in the north and the city of Korla in the south. The Turkic term Temir Qapïymay be identified with Tiemen guan near Agni.

According to the *Tangshu*, Yinie kehan （移涅可汗） （Inäl Qaγan） was the son of Qapaγan Qaγan. In 714, Qapaγan sent Inäl Qaγan and Toŋa Tegin to attack Beiting, i.e. Bešbalyq.[1]

Toqyr is the Indo-European tribal name of Agni. The *Xin Tangshu* reports that the royal family of Agni was Tuqizhi （突骑支） （MChin *tฺut-kฺi-tṣi*, i.e. *Twγry*）. According to Henning, "Four-Twγry-Land" occurs in Sogdian, Uigur, and Middle Persian sources contemporary with the Uigur colophons. It became clear that this "Four-Twγry-Land", which presumably referred to the homeland of the twγry language, lay in Chinese Turkestan, and probably lay "near or between Bishbaliq and Kucha".[2] According to the Tangshu, Anxi sizhen （安西四镇） （the four garrisons of Anxi）, established by the Tang court between 648 and 658, was stationed in the four cities of Kucha, Khotan, Kashgar, and Agni. It seems to me that Anxi sizhen is probably the *Four-Twγry-Land.*

In the geographical part of the *XTS* （Chapter 40） there is a section entitled "Beiting da duhufu" （北庭大都护府）, i.e., the Protectorate General of Beiting （Beshbalyq）.[3] It consists of an enumeration of places and cities. According to the *JTS*, Jinman （金满） （modern day Jimisar）, situated north of Liusha （流沙）, is located in the Old Wusun territories of the Early Han

---

①   *JTS*, 194A/5172.

②   Henning 1949, 158.

③   XTS, 40/1047 ["Dili zhi" （《地理志》） 4]. For more details about Beiting=Beshbalyq, see Bretsch-neider 1910, II: 27-30. See also *Xiyu diming* （Western Region toponyms）, 1982, 14.

period. There are five cities in Jinman, so it also called *Wucheng zhidi*（五城之地）（the place of five cities）.① In the Kangnido, Wusun territory is called Tang Wusun di（唐乌孙地）（the Wusun territory of the Tang period）and located northwest of Qinghai *jun*（see below）. Even a superficial comparison proves that the Beiting da duhufu and the Bieshibali section of the *Kangnido* correspond. The ruins of ancient Beshbalyq lie north of moder-day Jimisar. Yelü Chucai（1190-1244）, Chingghiz Khan's minister, who accompanied the conqueror on his expedition to Persia in 1219–1924, reports that south of Jinshan is Bieshiba（别石把）, a city of the Uighurs. There is a tablet dating from the time of the Tang dynasty on which it is stated that here at that time was the Hanhai jun（瀚海军）（Military administration of the Hanhai）.② Bieshiba is evidently the city of the Beshbalyq.③ Hanhai jun of Beshbalyq is situated not far from modern Jimisar. On the *Kangnido*, Hanhai jun appears north of Beshbalyq. North of the Bieshibali on both the Honk ō ji and the Ry ū koku Kangnido, the place name *Xi tong Biye qing*（西通壁叶清）is indicated. There are other transcriptions of the name, such as *Gu tong Suiye* chuan（古通碎叶川）in the Honmy ō ji Da-Ming guo ditu.④The term Xi tong Biyeqing is undoubtedly nothing more than a variant or a misspelling of either the toponym *Gutong Suiye chuan*（古通碎叶川）or *Xitong Suiye chuan*（西通碎叶川）, which translate to "west to the Suyab Valley" and "ancient to the Suyab Valley" respectively. According to the Ry ū koku Kangnido, west of the Xi tong Biyeqing there is a river called Suye he（素叶河）; this river is lacking in the Honk ō ji Kangnido, and the Honmy ō ji Da-Ming guo ditu calls it *Sangye he*（桑叶河）. The first form of the name of the river, *Suye he*, is apparently the Suye he mentioned in the *Xin Tang shu*, which was another Chinese name for the Suyab River.⑤ Yelisajian（也里撒坚）probably originated from a copyist's mistake for the toponym Balisajian（巴里撒坚）or represents a variant of the toponym Wal ā sak ū n. Al- Muqaddas ī

---

① *JTS*, 40/1646 ["Dili zhi"（《地理志》）3].

② Yelü Chucai 2008, 523.

③ Bretschneider 1910, I: 15.

④ Miya Noriko 2007, 73, map 36.

⑤ XTS, 221B/6246 ["Xiyuliezhuan"（《西域列传》）B].

indicated it was Bal ā sak ū n（also called Wal ā sak ū n, Wal ā sa-k ū n）.[1] In Jia Dan's account of the Xin Tang shu, the name is given as *Peiluojiang-jun*（裴罗将军）or Balas ā gh ū n.[2]

In the *Kangnido* appears several place names around Yiwu, i.e., Qumul. On the map, Qumul is written as *Yiwu or Yizhou*. In the Han histories, the Chinese name *Qumul* in the Han histories was Yiwulu（伊吾庐）or Yiwu（伊吾）, at the Tang period its name was changed into *Yiwu* and *Yizhou*.[3]

The *Kangnido* records Qara Qojo under its other Chinese names: *Tang Gaochang guo*（唐高昌国）(Gaochang country of the Tang period) and Gu Xizhou 古西州（ancient Xizhou）.[4] *Tang Gaochang guo* appears on the *Kangnido* west of Yiwu（Qumul）.

According to the *XTS*, for caravans heading west from Qara Qojo through the Turfan Oasis, there was a relatively route into the Agni（Qarashahr）oasis. The places between Qara Qojo and Agni are: Nanping（南平）, Tianshan（天山）, Leishi qi（礌石碛）, Yinshan qi（银山碛）, Lüguang guan（吕光馆）, Panshi（盤石）, Zhangsan cheng shouzhuo（张三城守捉）,[5] Xincheng guan（新城馆）, Dan he（淡河）, and Yanqi（焉耆）. According to the *XTS*, caravans traveling from Shazhou through the Taklamakan deserts heading west encountered a relatively route into the Khotan oasis. The places between Shazhou and Khotan are: Puchang hai（蒲昌海）(Lopnur), Qitun cheng（七屯城）(Ketak), Shicheng zhen（石城镇）, Xincheng（新城）（弩支城）(Nujkent), Telejing（特勒井）(Charqiliq), Qiemo he（且末河）(Charchan), Boxian zhen（播仙镇）（=Qiemo cheng（且末城）, Charchan）, Xilizhi jing（悉利支井）, Donglan cheng shouzhuo（于阗东兰

---

[1] *Kitāb Aḥsan al-Taqāsīm fī Maʻrifat al-Aqālīm, by Muḥammad Ibn-Aḥmad al-Muqaddasī b. Aḥmad Shams al-Dīn, see ed. Goeje 1877; tr. Collins 1994, 87.*

[2] *XTS 43B/1149*（"Dilizhi", 7B）.

[3] *XTS*, 40/1046; *HHS*, 88/2909-2910.Also see Bretschneider 1910, II: 20-21.

[4] During the Tang period, the same country was known under the name *Gaochang*, and in the fourteenth year of Zhenguan（640）, when it became a Chinese province, the name was changed to *Xizhou*. See *XTS*, 40/1046.

[5] *Shouzhuo* 守捉 , the characters used here, can be defined as "to defend". But in the context of the military affairs at that time, it was also used as a name for the outposts established in smaller districts, similar to *cheng* and *zhen*. For the different Chinese names for Qara Qojo, see Bretschneider 1910, II: 30-31.

城守捉）、Penghuaibao（彭怀堡）、and Yutian（于阗）.[1] Almost all of these names are found in the *Kangnido*.

IV. The countries of the Pamir-Kashmir Area and the eastern India

In the *Kangnido*, south of Shache guo（莎车国）（modern-day Yarkend in Xinjiang）occurs the countires such as Xiao Yangtong guo（小羊同国）, Da Yangtong（大羊同）, Dong An wangguo（东安王国）, Jialuoyemi（迦罗叶弥国）, Bolü guo（孛律国）, etc.

Yangtong（羊同）, perhaps Rāng-Rong of *Ḥudūd*, was a province of Tibet adjacent to Hindūstān and Chīnistān. According to Minorsky, the second element, *rong,* has been tentatively transcribed as *rong*, in Tibetan "defile, valley".[2] The name Rāng-Rong of *Ḥudūd* is perhaps a misspelling of Zang-Zong（because in Arabic the letters z and r are very similar）. Tibetans called it Zhang-Zhang（other spellings: Shang Shung and Xan Xun）, an ancient kingdom in the area now known as Western Tibet, specifically Guge, and including Ladakh, Mount Kailas, and Lake Manasarovar.[3]

In the *Xin Tangshu,* Da Yangtongis written *Da yangtong*（大羊同）（Greater Yangtong, *Zhang-Zhung Stod* in Tibetan）. According to the *Xin Tangshu,* it is thought to have been located in the area running southeast from Kashmir to western Tibet or the Kunlun Mountain（Qaraqorum）area in western China.[4] They had diplomatic relations with China, sending ambassadors and the like, but by the mid-seventh century were destroyed by Tibet.[5]

In the Honkōji *Kangnido*, north of Xiao Yangtong（*Zhang Zhung Smad* in Tibetan）sits a lake called Hula（忽剌）. The Hula refers to Wular Lake, the largest body of water in the Kashmir basin, located some 35 kilometers northwest of Srinagar. In the map, this lake occurs three times by alter-

---

[1]　*XTS,* 40/1046; 43/1151 ["Dilizhi"（《地理志》7B)].

[2]　*Ḥudūd al-'Ālam*, 92, 257.

[3]　Rufus C. Camphausen 1999, 267; also see Wang Xiaofu 王小甫 2009, 23.

[4]　During the Han dynasty, the name *Kunlun* was given to the mountains south of Khotan.

[5]　*XTS*, 216B/6104（"Tubo" 吐蕃 B）.

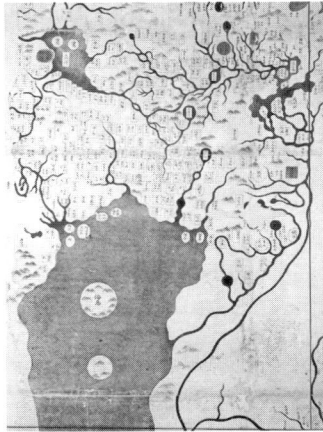

Map 3: The Kashmir-Pamir, India, Bangladesh and Burma in the Honkōji Kangnido

nate names: Long chi (The Dragon Lake), Bulu'er, and Hula. In the *Xin Tangshu*, Longchi, also known as Moheboduomo Longchi(摩诃波多磨龙池) (Mahapadamsar or Mahapadmasaras), refers to Wular Lake. Mahapadamsar is called *Bolor* by Al-Biruni (960-1031), an Arab scholar who came to Hindustan with Mahmud of Gazni in the beginning of the eleventh century. Dong An wangguo (东安王国) is evidently an erroroneous form of Dong Nü wangguo (东女王国). According to the *Xin Tangshu*, Dong Nü (东女) (Eastern Women) was also called Sufalanaqujuluo (苏伐刺挐瞿咀罗).① Sufalanaqujuluo refers to Suvarṇagotra (Skt. "golden country"); located west of Tibet, the country was ruled by a queen, and thus is also known as the "women's kingdom".②

According to *Xin Tangshu*, the people of the country of Supi (苏毗) (Sumpa) were originally of Western Qiang descent. During the Tianbao era (742–755), the Sumpa king, Molingzan (没陵赞), wanted to submit to the Chinese Empire with all of his people, but he was killed by the Tibetans.③

In the *Kangnido* occurs Daliluo shui (达里罗水) and Daliluo chuan (达

---

①   *XTS*, 221A/6218 ["Xiyuliezhuan" (《西域列传》) A].

②   On the Sanskrit name for the country, see *Xiyu diming*; also see *Korean Buddhist Culture Accounts of a Pilgrimage, Monuments, and Eminent monks*: Collected Works of Korean Buddhism, Vol. 10, 2012, 106, n 98.

③   *XTS*, 221B/6257 ["Xiyu liezhuan" (《西域列传》) B].

里罗水川）, both meaning the Darada or Darel River（or valley）. *Darada* corresponds to the region called Dardistan. The name *Darada* reminds one of the Dards, who live on the valley Darel, a northern tributary of the Indus. The Darel valley lies in Kashmir, south of Chitral. South of the Daliluo chuan lies a country called *Wuyi guo*（乌衣国）, perhaps an erroneous form of *Wuchang guo*（乌苌国）.[①]*Wuchang refers* to Uddiyana of the Swat Valley. Swat was once the most celebrated holy lands of Buddhist piety and excellence. According to the Xin Tangshu, the valley of Daliluo is also ancient Wuchang territory（达丽罗川，即乌苌旧地）.[②]

Jialuoyemi（迦罗叶弥国）is an error and intended to refer to Jiayemiluo guo（迦叶弥罗国）, Kashmir. As an important transportation hub, its name appears in many different historical records: in the *Datang Xiyuji*（Record of the Western regions）and as *Jiashimiluo*（迦湿弥罗）, which the *Xin Tangshu* calls Jiashimiluo（迦湿弥逻）.[③]

On Bolü guo, the *Luoyang jialanji*（洛阳伽蓝记）（Record of monasteries in Luoyang）calls it *Bolule*（钵庐勒）（Palola）.[④] In the *Memoirs,* Hyecho renders Greater Bolor as *Dabolü*（大勃律）, and in the *Record of the Western Regions*, Xuanzang records it as *Boluluo*（钵露罗）. The Chinese authors of the Tang period generally call the region Baltistan and Bolor（in the Yasin valley）Bolü.[⑤] These names they evidently borrowed from the Tibetan, who calls this region *Bruzha*.[⑥] The Wei shu states that the countries Ganda'a（乾达阿）（Gandhara, which in the *Kangnido* appears under the Arabic name as Heidahe'er（黑打合儿）(Al-Qandahār),[⑦] Puoluo（婆罗）（Pala）, Dasheyue（达舍越）, Gashimi（伽使密）（Kashmir）, and Buliusha（不流沙）（Bruzha）, which sent envoys to the Wei in the third year of

---

① Tibetan Buddhist text mentions Uddiyana as "Orgyan" or "Urgyan", see *Bulletin of Tibetology* 1971, 50; Rufus C. Camphausen, 236.

② *XTS*, 221A/6240 ["Xiyuliezhuan"（《西域列传》）A].

③ Various Chinese names of Kashmir, see *Xiyu diming*, 46.

④ *Luoyang jialanji jiaozhu,* 2006,j.5, *duan* 62. On the various names for Bolule, see http://www.tibet-encyclopaedia.de/palola-bolor.html.

⑤ *XTS*, 221B "Da Bolü".

⑥ Kenzheakhmet, 2014, 289.

⑦ Kenzheakhmet, 2015, 154.

Jingming（景明）（502）.[1]At the time, the country of *Buliusha*（Medieval chinese: *put-liw-ṣa*）, which was also called Great Bolü and Little Bolü during the Tang period, was under the rule of king Bruzha. According to the Xin Tangshu, there are two Bolü countries: Da Bolü（大勃律）（Greater Bolü）and Xiao Bolü（小勃律）（Lesser Bolü）. Da Bolü, also called Bulu（布露）, is situated southeast of Xiao Bolü—probably modern Baltistan; Xiao Bolü is situated north of Kashmir and east of the city of Jiabulue（迦布罗）（Kabul）, its political center located in the Yasin Valley. Bolü or Bolyu（Medieval Chinese: *phut-lyt*）is a Chinese transliteration of the country name Burusho/Brusho.

The Kültegin（d. 731 AD）inscription mentioned the envoys from Soγud,[2] Berčeker and Buqaraq[3] ulus countries by the name Näŋ Seŋün and O γul T arqan: "qurïya: kün: batsïqdaqï: Soγud: Berčeker: Buqaraq ulus: budunta: Näŋ Seŋün: Oγul T arqan: kelti".[4]To the Turkic Chinese Bolü was known in Orkhon inscription under the name of *Berčeker*. These names they evidently borrowed from the local language of Burusho or Xiao Bolü, who probably call own country *Werchikwar*. Through an accident of naming, the term *Werchikwar* now commonly refers to a dialect of Burusho in the Yasin basin. The names of the Burusho language are Burushaski, Brugaski, Verchikwar（Werchikwar）and Kanjut.[5] Now the name Burusho we use to designate the Burusho people in the Hunza, Nagar, Yasin, and Ishkoman valleys, and some parts of the Gilgit valley, in Gilgit Baltistan, in Srinagar in Jammu and Kashmir.

Moving south across the Southeast Asian mainland, we encounter a

---

[1]　*Wei Shu*, 8, the fourth year of Yongping（511）: 211.

[2]　*Soγud/Suγuda* is the Turkic form of *Juhuda/Jaguda*, with its capital at Ghazni, see Kenzheakhmet, 2014, 289.

[3]　Buqaraq might represent *Baharak*, the name of the town and the seat of Baharak district in Badakhshan province in northeastern Afghanistan. The present town of Baharak, approximately thirty kilometers southeast of Faizabad, has been the capital of Badakhshan, see Nurlan Kenzheakhmet, 2014, 290.

[4]　Malov 1951, 27（Runic text）, 33（transcription）, 43（translation）.

[5]　According to Litvinskiy, Burushaski is a completely distinct language: it stands at the confluence of three great families – Indo-European, Sino-Tibetan and Altaic – but belongs to none of them, see *History of civilizations of Central Asia*, 1996, 378.

polity that the *Kangnido* acknowledges by a range of names, including *Shiduoluo guo*（諰多罗国）, *Luojie guo*（罗揭国）, *Jialuodu he*（伽罗都河）, and *Xinnadaitanluo guo*（新那代檀罗国）（or Bennafatanna guo 奔那伐檀那国）. These are all references to the historical countries of Bangladesh and Burma. *Xinnadaitanluo guo*（新那代檀罗国）is an erroneous form of *Bennafatanna guo*（奔那伐檀那国）, which refers to Pundavardhana, an ancient kingdom in northern Bangladesh.[①] The Karatoya（also Korotoa）River of Bangladesh is called *Jialuodu he*（迦罗都河）, on the map, which positions it west of the *Piao guo*（骠国）（Pyu Kingdom）.[②] To the north of the *Jialuodu*, he placed a country called *Poluo guo*（婆罗国）, perhaps in reference to the Pala Empire（900-1100）of Bangladesh.

As noted above, Jia Dan recorded in the eighth century: "After traveling for ten days and passing five small kingdoms in the western region of Tianzhu（India）to Tiyu kingdom（提颬）（Diuli or Daibul of Karachi, Pakistan）, it has Milantai River（弥兰太河）（Mihrān River）or Xintou River（新头河）（Sindhu River, modern Indus River）from the north Bokun Kingdom（渤昆国）, running westwards to the north of Tiyu kingdom and flowing to the sea".

The name Jia Dan used to record the polity in this region was the "Bokun Kingdom". The name Al-Būqān appears in the *Origins of the Islamic State* by Al-Balādhuri.[③] Some Arabic sources spoke of a Mihrān River only after it had passed beyond the city of Rur or Multan. Modern Pakistan's Balochistan, comprising the areas of Qīqān or Qīqānān, Nukan, Turan, Buqan（Sīwī, modern Sibi?）, Qufs, Mashkey（in the Kangnido Mosihai, see Appendix: Table I）, and Makran, would face several Arab expeditions between 661-711 AD.

Most of the proposed identities are quite firm, but some are tentative. The new polity structure outlined here for Kashmir over this period may well allow us to better integrate textual sources into a more coherent story of the Kashmir past.

---

① *XTS*, 43B/1152 ["Dilizhi"（《地理志》）7B].

② *XTS*, 43B/1152.

③ Al-Balādhuri 1916, 2: 214.

V. Al-Sind

It is well known that the commerce of India with Islamic world was very extensive in the seventh-eleventh centuries. The place names and other details in the map representation of India, including the Sind（Balūchistān and the lower region of the Indus）, al-Hind（the regions east of the Indus）, Bangladesh and South India stem from the earliest Arabic geographic accounts. The earliest Arabic geography to systematically use geographic information about the Islamic India relied considerably on these traditions.

The Makran coast is an east-west subduction zone that runs from the Strait of Hormuz to the Ornach-Nal Fault in Pakistan. Men like Ibn Hauqal, Abu Ishāk al-Fārisī al-Istakhrī, and Idrīsī give graphic accounts of the fertility and greatness of the Makran region, with its vibrant cities and great distances between caravan stations, enroute toward the Sindh River.（杀思）probably is Jask, the main town between the ports of Bandar "Abbas and Tīz. The capital of the Makrān was Fannazbūr or Bannajbūr, later renamed Panjgūr（Five Tombs）after the five martyred warriors of the Arab conquest.[1]On the *Kangnido* appears places called Banzhefei" er（般者非儿）. On the Kangnido Anlamayi（俺剌马移）probably refers to Arma'il（Armābīl）.

By Sind Arab geographers mean Balūchistān and the lower region of Indus River, up to Ar-Rūr（also Aror, present-day Rohri）.[2]Molihai（没里海）, perhaps an error for Mosihai（没思海）, Mashkay, modern Mashkel of Pakistan.[3]

Malinan（麻里难）, an error for Malitan（麻里滩）, refers to Multān. Zhi'erliwu'er（只儿里兀儿）refers to Jahrawar near Multān.[4]According to Marquart, Jahrawar also known as Jandrāwar.[5]

Halawu'er（哈剌兀儿）, perhaps a corruption Lauhūr or Lahāvar, the Arabic name of Lahore. Hukewu'er（胡可兀儿）perhaps a shortness form of Mandahūkūr. Biruni mentions Lahore as the name of province or district,

---

①   Wink 1990, I, 138.

②   Aror was the capital of Sind, which is now situated 8 kilometer east of Rohri in Sindh, Pakistan.

③   Maqbul Ahmad1960, 94. Also see, Ḥudūd al-'Ālam, 373.

④   Alberuni's India 1910, 300.

⑤   Marquart 1901, 259.

the capital of which was Mandahūkūr.[1] Yāqūt b. "Abdullāh, a famous Arab geographer, in his monumental work *Mu"jam-ul-Buldān*, completed in 1224 AD, mentions the name of place as Lauhūr as well as Lahāvūr, and names the capital of the province Mandakūr.[2]

Bintani（宾它尼）is probably Patan of Somnath, also known as Prabhas Patan, near Veraval.[3]

Adu（阿都）perhaps refers to Quetta of Baluchistan.Tufanzhi（秃凡只）, on the other copy of Kangnido spelled as Tuwasan（秃瓦三）,[4] probabley refers to Al-Ṭubarān.[5]Also known as Ṭuērān, Ṭuwārān or Ṭūberan. Ṭuērān is corresponds to the region around Khuzdar in the eastern part of the Kalāt state of Baluchistan.[6] According to al-Idrīsī, Ṭuērān is a valley containing fields and cultivated lands. Its chief town is called Ṭuērān, after the valley.[7]The name Debayila is a corruption of *Debal* or *Daybal*. Nowadays, Debal is usually identified with Banbhore, an excavated site among the desolate salt flats on a former mouth of the Indus, 60 kilometres from Karachi and 40 kilometres from the present-day coast.[8] Xiyi（昔依）is Sīwī, also known as Sībī.[9] Yula（於刺）, perhaps Ar-Rūr, is also called *Rohri*. According to André Wink, it is very small place near modern-day Sukkur in Upper Sind.[10]

The *Kangnido* shows the city of Hanchumian to the west of Mihrān, along the Indus River. Hanchumian probably derives from Arab geographers's *Qannauj*（*Qinnawj, Qanawj*）, capital of the Gurjana-Pratihāra dynasty who controlled north and north-west India.[11] To the south of Hanchumian is marked a city called Woting'en, which Sugiyama Masa'aki identified with

---

[1]　Alberuni's India 1910, 206.

[2]　Yāqūt, v.IV, 371, 660.

[3]　Veraval of Gujarat.before the rise of Surat, Veraval was the major seaport for pilgrims to Mecca.

[4]　Sugiyama Masa'aki, 59, table 1: № 56.

[5]　See Miller, Mappae, III: 38.

[6]　Maqbul Ahmad1960, 106.

[7]　Maqbul Ahmad 1960, 48.

[8]　Wink 1990, I, 181.

[9]　Kalat of Pakistan has been known in earlier times as Kalat-i-Seva or Qalat-e Sewa（Sewa's Fort）.

[10]　Wink 1990, I, 183.

[11]　*An Eleventh-Century Egyptian Guide to the Universe* 2014, 500.

Ujjain.[①] There is Autkīn or Ūtkin described by the Arab geographers.[②] But Woting'en is very likely that Ujjain, because it is marked as major city on circular frame. Indian geographical and astronomical knowledge passed on to the Arabs through the first translation into Arabic of the Sanskrit treatise Surya-siddhanta sometime during the reign of al-Manṣūr (ruled 754-775). Udhayn or Ujjain was considered as the Cupola of the Earth (rendered by Arabic *al-Qubbat al-Ard*). The point on the equator midway between the eastern and western boundaries of the inhabited hemisphere, is by the astronomers of the Muslims known as the *cupola of the earth*, and somehow associated with the meridian through Ujjain, the Greenwich of ancient Indian astronomy. In Arabic characters Ujjain became Uzain. Thence, some scribe's omission of a dot over the letter za' converted it into a ra' and the word was read as Arin.[③] Ana (阿那) is probably Annarī. According to Arab geographers, Annari is located on the road from Manṣūra to Multān.[④]

VI. Al-Hind

After leaving al-Sind, the coasting vessels were out of Muslim waters. Dili (滴里) is Dihlī, Arab-Persian name for Dehli, the capital of Hindustan. The *Kangnido* shows the cities of the Sind on both banks of the river it calls *Habie he* (哈别河), perhaps an error for Hazha he (哈扎河), refers to Nahr al-Hajar, the Arabic name of Yamuna or Jamuna River.[⑤]

In the eleventh century, Biruni mentiones as important cities, next to Qannauj: Māhūra, Tāneshar, Banārasī.[⑥] In the *Kangnido*, these cities occur under the names Mahula (马胡剌) (Māhūra or Mathūrā, on the Jumna/Yamuna river, which was one of the great cities of medieval India and a natural stop-

---

① Sugiyama Masa'aki, 59, table 1: № 33.

② Alberuni's India 1910, I, 199-202.

③ Kennedy 1996, 189; also see *Alberuni's India*, 306, 308.

④ Wink 1990, I, 181.

⑤ Nahr al-Hajar, see *An Eleventh-Century Egyptian Guide to the Universe* 2014, 80, 501. The name Yamuna seems to be derived from the Sanskrit word "yama", meaning "twin", and it may have been applied to the river because it runs parallel to the Ganges.

⑥ *Alberuni's India* 1910, I, 199-202.

ping point any practical itinerary between Multan and Qannauj), Nashi'er(那失儿) and Balana'an（八剌那俺）. Probably Nashi'er is probably Tāneshar or Thaneswar（Sthāṇviśvara）north of Delhi, on the upper Jumna, a major Hindu religious centre. Balana'an（八剌那俺）, perhaps a corruption of Banārasī or Vārāṇasī:（formerly Benares or Banaras）is also called the "Religious Capital" of India. In the Kangnido Banārasī is situated on the left bank of the Ganges. In the ancient Chinese sources also known as Bolonai(波罗奈).①

Falaqi（法剌乞）refers to Frayāq（Prayag, modern Allahabad）.② It lies on the confluence of the rivers Ganges and Jamuna. Little information is to be had bout the ports of the Bombay and Malabar coasts, beyond bare names which are hard to identify.

Damona（达没那）, an error for Sumona（速没那）, is perhaps Somnath, the seaport of Gujarat. Lanimola（剌尼没剌）, on the Ryūkoku Kangnido spelled as Laniduanla（剌尼段剌）. There is L ō harānī near Daybul, but it is very unlikely that Kangnido's Laniduanlais the same as this town. Lanimola, an error for Lanifala（剌尼发剌）, is perhaps Nahrwala or Nahrwāra, the capital of Gujarat.③ Abū-Raiḥān Muḥammad b. Aḥmad al-Bīrūnī, who resided in India and speaks from personal knowledge of the country at the time of Maḥmūd's invasions at the beginning of the eleventh century, in his celebrated work *Tārīkhul Hind*, mentions Nahrwala by the name Anhilwāra.④Zhunu（竹奴）is probably Djoona or Junagadh（city of the Juna or Djoona）, more correctly Junaghar, the name of a Province and town in Cathiawar, presidency of Bombay, according to the Turkish admiral Sidi Ali Reïs.⑤

---

① The various Chinese names of Banārasī, see *Xiyu diming*, 101-2.

② *An Eleventh-Century Egyptian Guide to the Universe* 2014, 427, 501.

③ Nahrwala was the capital of Gujarat, see, *Jami'u't-Tawarikh,* 1998, 253; *Tarīkh-i Jahān-gushā,* vol. II, 1958, 416; According to Marquart and Minorsky, Nahrvāra is Patan in the Northern Baroda, see Ḥudūd al-'Ālam, 238; Marquart 1901, 258; also see, Maqbul Ahmad 1960, 98.

④ Alberuni's India 1910, 205.

⑤ *Mirat ul Memalik* 1899, 37.

VII. Bangladesh（Bengal）

Bengal, once an outpost of the Islamic world, today has the largest Muslim population in South Asia. It was the coastal areas of the Bay of Bengal where the Muslim traders, saints and sufis came first and introduced Islam much before the Muslim conquest in the north. The possibility of some early Muslim settlement especially in its south-eastern coastal region may not be ruled out as Muslim traders had extensive maritime activities in the Bay of Bengal. A number of medieval Muslim maritime accounts provide detailed descriptions of Bahr al-Harkand（the Bay of Bengal）, its tides, waves and currents, wind directions, islands, and many other navigational details.

Heiba'a'qiqing（黑八阿乞轻）is probably refers to Qubbat al- Kaṇha. If true, then the name appears twice on the map, once adjacent to the al-Hind and once Heiba'a'qingqi（黑八阿轻乞）far to the southeast to a place labeled Duomoluo guo（多摩罗国）（Tārumā, located western Java）, connected by the Salang（撒郎）.; Islamic versions of Indian prime meridian, Heiba'a'qiqing（Al-Qubbat al- Kaṇha / Cupola of Kaṇha, used from fourth century AD Indian astronomy and calendars. al-Khuwarizmi the scribe, in the Mafātīḥ al-ʿulūm, the chapter on the astronomical terminology, gives the following definitions: "Kangdiz: The farthest city in the eastern quarter, and in the farthest lands of China and（the island）Wāqwāq". The Persian astronomical tables also gave a longitude of 90° E to the Castle of Kaṇha（Pers. Kangdiz）listed as the easternmost point; Abu Reihan Biruni wrote about it "YamakoṬi is, according to Yaʿqub and al-Fazārī, the country where is the city Tārā within a sea. I have not found the slightest trace of this name in Indian literature. As koṬi means castle and Yama is the angel of death, the word reminds me of Kangdiz, which according to the Persians, had been built by Kaikā' ūs or Jam in the most remote east, behind the sea. Kaikhusrau traversed the sea to Kangdiz when the traces of Afrāsiāb the Turk, and there he went at the time of his anchorate life and expatriation. For diz means in Persian castle, as koti in the Indian language. Abū Maʿshar of Balkh has based his geographical canon on Kangdiz as the 0° of longitude or first meridian.

Salihaida（撒里海达）is probably Srihatta, modern Sylhet. Sylhet（historically Shilahatta or SilhāṬ; also Jalalabaad）is a major city that lies on the banks of Surma River in north-east Bangladesh. Habanaq according to Ibn Battuta, Suknt in other Islamic sources and Xrihatta in Sanskrit.al-Bīrūnī mentioned the empire of Shilahat. According to al-Bīrūnī, the empire of Shilahat lies to the east of Qannawj: from Qannawj to Bāri 10 farsakhs; thence to Dūgum 45 farsakhs; thence to the empire of Shilahat 10 farsakh.[①]

The island of Sada（撒荅）on the seacoast is probably Sadkawan（modern Chittagong）of Arab geographers.It may therefore be assumed that Muslim merchants who went there referred to it in Arabic as *Shati' al-Ganga*（the bank of the Ganges）or later *Shati-Jam*（e.g. Sulayman ibn Ahmad ibn Sulayman, Umdat al-Bihar）. The expression gradually assumed the local form （of Bengali dialect）Sadkawan, Chitagang or Chatgaon.[②]

VIII. Myanmar（Burma）

Piao guo（骠国）is the Pyū Kingdom in the valley of the River Irawaddy in modern Myanmar（Burma）, with its capitals at Shrī Kshetra（in Chinese sources Shilichadaluo（室利差呾罗）, near modern Pyay or Prome）and Halingyi. It was known for its abundance of gold, which traveled to Indian markets.[③]

South of the Piao guo on both the Honk ō ji and the Ryūkoku Kangnido, the phrase *Heishui nan zhaibuli deng dimian*（黑水南摘不立等地面）is indicated, means "to the north of Black river, there are situated the places Zhaibuli and other". The River Heishui perhaps refers to Irrawaddy River, principal river of Myanmar, running through the central of the country. Irrawaddy River, in the *YiYu zhi* was called Heishui yuni he（黑水淤泥河）（Black-Silt River）.[④] Dimian refers to "small country" or "place". Thus Zhaibuli perhaps stands for country of Zhanbulao（占不劳）in the *Xin Tangshu*. The *Xin Tangshu* notes that, the polity of Huanwang（环王）is formerly Linyi（林

---

① Alberuni's India 1910, I, 201.

② Chittagong was visited by Ibn Battuta during the reign of Fakhr al-Dīn Mubarak Shah（739-50/1338-49）, who described it as a port near the mouth of the Ganges, see Mohammad Yusuf Siddiq 2009, 48-49.

③ Wink 1990, I, 273; also see Ḥudūd al-'Ālam, 242.

④ Zhou Zhizhong 2000, 21

邑）, was also known as Zhanbulao as well as Zhanpo.① Linyi is successive Chinese names of a polity historians generally call Champa（Skt. Campā）. According to the *Tang Huiyao*, after the Zhide reign［756-58］, it changed its name to the Kingdom of Huanwang（环王）, and no longer used the namé Linyi.②Zhanbulao is probably Ṣanf Fūlāw or jazirāt Ṣandarfūlāt, an island of southern China widely attested in Arabic geographic literature as a stopping point on the maritime route to Canton（Guangzhou）.③

Pagan, the first kingdom of Myanmar, in the Kangnido occurs as Bokang（孛康）. The earliest mention of Pagan in external sources occurs in Zhufanzhi records, which report that envoys from Pugan guo（蒲甘国）, Pagan Kingdom） visited Song Chinese court, in 1004 and 1106, respectively.④Pagan or Bagan is an ancient city located in the Mandalay Region of Myanmar. From the ninth to thirteenth centuries, the city was the capital of the Pagan Kingdom.

Asiman（阿思蛮）, probably an error for Aliman（阿里蛮）, perhaps stands for Al-Arman（in Burma）, closely corresponds to Rmen, as the Kingdom of Pegu（in the delta of the Irawaddy）was called in Old Mon.⑤Mieqili, perhaps stands for Mergui, the Mergui Archipelago in southern Burma. Chinese accounts, such as *Zhufan zhi* and *Lingwai daida,* called it asWali（宼里）（Mrit).⑥Malidana（麻里荅纳）, probably Martaban, modern day Mottama in Burma.

IX. South India（Malabar and Coromandel coasts）

In medieval times, at the other end of the world in the far south of India, mapmakers the Kangnido, drew another map for India, whose knowledge may have come from Arabic and Sanscrit sources. The place names for

---

① *XTS*, 222B: 6297. Chinese text: 环王，本林邑也，一曰占不劳，亦曰占婆。

② *Tang Huiyao*, 98: the Kingdom of Linyi. Chinese text: 自至德后，遂改称环王国，不以林邑为号。

③ About Ṣanf Fūlāw or jazirāt Ṣandarfūlāt, see *An Eleventh Century Egyptian Guide to the Universe* 2014, 443; Tibbetts, 1979, 54. Alternatively, if Zhaibuli is a city, perhaps stands for Chanthaburi, is a city in the east of Thailand, a transport hub for accessing the country Cambodia.

④ Zhao Rugua 1996, 31.

⑤ *Sharaf Al-Zamān Ṭāhir Marvazī of China, the Turks and India* 1942, 153.

⑥ Zhao Rugua 1996,19.

Southern India, unlike those for other lands, borrowed more than one hundred place names from the sea charts. In the Kangnido South India depicts as an island separated from mainland of India.The Arabs, however, had no idea of any divisions of India into North or South. They considered South India as a separate country and had no clear idea of the geographical extent of the rest of India.

Abū al-Fidā᾽ al-Ḥamawī says Ma"abar is the third iqlīm of Hind. It begins at about three or four days" journey to the east of Kulām (Kawlam). Thus it is situated to the east of Manībār (Malabar). Abū al-Fidā᾽ al-Ḥamawī also says that Manībār one of the countries of Hind to the east of Jazrāt, is the pepper country. It is said that the extremity of Manībār is Tandiyūr. Kulām is the last city of Manībār.[1]The Kangnido refers Tandiyūr as Danraowei (丹饶尉).

Zhulian (住连) refers to Coḷa, Arab geographers called it al-Ṣūliyān, which includes the big Maʿbar and the small Maʿbar.[2] Xuan Zang called it as Zhuliye (珠利耶), in the *Zhufanzhi* written as Zhunian (注辇).Ganzhibunan (干支不南), Kānchīpuram or Conjeevaramis in the Chingleput district, Arabic Kanja, the capital of the Cōla kings.[3]It is 46 miles south-west of Madras on the Chingleput-Arkonam line. It was the capital of Tonda-mandalam in the fourteenth century.

Chibalandan (癫八兰丹), Jirbāttan.[4] This is identified with Sreekandapuram near Taliparamba or Cannanore.[5] Wudie (乌爹) refers to Oḍra, modern Orissa.

Rimi (日密), perhaps stands for ar-Rāmī. The Arab geographers speak of Sumatra as one of the islands of al-Hind, which they call it ar-Rāmī, after the port Lāmurī.[6] Near Rimi the map bears the following lace names: Wowo, Maba᾽er, Rulan, and Zhulian. This must be the places Wāqwāq, Maʿabar,

---

[1] See Muhammad Husayn Nainar 1942, 55, 58.

[2] Muhammad Husayn Nainar 1942, 169; the name of the real Colas (as applied to the Coromandel coast) appears in later Arab geographers as Ṣūliyān or Shūliyān, see *Sharaf Al-Zamān Ṭāhir Marvazī of China, the Turks and India*, 1942, 144.

[3] Maqbul Ahmad 1960, 86-7; Muhammad Husayn Nainar1942, 49.

[4] Ibn Baṭṭūṭa/Gibb 1994, IV, 810; Muhammad Husayn Nainar 1942, 40.

[5] Maqbul Ahmad 1960, 85. Also see *Ḥudūd,* 243; An *Historical Atlas of Islam* 2002, 62a B3.

[6] Wink 1990, I, 351.

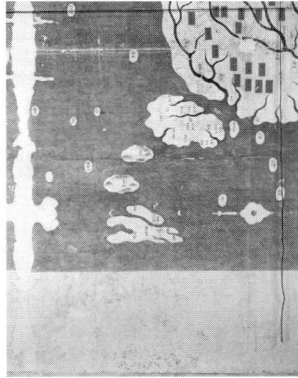

Map 4: South India in the Honkōji Kangnido

Kulam, and al-Ṣūliyān (Cola) that appear in the Arab geographies. There are two Wāqwāq: East Wāqwāq and West Wāqwāq. The first Arabs who started to arrive Madagascar in the seventh to ninth centuries, found an island that had already been colonized by Indonesian seafarers, the so-called Wāqwāq (from waqa, an outrigger canoe) who had migrated from the "Zabaj islands", most likely Sumatra, in the second and fourth centuries, after first landing on the African mainland, and again in the tenth century, and possibly as late as the twelfth century AD.[1]

Conclusion

From the Tang period (618-907), China and the Islamic world were not remote from each other, China became a part of world history and started to work together with the Islamic word in many aspects. Tang Chinese society and people's lives under went huge changes as a result of China's flourishing maritime and land trade and its active role in the emerging global trade system. It is widely accepted that the Kangnido Map was created in China under Mongol rule, when maritime and land trade with foreign countries was flourishing after the Mongol Empire established. Yet the political centres or cities of the four Mongol khanate do not appear on the Kangnido. To the con-

---

[1] Wink 2004, III,186.

trary, the Western section of Kangnido suggests that Kangnido constructed its geography from earlier Islamic cartographic works. The works of Jia Dan (730-805), Zhao Rugua (1170-1228), and others testify to the brisk trade relations that existed between the Arab World and China at the time of Tang, Song dynasties. They adapted place names for Western Asia and Europe from Arabic-Persian sources, which required the transliteration of place names into Chinese ideographs. For example, The Zhanbulao （占不劳）（another name for Champa） or the mountain of Zhanbulao （占不劳山）, a place or country mentioned by Tang Chinese annals （Xin Tangshu and Tang huiyao）, refers to Ṣanf Fūlāw or jazirāt Ṣandarfūlāt, an island of southern China widely attested in Arabic geographic literature as a stopping point on the maritime route to Guangzhou. Zhao Rugua, a Song dynasty official who wrote a two-volume book titled Zhu fan zhi. Zhu fan zhi appears the country of Sijialiya （斯加里野）, was long regarded as Sicily. It's true, but pronounced Sĭe-ka-lĭə-ya in middle or medieval Chinese, could be a transcription of Siqalīa, the Arabic name for Sicily. This account, therefore, provides a good example of how Muslim interpreters or informants updated geographic information about Eurasia in the medieval Chinese geographical accounts and the maps.

The ethnonyms and toponyms of the Pamir-Kashmir area, Eastern India, Bangladesh and Myanmar that appear on the map show only the most important names out of hundreds of toponyms listed by Jia Dan （贾耽）（730–805） and by the compilers of the geographic sections of both dynastic histories of the Tang.

Indeed, western section of the Kangnido is multi-sheed hybrid of an Islamic map, Islamic nautical chart and Inner Asian's mediaeval Chinese map. The place names of Western section in the Kangnido are Islamic （Arab-Persian） form, whereas the majority of names with a microtoponym function denoting different parts of the fields are Latin and Turkic. The sudden appearance of nautical maps of the Dongnan Haiyi Tu （东南海夷图） and Xinan Haiyi Tu （西南海夷图） in the Honkōji Kangnido, circa 1555, is just a continuation of the then centuries old cartographic tradition in the Islamic world.[1] Kangnido concepts of cartography included Islamic version of Ptolemy's map （for example, Zhebulu Hama=Jabal al-Qamar）; Islamic

---

[1] See Guangyu tu （《广舆图》）, 1969.

versions of Indian prime meridian, Heiba'a'qiqing（Al-Qubbat al- Kaŋha / Cupola of Kaŋha, used from fourth century AD Indian astronomy and calendars; Jia Dan's accounts of Inner Asia, the Islands of the Wāq-wāqs, the land of Gog and Magog in the north, and Alexander the Great's wall separating the people of Gog and Magog from their long suffering neighbors—all these are examples of geographic myths.

Peoples of Asia's Inner Frontiers and Their Role in Dialogue of Civilizations

[Russia] Mikhalev Maxim

[Researcher, Institute of Ethnology and Anthropology, Russian Academy of Sciences, Russia]

I. Borderlands as Territories of Dialogue

While trying to describe the nature of any dialogue, be it just a brief "kitchen quarrel" between a husband and a wife or a serious ideological debate of the two continental superpowers, we tend to underestimate the importance of an empty space that shall exist between those involved in any such dialogue. In other words, we seem to ignore the need for a physical or metaphysical "void" that would separate the opposing parties during both heated discussions and friendly exchanges of opinions alike, providing them with a space to communicate. Such void, in reality, ought to serve as a sort of a buffer zone, where different, and often opposing, ideas can safely meet and conveniently interact, either fiercely competing and eventually converging, or just peacefully diffusing into each other, sometimes influencing the values of the opponents, sometimes falling under their influence in return. Without such neutral space for interaction, the dialogue can easily turn into a bitter and endless clash of ambitions, with each party sooner or later either getting attacked by immediate neighbor, or finding itself behind the enemy lines trying to implant its home-grown judgments and ideologies onto a totally alien soil. In other words, for a successful dialogue to happen, the presence of a kind of a buffer zone between two parties that would be characterized by neutrality, silent respect and, in some way, indifference to the opposing points of view seems to be an absolute necessity. Indeed, it is only within such *grey area in-between* that their different ideas can peacefully meet, interact and empower each other. In other words, any successful dialogue between two parties requires some sort of *void* purposely left between their immediate spheres of control.

Void is nothing, one could argue, and even if we assume that it is indeed badly needed for the success of any dialogue, we shall not devote too much time to maintaining it, to put efforts into its study, or to take its interests into consideration when making important decisions, because, after all, void is not even a substantive phenomenon. Not quite exactly. Void is indeed slippery, elusive and hard-to-catch, and it does look like the absence of *any thing,* yet in reality, it is surprisingly bellyful and rather means presence of *everything*. People, however, are still afraid of dealing with void. For example, instead if cherishing bufferlands, those countries that happened to have such patches of cultural void survived in their vicinity, work hard isolating themselves from their supposedly bad influence, at the same time trying to clog them up with their own matter. Unfortunately, they do it with more and more success—to the point, when those existing void zones seem to find themselves under the threat of extinction. They need to realize, however, that when all this emptiness on the world map truly disappears, the platform for reaching civilization consensus that this void currently provides can vanish too. If someone got insane, Altai people of Southern Siberia used to say that he had lost emptiness above his heart, so that he can't hear the right decisions anymore. As planet is reaching such insanity now and as humans continue littering the remaining void, replacing it with cultural noise, we need to forget the fashion and instead of speaking of the further development and annihilation of these obscurities, start caring for their preservation. The reason is simple: the void that they contain is indispensable for any peaceful and successful dialogue.

One can ask where this void that enables exchange of values is physically located. To answer this question, we shall make an attempt to look at the entire humankind from the perspective of a geologist. We could discover in this case that the *Ecumene* is not a homogenous entity, but rather a mosaic of civilization plates that create our planet's cultural tracery in the same way as tectonic plates make up a distinctive portrait of the Earth's surface; same is true about any ancient or modern state big and diverse enough to accommodate different cultures within its territory. The design of such plates and their juxtaposition is partly stipulated by the natural forces as their existence, formation and development are indispensable from the climate patterns and landscape limitations. Draughts and floods, mountain ranges and rivers, forests and deserts shape the face of the planet and at the same time define those often blurred borders that separate entire civilizations or just different cultures from each other. It shall not be forgotten, of course, that besides those natural factors that remain more or less constant throughout time, the actions of humans too shape and reshape these plates, and do it often in a more dramatic way, as they are rarely predictable, based on incomprehensible logics and are highly volatile. War and peace, roads and roadblocks, scientific discoveries and anthropogenic catastrophes erase borders and expand frontiers constantly—a process that we often call *history*. The plates are changing their sizes and shapes as various societies appearing, developing, mutating, overlapping, dividing, merging and disappearing. And with them the *border-lines* that separate those plates change too.

We rarely keep in mind those lines, however, when speaking of the cultural mosaic of the inhabited world. This is unfortunate, as in reality, although being subjected to frequent changes, they harden fast and can soon turn into distinctive entities of a sort, acquiring their own identities in the same way as corridors have theirs, being different from the rooms they are entitled to connect or separate. The borders are not an illusion and not just a pure abstraction; in fact, those lines on the maps of the planet are real, they do exist and they perform their specific functions. Despite much progress has been made in border studies, the understanding of the nature of the *borderlands,* however, remain insufficient as those are mainly their impact on the surrounding plates or their political and cultural effects that have been favored by the scholars. In other words, borderlands are taken into consideration normally with regards to the entities they separate and not as objects *per se*. This is probably because researchers fail to recognize that borders are not just abstract lines between two plates; they are immaterial bodies themselves that appear and develop according to their own inner logic. Any border, in fact, only touches the plates that surround it, but belongs to none of those plates, it remains independent, and it remains real. In fact, one can imagine it as a chain of hollows—hollows filled not with the social and cultural matter that their host plates are saturated with, but with a different kind of matter, something that for the sake of simplicity we can now call *void*. These hollows can be reduced to minimum, but they nevertheless exist everywhere as the ever-changing jigsaw contours of cultural areas always allow some space in-between two or more plates, where cavities, tunnels and holes create the bizarrely-shaped continuity. These inlays of void that grow like mushrooms at the surfaces of the structures they separate do have lives of their own; they are objective beings, albeit elusive and slippery. They do have birthdays; they develop careers and eventually pass away. They are hard-to-catch entities that can move, fuse into one another, split, change their shape, size, depth and width; they progress, regress and stagnate. And they are the ones, who provide that necessary space for a dialogue.

Unfortunately, these borderlands are often seen as contagious and untouchable as people have strong subconscious bias against any hollows and voids that are seen as harbors of the negative and menacing. As the result, although sometimes romanticized and idealized, more often they are avoided, feared, ignored and, if possible, left abandoned. If they attract attention, things get even worse, however, for in this case borderlands are seen as legitimate target for integration and unification and as such its studies focus not on understanding, benefiting or preserving their specific cultures, but on effective ways of taming, development, inclusion, unification and depriving the of their power. Needless to say that such attitude shall be re-considered, because caring for hollows that truly constitute borderlands is necessary not only for philanthropic reasons, but for practical reasons also, as their existence is an indispensable condition for the healthy operation of the world-as-a-system. Indeed, if there is no clearance left between two or more civilization plates engaged in their imminent dialogue, they start struggling up onto each other, causing conflicts, and it is only buffer zone that could allow effective communication between and, eventually, their mutually beneficial development. This is due to fact, that emptiness enables people from both sides of the border to get involved into an *indirect* dialogue and get acquainted with each other's points of view without danger of *direct* confrontation.

As we can see, borderlands and frontier lands that are often perceived as cultural wastelands of our planet imply not just dangers and obstacles as many people across the globe still think. Just the opposite, their porous nature and their ambiguous status allow opposite ideas to meet and diffuse smoothly into each other. Here, where civilizations don't directly collide, but only gently touch each other's blurred surfaces, the bewildering choice of world-views is not an artificially constructed utopia, but a natural phenomenon that reflects the very nature of a buffer zone. Borderlanders, as a result, can really chose the better and ignore the worse, providing themselves with a real intellectual pluralism as they are allowed to mix up the distant, to compare the opposite and to eventually create something completely new out of never-ending interaction of the different. As such, it is only through the borderlanders that values and philosophies can freely talk, mingle, compete and develop themselves transcending ambiguities. We can say then, that while *border-lines* that technically separate different worlds make it possible for opposing worldviews to co-exist without annihilating each other, the *borderlands* help those different worldviews to interact and to converge. In other words, while the former pull apart different ideas and values, the latter enable their constant "cross-pollination". Taken together, *borderlines and borderlands* create and re-create that very "diversity in unity" that is so commonly seen as the cornerstone of pan-Asian culture.

Due to this special nature of he borderlands, those people who populate their voids become special too, as their skills and knowledge that reflect that interaction of different cultures can benefit the rest of humanity if treated with due respect and studied with due diligence. Unfortunately, with the current centrist paradigm and with new distance-killing technologies that make large-scale unification easily achievable, those "people of the void" and their particular *frontier wisdom* have little chance to avert destructive outside influence, cultural persecution, homogenization and taming, and as a result, the space for a dialogue of civilization will continue shrinking and its fruits can be easily lost. To avoid this, we need to re-consider our attitude to the borderlands as something worthless and backward and encourage sincere appreciation of their unique cultures and their unique role in the mutual learning of civilizations. We must realize that these lands and these people do not just create obstacles for communication as we used to think, but instead, this is them who create co-operation opportunities by providing necessary buffer space for an effective dialogue, and, no less important, by keeping records of this dialogue in their hearts and minds.

In course of this, it would be fair to say that the secret of developing an effecting system of common values that all people of Asia would be willing to share is still hidden in the inner frontiers of the continent, and it is already known to the peoples who populate those obscure lands. The reason for this is that they are the ones who facilitate the dialogue between different cultures as such dialogue can take place not in the core areas of particular civilizations, but always on their fringes, where different values and ideas can freely interact and empower each other. What is more important, however, that these borderlanders are also the ones that have already developed such common values in their hearts, as at such places *in-between* this is the only way to survive in a metaphysical sense of this world. As such, when the foundation for systematic learning of their philosophies and their values will be laid, and this bizarre cocktail of worldviews will become available for the people elsewhere, they will be able to overcome the value conflicts currently plaguing the continent and discover something truly universal that is concealed in its hidden corners and that will be equally suitable for the different peoples all over it.

II. Inner Asia Frontiers: Pamir and Altai

While any frontier land lying between tow distinctive civilizations is of significant value for the existence of an intercultural dialogue, those are the borderlands of China and post-Soviet republics that can be considered truly unique and of unsurpassable importance for the whole of Eurasia. Indeed, these vast and diverse lands do not just represent the area where two major superpowers of the continent interact, shaping the development agenda for the entire world; neither is it simply a place where geopolitical opportunities of global importance can appear or disappear. The most important in this regards is that it is exactly here, on the both sides of the long line that traverses entire continent travelling all the way from North Korea to Afghanistan, that the West truly meets the East. As such, this particular borderland serves as the Great Dividing Range of cultures, separating Orient from Occident and can be rightfully considered as the most important inner frontier of the whole of Eurasia and the place where pan-Asian value system is taking its shape during its eternal dialogue with its European counterpart.

This border is indeed impressive in a number of different aspects. For example, its natural diversity is unsurpassable as it passes through several different geographical zones, from taiga and grasslands in the north and in the east to high mountain plateaus and deserts in the south and in the west. As far as politics is concerned, these lands experienced both years of dramatic fight for the global dominance as well as decades of sincere friendship and co-operation. In some sense, however, the Russian and the Chinese states are not simply neighbors that could compete or co-operate depending on circumstances. For several centuries they have been *two halves of the one*, in their dialectical unity representing the heart of Eurasia, as their relations shaped its present and its future alike. Although the border between modern Russia and modern China is just a small portion of that former border that crossed the whole hinterland of Eurasia just several decades ago, from a cultural point of view it is still possible to speak of the former Soviet-Chinese border as of the axis of the continent and as of the place where two parts of Eurasia, that is Europe and Asia, truly meet. Not surprisingly, it is along this very border, that the difference between their value systems can be felt most clearly.

While the actual China-Russia *borderline* divides, and has divided, two parts of the continent, those are their *borderlands* that have kept them together, as smaller and bigger buffer zones along their length have always provided necessary space for the continental dialogue. Luckily, some of those special territories still exist and retain their function till nowadays. Moreover, in the wake of collapse of the Soviet Union those pockets of void that had implicitly existed in the remote corners along China-Soviet border, regained their frontier character and swelled again into full-scale hollows. As new-born post-Soviet states were unable to exercise full control over their own borders, these obscure patches of land started again playing the role of an important cultural buffer that they used to do for many centuries before. As a result, careful study of these remote void zones along the current border of China and the post-Soviet newly states is not only possible now, but is also extremely rewarding, as it is in such pockets of emptiness, as it was proved, the origins of future ideas are often stored and it is here that the silent, but nevertheless important dialogue between East and West currently continues shaping the future of the common values of both of them.

In this chapter we are going to introduce two of such areas adjoining Chinese border with Russia and Tajikistan that both serve as perfect examples of such Inner Asian frontier lands, that is Pamir and Altai, or, to put it more specifically, Gorno-Badakshan Autonomous Oblast of the Republic of Tajikistan and Russian Federation's Republic of Altai. They neighbor, respectively, Taxkorgan Tajik Autonomous County of Kashgar Prefecture and Hemuhanasi Mongol Township of Burqun County in Altai Prefecture of Yining Kazakh Autonomous Prefecture (both in China's Xinjiang) and together constitute Pamir and Altai. Both these mountainous borderlands are, and since pre-historic times have been, the choke points located in the heart of the Eurasian landmass, both of them having a long history of being buffer zones between cultures, natural zones and religions. It is interesting, that both Pamir and Altai that till now border major civilizations of China, India, Central Asia and Russia have never been truly incorporated into any of them and have always retained their almost otherworldly remoteness managing to preserve unique cultures of their own. Those cultures, despite sharing many features with the mammoth civilizations that they neighbor, indeed proved to be entirely different and self-sufficient. It is no less important also, that they have often seen as special by people living in their vicinity and as sacred by those who claimed those lands to be their ancestors' homeland. Many even believed that impenetrable paths and high-altitude plateaus of both High Pamir and High Altai, their remoteness and their solitudes are too special to be trampled upon and called them the Foothold of Mithra or Heavenly Pastures respectively. Even till now these inaccessible mountain regions separate worlds, occupying fringes and outskirts of China, Russia, Mongolia, Kazakhstan, Pakistan, Afghanistan and Tajikistan. For each of those countries Pamir and Altai are hard-to-reach and hard-to-govern, scarcely populated, too diverse and generally too different to comprehend. Yet, at the same time they are venerated as sacred lands that should be treated with respect and esteem.

In the 20th century, both Republic of Altai and Gorno-Badakshan Autonomous Oblast were subjected to Soviet Union's massive development projects aimed at stripping off their frontier character and eradicating their otherworldliness. All-weather roads were built linking even remotest valleys; traditional lifestyles of the native people were forcedly modernized, while their religious beliefs were suppressed by the state machine. Later, both

Pamir and Altai witnessed collapse of the Soviet system and its modernization project, the subsequent retreat of the centralized state and an eventual fall into obscurity that in turn led to revitalization of their frontier character. At the same time, those parts of Pamir and Altai that happened to be on Chinese side are now being exposed to a fresh wave of sweeping modernization and unprecedented pressure aimed at obliterating their otherworldliness and their unique culture in the name of progress. Taking into consideration the history and the current status of both Pamir and Altai as buffer zones both between Asian and European cultures and different civilizations of Asia, we can assume that a brief look from both sides of the border at the values and philosophies of the people populating these obscure borderlands can give us a clue to better understanding of the qualities that represent common Asian set of values. It is the wisdom of these frontier people, who happened to live at the fridges of those different worlds and at the same time at their crossroad that may possibly reflected true essence of Asia.

III. Frontier Wisdom

Despite many similarities, finding the traits that could be ascribed to both people of Pamir and Altai is a challenge. Sometimes it seems that they have nothing in common, while the list of their dissimilarities looks long. Even worse, Pamiri and Altaians, that populate similarly remote, similarly ungovernable and similarly special buffer zones are sometimes so strikingly opposite as if they were living under completely different circumstances that should be contrasted against each other instead of being generalized upon. Take attitude to future and past, for example, Altai people seem to be always looking ahead, their primary concern being about creating future for the humankind. Their minds and their hearts are fixed upon the upcoming years, eras and epochs as they believe their mission is about ensuring that new generations have a better world to live in. Not always is their mood optimistic, however, so eschatology is taken seriously in this part of the world too. It is so common among them to contemplate about the cause and effect of the doomsday that people elsewhere believe in this too that those are no other than Altaians who hold the key that would let them survive the consummation of the world. On the contrary, those populating Pamir prefer to live in the past and for the past. Their horizon is equally infinite, but it stretches back to the dawn of times rather than piercing the cloak of distant future with profound insights. They are committed to and they are empowered by the ancestors that had lived thousands years ago, and their understanding of their history is deep and emotional. Pamiri derive their strength from Aryans, Scythians and Alexander the Great, whom they consider to be their distant forefathers, and they feel responsible not to the generations to come, but to the generations long gone. Generally speaking, they always look behind, and never ahead.

The relationship between time and space and the place they occupy in the psyche of the people populating these two inner borderlands of Eurasia also differ significantly. Thus, Pamiri seem to be absolutely ignorant of space as it poses no serious value for them, so they feel themselves entrapped in their narrow valleys instead of falling in love with their land. At the same time, the degree of their understanding of time compensates in full what they lack in appreciation of space. It is not a mere coincidence that the teachings of Ismailism that Pamiri so eagerly adopted as their official religion is centered around Imam of Time as the source of authority and the divine essence. This Imam is not about ruling a certain territory indeed, he is the one who masters his epoch and his authority is limited not by the space, but by the time. Same is applied to ordinary Pamiri whose view of the Universe is framed by History and not by Map and who pledge allegiance to centuries rather than swearing it to square miles. Maybe that is caused by the fact that the space is limited in Pamir Mountains while the time here embraces even the moments of Big Bang. Altaians are opposite in this relation: space effectively defines the rhythm and the direction of their lives, and it eventually manifests their destinies. Not just space of their native Altai or that of the planet, however—their imagination travels significantly further away, conquering the remotest corners of the Universe and reaching its margins in mere seconds. On the other hand, they treat time with certain disdain and their attitude to history lacks any veneration. The most striking example of this attitude is Altai New Year celebration, *Chaga-Bairam.* While elsewhere in the world the coming of a year that delineates boundless time and divides it into segments is seen as the sacred moment and is usually endowed with tremendous importance and enforced by eternal and unalterable rituals, Altaians until recently didn't have the common date for its celebration. Even now, despite certain unification of rituals and their growing importance for the purpose of strengthening national unity, advocated by Republic of Altai's intelligentsia, people seem to pay little attention to the holiday that marks the change of times. It is generally believed among commoners here that every head of family has the right to define the date for the greeting of the coming year according to his own understanding of the general situation, and it often happens that people decide to abstain from celebrating at all. This seems like a completely impossible thing for most of the cultures across the globe as people elsewhere consider New Year celebration to be of the greatest importance.

The archetypes of these two groups of people are also glaringly different. Not only Pamiri look behind and never ahead, they also prefer to look inside rather than outside. They are truly introversive and more interested in exploring the abysmal depths of their souls than in conquering hearts of those far-away. Instead of sharing their insights with the world, they readily absorb its conceptions, ideas, dogmas and doctrines that never leave Pamir once they have been adopted here as if being attracted by some special gravity. Pamir is similar to the library of humanity, a repository of human thought where old ideas can co-exist, mix, interact and eventually merge into something new. Even that new, however, never departs from this land, because people living here reserve it for their own use, having neither energy, nor willingness to spread the word of their discoveries to the every corner of the globe.

How different from them are the people of Altai! There exists almost no religion or philosophy that has been successful in finding refuge in its hidden valleys as they all had been rejected by the proud and rather arrogant locals that believe that no-one has monopoly on truth and even on its interpretation, and, as such, no-one in THIS world can dictate or advice them on the ways they should live their lives. Quite often they reject imported ideas out of simple stubbornness, or at least their behavior is seen in this way by the outsiders that cherished a hope to implant their values in Altai. In fact, these people have good reasons to be so unreceptive. The matter is, those Altaians successfully guarded themselves from any foreign influence, including that of Buddhism, Christianity, Islam and even Shamanism, simply because their own creativity is truly advanced and it constantly pushes them from inside. There is simply no room for foreign ideas in this workshop of humanity! Altai is indeed neither library nor archive; it is rather a laboratory, the Silicon Valley of spirituality that is boiling in the minds and hearts of its enthusiastic and independent-minded people, eventually bubbling over and outpouring new religions, symbols, doctrines and worldviews. In other words, the inspiration for Altaians comes from inside, travels outside, and in contrast with their modest Pamir vis-à-vis, they do dream of conquering the world and they do dream of changing it; changing for better with their fresh ideas, of course. These opposing tendencies of spirituality circulation in Altai and Pamir remind the pattern that the birth and withering of nations follow there too: while several ethnic groups across the globe, from Turkey to North America, trace their origin to Altai that is rightfully considered to be a cradle of nations, those ancient nations that had ceased to exist elsewhere find their refuge in the mountain pockets of Pamir, mixing, interacting and eventually merging into something new there.

Judging by the list of opposites, it is theoretically possible to loosely call Pamiri and Altaians, respectively, *chthonic* and *telluric*. Introversive and protective Pamiri that stick to the ground and eager to adopt foreign ideas are indeed perfectly contrasted with extroversive, global-thinking Altaians that enjoy űbermaβiges Weitengefuhl and value individuality and personal freedom above all. Escapism versus expansionism, love of hiding versus love of exposing, preservation of old versus spreading of new—indeed, nothing illustrates better the difference between *chthonic* and *telluric* than the cultures of inhabitants of Pamir and Altai Mountains. This simplification doesn't work either, however, and in reality can be misleading. As a matter of fact, those supposedly *chthonic* Pamiri never express sentiments towards their land and seem to lack any emotional attachment to the mountains they live amongst. They don't feel any piety towards the grandeur of their glaciers and are never guided by the rhythms of their rivers. They feel no love for their land; neither have they deified its valleys, stones or brooks. Their spiritual landmarks and their gods reside higher: among the stars they love to watch and to welcome into their houses, in the realms of celestial bodies they worship, or at the heavenly pastures where argali are supposedly grazed by angels. They are down-to-earth people, but their spirituality is originating in the skies high above.

Altaians are opposite: they never bow before the heavens and treat those "living above" as equal, refusing to submit to their will; at the same time they do believe that their land is truly sacred and it is venerated here to the extent rarely seen elsewhere. Altai-Kudai as the personification of the native land manages to transcend all religions and enjoys unsurpassable authority over the hearts and minds of Altai people, whose spiritual attachment to the powers of the motherland is getting even stronger in the age of globalization. To sum it up, those extrovert Altaians start looking distinguishably *chthonic* when we try to examine the roots of their spirituality, while those introvert Pamiri tend to be fixed more upon the infinite skies when searching for the authority and guidance and as such turn truly *telluric*.

This striking dissimilarity of weltanschauungs of Pamiri and Altaians could have become lethal for any researcher, who aims at depicting philosophies and values of the people living in obscure Eurasian borderlands if he hadn't made an attempt to extend the scope of his research to include the lands surrounding them. Indeed, the specifics of the phenomenon can't be understood without peeking at its background. In our case that would be the lands that engulf these choke points of the continent. The most startling feature of the borderland people that will come visible in this case would be their sincere and absolute devotion to the cause of peace and silence, which is especially evident in Pamir. Surrounded by the most warlike nations in the entire Asia, this land remains an oasis of serenity thanks to the fact that the biggest value for its inhabitants is still the harmony between people. They may like or dislike their neighbors, but Pamiri try not to resort to violence as the way to solve conflicts, be them national or simply personal. Theft, robbery and murders are practically unheard of in Pamir that often puzzles travelers, who have been told stories of the horrors of the Tajikistan civil war. Those scarred by Islamic extremism learn here the doctrine of Ismailism with its sermon of tolerance and humaneness. It all sounds unbelievable indeed, considering the fact that Pamir is encircled from all sides by the everlasting wars in Afghanistan, frequent terrorist attacks in Kashmir and Pakistan, perpetual political turbulence in heartland Tajikistan and violent riots in Kyrgyzstan. The solitudes of this land, however, always stay silent in this roaring ocean of violence, and this by itself is already an extraordinary achievement. Altai people are not peaceful to this extent, unfortunately, being infamous for their love of fighting and drinking, but they too represent an island of quietness in their part of the world being neighbored by tough and rowdy Mongols, Kazakhs and Tuvans. Even if they can't be rightfully called "the Guardians of Peace", Altaians more than deserved another title: they are truly "the Guardians of Silence". These mountain people not only sincerely believe in the importance of protecting quiet zones in our ever noisier world, they also protect them, often sacrificing their own interests for this cause. They do consider economic development to be of less importance than silence and do see solitude as having more value than, say, a gas pipeline.

Their involvement in the bigger order of things than their own is something that distinguishes them from their neighbors also. Altai people are especially remarkable in this regard as they do feel more interested in the ways the Universe is organized than in the ways they own land is governed. Pamiris' involvement is of a slightly different sort as they never emphasize the availability of the cosmic beyondness to them, but instead prefer to be connected with the wider world of mystic spirituality that transcends spiritual rather than geographical borders. Involvement has its price also, so another important character trait of these borderland people is their feeling of responsibility towards something bigger than their own well-being and the well-being of their families; responsibility that comes in the guise of true devotion or messianic fever that inflames people and renders their lives meaningful. It is not really difficult to come across a serious businessman in Pamir, who translates ancient poetry in his spare time because he has been mysteriously instructed to become *Flute of God*, or his friend, who finds inspiration in preserving culture codes of the ancestors; likewise, in Altai it is relatively easy to arrange a conversation with a messiah, who believes that the principles he advocates are able to unite the whole world under the banner of a new religion, and with another one, who is confident that his books would help to maintain the world equilibrium. Such selfless devotion and responsibility towards a bigger cause is indeed something that distinguishes people living in the buffer zones of inner Asia.

However, the biggest specifics and something that truly unites Pamir and Altai people and sets them off against their neighbors is their attitude to knowledge, the importance they attach to it, the way they treat wisdom and the place it occupies in their lives. It will not be an exaggeration to say that knowledge both in Pamir and Altai is elevated to almost a sacred status, while the level of education serves as an important criterion of the human worthiness here. The lively campus of Khorog State University in Badakshan and the imposing musical schools that rival buildings of the local administrations in Altai villages are the most evident illustrations of such attitude. Yet, there exist even deeper level of attachment to knowledge and even more profound understanding of its importance in both Altai and Pamir, and it makes it possible to argue that in both of these places it is not just a utilitarian instrument aimed at helping youth to find a better job, but is a substance that valued and venerated *per se*. One can talk about no less than religion of knowledge practiced here. *Information is God,* say ordinary Altaians. *God is Knowledge*, Pamir people echo them. As Mubarak Wakhani, one the greatest thinkers of Badakshan, teaches: *"In love we seek God and obtain Knowledge",* Akay Kine, a spiritual leader of Altaians, dreams of building Houses of Knowledge in every village of his tiny mountainous republic. Knowledge contains truly divine meaning for both Altaians and Pamiri as it is no other than God himself that descends onto them in its robes.

In fact, this cult of learning results from all the above-mentioned peculiarities of these borderland peoples and in return stipulates and reinforces them. For example, that commitment to silence and peace that have been marked as a distinguishable feature of both Pamiri and Altaians provides unparallel opportunities for obtaining different sorts of knowledge as it guarantees that the flow of information goes undisturbed and it can be received without interference. Likewise, the veneration of knowledge assures that people would keep their homes, hearts and information channels open. Same can be applied to the involvement in the bigger cause that is so much characteristic to both Altaians and Pamiri. Indeed, understanding of the rhythms of the Universe, that the former are so remarkable for, make them aware of the existence of a truly cosmic knowledge, while the need for such knowledge leaves them no other choice but to protect their mounds that they believe to be receivers of such knowledge and fight for the silence around them. Pamiri have similar attitude to the depths of subconsciousness and never abandon the knowledge that have been trapped into its nets. As by this way they obtain something that normally remains beyond our sensual perception, it gives them no other choice but to immerse themselves into an ocean of weird symbols and subtle energies as only them are able to become vessels for the information they have received. The religions they adopt for this purpose, namely Zoroastrianism and Ismailism, then further encourage and enable their quest for the mystically acquired knowledge, as both emphasize the importance of it and its divine status.

Devotion that have been discovered among many Pamiri and Altaians are mostly connected to knowledge too, as nothing else can render their lives more meaningful and manifest their destinies better, requiring from their side a certain level of commitment in return. The ways that resulting responsibility is materialized its different in Altai and Pamir, but dedication to knowledge doesn't change, however. Those Altaians, who obtained their missions through some kind of revelation, believe that their responsibility now is to make knowledge acquired available to as many people as possible through all possible means. From those who feel urge to publish their apostils, to messiahs and religious leaders committed to setting the world ablaze with their visions of truth, Altaians all concern about spreading knowledge they acquire. Pamiri interpret their missions in the opposite way: they feel that their responsibility is to keep shining that lamp of knowledge that their ancestors and those visitors that found refuge in their land have passed to them, to absorb this light and to hide it for the future generations and eventually for the humankind. Those spirits that carry this knowledge feel it possible to dictate Pamiri their life missions and the inhabitants of the Roof of the World have no other choice but to submit to their requirements and turn themselves into the flutes of wisdom that hand over times the codes of the ancestors.

For both Altaians and Pamiri knowledge that they are destined to guard, spread or preserve is not just a responsibility, however. They sincerely believe that they have been *chosen* to bear it and as such it is rather honor than burden. They feel they are special, and they are special indeed, because this kind of knowledge that often comes through sufferings, being imposed on its bearers in the most unpleasant way, eventually brings a sort of liberation—liberation from the meaninglessness of routine, liberation from the constraints of life, liberation from existential loneliness of this cold and inhospitable world. It is important also that at the end of the path those chosen ones are believed to be able to join the ranks of gods, as they will eventually learn to co-create. This is something that Pamiri call *marifat,* and this is something that Altaians mean when they tell that actions of humans define the world order and make gods happy or otherwise.

Responsibility, devotion, peacefulness, sincere involvement in a bigger order of things and the worship of knowledge for the *sake* of knowledge seem to be virtues that all peoples of Asia esteem and ascribe to themselves. Yet if we look at the current state of things, we can discover more isolationism, selfishness, egoism, bellicosity and, above all, worship of knowledge for the *sale* of knowledge predominant elsewhere across the continent, no matter what philosophers preach and politicians swear. Yet, in Altai and Pamir, in these remote borderlands of Asia that touch spheres of European influence that is itself often portrayed as bellicose, individualistic and selfish, those qualities are prevalent among common people and can be experienced much more often than anywhere else. This may prove that these values are those true Asian values that although have withered elsewhere have been reinforced in the places where people of the continental buffer zones weigh them against their opposites. If so, we shall feel lucky to have those places remaining in their relative intactness, but at the same time beware of those unique lands and the cultures of people that inhabit them are being now under threat.

IV. Silent Zones

As it was already mentioned, modern distance-killing technologies and tremendous financial resources at the disposal of central governments across Asia make it possible for historic civilization centers to extend their influence well beyond their traditional core areas and easily "fix" those hollows that still exist in their borderlands—in the name of progress. The success and the danger of such kind of total development is more than evident in the places that thanks to their history and geography have until very recently been free of such encroachments. Soviet Altai and Soviet Pamir in the past and Chinese Altai and Chinese Pamir of our days are perfect exemplary cases of such policy. With all-weather roads built and infrastructure improved radically, these two remote borderlands that have always been only loosely connected to the mainland, are losing their frontier specific and, subsequently, their unique culture at the speed of light. While in Pamir Mountains this tendency is still not very obvious, the situation in Altai, and especially around Kanas Lake, has already reached the point when a serious concern has to be expressed. Influx of mass-tourism, rampant commercialization, erosion of traditional values have effectively transformed this remote frontier land into a "culture supermarket". It is important to understand that the reason why it could have happened in Altai and why it can happen elsewhere in Asia is that we insist on treating such lands as places "not yet developed", and express confidence that they should sooner or later follow the path of "progress" as it is understood by mainstream, largely mechanical societies. However we should beware that this misconception can have disastrous effect on the well-being of the humanity as a whole as only such places can provide space for the peaceful dialogue of civilizations, and they can perform their function only if left alone.

The truth is, world-as-a-system desperately needs such civilization discontinuities, as it needs some place purposely left empty and, in a way, forgotten and abandoned, for only them can absorb the immanent shock caused by direct contact of different cultures along their borderlines. Most of the natural and artificial structures have corridors and cavities created for their healthy operation, and Ecumene is by no means an exception. The emptiness in the center of the wheel makes it rotate; the void of the subway tunnel allows trains to travel through its length. The cultural void near civilization borders facilitates exchange of ideas and guarantees interaction. Obsessed with the idea of total control, however, people tend to forget that there should be untouched spaces left on the map of the world and there should be places left silent and unpatched. There is need for void and there is need for idleness, no matter how progressive we think of ourselves. Instead of trying to develop those lands and deprive them of their frontier character, we must leave those discontinuities in the structure unfixed and even protect them— in the same way as we protect wells, for example. In fact, humanity can't breathe and civilizations can't communicate smoothly without such discontinuities in their social and political fabric, and their successful stuffing can have dear consequences for the whole world.

To avoid the worst scenario, we should change our negative attitude to the void and instead of waging wars *against* existing borderlands start waging wars *for* them. Instead of enforcing their development and unification, we need to express concern more about preserving the unique ways of life and the ways of thinking that the people that inhabit them adhere to. Instead of giving lessons of modernization that only encourage further indulgence in money, we shall come there to learn from those people something that the most of us have already lost, that is, our common values that have long been eroded elsewhere. In other words, as far as the border zones are concerned, post-modern discourse should replace aggressive sermon of modernity, while current development paradigm shall be replaced with tactful preservation strategies. This shift in policy would not only help to restore tattered dignity of those often marginalized people of the periphery, but would be equally beneficial for people of the center, as they lost wisdom can thus be regained.

As for the borderlanders, they shall be allowed and encouraged to do what they do better than anyone else, that is, to become facilitators of the intercultural dialogue and the keepers of traditional values. In the same way as every city, big or small, needs libraries and community centers, and not just factories, the Earth needs buffer zones that can work as humankind community centers or libraries. Some of such places, like Pamir, do remind repositories of human thought that not only conceal treasures of ancient wisdom kept intact and alive, but are also staffed with skillful local "librarians" that know how to handle these archives of the humanity. No-one sane would suggest turning library into a factory; likewise, no-one shall think of turning Pamir into a development zone. It shall remain library and nothing but library, where people could come to get ancient knowledge. Altai is not library, but a discussion club of ideas, concepts and visions, a research institute that is shaping the future of the planet as it is able to receive, digest and transform into something particularly new all those different ideas flowing into this land from the four corners of the continent and beyond it.

One shouldn't think that, however, that Altai shall be reserved for Altaians only or that Pamir shall be sealed off from the rest of the world. These unique borderland areas shall not become reservations for certain ethnic groups, but rather work as refuge zones for those committed to keeping the dialogue of wisdom, regardless their nationality. Borderlands protection areas, if such will be created one day, shall be modeled after inclusive Special Economic Zones rather than after exclusive Aboriginal Lands. In the same way, those for whom Knowledge represent their biggest value, Pamir and

Altai could become their own Special Zones as they would be able to enjoy different rules and regulations there.

In fact, there exists already a breed of spiritual visitors that come to such lands in search of fresh ideas and inspiration. Russian Altai, for example, has long been attracting artists from all over the country that set up their colonies here; similar phenomenon had been recorded in Kanas before mass-tourism boom, as photographers from all over China came to settle there as if they felt it was their own Special Zone. It is interesting, that such interest from the outsiders bring more confidence to the local people also, as they start cherishing more their own culture. As a matter of fact, not only artists, photographers, spiritual seekers, escapists or local people need such void zones free of reckless development, we all need them, because at least from time to time we all must get connected with the essence of our inner soul and excavate our common values in the place where they are best kept, that is in the void zones of the continental borderlands, the places of silent dialogue between civilizations.

Some Historical Concepts that Linked China and Kazakh Nomads in 18th Century

[Kazakhstan] Bakhyt Ezhenkhan-uli

[Senior Researcher, International Turkic academy, Astana, Kazakhstan]

At the end of the 17th century through the 1750's, an enthusiasm between Manchu-Chinese and Kazakh nomads to know each other was inspired by the common interest—to eliminate the security threats from the Zunggar state, and it led to the emergence of the early concepts of the parties. In this paper, the formation of some of the early concepts and their influences on the later Sino-Kazakh relationship are going to be touched upon. In the paper, I argue that these early concepts triggered quite a number of historical problems, which left a legacy that hinders our understanding of the past as well as the modern relations of Kazakh state with China. The paper is composed of such three parts: 1. "Heavenly Horse": an auspicious sign for the Manchu-Chinese looking westward; 2. Metaphoric family ties: intermittent Inner Asian concept of sharing power with Chinese imperial houses; 3. A historical legacy stemmed from the different mindsets.

I. "Heavenly Horse": An Auspicious Sign for the Manchu-Chinese Looking Westward

At the end of 17th century through 1710s, a body of information about Kazakhs appeared in Qing court records. Although the information mainly deals with the conflict between the Kazakhs and Kalmyks, ① some discussions and introductions about Kazakhs indicate that the concrete concepts, false or true, of Kazakh state and its people were just in the process of being forged in Qing court. Of the concerned concepts, we are especially interested in the ones being mentioned in the following records.

In the 12th month of the 35th year of Kangxi's reign（1696）, just after defeating Galdan the Zunggar khan, a horse was presented to the Qing emperor. The concept of the "heavenly horse" as being relevant to Kazakhs came into being related to this event. *Pingding shuomo fanglue* recorded it by saying:

The day of *ding-you*... by paying respects to the emperor, the [Kalka Mongol] princes sent out a horse to him and awaited his arrival. Then, when riding the horse, the emperor looked at *daxueshi*② Zhang Yushu and said: "What I am riding is a horse from the Kazakh state. Galdan had got it from Kazakhs, and then, when Galdan was defeated, it was obtained by our army. Now, testing it by riding, I find that its sweat is just like blood. So, I reckon that it must be the "blood-sweating horse" from Dayuan that was mentioned by the ancients". Then, Zhang Yushu and others submitted a palace memorial by saying: "According to the historical records, a horse from Dayuan is a heavenly horse. The sweat of the horse looks like the blood, and it runs like the wind. Being treated as an auspicious sign, it is even turned into a motif of music and songs. Never having seen it, the people always say that "it is a false story". Now, the sweat of the horse your majesty is riding coincides with the records. If the fame of kindheartedness and might of your majesty have not spread extensively, how can we obtain such a special horse?" [QPSF,

---

① For example, we read from *Shengzu Ren Huangdi Shilu* that Qing emperor Kangxi received a statement from the Zunggar khan Tsewang Rabtan, in which the later mentioned the activities of Tauke the Kazakh khan and the conflicts between Kazakhs and Zunggars. See: DQLSRHS, 188:4, 37th year, 4th month, "kui hai" day of the chronicle of the Kangxi reign (June 28, 1698); Also see: DQLSRHS, 183:4, 36th year, 4th month, "jia yin" day of the chronicle of the Kangxi reign (May 24, 1697): Ibid., 183:29, 36th year, 5th month, "kui mao" day of the chronicle of the Kangxi reign (July 12, 1697).

② Daxueshi（大学士）—the title of Zhang Yushu the courtier with whom Kangxi took this conversation.

34:13-14].[1]

Map No.2: *Yiyulu Yuitu*. Source: Yiyu-
lu ("Xiao Fang Hu Zhai Yu Di Cong
Chao" edition)

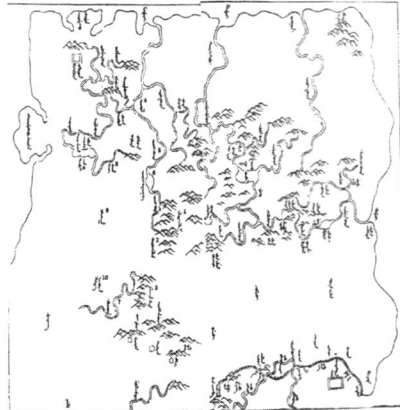

Map No.3: *Ba Na i Nirugan*. Source:
Chuang Chi-fa, Man Han Yiyulu
Hsiao Chu, Taipei, 1983.

We find that, some 20 years later, the analogy being drawn between
Kazakh state and ancient Dayuan appeared again on the map of Tulisen, the
Qing envoy to the Kalmyk state along the Edil (Volga) river bank during
1712-1715.[2]

The map of Tulisen is passed down to us in two versions: one in Chinese
inscribed with the Chinese name *Yiyulu Yuitu* (异域录地图, "Additional
Map Recording Memories of Foreign Regions"), and another in Manchu

---

[1] The translation and emphasis marks in the text are mine.

[2] In the 51st year of the Kangxi reign (1712), the Qing court dispatched an embassy, consisting of
Tulisen, Inli and other Manchu officials, to the banks of the Volga, to return the favor of an envoy
sent by Aiuka khan of the Kalmyk state. Tulisen and the rest crossed the lands of the Kalka Mon-
gols and Russia, as well as a corner of the Kazakhs' land located along the banks of the Irtysh, be-
fore reaching the Volga; in the 54th year of Kangxi reign (1715), the embassy returned to the Qing
capital. Tulisen's account of these three years of travel were compiled in a book and published in
both the Chinese and Manchu languages. The book's Chinese language version is called *Yiyulu* (异
域录, "Memoirs Regarding the Foreign Lands"); the Manchu language version is called *Lakcaha
Jecen De Takuraha Babe Ejehe Bithei* ("Memoirs of Being Sent on a Mission to the Foreign
Lands beyond the Borderlands").

named as *Ba Na i Nirugan* ("Physical Map").[1] The geographical names on the two versions generally have an one-to-one correspondance. However, some of the Manchu names are shortened compared to the Chinese ones. Such a difference between the two language versions of the map draws our attention in particular to the following: depicting Kazakh as a state with extensive territory, Tulisen refers it just as *Hasak* in Manchu version (see map No. 3 below), while he moves forward a single step to indicate Kazakh by saying: "Kazakh—it was the very Dayuan (大宛) state".[2] We will come back to this difference. Before that, let's first turn our attention to the analogy being drawn between Kazakh state and ancient Dayuan.

Obviously, the analogy that had been suggested by Kangxi the Qing emperor in 1696 was concretized on the map drawn by Tulisen here.

So, why the analogy? First of all, the explanation lays in the story about the "heavenly horse" or "blood-sweating horse" itself. According to what Zhang Yushu told to Kangxi the Qing emperor (see the text above), the "heavenly horse" is "treated as an auspicious sign" by the ancients. Also, in *Shiji* (*Records of the Grand Historian*) written by Sima Qian, "Herodotus of the East", we read these lines, in which the same Chinese understanding can be traced back to the Han dynasty period (202 BC-220 AD):

> Sometime earlier, the emperor[3] had divined by the Book of Changes and been told that "divine horses are due to appear from the northwest". When the Wusun came with their horses, which were of an excellent breed, he named them "heavenly horses". Later, however, he obtained the blood-sweating horses from Dayuan, which were even hardier. He therefore changed the name of the Wusun horses, calling them "horses from the western extremity", and used the name "heavenly horses" for the horses of Dayuan [Shiji, 123-juan].

---

[1] See: the book of Tulisen in both languages mentioned above. Concerning the Chinese and Manchu versions of the map, we draw on the work of Taiwanese historian Chuang Chi-fa: "Man Han Yiyulu Hsiao Chu" ("Works Comparing the Manchu and Chinese Language in *Yiyulu*, and Their Interpretation"). See: Chuang Chi-fa 1983.

[2] See: place No. 9 marked by us on both versions of the map.

[3] Here the reference is to the Wudi Emperor (156 BC— 87 BC) of the Han dynasty.

From the relevant Chinese sources, we know that these entire activities stemmed actually from the struggles over the hegemony in Inner Asia between the Han and Xiongnu empires. For the Han court, the "auspicious sign" meant, first of all, the potential alliance with the contemporary Inner Asian states such as Wusun and Dayuan. Besides, it also meant the possibility of obtaining the finest mounts that can be utilized in Han imperial campaigns against the Xiongnu.[1]

Eighteen centuries later, a similar situation laid before Qing Empire in Its Struggle over the hegemony in Central Asia. So, the historic drama replaced: just like Han Wudi, emperor Kangxi also turned his attention to Central Asia. This time, the protagonists were Qing dynasty and Zungar state.

This is surely one of the main reasons why the event of getting a Kazakh horse was treated as an "auspicious sign" by Kangxi the Qing emperor and his courtiers. In the result, the Qing Empire got what it desired: during the time of the reigns of the later Qing emperors such as Yongzheng (the son of Kangxi) and Qianlong (the grandson of Kangxi), the Qing empire established its connection with Kazakhs step by step. While, in the time of Qianlong, one of the key determinants of Qing's victory in its campaigns against Zunggars was its effective utilization of the Kazakh-Zunggar struggles and Kazakh mounts. By employing the Kazakh horses into both of its military operations and economical enterprises such as opening up the wastelands, Qing Empire not only fulfilled its goal of destroying the Zungar state, but also established its firm rule over the land later being called as Xinjiang. [2]

And there was another reason for the Manchu emperor to welcome such an "auspicious sign".

The nuance of the difference between the Manchu language version and the Chinese language version of Tulisen's map concerning the "Kazakh" name, which I mentioned above, needs to be explained here. I think that this inconspicuous difference reveals significant truth—whether or not they were

---

[1] For these reasons the Han court sent out Zhang Qian to seek an alliance with the Wusun and Dayuan in 109 BC. After that, Han Wudi sent his army twice (in 104 BC and in 103 BC) to Fergana.

[2] Concerning Kazakh-Qing trade and its meaning, see: Ling Yongkuang and Wang Xi 1991, Millward 1998, Perdue 2005. Concerning the newly released relevant Manchu archival documents, see: Ezhenkhan-uli 2008, 2009.

of interest to the Manchu populance, to the ordinary Manchu language reader, the concept of "heavenly horse" and the analogy being drawn between Kazakh and the ancient Dayuan state meant much more for the *Aisin Gioro* house: by stressing its relevancy to these old concepts in the Chinese world, the Manchu ruling house was trying to prove the legitimacy of its supremacy in China proper, despite its "barbarian" background of origin.

In traditional Chinese literature and historiography, the start of the events connected with the "heavenly horses" was treated not only the beginning of China's military operations in Central Asia, but also a symbol of the submission of foreigners to China. Utilizing a concept like this, Kangxi surely wanted to show that he could be compared favourably with the most mighty emperors in Chinese history, like Han Wudi, and in this way he wanted to prove that he was divined the mandate of "the son of heaven", and inherited legitimacy as the universal ruler of the Middle kingdom and beyond.

II. Metaphoric Family Ties: Intermittent Inner Asian Concept of Sharing Power with Chinese Imperial Houses

Now let's turn our attention from Qing to Kazakh horde. As the approaching of the Manchu-Chinese from the east, Kazakhs were also more and more interested in the affairs of their new imperial neighbors. The next account indicates that Abulai khan already began to see the Manchu khan as one of the two greatest rulers in the Eurasian continent. In the palace memorial presented by Nusan, the imperial commissioner to the Manchu mission to Abulai khan's horde in 1757, we are told that Abulai khan said these words to the Qing envoys:

> According to what I am told that, it is Manchu khan who keeps the highest status in the East, while in the West it is Kongker khan who keeps such a status. Now, I turn out to be a son of the great Manchu khan ...①

---

① The Manchu text reads: meni donjihangge. šun dekdere ergide manju han amba. un tuhere ergide kungkar han anba. te bi amba ejen i jui oho. See: JMLZ, document № 1671-015 (micro-film № 047-1338-1388). The translation is mine.

Here using the name "Manchu khan" Abulai surely indicated the Qing emperor; while, the name "*Kongker*" here must be the original form of the name of the state of Kong-ga-er（控噶尔）*or Hong-ga-er*（洪噶尔）which appeared in the 18th century Qing dynasty Chinese sources and it can be identified with the Ottoman Empire.[1]

This means that, Abulai khan in 1757 treated the Ottoman sultan the Caliph and the Manchu khan（namely the Qing emperor）as the two greatest rulers on Eurasian continent. What made Abulai khan draw such a conclusion was surely something other than his accurate estimation of the strengths of the major powers in the Eurasian continent at that time, because, by all accounts, he at least had clear cognition about the mightiness of his northern neighbor, the Russian Empire, from whom he felt an increased pressure that

---

[1] We find the various forms of the name in the Qing dynasty Chinese sources such as *Xiyu Wen Jian Lu*（西域闻见录）, *Xiyu Dili Tushuo*（西域地理图说）, and others. Although there are different views among previous researchers on the identification and localization of this state, yet many scholars agree that it has something to do with the Ottoman Empire（See: Onuma 2008）. Recently, we found two accounts which, according to our viewpoint, can be treated as proofs of that both the Qing Manchu-Chinese and the Inner Asians in the 18th century were really referencing the Ottoman Empire by using the name *Kong-ga-er*（*Hong-ga-er*）/ *Kongker:* 1. In the *Ba-pai-xi-si*（The 8th Raw Western 4th Folio）of the *Qianlong Map* we read this description about a city near the Mediterranean: "This is the Gong-si-dan-di-na-bo-le city where the khan of the Hong-ga-er state resides（红噶尔国之汗所居拱斯当底讷伯勒和屯 . Here the last two characters stand for the Mongolian word *khoton*, which means "city"）（See: Wang Qianjin and Liu Ruofang 2007, Qianlong Neifu Yutu, the "The 8th Raw Western 4th" Folio）; Here the name Gong-si-dan-di-na-bo-le is obviously a transcription of Constantinople, namely Istanbul where the Porte was located; 2. In a Manchu document we read this story: in 1771, when the Kalmuks migrated eastward from the Volga region to the Qing territory, a group of Kongker *huise*（Muslims）who originally had been captured by Kalmuks disaffiliated themselves from Kalmuks half-way through the eastward migration and sought asylum among Kazakhs who belonged to Abulai khan. Then, having decided to send these people home, Abulai khan said to them: "Although we share a common ancestor, yet the Kalmuks obstructed the communication between us previously. While, after the moving away of the Kalmuks, may the way between us be open, and we will strengthen our relations. Pass these words of mine to the head of your country". （Tuerhute dangan 1988, 255）. It is obviously here that the country whose communication links were being obstructed by the Kalmuks on the Volga was the Ottoman Empire, and, by mentioning the "same [Turkic] origin", Abulai khan was aware of the historic linkage between Kazakhs and Turks in Anatolia.

was stronger than that from any of his other neighbors.[①] Here in the source a subjective political value orientation of Abulai khan is reflected, and it finds its roots in the older Inner Asian nomadic tradition.

First of all, an old Inner Asian political approach, namely a metaphoric family tie approach between Inner Asian nomadic khans and China emperors reappeared here. Actually, such an approach had existed intermittently from ancient times down to the time of Abulai khan. In the Chinese historical writings we find such cases between Maodun *chanyu* and Han dynasty emperors, between Tujue *kaghan* and Tang dynasty emperors, and between Temurids *emirs* and Ming dynasty emperors. Quite a number of Inner Asian dynasties treated the relations between their dynasties and Chinese Tang-Song ruling houses as *sheng-jiu* (甥舅, "nephew and uncle")[②], or called themselves by the names of the ruling houses that had previously existed in North China[③]. Talking about the case of the relations between the Temurids and Ming dynasty, the late professor Joseph F.

---

① Chokan Valikhanov, an outstanding scholar and direct descendant of Abulai khan, left us an account about Abulai's conversation with Galdan Tsering, when Abulai was held in captivity by the Zunggar khontaiji in 1741. What Abulai said to Galdan Tsering is quite similar to his words written in the Manchu document we are discussing here. But in Valikhanov's record, we find that Abulai held a broader understanding of the great powers around him. The late professor Joseph F. Fletcher noticed this story and translated it into English. Here I quote his translation: "[The Oyirad chief] Galdan [Tsering (d. 1745)] asked Ablai [the khan of the Kazakh Middle Horde(d. 1781)], while the latter was his prisoner, "Which sovereigns are above the others?" "Kondaker (the Crimean khan), the Russian White Tsar, Izhen-khan [the emperor of China], Galdan, then myself"."'Men, *men* [Right, right] !' Galdan was saying. 'You rule a small people but are worthy of a great people,' said Ablai". (See: Fletcher1968, 360). It seems that Professor Fletcher didn't understand the Kazakh word мен here—it means "I, me" instead of "right", and his explanation of the name Kondaker as "Crimean khan" (this explanation came from the editor of Valikhanov-sochinenie) is also different from ours (see: the note above).

② The account of Wan Yande, the Song dynasty envoy, about the xizhou huihu (the Idiqut Uyghur in Turfan and Beshbaliq) offers us a famous case of this.

③ Two famous cases can be mentioned here: 1. some of the Qara Khan rulers bore the title of *Tabgach* khan. It is a common understanding that the term *Tabgach* in the Medieval Turkic language corresponds to Chinese *Tuoba* (拓跋), an Inner Asian people who turned to be the founder of the Northern Wei dynasty in China; 2. After the collapse of the Liao dynasty in Northern China, the name of the ruling house of that dynasty, Kitai (Kidan is its plural form) was brought to Central Inner Asia, and a new Inner Asian dynasty was named as Qara Kitai ("Black Kitai" or "Western Kitai"). What is interesting is the fact that the name "Kitai" turned to be the "standard" name for "China" and "Chinese" in many languages later in Eurasian continent.

Fletcher already pointed out that the "Metaphoric family ties of this sort express a kind of political equality among rulers, in which the "son" or "younger brother" acknowledged the greater power (as opposed to the juridical authority) of the "father" or "elder brother" —i.e., the "son" or "younger brother" was a less powerful ally and not a subject" [Fletcher1968, 112].

I treat the concept of metaphoric family ties as an Inner Asian nomadic tradition other than a Chinese one. This is because, according to the concepts of the Chinese world system that was conceived out of the constant virtues of Confucianism, a relationship between a Chinese emperor and a barbarian could by no means be expressed as something like a familial relationship. So, the reasonable explanation of the origin of the concept is that it came from Inner Asian nomads who kept a strong tradition of organizing their society on the principle of imagined consanguinity.[1]

So, we can say that the beginning of the relationship between the Kazakhs led by Abulai khan and Qing court was actually a "rediscovery" of the old approach of the Sino-Turkic engagement in Eurasia. But, the question is: Why did Abulai khan, who had never really had contact with anyone within the Qing ruling house before 1757[2], deem that he had some kind of closeness with the Manchu khan? I believe that this has much to do with the Chinggis khan legacy being used in the early Qing-Kazakh relations.

As early as in 1710s, in order to conquer the Zunggars, Kangxi the Qing emperor already placed a great deal of significance on the ethno-geographic configuration of the Kazakh land and its people. According to the court records *Qing Shilu*, emperor Kangxi held a council meeting with his courtiers and some Jesuit missioners in the 4th month of the 52nd year of the Kangxi reign (1713), in which he learned this information about Kazakhs:

---

[1] It is proper to mention here the understanding of such a social organizing principle among Kazakhs by Chokan Valikhanov, the grandson of Abulai khan. In his work, Valikhanov compared tribal relations with those of the family: the relationship between a horde and a tribe resembled the relationship between elder and younger brothers (Valikhanov-sochinenie, Vol. 2, 148).

[2] In his first letter to the Qing emperor, Abulai khan wrote that that "since the time of my forefathers Esim khan and Janggir khan, Ezhen's decrees have not found their way to us. We are pleased that the great khan (the Manchu khan) has now turned his attention to us". (See: Ezhenkhan-uli 2009 and the relevant text below). It means that the Kazakh ruling house actually had had very limited concrete idea about the Manchu emperor before Kazakhs encountered Qing forces in the middle of 18th century.

Kazakhs... they are always bound together by the businesses of slaughtering, destroying and thieving, and their unity is powerful. Whenever one of their women falls victim to robbery, she assuredly cuts the robber by her own hand, and then returns to her homeland. Their land is hot, and the grasslands are lush. Sweat pours from their horses like blood. Apples, pears and grapes grow there, and their fruits are all giant, well-formed and delicious. Apart from them, there are still many kinds of Muslim people in the northwest[①]. All of them are the descendants of emperor *Yuan Taizu*[②]. Another branch of them lives near the Small West Ocean[③], and evidently comprises 100,000 people by itself, all living in yurts [DQLSRHS, 253:10^b-12^a].[④]

This account suggests that, as early as in 1713, the Qing court had already begun to realize that there was a warlike state of Kazakhs beyond China's western borderlands, and the state not only controlled the steppe, but also ruled over some of Central Asia's[⑤] settled populations.[⑥] Furthermore, that the fact that nomadic peoples like the Kazakhs were referred to as "*Yuan Taizu*'s descendants", namely

---

① The text in Chinese is rendered "西北". By this the Qing emperor clearly referred to the lands of Central Inner Asia.

② The text in Chinese is rendered "元太祖". This refers to Chingis khan.

③ The text in Chinese is rendered "小西洋", namely "Little ocean in the west". This apparently refers to the Caspian Sea.

④ The translation and the emphasis marks in the text are mine.

⑤ I use the term Central Asia in this paper to indicate the region being constituted of the modern Kazakhstan, Kirgizstan, Tajikistan, Turkmenistan, and Uzbekistan.

⑥ This reminds us of the account of Anthony Jenkinson, the 16th century British traveler, about the Kazakhs. In his travelling notes, Jenkinson told us that the Kazakhs and Kirghizes "cut off the trade route between Bukhara and China" in the 1550's (Quoted in: Barthold 1956, Vol. 1, 156-160). Of course, we may doubt about the precision of Jenkinson's words "cut off", because we read in Ming Chinese writings that, actually, there were concrete trading activities between Central Asia and China in the 1550's, of which we can mention these two accounts in *Ming Shi Lu*: 1. On the jia-shen day of the 4th month of the 33rd year (1554) of Jiajin reign of Ming dynasty, "Sultan Muzafar the head of Turfan and the heads of other *dimians* [countries] such as Samarkand, Tianfang-guo, Rumi and Hami sent out their own envoys to our imperial court in order to have audience with our emperor, to pay tributes to our emperor with their horses and local products. According to the imperial rules and regulations, banquets and rewards are given to them" (MSL, p.722); 2. The same words as in the first account here were written on the *dingchou* day of the 3rd month of the 38th year (1559) of Jiajin reign (MSL, p. 723).

the descendants of Chingis khan, in the account, indicates that the Qing court was also aware of the role of Chinggis khan's Golden lineage (Kaz. *töre*), an important Chinggis khan legacy, in the political life of Kazakh society.

As is well known among scholars of Qing history, after the victory of the Manchu Hong Taiji's army against Mongol Ligdan khan in 1635, the Manchu *Aisin Gioro* ruling house tried hard to establish its image and reputation as the legitimated successor of the Chinggisid legacy, in which the most significant activities carried out by Manchu *Aisin Gioro* house were: 1. the wide range of marriage alliance between it and the Kalka Mongol Chinggisids [Dalizhabu 2005]; and 2. the propaganda of Hong Taiji's claim that he inherited the jade seal of Chinggis khan.[1] As a result of the efforts of Manchu *Aisin Gioro* house, Mongols, by addressing the Manchu rulers as "Bogda khan" or "Ezhen khan", began to recognize the Manchu emperors as not only the heads of the Qing state, but also the grand khans of the Mongols themselves. And as scholars such as L.J. Newby have already pointed out, the Qing emperor's contact with the Turkic-Muslims was based on claim to his Chinggisid lineage and an appeal to Mongol-style universalism [Newby 2005, 42]. We find that information kept in the newly released Manchu documents affirms such a conclusion.

In the fall of 1757, approximately at the same time of the first Kazakh diplomatic mission to the Qing court, the envoys sent out by Qianlong to the Kazakhs also arrived at Abulai's horde. Interestingly, the composition of this official mission bore a strong Chinggisid color: the chief envoy Erkeshara, who held the Qing title *gong* (duke), was a Chinggisid descendant of Kalka Mongols. Another main member of the mission, Wanchukdorji, was also a Chinggisid in Kalka[2].

The Qing court's selection of its envoys was, of course, not a random shot in the dark. Rather, it was an elaborate operation. Here two facts must have been considered when the Qing rulers made their choice: first and most importantly, the possibility of exploring the usable value of the Chinggis khan legacy in the Kazakh society that had already been realized in Qing court in 1713; and second, Erkeshara the later Qing envoy had once been captured by the Zunggars and lived for some 2 years under them in 1740s,

---

[1] In one of his relevant political propagandas in 1635, Hong Taiji carried out the ceremony that announced the recovery of the jade "seal" of the Yuan dynasty. See: CMCT, II, pp. 258-61.

[2] JMLZ, document No. 1671-015 (micro-film No. 047-1338-1388).

when he built up a friendship with Abulai, then a Kazakh sultan who had also been captured by the Zunggars.[1] As a friend and remote kinsman of Abulai the Middle horde Kazakh khan, Erkeshara served for the Qing court as a goodwill ambassador to Kazakh land now.

Very little was recorded about the reminiscing and chitchatting between the two distant relatives. Yet, Abulai khan was obviously informed by Erkeshara about the status of the "Manchu khan", namely the Qing emperor, as a legitimate monarch. And Abulai khan began to see the Manchu khan as one of the two great rulers in the Eurasian continent, and even began to call himself as a son of the Manchu khan.

That means that the Qing's early strategy towards Kazakhs worked out: although a legitimate ruler who claimed himself khan in 1757 and engaged in relations with other outside powers, Abulai khan named himself as a son of Manchu khan other than that of the Russian Tsar or even of the Ottoman sultan the Caliph. There were both pragmatic and ideological reasons for Abulai's choice: pragmatically he was inspired by the excellent opportunity to remove the prolonged security threat from the Zunggars and recover control of the fertile pasture lands in the East, and by fulfilling these tasks he could secure his authority in the Kazakh Middle and Great Hordes; while, ideologically it is obviously that the legitimacy of the Chinggisid lineage claimed by the Manchu ruling house made Abulai khan feel a closeness to them.[2]

---

[1] A short piece of information concerning the friendship can be found in a newly released Manchu archival document. See: QXMDH, Vol. XXV, pp. 184-188.

[2] It needs to be mentioned here that, in the early stage of the Kazakh-Manchu relationship, other Kazakh *töres* were also drawn closer to Manchu Aisin Gioro by such a concept. Apart from the event concerning Abulai khan's appeal to the Qing, other cases also prove that Kazakh rulers liked to emphasize to Qing court their relationship to the Chinggisid lineage. From the newly released Manchu translation versions of the letters sent by Little Horde Kazakh khan-sultans addressed to Qianlong the Qing emperor in 1762, we realize that the Kazakh rulers proudly declared themselves as the descendants of Chinggis khan. What the Little Horde Kazakh khan-sultans wanted to reveal generally in their letters can be summed up as this: "Despite our location that is far away from the Qing Empire, we, the Little horde Kazakhs, wanted to be involved in the Kazakh-Qing relationship and benefit from it. What encourages us to think about this is because that all of the three hordes of Kazakhs have been being governed by us, the descendants of Chinggis khan, and all of them have been in solidarity by sharing their losses and gains" (See: Ezhenkhan-uli 2011).

III. A Historical Legacy Stemmed from the Different Mindsets

The aforementioned early concepts influenced crucially the subsequent Qing imperial policy-making towards the Kazakh nomads and the formation of the Qing-Kazakh relationship.

The early concepts of Kazakhs by the Qing court had been widely sustained in Qing dynasty writings for quite a long time. So, we find that, when Qianlong the Qing emperor and the grandson of Kangxi encountered Kazakhs face-to-face in the 1750s, the concept of "Kazakh—that is Dayuan state in the history" was still favored by him and his court scribes; and quite a number of the written "researches", paintings and poetry lines were produced on this subject. The text on the next painting is one of them.

Kazakh locates at the place north-west to Zunggar [state]. It is Dayuan [state] in the Han dynasty period. There are two parts, namely the Eastern and the Western parts, of them. They have never communicated with China since the time immemorial. Then, in the 22nd year of Qianlong reign (1757), leading their followers, Eastern Kazakh's Abulai, Abulmambit and Western Kazakh's Abuliz submitted themselves successively to the rule [of Qing emperor]. And all of them sent their sons or nephews to have audiences with the Emperor ... [Tche-kong-t'ou].①

---

① The portrait entitled as "Hasake toumu" ("A chieftain of Kzazkhs") is one of the ethnographic paintings kept in Zhi-gong-tu (or Tche-kong-t'ou as its French transcription), a Qing imperial album of paintings. Our source:Tche-kong-t'ou (Zhigong tu). Kept in: The Bibliothèque nationale de France (BnF), B 7b rés.

Of course, the equating of "Kazakh" and "Dayuan" is completely mistaken, because the Dayuan in the Han dynasty period sources actually corresponds to Fergana valley and the state located there. So, the scribes in Qing court realized the impropriety of the analogy and pointed out of it eventually. Later on, although it faded away gradually from the subsequent Chinese writings, this analogy offered a mindset for the Qing Empire in handling the affairs concerning the Kazakhs and other Inner Asian peoples in general. Through such a mindset, the Qing-Kazakh relationship was gradually inset into the general mosaic of the so-called "tributary system" of Chinese foreign relations. And whenever we look at the historic mosaic, we always find that it is actually full of ambiguities and mutability. Of the historical legacy bred from these ambiguities and mutability, there are different interpretations of the particular historical documents and events, as well as of the true meanings of Qing-Kazakh relationship in general. Much can be said about this. As space is limited, here will be discussed only the case concerning the credibility of the Chinese translation version of the first letter by Abulai khan to Qing court, or "Abulai's declaration of surrender" (阿布赉降表) as it is called in the Qing sources.

Since the second half of the 18th century, in Chinese historiography, the Chinese version of the first letter by Abulai khan has been seen as the most important document concerning the history of the Qing-Kazakh relationship and there is such a popular "standard" relevant conclusion: "The first letter of Abulai khan addressed to Qianlong is a symbol of the incorporation of the Great and Middle hordes of Kazakhs into Qing dynasty".[1]

In recent years, two versions of the mentioned letter have been released, of them one is in Tod-Mongolian (Western Mongolian) [2] and one is in

---

[1] One of the latest examples of the works that come to this conclusion can be found in: Li Sheng 2004, 108-114.

[2] The first one, a Tod-Mongolian (or Western Mongolian) copy version, was made while Abulai's envoys were still on the road to Beijing. It is kept as an appendix of the memorial submitted by the Qing general Zhaohui who received the Kazakhs at Uliyasutai. See: The First Historical Archives of China, JMLZ, document No. 1643-008 (original) and 045-002679 (microfilm). The document is dated "the 18th day of the 6th month of the 22nd year of the Qianlong dynasty" (August 2, 1757);

Manchu language①. The difference between the newly found versions of the letter is not obvious②, but, when we compare them with the more popularly circulated Chinese translation version, a very different vision appears before us. Here are the Manchu and the Chinese translation versions of the letter:

Manchu version	Chinese version
"I Respectfully raise this letter to his highness, the great khan: since the time of my forefathers Esïm khan and Jängïr khan, Ezhen's decrees have not found their way to us. We are pleased that the great khan has now turned his attention to us. I, Ablai, wish to make it known that the great khan has bestowed his favor on me, my children and the entire Kazak dependences. (Therefore, I have dispatched) 7 chief ambassadors together with 11 (attendants)".③	"I, the humble khan of Kazakhs and (the great emperor's) servant Ablai, respectfully submit this tributary memorial to the great emperor's throne. Since (the ruling times of) my ancestors Esïm khan and Jängïr khan, we had had no possibility to come into contact with the enlightenments of China. We received the great emperor's order just recently. For the sake that the great emperor is bestowing his favor to us the tribe in a fringe land, I, your servant, and all of my dependences are filled with exultation, all of us feel grateful to the grace mercy of the great emperor. I, your servant Ablai, would lead the whole Kazakhs to obey to the great lord and to be the dependences-servants of China forever. Kowtowing (remotely) to the great emperor and wishing to communicate with the great emperor, I respectfully sent out 7 of my chieftains and the chieftains' 11 attendants to respectfully submit my tributary memorial to the great emperor's throne and to pay homage to the great emperor. Besides, I send respectfully the tributary horses to the great emperor. (On this account) I respectfully submit (this tributary memorial)" (DQLGCS, 543:16ᵇ).④

① A Manchu translation version of the mentioned letter, this one was mingled into a group of documents connected with the Little Horde Kazakh missions to Bejing in 1762-1763. And it is kept as an appendix of the memorial of Jingeri, the Qing official in Urumchi, and the document is dated as "the 27th day of the 10th month of the 27th year of Qianlong reign (December 12, 1762). See: The First Historical Archives of China, JMLZ, document No. 1981-027 (original) and 065-0624 (microfilm). This group of documents is included in this collection: QZHGDH, vol. 2, pp. 104-109, document no 42.

② But there is a difference in these two newly found versions: in the Tod-Mongolian version a sentence reads: "I, Ablai, my children and the nation wish that you should bestow the title of responsibility as leader of the Kazakhs on me", while in the Manchu translation version it reads: "I, Ablai, wish to make it known that the great khan has bestowed his favor on me, my children and the entire Kazak nation". The difference is not without its meaning. And I conjecture that some inconspicuous amendment was already made when the letter was copied by Zhaohui the Qing official. So, we think that the Manchu translation version is more close to the original.

③ The First Historical Archives of China, an appendix to the document: JMLZ. No 1643-008 (microfilm-045-002679); Also see: QZHGDH, vol. 2, pp. 104-109, document no 42. The translation and the emphasis marks in the text are mine.

④ Also see: XTZ (Zhong Xingqi 2002), 44-juan. The translation and the emphasis marks in the text are mine.

As the content of the Manchu translation version shows, the letter of Abulai khan comes closer to the traditional modes of communication used by the various Inner Asian nomadic peoples. From the text we know that Abulai khan's first letter to Qing court was in no sense a document that intended to declare submission; rather, it was written as a diplomatic communication in the straightforward and humble tone used at the time between Inner Asian khans.

From the Qing court records relevant to this event we know that, as soon as he learned about the coming of the letter, the Qing emperor Qianlong gave a particular order to have the letter translated and disseminated. This order went as follows: "After the Kazak khan Ablai's letter of submission is translated, announce it in its entirety to the world. My order should be sent to every land". (DQLGCHS, 543: 16[b]) [①] But if we consider carefully the intent of the two newly-identified versions of the letter mentioned above, then what had reached the Qing emperor, and been announced "in its entirety to the world", did not reflect Abulai's intent. The Qing court and the flattering Chinese scribes of its day sought to broadcast their emperor's "greatness" to the entire world (that is, China proper and beyond), and for that reason they had to fabricate both the idea that the Kazak Abulai had expressed regret that "since the time of my forefathers, we have not been able to benefit from Chinese enlightenment" (even though the Kazakh khan, as an Inner Asian nomadic leader, had nothing to do with Chinese Confucian education and hardly knew what it was); as well as that this Kazak ruler had expressed the intention that "I will be China's eternal servant".

We think that the Chinese translation version of Abulai khan's first letter to Qing court has much to do with the mindset stemming from the early concepts of Kazakhs by the Qing court, which had been conceived as an ideological instrument being used to prove that the Qing ruling house was bestowed with the mandate of "the sons of heaven", and its members inherited legitimacy as the universal rulers of the Middle kingdom and beyond.[②]

Even though a fabricated document like this was disseminated "in its entirety to the world", historical documents show that the Qing-Kazakh re-

---

① In Chinese the text is: "著将哈萨克汗阿布赉降表翻译，宣布中外，并将此通行晓谕知之".

② My original study on the letter can be found in: Ezhenkhan-uli 2010.

lationship even as early as in 1760s can't be called a "sovereign-dependent" one. Many newly released Manchu documents show us that, instead of the pretended early closeness, the cultural-psychological orientation and the security consideration prompted the Qing authority to change their policy towards Kazakhs in 1760s gradually. One sharp turn can be seen in the ethnic policy carried out by Qing in the borderland: from this time period down, Kalmuks, who had been the sworn enemy to both Kazakhs and Qing, now were treated as the human resources that could be utilized in defending of the western borderland of Qing, while Kazakhs, who had been reliable allies of Qing in its "pacifying campaigns" before 1760s, now turned to be *waiyi* (foreign barbarians) who must be kept out of the western side of the Qing's unilaterally conceived borderline, namely the Ayagoz-Balkash-Chu line. In the meantime, the rulers of Kazakhs were also trying to adjust their relations with Qing—while trying to maintain the vested political and economic interests by further utilizing "intercultural languages",[1] they also put out concrete territorial claims. In another letter addressed to Qianlong in 1761, Abulai khan indicated that his pasturelands reached easterly to Chorgo and southerly to Saribel, which basically coincide with the modern Kazakh-Chinese and Kazakh-Kirgiz borderlines (Ezhenkhan-uli 2014).

Generally speaking, we find that the early concepts of Kazakhs by the Manchu-Chinese triggered quite a number of historical problems, which left a legacy that hinders our understanding of the past as well as the modern relations of Kazakh state with China. To solve these problems, we need more new sources and more objective perspective. The newly-found archival documents, especially those in non-Chinese languages, give us the possibilities to solve some of the problems. However, the utilization of these historical new sources is still in its initial stage and only a small portion of the newly uncovered archival documents have been introduced in modern languages at this time. Many questions remain to be answered.

---

[1] Regarding Kazakh-Qing correspondence, we are more inclined to accept the explanation given by Peter C. Perdue. In his book published in 2005, Peter C. Perdue writes: "I would rather call it a kind of intercultural language, serving multiple purposes for its participants... masking the different self-conceptions of its participants with formal expressions but allowing each, in different degrees, a measure of autonomy" (Perdue 2005, 403).

Acknowledgments

I would like to thank Virginia Martin, Uli Schamiloglu (University of Wisconsin-Madison), Eric Johnson, Talant Maukhan-uli (University of Washington, Seattle), and Darkhan Kydyrali (International Turkic Academy, Astana) for their helps throughout the process of finalizing this article. Thanks to the Fulbright Visiting Scholar program under which I developed my early ideas about this article in 2013-2014. Thanks to the Nazarbayev University SHSS Seminar Series, for giving me the opportunity to talk about my research on this topic in March 2016. Thanks also to the International Confucian Forum—a Dialogue between Asian Civilizations, Beijing, 2016, at which I presented the current version of my article.

Mutual Exchange and Progress between Chinese Civilization and the Arab People in West of Asia

[Jordan] Khrino, Samer Khair Ahmad

[Director of cultural affairs, Amman Municipality,Jordan]

Introduction:

China is proceeding to the future providing a new contemporary model for humanity. Therefore, building the civilization relations therewith would be so beneficial to humanity. Thus, many efforts are needed to be provided from Arabs nation and countries, to make them closer to China and to introduce them to China's success and culture for better future to humanity everywhere.

The Arab region can take advantage from the history of friendship with China going on for thousands of years; building on the initiative of the Chinese President Xi Jinping : "the Belt and Road" for the construction of a renewable space of robust civilization relations now and tomorrow between the Arabs and China.

The relationship between the Arabs and China could be addressed in two dimensions:

The first is the study of the Chinese contemporary success in progress being an important country of value and worldwide presence, to conclude lessons that are applicable to the Arab Countries highlighting the civilization success worldwide; The second is how to build future relations between the Arabs and China in line with civilization relations based on the knowledge and economic integration not only on the transactions basis.

Arab people in west of Asia are to be concerned with the China's future simply because they trust that China will definitely achieve more successes during the coming years and decades. They give credit to the successes of China and its ability to undertake the sound planning and implementation as well as the materialization of more consecutive great successes that have portrayed an outstanding character before the whole world.

In order to achieve that, this research will propose a thesis entitled "Civilisational Repositioning" for the future relations between Arab countries and china.

I. The "Civilisational Repositioning"

In the mid-18th century, the industrial revolution in England brought about one of the biggest turning points in human history. Along with material development came an unceasing accumulation of intellectual and spiritual wealth which divided the world in two by the start of the 21st century; the developed and the undeveloped world. The former's levels of state, society and individuality are all a direct result of the industrial revolution, and these advances had a tremendous impact on the history of human productivity. The latter has had no way of drawing on this experience, gaining autonomy for its destiny, influencing other nations or their people's productivity. Regrettably, the Arab World falls into the latter category.

The ten years following the Second World War were bright, and it was believed that realising a material civilisation and the creation of politics and society would result in "optimum opportunities". However, a crucial element which contributed to such industrial success in the later stages of this vast development was the military industry, in particular the production of non-traditional weapons. Finally, so as to open up and develop this vast space of communication and information technology, a foundation was safeguarded so as to ensure favourable conditions.

Some Asian countries have stepped on to the train of optimum opportunities, and have had far reaching and significant influences on the course of human development. China is an outstanding example of this, and already enjoys the strength of a major world power.

However, many countries have become uncertain about the notion of optimum opportunities for a number of reasons. Either it hasn't formulated an effective development strategy or strategic thought, leading to the state losing control of its sovereignty and of natural resources. The Arab World is in such a condition. It is at present unrealistic that Arab countries are in a position to advance, or at least liberated enough to start over. The late 19th until the mid-20th century was considered to have been a good period for Arab people.

There is an enormous disparity between the civilisations of the Arab World and the US. The US has various reasons for controlling and using the Arab people, such as fighting dissidents which has resulted in Arab people merely relying on their national power and resources. The US's powerful developmental momentum would like to diminish cultural disparities, as in Arabian Nights.

For lagging nations, a unique and viable approach would be to establish a "community of interests" with developed countries which could facilitate mutually beneficial cooperation rather than purely expecting to benefit. Lagging nations have referenced the successes of advanced countries, and drawn upon their various fields of civilisation. Such a relationship would also be beneficial for the long term growth of advanced countries.

China has a similar history cooperating with advanced European countries like Germany and France, and there are examples which this chapter will expand upon. China's developmental process has been contained and obstructed by the US, so China has steered toward attracting investment and advanced technology from European countries which have created enormous bilateral investment opportunities. China's "technology import" has benefited its development, and actively encouraged new high-tech enterprises to invest into science and technology fields. This has enabled enormous progress allowing China to leap from the "exploring and understanding" stages to conducting "autonomous research". We have found that when there is a massive disparity between countries in terms of politics, society and culture, establishing a "community of interests" can create a means to communicate. The information revolution has further brought about the possibility for civilisations to converge.

However, we must also be aware that the term "community of interests" is realistically suited to comparable countries. To serve lagging nations, we must firstly follow the road to advancing them, and implement the principle of "civilisational repositioning". Such a concept involves a follower wishing to develop into an equal partner. Describing civilisational repositioning as the aims or pursuit of common interests creates contradiction for the lagging country. Advanced nations will not help less developed nations, and less developed nations often cannot comply with the requests of developed nations thus leaving them powerless to resist the control, exploitation and lootings.

Before civilisational repositioning can even take place, establishing a national willpower is extremely important. Without it, any plan or scheme will fail to materialise, and blindly following a developed or developing country is also not wise. The reason China has spread its wings and attracted the world's attention is due to its free and steadfast national will. China is an independent and sovereign modernising country, and more than thirty years has passed since the Reform and Opening Up Policy. It has concerned itself with a practical exploration to achieving fitting national conditions and effective development projects which have resulted in notable humanitarian and material achievements.

A strong national will can transform into a workable plan with a long term vision, but cannot lack decisive leadership. In addition to drawing up and participating in a plan, or developing projects for a national revival, no effort can be spared during the implementation, supervision and evaluation of such schemes. Doing so would thoroughly resolve problems as they arise, and actively responded to unrelenting changes in global conditions. It could be said that it is on account of New China's powerful leadership that such enormous advances be realised, especially since opening up.

If the Arab World has the will to liberate itself, this solidarity would be enough to function independently from other countries. This will enable them to participate in formulating a scheme to improve and rejuvenate their nations. The form and degree of cooperation doesn't matter, even if it emerges in some countries initially rather than as a unified Arab utopia. Another possibility is to form a civilised leadership which is conscious and consistent. The nature and form of the leadership is unimportant as long as it isn't in pursuit of utopia. If this is the case, will any country help Arabic nations adopt civilisational repositioning?

In truth, many possible factors have led to why these countries are few and far between. What needs to be emphasised is that western countries only require resources from the Arab World, and are unwilling to support development and advancement in which they would not benefit. However, China is an emerging nation the Arab World ought to aim towards. By pursuing China's path to revival, the Arab World can advance their own civilisation, and also support China with their development.

The reason that China is a first choice for the Arab World's implementation of civilisational repositioning is that its revival has seen some outstanding results, and also because they will become extremely influential in world politics. The global structure controlled by western countries is the main reason the Arab civilisation has fallen behind, however they should be powerful enough to supersede the west on the world stage or at least contend with them.

China can help liberate Arab people currently being exploited by external pressures so that they create a flourishing modern Arab civilisation built on mutually beneficial cooperation. What is worth pointing out is that China's development has boundless prospects which will attract all countries of the world, among which are Arab, to be drawn closer. In this context, the Arab World should engage in this competition as early as possible.

In conclusion, the concept of "civilisational repositioning" can be summed up as lagging nation's pursuit of revival prepared with an engaged national will, and a conscientious, loyal, and visionary leadership wishing to establish tight relations with other advanced nations in two aspects:

1. The advanced nation should defend the interest of the lagging nation, meet their active demands, protect them from the pressures and interferences of the outside world, and create an adaptive environment in which they can implement plans for a national revival.

2. Advanced nations can help lagging countries by providing them with the fruits of their material advancement that they are unable to discover, understand, or create for themselves. This will expedite the implementation of plans for a national revival. Advanced nations will also benefit from this cooperation as removing the development chasms between nations.

There are however questions that require response. Should China adopt the Arab World as they undergo civilisational repositioning?

II. "Civilisational Repositioning" on China's Terms

Economic and trade cooperation with various countries across the world is the key to establishing tight relations with China, and developing foreign relations rather than applying dogmatic principles should be the main starting point and is in the nation's interest.

In view of China's foreign relations, there are two different paths to be aware of when undergoing civilizational repositioning:

Firstly, the importance of supporting China's economic development, especially with oil supply. As China's economy develops, their need for oil is going to increase. In 2004, China surpassed Japan to become the world's second largest consumer of oil following the US. In 2014, global consumption amounted to 4.63 billion metric tonnes of which the US consumed 967 million, followed by China with 521 million, and Japan with 215 million. Thus, China's oil reserves and productivity cannot satisfy its growing demand for natural resources. Their consumption is growing annually at a rate of 7% compared with its annual production increase of 2%. Therefore, China must import large quantities of oil to ensure their economic development. In 2014, China imported 59.5% of its petrolium. So as to safeguard energy security, China must play close attention to strengthening their relations with developing oil producing countries. Their oil enterprises should use advanced technology for potential domestic drilling, but also formulate policies for the future which will increase overseas investment in the oil industry, especially in the Middle East and Africa.

In addition to oil, China also needs to further attract investment and advanced technology so as to ensure its stable economic development. In the thirty years following the open door reforms, foreign investment has enabled China to make the transition from quantity to quality. In 2007, China's State Council issued the 'Catalogue of Industries for Guiding Foreign Investment' which listed the investment they wished to encourage as well as the investment they wished to restrict or prohibit. The catalogue stipulated that a portion of the state's economic security should be composed of strategic and sensitive industries which should be managed in both a cautious and open manner. Clauses can be adjusted as appropriate when planning domestic development and opening up to the outside world. Encouraging foreign investment will enable an expansion of the manufacturing industry into new technologies, equipment manufacturing and various other non-traditional industries. Meanwhile, some domestic companies with strong production capacities in traditional manufacturing industries were able to access advanced technology without foreign investment.

Adjustments were made to the orientation of the policy to simply encourage exports. Foreign exchange reserves increased rapidly aimed at dealing with the oversized trade surplus, so there was no longer any need to continue to encourage exports. China's scarce or important non-renewable mineral resources did not further encourage foreign investment. Some important non-renewable raw materials stopped allowing foreign investment for exploration and mining. They also either limited or prohibited the admittance of foreign investment projects which produced high material and energy consumption, or high levels of pollution. In spite of various limitations, a large amount of foreign investment continued to flow into China. In 2015, China's ability to attract foreign investment became the largest worldwide, amounted $129 billion.

Secondly, so as to meet China's requirements in various regions in the world, especially in expanding political influence to developing countries. China's process of expanding political influence began with countries in which there had already been friendly exchanges through history, among which are Arab countries. It was then hoped that close relations could be established with China of peaceful coexistence, and mutual understanding and support. Since the 1990's, China's legacy of protective foreign policy underwent a process of change in accordance with practical needs to actively expand political influence across the world.

China's neighbours in Southeast Asia had established patterns of foreign exchange, and thus enjoyed a prominent position. China's development and prosperity requires peaceful and stable surroundings, and a commodity export market. Development with Southeast Asian countries including Thailand, the Philippines, Bengal, Cambodia, and Laos was also conducive to limiting Japans influence, winning over support with regards to Taiwan, and containing the US in the Asia-Pacific region. What is worth noting is that China also strengthened its contact with countries in which the US had tense relations, such as the Soviet Union and Venezuela. These countries generally had great potential for exporting oil and natural resources which would directly benefit China. These measures weren't aimed at opposing the US and were in fact aimed at avoiding a clash, especially for countries and regions which are geographically far away from China. China has developed friendly as well as opposing relations with the US, which embodies China's comprehensive foreign relations.

China's regional relations with foreign countries aren't focused on military and security, and generally more about reciprocal visits and personnel training. However, China's militarily cooperation with these neighbouring countries is extremely tight, especially Russia from whom China has always been their largest buyer of arms since its independence. China and the SCO's members have also maintained close cooperation. Although this is a regional rather than global international organisation, it demonstrates China's ambitions to expand influence. Of course, just as the White Paper "China's Road to Peaceful Development" points out, China cannot create a group alliance with any other country, as one of the main principles of the Five Principles of Peaceful Coexistence is state sovereignty, and an adherence to a peaceful development path.

China has used these three fundamental measures to strengthen foreign relations:

Economy: China provides economic aid in the form of non-reimbursable assistance, loans, and by establishing investment projects. Statistically, the scale of China's FDI has already grown from $2.7 billion in 2002 to $123.12 billion in 2014 , and is mainly focused on finance, minerals, and oil. In addition, China has signed free trade, bilateral trade and regional trade agreements with a number of countries.

Politics: Signing bilateral cooperative agreements and entering into regional or global international organisations has strengthened relations and interactions with various countries, as well as built up mutual trust.

Culture: Culture is the most dynamic path. China has offered the youth from other countries government scholarships, and established Confucius Institutes across the world which holds cultural festivals and art exhibitions. China also has various international media such as China Radio International, the Xinhua News Agency, China Central Television (CCTV), and China Today. They have also included an Arab language recording for their foreign audiences so as to narrate China's story. China's increased cultural influence can be attested for by the numbers of foreign students in China's many universities, which has risen from 8000 students in the late 1980's to 320,000 in 2012.

It is clear that China's aim to develop foreign relations has more than satisfied their economic requirements. It therefore needs people from across the world, especially those wishing to establish tight relations with China, to create a favourable national image. For this reason, China's national interests to protect itself has created a favourable atmosphere and environment, finally realising unity between countries and becoming an important influence on the world.

III. Factors for Arab People to take into Consideration

China's main requests of the Arab World are embodied in three aspects; oil, investment and political support.

Foreign trade: China exports a large amount of commodities to the Arab World, but the Arab World doesn't offer up any real advantage over other regions in the world in this regard, and the way in which they trade is nothing unique. In fact, there are many other countries of more strategic importance to China, for example the US and Europe with their larger populations and higher standards of living which make for a stronger consumer base and market.

Oil: The Arab World occupies 57.5% of the world's total oil reserves, among which Saudi Arabia is first, Iraq is third, Kuwait is fourth, United Arab Emirates is fifth, and the non-Arab country Iran coming second. What needs to be emphasised, is that when compiling statistics relating to Arab oil reserves, oil sands have not been accounted for although their reserves are enormous. Oil sands in essence are a compound of bitumen, sand, high grade clay and water. On account of its high production costs and complicated extraction, it has not been included in total oil reserves. Since the beginning of the 21st century, the development of oil extraction refining technology has enabled oil sands to be extracted on a large scale which would be extremely beneficial for the economy. At present, Arab oil producing countries amounts to 30% of the world's total among which Saudi Arabia occupies 42% and the United Arab Emirates and Kuwait occupy around 11%.In addition to oil resources, Arab countries hold 29% of the world's natural gas reserves.

What should be mentioned is that for oil producing countries, the importance of being able to extract the smallest amount should be worth no less than oil reserves. For quite some time, Arab states have relied on capital from foreign enterprises for advanced exploration and extraction technology. Since the 1970's, Arab states have established enterprises to explore, develop, and exploited, but the main technology has always been in the hands of large enterprises from US, Europe and Japan. Arab oil companies cannot access such advanced technology and so have no choice to go through oil companies from other countries to purchases assets and technology as a means to developing their industries. Along with the 2008 soar in oil prices (when a barrel cost between $100-$150), investment in Arab oil exporting countries was plentiful, but many private oil companies also began to spring up; 18 in the United Arab Emirates, 10 in Kuwait, 8 in Bahrain, 6 in Saudi Arabia, and 1 in Qatar. These newly established privately owned companies were engaged in the exploration and development of oil fields and without exception used technology from overseas.

Investment: Some Arab states rely on the substantial earnings generated form oil exports, and their governments control their increasingly enormous sovereign wealth and scale of funds. The government systems of these various Arab countries as well as other regions all require enormous investment. In addition, the Arab World has a host of rich and powerful people whom hold large amounts of capital which they invest overseas. There are around 200,000 Arab investors occupied in overseas investment of which 27% are from Saudi Arabia, 28% are from United Arab Emirates, and 17% are from Kuwait. Although there isn't any detailed data relating to overseas Arab investment, a related organisation estimates that in 2002, total Arab foreign investment amounted to between $1 trillion and $3 trillion which had already reached about $14 trillion by 2015. (5) Around 70% of this investment has gone to the US, with residual amounts concentrated in European countries, and a small portion to Southeast Asian countries. What needs to be explained is given the weak technological and innovative capabilities of Arab countries, it is clear that foreign investment in Arab countries doesn't resemble China's investment into the high technology and equipment manufacturing industries. It instead flows into securities, stocks, and real estate. Even so, official and civil capital reserves can be used by Arab states to strengthen the enormous potential and capability for investment in China. Even the orientation and quality of investment can be controlled in cooperation with Chinese companies. In short, Chinese-Arab bilateral relations can create mutually profitable conditions through investment.

In 2011 for example, statistics from The Arab Monetary Fund (AMF) revealed that oil accounted for 70% of their total revenue and more than 90% in some countries.

Political Support: At present the Arab World is lagging in all fields of civilisation which has resulted in it holding a correspondingly weak position in world politics. However, the Arab World has taken advantage of its number of individual states and enjoys a decisive position in international organisations, especially the United Nations. With regards to Chinese-Arab relations, the political values of Arab people lies in the ability for Arab countries to act as a political group thus enabling them to establish tight relations with China, and support them politically (for instance with votes in elections) during diplomatic activities in international organisations. It cannot be disregarded that if the Arab World expects to implement civilizational repositioning, each country will need to apply different foreign policies if it cannot coordinate as a single entity as part of the League of Arab States. In addition, the impact of a country or region in world politics often goes hand in hand with their military power, thus the weak military power of Arab countries vastly limits its influence. In short, the Arab World has a limited ability to support China and other countries in the world, which will impact them in many ways.

In conclusion, in order to establish tight relations between China and the Arab World, the starting point for undertaking civilisational repositions should be to construct a unified action plan centred on economic cooperation in the field of energy. Politically, the Arab states individually exert relatively little influence.

IV. The Arab World, China and the Future

China's momentum of development and prospects for relations with the Arab World are favourable, and have already made remarkable developments from official to civil capacities in the 21st century. With growing economic strength, China's impact on international society grows day by day. In spite of having different starting off points, the Arab people have all responded positively. Some people hope that China's strength is enough to create a world balance with the US, currently the only superpower, which would lessen damage caused by the US, especially with regards to Palestine. Some recognise that China's pragmatic diplomacy protects national interests and avoids tensions with other major nations so as to enable development and mutually beneficial cooperation, especially in terms of the economy. Others believe that China and Arab countries have always enjoyed friendly relations, and on an emotional level respect their rise to power. Many see how the western media viciously attacks China on issues such as human rights and product quality. These are detested, as they believe they face similar conditions, and thus should stand by China against Western countries.

Observing their development, the future of bilateral relations with enable further developments in the following fields:

1. Trade, Investment and Oil

（1）Trade.If considered as a single entity, the Arab states are China's seventh largest trading partner, and the China is their second. In recent years, Chinese-Arab trade has developed rapidly, and amounted to $65.5 billion in 2006. The Arab States exports to China were worth $34 billion, and China's exports to Arab states were worth $32 billion. By 2011, this total figure had already reached $195.9 billion and rose again to $222.4 billion by 2012 and to $251 billion by 2014. （6）What needs to be mentioned is that every year, the majority of imports from China are textiles, mechanical and electrical products, whereas China mainly imports oil. Oil has been the key factor for holding together balanced Chinese-Arab trade relations. Although these developed rapidly in the 21st century, it pales into insignificance when compared with China's total foreign trade of $3.6 trillion. Since 2000, the value of Chinese-Arab trade as a portion of China's total trade has remained stable, which has mainly been a product of China's progressive policies in expanding global trade, with very little contribution from the Arab side. China's main Arab trading partners are United Arab Emirates, Saudi Arabia, Oman,

Sudan, Yemen, which are engages in either exporting oil to China, or attracting Chinese industry for oil exploration. Even so, Chinese-Arab economic complementarity means that there is still a great deal of potential in terms of trade.

(2) Investment.In the 21st century, China's investment in Arab states has grown rapidly. Until 2010, it had invested a total of $15 billion into Arab countries focused mainly on light industry, construction, and oil exploration. However, by 2010 there was $68 billion foreign investment alone. Meanwhile, the scale of Arab investment into China has also been minimal amounting to a total of $2.58 billion by 2010. Chinese-Arab mutual investment has strengthened but still has enormous capacity for development, as both have large amounts of capital to invest abroad. In 2010, China's non-financial industry OFDI (outward foreign direct investment) reached $60.1 billion, and over $300 billion was invested in stock. Arab countries have invested over $1 trillion in the US and Europe which means that investment could be used as an important path for enhancing relations between Arab countries and China.

(3) Oil .China's depleting oil reserves has resulted in them requiring increasing amounts of oil from Arab countries. According to statistics, in 2010 China's dependence on imported oil exceeded 55% with 240 million tonnes being imported, half of which was from the Middle East. In recent years, China's energy use has maintained double figure growth rates, more than 70% of its total oil is imported from the Middle East. In this context, China hopes that Arab countries Saudi Arabia and the United Arab Emirates in particular and also other oil producing countries such as Sudan will proceed with large scale oil exploration so that political, trade and investment relations can be established. Therefore, China could increase its FDI into oil projects in Arab states and shares in foreign oil companies, and form joint ventures with petrochemical companies in oil producing countries such as Kuwait. They could also use concessional loans provided by Arab countries to engage in various infrastructure projects such as building ports and roads. Such measures would establish intimate relations with Arab countries. At present, China imports oil (ranked in order) from Saudi Arabia, Angola, Iran, Oman, Russia, Sudan Venezuela, Kazakhstan, Libya and the Congo. Only four are Arab states. In view of the fact that Arab states have enormous

oil reserves, and China requirements are increasing day by day, the prospects for cooperation in this field are vast.

2. Politics and Culture

Arab countries have enjoyed smooth diplomatic relations with New China since the 1955 Bandung Conference. In 1956, China initially established diplomatic relations with Egypt, Syria and Yemen, and later with other states. In 1990 relations were finally established with Saudi Arabia which marked the completion of established relations with all 22 Arab states. What is worth noting is that although in recent years, relations between China and Arab states have quickened in pace and tightened, cooperation is driven by energy resources and trade. High level interaction is extremely limited compared China's relations with Europe and the US. For example, Chinese leaders have conducted official meetings with Arab leaders so as to sign cooperative agreements and establish partnerships for example. In addition, China and the League of Arab States came together in 2004 to establish the China-Arab States Cooperation Forum. Although this strengthened prospects for open interaction of various fields within political and civil levels, focus was still placed on cooperation in terms of trade and investment. What also shouldn't be disregarded is that within this framework, four China-Arab Friendship Conferences and five China-Arab Relations Inter-Civilization Dialogue Seminars have been held, in which authoritive academics from various disciplines come together to discuss the interactions of international politics and civilisations, and to lift away any ideological storms. Although such work continues, it is lacking in any important achievements.

For a long time, the "elitist" characteristics of Chinese-Arab relations are reflected in the degree of cultural exchange. In recent years, education has enabled breakthroughs strengthening non-governmental Chinese-Arab relations, as an increasing number of Arab students study in China. According to statistics, in 2003 only around 300 Arab students studied in China, which increased to 14000 students in 2015. (7) In addition, China has established a number of Arab language departments in higher education institutions and strengthened its reserve of talents researching the Arab World. By 2016, 11 Confucius Institutes have also opened in Egypt, Tunisia, Jordan and other arab countries to teach the masses about Chinese culture and language. However, from the perspective of intertranslation, Chinese-Arab cooperation has been extremely limited. Although authorities on both sides have signed a number of publishing agreements, very little is actually available thus limiting cultural exchange to elite levels.

The information revolution has turned the world into a global village, but regardless of this, China and the Arab World still regard each other as being from a remote and unknown world. There is very little Chinese-Arab cultural exchange, which in part is due to language, and also to the fact that Western countries control culture in the Arab World and so has been unable to leave its mark on other countries. This distance between the Arab World and China has led to its people turning to western media, an extremely influential third party, as a means to understanding each other. Chinese-Arab cooperation has strengthened in various fields, but there is still vast room for improving cultural exchange in the future as this will help further strengthen mutual understanding.

V. Why is the Arab World Looking to China for Civilisational Repositioning?

The fundamental objective of civilisational repositioning is to advance one's own society. Based on this, the Arab World's perspective is to aim for the overall advancement of their civilisation rather than simply build "non-economic" cooperation. China has enough to justify establishing tight relations, although at present the Chinese-Arab centre of gravity is still economic.

What needs to be mentioned is whether the decision to undertake a process of civilisational repositioning should be decided by China or the Arab World. Chinese-Arab relations must firstly be in China's interests, especially in terms of safeguarding oil supply and guaranteeing that its products can be exported. Arab people must develop economic relations with China, but in the context of an Arab revival set out a plan which enables all round cooperation.

By seeking to establish a process which can bring about civilisational repositioning, the Arab World must first be capable of seizing control of their natural resources and independently formulating economic policies. Doing so is also essential for managing Chinese-Arab relations in the future. As described in the first part of this book, should a country wish to seek out a path of development without dependence, these two points are among the most enlightened that should be taken on by Arab people. Efficient development and the creation of an advanced civilisation like a coin has two inseparable sides. The former serves as the underlay, and the latter enables the possibilities.

On this basis, the Arab World's civilisational repositioning must also benefit China. Should China require oil in the future, Arab people can plan out what advanced technology they are lacking, and invite China to bring theirs which would promote internal development, advancement, innovation, and quickly lessen the disparity with developed countries. Arab people require technology for oil exploration and extraction, and access to such would allow them to strengthen sovereignty over their own natural resources. Of course, unlocking the processes of development without dependence requires that Arab people are fundamentally independent, and able to withstand the impact of overseas pressures. Arab people need China's support in the international arena with regards to its political affairs, so as to allow Arab political affairs and development processes to undergo transformation. Succumbing to powerful imperialists harmed the interests of Arab people, and was the starting point for seeking a renewed strength in the world - support from China. This can resolve a lot of Arab problems, and create a more just atmosphere. Doing so would enable the Arab World to rid themselves of external pressures and kick-start their development in a more favourable environment. Finally, an improved overall international position would be a great leap for their civilisation.

China and Arab countries have exchanges and cooperation in various fields, and realising a national revival is a great dream they both share. However, such pursuit has resulted in little, and remains a hope for the future. Arab people are not sufficiently prepared, and the same is true for China.

China has made tremendous achievements in development. In industry, they have been applied to bringing leading European and US projects with sensitive and advanced technologies. China's technological achievements haven't been the focus of the world's attention, and although they have a number of large scale enterprises, they have yet to create a global brand. Although China's economic development has been rapid and living standards have improved markedly in recent years, the most important task China faces is the 100 million people on the poverty line. They cannot yet exert their full potential and influence in international political affairs. This could account for why China hasn't exercised its veto power as a permanent member state of the United Nations on a number of sensitive issues, even those involving national interests. They have adopted positions which are neutral, abstain, or sometimes even to a degree support the US. Of course, this is in accordance with China's pragmatic diplomatic policy to "keep a low profile and bid time, while getting something accomplished".

China has already started working to resolve the various problems it has encountered on its road to revival. In the fields of science and technology following the reform period, invention and innovation was encouraged which led to the National Patent Office being established in 1980, and the Patent Law in 1985. The number of Chinese patents rapidly increased and exceeded 1.25 million by 2004, of which 87% were by Chinese, and 13% foreign. In 2007, Chinese patents had already increased to 2.08 million, of which 17% were inventions, 47.3% were patents for utility models, and 25.3% were design patents. In accordance with data from the UN's World Intellectual Property Organisation (WIPO), China followed the US and Japan as the third largest country for patent applications in 2007, and had surpassed Japan with 40,000 patent applications by 2012. China's technological deficiencies lie in the lack of invention and innovation of general purpose technologies (GPTs). Engines and network technology for example has already been developed extensively across the world, and are considered to be inventions of great significance.

Civilisational repositioning with reference to China is a vision for the future, but the conditions are not yet mature enough for such a process to begin.

What is our response to "Why choose China?" With this question, it is important to consider three factors:

Firstly, Arab people aren't prepared. Arab people wish to implement civilisational repositioning, but firstly wish to unite so as to realise development without dependence, and to formulate a unified action plan for revival. Just as the first chapter of this book explained, this vital work still hasn't been done. In addition, launching a process for civilisational repositioning requires a firm and tenacious level of leadership with foresight. They must strive to take reference from China's non-conformist development, and apply themselves to implementing an action plan that can be changed when necessary in response to mistakes made, and solutions found.

Secondly, Chinese-Arab friendly cooperation is a realistic basis to undergo civilisational repositioning. Firstly, China and the Arab World have enjoyed friendly exchanges throughout history, and now share common interests in a number of political issues which can strengthen cooperation. For example, both opposed US hegemony following the Cold War. Secondly, there is a strong complementarity in terms of the economy and energy resources. Both have real requirements and the development of relations provides opportunities.

Thirdly, China is not prepared for the Arab people to engage them in civilisational repositioning. As previously stated, China has not yet grasped enough advanced technology to satisfy an Arab revival, but it does have enough influence in international politics. However, based on China's economic data and their plan for future development, we can be sure that this point will inevitably come in the 21st century. In the interim period, Arab people should do their level best. As Arab people say, realising civilisational repositioning with China and an Arab revival is not going to be easy, but such a chance should not be missed as may only come once. If Arab people don't work themselves, why would China is interested in helping them?!

VI. From Non-Conformist Development to Civilisational Repositioning

Western countries obstructed the Arab World's course to modernization and renaissance through the colonial period. Even after troops were withdrawn however, they spared no effort in continuing to cause problems which resulted in them falling behind even further. They either made direct use of state owned machinery, or worked from the inside by stealthily supporting dictators for example. When the Arab states were in the process of diverging, intense bias towards Israel in particular had a serious negative impact in the Arab renaissance. Western countries have always exploited the third world;

especially Arab states in which they have attempted to foster a dependence they had no choice but to pursue.

Imperialism comes extremely naturally to Western countries, and the Arab states with their abundant oil reserves occupy an important geographical position thus holding enormous interest. Certainly, it cannot be said that the Arab civilisational crisis is due completely to external factors. Anyone would agree that it is definitely the root to its falling behind, however perhaps cultural factors play a major role also. Even so, it must still be stressed that various external factors, colonialism in particular, have been disastrous for Arab people.

Just as the residual effects of colonialism continue to remain, so do the two paths which define the Arab World's ideological response: either regress to the past, or follow their example. This is the most significant reason why an Arab revival is so stifled in its development.

Following the cold war, the Western development model was deemed to be the "the formation of human societal advancement" and that "humans will determine its final form". The US was seen as the only superpower in the world that controlled international politics as well as wielding a deep influence on all fields of development such as global culture, science and technology. The US hoped that globalisation (or "capitalist" globalisation) would promote Western liberal economic and societal development models, and way of life. In the face of these trends, Arab people have responded with two main approaches:

The first is to "restore ancient ways". Supporting this ideology were those deeply immersed in history, and devoted to the notion that by repeating Arab approaches to development through history was the remedy for reforming the Arab World. This ideology was generated during the early stages of colonization, and was an extremely emotional response to what was considered the beginning of the regions decline in development. Those holding these ideas believed that restoring ancient ways to be more consistent with history, and would improve the possibility of resolving this problem. The logic that merely duplicating a departed social, political, and ideological system, doesn't take into account that they were applied to the behaviour, lifestyle and even language customs of the ancients.

The second direction was following the US example. After the US won the Cold war; liberalism was advocated as a beneficial and realizable path to modernization for people, governments, and the economy. It promised to overcome all manner of difficulties, and enable states to reach a level of Western development by following their efficient path. It should be said that following the US was a worldwide phenomenon, and not unique to Arabs. US involvement in international politics, especially in Palestine, severely harmed the interests of Arab people, but yet they are still looked to for solutions. The US model is closely related to its political, economic and social systems, and shouldn't be involved in international politics. More than just merely referring to US models, these thinkers proposed that they should serve as "guidance for modern Arab ideology", and complied with in all aspects.

It must be stressed that the above mentioned ideologies do not fall into the field of Arab though, or are indeed the only ones. They just happen to be the most influential. With such obvious divides, the critical question is: What ideology should we adopt? Is it restore to ancient ways, or follow the US? In truth, these two ideologies bear no resemblance to the Arab renaissance of the first half of the 19th century, but are perceived objectively as a practical starting point.

If Western countries regard the Arab World as a colony, Arab people response to this ideology would impact on the Arab renaissance in two crucial ways. Looking at the current situation, the Arab World's opportunity to realise a revival is remote, as imperialist countries still have enormous interest which they won't give up, at least for the first half of the 21st century.

Although the West's civilisation has achieved a great deal and deserves to be studied, the West cannot help Arab people, or create an environment in which they can realize a revival. As the Arab World has only been independent for a short time, a revival is impossible if the West continues to exploit its natural resources.

An Arab revival which follows the path of the West is already loaded with obstacles. The West is continuously followed as an example, and the fountain from which Arab ideologists seek out ideas on reform and modernisation. However, history has proved that following the West is in no way beneficial to Arab people. Although Western states have realised enormous advances, the force of colonialism had brought about a deep crisis in the Arab World. It is a vicious circle.

The Western path is blocked, but it is in fact mainly Eastern states that are developing, East Asian states in particular. Their emergence should be an example for the Arab revival to learn from. Prior to the mid-20th century, East Asian and Arab states suffered equally from the effects of colonization and exploitation at the hands of Western countries, and hence have similarities in terms of development. Therefore, paying close attention to their development is extremely beneficial. It can help us understand the aspects in which East Asian countries have fallen behind, especially CHINA.

Non-conformity is the most remarkable feature of China's 1978 reforms, as this policy allowed enormous changes in a very short space of time. The successful experiences of non-conformist development are something that Arab people can learn and take reference from. If the Arab World had devised an ideology for economic integration in the 1940's and strived to implement development without dependence, then they would have been in a better position to respond to globalisation in the 1990's, and like China used it to bring about a revival. China has used its economic development achievements to become an important world figure.

It is regrettable that over the past decades, Arab people just haven't done this. However, following these non-conformist development experiences could help Arabs feasibly develop without dependence.

Arab people need to meet with two conditions. Firstly, make economic integration happen, and secondly strengthen control of natural resources. Without these two conditions, Arab people have no way of making use of their resources which are essential for bringing about development and a revival of the Arab World.

China has given the world experience of non-conformist development. However, it won't necessarily fit all developing countries, especially if their national conditions are a far cry from China's in terms of land area, population, geographical location, natural resources, and degree of societal integration. It is certain however that China's developmental experiences can be referenced by Arab people. Although the Arab World has many similarities with China in terms of resources, it is lacking a feasible plan or scheme.

We often hear the Arab World and Europe being compared. With the establishment of the League of Arab States, the Arab World preceded Europe in terms of proposing economic integration. Europe's process began in 1945 firstly in Belgium, France, Federal Germany, Italy, Luxembourg, and the Netherlands whom signed a treaty to establish the European Coal and Steel Community (ESCS). In 1957, the European Common Market (ECM) was established, and the European Union (EU) in 1991. In spite of various disputes and divergences between EU countries, they have always continued to grow. Although Arab states have a number of similarities, economic integration would be conducive to realising advancements in civilisation and a common development with consensus. However this has never been realised and is extremely significant. Political divergences and disparities between rich and poor are the main issues impeding the Arab World from formulating a concrete action plan.

This paper concludes that by looking at China's experiences, of non-conformist development which led to civilisational repositioning, can help the Arab World develop enough to drive a revival. In the first half of the 19th century, Arab people began seeking a path to revival. Since then the invasion and abandonment of colonialism, this path has been similar to China's practical approach to Non-Conformist development. Of course, Arab people have never abandoned the notion of an Arab renaissance. Truth lies on actions, and by Arab countries replacing fantasy with practical action like China will inevitably lead to revival.

Rifa'a al-Tahtawi was the enlightened thinker of the Arab renaissance, and his philosophies are similar to that of Deng Xiaoping. Tahtawi witnessed France's societal and political development, and believed that their mode would benefit the Islamic world and enable them to advance as a civilisation. What worth attaching importance to and taking reference from is that they sought to follow the example of their successes without rebelling against Islamic teachings. Such thoughts have stemmed from a national revival, and their experiences brought about transformation which conformed to Arab national conditions and culture. This is identical to Deng Xiaoping's realistic and practical ideology. Deng Xiaoping recognised the West's capitalist economic achievements, sublated them for reference, and cheery picked the parts he believed would be used for China's advancement. Finally, it was moulded to fit China's national conditions. Regardless of any experiences, or how ideologies transformed or reformed, the ultimate objective to realise a national revival always remained.

China has proved to the world that prioritising national interests combined with pragmatic development planning is what has brought about and ensured its successes. Arab people's pursuit of a road to revival has abandoned pragmatic ideologies, and has confined their ideologies thus resulting in repeated failures to develop. Arab people ought to realise from China's experiences that: A great national revival required that Arab people recover their initial pragmatic ideology, and the core of such ideology is an everything work, and all must comply with serving the high objective of a national revival whilst without overlooking the successes necessary for a moral code.

The Arab World longs for a revival, and China can provide it with experience to learn from and reference, and future opportunities, so we should treasure and firmly grasp. If you say that since Napoleon's military force opened the door to the Arab World, western powers (Britain, France, and the US etc.) from which stemmed exploitation which oppressed the Arab world, then it is hoped that China will become important in the world and won't behave like the west towards the Arab World, but stand with us, and hand in hand create a just global environment, and resolve the various problems obstructing Arab advancement.

We want to develop a positive relationship with China. Of course, this doesn't involve flattery, as this wouldn't be in the national interest. Tight Chinese-Arab economic cooperation could bring wealth to both sides, but high levels strategic interests alone aren't enough to bring about an Arab revival. We need to look at civilisation as a starting point when forging positive relations, and build a foundation which is mutually beneficial to our material and immaterial revival of civilisation.

Arab people long for a brighter future, and the various opportunities China can provide should not be overlooked. By paying attention to China's course from non-conformist development to civilisational repositioning, it is clear that establishing positive relations with China is vital. It will enable the Arab World to contribute to the realisation of the Chinese dream whilst also seizing the opportunity as early as possible to make the Arab dream come true.

The Cultural Strategy between Arab and China on the New Silk Road: History and Reality

Yihong Liu

[Prof., Institute of Philosophy, Chinese Academy of Social Sciences, Beijing, China]

The exchange between China and Arabs and other Muslim nations has a long history, which began before the rise of Islam. In Syria and other Arab countries, some unearthed Chinese silk ribbons which were embroidered with Chinese characters, have been found and verify that trade between China and those Semitic groups began early in the history.

With an extensive exchange between China and other nations especially in the peak of Tang (618-907) and Song Dynasties (960-1279), Islam was finally introduced into the Chinese territory. The new type of culture contained two features. First, there are theological doctrines such as the theory of the Unity of God (*Tawhid*), chain of prophecy and the Day of Judgment and the five pillars. Second, there are religious rituals such as the daily prayers and societal practices that included the prohibition of consumption of certain types of food. Because of the effective policy of the equal importance of the three religions that had been pursued by the first Emperor of the Tang, Li Shimin, Taoism had become popular, Buddhism had flourished and Confucianism had thrived. The tripartite balance of the three religions impelled Confucianism, Buddhism and Taoism to assimilate from each other forming an open-minded cultural mentality. In light of the type of alliance in these triads, Islam faced two different types of responses. On one hand, strong homogeneity of the Chinese native culture and its integration of the three religions

(Confucianism, Buddhism and Daoism) perceived Islam as an alien religion that posed a potential threat. On the other hand, Islam was regarded merely as the folklore and folk customs of the Arab nations due to the following factors: first, Islam was adopted only by a local minority; second, Muslim clergy was not engaged either in proselytizing nor dissemination of the Koran among the non-Muslims in China.

During the Yuan Dynasty (1271–1368), Islam was almost spread all over China as there was an increase in the number of Muslims from Arab and Central Asia coming to the east with the returning troops of Mongolia. These Muslims included not only businessmen but also craftsmen, religious professionals, aristocrats and military service men that even had settled down and many would become farmers bringing the wasteland under cultivation later on. This fundamental development resulted in the formation of the Muslim society in China. The social status of them was a little bit inferior to the Mongolians but superior to those Hans and the Southerners. It is only in the Yuan Dynasty that the professional religious personnel of the Chinese Muslim came into existence. Those professional religious personnel consisted of some religious scholars, religious executors, and Sufi friars alike. Those professional religious personnel, nevertheless, had never been trained in China, but originally on its original settlement—Arab and the Central Asia especially the Persian Sufi.

When Zhu Yuanzhang established the Ming Dynasty (1368–1636), due to both the perspectives of the elite as well as public opinion, the political atmosphere became unfavorable to the development of Chinese Islam and the Muslim society. As a result, the Muslim community in China became isolated in China and alienated from the Islamic world. In spite of its obvious negative results, there was a favorable outcome of this alienation as Muslims in China attempted to assimilate ideas such as the Confucianism and other schools of Chinese traditional philosophy that were well received in the mainstream of the Chinese culture. Their image changed from a "foreign import" type of society to one of the minorities that harmonized with the major texture of Chinese society. An example of this adaptation was in Muslim's adoption of Chinese surnames during the Ming Dynasty due to both political coercion as well as the natural result of cultural blending. No matter its population of Chinese Muslim and knowledge of Islam, no matter its spread and development, the Chinese Muslims of the Yuan Dynasty had laid a concrete foundation for the further studies of the Islamic culture in the Ming and Qing Dynasties (1636–1911).

With emerging Chinese Muslim Madrasa's education, handwritten copying Koran was a required assignment for religious students, and numerous copying professionals were coming forth. Thus, handwritten copies of Koran in China were regarded not only as sacred texts but also as art works which were presented once to Egyptian King by a Chinese Imam in late Qing Dynasty.

I. Cultural Coexistence between Islamic and Chinese Traditional Thoughts Reflected in Hankita

Prof. Huntington pointed out that, "Human history is the history of civilizations. It is impossible to think of the development of humanity in any other terms". "The concept of civilization provided a standard by which to judge societies....A civilization is thus the highest cultural grouping of people and the broadest level of cultural identity people have short of that which distinguishes humans from other species. It is defined both by common objective elements, such as language, history, religion, customs, institutions, and by the subjective self-identification of people".[1] With the development of civil societies the reality we facing is an inter-cultural and inter-religious society whatever in China or in America. So the study of religion, culture and civilization has exceeded the boundary of countries and nations forming a research on a sort of cross-cultural phenomenon. Obviously Chinese Islamic philosophy can be regarded as an exemplary paradigm of Dialogue among Civilizations: forming a brand new systematic thought resulting from inter— religious and inter—cultural coexistence.

Since the content involves two major cultural systems: the Arabic Islamic Culture and the Chinese Confucian Culture (including its inter—changes with Chinese Buddhism and Taoism), I have focused my study on some

---

[1] Samuel P.Huntington: *Clash of civilizations and the remaking of world order*, published by Simon and Schuster 1996, pp. 41-43.

specific cases by adopting the method of comparative studies, including both comparative philosophies and comparative religions. At the same time, I try to make a clear comprehension on the conceptual connotation, the methods and the purpose of studies in this research field.

I have analyzed some Chinese *Han kitab* and the strong influence received from Central Asia especially Persian Sufism. I consider that throughout the history of the Chinese Islamic philosophy, *Wang Daiyu* is a forerunner who had interpreted the doctrine of Islam through Confucianism and established some important philosophic terms like "*Zhenyi*", "*Shuyi*" and "*Tiyi*" for the development of Chinese Islamic philosophy. He had put forward the seven differences after making a comparison of Islam, Buddhism and Taoism and consequently stressed the particularity of Islam. Although it is quite farfetched that to interpret the doctrine of Islam through the ancient Chinese philosophy, especially the Neo-Confucianism, it is he, of course, making an original form for an establishment of the Chinese Islamic philosophy which becomes a basis of the development for later scholars to follow. *Wu Zunqi* translated and interpreted the famous Persian Sufi text *Mirsad* based on the very essential tenet of it. Throughout the original book and the translation of *Wu Zunqi* we can comprehend the Sufi thought that was deeply influenced by Central Asia especially Persian Sufism from the following key points:

（1）The specific feature of emphasizing both the principle （*Li*） of the creatiion of the world and the end-result of the afterlife.

（2）Pay more attention to the combination of the three steps of the cultivation: "*Sharia*（the holy religion）", "*Tariqa*（the holy way）", "*Haqiqa*（the ultimate path）" in order to raise the level gradually until achieving the goal to be united with Allah.

（3）Acceptance the guidance of *Murshid*（道长） otherwise you could not get to the end.

As concerns the philosophy of *Liu Zhi*, I would like to say that *Liu Zhi* deeply felt both the doctrine of Islam and doctrines of Confucius and Mencius were, to a certain degree, somehow similar. He had made a positive attitude to lay stress on an importance of making a critical analysis of the doctrine of Islam than just to preach it. Therefore, *Ma Dexin* reaffirmed in two books *Dahua zonggui,* and *Sidian yaohui*, the truth of resurgence of the afterworld, in other words, "the truth of the afterworld", " revealing *Tao* (the

Way) of both heaven and man, identifying the critical moment between life and death through applying Chinese *Li* (Principle) and the text of Mencius".

It is clear that the doctrine of Ashiq, an Islamic scholar of the Indian Sufi sect, who has left a significant imprint over the literature of the Chinese Islamic tradition by the end of Ming Dynasty, expounded by *Zhang Zhong* blended some ideas of both Zen Buddhism and Confucianism with that of Islam. This shows the cultural interflow and infiltration between Islam, Buddhism and Confucianism. "*Guizhen zongyi*", the initial book dealing with the theoretical teachings of Islam produced so far in the history of Chinese Islam had given a deep and extensive influence to the further development of Chinese Islam.

According to the above study, I have reached a point that the main features of forming Chinese Islamic philosophy is concerned with and it is as follows:

(1) In order to make a clear understanding of Islamic philosophy, the Chinese Muslim scholars had interpreted the doctrine of Islam by adopting either the cosmological concept of the ancient Chinese philosophy, or the idea of geomancy from *the Book of Changes*, or some philosophic aspects from Neo-Confucianism. The philosophical thought of Chinese Islam in the Ming and Qing Dynasties shows the tendency of incorporating Confucianism into Islam and annotating Islam with Confucianism. The concepts of Confucianism were applied in the free translation of Islamic religious books. In other words, it is to interpret the Islamic doctrine with the Confucian terminology. The Confucian thought was applied to justify the correctness of the theoretic interpretation, such as *Liu Zhi*'s "*Tianfang dianli*". A thorough understanding of the Islamic doctrine should be gained through mastery of all relevant materials of the Confucian thought in order to elaborate its true meaning and make a new systematic Islamic ideology, such as *Liu Zhi*'s "*Tianfang xingli*".

(2) By making a dialectic study of the Islamic philosophy and the Chinese philosophy, the Chinese Muslim scholars had attempted to find out the mutual complement within both Islamic philosophy and the Chinese Philosophy and show the particularity of both on one hand and the similarity of both on the other. Yet the main characteristics of the development of the Chinese

Islamic philosophy could be described as follows: "to interpret the doctrine of Islam through Confucianism", "to make a supplement to Confucianism by Islam" and "to achieve flourished development of both Islam and Confucianism".

Because the Chinese language was used in explaining the doctrine in the light of the Chinese way of thinking, a number of Chinese Islamic works came into existence. At that time, Chinese Islam had reached two main ideologies: (1) The idea of religious reform, (2) the idea of being involved with Confucianism.

During the Qing Dynasty, the most valuable theory of Chinese Islam was to maintain religious innovation, and to do what is suited to both local conditions and the occasion. Either Islamic teachings or doctrines should be fed the spirit of the times. Whatever theories of Islam should answer questions being raised at the different times, so that it can enable itself to absorb nutrition constantly.

The *Han kitab* of the *Hui* nationality followed the way by combining the two ancient cultures into one and formed a brand new culture, the Chinese *Hui* styled Islamic philosophy. It deserves not only a great value to the historical development of the ideology of both *Hui* and the feudal Chinese society, but also constitutes an important part of Islamic culture of the world.

II. Chinese Cultural Strategy on the New Silk Road

Since inter-cultural coexistence confronts us today this book involves the dialogue among civilizations and the academic studies of the great human spiritual heritages of Confucianism, Buddhism and Islam. The study of history could give the inspiration for today's preventing of a clash and conflict among peoples from origins that may be misunderstood. This analysis would offer a mode so that foreign religions could have an impact upon a cultural circumstance and the social framework. It provides data to investigators of the connection between religions and human civil societies from cross-cultural perspectives whether in the classical Silk Road or the so called "One Belt One Road Initiative" today.

The whole world has been keeping eyes on the visits of President Xi to several Islamic countries in which President Xi calls for strengthening the dialogue between the civilizations of Arab and China when he visits the Headquarters of Arab League. Analyzing the main points of Xi's speech at the Headquarters will expose the meaningful strategic principle in the cultural dimension going side by side with "One Belt One Road" construction cooperated with related countries.

First of all, enhancing the cultural exchanges among different nations in order to achieve mutual understandings avoid confrontations and conflicts; it could be regarded as the cultural strategy along with building "One Belt One Road"."Getting to know each other from the bottom of heart" is the goal of cultural communications which could benefit all of us, promoting the Community of Common Future of Asian people at the current situation. This is designed by the Chinese government stemming from its strong willing for the cultural communications especially urged for strengthening such activities in the future five years.

Secondly, President Xi offers the effective way for achieving the consequences of Win-Win by putting hand in hand and helping each other based on your own advantages instead of facing confrontations and conflicts. So there won't be any threats but getting inspirations and enjoying prosperity all together. Besides, he highlights the common ground of cultural values and principles that China and Arab would share embedded in our splendid civilizations while the digging and exposing are the responsibilities and tasks for experts and scholars to accomplish.

Thirdly, President Xi calls for introducing and clarifying the deep roots and origins of the two great civilizations, exploring the valuable factors for absorbing and usages for nowadays since we do have common ideas and aspirations stemming from our great traditions which once had directly served for and contributed to our developments, such as the principle of Benevolence, Islam, Piety, Self-Cultivation, Righteousness, etc. So China will operate the so-called "Hundreds, Thousands and Ten Thousands" Cultural Projects to encouraging the cultural exchanges based on the tolerance and the inspirations.

From my point of view, regarding the worldwide situation of Arabs and Muslims Islam and its cultural values need to be understood so that the Muslims could be accepted by the others, especially considering the millions of

Middle East refugees staying in the European societies. So it is the very time for us to take actions by setting up the Cultural Project of Five Years period in demonstrating the principles as well as the wisdoms of Islamic civilization which could be shared by most people benefiting the daily life of various communities.

Since 2013 Xi's administration has sponsored the contemporary economic belt on the Silk Road in addition with the New Silk Road on the Sea started from Lianyun Port, Dalian which can be so called "One Belt One Road", while the Project of Silk Road applied by China, Tajikistan and Kyrghyzstan is succeeded to be listed as one of the world heritages by UNESCO in 2014. Actually, the New Silk Road becomes a symbol representing an open-minded spirit which is basically connected with making the Chinese Dream comes true as well as "pushing for the Great Renaissance of the Nations of Arab and China, achieving more Blends and Integrations in Various Dimensions" (President Xi).

Just as President Xi addressed in his remark at APEC Summit held at Beijing 2014, "Unity without Uniformity", the Chinese classical saying could be the ideal atmosphere for people enjoying their life together. China has already paved the way of expanding its influences in various spheres in order to achieve the cooperation with worldwide nations and regions in the past several years. He also mentioned the unsteady situation in the world security calling for a peaceful life which can be shared by all people over the world.

It is quite clear from the perspective of humanity studies that cultural exchanges among different nations and even different religions can effectively improve the mutual understanding and reduce or avoid the conflicts due to lack of relevant knowledge or misunderstandings. All these research results had already been proved by human practices in the history.

With the strong willing and the financial support from our government the efforts of cultural exchange on the New Silk Road will catch the eyes from all over the world and will definitely benefit the economic activities as well as the cooperation for the regional security since the executors are the individual person who is wearing his or her own cultural manner.

Chinese—Arab Relations: Challenges and Opportunities

[Lebanon] Elias Farhat

[General (ret), Lebanon]

Introduction

Muslims and Arabs often echoed the words of the Prophet Mohammed, "Seek knowledge, even if in China". They focus on the Prophets directives in urging to seek knowledge even if it was in a very distant country and inaccessible. In pre—Islamic ages, there were no connections between the Arabs and the Chinese. Arab sailors reached India and Sindh but rarely China.

With the Mongol invasion in the thirteenth century, the Arab region witnessed its first "wave from the far east". Books and references dating back to that age refer to the awe and horror of those invasions, whereby towns were burnt and civilizations wiped out. The Mongol invasion of the Arab region, led by Hulagu, burned the capital of the Islamic caliphate Baghdad in 1258 PM and ended the dynasty of the Abbasids, who ruled for about 500 years. Other big cities like Aleppo and Damascus witnessed the same fate. This invasion was confronted by the Egyptians, led by the Mamluks in the battle of Ain Jalut in Palestine in 1260 PM,where the Mongols were defeated and thus withdrew from Arab countries back to Mongolia. Another wave came back in the late fourteenth century with Tamerlan, who came from Central Asia (now Uzbekistan), and took over Iraq and Syria for a brief period.

The Greeks and the Romans ruled the region for about a thousand years and spread the Greek and Romanian civilization and culture amongst the

Arab masses in the Levant and North Africa. The European invaders known as Crusaders, occupied parts of the region for two centuries, leaving behind traces of their cultures in the Arab region.

In the Abbasid age books in Greek and Persian, and to a lesser extent Indian, were translated into Arabic and vise versa. In that era, rarely did one hear of Chinese books translated into Arabic. It is true that the Mongols are not Chinese, and China like the Arabs suffered from the Mongol invasion, but "the long distance considerations" dominated the minds of the region's population for centuries who considered them coming from the far east.There was no communication between China and the Arabs, and therefore no inter-actions between their respective civilizations has taken place.

Arab sailors departed from the coast of Oman to Archipelago of Indone-sia and spread Islam into those islands via deals and good conduct and with-out wars and battles. This was contrary to the previous norm whereby Islam was promoted by force. In Syria, the Romans were defeated in the battle of Yarmouk in 636 PM and in the same year the Persians were defeated in Qa-disiyah.This meant the spread of Islams in Syria, Iraq and Iran. In Indonesia, Islam remained in the islands and did not reach the main land of China. The Indonesian islands were the nearest place of interaction between Muslim Ar-abs and Chinese.

Chinese-Arab relationship did not exist for many centuries because of the very long distance which was difficult to cross by the available means of transport. In the twentieth century, after the great developments in commu-nications and technology, Arab-Chinese contacts began through the gateway of communist parties and continued in a lower degree after the split between China and the Soviet Union.The contacts have been further enhanced with the recognition of China as permanent member in the United Nations Secu-rity Council and also with Beijings entry into the World trade organization in the 1970s. Arab countries, especially the GCC countries did not recognize the People's Republic of China and instead established relations with Taiwan until the early nineties when Saudi Arabia established diplomatic ties with China.

China has become a key state commercially and politically in the Arab world. Yet cultural relations still require efforts to reach the level Arabs-Western relations or Arab-Russian relations.

I. Ma Haidi "George Hatem"

Ma Haide Dr George Hatem is a leading figure in the realm of Chinese-Arab relations, but the Arab world showed little interest in this man.

A Lebanese American, he was the first foreigner to acquire Chinese citizenship and membership in the Chinese Communist Party.He took part in the Chinese revolution and was given the surname "Chinese doctor people". He contributed to the elimination of leprosy and other diseases in China. In 1934 Hatem received a letter from Soon Ching Ling, the editor of "China Foundation Today" in which she told him that chairman Mao was requesting doctors to treat his soldiers. Upon receiving this letter Hatem crossed the lines and moved from the Nationalists area to the area controlled by the communists. Ma Haide (Hatem) then became the personal physician of Mao Zedong along with the soldiers, and he continued in his job until Mao achieved victory and declared China a Communist state in 1949. Hatem died in 1988 and was buried in a cemetery reserved for Chinese heroes in Babaoshan in Beijing. In his home-town Hammana in Mount Lebanon the community honored him and built a statue of Hatem.Few Arabs and Muslims knew about Ma Haidi "George Hatem", and this shows how weak China's cultural influence is in the Arab world.

II. How do Arabs View China?

Arabs consider China an industrialized country offering its products for cheap prices and competing with European and American products.They see the Chinese goods available in different varieties. However, they do not trust the quality of Chinese goods and consider them of inferior quality compared to the Western. Arab politicians see China as an Asian country, which played a prominent role in supporting the Palestinian revolution and other liberation movements all over the world. Other Arabs see China as a communist state carrying a hostile ideology which contradicts with Islam, so they have taken an aggressive stance towards it. This lasted until the situation changed completely at the international level, and China opened up to Western countries.In the Arab world, hostility has turned to cooperation and friendship, especially after the collapse of the Soviet Union and the decline of what was considered a communist threat. After China's entry into the global business market and the Arab states all recognizing the Peoples Republic of China, the situation changed dramatically. Relations improved and trade increased significantly between the GCC countries, especially Saudi Arabia, and China. No longer was the communist threat raised, and Arabs increased their visits to China, mostly for the purpose of trade and business.

Flights from several Arab cities to China's major cities have increased, carrying large numbers of travelers, mostly for work purposes. Arabs opened commercial offices in Beijing, Shanghai, Juan Zhou and other cities and brought many Chinese companies to Arab countries which proceeded to carry out a variety of projects. Chinese contractors, workers and technical experts travelled to certain Arab countries in unprecedented numbers.

The relationship between Arabs and Chinese has a commercial character and did not expand to the cultural aspects. Setting up branches of the Confucius Institute in Arab cities was a necessary step to break the cultural and civilizational ice between the two parties. The Arab public does not understand the Chinese civilization and the Arts and Heritage in China. Arabs saw that the Chinese imported products were made according to Western models without the traditional Chinese character. Chinese tourism is very limited in Arab countries and now it has somehow come to a halt after the Arab spring. A limited number of Chinese tourists visit the Gulf states and Morocco whereas we see large numbers of Chinese tourists in Europe and the United States.

Arab tourists in China enjoyed the Great Wall and the Forbidden City but rarely did they listen to the musical performances, or view artistic and traditional activities. This fact is one aspect of the development of China-Arab relations and it shows need for cultural understanding between the two sides to develop any relationship in any field.

In the realm of language, we find a little bit of Chinese learning the Arabic language for research and works related to the armed forces and the diplomatic corps. Arabs meanwhile are in no rush to learn the Chinese language. In France, for example, the Chinese language is one of the three languages in the curricula and many students choose to learn Chinese. Both Chinese and Arabs prefer to communicate in English as the international language of business. But business networking is not enough to deepen the relations between the people, and cultural and artistic interactions remain a must.

Of the most important cultural interactions is translation. Yet the translation between the two languages was not enough to get both people to know each others culture. Arabic masterpieces which were translated into western languages are still absent in the Chinese language, we also find a small number of Chinese books translated into Arabic, some of them were translated from a third language, English or French.

The Chinese theater and cinema are almost absent from Arab-screens and theaters and we rarely find Arab concerts playing Chinese music. Indian cinema once invaded the "Arab-screen" and Indian movies are still shown in Arab cities and on TV screens.

The launch of the Chinese TV station CCTV was an important event for the Arab public to get know more about China.Yet the Arab viewers are still limited because of thousands of available TV SAT in Arabic. Anyway CCTV promoted information about China more than other means of communication.

Military cooperation between China and some Arab countries allowed for the exchange of experiences and for the familiarization of the cultures and traditions of each party. Many military officers, attended training courses in Chinese institutes and China has trained many people from the Palestine Liberation Organization.

While we find Chinese presence in the US and European cities, "China Town" does not exist in the Arab world because the Chinese who visit the Arab world are businessmen, workers and tourists and not residents or immigrants, as they are in the United States and Europe.

Chinese food, is available in private Chinese restaurants spread in the Arab capitals. In Beirut, for example, numerous Chinese restaurants attract many Lebanese and foreign tourists.

Despite the approach that has been achieved in the past three decades between China and the Arabs, the cultural gap is still wide and China remains in the eyes of most Arabs an unfamiliar country with unfamiliar people.We need more time and more cultural interaction to bridge the gap.

Religion remains the biggest problem. Arabs dealt with non-Arab Muslims in Central Asia, the Indian Subcontinent and South Asia by religious association. The Arab region is the cradle of the Christian, Islamic and Jewish religions called the divine religions. Muslims called Christians and Jews, the name "People of the Book" a designation which refers to the believers of these religions.Christians are not strangers in the region, and Arab Christians are a main component of the region and its indigenous population. They were a link with the West, both Europe and the US.And Christian culture is known to different degrees in the Arab region, which eased the dealings with the West.

Arabs have no idea about religion in China.They consider Chinese beliefs non-divine with the exception of small Muslim and Christian minorities. Chinese are not pagans and the philosophy and teachings of Confucius are not acceptable to Islam.

Shedding light on the problem of religion is necessary, because we are at present witnessing a radical Islamist wave that has reached the level whereby non-Muslims are considered infidels as well as some Muslim sects like Shiite, Alawis, Ismailis, Druze and Yezidis in Syria and Iraq. Individuals from the Chinese Muslim community joined the terrorist organization al-Qaeda and ISIS and took part in terrorist operations in Syria and Iraq.This religious dispute urges us to take into account the consequences on the situation in the Chinese areas where Muslims reside, and the violence and terrorism that are likely to be committed by terrorists in China.

The cultural gap between the Arab world and China limits the possibilities of addressing the dangers of terrorist threats.

III. What does China Want from Arabs?

Chinese President Xi JinPing published an article in the Saudi daily Al-Riyadh on the eve of his visit to Saudi Arabia, which included the following excerpt: "We should be partners of mutual benefit, and seek mutual development through cooperation and common benefits".

In his talk about partnership and mutual benefits, President Xi set a framework of equality between the two parties and focused on mutual respect.It is the first time a super power speaks seriously about partnership. Overwhelmingly, international relations are formally based on equality but realistically on domination.During the era of colonialism,the colonial states exploited the resources of colonized countries. The term Imperialism which was added to colonialism means how to exploit people and benefit from their fortunes. Western countries often waged wars to maintain control over resources and raw materials. Most inter-African wars have taken place to control diamond mines, and other wars reasons were energy-related.The cold war dominated the US-Arab relations from two angles: the US- Soviet Union confrontation, and energy issues. Arab relations with the colonial powers were not based on mutual benefit, as colonial countries promoted their culture through universities, associations, hospitals and cultural centers, at the same time placing economic, security and political issues under their control. The result of this was the absence of real independence.

Will China change the rules of the game and seek seriously mutual benefit? This is proved by practices.

In the case of Saudi Arabia, China is a main importer of Saudi oil (a quarter of Chinese imports). China's large market is opened to Saudi Arabia,while China has supplied Saudi Arabia with the Don-Feng 21 surface to surface long range missiles.Trade between the two countries meanwhile reached 71 billon dollars in 2015. In foreign policy, China recently supported Security Council Resolution 2216 on Yemen in favor of Saudi Arabia, a step which was taken because of the Chinese–Saudi relations. On the other hand, China and its ally Russia used veto-power 3 times in the UNSC vote against draft resolutions about Syria because pragmatically, this was in the interest of Chinese strategy.

Is China a colonial power?

Simply put China is not a colonial power, it has not occupied any country, neither imposed its policies on other states. China did not take the wealth of any country but went for partnership and mutual benefit.

Arab views towards China are different than those towards Western countries. Western countries had historical ambitions in Arab world: The French occupied Algeria in 1830 and Morocco through Protection in 1912, in addition to Syria and Lebanon in 1918. Britain occupied Egypt in 1882 and Iraq in 1918 and Sudan in 1898 and placed Gulf Coast, Kuwait and the Coast of Oman, and Aden under its authority in 1820. Italy meanwhile occupied Libya in 1912.

The history of occupation is still fresh in the minds of the Arabs. China in the nineteenth century suffered from the British wars of opium and invasions, and was occupied in accordance with the agreement of 1860.Thus both the Arabs and the Chinese suffered from Western occupation.

In the Cold War some Arab countries allied with the United States and the West, and considered China as a communist country that poses a threat to their countries.Most of these countries did not recognize The People's Republic of China, and instead recognized Taiwan. On the other side, other countries following the Soviet bloc considered China as a friendly and allied country and established diplomatic relations.

After the end of the Cold War, Arabs changed their positions towards China and pivoted to more friendly ties. In the Arab eyes, China is a super power and a major industrial nation and most important of all a country that has no territorial ambitions. There are no Arab concerns or fears from any relationship with China, as Beijing is seen as not posing any threat to Arab interests and culture. Arabs consider that China is a pragmatic political country which preserves the interests of all parties concerned and does business sincerely.It is rare in the Arab world to hear any antagonist statement against China, neither from government officers nor from politicians or media.Generally Arabs do not criticize China as they do some times with super powers and other countries.

As for the Arab –Israeli conflict and the Palestinian question, Arabs feel that China was a strong supporter of the Palestinian peoples struggle to establish their own independent state. China supported the Palestinian revolution and armed and trained various factions of the Palestinian Liberation Organization (PLO). It recognized the PLO as a legitimate representative of the Palestinian people and later recognized the Palestinian state declared by the Palestinian Authority. China disapproved Israeli aggressions and occupation of Arab land and supported implementation of UNSC resolution 242 and other relevant resolutions that envision a comprehensive settlement of the conflict which includes Israeli withdrawal from the occupied Arab lands.This was mentioned in the Arab Policy Paper issued by the government of China and was referred to in the Chinese positions in foreign policy and in the United Nations forums. In this respect, all Arabs appreciate China and consider its positions clear and firm. The issue of international terrorism is a concern for Arabs, Muslims, and all the world. It has risen in the aftermath of the 9·11, 2001 attacks in the US. It is confirmed that the 19 terrorists who committed

9 · 11 attacks were Arab Muslims. Among them were 15 from Saudi Arabia, two from UAE, and one from Lebanon and Egypt. This raised skepticism towards Islamic Wahhabi Salafism, the trend of the terrorists.

Terrorism continued after 9 · 11 even more, and struck several countries all over the world including Arab states and China.

Serious cooperation and coordination between countries under threat in the frame of UN resolutions is necessary in order to fight terrorism. Unfortunately, the war against terrorism declared by the US resulted in a bigger rise and promotion of terrorism. Either there is a defect in this war or there is no good faith in some countries. This should push for more coordination between China and Arab countries in order to avoid any terrorist attacks. It means that there should be coordination between governments and security services. Exchange of intelligence and data about the would be terrorists, should take place honestly and seriously. Efforts should be taken in order to save innocent people in both China and Arab countries and all over the world.

IV. The Fact of Arab Political Regimes

In order to understand the relations between any country with another individual country or group of countries, we have to consider the history, the political system of each country, the constitution, laws, regulations and the process of decision making. Furthermore, we have to be familiar with the authority of the parliament if it exists, and the judiciary.

The simplest definition of Arab countries is that they are the member states of the Arab league, a regional middle eastern organization founded in 1945.All of the Arab states contain a majority of ethnic Arabs or Arab speaking people. There are many ethnic minorities such as the Kurds, Turkmen, Caucasians, Amazigh, and Black African tribes（in Sudan）, in addition to religious minorities like Christians from several sects（Catholic, Greek Orthodox, Protestants, Assyrians）, not to mention Jews and Yezidis. Within Islam there are various sects, the majority are Sunni Islam and the biggest minority are the Shiites（they are the majority in Iraq）, Alawites, Ismailis, Druze, Shabak, and others.

Unlike other regional organizations,the Arab League was not a reliable power. Its charter stipulates that resolutions should be adopted unanimously, which made the decision making process very difficult and sometimes impossible. In the beginning, Egypt and Saudi Arabia controlled the league. The support of these two countries to any draft resolution was enough to adopt any resolution. Yet the two countries agree sometimes but they dispute often, hence paralyzing the league. Once in 1976 they agreed on a resolution to deploy Arab Deterrence Force to keep peace in Lebanon. Yet the implementation did not last long and after two years, this force turned to be another dispute in Lebanon and deteriorated the situation and became part of the civil war in that country.

This league failed to reach settlements to Arab problems and crisis. In 1948 it failed to prevent the creation of the state of Israel on the land of Palestine and did nothing to defend the Palestinian people who were attacked and massacred by Zionist gangs and driven out of their home towns and villages to the neighboring states of Egypt,Syria, Jordan and Lebanon where they are still living as refugees and seeking to return back home.

In spite of the geostrategic position of the Arab states and control of strategic waterways like the Suez canal and the straits of Bab El Mandab and Hermuz, and the hydrocarbon wealth which made them powerful in the energy market, they did not achieve any progress to solve the Palestinian question and put an end to the suffering of the Palestinian people.

China is aware of the situation. The recent Arab policy paper expressed the Chinese position on this conflict: "China supports the Middle East peace process and the establishment of an independent state of Palestine with full sovereignty, based on the pre-1967 borders, with East Jerusalem as its capital. China supports the Arab League and its member states' efforts to this end".

A serious of failure of the Arab league made it invaluable.In order to count the troubles of the Arab world we need a series of studies. We will mention the Arab conflicts with outsiders and the Arab-Arab conflicts.

We have witnessed Arab–Israeli war in 1948, Egypt–France, Britain, Israel war in 1956, Arab–Israeli war in 1967, Arab–Israeli war in 1973, and Lebanese, Syrian, PLO-Israel war in 1982. In addition to Israeli–Lebanese and Hezbollah war in 2006 and Hamas–Israeli wars in 2008,2012,and 2014.

Iraq—Iran war lasted 8 years between 1980 to 1988 and was destructive for both countries, while the Iraqi invasion to Kuwait in 1990 created a deep wound between Iraq and Gulf States. Operation Desert Storm in 1991 led by the United States and the international coalition drove Iraq from Kuwait, while Operation Iraq freedom, which was the US led invasion of Iraq in 2003, resulted in the occupation of Iraq after ending the regime of Saddam Hossein.

The invasion of Libya by NATO Air force and Special Forces meanwhile took place according to the security council resolution 1973 upon the request of the Arab League!

These wars and conflicts resulted in millions either dying or being wounded or displaced. Hundreds of thousands of houses and factories were also destroyed along with severe damage to infrastructure during a near 70 years period during which the region witnessed these wars.

The conflicts between Arab countries are no less dangerous.

The conflict between the Baathists in Iraq and Syria started in 1979.The borders between the two countries were closed, diplomatic relations were severed, trade was halted,and each side planned coup d etats against the other, which were failed but at the same time caused mutual suspicion between both sides. Ironically, in 2003, after Operation Iraqi Freedom, the borders reopened.

The conflict between Algeria and Morocco over the Western Sahara started in 1975 when Spain, the colonial power, withdrew its forces. So far all diplomatic efforts and regional, Arab and international mediation have failed to settle the conflict. The borders between the two countries have remained closed since 1994.

The first civil war between Sudan government and the Southern rebels started in 1955 and went on until 1972, resulting in the death of more than one million and the displacement of 4 millions. In 1983 the war resumed until 2005 when an agreement was reached on the independence of South Sudan. This partition was unfortunately not a positive development. At the same time a fierce conflict is taking place between Darfor tribes and the central government of Sudan and another has erupted inside South Sudan between rival tribes.

Libya after the NATO intervention and overthrow of Qaddafi became a failed state and the same goes for Somalia.Yemen and Iraq are also on their way to becoming failed states.

Yemen is the poorest Arab country.For centuries it was under the rule of a dynasty of Imams who acted as kings with religious authority.In 1962 a group of Army officers made a coup d etats and declared Yemen a republic and ended the royal Imami (Religious rank in Islam) regime which lasted eight centuries.Saudi Arabia feared that the republican system regime would spread in the Arab peninsula and reach Saudi Arabia itself. This led the Saudis to support the Imamists, and a civil war soon broke out between the republican government and the Imami rebels in the North. Egypt supported the republicans and sent an Army to fight the Imamis. The war lasted until 1970 when Saudi Arabia and Egypt reached an agreement to end the war and keep the republic regime.

South Yemen meanwhile was under the occupation of Britain. A revolution started in Aden and other parts of the South which led to independence and the withdrawal of British forces in 1968. That year the South Yemen Popular Republic was declared.

In 1990 North Yemen and South Yemen declared unity between both parts and The Arab Yemeni Republic was declared. In 1994 the South sought separation and the Northern Army went to the South to undermine the separation movement by force.

Political regimes are different between one state and another. Gulf Co-operation Council countries (GCC), are monarchies, and such is the case also for Jordan and Morocco. Some of these countries have no written constitution. Among the GCC countries only Kuwait has a parliament elected by people and a government accountable.

Bahrain has a parliament which misrepresents the people. The prime minister has been in office since the independence in 1974!

Others have no elected bodies. The king or the prince holds full power, executive, legislative and judiciary.

In GCC countries human rights are limited, political parties are not allowed, and there is no free press. In Saudi Arabia women are not even allowed to drive a car and at the same time are not represented in state institutes. There is also no freedom of religion: Islam is the only religion and it is not allowed to practice rituals of any other religion. Non—Muslims meanwhile are not allowed to enter the holy city Mecca.

Other GCC countries ease the measures on other religions and are more open when it comes to women rights. All the regimes are based on Royal families and inherit power without elections.

In all GCC countries currency converting and transferring through the banking system are available.

Syria is a Baath totalitarian regime where authority is in hands of the elected president. The term is 7 years subject to renewal two times. Syria is a secular country where women are free and take part in politics and business. Freedom of religion is available to all religions, but political parties are constrained. No opposition groups are allowed to work and there is no real freedom of press.

Egypt is the most deep rooted country in the Arab world.The state goes back thousands of years to the Pharos. During most stages of history Egypt was a principal state and once it was the center of the Fatimids Califa. Egypt was a kingdom until 1952 when a group of officers calling themselves "free officers" made a coup d etats and overthrew the royal regime, thus turning Egypt into a republic. Under president Naser, Egypt became an international player in the Arab world, and amongst nonaligned countries and Africa. The Army plays the principal role in domestic and foreign politics and the rival was the Muslim Brotherhood MB. The dispute between the Army and the MB has continued since the fifties when the MB attempted to assassinate president Naser. One of its branches did assassinate president Sadat in 1981.

Egypt is the Arab country where the people are the most united and cohesive in and the power of state is spread all over the country.

According to the current constitution, the president leads the decision making process. The president is elected for 4 years and allowed to renew one term only. The elected parliament so far has not been effective.

Morocco and Jordan are both monarchies, and yet in each of them there is an elected parliament and a government headed by a prime minister.The king presides the three powers, the executive, the legislative and the judiciary, but there is an extent of representation of people.

Iraq under the new constitution adopted in 2004 is a democratic country where authorities are distributed between the president, the prime minister and the parliament speaker. The practice proved that the Judiciary is not independent. Most of the executive Power is in the hands of the prime minister who should be Shiite.The president is Kurdish and has little authority in guiding the constitution. The parliament does enjoy authority and it does hold the government accountable. Its speaker is Sunni and it plays a main role in enacting laws. This confessional distribution extends to the ministers and local governors. The political parties are Sunni and Shiite religious and ethnic Kurds and there are no secular or nationalist political parties. This has made the decision making process difficult as it has to take into consideration the views of the three confessions.

Lebanon is the smallest country with an important geopolitical position. It is a multi-confessional country and it witnessed a civil war between 1975 and 1990 after which the Taif national accord agreement was concluded. In 2005 and after the assassination of former president Rafiq Hariri, the country witnessed chaos and unrest. According to Taif, the leaders of the confessional communities agreed to preserve stability and the unity of government and state institutions as much as possible.

The decision making process needs the agreement of the political leaders of the principal confessions, then formally the government and the parliament to take the necessary measures.

In the Arab world we see different political regimes. Each country has its own decision making process. Power lies in the hands of kings, princes, dictators, parties, and also confessional and tribal leaders.

Any political or economic deal with the Arab states or the Arab companies should be preceded by a full study of the country in terms of:

-The short and recent history of the country;

- The security situation and the possibilities of unrest shaking stability;

-The foreign relations, especially with the neighboring countries;

-The credibility in abiding by international law;

-The decision making power;

-The credibility of the Judiciary;

-The human rights and freedom of expression, religion, and movements.

This is frankly the situation in the Arab world today.

V. The Arab Spring

The Arab Spring was a series of anti-government protests, uprisings and armed rebellions that spread across the Arab countries in the Middle East and North Africa in early 2011 and are still ongoing. But their real purpose, relative success and final outcome remain disputed in Arab countries, among foreign observers, non—state actors, and between world powers looking for their interests in the changing map of the Middle East. It started in Tunisia when Mohamed Bo Azizi, a street vendor, set himself on fire on December 17, 2011 in protest of the confiscation of his wares and the humiliation that was inflicted on him by a municipal official.Tunisian president Ben Ali stepped down quickly and dramatically and suddenly took refuge in Saudi Arabia.His fall inflamed the Arab street as demonstrations were held in unprecedented numbers in Egypt, Yemen, Bahrain, Syria, Libya, Jordan and Moroco. After 5 years, the scene changed. Only Tunisia witnesses democratic change through free elections. Yet the country is being targeted by terrorist organizations like ISIS and AlQaeda, thereby striking the tourism industry and inflicting ecnomic losses. Egypt witnessed two presidential changes: President Morsi of the Moslem brotherhood was elected democratically and won with a slight majority. After one year in power and under heavy demonstrations, the Armed Forces along with AlAzhar Moslem association and the Egyptian Church, took over the power and appointed Adli Mansour the chief of the supreme court interim president and after a year the powerful General SISI was elected president, thereby ending the Moslem Brotherhood regime.

Egypt is now a target of terrorist organizations: Tourism received a heavy blow after a civilian airliner carrying tourists was blown up. The economy shrank and the country is suffering from a weak economy and unemployment.

Libya was invaded in accordance to UNSC resolution 1973 which was adopted at the request of the Arab league. It called for a no fly zone in the Libyan air pace and for protection of the civilians. Under this pretext, NATO warplanes attacked infrastructure and destroyed all the Army bases and airports. For the purpose of protection of the civilians, special operations units from NATO countries attacked the Libyan land. Qaddafi was killed and chaos prevailed in the country.

Now Libya is divided between zones of influence of tribes, and engaged in civil wars between various tribes. The most dangerous aspect is that ISIS occupies about 300 kms of the Libyan coast and AlQaeda is spread out in parts of the country. Efforts to reunite the country and reconstruct the central government did not reach a positive end.

In March 2011, Syria witnessed demonstrations against the regime, which were met by counter demonstrations supporting the regime. The attempts to divide the Army by defections and assassination of high ranking officers did not paralyze it. Yet the Army suffered heavy losses in men, material, and positions, in addition to airports, barracks, warehouses and others. It did not lose the command and control system and kept fighting all over the country within the available ready units. In the beginning of 2012 Syria witnessed a wave of terrorist attacks and suicide bombings by Alqaeda affiliated groups. Alqaeda entered Syria from neighboring Iraq and terrorist organizations deployed on the Syrian side of the Turkish-Syrian borders. The crisis turned into a war between the regime and the terrorist organizations of ISIS and AlQaeda affiliated groups, mainly Jabhat AlNusra. The civilian opposition shrank and opened the way for terrorists to take control of some towns and countryside villages. The terrorists expanded to occupy about 50%of Syrian territory. Western powers presented 3 draft resolutions to the United Nations security council to allow for military intervention in Syria. China along with the Russian Federation vetoed the drafts, thus avoiding Syria the fate of a new Libya which would threaten the stability and security of the entire region.

Terrorism in Syria is no more just about sleeper cells and committing attacks and hiding. Rather terrorism in Syria has become an Army. The Army of ISIS is made up of more than 50 thousands fighters deployed in Syria and Iraq mainly on the basin of the Euphrates River and in north and west of Iraq. The Army of AlQaeda is made of roughly the same numbers deployed in the northwest and the south. These armies have their logistical bases in Turkey, importings vehices and receiving weapons and ammunition from Turkey, Jordan and to a lighter extent from Lebanon. ISIS controls oil fields and sells stolen oil to Turkish traders. Foreign fighters who joined ISIS and AlQaeda in Syria came from North Africa, Gulf states, Central Asia, Europe, China and elsewhere. International terrorist organizations are still recruiting, mobilizing, and transferring terrorists to Syria and Iraq. Most likely they use Turkey as an assembly area where they arrive and then move into Syria and Iraq. In spite of all international efforts this process is still active and many terrorists enter Syria daily.This is why international press and media have published that terrorists came to Syria from 82 foreign countries.

Hezbollah, a non–state actor in neighboring Lebanon, supported the Syrian government and took part in the fight against ISIS and Alqaeda. More Shiite fighters came from Iraq and Afghanistan while Iran meanwhile also supported the government with members of the Revolutionary Guards taking part in the fight and taking up advisory roles for the Syrian military commanders.

Russia meanwhile established an air base in western Syria.

So far diplomatic efforts have not reached a framework of peace in Syria. Negotiations in Geneva are taking place between the Syrian government and the opposition. But this opposition has no weight whatsoever on the ground which is completely dominated by terrorist organizations. Ironically the terrorists have prevented the opposition from entering the areas which are said to be dominated by the opposition!

The complex situation in Syria gives a stark warning that war will last longer than expected.The conflict likely will spill over the region.

The winner in Syria is a winner in the region and to a certain extent in the world. Russia sent troops and Air Force squadrons and took part in the fight against the terrorist organizations to prevent them from taking over Syria, and Moscow has succeeded in changing the situation on the ground in favor of the Syrian government.

In Yemen the Arab spring started through demonstrations demanding reforms in the political regime and the stepping down of president Ali Abdallah Saleh. The GCC countries, and especially Saudi Arabia expressed deep concern about the troubles in their Yemeni backyard. After an attempt to assassinate president Saleh, he survived and was treated in a Saudi hospital. The GCC countries then issued a peace initiative calling for the stepping down of president Saleh whilst preserving all his civilian and political rights. Vice president Abed Rabbo Hadi took office as an interim president for two years during which a dialogue was held between all Yemeni factions which were supposed to be followed by elections to vote in a new president. Saleh stepped down and Hadi took over, but the rest of the initiative did not work. The Ansar Allah party known as Houthis allied with former president Saleh started dialogue with other parties. The dialogue did not break the deadlock. Two years passed with no election held and no national consensus has been reached. President Hadi resigned and left the capital Sana which had become under the control of Ansar Allah, fleeing to the southern city of Aden.Ansar Allah forces chased him to Aden and occupied South Yemeni provinces. This was unacceptable for the GCC and especially Saudi Arabia, which accused Iran of supporting the Houthis to dominate all Yemen.

On March 27, Saudi Arabia led an Arab coalition and attacked Yemen with the aim of returning the legitimacy to President Hadi and his government. Prominent Arab and Muslim like Egypt and Pakistan rebuffed Saudi demands to join this force. GCC countries have taken part and the United Arab Emirates air force and ground units took up and important role in the fighting. More than one year has passed and president Hadi is still in Saudi Arabia and has not returned home, while Saleh and Houthis remain steadfast in facing the Arab coalition which has failed to undermine them.The UN Secretary General representative issued a piece initiative and called to a cease fire on April 10 and talks in Kuwait on April 18.It is difficult to reach a win-win settlement.

Infrastructure in Yemen has been destroyed, while thousands have been killed and tens of thousands injured. Millions of people are suffering famine and shortage of medical supplies and medicine and the country is in dire need of reconstruction. The war will likely continue as AlQaeda occupies about 500 kms on the coast of Yemen including large towns, thereby posing a real threat to the Arab peninsula. The AlQaeda presence on the Yemeni coast may threaten navigation in the Sea of Oman and parts of the Indian Ocean in the near future.

The final outcome of the Arab Spring was a failure only if we expected that decades of authoritarian regimes could be easily reversed and replaced with stable democratic systems across the region. The removal of corrupt leaders did not result in instant improvement of the living and freedom standards. On the contrary, three countries: Syria, Libya and Yemen, witnessed civil war that destroyed the infrastructure of the state and tore the societies into pieces. Jordan and Morocco struck deals with Muslim movements to share power while in Bahrain Saudi Arabia has deployed military forces and used force to disperse the protesters who had camped out in downtown Manama, thereby undermining the peaceful protests.

In general, in the aftermath of the Arab spring the Arab world has lost its stability and most Arab people feel uncertain towards future. The number of refugees inside and outside Syria has risen to more than 7 million.In Iraq, Sudan Libya, Yemen,millions of people were displaced within their own country.

VI. Political Islam

It is worth discussing political Islam because it is a major factor in the Arab world and a concern and a threat in the US and the EU, Russia and China and all the international community.

There are Pan-Arab political parties like the Baath, the Arab nationals, the Naserists, and the communists. Pan-Islamic parties became more effective and active after the retreat of nationalism and communism and the fall of the Soviet Union and the Soviet bloc and the Baath in Iraq and Syria. The Muslim brotherhood is the biggest non-state actor in the world. Some scholars believe that it is active in 37 countries including Russia and China. The "Guidance Office" leads the international organization all over the world and it is now stationed in Turkey. The Muslim Brotherhood, founded in 1928 in Egypt, is a key player in Asia. It took power in Turkey (the Justice and development is a branch), Egypt, Sudan, and Tunisia, and shared power in Libya and Moroco. It is a main player in Syria, Yemen, Algeria, Iraq, and to a less extent in other countries. Another Pan-Islamic party is the Libertion Party (Hizb Al Tahrir Al Islami). It was founded in Jerusalem and has wide support in Indonesia, Malaysia and central Asia and it is prohibited in Bangladesh. This party seeks Al Khilafa Al-Islamiah which means Muslim rule in the Muslim world which lasted until 1923 when Ataturk ended the religious Khilafa in Turkey.

They were supported financially and politically by Saudi Arabia. Both are sources of Islamic extremism and violence. The terrorist organizations of AlQaeda and ISIS are Salafists and Salafism attracts members of the two parties.The Salafi trend is the official confession of Saudi Arabia and it promotes Salafi Wahhabi confession all over the world. This was on the Sunni side.On the Shiite side there are no Pan-Islamic Shiite political parties,yet they are present on the national level in some countries. In Lebanon Hezbollah and Amal are two Shiite political parties. In Iraq there are 3 political Shiite parties, Aldawa, Higher Islamic council, and Al-Sader current. Iran leads what looks like Shiite missionaries in the Muslim world. Sunni countries complain of Iran religious activities but so far no mass defections from Sunni to Shii have been reported.

The Islamic League funded by Saudi Arabia promotes Islam Salafi Wahhabi in the world. It starts by building mosques and promoting religious education in which it promotes the Wahhabi militant confession, which is the one that AlQaeda and ISIS believe in. Like the religious schools in Pakistan which led to Taliban, these schools and their curricula are very dangerous in terms of raising children on hatred and violence. The graduates are those who later became suicide bombers in Syria, Iraq, Paris, Brussels and other places in the world.

China should be aware of this threat and the way it differentiates between moderate Islam and extremists.

The Sufi movements in Islam are the most spiritual trends. It was common among the Islamic world.It is based on asceticism and austerity. It calls for love of God and people. Unfortunately the Wahhabi Salafi Alqaeda fought the Sufis and carried out many suicide attacks targeted their mosques in Pakistan, India, Caucus and other countries.

Encouraging Sufis will help Muslims leave the violent trend of the Salafi, Muslim brotherhood and Altahrir. Unfortunately, so far, Saudi Arabia and some Gulf states are funding the Wahhabi Salafi and persecuting the Sufi (majority of Sunnis) and other confessions.

VII. How We Develop the Chinese Arab Relations?

China is the country that is likely will take part in reconstruction and development of the Arab world. As a super power it owns the means and expertise needed. If it is up to the various Arab governments in the end they should choose China for different reasons:

-There are no precedents of wars or aggressions or conflicts between China and the Arab world.

-China is no more a country wants to promote its ideology and to impose its culture, neither does it want to change other peoples ideology or culture.

-China has no ambitions to occupy or annex Arab lands and exploit people, and there are no such exercises in its modern history.

-Trade with China is common on the international level and many Arab individuals as well as companies and governments had deals with Chinese businessmen and Chinese companies.

-Chinese industry is developing quickly and reached a high level of quality.

Starting from the tragic Arab realities, China should pick carefully the path of approach to the Arab world. The current approach is pragmatic. Lebanon for example is a country of diverse political trends, multi confessions, and open to the western civilization and as an Arab country that understands the Arab culture. In the case of Lebanon we notice that Chinese relations are built with all political factions, and all confessions and the embassy keeps its doors open to all parties.

China and the Arab world need to know each other more. How?

Arabs should be aware of the good faith of China in politics. The Chinese foreign policy is balanced and seeks peaceful means to settle disputes. China's national security lies in peace and dialogue between nations. China's military mission is to defend the country and not to expand at the expense of the sovereignty of other nations. China's stance on the issue of Taiwan is firm but was never violent. It never used force in its foreign policy, neither does it use proxy forces as other countries do. Deals with foreign countries follow the "win-win situation" formula. This is expressed clearly in the Arab Policy Paper:

" China has always approached Chinese-Arab relations from a strategic perspective. It is China's long-held diplomatic principle to consolidate and deepen China-Arab traditional friendship. China will adhere to the right approach to justice and interests and promote peace, stability and development of Arab states while seeking better development of China, to achieve "win-

win cooperation", common development and a better future of the China-Arab strategic and cooperative relations".

China should be careful in its approach to the different crisis in the Arab world. As we mentioned above,each Arab country has its own problems. Sometimes, the same problem is found in more than one country.

It is very important to activate cultural relations with the Arab world,which includes sending students to Arab universities and receiving students in the Chinese universities. Moreover,increasing the number of Chinese teaching institutes in the Arab world and encouraging Arabs to learn Chinese language through stimulus and incentives would also be an important step.

Unfortunately,the security situation in Syria and Iraq does not allow tourism, but in Egypt it is available. What would also further enhance ties would be encouraging Arabs to visit China.

Cross-cultural Conversation（Ⅱ）

Making Civilizational Differences in Mongolia and China: Pastoralism, Environmentalism and Policy[①]

[Mongolia] D. Bumochir

[Research Associate,Department of Anthropology,University College London,UK]

Introduction

I had never seen herders growing fodder to feed livestock until I first came to Qinghai Province in the Northwest of China, in the winter of 2002. From Xining, the capital of the province, a fully packed mini bus with excess passengers sitting on small boxes in the aisle, took seven or more hours to reach Qaidam Basin. For more than an hour, the route followed the shore of Lake Qinghai. The pastures around the lake are considered greener and are occupied by Tibetan herders. Beside the lake, as well as fenced pasture, there were also ploughed fields. Later, my Mongol herders in Qinghai explained me that the local government had reduced *pasture* and livestock numbers around the lake Qinghai and instructed herders to cultivate fodder to feed animals. Although I had known since I arrived in the area in early 2000 that such a development was only expected.

In summer 2007, during another field trips to Qinghai, there was an official meeting in the *Zhong jia xiang* of *Haixi Jiu*, in the west of the Qinghai Lake. Herders from different villages gathered in the only street of the township to attend an official talk delivered by the local party secretary. Herders

① This research was supported by a European Research Council grant to the Department of Anthropology, University College London.

were discussing amongst themselves how ridiculous it is to blame livestock and herders for environmental degradation. For me this sounded like a true "end of nomadism"(Humphrey and Sneath 1999) if the State chooses "green governmentality"(Williams 2000, Yeh 2005, Kolås 2014) and decides to reduce size of pasture. Reducing pasture also means to reduce livestock number to 200 hundred. In Qinghai herders usually have 600 to 700 livestock, a number that is limited with current size of *pasture*. Certainly 200 animals will not provide enough income for herder families to support their livings. During my fieldtrip in 2014, I discovered that many herders in Haixi banned to use some of their pastures and herders started planting grass to feed their animals, which was alarming to many. The summer pasture in the mountain was banned in *Balong Xiang*. I visited a Mongol herder in *Balong Xiang* whom I have also known since the start of my fieldwork. I found him in a traumatic situation. He was so disappointed to decrease number of his livestock from 700 to maybe 300. When I asked about possible pasture for rent, he said other herders are in the same situation of lack of pasture and no one has spare pasture to rent. I had only known similar cases of some Tibetan regions around the lake Qinghai from my first fieldworks in the early and mid 2000s. But this is now already developing among the Mongol herders in Haixi. Because of his desperate situation, he started to cultivate fodder to feed his livestock in order to be prepared for the future, as the local government advised.

The same was happening to Mongol herders in Inner Mongolia. Dee Mack Williams demonstrates Chinese construction of pastoralism. He writes that Han Chinese national and regional levels of government officials and scholars explicitly express that "Mongols never learned to look beyond their sheep to the soil, so today they have no regard for the land that farmers have cherished"(2000: 508). Except numerous Mongol herders' demonstrations occurred across Inner Mongolia since the beginning of the century, only few reactions and rejections made by the Chinese against the Chinese scientific construction of negative supposition of pastoralism. The most famous reaction made by Jiang Rong who saw the construction as a history of misperception. In 2004, Jiang Rong (real name Lu Jiamin), a Chinese author, made an enormous contribution in promoting Mongol pastoralists' environmental stewardship revealed in his bestseller semi-autobiographical novel *Lang Tuteng* (*The Wolf Totem*), based on his experience living with Inner Mongolian pastoralists during cultural revolution. The novel translated into numerous languages including English (2008) and Mongolian (2010), and film *The Wolf Totem* by French director Jean-Jacques Annaud. Bulag writes about the author's intention "Jiang mourns the demise of Mongol nomadic power under the relentless assault of Chinese agricultural civilization. Nomadic Mongols are, under his pen, invaluable to the Chinese, for they have injected much-needed virile blood (*shuxue*) into the Chinese, through repeated invasions and conquests throughout history" (2010: 1). Besides conflict and cultural difference between Mongols and Chinese, an important point Jiang Rong repeatedly made in his novel is about environment addressing the current issue of "unsustainable pastoralism". His message points the opposite of the Chinese conventional construction of backward, ignorant and "unsustainable pastoralism". The message says that the environmentalist construction of pastoralism is different from the local understanding in Mongolia and Inner Asia, and contradicts how herders actually perceive and interpret pasture degradation and their well-being in the natural environment.

The same also applies to Mongolia. Ian Hannam, expert in international and national legal, policy and institutional systems for natural resource management, advised Mongolia's and many other Central Asian countries' environmental law and policy analysis, sustainable land management to develop new legislative and institutional structures. According to his advice "Mongolian rangeland is degraded because herders are unable to apply sustainable grazing practices. Mongolian grassland is not valued so its regulation and management have been avoided in the past. Herders continue to graze their livestock on public land unrestrained, where there is high competition for good pasture. They use public pasture and water free of charge and without initiative to protect and properly use it" (2012: 418).

This paper does not aim to trace causes of land degradation, nor prove or disprove herders' impacts on natural resources. Since large numbers of livestock are suspected of being one of the causes of land degradation, another discussion focuses on what it means for herders to increase their livestock numbers. Many argue that large numbers of livestock can be a form of resilience (Murphy 2014: 106, 117) and risk management in the uncertain conditions of mobile pastoralism (Thrift & Ichinkhorloo 2015: 138) while some others also argue that it is a way of showing prestige and social status

(Borgerhoff Mulder et al. 2010: 38; Murphy 2014: 111-112). My concern is none of the above. Instead, the paper intends to show differences in understanding pastoralism and civilizational differences in managing pastoralism in China and Mongolia. I intend to continue my discussion developed in the publication of *Asian Ethnicity* special issue titled *Mongolian Ethnicity, Nationality and Civilization* (2014) where I argue that civilization is constructed in the specific cultural history (Bumochir and Shih 2014: 417).

Continuing Dee Mack Williams, I argue that in the last two decades a new concept of unsustainable pastoralism produced by scholars, policymakers, local and international NGOs in Mongolia and China. This construction of unsustainable pastoralism became a political project mainly of those with sedentary cultural background revealing strong civilizational differences against "nomadic civilization". To be more precise, this construction is Eurocentric and Sinocentric, in contrast to Mongols with mobile and pastoral background. Here, I must underline that I am not saying Mongolians never accept and contribute the concept of unsustainable pastoralism, because in contemporary Mongolia many end up acknowledging it. Global considerations of climate change and the need to conserve the environment have led to a search for causes of land degradation, and certain forms of pastoralism with different scales of mobility have been identified as one of the main human factors. Thus the new environmentalist approach to pastoralism has constructed an image of a harmful "unsustainable pastoralism" with negative effects on pasture and natural resources. I am not saying that environmentalists are considering all pastoralists and their acts are always harmful. Instead I am referring to certain acts of pastoralists found by environmentalists harmful to nature. In contrast to environmentalist view, Mongols both in Mongolia and China that pastoralism involves complex reasoning, knowledge and techniques which prevent herders from overgrazing and causing any other damages to nature. Only about two decades ago, Caroline Humphrey and David Sneath carried out a research project Environmental and Cultural Conservation in Inner Asia from 1991 to 1995 and published their famous work *The End of Nomadism?* in 1999. They argue that pastoralism is sustainable when there is more mobility as it is in Mongolia and Tuva, while less mobility cause degradation in the most cases of Buryatia and Inner Mongolia where mobility became limited (ibid: 54, 92, 293). After almost 20 years since their research the discussion of "unsustainable pastoralism" tend to grow in the field of mobile pastoralism even in Mongolia.

Government officials and herding communities themselves frequently devalue pastoral livelihoods and knowledge. Mongolian Prime Minister Enkhbayar expressed this view in 2001 when he called for the end of pastoralism and the movement of 90 percent of the population to urban areas within thirty years (Endicott 2012). Enkhbayar supported his policy by questioning the viability of pastoralism after severe drought and winter weather killed the livestock of 12,000 families from 1999 to 2001 (Sternberg 2010). His criticisms did not acknowledge the government's role in exacerbating this disaster (Sneath 2003; Sternberg 2010). Also, in Mongolia, some pastoralists evaluate their work as "unskilled" and their own subjectivities as "uncultured", despite the widespread celebration of nomadic identities in nationalist discourse (Marzluf 2015) (Ahearn and Bumochir 2016: 89).

Finally, I will also look at how connotations of pastoralism as "harmful" call into question the national pride and identity of Mongols, who consider "mobile pastoralism" to have defining role in the construction of the nationhood as fundamentally different from sedentary agriculturalists and others. Mongols both in Mongolia and China are victimised by the same global approach, but the two states, in Mongolia and in China, show different reactions to the same discourse. The importance of pastoralism to the national identity helps us understand why Inner Mongolia has recently seen increasing numbers of demonstrations resisting Chinese policy on pastoralism which is actually ending pastoralism for many. In this way, to answer the first question in the *End of Nomadism?* regarding the demise of a way life I am contributing Humphrey and Sneath's suggestion that in many places its continued existence as viable economic practices continue being threatened (1999: 1) until today. To be more precise, more of pastoralism is ending in China while Mongolia is struggling to preserve it. The last section of the article explains the different consequences in relationship to "civilizational" differences constructed in Mongolia and China. Even though the view of "unsustainable pastoralism" is growing in Mongolia, Mongolia cannot stop employing nomadic pastoralism in making of its national identity.

I. Construction of "Unsustainable Pastoralism"

The Chinese State and Chinese scientists are not the first to condemn the destructive effects that humans have on nature. This is merely the Chinese version of the Anthropocene concept-human dominance of biological, chemical and geological processes on Earth. As Williams explains, Chinese government officials and scholars widely attribute land degradation to past and present anthropogenic forces. Though climatic and physical processes first formed China's deserts, they believe that humans have contributed immensely to their enlargement (2000: 508). For many livings in pastoral regions with no industrialism, "harmful pastoralism" represent the discourse of Anthropocene. In this way Anthropocene's original target growth of industrialism eventually shifts to pastoralism in the cultures with such industries to target. I see this global climate discourse of Anthropocene to be the origin of the environmentalist construction of unsustainable pastoralism, which is sedentary and industrial culture centric. In the following I will illustrate how and why I think the idea of Anthropocene embody the discussion "unsustainable pastoralism".

The idea and term Anthropocene was first developed in the early 1980s by Paul Crutzen and Eugene Stoermer (Crutzen and Stoermer 2000: 17; Chakrabarty 2009: 204). In 1995 Crutzen and his colleagues Molina and Rowland were awarded the Nobel Prize in Chemistry for their discovery of growing depletion in the ozone layer:

> For the past three centuries, the effects of humans on the global environment have escalated. Because of these anthropogenic emissions of carbon dioxide, global climate may depart significantly from natural behaviour for many millennia to come. It seems appropriate to assign the term Anthropocene to the present, [...] human-dominated, geological epoch, supplementing the Holocene-the warm period of the past 10-12 millennia. The Anthropocene could be said to have started in the latter

part of the eighteenth century, when analyses of air trapped in polar ice showed the beginning of growing global concentrations of carbon dioxide and methane（Crutzen 2002: 23）.

The alarming rise in global concentrations of carbon dioxide and methane is one aspect of the negative effects of human activity. Although Anthropocene's concern to industrial carbon dioxide and methane makes the discourse nothing to do with pastoralism, its overall complain addressing escalated "effects of humans on the global environment" also alarms non-industrial others to reflect on their mode of production. This is in Dipesh Chakrabarty's *The Climate of History: Four Theses* （2009） is the idea of humanity as a "geological agent" with the capacity to transform, and even to destroy, its own conditions of existence. The idea further widely adopted in novel and film industry. As Alexa Weik von Mossner notes "it is indeed quite interesting to see how often texts and films that attempt to imagine the risks of the Anthropocene mix and fuse fictional and non-fictional modes of narration①" （2016: 85）. In other words, this engagement of Anthropocene operates as a global slogan to save the world. Not only novels and films, but also scholarly disciplines are now forced "to radically rethink the scope of human agency" （ibid: 87）. In the field of pastoralism one might rethink Garrett Hardin's concept of the "tragedy of the commons"（Hardin 1968） discusses a different form of human effect on nature. Hardin contended that where many actors graze their livestock on communal land and it is in each individual's interest to keep adding to the number of his or her animals, even if the land is facing overgrazing and degradation. Although Hardin did not use the term Anthropocene, this over-use and eventual destruction of resources can be seen as another form of anthropogenic forces. Hardin suggested that the way out of this destructive cycle was to introduce private ownership of land. Individuals who owned both land and livestock would have an interest

---

① See, in particular, Kim Stanley Robinson's *Science in the Capital* trilogy: *Forty Signs of Rain*（New York: Spectra, 2004）, *Fifty Degrees Below* （New York: Spectra, 2005）, and *Sixty Days and Counting*（New York: Spectra, 2007）; Dale Pendell, *The Great Bay: Chronicles of the Collapse*（Berkeley: North Atlantic Books, 2010）, and *The Day after Tomorrow*, directed by Roland Emmerich （Twentieth Century Fox, 2004）.

in maintaining the potential of the land and preventing overgrazing (Sneath 2003: 444). In response to Hardin, Elinor Ostrom proposed a solution to protect natural environments: to organize "community based natural resource management"(1990) whereby community groups collectively use and protect common land, which gained her a Nobel Prize in 2009. The solution was widely accepted by national and international NGOs and policy makers as a way to engage with or sometimes against mobile pastoralists, as I will illustrate in the following.

Hardin coined the concept "unsustainable pastoralism" and argue that pastoralism is harmful and he proposes privatization. While Ostrom claims that pastoralism does not have to be harmful specially when there is some sort of community-based pasture management. Ostrom's claim is nor in the line of Hardin, neither suggesting the opposite. She leaves a question what if one considers there is no community-based pasture management, for example in Mongolia and North China. Then it means that pastoralism can be harmful in the absence of such a management. In this way Ostrom, in my reading of pastoralists' having potential to harm environment in the absence of management, shares Hardin's tension to pastoralism. This is the angle adapted by International NGOs and development practitioners in Mongolia and China. Besides what Hardin and Ostrom exactly state, what matters is the way how one reads it and utilizes the argument in policies and activities. Here, I must also admit that I am neither arguing pastoralism is not harmful to the environment nor it is, instead my main concern is how different agencies, policy makers, activists, development practitioners, and scholars can differently read it and popularize their reading of these literatures. Arguments of Hardin and Ostrom are susceptible to number of different readings. Not long after Ostrom's winning of the Nobel Prize, I first heard of her solution in Inner Mongolia, China, when my colleagues asked me whether people in Mongolia believe in the theory of the commons. Many of them complained that the Chinese State takes advantage of the prestige of the Nobel Prize to use Ostrom's argument against Mongol herders. Even though "grassland" is privatized in China,① the argument became a justification for the Chinese authorities to continue

---

① According to the 50 year contracts mentioned above, which is often termed privatisation although pasture is still ultimately state owned.

preventing "grassland" from Mongol herders, by eliminating pasture and forcing urbanization. People talked about the "ghost town" in Ordos as an example, where all the herders were encouraged to move to the new town, flats were sold to them at a discount and compensation was given them for loss of livelihood, which might be enough to live on for up to three years. The question was how those herders were supposed to live once they finished the money provided as compensation. A student of mine from Ordos told me that many people had started opening souvenir shops since the reinvention of the region as a tourist area centred on Chinggis Khan's mausoleum (cf. Bulag 2010: 60).

A few years after my experience in Qinghai, starting from spring 2012, I was involved in the similar discussion but this time in Mongolia to do research for the Green Gold Project (2004-2016) funded by the Swiss Agency for Development and Corporation (SDC). The Green Gold Project, "partnering with the Mongolian State", acknowledges Hardin's "tragedy of the commons" theory and Ostrom's work on "governing the commons" (Ostrom 1990). Green Gold argues that since 1990 pasture has been left to public ownership without state regulation and control (cf. Sankey et al. 2012: 153; Himmelsbach 2012: 165-166) while the number of herding households and livestock numbers have dramatically increased, leading them to take advantage of un-owned common rangeland. According to Green Gold, this is a factor in rangeland degradation together with other causes of climate change. In order to create an owner for public rangeland (*belcheeriig ezentei bolgoh*) who can control and regulate the pasture, Green Gold established community groups they call *Belcheer ashiglah heseg* meaning "Pasture User Groups".[1] Other projects, namely German Technological Corporation "Nature Conservation and Buffer Zone Development Project" (1995-2002) and its successor "Conversion and Sustainable Management of Resources: Gobi Component" (2002-2006), World Bank Sustainable Livelihoods Program (SLP) (2002-2012), and UNDP Sustainable Grassland Management Project (SGMP) (2002-2007) (cf. Upton 2012: 225-226; Kamimura 2013: 188) adopted the same approach and formed various local herders" groups across the country.

---

[1] By 2013, Green Gold had set up over 700 pasture user groups across 7 *aimags* (provinces) (http://www.greengold.mn/index.php/en).

Following Ostrom's solution to the "tragedy of the commons" all the foreign projects initiated various "community based natural resource managements" and instructed local people to collectively own and protect common pasture. All these are done as a result of thinking Mongolian pastoralism having no or not satisfactory sustainable management. Therefore "since 1999, Mongolia has become a de facto testing-ground for community-based rangeland management, with the establishment of over 2000 "herder groups" or "pasture user groups" facilitated by over 12 different donor and NGO-sponsored programs"(Fernandez-Gimenez et al. 2008: 3; Mau and Chantsalkham 2006; Kamimura 2013: 188). For the audience and the wider public, the debate neither prove or disprove pastoralists' degradation, instead the whole discussion creates more suspicion to pastoralism and left many simply in doubt.

Thus within the last two decades both in Mongolia and China, a new approach has been targeting and politically environmentalizing and problematizing pastoralism as being harmful to natural resources. Williams calls this approach "scientific knowledge construction"(2000). Following Williams, I call this "environmentalist construction of pastoralism" and argue that it is different concept of pastoralism from the traditional one. In the environmentalist construction of pastoralism, livestock and mobile herders are blamed for the destruction of the natural environment, and blame is the focal point in the new conceptualization of pastoralism. Studies by scholars, local and international NGOs, stakeholders and policymakers engage climate change, range land degradation, desertification, *zud* winter disaster, loss of herds, risk management, and poverty have produced a range of publications contributing to the construction of a discourse of pastoralism involving the environment. Many of these works explore and explain causes of land degradation by addressing the issue of increase in livestock numbers in Mongolia (e.g. United Nations Development Program 2007; Bayanmonkh 2009; Index Based Livestock Insurance Project Implementation Unit 2009; Sheehy and Damiran 2009; Whitten 2009; Sternberg 2010; Reeves 2011; Leisher et al. 2012) and search for solutions and alternative approaches in pastoralism. In this regard, extending the theory of the "tragedy of the commons", Mongol mobile herders are blamed for creating "degradation" and "desertification".

As a result of the discourse on environment and pastoralism in the last decade, we now find a different understanding of pastoralism in China, as

Williams (2000) describes, based on scientific knowledge construction. Sneath finds similar problems in Mongolia as environmentalists' agendas "reflect a familiar western interest in promoting western conservationist ideology and establishing and expanding protected areas to harbour wildlife and biodiversity" (Sneath 2003: 441). Following this discussion, I argue that recent discourses on pastoralism have created a new understanding—an environmentalist construction of unsustainable pastoralism—directly or indirectly assessed with the nobility of several Nobel Prize winning arguments that can be read susceptibly. The idea of "unsustainable pastoralism" conflicts with the existing so called traditional, local, indigenous understandings of pastoralism as sustainable and helps to preserve nature. But these are in fact also another construction, a product of the history and culture of the Mongols both in Mongolia and China. Both are real and authentic to those who believe in the two different "pastoralisms", which further causes "civilizational" conflicts.

II. Discrepancy of Pastoralism and Civilization in Mongolia and China

On the 9th of June 2015, President of Mongolia Ts. Elbegdorj made a speech to the European Parliament, in Strasbourg, France. He started his speech about Mongolia's transition to democracy and the European Union's support and cooperation, by addressing that he was born and grow up in the nomadic pastoralist way of life.

> Mr. President,
> Distinguished Members of the European Parliament,
> Excellencies, Ladies and Gentlemen,
> I would like to begin with something simple: thank you.
> ... I am the youngest of eight sons. For generations, my family lived as nomadic herdsmen in the western highlands of my country, in the ranges of the Altai Mountains. My mother and father never dreamt that, one day, their youngest son would speak from this respected podium to the most caring hearts of democracy: the European Parliament. But this is not about me. I

am here to speak for my people and about my country.①

Nomadic pastoralism is always an exotic and romantic point for many Mongolians to identify Mongolness. Unlike the environmentalist approach explored in the previous section, such employment of the nomadic pastoralism does not imply anything negative and harmful. Just the opposite, it implies pride for successful achievement of modernity, democracy and market economy made from so-called "barbarian nomadic' pastoralism. This is not only a pride of democracy, but also a pride of nomadic and pastoral cultural background promoting and enabling vibrant democracy. Many believe there is an actual connection between "nomadism" and democracy (Sabloff 2002: 26). This also explains why democrats in Mongolia, for instance, the President was so enthusiastic to proudly announce his nomadic and pastoralist background.

In the following year a similar statement also made by the Prime Minister of Mongolia, Ch. Saikhanbileg at the Credit Suisse 19th Annual Asian Investment Conference in April 2016, in Hong Kong. His mission was to persuade and welcome investors with his portrayal of Mongolia's glorious democracy and global free market environments providing different business opportunities and investment confidences. To answer a question regarding agriculture and economic diversity the Prime Minister mentions of "rainbow policy" (*solongoruulah*) to diversify national economy with seven different colours one of which is mining, while agriculture is another largely potential colour in the diversification. Moreover, he also says,

> We have the most democratic livestock in the world. Why do we say democratic? Because they are free to choose where to go and what to eat. This is really unique. 300000 people are still having a nomadic style of life. Because of this uniqueness, our lamb and beef is the tastiest food in the world. Very organic!②

His point was truly odd, original and possibly offensive both to those

---

① http://www.president.mn/eng/newsCenter/viewNews.php?newsId=1568.

② https://www.credit-suisse.com/microsites/conferences/aic/en/media-hub/virtual-aic/investment-mongolia.html.

with limited democracy and also to those who consider democracy applying only human being. But for those environmentalists employing views of "unsustainable pastoralism", his statement might sound awkward and nothing to be proud of. According to his point "very organic", the purpose of his statement was not only promote mining investment and democracy in Mongolia, but also to advertise nomadic pastoralism as a potential sector of Mongolia in the diversification of the nation's economy. The following materials reveal sustainability of pastoralism explains Mongols' positive attitude towards pastoralism.

In the national level pastoralism does not maintain negative connotations. Such a positive attitude to pastoralism is common not only among nation state rulers but also among scholars, herders and general public. In 2002, Council for Sustainable Development of Mongolia (led by the Prime Minister), published an edited volume *Tulkhtai khögjil—Mongolyn ireedüi* (*Sustainable Development—Mongolian Future*). A prominent Mongolian economist D. Dagvadorj who edited the book made pastoralism key in the sustainability.

> For Mongolians nomadic pastoralism is about how herders tend livestock and use its products to meet their economic consumptions, animals adopt environment and increase its number, nature with the help of nomadic civilization remains preserving its original characteristics which is a resource for future herders and animals. This way of life provides sustainable development conditions for nomadic civilization and pastoralism (Dagvadorj 2002: 19).

Similarly, other leading Mongolian scholars extensively publishing on nomadic civilization and pastoralism also reveal the same. For instance, S. Dulam writes in his *Mongol soyol irgenshiliin utga tailal* (*Interpretation to Mongol Culture and Civilization*) that Mongols inherited nomadic civilization not because they are savage and barbarian, but because of environmental conditions of their homeland. Most importantly, he addresses that Mongols realise nature cannot be produced again in the same way how it was originally while nomadic pastoralism can preserve its original characteristics (Dulam 2013: 29). According to these authors, pastoralism is a fundamental element in the construction of nomadic civilisation. In fact, the construction of nomadic (civilization) is a reaction to the discriminatory and derogatory discourses and historical depictions of Mongols by their sedentary neighbours and foreigners as backward and uncultured barbarian nomads (cf. Khan 1996: 127-131, Humphrey and Sneath 1999: 1, Sneath 2007: 39-41; Bumochir and Chih-yu 2014: 417; Tsetsentsolmon 2014: 423; Bayar 2014: 440-443). Insiders' construction of Mongolian national identity in the 20th and early 21st centuries often tried to oppose foreign definitions (Bumochir and Chih-yu 2014: 417-420). According to B. Tsetsentsolmon, the notion "nomadic civilisation" emerged in opposition to the negative presentations of the "uncivilised" Mongolians (Tsetsentsolmon 2014: 435). She further elaborates in detail the history of construction of nomadic culture and "civilisation" in the Soviet and post-Soviet era, mainly by leading Mongol scholars, starting from the first half of the 20th century up to the present. "Along with the efforts of national elites and party's ideologues, another agent involved in the rise of the notion of "nomadic civilization" was UNESCO. ... UNESCO had approved a project on the study of civilizations of Central Asia during the fourteenth session of General Conference in November 1966. The purpose of this pilot project, as it was formulated in the UNESCO programme, was to make better known the civilizations of the peoples living in the regions of Central Asia through studies of their archaeology, history, languages and literature" (ibid: 429). In my reading, for UNESCO, an international organization with Western orientation, this project to recognize and promote nomadic civilization has political importance to restrict domination of the USSR and China in the Inner and Central Asia. Therefore, it is politically correct for Mongolia to pioneer the idea of nomadic civilization. UNESCO has been an important ally to scientifically approve the concept and fight for its recognition in the international world. "... On 16 September 1998 UNESCO established the International Institute for the Study of Nomadic Civilizations (IISNC) with an agreement concluded between the governments of Kazakhstan, Kyrgyzstan, Mongolia and Turkey. ... The institute was launched with the strong support of the Mongolian State Secretary for Foreign Affairs and the Mongolian State Secretary for Science, Technology, Education and Culture. A presidential decree to establish the IISNC, with funding of 5.6 thousand dollars for office supply, 420 dollars for an annual membership fee and salaries for four technical staff members, was issued on 16 September 1998" (ibid: 433). It was not a coincidence for the Mongolian Academy of Sciences to have an entire institute dedicated to study of nomadic civilization (IISNC) and Academician B. Enkhtuvshin, President of Mongolian Academic of Sciences, to chair it. Amongst its numerous publications, edited book *Nomadic Civilizations in Cross Cultural Dialogue* (2011) intrigues international recognition of this "obscure" civilization. Therefore, construction of nomadic civilization has not been only a scholarly project, but an international political project with strategic importance to construct a nation state that is entirely different from the dominant states (Russia and China) in the region. Moreover, the project of making a unique civilization historically, culturally, scientifically and internationally prevents and justifies Mongolia's as well as Central Asian States right to have a nation state and independence. In this way this project juxtaposes to the construction of Chinese and Russian nationalisms. Therefore, its level of importance is confirmed even in the National Security Concept of Mongolia. In the version passed in 2007, article 47.1 was entirely dedicated to the preservation and enhancement of nomadic civilisation[1].

Discourse of sustainable pastoralism is seminal to prove self-sufficiency and independent nature of nomadic civilization. This explains why Mongolia develops a nomadic identity not to acknowledge its connotation of barbarism but to celebrate difference and create a unique civilization. All of these can be summarised with Orhon Myadar's deconstruction of Mongolia's imaginary nomadic identity where she argues that it is not only the western who constructs it but it is also a Mongolian self-representation endorsed by the state (2011: 338). Subsequently, the Mongolian version of the concept "nomadism" and "pastoralism" have entirely positive connotations,[2] even playing a

---

[1] http://www.openforum.mn/index.php?sel=resource&f=resone&obj_id=750&menu_id=3&resmenu_id=3, Last access date: 27 April 2015.

[2] Not everyone supports the concept of "nomadic civilization", some philosophers, journalists and poets etc. argue that civilization is something to do with sedentary and urban culture (Bumochir and Chih-yu 2014: 417). For example, one of the latest encyclopaedia of Mongolian culture written by a well-known Mongolian poet and writer B. Tsenddoo *On the way towards civilization: Almanah of Mongolian culture* (*Irgenshliin zamd: Mongolyn soyolyn almanah*) published by Nepko Publishing owned by a famous journalist and public figure known as Baabar. Baabar is one of pioneer who argued against the concept of "nomadic civilization" from early 1990s.

crucial role in national pride and has an honoured place in building a national identity and civilization.

On the other side of border, in China, the situation of pastoralism is completely different where mobile pastoralists conceived by the Chinese as "barbarian other" (Khan 1996: 129) or as *yin* (versus *yang*) "negative" force the land of the northern groups is dark and cold (Bayar 2014: 441), therefore constantly rejected. Almaz Khan (1996) and Nasan Bayar (2014) argue that this understanding is a by-product of Chinese imagination of pastoral Mongols in the history of China. Starting from dynasty of Zhou (1046-771B.C), Nasan Bayar demonstrates the history of Chinese construction of people in the north as *yeman* (barbarian), *cuye* (rough) and *culu* (rude) who need to be tamed with *wenming* (civilization). *Wenming* refers to a high style of writing used to express a kind of thought that one only achieves after cultivating one's imagination. Despite historical and political negative suppositions, CCP (Chinese Communist Party) had to accommodate pastoralism to construct unified Chinese nationalism and civilization in order to unite 56 nationalities (cf. Bulag 2010; Borchigud 1995: 278). CCP's unification project employed pastoralism and nomadic culture not in the form of nomadic civilization as it is in Mongolia but under "grassland culture" which is a term apparently absent in Mongolia. In the words of Uradyn E. Bulag, the concept of "grassland culture" now forms part of the communist Chinese narrative of national harmony (Bulag 2010: 108). Nasan Bayar makes a similar point not about national harmony but about the construction of Chinese civilization. He describes Chinese government-sponsored research projects designed to promote the concept of "Grassland Culture" as one of the three great components of Chinese Civilization (Bayar 2014: 450). Whereas in Mongolia nomadic culture is regarded as the product of an independent civilization of the steppes, while in Inner Mongolia, "grassland culture" is one component of *Huaxia* "Chinese civilization" (Bumochir and Chih-yu 2014: 418). Nomadic pastoralism cannot be taken as civilization in China, mainly because not just it is not traditional and invaluable. But also because the Chinese state need to construct a different civilization to accommodate its multi-nationality cultures. With historical and political reasons, the concept of nomadic civilization found in Mongolia is therefore absent in China. Instead according to Stevan Harrell Chinese civilization puts the minority nationalities under communist "civilizing projects" (Harrell 1992: 12-14).

The consequences of making civilization is different in Mongolia and China mainly because of the different missions of the two states. Modern China continues ignoring mobile pastoralism in a much larger scale of agriculture referring to both pastoralists and agriculturalists. Problems of the cultural difference is now placed in a slightly different state of a larger conflict because of what Chinese State wants China to be in the future. China is more enthusiastic to construct a different civilization of industrialism and urbanization. In China, the state is encouraging herders to reduce livestock numbers, minimise pasture and give up pastoralism, which is actually ending pastoralism and inciting demonstrations by herders in different parts of Inner Mongolia and other regions with Mongol pastoralists in China. When I visited Inner Mongolia in 2013, many of my colleagues told me that the Chinese Government openly stated "China does not need agriculturalists and pastoralists because they are burdens in the development of the country. Therefore, Chinese future policy will be to eliminate peasants and pastoralists". This is a reaction to remarks made by the Chinese Prime Minister Li Keqiang. Since the beginning of 2012, Li Keqiang repeatedly stressed the importance of urbanization in the future development of the country versus the agricultural sector. He often mentioned the unnecessary difference between urban and rural livelihoods, which should be equalized by eliminating poverty in rural areas.[1] At the same time, social media in Mongolia started to feature various cases of Inner Mongolian ex-herders whose *belcheer* (pasture) and livestock had been taken over by the local governments. In the demonstration against the government, some saying they failed to obtain compensation, some considering the compensation inadequate, others questioning how they are supposed to live once they finish the compensation.[2] Elimination of pastoralism very much stimulates the existing crisis of "Chinese identity"

---

[1] Li Keqiang made a speech at a conference in Lanzhou, the capital of Gansu, neighbouring Qinghai, in August 2013. The title of the conference was "Development and Poverty Alleviation in the North West of China" (http://news.xinhuanet.com/politics/2013-08/19/c_117004247.htm, Last access date 25 April 2014).

[2] I hesitate to reveal details about Mongol herders' demonstrations in rural China for the safety of the local people.

(Zhonghua minzu and Zhongguo ren) conflicting with local, regional, cultural, ethnic and nationality identities. W. Borchigud writes that historically for non-Han minorities there is dissonance between their ethnic identities and their national identity (1996: 162). The main problem lies in the fact of "ending pastoralism" for those people and making them not only "ex-pastoralist" but also "ex-Mongols" who no longer able to possess the nomadic and pastoralist (*nüüdelchin* and *malchin*) identity. For example, Mongols in Qinghai always consider Mongolness to be deeply connected to mobility and pastoralism, in opposition to Chinese agriculture, sedentary way of life and urbanization. For them, there is not much chance to make a Mongolian way of urbanization as is happening for example in Mongolia (for urban education cf. Borchigud 1995). In China for Mongols urbanization equals Sinification. Therefore, to be a pastoralist is the only and ultimate way to remain an authentic Mongol. I was surprised when the Mongols in Qinghai, told me that the enclosures are actually a good thing for them. Only the fact that they have made a contract with the Chinese State to use the *belcheer* for 50 years and managed to fence it around has enabled them to preserve Mongolness within the gated space. Otherwise, their *belcheer* and *nutag* homeland would have been invaded by neighbouring Chinese, Tibetans, Hui and Salar Muslims a long time ago. Evidently many Deed Mongols are grateful to pastoralism for enabling them to maintain a unique identity. Many more scholars from Mongolia, Inner Mongolia and elsewhere also address the importance of "nomadism" and pastoralism in the construction of Mongol national identity (Khan 1996: 143; Tsetsentsolmon 2014: 423; Thrift 2014: 500). Almaz Khan poses a question of "Why the pastoral?" and responds that the symbolization and universalization of pastoral identity for the whole Mongol population of Inner Mongolia is a form of resisting subordination, assimilation and Sinification.

> ... the imagery of pastoralism has inevitably become the most salient rallying point and identity marker because, as a mode of economy and way of life, pastoralism is not only the most effective distinguishing marker of opposition to Han Chinese, it is also intimately connected to the Mongols' proud past as a powerful nation that once ruled over the Middle Kingdom and beyond (Khan 1996: 143).

Pastoralism, therefore, cannot be limited to producers and herders, and reduced to an economic activity; it is in fact an indispensable part of national identity. Being mobile pastoralist appears as the unique feature of the Mongols in contrast to their two gigantic neighbours, Russia and China.

In such a manner mobile pastoralism unreservedly engages in the national identity and nation-building to maintain the ethic and cultural differences.

The same also applies to the Mongols in Mongolia. Therefore, repeated attempts to privatise (*ezemshüüleh*) *belcheer* since the early 1990s failed. Because the State will certainly be condemned by the public for jeopardizing the most important feature of national identity, by restricting the mobility of mobile pastoralism. In the last attempt made in spring 2014, the government of Mongolia introduced a draft law of land use (*Gazryn tuhai bagts huuli*) including issues of winter and spring *belcheer* privatization to community-based groups. The attempt resulted yet again in tremendous disagreement in parliament, which later involved wider public discussion with some people collecting votes to resist the *belcheer* privatization. The Mongolian public was devastated by the news of the draft law, and social media were immediately packed with discussions, angry reactions, and counterattacking comments. A Facebook closed group "Not supporting the land law" (*Gazryn huuliig demjihgui*) opened and reached 19,723 members (as of 27 April 2014). Many argued that it is in the national interest for land not to be privately owned but to belong to the state. People widely cited the former MP O. Dashbalbar's statement that privatization of the land could end in "civil war" (Sneath 2001: 42-43 and 2003: 444-445). *Belcheer* does not only mean an economic resource of pastoralism for the Mongols, instead it is an open, free, wild, wide, least populated, organic and natural landscape which is the homeland of the Mongols, which is the treasure and pride of the nation that can never be owned by anyone except the State and the public. Moreover, the land in such a sense plays an important role in the construction of the Mongol Nation State. Therefore, it is not a surprise that many people actually mentioned "war". Everyone who actually initiated and supported the *belcheer* privatisation was hated and regarded as an enemy of the country. In this way Mongolia tends to remain as the homeland for mobile pastoralists by continuously permitting and supporting mobility of pastoralism, while China does the opposite.

Conclusion

It is fashionable in the history of humanity for many states to construct own civilizations. Nation state of Mongolia is probably the only state built by a single nation whose history is entirely nomadic and pastoral until the twentieth century. Therefore, compared to many states with agricultural, sedentary and urban background, it is not a surprise for this state and its rulers to construct its unique civilization which is nomadic and "pastoral". Because anyway civilization is created and constructed (Bumochir and Chih-yu 2014), it is irrational to argue whether there is such a thing as "nomadic civilization". Unlike China, rulers of Mongolian State are always very careful and hesitant to issue any policy jeopardises mobile pastoralism. For example, the above mentioned failed attempts to pass the land privatization law for the last two decades. If not fully, at least partially this is due to the interest of the country as basically one nation whose origin and culture is very much indebted to the traditional dogma of open and free land exemplified in "nomadism" and "pastoralism". Politics of pastoralism in Mongolia and China is entirely different. Chinese rulers and scientists undervalue pastoralism while Mongol rulers and scientists hesitate to express any approaches against pastoralism, including employment of environmentalist construction of "unsustainable pastoralism".

Beyond Mongolia and China, there is a clear contrast and even contradiction between the value of pastoralism among the Mongols and the environmentalists. Unfortunately, to be grateful and proud of pastoralism is now globally questioned. How moral is it to be proud of something that is unsustainable and harmful to nature? Is it actually a pride or a shame to have pastoralism as an essential element in the national identity? To what extent is the Mongolian State able to utilise "mobile pastoralism" in the building of the nation state? Maybe the answer lies in the National Security Concept (*Ündesnii ayulgüi baidlyn üzel barimtlal*) [1] article emphasising the importance of

---

[1] Official government website for the National Security Concept (*Ündesnii ayulgüi baidlyn üzel barimtlal*) announces that it is the next important document of the state after the constitution. The document is principal for all other state policies to preserve national security and national interests (http://www.nsc.gov.mn/?q=ns-concept).

"nomadic civilisation", which was eliminated. In the version passed in 2007, article 47.1 was entirely dedicated to the preservation and enhancement of "nomadic civilisation"[①] and it was eliminated in the new version passed in 2010. In this way, is Mongolia gradually attempting to depart from and abandon mobile pastoralism because of the global environmentalist pressure?

---

① http://www.openforum.mn/index.php?sel=resource&f=resone&obj_id=750&menu_id=3&resmenu_id=3 (Last access date: 27 April 2015).

Indonesia: A Diversity Approach to Religious Issues

[Indonesia] Agustinus Wibowo

[Author, Gramedia Pustaka Utama, Indonesia]

Indonesia is a country with the largest Muslim population in the world; about 88 percent of its 250 million population is nominally Muslim. But to refer Indonesia as an Islamic country is politically incorrect, yet an over simplification to its complexity. In Indonesia, adherents of many religions has lived together for centuries, interacted with and influenced each other. However, political and ideological turmoil in the nation's modern history has brought tensions and bloodshed among the religious groups. This paper is to observe the background behind the problems and Indonesia's strategy to deal with its religious issues.

I. The Religious Background of Indonesia

Indonesia is a vast archipelago of more than 17,000 islands stretch across 5,000 kilometres between the Indian Ocean and the Pacific Ocean. Indonesia is inhabited by more than 300 ethnic groups speaking more than 700 languages and dialects. The overriding feature of Indonesian culture is a fusion of elements, and this also applies to religion.

1) Animism

Prior to the arrival of world's major religions, animism has existed in the Indonesian archipelago since its earliest history, around the first century CE. Animism is the belief that every object has a hidden power. The believers are strongly moved by the spirits of ancestors, rice, seas, mountains, rocks, trees, rivers, mists, and the nature gods controlling the sun, rain, and other natural phenomena. Each tribe faces different natural challenges, and thus each tribe has developed its own belief system.

Yet in Indonesia, the sea unites and the land divides. The coastal inhabitants of many Indonesian islands mainly share similar tradition and beliefs, while most of the inhabitants of the interior of the islands, including the highlands, jungles, and swamps, have been cut off from the coastal peoples for centuries, hence maintain their isolated beliefs. This has produced richness in belief systems among tribes and ethnic groups across the archipelago.

The modern Indonesian government views the indigenous beliefs as *custom* rather than religion. The absence of government recognition has forced the followers of various native animistic religions to identify themselves with one of the religions recognised by the state. Nevertheless, the tribal animistic indigenous beliefs still have strong impact on all religions, making any world's major religion cultivated in Indonesia possesses various level of indigenous "local flavour".

2) Hinduism and Buddhism

Hinduism is the first oldest religion in Indonesia. Its influences reached the archipelago as early as the first century CE. It is mainly believed that the religion was brought by South Indian traders and then adopted by local royalty members, before followed by the mass. Buddhism is the second oldest religion, arriving around the sixth century. The archipelago has witnessed the rise and fall of powerful Buddhist empires, such as Sailendra Dynasty in Java, which in the eighth century built the magnificent temple of Borobudur, and the Srivijaya in Sumatra, which once served as an influential Buddhist learning centre in Southeast Asia.

Hinduism and Buddhism in Indonesia were closely related to each other. The two faiths coexisted peacefully. The followers built their temples next to each other and even mixing Buddhist and Hindu iconography and statuary in one structure. This Hindu-Buddhist unison concept was a normal practice, and from the fourth to the fifteenth century, Java had many Hindu-Buddhist kingdoms, such as Tarumanagara, Kalingga, Medang, Kediri, Sunda, Mataram, and Singhasari. The concept reached the peak of its influence in the fourteenth century, when the last and the largest Hindu-Buddhist empire, Majapahit, expanded its realm up to the far-flung islands of the archipelago.

The current official national motto of the Republic Indonesia, *Bhinekka Tunggal Ika*, generally translated as "unity in diversity", is a legacy of Majapahit Hindu-Buddhist philosophy. It is quoted from a fourteenth-century Old Javanese poem promoting tolerance between the adherents of the two faiths. The complete verse is translated as follows:

> *It is said that the well-known Buddha and Shiva are two different substances,*
> *They are indeed different, yet how is it possible to recognise their difference in a glance,*
> *Since the truth of Buddha and the truth of Shiva is one.*
> *They are indeed different, but they are of the same kind, as there is no duality in Truth.*

Bhinneka Tunggal Ika is taken from the last line, literally means "They are indeed different, but they are of the same kind".

The Old Javanese phrase is commonly quoted in modern Indonesia to promote pluralism and tolerance as the solution to its diversity issues.

The Hindu-Buddhist empires lasted for sixteen centuries, an era popularly known as the Javanese Classical Era, during which Hindu-Buddhist literature, art and architecture flourished and were incorporated into local culture. This means a strong influence of Indian civilization being adsorbed into Indonesian local culture. Yet, the Indian civilization had been modified and adapted to suit the local tradition and mindset, and hence produced a unique blending. The Indian influence in Indonesian culture today can be seen from the Javanese *wayang* puppet performance, as well as Javanese theatrical performance and dances, which are derived from episodes of Hindu epics Ramayana and Mahabharata. The Indonesian national language, Bahasa Indonesia, has a large portion of its vocabulary derived from Sanskrit. The Indonesian national symbol, Garuda Pancasila, is originated from a mythical bird that is a vehicle of Lord Vishnu in Hindu tradition. Despite of having adopted Islam, many Indonesians still use Sanskrit-origin Javanese names, such as the names of most Indonesian presidents: Sukarno, Suharto, Megawati Sukarnoputri, and Susilo Bambang Yudhoyono. Some people even mix Islamic names with Sanskrit（Hindu）names, such as Muhammad Vishnu or Suryadharma Ali— this naming style might be bizarre in India, but is totally normal in Indonesia.

As Islam becoming more popular in the sixteenth century, the Hindu remnants of the Majapahit kingdom shifted to Bali. In the following centuries, Bali isolated itself from the influence of other islands, and became the only haven for Hindus in the Muslim-dominated archipelago. Balinese Hinduism is a mixture of Indian religions and indigenous animist customs and thus is distinctive from Hinduism in other parts of the world. It integrates the core belief of Hinduism, but, rather than focusing on scriptures and laws, it puts emphasis on art and ritual of the Balinese. It never applied the caste system, but is concerned more with festivals and customs associated with numerous local and ancestral spirits.

Currently, the official number of Hindu practitioners is about 1.8 percent of Indonesian population, and the number of Buddhists is less than 1 percent.

3）Islam

Islam reached Indonesia soon after its birth in the Middle East. The arrival of Islam between the seventh and eleventh century was a product of commercial maritime contacts between West Asia and East Asia that predates the Islamic period. Muslim emissaries and merchants from the time of the third Islamic Caliph must have passed through Indonesian islands on their way to China. According to the earliest accounts of the Abbasid Caliphate, the Indonesian archipelago was famous among early Muslim sailors due to its abundance of precious spice trade commodities.

Not until the second phase of its penetration, which was between the 11th and 16th century, that Islam took its deep root in the archipelago. This phase is related to a profound transformation that happened in the Islamic world circa 1100, when the study of philosophy gave a respectable place to the mystical version of Islam. Islamic civilization focused more on the spiritualism, and Sufi orders sprang up in Baghdad, Delhi, Konya, Turkey, and

Cairo. It was this spiritual Islam, which emphasised more on the soul than on ritual, that found a home in the Indonesian islands.

Islam was carried by Gujarati merchants from India, and first took hold in the trading ports, like Pasai, Malacca, Aceh, Makassar, and the north coast of Java. This Sufism version of Islam was heavily mixed with Persian and Indian philosophies along the way, and arrived a much less austere form than what was found in the Middle East. Sufism practices an emotional approach to God, and its mystical leanings blended in nicely with existing Buddhist and Hindu beliefs. Islamic preachers of the era even used *wayang* performances based on Hindu epics Ramayana and Mahabharata, to spread Islam. They did not force their own customs and culture on the local population, and instead, they adopted the local culture while introducing the doctrines of Islam. The inclusivity nature of Islamic teaching succeeded to attract a large number of Malays to accept Islam.

The first evidence of Indonesian Muslims comes from Sumatra. Marco Polo, on his way home from China in 1292, reported about a Muslim town. Ibn Battuta, a Muslim traveller from Morocco, visited the archipelago in the fourteenth century and reported that the ruler of Pasai to be a pious man, a patron of scholars and an enthusiastic propagator of the faith. The Chinese admiral Zheng He also has settled Chinese Muslim communities in the shores of Sumatra, Java, and the Malay peninsula. The Chinese Muslims were urged by their leaders to assimilate and take local names.

Yet another element in the introduction of Islam was the issue of legitimacy of rule. The Arabs were always a small minority among the Malays but they enjoyed a privileged position as they spoke the language of the Quran and had a reputation for piety and steadfastness. Even the sultans considered it an honour to have an Arab marry within the family. By the fourteenth century, when Islam had spread throughout Java and Sumatra, this belief in the legitimacy of rule by kinship with the Prophet was widely accepted by the locals. Consequently, the newly converted rulers sought marriage ties with the Arab immigrants. As more and more Javanese accepted Islam, the rulers of Majapahit had to bow to the will of the people, accept Islam and fulfil the requirements of legitimacy as accepted by the general population. In 1451, the Majapahit king Raja Kertawijaya converted to Islam, and by 1475 Majapahit had changed its character to a Muslim sultanate. Thus the spread of Islam in

Java was different from what is norm in history. Generally, it is the conversion of a ruler that is followed by the conversion of the people; but in Java, it was the people who converted first to Islam, and then the king followed the suit.

The Sufism version of Islam was so widespread in the archipelago, from Sumatra, Java, Malay Peninsula, Borneo, Sulu, Sulawesi, until Luzon. Many of the Sufi merchants and preachers came from India, fleeing from the persecution of the Sufis at the court of Muhammed bin Tughlaq of Delhi (ca 1335). Pasai and Malacca then became centres of Sufism, radiating their spiritual teachings to the interior areas.

Islam found much more widespread acceptance in Hindu-Buddhist Indonesia compared to in India. One of the main reasons is the difference in the process of introduction. In India, the spread Islam also included periods of violence, with bloodshed brought by Mahmud Ghaznavi from Afghanistan and other Central Asian rulers. The ruthless invaders smashed and looted the Hindu-Buddhist temples, left a legacy of bitterness that lasts to this day. The Muslim rulers in India were outsiders, but in Indonesia, the local Hindu and Buddhist rulers themselves converted to Islam and in turn became champions of the new faith. The other reason is that Hindu and Buddhist cultures were penetrated much deeper in India; but in Indonesia, Hinduism was only dominant among the royalty while most of the population remained animist.

The third phase of Islam in Indonesia, starting from the sixteenth century onwards, is marked by the appearance of the Europeans. The Portuguese arrived first, capturing the strait of Malacca in 1512. The fall of Malacca forced the migration of local scholars to the other islands, in turn facilitating the further spread of Islam. The spirit of resistance to the European(Christian) invasion provided further drive to the spread of Islam in the archipelago.

4) Christianity

Roman Catholicism arrived in Indonesia during the Portuguese arrival with spice trading. Aside from trading, the Portuguese also conducted a mission of Gospel to spread Good News. They were determined to spread Catholicism in Indonesia, starting from the Spice Islands of Maluku. In the sixteenth century, the pioneer missionary, Franciscus Xaverius, visited Maluku and baptized several thousand people.

Protestantism arrived during the Dutch colonialization. The Dutch banned Catholicism, sent Catholic priests to prisons, and replaced them with Protestant priests from the Netherlands. This caused significant drop of the number of Catholicism practitioners. Unlike the Portuguese, the Dutch did not prioritize on proselytizing missions. Foreseeing the possibility of conflicts due to religious conversion, the Dutch restricted Christian missionary activities in most areas of the archipelago. The activities of the missionaries were limited to the conversion of the animist tribes, for instance the Bataks in Sumatra, the Dayaks in Kalimantan, and the Papuans in New Guinea.

In the seventeenth century, the Dutch displaced the Portuguese as the principal colonial power in the archipelago and ruled ruthlessly. In the nineteenth century, Islam and Malay language has provided a common bond for the peoples of the archipelago in the ensuing the struggle for independence. The struggle strengthened the consolidation of the Malay language and Islamic influence, and by the turn of the twentieth century, most of the entire archipelago had become Muslim and Malay had become a lingua franca.

The Indonesian word for God, *Tuhan*, was in fact an invention of the Christians. The root of the word is *tuan* in Malay, means "lord" or "master", and first appeared in the Bible translated into Malay language by a Dutchman, Melchior Leijdecker, published in 1733.

Currently, about 10 percent of Indonesian population is Christian.

5) Chinese Religions

In the fifteenth century, the great Chinese Admiral Zheng He visited the archipelago and has been credited in putting Chinese Muslim immigrants. But the mass migration of Chinese was of more recent times. During the nineteenth century, many Chinese were brought over to work in plantations in Malaya and Indonesia, while some came as merchants. Most of these Chinese immigrants were not Muslim, and it prevented them from melting into the local society.

In the early twentieth century, Chinese intellectuals in Indonesia discovered Confucianism and "Three Teaching (*Sam Kauw*)" in their effort to seek for "a spiritual pillar for Chinese", stimulated by the Chinese nationalist movement on the one hand and Christianization of ethnic Chinese on the other. "Three Teaching", also known as *Tridharma* in Indonesian, was conceptualised as a holistic "Chinese traditional religion" encompassing Buddhism, Confucianism and Taoism as well as ancestral worship and folk religious practises in Chinese temples. Under the Suharto's New Order regime, "Chinese religions" were banned.

6) Syncretism

Every year on the Javanese New Year, which coincides with the Islamic New Year, the Sultan of Yogyakarta climbs to the top of the Merapi volcano followed by a regal procession. Merapi is the most active volcano in the world, located north of the Central Javanese city. The pilgrims offer prayer to plea to the forces of nature to protect them from all types of catastrophes. They offer gifts up to the smoking crater. The gifts include colourful rice cones, flowers and fruit. The participants of this Hindu-Buddhist-animist ceremony are Muslims. The Sultan himself is also a Muslim. In fact, the sultans of Yogyakarta have always been Muslims, and since the eighteenth century to just until recently, they had possessed an honorific Islamic title, which is a mixture of Javanese (Sanskrit) and Arabic languages: *Sayiddiin panatagama khalifatullah*— "the leader and the guardian of faith, the representation of Allah'. The title *khalifatullah* was dropped voluntarily by the current Sultan in 2015.

In Java, the Muslims can be roughly divided into two major groups: the purist and Arabic-oriented *santri*; and the *abangan*—the Muslims whose religion was based on a mixture of animism, mysticism, Javanese Hinduism and Buddhism, as well as Islam. According to Clifford Geertz in the *Religions of Java*, about 30 percent of the Javanese population practiced some form of non-orthodox religion.

Selametan (ritual ceremonies) is central in Javanese traditional Islam. The host prepares food and offerings, following detailed directions along with Hinduistic and animistic symbols. The ceremonies are attended by neighbours and strangers, initiated by a local Islamic cleric reading some verses of the Quran. The purpose of the ceremonies is to appease the spirits and restore balance during important transitional events. The belief on spirits, devils and ghosts is still common among the Javanese, who often ask a *dukun* (a shaman doctor) to exorcise evil spirits from houses, hotels, schools, swimming pools.

The Indonesian Muslims live in the periphery of the Islamic world, and the majority of the communities conform more to animist and Hindu-Buddhist practices than to the rigid dogma of the Quran. Each region in Indonesia practices Islam with its own tradition. The Minangkabaus in Sumatra are matrilineal, and some Makassar Muslims in southern Sulawesi worship large stones, flags, swords and umbrellas. Most of the Indonesian presidents had their own spiritual advisors to give them inputs on omens. Some early mosques in central Java combine Hindu and Islamic architecture, using Hindu *yoni* for pillars.

One of the renowned traditional religions in Indonesia is Wetu Telu Islam ("Three Times" Islam), followed by a small community of Sasak people of the island of Lombok. It is a syncretic form of Islam, which incorporated Hinduism, Buddhism, and indigenous animist belief. The followers do not pray five times a day, and they celebrate Eid festivals three days after the Eid festivals of the mainstream Muslims. Wetu Telu mosques, unlike the mainstream mosques topped with domes, are built as a multi-tiered pyramidal thatched roof made of bamboo shingles, supported with four main posts. Wetu Telu in fact is a cosmology concept inherited from the Sasak ancestors, emphasising on the balance of the universe, which need to be protected in order to give a good quality of living. Until the end of the nineteenth century, Wetu Telu syncretism was widespread in Lombok, before another, stricter, version of Islam began to take root, known as Wetu Lima ("Five Times").

Islam succeeded to convert most of Indonesian population because it promoted tolerance towards beliefs and local tradition, thanks to Sufism that flourished in the earlier centuries. Currently, the largest Muslim organization in Indonesia, Nahdlatul Ulama (NU), promotes the traditional interpretation of Islam that at the same time tolerates older traditions. NU adherents are usually from rural areas, where many forms of syncretism are still found.

II. Politicisation of Religions

Throughout the modern history of Indonesia, religion is getting more and more involved in politics. In this chapter we will observe how the politicisation of religion was conducted, especially under Suharto's New Order regime (1967-1998), and how the regime has changed the emphasis of religions from spiritualism to the issues of identity. We will also observe how the government's involvement in manipulating religions has led to the increasing tension among the citizens. But let us first understand how Indonesia defines the status of religions within the state.

1) Not a Religious State and Not a Secular State

When drafting the ideology of the coming independent state, the founding father Sukarno (later the First President) believed that Indonesia would be a fusion of elements of socialism, nationalism and monotheism. He named the philosophical foundation of the Indonesian state as *Pancasila*, consisting of Old Javanese (Sanskrit) words: *panca* meaning five, and *sila* meaning principles. The name coincides with "The Five Precepts", the basic code of ethics undertaken by the followers of Buddhism. Sukarno always stated that Pancasila was a philosophy of Indonesian indigenous origin.

In Sukarno's first formulation of Pancasila announced on 1 June 1945, he put *Indonesian Nationality* as the first principle and *Ketuhanan Yang Maha Esa* ("Belief in God The Almighty") as the fifth. This draft led to a celebrated debate between the secular nationalists and the Islamist politicians. The Islamists argued Indonesia should be an Islamic state, while the secular and nationalist groups insisted that Indonesia should be a state for all religions. After several meetings, Sukarno's five principles were rearranged in a document known as Jakarta Charter. The previously fifth principle concerning religiosity was promoted to become the first principle. The Old Javanese Sanskrit phrase *Yang Maha Esa* was removed, and replaced with a clause later known as "the seven words". The complete principle would be "*Ketuhanan dengan kewajiban menjalankan syariah Islam bagi pemeluk-pemeluknya*" ("Belief in God, with the obligation for the adherents of Islam to carry out Islamic law").

In the lead-up to the declaration of independence, many Muslims had called for the inclusion of Jakarta Charter in the final draft of Indonesia's Constitution. One day after the proclamation of independence on 17 August 1945, the Preparatory Committee for the Independence of Indonesia quietly dropped the "seven words" from the final version of the Constitution. The reason for this was the fact that non-Muslim communities were threatening to leave Indonesia if the clause was included. Moreover, Indonesia's moderate Muslims, which were considered the majority in the country, did not want the imposition of Islamic law either. The Committee also deleted a clause in the Constitution previously stating that the president of the Republic must be a Muslim.

Yet, the expression of *Ketuhanan* (literally "Godness") is extended to *Ketuhanan Yang Maha Esa*. The using of this Old Javanese term, that was derived from Sanskrit and Hindu-Buddhist tradition, is problematic. The phrase itself inferred to the "absolute existence of God", but it is often interpreted as "The One and Only God". As many Indonesians do not have much connection with the ancient Sanskrit root in their language any more, they just take for granted that "*Esa*" means "One", while forgetting that "one" in Sanskrit is "*eka*" instead of "*esa*". It is commonly understood that the first principle of Pancasila means "Belief in the One and Only God".

Based on the Constitution, Indonesia is not a secular state, because it is based on the belief on an Almighty God. But it is also not a religious state as it does not specify any religious creed nor does it have a state religion. The relation between the State and religions is mentioned in Article 29 of the Constitution:

(1) The State is based upon the belief in the One and Only God

(2) The State guarantees the freedom of each inhabitant to embrace his or her respective religion and to worship according to his or her religion and belief.

The word "religion" in Indonesian language is *agama*, another term with Sanskrit origin. According to *Merriam-Webster's Encyclopaedia of World Religions, agama is a "post-Vedic scripture conveying ritual knowledge that is considered to have been revealed by a personal divinity"*. It is important to mention that majority of Indonesian Muslims do not associate *agama* with the Islamic notion of "*din*" or use the word. As the biggest Muslim country in the world, the Indonesian word for "religion" is a word from Sanskrit, not Arabic. Whether the reason behind this is cultural or ideological in nature, there is undoubtedly an element of each.

Nevertheless, Islam always plays an important role in defining the status of religions in the framework of the state. Article (29) of the Constitution does not specify what qualified as *agama*, that is, which religions fostered in the belief in the One and Only God, and hence were included under the protection of the Constitution. In 1961, the Ministry of Religious Affairs proposed the perimeter of *agama* as authorized by the Indonesian state, that it should (1) be an encompassing way of life with concrete regulations; (2) a teaching about the One and Only God; (3) include a holy book, which codifies a message sent down to prophet (s) through a holy spirit; and (4) be led by a prophet.

This definition of religion is clearly based on Islamic concept of religion. All religions outside these limitations are viewed as "tribal" beliefs. For instance, the Balinese religion, with its polytheistic character, was rejected at first when it applied for official recognition in 1950. After a lengthy internal debates, they finally came to an agreement in 1952 to call their religion Agama Hindu Bali. But it took them several years of lobbying before Agama Hindu Bali would finally be recognized by the Ministry. This happened in 1959, after Balinese had rationalized and redefined their "*religion*" in monotheistic terms. They reformulated their faith by presenting "Sang Hyang Widhi Wasa" or "cosmic law" as their equivalent of God, and the Veda scriptures as divine revelations similar to Quran. Hinduism's myriad gods were explained as corresponding to the angels in Islam. Later in the early 1960s, the name of the religion was replaced by the more inclusive name, Agama Hindu.

In 1965, Sukarno issued a Presidential Decree, in which six religions were officially recognized: Islam, Protestantism, Catholicism, Hinduism, Buddhism, and Confucianism. The Confucian organization declared that Confucius is their Prophet and *Tian* (天), commonly translated as "Heaven" or "Sky", as their "One and Only God".

2) Religiosity as an Antithesis to Communism

In Sukarno's era, there was a polarization between religious groups and non-religious groups. The greatest tension was between Muslims on one side and communists on the other. Sukarno belonged to nationalist faction, which leaned toward socialism and tended to be more neutral in terms of religion.

Support for Sukarno's presidency under his "Guided Democracy" (1959-1965) depended on his capability of balancing the volatile "Nasakom" (nationalism, religion, and communism) coalition between the military, religious groups, and the communists. Under Sukarno, the Communist Party of Indonesia (PKI) experienced rise in influence and militancy, which became a serious concern for the religious camps and the military. In the evening of 30 September 1965, six high-ranking generals were killed by a mysterious group. The military were quick to blame PKI to be responsible for the coup. A military propaganda began to sweep the country, linking the coup attempt with the communists. All people associated with the PKI, even the illiterate peasants in remote villages, were presented as murderers and accomplices of the movement. The mass killings started in Jakarta, and spread to Java, Bali, and Sumatra. Groups of devout Muslims also joined the purge of Communists claiming it was their duty to cleanse Indonesia of the godless communists. Somewhere between 500,000 and 1 million Indonesians were killed in the purge. Not all victims were PKI members; many of victims were simply suspected of being communists or atheists. Local Chinese were killed in some areas, and their properties looted and burned as a result of anti-Chinese racism on the excuse that China was the major supporter of PKI.

Suharto, one of the most senior surviving generals, assumed power replacing Sukarno, ushered in an era known as the "New Order". The anti-communist regime encouraged religion as a protection of the nation against the "latent danger" of communism. Belief in God is an ideological prerequisite to exclude communists from full membership in the national community. The regime made it compulsory for the Indonesian citizens to declare their religion officially on their ID cards.

The New Order also severed all relationship with the communist China. The regime issued Presidential Decree No. 14/1967 of the Prohibition of the Public Practice of Chinese Religions and Customs which says that this decree was introduced to protect Indonesian citizens from *"unnatural influence of the psychology, mentality, and morality of Chinese religions, beliefs and customs"*. Suharto banned all kinds of Chinese traditions to be conducted in public. Confucianism lost its status as a recognized religion, and the adherents(all of which were Chinese) had to become Christians or Buddhists to maintain their citizenship.

Buddhism, strictly speaking, does not recognize any God, much less the One and Only God. Thus, Buddhism had to repackage itself for the consumption of the New Order. In 1978, Indonesian Buddhist leaders have made up this deficiency by combing scriptures and identifying Buddhist equivalents of God, such as *Sanghyang Adi Buddha*, or *Atti Tjatam Abhutam Akatam Asmkhattam* ("Someone who is not born, not formed, not created but Absolute"). The Buddhists finally made agreement to use the universal expression *Tuhan Yang Maha Esa* ("God the Almighty" or "the One and Only God").

The majority of Buddhists in Indonesia are Chinese, hence Buddhism has to reduce its Chinese characteristics. Buddhist (and Confucianist) temples were no longer called by their Chinese names, but instead had to adopt Sanskrit names and collectively known as *viharas*. Temple inscriptions and signboards in Chinese characters covered over or hidden away. The non-Chinese Theravada Buddhism were promoted over the Chinese Mahayana Buddhism. In mid-1980s, the Ministry of Religious Affairs issued an instruction discouraging the use of the Chinese language in the Buddhist community.

The Chinese, too, were encouraged to convert to Islam. The regime believed that a "total assimilation", which includes converting to the religion of the majority, as the solution of the "Chinese problems". However, the Indonesian public may perceive present Chinese conversion to Islam to be as opportunistic as Chinese conversions to Christianity during the Dutch colonial era. At the same time, the public may see the current Chinese conversion to Christianity as a sign that the converts are maintaining an exclusive stance, merely exchanging one minority status (Chinese, with no native alliance) for another safer one (Christian, with many native coreligionist allies). In most parts of western Indonesia, Chinese constitute the majority of the Christians, which further inclines the people of those areas to equate "Chinese" with "Christians".

Religion became excessively bureaucratized under the New Order. Far from detaching itself from organized religion as a secular state would, the Indonesian state attached organized religion to itself without subordinating itself to any single manifestation of it. The anti-blasphemy law created in Sukarno era served as the guardian of religion's position in the public domain. A marriage law enacted in 1974 required adherence to one of the country's official religions for obtaining marriage and birth certificates. Meanwhile, the Religious Court Act established religion's power in Indonesia's administrative structure through the judicial branch. The Ministry of Religious Affairs penetrates state administration, differentiating citizens based on their religions. This is how Suharto brought all religions under his wing.

In 1978 the Parliament specified that a "belief to One and Only God" is not a religion. From then on, the "beliefs" would no longer come under the jurisdiction of the Ministry of Religious Affairs, but would be placed in the Ministry of Education and Culture. The adherents of the "beliefs", including the animists and syncretic beliefs, were encouraged to identify themselves with one of the recognised religions. Dayak Kaharingan in Borneo have identified themselves as Hindu to avoid pressure to convert to Islam or Christianity. Some tribal beliefs like Sunda Wiwitan in West Java, Toraja in South Sulawesi, and Batak Malim in North Sumatra, also sought affiliation with Hinduism to survive, although being totally different from Indian influenced Balinese Hinduism. Most animist groups in the highlands of Papua were officially labelled as "Christian". The Wetu Telu Muslims faced heavy pressure to conform to a more "respectable" form of Islam, and as a result, the followers have been driven underground.

3) The Rise of Political Islam

In the early days of the New Order, Islam was perceived as a threat to the state ideology. Several of the most serious armed rebellions since independence were incited by Muslims, and on several occasions religious extremists were nearly successful in attempts to assassinate Sukarno.

Therefore, Suharto made an effort to "de-Islamise" the government, by maintaining a large proportion of Christians in his cabinet. In 1973, the New Order diluted Muslim influence by forcing the merger of four Islamic political parties into the officially sanctioned Development Unity Party (PPP).

The government forbids the party from using "Islam" in its name and from using Islamic symbols. The government also ruled that Islam can only be propagated legally through government-approved social organizations such as the modernist Muhammadiyah and the traditionalist Nahdlatul Ulama. In move aimed at bringing political Islam to heel, a law was passed in 1985, requiring that all political parties and social organisations adopt Pancasila as their one and only ideological guiding principle—their "sole foundation".

In the 1970s, to strengthen its hegemony over society and expand its power and control, the New Order attempted to domesticate the social force of *ulama* (religious Muslim scholars) by proposing the creation of a semi-governmental body, the Indonesian Ulema Council (MUI). The main purpose was that it could serve as the translator of the concepts and activities of development as well as the mediator between the government and the Muslim scholars.

Suharto also attempted to prevent the Muslims from forming a political identity. In the 1980s the government banned the wearing of hijab (Islamic headscarves) in schools and state institutions. He also associated the Islamist activists with the "extreme rights" that endanger "the stability of the nation".

The repression has caused a greater reaction from the Islamists. They saw Suharto regime was pro-Christian and pro-Chinese, and the Muslim majority has become a colonized people in their own country. This Islamist movement in fact also had an economic background. In the late 1960s, Muslim merchants were marginalized, as foreign investors in Indonesia invariably chose Chinese partners. The native merchants gradually became attracted to a more doctrinaire, dogmatic form of Islam based on a stricter interpretation of the Quran. Some became politically radicalized, turning to religion as a way of venting their impotence. They circulated fiery literature and enlisting the support of apathetic young Muslims. In 1984, around 1,500 angry Muslim youths rampaged through the streets of north Jakarta, shouting anti-government and anti-Chinese slogans, burning Chinese homes and businesses. The government mobilized soldiers and crushed the riots with heavy arms, more than a hundred demonstrators were killed. This caused further bitterness among the Islamic groups against the authoritarian regime.

However, in the early 1990s, along with the downturn of economy and the rampant of corruption of his family, Suharto's political power faced a serious challenge in terms of legitimacy. He began to recognise the importance of the support from the Islamic groups to maintain his authority. Therefore, he introduced a policy of accommodating Islam, focusing particularly on the accentuation of Islamic symbols in public discourse. Islam was thus systematically incorporated in the state to offset the increasingly plausible challenge to his legitimacy of leadership.

In this context, the government lifted the ban for female students to wear hijab at school. Suharto himself and his family went to Mecca to perform the *hajj* pilgrimage in 1991. On her return from the Holy Land, Suharto's eldest daughter began to demonstrate her piety publicly by wearing colourful, elegant headscarves, and her fashion style inspired the Muslim women in the country. Since then cabinet members and high ranking officials have no longer hesitated to declare the Islamic greeting, *assalamualaikum*, in the opening passage of their speeches and this greeting is becoming increasingly popular nationwide. A number of Islamic organizations and institutions also appeared on the scene, including the Indonesian Muslim Intellectual Association (ICMI), established under Suharto's patronage. This was seen as an effort to lure Muslim intellectuals with the possibility of political power. Thousands of mosques were built under the sponsorship of the state, the Islamic Court Bill was introduced, followed by the licensing of the state's first Islamic bank. Laws were passed in 1992 that give more autonomy to religious schools and more authority to Islamic Law over the daily affairs of Indonesia's Muslims. The Muslims rewarded Suharto by nominating him for his sixth term as president in 1992.

Eventually, the action of the state caused a new movement among the Muslim citizens. Islam proceeded to the direction of purification. The fundamentalism revival has been joined by young middle and upper class Indonesians. They were businessmen, civil servants and students who were disillusioned with the corrupt, materialistic and westernized ways of living of their parents. Magazines highlighted the importance of women to cover their hair, while stickers on the cars proclaimed "Islam Is In My Blood".

Still, orthodox Muslims want more. They demanded that the government protect and encourage Islam, by adopting Sharia (Islamic Law). Meanwhile, as the economy deteriorated, Indonesia was in the danger of disintegration as racial and sectarian conflicts erupted all over the nation.

4) The Clash of Identities

When the national economy took a deep plunge as the financial crisis hit Asia in 1997, the economy collapsed, and the hatred in the society also escalated. The main target of anger was the ethnic Chinese. The most popular rumour was that Chinese only made up two percent of the population, but controlled ninety percent of the country's economy. Many in the majority viewed the Chinese as outsiders and with suspicion, as they perceived the Chinese as the cronies of the corrupt regime. Between 1995 to 1998, demonstrations against the government's corruption and incompetence were widespread across the country, yet the angered mobs destroyed the shops and businesses of the Chinese. Christianity and Buddhism were perceived as the "religions of the Chinese", so Christian churches and Buddhist temples also became main targets of attacks. The peak of all this happened on 12 May 1998, when the killing of four students by the army sparked mass riots, which then turned into a massive rampage that made Jakarta a battlefield as the city was besieged by a grand, systematic, and planned amok, targeting to Chinese houses, businesses, and religious sites.

Suharto finally resigned soon after the May 1998 riots. Yet, the clashes of the nation did not stop there. During the Reformation era (following Suharto's resignation), Indonesia's public sphere became a site of contestation for many groups, including religious, ethnic, local and territorial communities, seeking recognition from the state.

To begin with, the Jakarta Charter has made a remarkable comeback on the front stage. The idea is to make Indonesia an Islamic state. Several of the Islamic parties of the newly elected parliament advocated reintroducing the "seven words" into the Constitution. This proposal was rejected in 2002 by the Parliament, due to opposition not only of the secular parties, but also of the two largest Muslim organisations. Thus, while failing to amend the Constitution in order to impose the sharia nationwide, various Islamic groups have attempted to use the enhanced authority of regional parliaments under the new regional autonomy law. In the following years, dozens of regencies across the country promulgated sharia-inspired regulations setting out dress codes and norms of good behaviour for women, and requiring religious observations for Muslim school children and public servants.

Religion often wins in political contests, suggesting that religious senti-ment and ties remain stronger than any other socio-cultural affiliation. When religion becomes a legal identity, religion has been regimented as a state instrument, exploited by the ruler to oversee the ruled. Through Indonesia's state administrative agencies and its judicial branch, religion's authority has been co-opted by the state, and strengthening its power over people's every-day life. In such an organized form, religion becomes an administrative af-fair, threatening its spirituality.

Action frames developed by the militant Islamist groups could resonate widely in the public sphere of Indonesia, which is friendly to Islam. Keeping pace with the growing influence of Islam on politics, Indonesia has witnessed new global forms of religious identity. In this context, luxurious mosques with new architecture (usually derived from the Middle East) have been constructed—and they have large congregations, mostly youthful. More and more people have gone on the hajj to Mecca, complementing the popularity of the use of the hijab for women and Muslim shirts for men.

More dramatically, the resurfacing of political Islam in Indonesia has been demonstrated by the emergence of a radical fringe of Muslim funda-mentalists expressing themselves through street politics. The absence of trust that tied different social groups also facilitated the eruption of riots and com-munal conflicts along religious, racial and ethnic lines. In Maluku, a fight be-tween two youths quickly evolved into bloody communal violence between Christians and Muslims, which claimed thousands of lives and injured many more. Likewise, in Central Sulawesi, West and Central Kalimantan, pro-tracted bloody communal confrontations that involved different ethnic groups resulted in property destruction and the mass exodus of refugees.

The determination of the militant Islamist groups to spark violent dis-course and jihadist activism cannot be dissociated from the complicated dy-namics of Indonesia's transition towards electoral democracy, which ushered in a plethora of opportunities for different groups and interests to emerge and compete in the newly liberated public sphere. These culminated with a terror-ist attack on Bali in 2002, and then again in 2005. The terrorists were linked to the strengthening of the Islamic global solidarity, as they claimed that their action was a revenge to "American repressions against Muslims in Palestine and Afghanistan".

The bombings exacerbated the Balinese people's feeling of vulnerability as a Hindu island in a Muslim archipelago. They reacted to Islamic terrorism by reasserting their Balinese-ness, launched with the aim of strengthening the Balinese people's sense of their religious, ethnic, and cultural identity. It tends to foster the sense of a homogenous, closed community under threat from the outside, while taking on ethno-nationalist implications with slogans such as "Bali for the Balinese". The increasing of Islamisation of Indonesia appears to have triggered a mimetic reaction on the part of the Balinese people, who have come increasingly to emulate Islamic references in order to define their identity terms of Hinduism.

As the clashes of identities have destroyed the weaving of social elements in the diverse nation, the Indonesian public contemplated whether the national slogan, "Unity in Diversity", was now merely a rhetoric. Meanwhile, international observers predicted that Indonesia would soon fall apart and become the next Balkan.

III. The Wisdom of Diversity

Indonesia is an improbable nation. Geographically, linguistically, culturally, ethnographically, the archipelago should not be a single nation. The only reason that united Indonesia as a nation is that the whole geographical land mass was colonised by the Dutch. It was indeed a miracle, that despite of the absence of powerful military after the collapse of Suharto's authoritarian regime, Indonesia the survived the years of turmoil following as the regime ushered in freedom and democratisation. The Portuguese-colonised and Catholic-dominated East Timor managed to separate itself from Indonesia, but the rest of the country is still intact. Not only that, Indonesian democracy has getting more mature over years, and the country relatively succeeded in reducing the intensity of communal violence, terrorism threat, and separatism ideas. In this chapter we will observe how the local wisdom of diversity is applied by the Indonesian post-Suharto governments in dealing with its multicultural problems.

1) Integration Over Assimilation

The New Order's strategy in dealing with social problems was by veto-ing on any discussion on racial, ethnic, and religious issues (termed SARA issues). They used pervasive administrative control from the centre to main-tain a veneer of national unity. The state also attempted to maintain its legiti-macy by politicising religious symbols, which has made religion function more as means of social control. In dealing with minority groups, Suharto at-tempted to "assimilate" the diverse nation by using one central definition of "Indonesian nationhood".

Suharto's solution worked with a powerful military support and restric-tion of information. But when the state power weakened, social cohesion fell apart, and distrust and conflict increased in the society. The citizens were more and more contained in their respective affiliated group for the sense of solidarity and protection among group members sharing the same identity. The repression and forced assimilation did not create a robust social cohe-sion, but instead a stronger sense of identities accentuated by anger, distrust, and revulsion.

For instance, Suharto's ban of Chinese cultures, in order to assimilate the Chinese-ethnic in the Indonesian society, on the contrary, made the Chi-nese even feel themselves more Chinese rather than Indonesian. The dis-criminatory regulations applied by the regime kept reminding the Chinese of their Chinese identity and their minority status. The repression made the Chi-nese even secluded themselves from the society, living in Chinese-dominated neighbourhood and dealing businesses with Chinese-dominated counterparts. The exclusivity raised the suspicion and jealousy from the majority, who took the Chinese as the darling of Suharto regime.

Similarly, Suharto's repression on Islamic identity also created the re-vulsion and bitterness among the Muslim majority, which incited a powerful bouncing of Islamic identity in post-Suharto era, with a tendency towards purification and fundamentalism. A new politicised Islamic movement led to intolerance and violence across the country.

Nevertheless, the tragedy of May 1998 and the upsurge in religious conflict has turned to a blessing in disguise, as this incited to a new discus-sion of the recognition of diversity and the respect of human rights. The first major step was taken by Abdurrahman Wahid, who was elected as the fourth president in 1999. Wahid lifted the discriminatory laws against the Chinese that was legacy of the New Order regime, including the Presidential Decree No. 14/1967. Confucianism is now officially recognized as a legal religion in Indonesia, and Chinese New Year is celebrated as a national holiday (as a religious festival of the Confucianism religion). Chinese culture and all related Chinese-affiliated activities are now allowed to be practised. Chinese and non-Chinese Confucianists have since then expressed their beliefs in freedom.

The recognition of the identity was proved much more successful than the forced assimilation of the New Order regime. The Chinese voluntarily integrated themselves to the Indonesian society, and thus this reduced the suspicion from the majority group to the previously deemed exclusive Chinese. More and more Chinese are involved in Indonesian politics. Currently, the democratically elected governor of Jakarta, Basuki Tjahaja Purnama, is a Christian Chinese, a minority both in ethnic and religion, but gained major support from the public. This shows Jakarta public, and Indonesian public in general, has put aside their ethnic and religious identity sentiments and prioritise the candidate's competence when casting their vote.

Along with the recognition of Confucianism and local beliefs, previously unrecognised religious groups have been permitted to register their marriages since 2006. According to Article 64 paragraph (5) of Law No. 24 Year 2013 on Population Administration, leaving the religion column blank is permissible for all citizens who have a religion or belief outside the six recognized religions. This has led to the revival of various local traditions, as the adherents do not to hide their beliefs anymore.

The willingness of the central government to negotiate with separatist groups, like the Free Aceh Movement in deeply Islamic province of Aceh, has finally brought peace to the province rampaged by civil wars for years.

2) Education and Reconciliation

Not everything about Suharto's New Order regime is bad. Despite of its manipulation and repression, the regime has made strenuous efforts to construct a homogenous national culture, based on the inclusive philosophy of Pancasila, notably through the education system.

Indonesia is one of the few countries in the world that give national holiday status to the religious festivals of all religions in its territory. Every year, there are six holidays related to Islam, three holidays for Christianity, and one holiday each for Hinduism, Buddhism, and Confucianism. The president of Indonesia always celebrates all these religious holidays with the respective religious groups. The interaction between religious groups is also encouraged. For instance, Muslim organizations patrol to protect churches from the possibility of terror attack when the Christians celebrate Christmas. In recent years, the Confucianist tradition of Cap Go Meh (known in China as Yuanxiao Festival, fifteen days after the Chinese New Year), although not a national holiday, is celebrated in many Indonesian cities with street parades that involve exhibition of traditions from various Indonesian ethnic and religious groups, aside from the Chinese Confucianist themselves.

Religion has always been a compulsory subject for school children at all levels in Indonesia. In 2003, the new Education Law stated that each school must provide religion teachers of the same religions for its students: Muslim teachers for Muslim students, Hindu teachers for Hindu students, and so-on. Even private faith-based schools have to provide for their minority other-faith students, for example, a private Catholic school should provide Muslim teachers for its Muslim students. This legislation can be seen as a good thing, because the religious minorities in a school are acknowledged and receive proper education in their religion. Further, it should ensure that each religion is taught respectfully and knowledgeably.

Nevertheless, more essential than teaching students with their respective religion is teaching across religions or about other religions in a way that promotes understanding that other religions might have value. Gadjah Mada University in Yogyakarta has initiated Centre for Cross-Religious Studies for postgraduate students, which looks across religions at comparative theology or work on the sociology of religion. In Surabaya, Petra Christian University has designed a program to promote understanding of Islam by having two classes of business students visit an Islamic boarding school. Most students in this university are Chinese, and the interaction produced a demonstrable shift in their attitudes towards Muslims. NGOs play an important role in initiating, mediating and organizing such experiments. In Jakarta, organizations such as the Indonesian Conference on Religion and Peace and The Wahid

Institute run a range of activities that include seminars for young people and women, publishing, library services, training courses and research on inter-faith communication, tolerance and peace-building.

Representatives of the majority of Indonesian Muslims, the Nahdlatul Ulama and the Muhammadiyah, have worked closely together to promote discourses on inter-religious harmony, democracy, egalitarianism, and sexual equality. At the same time, the two organizations continued to exercise a profoundly moderating and democratic influence on Islam and Indonesian politics through their campaigns asserting that Islam and democracy are compatible and their condemnation of Islamic radicalism.

A contrast to the oppressive and restrictive Suharto's New Order regime where information is controlled by the central government, the new Indonesian regime liberalises media and information for the citizens. The new governments also prioritise on reconciliation dealing with Indonesia's controversial dark history, including the 1965 and May 1998 tragedies. The current government of President Joko Widodo initiated inter-groups dialogues to clarify the issues and to prevent such tragedies on humanity reoccur in the future. Recently, in April 2016, a national Symposium of 1965 Tragedy was held in Jakarta, concluding that the state was involved in the violence against the people alleged as members or supporters of the Indonesian Communist Party in the 1965-related mass killings.

3) De-radicalisation from Islamic Perspective

After the September 11, 2001 attacks on World Trade Center in New York, the US launched the global-scale "War on Terror". Hate multiplies hate, and violence multiplies violence. The Islamophobia in the West has created a deeper gap between Muslims and the Western society, while "War on Terror" has created more terror and insecurity.

Indonesia also experienced the strengthening of Islamic radicalisation after the 9 · 11, and became the victims itself with frequent suicide bombings and terrorist attacks, especially between 2001 and 2005. In the context of the global campaign against terror, President Megawati Sukarnoputri issued the Government Regulation on War against Terrorist Crimes. Her successor, President Susilo Bambang Yudoyono, has continued the campaigns by strengthening anti-terrorist capabilities through networking and programs of training and education, seminars, conferences and joint operations. The attempts made by the Indonesian government to strengthen anti-terror campaigns have significantly reduced room for the groups to manoeuvre.

"Rule of law" programs are necessary, but repression alone cannot solve the problem of terrorism. In recent years, political Islam in Indonesia appears to have become less dominant in the face of the pluralism of the country's civil politics, under which democratisation has gradually debunked political Islam's more authoritarian attributes. Furthermore, reintegrating radical and extremist fighters into society is an enormous challenge.

Instead of imposing an internal security act or other draconian laws that carried the whiff of dictatorship, Indonesia's newly democratic leaders decided to prosecute terrorists publicly through the normal court system. That meant no indefinite detentions that could nurture further radicalization. And to placate an increasingly vocal Islamic political movement, the government took the most controversial stance of all: to consider terrorists not as intractable criminals but ideologically confused souls.

After the 2002 Bali Bombings, Indonesia formed a special forces counter-terrorism squad, part of the Indonesian Police Force, known as Detachment 88. Through de-radicalisation programs, Detachment 88 takes on the role of spiritual counsellors, working to convince militants of the error of their ways. During interrogation sessions, the Detachment 88 officers, the majority of whom are Muslim, allow prisoners to worship, often joining them in prayer. This helps to convince terrorists that the police are not infidels, as they have been brainwashed to believe by radical clerics. On occasion, Muslims with impeccable religious credentials are brought in by Detachment 88 to discuss Quranic theology with inmates. The careful handling has paid off. Of the four hundred terrorism suspects in custody, the Indonesian police estimate that around half have either cooperated with police or renounced violence. Those who cooperate with Detachment 88 officers have had their children's tuition, their wives' employment and even their prison weddings paid for by the government.

President Joko Widodo has mentioned that he supports cooperation with the United States to combat terrorism, "Not just from a security perspective, but also through a cultural and religious approach to isolate and eliminate radicalism and extremism". By showing that Indonesia can promote pluralism and respect for religious diversity under the principle of Unity in Diversity, Widodo wants to demonstrate that Islam and democracy can co-exist and that the threat mandated through the perceived connection between religion and ethnicity can be set aside. This is an important paradigm for addressing the conundrum of Indonesians joining the Islamic State and the security threat posed by their return to Indonesia.

4) The Archipelagic Islam

In 2015, the Minister of Religious Affairs under President Joko Widodo has caused nationwide controversies, as he allowed the Quran to be recited in the Javanese intonation, instead of Arabic, during an official function at the State Palace. The Minister Lukman Hakim Saifuddin defended his action by saying, "I am just looking for ways to maintain Islamic values in *Nusantara* (archipelagic) traditions".

The term *Islam Nusantara,* means "Islam of the Indonesian archipelago", is introduced by the Joko Widodo's cabinet as a more "friendly" Islam. The Minister has been drafting a law on the need for a harmonious interfaith community. The minister also made a controversial statement that restaurants can remain open during the Ramadan fasting month, as he invites the majority Muslims to respect those who do not fast.

The motive behind the government's controversial idea of the Archipelagic Islam is to remind that Islam in Indonesia did not spread with blood, yet by blending with the local cultures, including Hindu-Buddhist values. The Indonesian government under Joko Widodo, with its mission of "Mental Revolution" is aimed to remind the Indonesian public that Islam does not promote only the Middle Eastern tradition as the legitimate one, but it also respects local culture and wisdom. This policy was essential amidst the strong waves of Arabisation of Muslims in Indonesia and many other countries, along with the widespread of the fundamentalism concept of Islam.

Various pro-democracy groups in Indonesia has expressed their concern and anxiety about the Islamists' threats against Indonesia's pluralist and democratic society. They are particularly concerned with the discourse of the supremacy of the Sharia and jihad, which has been used by the militants to circumscribe the rights of minorities and marginalise pluralist sentiment. Islam Nusantara, on the other hand, is introduced to emphasis on tolerance in Islam. Nahdlatul Ulama, for instance, is committed to preserving local traditions like prayers for the dead (*tahlilan*), the Javanese prayer gatherings and meals (*selametan*), also pilgrimage to the graves of ancestors or saints. These are among the traditions that relatively constitute the uniqueness of Islam's face as implanted in Indonesia. Nadhlatul Ulama, along with the other main Islamic organization Muhammadiyah, is determined to defend Pancasila as the state ideology, not Sharia. For Nadhlatul Ulama, nationalism and the Islam Nusantara are two inseparable concepts for the Indonesian Muslims. The organization encourages the Indonesian Muslims to put their love towards the nation and humanity beyond their love towards the religion.

Conclusion

Indonesia is a diverse nation based on diversity. There is no single titular race or religion that can represents Indonesia. The overriding feature of Indonesian culture is a fusion of elements, and the only thing that can represent Indonesia is the diversity itself.

The politicization of ethnics and religions that was adopted by various Indonesian governments have threatened the natural bond of diversity in the society, and has led to communal violence tragedies. Nevertheless, the situation is mitigated by the presence of the Indonesian state ideology, Pancasila, as a consensus between the secular nationalists and the Islamists. Islam, or any other specific religions, is not formally stated in Pancasila and Indonesian Constitution. This political manoeuvre has to some extend exempted Indonesia from the civil war of Middle Eastern countries, which was not helped by the absence of reconciliation among the religious and secular factions.

The current government of Indonesia emphasises on the respect of the basic human rights and the complexity of identities of every person—or according to the wording of President Joko Widodo: "humanising humans" —in bringing peace, curbing security threats and creating a harmonious diverse society. This concept of tolerance is what Indonesia currently promoting as a solution to terrorism, radicalism, and other identity-relate conflicts worldwide.

Building Tran-Himalayan Economic and Security Community: Opportunities and Challenges

[India] Bali Ram Deepak

[Center of Chinese and Southeast Asian studies, Jawaharlal Nehru University, New Delhi, India]

India and China had a glorious history of cultural and material exchanges, which developed into friendship and subsequently into camaraderie during first half of the twentieth century when both India and China fought western imperialism shoulder to shoulder. The fraternity and camaraderie rendered borders meaningless, even if they existed in some shape or form throughout the history of India and China. The southern Silk Route, or the so-called Assam-Myanmar and Yunnan route connected Chengdu and Yunnnan to Northeast, Central and North India where it converged with the Central Asian Silk Route.

Prof. Duan (2010), from Sichuan Academy of Social Sciences, posits that the Indus valley civilization vanished around 1500 BC. However, Sanxingdui（三星堆）civilization in ancient Sichuan was still at its prime, and from the remains of this civilization various products such as *cowries* from Indian Ocean regions（IOR）, huge quantities of elephant tusks, willow leaf shaped bronze daggers, had definite connection with Assam in Eastern India and Myanmar. Especially the *Monetriaannulus* types of cowries that are only found in the Indian Ocean Region, these according to professor Duan has also been found in various burial graves in Yunnan and could be seen in the Yunnan Museum reflecting the continuity of these trading routes since ancient times.

These linkages have been ascertained by Si Maqian (BC 145-BC 90?), in his masterpiece *Shiji. Xinanyizhuan* (*Records of the Historian: Foreigners in Southwest*) has pointed to the existence of Southern Silk Route, and he himself got to know about it when in Bectria as a Han envoy (ISAS, 1994:4). It is believed that the Chinese silk was imported to India through this route. Kautilya (350 BC -275 BC), an official during Chandragupta Maurya, records in his classic *Arthashstra* that the silk is the produce of China. If Kautilya's statement is to be believed the Chinese silk was in vogue in India during the 4th century BC (Ray, 2003:89). Sichuan was one of the earliest places to raise silkworms in China. Being close to Yunnan, and Yunnan being the earliest gateway to India, silk as a matter of fact, became one of the earliest industries of northeast India. By the 7th century, Assam's silk industry had reached its pinnacle and perfection.

During the Song, Yuan and Ming dynasties (960-1644) when trade replaced religion as a main career of cross-cultural currents between India and China, the route did not lose its relevance. Even in the 20th century, the Assam, Myanmar, Yunnan route came to the rescue of Allied Powers against the Japanese.

It is only in the post-colonial period that nation states of the region decided to focus more on their disputed boundaries and distinct political cultures thereby disconnecting these historical connections of these peoples. The fact that China and India fought a war in 1962 and belonged to opposite sides of the cold war dynamics made these historical connections being seen with suspicions and none of the neighbours tried to revive this connectivity till very long time.

I. Initiatives towards the Revival of Routes

With increasingly intense globalization and interdependence, various regional economic blocks such as Association of Southeast Asian Nations (ASEAN) in Southeast Asia, European Union (EU) in Europe, North American Free Trade Agreement (NAFTA) in North America, Mercado Común del Sur or Southern Common Market (MERCOSUR) in Latin America, *South* Asian Association for Regional Cooperation (SAARC) in

South Asia, Eurasian Economic Union (EEU) sprawling across Russia and Central Asian Republics and many more at sub regional basis have emerged all over the globe.

As regards Asia, the initiation of reforms and open door policy in China especially since Deng Xiaoping's south China tour in 1992, Indian economic reforms in 1991 especially its "Look East Policy"(LEP); similar opening from Bangladesh in the 1990s and Myanmar in late 1980s has created favorable conditions for further regional economic groupings and triggered trends of integration.

II. Neo globalization Forces

The "Belt and Road" initiative which is rooted in history and proposed by President Xi Jinping in 2013 is essentially a globalization process that will spur domestic, regional as well as global economic growth. Undoubtedly, the economic connectivity is the heart of the matter for which Chinese President Xi Jinping also announced the establishment of a Silk Road Fund with 40 billion US dollars to support infrastructure investments in countries involved. The new institutions of global governance such as AIIB and NDB of the BRICS has also been linked to the new globalization drive initiated by China. In the same vein, India ever since Prime Minister Modi resumed the office also initiated a series of projects such as "Make in India", "Digital India","Start up India", "Sagarmala", and "Bharatmala" etc. with global ramification.

We have witnessed that China immensely benefitted from the deep globalization of 1990s and 2000s, thus lifting millions of people from poverty. Can India and China integrate or dock their respective processes and create a new global economic ecosystem that with deeper economic and political stakes? Or, should we allow building spheres of exclusive interests? Should not we move away from the Westphalian paradigm of security? Shouldn't we argue in the favor of "security with" as opposed to "security against" the adversary? Should be build a common economic, cultural and security community in Asia?

I believe in the metamorphosis of both the Indian and Chinese initiatives which undoubtedly will facilitate the integration of the region culturally, economically, and in the process help us to have a paradigm of common and collective security. What are the possibilities and what could be the challenges?

III. Opportunities

(1) Infrastructure connectivity

Trans-Himalayan connectivity, whether between southwest China and northeast India, or the northwest China and northern India, will immensely benefit the landlocked regions on both sides of the Himalayas. India has already joined the "Belt and Road" initiative by signing the BCIM-EC in 2013. Various points along the corridor could be turned into nodal points of connectivity, be it trade, transport or tourism. This would mitigate poverty and backwardness from the region and the region would act as a bridge between the Indian Ocean and Pacific Ocean. If we look at the proceedings of the BCIM, we get to know that transportation connectivity has been the main theme of all 11 meetings of the BCIM cooperation. It is unfortunate that we have not been able to reestablish the routes of communication of ancient times. Even if there have been some steps to develop the infrastructure, the task is uphill and investment required is huge, and may take years before we could see the channels of communion opening and connecting the people across the Himalayas fully. For regional economic integration, it is extremely important to link the region with roads, rails, air and waterways wherever possible.

As far as northwest China and northern India connectivity is concerned there are various possibilities too. For example, the Boao Forum Action Plan on "Belt and Road" has defined Xinjiang as a core area both politically and geographically. China considers Xinjiang as a "window to the west and Central, South and West Asia". China has drawn both medium and long-term goals to realize the BRI. China Pakistan Economic Corridor has been regarded as a medium term goal that aims at completing railway and road connectivity between China and Pakistan within 5-10 years. Long term goals are set to be achieved by the year 2049; these goals are Three Channels, Three Bases and Five Centers in Xinjiang. Three Channels include North-Central-Southern Channels, Three Bases comprise oil & gas, Coal and wind power bases, Five Centers are healthcare, traffic, culture etc.

As far as India is concerned, there has been nothing negotiated on this corridor. I believe given the close proximity of Xinjiang with northern India, India and China can give consideration to building an India-China Economic Corridor (ICEC) in this sector. One, since Xinjiang will be the energy and economic hub in the northwest China, both could think about building a China-India gas pipeline in the sector, which would definitely be safer than the TAPI pipeline. Two, since China plans to connect Nepal with Xigaze, the train could be extended to the Indian borders. Three similar rail and road connectivity has been the part of negotiations as far as BCIM-EC is concerned. China Silk Road Fund, the BRICS New Development Bank as well as AIIB could be extremely helpful in realizing such integration.

(2) *Market access*

Once the transport in the area is integrated by better rail, road and navigation networks, it will give better market access to many of the interested companies in respective markets. Leaving the so-called security issue behind, if we look at the positive side of the 2007 Beijing-Lhasa train connectivity, goods from Nepal, northern India and Bhutan could easily be transported not only to Lhasa but also further east to Beijing. If a similar connectivity is established between northeast India, Bangladesh, Myanmar and China, the goods instead of going through sea will move overland bringing prosperity and opportunities for these remotely located communities. Some of the sectors that will benefit could be pharmaceutical, information technology, agro products, food processing, textiles, fertilizers and minerals. Also, the smaller countries will benefit immensely by getting access to bigger markets for their commodities, besides expanding their present capacities and diversifying products. The FDI inflows would also translate into technology transfer, thus pushing the economic growth rates further. Furthermore, the Chinese products flooding the markets through illegal routes will also come to an end as that channel will become less attractive.

(3) *Energy Cooperation*

Apart from the northwest China and northern India energy cooperation, the southwest China and northeast India too have immense opportunities in this sector. The BCIM–EC has reserves of natural and mineral resources. For example, south western region of China and eastern India have unexploited wealth of oil and natural gas, coal, minerals and water resources. The BCIM-EC framework of cooperation will lead to joint investment in construction of relevant industries in the areas. There are huge potentials in generating hydroelectricity in the region that will complement the industrial activity in the area; not only this the regional power grids could be integrated so as to have the optimum utilisation of electricity in the areas concerned.

Furthermore, since these issue will essentially touch upon the transborder and river issues, better mechanisms could be evolved to manage and solve such issues, especially between India-Bangladesh and China.

(4) *People to people exchanges*

India and China have agreed to expand collaboration in the areas of education, science, culture, sports, women, youth so on and so forth since the 1950s ! However, given the size of our countries the people to people exchanges have remained abysmal. For example, both have a combined population of 2.5 billion but the government to government scholarships we are offering are just 25! Thanks to the Chinese side that these have gone up to 350. Now compare that same with China's plan of inviting 10,000 US students on scholarships to China since 2011! This could happen to the Indian students too provided some kind of mechanism is evolved as regards Confucius Institutes in this country, we have been struggling with the one in JNU since 2005!

Even though we have made some progress, however, the Indian and Chinese educational institutions including the think tanks have to work hard to built institutional ties. Last year in January, the University of Pennsylvania brought out a report about the global think tank rating. According to these there were 350 think tanks in China comparing India's 150, and how many of these have build institutional ties between them? The situation in other areas is not better. For example, there are 214 agreements as regards friendly states and sister cities between the US and China, and very few between India and China.

Tourism that could be a huge facilitator of people to people contacts as both India and China are the ancient civilizations with many places of historical and cultural significance. Other countries along the corridor too have beautiful landscapes and rich biodiversity. The integrated transportation will not only foster deeper trade relations, but also strengthen tourism sector regionally as well internationally expanding people topeople ties. The region could venture into eco-heritage, and spiritual as well as cultural tourism areas. This will also attract investment in the relevant areas and open employment opportunities for the local people.

The responsibility of this lies on media, civil society and governments alike; both sides must create conditions for hassle free flow of people from one country to another. If we look at the flow of people between these two countries, I am afraid we have not done enough!

IV. Security Environment is one Major Negative Factor?

(1) Unsettled border issue between India and China

Since India-China border stretches almost entire Trans Himalayan region, India is apprehensive of the security implication as the border has been considered the root cause of political mistrust. Even though it is the signatory to BCIM-EC agreement, it has been going slow on the project, for number of reasons and unsettled border is one of the, especially when the biggest Indian province in the region is claimed by China.

(2) Northeast insurgency

Most of the northeast region of India is infested by over 30 big and small armed rebel groups. United Liberation front of Assam (ULFA); the two factions of the National Socialist Council of Nagaland (NSCN) and the United National Liberation Front (UNLF) of Manipur are prominent. These groups claim to represent people and are engaged in separatist and terror activities, almost like three evil forces of Xinjiang. India is extremely cautious as China has supported Naga and Mizo insurgency between 1962 and 1979 (Wang 1998: 272). Therefore, India, though have agreed in principle to cooperate with China and Myanmar to open new and old routes in Northeast India, however, it is apprehensive about the security concerns due to her being hypersensitive about its turmoil-ridden northeastern region. It is almost a case of "once bitten twice shy" approach especially after the Himalayan blunder of 1962. A Senior Fellow at Vivekananda International Foundation posits that the "prevailing security situation thwarts the successful outcome of BCIM forum and works against building trust and mutual confidence".

He cites conflicts between the armed ethnic groups in the region, Sino-Indian border tensions, Rohingy as crossing over to Bangladesh from Myanmar etc creating a negative impact which is not conducive to investment and development (Anand 2013).

(3) *Ethnic violence, radicalization and refugee problem*

The entire region is marred by ethnic violence that stretches to Bangladesh and and Myanmar. There are instances of ethnic cleansing in Assam, Kuki-Naga conflict in Manipur, Rakhine-Rohingya in Myanmar, Bengali speaking majority and indigenous people in Bangladesh, have created untold miseries for people who have fled the conflict zone. In the same vein north Indian state of Jammu and Kashmir is also going through a phase of insurgency that hold the Indian government back from taking any bold move in the region.

VI. The Road to Future

As far as security dilemma of the Indian government in northeast India is concerned, the BCIM countries need to evolve a security mechanism by way of which the problems related to cross-border insurgency, narco-arm smuggling is addressed and better investment environment created. What should be India's options? China has considered India as an important country and crucial for economic integration in the region. Initiatives such as "Make in India" and "Act East" policies have been seen complimenting the Chinese initiative.

China is already a partner in India's development; there is cooperation in railway sector as regards enhancing the speed and heavy haul of the trains, China is also assisting India in the training of railway personnel, design of the stations and in building up a railway university in India. The feasibility study of Delhi-Chennai high speed railway has been going on and will bring down the travel time to 7 hours from present 28. India is also the founder member of BRICS Bank and AIIB linked to the Belt and Road initiative by China.

It would be unfortunate if India remains outside the value chain of such an initiative; however, it may decide for itself what kind of project it could carry out with China on case to case basis. These could be in realm of a variety of infrastructure related projects including energy, transport, power, e-commerce, and projects integrating investment and trade.

Finally the paradigm shift in the global governance mechanism triggered by the establishment of the G20 has demonstrated that the developed and developing countries could sit together at the same high table, while the birth of various new mechanisms such as BRICS, SCO, BRICS New Development Bank (NDB), Asia Infrastructure Investment Bank (AIIB), Silk Road Fund etc. has indicated that the emerging economies are capable of reshaping or willing to supplement the existing governance mechanisms with new ones. Being the founder members of many of these mechanisms, both India and China, are playing a leading role and building bridges between the developed and developing countries and adding multitude of wealth to the global economy. Especially China's role is extremely important, which is contributing over 30% to the G20 overall economic output. In the light of these developments it is more imperative on India and China to integrate their national policies and build Tran-Himalayan economic and security community that will not only result into win-win cooperation but also contribute to regional as well as global peace and prosperity.

Where do India and China Meet: Confucian *Li*, Hindu *Dharma* and Asian Connectedness

[India] Kamal Sheel

[Professor of Banaras Hindu University, India]

The nature of India-China interaction is often mired in political rhetoric or private and public imaginations. It is not surprising to find public debates on India-China incomplete without habitual reminder of more than two thousand years old historical interactions. Until 1962 India-China Border War, the popular perception was still primarily based on excellent travelogues by few scholar-monks as well as on tangible and intangible signs of sway of Buddhism/ Hinduism in both its Indian and Chinese *avataras*. What is however still not adequately explored is the nature and extent of the meeting points of both Indian and Chinese culture.

The task is tall—as long historical encounters have led to almost total absorption of outside elements in both the cultures. Scholarly debates on the issue of cultural borrowings have been contentious due to difficulty in separating the wheat from the chaff after lapse of long historical time. Was the Chinese monkey sage-god Sun Wukong an imagination based on similar Indian tales of monkey-god Hanuman of the Ramkathās? The nationalist inspired narratives further distract our attention from the fact that both the cultures could have shared a common belief and faith in monkey sage king or god. Civilizational sensibilities thus often get distorted under nationalist sensitivities and agenda. This makes discussion of interaction or connectedness highly contentious.

It is therefore necessary to explore various aspects of "connectedness" in Asian society and culture. Besides trade and economy, it promoted constant adoption and absorption of ideas, values and ethics in their societies since ancient times. Its intensity, on the other hand, has also led to coinage of some broadly and loosely defined terms and concepts like "oriental wisdom", "Asian values", "Confucian ethic", etc. In fact, these terms are as valid or invalid as the so-called western notions of progress and modernity. They arose in reaction to the west inspired notions of progress, culture and modernity which dealt Asian civilizations as static and incapable of bringing about development and progress of their respective societies without the intervention of the west. Late 19th and early 20th century Asian intellctuals, from Rabindranath Tagore, Aurobindo to Li Dazhao, Zhang Binglin [Zhang Taiyan], Liang Qichao, Qian Mu and many others pinned their hope and optimism in the reawakening of Asia.

In this context, the theme of the present seminar "A Dialogue between Asian Civilizations" is highly relevant. Its aim to open up "dialogue for mutual learning" is a welcome initiative to comprehend "connectedness" in Asia. Keeping this in view, the present paper aims at making essentially an exploratory effort to present some possible preliminary areas of India-China connectedness and interaction. In doing so, there is however no attempt to avow grand dichotomy between East and West nor an effort to prove mega non-dichotomous connections between India and China. It instead looks at their underlying unity whose outstanding ideological basis may be discerned in the way the Confucian concept of *li* figured with the Hindu notion of *dharma*. This exercise naturally raises some old and new issues and initiate a debate with the plea for more comparative studies in this area.

I. Approaches to Cultural Connectedness between India and China

India and China's similar encounter with the West and simultaneous strides towards modernization leading to their embracement of respectively democratic and communist set up often result in demonstration of fundamental differences in their tradition and culture. This ignores basis for historical similarities, commonalities or "connectedness" among them that promoted "natural affinities" and a common critic of the West. Peter Van der Veer's recent comparative studies of relation between nationalism and religion in India and China aptly negotiate this problematic in cultural studies. He writes, both Indian and Chinese nationalism "have ideas about progress, rationality, equality, and anti-imperialism in common, but the location of religion in Indian and Chinese nationalist imaginings is very different. In short, religion is a valued aspect of Indian nationalism, whereas it is seen as an obstacle in Chinese nationalism" (Van der Veer 2013). Such a difference in the location of religion in modernity can be understood by comparing the ways in which India and China have been transformed by imperial modernity. Van der Veer thus makes a meaningful intervention in doing comparative studies. Opening up space to seek better comprehension of symbols of religion, tradition and culture which are constitutive of Indian and Chinese modernities he provides meaning to particularities of their process of development.

To be sure, myriad historical forms and areas of human activities and experiences and its ever changing contexts make it difficult to define and ascertain nature of developments within a particular society to a uniform civilizational characteristic or singular cultural trait. The task becomes more difficult when one attempts to do so in the case of China and India—world's longest living civilization and culture. Yet, to the extent their "deep" cultural traits are perceived to play a role in shaping the historical formation of their society and polity and guide their destinies they warrant attention. The task is hazardous but meaningful if it helps us draw attention to often ignored or less understood areas of the course of human developments.

Studies of India-China interaction on the one hand note essential civilizational differences among the two countries while on the other reflect "natural affinities" between them. Their divergence is often highlighted to explain different trajectories of their development while their convergence is often lapped up in popular discourses to evince connectedness or affinities. Invocation of the idea of unity and harmony contributes to the rise of ideas of "pan-Asianism", "Asian values" or "Asian unity". Yet these notions are often put into the backburner through demonstration of differences stemming from over emphasis on civilizational essentialization. A better comprehension of the level of both connectedness and disconnectedness or convergence and divergence is must in order to analyse civilizational interactions.

Way back in 1954 and soon after both India and and China have gained independence, Cyril Philips (1954) in a very perceptively prepared talk made note of essential difference between the Indian and Chinese paths. He argued that:

> Whenever I discuss present-day Asia, I find that most people seem to assume that India, experimenting with liberal parliamentary democracy, was doing more or less what was expected of her; but that China, in her communist experiment, had done the unexpected; and that therefore it was China rather than India that had embarked on the adventurous and hazardous course-something right outside her previous experience and history. But, looking into their histories in some depth, I found that I had come to a different conclusion: for it is China which is conforming to an established pattern, a pattern that time and again in her history had reasserted itself, a pattern she understood; and it is India, balancing the acquired habits of this past century against the different traditions of 2,000 years, which is more delicately-perhaps more dangerously-poised. For India has hardly any political traditions of her own and has to look to outside models rather than inside for inspiration and guidance.

He elucidates that the universal political empire of China was held by centrally concentrated power and authority in the hands of its rulers and the scholar officials. Drawing their legitimacy from the Confucian thought and ideology, they had every reason to vigorously uphold and strive for promoting a civilization based on identical vision. Its society and government were both guided by the same system of conduct. In India, he writes, "society, through Hinduism and the caste system, had so completely solved its problems that there was hardly anything left for the state to do". This kept state and society separate. India thus entered the era of modernity with negligible political legacy. Such an analysis finally translates into a theoretical construct that envision the unity of state and society in China as opposes to separation between them in India. For some it was "strong state and weak society" in China and "weak state and strong society" in India. Strong appeal of this construct in comparative study undeniably ultimately leads to projection of irreconcilable differences between the two countries.

Similarly, Romeyn Taylor (1989) develops Louis Dumont's concepts of *Homo Hierachus*, to make comparison of hierarchies in Indian and Chinese societies. He writes (1989: 504), "Hierarchy in India was structured by the encompassment of the world by the classical religious order of dharma and organized in a caste system that was framed by the religious principle of ritual purity and pollution. Hierarchy in China was rooted in the encompassment of the world by the classical cosmic order and framed by the opposition between people who were qualified by their learning to mediate between human kind and the cosmos via the pantheon and people who were not so qualified". He concludes that thus "because of their differing hierarchies, Indian social order permitted the distinction between polity and society whereas the Chinese social order did not. The survival of the Indian social whole, based on caste did not require political unification. The rulers, in so far as they were governed by rajdharma and respectful of their priests, might pursue their material interests of their states without violating the social order. The Chinese however did not distinguish between society and polity, and the survival of the social order in any other form than the empire was inconceivable from the perspective of orthodox ideology. Political fragmentation was an intolerable anomaly". Though Dumont's work has been subject to many in recent anthropological studies, its formulations had much impact on the comparative analysis of state-society relations in India and China.

Yet, when we read both popular and scholarly early modern Indian writings on China, a different picture emerges. This evinces more of natural civilizational affinity than differences. Indian travellers to China in the early twentieth century, like Thakur Gadadhar Singh, Mahendulal Garg, Amar Singh who went there with the British Indian Army in 1900 during the Boxer rebellion, wrote about contemporary situation there more with a feeling of fellow brother caught in a disastrous situation[1].

These travellers noted many historical parallels as well as social, cul-

---

[1]   For general information on these travellers see individuals entries on them by Sheel and Sheel 2014 in *Encyclopedia of Sino—Indian Cultural Contacts*. Significance of these travalogues written in Hindi have been discussed by Sheel in various papers presented in India and abroad. An English translation of Gadadhar Singh's Book, *Cheen mein terah maas* [*Thirteen Months in China*] jointly produced by Anand Yang, Kamakl Sheel and Ranjana Sheel is being published by the Oxford University Press, Delhi.

tural, and ideological similarities between China and India. Finding their contemporary encounter with comparable civilizational crisis, they look at the possibilities of both treading together the path towards modernity and rising as the largest and powerful force in the world. Gadadhar Singh, in fact, had the sanguine belief in the eventual re-emergence of Eastern society that may forestall total subjugation by the western civilization. His concerns were cultural and not political and hence he could see the possibility of Eastern existing under the political set up of the British (Sheel 2014).

Similarly Mahendulal Garg's first paragraph of the book begins with the statement that "the difference between India and China is only the Himalayan Mountains which shields one from the other. If there would have been no Himalayas, it is very probable that both the countries would have been subject of one king. Their religion, culture, and would have been absolutely the same as even today many of the customs of Chinese are like Hindus" (Sheel 2014). In fact social and cultural similarities between the two countries drew these travellers to view essential unity within the Asian region. Very sympathetic to the original social and moral values of the region and admirer of the great civilizations that these produced, they find their lapse into self-glorification and inability to foresee changes as primary reasons behind their contemporary lack of inertia and dynamism.

Not dissimilar to the above were the thoughts of Indian scholar Professor Dr. Benoy Kumar Sarkar. He was probably among the first modern Indian scholars to set foot in China in 1915. Living in Shanghai during the turbulent New Culture Movement period, he witnessed Chinese debates on modernity and nationalism. In the preface to his book, he writes why has it become necessary to write about Asia connectedness.

Neither historically nor philosophically does Asiatic mentality differ from Eur-Americans. It is only after the brilliant successes of a fraction of mankind subsequent to Indiustrian Revolution of the the lat century that the alleged difference between the two mentalities has been first started and since then grossly exaggerated. At the present day science is being vitiated by pseudo-scietific theories or fancies regarding race, religion, and culture. Such theories were unknown to the world down to the secod or third decade of the 19th century. (Sarkar 1916, i)

Sarkar thus demonstrate that the Asian thoughts emphasized relationship between order and progress. What unites Asiatic mind/ consciousness are the three conceptions. The first relates to an eternal order ("Dao", "michi", "rita") governed by the cult of world-forces; the second is belief in pluralism; and the third is the practice of toleration. As such, he finds that "the socio-religious world into which Sakya [Buddha] was born was identical with that in which Confucius was to work. The two great Sages found in their respective compatriots the same mental biases and spiritual attitudes, and ... preached to their disciples almost the self-same gospel" (Sarkar 1916: 36). He further commented that " the Celestial and the Hindu of the sixth century B.C. lived in the same world of morals, manners and sentiments. If the Chinese happened to be in India, they would not feel any distance from the natives except only in language. And if the Hindus happened to be in China, they would enter into the spirit of Chinese people in spite of the language barrier". (ibid, 72) He thus emphasizes unity of Asian mind (India, China, and Japan)which is much deeper and *absolute* in contrast with the *relative* "which is born of political or commercial contact". "The *relative* unity may disappear through changes in the diplomatic grouping of Powers, as it has done so often in history, but the *absolute* psychological unity can perish never.

By the early 20th century "native" intellectuals in both India and China expressed the sense of disappointment with the culture of the west and emphasized the essential importance of involving Indian and Chinese patterns and ideas in modern change (loc 6443). Comparing the critique of west and modernity in thoughts of Indian poet Rabindranath Tagore and Chinese historian Qian Mu, Gad C. Isay[1] notes that both ascribed "to the culture of the west a tendency to create boundaries that separate the people from their surroundings and from each

---

[1] The following discussion is based on Isay's excellent analysis of Tagore and Qian. Isay (2014) writes that both Tagore and Qian relate cultural differences to environmental conditions. To the Northerners of Europe, Tagore wrote, "the sea presented the challenge of untamed nature. Confronted with this challenge they developed "the spirit of fight ... they find delight in turning by force the antagonism of circumstances into obedience. (Tagore 1922, 46-47 in Isay 2014)". Unlike them, living on the level tracts of Northern India, people possess "the mind that favours unity rather than difference and tension". Similarly Qian Mu (2001, 128) notes that desert vagabonds and seafarers of the Middle East and Europe were forced by their natural surroundings "to adopt a pattern of taking initiatives", while Chinese people "developed a relaxed mentality. Humanity and peace prevailed over power and struggle".

other". Tagore discussed "the people of the West in terms such as "antagonism of circumstances", "separate or inimical", and "difference". To Tagore, a dichoto- mist perspective defines the people of the West: "Truth appears to them [Europe's Northerners] in their aspect of dualism, the perpetual conflict of good and evil, which has no reconciliation, which can only end in victory or defeat" (Tagore 1922, 47). This could be also observed in western drama, which illustrate man's "struggle with Nature and his longing to sever connection with Nature". In- versely he associates the people of India with "unity".

Similarly, Qian posits "separation" against "unity". He says that the major difference in the cultural orientations that developed in China and in the west can be traced to the tendency of the latter to use dichotomies and the tendency of the former to avoid dichotomizations. "Chinese thinkers view the divine (shen) and the human as one and the same sphere that is immanent and transcendent and has no spheres beyond it". He extends these non-dichotomous orientations to Buddhism also. Just as Confucius say that everyone can become a Yao and a Shun, Buddhists declare that everyone can become a Buddha. Unlike monotheists, Confucians and Buddhists avoid god- liness and advocate sageliness. (loc 6308, 6333).

For both, Tagore and Qian, Indian and Chinese or more broadly eastern cultural orientations are consistent with the non-dichotomous perspective. Both contrasted these characteristics with the west's emphasis on the "spirit of fight" and the "use of power and struggle". (loc6274)

Tagore and Qian were optimistic about the eventual revival of eastern thoughts. Tagore wrote, "In the midst of much that is discouraging in the present state of the world, there is one symptom of vital importance. Asia is awakening". Similiar optimism is found in Liang Qichao, Liang Shuming and many others. What is relevant to note for our purpose is their "synthesis of non-dichotomous view", "pursuit of the spiritual", and "reconciliation of patriotism and universalism". Their observations are significant. Although they were contemporaries they were not of the same nation or generation. Living in two different cultural zones, both as Webb writes, "shared a human- ist vision of the modern age that would de-center what they both recognized as Western modernity" (Webb 2008: 202).

The chasm in discourses on India-China differences and connectedness warrants attention. Without denying the fundamental difference in state-society relationship between China and India which historically evolved with the state formation and has more or less continued to overshadow their characteristic historical path, one needs to explore commonality that elicited affinity between the two.

This draws us to a common concept in Chinese and Indian societies that placed much emphasis on the encompassment of human society under a hierarchic cosmic order and its submission to spirits whose periodic invocation through set of rituals being mandatory for the harmony and maintenance of the social order and to the spirits of history. This commonality may be traced to certain comparable and significant features that are associated with the philosophy and religion of Hinduism and Confucianism.

I. Meeting Points between Confucian *Li* and Hindu *Dharma*

In the above context, the paper brings into focus the Confucian concept of *li* and the Hindu notion of *dharma* which have been presented as the normative principles respectively of the Chinese and Indian cultural tradition. *Li* guides the conduct of social relations necessary for the maintenance of harmony. Dharma too organizes conduct and principles of action immanent in the pre-existing cosmic order that shadows social order.

The term *li* is often translated as "rites" because it originally referred to the rites of sacrifice, and more broadly to various rules of social conduct. *Dharma* had its source in the ancient Vedic term *ṛta* which carries a similar notion of a sacrificial world order. This term connects the Vedic sacificial world with the human codes of conduct, and creates an ethos according to which adherence to human duty is a type of a sacrifice (Theodor).

Both *li* and *dharma* relate to an inherent and "sanctified" part of human being within their respective culture that create and encompass a large body of social rules of conduct to preserve and transmit human culture. Both are concerned with moral management of order or hierarchies in state and society.[1] As such

---

[1] See Louis Dumont's *Homo Hierarchicus* that presents a grand narrative of caste society in India. Meta theories that such narratives create are suspect and may not withstand current scholarship in the area. But they serve a useful purpose in promoting further knowledge to the extent they relate to certain underlying trend in certain aspects of human society.

their implications are far larger than our limited attempt here of a brief examination of normative and regulative concepts of Confucian *li* and the Hindu *dharma* in the context of "connectedness" of Indian and Chinese thought.[①]

To be sure, discussions over the similarities and differences between *li* and *dharma* have been contentious. For Civilizational-essentialists, fundamental difference between Hindu India and Confucian China are so significant that there are hardly any significant meeting point between the two civilizations. In fact, in a 1971 workshop on "*Dharma* and *Li* as Regulative Principles" organized under the aegis of Society for Asian and Comparative Philosophy which led to the publication of a special issue on the same topic in Philosophy East and West (Vol. 22: No. 2, April 1972) there was in general an underlying belief in "essentialists" nature of each civilization. In his well-argued paper on "Freedom and Moral Responsibility in Confucian Ethic", Chad Hansen emphasized the extraordinary uniqueness of the concept of *li* in Confucian ethic. This makes its contrast with *dharma* "total". He maintains that such contrasts are both more accurate and more revealing than the alleged similarities between concepts and traditions.

Robert McDermott, the general editor of this special issue, noted the shift away from finding comparability between these two Hindu and Confucian concepts within the context of their respective traditions. "That comparisons were dwarfed by contrasting, or simply incomparable, elements is due at least in part to the fact that neither concept was wrenched from its historical, philosophical, linguistic, or cultural context". Continuing "fidelity to the complexity of usage" of the term *li* and *dharma* perhaps discouraged forays into the area of comparative philosophy. However, "What is revealing about similarities and differences between concepts such as *dharma* and *li* is what they reveal about the internal structure of a particular system, and the conditions—or hazards—attending an analysis of one or more parts of that system. *Dharma* and *li*, as analyzed in present discussion, are manifestly comparable in their function as regulative principles and in the structure of their relations to other key terms in their respective traditions, but are as dissimilar as are the Hindu and Confucian ethical systems, and dissimilar in approximately the

---

① The impact of *li* and *dharma* in evolution of state –society relations respectively in China and India is another subject that may facilitate our comprehension of their contemporary developments.

same ways" (McDermott 1972, 129).

Yet, the possibility of comparability was not totally denied. Tu Weiming, Gerald J. Larson and Robert Gimello in particular emphasized humanist aspect of *li* in Confucian ethic and the transcendent basis of "ordinary" *dharma* in their common function as "regulative principle". The promise of moksa that *dharma* implied negated the strong humanistic impulses inherent in the Confucian concept of *li*. Gimello (1972, 203) writes that few things "could be more foreign to the culture that produced the *li* than the hope of a saving departure from one's human condition; it was that very condition, in all its variety, from which the Confucians drew their moral and spiritual values". He thus aptly makes the point that in spite of all the differences and distinctions between Hindu and Confucian worldviews, "it will nonetheless be true... that both *li* and *dharma* function in their respective cultures as fundamental normative principles; that each, though it originated in the amoral context of a sacrificial religion, eventually developed broad moral implications; that both play a cohesive role in society; and that each is crucial to a particular process of personal integration. These and other affinities will remain, and may even be rendered more apparent, once the important contrasts between the Chinese and Indian term are noted" (Gimello).

A comparative exploration of *li* and *dharma* as inherent part of their respective cultural traditions overshadowed by the whole gamut of Hinduism and Confucianism, would render the implicit affinities between them more comprehensible. This would require placing *dharma* in the context of *mokṣa, jñāna, bhakti*, etcetera on the one hand and the idea of *li* in the framework of *ren, yi, zhi* and the whole range of other cardinal Confucian concerns. A task which needs to be explored by the experts of the field and which has the potential to further entangle/ illuminate the complex processes of contemporary social and cultural developments in both the countries. For our present purposes, it is sufficient to indicate the common ground that connects *li* and *dharma*.

It hardly needs to be emphasized that unlike other historical religion, the pristine religion of both India and China lacked a founder-prophet, a divinely authorized book for initiation or conversion, and a historical specific time of origin. They were in true sense natural religion that evolved with the beginning of civilization. Concepts of "sacrifice" and "rites" connected them with heaven or cosmos. As such, they developed similar strains towards a theory of action, pluralism/polytheism, and toleration.

Discussing Hinduism, J. N. Mohanty (2000, 125) writes: "The corpus of the texts of this religion is much unlike the Bible or the Q'ran. The texts rather record everything that the community knew (vid= to know) and serve as the founding texts from which the entire culture began". Known to be written by not a human author [apauruseya], these texts evolved into various Vedas and accordingly legitimated as being done by extra-human or divine sanctions.

In the evolution of Vedic thoughts and practices into religion, the primacy of the text and its divine characteristics cannot be denied. Powered by texts, rituals acquired significance and invoked to stress "the ultimate unity of subject and object, meaning and reference, self and deity. Individual and cosmos". As such, rituals, at one level, is "worship, celebration, and recognition of the deities as constituting the ways the individual is tied to the cosmos. At another level it is the practice of the roles and rules, the *dharmas*, which connect the individual to the community". In its last and most esoteric level, it "becomes a search for knowing one's innermost self—who one is—as the unity prior to the subject-object split" (Mohanty 2000, 125).

What did it historically lead to? Zaehner[1] has observed that with the passage from the Vedas through the Brahmanas to the Upnishads, "the actual ritual became more important than the gods to whom it was offered. The sacrifice ceased to be a propitiatory act but came to be regarded as having cosmic importance in itself, and the gods, so far from being the object to which the sacrifice was offered, became more celebrants along with men in this vital work. The fact that the rituals "control" the behaviour of the gods leads the Brahmin priest to the reflection that the very rites and sacred formulas (Brahmanas) which they employed embody a more transcendent power than that of the gods themselves, and this leads to the ultimate realization that the power which is imbedded in all these rituals and utterances is itself the eternal Brahman beyond all forms and entities".

---

[1] Our discussion is based on Zaehner as referred in Schwartz (1985) in reference to his discussion of continuity and breakthrough in early Zhou thought and the evolution of *li* as prime normative guide.

Again, unlike "the case of the God of the Hebrew Bible, who explicitly ordains his own ritual sacrifices and thus stands in a sense ever beyond them", Schwartz writes that in Chinese tradition neither does Heaven ordain the rules of the ritual nor does it control them. "Heaven rather stands free in transcendent judgment of how the rulers of men perform both their ritual and moral duties. The rituals may emanate from Heaven but Heaven is not governed by them" (Schwartz 1985: 50).

The key moral question that was addressed to in Chinese and Indian traditions profoundly differed from those raised in western philosophy. Unlike Socrates or Kant, as both Schwartz and Mohanty emphasize, the search was not for "What is good?" but "rather the question-why men's departure from the good?" This suggests presupposition of knowledge of the essence of "good" or "good world order". The major concern in Indian and Chinese tradition relates to deviation away from the "order" and distortion of "sanctified" system. Under such circumstances, Heaven wills resoration and preservation of normative order by shifting His support to "good men of virtue". Heaven wills that human should conform to His order and is concerned with its actualization. Its commands intervenes and mediates in maintenance of ancient order. Shang's fall and Zhou's ascendency as explained by Confucius in China and the Bhagvadgita's explanation of Mahabharat in ancient India to a large extent meet on this point.

Confucian celebration of Zhouli is based on emphasis to *li's* authority to bind men and cosmos. Explaining one of the earliest characterization of Heaven in pre-Confucian text, the Book of Poetry, as Schwartz explains, notes that Heaven "gave birth to the multitudinous people" and "for every aspect of human life, there is its indwelling law". The "indwelling law" expresses itself as *li*. "Heaven in giving birth to human beings also implants in them the patterns of order which ought to govern their behaviour in their relations with each other and with the spirits. Thus the patterns of ritual and other modes of behaviour which govern the human order, and perhaps also the cosmic order beyond, themselves emanate, as it were, from Heaven" (ibid).

In the evolution of normative socio-political order as well as Hindu and Confucian religion, rituals and practices emanating from texts acted as harbinger of morality and ethics, and harmony and unity. These groped toward "the identification of Heaven with ultimate order of things". If *Zhouli* attributed "indwelling law" to every aspect of human life, Vedas similarly imbued to *dharma* all ethical rules of action and moral virtues of human beings. Both were supposed to emanate from Heaven and concerned Heaven's relation with human beings with moral and social management of hierarchies. *Li* and *Dharma* thus respectively represent normative principles of Chinese and Indian culture and traditions as characterized by Confucianism and Hinduism.

In most concrete terms, *li* refers to, as Schwartz writes, "all those "objective" prescription of behaviour, whether involving rite, ceremony, manners, or general deportment, that bind human beings and the spirits together in networks of interacting roles within the family, within human society, and with numinous realm beyond". (p.67) "What makes *li* the cement of the entire normative socio-political order is that it largely involves the behaviour of persons related to each other in terms of role, status, rank, and position within a structured society". The order that *the li* ought to bind together is not simply a ceremonial order—it is a socio-political order in the full sense of the term, involving hierarchies, authority and power. This is true a fortiori of the socio-political order as a whole. Without the universal kingship through which virtuous king may influence an entire society, the separate *li* cannot be ultimately realized. Thus, *li* must in every way support the institution of kingship. The system of *li* within the Analects presupposes and reinforces the proper networks of hierarchy and authority.

Further, the legitimacy of *li* springs from its sacred dimension. Fingarette explains that the entire body of *li* itself, even when it involves strictly human transactions, somehow involves a sacred dimension and it may be entirely appropriate to use terms such as "holy rite" or "sacred ceremony" in referring to it. *Li* functions to make human being "perform their separate roles well in a society whose harmony is maintained by the fact that everyone plays his part as he should within the larger whole (Schwartz, 68).... The *li* connotes "sacred, "concrete acts of human intercourse" which have the power to shape and humanize those who participate in them by dint of their "magical" quality. They are thus not bare patterns of behaviour, but patterns of behaviour which are, as it were, the bearers of religious, moral, and aesthetic meanings" (Schwartz,72).

Similarly, developing the concept of dharma, Mohanty (2000, 107) writes that "it stands for various thing: sometimes for the harmonious order of the cosmos, sometimes for essential functions of things (the dharma of water is to flow downwards), sometimes for the ultimate elements of things (as in early Buddhism), sometimes for ethical duty, and sometimes for laws in the legal sense. Most commonly, it characterizes ethical rules of action and moral virtues. Its focus is more on ethics than metaphysics".

In this sense, *dharma* like *li* is virtue[①]. Nicholas Gier's exposition of *li* and *dharma* are closer to its "imagined" and practised meaning than the classical analysis from different and changing philosophical and ideological tradition. That makes him find both *dharma* and *li* converging as virtue ethics. He argues that "scholars have rarely viewed *dharma* in these terms" primarily because it "has generally been understood as strict duty, a set of obligations by which all good Hindus, Jains, and Buddhists must live" (loc 1717). He follows various meanings of *dharma* as expounded by Matilal, who maintains that dharma is never "imposed" but simply "proposed" or paraphrases Louis Dumont's idea that *dharma* "reigns from above without actually governing the world" (Matilal 2002:42). "Both of these descriptions are intriguing but vague, but when Matilal states that "Dharma is Open ended", a rule or duty based appears unlikely and the stage is set for a dharma virtue ethics.

Dharma is like *li*, as Gier writes, in two other respects also (loc 1759). It started as religious rite ("rituals, study of scripture, and austerities"), and grew to pertain to every aspect of daily life. Its connotation as "propriety, socially approved conduct, in relation to one's fellow man or to other living beings" (Edgerton 1965, 30) makes it closer in meaning to *li* as "propriety". As such both are "profoundly different from law or rule [because it] is this process of making the tradition one's own". (Ames and Rosemont) "This means that *li* can be personalized and stylized, and this parallels the Indian tradition where one is expected to match one's own nature (*svabhāva*) with one's own dharma (*svadharma*)".

Li and *dharma* are thus guide for action that are performed in contextu-

---

① This discussion is overwhelmingly based on Nicholas Gier article in Theodor 2014. Other articles of this edited volume reflect various meeting points in Chinese and Indian thought process. Keischnick and Shahar 2013 have discussed such affinities as well as adoption and absorption of Indian culture in China in a nuanced and illuminating study entitled India in Chinese Imagination.

alized and individualized framework. Confucius holds that the actualization of *li* depends upon appropriate conduct (*yi*) that allows us to put into "right" practice. Without *yi*, Confucian morality would be a mere moralism based on strict conformity to social norms (*li*). Thus, not unlike Chinese making "a personal appropriation of *li*" by means of *yi*, every Indian do the same with *dharma*. By linking it with "*sattava*" *guna*, *dharma* "cannot be known as universally fixed", and that "our practical wisdom has a sort of malleability" so that it can adjust (Matilal 2002, 33 in Gier).

Thus contextualized and individualized, both *li* and *dharma* focus on moral personhood. As Alexus Mcleod explains, "In the case of the *Analects*, the concept of moral personhood is linked to the developed social invididual integrated (in the right way) into a larger communal entity, and whose moral responsibility, action, and identity are linked to the community with which they are integrated". Similarly, "*Dharma*, performed in certain way, involves a disposition that is fixed and constituted by certain communal patterns of action, rather than individual choice, will, or rationality. What one does when they adhere to dharma is to act in ritually specified ways for ritually specified reasons". Apparently both traditions highlight the position of the "person of virtue" at the heart of their ethical systems. The aim is to evolve as *junzi* (translated as gentelman, prince, superior person, etc.) in Chinese tradition or rishi (sage, seer, suprior person, etc.) —like in Hindu tradition.

Concluding this, we would like to point out that both *li* and *dharma* in its various meanings, attributes, obligations, and ceremonials evince commonalities and affinities. Family and other social ties as well as the relationship with the state emanated from it and were further shaped by it. Most importantly both aimed at restoring, preserving, and guiding tradition in the mould of ancient sanctified "ideals". These meeting points, which people within the larger sphere of the Indian and Chinese civilizations experienced promoted "connectedness". It may however be noted that in spite of *li* and *dharma's* functioned commonly in the management of order they differed as far as the kind of "ideal" state and society that they aimed to preserve.

These concepts and attendent symbols emanating from cultural tradition of India and China have been the motor force for uniting large number of people and evolution of society. Historically accumulated over a long period of time, these acquired meanings in changing contexts and create "imaginaries" which in relatively autonomous way color social action. To the extent that imaginaries of ideals of "ramrajya" or the "Zhou state" or such other utopias have strength enough to move people, these cannot be ignored. Instead, these need to be placed in a historical framework to comprehend their influence in providing meaning to particular events and activities. In this sense, commanalities that produced the "over-simplified" all encompassing concept Asian values need to be seen within the complex vissitudes of ideas in a society. It would therefore be interesting to examine further how were these two concepts of *li* and *dharma* invoked to evolve a world view and mediate the state-society relations.

Influence of China and India on Myanmar's Culture and Values

[Myanmar] Khin Maung Nyo

[Chairman of Myanmar Economic Association, Myanmar]

Because mountains separated Laos, Thailand, Burma and Cambodia from China, they were influenced more by Hinduism and Buddhism which came from India. Hindu kingdoms arose in Burma, Thailand, Malaya, Cambodia, southern Vietnam, southern Borneo, Sumatra, Java, Bali and Lombok.

On the side of Southeast Asia that faced India the influence of India was stronger than the influence of China. At the way stations and ports here, Indian traders brought their ideas about Hinduism and Indian culture. Later some of these traders took up residence at the ports and communities of Hindus were established. As these communities grew their ideas about religion became more entrenched and were more widely disseminated. Khmer Civilization at Angkor Wat began as Hindu Civilization.

The Pallava kingdom ruled much of south India from A.D. 350 to 880, as the Indian culture arrived in Southeast Asia. In addition to religion, style of dance, its stories, architecture and gaudy color schemes were introduced. The First written language for much of Southeast Asia was Pali, a derivative of Sanskrit. Many written languages in Southeast Asia were based on it.

Of all the Southeast Asian countries Vietnam was influenced the most by China, partly because it was close to China and not separated by natural boundaries. Chinese influences found in Southeast Asia include Taoist thinking, Confucian morality, Chinese mercantilism, Chinese folk medicine, their weight and measure system and kite flying.

The first Hindus arrived as traders, while the first Chinese came as merchants and colonizers. Strong independent empires established themselves in Burma, Thailand and Cambodia. Vietnam on the other was controlled, at war or recovering from a war with China.

Hinduism preceded Buddhism into Southeast Asia. It was introduced around the sixth century B.C. to Southeast Asia by Indian merchants. Many of the great early civilizations of Southeast Asia-such as the Funan, the Chams in present-day Vietnam and the Khmer's in present-day Cambodia—were strongly influenced by India and Hinduism. Unlike Indian Hinduism, which favored deities like Vishnu and Shiva, Southeast Asian Hinduism revered nagas, who protected temples from evil spirits, and considered Garuda, the eagle mount of Vishnu, to be one of the most important gods.

Hinduism in Southeast Asia gave birth to the former Champa civilization in southern parts of Central Vietnam, Funan in Cambodia, the Khmer Empire in Indochina, Langkasuka Kingdom, Gangga Negara and Old Kedah in the Malay Peninsula, the Srivijayan kingdom on Sumatra, the Singhasari kingdom and the Majapahit Empire based in Java, Bali, and parts of the Philippine archipelago. The civilization of India influenced the languages, scripts, calendars, and artistic aspects of these peoples and nations. [Source: Wikipedia]

Buddhism reached Sri Lanka about the middle of the 3rd century B.C. From there and from India, some centuries later, it spread to Southeast Asia, reaching Cambodia, Sumatra and Java by the A.D. 3rd century and Burma by at least by the A.D. 5th century. It also took hold to a lesser extent in Malaysia and Borneo and remained strong in there and in Indonesia until the massive conversion to Islam in the 15th century.

Buddhism may have arrived earlier. According to Buddhist tradition, Emperor Ashoka sent missionaries to Suvanaphoum (the Golden Land) is the 3rd century B.C. Suvanaphoum was an emerging area of Indian and Chinese culture is thought to have embraed southern Myanmar, Thailand and eastern Cambodia.

Theravada Buddhism was flourishing and may have entered the region during India's Ashoka period, in the 3rd or 2nd century B.C., when Indian missionaries are said to have been sent to a land called Suvannabhumi (Land of Gold). Suvannabhumi most likely corresponds to a remarkably fertile area stretching from southern Myanmar, across central Thailand, to eastern Cambodia. Two different cities in Thailand's central river basin have long been called Suphanburi (City of Gold) and U Thong (Cradle of Gold).

Mahayana Buddhism may have been the first form of Buddhism to really take hold in Southeast Asia. It arrived in northern Burma from India and remained there from the 5th century to the 11th century as was the case in India. Buddhist monks from India and China also brought with the knowledge of medicine and science from those cultures. Mahayana Buddhism is believed to have arrived in southern Southeast Asia via the Kingdom of Srivjaya in Indonesia or Funan, where it was practiced in the A.D. s century.

Theravada Buddhism developed in Sri Lanka and was introduced to Southeast Asia in southern Burma, when it was inhabited by people known as Mon, by way of eastern India and Sri Lanka. The religion took hold in Burma in A.D. 1040, when the Burmese monarch King Anawratha converted to it. Theravada Buddhism mixed with indigenous beliefs (particularly the belief in spirits called nats) and was spread with the help of rich patrons who supported the monasteries and established new monasteries across country that educated the people. In the process, Mahayana Buddhism disappeared.

The Buddhism brought to Sri Lanka, Burma and Thailand owes little to China because it was carried their by monks from India. The texts were in the Pali language and derived from Sanskrit. The Buddhism that was introduced to Cambodia initially belonged to a now dead sect of Mahayana Buddhism called Sarvastivada. Theravada Buddhism did not appear there and in Laos until the 14th century. In Thailand, there is little evidence of it until the 13th century.

Burma is a predominantly Theravada Buddhist country. Buddhism reached Burma around the beginning of the Christian era, mingling with Hinduism (also imported from India) and indigenous animism. The Pyu and Mon kingdoms of the first millennium were Buddhist, but the early Bamar peoples were animists. According to traditional history, King Anawrahta of Bagan adopted Buddhism in 1056 and went to war with the Mon kingdom of Thaton in the south of the country to obtain the Buddhist Canon and learned monks. The religious tradition created at this time, and which continues to the present day, is a mix of what might be termed "pure" Buddhism (of the Theravada school) with deep-rooted elements of the original animism, and even strands of Hinduism and the Mahayana tradition of northern India.

Islam reached Burma at approximately the same time, but never gained a foothold outside the geographically isolated seaboard running from modernday Bangladesh southward to Irrawaddy Delta (modern Rakhine State, formerly Arakan, an independent kingdom until the eighteenth century). The colonial period saw a huge influx of Muslim (and Hindu) Indians into Yangon and other cities, and the majority of Yangon's many mosques and temples owe their origins to these immigrants.

Christianity was brought to Burma by European missionaries in the 1800s. It made little if any headway among Buddhists, but has been widely adopted by non-Buddhists such as the Chin, Karen, and Kachin. The Roman Catholic Church, Myanmar Baptist Convention and the Assemblies of God of Burma are the largest Christian denominations in Burma. Burma is home to the second largest population of Baptists in the world, after the United States, the result of American missionary work.

The Chinese contribution to Burma's religious mix has been slight, but several traditional Chinese temples were established in Yangon and other large cities in the nineteenth century when large-scale Chinese migration was encouraged by the British. Since approximately 1990 this migration has resumed in huge numbers, but the modern Chinese immigrants seem to have little interest in religion. Some more isolated indigenous peoples in the more inaccessible parts of the country still follow traditional animism.

India has enjoyed substantial regional influence across South Asia due to its size, comparative economic might, and historical and cultural relevance to the region. China's history of involvement in South Asia is limited in comparison, though its long-standing ties to Pakistan are a notable exception.

But over the past decade, China has become a significant economic partner to countries throughout the region, forging particularly strong ties with smaller states through trade, diplomacy, aid, and investment.

Another initiative China has engaged in is lending out sacred Buddhist relics to other Buddhist countries in order to enhance mutual understanding and trust. Myanmar is an example of this. Myanmar has long been a strategic investment partner for China, especially while Myanmar was largely isolated from the rest of the world. The Beijing government, still wanting to be on good terms with its geopolitically important neighbour, responded with a goodwill gesture: in November 2011 China sent a holy Buddhist relic—

a tooth of the Buddha—to Myanmar, where it was publicly displayed for 48 days. This was the fourth time since the 1950s that the tooth had been sent to Myanmar. The event represents "not only a major event of the Buddhist believers, but also a fine story of China—Myanmar friendship", Xinhua, China's state—owned news agency. Along with the tooth came a high—level Chinese government official delegation, led by the SARA director, Wang Zuo.

Aspects of Burmese culture are most apparent in religious sites. The country has been called the "Land of Pagodas" as the landscape is dominated by Buddhist pagodas or stupas.

Myanmar lies between two great civilizations, India and China, and is largely influenced by that of India, yet Myanmar has developed its own culture with distinctive characteristics. From India came the institutions of religion and government, but without the Indian caste system of social hierarchy. India was also the source of Pali, the sacred language, along with astrology and some kinds of food. For the majority of Myanmar's population, Buddhism is the center of individual life whereas the monastery is the center of the community. That is why, it is little wonder Myanmar culture is synonymous with Buddhist culture. Myanmar people try to live according to the basic five precepts of Buddhism in their daily activities.

I.Some of the Examples in Following the Buddhist Teachings on Daily Life Can be Seen in Human Relations and Marriage

Marriage in Myanmar is known by three expressions, "procuring auspiciousness","placing hand above hand" and "winding round with a white cloth". All these form as rites in a marriage ceremony. Marriage is a singularly significant institution of the Myanmar Buddhist—an institution that reflects various aspects of his attitude to life: his standards and values, his beliefs and practices, which are constituent parts of his culture. It is a human relationship between two unrelated people of different sexes, in which the two parties adjust themselves by tolerance, mutual respect, understanding and love in order to live together till death or divorce parts them. It is in a way, the culminating point of other social dealings such as between relatives, which are based on platonic love.

1) Parents and Children

The five duties of the parents, the distilled tradition, opinions, beliefs, customs and such like of the Myanmar Buddhists, embody the parents' love and care for their children. These are:
  (1) to guide their children away from evil;
  (2) to lead them to what is good;
  (3) to educate them;
  (4) to set them up financially;
  (5) to see that they are suitably married.
Most of the children are aware of their five duties, which are:
  (1) to reciprocate their parents favours;
  (2) to take responsibility for their parents' affairs;
  (3) to perpetuate the family;
  (4) to be worthy of one's inheritance;
  (5) to perform works of merit on their parents' behalf.

2) Teachers and Pupils

The tie between parents and children is paralled by that between teachers and pupils. The teacher is the second parent to his pupils. He has at his heart the physical, intellectual and spiritual well—being of those in his charge. He is in fact their teacher as well as their mentor, in whom they place their trust and loyalty which sees to it that these have not been misplaced. He would not hesitate to chastise any pupil of his who has trodden on the wrong path. Isn't there, he would assert, a proverb which says: "A bad pupil, blame the teacher" His duty, he is aware, is to mould any pupil into a full man.

The five duties he is expected to discharge are:
  (1) to endow his pupils with knowledge;
  (2) to withhold no knowledge from them;
  (3) to send them to other teachers (to be better equipped);
  (4) to admonish and exhort them;

(5) to protect them from danger.

The five duties traditionally laid down for the pupils to carry out are:

(1) to be assiduous;

(2) to listen to the teacher's advice;

(3) to learn what he teaches;

(4) to greet him when he comes;

(5) to administer to him by his side.

The two terms most commonly used to describe a friend is meithswei "comradeally" and thungegyin "companion since youth" the tie between two friends is very strong indeed: "friends ride in the same boat and go on the same journey" -they share the same happiness and sorrows, and they go through thick and thin together. Friendship calls for sacrifice and loyalty. Those who do not conform to these requirements are fair—weather friends.

Marriage is a social contract and as such never sanctified. Buddhist tradition looks upon it, as it does upon the birth of a child, as an incident in life which is bound to prolong the existence in samsara of those concerned. Marriage can be contracted by (1) direct contact between the parents of the two parties, or by employing a go-between; (2) elopement; and (3) living together as man and wife. All these forms of marriage are legal in the eye of the Myanmar law.

Myanmar women, particularly those in the rural regions, share the daily burden of work with their menfolk in many walks of life. They hold their ground in spite of the several one-sided Myanmar sayings: "Day will not break for a hen's cackle; it will break only for a cook's crow" —a sentiment also to be found in Chinese proverbs-and "A big wave, it's under the boat; a big mountain, it's under the feet" meaning women will always be subdued by men. Much of the day-to-day business is in the hands of the women, and they give a good account of themselves in rural and domestic economy.

Two people live together as man and wife without going through any formalities is not a rare phenomenon in Myanmar. They have their own reasons: to avoid publicity for various considerations, or to avoid wasting money or not having any money to spend on a ceremony and such like. But many couples make the position known to the outside world by informing their neighbours, village officials or by announcing in the newspapers, or by putting their signatures on a legal document in the presence of a judge.

II. Changes in Political Values Under Different Administration From Bureaucratic Despotism to Constitutional Bureaucracy of British

For 37 years after the final annexation of the Burmese homeland and surrounding territories, bureaucratic rule was dominant. The constitutional bureaucracy of the British, however, defies comparison with the bureaucratic despotism of King Thibaw for the two were basically and ideologically different. In Weberian terms the former was guided by rational-legal principle while the latter was run on traditional concepts. In the British case, its bureaucracy drew inspiration from the liberal traditions of a constitutional monarchy and high principles of public service. By and large the chief administrative officers were guided by lofty principles of fairness, equity, justice, and fair play. On the other hand, the Burmese bureaucracy was a creature of the despot, and as such reflected to a great degree the evils attendant on a despotic regime.

The establishment of just, strong, and simple administration for peaceful pursuit of trade and commerce had been the object of the British ever since they came to possess Arakan and Tenasserim, the two coastal provinces of Burma, in 1826. In the quest for this goal "the ideals of economic freedom, equality before the law and the general welfare of the governed had been their guiding principles. By modern standards the British bureaucratic administration may be seen as arbitrary and oppressive, yet judging by the prevailing administrative norms in Asia of the period in question, it is hard not to characterize their governance as one of enlightened rule.

Deviations from the ideal standard of administration undoubtedly occurred, but the moral superiority of the British administration was unquestionable. Fair play, speedy justice, and moral courage to sand by their convictions and similar concepts were discernible especially among the heads of the British bureaucracy. Willful interference with the life and property of the people had not been the characteristic of British administration in normal times. Since 1826 when they became rulers of Arakan and Tenasserim, the British were noted for the scrupulous observance of non—interference with the people's lives and properties.

The general attitude of the Burmese people toward British rule appeared to be ambivalent. The mass of the people were both attracted and repelled by it at the same time. They appreciated the excellence of British administration but they were not quite reconciled to it because it was a foreign administration. The whole nation enjoyed peace and security under the British. "The wife of a great Burman" reacted to the presence of the English in Burma thus: "Well, at any rate, one is not likely to be murdered in one's bed now".

Despite such peace and prosperity, the Burmese public, by and large, was not reconciled to the British administration. In a country where sentiment counts more than material benefits, and a premium set on motives rather than effects "material good and prosperity" cannot give full meaning to life. A good deal of sentimental reverence for royal blood existed among the Burmese, and the majority regretted the fact that they were no longer under their own ruler.

Manifestly, the monk, poet, and the official who belonged to the privileged class of the Burmese days felt the loss of their king deeply. The commoners, however, were no less affected by the loss of independence. They took pride in their own government whatever its failings. In view of the earlier description of the native government as oppressive in general it might seem odd why the Burmese, by and large, felt strongly about the loss of their government. To an extremely nationalistic people like the Burmese with a long history of achievements in many fields, the improvement in quality of administration was no substitute for the loss of independence. Loss of their king, the symbol and head of their nation far out balanced the virtues of an alien administration.

The year 1905 is usually picked as the year that marks the upsurge of Asian nationalism, a year in which Japan, a puny upstart nation defeated a mighty Russian empire. It was a feat that sent shock waves throughout the world. Particularly it had a great impact on Asian countries. Knowledgeable Asians took comfort from this Japanese victory that an Asian country could bring a great European power to its knees. Three years later, the Burmese showed their renewed interest in their own identity by forming an association that before long was to have a nationwide network. It was a religious organization with a political undertone called YMBA (Young Men's Buddhist Association), a name obviously inspired by YMCA. In the beginning, its objects were to promote the social, religious, and literary interests of young Burmese, but by 1918 its activities became decidedly political in nature. "In October 1920 the YMBA, a religious organization which had become the principle organization in the Province, decided that Burmans should not take part in the elections to the Central Legislature".

Surely the British knew of the rise of Burmese nationalism, but they felt, perhaps, that the need for settling accounts with the nationalist forces on all fronts was not urgent. The force of nationalism was still in its nascent stage and weak. So it was ignored and allowed to gather strength. In reality nationalism grew out of wounded racial pride because the Burmese were denied control of their own government. Also contributing to the growth of nationalism was a reborn religious revivalism.

In the 1920s the nationalist forces underwent a metamorphosis and took on a new garb. Nationalism became broad-based and included the Burmese, Mon, Arakanese, Sino-Burmese, and Indo-Burmese. It also began to use modern techniques of organization, propaganda, publicity, and agitation. It was still young in technique and unskilled but it was old in spirit and enthusiasm. The British bureaucracy, however, contemptuously ignored it; they had their own plan. As Dr. Ba Maw, one time premiere of Burma said in one of his speeches, the British preferred to advance the constitutional status of Burma according to the "British clock". Or as one modern author says, the British intended "to preceed according to a British time-table". The fault with the British lay in their failure to gauge correctly the rising tempo of Burmese nationalism and to diversify and direct it into several mutually beneficial channels.

The people, by and large, came to learn than the executive was not as absolute as they had once believed it to be. It was not synonymous with the government. The legislature and the judiciary, the two other arms of government, could act as checks on the executive. Nor could the executive act arbitrarily as before. Yet the public could not get rid of the old views that the government was evil and that it was omnipotent, omnipresent, and omnicompetent. The persistence of old views may partly be attributed to the abuse of power on the part of subordinate officials although it had become illegal under British law. The poor peasants and workers often suffered under those officers. The view of the British government as all powerful may be traced it its military might and efficient network of administrative personnel.

The people also learned that protests against government policy, program, and action, and opposition to the government were possible not only within the legislature but also outside of it. It was no longer necessary to view the government policy and program of action as invariably beneficial, just, and proper. Exception or reservation on the executive policy was found possible. The Burmese public began to make full use of the rights of freedom of speech and association.

The old attitude of looking up to the government for everything and the old habit of political apathy remained with the people. Such attitudes and habits could not be overcome within a period of 18 years. While old views died hard, new political values were learned. A brief survey of political experience gained by the Burmese people under the British and their reaction the new constitutional proposals and actual reforms introduced after the Montagu Declaration of 1917 will be made here to show that both the elite of the Burmese society and the masses were not totally converted to constitutionalism.

The goal of the Burmese politicians in 1918 or 30 years later was a government run by the Burmese rather than a responsible self-government. In 1918 the Burmese were more responsive to the principle of self-determination than to the principles of liberal democracy. During the period of political agitation for diarchy and home rule, some Burmese believed that home rule meant not only independence from British rule but also restoration of the Burmese monarchy.

From 1923 on the political history of Burma may be characterized as a race between nationalism and constitutionalism. The Burmese viewed the reconstruction of the entire nation through the principle of nationalism. They desired "to provide Burma with a national system of defense, to build up Burmese enterprise in industry and commerce as had formerly been attempted by King Mindon, and to bring the people into cultural relations with the modern world". The British, on the other hand, viewed the same problem only through the principle of constitutionalism and, as it were, divorced from national life. Blinded by nationalism, the Burmese failed to appreciate the virtues of representative institutions. Had Burma been given independence in the early 1920s, a reversion to a monarchical system, pure and simple, would not have been unlikely. Memories of the old Burmese days were still keen and sharp among the leading politicians. Terms like Myanmar Shwepyigyi(the golden land of Burma), hluttaw(council or assembly), and byetaik(treasury) were used in the model constitutions for Burma as late as 1929.

The rudiments of parliamentary democracy with elections, adult suffrage, and representative assembly along with parliamentary procedures and conventions, and cabinet system were the British legacy received by the Burmese in the early 1940s before the great Pacific war. The Burmese also inherited such British traditions as independence of judiciary, rule of law, and fundamental rights such as freedom of speech, press, association and assembly. But the acceptance of the outward trappings of parliamentary forms and institutions by the independent Burmese government in 1948 did not mean that the Burmese public or the politicians had come to appreciate them fully; nor where they enamored of the liberal values such as the rule of law and the basic human freedoms.

Most Burmese do not realize that theirs is a law-of-status society in which an individual does not exist as an independent entity but as a component of a unit, either in family or in society. A person is a link in the family structure or societal framework and enjoys a status according to his age, sex, generation, and occupation. Hence there is an absence of equal treatment concept within the society. Within the family male members or members senior in age always have the prior claim to the enjoyment of rights and privileges.

In this society a person is always viewed in terms of his occupation or rank. He will be viewed as a phongyi (monk), who comes first in order of importance, or as a main (government official), a bo (military officer), a thu-the(rich man), a she-ne(lawyer), a saya(teacher), a kon-the(merchant), a sa-ye (secretary or clerk), an ah-loke-tha-mar (laborer), or taung-thu-le-loke or le-tha-mar (peasant). True, due to the lack of a strict social barrier, one can easily pass into the upper ranks depending on persons' skill, education, industry, and labor. A person is never viewed as a neutral member of a society possessing rights and privileges as a human being. He has a status in the society, which may be high or low depending on his occupation and personal wealth. Respect and attention is regulated according to the social scale. The rule-of-law is an impersonal law blind to status, color, age, sex, race, position, or power, and springs out of the law-of-contract society. A strict application of the rule-of-law would run afoul of the law-of-status framework.

The unique thing about Myanmar culture is that it is free from racial or sex discrimination from childbirth throughout the lifetime. Everyone is entitled to equal rights, opportunity and treatment whether at work or at court. For much of Myanmar's history, women played a stronger role than in traditional Western societies. From early on they could own property and were independent in economic activities. Myanmar women enjoy the same status with their male counterparts and do not necessarily have to keep their surnames.

Myanmar's lavish spending on religion, which is frequently pointed to as the mark of their improvidence, is more properly interpreted as a sign of providence. Religious spending is the means for the acquisition of merit, and it is by adding to their store of merit that the Burmese hope to satisfy their desire for (among other things) economic abundance and, perhaps, wealth and luxury. This satisfaction is usually (but not always) anticipated only in a future, not their present, rebirth. In economic terms, then, religious spending, is best interpreted as a form of investment that, given its magnitude, requires a great deal *of* saving from current income. The aim is to save from current income and, hence, to defer present pleasure in order to provide for a better future.

Does it follow that the Burmese do little saving for contingencies.

For a Burmese Buddhist, "life" is not limited to the brief interval between his present birth and death. This interval is but a brief segment of his total life: it is merely his present existence. His total life includes thousands of past rebirths, and it will endure through many more thousands of future rebirths.

The Burmese take rebirth very seriously indeed, for, in proceeding from rebirth to rebirth, one can experience dramatic changes in one's life, changes not only in socioeconomic status-from poverty to wealth or from wealth to poverty, but also in ontological status one can be reborn on earth or in hell, as a man or as a demon, as an animal or as a god, and so on. Is it any wonder, then, that the Burmese are very much concerned about their future rebirth(s)? and about maximizing their chances of a good, and minimizing their chances of a bad, rebirth?

If, then, the Burmese are concerned with the "contingencies in their own lives", they can choose either to save (and perhaps invest) against the contingencies of the immediate future (their present existence) or to invest against the contingencies of a more distant future [their next existence (s)]. By spending on religion assuming for the moment that the motive for religious spending is the acquisition of merit-they make the latter choice, which, given their conception of both the duration and the Vicissitudes of life.

For Myanmar, every motive may be said to have two dimensions: a drive dimension and a goal dimension. We may say that the expectation of satisfying heir material desires (the drive dimension) by increasing their store of merit (the goal dimension) is the motivational basis for Burmese religious spending.

Having chosen giving, why is it that they emphasize *religious* giving (feasting monks, building pagodas, making offerings to Buddha, constructing monasteries, and so on) rather than indeed, even to the exclusion of— other kinds (such as building schools, constructing hospitals, endowing orphanages, and *so* on)? Because they belief that merit is acquired by religious spending (rather than by other,Alternative means).

However, this attitude on religious spending change after Myanmar faced with Cyclone Nargis in 2008.Civil society become active in offering helping hand to victims to whom government can not reach.

Even when ordinary Myanmar folks strictly followed 5 precepts according to Buddhist teachings, this is not always the case.

Some unethical economic activities existed when the economic treat provides the pressure on the agent in the market. the relation between the compliance of refraining from the stealing and refraining from respective unethical behavior of was found out. However, the relationship between the compliance with refraining speaking falsehood and refraining from the respective unethical behavior could not be clearly explained.

Myanmars appreciated to distribute their economic welfare in religious sector and secular sector. However, their redistribution gave priority on the religious sector for the purpose of accumulating merit except personal sharing for unfortunate people, they gave less for the public sector, such as education, health and social sectors, since they perceived that the public goods are provided by the government.

The role of having good friends is important in having persistent economic relationship. Inter-business relationships were realized in the market. However, the intra-cooperation could not encourage to a wider extent. The religion factor reflected on the tolerance of people in other groups, which are foreigners and non-Buddhist in making economic relations.

According to Myint, many of our customs, traditions, beliefs and cultural traits make us what we are, and are worth preserving. Many aspects of our cultural heritage and traditional beliefs and values are in harmony with modernization and progress, but somehow they have not been given the attention and prominence they deserve. But we must also realize that not all traditions and customs are worth protecting just because they are our heritage, are old, and our parents, grandparents and great grandparents believed in them. Some traditions that go far back to the days of the Burmese kings may be there not to serve the public good but rather to cater to the needs and to promote the interests of the ruling class and the privileged segments of society. Other traditional beliefs and practices may make a lot of sense under conditions prevailing in those days but may have lost relevance or may even have become counterproductive in the changed circumstances of the twenty-first century.

That is why the people of Myanmar, like people everywhere else, must decide for themselves what is worth preserving and what will need to be adapted, modified or discarded to be in keeping with the needs of the times. Or else we will go the way of the dinosaur, a magnificent creature of its day, but unfortunately disappeared and sank into oblivion because it was incapable of adapting to a changed environment.

Obviously, bringing about change and adapting to changed circumstances are easier said than done. A lot of heartbreaking compromises and choices will need to be made. Some of our cherished beliefs and customs will be overtaken by events and will go the way of the dinosaur anyway, that is, if we are serious about becoming a modern developed nation in this global village. That is the price that has to be paid. That is a challenge which every country in the world, both developed and developing has to face and to come to terms with at the present time.[1]

---

[1] Please see Thomas L. Friedman, *The Lexus and the Olive Tree: Understanding Globalization* (New York: Farrar Straus Giruox, 1999); And John Micklethwait and Adrian Wooldridge, *A Future Perfect: The challenge and Hidden Promise of Globalization* (New York: Crown Publishers, 2000).

Hence, we must make greater efforts to think and act, keeping these realities and hard facts of life in proper perspective. We must not dismiss the call for change made by well-intentioned people, within the country and outside, by simply saying it is not in conformity with our culture, traditions and values and that we will have to attend to our affairs in our own way. We have gone about doing things our way for several decades. It has not worked. Perhaps we should take a closer look at what other countries around us are doing to resolve issues that are similar to what we are facing, to draw lessons from their experience, avoid mistakes they have made, while keeping in view our own particular circumstances and perceived needs and priorities.

When the people of Myanmar reflect on bringing about change for the better they tend to be overly preoccupied with the need for changing the mindset of the powers-that-be, the decision-makers and those in authority. That is a necessary but not a sufficient condition. *The necessary and sufficient condition* to transform Myanmar into a modern developed nation will require changing the mindset not only of the decision-makers but also the mindset of the governed, the ordinary Myanmar citizens as well as more sophisticated and intelligent people in the country, to restore confidence in themselves and to have more faith that an individual is not powerless and can play a part in bringing about change in a gentle Buddhist way, through pursuit of truth and reason. We should rise to this challenge and change and reorient our mindsets accordingly.

Lu Xun in Thailand in the 1950s: A Preliminary Study

[Thailand] Kornphanat Tungkeunkunt

[lecturer in History at Faculty of Liberal Arts, Thammasat University, Thailand]

Introduction

Lu Xun（鲁迅）, often called the "father" of modern Chinese literature, has earned a reputation as a prominent world-class writer. His works have been translated into over fifty languages, and received worldwide scholarly and critical attention（Eber, 1985）. In Thailand, along with the outbreak of socialist movements following the Second World War and the founding of the People's Republic of China（PRC）, the works of Lu Xun continues to gain in popularity and, therefore, has given impetus to modern thought and Thai literature. This paper is a preliminary survey of the studies of Lu Xun in Thailand in the 1950s. Drawing on manuscripts, memoirs and archival research, it attempts to examine the initial development of Thai publications on Lu Xun, with particular reference to the early translations and discussions, and its relationship to the context of Thai society. In so doing, it first demonstrates the socio-political environment in which the studies took place, then details how, when, and by whom the texts of Lu Xun were translated and discussed. The findings show that the implication of Lu Xun studies in Thailand in its formative years of the 1950s is significantly related to the social and political circumstances of the time that they were presented.

I. Locating Lu Xun in Thailand in the 1950s

Following the Second World War, it is a turning point for Thailand to readjust itself to dynamics of a new world order, with the rise of leftist independence movements across Southeast Asia, consequently fueled by the victory of the Chinese Communist Party (CCP). Haunted by the loss of China to the CCP, the US determined to make Thailand a close ally to fight against the spread of communism in Asia during the Cold War (Stanton, 1961). The Thai government perceived the rise of Communism as a threat to national security, thus, became aligned with the US, and publicly pursued anti-Communist policies.

The situation in Thailand was further complicated by power struggles of many political cliques. The civilian government endorsed by Pridi failed to solve economic recession affected from the Second World War, therefore, its political stability became deteriorated, as the furious sentiments of people to the administration dramatically increased (Chalemtiarana, 2007: 22-23). After being forced to withdraw from Thai politics for a period of time, the military exploited the economic difficulties and a mysterious death of young King Rama VIII in 1946, and returned to power by staging a coup on November 8, 1947, with friendly support from conservative Thai elites. To this end, Phibun rose again as a prime minister, but his leadership in the second government was not strong as his first regime in the prewar decades. He was threatened by several political cliques to his power, such as the Palace Rebellion backed by Pridi in 1949 and the Manhattan Rebellion staged by the navy in 1951 (See Wyatt, 1984).

The studies of Lu Xun in Thailand, including translation and discussion of his works, involve both external and internal factors previously elaborated. Frustrated with the US intervention and the political instability, progressive intellectuals had moved to socio-cultural arena to find Marxism-socialism an alternative to the ongoing struggles. As such, they shifted interest to New China, and began their writings to challenge the domination of the so called "American imperialism". Progressive publications served as vehicles to meet the growing demand for Marxist/socialist printings, such as the studies of Karl Marx, Mao Zedong, and some European Marxists (Naphaporn, 1985: 110).

On the other hand, the popularity of Marxism-socialism paved roads to a new literary movement, which advocated the emergence of progressive literature that engaged social agendas with literary works (Sathian, 1981: 266-269). In its heyday, "Art/Literature for Life", a popular genre of modern Thai literature which spelled the virtues of egalitarianism and social justice, also influenced by literature from socialist countries (especially the USSR and the PRC) began prosperous and penetrating into the mainstream of Thai literary circles (Sathian, 1981: 272-273).

The propagation of socialism reached its pinnacle, when the "Peace Committee" protests against Thailand joining the Korean War in 1952. This protest known as the "Peace Rebellion" was soon ended by the massive arrest of its members and advocates. Worse, in October 1958, Sarit Thanarat established the first absolutist regime in Thailand since 1932, then imposed a rigid censorship, and brutally eliminated his political rivals (Anderson, 1985: 19). His anti-communist dictatorship silenced the growing popularity of socialism. Severe suppression and containment forced progressive publications, which he labeled as communist printings, to be disappeared. In the process of termination, some writers were arrested, some sought refuge in China, some quitted publishing, and some turned to non-socially engaged writings. Never before the 1970s that one would have seen the light of day for the revival of radical publications again.

After the death of Sarit Thanarit and his military dictatorship in 1963, and the collapse of his protégé Thanom-Praphas's dictatorship regimes on October 14, 1973 in the face of the massive student protests, Thailand entered an extra-ordinary new era in its national life (Anderson, 1985: 37). The future of democratic development in Thailand became clearer in the aftermath of the October 14 movement. Peasants, proletarians and students were permitted to establish organizations to protect their interests. Censorship was virtually abolished, which dramatically accelerated the radicalization of cultural life among the younger generation of Thai intellectuals, writers, and students (Anderson, 1985: 38). It is in post-October 14, 1973 that progressive works of earlier periods (mostly in the 1950s) including the studies of Lu Xun and works of the late Chit Phumisak, the central figure of this revival, were re-discovered, re-introduced, re-read and re-interpreted among this younger generation of the 1970s who became new leftists.

II. The Early Translations of Lu Xun's Works

It is uncertain since when and what genre of modern Chinese litera-
ture first appeared in Thailand. So far, the empirical evidence suggests
that the earliest translation can be traced back to 1932 since Ari Liwira,
a Thai-Chinese media tycoon, translated an anti-Japanese war short story
Broken home [*Ban taek*, originally *Chulu* (《出路》) in Chinese] by a
leftist writer Dai Pingwan (戴平万) [1], in a patriotic response to protest
against Japan's invasion in Manchuria (*Chiwit lae ngan khong Ari Li-
wira*, 1963). After the Second World War, Ari also wrote two short ar-
ticles about Lu Xun's biography and essay in 1949. Several years later in
1952, Lu Xun's *The True Story of Ah Q* [*A Q zhuangzhuan* (《阿 Q 正传》)]
was first translated into Thai by the initiation of *Aksornsarn*, a Thai monthly
magazine, published from April 1949 to October 1952 by a group of
mostly pro-Pridi and independent Thai leftists and some communists (See
Suthachai, 2006; Tejapira, 2001). The founder of *Aksornsarn* was Supha
Sirimanond, a brilliant journalist known as Pridi's protégé, and his wife
Chinda Sirimanond. Editorial staff included, but not limited to, Kularp
Saipradit—one of the most celebrated and influential modern Thai writers
with a nom de plume *Sriburapha*, also a literary ally of Pridi, and Atsani
Phonlachan—a passionate and radical advocate of Marxist literary criti-
cism, using pen names *Naiphai* and *Inthrayut*.

In the April 1952 issue (Volume 4, Number 1), *Aksornsarn* made a revo-
lutionary decision to have Lu Xun edition, flagged with *The True Story of Ah Q*
(*Prawat ching khong A Q*, hereafter referred as *Ah Q*) on the cover page, and
featured two introductory articles to Lu Xun. First serialized in Chinese daily dur-
ing 1921-1922, and later placed in Lu Xun's first short story collection *A Call to
Arms* [*Nahan* (《呐喊》)] in 1923, *Ah Q* is generally regarded as a masterpiece
of modern Chinese literature. The editor Supha Sirimanond (1981: 4) discussed
the translation of Lu Xun in a preface of the book *Ah Q* reprinted a few years af-
ter its first publication in *Aksornsarn* as follows:

While discussing to keep *Aksornsarn*'s contents inspiring and en-

---

[1]   Ari mentioned the author of this short story as Qi Yi, which may be a pseudonym of Dai Pingwan.

tertaining in accordance with the development of general circumstances, I [Supha] proposed that *The True Story of Ah Q* should have been translated into Thai, and published the whole story in one issue to maintain its original integrity and to build an understanding among Thai readers. ... Song Phrueksaporn, my friend and a colleague, suggests that the translation into Thai must be directly from Chinese for it is the most direct means of translation. It should not be translated from English or other languages. More importantly, we must have a translator whose Chinese is brilliant. Otherwise, meanings that the author Lu Xun put in his writing will be diminished, less or more. ... Among many of my friends who support *Aksornsarn* at that time, it is Decha Banchachai that masters Chinese language and has particular interest in literature.

Decha Banchachai was a pen name of Decho Bunchuchuai, a Thai who went to Shantou and self-studied Chinese for over a year, but had great interest in Chinese literature ("Prawat doy sangkhep khong nai decho bunchuchuai", 2009). At first, Decha was not immediately available for discussing the translation of this text because he lived in a rural Thailand. Supha then wrote a letter inviting Decha to translate Lu Xun. Decha agreed to do so, and submitted his manuscript to Supha two months later. Supha asked Sa-nan Woraphruek, one of *Aksornsarn* contributors, to read Decha's manuscript.

With his love for literature, Decha was pleased to do the job, although he studied Chinese for a short period of time. It should be noted that Decha seemed hesitant about the line between translation and interpretation of *Ah Q* from the Chinese originals. Usually referred in the English title as "The True Story" for *zhengzhuan*, he called *Prawat ching*, which literarily meant "the true biography". The name of Ah Q for (阿 Q) was rendered in Thai as A Q. In this sense, preserving the Latin letter Q underlined the importance of "its pictographic qualities as a picture of the head of Qing-era Chinaman, with the queue dangling down behind his head" (Kowallis, 1996: 155). Moreover, some proper nouns were phonetically translated, for instance, *xianhua xiuti yangui zhengzhuan* (闲话休题言归正传) (the stock phrase of the novelists), and *shufa zhengzhuan* (书法正传) (the True Story of Calligraphy), which was difficult to understand for Thai readers.[1] Still, Decha attempted to maintain the writing style of vernacular language, which was an important characteristic of May Fourth literature, therefore, did his own interpretation on the language. Examples can be seen from pronouns in the text rendered in a vulgar language of Thai commoners, such as, *ku* (I) and *mueng* (you) when Ah Q addressing himself with the villagers.

Despite a very long story, Supha intended to publish the full texts of *Ah Q* in *Aksornsarn* in the April 1952 issue, a special edition marking the four year anniversary of the periodical since its inaugural issue in April 1949. To provide Thai readers important background for better understanding of Chinese society and Lu Xun's work, Supha also asked Sa-nan to contribute informative articles about LuXun and *Ah Q* in this seminal issue of the periodical. Therefore, Sa-nan wrote two articles, namely, *Lu Xun and his thoughts* (*Lu sin lae kwamkit khong lusin*) and *Who was Ah Q? Where was he from?* (*Ah Q krue krai? Ma tae nai?*), using different pen names, i.e. Song Phrueksaporn and Thammu Nawayuk.

Surprisingly, soon after the Lu Xun edition was on the market in Aril 1952, it became a rarity such that this issue sold out within a week. Moreover, a great number of readers wrote Supha to request reprinting *Ah Q*. Some even went to his home to contact him on this matter. It can be said from this unprecedented popularity of *Ah Q* suggests that there is still room for modern Chinese literature in the market. Nevertheless, despite his hope to do so, Supha was unable to manage reprints for several reasons. First, he suffered from Tuberculosis. Moreover, he had insufficient capital. Finally, he was too busy with trying to run *Aksornsarn* alone after his friends left(Supha, 1981: 6-7).

A small publishing house *Thewawet* learning of Supha's aspiration to reprint *Ah Q* asked him to grant permission to complete this task. Supha agreed and contacted Decha for permission in reprinting. A few years after its first appearance on *Aksornsarn*, during 1956—1957, *Thewawet* publishing, run by a couple Chankhun Khunarak and Jintana Kortrakul, reprinted *Ah Q* in a book form in several editions.

---

[1] The weakness seen in Decha's rendering has brought about a new translation of *Ah Q* into Thai language in many editions in the mid 1970s and early 1980s.

Ah Q book was met with an unexpected demand. In a personal letter from Decha to Supha, Decha said he bought twenty copies of this reprint edition to send as a gift to his friends. Satisfied with more attention that *Ah Q* deserved, he cried out: "it has been more than a decade since Lu Xun wrote this story. This is somewhat of a pity for us to have such a late awakening of literature for the common people". (Supha, 2008: 5)

In addition to *Ah Q*, translations of Lu Xun's individual short stories appeared in Thai journals in the 1950s. *Hometown* [*Guxiang* (《故乡》)] was translated by Sunantha, *Medicine* [*Yao* (《药》)] by Anan Raktham, *An Incident* [*Yi jian xiaoshi* (《一件小事》)] by Araya, *The Dog's Retort* [*Gou de bojie* (《狗的驳结》)] and *On Expressing an Opinion* [*Li lun* (《立论》)] by an anonymous translator, published in *Yuk Mai* (*New Era*) magazine. These works together with *Aksornsarn*'s *Ah Q* were selected in Lu Xun's first short story collection in the Thai language, namely, *The True Story of Ah Q and Lu Xun's other short stories* (*Prawat ching knong A Q lae ruaeng san uen uen khong lu sin*), also published by *Yuk Mai* in 1952. It was a compilation of short stories selected from Lu Xun's several collections, including *A Call to Arms* and *Wild Grass* [*Ye cao* (《野草》)].

Meanwhile, Lu Xun's poetry also received attention from Thai and Thai-Chinese intellectuals. Having attributed his inspiration to Lu Xun, Thaweep Woradilok (alias Thaweepworn), a prolific poet in *Aksornsarn*, translated a number of Lu Xun's prose poems in a variety of journals, later collected in *An Anthology of Lu Xun Poetry* (*Kawiniphon lu sin*) in 1983. Apart from Thaweep, his close friend Chit Phumisak—one of the greatest modern Thai thinkers, writers and revolutionists, also has a deep reverence for Lu Xun. It is an unbelievable coincidence that although they were from different place and era, Lu Xun and Chit Phumisak were born on the same day (25 September) and yet still shared the same standpoint in their writings. Chit's mother once told Thaweep that their neighbors always kept asking who the person is in this picture—the decoration of Lu Xun's 12 inch picture hanging on a wall in his home, which was easily seen from the outside. She would reply: "it is his father", which made Chit very satisfied with this answer (Thaweepworn, 1981: 60-68).

Chit indicates the source of Lu Xun's picture in *Phituphum* magazine in 1956, saying that a friend of his sent this as a New Year's gift. In addition to

Lu Xun's portrait, two verses of Lu Xun's poem *Self-Mockery* (*Zichao* 自 嘲),[1] first translated into Thai by Atsani Pholachan of *Aksornsarn*, accompanied this picture. Chit looked into the original translation in English, and then retranslated it into Thai. Chit's Thai translation of *Self-Mockery* was published in a collection of his works *Art for Life* (*Silapa phuea chiwit*) in 1957, printed by *Thewawet*, a publishing house that also reprinted *Ah Q*. The version had the most widespread circulation until the present day.

The establishment of the military absolutist regime in 1958, which led to more intensified anti-communist policies, had engendered the elimination of anti-dictatorship groups and publications. Undoubtedly, Lu Xun's works and other left-wing publications were labeled as communist, and banned from selling and possession. The *Ah Q* translator Decha recalled a picture in a newspaper showing a pile of his delicately-translated books floating in a river, since no one dared to keep it. More sadly, Jintana Kortrakul, the owner of *Thewawet* publishing, was imprisoned for eight years (Decha, 2009). This ban was an attempt to destroy the seed of Marxism-socialism and new literature that had just begun to be firmly grounded, and was not unearthed again until Thailand saw the light of democratic movement in the early 1970s.

III. Discussions of Lu Xun's Life and Works

In addition to translation, there had also been growing discussions about Lu Xun and his works appeared in a variety of publications. Many writers are non-specialists in literary studies, influenced by political attitudes prevalent in the 1950s: Marxist doctrine, and Mao Zedong's literary criticism.[2] These writings were published in newspapers, magazines, or book chapters, which can be thematically demonstrated as follows:

---

[1] The two verses were 横眉冷对千夫指，俯首甘为孺子牛。

[2] Derived from his well-known *Talks at Yan'an Literary Conference* (*Zai Yan'an wenyi zuotanhui shang de jianghuo*) in 1942, Mao alternatively politicized Lu Xun to lay down principles of a correct literature and methods for the implementation, which should be written in the form of the masses, not of the petite intellectuals (Hsia, 1971: 308-309).

1) The Life and Work of Lu Xun

Some writings about Lu Xun have combined his biography with discussion of his works, mostly produced by journalists deeply interested in literature. Before the first translation of *Ah Q* in *Aksornsarn*, Ari Liwira, a Thai-Chinese media tycoon, wrote a brief biography of Lu Xun, and an article to introduce his works in *Siam samai* newspaper. In *the Biography of Lu Xun* (*Chiwaprawat khong lu sin*), Ari emphasized the importance of his early childhood to Lu Xun's literary development. Another article of Ari was *On Lu Xun's essays* (*Wichan kwamriang lu sin*), an excerpt translated from *Preface to an anthology of Lu Xun's essays* (*Lu xun zagan xuanji zixu*) by Qu Qiubai—a prominent Marxist thinker and CCP member, [1] who set a high value on Lu Xun.

In *Aksornsarn* Lu Xun edition, Sa-nan Woraphruek, a Thai-Chinese writer/translator, published a long biography of Lu Xun and his works, emphasizing his ideological development towards Marxism. In Sa-nan's article *Lu Xun and his thoughts*, Lu Xun was hailed as a threefold great: great thinker, great author, and great revolutionist. This fabrication shows that Sa-nan is highly influenced by Mao's regard for Lu Xun as a national hero to the cause of patriotism. It is, therefore, understandable that after the termination of Peace Rebellion movement in 1952, Sa-nan silently left Thailand for Beijing in 1953, and worked for Beijing Foreign Press. In Beijing, he was responsible for Thai translation of *Quotations from Mao Zedong* [*Mao Zedong yulu* (《毛泽东语录》)], widely known as Mao's little Red Book, in 1968 (Vorasak, 2000), a collection of selected stories of Lu Xun *A Call to Arms* in 1976, and Mao Dun's *Midnight* [*Zi Ye* (《子夜》)].

2) Lu Xun and Literary Contribution

Apart from the biography, some writings have shed the light to literary/artistic aspects of Lu Xun's works. Kularp Saipradit, a celebrated and influential modern Thai writer, established Lu Xun's reputation as the greatest writer in modern Chinese literature. In view of this, he wrote the introduction

---

[1] On the development of a close friendship between Lu Xun and Qu Qiubai, see Wong, 1991.

to modern Chinese literature to illustrate background information in which Lu Xun is established.

In 1957 in prefaces to celebrate a reprinted version of *Ah Q* translation from *Aksornsarn* in a book form, Kularp Saipradit (2008: 10) set up a clear and direct boundary for modern Chinese literature in Thai scholarship. His article *New Literature of China* (*Wannakhadi mai kong chin*) indicated that modern Chinese literature is the product of the May Fourth movement, which gave rise to a new culture, a new art and a new literature of China. Since the advent of the May Fourth Movement, revolutionary and progressive writers/artists vigorously attempted to *blend art and literature* (italic in the original) into reality, and into the need of people. Among those writers who have created new literature of China, the name of Lu Xun was the first and the greatest.

It can be noticed that Kularp shared the same dominant view with most Chinese literary scholars prior to the 1980s, which saw May Fourth Movement as the force behind the emergence and development of China's literary revolution. The term "new literature" (*xin wenxue*) is used to describe the literature born out the May Fourth Movement established as a watershed of modern China (see Ying, 2009). This implication is also illuminated in a groundbreaking work of literary historian Wang Yao (王瑶, 1951) *Manuscript of Chinese New Literature History* [*Zhongguo xin wenxue shi gao* (《中国新文学史稿》)] that emphasized the importance of May Fourth movement in the making of new literature and Lu Xun's contribution to May Fourth literature. Therefore, it comes as no surprise given the fact that among a great number of modern Chinese writers and their fictions, *Aksornsarn* was determined to translate Lu Xun's major work *Ah Q* first for its pioneering in the introduction of modern Chinese literature.

3) Interpretation to Lu Xun's Ah Q

The character Ah Q in *The True Story of Ah Q* has been called into question, and has engendered debate since it first published in China (Liu, 1995: 48-51). The question about who Ah Q represents has received attention from progressive intellectuals in Thailand, too. The interpretation to *Ah Q* seems to have political implications among those who attempt to compare Ah Q with Thai people.

In *Who was Ah Q? Where was he from?* another article featured in *Aksornsarn* Lu Xun edition, Sa-nan discussed the character of Ah Q. He revealed that Ah Q represents bad aspects of a psychological triumph called "spiritual victory" (*jingshen shengli fa*), which Lu Xun deemed it a self-deception mentality in Chinese people, as generally understood. What seems to be intriguing about his interpretation of Ah Q is that Sa-nan viewed his Thai readers as Ah Q in the sense that they were so ignorant of the penetration of dictatorship, feudalism, and imperialism.

Aksornsarn editor Supha Sirimanond also made a comment on the character of Ah Q. Supha published an essay *The True Story of Ah Q and Thai people* (*Prawat ching khong A Q kap mahachon chaothai*) in a reprinted version of Lu Xun translation from *Aksornsarn* in 1957 (together with Kularp's article). He argued that Ah Q is not a single Chinese, but rather represents the national character of Chinese people, the masses that were severely exploited. Supha also wished Thai writer would employ Lu Xun's technique in portraying Ah Q for the creation of Ah Q character in the Thai context. This could further the understanding of Thai commoners like what Lu Xun did to the Chinese people.

Conclusion

Despite long traditions of Chinese literature translation, this paper finds that the first systematically and academically translated modern Chinese literature into Thai was work of Lu Xun *The True Story of Ah Q*, which began in the early 1950s in *Aksornsarn*—a progressive magazine run by Thai and Thai-Chinese Marxist intellectuals. In addition, translations of Lu Xun's individual short stories appeared in Thai journals. Also, there had been discussions on Lu Xun's life and works to furnish background information on and to provide interpretation to the translated texts. Finally, it attributes the production and consumption of Lu Xun's translation to the growing popularity of Marxism-socialism among progressive Thai intellectuals, writers, journalists and students.

Some Nautical and Geographical Consequences of the Voyages of Zheng He, 1405—1433

[Portugal] José Manuel Malhão Pereira

[Academia de Marinha Centro Inter-Universitrário de História das Ciências Lisbon, Portugal]

Introduction

According to J. V. G. Mills, in 1424, by the time of the death of Emperor Yung-Lo, and after the six voyages of the great treasure fleets on the Indian Ocean and Northwest of the Pacific,

> ... the Ming dynasty had reached the apex of its power, and the empire was wealthy and populous. Chinese suzerainty was acknowledge by more foreign rulers than ever before, even distant Egypt sending an ambassador. The renown of China was established throughout the orient, and sates which declared their submission received political protection and material rewards... Representatives of sixty-seven overseas sates, including seven kings, came bearing tribute to render homage to the emperor, ...
>
> China was the paramount sea-power of the orient. Yung-lo's remarkable navy at its maximum strength included four hundred warships of the fleet stationed near Nanking, two thousand seven hundred warships of the coastal guard stations, four hundred armed transports of the grain-conveyance fleet, and, the pride of the Ming navy, two hundred and fifty "treasure-ships", each carrying five hundred men. During the period of twenty years the grand eunuch Cheng-Ho had been despatched

on six spectacular expeditions of enormous size, comprising powerful fleets, which could include sixty-three great "treasure-ships" and more than twenty-eight thousand officers and men.[①]

It is also known that during this last period the heroic age of Imperial China ended, but the consequences in geographical knowledge and in nautical expertise of Zheng He's voyages were, in my opinion, very important and not sufficiently studied.Owing to my interest in nautical history, I have studied Indian and Pacific Ocean's sailing voyages and navigation techniques, and I found that sometimes the Chinese contribution to nautical and geographical sciences is not sufficiently taken into consideration.

If we have a fairer approach to the problem, we are forced to admit that, specially during the period of the treasure fleets (the first three decades of the 15th century), there has been an enormous advance on geographical knowledge, which allowed Asian civilization to develop and increment Asian values, which made significant contributions to world civilization and human progress. And that geographical knowledge, allied to the development of navigation technology, is reflected in documents, which deserve more specific attention.

Owing to my above referred interest in nautical and geographical sciences, the purpose of my paper will be to present a more profound study of some of the Chinese sources produced during the voyages of Zhe He, like the works o Ma Huan, or the Mao k'un Map, and others, and analyse its characteristics and the influence on other sources.

I. A Summary of the Voyages of Zheng He

In a paper presented in Lisbon in 2006 at the *Instituto Superior de Ciências Sociais e Políticas*, during China Week (*Semana da China*), I had the

---

① See J. V. G. Mills, *Ma Huan, Ying-yai Sheng-lan, "The Overall Suvey of the Ocean Shores", 1433*), transl. by J.V.G. Mills, Cambridge, University Press, 1970, pp. 1-5. This work, of about 400 pages and two folded maps, is an excellent reference for the study of the voyages of Zheng He and the historical period in question.

opportunity to study with a certain depth, the nautical aspects of the voyages of Zheng He[1]. A summary of these voyages and the characterization of its maritime environment will be made, based on that work. The voyages, according to all the known sources, were performed in sailing junks, in the Indian Ocean and north-western Pacific.

These maritime areas are affected by the periodical monsoon system, which can be summarized on the following two images that represent the average direction of the wind during two periods of the year of about 5 months each, separated by a period of transition with more or less variable winds. These transition periods are roughly April and October, being May-September the Southwest Monsoon period and October-February, the Northeast Monsoon period.

As the images show, the average direction of the wind during one month of each monsoon period is represented.

By the time of the great Chinese voyages, the navigational conditions

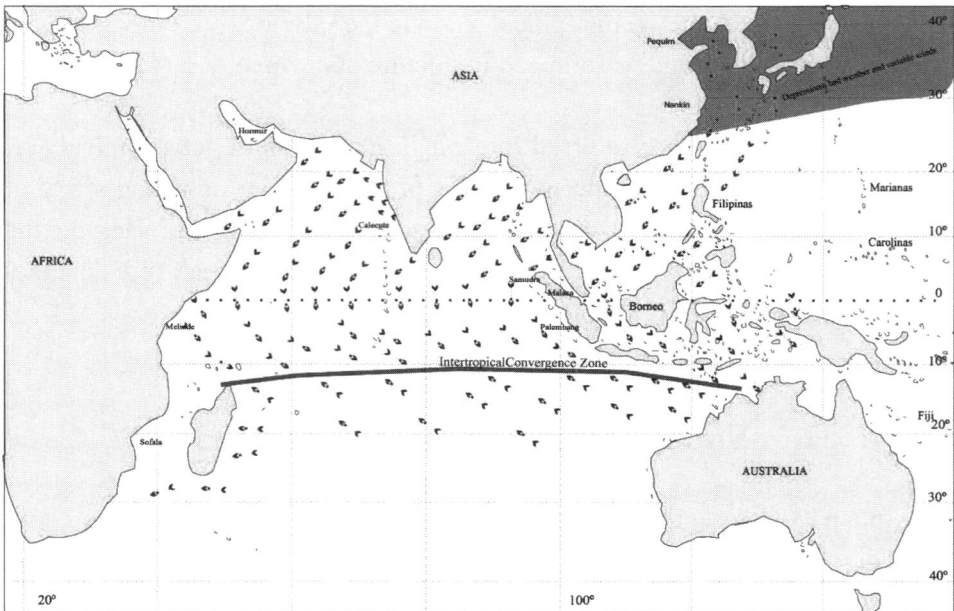

Fig. 1. Average wind direction in January (northeast monsoon). The area in blue represents the winter conditions on the northern part of the China Sea

① See José Manuel Malhão Pereira, "Aspetos Náuticos das Viagens de Zheng He", in *Estudos Sobre a China VIII*, vol. 1, Lisboa, Instituto Superior de Ciências Sociais e Políticas, 2006, pp. 107-142.

of the Indian and North-western Pacific Oceans were already well known by Arab, Persian, Malay, Indian or Chinese sailors. Besides that, techniques of navigation were already developed, and they included mainly the recourse of astronomical simple but efficient techniques[1].

The tropical cyclones or typhoons were also a threat for navigating in the area, but their periods were very well known, owing to the experience of the sailors who navigated in those areas, as above referred.

Having in mind that the above-referred works can give to the reader of this work a more developed explanation of the physical conditions of the maritime areas in question and the techniques developed by its navigators, let us make a fast revision of the voyages of Zheng He, mainly by commenting the conjectured routes included on the work above referred presented in Lisbon, "Aspectos Náuticos das Viagens de Zheng-He".

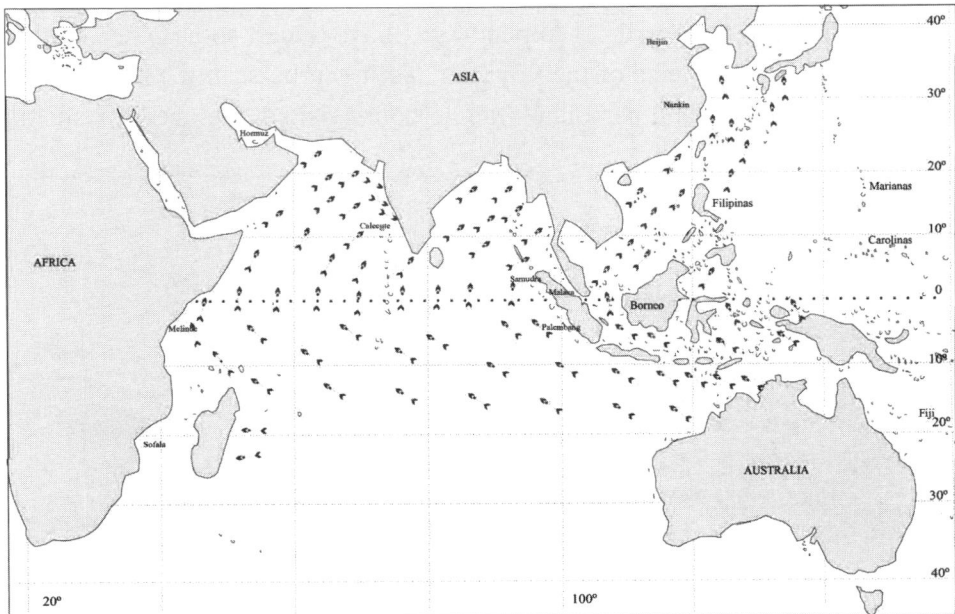

Fig. 2. Average wind direction in July (southwest monsoon).

[1] About techniques and instruments of navigation in the area in question, see for example, José Manuel Malhão Pereira, *East and West Encounter at Sea*, Lisboa, Academia de Marinha, 2001. On this work, presented in India, Tellichery, during the 2002 Seminar *Malabar and the Europeans*, the author explains the different procedures for navigation developed in the Indian Ocean and western Pacific.

We can see in that work, that I have mainly based my conjectured routes on my personal interpretation of the sailing conditions of the area, having in mind the type of ships involved in the voyages, its dimensions, its crew, being these last elements based on the extensive Notes and Introduction of Mills on his *Ma Huan, Ying-Yai Sheng-Lan, ...* [1]

Before going ahead, let us very briefly comment on the most important elements of the fleets, the so-called *treasure ships*. I know that this is very delicate issue, but it will be very interesting now to comment on the opinion of Doctor Ming-Yang Su, Invited Professor of Oceanography at the National Taiwan Ocean University. Professor Jin Ping gave me the following images (see fig. 3), which represent a conjectured model of a treasure ship, whose dimensions, according to the opinion of Doctor Ming-Yang Su are about 70 meters in length with a beam of 15 meters and a draught of 5 meters.

My graphical interpretation of the 7 voyages of Zheng He, is shown sequentially on figs. 4 to 11 (Appendix). I have added some notes, which identify important aspects of the voyages and it can be seen the constitution of the fleets in ships and personnel, the harbours visited, the need for choos-

Fig. 3. Conjectural model of a treasure ship, according to Ming Yang Su: 70x15x5 meters.

---

[1] About techniques and instruments of navigation in the area in question, see for example, José Manuel Malhão Pereira, East and West Encounter at Sea, Lisboa, Academia de Marinha, 2001. On this work, presented in India, Tellichery, during the 2002 Seminar Malabar and the Europeans, the author explains the different procedures for navigation developed in the Indian Ocean and western Pacific., pp. XV-66.

ing the right period of the year for sailing with the help of the monsoon, etc.

It is interesting to note, that the seventh voyage is the only one that in the sources have sufficient elements to allow a more accurate nautical reconstruction of the on-going and return voyages. See also the periods of the year spent in the ports of call, which were in accordance with the monsoon winds.

Note also the average speeds of the fleet, which are in accordance with the average direction and strength of the wind during the known periods of sailing. This is well clarified by the sources.

Another important information is the one saying that Ma Huan's participated in the 4th, 6th and 7th voyages.

Let us now have a look to four documents that have contributed for a better geographical, ethnographical, political, economical and nautical knowledge on the areas navigated by the fleets of Zheng He. The collected information is complementary to the previous sources and also to the future ones, mainly the Portuguese sources.

The documents are the *Ying-Yai Sheng-Lan* of Ma Huan, published in 1451, the *Hsing-Ch'A Sheng-Lan* of Fei Hsin, dated 1436, four steller diagrams published in 1621 no *Wu-pei chih* de Mao Yuan-i of the same date and the Mao K'Un map.

These four documents were studied by important sinologists, although it seems to me that in what is related to nautical history, they have, till now, not deserved the required attention. All the scholars refer that the documents describe facts and techniques used during the Chinese voyages between 1403 to 1433.

II. The *Ying-Yai Sheng-Lan* of Ma Huan

This document has been written by Ma Huan, and published in 1451. Mills translated its title as follows: *The Overall Survey of the Ocean's Shores.*[1]

---

[1] About techniques and instruments of navigation in the area in question, see for example, José Manuel Malhão Pereira, East and West Encounter at Sea, Lisboa, Academia de Marinha, 2001. On this work, presented in India, Tellichery, during the 2002 Seminar Malabar and the Europeans, the author explains the different procedures for navigation developed in the Indian Ocean and western Pacific., pp. XV-66.

Ma Huan was born in 1380, probably in Hong Chou, China, and received good scholar and religious education, in a Muslim environment.[1]

Owing to his knowledge of the Persian and Arab languages he become a good interpreter and translator, having embarked on the 4th, 6th and 7th voyages.

During these voyages, and with the help of his mate, Kuo Ch'ung-li, he visited the hinterland of the harbours visited, carefully registering all the required information, which, in 1415, he began to collect in the form of a book.

As he participated on the last voyage of Zhen He (1431-1433), visiting Mecca and other important places, his new experiences have been added to his previous writings, having the book hit its almost final form by 1434-1436. It was finally published in 1451, according to Paul Pelliot[2].

Before proceeding, it will be convenient to refer that contemporarily or during the epoch immediately before, the identical texts of Ibn Battuta were published (1326—1349), the Wang Ta-Yan (c. 1330—1350), the Fei Hsin (1409—1433) and the Nicoli di Conti (c. 1420—144) [3].

I am now going to summarise the work of Ma Huan, according to the text published by Mills:

- It is given information of 20 places or geographical areas, which I point out on figure 12. The information is in accordance with the characteristics of the area or places visited.

- The total number of pages of the English translation is about 50, after discounting the spaces occupied by the footnotes.

---

[1] I am following J. V. G. Mills. See *op. cit.*, pp. 34-36.

[2] *Idem, About techniques and instruments of navigation in the area in question, see for example, José Manuel Malhão Pereira, East and West Encounter at Sea, Lisboa, Academia de Marinha, 2001. On this work, presented in India, Tellichery, during the 2002 Seminar Malabar and the Europeans, the author explains the different procedures for navigation developed in the Indian Ocean and western Pacific., pp. XV-66.* p. 36. It is important to note that Mills discusses deeply the conditions in which the book has been published, and comments on the Prefaces of the different editions. He uses, for his studies three of the editions published after 1451, because the edition of 1451 has been lost. He refers the versions C (1617), SeK, all with different levels of translation and adaptation. See *op. cit.*, pp. 37-40.

[3] Mills discuss these and other related authors. See idem, ibid., pp. 55-59.

- The information is of varied nature and has mainly a nautical, political, religious, ethnographic, geographic, zoological, character.

Let us quote the information covering a geographical area that has been very important to the Portuguese expansion, Calicute:

[This is] the great country of the Western Ocean.

Setting sail from the anchorage in the country of Ko-chih, you travel north-west, and arrive [here] after three days. The country lies beside the sea. [Travelling] east from the mountains for five hundred, or seven hundred, *li*, you make a long journey through to the country of K'an-pa-i. On the west [the country of Ku-li] abuts on the great sea; on the south it joins the boundary of the country of Ko-chih; [and] on the north side it adjoins the territory of the country of Hen-nuerh.

"The great country of the Western Ocean" is precisely this country.

In the fifth year of the Yung-lo [period] the court ordered the principal envoy the grand eunuch Cheng Ho and others to deliver an imperial mandate to the king of this country and to bestow on him a patent conferring a title of honour, and the grant of a silver [Page 4.3] seal, [also] to promote all the chiefs and award them hats and girdles of various grades.

[So Cheng Ho] went there in command of a large fleet of treasure-ships, and he erected a tablet with a pavilion over it and set up a stone which said "Though the journey from this country to the Central Country is more than a hundred thousand li, yet the people are very similar, happy and prosperous, with identical customs. We have here engraved a stone, a perpetual declaration for ten thousand ages".

The king of the country is a Nan-k'un man; he is a firm believer in the Buddhist religion; [and] he venerates the elephant and the ox.

The population of the country includes five classes, the Muslim people, the Nank'un people, the Che-ti people, the Ko-ling people, and the Mu-kuapeople.

The king of the country and the people of the country all refrain

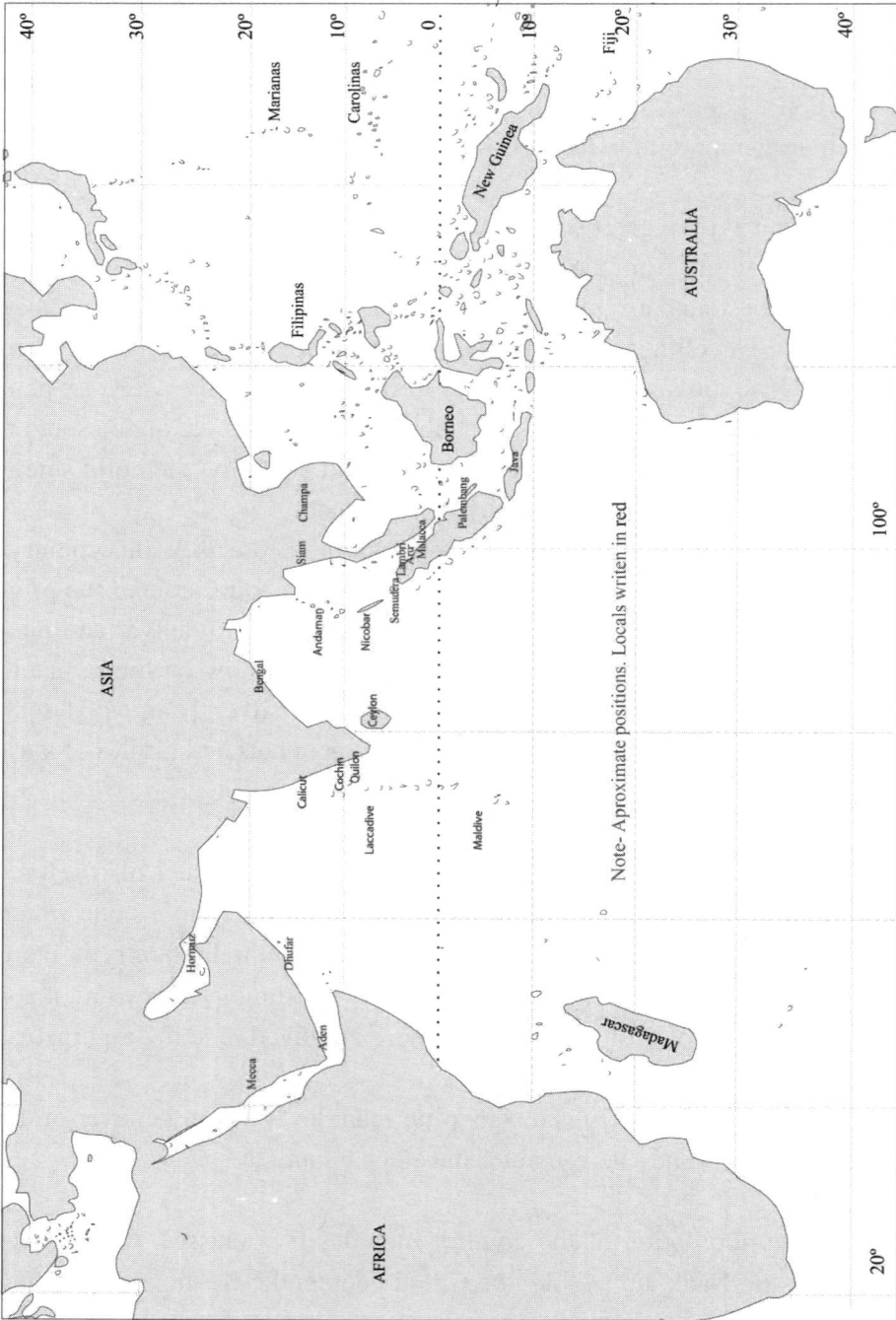

Fig. 12. Places described by Ma Huan on his *Ying-yai Sheng-Lan*.

from eating the flesh of the ox. The great chiefs are Muslim people; [and] they all refrain from eating the flesh of the pig. Formerly there was a king who made a sworn compact with the Muslim people, [saying] "You do not eat the ox; I do not eat the pig; we will reciprocally respect the taboo"; [and this compact] has been honoured right down to the present day.

···

In their method of calculation, they do not use a calculating-plate; for calculating, they use only the two hands and two feet and the twenty digits on them; and they do not make the slightest mistake; [this is] very extra- ordinary. ①

The text referring to Calicute has around 7 pages. Although not in a very clear way, because the geographical sequence is not always respected, but there is in the beginning of each description, the required nautical information to arrive there.

Let us see the beginning of the text describing the item referring to the harbour of Aden: "Setting sail from the country of Ku-li and going due west- the point *tui* [on the compass] you can reach this place after travelling with a fair wind for one moon. The country lies besides the sea, and is far removed from the mountains". ②

As we can see, the texts have also sailing directions and other related in- structions, which will be developed bellow.

---

① *About techniques and instruments of navigation in the area in question, see for example, José Manuel Malhão Pereira, East and West Encounter at Sea, Lisboa, Academia de Marinha, 2001. On this work, presented in India, Tellichery, during the 2002 Seminar Malabar and the Europeans, the author explains the different procedures for navigation developed in the Indian Ocean and western Pacific., pp. XV-66.,* pp. 137-146.

② *About techniques and instruments of navigation in the area in question, see for example, José Manuel Malhão Pereira, East and West Encounter at Sea, Lisboa, Academia de Marinha, 2001. On this work, presented in India, Tellichery, during the 2002 Seminar Malabar and the Europeans, the author explains the different procedures for navigation developed in the Indian Ocean and western Pacific., pp. XV-66.* pp. 154-159.

II. The Hsing-Ch'a Sheng-Lan of Fei Hsin

According with Mills, Fei Hsin was born in 1388, and at the age of 13 joins the military career in T'ai ts'ang, replacing his brother who in the meantime died.

On the image see two photos of the bar of this important harbour, taken during our stay in China in 2005.

Fig. 13. The harbour and bar of T'ai Ts'ang in 2005.

After some studies, Fei Hsin was appointed to join Zheng He on his third voyage (1409—411), having participated, in the future, in three more maritime expeditions.

In 1433, returning from his last voyage he compiled all his notes and published the result on an unknown date, although the preface of the book is from 1436.

The first known version is included on a collection known as *Ku-chin shuo-ai*, published in 1544.

After Mill's death, Roderick Ptak was appointed to study and publish some of his documents, which included the translation of Fei Hsin text, which meanwhile has been published in 1930 by Feng Ch'eng-chun, a renowned Chinese historian. Finally, Roderick Ptak published his critical essay with the title *The Overall Survey of the Star Raft*.[1] According to Mills (the translator), the "Star Raft" is the flagship of the representative of the Emperor.

---

[1]   See *Hsing-ch'a Sheng-lan. The Overall Survey of the Star Raft* by Fei Hsin, trad. J. V. G. Mills, anot. Roderick Ptak, Wiesbaden, Harrassowitz Verlag, 1996.

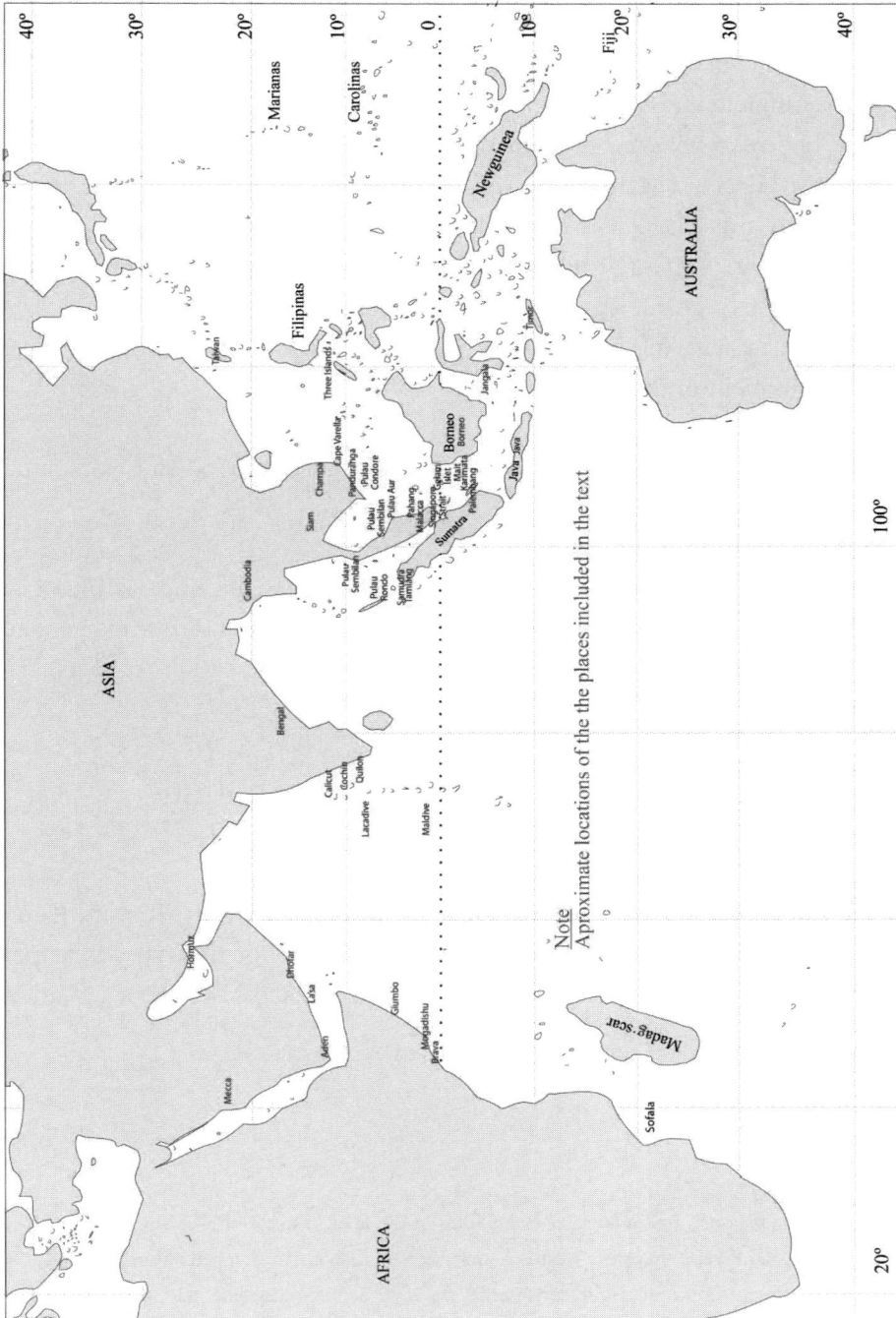

Fig. 14. Places described by Fei Hsin on his *Hsing-Ch'a Sheng-Lan*.

Let us briefly analyse the text published by Roderich Ptak. On figure 14, note that the place names of Fei Hsin are 45, while those of Ma Huan are 20. The texts are nevertheless very similar in style although the texts of Ma Huan are more complete and more extensive for each item.

See bellow a passage of Fein Hsin relative to the description of "The Country of Malacca (Man-la-chia kuo)":

Formerly this place was not called a "country". Starting one's journey from Palembang, with a fair wind one arrives here after eight days and nights [The people] live beside the sea. There is a single hill with few people [on it]. They are in state of subjection to Siam; each year they remit forty liang of gold in payment of their tax.

...

The climate is hot during the day and cool at night. Men and women do up their hair in a chinon.

...

The commodities used [in trade with them] are such things as blue and white porcelain articles, melted beads of all colours, coloured thin silk, and gold and silver.[1]

IV. Comparison with Other Texts of the Same Period or a Little Later

We have already referred the texts of Ibn Battuta, Wang Ta-yan, Kung Chenn and Nicoli di Conti, who are contemporaneous or of a very near period, to the texts above referred. According to Mills, and also to our collation

---

[1] About techniques and instruments of navigation in the area in question, see for example, José Manuel Malhão Pereira, East and West Encounter at Sea, Lisboa, Academia de Marinha, 2001. On this work, presented in India, Tellichery, during the 2002 Seminar Malabar and the Europeans, the author explains the different procedures for navigation developed in the Indian Ocean and western Pacific., pp. XV-66., p. 53, p. 54.

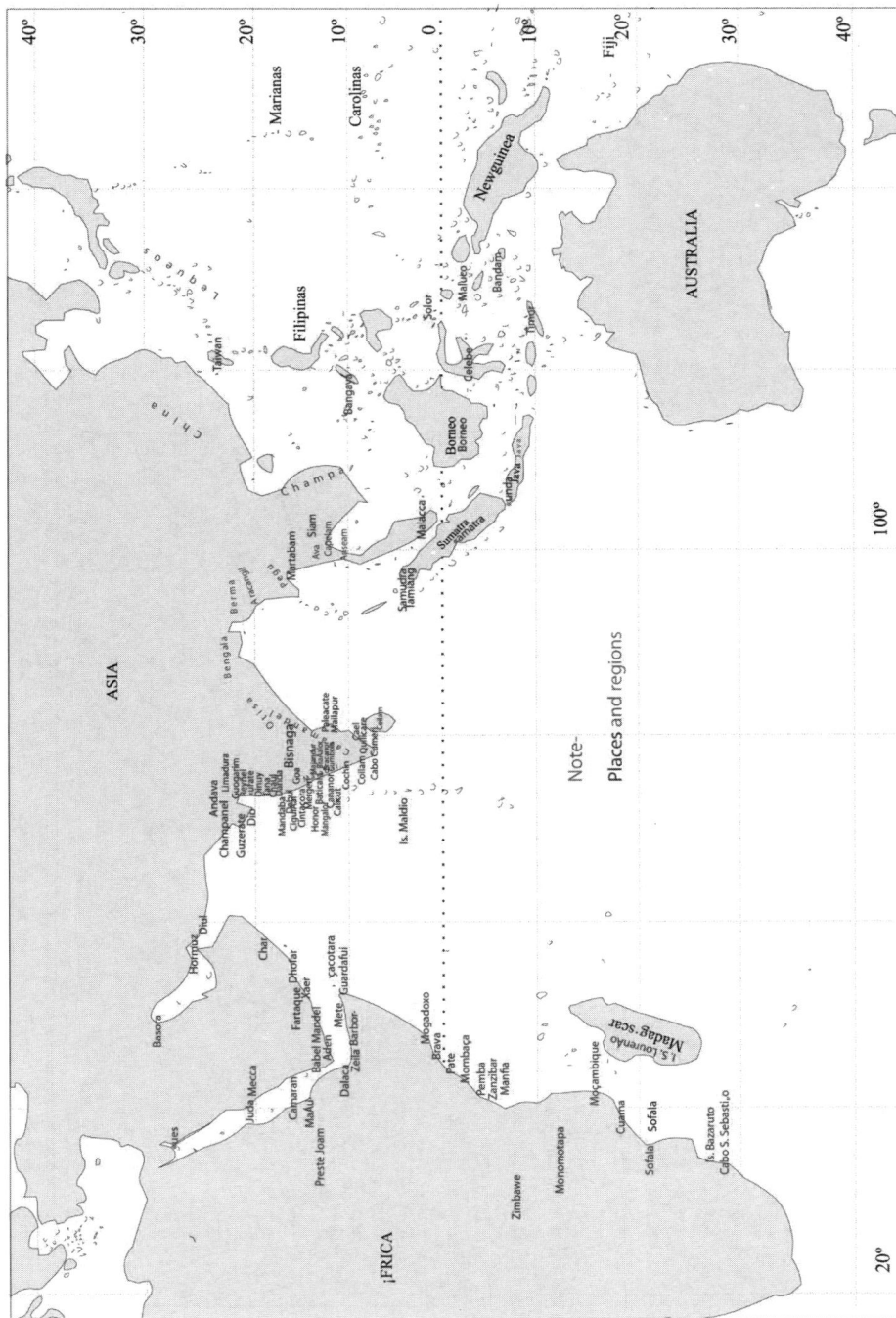

Fig. 15. Places described by Duarte Barbosa on his *Book*.

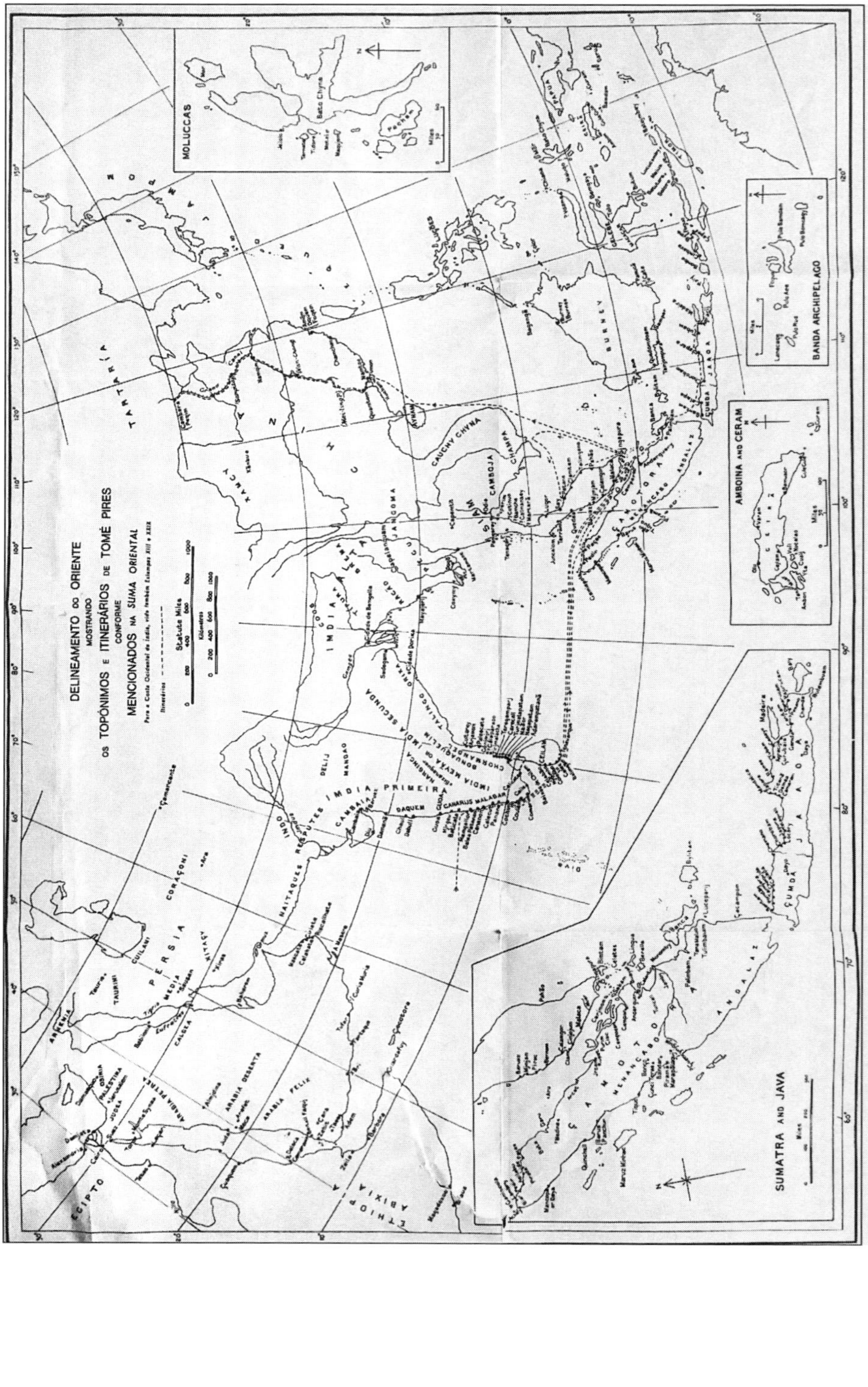

Fig. 16. Places described by Tomé Pires on his *Suma Oreintal*, 1516.

with some other Chinese texts, the text of Ma-Huan is better.[1]

Nevertheless, if we now analyse some of the most important Portuguese sources, such as the *Book* of Duarte Barbosa and the *Summa Oriental* of Tomé Pires, we verify that although they refer to a very short period of observation and collection of information (the first 15 years of the XVIth century), if compared with the above referred European or Chinese sources, they are more detailed and cover a wider geographical area.

This will be very clear, if we compare the image representing the places referred and described by Duarte Barbosa on his *Book* (fig. 15), and the previous ones representing Ma Huan and Fei Hsin (figs. 13, 14). Duarte Barbosa refers and describes more than 100 places while the others 20 and 45.

The same can be observed if we also make the comparison with the *Summa Oriental* of Tomé Pires, looking to the place names registered on the following image (fig. 16), presented by Armando Cortesão on his edition of this XVIth century work.[2]

It is also interesting to note that the thematic contents are identical on all the documents and that for the same objective, different cultures use similar methods to reach the same result.

About the volume of information, and making a comparative analysis to the total number of pages of the texts of Ma Huan, Fei Hsin, Duarte Barbosa and Tomé Pires, we find respectively that it is 50, 35, 130 and 150.

IV. Stellar Diagrams

Let us now look at the stellar diagrams contained on a work in 64 volumes of Mao Yuan-I, the *Wu-pei chih* ("Records of Military Operations"),

---

[1]   Mills compares extensively the sources that give geographical information of the areas concerned, before the arrival of the Portuguese to the Indian Ocean, referring not only the Chinese but also de Europeans. In reality he mentions six sources: Ibn Battuta (1326—1349); Wang Ta-yuan (c. 1330—1350); Fei Hsin (1409—1433); Ma-Huan Huan and Kung Chen (1413—1433) and Nicolò de Conti (c. 1420—1444). Cf. *op. cit.*, pp. 44-66. For him, of the 4 Chinese, Ma Huan is the best.

[2]   See Armando Cortesão, *A Suma Oriental de Tomé Pires e o Livro de Francisco Rodrigues*, Coimbra, Universidade de Coimbra, 1978, facing page 336.

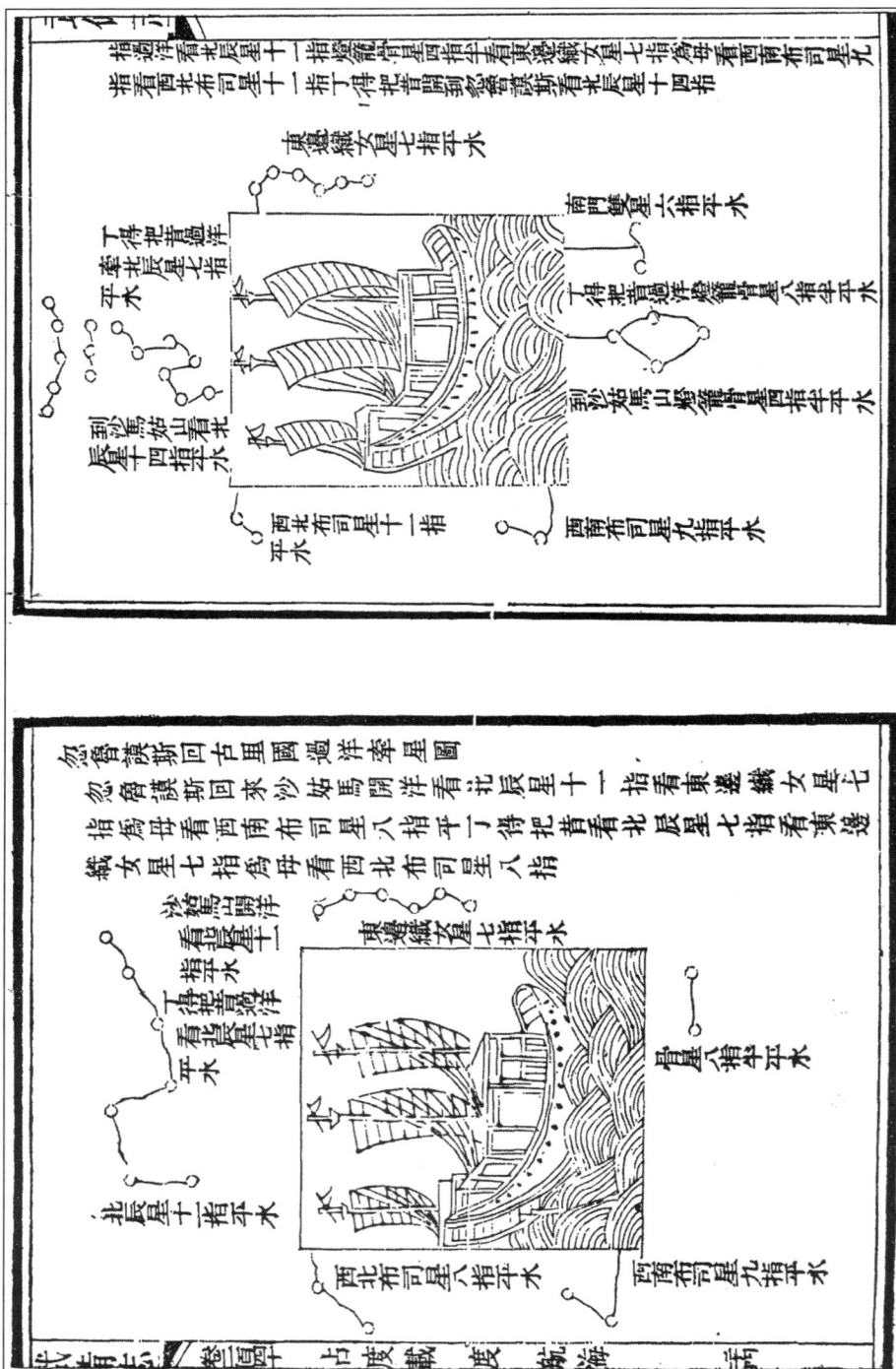

Fig. 17. Two of four stellar diagrams included on the *Wu-pei chih* (1628).

published in 1628[1].

Historians are unanimous to admit that the four stellar diagrams, the Mao k'un map and also other subjects pertaining this monumental work, correspond to the Chinese voyages of the beginning of the XV century.

See in fig. 17 two of the stellar diagrams presented by Mills. Note the schematic representation of the constellations. These diagrams are not more than a simple way to present to the pilots the practical means to conduct their high seas navigation with the help of the Pole Star, the Southern Cross and other stars or groups of stars. It may remember us the similar Portuguese techniques used for the same purpose.

An analysis to these diagrams already made by François Bellec[2] and other historians, and also what is known about the Chinese techniques of the period, allows us to interpret how it worked.

In fact, the long crossings of the North Indian Ocean were made with help of the measurement of the height of the Pole Star on its lower meridian passage, technique already used by other maritime peoples (see fig 18).

From what we can see on the image, we may understand that if a text mentions pole star altitudes, that we know are referred to its lower meridian passage, it will be possible to identify the places by its latitude, or find the error given by

---

[1] Mills, on his long Appendix 2 (see *op. cit.,* pp. 236-302), describes some of the known exemplars of the Chinese cartography, giving special attention to the *Mao K'un* map, included on the *Wu-pei chih* of Mao Yuan-I, a work on 64 volumes with a preface written in 1621 and which has been offered to the Emperor in 1628. There is a copy of on the Library of the Congress and the British Museum has also another copy but not any copy of the *Mao K'un* map. The author, Ma Yuan-I, fought the Manchus and in 1628 helped the Emperor to recapture 4 cities. Later on, his soldiers rebelled against him and Ma Yuan-I was deported to the town of Chang p'u on the province of Fukien. The grand father of Ma yuan-I, called Mao k'un, lived between 1511 and 1601 and served under admiral Hu Tsung-hsien, who has been, during an extended period, in charge of the defence of the coasts of China from the attacks of the Japanese pirates. It has been Mao k'un's engagement on these activities that originated that his grand son had access and gained interest to the documents left by the Admiral above referred, which allowed him to include the map in his work. See *op. cit.,* pp. 238-239. Mills in his Appendix 6, studies the stellar diagrams. See *op. cit.,* pp. 335-346.

[2] See François Bellec, "Early Pilots of the Indian Wares, in *Indo-Portuguese Encounters*, 2 vols., edit. Lotika Varadarajan, New Delhi, Indian National Science Academy, 2006, pp. 516-531.

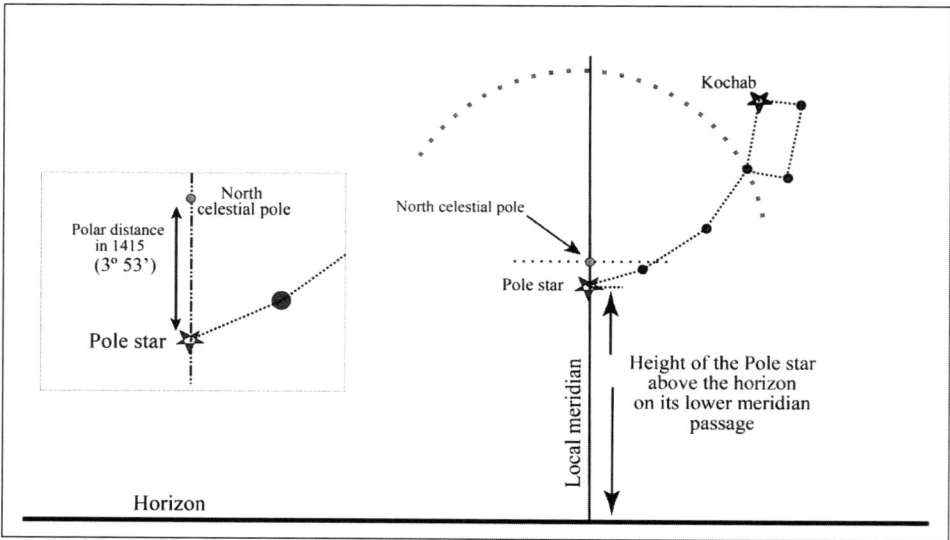

Fig. 18. The Little Bear, the Pole Star and the necessary operation to sail along the paralel.

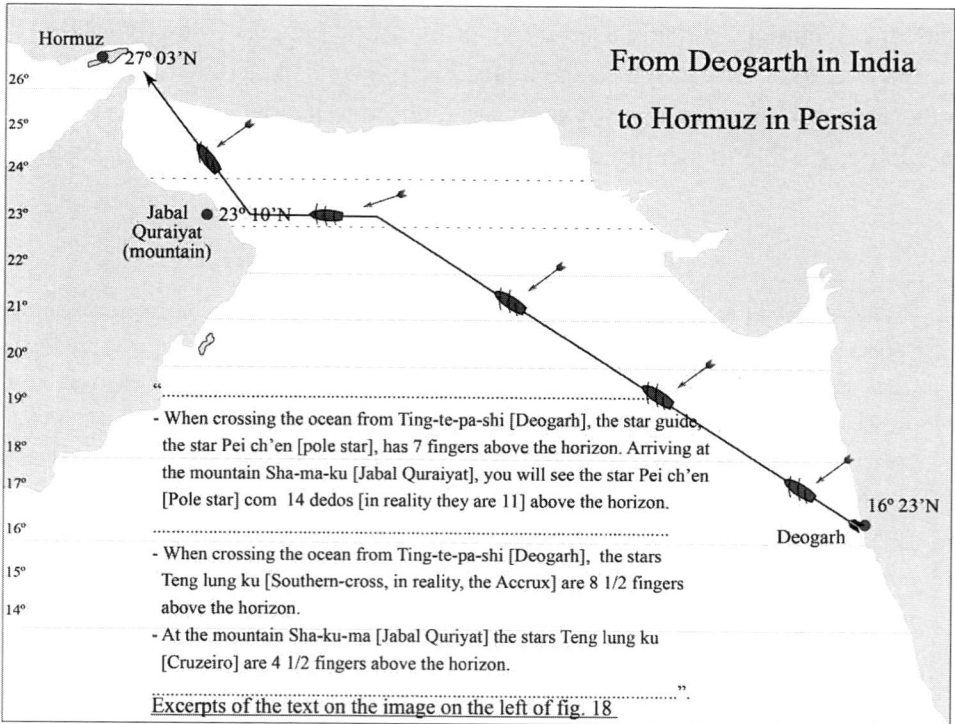

Hormuz

27° 03'N

26°

25°

24°

23°

22°

21°

20°

19°

18°

17°

16°

15°

14°

Jabal Quraiyat (mountain) 23° 10'N

From Deogarth in India

to Hormuz in Persia

16° 23'N

Deogarh

- When crossing the ocean from Ting-te-pa-shi [Deogarh], the star guide, the star Pei ch'en [pole star], has 7 fingers above the horizon. Arriving at the mountain Sha-ma-ku [Jabal Quraiyat], you will see the star Pei ch'en [Pole star] com 14 dedos [in reality they are 11] above the horizon.

- When crossing the ocean from Ting-te-pa-shi [Deogarh], the stars Teng lung ku [Southern-cross, in reality, the Accrux] are 8 1/2 fingers above the horizon.

- At the mountain Sha-ku-ma [Jabal Quriyat] the stars Teng lung ku [Cruzeiro] are 4 1/2 fingers above the horizon.

Excerpts of the text on the image on the left of fig. 18

Fig. 19. Interpretation of one of the stellar diagrams on the *Wu-pei chih*.

that information if we previously know the place of the observation.[1]

In fact (as it will easily be seen looking to the image), for finding the latitude of the place we have to add 3° 53' (the polar distance of the Pole Star during that period), to the height of the Pole Star.

Let us now try to interpret partially the instructions contained on the diagram of the *Wu-pei chih* (the one on right of fig. 17), to make a voyage from Deogarth, on the western coast of India, to Hormuz, in the Persian Gulf (see fig. 19) [2].

The excerpt of the text in Chinese translated by Mills is on fig. 19, and gives altitudes of the Pole Star on its lower meridian passage on the departure harbour, at the same parallel of a conspicuous coastal area (a mountain), and the harbour of destination. It also gives altitudes, for the same places, of the star Accrux of the Southern Cross.

The unit employed is the *chih* or finger, the same as the *isba* of the Arabs, which is equivalent to 1° 37.

The designed route corresponds to follow a NW heading after the departure, till reaching the parallel of mountain Qurayat, and after, sailing west till seeing the mountain.

Using a computer program of astronomy and introducing the year 1415, the month of January (northeast monsoon), and the latitude of Jabal Quriat, I found that the errors of the diagram are 1° 43' for the altitude of Polaris and

---

①   About nautical techniques and procedures in this part of the world, see from this author, "East and West Encounter at Sea", in *Seminar on Maritime Malabar and the Europeans*, Thalassery, 2002 also published by Academia de Marinha (Lisboa, 2002); "The Stellar Compass and the Kamal. An interpretation of its Practical Use", in *Proceedings of the International Seminar on Marine Archaeology,* New Delhi 2003, also Academia de Marinha (Lisboa, 2003); *As Técnicas Náuticas Prégâmicas no Índico*, Lisboa, Academia de Marinha, 2004; "A Evolução da Ciência Náutica e o seu Contributo para o Contacto entre os Povos", in *Navegações Chinesas do Século XV. Realidade e Ficção*, Lisboa, Academia de Marinha, 2006; "Aspectos Náuticos das Viagens de Zheng He", in *Estudos Sobre A China*, vol. I, coord. Ana Maria Amaro, Lisboa, Instituto Superior de Ciências Sociais e Políticas, 2006; "Instruments for Marine Navigation. An Historical Perspective", in *Seventh IFAC Conference on Manoeuvring and Control of Marine Craft*, Lisboa, Instituto Superior Técnico, 2006.

②   See Mills discussion on the stellar diagrams on the already referred Appendix 6 (see *op. cit.,* pp. 335-346).

of 13' for the altitude of Accrux. See figure 20, where all this is justified.

Using the same procedure for the other diagrams, the errors are similar, which in part is due to the difficulties on the translation and interpretation of the text[1].

V. The *Mao k'un* Map

The fourth document that I suggested to discuss is the *Mao k'un map*, that as the stellar diagrams above referred, is also included on the Wu-pei chih of Mao Yuan-I, published in 1628. According to the authors, this map or *cartogram*, corresponds to information collected during the voyages of Zheng He.

Special thanks to Professor Sally Church, of the University of Cambridge, an expert on this subject, who gave me the 40 digitalized pages of the

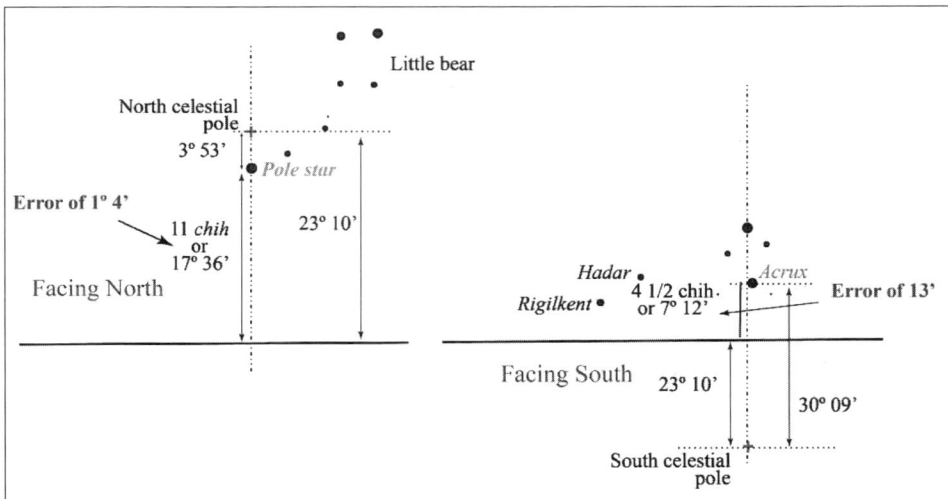

Fig. 20. The Little Bear (Polle star on its lower mridian passage) and the Southern Cross (on the upright position) in Jabal Qurayat in 27 January 1415.

---

[1]   Note that Mills, commenting on the difficulties of the interpretation of the texts, and referring to himself as the editor, says that "... having no astronomy or higher mathematics, he is not competent to express a considered opinion on astronomical difficulties, or to check the consistency of the data in diagrams".. .See *op. cit.*, p. 337.

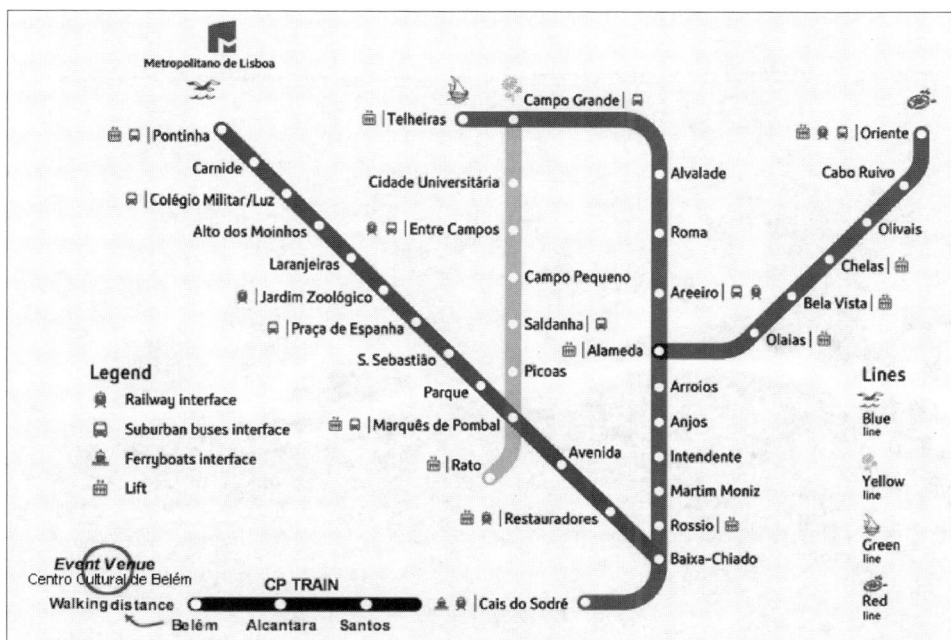

Fig. 21. Un example of a *cartogram*. The Metro of Lisbon.

document, and which copy I brought here in a folding form.[1] Fig. 21 shows the map unfolded.

As referred, it is composed of forty pages, and represents graphically the information in a schematic manner, from east to west, beginning on the coasts of China and ending on the African coast. It represents the route of the ship with information related to navigation, like the existence of shoals, magnetic courses, stellar bearings and courses, nature of the bottom, aspects of the coast when seen from the sea, altitudes of stars (during meridian passage) in many places, mainly from the Pole Star, etc.

Ocean crossings are not represented, but the instructions to perform them are included in the text and are complemented by the stellar diagrams, having four of them been referred above.

It has been qualified as a *cartogram* which, according to Alves Gaspar on his excellent *Dicionário Cartográfico* (Cartographic Diccionary), is a

---

① I met Professor Sally Church in China during the Conference Commemorating the 600 years of the voyages of Zheng He, who gave me the referred pages of the Mao k'un map. This historian has studied this map.

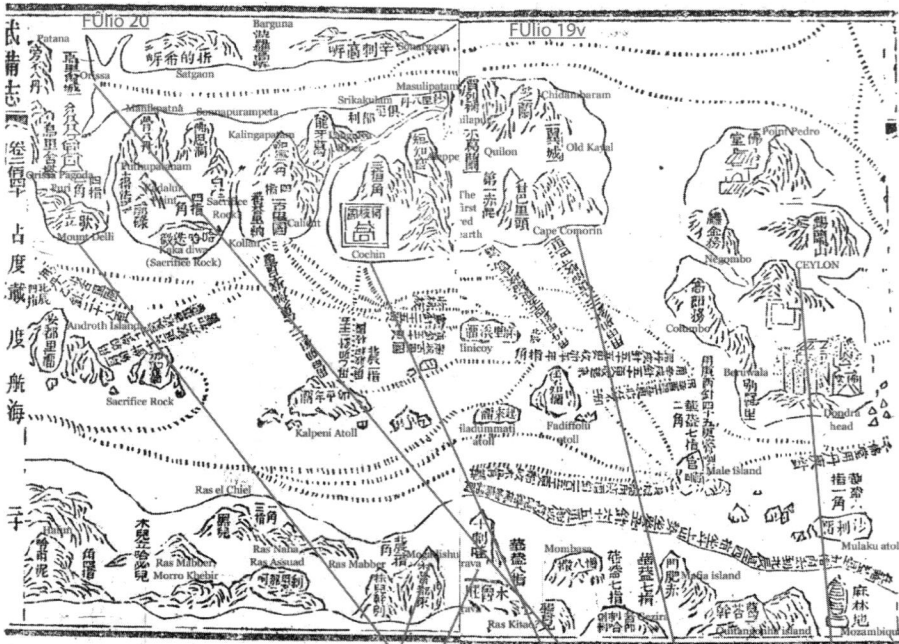

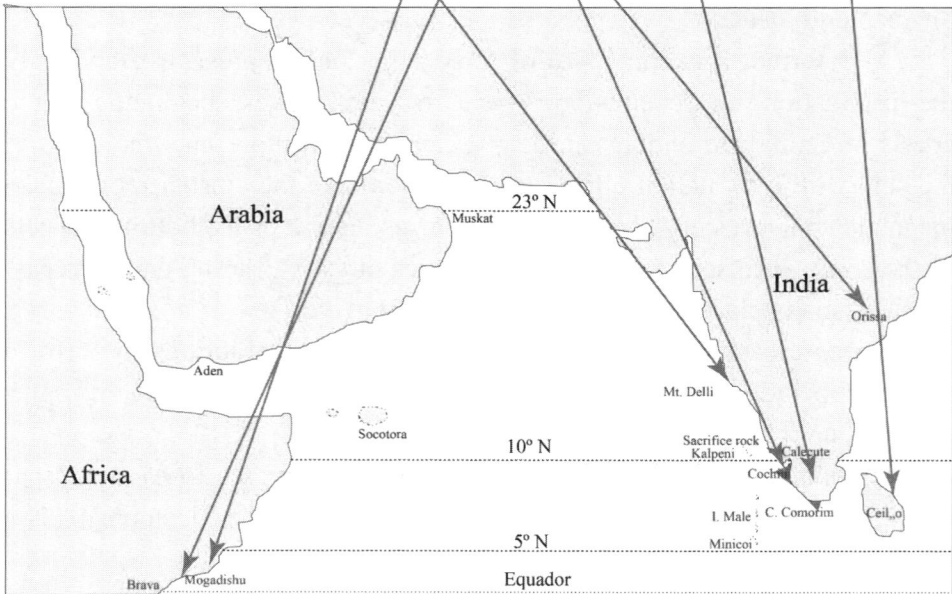

Fig. 23. Comparison bettween fols. 19v and 20 of the cartogram Mao K'un and a present day map.

"schematic cartographic representation, where the scale and relative positions of the objects are approximated or deliberately distorted for raising the represented object, respecting in general their topological relation" ①. It is given, as an example of a cartogram, the map of the Lisbon Metro. See fig. 21.

I do not know if the *Mao k'un map* falls precisely on this definition. Nevertheless, and trying to better clarify the way in witch the information is given, let us compare the toponimy of two consecutive pages of the map (the last ones, or the westerner ones on the unfolded map) with the one on a "modern" representation of the same area (see fig 22).

Final comments

In any circumstances, this map is an important document and holds an enormous quantity of information, to which I do not know if the historians of Portuguese and western cartography had given the appropriate attention.

In reality, when dealing with the texts of Ma Huan and Fei Hsin and comparing them with those of Duarte Barbosa and Tomé Pires, I commented the very rapid way in witch the Portuguese registered new information during such a short period of time, even in areas where they had not direct access. And this is not only on the texts of geographical description, but also on cartography.

Cantino map, for example, finished in October 1502②, has the information relative to the voyages of Vasco da Gama (197—1499), Pedro Álvares Cabral (1500—1501) and João da Nova (1502). These voyages had never been to the east of Cape Comorim, in India, but they contain information relative to the eastern part of this area of the globe, including Gulf of Bengal, Southeast Asia and China seas.

---

① See Joaquim Alves Gaspar, *Dicionário de Ciências Cartográficas*, Lisboa, Porto, Coimbra, ed. suported by Sociedade de Geografia de Lisboa, Lidel, 2004, pp. 73, 74. The text in Portuguese: "Representação cartográfica esquemática, em que a escala e posições relativas dos objectos são aproximadas, ou deliberadamente distorcidas, de modo a realçar o fenómeno representado, respeitando em geral as relações topológicas entre eles"..

② See about the Cantino Map, Armando Cortesão, *Cartografia e Cartógrafos Portugueses dos Séculos XV, e XVI*, 2 vols., Lisboa, Seara Nova, 1935.

Among others, the Portuguese historian Luis de Albuquerque studied this subject in 1967 and concluded, naturally, that the Portuguese sailors acquired locally the necessary information about the areas not visited[1].

This historian found out that the latitudes of many places east of Cape Comorim were given in *polegadas*, the translation to Portuguese of the angular Arab unit *isba*, which is the same as the *chih* Chinese. See on fig. 24 the image that Albuquerque published on his work, and where are signalled the 11 latitudes in *polegadas* and the suggestion of its origin. Seven of them could be of Chinese origin.

In fact, and owing to the opinion of Pierre Ives Manguin that the Arab traders did not sailed to the east Malacca on the XV and XVI centuries, which is confirmed by G. R. Tibbets who translated the Arab texts of that period, those eleven captions could be Chinese. Nevertheless, some conversions of the *polegadas* to latitude of the referred places have some important errors.

If we for example analyse the Portuguese charts of the early period of its expansion, we verify how fast the information circulated and was registered. We have to note, that during the two first decades of the XVI century, the Portuguese sailors had not yet visited many areas that for example are included on the maps of 1517 and 1518 (both of Pedro Reinel) and 1519, of Jorge Reinel[2]. Another example is the charts of Francisco Rodrigues, also produced during the second decade of the XVI century. They are incredibly detailed and have a wide range of geographical information. Another example is the Portuguese *Roteiros*, and specially the ones of João de Lisboa

---

[1] See Luís de Albuquerque, *Estudos de História*, 6 vols., Coimbra, Universidade de Coimbra, 1976, vol. IV, pp. 181-121.

[2] See *Portugaliae Monumenta Cartographica*, Lisboa, Imprensa Nacional-Casa da Moeda, reprod. Fac-simile da ed. de 1960, 6 vols., 1987, Plates 10, 11, 12.

earlier than 1514[1].

What seems to me is that charts, Roteiros, navigation techniques of the Arabs, Chinese, Malay, Indian, Turkish, Persian, Polynesian or others in the area, are not sufficiently studied, although the important works of Tibbets, Gabriel Ferrand, Ybrahim Khoury, Joseph Needham, David Lewis, Duyvendack, J. V. G. Mills, Paul Pelliot, Roderich Ptack, among many others, who dedicated their life to its study, including some Portuguese scholars.

Besides all that, it is not very clear how the Portuguese sailors had interpreted the available material and adapted the eastern graphical representation, to the one used in the west.

So, dear ladies and gentlemen, the documents that I had brought to you today can be better studied, including the ones that are waiting for translation, interpretation, etc.

In fact, the incredible economical development of China and of other eastern countries, and the democratization of transport and dissemination of information through internet, had for example, in the area of the history of nautical science and technology, originated the finding of new documents, not only in land, but also underwater.

Portugal, the first European nation to contact the Chinese Empire by sea, has also made recently an effort to contact its Academic community, to change ideas and information. In this context, Macau has been one of the best mean of that contact.

So, dear ladies and gentlemen, what I sincerely wish is an improvement of cultural relations between our countries, and that more events like this one, to which I had the honour to be invited, can happen with more frequency in the future. Not only in China but also in Portugal.

---

[1] Teixeira da Mota has deeply studied this subject on his "Méthodes de Naviagtion et Cartographie Nautique dans l'Océan Indien avant le XVIème Siècle", in *Studia, n° 11*, Lisboa, Janeiro de 1963), making adequate commentaries to the chronicler João de Barros, to the javanese chart mentioned by Afonso de Albuquerque, to the Piri Reis chart, to the references on the *Livro de Marinharia de André Pires* and those to the *Mohit* of the Turkish Sidi Ali Çelebii, and to the influence of methods and instruments of Indian and north-western Pacific Ocean to the first Portuguese charts of the area. He accepted the idea of Youssouf Kamal, on his *Monumenta Cartographica Africae et Aegypti*, that « ... conteste l'idée que les Orientaux auraient possédé de véritables cartes nautiques, et estime que ce sont les Occidentaux qui ont contribué au progrès de la représentation des littoraux. »

Comparative Studies

The Greatest Reformers of Asia: Confucius and Muhammad

[Iraq/U.S.] Mahmoud Saeed

[Professor of DePaul University, United States]

What we know about their families before they were born is very slight, as is our knowledge of their childhood. Muslims and believers in Muhammad did not care at all about his life and history before Islam. This means that they disregarded important information relating to him before he preached his message. They neglected it completely; they did not seek to acquire any information about his childhood and his youth except what was mentioned by accident. They were interested in him only after he announced his message, and knowledge of what came before that date amounts to fragments shrouded in mystery and is little spoken of. The same is true for Confucius. What we know about his childhood and his youth is very little. We know that he came from a noble family. His father was a low-ranking military man who showed bravery in battle, winning battles even when outnumbered. Despite having surpassed the age of sixty, he married a young woman of twenty, who brought with her a crippled child. Their marriage was contrary to the laws of the state of Lu, So they left the city and ascended a hill to be nearer to God. Confucius was born with a congenital deformity of the head. Three years later his father died, and it was impossible for his mother to live with the father's family, because her illegal marriage brought shame. She took the younger son and his lame brother to live with her family in the capital city of Lu.[1]

---

[1] Creel, Herrlee Glessner (1949). *Confucius: The Man and the Myth*. New York: John Day Company.

Thousands of miles separate Mecca, where Muhammad was born, from the village of Changping in the state of Lu in China, and about a thousand years in time, but there are many similarities between the two in the circumstances of their lives, their careers and their accomplishments.[1]

Both were descended from aristocratic families who lost their wealth before they were born. Muhammad was a poor orphan; Confucius' family was poor too, when he was young worked as a bookkeeper and a caretaker of sheep and horses,[2] both grew up without support and learned to rely on themselves. Their adherence to sound morality won them the respect of the communities in which they lived, and everyone with whom they interacted.[3]

Muhammad was known to be trustworthy and honest. Confucius enjoyed a similar reputation. Both were strong and attractive personalities, which made them superior to their peers. These two masters may have been the most influential in human history.[4]

Confuciusand Muhammad produced new principles which differed from the ones prevailing in society, and both faced tremendous opposition in their native cities. Their compatriots did not agree with or support them, and did not convert to their principles. This resistance forced them to search for a new environment which would embrace their teachings.[5] Both of them left their cities in search of a new environment.[6]

Before Muhammad left his hometown, he was beaten, insulted, mocked, and stoned, and he was almost killed more than once. The powerful barons who dominated the city attempted to seduce him with money, promising to make him king, on the condition that he give up his ideas and principles, but he refused.[7] Confucius also faced fierce opposition in his life, and a rejec-

---

[1] McArthur, Meher. (2012) *Confucius: A Throneless King*. New York: Pegasus.

[2] Huang, Yong. (2013) *Confucius: A Guide for the Perplexed*. London: Bloomsbury p. 4.

[3] Chan, Wing-Tsit (1963) *A Source Book in Chinese Philosophy*. Princeton: Princeton University Press.

[4] Ibn Kathir. Ismail. *The Beginning and the End, Hudaybiya's Campaign,* Riyadh. Saudi Arabia.

[5] Ibn Ishaq, Muhammad. (1991) *Mohammed:A Biography of the Prophet*. Beirut: Al-Ma'arifa.

[6] Riegel, Jeffrey K. (1986). "Poetry and the Legend of Confucius's exile". *Journal of the American Oriental Society*. 106 (1).

[7] Salaabi, Ali. (2001) *Abu Bakr: The Migration of Muhammad to Medina*. Cairo: Al-Maktab al-Towfikiya.

tion of his principles which extended for long centuries after his death.[1]

Confucius, like Muhammad, set a high example for all humanity in self-reliance,[2] in upholding the principles in which they believed and in working hard and sacrificing to achieve them. Both of them enjoyed the respect of all, both their supporters and their opponents.

Confucius had a strong father, respected for being a famous warrior and a lawmaker, but he died when Confucius was in his third year. His mother then raised him, but she died before he reached the age of twenty.

Two obstacles stood in the way of Confucius's education, first his family's poverty and second their social situation,[3] as the mother was not legally married to his father in the eyes of the law. However, he overcame this very difficult obstacle in undertaking to educate himself.

Confucius showed great skill and attention in his first job, which was taking care of a flock of sheep on the farm where he worked. He married at the age of nineteen, he had a child, and then he divorced his wife and remained single until he died.

Confucius's conditions were very difficult in childhood[4], like Muhammad's, but Confucius was luckier than Muhammad; he knew his parents and enjoyed their affection for three years. As for Muhammad, he was born an orphan, seven months after the death of his father. It seems that his young mother was greatly affected by the death of her young husband, and she also died after a short time. Muhammad remained his whole life alone without parents, brothers or sisters.

The histories of Confucius and Muhammad were not written in their time, but much later, and many fantasies and delusions were added to them. Thus we must not accept everything we read about them. We have to look closely and examine everything with logic and reason as much as possible.

After Muhammad's birth, the child was given to a wet nurse (Halimah al-Sa'diyah) living in the desert. It seems that his mother, sad at the loss

---

[1] Al-Basti, Muhammad Ibn Hibban. (1960) *Biography of the Prophet Beirut*: al-Maktab al-Islami.

[2] Garfield. Jay L., ed. (2011) *the Oxford Handbook of World Philosophy*. Oxford: Oxford University Press.

[3] Huang, Op cit.

[4] Garfield, Op cit.

of her husband, lost the ability to breastfeed. That area in the desert suffered from drought. Just as Halima took Muhammad it happened that rain began to fall; the nurse and her family took this as a good omen. The region turned green, the sheep ate their fill, their udders filled with milk.[1]

Muhammad stayed with Halima two years until he was weaned. She took him to his mother every few months to visit her, and when two years had passed, she convinced his mother to extend her care for him, for fear of an epidemic which appeared in Mecca at the time. He remained there until his fourth year, when his mother died. When he was six years old, his grandfather Abdul Muttalib took him to live with him among his nine children.

When he was eight, his grandfather Abdul Muttalib died, and Muhammad went to live with his poor uncle Abu Talib. Muhammad worked herding sheep in exchange for a pittance to help his uncle.

This is another important point of similarity between Confucius and Muhammad.

The city where Muhammad was born is Mecca. It was one of the richest cities in the world, and all adults in Mecca were literate. The reason for this is that they all worked in trade. They took Chinese, Indian and European goods from Iraq and Syria to Africa, and took African goods to the Levant and Iraq, from where they made their way to India, China and Europe. Thus they were the world's richest men. Some merchants ate from vessels of gold and silver. The Arabian Peninsula was among the strongest powers in the world at that time. The Empire of Persia lay to the east and the Byzantine Empire in the West. Both states wanted to control the trade route between Yemen and the Levant, the road controlled by Mecca and its traders, but the two were not capable of it because it was a dangerous road that ran around 2400 kilometers through a desert, mountainous and rugged. The people of Mecca were experts in using it. They had an agreement with the tribes on both sides: if strangers used it they were attacked by bandits who looted their goods. The great powers were unable to occupy the road because they would have needed many thousands of soldiers in order to guard it, which was impossible without the cooperation of those tribes in protecting the road, and the tribes were sympa-

---

[1] Ibn Ishaq, Ch: 2.

thetic to the people of Mecca and their traders, [1]because they needed them. All Arabs in the peninsula went to Mecca in the pilgrimage season. There was located the Kaaba, which was sacred to all the Arabs. It was the habit of the people of Mecca to take care of the pilgrims and help their poor.

The Persians and the Byzantines tried to occupy the road dozens of times, but they lost thousands of soldiers in vain. However, the Byzantine Empire agreed with Abyssinia on the occupation of Mecca, to take control of the caravan route and control it, because both of the governments were Christian. The Ethiopians sent an army of about forty thousand, with the help of some Christians Arabs who became guides for the Abyssinian army, on the long caravan road. That was the greatest event in the history of Mecca. It was the first time a foreign army had managed to get to Mecca, after Babylonian, Assyrian, Byzantine, and Egyptian armies had failed, all defeated, some of them annihilated.

An Abyssinian army chief called Abraha brought an elephant to scare the Arabs. Most Arabs had never seen an elephant before. The people of Mecca called that year the Year of the Elephant, and dated events from it. It is said that Muhammad was born in that year.[2]

Muhammad's grandfather, Abdul Muttalib, was the head of his clan, but he was poor, and so we can consider that Muhammad is the scion of an aristocratic family who lost their privileges and wealth, like Confucius.

Before reaching Mecca, Abraha sent troops to control Mecca. They stole cattle, including some camels belonging to Abdul Muttalib. The people of Mecca realized that they couldn't fight the enemy. They fled to the rugged mountains surrounding Mecca. Muhammad's grandfather Abdul Muttalib went to meet Abraha. Abraha asked him why he was visiting him. Abdul Muttalib said he had come to ask him to return his cattle. Abraha laughed and said to him, "You talk to me about a couple of hundred camels and ignore the Kaaba, which is sacred in your religion and the religion of your ancestors, while everyone knows I'll demolish it? [3]

---

[1] Arnold, Sir. T.W., *The Caliphate,* Oxford, London, 1924.

[2] Moeen, Yahya. (1979) History Mecca: Center for Scientific Research.

[3] Al-Maqdisi, Ibn Tahir Almutahhar. (2004) *the Beginning and History*. Beirut: Dar al-Fikr al-Arabi.

Abdul Muttalib said to him: "I am the owner of the camels, return them to me. As for the Kaaba. It has a Lord who will protect it". If this is correct, it indicates the eccentricity of Abdul Muttalib and his egotism in demanding his rights alone, not believing in sacrifice and fighting for his faith. This was not the only strange act in the history of Abdul Muttalib. He had nine children, and he vowed that if God gave him a tenth son, he would slay one of them as a sacrifice. This is a very strange thing; if there was a tenth boy and he sacrificed one, the number of children would remain at nine, so why would he say that? Why did he wish to have ten? To sacrifice one of them? He did not think about it. He did not think of the innocent child who would be slain!

Then his wife became pregnant, and she bore a son, his tenth. He named him Abdullah, and he said that he had a dream that reminded him of the vow, because the number of his children had reached ten. Then he wanted to sacrifice one of them, in fulfillment of the vow. He was resolved to slay Abdullah, but the tribal leaders in Mecca stopped him and he took the advice of a famous diviner. He slaughtered a hundred camels to ransom his son. A similar story took place thousands of years ago with the Prophet Abraham, who dreamed he should sacrifice his son (Ishmael according to the Arabs or Isaac according to the Hebrews), and when he walked with him to the Kaaba to sacrifice him, as Abdul Mutallab would later, God sent him an angel with a ram to redeem his son.

Arabs believe that they are the descendants of Abraham. Muhammad said he was the son of two sacrifices, meaning the son of the two who survived sacrifice, Ishmael and Abdullah. [1]

The most important thing characterizing the two is their superior intelligence, which appeared in their childhood. Confucius realized at that early time, that the six classic arts[2] were very important to any young man in order to climb the ladder of jobs in the community: mathematics, calligraphy, literature, equestrianism, archery, music, and ritual. These six arts were learned in public schools, and they were necessary for those who aspired to a decent

---

[1] Huang, Al-Maqdisi, Ibn Tahir Almutahhar. (2004) the Beginning and History. Beirut: Dar al-Fikr al-Arabi.

[2] Huang, Al-Maqdisi, Ibn Tahir Almutahhar. (2004) the Beginning and History. Beirut: Dar al-Fikr al-Arabi.

job. It would have been possible for Confucius to learn them for free, because his father was of the class qualified to enjoy this privilege, but his father's illegal marriage had led to the loss of this privilege.[1]

Confucius's awareness of the importance of these six skills demonstrates a rare understanding, and this understanding indicates a sharp intelligence and genius distinguishing the great figures. Confucius, prevented by circumstances from learning, realized the necessity of these skills, poor though he was, unable to afford the costs of education. [2]

Confucius educated himself at a time when he was working in order to live, while supporting his mother until her death. He thus set a rare example of devotion. [3]

Such traditions demanding study didn't exist in Mecca, nor did public education. Most youths learned to read and write in their own homes, because they were engaged in trade. Muhammad took up trade at age twelve, when he went with his uncle Abu Talib to Syria, but the uncle was poor, and so it was not easy for him to travel with him again. After that, Muhammad went with his rich friend Abu Bakr, or with various other wealthy men. He became famous during this period for his honesty and truthfulness, setting an example of these qualities.

But his sharp intelligence soon appeared, when a significant problem arose in Mecca. It rained profusely in the city, affecting the Kaaba. The rain had eroded the base of the sacred black stone of the Kaaba. The Arabs revered the black stone and made pilgrimages to it every year, believing it had come down from heaven, and that the pilgrimage was not complete if they did not touch it.[4]

After the rain ended, the leaders of Mecca gathered and rebuilt the structure on which the black stone rests, but they stopped in disagreement when one of them wanted to put the stone back in the place it had occupied before

---

[1] Wright, Arthur E. and Denis Twitchett, eds. (1962) *Confucian Personalities* Stanford: Stanford Univ. Press.

[2] Eno, Robert (1990) *the Confucian Creation of Heaven: Philosophy and the Defense of Ritual Mastery* Albany: State Univ. of N.Y. Press.

[3] Wright, Op cit.

[4] Ali, Op cit.

the flood. Others refused to let him, and a long fight ensued, because carrying the sacred black stone conferred an unparalleled honor, and if any one were to carry it, it would mean an incomparable advantage. Why should one tribe be honored rather than another? This was a great problem which might have caused a civil war, but one of them suggested getting the opinion of the first person to pass by, and it happened to be Muhammad. All of them rejoiced because he was wise despite his young age. They asked his opinion, and he suggested that they bring a robe. When they spread the robe on the ground, Muhammad put the stone on it, and he asked all leaders to grasp the gown and carry the stone to its place. When they arrived at the place, he raised the stone in his hand and put it into place. The problem was solved because everyone was involved in carrying the stone. This solution satisfied everyone. This shows great intelligence, because without it war would have raged between the leaders of Mecca.

Muhammad's development resembles the evolution experienced by Confucius.

Confucius said: "At fifteen, my heart was set on study and learning; at thirty, I stood firm in society; at forty, I was no longer puzzled by the world surrounding me; at fifty, I knew the mandate of heaven for me and for society; at sixty, I heard the truth with docile ears; at seventy, I do whatever my heart dictates, and it always falls within the boundary of righteousness". [1]

Before he died Confucius succeeded in spreading his thoughts throughout most of China. Muhammad succeeded as well; both of them spread their teachings after a long, hard struggle and constant effort. Their success was due to the fact that both were sincere and honest in morals. They were known for that throughout their lives. If they had not been honest nobody would have believed in them. [2]

Confucius worked in government departments[3] for a long time. His good reputation spread during this period because he was different from the

---

[1]　Chan,Eno, Robert (1990) the Confucian Creation of Heaven: Philosophy and the Defense of Ritual Mastery Albany: State Univ. of N.Y. Press.

[2]　Wright, Eno, Robert (1990) the Confucian Creation of Heaven: Philosophy and the Defense of Ritual Mastery Albany: State Univ. of N.Y. Press.

[3]　Burgan, Michael (2008). *Confucius: Chinese Philosopher and Teacher*. Compass Point Books.

others, dealing with people honestly, with integrity. He abstained from brib-ery[1], treating people with justice. This sublime morality made people trust and respect him very much. A saying of his that indicates the profundity of his thinking is: "If everyone said what he truly thought, dialogue between human beings would be very short". This means the abolition of the procras-tination and spin which characterize liars and twisters of facts in getting to what they wish to express. [2]

Honesty in speech makes it very brief and useful to the listener. He stressed honesty in speech, saying: "The one who entices you with honey is not a friend, but rather the one who advises you honestly. Many opportunists lure the gullible by sweet-talking them in order to achieve their own interests.

Confucius here offers the excellent advice to avoid these people, [3]and recommends that we associate with those who advise us with the truth. The honest man is the way to safety; he always hits the target, while the liar lung-es at the target but misses it out of fear of being caught out. Thus Confucius said that overshooting the target is the same as missing it. Muhammad said almost the same words: "The best talk is short and to the point".

Likewise, Muhammad was known as the Honest, the Trustworthy. These names were given him when he was working in trade. He was poor and had nothing to trade with; the rich offered to let him use their money to trade, in exchange for giving him a certain percentage. When they found him to be trustworthy with their money they began to rely on him and praised his honesty. Thus when he announced his new principles they believed in him, because of his sincerity.

The last person who collaborated with Muhammad in trade was a wealthy widow named Khadijah bint Khuwaylid, who was fifteen years older than him. When she saw his sincerity and honesty, he married her at her re-quest, and they remained together until she died.

Muhammad and Confucius not only shared the quality of honesty, but also moderation and reasonableness. The principles advocated by the two, and the teachings they worked to apply practically were reasonable and mod-

---

①   Strathern. Paul. (1999) *Confucius in 90 Minutes*. Chicago: Ivan R. Dee.

②   Crofts, Thomas, ed. (1995) *Confucius, the Analects*. New York: Dover.

③   Ebrey, Patricia Buckley (1993) *Chinese Civilization: A Sourcebook*. Free Press.

erate: no extremism, nothing contrary to human nature, nothing difficult. Moral teachings are useful for everyone, and everyone can believe in them.

Among Confucius's sayings about reasonableness and moderation is: "The mind is like the stomach; what is important is not what it can swallow but what it can digest". Confucius emphasized that unreasonable speech is not digested by the mind but rather rejected. Thus all his life he said only what was reasonable and in harmony with human nature.

Confucius concentrated on helping others, urging generosity[1]. He said, "If you love something, set it free. If it comes back, it's yours forever". What one gives to help others is not lost at all, but stays with you for a long time, because charity to others compels them to remember the good work and remembering a kindness means it lasts forever.

Among the rational things Confucius urges us to work for is the search for knowledge. [2] He said, "It is better to arm your mind with knowledge than to adorn your body with jewels". This is correct and practical wisdom; a person may lose his or her jewels, but knowledge stays with a person until death. Jewelry benefits us only once, but knowledge benefits its possessor forever.

One of his students asked him: "What do you say about the principle that abuse should be rewarded with charity?" [3] He replied with a sharpness his students were unused to hearing from him: "Then what should charity be rewarded with? Let justice be the reward for abuse, and let charity be the reward for good".

Muhammad called for the same thing; there is a verse in the Qur'an which establishes the same meaning by way of the question: "Is there any reward for good other than good?" [4]

Among the principles of moderation and reasonableness is that one must understand oneself. If each person understands himself, he will know his shortcomings and how to remedy them and will find things within himself to help him to attain what he desires. These are the qualities of a reasonable

---

[1] Chin, Ebrey, Patricia Buckley (1993) Chinese Civilization: A Sourcebook. Free Press., p 178.

[2] Dubs, Homer H. (1927) *Hsüntze: the Moulder of Ancient Confucianism*. London: A. Probsthain.

[3] Lin, op cit.

[4] Qur'an. (1999) Translated by M.H. Shakir. Elmhurst, NY: Tahrike Tarsile Qur'an, Inc.

man. As for the rash, thoughtless man, he does not understand himself, and one who does not understand himself cannot deal with others. Confucius said: "What a noble man seeks is present within himself, but what an ignoble man seeks is in others".[①]

Ambition is a human quality which resides in all humans; ambition leads to achieving goals. One who wants to achieve a goal must resign himself to failing more than once on the way to his goal. Thus Confucius advised people who aspired to reach their goals not to surrender at the first failure; he advised them to stay on the path. [②]Perseverance in struggle will lead the struggler to the goal. To clarify this Confucius says: "Greatness lies not in never falling, but in falling and then rising again". He emphasizes more than once, the ancient wisdom: "You love in others what you love in yourself".[③]

These principles were repeated by Muhammad when he said, to those who believed in him: "If you love people as you love yourself and you hate them as you hate yourself, you will be a faithful".

Then he says, stressing the same concept and confirming moral values: "Virtue is to love other people as you love yourself and to hate them as you hate yourself". He honored those who acted thus toward others: "The best people are the most useful to others".[④]

Neither man was isolated from people or their society; they were always thinking about serving people and achieving justice. They set new standards for serving the communities in which they lived. Confucius was always thinking about the constitution of just government. A story about Confucius relates that he was with his disciples in a remote location; their surprise was great when they saw in this wasteland an old woman crying next to a grave, they approached and asked her why she was crying, she told them that her father-in-law had fallen prey to a tiger in this place, then the tiger had returned and devoured her husband, and finally the tiger had devoured her son. Confucius asked her: "Why do you prefer this place, with the danger that lies

---

① Crofts, Qur'an. (1999) Translated by M.H. Shakir. Elmhurst, NY: Tahrike Tarsile Qur'an, Inc.

② Abid. Dubs, Homer H.

③ Lin Yutang (1943) *The Wisdom of Confucius* New York: The Modern Library.

④ Ibn al-Athir, Ali. (2013) *Collection of Sources in the Sayings of the Prophet Beirut:* Dar Ihya' al-Turath al-Arabi.

here?" She replied: "There is here in this place no government which op-
presses people".

Then Confucius looked at his disciples and said: "Contemplate, my lads,
what this lady said, about unjust government. It is more brutal than a deadly
tiger".

The issue of achieving justice in government [1]was a central concern for
Confucius and the focus of his thought. When the ruler Chi asked him about
the secret of fair government, Confucius said that the essence of sound gov-
ernment is where "the prince is a prince, the minister is the minister, the fa-
ther is a father and a son is a son". That is, when all master the performance
of their duties in society, there is no difference between the ruler and the
ruled.

Muhammad said something similar: "You are shepherds, and respon-
sible for your flocks. The imam, 'the head of state' is a shepherd, and he
is responsible for his flock, a man in his family is a shepherd, and he is re-
sponsible for his flock, a woman in her husband's house is responsible for
her flock, a servant in charge of his master's wealth is a shepherd and is re-
sponsible for his flock". [2]Muhammad hated injustice passionately. He said:
"Injustice will be darkness on the Day of Resurrection. He said, "A Muslim
is the brother of a Muslim and does not oppress him". He enjoined the gov-
ernment to be fair, saying: "Allah orders justice and kindness".

Confucius refused to assume the chairmanship of the government,[3] but
in the late sixth century BC he was gratified to accept an appointment as the
chief justice post in the city of Jong Du.

A Chinese account says that good habits prevailed in the city while he
held responsibility. The people developed good morals and most people en-
joyed security. If something fell in the street it remained where it was or was
returned to its owner. When Duke Ding, the duke of Lu, promoted Confucius

---

[1] Crofts, Ibn al-Athir, Ali. (2013) Collection of Sources in the Sayings of the Prophet Beirut: Dar
     Ihya' al-Turath al-Arabi.

[2] An-nesei. Ahmed Ibn Shoaib, "Methods of An-nesei" Hadeeth "Say 9128. 2007. December 31.
     Beirut. Lebanon. Dar Almarefa.

[3] Chin, Annping (2007) the Authentic Confucius: A Life of Thought and Politics. New York: Simon
     and Schuster. p. 26.

to the position of Deputy Minister of Public Works, he undertook to survey the land of the state and instituted many reforms in agricultural affairs. It is said that when Confucius became minister for the fight against crime, his mere presence in this position was enough to eradicate crime. Chinese records say: "Treason and corruption were ashamed to raise their heads and disappeared; loyalty and fidelity came to characterize men, as did chastity and gentleness of manners women".

Foreigners came from other states to live in Lu, and "Confucius became the idol of the people". This may be an exaggeration, as it is impossible for crime to disappear absolutely, but justice limits the existence of crime. Confucius's procedures limited crime, stimulating the evil and corrupt elements to strive to bring Confucius down.

They plotted to expel him from the government. A historian of China says that nearby states began to envy Lu, fearing its emerging power. A cunning minister of Qi masterminded and 30 beautiful horses. When the governor of Lu saw the girls, he had his heart set on them, and he abandoned the principles Confucius had taught him, one of which was for the ruler to set a good example for his people. The ruler turned from his ministers and neglected his state affairs [1] shamefully. One of Confucius's students, Daza Lu, said to Confucius, "Dear teacher, it is time for you to depart". Confucius resigned from his post in disgust.

Much was written about Confucius and Muhammad, especially after their success. Both strove to establish justice and equality among human beings in a just and benevolent government. They dreamed of achieving the principles that they thought about. Confucius looked at life in accordance with reason and wisdom, far removed from philosophy; he was talking about a world capable of being understood and recognized. He did not try to create a comprehensive metaphysical philosophical system, nor did he try to base morality on symbols pertaining to what is behind nature. His view rested on limited ethical and political principles and his humanitarian activities throughout his life, giving each point its particular stamp, rather than rules and logical standards.

---

[1] Chin, Annping (2007) the Authentic Confucius: A Life of Thought and Politics. New York: Simon and Schuster. p. 27.

He brought his penetrating thought to bear on ideas constantly, demanding of his students that they express their opinion of them. These students learned to think clearly and precisely, in contrast to the philosophical logic that came afterward. The first lesson students learned from Confucius was to think with clarity, and to be precise in thinking and expression. He said: "All that is intended in speech is to be understood". This is different from Greek philosophy, which is accessible only through commentary. Thus he arrived at an extraordinary insight: "If you know something, cling to that knowledge, and if you do not know something, accept that you do not know it. That is knowledge in itself".[1]

Confucius avoided vague ideas and inaccuracy of expression. Thus he made sure to know things before he spoke about them. When he was told, "The Prince of Wei is waiting for you to share with him in governing the country; what do you think is the first thing that should be done?" Confucius gave an answer that astonished the prince and his student: "The essential thing is to correct the names". What Confucius said is one hundred percent true: how can we understand things if we do not know the meanings of words? In order to express something, we must know and everyone else must know with certainty what the thing is.[2]

Confucius's appeal was not religious, as was Muhammad's, but his teachings became more like a religion after his death. It is true that Confucius sometimes mentions heaven and prayer, and some terms that indicate worship, and he advised his followers not to neglect ritual and traditional ceremonies in the worship of ancestors, but if he was faced with a question in matters of religion, his answer was negative. This caused commentators on his views who came after him to categorize him as an agnostic.[3]

Zi Gong asked him, for example: "Are the dead aware of anything, or are they ignorant?" Confucius did not answer him. Another student, Ki Lo, asked him about serving the spirits of the dead, and Confucius replied: "If you are unable to serve people how you can serve their souls?" Ki Lo asked:

---

[1]   Crofts, Chin, Annping (2007) the Authentic Confucius: A Life of Thought and Politics. New York: Simon and Schuster.

[2]   Ebrey, Op cit.

[3]   Widgery, Op cit.

"Do I dare to ask you about death?" And he replied: "If you do not know life, how can you know anything about death?"

But he answered abundantly when he was asked about things he knew. When he was asked, "What is wisdom?" he said: "If you strive to perform your duty towards people, and keep well away from spiritual beings, while respecting them, that might be called wisdom".

Confucius espoused principles which he taught himself to observe. His students wrote that "the subjects that the teacher did not take up were strange, unusual things, acts of force, disturbances, and spiritual beings".[1] Some of the students wished that Confucius could know everything. They did not know that the random answer harms the one who gives it. The students posed many questions to Confucius about the spirit, or death, or heaven. These were things about which he knew nothing except their meaning; he did not know their essence or their general and overall sense. But he was not at all embarrassed to say, 'I do not know'.[2]

Muhammad faced the same situation. When he was asked about the spirit, Muhammad replied, "That is a matter for God. What I know for certain is only a little". This was his answer when asked about the occult and metaphysical things. Like Confucius, Muhammad knew the extent of his knowledge, where it started and where it ended. Thus he stated more than once: "Saying "I do not know", is half of all knowledge".

This is kind of moral and philosophical humility was common to Confucius and Muhammad.

Those who love knowledge would like to know everything. The instinct to seek knowledge is present in all humanity. When someone they trust tells them, "I do not know", they are disappointed. No doubt they hope that their teacher will solve the great mystery of heaven, the spirit and death. They would be supremely happy if they were initiated into the mysteries of the universe. But that is impossible.[3]

Muhammad and Confucius knew that this is impossible, and they knew

---

[1] Creel, Chin, Annping (2007) the Authentic Confucius: A Life of Thought and Politics. New York: Simon and Schuster.

[2] McArthur, Op cit.

[3] Thrift, Dover. Confucius. the Analect, Dover Publications, Inc. Ch. X1 p. 13.

that if they spoke without knowledge, a day would come when scholars would discover their mistakes, and it would be a large blot in their copybook which would damage them.

Confucius was once asked, "Is the sun closer to the ground in the morning when it appears larger, or in the middle of the day when it is very hot?" When he said he could not give him an answer, they made fun of him. Others mocked Muhammad because they did not like his answers.

Confucius urged people not to search for what lay behind nature and to focus time and effort on correcting the rules of human behavior, establishing good qualities, and trying to understand the natural order.

To know the natural order, which governs the course of events in life, is done by observing and scrutinizing it, not by return to ancient dogmas. These old dogmas failed to solve the mysteries of life; if those beliefs were perfected, we would have avoided error. [1]

Confucius says in the Book of Great Learning: The elders who wanted to spread the highest virtues throughout the Empire began to improve the organization of their states, and they began by organizing their families, and when they organized their families, they began by refining themselves, and to do this they worked first to purify their hearts, and in order to do this they began by being sincere in their thinking, and to be sincere in their thinking they began by expanding their knowledge to the fullest extent. That expansion of knowledge is merely a search for the realities of things. When they searched for the realities of things, their knowledge became complete, and when their knowledge was complete, their thoughts became sincere, and when their thoughts were sincere, their hearts became pure, and when their hearts became pure, they were reformed, and when they were reformed, their family affairs became organized, and when their family affairs were organized, governance in their country became good, and when governance in their country was good, the whole Empire was at peace and happy.[2]

This means that all members of the community are responsible for seeking the reality of things, and in the eyes of Confucius, the reality of things is

---

[1] Ebrey, Chin, Annping（2007）the Authentic Confucius: A Life of Thought and Politics. New York: Simon and Schuster.

[2] Dubs, Op cit.

interdependence and solidarity in the service of society. But how do we attain the reality of things? In the eyes of Confucius the only way is sincerity in thought. And sincerity in thought means focusing on the problem of solidarity with others and doing our duty as best we can. This can be done only by self-discipline directed towards the lofty goal.[1]

This is the essence of Confucian philosophy. And perhaps the following saying explains the important thing in Confucianism: The teacher said, to Zi Gong: "I suppose you think that I am one of those who memorize many things and keep them in their memory?" Zi Gong replied by saying: "Yes, I think so, but I may be wrong". The philosopher replied saying, "No, I am looking for unity, universal unity".[2]

What did Confucius mean by universal unity? There is no doubt that he meant everyone's commitment to the public morality required to serve the community in order for it to be best arranged. Confucius did not think only about ethics, which was his main concern; as for his interpretation of the chaos prevailing in society, he saw it as moral chaos. He interpreted it as a weakness of the old beliefs and the spread of sophist skepticism in essence of right and wrong.

Confucius says, "The world is at war because the countries that make it are corrupt in government, and the reason for the corruption is that objective laws, no matter how many, cannot replace the natural social order, which is ordered by the family. And the family is dysfunctional and incapable of creating this natural social order, because people forget that they cannot organize their families without reforming themselves, and they cannot do this because they have not purified their hearts; that is, they have not purified their souls of vile and corrupt desires, and their hearts are not pure because they are not sincere in their thinking. They do not assess facts at their true value and hide their natures rather than disclose them. They are not sincere in their thinking because they let their desires distort the facts and define the results instead of working to expand their knowledge to the maximum extent feasible in a search for the nature of things cleansed of desire. Let people strive for knowl-

---

[1] Abid, Thrift, Dover. Ch. p. 67.

[2] Chin, Annping (2007) the Authentic Confucius: A Life of Thought and Politics. New York: Simon and Schuster., Thrift, Dover. Ch. X1X p. 44.

edge cleansed of desire, be sincere in their thinking, and purify their hearts
of corrupt desires, and in purifying their hearts in this way they reform them-
selves and thereby their families. What reforms families is not homilies that
urge virtue, or severe punishments that deter, but rather a good example of si-
lent strength, and to organize the affairs of the family by means of knowledge
and sincerity.[1] This does not automatically put the country in good order, but
facilitates it by the establishment of good governance. When the state pro-
tects the peace in its lands and justice in all its territories, peace prevails over
the whole world and all are happy.[2]

One who thinks about this theory sees that it is correct from an intellec-
tual perspective, but it is far from application. Confucius assumed of all the
people living in society, first, that they knew what is right and what is wrong.
This is impossible. For people to know what is right and distinguish it from
wrong, they must study it in their childhood, or to learn it through a family
able to distinguish between right and wrong. When illiteracy was prevalent
in most societies, it was difficult to spread these ideas and conform to them.
Second, the application of this theory requires vivid psychological force able
to eradicate selfishness and egotism, and this is not possible without correct
education. Most communities do not raise their children, because they do not
know what is right and what is wrong. How can an illiterate peasant who has
never seen a city know these principles?

The love of good is part of human nature, along with resistance to evil,
but there are a lot of people who think it easier to take the property of others
by force, by robbery or murder, because this is easier than the long struggle
for gain. Killing someone far from a city, taking what money he had on him
takes only a moment, but to get the same amount through honest work takes
a long time. Thus bandits spread in China and the rest of the world, in all
places and times, and if not for the strictest laws in the developed countries,
gangs of robbers and bandits would prevail in desolate regions worldwide.

Perhaps this is the reason why Confucius had no steady employment in
all his life; he spent his entire life teaching people the principles of morality,

---

[1]   Thrift, Dover. Ch. 1, p. 67.

[2]   Widgery, Allan G. (1961) *the Interpretations of History: Confucius to Toynbee*. Translated by:
Jaweed, Abdul Aziz Tawjiq. Cairo. 1006. p.42.

which urged them to understand others and their rights, and to spread these ethics among all, and collaborate with others to live in a decent society. He hoped that everyone could attain basic knowledge, and on this point Muhammad was similar to him when he worked on the eradication of illiteracy in his city.

Confucius describes himself as a carrier, not innovator, and he thought that heaven had given him a mission to reform Chinese society, to cure its ills. This is what Muhammad described, saying that God had chosen him to communicate a message to the whole world.

Confucius served in government departments: he served as a judge, and then as Assistant Minister of Public Works and Minister of Justice in the state of Lu. His job with the state did not last long, as his integrity was an obstacle to his staying in the government for a long time, but he was willing to work with any state that served the society by his teachings and guidance. It appears that he despaired of the existence of such a government, and he retired in self-imposed exile with his disciples. ①

Muhammad, like Confucius, looked at life according to concepts which others could understand. He did not speak about philosophy as Confucius did, but tried to draw the attention of people to the primary realities. The most important point for Muhammad was for each person to know his duties and rights. And it is a human duty to respect God and obey Him and to respect people and offer what help one can to those who need it. One must have compassion for children, cooperate with adults, and help the elderly. Ordinary people were to offer a share of their income to orphans and the poor, as well as to traveler s and wayfarers. Upright citizens were to refrain from theft and fraud, and not spend their time in drinking and depravity. All of this is simple and understandable and does not need philosophy. ②

Muhammad's method in issuing his call was simple and understood by everyone. It was not complicated and was free of difficult words. It sometimes resorted to metaphor and allegory to convey meaning, but rhetoricians describe the Qur'an as easy and simple but marvelous, because others were incapable of writing such expressive sentences. The sentences held a kind of

---

① Widgery, Allan G. p.47.

② Qur'an. Surat al-Maidah.

exhilarating music that made the listener want to hear more. This music distinguished the book from others. Muhammad's method included many everyday parables, comparisons between human and animals. It is known that parables enhance meaning and contain an eloquence understood by everyone. The Qur'an mentions stories about the prophets and righteous men who lived in the past. These are interesting and written in a fluid style which captivates the listener. Rhetoricians liken them to songs. There are many stories in the Qur'an; the heroes are prophets and wise men, famous for wisdom, discretion and simple popular logic. There are many precepts in the Qur'an, such as the ones that promote filial piety and compassion for the weak and small, warn them of injustice, and encourage them to tell the truth, especially when faced with an unjust ruler. [1]

Muhammad focused on a point which attracted the disadvantaged to him, namely avoiding discrimination between human beings according to their color, nationality or sex. All are equal before God. There is no difference between an Arab and non-Arab except in piety, and piety is adhering to the teachings of goodness and humanity. Because polygamy was commonplace at the time, Muhammad urged justice in the treatment of women: if a husband bought a gift for one of his wives, he must buy one for all, and if he spent the night with one of his wives, he should spend the night with his second wife on the second night. Muhammad warned against crimes such as theft and assault, and he prohibited mockery of others. He prohibited fraud in weights and measures and in business. Muhammad was truthful in speech; therefore he urged telling the truth, and warned his people against lying. He warned also against suspicion, and in the event of a crime, he preferred an eyewitness who saw the incident to one who heard about it from others. He enjoined respect and help for one's neighbor and prohibited prying into his affairs and disturbing him by shouting, or quarreling and fighting with him.

He urged the pursuit of knowledge, and brought teachers to teach the young children of his capital. He eliminated illiteracy in the capital. He made it a duty and an obligation for every Muslim to seek knowledge, even if it required a long journey to China. He urged the defense of the homeland and fighting against invaders, and urged people to learn swimming, archery, writ-

---

[1] Abid, Qur'an, Surah Luqman.

ing and reading.[1]

Muhammad resembled Confucius in many characteristics, principles and ethics, but the society Muhammad created was entirely different from the society of Confucius. In Confucius's society there was always a great Empire, controlling a vast area of land and tens of thousands of cities.

Perhaps if Muhammad had been born in China he would have behaved in the same way. However, Muhammad was born in Mecca, and Mecca was a small city, though it controlled the Arabian Peninsula in two principal matters.

The first was religion. Mecca was a center of worship for all Arabs. Arabs believed in God, but they adopted other gods to bring them closer to God and mediate for them before Him. Every tribe had an idol which it worshiped to bring the tribe closer to God. The idol was always made of rock. All the Arabs' idols were gathered in Mecca. They made pilgrimages to these idols each year during the pilgrimage season.[2]

Mecca controlled the Arabs in a second domain. It was an important trading center, not only for the Arabs but also for the whole world. For this reason it was one of the richest cities in the world, and therefore Abraha, as we saw, tried to conquer Mecca, first to control the caravan routes, and secondly to control the pilgrimage. Control of the pilgrimage would make the Arabs subservient to him. But Abraha failed to take the city, and thus was unable to control the enormously profitable commercial road or the pilgrimage.[3]

The defeat of Abraha created an important question among reasonable people in Mecca, which was the need for a government to run its affairs and a regular army for self-defense. But the presence of a government in Mecca was theoretically and practically impossible. The leaders of the tribes in Mecca believed in individualism: each of them saw himself as the leader whom others must obey. Every man thought: Why not me? Why anybody else?

Thus the situation was hopeless in Mecca and throughout the peninsula.

---

[1] Al-Bukhari, Muhammad bin Ismail *Sahih Al-Bukhari* (*The Correct Sayings of the Prophet*) Riyadh, Saudi Arabia: Dar Al-Hadara.

[2] Ali, Op cit.

[3] Ibn Ishaq, Op cit. p. 33.

The tribes warred among themselves, attacking each other, looting and robbing, uninterested in unity and self-defense, because it was not a single entity; each tribe was an independent entity.

Muhammad worked in trade; for nearly thirty years he traveled continuously to the Levant, to exchange his goods and buy others, [1] and during these successive visits he observed the Arabs' dire situation in Iraq and Syria, under Persian and Byzantine occupation. They were suffering from two tyrannies: foreign occupation and slavery.

The Arabian Peninsula lay between the Byzantine Empire and the Persian Empire. The capital of the Persian state was close to Baghdad, the current capital of Iraq. The Persian army raided the Arab areas from time to time, and as always happens, the victorious army did all manner of evil. Among these were the looting of herds of sheep, camels and cattle, the rape of women and the abduction of children. The men were killed. So every Persian attack left countless rape victims pregnant, who were murdered by their families to purge the shame. For this reason the custom arose of burying girls after birth. [2]

The second Empire, the Byzantine, with its capital at Constantinople, did the same in the regions of the Arabian Peninsula adjacent to it. In order for the two Empires to prevent raids by Arab tribes for the purpose of revenge, or the occupation of a few areas for grazing, each Empire established a mini-state on the border, separating it from the Arabian Peninsula. It guarded the borders and defended against the Arabs if they tried to attack them. The kings of the two mini-states were pawns in the hands of the Persian and Byzantine Empires, who directed them according to the interests of the Empires. What was most painful was that half of the Arab lands were occupied by the Persians and the Byzantines; even Yemen was under Persian tutelage. What is known today as the Levant, Syria, Transjordan, Lebanon, and Palestine, Egypt was under Byzantine control; Iraq was under the control of Persia. Strangely, Arabs from these regions were soldiers in the armies of the two Empires, fighting against their enemies, killing others and being killed.

There was no government in the Arabian Peninsula which included all

---

[1]   Ibn Al-Athir, Op cit. Part II. p.257.

[2]   Ali, Op cit. Ch: 51.

its regions. There were weak statelets in some parts of the peninsula, but they ended with the second or third generation. Arabs rejected the idea of submitting to another power that would enslave them. In addition, the Arab nation in general was a peaceful nation, free, simple, isolated in the harsh desert, never having experienced a state which united and organized them and established army. If we look at the history of the Arabs before Islam, we see only a few reported incidents when Arabs triumphed over their enemies. It was always the great powers surrounding the peninsula that defeated them in confrontations. In Assyrian tablets, Babylonian monuments, and Persian and Roman accounts, there are indications that Arab tribes were crushed by kings. The armies of these countries treated the Arabs exceptionally harshly, subjugated them and seized their property. Because of the large number of those defeats, not over decades or centuries but for thousands of years, the Arabs never thought to construct a state, because they felt they were weak.[1]

Establishment of a state to protect the Arabs was the cornerstone of the thought of Muhammad. Why should the Arabs be the weakest of those present in the Arabian Peninsula even though they were the most numerous? This national feeling was the most important incentive for Muhammad to think about liberation. This is the beginning of the message. If Muhammad had lived in China, and China had been occupied by a powerful enemy, he would have enlisted to liberate their homeland under the banner of any leader. However, the Arabs did not have a state. There was no way to liberate the land except to think about the creation of a state. Then came an incident which supported the idea of the need to establish a state in Muhammad's thought.[2]

Before Muhammad undertook his mission, perhaps in 604 or a little after, a major incident similar to the incident of Abraha and his attack on Mecca occurred. The Persians killed Nu'man bin Mundhir, the king of the Arab statelet based on the borders of Iraq, because he refused to marry one of his daughters to the Crown Prince of the Persians. When King Nu'man learned that the Emperor, Khosrow, was planning to kill him, he went to one of the Arab tribal leaders, Hani bin Masoud al-Shaibani, and lodged his family, his money and his weapons with him, then returned and surrendered to Khos-

---

[1] Abid, Jwad Ali, Ch. 38, p.730.

[2] Hitti, Philippe. (2002) *History of the Arabs*. New York: Palgrave Macmillan.

row. He did not flee because he knew that no one could protect him from the Emperor. After his surrender Khosrow killed him. There is no doubt that this led most of the Arabs to sympathize with al-Nu'man, despite the fact that al-Nu'man was king, and the Arabs hated kings, because they were famous for injustice and tyranny. The reason for the sympathy of the Arabs with him was first because he was an Arab, and second because he was killed in defense of a principle which was considered among all the Arabs a measure of honor. Perhaps if the Emperor had been content to kill al-Nu'man the problem would have been over, but the Emperor's arrogance overcame him, and he tried to humiliate the Arabs with regard to another principle respected among them. It is known that the Arabs respect those who take refuge with them, no matter who they are, even if they are an enemy. They were accustomed to defending and respecting refugees and not handing them over, whatever their sins. Khosrow demanded that Shibani hand over Nu'man's women, children, and property to him. When Shaibani refused, the Emperor sent a huge army, with a message threatening him and warning against refusing his order.[1]

The Arabs felt tremendously insulted by Nu'man's murder. Khosrow thought that his campaign would not be a war but rather an excursion, because the Arabs were scattered and would never unite. The Emperor did not know he had united the Arabs against him in defense of the principle of protecting refugees. The Arab commander was Handala, cunning in the highest degree. He prepared a plan with several phases, taking advantage of the desert and the Arabs' knowledge of it. He chose a location for the battle far away from the water source, after collecting a large amount, and he prepared ambushes to surprise the enemy. He also agreed with a group of Arabs who were fighting with the enemy contingent to allow themselves to be defeated and then to attack the Persians unexpectedly. By the end of the second day the myth of one of the greatest Empires in the hemisphere had ended in humiliation.

At the time Muhammad made a very intelligent political comment. He said: "This is the first time the Arabs have taken revenge on the Persians, and I led them to victory". This brief note was recorded as a prophecy of the end of a long history of Persian enslavement, which began to lose its position.

---

[1] Al-Yaqoubi, Ahmed. (1999) *History*. Beirut: Dar al-Kutub al-Ilmiyya.

Thirty years later the Persian Empire ended, never to return.[1]

Muhammad struggled for ten years, and then was forced to migrate to another area, Medina, to be able to create his state and liberate the whole national territory: the entire peninsula, Iraq, Syria, Palestine, Lebanon, Transjordan and Egypt became an independent Arab state for the first time in history, with Arabs speaking their own language, and living in their own country in freedom.

After Muhammad succeeded in achieving the first goal of establishing a state, he set out to achieve his second goal, the elimination of slavery.

He first called on all Muslims to free their slaves, if they had any, and to buy other slaves and free them if they were able to do that. Muhammad's first successor Abu Bakr bought seven slaves and freed them; another Muslim bought 282 slaves and sent them away. Muhammad, however, realized that this was not a solution. Muslims could not afford to buy slaves all over the world. After deep thought, Muhammad discerned a way to dry up the sources of slaves. This was a radical step, though an indirect way.

At that time there were three principal sources of slaves: kidnapping, war and usury.

1. Kidnapping has existed since ancient times. It persisted until recent times; there were specialized gangs that abducted children from China in the east, and even France in the west, ancient Britain in the north and South Africa in the south. Child abduction and enslavement is a very lucrative business which is inversely proportional to the power of the state; it thrives when states are weak and is diminished when the law takes control, the percentage of slaves who were kidnapped was 1 to 5 percent. Thus kidnapping was the least significant source of slaves worldwide historically, an exceptional circumstance.[2]

2. War constitutes the second source of slaves in terms of importance. Writers and historians err when they make it the primary source, because war do not occur every day; the region may see a war every twenty to fifty years, Human nature likes stability and safety.

---

[1] Abid, Jwad. Ali, Ch: 32. p.267.

[2] David P. Forsythe, ed. (2009) *Encyclopedia of Human Rights*, Oxford: Oxford University Press, Volume 1. p. 399.

3. Usury was the third source of slavery in the ancient world, and the most permanent and significant. Usury was a copious, never-ending source which supplied wealthy men with slaves constantly, in time of peace and war. People who fell victim to usury lost their freedom and became subject to slavery at a rate of nearly one hundred percent in peacetime, and about ninety percent when war broke out. People were enslaved in all the parts of the ancient world. This was a permanent condition, unlike kidnapping and war. The yield of usury did not diminish depending on the existence or non-existence of the State; it was not affected by the weakness or power of authority. After Muhammad succeeded in achieving the first goal of establishing a state, he set out to achieve his second goal, the elimination of slavery.

He first called on all Muslims to free their slaves, if they had any, and to buy other slaves and free them if they were able to do that.

Agriculture in most of Asia and Africa relies on rain, and a drought of over a year, which is normal, drives farmers into bankruptcy. Bankruptcy drives them to borrow to support their families; there is no other way to fill hungry mouths. And borrowing from others means paying interest on borrowed money. The proportion of usury was very high, as we have seen. If rain didn't fall for a second and third year, conditions worsened. Then a borrower needed to borrow again and again, accumulating debt at an increased rate. How could a farmer repay the loan after three or four years of drought? He first borrowed because he did not have enough to buy food. How could he repay his loan, which had doubled a couple of times, when he still had nothing? The only way to repay the debt was by selling one or more family members.

Why did they sell a member of their family? Because the interest was so high, thus the number of slaves was constantly increasing. The important article in the Code of Hammurabi with regard to slavery is article 54, which stipulates that those causing the destruction of crops, failing to repay loans, or failing to compensate for loss, be sold with their possessions to cover losses, that is, to be enslaved.[1]

Nebuchadnezzar set a rate of 30%; there were those who took in annual interest on loans of more than this rate. When the interest rate rose, the

---

[1]   Al-Amin, Mahmoud (2007). The Code of Hammurabi. London: Al-Warraq Publishing.

number of innocent people providing the swamp of slavery with new victims increased. This meant that even remote areas and isolated towns which did not tempt invaders were not free from slavery, because usury prevailed in all known societies. It was the permanent source which supplied slavery with what it needed.

Muhammad, a thinker and social reformer, chose to drain the swamp of slavery by prohibiting usury.

Thus, we can say that the most important achievement of Muhammad on the human level was the prohibition of usury. [1]

---

[1] Abid, *the Qur'an.* Surat al-Baqara.

Rumi and Confucius: Advancing for World Peace through Peace Within

[British/Iranian] SM Farid Mirbagheri

[Professor, Department of European Studies and International Relations School of Humanities, Social Sciences and Law University of Nicosia,Nicosia]

Introduction

The onset of two world wars by the Europeans in the Twentieth Century, when and where rationality has been widely celebrated as the guiding light of human community, gives rise to critical outlooks that cast doubt on the viability of the modern Western approach to international life. The philosophical underpinnings of political discourses in the Western schools, from Thucydides to Machiavelli, Hobbes and Morgenthau portray a cynical and unredeemable nature for humankind and his/her socio-political interactions. Their more liberal counterparts, such as Kant, Locke and Montesquieu, though shifting to more liberating and empowering understanding of human condition, appear to unwittingly forsake durable and sustainable peace in favour of greater individual freedom.

The need for a new approach to peace is therefore self-evident. A novel perspective that can go beyond systemic understanding on the behaviour of human communities is required to offer new insight into the workings of peace and the outbreak of war. The Islamic gnostic and Confucian outlooks do exactly that. Without any claims to the political leadership of human communities and bereft of ideology and dogmatism the Confucian and mystic[①] inquiries on war and peace turn their attention from the structural trademark of systemic approaches to the agency of the most fundamental unit, the individual. They ascertain that the roots of all good and evil can be found within ourselves and thus any serious probing into the defects of our outward social and political behaviour should first look within us. As no system is full-proof against the mischief and the deceitfulness of the individual, there is no freedom from the need to construct and reconstruct the individual on a continuing basis to abide by the rules of the system. This would be in parallel to a workable and fair structure that would safeguard and promote the efforts of the individual to develop internally whilst the system attends to the more external aspects of social life.

In Eastern traditions social and political interaction is grounded in collective good and holistic wisdom. In East Asia the Chinese civilisation, enabled with powerful ethical undercurrents, illustrated in the works of Confucius, propounds the all-important precept of *virtue* in politics. Confucius' expansion and explanation of *virtue* has greatly contributed to a different understanding of human narrative and political discourses from the West. Equally in Western Asia, the mystic tradition affords greater liberty to individuals by encouraging detachment from worldly desires through the concept of selflessness inspired by *love*. In effect the two aspects of *virtue* and *love*, as essential components of communal and international life, offer a gigantic paradigmatic shift in our thinking on human community.

In this paper the contribution of these two Eastern traditions will be discussed with regard to the pitfalls of the contemporary Western models in International Relations. In particular their significance in pursuit of peace and harmony will be outlined. It will be argued how a purely rationalist approach, self-centred and interest-based, devoid of love and bereft of reason and ultimately *exclusive*, cannot serve the cause of endurable peace.

---

① In this article the term gnosticism, mysticism and sufism are used interchangeably, though differences between them may be important in a different context.

I. Peace in Confucianism

According to Confucius, peace is achieved through harmony and harmony is in turn maintained by the means of virtue.[1] This places virtue at the epicentre of all good that is to emerge in the human community. One commonality with the Quranic tradition on the importance of virtue is significant. The following verse from the Quran illustrates the point: ...*Verily the most honoured of you in the sight of Allah is the most virtuous of you...*[2]

There are key virtues propounded by Confucius as pivotal to human prosperity, happiness and progress. They include amongst others: *ren* (kindness based on love), *yi* (generosity based on selflessness), *li* (virtue-based behaviour), *zhi* (development of wisdom), *xin* (sincerity, trust and faith), *xiao* (piety), *qian* (humility), *kuan* (forgiveness) and *yong* (courage).

According to Chinese tradition, *Qi*, as the invisible form of energy that permeates every level of existence, fills the universe. In the words of a writer, *qi* is "the underlying unity of life that is simultaneously moral and physical, spiritual and material".[3] It is virtue that facilitates the control and direction of *qi*. Harmony is in fact nothing but a balanced state of *qi* between people and their environment. The principles of virtue promote a harmonious flow of *qi*, where humanity and nature prosper. Harmony (prelude to peace) is the quality that enables *qi* of humans and nature to support one another.

Harmony works through balance. "Equilibrium is the substance of harmony. Both are interdependent and the two sides of the same coin. Equilibrium and harmony work together as a wheel" states another Confucianism scholar.[4] In the words of the Confucius himself:

---

[1] Lin, Jing and Wang, Yingji. "Confucius" Teaching of Virtues and Implication on World Peace and Peace Education", p.1, http://www.academia.edu/7195741/Confucius_Teaching_of_virtues_and_Peace_Education?auto=download

[2] The Quran, 49:13.

[3] Tucker, M., *The philosophy of chi as an ecological cosmology.* in M.E. Tucker & J. Berthrong(Eds.), *Confucianism and Ecology: The interrelation of heaven, earth and humans* (Cambridge, MA: Harvard University Press, 1988), p. 191.

[4] Chen, G., The impact of Harmony on Chinese conflict management. Paper presented at the Annual Meeting of the National Communication Association (86th, Seattle, WA, November, 9-12, 2000). http://dx.org/10.1080/23729988.2015.1006840

The equilibrium is the great root from which grow everything in this world, and harmony is the universal path which should be practiced. Let the states of equilibrium and harmony exist in perfection, and a happy order will prevail throughout heaven and earth, and all things will be nourished and flourish.[①]

The concept and the presence of *junzi*, or sages, as those who have achieved the highest stages in virtue is a major contributor to the establishment and maintenance of peace in the world. As role models the *junzi* are those whom the rest of the members of the society aspire to become like. This indicates the significance that Confucius places on individuals.

The leading IR school, neo-realism, is championed by Kenneth Waltz, whose ideas have formed the foundations of this paradigm. His projection on international peace and his structural outlook can highlight fundamental differences with the Confucian tradition.

In the three images of Kenneth Waltz, where three different levels of analyses—international structure, state structure, and the individual—are propounded as possible sources/causes of conflict in international life the Confucian approach (as well as the Islamic mystic approach as noted below) would be classified as the third. The leading Western schools in IR, neo-realism and liberalism, subscribe to the first and second levels respectively. Both believe that structural arrangements, in essence, have primacy over the agency of the individual in the causation of war and the promotion of peace. However, in the Eastern traditions under study here, without denying the import of local and global structures in the explanation of social, national and international conflict, as liberal peace and neo-realism do, the Confucian and Sufi (Islamic mystic) outlooks identify the thoughts, feelings and the actions of the individual as indispensable in the development and distribution of peace and the prevention of war. If tranquillity and peace cannot be attained within, it will be unlikely that harmony and security can be achieved without. "Wheat grows from wheat, barley from barley", says a old Eastern expression. The selfish nature of the sovereign state, therefore, attests to the egocentric quality of its founders in Westphalia in 17th century. Pursuit of national interests on many an occasion to the detriment of *others* very much

---

① The Doctrine of Mean, 1 (Jing Lin et al ... op. cit, p. 12).

reflects the same conventional wisdom in international life.

Contrary to Hobbesian narrative that identifies human as quintessentially selfish and uncaring, Confucius believes that kindness and benevolence are the intrinsic qualities embedded in the nature of humankind.[1] For him *ren* is to love people.[2] His instructions are unmistakable: "Do not do unto others what you do not wish done to you".[3] The collectivisation of human prosperity, the only path to sustainable peace and harmony, starts from the individual and has to be sought and established first and foremost within the individual. This differs widely from the Western liberal maxim of *individualism*, where one's own interests always come first even at the expense of others'. A human feature, called *ce yin zhi xin*, generates spontaneous compassion and love for others within each and every one of us.[4]

The virtue of *yi*, which can also refer to conscientious behaviour, emanates from our innate sense of shame in committing the wrong act. Adam Smith made somewhat similar statement when he stated that as humans we seek sympathy, and try to avoid the disapproval, of others.[5] However, Confucius' projection goes much further. It stipulates selflessness and encourages giving more to, and taking less from others. The generosity emanating from one's conscience and coupled with love paves the way for peace and harmony within the individual. The individualism of the liberal tradition in the West stands in contrast to this precept.

The concepts of *li* and *zhi* require virtue-based action and learning the Way of the universe respectively. In *xin*, where sincerity, trust and faith are endorsed, the path to universal wisdom is paved. This wisdom is very much different, at times opposed to the pedantic rationality of modern IR paradigms. In common with Islamic mysticism such narrow-minded rationality is frowned upon in Confucianism too. Rumi, the Iranian Muslim mystic of the

---

[1]   Lin, Jing et al ... op. cit. p. 3.

[2]   Confucius, *The Analects* (London, England: Clays Ltd, St. Ives plc, first published in 1979), verse 12:22.

[3]   See: http://www.goodreads.com/quotes/699548-don-t-do-unto-others-what-you-don-t-want-others-to.

[4]   Lin, Jing et al...op. cit., p. 4.

[5]   Griswold, Charles, *Adam Smith and the Virtues of Enlightenment* (Cambridge University Press, 1999), Chapter Two.

Thirteenth Century, narrates:

> *Do not take the pedantic rationality as your guide*
> *By the universal wisdom you must abide.*①

II. Peace in Islamic Gnostic Discourses

The conventional understanding of war in IR defines it as wilful, organized violence carried out by one state or states against other states, when a minimum degree of fatalities and/or damage are incurred as a result. The violent, intentional, organised and physical traits of this understanding that is mainly focused on inter-state relations (though intra-state violence is increasingly referred to as war e.g. Syria) is derived from a structuralist standpoint that overlooks the role of the most fundamental agent, the individual. Viewed through a neo-realist or a liberal prism, the root cause of war is to be found in the set-up of either the international community or the state. The individual is left out as rather impertinent in their analysis. This stands in sharp contrast to the first article of UNESCO Charter, where it is stated "that since wars begin in the minds of men, it is in the minds of men that the defences of peace must be constructed". Thus, contrary to conventional Western paradigms, disregarding and disempowering the individual in international life and global peace appears abysmally misguided.

A deeper and broader understanding of peace requires a more profound appreciation of human nature, its aspirations and its frailties. St. Augustine, describes peace beautifully as the "tranquillity of order", order being "the disposition of equal and unequal things in such a way as to give to each its proper place".② Peace and harmony are in the Islamic Gnostic outlook a Di-

---

① The *Mathnawi of Jalalu'ddin Rumi*, edited and translated by Reynolds A. Nicholson, (Published by E. J. Gibb Memorial, 1990) Vol. IV, Line 1258. Note, however, should be taken that thetranslationgiven here may not correspond to the one used by Nicholson. The reference to the latter is provided only to aid the reader in locating the actual quotation.

② Quoted in Chris Brown et al eds., *International Relations in Political Thought* (Cambridge: Cambridge University Press, 2002), 130. The similarity with an Islamic definition of Justice is remarkable; See Morteza Motahhari, *Adl e Elahi* [*Divine Justice*] (Tehran: Sadra Publications, 1982), pp. 59-67.

vine condition of life standing opposed to hatred, enmity and wrongdoing. In the Quranic context, peace is the antonym to evil as cited in the Verses below:

*And when they are told not to commit wrongdoing and corruption on earth they respond, "but we are only moslihoon (peacemakers)".*①

*And your Lord would never destroy towns wrongfully while [as if] their people were moslihoon (peacemakers).*②

*For their Lord's displeasure is the opposite of peace and tranquillity.*③

In all Abrahamic narratives the original sin caused the exile of the first humans from heaven to earth. It was a punishment decreed by the Almighty in the wake of defiance of Adam and Eve, who had been deceived by Satan.

*Then did Satan make them slip from the (Garden) and get them out of the state (of felicity) in which they had been. We said: "Get ye down all (ye people) with enmity between yourselves. On earth will be your dwelling place and your means of livelihood for a time".*④

Therefore enmity is described as a nefariously earthly condition of life, removed from initial Divine designs that had placed humans in paradise. Entering this new Hobbesian "state of nature" on earth, the result of Satan's deception, where desires and fears dominate every aspect of life, is marked by enmity. The first act of human violence is carried out by one brother, Cane, against another, Abel. Not only is this hostility premeditated by Satan, the Quran attests, it is also sustained by him:

*...Satan's plan is (but) to excite enmity and hatred between you...*⑤

The above narrates human discourse in Islamic Gnostic theology on the question of hatred and violent conflict. The aim is to transcend the temporal "state of nature" and transform the violent earthly living to resemble the heavenly tranquil condition of life. Such a transcendental journey to restore peace is not only a human attempt to regulate his/her affairs in an orderly fashion in order to escape the scourge of war, but also manifest guidance on

---

①   The Quran, 2:11.

②   The Quran, 11:117.

③   The Quran, 70:28.

④   The Quran, 2: 36.

⑤   The Quran, 5:91.

how to eradicate the effects of the original sin by rejecting the Satanic condition of violence and instead seeking a return to the original and divinely devised condition of peace.[1] In Rumi's words:

The wars of the people, like children's fights
All meaningless, empty and vile
The battles fought with wooden swords
All their purposes vain and futile.[2]

And

From a whim springs their war and peace
On a caprice is based their honour and shame.[3]

Humans, self-centred, frustrated and ridden with conflict within (as portrayed in a Hobbesian outlook) can only form communities that mirror their aggravated state of being. In turn, communities irritated and at unease with themselves, reflecting the condition of their members, give rise to a world prone to violence and war. Therefore, any doctrine or religion that overlooks the plight of the individual, is ill-suited to preach global peace and prosperity.

Peace is an all-inclusive, all-encompassing, unifying and holistic discourse. That is what Confucianism in Chinese Civilisation and mysticism in Islam narrate. In a notable parable Rumi relates the story of Moses overhearing a shepherd affianced in praise of God. The shepherd was reaching out to the Almighty in his own unrefined manner offering to bring Him milk to feed and look after Him in time of need. Moses lashed out and berated the poor man pointing out that such outcries amounted to apostasy. He reminded him that the Lord was above and beyond human needs and understanding. He should never again, Moses reminded the shepherd, address God in such a fashion. Despondent and ashamed, the simple man walked off in despair. But then the Lord spoke to Moses immediately:

Did you come (as a prophet) to unite
Or did you come to disunite?

---

[1] Mirbagheri, Farid. "Islam and Liberal Peace" in *Education For Sustainable Development: Challenges, Strategies and Practices in a Globalising World* eds. Farid Mirbagheri et al (New Delhi: Sage Publications, 2010) p. 191.

[2] Rumi, *Masnawi*, Book I, lines 3435-6.

[3] *Ibid.*, Book I, Line 71.

So far as you can, do not promote a separate course
Of all things the most hateful to Me is divorce;
I have bestowed on everyone a (special) way of acting
I have given to everyone a (peculiar) speech for interacting.[1]

The uniting aspect of Moses's preaching is demonstrated above in his communication with his Maker. The same goes for all the Prophets, who in essence promote one message:

Every prophet and every saint has a path to run
as each leads to God, they are all but one.[2]

Differences in perspectives and perceptions can lead to conflict escalating into violence and war. However, much of the hostilities between members of human race and organized communities stems from an outlook that lacks a holistic perspective and is rooted in ignorance and sustained by prejudice. In another allegory Rumi describes the mis/perceptions of a group of villagers, who had never seen an elephant. Coming into contact with the animal at night and unable to see her in the dark they had touched the elephant instead. Whilst exchanging notes about their experience the day after, wide and sharp differences emerged in their accounts. The ones who had touched the trunk of the elephant offered a very different version from the ones who had felt her tusk. Division also occurred between those who had touched the main body of the animal and those who had felt her legs; and so on. In consequence they all differed in their beliefs as to what an elephant looked like. Rumi narrates:

If there had been a candle in each one's hand
their differences in words would all but disband...
The eye of the Sea [holistic] is one thing, and the foam [phenomenon]
another,
leave the foam and look with the eye of the Sea, ye brother.[3]

The dismemberment of the body politic in paradigmatic perspectives, where focus on certain aspects of political life eschews other dimensions relevant to a better and deeper understanding in human affairs, is anathema to a wholesome appreciation of the entirety of international relations that includes

---

[1] *Rumi, Masnawi,* Book II, Lines 1751-3.

[2] *Ibid.,* Book I, Line 3086.

[3] *Ibid.,* Book III, Lines 1268 and 1270.

the question of war and peace. Whether projecting the viewpoints of mainstream realism and liberalism, including any of their variations, or bifurcating access to knowledge through the prisms of agency and structure, the lack of a holistic approach that rises above the deficiencies and shortcomings of any single outlook, would tend to exacerbate divisions in social and international environment. In the gnostic teachings in mystical Islam exclusion is cast aside in favour of an all-inclusive discourse articulating the variety of perspectives in a unifying drive that narrows divisions but broadens horizons. Interwoven and interdependent, humanity can then look forward to a viable global collective security system that encourages cooperation and offers protection. The Persian philosopher and poet, Sa'adi of the Thirteenth Century writes:

> *The human race, are members in a body whole related;*
> *for of a single essence are they all created;*
> *When fortune persecutes with pain one member surely,*
> *the other members of the body cannot stand securely.*
> *O you who from another's troubles turn aside your view*
> *it is not fitting they bestow the name of "Human' on you.*[1]

The cause of peace requires an viewpoint that does not locate the origins of war only in structures as do neo-realism and liberalism. Violence at micro—levels should also be addressed and viewed within the same perspective that attempts to find the root causes of inter-state war. Identifying and incorporating violence at all levels in our approach to war can aid us to better understand and reduce the possibility of its occurrence. Galtung's definition of violence as "anything avoidable that impedes human self-realisation" [2] is remarkably close to the esoteric and mystic interpretation in Islamic discourses. Further, his articulation of "structural violence" as barriers to peace openly propounds a direct linkage between justice and peace.[3] A peace not

---

[1] Translation is by T. C. Young, "The National and International Relations of Iran' in *Near Eastern Culture and Society*, ed. T.C. Young (Princeton University Press, 1951) p. 204.

[2] Galtung, Johan., *Transarmament and the Cold War: peace Research and the Peace Movement* (Copenhagen: Christian Ejlers, 1998), p. 272.

[3] Galtung's perspective on violence consists of four types: "classical violence" such as war and all the suffering associated with it, "misery" such as deprivation from food, water, shelter and clothing, "repression" such as loss of basic liberties like freedom of speech, "alienation" such as violence against identity and non-material needs. The last three he categorises as "structural violence".

founded on justice becomes fragile and temporary. In a Quranic reference this is alluded to: *...make peace between them based on justice and equity...God loveth just doers.*[1]

III. Liberal Peace, A Western Paradigm

The question of liberal peace has in particular been the subject of much debate. In appraising liberal peace here we shall allude to three particular inquiries:

a) Is liberal peace project a holistic or is it sought and achieved in fragmented ways?

b) Is liberal peace a unifying or a divisive discourse?

c) As a precept is liberal peace paradigm exclusive or inclusive?

The first inquiry deals with the detachment of peace from various organs of body politic in human discourse in the liberal peace project. The latter, in its philosophical outlook, disengages the impact of foreign policy of liberal countries on the state of peace between illiberal countries and disregard the effects such foreign policies have in promoting war in the non-liberal world. Some of the leading liberal countries in the world are amongst top exporters of the means of violence that are used in the conduct of war between other states. The question is thus how can a liberal structure produce peaceful outcomes in its domestic domain (inter-liberal relations) but promote war in the external environment (non-liberal world) ? How "liberal" is this conflict, in conduct, i.e. a *liberal* domestic policy but a *realist* foreign policy? The inconsistency, therefore, between domestic and foreign policies of many liberal states is completely and conveniently overlooked in the liberal peace project.

The fault lies in the fragmented approach to peace that ultimately comes to afflict the liberal world itself, e.g. WW II. A more holistic approach does not seek peace only in one domain but rather in each and every aspect of life: individual, social, political and international. Any disregard for peace at any of these levels will inevitably impact peace in all other aspects. This means

---

[1] The Quran, 49:9.

there must be a bottoms-up approach to peace, where the fundamental agent of political life, the individual, can enjoy tranquillity and harmony within. This in-out perspective lays solid foundations for international peace, where peace within the unit (whether, individual or the state) radiates peace without.

The universalist claims of the liberal peace paradigm axiomatically dismiss the notion of peace in any other shape or form as *unpeace* and therefore render the very concept of *unliberal* peace a redundant one. The best illustration of that in policy formulation was seen in post-2003 Iraq, when an imported liberal peace, with no regard to the local history, culture and tradition, failed spectacularly to achieve its stated aims. Instead carnage and bloodshed, which has gripped the country to this day, ensued. The foundational pillars of Western-style democracy (nationalism, rationalism, secularism, liberalism and individualism) that feed and sustain the conduct of democratic politics, as practiced in the West, were absent in Iraq. Iraqis, on the other hand, had a long tradition of tribalism, religiosity and *undemocratic life* that had kept the country together since the formation of modern Iraq in the aftermath of WW I. Though there were abominable totalitarian traits of political system in Iraq that betrayed and defied human rights at all levels, sometimes in the most brutal fashion, its replacement with a system that appeared alien to its very stakeholder was hardly a viable alternative. Such a move on the part of the United States stemmed from the all-encompassing and absolutist character of the liberal peace project that disallows difference and seeks instantaneous assimilation at all costs and, ironically, at its own peril.

Such a discourse is divisive and, based on Plato's reasoning, unjust by nature. The Greek philosopher asserts that justice is unifying by nature. And if we agree that peace as an ultimate end is ontologically just, then peace must also be unifying. Conclusion is all too clear: liberal peace cannot be just if it is not unifying.[1] The extension of the liberal peace argument inevitably leads to the classification of people into "peaceful" and "non-peaceful", which disunites humanity even further. That addresses the second question.

The third enquiry relates to the exclusive nature of liberal peace. Under-

---

[1] See in this regard Farid Mirbagheri, *War and Peace in Islam: A Critique of Islamic/ist Political Discourses* (Basingstoke and New York: Palgrave Macmillan, 2012) p. 88.

written by the sovereign state-system the liberalist discourse has increasingly been identified with maintaining the status quo. The organisation of much of the human race into indifferent or hostile groups, where peaceful coexistence becomes the exclusive commodity of the liberal states, has established an exclusion zone for a minority of world population that benefits the few at the cost of the many. In this regard, the post-liberal peace discourse has gained more currency amongst critical IR scholars, who disavow the disenfranchisement of the local for the sake of the *international*. Richmond writes that liberal peace "validates territorial state sovereignty and a social contract skewed in favour of the state, free markets and the eradication of the indigenous or locally more authentic" traits.[1]

The above, however, is not intended to legitimize in any shape or form, or to any degree, the dictatorial practices that trample upon the very basic tenets of human rights either in the name of religion, cultural relativism or any other precept.

IV. Reason and Rationality

Rationality as the bastion of political behaviour and the legitimizer of self-seeking state has been deceptively christened in the name of reason. The rational and uncaring entity of the state may accordingly pursue its exclusive interests, justified by the contemporary political ethos, but that hardly renders it reasonable. Rationality and reasonableness are two separate traits that might overlap at times but may in fact stand opposed to one another in many an instance. One of the travesties of justice in IR is the interchangeability of these two terms in theorization.

Few other concepts, if any, have been so confused with one another as reason and rationality have in International Relations. Rationality as the assumed trait of the main political actor in international life, the sovereign state, has been noted to be the ultimate drive for the pursuit of perceived national interest. It has in fact now become an accepted norm in the political ethos of

---

[1]   See Richmond, Oliver., "A Post-Liberal Peace, Eirenism and the Every Day" in *Review of International Studies* 35 (2009): pp. 564-5.

our era that acting in self-interest is a rational and the only *right* manner for a state to act, i.e. behaving differently would be irrational. But how far should cold-blooded calculating rationality dictate our temporal affairs? Are there any limits to the pursuit of rational behaviour, i.e. self-enhancement in the shape of national interest?

Taking lead from the events of the last century there are clearly limits to the pursuit of national interests. Even the *realist* world we live in now appears disinclined to accept the breach of those limits, and in fact is prepared to engage in war to ensure the viability of those limits. Adolf Hitler certainly believed what he was doing was in the *national interests* of his country, and he did not consider his actions irrational. But the world opposed him and through superior use of arms defeated Germany indicating the importance of restrictions on the pursuit of national interests. Were Germany, Italy and Japan irrational actors, when they pursued policies congruent with the advancement of their perceived national interests? Rationality *per se* does not exclude violence. "War is merely the extension of politics by other means" said the realist general and writer Clausewitz.[1] There is no international convention or law that depicts organised violence in international political life an international criminal offence.

As rationally-pursued national interests open the possibility of war between countries—due to limited resources and unlimited greed—and on many occasions actually lead to violent clashes between states (continued for many months and even years) then diplomacy and international law are utilised (if the outright defeat of one of the parties is not the outcome) to bring an end to the violence, i.e. to contain the direct outcome of rationality. That produces a paradox in the organisation of politics, when rationality as the expected and the accepted drive for international life produces effects that are to be checked and restricted by the same rational actors. The two world wars started in Europe by Europeans, who have championed the cause of rationality in modern times. That means rationality per se cannot lead to world peace.

The confusion between reason and rationality is partly to blame for this.

---

[1]   Clausewitz, Carl von., *On War* (Princeton University translation, 1976) Book I, Chapter One, Section 24.

In fact it is rather the victimisation of reason at the hands of rationality that has caused the carnage. When the latter was christened in the name of the former, the rational actor was axiomatically assumed to be also a reasonable actor. The sovereign state, however, has hardly been loyal to that assumption and has in fact betrayed it time and again over the centuries. States may be rational actors but that does not necessarily make them reasonable. That begs the question "what is the difference between reason and rationality?"

In the Western literature in IR, if not in other disciplines, it is difficult to find a clear distinction between these two important precepts. Kant, though using two different terms for these precepts, *Vernunft* and *Verstand*, has not delineated the boundaries of each and their overlap. It is understood by the author that the two terms used by Kant in the original German text, as it is in the English translation, are readily interchanged. The Greek language also seems unhelpful here as it uses one term *logos* for both reason and rationality. A distinction is made, however, in the Charter of the University of Vienna, drafted in 1365, between these two precepts.[1] To the best of the author's knowledge no other major reference to the difference between the two has been cited in the Western literature in IR.

In the mystic discourse in Islam there is the term *hekmat* or universal wisdom, also shared in the Confucian tradition as noted above, which stands opposed to the notion of pedantic rationality. In this outlook the latter is contextualised within the former, where one's gain is achieved within the framework of a greater collective good. Reason therefore also embodies the concept of fairness and public benefit. Although this does not mean that the concept alienates self-gain, it does indicate that self-enhancement should not incur social costs in the immediate or wider environments for other members of the community. Accordingly states can pursue their perceived national interests for as long as they do not attempt to achieve their aims at the peril of their counterparts in the international community. Such a shift, revolutionary in nature, would transcend the state from a rational actor to a reasonable one.

A philosophical argument by the supporters of realism can be advanced

---

[1] The Charter is in Latin but the Rector of the University made a reference to it in his keynote address at the Annual Meeting of the Academic Council on the United Nations System held at the University of Vienna on 4th June 2010.

as to why we should subscribe to reason if it stands against our interest? In other words, in instances when reasonableness stands in conflict to rationality (when it is not rational to be reasonable), why should the individual or the state act irrational and be reasonable? The counterargument to this is rooted in the value-system of humanity and emanates from the axiological discourse that promotes peace and prosperity for all. Do we place rationality (self-interest) above reason (interests of all) ? As demonstrated only too well in our contemporary history a purely nationalist discourse predicated on the premise of self-interest carries serious risks of violent conflict even if this nationalism is located in the Western geography and within a *rational* mindset.

V. Islamic and Chinese Mystic Traditions

The self-enhancing trait of human beings has arguably been the hardest of all challenges facing him/her in history. Triumph over this egotistic quality is cited by Rumi as the ultimate challenge:

Contemplate the same grievous war in thyself
Why, then, art thou engaged in warring with others?[1]

Rationality encourages and provides space for ego-centerism to flourish. It exhorts a self-centred individualism that is the linchpin of today's Western societies. The caring and loving aspects of human nature are cast aside in the pursuit of unitary interests (whether individual or national) dictated by the all-powerful rational choice theory. That is in stark contrast to an all-inclusive, uniting and solidarist human community, sought after by Confucius and Rumi. Rumi narrates:

Wonderous and wandering is love, nay rationale
goes only after self-interest wisdom, ay so banal.[2]

The concept of *hekmat* or holistic wisdom as narrated by Rumi and other mystics, alludes to the inefficacy of narrow-minded intellect or pedantic rationality in addressing and overcoming greater challenges in life:

Oh, honourable ones, we have slain the external foe,

---

①   Rumi, *Masnawi*, Book VI, Line 54.

②   *Ibid.*, Book VI, Line 1967.

A more forbidding enemy lurks down below;
Dislodging it, intellect and intelligence would not dare,
The inner lion is not the plaything of a hare;
It is a common lion that breaks the legion's rows,
A true lion is he/she who breaks the inner foes.[①]

To subdue the self-enhancing trait that works for the fulfilment of de-
sires, as Hobbes believed, mysticism introduces the all-important concept of
self-negation *fana*, in common with the Confucian precept of *yi* noted above,
that stems from the notion of self-sacrifice. Here human greed wanting more
for oneself and human envy wishing less for others, accepted as inevitable
and quintessential traits of the state of nature in a Hobbesian framework,
are rejected in favour of a longing to accommodate *others* even at a cost to
oneself. Cold, calculating and self-seeking rationality gives way to a warm,
giving, caring and loving quality that is nourished within the individual and
sustained through spiritual rewards and heart-felt elation.

If there had not been Love, how should there have been existence?

How should bread have attached itself to you and become (*assimilated*
to) *you?*[②]

On the manifest sustainability of life by love, Mahatma Gandhi also
shares the same ground when he states:

"Why can we not see that if the sum total of the world's activities
was destructive, it would have come to an end long ago? Love, other-
wise ahimsa, sustains this planet of ours. This much must be admitted.
The precious grace of life has to be strenuously cultivated".[③]

Hekmat or universal wisdom, and not rationality, nurtures love:
The hekmat of God in destiny and in decree
Made us lovers of one another, joined and free
Because of that fore-ordainment all particles of the world

---

① *Rumi, Masnawi,.* Book I, Lines 1373-4 and 1389.

② *Ibid.,* Book V, Line 2012.

③ Mukherjee, Rudrangshu., *The Penguin Ghandi Reader*, (London: Penguin Group, 1993), p. 102.

Are paired as mates in love in one fold.[1]

It is therefore the love-nourishing *hekmat*, and not the self-seeking rationality, that sustains life. Enchanted with love the lover rises above his carnal desires in wanting to forego his interests for the good and for the interests of the beloved. In its puritanical sublime version this can lead to complete self-annihilation (self means ego here) in the path of union with God (pantheism or panentheism). However, that is for the very few indeed. For the great majority of humanity such a discourse would only result in diminishing the sharper edges of excessive individualism in favour of the collective good: giving a little more and taking a little less. According to Plato if you do not control your greed, your greed will end up controlling you.[2] Piety for God and in the path of God, in the mystic narrative, described as *xiao* in the Chinese tradition, translates in the social sense to truthfulness and generosity towards people. Rumi himself, whilst articulating his esoteric and unrivalled expressions, did not tire from attending to the temporal needs of the people in his environment. Confucius travelled for sixteen years trying to encourage the warring parties in China to abide by the laws of virtues.

As in Confucian discourses, treading a Gnostic path is to relate to the whole existence through love and compassion. Jurisprudential semantics are to be cast side and the *shari'a* is to be replaced with *tariqa* (path).[3] *Tariqa* itself should lead to *haqiqa* (the Truth) and that is the ultimate end: discovery of and the union with the ultimate Truth. Ghazzali, one of the towering figures in Islamic philosophy, in juxtaposing this to everyday life states every one's salvation and prosperity lies in that which brings it joy and comfort, and the joy of everything is in that which conforms to its nature, and that which conforms to every thing's nature is that for which it has been created for; like the joy of lust, which lies in its fulfilment and the joy of anger in

---

[1] Rumi, *Masnawi*, Book III, lines 4400-1.

[2] Mcclelland, J. S., *A History of Western Political Thought*, (London and New York: Routledge, 1996) p. 24.

[3] *Tariqa* refers to the path of a mystic. In the Gnostic discourse the do's and dont's of the clerics codified in *shari'a* are contextualised in the journey towards God, *tariqa*, and thus subject to that. Hafez, the Persian mystic of the Thirteenth Century narrates:*Decorate your prayer carpet with wine, if so says the sage, for he is well versed with the requirements of the journey and its every stage.*

exacting revenge and the joy of eyes in beautiful faces and the joy of ear in beautiful songs and music. *The same applies to human soul, whose function is to find out the truth of things* [italics mine].[1] The journey towards the truth, in one mystic narrative, can be punctuated with three different stages: *elm-ol-yaqin* (knowledge of certitude), *e'in-ol-yaqin* (visual contact with certitude) and lastly *haqq-ol-yaqin* (truth of certitude). An example illustrating the three stages is the state of one seeing smoke coming from behind a wall and therefore deducing that there must be fire—first stage. If one goes past the wall to actually see the fire burning he/she will have reached the second stage. The final stage, however, is achieved when one goes near the fire and feels the warmth of the fire in his/her body.

Although Confucius may have focused more on more temporal aspects of life based on virtue, there is also an esoteric tradition emanating from his teachings. The mystical experience of dissolution of the boundaries between subject and object and/or the disclosure of the heart's form (*xinti chenglou*) through blocking thoughts are referred to by some of scholars of the Chinese tradition.[2] For instance, the mystical narrative of Wang Yangming reads:

Day and night I sat upright in pristine silence searching for quiet oneness (*jingyi*). *After a long time had passed, my heart was at ease...I then thought, if the sages were in this situation what would they teach* (*dao*) *? Suddenly in the middle of the night I was greatly awakened to the core meaning of "investigating things and applying knowledge"* (*gewu zhizhi*)...*Involuntarily I cried up and jumped up, frightening my followers. I finally understood the way of the sages. My own nature is sufficient on its own. My previous search for principles out among affairs and things was wrong.*

The commonalities with Islamic mystic discourses such as the ineffable and noetic nature of such experiences are remarkable.[3] The meditative expe-

---

[1] Ghazzali, Emam Mohammad, *Kimiaye Sa'adat* [*Elixir of Salvation*], Tehran: Peyman Publications, 2008) p. 40.

[2] Chen, Lai, "Mysticism in the Conducian Tradition", Journal: Studies in Chinese Religions (2015), Volume 1,5—Issue 1, pp. 22-3.

[3] James, William (1902), The Varieties of Religious Experience. *A Study in Human Nature*, Being the Gifford Lectures on Natural Religion, Delivered at Edinburgh in 1901-1902, pp. 379-380.

rience, where pure consciousness is achieved, is another instance of overlapping fields between Confucian tradition and Islamic mysticism.

Conclusion

This paper attempted to outline the deficiency of current systemic paradigms in IR as regards the question of war and peace. In its critique, it was hugely informed by the teachings of Confucius and Rumi, the Iranian Muslim Gnostic of the Thirteenth century. It was stated that the narratives of conventional traditions in IR appear to overemphasise the role of the structure, as neo-realism and liberalism do, whilst overlooking the important contribution of the individual. In a state-centric world, where the individual is deprived of a recognised place in international political life, the negative impact of conflict within humans transpires and translates into social and/or international violence. The inner state within each and every one is therefore important in establishing a durable peace that is cognizant of the significance of the individual. When harmony and tranquillity reigns within, peace radiates without. As stated earlier, "wheat grows from wheat, barley from barley".

However in accomplishing this momentous task, the self-enhancement of the individual should be diminished in favour of a *self-denial* that reduces individual frustration and discord. This would be achieved by containing one's greed, envy, arrogance and other such negative qualities through the principles of *virtue* and the ever-lasting and all-encompassing notion of *love*, both emphasised by Confucius and Rumi. As opposed to rationality, which is pre-occupied with self-interest, love and virtue open up space for *the other/s* and continually energise one to forgo excessive individualism in favour of the broader precept of collective good. It was stated that the confusion of rationality with reason has done the discipline of IR much injustice as it has misrepresented rational acts as reasonable deeds. States may be rational actors but that does not necessarily render them reasonable.

In short, the world outside is a mirror of what we develop within us. We must first place more serene and more tranquil hearts and minds before it for it to reflect more peaceful and more beautiful images back to us.

Why Do So Many Israeli Companies Fail to Make Headway in China—Some Suggestions Regarding Cultural Differences.

[Israel] Meron Medzini

[Adjunct Associate Professor, Department of Asian Studies, The Hebrew University of Jerusalem, Israel]

Introduction

In recent years, a growing number of books have been written about the cultural encounters between the Chinese and the Jewish peoples. (Eber, 2002, Shai, 2016). They dealt mainly with the relations between these two ancient peoples that existed and developed even before the establishment of Israel in 1948 and the People's Republic of China a year later. After the establishment of diplomatic relations between the two countries in January 1992, the gates opened and there has been a flood of books and articles on both sides attempting to explain to each other the history, religion, culture and many other aspects relating to their lives (Pan, 2005). Another reason for the growing mutual interest had to do with demographics. If in the early years of the People's Republic of China, the number of Jews residing in that country was around 200, today it is reported to exceed 25,000, virtually all of them living in China's major urban centers such as Beijing, Shanghai, Hong Kong, Chengdu and Guangzhou. Many of them are Israelis and the rest are Jews who are citizens of various countries, but who live in China as students, academics, journalists and mainly traders. Another example of the growing number of Jews in China is the presence of the Chabad Hassidic movement and the houses it maintains in the above mentioned cities in addition to Harbin.

The growing political, diplomatic, defense and above all commercial relations between China and Israel has elicited a large number of books in Chinese attempting to explain to the Chinese reader who are the Jews and above all why they have been so successful all over the world in finance, banking, science, technology, innovation, hi-tech and business (Ross, 2016).

Given the enormous respect that many Chinese have for Jews in general and Israelis in particular, it is interesting to note that many Israeli companies who have started to deal with China have not been very successful, and some 300 such firms are basically treading water in their efforts to break into the lucrative Chinese market.

This essay will try to explain why did so many Israelis have chosen to engage in business in China, and above all why so many of them feel very frustrated as they watch their business efforts in China do not take off and at best they are trying to keep their heads above water. Since many of them had preconceived notions about China, its people and culture, once they came into contact with the Chinese reality, they discovered that their hopes and expectations were not fulfilled. Some gave up and went back to Israel while others hung on and attempted to adjust to China. Another group made a serious effort to study China in depth and to adjust their practices to those prevailing in China. The essay will focus on what did this group of Israelis learn in China from the Chinese they encountered. What was this cross cultural meeting like and why it has not yet yielded impressive results. Attention will also focus on what were the major cultural differences and could they be overcomes (Evron 2016).

I. Methodology

To the best of the writer's knowledge there has been no attempt to do a scientific quantitative research on Israeli entrepreneurs in China. One study dealt specifically with the impact of religion on Jewish Diaspora entrepreneurs (Edo and Volovelsky, 2016), but they studied Jewish businessmen and not exclusively Israelis, working in China. Therefore this essay is based mainly on material supplied by the Embassy of Israel in Beijing, discussions with officials of the Israel Ministry of Economics, the Israel Export Institute, the Israel-Asia Chamber of Commerce, the Ministry for Foreign Affairs and various Israeli publications. Some of the ideas presented here were discussed in a day long seminar held at the Israel Institute of Strategic Studies in Tel Aviv in March 2016. Furthermore, it is very difficult to assess how many Israeli companies have done well in China and how many have either failed and went back home to Israel or decided to stick it out for a long duration hoping to reverse the situation. Few Israeli businessmen will admit openly that they have failed. Thus it is impossible to calculate how may succeeded and how many actually failed.

II. The Dimension

How many Israeli firms operate in China? The Israel Export Institute estimated that in 2012 there were several hundred Israeli companies who export to China and import from China, who maintained representative offices and even some had development centers. In 2012 the number of Israeli exporters to China who sold goods valued at over $100,000 a year stood at 300—500. It was hard to reach exact figures as many Israeli businessmen did not register with either the Israel Export Institute, the Israel-Asia Chamber of Commerce or with the Israel Embassy in Beijing, so exact data is hard to come by. They dealt mainly with advanced technological goods such as medical instrumentation, information technology, agricultural technology, hi-tech items, chemicals and fertilizers, diamonds and electronic goods（Israel Export Institute, 2012）.

The majority of large Israeli exporting firms avoided the Chinese market, leaving it to smaller operators. Of the 309 Israeli companies that exported to China over $100,000 in 2007, 94 ceased operating in China by 2011（Israel Export Institute, 2012）.

III. Why China?

The key reasons that drew and continue to attract a growing number of

Israeli businessmen to China are mainly commerce and business opportunities. The timing is highly significant. It started in the late 1970s, during the era of Deng Xiao Ping and the opening of China to the world following a long period of the "cultural revolution" that effectively shut China from the rest of the world. This in fact was the second opening of China to the world, the first being imposed on China as a result of the Opium Wars in the mid 19th century. The so-called second opening of China created vast interest in that country world wide and also in Israel. This was seen by the establishment of departments of Asian studies in the three leading Israeli universities—The Hebrew University of Jerusalem, Tel Aviv and Haifa universities. They attracted a growing number of young Israelis eager to get away from the Western oriented studies and learn for the first time more about Eastern culture and civilization. This group of students will form the backbone of future businessmen who will try to break into the Chinese market place (Shai, 2016, Goldstein and Shichor, 2016).

This led to another phenomenon—tens of thousands of Israeli tourists who began to travel to China, mostly in organized tours in order to have a look at what they still consider an exotic country. Their numbers will undoubtedly increase with the inauguration of direct Beijing-Tel Aviv flights by Hainan Airlines in addition to the thrice weekly flights operated by El-Al Israel national airline.

Parallel to that, there has been a growing interest in China about Israel, Jews and Judaism in an effort to understand why Jews have been so successful. In recent years, there has been a spate of books dealing with this subject. The names of these books indicate their contents. In view of the vast admiration of Jews that seems to be growing in certain circles in China, mainly academics, government officials and business people, these books try to explain why Jews have been so successful, what is the secret of their achievements in the arts, science, technology, banking, media, academia and politics in many Western countries where they reside. The Chinese represent 19.4% of the world's population, while Israelis form only 0.0021% of the global population. China today is the world's second largest economy and in contrast Israel stands as the world's 36th economy (Ross, 2016).

One of the most popular books about Israel in China is "The Startup Nation" (Senor and Singer, 2010) that sought to explain why Israel, a tiny country by Chinese standards, has become a leading hi-tech power and is a major power in innovation and the application of scientific methods to its growing industry. In view of the image of the Jews as highly successful achievers in so many fields, it may come as a surprise to both Chinese and Israelis that apart from two Israeli conglomerates Intel and Israel Chemical Industries which accounted for some 70% of Israel's exports to China in 2015, hundreds of Israeli firms that tried to enter the Chinese market have encountered many difficulties and suffered major setbacks. Before attempting to explain the reasons why so many Israeli business efforts in China failed, it is important to understand what lured Israeli companies to China (Evron, 2016).

IV. China's Attraction to Israeli Businessmen

There are several reasons that can explain the great temptation that the Chinese market has for a growing number of Israeli entrepreneurs. The first seems to be the image of China as a land of endless business opportunities (Backman and Butler, 2007).This image has been created in Europe and America since the middle of the 19th century following the opening of Imperial China to foreign trade and settlement after the Opium Wars. This was strengthened in the early part of the 20th century by the Open Door policy dictated to China by the United States and the European powers. The doors slammed for many years under the emerging Communist rule in China after 1949, but reopened by Deng Xiao Ping in the late 1970s. Around that time Israel began to establish closer ties with the People's Republic of China and the lure of that country and mainly its new policies encouraging science, technology and mainly innovation. This occurred at the time when Israel was gaining a reputation as a major hi-tech power with stress on innovation and technology.

The establishment of diplomatic relations between Beijing and Jerusalem in 1992 only served to hasten the temptation to try out the Chinese market. Easier communications and more available information served to play a role in intensifying the ties. Many stories began to appear in the Israeli media about the unlimited possibilities that China offered and a number of Israelis were drawn. Some of them were convinced that having made it in business either in Israel, or even in the United States and Europe, they were bound to succeed. The major problem was lack of knowledge about the special business opportunities and special conditions prevailing in China. They thought that with Israeli government backing and support, and perhaps even with the help of the local Jewish community, they would achieve quick results. Some read stories about a number of Israelis who were successful in breaking into the Chinese market. This led them to believe that they too could succeed (Arlozoroff, 2016).

Another reason had to do with the reports that filtered back to Israel dealing with the enormous admiration the Chinese people have for Jews and the many publications that attempted to explain why the Jews were so successful (Foxman, 2001). This may have led some Israeli entrepreneurs to believe that if they announce that they are not only Jews but also Israelis, they will be welcomed with open arms. Among the books on Jews are such titles as 16 Reasons for Jews Getting Wealthy by Chu Ke, The Secret of Talmud: The Jewish Code of Wealth by Jiao Yiyang, the Secret of Jewish Success: Ten Commandments of Jewish Success by Li Huizhen. He Xiongfei, a visiting professor at Nankai University has authored a series of popular books on Jews called Revelations on the Jews Superior Intelligence. Although there are many errors and misrepresentations of the Jews in these books, but they still stress the common traits Jews share with Chinese—respect for tradition, learning and education, respect for the sages and teachers and for the family and the elderly (Ross, 2015).

There was another consideration. Israel was never seen as a European power that was in any way responsible for one hundred years of colonialism, exploitation and the humiliation of China. It was well known that China did not have an anti-Semitic past (Medzini, 2013). On the contrary, China did welcome many Jews already in the middle, of the 19th century when some of the tycoons in Shanghai were Jews. Among them were the Kadoorie, Sassoon, Gubay, Elias and the Hardoon families. The Hardoon family apparently maintained close friendship with Sun Yat Sen, the father of modern China. China was open to thousands of Russian Jews fleeing the Bolshevik revolution of 1917, and later the Japanese occupation of Manchuria and since 1933 to German Jews fleeing the Nazi regime in Germany (Pan, 2005). On the eve of the outbreak of the Pacific War there were some 30,000 Jews living on Chinese territory, the majority in Shanghai, the rest mainly in a number of cities in Manchuria, chief among them were Harbin and Tianjin. There was virtually no street anti-Semitism in China and apart from several anti-Semitic articles in the Chinese press, inspired mainly by the pro-Nazi German community in China, the Chinese people as a rule probably never encountered any Jew, and if they did they thought they were part of the foreign community (Medzini, 2012, Krieger, 2005). In the late 1930s there was a discussion of a plan, presented by Sun Fo, the son of Sun Yat Sen, to the Nationalist regime in Chongqing, to attract some ten thousand Jews to settle in Yunan if they would being with them capital and mainly expertise. But this plan never got off the ground (Goldstein,1999). While the People's Republic of China developed an anti-Israel policy, it was aimed partly to win support from the Arab world, partly to express opposition to the close ties that developed between Israel and the United States and even partly to tell the Arab nations that it was the Soviet Union, not China, that joined the United States in making it possible for the state of Israel to become a reality (Yegar, 2004). The policy of Beijing towards Israel was not anti-Semitic or even anti the Zionist ideology, it was anti-Israel, and that too, was short lived. Hence, the existence of a country with no anti-Semitism in its history was also a reason to enter the newly opened Chinese markets (Goldstein & Shichor, 2016).

It must also be noted that Jews never played any significant or even a meaningful role in Chinese politics, media, academia, the military, science and technology or industry. This was due mainly to the fact that virtually none made the effort to learn the Chinese language. They were thus seen as part and parcel of the foreign community that resided in China's major coastal cities. This was in stark contrast to the situation of Jews in Western countries where they played major role in politics, government, media, academia, finances and banking and commerce. Hence there were no anti-Jewish prejudices on the part of the Chinese people at any time (Pan, 2005).

Another reason that attracted some Israelis to China was the growth of Chinese studies at the three main Israeli universities—Jerusalem, Tel Aviv and Haifa. Beginning in the late 1960s hundreds of Israelis were drawn to learn not only the Chinese language, but also China's history, culture and civilization. This opened a totally new world to them and many were attracted to learn more, to travel, undertake studies of Chinese in Chinese universities, and thus gain more experience in living in that country. The establishment of diplomatic relations with Israel and easy air connections meant that thousands of Israelis also began to travel to China as tourists and started to learn more about this country that was for many years closed to them (Shai, 2016).

Over the years many Israelis discovered that the image of the Jews in general and of Israel in particular, was much admired in China. This may have convinced some that this was enough to help them start business ties with China and achieve quick positive results. Some were convinced that the Chinese admiration for Israel would help them get going in China. This admiration they believed derived from the fact that Israel invests probably the largest share of any country some 4.5% of its Gross Domestic Product in R&D. It has the largest number of Nobel Prizes per capita, most of them in science, the largest number of start-ups and patents per capita. This Israelis had to do to cope with the constant threat they face on the part of their Arab neighbors and the realization that in order to overcome their demographic inferiority, they must succeed in science, technology and innovation(Goldstein, 2006).

V. Cultural Barriers

Although both China and Israel are the heirs to a very long and thriving culture and civilization, Israelis knew almost nothing of the prevailing operating and cultural norms that existed in China. They did not understand that Chinese valued harmony and consensus, that social change in China takes decades to achieve, while Israelis are noted for their contentiousness, their tendency to be argumentative, something seen by Chinese as aggressive behavior, Israelis are often seen as creating unnecessary conflicts, of being very quick to think on their feet while the Chinese tradition calls for weighing issues carefully and at length. Chinese people are focused more on the time element, historic perspective, patience and attention to details. Chinese decision making process is totally different than the Israeli one in its speed and in obtaining immediate results (Ehrlich, 2008 and Eber, 2002). A major stumbling bloc seems to be the absence of patience among Israelis. This is the result of centuries of exile, exactly the opposite of the Chinese experience. The Chinese have never been exiled from their ancient homeland while the Jews were, and in the two thousand years they were in the Diaspora they were constantly subjected to persecution, harassment, pogroms, and expulsion culminating with the Nazi perpetrated Holocaust. Jews were therefore prone to make quick gains, always ready to flee a country of oppression, thus they tended to deal with money and banking, finance and diamonds, or they veered to the professions that could be practiced wherever they found themselves. This was also the result of the hostile environment in which they found themselves either in Christian Europe or Moslem Middle East and North Africa. They lived as second class citizens subjected to many restrictions, among them they were not allowed to own land, farm, bear arms, serve as ministers in the government (although they could be advisers to the rulers), and had to live in special areas. Therefore they did not believe in long range planning because as far as they were concerned the future was always unknown.

Perhaps because a number of Chinese whose knowledge of Jews were derived from the popular books about them, they were bound to expect that Israeli businessmen would be more intelligent, patient and have greater understanding of the Chinese mentality. They did not realize that their information about the Jews dealt mainly with Diaspora Jewry and not with modern day Israelis who have tried to shed the Diaspora mentality, so far with not much success. Israelis tend to be more direct and often rude, they want to conclude a deal very quickly, while the Chinese ways of doing things is slower, Chinese business people seek to obtain testimony to how serious the Israelis are, what are their intentions and how ready they are to learn the language and take time to slowly build their presence in China. Israelis did not realize that it could take many years before a deal could be concluded, and that it might require opening an office in China and stationing Israelis in that country for many years at a large expense. Some Israelis did not have the patience required to succeed in China and the unwillingness to invest in building a long term business infrastructure in China before they show the Chinese that they are serious and have a desire to invest in China on a long term basis, and all this before they can reap any financial gains (Arlozoroff, 2016).

Many of the Israelis who tried their luck in China were wholly ignorant of China's ancient tradition. Some were aware that there were a number of similarities between the Chinese and Jewish traditions. Both relied on the written word, both go back to the first millennium BCE, both relied for generations on the written word and its interpretation by generations of sages. But Israelis failed to realize the dogmatic nature of the Chinese tradition that in some ways prevail until today. The old system was learning by rote without challenging some of the premises of the written word. Jews, by nature are far more argumentative, inquisitive and less prone to accept the tradition unquestionably. Jews spent centuries trying to understand and reinterpret the legal and moral-ethical legacy and heritage they inherited. Jewish civilization is noted for its questioning manner, unwillingness to accept all the body they inherited without questioning them. In Judaism there developed both the written word and the oral law, meaning latter day commentaries. There is a well known Jewish saying: "The Torah has many faces", meaning that it is open to a variety of interpretations without the doubters being accused of heresy.

Some Israeli businessmen find that the Chinese are more rigid in their thinking, less flexible and are prone to adhering to tradition and precedents to which they are accustomed. There is less desire to experiment, to try new ideas, methods and systems and above all to take unnecessary risks and they tend to create many safety nets under them.

Israelis are brought up and trained to think outside the box, to challenge existing ideas, perceptions and methods. They are inculcated with this not only in their school system, but mainly during their military service in the Israel Defense Forces which is known to demand creativity and above all also a measure of risk taking. The IDF teaches its soldiers and officers that there is "no school solution", but rather a variety of options to solve a problem. Soldiers are also trained to think quickly on their feet and to select the best option they consider will help answer the problem. They are also required to defend their decision once they made it. They are not expected to fall back on tradition and precedents, they have to reach a decision quickly and to use their imagination (Ehrlich, 2008).

V. Political Differences and the Nature of the Regime

Some Israeli businessmen found it hard to understand that while China is essentially governed by a one party Socialist by its political outlook, it has also practiced what can be termed capitalist economy since the late 1970s. Many Israelis have found that there is much overt and often unseen government involvement in China, great deal of bureaucracy, much difficulty in obtaining information, statistics and relevant data, something which could be gotten in Israel through the social networks. There is also little transparency concerning for example intellectual property rights and the time required to seal a commercial deal. Much of China's history was cyclical, and since the establishment of the People's Republic of China in 1949, China is used to operating according to a five year plan. In 2016 the 13th Five Year Plan was announced.

Israelis also discovered that things are changing very rapidly in China, especially when it comes to government regulations, and it is hard to keep up with these changes. The existence of a vast bureaucracy gives officials a great deal of power both on the national and mostly on the provincial level. Many bureaucrats are the products of a long tradition of trying to avoid responsibility and are usually slow in their decision making process.

There are always doubts regarding taxes and other levies, to which authority they should be paid, what is the basis for the calculation and what happens if there is a dispute over the charges. Another problem has to do with disputes that are normally resolved in courts of law. Which courts will they resort to—Israeli or Chinese?

Language Barrier

The key difficulty is the language barrier. Since it is almost impossible for most Israelis to communicate directly in Chinese, there is need for mediators. This raises the problem of where to find them, how reliable they are and what will be their charges. The absence of knowledge of the fine points of the Chinese languages, means that Israeli miss subtle meanings and nuances. This often leads to either euphoria or total misunderstanding and is the cause for many problems. This, too, can eventually be overcome for more Israelis learning Chinese and especially the proper business terms and their different interpretations. But this seems to be changing, as more Israelis have acquired knowledge of Chinese which they studied either in Israel or in a growing number of Chinese universities and language centers.

Misunderstanding of the Chinese Business Culture

This is probably the major barrier in addition to the language one. Israelis find it hard to understand the Chinese business culture. They often fail to understand the need to win the trust of their Chinese counterparts, and this could mean many long, tiring and expensive trips to China. The Chinese, many Israelis have discovered, prefer to conduct business negotiations in China and in Chinese. They see in this a sign of serious intentions on the part of the Israelis. If Israelis will take the time to learn Chinese, this means that they intend to remain in China a long time, at least two-three years that are needed to master rudimentary Chinese. Israeli traders also discover that it is very difficult to gather information on Chinese companies. By now more Israeli entrepreneurs who wish to do business in China understand that it takes several years to prepare the ground, to study the language, culture, legal and banking system and to recruit the right persons to act for them in China. Unfortunately, many Israelis did not invest in this time consuming effort as they feared that others may jump in ahead of them and beat them in the race to gain access to what at times appeared to be the Chinese economic miracle.

Israelis are often frustrated over the time it takes a Chinese company to reach a decision. They slowly realized that the Chinese tradition calls for deferring decisions to seniority and there is a well established hierarchy. The Confucian social structures and habits of obedience and respect for authority have been entrenched for the past 2500 years, are not familiar to them (Backman & Butler, 2007).

Israeli businessmen are more noted for their individualism, initiative, assertiveness and their willingness to assume personal responsibility. They also have a strong desire to win and make fast profits instead of laying the groundwork that takes long time. But Israelis are also noted for their ability to adjust to new places and to adapt to local conditions fairly quickly. This they have carried with them from their two thousand years of wondering in exile. Israelis are also known for their outspokenness, they are usually straight and forward, and are far more individualistic while the Chinese tend to run family owned organizations.

VI. Legal Barriers

Israelis are used to the legal system prevailing in Israel, which is the culmination of decades of legislation derived from many sources: the British system that operated in Palestine from 1920 to 1948, French commercial laws, Turkish land laws that prevailed in that country until 1918, and since 1948 Israeli legislation and Jewish laws. They are rarely familiar with the Chinese legal system and have to rely on local experts, especially when it comes to tax laws, work permits, wages, visas and tariffs. We have noted that the regulatory system in China is subjected to many changes and it is hard to follow. Israelis are prone to litigate much more than the Chinese who prefer mediation and try to avoid going to courts. They fear that legal processes are very long and matters that can be resolved by mediation and good will are preferable to suing. The Israelis are exactly the opposite, they rather seek a court decision than resolve disputes by mediation, partly because of the language barrier.

VII. Management Culture

There is some similarity between the Israeli "connections" system and the Chinese *Guanxi*. Israelis are familiar with this system, known in Israel as "proteksia" (loosely translated into English as protection) which means knowing the right people who may help in opening the right doors. Many Israeli businessmen have prospered because of connections they made in school, the youth movement, during their military service, reserve duty and social networks. But some Israelis did not realize the meaning of family honor, losing face, shame and prestige. Many did not do their homework and did not realize that many Chinese conglomerates are owned by families and are hard to penetrate. *Guanxi* also means trust, local networks, assistance in finding opportunities, to help avoid corrupt officials and because the legal system is unfamiliar to Israelis this helps to circumvent some legal problems (Backman and Butler, 2007 and Haber, 2014).

VIII. Absence of Local Jewish Communities

Unlike in Europe or the United States, in China there is no local Jewish community that can open doors and ease the way to business connections. The absence of local Jewish communities also means that it is harder for them to understand the local reality. But from the little they knew they realized that Chinese traders have succeeded in the Diaspora partly because they had family ties with other Chinese, or shared the same place of origin and all this in a situation where family and personal connections are very important (Cohen, 2008).

Unlike Israel, China is not an immigrant receiving country. It is a huge country, there are long distances. It takes much time, effort and expenditure to get to know China. Also unlike Europe, America and other countries where there is Jewish presence that can open doors to Israelis, Jewish networks are not available in China, because Jews are not active in large Chinese concerns many of which are family owned and operated (Song, 2014).

Conflicting Business Goals

Very early in their contacts with Chinese businessmen and even with the Chinese government, Israelis discovered that China was far more interested in acquiring Israeli technology and less in entering into partnership with Israeli companies. It became apparent that some Chinese companies were after Israeli know-how will help them produce a certain product themselves in China. This made large Israeli firms very careful before entering the Chinese market. They feared that transferring technologies to China may create serious problems mostly with the United States that is very sensitive to transfer of technology, especially military technology (Evron, 2016).

The Israelis do not see themselves as part of the Diaspora Jewish community and most of them have no intention of remaining in China permanently. What some do is attempt to play a role as transferers of ideas, technology and innovation for local start-ups. Many of them want to establish and operate a business that can make a quick profit. Their main goals are to increase their income and the bolster their status mainly in Israel as having been successful in China. Israelis admire wealthy people and see no harm in making profit. This has been part of the business culture of Jews for centuries. Unlike many Chinese traders, the Israelis are prepared to take risks, to invest much time, energy and resources in the business they opened in China, they are highly motivated and usually have a strong belief in their abilities, talents and skills.

IX. Fear of Changing Conditions

Another reason for the need to make a profit quickly is the fear that many Israeli businessmen in China have that at some point Sino-Israel relations may be subjected to a down turn and the present prosperous bi-lateral relations may be subjected to drastic change (Chen, 2012). The current Chinese policy in the Middle East consists of de-linking the resolution of the Israel-Palestinian from Sino-Israel relations. China has pursued a multi-directional policy in the Middle East that has successfully managed to maintain very good ties with the Arab states as well as with Israel. For the time being China and Israel are cooperating in a wide range of issues, including China's strategic "One Belt One Road" project. Israel is also a founding member of the Chinese led Asian Infrastructure Investment Bank. Israel and China are about to embark on negotiations that may lead to the signing of a free trade zone agreement (Lavi, He and Eran, 2015).

There is also covert fear that China may resent Israel's close relationship with its major ally—the United States, and at some point may express resentment that Israel's policy is swayed by American pressure aimed at withholding technology from China (Shichor, 2010). Some Israelis had hoped to become involved in selling weapons to China. In 2011 Israel and the United States signed a Memorandum of Understanding regarding arms sales to China. Israel committed itself to obtaining prior American approval for each military item requested by China. This in fact curtailed the Israeli arms exports to China (Opall-Rome, 2011). Arms exports have become Israel's major export item. In 2015, for example, Israel was ranked as India's fourth largest arms supplier. Both Israel and China have imposed strict secrecy on the nature of their military cooperation. Israel is always concerned with America's reaction to the possible transfer of military technology to China and has on at least two occasions blocked the sale of Israeli weapons to China (Shichor, 1998 and Shichor, 2010). This limited the trade items to civilian ones (Kogan, 2004).

Conclusion

In a meeting with visiting Israeli journalists in Beijing in November 2015, General (Ret) Matan Vilnai, Israel's ambassador to China, noted that he was disappointed by the slow progress of Israeli exports to China, some of which he blamed Israeli entrepreneurs whom he accuses of being impatient which he sees as a major impediment. Israeli diplomats in Beijing note that Israelis, being direct and often blunt and often rude, come to China aiming to close a deal as fast as possible. The Chinese seek constant proof that the Israelis are serious in their efforts to understand China's language and culture, and above all have to take into account that it may take years before they can see any profits. Israeli traders have shown little interest in closing the cultural gap, and being by temperament impatient, they are now always willing to invest in creating the fight infrastructure that will indicate to the Chinese the degree of their seriousness (Arlosoroff, 2015).

Once more Israelis who wish to trade in China will realize the above mentioned hurdles, there is no reason why they should not succeed in their efforts in the Chinese markets.

Meron Medzini is a Visiting Associate Professor in Politics at the Rothberg International School of the Hebrew University of Jerusalem. He received his Ph.D in Asian studies at Harvard University and is the author of six books and scores of articles.

Dharma, Kautilya and Confucius: The Common Oriental Wisdom from Ancient India and China as a Dialogue of Asian Civilizations

[India] Poonam Surie

[Author, Independent Researcher, Institute of Chinese Studies, Delhi, India]

Academic exchanges by scholars from different countries bring us on a common platform from which we can find common values and human sentiments to remove or at least decrease political divergences. Cultural diplomacy is nothing but the attempt to find a common ground where cultural ideas and human values help to identify common ideas among societies and nations. By thus identifying commonalities, the conflicts can be minimized and avoided in the future.

From times immemorial, territories and borders have played a part in nation building and from antiquity, equations between nomadic cultures, tribal clans, their leaders and the realm around these cultures evolved into a more permanent architecture of shifting balances. From the start of this century, there has been an increased consciousness of shifting balances of power, power blocs and conflicts. Terrestrial and territorial issues continue to persist as road blocks and added to these are maritime concerns, in the case of Asia the focus being the Indian Ocean, the South China Sea and the Indo Pacific realm. Suspicions continue to deepen and increase the trust deficit among nations. The conventional techniques of force and domination just will not do. An insecurity and uncertainty engulfs us. We need to rethink and reassess the future with a view to minimizing human conflict and find new instruments of peace and non-violence.

Looking at the history of Asia since ancient times, one is struck by the threads of connections across much of Asia. Asia is the birthplace of nearly all major religions in the world today, as well as a vast number of technological and civilizational advancements. West Asia is at times called the "Cradle of Civilization," as it was here that Neolithic humans first began the transition from a nomadic to a sedentary lifestyle, inventing the wheel and basic agriculture in order to do so. West Asia was also home to the first known human civilizations, such as Ancient Sumer and the ancient Assyrian, Babylonian, and Akkadian empires. Meanwhile, the Indus Valley Civilization (or Harappa Civilization) was the first known civilization formed in India, and in East Asia the Xia Dynasty would be the first recorded account of ancient China.

Most of the world's earliest belief systems trace their origins back to Asia. West Asia saw the creation of the first Kingdom of Israel, which fostered early Judaism, the birth of Jesus Christ and onset of early Christianity, and the birth of the Prophet Muhammad and the initial spread of Islam. Forms of early Hinduism were practiced in South Asia as far back as the Indus Valley Civilization, and it was codified as a religion during the Vedic Period (2100-1750 BCE) which followed it. Nepal was the birthplace of the Buddha, Siddhartha Gautama, and the subsequent proliferation of Buddhism from India influenced much of Central, East, South, and Southeast Asia. Parshvanatha (872-772BCE), the oldest historical leader of Jainism, was born in India, as was Guru Nanak (1469), the founder of Sikhism. Taoism has origins in East Asia stretching back to the very onset of Ancient China, perhaps even prehistoric China. East Asia also saw the birth of Kong Qiu, known in the West as Confucius, and the spread of Confucianism. The Shinto religion has ancient origins on the Japanese islands, though its first recorded history began alongside the rise of early imperial dynasties there during the Medieval Period.

The need of the hour is to broaden the framework of one's understanding, liberate the human mind from the narrow confines of xenophobic views and develop a universal understanding of common values and ethics, develop a balanced view of the each other's aspirations and objectively look at common problems and solutions. When we look at a common sky full of stars and at the earth as a universal support for our wants, we realize that we need to solve problems which plague us in a way which takes into account a universal view of humanity.

If we look at the problems that face us today, we realize that they are no less real than the problems which faced humanity thousands of years ago.

In India, anywhere between one thousand five hundred and two thousand four hundred years ago, the Arthashastra was compiled by Kautilya as a guide to life, living and society at that time. Only scholars of ancient India are aware of the range and depth of the Arthashastra. According to L.N Rangarajan, one of the pioneers who reassessed and reinterpreted the treatise, Kautilya's Arthashastra was forgotten in India and is often mentioned in later literatur······The text itself was not available in modern times, until dramatically, a full text on palm leaf in the grantha script······came into the hands of Dr. R. Shamasastry of Mysore in 1904.

Subsequently, other translations were discovered in German, Russian and many Indian languages. The present translation by Rangarajan, which is used as a reference in this paper is a much later piece of scholarly work (1992) in which the chapters as they appear in different sections and at different times have been collated and arranged in order to be more comprehensive and more orderly. For a piece of work from antiquity, it is remarkably well brought together by many scholars and finally presented to us in an orderly form.

Kautilya's perceptions and deep understanding of statecraft, societal issues and political games are so evolved, so nuanced and so relevant that they are as applicable today as they were at the time that the treatise was written. The Arthashastra has since proved its credibility and has stood as a document which portrays life as it existed in ancient societies and had solutions to many and varied problems of all societies. The problems are quite similar to those facing us in the contemporary context and the solutions are as relevant today. Max Weber, a hundred years ago realized the importance of Kautilya and the Arthashastra was translated from Sanskrit to German as early as 1926.He wrote about it in his writings on the sociology of religions.

The four methods: Sama, Dana, Bheda and Danda are held applicable not only in polity, nations, in the corporate world and in foreign policy but in all human relationships, including those between father and son, and teacher and pupil.Since the earliest of times, humans have strived to attain certain goals in their lives, classified in India as being :Dharma, Artha, Kama and Moksha and these can be translated as moral behavior, wealth, worldly pleasures and salvation. Moksha is the final state of liberation of the soul, defined by some as Nirvana, the highest ideal to which a human can aspire.

Dharma conceptualizes the path of righteousness, the duty of every human being towards himself, his ancestors, his fellow human beings and to society as a whole. It encompasses law, not laid down by the legal experts but a self-imposed lawfulness, an ethic, moral and a deep conscience which leads an individual to follow the righteous path. Hence rulers, ministers, priests and people all are governed by dharma.

All ancient civilizations went through the evolution process in much the same way. In ancient China, Confucius taught that self-cultivation, ren, benevolence and li, the right way of doing things and xiaoor filial piety; relationship between father and son, between brother and brother, between husband and wife, all are the building blocks of a flourishing society and if ren, li and xiaoare followed then starting from the family, community and society, this benevolence would be spread in a movement in outward circles, much like ripples in water and would benefit the whole country and indeed all countries. If everyone follows the path of ren, li and xiao, then society and the country would benefit. Governance, welfare of the people and polity, all were dealt with under the common rubric of self-cultivation, the Utopia or Universal Dao and the classical text Daxue, in which "thoughts being sincere, hearts are rectified, hearts being rectified, persons are cultivated. Persons being cultivated, families are regulated. Families being regulated, states are rightly governed. States being rightly governed, the whole kingdom is made tranquil and happy." ①

In ancient India, Kautilya examined the economy, polity, political structure and governance and in his very explicit and nuanced study, he has devised solutions for the numerous situations that arise in community and in everyday life for all human beings. Whether they are common citizens or rulers and kings. At the end of the day, all these were linked to the welfare of

---

① Fenby, Jonathan, HershatterEt All. "Chapter 1." The Penguin History of Modern China 1850-2008. London: Allen Lane: Penguin, 2008. 4, 156, 79. Print.

the people, a concept that is very close to Confucian philosophy.

My paper deals with a study of the Arthashastra, its tenets and the possible solutions found to the common problems that face all societies today. It also picks out similarities and differences between Kautilyan and Confucian philosophy, with the purpose of underscoring the need for dialogue and common tenets in China, India and in the rest of Asia. In so doing, one will establish that ancient wisdom and philosophies are relevant and important today. And one will find a vast common ground on which to place a launching pad for future interactions and convergences.

Taking the leads from dharma, artha, kama and moksha, as used in the Arthashastraby Kautilya, he takes arthato mean in the widest sense, not merely wealth, but as he writes in the concluding section of his book : " The source of the livelihood of men is wealth." He then draws the corollary that the wealth of a nation is both the territory of the state and its inhabitants who may follow a variety of occupations. In other words, it deals with the science of economics and in contemporary 'economics' parlance, it deals with the factors of production that is land, labour and capital; resources (inputs) and output, starting productive enterprise; consumer goods and services, with entrepreneurship, it deals with wages, productivity, taxation, budget, accounts, collecting a surplus for the economy and the welfare of people. In this sense, the Arthashastra has in its inherent character, a thread of technological advancement and of innovation that manifests in an increase in the productivity of the people, or the other factors of production.

The Arthashastra also deals with governance. The state or government has a crucial role to play in maintaining the material well-being of the nation and its people. [1]

The reason that Kautilya talks about studying the science of economics is because of its importance in adding revenue to the exchequer and in adding surplus to the state treasury. He corroborates that "a king with a depleted treasury eats into the very vitality of the citizens and the country. At the same time, a king who impoverishes his own people or angers them by unjust exactions will also lose their loyalty. A balance has to be maintained between

---

[1] Kautalya, and L. N. Rangarajan. "Introduction." *TheArthashastra*. New Delhi: Penguin India, 1992. 2. Print.

the welfare of the people and augmenting the resources of the state." ①

An integral part of the Arthashastra is dandniti, the enforcement of laws by a detailed list of fines and punishments. Dandanitior the science of law enforcement is the name given in one of the most well-known Indian epics of all time, the Mahabharata to the mythical original work of this kind, said to have been handed down by the Brahma himself at the time of creation. Dandastands for a rod or scepter. It also means army; and also is one of the four methods of dispute settlement and connotes the use of force. It therefore covers all the coercive powers of the state. It is a punishment which is just and which is justified; varying from person to person in appropriate degrees. An extensive administrative machinery was needed to maintain law and order, to look into the commodity production, taxation etc.

A ruler's duties in the internal administration are threefold: raksha or protection of the state from external aggression, palana or maintainance of law and order within the state, and yogakshema or safeguarding the welfare of the people." ②

This brings to mind certain aspects of Confucian philosophy where the state is responsible for the welfare of the people. Ethics and benevolence echo the same values as dharma.It would be interesting to map out a narrative where Indian and Chinese themes resonate in common threads. More work needs to be done on this and perhaps some scholars will come up with interesting and meaningful discourses on comparing the two value systems.

The Arthashastrais a treatise in which Kautilya provides an exhaustive and illustrative description of the 'duties, responsibilities and role of the king, prince(s), ministers, and other state officials. On the state's political administration, Kautilya provided a full-fledged commentary as to how this should be effectively undertaken. He gave instructions about the defense of the state' s boundaries, protection of the forts, and the manner in which the enemy must be handled. The Arthashastraclassifies legal matters into civil and criminal and it specifies elaborate guidelines for administering justice in terms of evidence, procedures and witnesses. Furthermore, Kautilya firmly

---

① Kautalya, and L. N. Rangarajan. "Introduction." *The Arthashastra*. New Delhi: Penguin India, 1992. 2. Print.

② Ranganathan, L. N. "Introduction." The Arthashastra. New Delhi: Penguin, 1992. 3. Print.

believed in dandniti, though he maintains that penalties must be fair and just, and proportionate to the offence committed.' ①

The interesting and important tenets of the Arthashastra deal with the qualities of a kingand the training of a future king (or ruler). The legal system, a just administration, security and welfare of the people, all depend on the self-discipline of the king. There are two kinds of discipline, inborn and acquired. A person who is fit to be king (or ruler) should have this innate discipline and also willing to acquire discipline through training, learning and from experience. He should associate with learned elders and moreover, learn from itihas (history) and keep up the learning process throughout his life. A king (or ruler) should also have self-control. He should follow dharma and lead the people through example. He should also practice ahimsa (nonviolence towards living things). He should always be in touch with the people, using agents to tell him what was going on among the common citizens so that he could rectify things. Kautilya gives detailed instructions on how the king's living quarters are to be protected, with labyrinths, tunnels and courtyards and concealed trap doors. According to him, personal attendants should be loyal and descendants of older loyal servants who had worked for years in the royal quarters. The food should be tasted by personal attendants before the king would partake of the meal. No armed people, dangerous objects or unknown people would be allowed when the king moved from one place to another.

Kautilya also talks about revolts and rebellions, both internal and external and how to deal with them. (In today's world, we understand how coups are planned and executed). Rangarajan says and I quote, "The king shall use gifts, conciliatory measures and sowing dissension to prevent the people of a city from being corrupted into treason by traitors." For rulers of neighboring states force or danda is used. Kautilya also suggests rules for succession of the king in many and varied cases. For example, if the king has a number of sons, the eldest deserves to succeed him. But in case, there is /are illegitimate sons or sons from more than one marriage; in case the son has committed some undesirable deeds···all these are covered in the treatise.

---

① "Summary on Kautilya'sArthashastra: It's Contemporary Relevance." (n.d.): n. pag. Rpt. in Indian Merchant's Chamber.N.p.: n.p., 2004. Print.

The rules of society were that each man had an obligation to support his wife, his children, parents, dependent members of the family and the king should look after destitute members of society, childless women, children, the old, the needy and homeless. This has similarities with Confucian philosophy. Forts, layout of cities, planting of trees, parks, common facilities, courtyards, wells all were to be carefully planned and were suggested. Similarly, guilds of craftsmen, artisans, guards, ascetics, homeless people, chandals (those who are associated with disposal of corpses, lower caste or untouchables), people in the agricultural sector, laborers etc.

It was also suggested what qualities the ministers, councilors and advisors who advised the king should have. They should have strong characters and have good intellectual judgements. The exact orders of protectors, guards, officials performing various functions in the royal setup were also suggested.

Similarly, the people involved in production were also to follow certain norms so that the surplus of what they earned could be used to enrich the treasury to be used for the welfare of the people. One very important implication of dandaor punishment was thus the emphasis on curbing corruption, an issue of great relevance in all societies today. Interestingly, the varnas or occupational groups and the various castes and the sentiments associated with them thereof are clearly the roots of such issues as reservations (or affirmative action) in different spheres of modern India today.

"Interestingly, without any reference to Kautilya, the 20th century pioneer of power politics theory Hans J. Morgenthau, in the chapter of different methods of balance of power in his book Politics Among Nations: The Struggle for Power and Peace, (1966) mentions that "The balance of power can be carried on either by diminishing the weight of the heavier scale or by increasing the weight of the lighter one." His chapter has sections on: Divide and Rule; Compensation; Armaments; and Alliances. The four sections are very close to the Kautilyan concepts of bheda (divide and rule), dana (compensation), danda (armaments) and sama (alliances). [1]

---

[1] Gautam, P. K. "IDSA Comment." N.p.: n.p., n.d. Rpt. of "Understanding Kautilya's 4 Upayas." (n.d.): n. pag.IDSA. Link:http://idsa.in/idsacomments/UnderstandingKautilyasFourUpayas_pkgautam_200613]

It is interesting how Kautilya talks about Mandala, a strategy which has been studied and followed by rulers and strategists over the centuries. Here, all neighboring states are taken to be enemy states. The neighbors lying on the outside of the neighboring states are allies. Thus by analyzing how powerful a king was, he could be taken to be a potential conqueror and then his neighboring states, if weaker could be conquered or at least weakened by the stronger king.

The defining interest of any country or state is self-interest. Diplomacy is included in strategy and the negotiations with other countries. We can see similarities with the beliefs of Chinese philosopher Han Fei Tzu, who we find lived at more or less at the same time as the Arthashastra was perceived.

It would make sense to step back and examine the story of how the Arthashastra came into existence and what are the historical circumstances that led to its conception. Even though historians have different opinions about the dates and years of events and dynasties, civilizations started in much the same way all over the world and the gradual evolution of society as we see it today, is more or less similar as it changed from the earliest times to where we are now. The Arthashastra has a relevance to the circumstances even today, much as Confucian values have been a part of Chinese society through the centuries and still run as a thread in the fabric of Chinese society. In studying the ancient treatise of the Arthashastra, we realize that all societies today need much the same checks and balances and the same administrative machinery as they did in the past and the interesting thing to note is that much as they may have evolved over time and in sophistication, their basic tenets remain much the same. The same moral and ethical dilemmas stalk us and governments work much the same way with the ultimate goal of state sovereignty and the same emphasis on welfare.

As a starting point, when we look at ancient history, we can talk about when the first humans began to live in the area which now encompasses India and China. A large number of primitive tools found from Kashmir to Tamil Nadu in India and in certain areas of China speak of a period which we now call the Old Stone Age, going back to more than two million years ago. In China, remains of early hominids have been found in Yunnan and Shanxi province.

People lived in very small nomadic communities, using tools and implements of stone for hunting, cutting and other purposes. ① "People wore animal skin, bark or leaves as protection from weather; and had no knowledge of cultivation and house building. In course of time came the ability to control fire and tame animals. In India as in China, man lived for millennia in the hunting and food gathering stage, though his tools gave evidence of gradual evolution culminating in what is called the Mesolithic phase······The social organization in the Mesolithic period tended to become more stable than in the Paleolithic period and ecological and material conditions largely shaped the religious beliefs of the people."

Then came the Neolithic age with less dependence on hunting and food gathering. This spans the entire period from around 9000 to about 1000 BC, depending on the area under consideration. Towards the end of the Neolithic period came the use of metals, the first one to be used being copper. From about 2100 BC to 1750 BC the Harappan civilization flourished. It originated in the north west of the Indian subcontinent and seems to have covered an area larger than that of the contemporary civilizations of Egypt and Mesopotamia. Well-developed systems of drainage, planned towns, baths and granaries, animal husbandry, craft production, a surplus to sustain the urban population, all speak of a highly evolved level of planning and an advanced civilization. Commodity production meant raw material being brought in from outside and therefore trade links developed. Riverine and maritime transport were as important as bullock carts in inland transport.

Around the second millennium BC the urban phase of Harappa culture came to an end slowly and gradually. According to historians, this could be because of many factors, some of the more obvious ones being the altering of the courses of the rivers Indus and Ravi, flooding of the plains etc.

But most importantly, the blow to the Harappa civilization was dealt by the group of Barbarians who invaded the area, coming from Russia and Central Asia. These were the Aryans. Some historians believe that that the inhabitants of cities such as Mohenjo-Daro and Harappa already spoke an Indo Aryan language though most believe that Indo Aryan reached India after these cities were abandoned, in the early second millennium BC.

---

①   Jha, D. N. "Chapter 2 From Prehistory to the Harappan Civilization." Ancient India, It's Historical Outline. New Delhi: Manohar, 1998. 27. Print.

Eastwards, the most far flung members of the Indo European groups reached Chinese Turkestan, where the language known as Tocharian was written down in the 8th Century AD. Counter currents also brought Eastern Indo-European westwards.①

The chief sources of information on the Aryans are the Vedas, which can be said to be the oldest literary remains of the Indo-European language group. There are 4 Vedas: Rig, Yajur, Sama, and Arthva. The early Vedic texts may be divided into two broad chronological strata: the early Vedic (1500-1000 BC) when most of the hymns of the Rigveda were composed, the later Vedic (1000-600 BC) to which belong the remaining Vedas and their branches. The two periods tell us much about the Aryan expansion in India.

The idea of territorial monarchy emerged towards the end of the Rigvedicperiod when the chief (Rajan) came to be looked upon as the up-holder of the rashtra (polity). But his authority was not beyond questioning. The authority was substantially limited by tribal assemblies like the sabha and the samiti, which discharged judicial and political functions.②

The sabhawas a council of the elder members of the tribe, the samiti-was a general tribal assembly. Furthermore, the vidatha, another tribal assembly, may have also placed some checks on the authority of the Ra-jan. It's political role is difficult to ascertain. The Rajan was dependent on the priest, who was quite influential, thus acting as a constraint on the Chief's powers. The Rigvedic people did not have a wide array of admin-istrative staff but there is mention of balior tribute (which appears to be a sacrificial offering) to the prince or offering to the God. However, certain rudimentary signs of a state were appearing, although the tribal chieftain-ship was very much present, though "devoid of a firm territorial basis, the halo of a later day monarchy, the regular standing army and an elaborate officialdom." ③

① "Language Dispersals: Indo Europeans and Semites." *The Times Atlas of World History*. London: Times, 1994. 60. Print.

② Jha, D. N. "Chapter 3 The Aryans and the Vedic Life." *Ancient India, It's Historical Outline*. New Delhi: Manohar, 1998. 47. Print.

③ Jha, D. N. "Chapter 3 TheAryans and the Vedic Life." *Ancient India, It's Historical Outline*. New Delhi: Manohar, 1998. 48. Print.

Early Aryan society was tribal in organization and we repeatedly read about thejan (whole tribe) and vish (clan).The kula(patriarchal family) was the unit of family life in the Aryan tribal society. The eldest male member of the family was known as kulap, or protector of the family. (reminiscent of a Confucian patriarchal society). The position of women was much better in Rigvedictimes than in subsequent times. Women could take part in sacrificial rituals, and some unmarried women even offered rituals by themselves. There were incestuous relationships and a childless widow could cohabit with her brother-in-law till a son was born. This was called niyoga. The institution of marriage was established. Slaves were often gifted to priests. In course of time, the unequal distribution of wealth manifested itself in the 4 classes emerging in society...the priests or Brahmins, the Kshatriyas or warriors, the Vaishyasand later on the Shudras. There was also an assimilation of the local indigenous non Aryan people with the Aryans.

During the later Vedic age (1000 to 600 BC), great changes took place in Aryan society. They expanded to new areas where agriculture became the chief means of livelihood and the idea of private possession of land began to come into being.[1]

The emergence of the caste system meant that many changes took place. The position of women underwent a change for the worse, with male heirs being preferred. Territorial rights became important and the tribal character became diluted. Kings now ruled over territories and not nomadic tribes. Several kingdoms were established. The battle at Kurukshetra became famous as it formed the theme of the great epic Mahabharata, compiled later around the 4th Century AD. Stable agriculture, taxation and a surplus all came into being. Officers were appointed by the King to look after granaries, metal working, chariot driving, to look after the treasury. There was also a priest.

Slowly, the sabhaand samitibecame weaker and the power vested with the king became stronger. Kingship also became hereditary and not elective. Much as in China, the Emperor became associated with God and often consecration ceremonies had images and statues of Gods present to endow him

---

[1] "The Aryans and the Vedic Life." Ancient India, It's Historical Outline. New Delhi: Manohar, 1998. 55. Print.

with special qualities. In fact, he was sometimes represented as a God. [1]

Priests and Kings became closely associated as the King often needed support from the head priest. There was the development of the sacrificial cult, one of the most well-known being the Ashvamedha or the horse sacrifice. A horse accompanied by the king's warriors would be sent to wander around for a year. In the area that he traversed, anyone could challenge the authority and sovereignty of the king by stopping the horse and challenging the warriors. After a year, if the animal was brought back without being killed or captured, then the king would sacrifice it and would be declared an undisputed sovereign.[2]

There was a reaction to this ritualistic later Vedic religion and thus came up the Upanishads which believe in the soul and God (atma and parmatma) and not rituals. Thus evolved the idea of karma (action) which taught that the deeds of this life have an effect on the next life. It was stated that the life of every individual was divided into four stages. The brahmcharya(celibacy as a student), grihastha (family life), vanprastha(advanced in age, he or she withdraws into asceticism) and sanyas, (maybe a wandering ascetic).

Education (which was not meant for the shudras, athough theoretically it was meant for all varnas or classes of society) involved first of all, an investiture ceremony where the boy was initiated into becoming a full member of society. This struck me as being similar to the Confucian ritual of wearing a cap when the boy reaches an age when he becomes a member of society.

Many towns sprang up subsequently in the Indus area. Taking the country as a whole, between 600-300 BC sixty towns sprang up. One of the reasons was the movement of Alexander's army from Mainland Greece into India. A number of trade routes were opened up and possibilities of mercantile trade came up. Guilds came up and metal coins facilitated trade and mercantilism. Financiers and bankers thus also emerged.

The rise of a wealthy class led to inequalities and dissention among the people. "The conflict between the Vedic religious practices and the aspirations of the rising social groups led to the search for new religions and

---

[1] Jha, D. N. "Chapter 3 The Aryans and the Vedic Life." *Ancient India, It's Historical Outline.* New Delhi: Manohar, 1994. 58. Print.

[2] https://en.wikipedia.org/wiki/Ashvamedha

philosophical ideas which would fit in with the basic changes in the material life of the people. Thus in the 6th Century BC in the Gangetic valley there emerged many new religious teachers who preached against the Vedic religion. According to Buddhist sources, as many as 62 religious sects and according to the Jain texts as many as 363 sects came up in the 6th Century BC.[①]

But of all these, only Buddhism and Jainism came to stay as independent religions in India. Roughly at around this time, Confucius also emerged in China.

Buddha who preached in the 6th century BC was one of the most well-known religious leaders and Buddhism which started as a few discourses on the talks given by Buddha to his disciples, became a full-fledged religion which then spread to many countries. Born in 586 BC, Gautam received training as a Kshatriya as was his family tradition. The final discovery, under a peepaltree on the answers that he was seeking, formed the nucleus of all his teachings. Anyone who would follow his eight step path would attain salvation (nirvana) irrespective of his or her social origin. Buddha was not averse to trade, so over time, this eventually brought in moneylenders and usury. "The Buddhist scriptures argue with consummate skill against Brahminical pretensions and specialized rituals⋯Buddhism and Jainism adopted a much more liberal attitude towards the lower castes." [②]

It is well known that Buddhism travelled by different land and sea routes to China, and many countries of East Asia, taking with it many stories, monks and traders who were in a sense, the carriers of Indian and Chinese culture across the difficult terrain, through desserts, through uninhabited lands, storms and natural disasters. And in the process, opening the countries to each other and thus an opportunity for cultural exchanges, that live on to this day, thus providing a common platform, as it were for dialogue and exchange of ideas. Therefore, Buddhism is an important aspect of a dialogue among Asian civilizations, providing an understanding of ideas and values.

[①] Jha, D. N. "Chapter 4 Jainism and Buddhism." *Ancient India, It's Historical Outline*. New Delhi: Manohar, 1994. 69. Print.

[②] Jha, D. N. "Chapter 4, The Material Background of Religious Dissent: Jainism and Buddhism." *Ancient India, It's Historical Outline*. New Delhi: Manohar, 1994. 75. Print.

In China, the Shang (1523-1028 or 1751-1111BC) was a loose confederation of clan domains, many of them little more than village settlements [1]Eventually, the Shang was captured by the Zhou, living on their northwest border. Until the 8th century the Zhou kings remained powerful and constantly extended the area under their control. However by 770 BC internal disorders had forced them to abandon their homeland. "After that, the Zhou lost all real power and during the spring and autumn period (722-481BC) there was constant warfare between their former vassals. It was a period of great instability but it served in a way, as a background to great advances in technology, institutions and political ideas and Chinese culture spread far beyond the political borders of the earlier Zhou as can be seen from recently excavated sites. By the 5th Century BC the Yangtze Valley and the south of Manchuria were firmly integrated into the Chinese cultural sphere. Towards the end of the period, the old social order began to collapse; the more powerful states began to employ bureaucrats rather than the hereditary nobility of older times." [2]Then emerged Confucius who was to have a lasting impression and influence on Chinese civilization.

In India, contemporary political developments were also deeply rooted in changing material conditions. The tribal social organization of the Rigvedicphase was giving way to the territorial state. According to traditional literature, sixteen large states, each comprising several agricultural settlements existed in India in the sixth Century BC. These were Gandhara, Khamboja, Assaka, Vatsa, Avanti, Shurasena, Chedi, Malla, Kuru, Panchala, Matsya, Vajji, Anga, Kashi, Koshala and Magadha. It is the last one, Magadha that we will be staying with and examining while looking at Kautilya' sArthashastra.

" Brahmanical texts make derogatory references to Magadha because the people did not follow the varnasystem and did not practice the rituals prescribed to them. This was in sharp contrast to the attitude of the Buddhists who attach great importance to Magadha. The Magadha rulers Bimbisara and

---

[1]   "The Beginning of the Chinese Civilization -500BC." *The Times Atlas of World History*. London: Times, 1994. 62. Print.

[2]   "The Beginning of the Chinese Civilization -500BC." *The Times Atlas of World History*. London: Times, 1994. 63. Print.

Ajatashatru were the Buddha's friends and disciples. Gaya (in Magadha) was the place of the Buddha's enlightenment. And Rajagriha was one of his favourite haunts. Rendered impregnable by a perimeter of five hills, Rajagriha, also known as Girivraja, was the Maghadan capital." ①

According to historians, there are several reasons why Magadha became so powerful. In brief, Ajatashatru died in 461 BC and after a succession of five kings, finally a Viceroy of Benaras was appointed King by the people and finally the throne came into the hands of Mahapadma Nanda, whose dynasty ruled till 321 BC. Alexander of Macedon defeated Darius III, the last Archaemenid Emperor and conquered the whole of his empire. We will not go into the details of historical narratives in this period, but it is important to see why Magadha became a well-developed center of polity and the seat of a powerful monarchy and the nucleus of an extensive empire. The reasons were, perhaps, its geographical location, the rich deposits of metals such as copper and iron ore, a taxation system of which land taxes were an important part. Because of the rich class of peasant proprietors, there was a retinue of revenue officers and consequently, complex and strong administrative machinery. There was also a standing army, and a legal and judicial system originated in this time. The old egalitarian tribal law had to give way to a more developed legal system because of the new social structure.

The brahmanical thinkers defined the duty of each caste...defining civil and criminal laws. The sabhaand samitihad begun to lose their importance towards the end of the Vedic period. A new body, the parishad comprised of Brahmins replaced these bodies.

These developments were confined to the monarchical states, as opposed to the so called republics (ganas) which flourished in the modern Punjab and in the periphery of the Gangetic Kingdoms or the less fertile Himalayan foothills. These had originated as a reaction to the pattern of life that had emerged in the later Vedic period, a reaction against Vedic orthodoxy. The republics had a seemingly corporate character. This did not mean democracy as historians point out but an oligarchic system which showed that even the

---

① Jha, D. N. "Chapter 5,The First Territorial States." *Ancient India, It's Historical Outline*. New Delhi: Manohar, 1994. 79. Print.

so called republics were influenced by the monarchies of the time.[1]

Having gone over, briefly, the history of the period (which is of paramount importance in order to know the context of the beginnings of the Arthashastra) we start our story. From the ancient records of the first territorial states, we gather knowledge on how statecraft, polity, administrative systems, legal and judicial systems, armies, taxation and social patterns emerged, patterns which are still reflected in the communities and clans of the countries of their origin.

After the overthrow of the Nandas, the Mauryas came into power. "The history of their rule is rendered comparatively reliable on account of evidence obtained from a variety of sources. The Buddhist and Jain traditions, the early Dharmashastratexts, archaeological evidence from excavations continue to remain important bases of historical reconstruction." [2]

The Arthashastraof Kautilya, for example, has considerable bearing on the developments during their rule. Its date has been a matter of debate and a computer analysis of its contents discerns no less than three different styles in it and suggests that its composition may have stretched over several centuries."

Nevertheless most historians agree that it is more or less based on the Mauryan state. The Greek account called Indika written by Megasthenes is another authentic source. Though available in fragments, it shows correspondence with the Kautilyan text at many places. "But the most authentic Mauryan records are found in the first decipherable inscriptions issued by Ashoka. Found at 45 places on highways in the Indian subcontinent and Afghanistan, in 181 versions they were composed in Prakrit language and written in Bhrami script in greater part of the Mauryaempire, although in its north west part they appear in Aramaic and Kharoshti scripts. In Afghanistan however, they are written in both Aramaic and Greek scripts and languages." [3]

---

[1]   Jha, D. N. "Chapter 5,The First Territorial States." *Ancient India, It's Historical Outline*. New Delhi: Manohar, 1994. 91. Print.

[2]   Jha, D. N. "Chapter 5,The First Territorial States." *Ancient India, It's Historical Outline*. New Delhi: Manohar, 1994. 92. Print.

[3]   ha, D. N. "Chapter 5, The First Territorial States." *Ancient India, It's Historical Outline*. New Delhi: Manohar, 1994. 92. Print.

When Chandragupta, the founder of the Maurya dynasty succeeded to the Nanda throne, in 321 BC he was 25. It is said in traditional texts that the Brahmin Kautilya (also known as Chanakya or Vishnugupta), was his mentor and guide. According to Greek sources, Chandragupta overthrew the Nanda ruler and occupied his capital Patliputra. Also according to Greek sources, he moved to North West India and subdued the Greek garrisons left behind by Alexander.

Without going into too much historical detail, we see that Chandragupta was succeeded in 297 BC by his son Bindusara who conquered 'the land between the two seas' which is understood to mean that he annexed to the Maghad kingdom the peninsular region of India. His kingdom, according to Tamil sources, extended upto Mysore in the south. In the succeeding reign, Kalinga (modern Orissa) was conquered by Bindusara's son Ashoka. Thus, the Maurya state seems to have exercised its influence over a vast territory. They had friendly relations with many contemporary powers. Supremacy was achieved by means of a huge army.

According to Kautilya the royal order was above even dharma, a term which could be interpreted by different kings in different ways. A vast bureaucracy tried to control all spheres of life. The vast bureaucracy together with the huge standing army needed a stable income to add to the imperial exchequer and hence came up numerous profit making economic activities. Land was given to retired village officials but it could not be sold, mortgaged or inherited.

We thus see that a well thought of and developed system of norms was sketched out by Kautilya about life in the cities, in the royal houses, in the common homes; behavior in different circumstances and in relation to different people was laid down with great precision and amazingly, the logic was so unchallengeable that it can be applied even today to the contemporary world. According to Kautilya, for example, "From the helplessness of the villagers there comes concentration of the men upon their fields, hence there should be an increase in taxes, labour supply, wealth and grain." [1]

The Arthashastrarefers to the distribution and measurement of water for

---

[1] Jha, D. N. "Chapter 5 The First Empire." *Ancient India, It's Historical Outline*. New Delhi: Manohar, 1994. 97. Print.

irrigation; it also mentions a water tax, trade and a developed internal communication system. There was also communication with other areas connecting northwest India with Central India, Andhra and Karnataka. The rivers provided internal transport. Currency became common and money was not only used for trade but also as salaries. Trade and industry had rigid controls. There were safeguards against fraudulent trade practices and weights and measures were standardized. Land tax was levied as well as a water cess. Villagers were required to supply provisions to the royal army passing through their areas, a practice which anticipated later feudal tyranny. Customs and ferry charges were also important sources of income. Guilds also paid tax. In times of need when there was not enough revenue, there were certain measures mentioned. The cultivators could be forced to raise two crops. Kautilya suggested the kings confiscating temple treasures, put up certain miracles and set up new images to collect money from people.[1] There was a state monopoly in mining and metallurgy.

In those areas where settled agricultural life came to be established, social organizations were based on varna. Megasthenes refers to seven castes: philosophers, farmers, soldiers, herdsmen, artisans, magistrates and councilors. However, these could be the occupational divisions and not castes because that is how the caste system originated. There were many splits in society. The Brahmins were accorded a higher status than the rest of the population.

Although the Arthashastra talks of society in pre Buddhist times, later society was governed by the smritis (laws) and in fact, this was the state at the time of Kautilya. The manusmriti, the earliest and most important of these, was codified in the 1st two centuries AD. The smritis depict the society and life at the time when Buddhism began to decline in India. Many social customs which existed at the time of Kautilya went out of practice a few centuries later.

As stated in 'Kautilya, The Arthashastra' [2] "in Kautilyan times, a hus-

---

[1] Jha, D. N. "Chapter 5 The First Empire." *Ancient India, It's Historical Outline*. New Delhi: Manohar, 1994. 100. Print.

[2] Ranganathan, L. N. "Introduction." Introduction. *The Arthashastra*. New Delhi: Penguin, 1992. 18. Print.

band and wife could divorce each other on grounds of mutual incompatibility; widows could remarry, so could women whose husbands had been abroad for a long time. Eating meat, drinking or taking up arms was not prohibited for Brahmins. More reliance was put on occult and secret practices."

The norms of Indian society changed and evolved over time and along with those, also changed the weapons and artillery, the training of horses and elephants, the state of art of metallurgy etc. partly due to the teachings of Buddha and partly to the Vedanta as a reformed Brahmanism, a number of practices that had existed at the time of Kautilya had disappeared by the time of the smritis.

We find that the Arthashastrahas a universal appeal and applicability. Much like Confucian values and philosophy, there are norms for the ruler and the ruled, for Kings, princes and the citizens; the role of the state in accumulating and sustaining the wealth of the nation and importantly, the welfare of the people. There are also deliberations on neighbouring countries and their relationships, on alliances, treaties, the conduct of foreign policy based on power play; the penalties and rewards meted out to citizens of all categories.

Essentially, both Kautilya and Confucius set out to define norms and principles for establishing an ideal society and a set of rules to be followed by the ruler, the ruled, ministers, rural and urban populations and economic power and military power. Kautilya, whose canvas was much bigger, in the Arthashastra sets out a treatise on the art of government. Where Confucius talks about governance, Kautilya has set out a nuanced and detailed set of rules to be followed by any society; and we see today how these are still relevant, much in the same way as Confucian values are. In a way, we see the same emphasis on ethic, and on circumstance. Each set of relationships, each situation demands a different solution. There are thus many similarities with Confucian philosophy but at the same time, the reach of Kautilya's philosophy or 'realpolitik' is more towards statecraft, the running of the government, society, law and order and the social norms that govern society, whereas Confucian philosophy talks more about the conduct of people as family members and members of communities, the Utopian society where all under heaven are one and where people have a moral code which prevents them from acting in an unethical manner.

According to the Kautilyanscheme of things, law and order is important not only because criminals must be punished, but also touphold the fabric of society······ The state has a responsibility for ensuring the observance of laws concerning relations between husbands and wives, inheritance, the rights of women, servants and slaves, contracts and similar civil matters. [1] Also, there have to be a set of laws formulated to prevent cheating and embezzlement and misuse of power by the bureaucracy. Hence, as stated by Rangarajan, an integral part of Arthashastrais dandniti, the enforcement of laws by a detailed set of fines and punishments.

The foreign policy aspect of the Arthashastra deals with how to negotiate with neighbours and other countries, and in particular those who have expansionist ambitions. Peaceful or warlike methods, strategy and skillful tactics, diplomacy and the art of war, all come within the purview of Kautilya'sniti.

The word artha embodied all kinds of well-being, monetary, physical; means of livelihood, productivity, agriculture, cattle rearing and trade. The Arthashastrathus covers law and order, justice, taxation, revenue and expenditure; foreign policy; defence and war. According to Ranganathan, its three objectives follow one from the other: promotion of the welfare of the subjects leads to acquisition of wealth which, in turn, makes it possible to enlarge the territory by conquest.

The Arthashastra, as stated by Ranganathan, has several references to earlier authorities and opinions. Five different schools of thought-those of Brihaspati, Ushanas, Prachetasa Manu, Parasara and Ambhi are referred to, most of the time because Kautilya disagrees with their opinions. From historical sources, it has become evident that there were at least four distinct schools and thirteen individual teachers of the Arthashastra, but unfortunately all the texts are lost and Kautilya's is the earliest one which is available with us today. Thus the art of government, the art of war, foreign policy, all are very old and the science according to some scholars may have started around 650 BC and the fact that only Kautilya's version has survived could be because his treatise was so detailed and so nuanced, that it made all the earlier versions redundant.

---

[1] Ranganathan, L. N. "Introduction." Introduction. *The Arthashastra*. New Delhi: Penguin, 1992. 2. Print.

According to some Buddhist sources, 'he was known for his proficiency in the three Vedas, in the mantras, skill in stratagem, dexterity in intrigue and policy, but also for his physical ugliness.[the quotation from Mahavamsatika] A very interesting legend about Kautilya' s birth has it that he was ugly at birth and was born with a full set of teeth, a mark of a future king. The parents, however had his teeth removed as they did not want him to become king. This made him even uglier. Kautilya did not become a king but a king maker instead. It is said that he was instrumental in displacing the great Nanda king and trained the boy Chandragupta, of royal line but fostered by a cowherd. He bought the boy for a few panas (the currency of the period) , took him to Taxila and trained and educated him to become the future king of Magadha. Through a series of tactical moves, he was able to ensure that they together drove out Dhana Nanda and Chandragupta was installed king of Magadha.

The text contains 15 Adhikarnas(books) and is mainly in the prose of the sutra form, with 380 shlokas. There are many scholars whose opinions differ slightly in the interpretation but we are going by Rangarajan' s version which gives a newly arranged and deciphered view after a great deal of research.

As he states, "If we are to comprehend clearly Kautilya' s teachings and apply them judiciously to the modern world, we also have to be aware of the essential characteristics of the work. The treatise is about an ideal state – not that such a state actually ever existed or is even likely to exist even now or in the future. To the extent any of the six constituent elements of a state-the ruler, the ministers, the urban and rural population, the economic power and the military might-differ from the ideals Kautilya has set out, to that extent the advise given by him has to be modified···The Arthashastraseeks to instruct all kings and is meant to be useful at all times, wherever dharma is held to be pre-eminent. Kautilya does not go into what kind of state is the best. For Kautilya, the existence of the state and kings are axioms. In fact 'the king and his rule encapsulate all the constituents of the state.' It is therefore interesting and relevant to study the treatise in the context of countries having different state ideologies. We can thus say that the ruler should be just and the people are very important. Kautilyan perceptions and Confucian ideology, both recognize this.

Kautilya deals with an extensive secret service mechanism. He does not simply lay down a rule but modifies it every time to suit the action to the conditions prevailing. According to him, every situation should be analyzed thoroughly before an action plan is formulated. Good counsel and good judgement are more important than power and might.[1]

As I have mentioned, the treatise has a universal applicability. On bargaining power, for example, the rule is that 'payment to be made by one king for the use of the troops of another shall depend on the relative power equation between the two; this payment 'according to power' formula is then modified to suit every contingency… Simple comprehensive logic is used to analyze all possible variations of when to attack an enemy in the rear or provoking dissension among members of an oligarchy. Often the order of preference is clearly laid down. Every situation is carefully analyzed and solutions given. For example, he recommends that the forces for the defence of the city should be placed under a number of chiefs, to avoid the possibility of a single chief ursurping power in the king's absence. A secret treasury shall be built in a remote area, using prisoners condemned to death. Presumably, the sentence was carried out after the work was done, so that none but the king knew where the secret treasury to be used in times of emergency was located.[2]

The Arthashastrahas a section on every situation. It deals with everyday life, the complex varna system, what people ate and drank, the status of women, how they were treated; ascetics, relations between husband and wife, how they should behave in each and varying circumstance. Torturing Brahmins is a punishable offence and the highest standard penalty was to be meted out for such an offence. If there were legitimate and illegitimate sons, it was defined who gets preference over whom; sexual relations between different members of a family were viewed differently and hence incestuous ones were examined in detail and punishments suggested or acceptance suggested. Temples and purohits, prostitutes and so on were also dealt with. For example, different punishments are prescribed for the crime of rape, depending on the

---

[1] Ranganathan, L. N. "Introduction." Introduction. The Arthashastra. New Delhi: Penguin, 1992. 20. Print.

[2] Rangarajan, L. N. "Kautilya, TheArthashastra." Introduction.Kautilya, *TheArthashastra*. India: Penguin, 1992. 21. Print.

victim: 12 panas (the currency of the time) for raping a prostitute, 24 panas for each offender in the gang rape of a prostitute and 100 panas for raping a woman living by herself; the amputation of a hand if the girl had not attained puberty and death if a girl dies as a result of the rape. Among crimes against women, special punishments are prescribed for city guards who misbehave with women. Many such cases are discussed and it is clearly something that is relevant in all cities, villages and people across the world today.

Even if it is seen that there are occasions where Kautilya appears cunning and unethical, the fact is that 'his view was always sane and balanced, he placed great importance on the welfare of the people and his practical advice is rooted in dharma. But, as a teacher of practical statecraft, he advocated unethical methods in the furtherance of national interest····.He always qualifies his suggestions or advice with the injunction to modify it according to circumstances···The punishment prescribed for passing urine or faeces in public places is mitigated if the person did so due to illness, medication or fear. The rules about sanitation in private dwellings in the city were relaxed during childbirth. Reduced punishments could be awarded for some offences if there were mitigating circumstances such as mistake, intoxication or temporary insanity.'

When territory was conquered, he said "The conqueror shall substitute his virtues for the defeated enemy's vices and where the enemy was good, he shall be twice as good······He shall follow policies which are pleasing and beneficial to the constituents by acting according to his dharma and by granting favors and tax exemptions, giving gifts and bestowing honors···.He shall adopt the way of life, dress, customs of the people and show the same devotion to the Gods of territory and participate in the people's festivals and amusements···He shall please the chiefs of the towns, country, castles and guilds······The ill, the helpless and the distressed shall be helped···The slaughter of animals shall be prohibited on specific days······" ①

Kautilya was most concerned with the welfare of the people and this resonates with the Confucian philosophy in China.He also had a great deal to say aboutcivic responsibility.Every householder had responsibilities against

---

① Rangarajan, L. N. "Kautilya, TheArthashastra." Introduction. *Kautilya, TheArthashastra*. India: Penguin, 1992. 24. Print.

fire for the common good of all; trees in parks were prohibited from being cut, consumer protection and vigilance are also examined. This also resonates in the Confucian philosophy of benevolence within the family and community.

Let us look at how relevant Kautilya's Arthashastra is in today's world. Where the economy is concerned or a just administration or relations between states are concerned, we can learn a lot from it. As explained by Rangarajan, clan oligarchies can be seen to be reflected in the similarities to the rule by a collection of princes of modern Saudi Arabia. Also, Kautilya suggests that the death of a king be kept secret until a series of measures be taken to protect the kingdom. We see how relevant this is in today's world. Certain facts should be kept hidden in the common good of the country. Kautilya describes many secret methods by which a foreign ruler may be killed; he would not have been surprised about the attempts to kill Fidel Castro with an exploding cigar or about the arguments whether a CIA supported coup could end in the accidental death of a foreign ruler. Further, the immoral means are to be used against traitors and enemies of the state, according to the Arthashastra and not against law abiding citizens of the country. It is a matter of continuing debate in countries across the world how and upto what limit are the methods that the state may use against terrorists who kill innocents.

As to how relevant the Arthashastra is in the twenty first century, we quote from Dr. Kangle's 'Study': ' We have still the same distrust of one nation by another, the same pursuit of its own interest by every nation tempered only by considerations of expediency, the same effort to secure alliances with the same disregard of them in self interest, the same kind of intelligence service maintained by one nation in the territory of another which we find referred to in the Arthashastra···It is difficult to see how rivalry and the struggle for supremacy between the nations can be avoided and the teaching of this shastrawhich is based on these basic facts rendered altogether superfluous until some sort of a one world government or an effective supra national authority is established···but until that happens, the teaching of this shastrawould in actual practice be followed by nations, though it may be unknown to them···'

After going through the historical narrative of Kautilya's Arthashastra, we are now at a point where we can pin down the relevance to statecraft, to him as a political thinker, as a management expert and so on. Kautilya is believed to be the first political thinker to visualize a concept of nation for the first time in human history.[1] For ages, rulers across the world have referred to his treatise in order to build a nation based on sound economics and spiritual values, or dharma.

The Art of War by Sun Tzu is studied by both military strategists and by CEOs of companies. Kautilya' sArthashastra is another guide to strategy, both military and business. As interpreted by Pillai, Kautilya outlines the various factors that lead to true power in the corporate sector. Much in the same way that I had studied the role of Confucian ethics and Management theory in my book, 'China: Confucius in the Shadows', I believe that Kautilya also has some valuable inputs which we can use in business strategy today. These, starting with dharma or ethical behavior go on to management using an adequate number of workers, each assigned a definite role so that they can optimize time and effort and be productive in their own spheres. Leadership qualities are also written about and how to train people to get the maximum out of workers and also demand loyalty by looking after their interests. Delegation of work is important as each worker can then maximize output. Consulting the right people is very important. As we know the well-known term consultant is a necessary addition to decision making processes in any organization.

Management education, accounting systems, corporate governance, time management, leadership skills, how to design and implement contracts, how to compete with other organizations and expand business with an eye on the competition and on the weaknesses and strengths of the competitors, all come under Kautilya' smanagement strategy.

Kautilya talks about strategy. In the corporate world, strategy also means understanding the client, the market and the weaknesses and strengths of the organization as well as of each worker. Let us take each of the Kautilyan precepts: sama (Conciliation), dana (Gifts), bheda(divided in opinion) and danda (Penalties) and how these are relevant in the corporate world.

---

[1] Pillai, Radhakrishnan. "Successful Management the Chanakya Way, Chanakya Who Was He." Corporate Chanakya: Successful Management the Chanakya Way. Ahmedabad: Jaico Pub. House, 2012. Xix. Print.

Sama: As far as conciliation is concerned, many situations can arise where there is confrontation between two parties. There are many ways of solving disputes. One is through litigation. This may lead to bitter conflict and the breaking up of negotiations and relationships. The other, and more reasonable way, is through conciliation and arbitration. A third party may act as a go between. It may be an elder in the family or a well thought of and fair member of the community. It could even be a senior colleague or a friend. But sometimes, the best way is a conciliatory approach. This can be compared to the Confucian way of arbitration and conciliation as well. Confucian philosophy prefers reconciliation and arbitration over litigation. Confucius believed in the innate goodness of people and depended on them realizing that they should behave in an ethical way. The matter can be in either case settled over a meal or in a social setting.

As far as foreign policy is concerned, sama or conciliation is very important as well. A dispute management organization can resolve disputes by conciliatory methods. An international body can settle disputes by just and fair means without conflict arising or at least minimizing it.

Dana: Gifts play an important part in relationships. Personal bonds and friendly equations develop over small gestures. In the corporate world as well, workers at all levels, including managerial staff, need to be appreciated by appropriate bonuses, perhaps some being made part of the board of directors, by gifts at certain festivals like the festival of Diwali etc. In the Chinese context also, gifts can very often cover many erroneous misunderstandings and help in mianzi and reinforce guanxi.

Gifts are an important part of diplomacy and relations between different countries as well. They help to break the ice, to help develop personal relations which can lead to there being more understanding between governments of different countries. Prime Ministers and Presidents carry gifts for their counterparts when they go on state visits, gifts which reflect the culture and crafts of their countries. These are important means by which dialogues can move freely and smoothly.

Bheda: Bheda is a very complex issue. To divide opinion on a particular subject or occasion, it can be said that is desirable only when it is ethically driven. The clever strategist will work towards a goal. This goal could be profit maximization, the unity of the workers and the organization as a whole; it could be the well-being of their families and welfare. In any case, to create bheda makes sense only if it ultimately leads to a betterment of the situation and attaining a particular goal. As far as foreign policy is concerned, the strategist will work towards bheda when it is a matter of national interest or when the common good of all is concerned. There are power blocs and power play in the international political scenario and equations keep shifting between countries. Bheda makes sense if peace and welfare are uppermost in the scheme of things. It should not be used for unjust and selfish motives.

Danda: A very necessary part of life in a community or an organization is danda or punishment. Every wrong or unethical action has to be punished. Civic duties are to be adhered to, otherwise if individuals do not conform to rules laid down for common good of the community, then fines have to be levied on them to make them realize that they should discontinue those practices. Similarly, in the corporate world, anyone who cheats an organization or is involved in embezzlement or in instigating other workers against the senior management, or in cases of fraud or using substandard raw materials has to be punished. This could be penalized by monetary fines or through the judicial system, by putting them behind bars and then subsequently, specifying the terms of imprisonment.

As far as foreign policy is concerned, there are many instances when the police agencies of different countries cooperate to find and penalize criminals involved crimes across different countries or in international settings. Collaborating on information and well defined common goals leads to working together. In the unwelcome event of a war, the prisoners of war are punished and kept imprisoned until a deal is worked out by the concerned countries.

Hans Joachim Morgenthau (1904 – 1980), one of the major twentieth-century figures in the study of international politics whose works belong to the tradition of realism in international-relations theory, made landmark contributions to international relations theory and the study of international law. His Politics Among Nations, was first published in 1948.

According to him, political realism is aware of the moral significance of political action. It is also aware of the tension between the moral command and the requirements of successful political action. Realism maintains that universal moral principles must be filtered through the concrete circumstances of time and place, because they cannot be applied to the actions of states in their abstract universal formulation.[1]

In conclusion, I would like to say that knowing that the crisscrossing of footprints and caravan tracks are scattered all over the region of Asia, across the different boundaries and borders of the continent, one can attempt to develop a common ground for a deeper understanding of Asian values and philosophies.

There have been numerous scholarly studies on Kautilya's Arthashastra recently, just as Confucian philosophy has been and is being studied and it is important to point out that however much we may attempt to call Kautilya a practitioner of realpolitik and however we may try to show the relevance of the Arthashastra to current situations, we must not forget to also study the eclectic face of Kautilya's Arthashastra. It provides a point from which we can connect the ancient societies to today's reality.But this in no way lessens the importance of studying both Kautilya's Arthashastra and the Confucian values it in the much wider frame of intellectual study. Much more work needs to be done in this field.

However, the fact remains that common and shared Asian values are a platform for a deeper understanding of countries. Andtaking this idea of Diana L. Eck's 'sacred geography' forward, in this dialogue of Asian civilizations, one hopes that the idea of land and 'sacred geography', common values, principles and common cultural precepts, opens up new vistas of ideas and new visions and that it leads to cooperation, collaboration and mutual understanding in the coming years.

---

[1]　Cozette, Murielle. "Reclaiming the Critical Dimension of Realism: Hans J. Morgenthau on the Ethics of Scholarship." Review of International Studies 34 (2008): 5–27.

策划编辑：段海宝

责任编辑：段海宝

图书在版编目（CIP）数据

亚洲价值　东方智慧：亚洲文明交流互鉴北京国际学术研讨会论文集 / 国际儒学
　联合会 编；滕文生 主编 .—北京：人民出版社，2019.4
ISBN 978 – 7 – 01 – 020536 – 6

I. ①亚… 　 II. ①国…②滕… 　 III. ①文化交流 – 亚洲 – 文集 　 IV. ① G130.5-53

中国版本图书馆 CIP 数据核字（2019）第 049080 号

亚洲价值　东方智慧
YAZHOU JIAZHI　DONGFANG ZHIHUI

——亚洲文明交流互鉴北京国际学术研讨会论文集

国际儒学联合会 编

滕文生 主编

人 民 出 版 社 出版发行

（100706　北京市东城区隆福寺街 99 号）

北京新华印刷有限公司印刷　新华书店经销

2019 年 4 月第 1 版　2019 年 4 月北京第 1 次印刷

开本：710 毫米 ×1000 毫米 1/16　印张：70.75

字数：1160 千字

ISBN 978 – 7 – 01 – 020536 – 6　定价：215.00 元

邮购地址 100706　北京市东城区隆福寺街 99 号

人民东方图书销售中心　电话（010）65250042　65289539